Ulrich Quack

Strände, Palmen und Vulkane

Reise-Handbuch Hawaii

Aktuelle Informationen und Insidertips
für die Inseln Hawaii, Maui, Lanai, Molokai,
Oahu und Kauai

1. Auflage 1995/96
2. Auflage 1997/98

Büchnerstraße 11 · D 41540 Dormagen · Tel. (0 21 33) 2 60 30 · Fax (0 21 33) 26 03 33

Alle Schwarzweiß- und Farbbilder:
Warren Bolster (HVB), Peter French (HVB), Michael Iwanowski, Ulrich Quack

Karten: Palsa Graphik

Konzeption, redaktionelles Copyright und chefredaktionelle
Betreuung der Gesamtreihe: Michael Iwanowski

Gesamtherstellung: F. X. Stückle, 77955 Ettenheim

Printed in Germany

ISBN 3-923975-58-9

Inhaltsverzeichnis

Weiterführende Informationen ...

Karten:

Einleitung

Hawaii – allein schon der Name des Archipels weckt Erwartungen an palmengesäumte Strände, Wellenreiter und polynesische Exotik. Millionen von Urlaubern sind diesem Ruf gefolgt, und kaum jemand wird vom Reiseziel enttäuscht worden sein. Waren es seit Einsetzen des Massentourismus in den 1960er Jahren vor allem Amerikaner und Japaner, die in Hawaii ihre Traumdestination fanden, so wurde die Inselkette in den letzten Jahren besonders bei europäischen Gästen immer beliebter. Der Grund dafür liegt auf der Hand:

- Wo sonst findet man eine solche Vielzahl blütenweißer **Sandstrände**, die ganzjährig reich mit Sonnenschein gesegnet sind und alle Formen von Wassersport möglich machen?

- Wo sonst findet man in den Tropen eine solch aufregende **Naturlandschaft**, in der riesige Vulkankrater und flache Ananasfelder, zerklüftete Steilklippen und erstarrte Lavaströme, Korallengärten und schneebedeckte Viertausender, hohe Wasserfälle und wüstenhafte Steppe, dichter Regenwald und große Rinderweiden, Sandstrände und Kaffeeplantagen auf engstem Raum benachbart sind?

- Wo sonst findet man eine solche Fülle einzigartiger Vertreter der **Flora und Fauna**, wo sich viele farbenprächtige Vögel, die es nur hier gibt, Rückzugsgebiete geschaffen haben, wo sich Hibiskus, Orchideen, Anthurien, Proteas und die seltene Silversword gegenseitig zu übertrumpfen suchen und wo sich Buckelwale, Mönchsrobben und Seeschildkröten in den Wellen tummeln?

- Wo sonst findet man solch ideale Möglichkeiten an **"Outdoor"-Aktivitäten**, unter denen Golf, Tennis, Reiten, Wandern, Fahrradfahren, Triathlon, Kayaking, Parasailing, Segeln, Surfen und Windsurfen nur eine kleine Auswahl stellen?

- Wo sonst findet man ein solch reichhaltiges Angebot an **Unterkünften**, das die gesamte Bandbreite vom primitiven Zeltplatz bis zum Fünf-Sterne-Apartment mit eigenem Jacuzzi, Fax und Privatstrand oder vom gemütlichen Bed & Breakfast in einem viktorianischen Holzhaus bis zum 600-Millionen-Dollar-Fantasy-Resort mit eigener Elektrobahn und Delphinarium abdeckt?

- Wo sonst findet man eine **multikulturelle Gesellschaft**, in der es keine dominierende Gruppe gibt, sondern Weiße, Hawaiier, Japaner, Chinesen, Philippinos und viele andere Völkerschaften problemlos und auf hohem sozialen Niveau zusammenleben?

- Wo sonst findet man eine solch anregende **Kulturlandschaft**, in der man die Relikte der Vergangenheit (u.a. die Tempel der Ureinwohner, die Häuser der ersten Missionare und Walfänger sowie christliche und buddhistische Gotteshäuser) respektiert und schützt, in der Museen, Galerien und Konzerthäuser zum Besuch reizen und wo die Moderne mit futuristischen Büro- und Hotelbauten vertreten ist?

- Wo sonst also findet man ein Stück **modernes Amerika** mit all seinen komfortablen Errungenschaften **inmitten einer Südsee-Idylle?**

Kein Zweifel: Auf Hawaii tut sich eine eigene, wunderbare kleine Welt auf, die nur darauf wartet, entdeckt zu werden. Dies kann jeder auf seine Weise tun, die Voraussetzungen dafür sind da. Daher die dringende **Empfehlung**: Verlassen

Sie Ihr Urlaubsquartier, so komfortabel es auch sein mag, und lernen Sie 'Ihre' Insel(n) beim Wandern, Radeln oder Besichtigungsfahrten kennen. Und wenn es Ihr Zeitplan ermöglicht, nutzen Sie die oft sehr preisgünstigen Angebote zum *'Island Hopping'*, denn keine hawaiische Insel ist wie die andere. Die Zeit nur am Strand zu verbringen – dazu ist Hawaii einfach zu schön!

Dieses Reise-Handbuch wendet sich vor allem an Individualreisende, die mit dem Mietwagen oder auf Wanderungen den Archipel erkunden möchten. Aufgebaut ist das Buch in drei Hauptteile: Im ersten finden Sie allgemeine Bemerkungen zur Geschichte, Geologie, Kultur, Bevölkerung und Gesellschaft des alten und des neuen Hawaii. Das Kapitel 3 mit seinen 'gelben Seiten' und das Kapitel 4 enthalten reisepraktische Informationen, die dazu beitragen, sich vor Ort in den Dingen des Alltags besser zurechtzufinden, und vor der Reise eine sinnvolle Vorbereitung ermöglichen sollen. Der dritte Hauptteil schließlich stellt die einzelnen Inseln mit ihren wichtigsten natürlichen und kulturellen Sehenswürdigkeiten sowie interessante Abstecher jenseits der ausgetretenen touristischen Pfade vor. Die Reihenfolge der Inseln stellt keine qualitative Wertigkeit dar, sondern orientiert sich ausschließlich an der geografischen Lage: Den Anfang macht **Big Island** im Südosten, es folgen – Punkt für Punkt nach Nordwesten vorgehend – **Maui, Lanai, Molokai, Oahu** und **Kauai**. Die in jedem Kapitel enthaltenen Hinweise zu Unterkünften und Restaurants erheben keinen Anspruch auf Vollständigkeit und orientieren sich eher am "Besonderen"; die Preisangaben sowie die Recherchen spiegeln den Stand vom Anfang 1995 wider.

Bedanken möchte ich mich bei allen, die dieses Buch ermöglicht haben. Unter der Vielzahl hilfreicher Geister, die mir mit nützlichen Hinweisen, logistischer Unterstützung oder Überlassen von Bildmaterial sehr geholfen haben, möchte ich besonders erwähnen: Steffen Albrecht, Kirsten Feld, Gabriele Hahn, Ingrid Hirazumi, Spilios Koutroulis, Martin Quack, Petra Stops und Verena Rainalter.

Allen meinen Lesern wünsche ich eine intensive Vorfreude auf das Reiseziel sowie einen erlebnisreichen Aufenthalt auf Hawaii, das Sie sicher mit einem herzlichen 'Aloha' begrüßen wird.

Mönchengladbach, im Februar 1997

1 ALLGEMEINER ÜBERBLICK

Die hawaiische Inselkette befindet sich in isolierter **Lage** zwischen dem 19. und 28. nördlichen Breitengrad und zwischen dem 154. und 178. westlichen Längengrad mitten im Nordpazifik. Sie besteht aus acht größeren und über hundert kleinen Inseln oder Riffen, die sich in einer 2.000 km langen Kette bis zur Datumslinie hinziehen. Die gesamte Landfläche beträgt 16.700 km^2 (zum Vergleich: Mallorca 3.460 km^2), von denen allein 10.448 km^2 auf die 'Große Insel' Hawaii (= Big Island) entfallen, während das weit auseinandergezogene Gebiet der Nordwestlichen Hawaii-Inseln nur 7 km^2 auf sich vereinigen kann.

Im **geologischen Sinn** ist Hawaii ein sehr junges Land, das seine Entstehung der Drift des pazifischen Beckens über eine Magmakammer (hot spot) verdankt. Die vor 70 Millionen Jahren begonnene Bildung der Inselkette ist noch nicht abgeschlossen, d.h. daß Erdbeben und vulkanische Tätigkeit – vor allem auf Big Island und unterseeisch östlich davon – zum Erscheinungsbild gehören. Inzwischen ist der aktive Vulkanismus sogar zu einem wichtigen Element der Tourismus-Industrie geworden.

Landschaftlich ist Hawaii ein Archipel der Vielfalt und Kontraste, in dem Meer und Gebirge, Regenwald und Lavawüsten, Plantagen und Sandstrände eng benachbart sind. Zu den größten Naturwundern gehören die beiden Viertausender *Mauna Kea* und *Mauna Loa* sowie der als 'aktivster Vulkan der Welt' bezeichnete *Kilauea* auf **Big Island**, die Caldera des *Haleakala* auf **Maui**, der *Garden of Gods* auf **Lanai**, die höchsten *Steilklippen* der Welt auf **Molokai**, die Tuffkegel des *Diamond Head* und *Punchbowl Craters* auf **Oahu** sowie die *Na Pali Coast*, der *Waimea Canyon* und der *Akalai Swamp* auf **Kauai**.

In **klimatischer Hinsicht** stellt Hawaii ein ideales Reiseziel dar, in dem die Temperaturen an der Küste ganzjährig zwischen den Durchschnittswerten von 24°C bis 27°C schwanken; gleiches gilt für die Wassertemperaturen. Dieses Klima, das durch die tropische Lage unterhalb des nördlichen Wendekreises verursacht wird, zeigt größere Abweichungen, wenn es im Inselinneren in höhere Lagen hinaufgeht: Auf den Gipfeln des *Mauna Kea* und *Mauna Loa* kann sogar Schnee liegen! Noch größere Unterschiede gibt es bei der Verteilung der Niederschläge. Z.B. gilt der *Mt. Waialeale* auf Kauai mit durchschnittlich 12.000 mm als "feuchtester Ort der Welt", während nur wenige Kilometer Luftlinie entfernt ausgesprochen trockene Verhältnisse mit rund 500 mm herrschen. Verantwortlich für diese Ungleichheit sind die beständigen Passatwinde, die aus nord-östlicher Richtung heranwehen und deren Wolken sich in den Höhenlagen der hawaiischen Gebirge abregnen.

Geschichtlich wurde die Inselkette zunächst durch die Einwanderung seefahrender polynesischer Stämme ab dem 8. Jhd n.Chr. geprägt, die in den folgenden Jahrhunderten eine sehr hochstehende jungsteinzeitliche Kultur mit Handelskontakten bis nach Tahiti etablieren konnten. Aber erst zu Beginn des 19. Jhds schaffte es *Kamehameha der Große*, die einzelnen Inseln in einem gemeinsamen hawaiischen Königreich zu vereinigen.

Mit Europa kamen die Hawaiier wahrscheinlich schon im 16. Jahrhundert durch die Spanier, sicher aber 1778 durch *James Cook* in Kontakt. Die nachfolgende Zeitspanne sah einerseits die zerstörerischen Folgen dieses Kontaktes (Epidemien und drastischer Rückgang der Bevölkerung, Verlust der kulturellen Identität durch Missionierung), andererseits aber den Aufbau eines neuen, blühenden

Gemeinwesens auf der Grundlage der Plantagenwirtschaft. Der Arbeitskräftemangel auf den Zuckerrohrfeldern führte zur Anwerbung von Vertragsarbeitern in China, Japan, Portugal, den Philippinen und anderen Ländern, deren Nachfahren heute das ethnische Bild des Archipels bestimmen.

Die Oberschicht der amerikanischen Plantagenbesitzer setzte 1893 in einem Putsch die Abschaffung der Monarchie und die Ausrufung der 'Republik Hawaii' durch, im Jahre 1900 dann die offizielle Annektierung der Inselkette durch die USA. Das amerikanische Territorium mit dem bedeutenden Flottenstützpunkt Pearl Harbor war auch Ziel des japanischen Angriffs von 1941. Nach den Kriegswirren, im Jahre 1959, wurde Hawaii dann als 50. Bundesstaat (= 'Aloha State') in die Vereinigten Staaten aufgenommen.

Die **Bevölkerungszahl** von insgesamt 1,2 Millionen entspricht einer durchschnittlichen Siedlungsdichte von nur 66 Einwohnern pro Quadratkilometer, wobei aber rund 75% davon auf der Insel Oahu zu Hause sind (= 845.000 Ew.) und darunter wiederum ein Drittel in der Hauptstadt Honolulu. In der ethnischen Zusammensetzung der Bevölkerung gibt es nur Minderheiten, wobei die Staatsbürger europäischer bzw. nordamerikanischer und die japanischer Herkunft mit jeweils einem knappen Viertel die größten Anteile haben. Starke Minderheiten bilden daneben die Hawaiier, Chinesen, Philippinos und Puertoricaner. Das Zusammenleben der Volksgruppen ist problemlos, was sich u.a. an den deutlich zugenommenen Mischehen zeigt.

Die ethnische Mischung macht auch den **kulturellen** Reiz des Archipels aus. Auf fruchtbare Weise haben sich Einflüsse aus Amerika, Asien, Europa und dem pazifischen Raum zu einer gesamt-hawaiischen Kultur verdichtet, ohne daß die einzelnen Volksgruppen in diesem Schmelztiegel völlig aufgegangen wären. Der Reisegast kann sich also nicht nur auf Kultstätten oder in Museen hervorragend präsentierte Funde des alten Hawaii freuen, sondern auch auf ein lebendiges Spektrum von religiösen und Volksfesten, Gotteshäusern und Tempeln, Tänzen und Liedern, in denen sowohl Traditionelles bewahrt als auch Modernes gewagt wird.

Die **touristische Infrastruktur** kann als erstklassig gelten. Die Bandbreite an Unterkünften oder Restaurants deckt alle unterschiedlichen Qualitätsansprüche und Preiskategorien ab, die Sportmöglichkeiten zu Wasser und zu Land sind für Anfänger und Fortgeschrittene gleichermaßen ideal (vor allem beim Surfen, Windsurfen, Wandern und Golfen), das touristische Angebot etwa an Leihwagen oder Helikopterrundflügen ist perfekt organisiert, das Service-Personal freundlich und engagiert. Zusätzlich macht einen Aufenthalt die Tatsache angenehm, daß im Vergleich zu vielen anderen Regionen der USA die Kriminalitätsrate gering ist und soziale Spannungen weniger krass in Erscheinung treten. Mit anderen Worten: Es läßt sich kein besseres Reiseziel denken!

Hawaii auf einen Blick

Landfläche:	16.700 qkm
Einwohner:	1,2 Millionen Einwohner (66 Ew/qkm)
Bevölkerung:	24% Weiße, 24% Japaner, 20% Hawaiier und Teil-Hawaiier, 13% Philippinos, 6% Chinesen, 2% Koreaner, 11% Andere
Staatssprache:	Amerikanisches Englisch, in bestimmten Siedlungsgebieten auch Hawaiisch
Hauptstadt:	Honolulu (Oahu; 380.000 Ew)
Religion:	50% christliche Kirchen (etwa zur Hälfte Katholiken und Protestanten), Buddhisten, Shintoisten
Flagge:	Im linken oberen Feld der Union Jack, sonst 8 waagerechte Streifen in den Farben rot, blau und weiß
Staats- und Regierungsfor	50. Bundesstaat der USA mit Zweikammersystem (Repräsentantenhaus und Senat)
Staatsoberhau	Der Gouverneur, der alle 5 Jahre neu gewählt wird (seit 1994 Ben Cayatano)
Städte:	Honolulu (Oahu; 380.000 Ew), Pearl City (Oahu; 43.000 Ew), Hilo (Big Island; 40.000 Ew), Kailua (Oahu; 35.000 Ew), Kaneohe (Oahu; 29.000 Ew), Waipahu (Oahu; 29.000 Ew), Mililani (Oahu; 22.000 Ew).
Währung:	US-Dollar (US$)
Wirtschaft:	Tourismus, Militär, Landwirtschaft
Arbeitslosigkeit	2,5% (1994)
Problematik:	Relativ hohe Lebenshaltungskosten, Verkauf von Immobilien an ausländische Investoren

Iwanowski's

Highlights
Supertips
Warnungen

HIGHLIGHTS

Die spektakulärsten Landschaften

- **Big Island:** Der *Volcanoes National Park* (S. 241ff.), das *Lava Tree State Monument* (S. 255f.), der *Mauna Kea* (S. 278f.), die *Kohala Mountains* (S. 286f.) und der *Mauna Loa* (S. 298ff.)
- **Maui:** Der *Haleakala-Krater* (S. 348ff.), das *Upcountry* (S. 350ff.), das *Iao Valley* (S. 323f.), das Vulkan-Inselchen *Molokini* (S. 330f.) und die Küste entlang dem *Hana-Highway* (S. 332ff.)
- **Lanai:** Der *Garden of the Gods* (S. 398f.) und der *Mount Lanaihale* (S. 400f.)
- **Molokai:** Die Steilküste an der Nordseite (S. 402), die Region um den *Mount Kamakou* (S. 430f.) und die tierreiche Steppenlandschaft im Westen (S. 413)
- **Oahu:** Die Vulkankegel bzw. -krater *Punchbowl Crater* (S. 496), *Diamond Head* (S. 482f.), *Koko Head* (S. 504) und *Chinaman's Hat* (S. 511), der *Nuuanu Pali Drive* (S. 495f.), der *Kaena Point* (S. 523) und das *Makaha Valley* (S. 534)
- **Kauai:** Der *Wailua River* (S. 568ff.), der Waimea Canyon (S. 592ff.) und die *Na Pali Coast* (S. 579)

Die schönsten Strände

- **Big Island:** Die *Anaehoomalu Bay* (S. 292) sowie die *Kua* und *Kukio Bay* (S. 293)
- **Maui:** Der *Wailea Beach* (S. 329), der *Makena Beach* (S. 330), der *Kaanapali Beach* (S. 371f.), der *Kapalua Beach* (S. 374) und die *Honokohau Bay* (S. 374)
- **Lanai:** Die *Hulupoe Bay* (S. 396f.) und der *Polihua Beach* (S. 399)
- **Molokai:** Der *Papohaku Beach* (S. 412), der *Kepuhi Beach* (S. 411) und der *Moomoni Beach* (S. 414)
- **Oahu:** Die *Hanauma Bay* (S. 503f.), der *Waimanalo Beach* (S. 506), der *Kailua Beach* (S. 507), der *Haleiwa Beach* (S. 522), der *Makaha Beach* (S. 535) und die *Yokohoma Bay* (S. 535)
- **Kauai:** Im Norden der *Lumahai Beach* (S. 577), der *Haena Beach* und der *Kee Beach* (S. 578), im Westen der *Polihale Beach* (S. 591) und im Süden der *Poipu Beach* (S. 583f.)

Die besten Wandergebiete

- **Big Island:** Der *Volcanoes National Park* (S. 295ff.), das *Mauna Loa*-Gebiet (S. 297ff.) und die Täler des Nordostens (S. 300f.)

- **Maui:** Der *Haleakala National Park* (S. 378ff.), die Küste am *Hana-Highway* (S. 382) und die *West Maui Mountains* (S. 383f.)
- **Lanai:** Der *Munro Trail* im Inselinneren (S. 400f.) und die Strände der Nordküste (S. 395)
- **Molokai:** Das *Halawa Valley* (S. 432) und die *Mamakou Preserve* (S. 433)
- **Oahu:** Die Region um den *Mount Tantalus* (S. 537f.), das *Manoa Valley* (S. 539), die *Sacred Falls* (S. 540) und die *Kuaokala Forest Reserve* (S. 542)
- **Kauai:** Der *Sleeping Giant* (S. 597f.), der *Kalalau-Trail* (S. 598), der *Waimea Canyon* (S. 600ff.) und der *Alakai*-Sumpf (S. 602f.)

Die wichtigsten kulturellen Sehenswürdigkeiten

- **Big Island:** Kailua-Kona mit dem *Ahuena Heiau* (S. 218ff.), die restaurierte Kultstätte *Puuhonua-o-Honaunau* (S. 230ff.), die *Painted Church* (S. 234), die historische Altstadt von Hilo (S. 263ff.), der *Puukohola Heiau* (S. 281f.) und die Petroglyphenfelder von *Puako* (S. 290)
- **Maui:** Die historische Walfängerstadt *Lahaina* (S. 359ff.), verschiedene Kirchlein entlang dem *Hana Highway* (S. 336, 337, 341, 343) und das *Bailey House Museum* in Wailuku (S. 321)
- **Lanai:** Die Petroglyphen von *Luahiwa* (S. 394)
- **Molokai:** Die Lepra-Kolonie auf der *Kalaupapa*-Halbinsel (S. 418ff.), die königlichen Fischteiche an der Südküste (S. 427) und einige Kirchlein entlang dem *Hwy. 450* (S. 426, 428)
- **Oahu:** *Downtown Honolulu* mit Palastviertel, *Aloha Tower* und *Maritime Center* (S. 459ff.), die *Chinatown* von Honolulu (S. 467ff.), das *USS Arizona Memorial* in Pearl Harbor (S. 484ff.), das *Bishop Museum* (S. 490ff.), der *Byodo-In Tempel* (S. 509f.), das *Polynesian Cultural Center* (S. 512ff.), der *Puu O Mahuka Heiau* (S. 520), der *Waimea Falls Park* (S. 521) und das *Kaneaki Heiau* (S. 534)
- **Kauai:** In Lihue der *Menehune Fishpond* (S. 560) und die deutsche *lutherische Kirche* mit Friedhof (S. 561f.), die *Kilohana Plantation* (S. 562), die *Koloa Church* und *St. Raphael's Church* bei Koloa (S. 582) sowie das *Fort Elizabeth* (S. 587)

SUPERTIPS

Die besten Hotels

- **Big Island:** Das *Ritz-Carlton* (S. 289) und das *Kona Village Resort* (S. 293)
- **Maui:** Das *Maui Prince* in Makena (S. 330), in Wailea das *Stouffer Wailea Beach Resort*, das *Kea Lani* und das *Grand Hyatt* (S. 328), in Kaanapali das *Hyatt Regency* (S. 371) sowie das *Hana*-Hotel in Hana (S. 338)
- **Lanai:** Das *Manele Bay Hotel* (S. 388) und die *Koele Lodge* (S. 388)
- **Molokai:** Die *Paniolo Hale* und das *Colony's Kaluakoi Hotel* an der Westküste (S. 411)
- **Oahu:** In Honolulu das *Royal Hawaiian Hotel,* das *Sheraton Moana* und das *Halekulani* (S. 452), das *Kahala Hilton* in Kahala (S. 503) und das *Sheraton Makaha Resort* (S. 535)

● **Kauai:** Das *Kauai Marriott* (S. 556), das *Princeville Hotel* (S. 564) und das *Hyatt Regency Kauai Resort* (S. 580)

Die besten Restaurants

● **Big Island:** Das *Merriman's* in Waimea (S. 273) und das *Canoe House* des *Mauna Lani Bay Hotels* (S. 289)
● **Maui:** Das *Raffles* im *Stouffer Beach Resort* sowie die anderen Gourmet-Restaurants der Luxushotels von Wailea (S. 328), *La Bretagne* in Lahaina (S. 362), *Sound of the Falls* im *Westin Maui* von Kaanapali (S. 371) und die *Plantation Veranda* im *Kapalua Bay Hotel* (S. 373)
● **Lanai:** Die Gourmet-Restaurants in den beiden Luxushotels (S. 389, 390)
● **Molokai:** Das *Ohia Lodge Restaurant* (S. 412)
● **Oahu:** Der *Monarch Room* im *Royal Hawaiian Hotel* (S. 457), der *Hanohano Room* im *Sheraton Waikiki Hotel* (S. 457) und *La Mer* im *Halekulani Hotel* (S. 458), das *Maile Restaurant* im *Kahala Hilton* (S. 503) und *Roy's Restaurant* in Hawaii Kai (S. 503)
● **Kauai:** Das *Pacific Café* in Wailua (S. 570) und die *Plantation Gardens* in Poipu (S. 583)

Die schönsten Golfplätze

● **Big Island:** Der *Beach Course* und *King's Course* in Waikoloa, der *Mauna Lani Resort Course,* der *Kona Country Club Course* und der Platz des *Volcano Golf & County Club*s (S. 212f.)
● **Maui:** Die drei Weltklasse-Anlagen des *Wailea Golf Club* sowie die Courses von Kapalua und Makena (S. 313f.)
● **Lanai:** Der *Lodge at Koele Course* und *The Challenge at Manele* (S. 390)
● **Molokai:** Der *Kaluakoi Golf Course* (S. 408)
● **Oahu:** Die Weltklasse-Plätze des *Ewa Beach Golf Club* im Süden, des *Makaha Valley Country Club* im Westen und des *Turtle Bay Country Club* im Norden (S. 445)
● **Kauai:** Im Süden die Anlagen des *Poipu Bay Resort Clubs,* im Osten die im *Kauai Lagoons Resort* und im Norden die beiden weltberühmten Courses von *Princeville* (S. 553)

Die interessantesten Exkursionen

● Helikopterrundflüge über den Kilauea (Big Island) bei eruptiver Tätigkeit (S. 214) und entlang der Pali-Küste von Kauai (S. 554)
● Mit dem Pferdewagen durch Molokai (S. 409)
● Fotosafari durch die 'hawaiische Serengeti' auf Lanai (S. 413)
● Schnorcheltrips zum Vulkankrater von Molokini (S. 331)

WARNUNGEN

● Falls Sie einen Wagen mieten, sollten Sie auf ausreichenden Versicherungsschutz achten. Die Haftungshöhe der gesetzlich vorgeschriebenen Haftpflichtversicherung ist äußerst gering und unzureichend. Deshalb sollten Sie unbedingt eine Zusatzversicherung abschließen (bei deutschen Reiseveranstaltern z.T. im Preis enthalten).

- Bedenken Sie, daß die Straßenverhältnisse in Hawaii erheblich vom amerikanischen Standard abweichen können. Enge, kurvige und steile Passagen sind die Regel, mehrere Straßen – vor allem auf Big Island und Lanai – können nur mit geländegängigen Wagen bewältigt werden. Auch sollten Sie nicht die Entfernungen auf den Inseln unterschätzen und sich bei Ihrer Planung nicht zuviel vornehmen! Die Topographie des Archipels und die Straßenbeschaffenheit lassen meist nur einen geringen Tagesdurchschnitt an Kilometern zu. Damit Sie auch Zeit für Erholung und Besichtigungen haben, sollten 150-200 km pro Tag die Obergrenze darstellen. Verzichten Sie lieber auf einige Ausflugsziele, anstatt das gesetzte Programm durch Schnellfahren und Hetze zu erfüllen. Die Strafen für Raserei sind empfindlich, und es gibt keinen Touristenbonus!

- Hawaii zählt zwar noch zu den sichersten Reisezielen der USA, doch sollte man auch hier Diebstähle nicht unnötig provozieren. Niemals sollten Gepäck, Filmkameras oder Wertsachen unbeaufsichtigt im Wagen liegengelassen werden. In den Hotels ist die Benutzung der Safes, die es an der Rezeption, z.T. aber auch in den Zimmern gibt, dringend zu empfehlen. Während des Urlaubs sollten Sie Kopien Ihrer wichtigsten Reisedokumente dabei haben.

- Auf den hawaiischen Inseln ist die Sonneneinstrahlung das ganze Jahr hindurch sehr intensiv, die Gefahr eines Sonnenbrandes auch im Winter und auch bei bedecktem Himmel gegeben. Geben Sie Ihrem Körper Zeit, sich ganz langsam an die subtropischen Klimaverhältnisse zu gewöhnen, halten Sie sich vor allem an den ersten Tagen beim Sonnenbaden zurück (eine Stunde sollte das Äußerste sein), schützen Sie Ihre Haut durch Sonnenschutzmittel mit einem hohen Lichtschutzfaktor (mindestens 15), und tragen Sie beim Schnorcheln, Segeln etc. ein T-Shirt.

- Die Gewässer vieler hawaiischer Strände bergen mit Unterwasser-Strömungen und hohem Wellengang beträchtliche Gefahren, die auf keinen Fall unterschätzt werden dürfen! Gerade Hawaii-Neulinge haben allen Grund, die an vielen Plätzen aufgestellten Warnschilder ernst zu nehmen. Auch bei vermeintlich ruhigen Verhältnissen sollte man erst einmal das Meer und andere Badegäste beobachten, und selbst im flachen Wasser ist es ratsam, niemals dem Ozean den Rücken zuzukehren. Schwimmen Sie möglichst auch nicht allein! Vorsicht beim Schnorcheln und Schwimmen in korallenreichen Gewässern, hier sollte man immer Badeschuhe tragen.

2 HAWAII: LAND UND LEUTE

2.1 HISTORISCHER ÜBERBLICK

Hawaii ist gleichzeitig ein junges und ein altes Land. Mit dem jungen Hawaii ist damit jenes Gemeinwesen genannt, das nach der Zäsur der europäischen Entdeckung entstand und mit dessen Weiterentwicklung es der heutige Besucher zu tun hat. Das alte Hawaii (vgl. KAPITEL 2.3.1) verliert sich hingegen im Dunkel der Mythen und der Vorgeschichte, von ihm ist außer wenigen archäologischen Relikten, heiligen Plätzen und Museumsstücken kaum etwas erhalten. Der folgende geschichtliche Überblick will Hintergrundinformationen zu folgenden Themen zur Verfügung stellen:

- Die Entdeckung und Besiedlung der Inseln durch **polynesische Seefahrer**.
- Der erste **europäische Kontakt** mit Hawaii, insbesondere durch den Weltumsegler **James Cook**.
- Das Nebeneinander der **polynesischen Kultur** mit ihren **Königsdynastien** und des besonders durch **Missionare** vermittelten abendländischen Gedankengutes.
- Der endgültige **Verlust der hawaiischen Selbständigkeit** und die Umwandlung in ein **amerikanisches Gemeinwesen**.
- Die besondere Rolle, die der Archipel im **Zweiten Weltkrieg** spielte.
- Die Entwicklung Hawaiis als **moderner Bundesstaat der USA** bis zur Jetztzeit.

2.1.1 DIE POLYNESISCHE BESIEDLUNG

Angesichts der Wasserwüste um die Hawaii-Inseln ist es erstaunlich, daß sie überhaupt von Menschen in der Vorgeschichte besiedelt werden konnten. Selbst in einem modernen Düsenflugzeug kann einem die Zeit noch recht lang werden, bis man Honolulu erreicht – wie lange also mag es gedauert haben, bis Steinzeitmenschen in primitiven Kanus, ohne Seekarten oder nautische Hilfsmittel hierhin gerieten?! Nur zur Erinnerung: Die nächsten festländischen Küsten sind alle mindestens 4.000 Kilometer entfernt, konkreter: zum Südwesten Wellington 6.702 km und Sydney 7.122 km, zum Osten San Francisco 3.381 km, Panama 7.511 km und Valparaiso 9.621 km, zum Westen Wladiwostok 5.991 km, Hongkong 7.987 km und Manila 7.692 km, zum Norden Alaska 4.300 km! Wieviel Mut und Gottvertrauen müssen diese Menschen besessen haben, sich auf das Wagnis einer Pazifiküberquerung zu machen, lange vor Kolumbus und wohl auch eher als die Wikinger? Wer waren diese Menschen, woher kamen sie und wann vollbrachten sie diese ungeheure seefahrerische Leistung?

Untersuchungen der Archäologen, Ethnologen und Sprachwissenschaftler haben ergeben, daß den Polynesiern das Attribut der 'größten Seefahrer aller Zeiten' zukommt. Die Ursprünge der polynesischen Kultur liegen in Südostasien, wo sich vermutlich einige Stämme vor rund 3.000 Jahren aus unbekannten Gründen auf den Weg machten und über Malaysia, Indonesien und die Philippinen den großen Sprung in den Pazifik begannen. Sie hatten damals schon Jahrhunderte seemännischer Erfahrung hinter sich und wußten aus Strömungen, Wellen- und Wolkenformationen, Sternen und Zugvögeln ihre Schlüsse zu ziehen. Wenn sie ihre Reise aus Landnot und wegen Überbevölkerung – die plausibelste Erklärung! – antraten, dann blieb ihnen weder Melanesien noch Mikronesien als Fluchtziel, denn diese Archipele waren schon besiedelt. Es blieb ihnen nur der Weg nach Osten. Und dort, in der Mitte des Pazifiks, stießen sie schließlich auf ein weit verstreutes Inselreich, nach dem die Forschung ihnen den Namen gab (griech. *poly nissoi* = 'viele Inseln').

Dieses Polynesien hat die Form eines Dreiecks, in dessen Mitte Tahiti liegt und dessen Eckpunkte im Norden Hawaii, im Südosten die Osterinseln und im Südwesten Neuseeland bilden. Wann dieses Dreieck zum erstenmal von Polynesiern entdeckt wurde, ist nicht ganz sicher, vermutlich jedoch in den Jahrhunderten vor und nach der Zeitenwende. Nun ist es nicht so, daß die verschiedenen Inselgruppen Polynesiens nahe zueinander lägen, im Gegenteil sind auch hier die Entfernungen enorm. Von Tahiti nach Hawaii muß man z.B. etwa 4.380 km zurücklegen und von den Marquesas-Inseln nach Hawaii etwa 4.160 km! Deswegen dauerte es auch länger, bis Menschen zum erstenmal die Extrempunkte des polynesischen Dreiecks erreichten, denn ohne Not oder zwingenden Grund wird sich niemand in die Ungewißheit aufgemacht haben.

Hawaii wird auf diese Weise gegen 600-750 n.Chr. entdeckt und besiedelt worden sein, und zwar zunächst von den Marquesas-Inseln aus. Schließlich war etwa im 10. Jhd der gesamte polynesische Raum erkundet; das Vorkommen der Süßkartoffel *Kumara,* die von den südamerikanischen Anden stammt, beweist sogar die unglaubliche Leistung der Erschließung eines Gebietes von 4.000 Seemeilen. Die Theorie der Besiedlung in umgekehrter Richtung (also von den Andenvölkern ausgehend), wie sie etwa von *Thor Heyerdal* vertreten wird, lehnt der Großteil der Forschung ab.

Der Begriff der 'polynesischen Kultur' ist insofern berechtigt, als sich Sprache, Religion, Techniken etc. auf allen Inseln von Tahiti bis Fidji, von den Osterinseln bis Hawaii ähneln. Die isolierte Lage der einzelnen Inselgruppen brachte es aber mit sich, daß sich die kulturelle Grundstruktur jeweils schnell abwandelte und jeder Archipel sein eigenes, unverwechselbares Gepräge bekam. Für Hawaii ist dabei wichtig, daß es nach den Immigranten von den Marquesas eine zweite Einwanderergruppe gegeben hat, die gegen 1000 n.Chr. von Tahiti aus eintraf. Völkerkundler gehen davon aus, daß hawaiische Legenden über die sog. *menehune*, in den Bergen wohnende Zwerge, auf die Ureinwohner zurückgehen, die von den Tahitianern verdrängt oder versklavt worden sind. Wohl noch bis ins 14. Jhd hinein wird die Verbindung nach Tahiti bestanden haben und mit Kanus Handel zwischen den Inselgruppen getrieben worden sein.

INFO

Die Navigationskunst der Polynesier

Lange Zeit war rätselhaft, wie es die steinzeitlichen Polynesier schaffen konnten, auf ihren kleinen Einbäumen die Wasserwüste des Pazifiks zu bezwingen. Wie war es möglich, daß ihre Boote nicht kenterten, von Strömungen und Winden abgetrieben wurden? Wie war es möglich, daß man auf den beengten Kanus nicht nur Lebensmittel für die mehrwöchige Reise transportieren konnte, sondern auch noch Tiere, Saatgut und eine beträchtliche Menge Menschen?

Die Boote solcher Emigrationsfahrten waren aus ausgehöhlten und mit Baumharz abgedichteten Baumstämmen gefertigt, die einen Ausleger zur Stabilisierung hatten oder von denen zwei durch Kokosnußfasern miteinander

Hawaiisches Doppelrumpfkanu im 19. Jhd

verbunden wurden (Doppelrumpf-Kanus). Dieses Katamaran-System erlaubte es, eine Plattform über den beiden Einbäumen anzubringen, auf denen man genügend Platz für Vorräte und Menschen hatte und sogar kleine Hütten errichten konnte. Man schätzt, daß ganze Großfamilien auf einem dieser Boote unterkommen konnten, also mehrere Dutzend Personen. Ähnlich wie die wikingischen Schiffe hatten die polynesischen Boote zwei Antriebsarten: Sie wurden gepaddelt und zusätzlich durch ein Segel (geflochtene Pandanus-Blätter) vorwärts gebracht; Strömungen und Passatwinde konnten so optimal ausgenutzt werden.

Daß sich da draußen im Meer überhaupt Land befände, das konnten die Seefahrer aus dem Flug von Zugvögeln schließen, die ja nicht ins Nirgendwo aufbrachen und regelmäßig zurückkamen. Der Regenpfeifer (kolea) z.B. flog auf seiner Route von Tahiti nach Alaska häufig über Hawaii. Die Grundvoraussetzung für die Transpazifik-Reisen war eine genaue Kenntnis des Sternenhimmels. Priester und Seher, die in dieser Kunst unterrichtet waren, durften also auf keiner Fahrt fehlen. Diese mußten über ein sehr hohes astronomisches Niveau verfügen, denn der unverrückbare Polarstern, der die Orientierung in unseren Breiten so erleichtert, ist auf der Reise von Tahiti nach Hawaii erst hinter dem Äquator zu sehen. Man richtete sich stattdessen vor allem nach dem Lauf des hellsten Südsternes (Sirius) und nach dem rötlichen Arcturus.

Die Gestirne und die Begleitumstände der Seefahrt (Strömungen, Farbe des Meeres, Temperaturen, Wellen etc.) wurden von den Polynesiern nicht nur genau beobachtet, sondern auch in Liedern und Geschichten exakt beschrieben und bei Gelegenheit in die Heimat zurückgebracht, so daß sich für die Nachfolger eine mündlich tradierte Navigationsanweisung ergab. Weitere Naturphänomene wie Wale und Delphine, wechselnde Windrichtungen und das Auftauchen von Küstenvögeln gaben Anhaltspunkte, daß man sich dem Ziel näherte. Die Polynesier, die von Süden auf Hawaii zusegelten,

> *werden zudem nachts schon von weitem den Feuerschein der Vulkane auf Big Island als überdimensionierten Leuchtturm gesichtet haben.*
>
> *Bei allem Mut und aller navigatorischer Höchstleistung der Polynesier darf nicht vergessen werden, daß bei den riesigen Entfernungen und der Gefährlichkeit des Meeres die Anzahl derjenigen, die niemals in Hawaii angekommen und in der Weite des Pazifiks verschollen sind, die Zahl der tatsächlichen Immigranten übersteigen dürfte. Man schätzt, daß insgesamt über eine halbe Million Menschen bei den Fernfahrten der Polynesier umgekommen sind.*
>
> *Eine Reise von Tahiti nach Hawaii wird mehrere Wochen gedauert haben, was besondere Anforderungen an die Proviantierung stellte. Mit Regenwasser konnte man nicht zu jeder Jahreszeit rechnen, also mußten zusätzlich Kokosnüsse mitgenommen werden. Als Nahrung diente gepökeltes Fleisch, Trockenfisch und frisch gefangene Meerestiere. Die mitgeführten Tiere, die ja auch auf Futter angewiesen waren, waren jedoch kapu und durften nicht berührt werden, denn sie sollten das Ziel lebend erreichen, sich dort vermehren und langfristig das Überleben sicherstellen.*
>
> *Ähnlich wie die Maori von Neuseeland verlernten auch die alten Hawaiier jene Segelkunst, ohne die sie ihre Heimat nie erreicht hätten. Erst 1976 stach noch einmal ein traditionelles, 20 m langes und knapp 3 m breites Boot in See: Es war die "Hokulea", die aufgrund alter Berichte und von erfahrenen hawaiischen Bootsbauern gebaut worden war, um die Hochseetüchtigkeit der Segelkanus zu beweisen. Nach einer 17.000-Kilometer-Reise nach Tahiti und nach Neuseeland (also entlang des gesamten polynesischen Dreiecks), bei der sich die Crew ausschließlich der alten Navigationstechniken bediente, war ihr dies eindrucksvoll gelungen. Heute ist sie ein Schmuckstück des Hawaii Maritime Center in Honolulu (vgl. KAPITEL 9.3.3).*

Die Polynesier, die auf ihren Booten die Hawaii-Inseln erreicht hatten, fanden dort zwar eine Naturlandschaft vor, die sie an Tahiti erinnerte, die jedoch in ihrer Flora und Fauna völlig andere Bedingungen aufwies. Kaum eine der Pflanzen und Tiere, die die Polynesier für ihren gewohnten Unterhalt brauchten, waren dort vertreten. Um zu überleben, mußten deshalb die wichtigsten Nutzpflanzen eingeführt werden. Dazu gehörten die *Taro*-Knolle, aus der der *poi*-Brei hergestellt wird, die *Ti*-Wurzel, die man u.a. zur Herstellung von Kleidung, Körben und Matten benutzte, sowie jene Feigenbaum-Art, aus der man den Bast *kapa* gewann. Auch Kokospalmen, wilder Ingwer, Brotfrucht, Bananen, Zuckerrohr u.v.m. waren nicht auf Hawaii heimisch, sondern kamen erst mit den Polynesiern auf den Archipel. Es ist klar, daß damit das sensible ökologische System aus dem Gleichgewicht gebracht wurde und die Importpflanzen nur auf Kosten der einheimischen ('endemischen') Flora gedeihen konnten. Ähnliches sollte sich später nach Ankunft der Weißen wiederholen, so daß heute nur ein verschwindend geringer Prozentsatz der Vegetation wirklich hawaiisch ist. Weiter brachten die Polynesier Hunde, Schweine und Hühner sowie unfreiwillig auch Ratten auf die Inseln, die bis dahin keine Landsäugetiere gekannt hatten.

Die frühen Landnehmer, vor allem die der zweiten Einwanderungswelle aus Tahiti, etablierten ihr kompliziertes Gesellschaftssystem mit seinen patriarchalischen Kasten, seiner Religion und dem *kapu*-Prinzip. Nachdem die Verbindung zu anderen polynesischen Siedlungsräumen abgerissen war, lebte allein in ihren Mythen und Ahnengeschichten die Erinnerung an ihre Urheimat fort. Die Kunst der Hochseeschiffahrt war vergessen, und der Archipel begab sich in eine langanhaltende Isolation, die erst durch die Ankunft der ersten Europäer wieder aufgebrochen wurde. Bis es dazu kam, wurden die Stämme und Unterstämme von Häuptlingen und Kleinkönigen beherrscht, die sich oft gnadenlos bekämpften; Kriege, Unterwerfungen und Eroberungen waren an der Tagesordnung. Dieses alte Hawaii wird im KAPITEL 2.3.1 etwas ausführlicher beschrieben.

2.1.2 DIE EUROPÄISCHE ENTDECKUNG

Waren Spanier die ersten?

Wenn man Geschichte nicht nur durch die europäische Brille sieht, konnte nach den Polynesiern kein Seefahrer mehr das Prädikat des 'Entdeckers' in Anspruch nehmen (ebensowenig wie der amerikanische Kontinent durch Kolumbus oder die Wikinger 'entdeckt' wurde). Für die Europäer jedoch erschloß sich in der Zeit der großen Expeditionsfahrten über die Ozeane jeweils eine neue Welt, oft genug furchtbar für diese und fruchtbar für den Alten Kontinent. Bekanntlich waren in der frühen Neuzeit vor allem Spanier und Portugiesen führend daran beteiligt, zu neuen Ufern aufzubrechen und in atemberaubend schnellem Tempo den Horizont des christlichen Abendlandes ständig zu erweitern.

Im Fall des hawaiischen Archipels ist sich die Wissenschaft jedoch uneins darüber, ob vor dem großen *James Cook* Südeuropäer die pazifische Inselwelt gesichtet haben, vielleicht sogar Kontakt mit deren Einwohnern aufnahmen. Die Möglichkeit war immerhin gegeben, hatten doch mehr als 220 Jahre vor dem britischen Weltumsegler die Spanier begonnen, regelmäßig den Pazifik auf der Route Mexiko-Philippinen zu befahren. Zwar ging der damals übliche Seeweg entweder nördlich oder südlich an der Inselgruppe vorbei, doch wissen wir aus den zeitgenössischen Logbüchern, wie oft die Spanier damals vom Kurs abkamen und unfreiwillig in bislang unbekannte Gebiete vorstießen. 1535 soll beispielsweise nach nicht bewiesenen Quellen *Juan Gaetani* vor dem Archipel vor Anker gegangen sein.

Als in den Kaperkriegen zu Beginn des 18. Jhds spanische Seekarten in die Hände der Engländer fielen, waren dort Inseln mit Namen *La Mesa* (= 'der Tisch') und *Los Mojas* (= 'die Mönche') etwa an der Stelle eingezeichnet, an der Hawaii zu finden ist. Weitere Funde und Berichte lassen Spekulationen aufkommen, ob Spanier nicht nur Hawaii sichteten, sondern dort auch an Land gegangen sind und einen nachhaltigen Einfluß auf die insulare Gesellschaft gehabt haben.

So fand man in den 1950er Jahren z.B. im Sarg des vergötterten Häuptlings *Lono* aus dem 17. Jhd ein kleines Eisenstück, das die neolithischen Stämme niemals selbst hervorgebracht haben können. In den frühen mündlichen Berichten der Ureinwohner ist zudem von hellhäutigen Menschen die Rede, und die Prunkausrüstung eines hawaiischen Kriegers erinnert mit Helm, Dolch und Umhängen auffällig an spanische Moden. Selbst die bevorzugten Farben der Häuptlings-Federumhänge, nämlich Rot und Gelb, werden von Forschern mit einem frühen Kontakt zu Spaniern in Verbindung gebracht, die die gleichen Farben für das Königshaus reserviert hatten. Alle diese Mosaiksteine erhärten in ihrer Summe die Vermutung, daß Spanier die ersten europäischen Entdecker Hawaiis waren, bringen dafür jedoch keinen stichhaltigen Beweis.

Captain James Cook

Eindeutig bewiesen und in vielfältigen Quellen dokumentiert ist natürlich die 'Entdeckung' des Archipels im **Januar 1778** durch ***James Cook*** und die Besatzung der Schiffe *Resolution* und *Discovery*. Auf zwei Weltreisen hatte sich *Cook* damals bereits Ruhm erworben und bahnbrechende Entdeckungen gemacht, auch waren ihm große Teile der polynesischen Inselwelt bekannt.

Ab 1776 befand sich der britische Weltumsegler auf dem Weg in die Arktis, wo er die berüchtigte Nord-West-Passage finden sollte. Mehr zufällig stieß er dabei mitten im Pazifik auf Hawaii, wo er Ende Januar 1778 an Oahu vorbeisegelte und in der Bucht von *Waimea* auf Kauai vor Anker ging. Bereits am nächsten Tag fand in freundschaftlicher Atmosphäre der erste Kontakt zu den Eingeborenen statt und wurden die ersten Güter getauscht. Die Besatzung verbrachte nur eine kurze Zeit auf Kauai und Niihau, wenige Tage, die aber trotzdem mehrere Konsequenzen hatten: Zunächst einmal entstanden die ersten Aufzeichnungen über Leben und Kultur der Hawaiier sowie über die Fauna und Flora des Archipels. Zusammen mit Beschreibungen bei den späteren Aufenthalten stellen diese Dokumente die wohl wichtigste historische Quelle über das frühe Hawaii dar, insbesondere das Logbuch von James Cook und die Illustrationen des Schweizers *Johann Wäber* (engl.: *John Webber*). Bei der Gelegenheit taufte Cook die Inselkette übrigens "Sandwich-Inseln", nach *John Montagu,* dem vierten Earl of Sandwich und wichtigsten Förderer des Kapitäns. Zweitens schenkten die Weißen den Eingeborenen Ziegen und Schweine sowie einige Samen von Früchten und setzten damit unfreiwillig eine verhängnisvolle Entwicklung in Gang, die schließlich die gesamte einheimische Tier- und Pflanzenwelt in Mitleidenschaft ziehen sollte. Auch die Sexualkontakte, die die Matrosen und Offiziere mit den freigebigen Inselmädchen eingingen, sollten für die hawaiische Gesellschaft furchtbare Folgen haben, indem Syphilis, Gonorrhöe und andere Krankheiten Einzug hielten. Und drittens schließlich war der angenehme Aufenthalt auf den Inseln der Grund, daß Cook später zurückkehren sollte.

Die nächsten sieben Monate verbrachten die Schiffe in der eisigen Kälte der Arktis, ohne die Nord-West-Passage tatsächlich zu erreichen und in den Atlantik zu gelangen. Cook entschloß sich, die Heimreise auf gleicher Route wie bei der Hinfahrt anzutreten, wobei er wegen seiner guten Erfahrungen auf Hawaii und wegen zwingend notwendiger Reparaturarbeiten dort eine Zwischenstation plante.

Im November 1778 traf die kleine Flotte an ihrem Ziel ein, erkundete allerdings zunächst die gesamte Inselwelt (wobei u.a. die Insel Maui 'entdeckt' wurde), um schließlich am **17. Januar 1779** in der Kealakekua-Bucht im Westen von Big Island vor Anker zu gehen. Der Empfang, der den Europäern dort bereitet wurde, übertraf alles, was sie bis dahin in Polynesien erlebt hatten. Offiziere schätzten, daß rund 3.000 Kanus und etwa 10.000 Eingeborene versammelt waren, und in Cooks Tagebüchern ist nachzulesen, welche Feierlichkeiten, Geschenke und Speisen von den Hawaiiern aufgeboten wurden, um ihre Gäste zufriedenzustellen.

Der Grund für eine solche außergewöhnliche Zuvorkommenheit: Erstens hatte Cook als Ankerplatz zufälligerweise einen heiligen Ort ausgewählt, an dem gerade damals die größte religiöse Zeremonie zu Ehren des Gottes *Lono* abgehalten wurde. Und zweitens hielten die Eingeborenen aufgrund dieser Vorzeichen und wegen ihrer Legenden, die bis in Details auf Cook und seine Schiffe zuzutreffen schienen, ihn für den Gott Lono persönlich.

Die HMS Resolution (neuzeitliche Darstellung)

Nach zwei Monaten, in denen die Weißen nicht nur mit Geschenken überhäuft wurden, sondern auch die Schiffe instandsetzten und erneut das freizügige Leben genossen, stachen die *Resolution* und *Discovery* am 4. Februar endlich in See. Allerdings gerieten sie kurz darauf in einen heftigen Sturm, der Segel und Masten beschädigte, so daß sich Cook entschloß, zurückzukehren, um die notwendigen Reparaturen vorzunehmen.

Diesmal war alles ganz anders: Nach dem Ende des Festes waren die meisten Eingeborenen in ihre Dörfer zurückgekehrt und diejenigen, die man in der Bucht antraf, zeigten unverhohlen Mißtrauen. Denn wieso konnte ihr Gott durch einen Sturm so in Bedrängnis geraten? Die Einheimischen, die sich für Lono-Cook verausgabt hatten und deren Lebensmittel erschöpft waren, begannen, an der göttlichen Rolle des Weißen zu zweifeln und sich in steigendem Maße durch Diebstähle zu bereichern. Als am **13. Februar** sogar das Beiboot der *Discovery* abgetrennt worden war, wollte Cook ein Exempel statuieren. Er ruderte mit zehn Leuten an Land, um den lokalen König *Kalaniopuu* in Geiselhaft zu nehmen, bis die gestohlenen Gegenstände zurückgebracht würden. Noch am Strand wurden die Europäer von den Eingeborenen umringt und mit Keulen, Lanzen und Steinen angegriffen. Dabei kamen vier Besatzungsmitglieder und James Cook ums Leben.

Später wurden der Schiffsbesatzung einige verstümmelte Leichenteile des Weltumseglers übergeben, und man konnte in Erfahrung bringen, daß andere Teile in den Besitz von Häuptlingen und Priestern übergegangen waren. In diesem blutigen Gemetzel endete das Leben eines der größten Seefahrer aller Zeiten; und genauso blutig begann die 'moderne' Geschichte Hawaiis. Denn die Überlebenden waren vom grausigen Tod ihres Kapitäns so schockiert, daß sie nun ihrerseits mit Kanonen auf Dörfer und Tempel schossen und genau jene Menschen töteten, deren Gesellschaft sie noch kurz vorher so genossen hatten.

INFO

James Cook – Weltumsegler, Forscher und Entdecker

James Cook wurde als Sohn eines Arbeiters am 27. Oktober 1728 in Morton (Yorkshire) geboren und fuhr als Jugendlicher zunächst auf einem Kohlenschiff zur See, bevor er dann im Siebenjährigen Krieg in die Dienste der englischen Marine trat. Ab da entwickelte er eine der erstaunlichsten Karrieren eines Arbeiterkindes des 18. Jhds. Sein naturwissenschaftliches und zeichnerisches Talent prädestinierten ihn für eine Expedition zur Vermessung des kanadischen St.-Lorenz-Stromes, und seine kartografischen Produkte sowie die Beschreibung einer Sonnenfinsternis im Jahre 1766 machten die britische Admiralität und die Royal Society auf ihn aufmerksam. Schließlich übertrug man ihm die Leitung jener Expedition mit der "Endeavour" (= 'Bestreben', 'Anstrengung'), die zur (Wieder-)Entdeckung der pazifischen Inselwelt führen sollte. Allerdings war die Suche nach dem Südkontinent nicht der einzige Zweck dieser Reise; auf ihr sollte ein neues Mittel (Sauerkraut!) gegen den Skorbut getestet (erfolgreich) und auf Tahiti der Durchzug der Venus durch die Sonne beobachtet werden. Nach der Beendigung seiner Aufgaben und der Kartografierung Neuseelands segelte Cook 1770 an Australien vorbei und um das Kap der Guten Hoffnung herum zurück nach England – seine erste Weltumseglung! Zwei weitere Reisen (1772-75 und 1776-79) führten James Cook erneut in den Pazifik, dabei wagte er sich so weit nach Süden vor wie niemals ein Weißer vor ihm. Auf seiner letzten Fahrt sollte er mit den Schiffen "Discovery" und "Resolution" die Nord-West-Passage, also den Seeweg durchs Eismeer nördlich am amerikanischen Kontinent entlang, finden und bezwingen. Nachdem ihm das nicht gelungen war, segelte er von Alaska zurück in den Pazifik, wo der Fünfzigjährige schließlich am 13. Februar 1779 von hawaiischen Eingeborenen umgebracht wurde.

James Cook, zeitgenössisches Porträt

Seine wissenschaftliche Sorgfalt, sein seemännisches Können und seine vergleichsweise große Toleranz den Eingeborenen gegenüber machten ihn zu einer der ganz großen Entdeckergestalten des 18. Jhds. Im gesamten pazifischen Raum erinnern die Namen einiger Inseln, Berge und Meeresstraßen an James Cook. Und Statuen von ihm sind im neuseeländischen Gisborne genauso zu finden wie in Anchorage/Alaska. Auf der Insel Hawaii ist sogar eine Ortschaft nach dem Entdecker benannt. Es ist auch kein Zufall, daß verschiedentlich Raumfahrzeuge der NASA nach den Schiffen des Weltumseglers benannt wurden. So gab es den Space-Shuttle "Disco-

very", und vorher schon hieß die Kapsel der 15. Apollo-Mission, die 1971 zur Mondumlaufbahn geschickt wurde, "Endeavour", an Bord befand sich damals auch ein Holzstück eben jenes Schiffes, mit dem Kapitän Cook 200 Jahre zuvor seine erste Reise in den Pazifik unternahm!

Weitere 'Entdecker'

In den Jahren nach dem tragischen Tod Captain Cooks gelangte eine Reihe weiterer wagemutiger europäischer Seeleute nach Hawaii, die eigentlich noch zu den 'Entdeckern' gerechnet werden müssen, weil sie das abendländische Bild von der Inselkette komplettierten. Dazu zählt auch James Cooks Offizier **Charles Clerke**, der nach dessen Ermordung die Leitung der Schiffe übernahm und die Expedition sicher nach England zurückbrachte. Auf dem Weg sichtete und beschrieb er die Insel Lanai, die Cooks Aufmerksamkeit entgangen war.

Erstaunlicherweise dehnten auch die **Franzosen**, die bereits in Nordamerika große Ländereien besaßen, ihre seefahrerischen Aktivitäten auf den Pazifik aus, wo sie später Tahiti ihrem Kolonialreich eingliederten und selbst auf Neuseeland kleinere Gemeinwesen errichten konnten. Ihr bedeutendster Entdecker war der Kapitän **Jean-François Galaup de la Pérouse**, der 1786 – also vier Jahre nach Cooks Tod – mit zwei Fregatten die Inselkette erreichte und u.a. als erster Europäer Maui betrat. Auf seinen Besuch geht auch der Name der *French Frigate Shoals* weit im Nordwesten des Archipels zurück. Auch das französische Kriegsschiff *l'Uraine,* das 1819 unter dem Kommando von **Louis de Freyciunet** Hawaii besuchte, hatte in erster Linie eine wissenschaftliche Mission. Ein an Bord befindlicher Priester brachte zudem aber auch den Katholizismus auf die Inseln.

Die meisten Expeditionen unternahmen jedoch die **Engländer**. Einerseits erkannten sie die wirtschaftliche Bedeutung jener transpazifischen Route zwischen den Pelzjägern in Nordwestamerika und den Textilmärkten in China, auf der Hawaii als zentrale Zwischenstation fungieren konnte. Und zweitens beauftragte die britische Admiralität verschiedene Kapitäne, das Lebenwerk von *James Cook* fortzusetzen. Im gleichen Jahr wie *la Pérouse* trafen zwei Schiffe unter dem Kommando von **Nathaniel Portlock** und **George Dixon** ein, liefen verschiedene Inseln des Archipels an und kehrten zurück, ohne wirklich Wertvolles geleistet zu haben. Anders verhielt es sich mit der Expedition von **George Vancouver**, der mit den Schiffen *Discovery, Chatham* und *Daedalus* insgesamt dreimal zwischen von 1792 und 1794 Hawaii anlief. Vancouver, der ebenfalls die Nordwestküste Amerikas erforschte, betrat auf seiner ersten Reise 1792 als erster Weißer die Insel Molokai, bei seiner zweiten Reise besuchte er alle Inseln und verhandelte mit deren Königen. Ein inniges Verhältnis ver-

George Vancouver

band ihn mit König *Kamehameha d. Großen*, dem er mit Rat, Waffen und westlicher Schiffsbaukunst bei seinen Eroberungszügen zur Seite stand (s.u.). Auf ihn geht auch die Einführung der ersten Rinder, Gänse, Orangen, Trauben, Mandelbäume und anderer Früchte zurück. Daneben brachte er die britische Flagge, den Union Jack, nach Hawaii, die auf Kamehameha so viel Eindruck machte, daß er nach diesem Vorbild eine hawaiische Flagge kreieren ließ und sein Königreich sogar unter den Schutz Englands stellte.

Auch der britische Kapitän **William Brown,** der mit seinem Schiff *Jackall* 1793 als erster Weißer in den Hafen von Honolulu gelangte, verdient eine Erwähnung.

Schließlich wurden sogar die **Russen** im Pazifik aktiv und segelten von ihrer Kolonie Alaska aus südwärts. Der erste Seemann, der 1803-06 im Auftrag des Zaren nach Hawaii kam, war der baltendeutsche Weltumsegler **Adam Johann von Krusenstern**. An Bord war sein Neffe **Otto von Kotzebue**, der zweimal (1816 und 1817) als Kommandant ein weiteres russisches Schiff *('Rurik')* nach Hawaii brachte. Zu dieser Zeit versuchte der Abenteurer **Anton Scheffer** mit seinem Schiff *Bering* bereits, einen russischen Brückenkopf auf Hawaii zu errichten (vgl. KAPITEL 10.5.2).

2.1.3 KÖNIGSDYNASTIEN, WALFÄNGER UND MISSIONARE

Während der ersten Jahrzehnte des 19. Jhds prallten auf Hawaii Ideen und Einflüsse aus allen möglichen Richtungen aufeinander und führten dazu, daß sich die Inseln in kürzester Zeit mehr veränderten als in den Jahrhunderten davor. Immer mehr westliche Segelschiffe nutzten den Archipel als Zwischenstation auf dem Weg nach Ostasien, Walfänger erkannten die reichen Bestände vor Hawaiis Küsten und segelten in Massen heran, puritanische Missionare aus Boston und ihre katholischen Kollegen aus Frankreich verbreiteten die Ideen des Christentums, bisher unbekannte Krankheiten breiteten sich aus, eingeführte Pflanzen und Tiere begannen, die einheimische Natur zu erobern. Und die Ureinwohner selbst, schlagartig aus ihrer Isolation herausgerissen, mußten versuchen, sich mit den neuen Verhältnissen zu arrangieren. Neu war für sie auch, daß es einem aus ihrer Mitte gelingen sollte, alle Inseln in seine Gewalt zu bekommen und zum erstenmal in der Geschichte ein vereinigtes Königreich Hawaii zu installieren. Die Rede ist von *Kamehameha I.,* dem die Geschichtsschreibung später das Attribut "der Große" zuerkannte.

INFO

Hawaiis Napoleon: König Kamehameha der Große

*König Kamehameha wurde wahrscheinlich im November **1758** in **Kohala** auf Big Island **geboren**. Seine Eltern entstammten jeweils mächtigen Häuptlingsgeschlechtern, die große Teile der Insel Hawaii beherrschten. Der Legende nach wurde seine Geburt von himmlischen Vorzeichen begleitet, die seine spätere Bedeutung für den Archipel ankündigten. Seine ersten Jahre wurde das Kind versteckt, um nicht von konkurrierenden Clans getötet zu werden. Nach dieser Zeit wurde der Junge, der ursprünglich Paiea hieß, zum Häuptlingshof zurückgebracht und erhielt den Namen Kamehameha (= 'der Einsame'). Die nächsten sieben Jahre wurde er in sportlicher, religiöser* *und sozialer Hinsicht zu einem 'alii' erzogen, der später einmal als Herrscher auftreten sollte. Nach dem Tod seines Vaters wurde er im Alter von 14 Jahren von seinem Onkel, König Kalaniopuu, adoptiert. Der Junge, zu dieser Zeit bereits ein berühmter Speerwerfer und als außerordentlich klug und stark bekannt, begleitete seinen Onkel in vielen Bürgerkriegen, die diesen zum König von ganz Big Island und einem Teil Mauis machten. Zusammen mit König Kalaniopuu besuchte Kamehameha am* ***17. Januar 1779*** *die 'Discovery' und machte die persönliche Bekanntschaft Captain Cooks.*

König Kamehameha der Große

Zwei Dinge hatten ihn bei diesem Besuch besonders beeindruckt: einmal die Gewehre, Kanonen und anderen Eisenwaffen. Der kluge Stratege in ihm erkannte sofort deren Bedeutung für die Auseinandersetzung mit den herkömmlich bewaffneten feindlichen Stämmen. Zum andern das Segelschiff des Briten, das sicherer und viel größer als seine Ausleger-Kanus und für Seeschlachten weitaus besser geeignet war. Es dauerte allerdings noch eine Weile, bis er seine Erkenntnisse nutzen konnte. Erst nach dem Tod seines Onkels und nach Besuchen anderer westlicher Seeleute, die ihn mit Waffen ausrüsteten, konnte er in die ununterbrochenen Stammeskriege eingreifen. Sein ***erster Feldzug*** *führte ihn* ***1790*** *nach* ***Maui,*** *wo er bei Hana landete und nach und nach die gesamte Insel eroberte. Die letzten Verteidiger trieb er ins enge Iao-Tal und ließ sie dort mit einer Kanone beschießen. Im nächsten Jahr führte er einen erbitterten Krieg auf seiner Heimatinsel* ***Big Island*** *gegen seinen stärksten Rivalen, König Keoua. Kamehameha, der ohnehin schon als offizieller Wächter des Kriegsgottes Ku galt, erhielt dabei eine weitere göttliche Hilfe: Die Feuergöttin Pele sandte Vulkanausbrüche und Gaseruptionen, die die zweite Armee Keouas völlig vernichteten: Mehr als 400 Menschen starben bei dieser Naturkatastrophe!*

Weitere Kriege folgten, oft verbunden mit einem schrecklichen Strafgericht, bei dem die feindlichen Häuptlinge dem Kriegsgott Ku geofert wurden. ***1795*** *sandte Kamehameha erneut eine Kriegsflotte mit 16.000 Mann, Kanonen und Musketen gegen* ***Maui,*** *das von ihm abgefallen war, und eroberte die Insel zum zweitenmal.*

Im gleichen Jahr verleibte er auch ***Molokai*** *seinem Reich ein und setzte die Fahrt zum dichtbevölkerten* ***Oahu*** *fort. Er landete in Waikiki und trieb die Verteidiger der Insel ins Nuuanu Valley, wo sich diese aus Angst vor dem grausamen Herrscher die Klippen hinabstürzten.* ***1796*** *vereitelte ein Sturm Kamehamehas Eroberung von* ***Kauai*** *und* ***Niihau****. In Kämpfe auf den anderen Inseln verstrickt, die er alle siegreich bestand, konnte er sich erst ab*

1805 *wieder dem ungelösten Problem Kauai zuwenden. Bis* ***1810*** *unternahm er noch einen zweiten Feldzug dorthin, der ebenfalls an den Naturgewalten scheiterte, bis schließlich ein Vertrag zustandekam, der Kauai eine gewisse Autonomie zusicherte, aber im Prinzip die Herrschaft Kamehamehas über die Insel bestätigte.*

'Der Einsame' hatte es also geschafft, alle bewohnten Inseln des Archipels in einem ***Königreich zu vereinen*** *und eine* ***Dynastie*** *zu begründen, die noch fast ein Jahrhundert Bestand haben sollte. Gleichzeitig leitete er durch seine* ***Kontakte zu den Weißen*** *jedoch auch jene Entwicklung ein, die schließlich zum Ende eben dieses Königreichs führen sollte. Auf seinem Weg zur Alleinherrschaft bediente er sich der militärischen und wirtschaftlichen Macht der 'Haole' (= Weißen), nahm Waffen und Ratschläge etwa des Kapitäns George Vancouver an und betätigte sich auch im* ***Welthandel****, indem er die Sandelbäume abschlagen und das duftende Holz nach China verkaufen ließ. Wenn es opportun war, legte er seinen Federumhang ab und ließ sich in westlicher Kleidung sehen. Vor allem von der Macht des britischen Weltreiches war er beeindruckt. So ließ er mit Hilfe des Kapitäns Vancouver ein Schiff nach westlichem Vorbild errichten, dem er bezeichnenderweise den Namen Britannia gab. Und der Union Jack sollte ab dieser Zeit auch auf den hawaiischen Schiffen wehen. Kamehameha ging sogar so weit, George Vancouver eine Botschaft mitzugeben, nach der das Königreich Hawaii unter den Schutz Englands gestellt werden wolle. Es wäre aber falsch, darin eine Unterwerfungsgeste zu sehen; der wahre Grund wird wohl eher die Überlegung gewesen sein, daß hawaiische Schiffe mit dem Union Jack seltener von Piraten angegriffen und der britische Schutz der Meere sich dann auch auf Hawaii beziehen würde. Wie dem auch sei – die britische Krone hat diese Schenkung niemals angenommen.*

Von seiner inneren Einstellung her blieb Kamehameha seinem polynesischen Ursprung treu. Er respektierte das kapu-System, opferte den Göttern, folgte dem Rat der Priester und umgab sich mit einem Harem adeliger Frauen. Seine Lieblingsfrau Kaahumanu sollte später seinen Platz einnehmen. In seinen späteren Jahren konnte Kamehameha dem Inselreich die lange ersehnte ***Friedenszeit*** *bringen. Er, der in seiner Jugend als aufbrausend und brutal in Erscheinung getreten war, ließ nun überall im Land Tempel bauen und galt in seiner unumschränkten Macht als weise und mild, so daß er sich den Beinamen 'der Große' zu Recht verdiente.*

Der 61jährige Kamehameha ***starb*** *am* ***8. Mai 1819*** *bei* ***Kailua****/Big Island. Nach alter Tradition wurden seine Gebeine an einem geheimen Ort beigesetzt.*

Der Beginn des Handels

Die ersten und unmittelbaren Auswirkungen hatte Cooks 'Entdeckung' auf den Welthandel. Schiffe aus aller Herren Länder legten noch vor Ende des Jahrhunderts in den hawaiischen Häfen an, da die Inselkette fast genau in der Mitte auf der lukrativen Route zwischen Asien und Amerika lag. Waren aller Art, vor allem aber Pelze aus Nordwestamerika und Seide, Textilien und Gewürze aus China, konnten nun gefahrloser über den Pazifik transportiert werden, da sich auf der Zwischenstation Hawaii die ideale Gelegenheit ergab, Vorräte aufzufüllen und

Wartungsarbeiten zu tätigen. Dieser Zwischenstopp war auch aus anderen Gründen interessant: In zunehmendem Maße bot der Archipel eigene Produkte wie z.B. Sandelholz zum Export an, während dort wiederum z.B. Feuerwaffen, Alkohol, Spiegel etc. reißende Abnehmer fanden. Außerdem hatte es sich herumgesprochen, daß die polynesischen Mädchen Liebesabenteuern nicht abgeneigt waren.

Unter den Händlern waren nicht wenige Seebären und Haudegen von äußerst zweifelhaftem Charakter. Die schlimmsten Auswüchse westlicher Arroganz ereigneten sich noch zu *Kamehamehas* Lebzeiten, als sich *Simon Metcalfe*, der Kapitän des amerikanischen Schiffes *Eleanora*, im Jahre **1790** für den Tod eines Matrosen und den Diebstahl eines Bootes rächen wollte. Mit Kanonen ließ er die Grashütten und Tempel einer kompletten Siedlung in Asche legen, anschließend segelte er zum nächsten Dorf weiter, wo *Metcalfe* das Feuer auf die ahnungslosen Eingeborenen eröffnen ließ. Rund 100 Tote und noch mehr Verwundete waren die Folge dieses Blutbades, das nach seinem Schauplatz auf Maui als **Olowalu-Massaker** bekannt wurde. An der Kona-Küste von Big Island züchtigte der Kapitän kurze Zeit später den Häuptling *Kameeiamoku* mit einem Schiffstau. Dieser schwor daraufhin dem nächsten *haole*-Schiff, das er sehen würde, Rache. Ein solches kam einige Wochen später aus Amerika herangesegelt, trug den hübschen Namen *Fair American* und stand – Ironie der Geschichte! – unter dem Kommando von *Metcalfes* Sohn *Thomas*. Mit einigen Gefolgsmännern konnte Häuptling *Kameeiamoku* das Boot entern, die Besatzung über Bord werfen und im Wasser mit Keulen und Paddeln erschlagen.

Da das Interesse der Ausländer vor allem im beiderseitigen Handel lag, waren solche Grausamkeiten jedoch nicht an der Tagesordnung und nahmen schließlich in dem Maße ab, in dem *Kamehameha I.* die Zügel in seinem Königreich fester in die Hand bekam. Es waren andere Probleme, die nun in den Vordergrund drängten. Erstens war bereits eine ganze Generation von Hawaiiern durch Krankheiten gezeichnet – aufgrund der relativ hohen Promiskuität hatten sich Syphilis und andere Geschlechtskrankheiten rasend schnell über die Inseln ausgebreitet; hinzu kamen Masern, Typhus, Keuchhusten und Grippe, gegen die die Eingeborenen keine Abwehrkräfte besaßen. Und zweitens tauchte zu Anfang des 19. Jhds die rauhe Gesellschaft der Walfänger in Jahr für Jahr größerer Anzahl vor Hawaii auf.

Die Walfang-Ära

Im gleichen Jahr, in dem *Kamehamea I.* starb (1819), wurden die ersten Walfänger in hawaiischen Gewässern aktiv. In Europa und Amerika gab es einen steigenden Bedarf an Lampenöl, die Mode verlangte nach Fischbein, und die Parfümerien nutzten verschiedene Essenzen, die aus den Walköpfen gewonnen wurden.

Die nordatlantischen Gewässer um Spitzbergen und Jan Mayen waren mehr oder weniger leergefischt, so daß die Nachricht, rings um das neuentdeckte Hawaii gäbe es enorme Bestände der Meeressäuger, eine internationale Flotte von Walfängern in Bewegung setzte. Daß die Jagd auf die mächtigen Pottwale, die die Walfängerboote oft an Größe übertrafen, eine harte und gefährliche Arbeit war, weiß jeder, der einmal *Herman Melvilles* Roman *"Moby Dick"* gelesen hat. Sobald der Ausguck das charakteristische 'Blasen' eines Wales meldete, begann eine fieberhafte Tätigkeit. Kleine Ruderboote wurden zu Wasser gelassen und in Windeseile in die Nähe der riesigen Säugetiere gebracht. Dort mußte der Harpunierer den Wal mit aller Wucht und sehr gezielt treffen, damit er ernst-

Walfänger im Pazifik (zeitgenöss. Darstellung)

haft verletzt war, nicht mehr tief abtauchen konnte und von weiteren Harpunen zur Strecke gebracht werden konnte. Immer bestand die Gefahr, daß das Tier den Harpunierer oder gleich das gesamte Ruderboot mit in die Tiefe zog oder in Panik auf das Mutterschiff zuraste und es zerstörte. Hatte man Glück und der Pottwal war verendet, mußte er längsseits an das Walfängerschiff gebracht werden, wo man begann, mit Äxten und speziellen Spaten Bahnen von Speck aus dem Tier herauszuschneiden. Diese wurden in großen Kesseln an Bord zu Tran und sog. Spermöl verkocht, das man in großen Fässern lagerte. Den riesigen Kopf zerhackte man in Teile und schaufelte aus dem Gehäuse den kostbaren Walrat, ein begehrtes Produkt für die Parfümerien der westlichen Welt.

Für Hawaii war der Walfang Segen und Fluch zugleich. **Wirtschaftlich** profitierte man von dem Geschäft, da die Sandelholzwälder, die ab 1811 für kurze Zeit das wichtigste Exportgut lieferten, bereits 1830 völlig abgeschlagen waren. Schließlich mußten die Schiffe der Walfänger überholt und der Proviant aufgefrischt werden – Versorgungseinrichtungen und eine lebhafte Kleinindustrie schossen daher vor allem in Lahaina und Honolulu aus dem Boden. Daneben heuerten nun auch viele Hawaiier selbst auf den Schiffen an. Und die Matrosen, durchweg abenteuerliche Gestalten, ließen Tausende von Dollars auf den Inseln, die von Spelunken, Hotels, Kneipen, Billardhallen und Bordellen geradezu überflutet wurden. Alljährlich strömten in der Walfangsaison (Frühjahr und Herbst) mehr Menschen aus Skandinavien, Amerika und Mitteleuropa in die beiden einzigen Städte, die binnen kurzer Zeit zu Häfen kontinentalen Zuschnitts aufblühten, mit Banken, Post, Bäckereien, Kaufhäusern und Konsulaten. Und der Walfang wurde genauso schnell zu einer größeren Geldquelle für die Inseln als Landwirtschaft oder Handel.

Im **kulturellen** und **sozialen** Sinn war die Ära jedoch für die Ureinwohner furchtbar. Die Walfänger setzten ihr rauhes Seefahrerleben an Land fort, indem sie ihre 'Erholungspausen' zu alkoholischen Exzessen, Glücksspiel, Vergewaltigungen und arroganten Verhaltensweisen gegenüber den "Wilden" mißbrauchten. Häufig kam es zu organisierten Übergriffen, die weder eine neugegründete Polizeitruppe noch die mahnenden Worte der Missionare verhindern konnten. Die Inselbevölkerung, die innerhalb einer Generation vom Tauschhandel zum Geldverkehr übergegangen war, schickte aus blanker Not viele ihrer Töchter in die Bordelle – zwar hatte es im polynesischen Kulturraum eine gewisse sexuelle Freizügigkeit gegeben, aber keine Prostitution. Zu allem Übel infizierten sich dort die Mädchen schnell mit Geschlechtskrankheiten und beschleunigten somit den Untergang der hawaiischen Rasse. Zusätzlich wurden die Hawaiier, die ja gleichzeitig von den Missionaren zum Christentum bekehrt wurden, dadurch verunsichert, daß sich die rauhbeinigen Walfänger ebenfalls Christen nannten, aber genau das taten, wogegen die Missionare wetterten.

Seinen **Höhepunkt** erreichte der Walfang in der Periode von **1843-1860**, die deshalb auch *'Golden Age of Whaling'* genannt wird. Und hierbei ragten die Jahre 1846 (mit der Rekordzahl von 596 Walfängerschiffen in Lahaina und 429 in Honolulu), 1853 und 1859 noch einmal ganz besonders heraus.

Durch die Erfindung des Norwegers *Svend Foyn* – eine Harpune, die mit einer Kanone in die Walkörper geschossen wurde – war die Arbeit **ungefährlicher** und **effektiver** geworden. Zudem gab es bereits spezielle Dampfschiffe für den Walfang, die auch im Pazifik zum Einsatz kamen. Doch je mehr Walfänger sich in den hawaiischen Gewässern tummelten, desto akuter wurde das Problem der **Überfischung**. Die riesigen Säugetiere wurden so gnadenlos bejagt, daß ihre Zahl stetig abnahm, was wiederum die Suche nach **neuen Fanggründen** zur Folge hatte. Diese fand man nahe Alaska und in den übrigen arktischen Gewässern, aber erstens nahm auch dort bald schon die Walpopulation rapide ab, und zweitens lagen die einzelnen Fanggründe nun so weit auseinander, daß die Reisen immer beschwerlicher wurden und länger andauerten (vier Jahre waren keine Seltenheit!). Dadurch entstanden **höhere Kosten**, die den Preis für Walöl immer weiter nach oben schraubten und in der Konsequenz die Suche nach alternativen Energiequellen verstärkten. Nach und nach ersetzten ab den **1860ern** Naturgas, Öl aus Kohle, Kerosin und Petroleum das teure Walöl und brachten die Walfängerei im großen Stil schließlich zum Erliegen.

Die Missionare

Fast zeitgleich mit den Walfängern, nämlich im Jahre 1820, trafen mit der Brigg *Thaddeus* nach einer fünfmonatigen, beschwerlichen Seereise die ersten christlichen Missionare ein. Sie kamen aus dem amerikanischen Boston und hingen einer puritanischen, an Calvin orientierten protestantischen Glaubensrichtung *(Congregationalisten)* an. Mit Fleiß, Überzeugungskraft und Askese schafften es die Missionare, ziemlich schnell die wichtigsten Adeligen und Könige zu bekehren, die wiederum ihre Untertanen dem strengen Protestantismus zuführten, obwohl dieser überhaupt nicht zur lebensbejahenden Gesellschaft der Polynesier passen wollte. So verdammten die Missionare nicht nur den alten Götzendienst, sondern taten auch die hawaiischen Tänze und Lieder, die freizügige Bekleidung, ja selbst das Lächeln, Lachen und Schwimmen als Teufelswerk ab. Besonders einem Mann fiel innerhalb dieser ersten Gruppe eine Führungsrolle zu: *Hiram Bingham.*

INFO

Wer war Hiram Bingham?

Der 1789 im US-Bundesstaat Vermont geborene Bingham studierte in den Vereinigten Staaten Theologie und wurde in Boston als 31jähriger zum Leiter der ersten Missionierungsfahrt nach Hawaii bestimmt.

Im Machtzentrum des damaligen Hawaii, auf Big Island, stand er der ersten christlichen Kirche des Archipels als Pastor vor. Dort erlebte er auch das Zusammentreffen der althawaiischen Gesellschaft und der weißen Welt in Gestalt der Walfänger. Gegen die Moralvorstellungen beider Gruppen kämpfte der strenge Puritaner mit aller Macht an und geriet dadurch zwangsläufig in Konflikte.

> *Wichtige Verdienste erwarb sich Bingham jedoch um die Schriftsprache der Ureinwohner. Er zeichnete auch die Pläne für die 'Great Stone Church' in Honolulu. Als sich der Gesundheitszustand seiner Frau verschlechterte, verließ Bingham 1840 die Inseln und kehrte in die Vereinigten Staaten zurück. Er starb 1869 in New England.*

Die Entwicklung des hawaiischen Alphabets, die Übersetzung der Bibel und Kirchenlieder ins Polynesische, die Einrichtung von Schulen und Krankenstationen – dies gehörte unzweifelhaft zu den **bewundernswerten Leistungen** der Missionare. Auch traten sie bisweilen den marodierenden Walfängern entschlossen und sogar mit Waffen entgegen oder retteten eingeborene Mädchen vor dem Schicksal der Prostitution. Andererseits zeigten sie sich in ihrem rigiden Moralkodex als äußerst **arrogant** gegenüber der polynesischen Kultur, von der sie sogar mehr zerstörten, als für ihren Missionsauftrag notwendig gewesen wäre.

Erstaunlich ist, wie es die Familien der ersten Missionarsgruppe und die jener **zweiten Mission**, die im April **1823** in Honolulu eintraf, später verstanden, in die **wichtigsten politischen, gesellschaftlichen** und **wirtschaftlichen Positionen** aufzusteigen. Auch als sie längst nicht mehr im geistlichen Bereich arbeiteten, bildeten diese Familien einen elitären, festgefügten Kreis und verbanden sich i.d.R. nicht mit den Hawaiiern oder anderen ethnischen Gruppen, sondern heirateten untereinander. Bis in die Jetztzeit gibt es Nachfahren der ersten Missionare, die sich z.T. immer noch als die wahren Repräsentanten der alten Gesellschaftsordnung verstehen. Und die Namen der wichtigsten Missionarsfamilien (wie *Castle, Ruggles, Dole, Judd, Kinney, Smith, Thurston, Whitney* u.a.) sieht man im historischen Überblick stets an vornehmster Stelle als Politiker, Großgrundbesitzer und Händler.

Zeitgleich mit den *Congregationalisten* oder unwesentlich später trafen auch Missionare anderer christlicher Glaubensrichtungen ein. Vor allem die **römisch-katholische** Kirche war dabei sehr erfolgreich. Bereits im August des Jahres **1819** konnte ein Priester an Bord des französischen Kriegsschiffes *l'Uraine* den

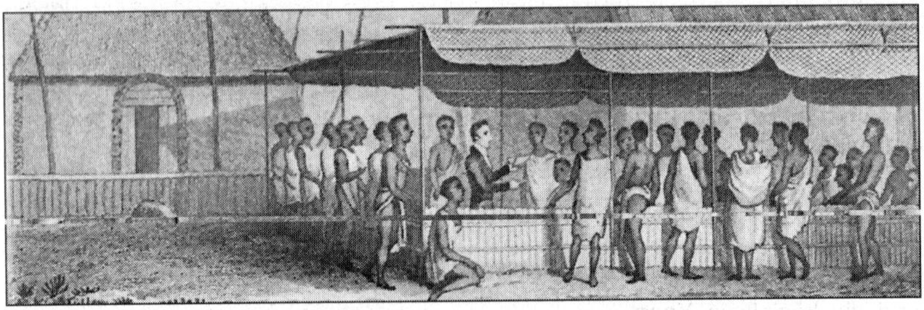

Ein Missionar predigt den Eingeborenen (zeitgenöss. Darstellung)

damaligen Premierminister *Kalanimoku* im Beisein der Königin und anderer Adeliger taufen, worauf sich dieser zum "Papst" aller Insulaner erklärte. Nach diesem kuriosen Intermezzo setzte die katholische Missionstätigkeit ab **1827** erst richtig ein, getragen hauptsächlich von französischen Patres. Diese zeigten sich toleranter gegenüber den Sitten und Gebräuchen der Ureinwohner und verbreiteten ein lebensfroheres Christentum, so daß der Katholizismus viele Anhänger gewann. Obwohl Königin *Kaahumanu* 1827 den Protestantismus zur Staatsreligion erklärte und 1830 den katholischen Patres die Missionstätigkeit verbot, konnte die Popularität dieser Glaubensrichtung nicht eingeschränkt werden, die im Lauf der Zeit zur wichtigsten der Inseln aufstieg.

Hawaii im Spannungsfeld der Weltmächte

Es ist schon erstaunlich, daß es dem kleinen und relativ schutzlosen Königreich Hawaii im Zeitalter des Imperialismus ziemlich lange gelang, seine Selbständigkeit zu bewahren. Immerhin tummelten sich im 19. Jhd die wichtigsten See- und Weltmächte im pazifischen Raum und waren bestrebt, ihr jeweiliges Imperium zu vergrößern. Es ist nicht leicht, dafür Gründe zu finden, denn der Hinweis auf die abgeschiedene Lage des Archipels greift nicht – schließlich hatten die Russen sogar Alaska erworben, das von St. Petersburg aus sozusagen am anderen Ende der Welt lag, die Franzosen hatten sich Tahiti einverleibt, und die Briten machten selbst das weit entfernte Neuseeland zu ihrer Kolonie. Vielleicht ist es ein glücklicher Zufall der Geschichte, daß das Königreich Hawaii ein Jahrhundert lang bestehen durfte. Das Problem, sich im Spannungsfeld der Weltmächte behaupten zu müssen, war schon dem weitsichtigen König *Kamehameha I.* bewußt gewesen, und er hatte versucht, es auf seine Weise zu lösen, indem er sein Reich kurzerhand als 'Geschenk' unter den Schutz Englands gestellt hatte.

Weniger zivilisiert benahmen sich einige Europäer, die offensichtlich Hawaii als herrenlose Schatzinsel betrachteten, ihre eigenen Kräfte maßlos überschätzten und in überhasteten Aktionen auf eigene Faust die Geschichte beeinflussen wollten. Dazu drei Beispiele:

- **1816** Mitten in den Kriegen König *Kamehamehas* erreicht der im russischen Auftrag segelnde deutsche Arzt *Georg Anton Scheffer* (1779-1836, vgl. KAPITEL 10.5.2) Hawaii und versucht, auf Oahu einen ersten Brückenkopf des Zarenreiches zu errichten. Als ihm dies nicht gelingt, segelt er nach Kauai, das er in Absprache mit dem dortigen König unter den Schutz von *Alexander I.* stellt. Zwei Jahre lang weht der zaristische Doppeladler über Kauai, bevor der Abenteurer in Richtung Brasilien flieht.
- **1843** Kapitän *George Paulet* von der Fregatte *Carysfort* besetzt handstreichartig das Fort von Honolulu und erklärt unter Abspielen der Hymne "God Save the Queen", daß die Inseln nunmehr zum britischen Weltreich gehören. Fünf Monate lang gilt auf diese Weise *Queen Victoria* als Regentin des Archipels, bis auf Vermittlung des britischen Konteradmirals *Richard Thomas* in fieberhafter diplomatischer Aktivität ein Vertrag zwischen dem hawaiischen König und den drei Mächten Großbritannien, Frankreich und USA zustande kommt. In diesem Papier wird die Selbständigkeit des Königreichs offiziell bestätigt.
- **1849** Ebenfalls in die Regierungszeit Kamehamehas III. fällt der Handstreich des französischen Konteradmirals *Legoarant de Tromelin*, der mit Invasionstruppen in Honolulu an Land geht, das Fort zerstört, den Regierungspalast plündert und die königliche Yacht entführt. Auch *Tromelin* handelte nicht in offiziellem Auftrag, verschwand nach einer Weile von selbst und lebt nur als Fußnote der Geschichte fort.

Zuckerplantagen und Vertragsarbeiter

Nach dem Sandelholz-Export nach China und dem kurzen Boom der Walfang-Ära nahm zunächst der Anbau von Zuckerrohr, dann der von Ananas die wirtschaftliche Schlüsselposition auf Hawaii ein. Hierbei betätigten sich vor allem die

Nachfahren der ersten Missionare, die während der Regentschaft *Kamehamehas III.* zur Mitte des 19. Jhd durch eine Landreform *('Große Mahele')* in die Lage versetzt worden waren, sich Großgrundbesitz anzueignen. Bald schon hatte eine Handvoll weißer Familien gut zwei Drittel des gesamten Landes in Besitz, das sie durch die Nutzung neuer Bewässerungstechniken in blühende Zuckerrohrplantagen umwandelte. Ein Kardinalproblem bei der großflächigen Landwirtschaft war der Mangel an Arbeitskräften, den die durch eingeschleppte Krankheiten stark dezimierte einheimische Bevölkerung nicht beheben konnte. Immerhin hatte der Archipel, auf dem einst 300.000-400.000 Hawaiier lebten, im Jahre 1882 mit nur 48.000 Einwohnern einen historischen Tiefstand erreicht. Das Problem lösten die *haole*, indem sie im großen Stil Arbeitskräfte aus Asien und Europa ins Land holten, durch die die Bevölkerungszahl bis zum Jahr 1900 wieder auf 154.000 Menschen anstieg. Die erste größere Gruppe von Vertragsarbeitern wurde in **China** rekrutiert, in der zweiten Hälfte des 19. Jhds folgten dann Zehntausende von **Japanern**. Aus Europa waren zahlenmäßig die **Portugiesen** am stärksten vertreten, die vor allem als Vorarbeiter angeworben wurden. Aber auch Deutsche, Skandinavier, Briten, Iren, Franzosen, Mexikaner, Philippinos u.v.m. lockte der Zuckerboom nach Hawai, teils als billige Arbeiter, teils als besser gestellte Aufseher und Vorarbeiter, teils als Geschäftsleute und Händler, die am Geldsegen teilhaben wollten und manchmal sogar den märchenhaften Aufstieg zum Dollarmillionär schafften (vgl. KAPITEL 2.4.2).

Mit den Arbeitskräften, die für einen Hungerlohn auf den Plantagen schufteten und in erbärmlichen Wohnverhältnissen lebten, konnte die Zuckerproduktion rasant gesteigert werden. Kamen 1860 erst 1,5 Mio Pfund Zucker in den Handel, waren es 1864 bereits 5,3 Mio Pfund und 1872 schon 17 Mio Pfund. Zuckerfabriken, Barackensiedlungen und Schmalspur-Eisenbahnen wurden allerorten aus dem Boden gestampft, die Produkte schließlich durch eigene Handelsgesellschaften und Schiffsagenturen auf die Weltmärkte gebracht.

Die Entwicklung des Königreiches beeinflußte die Zuckerindustrie als seine wichtigste Geldquelle in vielfältiger Weise. Von den ökologischen Folgen der Monokultur auf Flora, Fauna und Landschaftsbild einmal abgesehen, war durch die Zuwanderung von Arbeitskräften aus aller Herren Länder die völkische Zusammensetzung der Einwohnerschaft radikal verändert worden. Das Königreich Hawaii war kein Reich der Hawaiier mehr, im Gegenteil stellten diese bald nur noch eine Minderheit innerhalb einer multikulturellen Gesellschaft. Und die weißen Zuckerbarone, von deren Geschäften das Wohl und Wehe des Landes abhing, fühlten sich nicht nur als Elite, sondern waren es im politischen Sinn tatsächlich. Mehr noch als die Könige und Parlamente bestimmten sie den Weg Hawaiis, und als sie später um ihren Besitzstand fürchten mußten, schafften sie kurzerhand die Monarchie ab.

Die Entwicklung des Königshauses

Das Königreich Hawaii, das seit 1810 durch den Anschluß der Insel Kauai 'komplett' war, wurde nach dem Tod *Kamehamehas I.* durch eine Reihe mehr oder weniger erfolgreicher Regenten repräsentiert, die ihre Herrschaft zunächst auf die traditionelle polynesische Erbfolge stützten. D.h. daß eine Versammlung von Häuptlingen den jeweiligen Nachfolger in sein Amt einsetzte, sich dabei aber nach den Wünschen des Verstorbenen richtete. Ein wichtiges Mitspracherecht hatte die vornehmste Königsfrau, die *alii nui*, die auch den Regierungsgeschäften vorstehen konnte, wenn der neue König noch zu jung dafür war. Später gab es dann eine Verfassung und ein Parlament nach westlichem Vorbild, einmal sogar eine Königswahl per Volksabstimmung. So geschickt einige der Könige ihr Reich durch eine weltpolitisch unruhige Zeit führten, so deutlich war gleichzeitig auch, daß sie die Repräsentanten eines sterbenden Volkes waren: Kontinuierlich nahm die Zahl ihrer Untertanen ab.

• König Liholio (Kamehameha II.)

Nach dem Tod des Großen *Kamehameha* trat im Mai **1819** sein Sohn *Liholio* als *Kamehameha II.* die Erbfolge an, allerdings nur mit eingeschränkter Macht. Denn die Lieblingsfrau seines Vaters, Königin *Kaahumanu*, bestimmte in wesentlichen Teilen die Politik mit. Dies ist insofern von großer Wichtigkeit, als sie eine große Fürsprecherin der protestantischen Missionare war und entscheidend dazu beitrug, daß sich das Christentum in relativ kurzer Zeit ausbreiten konnte, daß die neue Schrift gelehrt wurde und daß das alte Gesellschaftssystem mit seinen *kapu*-Regeln bereits 1819 außer Kraft gesetzt wurde. Ab nun aßen Männer und Frauen gemeinsam, gab es keine rituellen Menschenopfer mehr und verschwand ein alter Tempel nach dem anderen. Als *Kaahumanu* im Jahre 1832 starb, war sie die erste Adelige, die christlich bestattet wurde. Sie überlebte ihren Sohn *Liholio* um acht Jahre. Dieser war von einem Geschenk des britischen Königs *George IV.* so geschmeichelt gewesen, daß er sich **1823** samt Gattin und Gesinde an Bord eines Walfangschiffes nach London aufmachte, um sich persönlich zu bedanken. Im Juli **1824**, noch bevor er den König treffen konnte, erkrankte die gesamte Gesellschaft in England an der Grippe und starb binnen weniger Tage. Die Leichen *Kamehamehas II.* und seiner Frau wurden mit dem Schiff *HMS Blonde* nach Hawaii zurückgebracht, wo sie 1825 eintrafen.

Kamehameha II.

• König Kauikeaouli (Kamehameha III.)

Der König hatte vor seiner England-Reise testamentarisch verfügt, daß sein jüngerer Bruder *Kauikeaouli* die Erbfolge antreten solle. Wegen *Liholios* unerwartet frühen Todes war dieser aber bei seiner Inthronisierung als *Kamehameha III.* erst zehn Jahre alt, weswegen zunächst Königin *Kaahumanu* erneut die Regierungsgeschäfte führte. Durch sie wurde *Kauikeaouli* im calvinistischen Sinn erzogen und setzte sich auch später für das Christentum ein. Seine Regierungszeit – die längste eines hawaiischen Königs – war geprägt von innen- und außenpolitischen Wirren, von wirtschaftlichen Schwierigkeiten, dem Ausbruch einer Pest-Epidemie und von gesellschaftlichem Umbruch. Es war die Zeit der Walfänger und der europäischen Desperados, die das Königreich unter fremde Herrschaft stellen wollten (s.o.). Angesichts der schwierigen Umstände kann seine Regentschaft allein schon deswegen als gelungen bezeichnet werden, weil Hawaii seine Selbständigkeit behaupten konnte. *Kamehameha III.* war es auch, der **1845** offiziell die Hauptstadt von Lahaina (Maui) nach Honolulu verlegte. **1840** hatte er bereits dem Land seine erste **Verfassung** gebracht, indem er nach englischem Vorbild ein Zweikammersystem (das Oberhaus mit den *Alii* und das Unterhaus mit gewählten Volksvertretern) einsetzte. Diese Verfassung, die übrigens auch die Einrichtung des ersten Gerichtshofes zur Folge hatte, wurde **1852** noch einmal liberalisiert. Weitreichende Bedeutung hatte die **Landreform**, die als *Große Mahele* in die Geschichte einging und das Ende des hawaiischen Feudalismus markierte: Bisher hatte alles Land dem Stamm, vertreten durch seine Adeligen, gehört. Nun ging es in den Besitz des Staates und des Volkes über, konnte also ge- und verkauft werden. Was als löbliche Reform für das Volk gedacht war, verkehrte sich allerdings ins Gegenteil, da es vor allem die Weißen waren, die die neue Situation zu nutzen verstanden. Bis **1886** hatten die wenigen *haole*-Familien zwei Drittel des gesamten hawaiischen Territoriums in ihren Besitz gebracht, und am Ende des Jahrhunderts waren es bereits rund 80%! Außenpolitisch hatte sich *Kauikeaouli* mit dem Gedanken angefreundet, die USA, die sich damals um die Bundesstaaten Texas, Oregon, Kalifornien und New Mexiko vergrößerten, seien auch als Heimat eines Bundesstaates Hawaii geeignet, eine Meinung, die er mit den meisten weißen Großgrundbesitzern teilte. Bevor diese Pläne politische Gestalt annehmen konnten, starb der damals 41jährige und seit längerem kranke König im Dezember **1854**.

Kamehameha III. und seine Frau Malama

• König Alexander Liholio (Kamehameha IV.)

Die Nachfolge *Kamehamehas III.* trat sein 19jähriger Adoptivsohn *Alexander Liholio* an, der sich in mehrfacher Hinsicht von seinem Vater unterschied. Auf einer längeren Auslandsreise in die USA (wo er als 'Nigger' beschimpft worden war) und nach Großbritannien hatte er das amerikanische System hassen gelernt, seine ganze Sympathie galt stattdessen dem europäischen, insbesondere dem englischen Kulturkreis. Es war daher folgerichtig, daß er die Anglikanische Kirche ins Land rief und selbst mit seiner Frau (Königin *Emma)* Mitglied dieser Kirche wurde. Diplomatisch war er insofern erfolgreich, als der souveräne Status des Königreichs mit den Großmächten in einigen Verträgen festgeschrieben wurde. Schlimm hingegen war der erste große Lepra-Ausbruch, der zahlreiche Todesopfer forderte und die Zahl seiner Untertanen auf einen dramatischen Tiefststand verringerte. Dem König war daher besonders an der Volksgesundheit gelegen, was an der Gründung des ersten Krankenhauses deutlich wird, das nach seiner Frau *Queen Emma Hospital* benannt wurde. Wirtschaftlich boomte der Walfang ein

Kamehameha IV. kurz vor seinem Tod

letztesmal, gleichzeitig wurden aber bereits die ersten Zuckerrohrplantagen angelegt. Ansonsten war seine Regentschaft, die nur ein Jahrzehnt dauerte, von persönlichen Schicksalsschlägen überschattet. Die Alkoholabhängigkeit des jungen Herrschers war allgemein bekannt, und betrunken war er auch, als er seinen Privatsekretär und besten Freund in unbegründeter Eifersucht erschoß. Der Tod seines vierjährigen Sohnes, Prinz *Albert Edward*, warf den König völlig aus der Bahn; nachdem er zuvor das Luxusleben am Hof genossen hatte, zog er sich nun völlig aus der Öffentlichkeit zurück. Er starb an einem asthmatischen Anfall im November **1863**.

● König Lot Kapuleiwa (Kamehameha V.)

Sein Nachfolger wurde noch am gleichen Tag sein älterer Bruder *Lot Kapuleiwa*, der sich um stärkere Stellung des Königsamtes bemühte und deshalb die Verfassung ändern ließ. Er ersetzte die beiden Häuser des Parlamentes durch ein Einkammersystem und machte das Wahlrecht vom Eigentum und vom Nachweis der Lese- und Schreibfähigkeit abhängig. Im Gegensatz zu seinem Vorgänger schwenkte er wieder auf die amerikanische Linie ein und reagierte auf den Arbeitskräftebedarf der Großgrundbesitzer durch die Errichtung einer Einwanderungsbehörde. Bald darauf trafen die ersten Kontingente chinesischer Vertragsarbeiter ein und verhalfen der jungen Plantagenwirtschaft zu ihrem ungeheuren Aufschwung. Mit dem japanischen Kaiserhof wurde ein Freundschaftsvertrag geschlossen, und auch dort begann man, Plantagenarbeiter anzuwerben.

Das große Ziel des Königs, nämlich ein Handelsvertrag mit den USA, um dort hawaiischen Zucker absetzen zu können, scheiterte jedoch einerseits am amerikanischen Bürgerkrieg, andererseits an Vorbehalten der Amerikaner, die ihre eigene Zuckerindustrie schützen wollten. Trotzdem begann die Wirtschaft zu florieren, der Güterverkehr wuchs, und der hawaiische Alltag wurde immer mehr verwestlicht. Kaufhäuser, Banken, Hotels, Postämter etc. entstanden, Dampfschiffe verkehrten zwischen Kalifornien, Hawaii, Australien und Neuseeland, und die ersten Touristen (darunter der Schriftsteller *Mark Twain)* entdeckten die Reize von Waikiki.

Wie seine Vorgänger war König *Lot* von kränklicher Verfassung und in seinen letzten Lebensjahren ans Bett gefesselt. **1872** starb er 42jährig und kinderlos, ohne vorher einen Nachfolger bestimmt zu haben – und mit ihm ging gleichzeitig die 77jährige Herrschaft der *Kamehameha*-Dynastie zu Ende.

● König William Charles Lunalilo

Mit dem Tod von *Lot Kapuleiwa* war die direkte Linie der männlichen Nachfahren *Kamehamehas I.* ausgestorben. Für einen solchen Fall sah die Verfassung von **1864** eine Königswahl vor, die einen geeigneten Kandidaten innerhalb des Adelsparlamentes auf den Thron bringen sollte. Aus den Reihen der *Alii*, also der mächtigsten Häuptlinge bzw. Häuptlingsfrauen, stellten sich vier Bewerber zur Wahl, nämlich *David Kalakaua* (s.u.), die beiden Prinzessinnen *Ruth Keelikolani* und *Bernice Pauahi Bishop* sowie *William Charles Lunalilo*. Letzterer konnte sich erst nach einer **Volksabstimmung** gegenüber *Kalakaua* durchsetzen und trat seine Regentschaft im Januar **1873** an. Der als *'Prince Bill'* bekannte und im Volk äußerst beliebte König war damals 38 Jahre alt, aber bereits von Alkoholmißbrauch und Lungenkrebs gezeichnet und mußte bald schon die Regierungsgeschäfte von seinem Krankenbett in Waikiki aus führen. Nach 13 Monaten starb der König, ohne sein wichtigstes innenpolitisches Ziel erreicht zu haben, nämlich einen Handelsvertrag mit den USA.

- **David Kalakaua, der lebenslustige Monarch**

König David Kalakaua

Da auch der Junggeselle *Lunalilo* keinen männlichen Nachkommen hatte, mit dem eine neue Dynastie hätte begründet werden können, stand eine erneute Wahl an, bei der sich der 1873 noch unterlegene *David Kalakaua* gegen die Kandidatin *Queen Emma* (die Witwe von *Kamehameha IV.)* durchsetzen konnte. Die 'Ära Kalakaua' begann am 12.02.**1874** und wurde zur schillerndsten Epoche der hawaiischen Monarchie. Der Grund dafür lag im lebenslustigen Charakter und der Reisetätigkeit des neuen Königs, der bald schon den Beinamen *'Merry Monarch'* erhalten sollte. Sein Vorbild waren die großen europäischen Königshäuser, denen er in allem nachzueifern trachtete. Er gab den prächtigen Iolani-Palast in Auftrag, in dem er rauschende Feste feierte, organisierte Pferderennen, hielt sich eine Blaskapelle und unterschrieb Verträge mit *"Kalakaua Rex"*. Auf der anderen Seite war er weder ein Sklave fremder Einflüsse noch ein bloßer Verschwender ohne geistigen Hintergrund. Im Gegenteil strotzte *Kalakaua* sozusagen vor polynesischem Selbstwußtsein. Mit der Errichtung der Kamehameha-Statue verbeugte er sich vor der hawaiischen Vergangenheit, daneben förderte er die alten Hula-Tänze und Lieder. Als musisch begabter und feinsinniger Mensch textete er selbst Lieder, wie die Nationalhymne, und verkehrte u.a. freundschaftlich mit dem Schriftsteller *Robert Louis Stevenson*.

Seine erste Auslandsreise führte ihn nach Washington, wo er von Präsident *Grant* mit einem imposanten Staatsbankett begrüßt wurde – immerhin war er der erste Monarch, der die USA besuchte. Auch diplomatisch war die Reise ein Erfolg, indem fortan das Königreich als "befreundete Macht" galt und endlich ein Handelsvertrag ratifiziert werden konnte, der u.a. den Fortfall der Importzölle für hawaiischen Zucker enthielt. Sein Ruf als *'Merry Monarch'* wurde endgültig gefestigt, als *Kalakaua* **1881** zu einer Weltreise (die erste eines Staatsoberhauptes) aufbrach, die ihn u.a. nach Japan, Hongkong, Thailand, Singapore, Indien und Ägypten führte. In Europa traf der König u.a. *Königin Victoria* in London, den späteren *Kaiser Wilhelm* in Berlin sowie *Papst Leo XIII.* in Rom. Über Amerika, wo er in San Francisco die letzten großen Feste feierte, kehrte er schließlich nach Honolulu zurück und zelebrierte dort mit großem Prunk und zwei Wochen lang seine Krönungsfeierlichkeiten, zu denen er großmütig das gesamte Volk einlud. Staunend sah dieses die unglaublichen Schätze, die der König auf seiner Weltreise angehäuft hatte (u.a. zwei Juwelenkronen für sich und Königin Kapiolani). Die Hauptstadt selbst verwandelte sich mit privaten und öffentlichen Gebäuden, breiten Boulevards, Straßenbahnen und Gaslaternen immer mehr in

Wappenschild am Iolani-Palast

eine Metropole westlichen Zuschnitts. Zwischen 1872-1896 verdoppelte sich ihre Bevölkerung von 15.000 auf 30.000 Menschen. Die meisten der Zugezogenen lebten jedoch unter ärmlichen Bedingungen in jenem Areal, das wegen der vielen Chinesen 'Chinatown' genannt wurde. Als dort **1886** ein Großfeuer ausbrach, hatte dieses verheerende Folgen – fast der gesamte Stadtteil wurde vernichtet, etliche Menschen verbrannten und 6.000 wurden obdachlos. Währenddessen frönte der Monarch weiterhin seinem aufwendigen Lebenswandel und gab alljährlich Hunderttausende von 'Kalakaua-Dollars' (so die damalige Währung) aus. Nun aber eskalierte die innenpolitische Situation. Immer heftiger wurde das Königshaus von der mächtigen sog. *haole*-Fraktion der Missionarsfamilien attackiert, gegen die er sich mit einem antiamerikanischen Kabinett zu wehren versuchte, das von dem Briten *Walter Murray Gibson* und dem Deutschen *Claus Spreckels* dominiert wurde. Dadurch wurden die Gegensätze aber nur verschärft, und viele weiße Großgrundbesitzer sahen den einzigen Ausweg in einem Putsch – mit dem Ziel, das Land den USA anzuschließen. Im Juni **1887** war es schließlich soweit: In einem unblutigen Staatsstreich (s.u.) übernahmen die Zuckerbarone die Macht, setzten eine neue Verfassung durch und degradierten *Kalakaua* zu einem Marionetten-König.

Während seiner letzten Lebensjahre war der Regent also ohne jegliche politische Macht. Als sich sein Gesundheitszustand verschlechterte, reiste er nach San Francisco, wo er sich ärztlich behandeln lassen wollte, und starb dort im Januar **1891** in seiner Hotelsuite.

Zwar folgte ihm seine Schwester ***Lydia Liliuokalani*** auf den Thron, die allerdings mit ihrem Versuch, den alten Zustand der Monarchie wiederherzustellen, keinen Erfolg hatte (s.u.). Nach dem Putsch der Weißen war es nur ein kurzer Schritt, bis die Monarchie auf Hawaii endgültig abgeschafft wurde.

Die Könige von Hawaii	**geboren**	**Thron-besteigung**	**Tod**
Kamehameha I. ('Der Große')	ca. 1758	1795	08.05.1819
Liholio (Kamehameha II.)	1797	20.05.1819	14.07.1824
Kauikeaouli (Kamehameha III.)	1813	06.06.1825	15.12.1854
Alexander Liholio (Kamehameha IV.)	1834	11.01.1854	30.11.1863
Lot Kapuleiwa (Kamehameha V.)	1830	30.11.1863	11.12.1872
William Charles Lunalilo	1835	08.01.1873	03.02.1874
David Kalakaua	1836	12.02.1874	20.01.1891
Lydia Liliuokalani	1838	29.01.1891	11.11.1917

Der Putsch der Zuckerbarone

Die sog. *haole*-Fraktion, also die weißen Großgrundbesitzer und Nachfahren der puritanischen Missionare, hatten mit Besorgnis und Argwohn die prunkvolle Hofhaltung König *Kalakauas* beobachtet. Es war nicht so sehr die Verschwendungssucht des Königs, die sie z.T. mit ihren Steuern finanzieren mußten, sondern vor allem das erwachende hawaiische Selbstbewußtsein und die antiamerikanische Tendenz in der Umgebung des Königs, die ihnen Sorge bereitete. Sie befürchteten außerdem, daß *Kalakauas* Außenpolitik Hawaii für andere Mächte (z.B. Japan) interessant machen und daß die Rechtmäßigkeit ihres riesigen Landbesitzes in Zweifel gezogen würde. Stattdessen befürworteten sie einen Anschluß an die USA, wo sie – so die Überlegung – eine bessere Marktsituation für ihre Produkte erhalten könnten. Als der Monarch bei seinen Untertanen wegen Bestechungsvorwürfen und anderer Skandale an Popularität verlor, sahen die Zuckerbarone ihre Stunde gekommen: In der Hoffnung auf offizielle US-amerikanische Unterstützung marschierte ihre Miliz, unterstützt durch weiße Söldner, auf den Iolani-Palast zu. Der König wurde gezwungen, sein Kabinett mit den verhaßten 'Ausländern' zu entlassen und einer neuen Verfassung zuzustimmen. Nach dieser war das Wahlrecht an ein bestimmtes Einkommen (mindestens US$ 3.000 bzw. einen Jahresverdienst von mindestens US$ 600) gebunden, d.h. daß die politische Macht nun in die Hände einer Clique überging, die mit den *haole* identisch war oder deren Interessen vertrat.

Gegen diese sog. Bajonett-Verfassung regte sich im In- und Ausland Widerstand. Aufgrund dieser Entrüstung, die der amerikanische Präsident im übrigen teilte, konnte nun auch nicht länger von einer Annektion durch die USA die Rede sein, obwohl man dort sehr gerne das Angebot wahrnahm, Pearl Harbor als Seehafen nutzen zu dürfen. Der Widerstand der Einheimischen wurde von dem Halb-Hawaiier *Robert Wilcox* angeführt, der im Juli **1889** zum **Gegenputsch** ausholte. Schlecht vorbereitet und ausgerüstet, mußten jedoch seine Revolutionstruppen von nur 150 Mann kläglich das Weite suchen. Kurz darauf verließ König *Kalakaua* aus gesundheitlichen Gründen die Insel, nicht ohne vorher seine Schwester *Liliuokalani* als Nachfolgerin bestimmt zu haben.

Das Ende der Monarchie

Als selbstbewußte Regentin konnte die 1838 geborene **Lydia Liliuokalani** nicht mit ihrer Rolle zufrieden sein, die ihr keine politische Handlungsfreiheit bot, sondern nur die Funktion einer Repräsentation jener Gesellschaft, in der die weiße Oberschicht von Großgrundbesitzern das Sagen hatte. Sie scharte deshalb liberale und oppositionelle Kräfte um sich, mit dem Ziel, eine neue Verfassung zu installieren, die die alten Verhältnisse wiederherstellte. Als dieser Plan bei der *haole*-Fraktion bekannt wurde, konterte man dort mit den alten Überlegungen einer Annektion durch die USA. Diesmal spielte der amerikanische Botschafter in Honolulu mit und beorderte das Kriegsschiff *USS Boston* mit 160 Marinesoldaten herbei, damit diese 'Leben und Eigentum der amerikanischen Bürger' schützten. Am **16. Januar 1893** besetz-

Königin Liliuokalani im Jahre 1891

ten die Blaujacken alle strategisch wichtigen Plätze in der Hauptstadt, und schon am nächsten Tag verkündete eine selbsternannte provisorische Regierung unter Führung des Zuckerbarons *Sanford B. Dole* das **Ende der Monarchie**. Und über dem Iolani-Palast, der inzwischen in "Regierungsgebäude" umgetauft war, wehte eine übergroße amerikanische Flagge.

Die Republik Hawaii

Erneut hatte sich die haole-Fraktion verrechnet, denn der amerikanische Senat und Präsident *Grover Cleveland* teilten die Empörung der Königin und taten alles, um diese wieder in ihre verfassungsmäßigen Rechte einzusetzen. Doch alles Drängen nutzte genausowenig wie die Entsendung von Sonderbotschaftern: Die provisorische Regierung weigerte sich, die Macht wieder abzugeben. Stattdessen rief sie am **4. Juli 1894** die **'Republik Hawaii'** aus und ernannte *Sanford B. Dole* zu deren ersten Präsidenten.

Noch einmal versuchten die Royalisten auf Hawaii, das Rad der Geschichte herumzudrehen, und erneut war es der Volksheld *Robert Wilcox*, der im Einvernehmen mit der Königin im Januar **1895** einen **Putsch** versuchte. Auch diese Revolte scheiterte, und während man die Rebellen vor ein Kriegsgericht stellte, mußte sich auch die Ex-Königin *Lydia Liliuokalani* vor Gericht verantworten. Nachdem man in ihrem Garten ein ganzes Waffenlager ausgehoben hatte, war ihre Beteiligung an dem Putsch offensichtlich, und der Schuldspruch lautete auf 5.000 Dollar Strafe und fünf Jahre Zwangsarbeit. Um die Dame nicht zur Märtyrerin zu stilisieren, wandelte man die Strafe in einen einjährigen Hausarrest um. Nach dessen Verbüßung reiste *Liliuokalani* nach Washington, um dort an höchster Stelle gegen die Rolle der US-Marines zu protestieren und tatkräftige Hilfe einzuklagen. Die politischen Verhältnisse in den USA hatten sich jedoch grundlegend gewandelt. Die demokratische Partei und ihr Präsident *Cleveland* waren in den Wahlen von 1897 geschlagen worden, nun saßen die republikanischen Falken im Kongreß und ein Präsident *McKinley* im Weißen Haus. Und obwohl beide über die Vorgeschichte des Putsches und die amerikanische Verstrickung in die hawaiischen Verhältnisse nicht ganz glücklich waren, unterzeichnete *McKinley* jene Resolution *("Joint Resolution of Annexation")*, die nur sieben Monate nach der Amtsübernahme aus der Republik Hawaii ein **Territorium der USA** machte.

Am **12. August 1898** nahm der Botschafter *Sewall* in Honolulu die Inselkette als 'Geschenk' aus den Händen von *Sanford B. Dole* an. Gleichzeitig dankte *Lydia Liliuokalani* von sich aus endgültig als Königin ab. Ein Jahrhundert der hawaiischen Souveränität ging zu Ende!

2.1.4 DAS AMERIKANISCHE HAWAII

Der neue politische Status

Zwar war die amerikanische Annektion Hawaiis schon **1898** in einer Resolution festgeschrieben worden, in der aber nichts über die genaue zukünftige Staatsform der Inselkette ausgesagt wurde. Deshalb dauerte es noch zwei Jahre, in denen die Republik Hawaii offiziell noch weiter existierte. Die letzten Monate ihres Bestehens wurden von dem erneuten Auftauchen einer Seuche überschattet: Im Dezember **1899** entwichen von einem asiatischen Frachtschiff Ratten, kurze Zeit später tauchten die ersten Pesttoten auf. Da Krankheits- und Todesfälle ausschließlich aus dem beengten Slumgebiet der Chinatown (diese war nach dem Großfeuer von 1886 wieder aufgebaut worden) bekannt wurden, entschloß sich die Regierung, die Seuchenherde durch ein gezieltes Feuer auszuräuchern. Dabei geriet der Brand in einem Sturm außer Kontrolle und legte bald den gesamten Stadtteil nieder – etwa zwei Drittel der bebauten Fläche im Herzen von Honolulu. Bei den Chinesen regte sich bald der Verdacht, die Weißen hätten das Feuer mutwillig gelegt, um durch die Zerstörung der asiatischen Geschäfte und Wohnhäuser wirtschaftlich zu profitieren und um Bauland zu gewinnen. Während die Wogen wegen dieses Zwischenfalls noch hoch gingen, hatte der Kongreß eine neue Verfassung erarbeitet, auf deren Grundlage Präsident *McKinley* Hawaii offiziell in die Vereinigten Staaten eingliederte. Der neue politische Status, der für die nächsten 50 Jahre Bestand haben sollte, begann am **14. Juni 1900**. Als ersten Gouverneur des Territoriums ernannte *McKinley* jenen *Sanford B. Dole*, der schon die provisorische Regierung angeführt hatte und Präsident der Republik gewesen war.

Sanford B. Dole

Eine Kontinuität gab es auch bei der Verleihung der Bürgerrechte, indem alle diejenigen 'Bürger des amerikanischen Territoriums' wurden, die bereits als Bürger der Republik Hawaii gegolten hatten. In beiden Fällen waren davon Chinesen, Japaner und andere Asiaten ausgeschlossen, also die überwiegende Mehrheit der Bevölkerung. Aber selbst die privilegierten 'Bürger' waren in ihren Rechten nicht denen eines US-Bundesstaates gleichgestellt. So hatte ihr Vertreter im Washingtoner Kongreß keine Stimme, ebensowenig konnten sie ihren eigenen Gouverneur wählen (dieser wurde von Washington bestimmt). Zwar sah die neue Verfassung ein eigenes Inselparlament mit Kongreß und Senat vor, dessen Befugnisse jedoch stark eingeschränkt war. Jegliche Gesetzgebung unterlag der Kontrolle der Zentralregierung, die außerdem von sich aus Ablehnungen oder Änderungen durchsetzen konnte.

Die **Repräsentanten des alten Königreiches** machten ihren Frieden mit dem neuen System, und die ehemalige Königin *Liliuokalani* sah man bei offiziellen Anlässen immer häufiger an der Seite des Gouverneurs. Als sie **1917** starb, wurde sie mit allen Ehren im königlichen Mausoleum beigesetzt, wobei Zehntausende von Hawaiiern dem Trauerzug beiwohnten. Als letzter Abkömmling des Königshauses von Hawaii starb **1922** der populäre Prinz *Kuhio,* dessen Geburtstag (26. März) als *Kuhio Day* immer noch gesetzlicher Feiertag ist.

'The Big Five'

Das wirtschaftliche Leben Hawaiis wurde in der ersten Hälfte des 20. Jhds nach wie vor von der Landwirtschaft bestimmt, also vor allem dem Zuckerrohranbau. Aus der ohnehin kleinen Schicht von Großgrundbesitzern kristallisierten sich dabei durch Einheirat, Aufkäufe und Zusammenlegung von Plantagen eine dominierende Stellung von fünf Gesellschaften heraus, die es bis 1933 schafften, fast den gesamten Zuckermarkt an sich zu reißen und durch ihre Beteiligung an Banken, Kaufhäusern, Reedereien, Transportunternehmen, Versicherungen usw. eine absolute wirtschaftliche Kontrolle auszuüben. Nachdem der Erste Weltkrieg die vormals starke deutsche Fraktion zerbrochen hatte und deren Besitz z.T. in amerikanische Hände übergegangen war, blieben als sog. 'Big Five' die Firmen *Castle & Cook, Alexander & Baldwyn, C. Brewer & Co., Theo H. Davies* und *American Factors Ltd. (AMFAC)* übrig. Deren Vertreter waren es auch, die die wahre politische Macht in ihren Händen hielten, z.T. durch ihren Einfluß im Parlament, z.T. aber auch an diesem vorbei. Als konservativ denkende Republikaner waren sie auf die Sicherung ihres Besitzstandes aus und sahen die größte Gefahr in der politischen Emanzipation der Plantagenarbeiter und der asiatischen Bevölkerungsmehrheit. Weder die Gewerkschaftsbewegung noch soziale Veränderungen sollten ihrer Meinung nach den *status quo* stören, so daß Hawaii lange hinter den Errungenschaften des amerikanischen Festlandes zurückblieb.

Inzwischen war seit **1901** durch die Gründung der hawaiischen Ananas-Gesellschaft von *James D. Dole* der Grundstein für einen wirtschaftlich außerordentlich erfolgreichen Erwerbszweig gelegt worden, der eine erneute Anwerbung von Vertragsarbeitern nach sich zog. Auch die Bedeutung des Militärs, z.B. für die Bauwirtschaft, als Arbeitgeber oder für das soziale Gefüge, stieg in zunehmendem Maße. Die Flottenbasis Pearl Harbor wurde zügig ausgebaut, trotz solcher Rückschläge wie dem Untergang des U-Bootes *Skate*, das 1915 nur 100 m vor dem Hafen von Honolulu sank. Bei diesem ersten U-Boot-Unglück in der Geschichte der US-Marine kamen alle 21 Mann der Besatzung ums Leben.

Ob es die 'Big Five' nun wahrhaben wollten oder nicht: Die Gesellschaft veränderte sich. Die neuen Wirtschaftszweige, der Einzug der modernen Kommunikationssysteme, die nach Bildung strebenden asiatischen Vertragsarbeiter – all das ließ das feudalistische System der Zuckerbarone als hoffnungslos rückschrittlich erscheinen. Und in dem Maße, in dem die Mehrheit auf den Inseln ebenfalls so empfand, wuchsen auch die sozialen Spannungen.

Soziale Unruhen

Nach wie vor waren die Vertragsarbeiter, die auf den Zuckerrohr- und Ananasplantagen schufteten, mehr oder weniger rechtlos und lebten unter erbärmlichen Bedingungen. Außer Chinesen und Japanern hatte man seit 1900 auch Puertoricaner, und vor allem seit 1906 viele Philippinos ins Land geholt (125.000 bis 1946), die besonders unter den Verhältnissen zu leiden hatten. In ihren Wohnbaracken *(barreios)* verbuchten deshalb die Gewerkschaftler, die damals noch unter Gewaltanwendung von den Zuckerbaronen und ihren Aufsehern von den Plantagen vertrieben wurden, die größten Erfolge. Schon 1902, 1906 und 1909 hatten japanische Arbeiter kurzzeitig die Arbeit niedergelegt. Zu Beginn der 1920er Jahre flammten die Streiks wieder auf, nun aber besser organisiert durch den Philippino *Pablo Manlapit*, der japanische und philippinische Arbeiter zu einer gemeinsamen Aktion bewegen konnte. Den Höhepunkt bildete der Streik von **1924**, der 8 Monate dauerte und von dem 23 der insgesamt 45 Zuckerplantagen betroffen waren. Zu Übergriffen kam es dabei auf der Insel Kauai, bei denen 16 Streikende und 4 Polizisten ums Leben kamen.

Auf diesen ersten Arbeitskampf reagierte die Regierung geradezu panisch und mit unangemessenen Mitteln: Gouverneur *Wallace R. Farrington* beorderte Soldaten der Nationalgarde nach Kauai, um den Aufstand niederzuschlagen. 101 Streikende wurden verhaftet, anschließend 60 davon zu vierjährigen Gefängnis-

Vertragsarbeiter auf einer Zuckerplantage in Kauai, Ende des 19. Jhds

strafen verurteilt; den Gewerkschaftler *Manlapit* verwies man des Landes. Erfolgreich waren die Arbeitsniederlegungen nur insofern, als die Lohnunterschiede, die die Zuckerbarone zwischen den ethnischen Gruppen aufgebaut hatten, abgemildert wurden und die Einkommen insgesamt leicht stiegen. Auch wuchs das Gefühl der Solidarität zwischen den Arbeitern. Allerdings erkannten die Arbeitgeber die Gewerkschaften niemals als Gesprächspartner an, auch nicht, nachdem **1935** das höchste Gericht deren Arbeit durch den *National Labour Relations Act* verfassungsrechtlich legalisiert hatte. Stattdessen ließen sie die Gewerkschaftsvertreter von den Plantagen vertreiben und gingen mit Hilfe von Polizei und Justiz gegen jegliche Art von Arbeitskämpfen vor. Trauriger Höhepunkt dieser Politik war **1938** das sog. Hilo-Massaker, als die Polizei in Hilo bei einer Auflösung streikender Werftarbeiter Tränengas und scharfe Munition einsetzte; mindestens 50 Arbeiter erlitten dabei z.T. schwere Verletzungen.

Es sollte noch bis nach dem Zweiten Weltkrieg dauern, bis zwischen Gewerkschaften und Arbeitgebern normale Verhältnisse möglich waren.

Die Welt rückt näher

Weitreichende technische Veränderungen erlebte das Territorium in den ersten drei Dekaden des 20. Jhds. Bereits **1902** hatte die *Pacific Cable Company* ein Kabel von San Francisco nach Honolulu legen lassen, so daß Nachrichten aller Art nun sofort zwischen dem Mutterland und seinem westlichen Außenposten hin- und herfließen konnten. Ein Jahr später wurde dieses System erweitert, indem Honolulu auch mit den Philippinen und mit anderen pazifischen Inseln verbunden wurde. Ein Manko stellte nach wie vor die große Entfernung für den Personenverkehr dar. Wer von Kalifornien nach Honolulu gelangen wollte, brauchte trotz aller modernen Schiffstechnik immer noch mindestens fünf Tage an Fahrtzeit. Im Jahre **1927** schafften aber zum erstenmal Wasserflugzeuge der US-Armee einen Non-Stop-Flug zwischen dem Festland und Hawaii. In den folgen-

Symbol des Fortschritts:
Aloha Tower in Honolulu

den Jahren nahm der Flugverkehr bedeutend zu: **1929** wurde eine Fluglinie für Personen- und Warentransport zwischen den hawaiischen Inseln gegründet, **1935** landete zum erstenmal eine private Gesellschaft *(PanAm)* nach 19stündigem Flug in Pearl Harbor. Und bereits im Oktober **1936** erreichten die ersten zivilen Passagiere per Flugzeug Honolulu. Seit dem Jahr **1931** bestand zudem eine Telefon- und Radio-Verbindung zwischen Amerika und der Inselgruppe.

Aber es war nicht nur die Entwicklung der Kommunikationssysteme und der Transportwege, die Hawaii der Welt näher brachten. Immer mehr Amerikaner und gutsituierte Europäer brachen nun selbst auf, um den Archipel zu besuchen. Nachdem **1901** das berühmte *Moana Hotel* in Waikiki seine Pforten geöffnet hatte und **1927** das nicht minder luxuriöse *Royal Hawaiian Hotel* hinzugekommen war, begann der Tourismus seinen Siegeszug. Zunächst war es jener ausgewählte Kreis von finanzstarken Gästen, die sich sowohl die einwöchige Kreuzfahrt auf den Luxuslinern als auch den Aufenthalt in den beiden Nobelherbergen leisten konnten. Nachdem aber **1922** durch das *Waikiki Reclamation Project* die Entwässerung der sumpfigen Ebene beschlossen und neues Bauland erschlossen war, schossen auch weniger elitäre Unterkünfte aus dem Boden: Spätestens ab den **1930er** Jahren begann Hawaii (d.h. Waikiki), sich als touristisches Massenziel anzubieten. Die Besucherzahlen stiegen von 9.700 im Jahre 1922 auf 22.000 im Jahre 1929 und 32.000 im Jahre 1941. In diese Entwicklung setzte allerdings der Zweite Weltkrieg eine zwar kurze, aber deutliche Zäsur.

2.1.5 HAWAII IM ZWEITEN WELTKRIEG

Bereits vor dem berühmten Angriff auf *Pearl Harbor* war es im Pazifik zu einer deutlichen Verschlechterung der japanisch-amerikanischen Beziehungen gekommen. Spätestens seit **1930** beobachtete man mit Unbehagen die immer deutlicher werdenden Zeichen eines japanischen Nationalismus und Militarismus. Schon **1931** hatten japanische Militärs ziemlich eigenmächtig die nordchinesische Provinz Mandschurei überfallen und damit die Proteste (aber auch nicht mehr) der amerikanischen Regierung herausgefordert. Die Frage wurde laut, wie es um die Sicherheit in Südostasien bestellt sei und welche Rolle China dabei zukam. Ungerührt von solchen Überlegungen hatte Japan **1937** in einer Großoffensive seine Expansion fortgesetzt, das 'Reich der Mitte' angegriffen und sich einverleibt. Die Voraussetzungen für eine friedliche Lösung des chinesisch-japanischen Konflikts und damit für eine Befriedung des Südpazifiks waren also denkbar schlecht, als **1939** der **Zweite Weltkrieg** in Europa ausbrach und das Kaiserreich kurz darauf ein Bündnis mit der Achse Berlin-Rom einging.

Die Vereinigten Staaten forcierten nun ihre Bemühungen, mittels Drohungen, diplomatischer Aktivität und einem Boykott so wichtiger Wirtschaftsgüter wie Öl und Eisenerz Japan zum Einlenken zu bewegen. Dies wiederum wurde von den Japanern als unfreundlicher Akt und Bedrohung der nationalen Sicherheit gesehen. Obwohl die beiden Regierungen weiter verhandelten, deutete **1941** alles auf einen Krieg hin.

Dieser wurde ohne Kriegserklärung mit dem Blitzangriff am **7. Dezember 1941** von japanischer Seite begonnen. Die Militärs des Kaiserreiches, das zu diesem Zeitpunkt bereits weite Teile Indochinas und des südwestlichen Pazifik kontrollierte, hatten Admiral *Isoroku Yamamoto* mit der Planung des Angriffs beauftragt. *Yamamoto*, der persönlich gegen den Krieg war, sah die einzige Chance darin, einen möglichst schnellen und unerwarteten Schlag durchzuführen, der die Pazifikflotte der Amerikaner zerstören und ihre Möglichkeiten zum Gegenangriff beschneiden sollte. Am 26. November ließ er in Nordjapan eine Angriffsflotte von 33 Kriegsschiffen, 6 Flugzeugträgern und Hilfseinheiten in See stechen – ihr Ziel: **Pearl Harbor**. Weit außerhalb der üblichen Seefahrtsrouten operierend und unbemerkt von der US-Aufklärung, konnte diese Flotte in den frühen Morgenstunden des 7. Dezembers ihre Angriffsposition 370 km nördlich von Oahu beziehen. Gleichzeitig wurden kleinere U-Boote ausgesandt, die ca. 16 km vor der Einfahrt des Hafens von Honolulu den Angriff erwarten und unterstützen sollten. An diesem Tag, einem Sonntag, waren viele der Schiffe unbemannt und lagen aufgereiht im Hafen.

Honolulu Star-Bulletin 1st EXTRA

WAR!

(Associated Press by Transpacific Telephone)
SAN FRANCISCO, Dec. 7.–President Roosevelt announced this morning that Japanese planes had attacked Manila and Pearl Harbor.

OAHU BOMBED BY JAPANESE PLANES

SIX KNOWN DEAD, 21 INJURED, AT EMERGENCY HOSPITAL

In der ersten Meldung über den Blitzangriff wird die Zahl der Toten noch mit sechs angegeben.

Die beiden japanischen Angriffswellen, die ab 8.00 Uhr Honolulu, Pearl Harbor und andere Ziele auf Oahu heimsuchten, brachten den Vereinigten Staaten die bis dahin **größte militärische Niederlage** in ihrer Geschichte bei (vgl. KAPITEL 9.3.5). Fast ihre gesamte Pazifikflotte und 164 Flugzeuge waren vernichtet und 2.400 Personen getötet worden.

Ein Ziel erreichten die Japaner jedoch nicht: Die großen amerikanischen Flugzeugträger hatten sich nicht in Pearl Harbor befunden und konnten nun ihrerseits zum Gegenangriff auslaufen. Und trotz des flammenden Infernos, das die japanischen Bomber hinterlassen hatten, war Pearl Harbor selbst erstaunlich intakt. Die Dockanlagen konnten repariert, viele versenkte Schiffe geborgen und wieder instandgesetzt werden. Das Entscheidende jedoch war: Durch den Schock, den der Angriff auf Pearl Harbor bei den Amerikanern hinterließ, sah die bisher noch schwankende Öffentlichkeit nun keine Alternative mehr zum **Eintritt in den Weltkrieg**.

Am gleichen Tag des Desasters erklärte Präsident *Roosevelt* Japan den Krieg und bezeichnete in seiner Ansprache an die Nation den 7. Dezember als *Day of Infamy*. Die europäischen Achsenmächte (Deutschland und Italien) reagierten darauf am 11. Dezember mit der Kriegserklärung an die USA. Gleichzeitig war damit der Startschuß gegeben für ein enormes **Aufrüstungsprogramm**, das binnen kurzer Zeit die US-Pazifikflotte an Schiffen, Waffen und Besatzung weit über die ursprüngliche Stärke hinaus wiederherstellte. Die Inseln selbst waren sofort nach dem japanischen Angriff unter **Kriegsrecht** gestellt und die Bemühungen um einen effektiven Küstenschutz verbessert worden. Zehntausende versuchten panikartig, Hawaii in Richtung USA zu verlassen, und die Furcht vor einer erneuten Angriffswelle oder einer gezielten Invasion wuchs sich teilweise zur Hysterie aus. Vorsorglich wurden geeignete Landeplätze (z.B. der Strand von Waikiki) mit Stacheldraht abgesperrt, Waffen in Stellung gebracht und neue Beobachtungsposten installiert. Daß nicht nur Oahu gefährdet war, wurde bereits am 30. Dezember deutlich, als japanische U-Boote Hilo (Big Island), Nawiliwili (Kauai) und Kahului (Maui) beschossen. Ebenfalls durch ein U-Boot wurde im Januar **1942** ein US-Transportschiff in hawaiischen Gewässern versenkt. Und am 2. März des gleichen Jahres sah sich Honolulu erneut einem Bombardement aus der Luft ausgesetzt.

Mit dem Erstarken der Amerikaner und fortschreitenden Erfolgen an der pazifischen Front zog sich schließlich der Krieg von Hawaii in westlicher Richtung zurück. Die Aufrüstung der Insel Oahu zu einem waffenstarrenden 'festen Flugzeugträger' sorgte jedoch dafür, daß es selbst jetzt noch zu tragischen Ereignissen kam: Im Jahre **1944** explodierten im Mai und Juni jeweils in einer Kettenreaktion mehrere Munitionsdepots, und am 8. Juni waren Bomber über Honolulu kollidiert und in ein dichtbesiedeltes Wohngebiet gestürzt. Insgesamt 374 Tote und annähernd tausend Verletzte forderten diese Unglücke.

Durch den Abwurf der **Atombomben** von Hiroshima und Nagasaki und der dadurch erzwungenen **bedingungslosen Kapitulation Japans** war der Krieg am **14. August 1945** zu Ende. Auf Hawaii wurde der Tag mit Glockengeläut, Hupkonzerten und spontanen Umzügen überschwenglich gefeiert und ging als *V-J-Day (Victory over Japan-Day)* in die Geschichte ein.

Von besonderer Bedeutung war die Verschlechterung der japanisch-amerikanischen Beziehungen und schließlich die kriegerischen Ereignisse für die **auf Hawaii lebenden Japaner**. Dabei handelte es sich nicht etwa um eine verschwindend kleine Minderheit: Immerhin machten die Nachfahren der japanischen Plantagenarbeiter, die im 19. Jhd eingewandert waren, rund 30% der Bevölkerung (= 160.000) aus! Die meisten davon fühlten sich wohl eher als Amerikaner denn als Japaner, nannten sich *"Nisei"* oder *"Americans of Japanese Ancestry"* und hatten durch ihre Arbeit (u.a. auch beim Militär) zum Wohlstand des Territoriums nicht unerheblich beigetragen. Weder auf den Inseln noch in Washington konnte man sich deshalb vorstellen, diese große Gruppe in Internierungslager zu sperren, was sonst in den USA durchaus üblich gewesen war. Doch strenge Kontrollen, Verdächtigungen, Denunziationen und auch vereinzel-

Ausschließlich aus "Nisei" zusammengesetztes US-Regiment

te Festnahmen von vermeintlichen oder tatsächlichen Spionen führte dazu, daß das bis dahin unkomplizierte Verhältnis zwischen den ethnischen Gruppen spürbar abkühlte. In den Kriegsjahren zeigten sich die japanischen Hawaiier durchweg als loyal und kämpften auf den pazifischen und europäischen Kriegsschauplätzen an der Seite ihrer amerikanischen Mitbürger. Das 442. US-Regiment war sogar ausschließlich aus Japanern zusammengesetzt. Doch erst durch die Aufhebung des Kriegsrechtes wurde so mancher Diskriminierung die rechtliche Grundlage entzogen. Und innerhalb der einzelnen ethnischen Gruppen dauerte es noch erheblich länger, bis alle *"Nisei"* wieder als vollwertige und unverdächtige Bürger des Territoriums akzeptiert wurden.

2.1.6 DER MODERNE BUNDESSTAAT

Nach dem Weltkrieg setzten sich jene Tendenzen verstärkt fort, die vorher schon einen rasanten Strukturwandel im Territorium in Gang gesetzt hatten. Die Geburtenfreudigkeit der Insulaner, verbunden mit einem unverminderten Zuzug von Immigranten (Asiaten, Europäer und seit 1951 auch viele Samoaner) sorgten für ein stetiges **Wachstum der Bevölkerung**, die 1983 zum erstenmal die 1-Million-Grenze überstieg. Deren **Lebensstandard** paßte sich schrittweise den amerikanischen Verhältnissen an, wie überhaupt der hawaiische **Alltag** zusehends verwestlicht wurde. Bereits 1952 war die erste hawaiische Fernsehstation auf Sendung gegangen, es folgte ein Ausbau der **Infrastruktur** mit Flughäfen (1959 erstmalige Landung eines Düsenjets), Highways und Freeways sowie moderner Wohn- und Hotelanlagen.

Die **pazifische Sonderrolle** der Inselkette zwischen Asien und Amerika schlug sich in einer stetigen Steigerung des **Handels** nieder und führte zum Ausbau von Honolulu als **Bankenzentrum** und Drehscheibe des pazifischen **Luftverkehrs**. Verbessert und intensiviert wurden die Beziehungen zu den fernöstlichen Pazifikanrainern, insbesondere zu Japan. Schon 1964 wurde z.B. für 84 Mio US$ ein Unterwasserkabel zwischen Tokio und Hawaii installiert. Einen enormen Aufschwung nahm der **Fremdenverkehr**, der 1967 erstmalig mehr als 1 Million Touristen nach Hawaii brachte, 1979 bereits 4 Millionen und 1991 6 Millionen. Er wurde das ökonomische Standbein und mit Abstand zur wichtigsten Geldquelle des Staates (zur **Wirtschaft** vgl. auch KAPITEL 2.4.4).

Natur

Die zweite Hälfte des 20. Jhds war nicht nur durch politische und wirtschaftliche Umwälzungen geprägt, sondern auch durch eine Tendenz zur Naturzerstörung, verursacht durch das rapide Wachstum der Tourismusbranche und dem daraus folgenden Bau von Straßen, Hotels, Golfplätzen oder Condominium-Anlagen. Auf der anderen Seite tat die Regierung gerade in den letzten Dekaden viel, um die verbliebenen natürlichen Biotope unter Schutz zu stellen. Spektakulärer als die schleichende Naturzerstörung waren jene Katastrophen, die jeweils schlimme Auswirkungen auf die betroffenen Landstriche hatten. Den Anfang machte **1946** eine riesige Flutwelle (Tsunami), die mit voller Wucht auf Hilo, die Hauptstadt von Big Island, traf und 150 Tote, 160 z.T. schwer Verletzte sowie einen Sachschaden von über 25 Mio US$ forderte. Ähnliches wiederholte sich **1960**, als ein Tsunami erneut Hilo verheerte, 57 Menschen ließen dabei ihr Leben. Im gleichen Jahr wurde die Insel von Vulkanausbrüchen und Erdbeben heimgesucht, die sich besonders auf das Gebiet um Puna konzentrierten.

Vulkanausbrüche des *Kilauea*, oft begleitet von heftigen Erdbeben, hielten in den 1970-80er Jahren Big Island in Atem. Zunächst verursachten **1973** Erdstöße Gebäudeschäden und Verletzte in Hilo, dann begann im Jahre **1977** eine äußerst aktive Phase des *Kilauea*, die in den nächsten 12 Jahren immer wieder Lavaströme freisetzte. Einen erneuten Höhepunkt erreichte die vulkanische Aktivität zu Beginn der 1990er Jahre. Bereits **1989** hatten zwei Erdbeben Puna, Hilo und den Volcanoes National Park betroffen. Im Mai des nächsten Jahres wälzten sich Lavaströme aus dem *Kilauea* in Richtung Meer und zerstörten den Küstenort Kalapana. Gleichzeitig waren diese Eruptionen für immer mehr Menschen Anlaß, Hawaii zu besuchen, um das Naturschauspiel mit eigenen Augen zu sehen. Eine andere Attraktion für Wissenschaftler und Touristen war übrigens die totale Sonnenfinsternis, die im Juli **1991** von den Gipfeln auf Hawaii und Maui beobachtet werden konnte.

Während die Naturkatastrophen auf Big Island vom Vulkanismus herrührten, war die Insel Kauai zwei schlimmen Taifunen ausgesetzt. Die meisten Schäden verursachte dabei **1982** *'Iwa'*, der heftigste Hurrican, den der Archipel jemals erlebt hatte. Aber auch an den Verwüstungen, die **1992** der Taifun *'Iniki'* anrichtete, hatten Vegetation und Tourismus über Jahre hinaus zu leiden.

Politik

Nach dem Zweiten Weltkrieg ging es an den Aufbau eines 'modernen Hawaii', das sich zunächst aus der Abhängigkeit der fast feudalen Strukturen lösen mußte. Hungerlöhne auf den Plantagen waren nicht länger tolerierbar. Einen großen Anteil an diesem Wandel hatte die **Gewerkschaftsbewegung**, die wegen des Widerstandes der Großgrundbesitzer erst sehr spät die Inseln erreichen konnte und von diesen nach wie vor als 'kommunistisch' und 'anarchistisch' diffamiert wurde. Wegen der längst überfälligen Reformen fand sie jedoch schnell großen Zulauf und begann, ihre Forderungen um bessere Löhne und Arbeitsbedingungen mit aller Macht durchzusetzen. Den Anfang machte ein **Generalstreik** im Jahre **1946**, der in allen Fabriken und auf allen Plantagen befolgt wurde. Er dauerte 77 Tage und endet mit einem weitgehenden Zugeständnis der Arbeitgeber auf die Gewerkschaftsforderungen. Eine weitere Kraftprobe ergab sich drei Jahre später, am 1. Mai **1949**. Damals begann die Gewerkschaft der Hafenarbeiter ihren Streik, der etwa **6 Monate** dauern sollte und den Schiffsverkehr nach Honolulu stark beeinträchtigte. Da der Waren- und Lebensmittelimport fast ausschließlich über den Seeweg stattfand, wurde das gesamte wirtschaftliche (und in der Folge auch politische) Leben der Inseln von dieser Demonstration von Gewerkschaftsstärke bestimmt.

Langfristig hatte die Politisierung der Gesellschaft eine Verschiebung der Machtverhältnisse zur Folge. Deutlich wurde dies vor allem bei den Wahlen im Jahre **1954**, als die Bevölkerung den **Demokraten** zu einem erdrutschartigen Sieg in beiden Kammern verhalf und damit eine 52jährige Herrschaft der Republikaner beendete, die traditionell immer die Partei der weißen Plantagenbesitzer gewesen war. Stark beteiligt an dieser Umwälzung war die **japanische Bevölkerungsgruppe**, die bei den Demokraten zum erstenmal mehrere ihrer Kandidaten ins Parlament bringen konnten.

Auf der anderen Seite waren viele konservative Senatoren in Washington über die starke Stellung der Gewerkschaften und der demokratischen Partei beunruhigt, so daß sie alle Bestrebungen boykottierten, den territorialen Status von Hawaii zu beenden und die Inselkette als gleichberechtigtes Mitglied in die Vereinigten Staaten zu integrieren. Die öffentliche Meinung in Hawaii und auf dem Festland forderte im Lauf der 1950er Jahre aber eben dies immer lautstärker, vor allem, als im Januar 1959 Alaska als 49. Staat in die USA aufgenommen worden war. Schließlich passierte ein entsprechender Gesetzesentwurf sowohl Repräsentantenhaus als auch Senat und wurde von Präsident *Dwight D. Eisenhower* unterschrieben. Alles hing nun von einer Volksabstimmung am 27. Juni ab. Bei dieser sprach sich nur ein einziger Wahldistrikt, nämlich die ausschließlich von Hawaiiern bewohnte Insel Niihau, gegen die Aufnahme in die Vereinigten Staaten aus. Im Juli wurde dann der bisherige Gouverneur *William F. Quinn* in einer freien Wahl bestätigt und am **21. August 1959** schließlich durch Präsident *Eisenhower* Hawaii offiziell zum **50. Bundesstaat** der USA erklärt: Der 'Aloha State' war geboren.

STATEHOOD!

House Sends Bill to Ike

Honolulu Star-Bulletin

Sirens, Bells Herald Statehood Arrival

First Class Citizens Now

Schlagzeile: Hawaii wird Bundesstaat.

Während *William F. Quinn* noch der Republikanischen Partei angehörte, wurden die Geschicke des jungen Staates vor allem von Demokraten geleitet. Bei den Wahlen von **1962** unterlag *Quinn* dem demokratischen Kandidaten *John A. Burns*, der über drei Perioden (bis 1974) das Amt des Gouverneurs bekleidete. Er zählt zu den ganz großen politischen Persönlichkeiten Hawaiis in der Nachkriegszeit. Gleiches kann man auch vom Demokraten *George Ariyoshi* behaupten, der **1974** zum Gouverneur gewählt wurde und diese Position ebenfalls drei Perioden lang behauptete. Mit *Ariyoshi* war zum erstenmal ein Bürger japanischer Abstammung in das höchste Amt eines US-Staates gelangt. Daß die Zeit der *haole*-Herrschaft endgültig vorbei war, wurde durch die Wahlen von **1986** klar. Damals sprach sich die Mehrheit für *John Waihee* als Nachfolger *Ariyoshis* aus, der nicht nur ebenfalls der demokratischen Partei angehörte, sondern außerdem von hawaiischer Abstammung war.

Regierung und Verwaltung

Der Aufbau des Bundesstaates entspricht dem allgemein-amerikanischen Verwaltungs- und Regierungssystem. D.h., daß an seiner Spitze ein **Gouverneur** steht, der alle vier Jahre gewählt wird. Der derzeitige Gouverneur *Ben Cayatano* wurde 1994 in sein Amt gewählt und gehört der Demokratischen Partei an.

Wie in Washington D.C. und in jedem Bundesstaat besteht das Parlament aus zwei Kammern: dem **Repräsentantenhaus** und dem **Senat**. Die erstgenannte Kammer hat z.Zt. 51 Mitglieder und wird alle zwei Jahre in 51 Distrikten neu gewählt, während der Senat aus 25 Abgeordneten besteht, die sich alle vier Jahre in 25 Distrikten zur Wahl stellen müssen. Im Repräsentantenhaus der USA ist Hawaii mit einem Abgeordneten vertreten.

Anders als andere Bundesstaaten, die zusätzlich noch kleinere administrative Einheiten kennen, besitzt Hawaii nur zwei Verwaltungsebenen – die des **Bundesstaates** an sich und die der vier **Counties**, in die er unterteilt ist. Davon ist das mit Abstand wichtigste: **City and County of Honolulu**, das die Hauptstadt, die Insel Oahu und etliche Inselchen im Nordwesten umfaßt. Wie jedem County steht ihm ein *Major* (= Landrat, Bürgermeister) vor. Die anderen drei Counties sind das **County of Maui**, zu dem die Inseln *Maui, Molokai, Lanai* und *Kahoolawe* gehören, das **County of Hawaii**, das aus *Big Island* besteht, und das **County of Kauai**, das die Inseln *Kauai* und *Niihau* umfaßt.

Zur **Sonderrolle Hawaiis** wäre noch anzumerken, daß es nicht nur außerhalb des nordamerikanischen Subkontinents liegt, sondern auch der einzige reine Inselstaat der USA ist und keine gemeinsame Grenze zu einem anderen US-Territorium besitzt.

Demnächst eine unabhängige 'Nation Hawaii'?

Eine der wichtigsten innenpolitischen Aufgaben wird die Integration der alt-hawaiischen Bevölkerungsgruppe sein, die immer noch sozial stark benachteiligt ist (vgl. KAPITEL 2.4.5). Im Gegensatz zu früher ist sie jedoch sehr viel selbstbewußter geworden und hat sich in verschiedenen Bürgerrechtsbewegungen organisiert. Diese streben Modelle einer eigenen Souveränität an, die von den Forderungen nach Autonomie bis hin zur totalen Unabhängigkeit reichen. Mit etwa 20.000 Mitgliedern ist davon die größte Bewegung die *Ka Lahui Hawai'i* (= 'Souveräne Nation Hawaii'), die bereits eine eigene 'Regierung' unter der 'Ministerpräsidentin' *Mililani Trask* gebildet hat. Die Bürgerrechtsbewegungen bekommen auch in anderen unterprivilegierten Bevölkerungskreisen verstärkt Zulauf, vor allem nachdem der US-Kongreß und Präsident *Bill Clinton* 1993 ein Papier unterzeichneten, das eine Entschuldigung an die Hawaiier enthielt – verbunden mit dem Eingeständnis, daß die USA die Inselgruppe vor 100 Jahren unrechtmäßig besetzt hat.

Die Hawaiier nun möchten nach dieser Versöhnungsgeste direkte Konsequenzen einklagen und mahnen eine Landreform, eine finanzielle Entschädigung für das Unrecht und größere Selbständigkeit an. Verbittert stellten sie fest, daß etwa 80% ihrer geheiligten Grabstätten und wichtigen historischen Plätze zur Zerstörung durch Einkaufszentren, Condominium-Anlagen, Hotels, Freizeitparks und Golfplätze freigegeben worden sind. Es bleibt abzuwarten, wieviel Erfolg ihre Versuche haben, gegen die weitere Zerstörung ihrer kulturellen Identität anzugehen. Immerhin gab bereits das berühmte *Smithsonian Museum* in Washington D.C. den Hawaiiern alle Knochen zurück, in denen diese ihre Ahnen verehrten.

Angesichts der realpolitischen Zwänge und des geringen Bevölkerungsanteils der Hawaiier polynesischer Abstammung wird sich jedoch am Gefüge des heutigen bundesstaatlichen Gemeinwesens in absehbarer Zukunft nichts ändern. Am ehesten ist noch vorstellbar, daß auf den einzelnen Inseln Schutzzonen im Sinne der amerikanischen Indianer-Reservate errichtet werden, in denen die hawaiische Bevölkerungsgruppe die völlige Selbstbestimmung über die Nutzung von Land und Ressourcen hätte. Dies würde zwar Auswirkungen auf die weitere touristische Entwicklung haben, den 50. Bundesstaat als solchen aber nicht in Frage stellen.

2.1.7 ZEITTAFEL

ca. 750 n.Chr.	Vermutlich erste polynesische Besiedlung von den Marquesas-Inseln aus.
ca. 1100-1300	Handelsverkehr mit Kanus zwischen Hawaii und Tahiti.
ca. 1535	Evtl. erste Landung eines Europäers durch den Spanier Juan Gaetani.
1778	'Entdeckung' des Archipels (= Sandwich-Inseln) durch James Cook und die Besatzung der Schiffe Resolution und Discovery.
1779	Am 14. Februar wird Cook auf Hawaii von Eingeborenen umgebracht.
ab 1786	Handelsschiffe aus England, Frankreich, Spanien, Rußland und Amerika gehen in Lahaina und Honolulu vor Anker.
1789-1810	Kriegszüge des Königs Kamehameha I. von Hawaii gegen die Nachbarinseln.
1792	Eine Expedition des Briten George Vancouver bringt die ersten Rinder nach Hawaii.
1795	Kamehameha der Große installiert die gesamthawaiische Königsdynastie.
1803	Durch einen amerikanischen Frachter gelangen die ersten Pferde auf die Inselgruppe.
1810	Die Insel Kauai wird dem Königreich Hawaii einverleibt.
1819-1824	Nach dem Tod Kamehamehas I. wird sein Sohn Liholio als Kamehameha II. Nachfolger.
1819	Die ersten Walfänger werden in hawaiischen Gewässern aktiv.
1820	Die ersten amerikanischen Missionare treffen ein.
1825-54	Regentschaft von Kauikeaouli (Kamehameha III.)
1845	Die Funktion der Hauptstadt geht von Lahaina auf Honolulu über.
1846	Höhepunkt der Walfang-Ära.
1848	Inkrafttreten der 'Großen Mahele': Landkauf wird für alle Bürger möglich.
ab 1850	Beginn des großflächigen Zuckerrohranbaus. In der Folge Arbeitskräftemangel, der durch die Anwerbung von Vertragsarbeitern aus China, Japan, Portugal, den Philippinen und vielen anderen Ländern behoben wird.
1854-63	Regentschaft von Alexander Liholio (Kamehameha IV.)
1863-72	Regentschaft von Lot Kapuleiwa (Kamehameha V.)
1866	Einrichtung der Lepra-Station auf Molokai
1873-74	Regentschaft von William Charles Lunalilo
1874-91	Regentschaft von David Kalakaua
1881-83	Weltreise des Königspaares, bei dem Kalakaua u.a. mit den wichtigsten Monarchen Asiens und Europas zusammentrifft.
1882	Mit 48.000 Einwohnern hat Hawaii einen historischen Tiefpunkt erreicht.
1887	Unblutiger Putsch der 'Zuckerbarone', die Weißen bilden eine provisorische Regierung. Ein hawaiischer Gegenputsch scheitert 1889, die Königin wird für abgesetzt erklärt.

1894	Durch eine neue Verfassung wird Hawaii in eine Republik umgewandelt; die Präsidentschaft übernimmt Sanford B. Dole.
1900	Nach einer Annektion wird Hawaii am 14. Juni offizielles Territorium der USA unter der Verwaltung eines Gouverneurs. Großfeuer in der Chinatown von Honolulu.
1901	James D. Dole gründet die hawaiische Ananas-Gesellschaft. Erste Straßenbahn in Honolulu. Eröffnung des Moana Hotels in Waikiki.
1902	Erste Installierung eines Unterseekabels (San Francisco-Honolulu), ein Jahr später wird ein weiteres Kabel zu den Philippinen und anderen Inseln im Pazifik gelegt.
1907	Gründung des College of Agriculture, aus dem sich 1911 das College of Hawaii und 1920 die University of Hawaii entwickelt.
1908	Der Kongreß beschließt die Einrichtung der Flottenbasis Pearl Harbor.
1917	Liliuokalani, die letzte Königin Hawaiis, stirbt.
1922	Als letzter Abkömmling des Königshauses von Hawaii stirbt Prinz Kuhio. Die Hawaiian Pineapple Co. kauft die Insel Lanai. Die ersten beiden hawaiischen Radiosender nehmen ihren Betrieb auf.
1924	Soziale Unruhen: achtmonatiger Streik der Philippino-Gewerkschaft, bei Auseinandersetzungen mit der Polizei werden 16 Streikende getötet, anschließende Verhaftungswelle.
1927	Zum erstenmal schaffen Wasserflugzeuge der US-Armee einen Non-Stop-Flug von Kalifornien nach Hawaii.
1931	Zwischen Amerika und der Inselgruppe wird eine Telefon- und Radio-Verbindung hergestellt.
1941	Am 7. Dezember japanischer Überraschungsanriff auf Pearl Harbor, in der Folge Kriegserklärung an Japan. Hawaii wird unter Kriegsrecht gestellt. Am 30. Dezember heftige U-Boot-Angriffe.
1942	Versenkung eines Transportschiffes durch ein japanisches U-Boot im Januar, im März Bombardierung von Honolulu.
1945	Am 14. August japanische Kapitulation, am nächsten Tag Feiern des V-J-Day (Victory over Japan-Day) in Hawaii.
1946	Ein Tsunami (Flutwelle) fordert in Hilo 150 Todesopfer und richtet eine Sachschaden von über 25 Mio US$ an.
1949	Die Gewerkschaft der Hafenarbeiter beginnt am 1. Mai einen sechsmonatigen Streik, starke Beeinträchtigung des Schiffsverkehrs nach Honolulu.
1959	Hawaii wird am 21. August offiziell zum 50. Bundesstaat der USA erklärt.
1960	Umweltkatastrophen auf Hawaii: eine Flutwelle fordert in Hilo 57 Menschenleben, Vulkanausbrüche und Erdbeben verheeren das Gebiet um Puna.
1974	Mit der Wahl des Demokraten George Ariyoshi zum Gouverneur gelangt zum erstenmal ein Bürger japanischer Abstammung in das höchste Amt eines US-Staates.
1983	Die Bevölkerungszahl klettert zum erstenmal über die 1-Million-Grenze.

2.2 LANDSCHAFTLICHER ÜBERBLICK

2.2.1 DIE ENTSTEHUNG DER INSELN

Als die ersten europäischen Seefahrer Kap Hoorn umsegelten und die stille Weite eines riesigen Weltmeeres vor Augen hatten, nannten sie dieses den "Stillen" oder "Pazifischen Ozean". Jene Namensgebung ist jedoch vollkommen irreführend: Kein anderes Weltmeer ist so unruhig wie gerade der Pazifik! Erinnert sei in diesem Zusammenhang an die räumliche Dimension der Wasserwüste, die nord- und südpolare Gebiete ebenso umfaßt wie den tropischen Gürtel. Deshalb kommt es hier zu einer enormen Luftbewegung warmer und kalter Ströme, die sich zum schrecklichen Phänomen des tropischen Zyklons, dem Taifun, verdichten können. Die Unruhe der Luft über dem Pazifik findet ihre Entsprechung am Boden, unterhalb und oberhalb des Wasserspiegels. Gemeint ist jener immense Gürtel starker Vulkan- und Erdbebentätigkeit, der landläufig als "Ring aus Feuer" bezeichnet wird.

Etwa 75% aller aktiven Vulkane liegen auf diesem Gürtel, der im allgemeinen der Küste des Pazifiks folgt: von der Südspitze Chiles über die Anden-Vulkane und Mittelamerika bis zum Andreas-Graben, weiter nach Nordwesten bis Alaska und zu den Aléuten, über die russische Kamtschatka-Halbinsel dann in südlicher Richtung nach Japan und China und schließlich zu den Philippinen, nach Indonesien, Neu-Guinea bis nach Neuseeland. Mit seinen über 45.000 km Länge umfaßt der "Ring aus Feuer" ein Gebiet von ca. 178 Mio km^2, und die Zahl der Toten, die in historischer Zeit seinen Erdbeben und Vulkanausbrüchen zum Opfer gefallen sind, geht weit in die Millionen (allein das Erdbeben im chinesischen Tangshan forderte 1976 etwa 500.000 Todesopfer!).

Der hawaiische Archipel ist zwar selbst nicht Teil dieses vulkanischen Gürtels, gleichwohl aber vom Vulkanismus der Gesamtregion betroffen bzw. verdankt diesem seine Entstehung. Denn die Inseln liegen der pazifischen Platte auf, die nach der Theorie der Kontinentaldrift sich jährlich mehr als 8 cm nach Nordwesten bewegt. Offensichtlich schiebt sie sich dabei über einen sog. *hot spot*, d.h. eine ortsfeste Magmakammer von außergewöhnlich hoher Temperatur und hoher Förderung vulkanischen Gesteins. Die Folge ist, daß sich in Millionen von Jahren ein unterseeischer Sockel immer weiter und schneller aufstockt, schließlich die Wasseroberfläche durchbricht und zu einem hohen Vulkanberg heranwächst. Wegen der Drift der pazifischen Platte verläßt die so entstandene Insel den *hot spot* und wandert weiter nordwestlich, der Vulkan erlischt. Während die Magma des *hot spots* bereits das nächste Massiv aufschichtet, ist der Vorgänger-Vulkan den Erosionskräften der Natur ausgesetzt, die nun damit beginnen, langsam, aber sicher die Insel wieder abzutragen.

Der Zeitraum, in dem sich der geschilderte Prozeß abspielte, umfaßt die letzten 70 Millionen Jahre, also eine erdgeschichtlich recht junge Spanne. Und er bedeutet für das gegenwärtige Aussehen der Inselgruppe folgendes:

- Da die Driftbewegung der pazifischen Platte nach Nordwesten geht, liegen die ältesten hawaiischen Inseln im Nordwesten des Archipels und die jüngste im Südosten.
- Wegen der Erosion sind die Inseln im Nordwesten am flachsten und im Südosten am höchsten.
- Wegen des *hot spots* ist nur die südöstlichste Insel (Big Island) vulkanisch aktiv.

- Die (erdgeschichtlich) nahe Zukunft wird eine Vergrößerung des Archipels mit sich bringen: Vor der Ostküste von Big Island hat sich bereits der unterseeische Vulkan *Loihi* zu beträchtlicher Höhe aufgestockt.

Würde man mit dem Flugzeug von Nordwesten her über die Inselkette fliegen, sähe man zunächst *Kure Island* und die *Midway Islands*, die heute als Atolle kaum noch über die Wasseroberfläche ragen, vor rund 50 Millionen Jahren aber vermutlich ebenso hoch waren wie heute Big Island. Über weitere Riffe und flache Inseln käme man dann, nach ungefähr 1.100 km und kurz vor dem nördlichen Wendekreis, zu den *French Frigate Shoals* und *Necker Island*, die sich bereits in klaren Konturen über den Pazifik erheben. Auf den nächsten 1.400 km sähe man dann jeweils größere und höhere Inseln (Kauai: 1.431 km², höchste Erhebung 1.598 m. Oahu: 1.574 km²/1.225 m. Maui: 1.887 km²/3.055 m), bis man schließlich am Big Island angelangt wäre, dem mit 10.454 km² größten Bestandteil des Archipels, dessen Gipfel *Mauna Kea* und *Mauna Loa* deutlich die Höhe von 4.000 m ü.d.M. übersteigen.

2.2.2 DIE FEUERINSELN – VULKANE, LAVA, FLUTWELLEN

Wie viele feuerspeiende Berge gibt es auf Hawaii?

Wenn Besucher angesichts der Entstehungsgeschichte des gesamten Archipels nun auch überall Vulkane, Schlammtöpfe, Schwefelquellen oder Solfatare erwarten, müssen sie an die oben genannte *hot spot*-Theorie erinnert werden. D.h., daß die sichtbare (also sich oberhalb des Ozeans abspielende) vulkanische Aktivität **nur** auf **Big Island** beobachtet werden kann.

Zwar gilt Hawaii gemeinhin als eines der besten Beispiele für eine stetige und außerdem 'touristisch erschlossene' Vulkantätigkeit, und tatsächlich konnten dort noch in jüngster Vergangenheit Lavaströme beobachtet werden, die vom Volumen her zu den größten der Welt zu rechnen sind, doch ist die Zahl der entsprechenden Schauplätze begrenzt – etwa im Vergleich zu Island, das rund 30 aktive Vulkane besitzt. Auf Hawaii sind es derer nur **zwei**:

1. ***Mauna Loa***. Um diesen Berg, der mit einer Höhe von 4.169 m als größter Vulkan der Welt gilt, ist es im letzten Jahrzehnt recht ruhig geblieben. Doch mit den Eruptionen, die sich allein in der Nachkriegszeit ereigneten, demonstrierte die Vulkangöttin *Pele* jeweils eindrucksvoll, zu welchen Kraftakten sie fähig ist. Im Jahre 1950 z.B. produzierte sie in einem 23 Tage währenden Ausbruch einen der längsten Lavaströme in historischer Zeit. 1975 meldete sich der Mauna Loa dann erneut durch eine kurze 18-Stunden-Eruption zu Wort, die von einer Serie kleinerer Erdbeben begleitet war. Und zuletzt brach im März 1984 in 2.865 m Höhe eine Spalte auf, aus der bis Mitte April ununterbrochen Lava ausfloß.

2. ***Kilauea Krater***. Der 4 km lange, 3,2 km breite und 1.243 m hohe Krater im *Hawaii Volcanoes National Park* ist der zuverlässigste Garant für das Erleben eines vulkanischen Naturschauspiels. Nachdem er u.a 1790, 1959, 1960, 1969 und in den 1970ern fast jedes Jahr Magma nach oben beförderte, ist er seit 1983 nahezu ununterbrochen in Aktion und sendet von seinen Flanken Lavaströme in Richtung Meer, die Häuser in Brand setzen, sich über Straßen wälzen und schließlich in einer weißen Dampfwolke mit Seewasser in Kontakt kommen.

Der Kilauea Krater auf Big Island

Alle anderen Vulkane auf dem Archipel gelten definitiv als 'tot'. Drei Ausnahmen gibt es jedoch, für die man die Bezeichnung **'schlafende Vulkane'** gewählt hat, weil ihr letzter Ausbruch vor noch nicht allzulanger Zeit stattfand und die Forschung eine erneute Eruption zwar für unwahrscheinlich, aber nicht für ausgeschlossen hält:

- Der ***Mauna Kea*** (4.205 m), der nördliche Bruder des *Mauna Loa* auf Big Island, hatte noch im 17. und 18. Jhd einige Nachwehen seiner ehemals umfangreicheren vulkanischen Tätigkeit.
- Der ***Hualalai*** (2.521 m) in Big Island, unweit der Touristen-Hochburg Kaiua-Kona, sandte zuletzt 1801 Lavaströme in Richtung Meer.
- Der ***Haleakala*** (3.055 m), der als einziger nicht auf Big Island, sondern auf Maui liegt, ist zuletzt um das Jahr 1790 ausgebrochen, und zwar aus einem Seitenkrater ziemlich tief am Berghang.

Welche Vulkanformen kann man unterscheiden?

Aufgrund der geschilderten Erdgeschichte sind die hawaiischen Vulkane in ihrer 'reinen' Form (d.h. noch nicht durch Erosion abgetragen) am ehesten auf Big Island und Maui zu sehen. Das, was im landläufigen Sinn einen Vulkan ausmacht, nämlich die steile, gleichmäßig und konisch zulaufende Kegelform, findet man auf Hawaii nicht. Solche Kegel (wie z.B. der des japanischen *Fudjiama)* haben sich durch sehr zähflüssige und gasreiche Lava sowie Asche aufgebaut – das Resultat nennt man dann einen **Schichtvulkan** (bzw. Zentral- oder Stratovulkan). Im Gegensatz dazu dominieren auf Hawaii die sog. **Schildvulkane** das Landschaftsbild. Schildvulkane entstehen durch die Förderung von dünnflüssiger und gasarmer Lava, wobei die hohe Fließgeschwindigkeit für einen relativ großen Durchmesser und ein enormes Gewicht einerseits und nicht sehr steile Flanken andererseits verantwortlich ist. Das hat zur Folge, daß man Schildvulkane z.T. gar nicht als Berge erkennt oder aber ihre tatsächliche Höhe leicht unterschätzt.

Dem *Mauna Loa* z.B., der oft als größter Einzelberg der Welt bezeichnet wird und dessen Gewicht rund hundertmal größer ist als das des *Fudjiama*, sieht man seine gut 4.000 Höhenmeter nicht an. Bei der Entstehung der Insel Maui waren zwei Schildvulkane beteiligt, nämlich der *Haleakala* und der *Puu Kukui*, deren Hänge sich erst später zu einer gemeinsamen Landmasse vereinigten. Auch die Insel Oahu besteht im Grunde aus zwei Schildvulkanen, die vor vielen Millionen Jahren entstanden und durch stetige Lavaförderung zur heutigen Insel zusammengewachsen sind. Dort, wo sich die Lavaströme trafen, breitet sich nun die zentrale Hochebene aus. Aber selbst die Atolle weit im Nordwesten gehen auf einst mächtige Schildvulkane zurück, die im Lauf der Zeit jedoch von der Erosion abgetragen wurden. Der Gebirgsstock befindet sich dort mittlerweile unter Meeresspiegelniveau, während die sichtbaren Inselteile von Korallenriffen gebildet werden, die dem Sockel aufsitzen.

Ein anderes Charakteristikum der hawaiischen Schildvulkane ist die Tatsache, daß sich bei ihrem Aufbau die darunterliegende Magmakammer oft so entleerte, daß der Berg in sich zusammenstürzte. Den riesigen Kessel, der bei einem solchen Prozeß entstand, nennt man eine **Caldera**. In einer Caldera kann wiederum ein neuer Krater entstehen, aus dem erneut Lava ausfließt und einen Schildvulkan auf dem Boden des alten aufzustocken beginnt, bis dieser evtl. ebenfalls in sich zusammenstürzt.

Eine Caldera stellt also nicht den eigentlichen Krater dar, sondern besitzt im Innern mindestens einen dieser Schlote, die die Magma nach oben befördern. Nachdem sich der eigentliche Schildvulkan solcherart aufgebaut hat, ist die vulkanische Tätigkeit i.d.R. nicht schlagartig zu Ende, sondern nimmt langsam ab, indem immer wieder gasreiches Gemisch explodiert oder Asche und anderes Auswurfgestein an unterschiedlichen Stellen freigesetzt werden.

Relikte dieser Phase sind jene Mondlandschaften, aus denen sich recht niedrige, aber schön geformte **Explosionskrater** und Aschen- oder Schlackenkegel *(Ash Cones, Cinder Cones)* erheben – besonders schön auf dem *Haleakala* auf Maui. Und dort, wo noch Lavafluß stattfindet, geschieht dies meist nicht durch den alten Hauptkrater, sondern durch Seitenkrater an den Vulkanhängen oder durch Spalten. Ebenfalls auf die letzte Phase vulkanischer Tätigkeit sind jene Kegel aus Tuffgestein *(Tuff Cones)* zurückzuführen, die sich schroff und unvermittelt nahe dem Meer auftürmen – darunter als markantestes Beispiel der *Diamond Head* auf Oahu.

Wie ist die hawaiische Lava beschaffen?

Die Beschaffenheit der Lava, d.h. ihre dünn- oder zähflüssige bzw. gasarme oder -reiche Struktur, ist erstens für den Aufbau der unterschiedlichen Vulkanformen verantwortlich und zeigt sich zweitens auch in der Oberflächengestalt. Dabei sind auf Hawaii **zwei Arten von Lavaströmen** dominierend, die sich in ihrer chemischen Zusammensetzung gleichen, aber deutlich voneinander unterschieden werden können:

1. Das gasarme, schnell und breitflächig ausströmende Material wird als **Fladenlava** oder auf polynesisch als ***pahoehoe*** bezeichnet. Sie ist oft von tiefschwarzer Färbung und von einer scheinbar 'weichen' Oberfläche. Nun ist die Fließgeschwindigkeit nicht immer gleich; anders als Wasser kann ein Lavastrom aufgehalten werden und dabei an der Oberfläche erstarren. Die ansonsten glatte Oberfläche wird dabei von tiefen Rissen und Gräben durchzogen oder zu bizarren Formationen aufgeworfen.

Scharfkantige A'a-Lava (links) grenzt hier direkt an die weichere Pahoehoe-Lava (rechts)

Manchmal bricht glühende Lava durch die schon erkaltete Kruste und wälzt sich ineinander verdreht langsam vorwärts *(Stricklava)*. Oder die erstarrte Oberfläche eines Lavastromes wird durch Verdampfung von Wasser aufgebrochen und zu sog. Schollendomen aufgewölbt. An anderer Stelle kann die Oberfläche erstarrt sein, während das dünnflüssige Material darunter durch regelrechte Tunnelsysteme weiterfließt, um viele Kilometer entfernt wieder ans Tageslicht zu geraten. Und an der Ostküste von Big Island kommt es zu dem Phänomen von Lavazungen, die sich – obwohl viel schwerer als Wasser – mehrere dutzend Meter über den Ozean schieben: Getragen werden sie von einem Luftpolster, das sich aus verdampfendem Wasser bildet.

2. Im Gegensatz zur *pahoehoe* wälzt sich gasreiches und weniger heißes Material langsamer vorwärts und erstarrt zur sog. **Blocklava** (polynesisch: ***a'a***): übrig bleibt ein zerrissenes, von scharfkantigen Blöcken, Schollen und Scherben geprägtes Terrain, das für Wanderer äußerst unangenehm ist. Vor allem im Volcanoes Nationalpark auf Big Island können *aa*-Lava und *pahoehoe*-Lava oft unmittelbar nebeneinander beobachtet werden.

Ob aus Fladenlava oder ob aus Blocklava bestehend – die immens breiten **Lavaströme**, die das grüne Vegetationskleid als schwarze oder dunkelbraune Schneisen meerwärts unterbrechen, gehören zu den faszinierendsten Landschaftseindrücken, die man in Hawaii erleben kann. Daß der Tourist solche Lavaströme vor allem auf Big Island zu Gesicht bekommt, liegt daran, daß sich auf den anderen Inseln die Vegetation ihren Lebensraum längst schon zurückerobert hat. Angesichts des tropischen Klimas und ausreichender Feuchtigkeit ging dieser Prozeß relativ schnell vonstatten: Zuerst faßten Moose in der lebensfeindlichen Umgebung Fuß und ließen eine dünne Humusschicht entstehen, dann folgten Gräser, Büsche und Sträucher nach, bis schließlich die ehemalige Lavawüste von einem dichten Regenwald überdeckt ist.

Lava-Fontäne am Kilauea

Länger als der Vegetation bietet die Lava dem Meereswasser Widerstand. Deswegen kann man auf vielen Inseln noch Reste alter Lavaströme **an der Küste** entdecken, wo sich schwarzgezackte, bizarre Blöcke der Meeresbrandung entgegenstellen. Irgendwann gewinnen aber auch hier die Erosionskräfte die Oberhand und können die Lava schließlich in mikroskopisch feine Stücke zerschlagen. Das Resultat sind dann jene **schwarzen Sandstrände**, die man besonders auf Big Island antrifft (schwarzer Sand kann allerdings auch viel schneller durch Dampfexplosionen entstehen, indem die glühende Lava beim Kontakt mit Wasser zerfetzt wird).

Außer der 'normalen' Lava treten natürlich weitere vulkanische Auswurfmassen auf, die sich je nach chemischer Konsistenz, Kontakt mit anderen Elementen und Art der Förderung in Form, Färbung und Zusammensetzung unterscheiden. Im Kontakt mit Wasser kann z.B. durch die extreme Abkühlung zersplittertes Glas entstehen. Daneben gibt es die gesamte Bandbreite an ausgeworfenen Lockerprodukten wie Bims, Bimsasche, Asche usw.

Ist Hawaii ein Erdbebengebiet?

Es ist klar, daß sich in einem geologisch so instabilen Gebiet wie Hawaii häufige **Erdbeben** ereignen, entweder im Zusammenhang mit einer vulkanischer Eruption oder bei Driften und Verwerfungen der pazifischen Platte. Im Gegensatz zu ihrer Häufigkeit haben Erdbeben in der Vergangenheit allerdings nicht jene zerstörerische Kraft entwickelt, die oft an den Rändern des pazifischen Beckens (Kalifornien, Japan, China) auftritt. Die überwiegende Zahl der Erdbeben wird von den Menschen noch nicht einmal wahrgenommen, sondern nur von seismografischen Geräten registriert.

Was sind Tsunamis?

Eine der schrecklichsten Folgen, die Erd- oder Seebeben auslösen können, sind Flutwellen unvorstellbaren Ausmaßes. Solche Riesenwogen, von denen besonders die Stadt Hilo auf Hawaii betroffen wurde (vgl. KAPITEL 5.4.4), benennt man nach einem japanischen Wort *Tsunami*. Auf offener See werden Tsunamis, beispielsweise von Schiffsbesatzungen, kaum wahrgenommen, obwohl sie fast Schallgeschwindigkeit erreichen können (bis 1200 km/h). Der Grund liegt erstens in der unbegrenzten Wassertiefe und zweitens in der ungeheuren Dimension von 150 km und mehr zwischen zwei Wellenkämmen.

Erst wenn sich ein Tsunami der Küste nähert, nimmt er das Aussehen einer Welle an: Wegen des ansteigenden Meeresbodens bremst sich die Woge auf 90 km/h ab, die Wellenkämme werden zusammengestaucht, stürzen übereinander und bauen sich zu einer Wasserwand auf. Selbst wenn diese nur 2-3 m hoch ist, kann sie katastrophale Folgen haben. Die Tsunamis von Hilo waren 1946 und 1960 jeweils höher als 10 m, andere Flutwellen, die z.B. 1896 Japan oder 1964 Südalaska verheerten, werden eine Höhe von mindestens 30 m gehabt haben.

Der Ort eines Erd- bzw. Seebebens ist nicht identisch mit dem Aufprall einer Flutwelle, da sich die Energie vom Epizentrum des Bebens fortbewegt. Deswegen hatten die Tsunamis, die mit voller Wucht auf Hawaii trafen, ihren Ursprung auch nicht in einem hawaiischen Erdbeben.

Allein die seismische Woge, die durch die bekannte Explosion des *Krakatau-Vulkans* 1883 ausgelöst wurde, ging zweimal um die ganze Erde, bevor ihre Energie verebbt war. Da aber der Pazifik von einem vulkanischen Gürtel ('Ring aus Feuer') umgeben ist, taucht hier das gefürchtete Phänomen eines Tsunamis relativ häufig auf und betrifft besonders jene Inselwelten, die sich mitten im Ozean einer Riesenwelle entgegenstellen. Aus diesem Grund haben die Anliegerstaaten des Pazifikbeckens 1948 ein Tsunami-Warnsystem eingerichtet, das alle Küstenländer verständigt, wenn die Entstehung einer Flutwelle beobachtet wird.

Der Mittelpunkt dieses Warnsystems ist die Station des *U.S. National Weather Service* bei Honolulu. Dieses Zentrum wird von Seismologen rund um den Pazifik verständigt, wenn irgendwo ein Erdbeben registriert wurde. Anschließend wird von Beoabachtern nach Anzeichen für eine Flutwelle Ausschau gehalten und falls es solche gibt, alle Angaben über die Geschwindigkeit der Woge und die mögliche Zeit ihres Eintreffens an den gefährdeten Küsten gesammelt. Schließlich benachrichtigt man Zivilschutz und Militär der betroffenen Region, damit man sich dort auf eine eventuelle Katastrophe einstellt bzw. Evakuierungsmaßnahmen ergreift.

Neben diesen 'richtigen' Tsunamis gibt es übrigens Flutwellen, die kein Erd- oder Seebeben als Ursache haben. Vor allem die heftigen pazifischen Taifune (vgl. KAPITEL 2.2.6) haben soviel Energie, daß sie ebenfalls das Meer zu Wasserwänden auftürmen können, die dann natürlich eine ähnlich zerstörerische Kraft entwickeln. Zuletzt traf im September 1992 eine durch einen Taifun ausgelöste Flutwelle den Archipel.

2.2.3 MEERESSTRASSEN UND INSELN, CANYONS UND BERGE

Nicht die großzügigen Hotelanlagen mit ihrer ganz eigenen Art, 'Landschaften' zu bilden, nicht die kulturellen Attraktionen von Honolulu und noch nicht einmal die kilometerlangen Sandstrände sind das eigentlich Faszinierende an Hawaii. Es sind die unterschiedlichen Landschaften des Archipels, die zusammengenommen ein einziges und einzigartiges Naturwunder abgeben, in dem schneebedeckte Vulkane, immergrüner Regenwald, bizarr gefaltete Bergrücken, tosende Wasserfälle, schwarze Lavawüsten, gischtbekrönte Wellen, sandige Buchten, tiefe Canyons und eine farbenprächtige Tier- und Pflanzenwelt zusammenspielen. Einige landschaftliche Aspekte sollen im folgenden etwas näher beleuchtet werden:

Größe der Inseln

Die Landmasse des hawaiischen Archipels umfaßt insgesamt 16.642 km^2, wovon allein 99% auf die acht größeren Inseln im Osten entfallen, die auch Gegenstand dieses Reise-Handbuches sind. Von diesen ist wiederum Big Island größer als alle anderen Inseln zusammen. Jene Inselchen und Atolle, die sich in einer fast 2.000 km langen Kette nordwestlich in den Pazifik schieben (vgl. KAPITEL 1.1), fallen demgegenüber kaum ins Gewicht, wenn auch deren Anzahl in die Hunderte geht. Wem Zahlenangaben zu abstrakt sind: Die Größe des Inselstaates entspricht in etwa der des Bundeslandes Schleswig-Holstein; ist also nicht gar so klein, wie viele 5-Tages-Touristen offensichtlich vermuten. Auch ist die manchmal publizierte Meinung falsch, Hawaii sei der kleinste amerikanische Bundesstaat: weit im Osten haben Rhode Island, Connecticut und Delaware eine noch geringere Bodenfläche!

Die Größenverhältnisse der acht Inseln im Überblick			
Hawaii (Big Island)	10.458 qkm	Molokai	676 qkm
Maui	1.888 qkm	Lanai	361 qkm
Oahu	1.574 qkm	Niihau	189 qkm
Kauai	1.433 qkm	Kahoolawe	116 qkm

Das Meer

Es ist zwar gewagt, den Ozean als 'Landschaft' zu bezeichnen, aber andererseits werden die Inseln durch das umgebende Meer erst als solche definiert. Nicht erkennbar ist, welche **enormen Tiefen** sich unter der Wasseroberfläche verbergen. Bis zu 5.000 m reichen die verlängerten Vulkanhänge hinab, bis sie zum eigentlichen Meeresboden gelangen. Taucher und Schnorchler, die die ersten Tiefenmeter erkunden, sind begeistert von der unglaublichen Schönheit der Unterwasserwelt. Nah genug zur Oberfläche, um von der Wärme und dem Licht der Sonnenstrahlen zu profitieren, haben sich hier oft **Korallen** angesiedelt und z.T. größere Riffe gebildet. Dies trifft besonders für die sog. Leeward-Inseln zu, also die nordwestlichen Ausläufer des Archipels. Dort sind die Korallenriffe als unfreiwillige Wellenbrecher dafür verantwortlich, daß sich das Wasser in den Atollen so gut wie niemals stürmisch zeigt. Auch der feine, weiße Sandstrand verdankt ihnen seine Entstehung, während der Sand an den Hauptinseln hauptsächlich aus angeschwemmten oder ausgewaschenem Bodenmaterial besteht und alle Farbnuancen zwischen Goldgelb und Schwarz abdeckt.

Aber auch an diesen Inseln, also den touristisch interessanten, gibt es Korallenbänke von beachtlicher Ausdehnung. Als Heimat eines Unterwassergartens mit einer Unmenge von Fischen, Pflanzen und Schalentieren sind sie eine Attraktion für sich. Genauso attraktiv sind übrigens die **Wassertemperaturen** um Hawaii, die konstant bei **24 bis 27 °C** liegen.

Die einzelnen hawaiischen Inseln sind voneinander durch unterschiedlich breite **Meeresstraßen** getrennt, die man auf Englisch *Channels* nennt. Viele Besucher machen sich keine Vorstellungen von den Distanzen und sind manchmal enttäuscht, wenn sie auf Kauai selbst von einem höheren Standpunkt aus nichts von der oft genannten 'Inselkette' erkennen können. Immerhin beträgt dort die Entfernung zur Nachbarinsel Oahu rund 115 km! Währenddessen liegen z.B. Molokai, Lanai und Maui stets in Sichtweite zueinander und von Mauis Südküste sind auch die Bergriesen von Big Island deutlich wahrzunehmen.

Die **Breite der Meeresstraßen *(Channels)*** beträgt im einzelnen:

Name	**zwischen**	**Breite**
Kauai Channel	Kauai und Oahu	115 km
Alenuihaha Channel	Maui und Big Island	48 km
Kaiwi Channel	Oahu und Molokai	47 km
Kealaikahiki Channel	Lanai und Kahoolawe	29 km
Kaulakahi Channel	Kauai und Nihau	27 km
Kalohi Channel	Molokai und Lanai	14 km
Auau Channel	Lanai und Maui	14 km
Pailolo Channel	Molokai und Maui	14 km
Alalakeiki Channel	Kahoolawe und Maui	11 km

Die Küsten

Die Küstenlinie vieler Inseln erscheint dem Seefahrer aus der Ferne als plumpe, grüne Landmasse, die manchmal an einen überdimensionierten Wal denken läßt. Oft türmt sich dann mit jeder Seemeile, die einen näher an das Ufer heranbringt, die Küste zu einer undurchdringlichen Wand auf. Und erst ganz zum Schluß löst sich diese in jene scherenschnittartigen, bizarren Formationen auf, die man staunend als eines der prächtigsten Landschaftsbilder erkennt, die der pazifische Raum aufzuweisen hat. Ob im Osten und Westen Oahus, im Norden von Big Island oder an den Küsten von Maui, Lanai und Molokai, vor allem aber an der *Na Pali Coast* auf Kauai stehen diese **Klippen**, die man auch mit dem polynesischen Wort *pali* bezeichnet. Hier haben in Jahrtausenden Wind und Wetter, Gebirgsbäche, Sturzregen und Sturmfluten aus der **Steilküste** Felsnadeln, -zähne und schräggestellte Kegel herausgesägt und wie eine künstliche Kulisse hintereinander angeordnet. Besonders auf Molokai beeindrucken die *pali* allein schon durch ihre unglaubliche Höhe: bis zu 1.100 m – tiefer als anderswo in der Welt – fällt hier die Insel fast senkrecht ins Meer ab!

An anderer Stelle ist die Küste von flacheren, aber genauso eindrucksvollen **Lavaformationen** gesäumt, gegen die das Meer mit wahren Gischtkaskaden anbrandet. Genausogut gibt es aber auch die sanften **Buchten**, in die manchmal mit Mangroven bewachsene Flüsse und Bäche aus dem Inselinneren münden, flache Nehrungen und ganze Wassersysteme, die sich weit ins Hinterland erstrecken – am größten und bekanntesten *Pearl Harbor* auf Oahu. Wo solche flachen Stellen nicht von Häfen oder Flußmündungen besetzt sind, erstrecken sich auf allen Inseln herrliche **Sandstrände** (vgl. KAPITEL 3.2.5), manchmal als sichelförmige, nur wenige hundert Meter breite Badebuchten, manchmal als kilometerlange und von Dünen gesäumte Streifen. Nicht sie alleine sind es, von denen der Hawaii-Tourismus lebt, sondern auch der landschaftliche Kontrast zur Bergwelt und zu jenen Küstenabschnitten, von denen oben die Rede war.

Die Berge

Wendet man sich von der Küste landeinwärts oder, wie die Polynesier sagen: *mauka* (im Gegensatz zu *makai* = von der Insel fort, auf das Meer zu), erhebt sich vor einem fast überall ein äußerst gebirgiges Profil, in das sich oft nur schmale Täler (s.u.) eingegraben haben. Die hawaiischen Berge erreichen tatsächlich enorme Höhen, deshalb bedürfte es eigentlich nicht des Blicks auf ihren unterseeischen Sockel, der allerdings eine weitere Sensation bereithält: Wegen der Wassertiefe der Meeresstraßen und des Ozeans ringsum gehen die Vulkane dort weiter hinab, als sie über dem Wasser in den Himmel ragen. Ihre Basis liegt in etwa 5.000 m Tiefe, und beide Höhenangaben zusammengerechnet ergeben beim *Mauna Kea* und beim *Mauna Loa* höhere Werte als z.B. beim *Mount Everest.* Diese beiden hawaiischen Gipfel deshalb als die **höchsten Berge der Welt** zu bezeichnen, ist durchaus berechtigt. Denn zum einen haben Bergsteiger im Himalaya auch nicht 8.000 Höhenmeter zu bezwingen, da dort die Bergriesen sich über einer ohnehin schon beträchtlichen 'Grundhöhe' erheben. Und zum andern ist das Wort 'Normalnull' ein relativer Begriff, da der Meeresspiegel in der Vergangenheit beträchtlichen Schwankungen unterworfen war (z.B. in den Eiszeiten).

Zwar können die beiden Viertausender im Winter monatelang eine Schnee- und Eishaube tragen, ansonsten aber unterscheiden sie sich deutlich von der Bergwelt des Himalaya oder der Alpen. Wo jene Steilwände und schroffe Grate aufweist, steigen die Flanken dieser Schildvulkane nur sanft an; wo jene von spitzen, gezackten Gipfeln bekrönt ist, haben diese abgeflachte Kuppen. Eine direkte Folge davon ist, daß man selbst auf die höchsten Berge Hawaiis mit dem Wagen gelangen kann, so daß sie etwas respektlos als *Drive-in-Volcanoes* bezeichnet werden.

Wer solche motorisierten Bergtouren unternimmt, wird mit einem grandiosen Landschaftserlebnis belohnt, selbst bei Fahrten auf die moderaten Höhen von Lanai oder Kauai. Man beobachtet die Abfolge der einzelnen Vegetationsstufen und kommt zu Weidegebieten, in denen man sich ins Allgäu versetzt glaubt. Bereits in 1.000 Metern Höhe ist das Quecksilber um einige Grad gefallen, und wer z.B. auf Maui den Sonnenaufgang auf dem 3.055 m hohen *Haleakala* beobachten möchte, muß mit Temperaturen um den Gefrierpunkt rechnen. An kaum einem anderen Ort in der Welt ist der Aufstieg aus tropischen Verhältnissen in die alpine Kühle so schnell und problemlos möglich wie auf Hawaii.

Außer den spürbar niedrigeren Temperaturen sollte man sich in der pazifischen Bergwelt auch auf eine größere Feuchtigkeit gefaßt machen. Nebel und Regen können dabei Autofahrern (z.B. regelmäßig auf der *Saddle Road* auf Big Island) und Bergwanderern das Leben schwer machen. Der Grund: Die Passatwinde sorgen für einen ständigen Nachschub an Wolken, die dann in den höheren Regionen abregnen und den Gipfeln z.T. enorme Niederschlagswerte bescheren. Mit jährlich etwa 12.000 mm gilt dabei der 1.548 m hohe *Mt. Waialeale* auf Kauai als "feuchtester Ort der Welt".

Die größten Berge Hawaiis		
Name	**Insel**	**Höhe ü.d.M.**
Mauna Kea	Big Island	4.205 m
Mauna Loa	Big Island	4.104 m
Haleakala	Maui	3.055 m
Hualalai	Big Island	2.521 m
Puu Kukui	Maui	1.764 m
Mt. Kawaikini	Kauai	1.598 m
Mt. Waialeale	Kauai	1.548 m
Kamakou	Molokai	1.513 m
Kilauea	Big Island	1.243 m
Mt. Kalaa	Oahu	1.227 m
Lanaihale	Lanai	1.027 m

Die Täler

So wie an der Küste Wellen, Wind und Wetter die bizarren *pali*-Klippen schufen, so haben auf allen Inseln reichliche Niederschläge und Wildwasser die Gebirgsstöcke im Landesinneren erodiert und z.T. sehr enge Täler geschaffen. Mit ihrer überquellenden Vegetation und herrlichen Wasserfällen gehören sie zu den unverwechselbaren Landschaftsbildern des Archipels, die man auf Helikopter-Rundflügen, auf Wanderungen und z.T. auch mit dem Wagen genießen kann.

Solche Täler öffnen sich meist trichterförmig zum Meer hin und geben dort landwirtschaftlichen Nutzflächen Platz. Folgt man diesen Einschnitten landeinwärts, rücken die Bergwände immer näher aufeinander zu, die trägen Flüsse wandeln sich zu reißenden Gebirgsbächen, bis man am Endpunkt schließlich in eine enge, fast unüberwindlich steile Schlucht gelangt. Hier rauschen Kaskaden bis zu 300 m tief hinab und bilden jene fantastischen **Wasserfälle**, für die Hawaii so berühmt ist. Zu den eindrucksvollsten Tälern dieser Art gehören das *Halawa*

Valley auf Molokai, das *Kalalau Valley* auf Kauai, das *Iao Valley* auf Maui, das *Polulu Valley* und *Waipio Valley* an der Nordostküste von Big Island, sowie auf Oahu das *Makaha Valley* im Westen, das *Waimea Valley* im Norden und das *Nuuanu Valley* im Süden.

Außer diesen schmalen und häufig spektakulären Schluchten gibt es auch weite, von Gebirgszügen begrenzte Ebenen, die ihre Entstehung natürlich nicht der Erosion verdanken. Hier waren es die Lavaströme zweier benachbarter Schildvulkane, die sich in der Mitte getroffen und die beiden Berge miteinander verbunden haben. Das höchstgelegene der auf solche Art entstandenen 'Täler' ist der Sattel zwischen dem *Mauna Loa* und dem *Mauna Kea* auf Big Island; es wird von der *Saddle Road* als Verbindungsstraße zwischen Ost- und Westküste erschlossen. Auf Oahu entspricht dem die zentrale Hochebene zwischen den *Koolau Mountains* und der *Waianae Range*. Und auf Maui schließlich entstand in einem ähnlichen Prozeß das sog. *Central Valley* zwischen den Vulkanhängen des *Haleakala* und *Puu Kukui*, das sich als große, landwirtschaftlich genutzte Ebene fast auf Meeresspiegelniveau befindet.

Hawaiis 'Tal der Täler' ist jedoch unzweifelhaft der berühmte *Waimea Canyon* auf Kauai: Mehrere Gebirgsbäche haben sich hier bis 600 m tief in den Untergrund eingegraben und ein Naturwunder geschaffen, das in der touristischen Literatur oft als 'Grand Canyon des Pazifik' bezeichnet wird.

2.2.4 HAWAIISCHE TIERWELT

Landtiere

- **Säugetiere**

Vor Ankunft der Menschen hatten Säugetiere keine Chance, die isolierte Inselwelt zu bevölkern, wenn sie nicht schwimmen oder fliegen wollten. Ersteres taten die Meeressäuger (s.u.), letzteres ist nur einer besonderen, behaarten **Fledermausart** gelungen, die heute in Höhenlagen von über 1.300 m ihr Rückzugsgebiet hat. Alle Landsäugetierarten sind also – freiwillig oder unfreiwillig – importiert worden.

Die Polynesier brachten als Nutztiere **Schweine**, **Hühner** und **Hunde** mit (Hunde wurden auch verspeist), daneben aber auch (und ganz bestimmt nicht mit Absicht!) Ratten und Mäuse. Bereits dadurch wurde das ursprüngliche ökologische Gleichgewicht empfindlich gestört, und die verwilderten **Schweine** gehören immer noch zu den größten Pflanzenschädlingen. Die Artenvielfalt nahm in der Zeit der europäischen Entdeckungsfahrten zu: Bereits *James Cook* schenkte den Polynesiern **Ziegen**, die sich alsbald stark vermehrten. Eine Generation später waren **Katzen**, **Rinder**, **Schafe** und **Pferde** eingeführt, und die Landschaft begann, sich durch Viehverbiß, Abholzung und Weidewirtschaft stärker als jemals zuvor zu verändern.

Auf andere Weise schlimme Auswirkungen hatten jene **Ratten**, die in der zweiten Hälfte des 19. Jhds aus asiatischen Häfen eingeschleppt wurden und die die Pest verbreiteten. In der Mitte des 20. Jhd brachte man **Mungos** nach Hawaii, damit sie die Zuckerrohrplantagen rattenfrei halten sollten; die gefräßigen Tiere hielten sich jedoch nicht an den für sie vorgesehenen Speiseplan, sondern räuberten wild in der gesamten Tierwelt. Sie gelten zusammen mit den Katzen als die schlimmste ökologische Gefahr für die endemische Vogelwelt.

Unter den Säugetieren, die man heutzutage auf Hawaii antrifft, gibt es auch einige unerwartete Arten, etwa **Lamas**, die auf Big Island gehalten werden, oder **Antilopen**, **Zebras**, **Giraffen** etc., die man im *Ranch Wildlife Park* auf Molokai bewundern kann.

• Reptilien und Lurche

Außer der Seeschildkröte hat es vor Ankunft der Menschen keine Reptilien in Hawaii gegeben, und die meisten der heute vorhanden Arten sind erst relativ spät eingeführt worden. Dazu einige Beispiele:

1932 machte man die puertoricanische **Riesenkröte** *Bufo* heimisch, weil man sich von ihr einen Rückgang der Käfer und anderer Schädlinge in den Zuckerfeldern versprach. Die braun-grauen Tiere werden bis zu 18 cm lang und sind vor allem während der Paarungszeit in Tümpeln und Teichen (u.a. bei den großen Hotelanlagen) zu finden. Zum Selbstschutz können die Kröten ein Sekret ausscheiden, das sogar in der Lage ist, Hunde zu töten. Falls Sie einen *Bufo* angefaßt haben, sollten Sie anschließend jede Berührung mit Mund oder Augen vermeiden und sich baldmöglichst die Hände waschen.

Die kleinen, grünen **Anolis-**Eidechsen *(Iguanas)* wurden 1950 zum erstenmal auf Oahu gesichtet und haben sich inzwischen auch über Maui, Big Island und Kauai ausgebreitet. Wie ein Chamäleon können sie ihre Farbe der Umgebung anpassen (grau oder braun). Gleiches gilt auch für den **Haus-Gecko**, der in vielen Haushalten und Hotels vorkommt. Seit dem Zweiten Weltkrieg in Hawaii heimisch, ist er ein wertvoller Insektenvertilger und sollte deshalb ruhig im Hotelzimmer gelassen werden (sein leises Zirpen ist nicht weiter störend). Seine dünne Hautfarbe ist tagsüber dunkler als nachts, wenn sie fast durchsichtig erscheint. Das bis zu 25 cm große **Jacksons's Chamäleon** ist wegen seiner sprichwörtlichen Farbwechsel und seiner unabhängig voneinander bewegbaren Augen bekannt. Den Insektenfresser, der die Beute mit seiner langen, blitzartig herausschnellenden Zunge fängt, kann man vor allem an Oahus Ostküste antreffen, wo einige Exemplare, die als Haustiere gehalten wurden, in die Freiheit entkamen und sich stark vermehrten.

• Insekten

Ein wahres Eldorado ist Hawaiis Tropenwelt für alle möglichen Formen von Insekten (ca. 10.000 Arten), die hier nicht nur in großer Zahl, sondern auch in erstaunlichen Dimensionen auftauchen. Obwohl mancher Tourist angesichts äußerst großer Spinnen, Käfer und Kakerlaken erschrecken mag, sind diese Tiere meist ganz harmlos. Während die staatenbildenden Insekten (Ameisen, Termiten) wahrscheinlich erst durch die Europäer oder Asiaten eingeschleppt wurden, sind Flöhe, Fliegen u.a. bereits mit den Polynesiern nach Hawaii gekommen. Andere Insektenarten sind endemisch und häufig enorm spezialisiert, so daß sie nur in einer ganz bestimmten Umgebung, manchmal nur an einer einzigen Pflanzenart vorkommen.

Unangenehm können Moskitos, Tausendfüßler und Kakerlaken werden. **Moskitos** sind vor allem in der Dämmerung lästige Zeitgenossen, gegen die man sich am besten mit langer Kleidung schützt. In acht nehmen sollte man sich vor dem Biß einiger **Tausendfüßler-**Arten, die nachts auf Grasflächen und in Büschen auftreten: Er ist sehr schmerzhaft und kann im Extremfall Lähmungen hervorrufen. **Kakerlaken** sind ungefährlich und nur aus ästhetischen oder hygienischen Gründen nicht gern gesehen. Sollten Sie sich in Ihrem Hotelzimmer zu sehr belästigt fühlen, sagen Sie an der Rezeption Bescheid – kurze Zeit später wird ein Angestellter mit der chemischen Keule zuschlagen. Grund zur Freude und eine wahre Augenweide sind demgegenüber die großen, bunten **Schmetterlinge**.

● Schnecken

Erstaunlich ist nicht nur der Reichtum an Schnecken (etwa 1.000 verschiedene Arten), sondern auch die Tatsache, daß sie überhaupt nach Hawaii gelangt sind. Denn die Vermutung, daß diese Tiere wie andere importiert wurden, stimmt nicht: Viele Arten sind endemisch, d.h. nur auf Hawaii anzutreffen. Vor allem Wanderer werden Gelegenheit haben, deren Artenreichtum und die Farbenvielfalt zu bewundern, insbesondere bei den gut 100 Arten, deren Gehäuse man an den Baumstämmen im Regenwald findet.

Vögel

Der hawaiische Vogelreichtum war einst berühmt, vor allem wegen der sog. **Kleidervögel**, aus deren leuchtenden Federn Umhänge, Helme und andere Attribute der Häuptlinge gefertigt wurden. Diese Vögel wurden im alten Hawaii von spezialisierten Fängern gejagt, so daß einige der rund 70 endemischen Arten schon vor Ankunft der Weißen ausgestorben waren. Eingeführte Mungos, Eulen, Katzen und Hunde haben deren Bestand weiter dezimiert, so daß heute nur rund 45 einheimische Vogelarten übrig geblieben sind, von denen 31 wiederum in der akuten Gefahr des Aussterbens schweben. Ihr Rückzugsgebiet sind die höhergelegenen Regenwälder, wo man mit viel Glück z.B. die **Hawaiische Eule** *(Pueo)*, den kleinen *Palila* oder den **Hawaiischen Falken** *('Io)* antrifft. Oder die Feuchtgebiete in den Ebenen, wo u.a. die **Hawaiische Ente** *(koloa)* mit maximal 1.000 Exemplaren vertreten ist, und zwar ausschließlich auf Kauai.

Nene-Gänse am Haleakala auf Maui

Wie mit konsequentem Tierschutz gefährdete Arten gerettet werden können, zeigt das Beispiel der **Hawaiischen Gans** (***nene***), dem 'offiziellen Staatsvogel' Hawaiis. Die *Nene* wurden in der Vergangenheit von Mungos geräubert und von Menschen geschossen; noch 1907 tauchten sie auf der Speisekarte von Spezialitätenrestaurants auf! Auf diese Weise ging der Bestand der Hawaiischen Gänse, der zur Zeit Captain *Cooks* bei schätzungsweise 25.000 gelegen haben dürfte, auf nur noch 30 Überlebende zu Beginn der 1940er Jahre zurück. 1949 startete man ein großangelegtes Schutz- und Aufzuchtprogramm, durch das die *nene* wieder in ihren ehemaligen Wohngebieten heimisch gemacht werden konnte. Zwar hat der Taifun *'Iwi'* 1982 etliche Tiere getötet, trotzdem leben heute etwa 500-1.000 Exemplare wild, besonders im *Volcanoes National Park* (Big Island), im *Haleakala National Park* (Maui) und im *Kilauea Point Wildlife Refuge* (Kauai). Man erkennt die Gänse an ihrem schwarzen Kopf und an ihrem typischen Laut, den sie während des Fluges ausstoßen: "ney-ney". Auf dem Lavaboden, wo sie sich am liebsten aufhalten, erinnern ihre Laute eher an ein dumpfes Hundegebell oder an das Muhen einer Kuh. Die *Nene* kann zwar schwimmen und besitzt auch Schwimmhäute, tut dies jedoch sehr selten, da sie im Gegensatz zu anderen Gänsen nicht an Teichen oder Seen lebt. Außer an den genannten Stellen gibt es 1.000-2.000 *Nene*, die in verschiedenen amerikanischen und europäischen Zoos eine neue Heimat gefunden haben, u.a. auch im Zoo von Honolulu.

Die meisten der ortsfesten Vögel auf Hawaii sind importiert, d.h. sie kamen als 'blinde Passagiere' auf Schiffen hierhin oder wurden aus unterschiedlichsten Gründen mutwillig auf die Inselkette gebracht. Die frühen Polynesier importierten beispielsweise den farbenprächtigen **Hahn** *(Moa)*, der ihnen als Speise, als Opfergabe und zu Hahnenkämpfen diente. Später von Mungos gnadenlos verfolgt, sieht man heute verwilderte *Moas* fast nur noch im Regenwald von Kauai, wo die erwachsenen Tiere die Nacht eigentümlicherweise hoch oben in den Bäumen verbringen.

Andere Vögel wurden erst nach dem Weltkrieg eingeführt, z.B. 1958 die **Kalifornische Eule**, damit sie in den Zuckerrohrplantagen Jagd auf Schädlinge (Ratten etc.) mache. Ein anderes Beispiel ist der **Kuhreiher** *(Cattle Egret),* den man häufig auf den Feldern sieht, wo er die Rinder von Ungeziefer befreit – das war auch der Grund, warum er 1959 vom Landwirtschaftsministerium nach Hawaii geholt wurde. Inzwischen hat er sich so stark vermehrt, daß er zu einer Gefahr für die endemischen Vögel geworden ist, denen er in den Feuchtbiotopen das Futter (Insekten, Frösche, Mäuse) wegfrißt oder deren Küken umbringt.

Hingewiesen sei auch auf die außerordentlich großen Bestände an **See-** und **Zugvögeln**. Besonders die nordwestlichen Inseln, von denen viele unter Naturschutz stehen, sind die bevorzugten Nistplätze von Möwen, Seeschwalben, Tölpelarten und – als größtem Seevogel Hawaiis – dem Laysan-Albatros. Als elegantester Segler gilt zu Recht der **Große Fregattvogel**, der in größeren Kolonien auf dem Felsen-Eiland *Kaula Rock* (nahe Niihau) und am *Kilauea Point* auf Kauai vorkommt. Die wendigen und schnellen Tiere (Flügelspannweite über 2 m) verfolgen oft andere Seevögel und attackieren sie so, daß diese ihre Beute loslassen. Die wiederum schnappt der Fregattvogel im Fluge auf, bevor sie im Meer verschwindet. Da ihr Gefieder nicht geölt ist, können die Seevögel nämlich nicht tauchen. Der polynesische Name des Vogels ist *Iwa* (= 'der Dieb) und charakterisiert dieses Beuteverhalten.

Der Kolea im Winter- (links) und Sommerkleid (rechts)

Von den Zugvögeln soll an dieser Stelle nur der bekannte **Pazifische Regenpfeifer** *(Kolea)* genannt werden, der alljährlich im August aus dem über 3.000 km entfernten Sibirien oder Alaska heranreist, um den Winter auf Hawaii zu verbringen. Bei der Wahl ihrer Nistplätze sind die in großer Zahl auftretenden *Koleas* äußerst ortstreu und suchen viele Jahre hintereinander immer genau die gleichen Plätze auf. Im April verlassen die aktiven Tiere in großen Schwärmen die Inseln und fliegen in ihre arktische Sommerheimat zurück. Andere *Koleas* verbringen den Winter in Südostasien, Tahiti, Australien und sogar Neuseeland, d.h. sie leisten eine Flugstrecke von rund 13.000 km!

Meerestiere

• Meeressäuger

Während erst der Mensch Landsäugetiere auf die Inseln brachte, hatten Meeressäuger schon seit Urzeiten den Archipel aufgesucht. Nicht umsonst wurde Hawaii im 19. Jhd wegen seiner reichen **Wal-Bestände** ein bevorzugtes Fanggebiet der Walfänger, die dem mächtigen **Pottwal** *(sperm whale)* genauso nachstellten wie dem **Buckelwal** und dem kleineren, 5-6 m langen **Schnabelwal**. Von diesen ist heutzutage der **Buckelwal** (engl.: *humpback whale*; vgl. KAPITEL 6.2.2) der häufigste Gast, der sich in Hawaiis tropischen Gewässern paart und seine Kinder zur Welt bringt. Die bis zu 15 m langen und 45 t schweren Meeressäuger sind seit 1964 weltweit geschützt und inzwischen zum 'offiziellen Staatstier von Hawaii' erklärt worden. Bis zu 600 von ihnen treten alljährlich die Reise nach Hawaii an, wo sie dann zwischen Dezember und April die Hauptattraktion der *'Whalewatcher'* darstellen. Besonders gute Beobachtungspunkte sind: Kauai: *Kilauea Point.* Big Island: *Kona Coast* und *South Point.* Oahu: *Hanauma Bay* – sowie alle Küsten der Inseln Molokai, Lanai und Maui.

Buckelwal beim Abtauchen

Zur Familie der Zahnwale gehören die **Delphine** (hawaian.: *nai'a),* die ganzjährig die hawaiischen Gewässer bevölkern. Am häufigsten vertreten ist der hawaiische Spinner-Delphin, ein sehr aktives Tier, das in Herden von über 100 Exemplaren auftritt. Man erkennt es leicht an seiner torpedoartigen Form mit dunkelgrauer Rücken- und weißer Bauchfärbung sowie einem hellgrauen Streifen an den Flanken. Spinner-Delphine werden bis zu 2 m lang und 16,5 kg schwer. Ihre Nahrung – Fische und Tintenfische – jagen sie hauptsächlich nachts, wobei sie bis zu 100 m tief tauchen. Die intelligenten Tiere scheinen oft vor lauter Lebensfreude Luftsprünge zu veranstalten, bei denen sie sich mit ihren muskulösen Schwanzflossen aus dem Wasser katapultieren. Von Land aus ist dieses Schauspiel am besten von folgenden Standorten aus zu beobachten: Big Island: *Kealakekua Bay.* Oahu: zwischen *Barbers Point* und *Waianae.* Kauai: *Kilauea Point, Na Pali Coast, Spouting Horn.* Maui: *Honolua Bay, Launiupoko State Park.* Lanai: *Manele Bay.*

Häufige Gäste in hawaiischen Gewässern sind neben den Spinner-Delphinen die gefleckten Pazifik-Delphine *(spotted dolphins)* und die *Bottlenose Dolphins*, seltener sind fünf weitere Delphinarten zu sehen.

Die **hawaiische Mönchsrobbe** (hawaian.: *Ilio-holo'i'ka'uaua)* ist ein endemisches, d.h. nur hier beheimatetes Säugetier. Als Nahrung dienen der Robbe Fische, Hummer und Tintenfische, auf die sie bis zu 50 mal am Tag auf Beutefang geht;

dabei unternimmt sie Tauchgänge bis in 120 m Tiefe! Mönchsrobben, die eine bevorzugte Beute von Haien sind, wurden lange Zeit zusätzlich vom Menschen gejagt, so daß sie akut vom Aussterben bedroht waren. Inzwischen hat sich ihr Bestand wieder auf etwa 1.500 Exemplare erholt, von denen die meisten allerdings bei den nordwestlichen Inseln leben. Seit Ende der 1980er Jahre sind einige von ihnen in den Gewässern der Hauptinseln gesichtet worden (besonders in Niihau und an der Nordküste von Oahu und Kauai); trotzdem gehört immer noch sehr viel Glück dazu, eines der seltenen Tiere zu Gesicht zu bekommen. Gefangene Mönchsrobben leben im *Waikiki Aquarium* und im *Sea Life Park* (Oahu).

• Seeschildkröten

Die imposante **Grüne Meeresschildkröte** *(Pacific Green Sea Turtle;* hawaian.: *honu)* ist leider sehr selten geworden, nachdem Menschen sie wegen ihres guten Geschmacks bis in jüngste Zeit harpuniert haben. Noch in den 1960er Jahren wurden Seeschildkröten-Steaks in Honolulus Restaurants als Delikatesse verkauft. Erst seit 1978 steht das Reptil (wie alle Seeschildkröten) weltweit unter Naturschutz. Erwachsene Tiere erreichen ein Gewicht von bis zu 200 kg, wobei der Panzer über einen Meter lang ist. Die Schildkröten sind gute, bis zu 40 km/h schnelle (!) Schwimmer und ernähren sich ausschließlich vegetarisch. Ihre unterseeischen 'Weidegebiete' befinden sich um die Hauptinseln Hawaiis, aber zur Eiablage wandern sie zu den Nordwestinseln, insbesondere zu den French Frigate Shoals, gut 800 km nordwestlich von Honolulu. Die Eiablage geschieht in der Zeit von Mai bis August, und zwar nachts und an Land. Dabei buddelt jedes Weibchen ein Loch in den Sandstrand, legt ca. 100 Eier ab und bedeckt das Gelege wieder mit Sand. Zwei Monate danach schlüpfen die Jungen und versuchen, das offene Meer zu erreichen. Falls sie nicht vorher von Krebsen, Fischen oder Tigerhaien gefressen worden sind, sieht man sie nach 2-4 Jahren wieder in den Gewässern der Hauptinseln, wobei die Jungtiere selten länger als 35 cm sind.

Grüne Meeresschildkröte

• Fische

Überall da, wo sich Korallenbänke oder -riffe gebildet haben, stößt man auf eine zahlreiche und bunte Gemeinschaft von sog. **Riff-Fischen**, die alle im und am Riff Schutz vor Feinden suchen oder sich von diesen ernähren. Die meisten davon sind unter ähnlichen Lebensbedingungen im gesamten tropischen Bereich des Pazifischen und Indischen Ozeans anzutreffen, was der Faszination einer Begegnung mit ihnen keinen Abbruch tut. Trompeterfische, Löwenfische, gelbköpfige Aale, langnasige Adlerfische, Papageienfische, Blaue Lippfische, Schmetterlingsfische und Ziegenfisch – diese farbenprächtigen und oft bizarren Meeresbewohner, die in dichten Schwärmen an den Korallen stehen, stellen nur eine kleine Auswahl aus ungefähr 700 verschiedenen Arten dar.

Darunter befinden sich auch solche Riff-Fische, die unter ihrem polynesischen Namen bekannt sind, z.B. lustige, wie der *kihikihi*, oder zungenbrecherische, wie der *humuhumunukunukuapuaa*, der zum 'offiziellen Staatsfisch' von Hawaii ernannt wurde.

Angesichts dieses Fischreichtums und der Tatsache, daß zahlreiche Arten nicht nur prächtig aussehen, sondern überaus wohlschmeckend sind, ist klar, daß das **Hochseeangeln** *('Big Game Fishing')* zu einem beliebten Sport wurde. In fast jedem Hafen des Bundesstaats kann man heutzutage an Angeltörns mit professioneller Ausstattung und Begleitung teilnehmen. Als Hochburg des Sports aber gilt Kailua-Kona auf Big Island, das sich selbstbewußt *"the deep-sea fishing capital of the world"* nennt.

Der Humuhumunukunukuapuaa

Hier werden alljährlich von Juni bis August internationale Wettbewerbe veranstaltet, und die Zur-Schau-Stellung der dicksten Brocken beim Abwiegen kann schon als touristisches Ereignis bezeichnet werden. Zu den beliebtesten Beutetieren zählen Blauer Marlin *(Blue Marlin)*, Thunfisch *(Tuna)*, Wahu *(Wahoo)*, Mahimahi, Bonito, Schwertfisch und Barrakuda, während Makrele, Zackenbarsch und Roter Schnapper hauptsächlich von Fischern angelandet werden (vgl. auch KAPITEL 3.2.2).

Zu den Großfischen, auf die die Hochgseeangler Jagd machen, gehören auch jene Meeresbewohner, mit denen der durchschnittliche Tourist nicht unmittelbar in Kontakt kommen möchte.

Die Rede ist von einigen **Hai-**Arten (z.B. Tigerhaie), die in Hawaii durchaus bis in Strandnähe vordringen können, da die Inseln – anders als die der Karibik – nicht von einen Riffgürtel umgeben sind. Zwar sind bisher Menschen nur sehr selten angegriffen worden, doch sollte man sich stets der Gefahr bewußt sein und keine allzu langen Schwimm-Exkursionen unternehmen.

- **Klein- und Schalentiere**

An den Sandstränden und Lavaklippen entfaltet sich über und unter Wasser ein vielfältiges maritimes oder amphibisches Leben. Wie bei den Fischen geht hier die Zahl der einzelnen Arten in die Hunderte, weshalb an dieser Stelle nur einige Beispiele gegeben werden können.

Krebse (hawaian.: *papa'i)* wird wohl jeder Hawaii-Besucher beobachten können, da sich viele Arten von ihnen an den Sandstränden aufhalten, wo sie knapp oberhalb des Brandungsbereiches ihre Löcher buddeln. An den felsigen oder Lava-Küsten ist der Schwarze Steinkrebs (hawaian.: *a'ama)* zu Hause, dessen Fleisch eine begehrte Delikatesse darstellt.

Auch **Muscheln** jeder Art können Schnorchler, Taucher und Badegäste finden. Eine Besonderheit, weil nur in Hawaii zu Hause (endemisch), sind die drei *Opihi*-Arten, die man mit einem scharfen Messer vom Untergrund löst und dann wie Austern roh aus der Schale schlürft. Das Muschelgehäuse wird u.a. zu Schmuck verarbeitet.

Ebenfalls als Köstlichkeit gelten zwei Arten von **Schnecken**: einmal die kleine und schwarze *pipipi*, die man bei Ebbe oft auf Steinen findet. Sie wird in Salzwasser gekocht und das Fleisch anschließend mit einem spitzen Gegenstand vom Schneckenhaus gelöst. Zum andern die etwas größere *Kupe'e,* die man nachts während der Ebbe aufsammelt. Sie schmeckt nicht nur gut, sondern besitzt auch ein Gehäuse, das man mit anderen zu Rasseln zusammenbinden kann, die dann beim Hula-Tanz getragen werden.

Scampis, Hummer *(Lobster)* und **Garnelen** *(Prawn)* werden von Fischerbooten angelandet, darunter häufig der leuchtend rote Hawaiische Hummer und der vielfarbige Königshummer. Das populärste Seafood jedoch stellt eine fremde, in Aquakulturen gezüchtete Art dar: die sog. *Malaysian Prawn*. Sie 'wächst' in den meisten der kommerziellen Meerwasser-Teiche, die man auf den Hauptinseln sieht. Diese wohlschmeckende Steingarnele kann ein Gewicht von bis zu 500 g erreichen, wird aber meistens früher 'geerntet', so daß beispielsweise auf dem Markt ein Pfund Garnelen aus 5-10 Exemplaren besteht.

Obwohl sie eher Pflanzen ähnlich sehen, sind auch die **Korallen** Meerestierchen, die nur knapp unter der Wasseroberfläche leben. Die Koralle baut ihre phantasievolle "Wohnung" mit Kalk, das sie dem Wasser entzieht; nach ihrem Absterben siedeln sich darauf dann neue Korallen an. Sinkt nun der Meeresboden langsam ab, klettern die Korallenstöcke immer weiter nach oben, um nicht die notwendige Energie des Sonnenlichtes zu verlieren. Wenn Millionen und Abermillionen von abgestorbenen Korallen sich Schicht um Schicht aufgetürmt haben, ist ein Korallenriff entstanden. An dessen Aufbau sind jedoch auch Schwämme, Röhrenwürmer und Seeanemonen beteiligt, indem sie das ganze System zusammenhalten. Solche Korallenriffe trifft man besonders an den Atollen im äußersten Nordwesten an, daneben treten Korallenbänke aber auch im Bereich der Hauptinseln auf. Sie bieten nicht nur einer Wunderwelt von farbenprächtigen Fischarten eine Heimat, sondern sind selbst ein Meisterwerk der Natur. Bei Tauchgängen, Schnorcheltrips oder vom Glasbodenboot aus ist diese einzigartige Pracht aller möglichen Formen und Farben zu bewundern, u.a. stößt man dabei auf Fächer-, Gorgonen-, Gehirn- und Kelchkorallen, um nur einige zu nennen.

Ansonsten wird jeder, der nur einen kurzen Blick in die Unterwasserwelt wirft, auf eine Vielzahl anderer, oft sehr farbenprächtiger Lebensformen stoßen, darunter z.B. Seeanemonen, Seegurken, Seesterne, Seeigel und Flachwürmer.

2.2.5 HAWAIISCHE PFLANZENWELT

Wie bei der Fauna war die isolierte Lage des Archipels lange Zeit ein Hindernis für die Entstehung einer umfangreichen Pflanzenwelt. Neue Spezies konnten praktisch nur als Samen und Sporen in den Ausscheidungen bzw. im Gefieder von Vögeln nach Hawaii gelangen, oder sie mußten schwimmend den Pazifik durchqueren. Trotzdem schafften es im Laufe der Jahrtausende mehrere Pflanzen, Fuß zu fassen, sich zu vermehren und so zu verändern, daß sie kaum mehr Ähnlichkeit mit ihren Verwandten in anderen Teilen der Welt aufwiesen. An höherwachsenden Arten gehört der *Koa*-Baum zu diesen Pionieren, ebenso der *Ohia* (s.u.).

Die Polynesier, die von den Marquesas und Tahiti aus den Archipel besiedelten, brachten etwa 30 unterschiedliche Pflanzentypen mit, die für ihr Überleben notwendig waren, d.h. als Obstbäume und eßbare Knollen, als Medizin, als Bau- und Webmaterial o.ä. genutzt wurden (manche Pflanzen erfüllten mehrere dieser Funktionen). So kamen Kokosnuß, Taro, Brotfrucht, Bananen, Bambus u.v.m. nach Hawaii. Komplettiert wurde die Flora durch die Europäer, die jene Arten mitbrachten oder importierten, die sie für unverzichtbar hielten oder von denen sie sich wirtschaftlichen Erfolg versprachen. Deswegen war der heute weitaus größte Anteil der hawaiischen Pflanzenwelt ursprünglich nicht auf den Inseln heimisch – selbst solche nicht, die landläufig als 'typisch hawaiisch' gelten. Die importierte Flora gedieh im milden Klima gut und verdrängte einerseits die endemischen Pflanzen, z.T. veränderte sie sich andererseits entsprechend den natürlichen Bedingungen und wurde so ebenfalls unverwechselbar 'hawaiisch'.

Aus der Vielzahl der Arten im folgenden einige typische Beispiele aus den Bereichen der Baum- , Blumen- und Nutzpflanzen-Flora:

Bäume

- Als einheimische Art ist der **Koa**-Baum bereits genannt worden. Man erkennt die bis zu 3 m dicken und bis zu 20 m hohen Bäume an ihren sichelförmigen Blättern und den kleinen, dunkelbraunen und bohnenartigen Samenkapseln. Die besten Wachstumsbedingungen finden Koas auf der regenreiche Seite der Berghänge ab 1.500 m, aber auch in trockenen Regionen gibt es sie in einer niedrigeren Variante. Als die Polynesier die Inseln entdeckten, erkannten sie schnell die Vorzüge dieser Akazienart mit ihrem harten Holz (polynesisch: *toa* = 'stark'). Aus ihm stellten sie Kanus und Paddel, Surfbretter und Möbel, Waffen, Kalebassen, Trommeln, Ringe, Skulpturen und die statischen Teile ihrer Häuser bzw. Tempel her. Ein naher Verwandter ist jene importierte Baumart, die *Haole-Koa* genannt wird und in trockenen Gegenden von Farmern als natürlicher Weidezaun genutzt wird. Beide Baumarten waren 1984 von einem Schädling befallen und schienen verloren, bis ein Käfer den Schädling als Leckerbissen entdeckte und das Problem auf natürliche Weise gelöst wurde.

- Auch der **Ohia** ist endemisch und geht oft mit den Koas eine enge Lebensgemeinschaft ein, obgleich er viel häufiger vorkommt. Er wächst in mehreren Unterarten, die je nach Klima, Höhenlage und Niederschlagsmenge vom kleinen, strauchartigen Gewächs bis zu einem imposanten, 30 m hohen Baum reichen können. Genau wie der *Koa* ist der *Ohia* wegen seines harten Materials von den Polynesiern als Bauholz und zur Produktion von Möbeln oder Alltagsgegenständen bevorzugt worden.

- Weit verbreitet ist der **Kukui** (Kerzennußbaum), der aufgrund seines großen Nutzens zum 'offiziellen Staatsbaum' von Hawaii erklärt wurde. Die Polynesier gewannen aus seinen Nüssen z.B. Öl für ihre Lampen, Medizin sowie Gewürze.

- Die **Schraubenpalme**, auch *Hala Tree* oder *Pandanus* genannt, gibt es zwar in vielen anderen pazifischen oder asiatischen Gebieten, erreichte aber Hawaii noch vor den Menschen, da ihre Samen längere Zeit im Seewasser überdauern können. Ihren bis zu 7 m hohen Stamm, der sich über den charakteristischen, dünnen Stelzwurzeln erhebt, sieht man vor allem in Ufernähe, allerdings wächst die

Schraubenpalme

Schraubenpalme bis in Höhen von 600 m ü.d.M. Bei den Polynesiern wurden praktisch alle Teile des Hala Tree genutzt (u.a. als Kleidung, Dachbedeckung oder als kunstvolle *leis*).

● Bevor die Kokosnußpalme auf Hawaii heimisch wurde, bedeckten ausgedehnte Haine von **Loulus** (lat.: *pritchardia hillebrandii)* die Inseln. Diese einheimische Palmenart wächst 3-9 m hoch und ist durch ihre fächerartige 'Krone' über einem dünnen Stamm gekennzeichnet. Ihre Früchte sind etwa olivengroß. Die Loulu kommt in vielen Varianten vor, wobei die beiden Arten, die man am häufigsten in den Gärten sieht, aus Molokai und von den Fidji-Inseln stammen.

● Die vielleicht wichtigste Kulturpflanze, die die Polynesiern sozusagen im Reisegepäck mitbrachten, war die **Kokosnuß** *(Niu).* Das edle Aussehen der Palme und ihr vielfältiger Nutzen waren wohl auch der Grund, warum sie bis 1959 als 'offizieller Staatsbaum' Hawaiis geführt wurde. Allein die fußballgroße Kokosnuß ist ein Phänomen für sich: Sie kann 23 m tief fallen, ohne zu zerbrechen, ist mit 'Fleisch' und mit Flüssigkeit gefüllt und kann 50 verschiedenen Verwendungen zugeführt werden. U.a. diente die Schale als Trinkgefäß, als Schaber, als Fischhaken oder als Musikinstrument, während der Bast als Verbindungs- und Brennmaterial genutzt wurde. Aus den geflochtenen Blättern stellte man Körbe, Hüte und Matten her, aus der mittleren 'Rippe' u.a. Nadeln, Fleischspieße und Fischköcher, aus dem Stamm schließlich Bauholz, Kanus und Trommeln. Heute wird vor allem das aromareiche Innere der Nuß genutzt, z.B. für alkoholische oder nichtalkoholische Getränke, als Trockenfrucht oder für Lotions und Cremes.

Kokosnußhain auf Molokai

● Von besonderer Bedeutung für das alte Hawaii war die **Ti-**Pflanze (lat.: *cordyline terminalis),* eine Lilienart, die sich in niedriger Baumhöhe über die Erde erhebt. Von den Polynesiern mitgebracht, nutzten sie diese auf vielfältige Weise: Ihre Priester waren in Ti-Blätter gekleidet, Ti-Blätter dienten als Abdeckung der Erdöfen, als Dachbelag, als Rock beim Hula-Tanz, zusammengerollt als Trinkgefäß oder zu Sandalen verarbeitet. Die Wurzel der Pflanze ist stark zuckerhaltig und wurde zu süßem Gebäck verwandt und zu Alkohol destilliert.

● Zu weitaus gigantischeren Bäumen wachsen mehrere importierte **Feigenbaum-Arten** mit Luftwurzeln heran, die bei uns mit viel Mühe höchstens Wohnzimmerhöhe erreichen. Der *Ficus Benjaminii* zählt dazu, vor allem aber der majestätische *Banyanbaum.* Letzterer pflanzt sich durch Vögel fort, die seinen Samen auf andere Pflanzen ausscheiden, von denen er sich zunächst als Schmarotzer ernährt.

● Den **Brotfruchtbaum** brachten die Polynesier über Tahiti nach Hawaii, da sie seine grünen, kugelartigen Brotfrüchte – eigentlich eher eine auf Bäumen wachsende Gemüseart – als Lebensmittel schätzten. Für die Versorgung der

Sklaven in der Karibik war der Brotfruchtbaum von ausschlaggebender Bedeutung, nachdem *Cooks* Begleiter und späterer Kapitän *Blight* (der von der berüchtigten *'Bounty')* ihn von Hawaii nach Westindien gebracht hatte.

- Häufig sieht man heute den aus Australien importierten **Eukalyptusbaum**, der als Kulturpflanze geschätzt wird, weil er erstens sehr schnell zu voller Höhe wächst (und damit in Aufforstungsgebieten den Boden für nachfolgende Baumarten bereiten kann) und zweitens hilft, Sumpfgebiete trockenzulegen.

- Die importierte **Mangrove**, die man immer häufiger im Mündungsbereich der Flüsse antrifft, ist zwar von botanischem Interesse (= der einzige Baum, der im Salzwasser wachsen kann), gleichzeitig aber auch einer der hartnäckigsten Verdränger einheimischer Flora. Gleiches gilt für die **Wasserhyazinthe**, die sich geradezu explosionsartig vermehrt hat.

Blumen

Der Überblick wäre unvollständig, würde man nicht auf die vielen Blumen und Zierblattarten hinweisen, die ganzjährig aus Hawaii einen blühenden und farbenprächtigen Park machen. In privaten und botanischen Gärten, am Wegrand und im Regenwald findet man hiervon eine überquellende Fülle, die jeden Spaziergang zu einem Erlebnis werden lassen.

Aus der Familie der Malven bestechen dabei etwa 5.000 verschiedenen Hibiskus-Arten durch ihre Schönheit. Darunter befindet sich auch die **offizielle Staatsblume** von Hawaii, nämlich die rote *Hibiscus Kokio (Aloalo)*. Lilien, Wasserlilien, Heliconien, Strelizien, Bougainvilleas, Oleander u.v.m. sind weitere Blumenarten, die man oft und in vielen Variationen zu Gesicht bekommt. Einige Zierblumenarten werden auch wirtschaftlich genutzt, d.h. gezüchtet und exportiert. Insbesondere der Anbau von Orchideen-Arten und Anthurien hat sich hierbei zu einem lukrativen Geschäft entwickelt.

Silversword am Haleakala auf Maui

Eine besondere Erwähnung verdient die **Silversword** *(agyroxiphium sandwicense)*, eine endemische Pflanze, die nur in den oberen Vulkanregionen – ab 2.000 m ü.d.M. – von Maui und Big Island anzutreffen ist. Nachdem sie in ihrer bizarren Heimat der Calderas fast völlig verschwunden war, wurde die Silberschwertpflanze unter Naturschutz gestellt und vor dem Aussterben bewahrt. Trotzdem gilt sie als eine der seltensten Pflanzen der Welt. Ihre Blütezeit erreicht die Pflanze nach frühestens fünf Jahren, wobei bis zu 2 m hohe Blütenstände emporwachsen; anschließend bildet die Silversword Samen und stirbt ab.

Nutzpflanzen

Ein Großteil der hawaiischen Pflanzenwelt ist nicht nur schön anzuschauen, sondern wurde und wird auch wirtschaftlich genutzt. In der Mehrheit handelt es sich dabei nicht um endemische, sondern um Importpflanzen:

- Aus der polynesischen Zeit hat sich **Taro** übergerettet, ein Knollengewächs, aus dem man den breiartigen *poi* zubereitet. Angebaut wird Taro auf kleinen, stark bewässerten Feldern, die man besonders noch auf Kauai entdecken kann. Die Nutzpflanze deckt den Eigenbedarf, wird aber nicht exportiert.

- Viel ausgedehnter und auffälliger sind die **Zuckerrohr**-Plantagen. Das Zuckerrohr war die erste Pflanze, deren Produkte im 19. Jhd im großen Stil exportiert wurden. Es waren jedoch nicht die Weißen, sondern ebenfalls bereits die Polynesier, die diese Nutzpflanze auf den Archipel brachten. Durch Kauen und Pressen gewannen sie den Saft, der bei ihnen gleichermaßen als Nahrung, Süßstoff und Heilmittel diente.

Um die Mitte des 19. Jhds begannen einige weiße Großgrundbesitzer, mit Bewässerung und Düngung das Zuckerrohr als alles beherrschende Monokultur zu etablieren. Damit war diese Nutzpflanze wirtschaftlich von enormer Bedeutung, von ihr hing das Wohl und Wehe Hawaiis ab. Außerdem ist das Zuckerrohr biegsam und widerstandsfähig, und es bedarf schon eines sehr schlimmen Taifuns, um die Nutzpflanze ernsthaft zu gefährden.

Trotz der rückläufigen Anzahl von Plantagen und Fabriken dominieren die Zuckerrohrfelder immer noch die fruchtbaren Ebenen der vier größten Inseln Big Island, Maui, Oahu und vor allem von Kauai. Keine andere Pflanze hatte außerdem so weitreichende gesellschaftliche Konsequenzen – u.a. wegen der Zuwanderung hunderttausender Kontraktarbeiter aus Asien und Europa.

Wenn das Zuckerrohr blüht, sieht man überall die zierlichen, silbergrauen Federbüschel über dem kräftigen Grün. Bei der Ernte werden die Halme der bis zu 5 m hohen Pflanzen abgeschlagen, von den Blättern befreit und zu den Zuckerfabriken transportiert. Hier werden die Stengel so lange durch verschiedene Walzen und Pressen geschickt, bis sie keinen Saft mehr abgeben. Das ausgepreßte Zuckerrohr wird dann getrocknet und dient z.T. als Brennmaterial für die Öfen, in denen der Saft aufgekocht wird. Früher wurde der Sirup auf 500° C erhitzt, bis er kristallisierte. Heute wird der Vorgang beschleunigt, indem man den eingedickten Zuckersaft zentrifugiert, wobei die Zuckerkristalle an den Rändern kleben bleiben.

Nach der Ernte erfordert die Zuckerkultur keine neue Aussaat, denn über den abgeschlagenen Halmen wachsen die neuen sofort wieder nach. Dieses System funktioniert einige Jahre lang, dann ist der Boden ausgelaugt, das Feld muß umgepflügt und mit Mineralien angereichert werden. Nach einer Ruhepause beginnt der Prozeß von vorn, d.h. daß man die ca. 20-30 cm langen Ableger in die frisch umgepflügten Felder einsetzt, wo sie nach 15-17 Monaten zum erstenmal erntereif sind.

- Nach dem Import und der erfolgreichen Züchtung von **Ananas**, insbesondere der großen Cayenne-Frucht, erweiterten viele Weiße ihre Plantagen und bauten zusätzlich zum Zuckerrohr auch Ananas an. Besonders auf Oahu und auf Lanai ist diese Pflanze bis heute von großer wirtschaftlicher Bedeutung (vgl. KAPITEL 9.6.2).

- Vor allem auf Hawaii und Molokai wird an den feuchten Berghängen **Kaffee** angebaut, der sich trotz seines relativ hohen Preises einen festen und zunehmenden Kundenkreis erworben hat. Der sehr aromatische *Kona-Kaffee* (vgl. KAPITEL 5.3.3) wird im September geerntet, auf Hawaii geröstet und zum größten Teil auf den Inseln verbraucht, inzwischen aber auch nach Festlandamerika exportiert.

- Ein weiterer landwirtschaftlicher Spezialzweig ist die Kultivierung von **Macadamia-Nußbäumen**, die aus Australien stammen und deren Wert dort von deutschen Einwanderern zum erstenmal entdeckt wurde. Einer von ihnen, der Baron *Ferdinand Heinrich von Müller*, benannte die Frucht nach dem 1855 eingewanderten schottischen Philosophen *Dr. John Macadam*. Die Macadamia wurde 1892 in Oahu eingeführt, dann aber besonders auf Big Island angebaut, sie enthält über 80% ungesättigte Fettsäuren, hat unter allen Nüssen den höchsten Eiweißgehalt und ist reich an Mineralstoffen sowie an Vitamin B. Wegen ihrer Gesundheit und ihres guten Geschmacks trägt die Macadamia auch den Beinamen 'Königin der Nüsse'. Sie wird inzwischen in einer breiten Produktpalette auf dem einheimischen und internationalen Markt erfolgreich angeboten.

- Während die Polynesier beispielsweise Yam, Brotfrucht, Bananen, Kokospalme einführten, wurden doch die meisten der heute auf Hawaii angebauten **Früchte** von den Weißen ins Land gebracht. Avocados, Guaven, Mangos, Orangen, Papayas, Passionsfrüchte, Wassermelonen u.v.m., viele davon in mehreren Arten und ganzjährig wachsend, bereichern nicht nur die einheimische Speisekarte von Privathaushalten und Hotels, sondern gehen zunehmend in den Export. Viele Pflanzer geben ihrer Kultivierung für die Zukunft größere Chancen auf dem Weltmarkt als den früher übermächtigen Zuckerrohr und Ananas!

2.2.6 KLIMA

Jahreszeiten und Temperaturen

Da die hawaiische Inselkette mitten in den Tropen gelegen ist, kennt sie keine **Jahreszeiten** im europäischen Sinn. Zwar ist oft – und auch in diesem Buch – von 'Sommer' und 'Winter' die Rede, doch sind die Temperaturunterschiede gering. Im **Durchschnitt** herrschen ganzjährig Werte von **22 bis 27 °C**, und zwar im Wasser wie in der Luft! Der Grund für diese ausgeglichene Wetterlage sind die stetigen Nord-Ost-Passatwinde und der Ozean, der mit seinem Warmwasser die kalten Luftmassen erwärmt bzw. die die warmen Luftströme abkühlt und so einen natürlichen Temperaturausgleich schafft.

In der Zeit von April bis Oktober, wenn die Sonne am höchsten steht, spricht man vom **Sommer**, der den Inseln Durchschnittstemperaturen von 23 bis 28 °C bringt. Bei Windstille sind jedoch auch Werte von über 30 °C möglich (in Honolulu wurden maximal 33 °C gemessen), doch ist dies eher die Ausnahme, da die Passatwinde gerade im Sommer sehr beständig sind. Deswegen besuchen Windsurfer (im Gegensatz zu den Wellensurfern) Hawaii am liebsten in dieser Jahreszeit.

Als **Winter**, wenn die nach Süden gewanderte Sonne tiefer steht, gelten die Monate von November bis März; sie sind charakterisiert durch geringfügig geringere Temperaturwerte, die sich in einer Spanne von **18** bis **27 °C** bewegen

(Minusrekord in Honolulu 15 °C). Der weniger beständige Passat bringt es jedoch mit sich, daß die Inseln in den Einfluß der pazifischen Tiefdruckgebiete gelangen können, die mitunter längere Perioden wolken-, regen- und sturmreichen Wetters nach sich ziehen. Ein weiterer Unterschied zum Sommer besteht in dem signifikant höheren Wellengang (besonders an den nördlichen Küsten), der den Winter zur idealen Reisezeit für Wellenreiter macht, während das Schwimmen, Schnorcheln und Tauchen dann zu gefährlich wird.

Stärker als die durchschnittlichen Temperaturunterschiede zwischen Sommer und Winter sind die zwischen **Tag und Nacht** und die zwischen **Küste und Bergregion**. Wer sich den ganzen Tag am Strand in der Sonne geaalt hat, wird deswegen den abendlichen Spaziergang als kühl empfinden. Und wer sich mit dem Wagen oder als Bergwanderer in die höheren Regionen aufmacht, sollte ohnehin an wärmere Kleidung denken. Auch im Sommer kann einen der Sonnenaufgang auf dem *Haleakala* (Maui) mit Temperaturen um den Gefrierpunkt begrüßen. Und die Gipfel der Viertausender auf Big Island liegen in so manchem Winter monatelang unter einer Schneehaube.

Passatwinde

Wie erwähnt, wehen die **Passatwinde** gleichmäßig aus nord-östlicher Richtung und sorgen dafür, daß die Sommerhitze erträglich bleibt. Außerdem bringen sie das Gros der Niederschläge (s.u.), wovon entsprechend der Windrichtung die Ost- und Nordküsten *(Luvseite)* bzw. die Ost- und Nordhänge der Berge betroffen sind. Jene Gebiete, die im Windschatten der Gebirge liegen, sind demgegenüber weitaus trockener und sonnenreicher. Da es keine Regel ohne Ausnahme gibt, kann es vorkommen, daß sich der Wind dreht oder ganz ausbleibt. Die in der Folge auftretenden Perioden mit unangenehm heißem Wetter dauern i.d.R. aber nur kurz an. Gleiches gilt auch für die Zeit, in der der Wind aus südlicher oder westlicher Richtung kommt. Dann kann ein sehr schwüles Klima herrschen, und Regen fällt auf die sonst trockene Seite der Inseln *(Leeseite).*

Die vom Passat herangewehten Wolken stauen sich am gebirgigen Profil der Inseln. Von ganz anderer Art sind jene Rauchwolken, die bei Vulkanausbrüchen auf Big Island entstehen und oft tagelang über Hawaii liegen.

Manchmal steigert sich der Wind bis zu Orkanstärke, und es kommt zum gefürchteten Phänomen der **Taifune**. Ein Taifun entsteht, wenn das Oberflächenwasser eine Temperatur von mindestens 26 °C hat und stark verdunstet. Die warme, feuchtigkeitsgeladene Luft steigt rasch in große Höhen empor, wo sie abgekühlt wird. Dies wiederum führt zu gigantischen Quellwolken, die sich in heftigen Gewittern und stark niedergehendem Regen entladen. Das Ganze kreist um ein Tiefdruckgebiet in immer schnelleren Wirbeln, die ab einer Geschwindigkeit von 60 km/h 'Tropensturm' genannt werden. Dieser ist zunächst noch ein senkrecht stehendes, ortsfestes System, das aber durch die Erdrotation in eine Schieflage gerät bzw. umkippt und sich vorwärts bewegt. Im Zentrum des Orkans sinkt der Luftdruck extrem hinab. Wenn sich die geballten Luftmassen und Wolkenwirbel, die im Durchmesser bis zu 800 km betragen können, mit mehr als 120 km/h um die eigene Achse drehen, spricht man von einem 'Taifun' oder 'Hurrican'. Allerdings kann sich die Drehgeschwindigkeit bis auf 320 km/h steigern, während im "Auge des Taifuns" Windstille herrscht. Dieses ganze rotierende System wandert mit einer Geschwindigkeit von 20-50 km/h über die Wasserflächen, aus denen es immer wieder mit feuchter Luft gespeist wird. Glücklicherweise werden die hawaiischen Inseln von solchen Wirbelstürmen weitaus selte-

Vom Hurrican 'Iniki' zerstörtes Haus (Kauai)

ner heimgesucht als etwa die Karibik oder Florida. Wenn aber doch ein Taifun seinen Weg nach Hawaii findet, entwickelt er dort eine ähnlich furchtbare Zerstörungskraft. Besonders betroffen war davon in der jüngeren Vergangenheit Kauai, das wegen seiner nordwestlichen Lage den Kaltluftmassen am ehesten ausgesetzt ist. Im November 1982 brauste z.B. der Hurrican *'Iwa'* über die Insel, knickte Bäume und Strommasten um, deckte Dächer ab und fegte Autos von der Straße. Mit einer Windstärke von 275 km/h war *'Iwa'* der stärkste Sturm, der jemals auf Hawaii gemessen wurde. Und zuletzt ging 1992 der Taifun *'Iniki'* über Kauai hinweg, der nicht nur regelrechte Schneisen in die Vegetation schlug, sondern wegen etlicher zerstörter Hotels auch dem Fremdenverkehr bis 1994 großen Schaden zufügte.

Niederschläge

Die Klimatabelle (s.u.) zeigt, daß es bei den Niederschlägen zwar Unterschiede im Jahresablauf gibt, die allerdings so geringfügig sind, daß man nicht von einer 'Regenzeit' und einer 'Trockenzeit' sprechen kann. Ebenso wird aber deutlich, daß sehr wohl große Unterschiede in der Gesamtmenge unterschiedlicher Orte bestehen: So ist der Standort Hilo auf Big Island mit durchschnittlich 3.470 mm Niederschlag im Jahr mehr als sechsmal 'feuchter' als Honolulu mit 556 mm. Noch extremer wird es, wenn man die Ortschaft Puako auf Big Island mit dem Mt. Waialeale auf Kauai vergleicht. Während jener mit 230 mm fast schon an die Werte von typischen Wüstenorten herankommt, ist dieser mit über 12.000 mm nicht nur der regenreichste Punkt des Bundesstaates, sondern der ganzen Welt.

Da die Wolken der Passatwinde aus Nordosten heranwehen und, bevor sie abregnen, auf den Inseln nach oben abgeleitet werden, ergeben sich folgende Faustregeln:

- Die windzugewandten Seiten *(Luvseiten)* der Inseln, also die Nord- und Ostküsten, haben die höchsten Niederschläge. Die windabgewandten Seiten *(Leeseiten)*, also die Süd- und Westküsten, haben die geringsten Niederschläge.
- Auf den regenreichen Luvseiten steigt die Niederschlagsmenge, je mehr man sich von der Küste in die höheren Regionen begibt. Der Steigungsregen ist in den mittleren Höhenlagen (1.000-1800 m ü.d.M.) am stärksten, die eigentlich ständig wolkenverhangen sind. An der Küste hingegen fallen die Niederschläge hauptsächlich in Form von kurzen, aber heftigen Regenschauern.
- Im Winter sind die Niederschlagsmengen geringfügig höher als im Sommer.

Sonnenscheindauer

Da aufgrund des äquatornahen Breitengrades die Tage ganzjährig etwa gleich lang hell sind (zwischen 11½ und 13 Stunden), hängt die Sonnenscheindauer eines Ortes auf Hawaii weniger von der Jahreszeit als vielmehr von der Lage

Klimatabellen

Honolulu (Oahu)					
	Tagestemperatur in °C		Niederschläge (in mm)	Regentage	tägl. Sonnenscheinstunden
	max.	min.			
Januar	26,2	18,8	96	10	7,3
Februar	26,0	18,9	84	10	7,7
März	26,2	19,1	73	9	8,3
April	26,8	20,1	33	9	8,6
Mai	27,7	21,1	25	6	8,8
Juni	28,8	22,2	8	6	9,1
Juli	29,2	22,8	11	8	9,4
August	29,4	23,2	23	7	9,3
September	29,6	22,9	25	7	9,2
Oktober	29,0	22,3	47	10	8,3
November	27,8	20,9	55	10	7,5
Dezember	26,2	19,9	76	11	6,2
Jahresmittel	*27,8*	*21,0*	*556*	*103*	*8,3*

Hilo (Hawaii)					
	Tagestemperatur in °C		Niederschläge (in mm)	Regentage	tägl. Sonnenscheinstunden
	max.	min.			
Januar	25,9	17,1	300	18	5,3
Februar	25,9	17,0	329	18	4,9
März	25,7	17,2	373	24	4,7
April	26,1	17,9	303	25	4,5
Mai	26,9	18,7	237	25	4,1
Juni	27,8	19,2	172	24	5,3
Juli	28,0	19,7	249	28	5,6
August	28,4	20,2	291	27	4,9
September	28,3	20,1	216	24	5,5
Oktober	28,1	19,8	274	24	4,8
November	26,9	18,8	340	24	4,0
Dezember	26,0	17,8	386	23	3,7
Jahresmittel	*27,0*	*18,6*	*3.470*	*284*	*4,8*

(Luv- oder Leeseite) ab. Deswegen sind Pauschalwerte, die für eine ganze Insel gelten, wenig aussagekräftig für einen bestimmten Strand oder einen bestimmten Hotelstandort. Auf Oahu z.B. werden als Extremwerte für den Februar durchschnittlich 129 Sonnenscheinstunden und für den Juni 270 Sonnenscheinstunden angegeben, was 40% bzw. 70% der maximal möglichen Werte entspricht. Darin sind allerdings die Verhältnisse an der praktisch immer wolkenlosen Westküste genauso enthalten wie die im regenreichen Osten. Aus der Klimatabelle (s.u.) ist hingegen ersichtlich, welche großen Unterschiede es allein zwischen den beiden größten Städten des Bundesstaates gibt. Während im windgeschützten Honolulu die mittlere tägliche Sonnenscheindauer zwischen 6 und 9,4 Stunden variiert, reicht die Spanne im regenreichen Hilo auf Big Island nur von 3,7 bis 5,6 Stunden.

Die Imiola-Kirche auf Big Island (1855)

2.3 KULTURELLER ÜBERBLICK

2.3.1 DAS ALTE HAWAII

Den ersten Europäern, die mit den Eingeborenen in Kontakt traten, mußte das Leben auf Hawaii und den anderen Südseeinseln paradiesisch vorkommen. Sahen sie doch überwiegend glückliche Menschen, die in Großfamilien lebten, sich mit Wassersport, Spielen, Tänzen und Gesängen vergnügten und die zudem mit einer Natur gesegnet waren, die Früchte, Lebensmittel und Baumaterialien in Hülle und Fülle bereithielt.

Junge hawaiische Frau (18. Jhd)

Die Matrosen, die viele Wochen auf hoher See hinter sich hatten und oft aus puritanischen Verhältnissen kamen, werden zudem von den schönen Mädchen beeindruckt gewesen sein, die sie nackt am Strand sahen und deren sexuelle Freizügigkeit sie genossen. Sicher: Es gab auch von Beginn an unschöne Szenen zwischen Weißen und Eingeborenen, Streitigkeiten, die oft aus Mißverständnissen herrührten und die sehr schnell zu Mord und Totschlag eskalierten – das Schicksal Captain *Cooks* ist dafür ein gutes Beispiel. Diese beiden verschiedenen Seiten des ersten Kontaktes sollte für lange Zeit das westliche Bild von Hawaii prägen: Auf der einen Seite das Südsee-Paradies, bevölkert von unverdorbenen und 'schönen Wilden', auf der anderen Seite eine gefährliche Inselwelt, in der heidnische Riten, Diebstahl und Kannibalismus zu Hause waren.

Solche Klischees waren freilich nicht geeignet, die Gesellschaft des alten Hawaii objektiv zu beobachten oder zu beschreiben, und jeder Weiße, ob nun Seefahrer, Walfänger oder Missionar, sah im Hawaiier i.d.R. nur das, was er sehen wollte und was sein eigenes Vorurteil bestätigte. Tatsächlich stand jedoch die hawaiische Gesellschaft, in der ja Metall-Legierungen unbekannt waren und die deshalb als steinzeitlich zu definieren ist, auf einem äußerst hohen kulturellen Niveau. Es lohnt sich deshalb, einen kurzen Blick auf dieses Volk, auf seine Gesellschaftsstruktur und auf seine Religion zu werfen.

Gesellschaft

Trotz aller scheinbaren Leichtlebigkeit wohnte der alt-hawaiischen Gesellschaft eine sehr streng aufgebaute Hierarchie inne, die auf der Trennung des gemeinen Volkes *(makaainana)* von der Schicht der Adeligen *(alii)* und Priester *(kahuna)* beruhte. Da es ein ähnliches System etwa auf Tahiti oder Neuseeland gab, liegt die Vermutung nahe, daß es die Ureinwohner schon aus ihrer polynesischen Heimat mitbrachten und in Hawaii nur graduell veränderten bzw. verfeinerten. Die kleinste Einheit der Gesellschaft stellte natürlich die Familie dar, in der mehrere Generationen und oft auch verschiedene Verwandtschaftsgrade zusammenwohnten. Anders als bei uns war die Eltern-Kind-Beziehung in einer solchen **Großfamilie** weniger festgelegt: Die Erziehung oblag den weiblichen Erwachsenen gemeinsam, häufig wurden Kinder auch an Verwandte oder Freunde 'abgegeben', die keine bzw. weniger Kinder hatten oder sozial besser gestellt waren. Innerhalb der Großfamilie herrschte ein patriarchalisches System, in dem die Männer alle wichtigen Entscheidungen trafen und i.d.R. mehrere Frauen hatten. Es konnte jedoch auch durchaus vorkommen, daß die Frauen mehrere Sexualpartner hatten. Die Frauen verrichteten die Feldarbeit, erzogen die Kinder, bereiteten Speisen und sorgten für die Dinge des alltäglichen Lebens (Kleidung, Gerätschaften, Schmuck). Währenddessen gingen die Männer auf Jagd oder Fischfang, bauten Häuser oder zogen in den Krieg, wenn die *alii* sie dazu aufriefen. Bei kultischen Handlungen oder Entscheidungen, die den Stamm betrafen, blieben die Männer unter sich und aßen Speisen, die keine Frau berührt haben durfte. Ohnehin waren viele Dinge den Frauen verboten *(kapu)*, u.a. das Essen bestimmter Lebensmittel (z.B. Bananen), das gemeinsame Essen mit den Männern usw.

Jede Großfamilie bezog ihre Identität aus der Ahnenreihe des männlichen Vorstandes und stand unter dem Schutz einer persönlichen Gottheit, der man einen kleinen Privataltar errichtete. Die Individualität der Familie erkannte man u.a. an den **Tätowierungen**, die sich Männer wie Frauen auf Beinen, Füßen, Armen, im Gesicht (einschließlich der Zunge), an den Hüften und am Gesäß anbringen ließen. Diese Prozedur, bei der die Farbe mittels scharfer Obsidianklingen und Vogel- oder Fischknochen unter die Haut gebracht wurde, muß sehr schmerzhaft gewesen sein, ist jedoch ein Kennzeichen aller polynesischen Völker, auf deren Ausdruck *tatau* unser Wort *Tätowierung* (bzw. engl.: *tatoo*) zurückgeht. Die Anbringung einer Tätowierung war ein religiöser Akt und wurde von Spezialisten durchgeführt, die einen ähnlichen Rang wie die Priester einnahmen.

Während einerseits das Patriarchat und das *kapu*-System enge soziale Grenzen setzte, konnte andererseits der Alltag durchaus heiter und lebensfroh sein. Feste waren häufig, auf denen gemeinsam getanzt und gesungen wurde, man ergötzte sich an allen möglichen Spielen und Sportarten und kannte, wie erwähnt, eine relativ große sexuelle Freiheit. Und die Lebensumstände in einem angenehmen Klima sowie mit stets ausreichenden Lebensmitteln (Früchte, Taro, Fische, Vögel, Wild) waren dergestalt, daß man im allgemeinen nicht ums Überleben kämpfen mußte.

Über dem gemeinen Volk standen die **alii**, also die Oberschicht der Adeligen, die die Priester, Häuptlinge und Könige stellten. In langen, mündlich tradierten Ahnenreihen konnten sie ihre Herkunft von den Göttern oder Halbgöttern herleiten und damit ihre besondere Macht legitimieren. In einem dem Feudalismus vergleichbaren System besaßen die *alii* nahezu unumschränkte Macht: Sie konnten Recht sprechen, Tribut verlangen, zum Kriegsdienst aufrufen und die Töchter der einfachen Familien gebrauchen oder in ihren Harem aufnehmen. Dinge, die den gesamten Stamm betrafen, wurde von den *alii* gemeinsam beraten, wobei den mächtigsten Aristokraten die Stellung eines Königs zukam. Die Konkurrenz der *alii* untereinander und Streitereien zwischen den erbberechtigten Söhnen führten zwangsläufig zu einer langen Reihe von Fehden, bei denen es um die Macht in bestimmten Inselteilen oder auf der gesamten Insel ging.

Später führten die großen Häuptlinge auch Kriege gegen die Nachbarinseln, bis *Kamehameha I.* schließlich alle Inseln in einem Königreich zusammenschloß. Das Erlernen der ritterlichen **Kriegskunst** war Privileg der *alii*, deren Söhne z.B. im Speerwerfen, Boxen und Ringen intensiv unterrichtet wurden. Kam es zur

Schlacht, mußten die Astrologen und Seher den jeweils günstigsten Termin bestimmen, außerdem mußten die Priester einverstanden sein und die Götter durch Menschenopfer und die Errichtung von Tempeln günstig gestimmt werden. Dann wurden die waffenfähigen Männer des Stammes zusammengerufen und in einer geordneten, einer mittelalterlichen Schlachtordnung ähnlichen Aufstellung gegen den Feind geführt. Gekämpft wurde mit bis zu 6 m langen Speeren, kürzeren Wurfspießen, Keulen und Knüppeln, Steinäxten und mit Haifischzähnen besetzten Messern. Bei den Feldzügen *Kamehamehas I.* wurden bereits auch westliche Waffen eingesetzt.

Die unumschränkte Macht der Aristokraten stieß also jeweils dann an ihre Grenzen, wenn sich andere *alii* in ihrer Macht gefährdet sahen. Eine zweite, kaum weniger bedeutende Instanz war die der Priester *(kahuna*; s.u.), die ebenfalls die Häuptlinge in ihre Schranken weisen konnten.

Auf der untersten Sprosse der alt-hawaiischen Gesellschaft standen die **Sklaven** *(kaua),* die sich meist aus Ausgestoßenen und Kriegsgefangenen rekrutierten. Da sie ihr *mana* (s.u.) verloren hatten, galten sie kaum noch als Menschen, sondern wurden als 'Kadaver' bezeichnet und mit einer Tätowierung auf der Stirn markiert; aus ihren Reihen wurden auch bevorzugt die Menschenopfer zur Besänftigung der Götter ausgewählt.

Religion

Das religiöse Leben war polytheistisch geprägt, eine strenge Unterscheidung zwischen der sakralen und profanen Welt hat es nie gegeben. Hunderte von Göttern bevölkerten die polynesische Mythologie, von denen die wichtigsten die Erde, Gestirne, Halbgötter und Menschen geschaffen hatten. Diese wurden auf allen Inseln (und unter leicht veränderten Namen im ganzen polynesischen Raum) angebetet. Die Erde, das Meer und die Gestirne wurden von den drei Hauptgöttern **Kane**, **Ku** und **Lono** geschaffen.

Unter diesen kam *Kane* als Gott der Vegetation und des Sonnenlichtes, als Erschaffer und Ahnherr aller Häuptlinge, als Schutzgott des Wassers und als Prototyp der männlichen Kraft *(kane* = 'Mann') eine besondere Bedeutung zu, vergleichbar etwa Odin oder Zeus. Er galt als verhältnismäßig milder Gott, der nicht durch Menschenopfer besänftigt werden mußte. Anders der Kriegsgott *Ku*, der ähnlich wie Thor oder Ares vor Schlachten angerufen wurde und den man durch blutige Riten auf seine Seite ziehen mußte. Zu *Ku* betete man jedoch auch mit der Bitte um Regen, um Potenz und Nachkommenschaft, um einen ertragreichen Fischfang oder um magischen Beistand. *Kus* Ehefrau, die Göttin *Hina*, verkörperte die Erde und die untergehende Sonne, und in der Vereinigung mit ihrem Mann, der den Himmel und die aufgehende Sonne repräsentierte, bildete sie eine kosmische Ganzheit. Der dritte Schöpfer, *Lono* (= 'erschallend'), erfüllte vor allem die Funktion eines Fruchtbarkeitsgottes, der sich im Donner und im Wind, in den Wellen des Meeres und in fruchtbaren Feldern offenbarte. Als Verwandlungskünstler nahm er die unterschiedlichsten Gestalten an. Wie *kane* benötigte er keine Menschenopfer und galt als freundlich und milde. Das Erntedankfest *makahihi*, das alljährlich von November bis Januar abgehalten wurde, wurde zu seinen Ehren begangen.

Daneben verehrte man zahlreiche weitere Gottheiten auf allen Inseln und rief sie in Notlagen um Hilfe an. **Kanaloa** z.B., der Gott des Ozeans, der Heilkraft und der Winde, war den seefahrenden Polynesiern besonders heilig. In Kämpfe mit dem lebensbejahenden *kane* verstrickt, galt er auch als Gott des Todes. Auf die Gunst von **Pele**, der Göttin des Feuers und der Vulkane, war man angesichts der feuerspeienden Berge Hawaiis zwangsläufig angewiesen. Der Halbgott **Maui** genoß große Verehrung u.a. deswegen, weil er die hawaiischen Inseln aus dem Meer an die Oberfläche befördert hatte und mit seinem Lasso die Sonne einfangen konnte, so daß für die Menschen die Tage länger wurden und sie ihre Arbeiten besser verrichten konnten. Des weiteren hatte fast jeder Bereich der Natur und der Kultur seinen eigenen Schutzgott, ebenso wie jeder Stamm, jeder Clan und jede Familie.

In einem komplizierten Geflecht wurden die Stammbäume all dieser Götter, der von ihnen abstammenden Halbgötter und vornehmer *alii*-Familien zueinander in Beziehung gesetzt und mündlich tradiert. Was dabei bloße Legenden oder Mythologie war und was tatsächlicher Gegenstand der Volksfrömmigkeit, ist heute schwer zu entscheiden. Tatsache aber ist, daß die hawaiische wie jede polytheistische Religion tolerant war, was später vielen den Übergang zum Christentum erleichterte (indem Christus einfach in den polynesischen Götterhimmel aufgenommen und über *Kane* gestellt bzw. mit ihm identifiziert wurde).

Was der Hausaltar für die Großfamilie war, war der **Heiau**, der hawaiische Tempel, für den Stamm. Zahlreiche Überreste solcher steinerner Kultbauten, von denen manche eine erstaunliche Größe einnehmen konnten, sind heute noch erhalten. Sorgfältig aufgeschichtete Trockenmauern, deren Lavasteine z.T. von weither transportiert wurden, grenzen im Gelände ein Rechteck ab, das die Dimension eines Fußballfeldes haben kann. An anderer Stelle sieht man terrassierte Plattformen, die Zeugnis von der hohen Ingenieurskunst ihrer Erbauer ablegen. Solche *heiaus* waren von großen, hölzernen Statuen *(tikis)* umgeben, trugen Grashäuser mit dem Idol eines Gottes und turmartige Gerüste, von denen herab Prophezeiungen kundgetan oder Gebete gesprochen wurden.

Ein *heiau* war das Zentrum des Opferkultes, d.h. daß hier den Gottheiten Speisen, Tiere oder Menschen mit der Bitte um Schutz, Vergebung oder Glück dargebracht wurden. Vor allem auf der Insel Big Island kann man einige restaurierte *heiaus* bewundern, darunter auch ein sog. *puuhonuua*. Dabei handelte es sich um Tempelbezirke, die den zum Tode Verurteilten oder Ausgestoßenen als letzte Fluchtmöglichkeit dienten.

Der Götterkult mit all seinen Regeln und Verboten wurde von den **Priestern**, den *kahuna* geleitet, die gleichzeitig auch als Heiler, Astronomen, Propheten, Zauberer und Hüter der Tempel auftraten. Da sie (und nur sie) den Willen der Götter erkennen konnten, war ein Häuptling oder König auf ihren Beistand angewiesen. Die *kahuna*, die ebenfalls aus einer *alii*-Familie stammten, hatten untereinander eine ähnlich Hierarchie wie die Aristokraten, so daß aus ihrer Mitte eine Art Oberpriester als Gegengewicht zum König entstand. Damit verkörperten sie, ähnlich wie die keltischen Druiden oder die indianischen Medizinmänner, eine beträchtliche Macht, und jeder weitsichtige Adelige tat alles, um sie auf seine Seite zu ziehen.

Kunst und Spiele

Während die Geschichten von blutigen Kriegszügen und Menschenopfern ein manchmal düsteres Licht auf die alt-hawaiische Gesellschaft werfen, verkörpern ihre Spiele und ihr Kunsthandwerk die lebensfrohe, leichte und artifizielle Seite ihrer Welt.

Die Isolation des Archipels brachte eine Reihe einzigartiger **Spiele** und **Sportarten** hervor, die es in gleicher Weise nirgendwo sonst gab. Schon *James Cook* berichtete von der außerordentlichen Geschicklichkeit, mit der die Polynesier ihre Ausleger-**Kanus** steuern konnten. Und allen Weißen, die zum erstenmal nach Hawaii kamen, fiel das **Wellenreiten** auf, das man damals auf sehr langen Holzbrettern aus Koa-Holz ausübte (vgl. KAPITEL 3.2.3). **Speerwerfen, Boxen** und **Bogenschießen** waren edle Sportarten, die oft den *alii* vorbehalten waren, und die man anläßlich des Erntedankfestes (*mahikiki*) als inselübergreifendes Kräftemessen veranstaltete. Ein eher volkstümliches Vergnügen war hingegen das Steigenlassen von **Drachen**, die man kunstvoll aus dünner Baumrinde fertigte, und die **Schlittenfahrt** mit einem Holzfahrzeug *(holua)*, für die man steile Abhänge herrichtete. Daneben kannten die Polynesier eine Art **Marionettentheater**, etliche **Glücks-** und **Geschicklichkeitsspiele** und betrieben als **Denksport** das Spiel *konane*, von dem einige Exemplare in Museen und an einigen historischen Plätzen bewahrt sind. Es wurde mit schwarzen und weißen Steinen auf schwarzem Steinuntergrund gespielt und seine Regeln ähnelten denen unseres Brettspieles Mühle.

Steinspiel "Konane"

Zu den Vergnügen der Ureinwohner zählten auch ihre **Gesänge** und **Tänze** (vgl. KAPITEL 2.3.5), die z.T. die Zeiten überdauern konnten und heute wieder in steigendem Maße Einheimische wie Touristen anziehen. Besonders zeigt sich das hohe kulturelle Niveau des alten Hawaii in seiner **Kunst** und seinem **Kunsthandwerk**. Insbesondere zählen dazu die geschnitzten **Holzskulpturen**, die prächtige **Federkleidung**, der Schmuck und die zeitlos-schönen **Petroglyphen** (vgl. KAPITEL 2.3.4).

mana und *kapu*

Kunst, Religion und das alltägliche Leben wurden von zwei Grundprinzipien entscheidend bestimmt: *mana* und *kapu*.

Unter *mana* versteht man eine spirituelle Kraft, die allen Dingen innewohnt und in einzelnen Personen ebenso wie in anderen Lebewesen, aber auch in Familien, Clans und einem Stamm sichtbar wird. Als relative Größe kann das *mana* zu- oder abnehmen, entscheidend sind persönliche Leistungen oder besondere Fähigkeiten. Das von den Vorfahren ererbte *mana* stieg z.B. nach einer Heldentat oder einem erfolgreichen Kriegszug gegen einen feindlichen Stamm, dessen *mana* dadurch wiederum in gleichem Maße sank. Die Versklavung führte zu einem völligen Verlust des *mana*.

Mit *kapu* ist die Außergewöhnlichkeit oder Heiligkeit bestimmter Plätze, Menschen, Dinge, Handlungen und Situationen gemeint. So war z.B. die Person, das Haus, ja selbst der Schatten eines Adeligen für gewöhnliche Menschen *kapu*, d.h. unberührbar. *Kapu* war ebenfalls das gemeinsame Essen von Männern und Frauen, die Anwesenheit von Frauen oder gewöhnlichen Menschen bei Versammlungen der *alii* (Häuptlinge), das Betreten eines Tempels, Frauen während der Menstruation usw. Es gab also ein ausgeklügeltes System moralisch-ethischer Gesetze, das von der Geburt bis zum Tod alle Lebenslagen regelte.

Das Wort stammt vom polynesischen *tapu* ab, das als Lehnwort 'Tabu' auch in unserer Sprache vorkommt. Gleichzeitig beinhaltete der Begriff auch einen moralischen Imperativ, so daß Verstöße gegen dieses Prinzip geahndet wurden. Ein Individuum, das ein *kapu* nicht beachtete, wurde entweder von den Göttern mit Unglück, Verlust des *mana*, Krankheit oder Tod bestraft, oder es wurde von den Priestern (*kahunas*) seiner gerechten Strafe zugeführt. Wessen Schatten einen Häuptling gestört, wer die Heiligkeit eines Tempels mißachtet, den Besitz eines *alii* betreten oder die Regeln im Umgang mit den Priestern nicht befolgt hatte, konnte erschlagen, gesteinigt, lebendig vergraben, verbrannt, erdrosselt oder ertränkt werden. Solche armen Opfer widmete man den Göttern, damit diese nicht den Stamm für das Übertreten des *kapu* bestraften.

Rituelle Hinrichtung (18. Jhd)

Es ist klar, daß bei dem Aufeinandertreffen zweier so wesensverschiedener Kulturen wie der der Polynesier und der *Haole* (die die Prinzipien von *mana* und *kapu* weder kannten noch gar beherzigten) ein bestimmender Teil der althawaiischen Kultur erst der Verunsicherung, dann der Vernichtung und schließlich dem Vergessen preisgegeben wurde. Heutzutage bedeutet ein Schild mit der Aufschrift *'kapu'*, daß sich dahinter ein Privatgelände befindet und die Zufahrt verboten ist.

2.3.2 HAWAIIS SPRACHEN

Wie spricht man auf Hawaii? Diese bange Frage mögen sich deutsche Touristen stellen, die ihren eigenen Englisch-Kenntnissen mißtrauen oder sogar befürchten, daß sie einem insularen Kauderwelsch begegnen werden, bei dem man selbst mit Englisch nicht weiterkommt. Diese Befürchtungen mögen durchaus berechtigt sein, je nachdem, mit welcher Personengruppe Sie es auf Hawaii zu tun haben. Und wer sich darauf verläßt, daß überall auf der Welt auch Deutsch verstanden wird, ist hier jedenfalls sehr schnell verlassen.

Entsprechend der vielen Völker, die auf den Insel heimisch sind (vgl. KAPITEL 2.4.2), könnte man ein babylonisches Sprachenwirrwarr erwarten. Die ethnischen Gruppen haben jedoch allesamt eine hohe Anpassungsfähigkeit bewiesen, so daß der normale Tourist nur selten auf 'Sprachinseln' stößt, in denen z.B. hauptsächlich Philippinisch, Chinesisch oder Japanisch gesprochen wird. Die letztgenannte Sprache ist allerdings wegen der großen Anzahl an japanischen Einwohnern, Geschäftsleuten, Immobilienbesitzern und Touristen eindeutig auf dem Vormarsch.

Im folgenden soll auf drei Sprachen eingegangen werden, mit denen es der Besucher in unterschiedlicher Weise häufiger zu tun haben wird:

Hawaiisch

Die vokalreiche, melodiöse hawaiische Sprache geht auf das sog. **Austronesische** zurück, das die Sprachbasis vieler südostasiatischer Völker (Indonesien, Malaysia, Philippinen, Taiwan), der pazifischen Inseln (Polynesien, Mikronesien, Melanesien) und sogar von Madagaskar im Indischen Ozean ist. Aus dem Austronesischen entwickelte sich die Familie der **indo-malaiischen Sprachen**, aus denen wiederum das **Polynesische** hervorging, so wie etwa die Germanischen Sprachen aus dem Indoeuropäischen.

Alle polynesischen Sprachen sind eng miteinander verwandt, und wenn man die Regeln der Konsonantenverschiebung beherrscht, ist es sehr leicht, aus einem hawaiischen Wort die tahitische oder neuseeländische Entsprechung abzuleiten. Das Lehnwort 'Tabu' ist dafür ein gutes Beispiel, da auf Hawaii der Konsonant *t* eher wie ein *k* ausgesprochen und somit aus dem neuseeländischen und tahitischen *tapu* hier ein *kapu* wurde.

Der Name 'Hawaii' macht noch besser die Verflechtungen deutlich: In Mythen und Liedern hielten die polynesischen Seefahrer nämlich ihre Urheimat lebendig und tauften oft große Inseln nach ihr. Die neuseeländischen *Maoris* glaubten, daß nach dem Tod ihre Seelen zur Urheimat *Hawaiki* zurückkehren würden, auf den *Cook Islands,* wo ein *h* gewöhnlich fortfiel, hieß diese *Awaiki,* auf den Gesellschaftsinseln entfiel das *k*, und die Urheimat wird dort als *Havai't* bezeichnet. Beispiele für Namensgebungen nach der mythischen Heimat sind *Tahiti, Savai'i* auf Samoa und eben *Hawai'i.*

Das **Hawaiische** war also jene Sprache, die die ersten Weißen auf dem gesamten Archipel antrafen (wenn auch jede Insel ihren eigenen oder mehrere Dialekte gehabt haben mag). Es war eine poetische und symbolhafte Sprache, voller Metaphern aus der Natur und der göttlichen Sphäre. Und es war eine Sprache, die allein mündlich überliefert wurde, also keine Schrift kannte. Daher erklärt sich die Vielzahl voneinander abweichender Schreibweisen vor der 'Erfindung' des hawaiischen Alphabets. *Captain Cook* beispielsweise hatte in seinem Tagebuch für die Insel *Hawaii* die Schreibweise *Owhyhee* gewählt, der Weltreisende *Otto von Kotzebue* in den 1820er Jahren *O Wahi.* Sein Begleiter *Adalbert von Chamisso* veröffentlichte nach zweimaligem Aufenthalt auf dem Archipel **1837** eine **Grammatik** der hawaiischen Sprache.

Ein Jahr zuvor war jedoch das erste hawaiisch-englische **Lexikon** erschienen, das von nun an eine einheitliche Schreibweise festlegte. Es fußte auf dem Werk der puritanischen **Missionare**, die zu Anfang des 19. Jhds nach Hawaii kamen, ihre Kirchenlieder und die Bibel übersetzen wollten und auf diese Weise eine Schriftsprache entwickelten. Zunächst mußten sie die Sprache mit ihren Feinheiten natürlich selbst erlernen, was ihnen erstaunlich schnell gelang. Ab **1823** konnten sie dann bereits darangehen, ein hawaiisches **Alphabet** festzulegen. Eine Schwierigkeit war dabei, daß der Lautwert von Vokalen und Konsonanten oft zwischen dem der westlichen Entsprechung lag; beispielsweise gab es weder ein klar definiertes *t* noch ein *k*, sondern einen Lautwert dazwischen, ebenso waren die Grenzen zwischen *r* und *l* fließend. Die Missionare behalfen sich, indem sie darüber abstimmten, welchem westlichen Buchstaben ein solcher Lautwert eher entspräche. So entschieden sie sich z.B. für das *k (Kamehameha* anstelle von *Tamehameha)* und das *l (Honolulu* anstelle von *Honoruru)* und legten damit gleichzeitig die Aussprache bis auf den heutigen Tag fest. Als **Konsonanten** konnten auf diese Weise *h, k, l, m, n, p* und *w* herausgefiltert werden, die wie im Deutschen ausgesprochen werden.

Das *w* allerdings hat den Lautwert *f*, wenn es nach einem *e* oder *i* folgt. Als eine Art Zusatzkonsonant kann der Apostroph ' *('okina)* gelten, der einen Schnalzlaut bzw. kurzen Atemstopp anzeigt. Dieses Zeichen ist im Lauf der Zeit eingefügt worden, weil die von den Missionaren festgelegten Konsonanten nicht die Bandbreite der hawaiischen Sprache wiedergeben konnten. Ein *'okina*-Zeichen trennt Vokale oder Diphtonge und ist heutzutage oft auch bei Orts- und Flurnamen (z.B. in Landkarten) anzutreffen; z.B. schreibt man in solchen Fällen *Kaua'i* anstatt *Kauai*, *Kapa'a* anstatt *Kapaa* und *Hawai'i* anstatt *Hawaii*. Die korrekte Aussprache lautet im Fall von *Hawai'i* also *Hawaih-ih*, d.h. alle Vokale werden einzeln gesprochen, und zwischen den letzten beiden wird eine kurze Pause eingelegt. Ebenso bei *muumuu*, dem bodenlangen hawaiischen Kleid, das eigentlich *mu'umu'u* geschrieben und *muh-uhmuh-uh* gesprochen wird. Wenn der Apostroph die Diphtonge *ei, eu, oi, ai, ae, ao* und *au* trennt, dann verschmelzen diese also nicht zu einem Laut.

Insgesamt gibt es als **Vokale** wie im Deutschen *a, e, i, o* und *u*. Häufig werden diese verdoppelt und werden dann nicht lang, sondern zweifach gesprochen. Soll ein Vokal betont und/oder gedehnt ausgesprochen werden, hat es sich in der Schriftsprache eingebürgert, diesen mit einem Querbalken zu markieren.

Die Vokale und Konsonanten der hawaiischen Schriftsprache ergeben zusammen nur **12 Buchstaben**, womit sie das **kürzeste Alphabet der Welt** darstellen. Die **Silben** sind jeweils kurz und enthalten nie mehr als einen Konsonanten. Kennt man die Silben eines Wortes und spricht sie nacheinander aus, wird selbst die Aussprache eines Wortungetüms wie *humuhumunukunukuapua'a* (ein Fisch) zu einer leicht zu bewältigenden Aufgabe.

Anfänglich war das Hawaiische die **offizielle Staatsprache** des Königreichs und wurde auch von westlichen Geschäftsleuten und Großgrundbesitzern erlernt. Nicht weniger als **60 Zeitungen** gab es im 19. Jhd, die ausschließlich auf Hawaiisch verfaßt waren. Dessen Bedeutung schwand jedoch in dem Maße, in dem einerseits die Urbevölkerung dezimiert wurde und andererseits das Amerikanische wirtschaftlich, politisch und kulturell in den Vordergrund drängte.

Heute wird die Zahl derjenigen, die diese Sprache noch fließend beherrschen, auf **knapp 3.000** – zumeist ältere Leute – geschätzt, darunter auch die rund 250 Einwohner der Insel Niihau (vgl. KAPITEL 10.7). Seit den 1970ern wurden zwar großangelegte Versuche der **Wiederbelebung** gestartet, so daß man heute auf der *University of Hawaii* Kurse belegen und auch auf Schulen Hawaiisch erlernen kann, doch brachten alle Bemühungen bis jetzt keine durchschlagenden Erfolge. Die alte, melodienreiche und klangvolle polynesische Sprache ist also eine **sterbende**, die aller Voraussicht nach von keiner nachfolgenden Generation mehr verstanden wird.

Nur wenige Wörter haben Eingang in das amerikanische Englisch des Bundesstaates gefunden, z.B. *aloha, mahalo, luau, muumuu* und *lanai*. Zwar kommt der

Tourist durch Ortsnamen und Landkarten tagtäglich in Kontakt mit der Schriftsprache, wird aber selten Gelegenheit finden, diese auch zu hören. Am ehesten gelingt das noch bei einem Besuch jener Shows, in denen alte Lieder zum Besten gegeben werden. Oder man nehme an einem hawaiischen Gottesdienst teil, wie er z.B. jeden Sonntag in der *Kawaiahao*-Kirche von Honolulu abgehalten wird.

Im folgenden sind einige hawaiische Wörter aufgelistet, die Ihnen in Orts- und Flurnamen, im Inselalltag oder in historischen Zusammenhängen häufiger begegnen werden. Wenn man ihre Bedeutung kennt, kann man vielen Silbenkombinationen einen Sinn geben und z.B. darauf stoßen, daß *Ala Moana* 'Straße am Meer' heißt.

Wörterbuch

aa	harte Lava
ae	ja
ahi	Thunfisch
aikane	Freund
ala	Straße, Weg
alii	König, Häuptling, adelig
aloha	guten Tag, auf Wiedersehen, alles Gute
aumakua	Familie
aole	nein
halau	Hula-Schule
hale	Haus, Gebäude
hana	Bucht, Arbeit
haole	Weißer, Fremder
haupia	Pudding aus Kokosmilch
heiau	Tempel, Kultstätte
hoku	Stern
holomu	langes Kleid
huhu	verärgert
hula	hawaiischer Tanz
hulu	Feder
ilio	Hund
imu	traditioneller Erdofen
ipo	Freund/in, Geliebte/r
kahuna	Priester, Zauberer
kai	Meer
kamaaina	Einheimischer
kane	Mann
kapa	Baumrindenstoff
kapu	Verbot, Tabu, heilige Stätte
keiki	Kind
kokua	Hilfe
komo mai	willkommen
kona	westlich, windabgewandte Seite (Lee)
lanai	Balkon, Veranda
lani	Himmel
lei	Blumenkette
limu	Seetang
lomilomi	traditionelle Massage
lua	Toilette
luau	Fest, hawaiisches Festessen
mahalo	danke
mahalo nui loa	vielen Dank
makai	dem Meer zugewandt
malihini	Neuankömmling, Tourist
mana	(göttliche) Macht
manu	Vogel
mauka	dem Meer abgewandt
mauna	Berg
moana	Meer
muumuu	langes hawaiisches Kleid
nene	hawaiische Gans
nui	groß, bedeutend
ohana	Familie
ono	lecker
opu	Bauch, Magen
pahoehoe	'weiche' Lava
pali	Klippe, Abgrund
paniolo	hawaiischer Cowboy
pau	fertig
pele	Lava, Feuergöttin
pili	Gras
pua	Blume
puka	Loch
punee	Bett, Sofa
pupu	Vorspeise, Imbiß
ukulele	hawaiische, 4saitige Gitarre
waa	Kanu
wahine	Frau, Mädchen
wai	Wasser
wiki	schnell
wikiwiki	ganz schnell

Pidgin-Englisch

Eine weitverbreitete Sprache war das sog. *Pidgin*-Englisch, das ursprünglich jenen Kauderwelsch bezeichnete, den chinesische Händler in Kanton mit englischsprachigen Seemännern und Geschäftsleuten wechselten. Das Wort selbst wird aus einer Verballhornung für *business* erklärt. In jener Zeit, als auf Hawaii die Angehörigen unterschiedlichster Völker zusammenkamen und irgendwie miteinander kommunizieren mußten, wurde dieses *Pidgin*-Englisch zu einer gemeinsamen Grundlage *(lingua franca)*. Sie erlaubte es dem amerikanischen oder deutschen Großgrundbesitzer, seinen Plantagenarbeitern (die ja aus bäuerlichen Gegenden Chinas und Japans kamen und keine Fremdsprachenkenntnisse besaßen) Befehle zu erteilen, in ihr konnten sich Walfänger und hawaiische Freudenmädchen unterhalten, konnten sich Portugiesen, Briten und asiatische Neuankömmlinge verstehen, mit *Pidgin* schließlich verständigte sich die multikulturelle Jugend der Inseln.

Je nachdem, aus welchen Nationen sich ein bestimmtes Siedlungsgebiet zusammensetzte, hatte auch das dort gesprochene *Pidgin* eine ganz eigene Prägung und gab es Dialekte, die erheblich voneinander abwichen. Seit der amerikanischen Zeit ist das *Pidgin* auf dem Rückzug, aber immer noch gibt es unter der einheimischen Bevölkerung einen hohen Prozentsatz, der wenigstens einige Floskeln und Ausdrücke beherrscht. Damit ist das *Pidgin* auch heute noch geeignet, sich auf eine witzige und oft drastische Weise gegenüber der amerikanischen Hochsprache zu wehren oder Touristen auf den Arm zu nehmen.

Englisch

Die offizielle Sprache des Bundesstaates wird zwar Englisch genannt, ist aber natürlich Amerikanisch. Denn trotz aller grundsätzlichen Gemeinsamkeiten in Grammatik, Aussprache und Vokabular haben sich in den letzten 200 Jahren z.T. erhebliche Unterschiede herausgebildet. Mit etwas Gewöhnung ist die amerikanische Sprache aber leicht zu verstehen und aufgrund des geringeren (gesprochenen) Wortschatzes auch leicht zu lernen.

Wenn der amerikanische Sprecher jedoch einen Slang benutzt, Vokabeln im *Pidgin*-Englisch einfließen läßt oder zu schnell oder nachlässig redet, kann es leicht zu Verständnisschwierigkeiten kommen. Es fällt auf, daß die Amerikaner zu Wortneuschöpfungen neigen (z.B. *U* für *You*, *4sale* für *for sale*, *xing* für *crossing*, *Xmas* für "*Christmas*") und immer häufiger so ähnlich schreiben, wie sie sprechen (z.B. *center* anstatt *centre*, *color* anstatt *colour*, *nite* anstatt *night*). Im folgenden sind einige Vokabeln aufgeführt, die sich im amerikanischen und britischen Englisch erheblich unterscheiden:

Amerikanisch	**Britisch**	**Deutsch**
after	*past*	nach (zeitlich)
aisle	*gangway*	Durchgang
apartment	*flat*	Wohnung
baggage	*luggage*	Gepäck
billion	*milliard*	Milliarde
booth	*kiosk*	Kiosk
to call	*to ring up*	anrufen
can	*tin*	Konservendose
candy	*sweets*	Süßigkeiten

Amerikanisch	Britisch	Deutsch
check	*bill*	Rechnung
closet	*cupboard*	Schrank
comforter	*eiderdown*	Daunendecke
cookies	*biscuits*	Plätzchen
cop	*policeman (bobby)*	Polizist
corn	*maize*	Mais
date	*appointment*	Verabredung, Termin
diaper	*nappy*	Windel
drugstore	*chemist*	Drogerie
elevator	*lift*	Fahrstuhl
fall	*autumn*	Herbst
faucet	*tap*	Wasserhahn
first floor	*ground floor*	Erdgeschoß
first name	*Christian name*	Vorname
to fix	*to repair*	reparieren
flashlight	*torch*	Taschenlampe
freeway	*motorway*	Autobahn
french fries	*chips*	Pommes Frites
gas (gasoline)	*petrol*	Benzin
grain	*corn*	Weizen
guy	*chap*	Kerl
hood	*bonnet*	Motorhaube
icebox	*refrigerator*	Kühlschrank
kid	*child*	Kind
last name	*surname*	Nachname
line	*queue*	Schlange
long distance call	*trunk call*	Ferngespräch
mail	*post*	Post
movie	*cinema*	Kino
observatory	*view tower*	Aussichtsturm
one way ticket	*single ticket*	einfache Fahrt (Fahrkarte)
pants	*trousers*	Hose
pavement	*road surface*	Straßenbelag
purse	*handbag*	Handtasche
round trip ticket	*return ticket*	Rückfahrkarte
sidewalk	*pavement*	Bürgersteig
stick shift	*gear stick*	Schaltknüppel
store	*shop*	Geschäft
streetcar, trolley	*tram*	Straßenbahn
subway	*underground*	U-Bahn
tenderloin	*undercut*	Rinderfilet
third floor	*second floor*	zweiter Stock
thread	*cotton*	Baumwolle
trailer	*caravan*	Wohnwagen
truck	*lorry*	Lastwagen
trunk	*boot*	Kofferraum
underpass	*subway*	Fußgängerunterführung
vacation	*holiday*	Ferien, Urlaub
vest	*waistcoat*	Weste
wrench	*spanner*	Schraubenschlüssel
zip code	*postcode*	Postleitzahl

2.3.3 LITERATUR

Zwar stammt das Wort 'Literatur' von lat.: *litera* (= 'Buchstabe') ab, während das alte Hawaii, wie oben erwähnt, keine Schriftsprache besaß. Das heißt aber nicht zwangsläufig, daß das Hawaiische auch keine Literatur kannte. Im Gegenteil: Es gab eine sehr hochstehende und reiche, von Generation zu Generation mündlich überlieferte Literatur, vor allem Gesänge und Gedichte, in denen die Ahnenreihen zurückverfolgt und die Mythen ausgebreitet wurden. Der gesamte Legendenschatz der Polynesier, die Erinnerung an ihre Entdeckungsfahrten und die Urheimat, die Kämpfe gegen die *menehunes* und die Erklärung der Welt sind Gegenstand solcher Epen.

Vieles von dieser Literatur ist mit der Zeit verlorengegangen, anderes wurde im 19. Jhd von westlichen Wissenschaftlern, interessierten Missionaren sowie von schreibkundigen Hawaiiern der Nachwelt gerettet. Ein gutes Beispiel dafür ist der *Kumulipo*-Gesang aus dem 17./18. Jhd, der die Entwicklung des gesamten hawaiischen Universums von seinen Ursprüngen bis zur damaligen Gegenwart entfaltet.

Nach dem Verfall des alten Hawaii gab es keine einheimischen Literaten, die den Durchbruch zu internationaler Anerkennung geschafft hätten. Die ersten Zeugnisse in hawaiischer Schrift waren Kirchenlieder, Traktate und die Bibel – Übersetzungsarbeiten von Missionaren also. Der besondere Reiz des Archipels mit seiner Landschaft, seinem Klima und seinen Einwohnern faszinierte aber immer wieder ausländische Autoren von Weltrang. Aus einer ganzen Reihe berühmter Schriftsteller, die sich in der einen oder anderen Weise mit Hawaii auseinandergesetzt haben, sollen an dieser Stelle nur folgende sechs genannt werden:

- ***Herman Melville*** (1819-91): Der New Yorker, dessen besonderes Interesse der Seefahrt galt, begleitete von 1841 bis 1843 verschiedene Walfangschiffe und lernte dabei den gesamten Pazifik kennen. Natürlich legte er auch in der Hauptstadt Lahaina und im aufstrebenden Honolulu an, wo er Hilfsarbeiten annahm. Die besondere Atmosphäre jener Zeit verdichtete er in Romane wie *'Typee'* und *'Billy Budd'* vor allem aber in *'Moby Dick'* (1851), durch den Melville zu Weltruhm gelangte. Die Geschichte vom besessenen Walfänger Ahab, der schließlich vom weißen Wal Moby Dick mit ins Grab genommen wird, gilt als Klassiker der Abenteuerliteratur und wurde kongenial verfilmt. Wer die alte Walfängerstadt Lahaina und die Walfang-Museen besucht, sollte sich *'Moby Dick'* als Urlaubslektüre nicht entgehen lassen.

- ***Mark Twain*** (1835-1910): Als der große amerikanische Schriftsteller noch sein Geld unter dem Namen *Samuel Langhorne Clemens* als Zeitungsreporter verdiente, bereiste er 1866 mehrere Monate lang intensiv die Inseln Oahu, Maui und Big Island. Einerseits beeindruckte ihn die Naturschönheit des Archipels, der ihm als *"die lieblichste Flotte von Inseln, die auf einem Ozean vor Anker liegt"* erschien. Andererseits beschrieb er mit wachem Auge das Erscheinungsbild und das Sterben des alten Hawaii. Seine Erkenntnisse brachte er in vielen Zeitungsartikeln zum Ausdruck sowie in dem Buch *'Meine Reise um die Welt'* (1898).

- ***Robert Louis Stevenson*** (1850-1894): Abenteuerlust und gesundheitliche Gründe waren es, die den Autor (u.a. *'Die Schatzinsel', 'Dr. Jekyll & Mister Hyde')* aus seiner schottischen Heimat vertrieben. Nachdem er viele Jahre im kalifornischen Napa Valley gelebt und gearbeitet hatte, verbrachte der Tuberku-

Robert Louis Stevenson und König Kalakaua

losekranke die letzten sechs Jahre seines Lebens in der Südsee. Nach Besuchen auf den Marquesas, Tahiti und den Gesellschaftsinseln kam Stevenson mit seiner Frau *Fanny* 1889 nach Honolulu, wo er sechs Monate blieb. In dieser Zeit wurde das Ehepaar zu guten Bekannten von König *Kalakaua* und seiner Schwester *Liliuokalani.*

Stevenson besuchte auch andere Inseln des Archipels, u.a. Molokai mit der Leprakolonie Kalaupapa. Nach mehreren Erkältungen segelte Stevenson nach Samoa weiter, wo er sich niederließ. 1893 kam er nochmals nach Honolulu, diesmal für fünf Wochen. Bereits vom Tode gezeichnet, kehrte er nach Samoa zurück und starb dort im folgenden Jahr. Seine pazifischen Erlebnisse verarbeitete der Autor in seinen Südseegeschichten, u.a. in dem großartigen Tagebuch *'In der Südsee'* (1894-98). Seine letzte Geschichte, *'The Master of Ballantrae',* vollendete er in seiner Unterkunft in Waikiki.

- ***William Somerset Maugham*** (1874-1965): Maugham wurde zwar in Frankreich geboren und starb auch dort, wohnte aber seit seinem zehnten Lebensjahr in England und fühlte sich immer der britischen Kultur verpflichtet. Als zynischer, sarkastischer und mißtrauischer Gesellschaftskritiker (u.a. *'Of Human Bondage',* 1915) bereiste er rastlos die Welt, wobei ihn jene exotischen Metropolen besonders interessierten, in denen er ein vitales Gemisch von Rassen und Kulturen vorfand. Singapore war solch eine Stadt, aber auch Honolulu, das er 1916 kennenlernte. Seine Beobachtungen dort sind in *'The Trembling of the Leaf'* (1921) literarisch festgehalten.

- ***Jack London*** (1876-1916): Wie Stevenson besuchte auch der in San Francisco geborene Schriftsteller (u.a. *'Der Seewolf', 'Lockruf des Goldes')* zweimal Hawaii – 1907 und 1915 – und wie dieser segelte er mit einer Yacht durch den Pazifik. Der draufgängerische, selbstzerstörerische und politisch aktive London hatte einen wachen Sinn für alles Abenteuerliche und für die Schönheiten der Natur. Seine pazifischen Begegnungen waren für ihn Grundlage der *'Südsee-*

Abenteuer' und *'Südseegeschichten'*. Besonders beeindruckten ihn die hawaiischen Inseln, über die er in dem Essay *'My Hawaiian Aloha'* sagte: *"Hawaii ist ein Paradies – und ich werde nie müde, es zu verkünden".*

- ***James A. Michener*** (geb. 1907): Der aus New York stammende Michener, Assistent an der Harvard-Universität, diente während des Krieges auf den Salomon-Inseln im Pazifik. Anschließend lernte er als Korrespondent den gesamten pazifischen Raum kennen und ließ seine Erfahrungen in umfangreiche Romane einfließen (u.a. *'Frühlingsfeuer', South Pacific', 'Die Brücke von Andau', 'Verdammt im Paradies'),* die alle zu großen Erfolgen wurden. Seinen Weltruhm begründete er jedoch mit dem Epos *'Hawaii'* (1959), das später verfilmt wurde. In ihm wird anhand von Einzelschicksalen die Chronik der Inseln ausgebreitet, wobei jedes der 6 Kapitel einen bestimmenden Abschnitt Hawaiis widerspiegelt. Die Besiedlung der Polynesier, die Ankunft der Missionare und Walfänger, die skrupellosen Geschäftemacher und Großgrundbesitzer, die Anreise und das beschwerliche Leben der Chinesen und Japaner – bis hin zur Geschichte des Zweiten Weltkrieges wird ein Geschichts- und Sittengemälde entworfen, das auf umfangreichen Recherchen beruht. Wem das Werk mit seinen über 1.000 Seiten nicht zu schwer ist, sollte es mit auf die Reise nehmen und an den Originalschauplätzen lesen. Eine informativere und spannendere Urlaubslektüre läßt sich kaum denken!

2.3.4 KUNST, ARCHITEKTUR UND KUNSTHANDWERK

Viele Besucher, die auf Hawaii allein eine amerikanisch durchorganisierte Urlaubslandschaft erwartet haben, werden von dem großen Angebot überrascht sein, das die Inseln dem Kunst- und Kulturinteressierten anzubieten haben. Vor allem die Kunst des alten Hawaii, die in Museen und an historischen Plätzen bewahrt wurde, lohnt ein intensiveres Kennenlernen. Die Hochachtung vor dieser Kunst wird um so größer, wenn man bedenkt, daß die materielle Ausrüstung der Polynesier recht dürftig war und nur aus Werkzeugen aus Stein, Obsidian, Zähnen und Korallen bestand.

Technische Fertigkeiten wie das Weben und das Töpfern waren unbekannt, die Stoffe für Kleidung und Decken machte man aus Baumbast und Federn. Unser Verständnis von Kunst und die Unterscheidung zum Kunstgewerbe läßt sich übrigens nicht ohne weiteres auf die insulare Kultur anwenden. Denn der Hawaiier lebte in einem Kosmos, in dem Götter, Natur und Menschen aufs engste miteinander verflochten waren. Ob er nun einen Angelhaken schnitzte oder ein Götterbild schmückte – beides diente gleichermaßen seinem Bedürfnis nach Ästhetik und dem Wohlgefallen der Götter.

Auf die wichtigsten Bereiche von Kunst und Kunsthandwerk im alten und modernen Hawaii soll im folgenden etwas näher eingegangen werden. Die besten Möglichkeiten, sich am Reiseziel über das hawaiische Kunstschaffen zu informieren, bestehen in Honolulu, wo das *Bishop Museum* und die *Academy of Arts* die ersten Adressen darstellen. Die freien Galerien und Kunstmärkte, die es auf allen Inseln gibt, sind jedoch weniger am Traditionellen orientiert, als vielmehr am amerikanischen Durchschnitts-Geschmack, der am liebsten Wale, Sonnenuntergänge und Südsee-Romantik in Öl sieht. In Europa besitzen die großen Völkerkundemuseen (z.B. das Rautenstrauch-Jost-Museum in Köln) zumeist einige schöne Exponate aus dem polynesischen Kulturkreis.

Die Felsbildkunst (Petroglyphe)

Die Anbringung von Petroglyphen (von griech.: *petros* = 'Fels', *glyphe* = 'Zeichnung') gehört zu den **ältesten Kulturtechniken** der Menschheit, obwohl eine genaue Datierung oft nicht möglich ist. Felszeichnungen mit einem erstaunlich ähnlichen Formenschatz trifft man **auf der ganzen Welt** an, im Skandinavien der Stein- und Bronzezeit, in Japan, Peru, der Sahara und im südlichen Afrika, bei den nordamerikanischen Indianern, bei den australischen Aborigines und bei den Maoris von Neuseeland. Letztere sind übrigens neben den Hawaiiern und den Ureinwohnern der Osterinseln die einzigen Polynesier, von denen diese Kunstform bekannt ist.

Der Legende nach war es *Pele*, die Vulkan-Göttin, die die ersten Petroglyphen nach Hawaii brachte. Nach einer anderen Geschichte sollen die *menehune*, zwergenhafte Wesen aus den Wäldern, die Symbole angebracht haben. Dies ist immerhin ein Anhaltspunkt für die **Datierung**, denn nach Meinung der Völkerkundler sind die *menehune* mit den ersten Einwanderern identisch, die um 600-750 n.Chr. den Archipel erreichten. Aufgefundene Zeichen, die erst nach dem Kontakt mit Weißen entstehen konnten (z.B. Pferde) oder die von Inschriften begleitet sind, beweisen die lange Lebensdauer dieser Technik.

Petroglyphe auf Big Island

Die 'Zeichnungen' wurden meist in geneigte Felsflächen aus **Tuff** oder **Lava** hineingraviert oder geritzt. Da die Polynesier kein Metall kannten, war dies eine sehr langwierige und schwierige Arbeit. Anschließend können die Felszeichnungen noch **mit Farbe** ausgemalt worden sein. Daneben gibt es auch **reine Bilder** (Piktographe), die sich allerdings nicht so gut erhalten haben. Die Bandbreite der **Symbole** ist groß und verwirrend, eine Interpretation kaum mehr möglich. Wer glaubt, daß hier die Ureinwohner nur einen Teil ihres alltäglichen Lebens darstellen wollten, verkennt den **magischen Hintergrund** jeder prähistorischen Kunst. Auffällig ist die Vielzahl von menschlichen (männlichen) Figuren, deren Oberkörper oft in Form eines Dreiecks dargestellt ist. Bei einigen sind die Hände besonders deutlich hervorgehoben, bei anderen der Phallus. Diese Darstellungen könnten Götter, Halbgötter oder Häuptlinge meinen, die durch das Anbringen der Felsritzungen sozusagen verewigt wurden. Bisweilen sieht man auch eine große Figur, die über einer kleineren steht (Gottheit und Mensch? Geburt?), Fische, Hunde und abstrakte Zeichen, die die Gestirne oder die Sonne bedeuten könnten. Viele Felder mit Petroglyphen befinden sich nahe dem Meer, und zwar häufig auf der windabgewandten, trockenen Seite der Insel, oft auch in der Nähe von alten *heiaus* oder Stellen, an denen der Überlieferung nach *alii* begraben sein sollen.

Alle Petroglyphe haben eine **abstrahierende, zeitlos-schöne Formgebung** und können geradezu als 'modern' bezeichnet werden. Dies ist wohl auch der Grund, warum inzwischen Airports und das Innere von Flugzeugen, Hotelhallen und T-

Shirts, Silberschmuck und Firmenembleme Petroglyphen-Motive tragen. Wer sich seine persönliche Erinnerung mit nach Hause nehmen möchte, kann versuchen, mittels 'Rubbel-Technik' die eingeritzten Linien per Kohle- oder Bleistift auf ein Blatt Papier zu übertragen. Für Fotos sind Petroglyphen nicht gut geeignet, da die Gravuren mit der Zeit sehr flach geworden sind und kaum Kontrast abgeben. Hier hilft es, wenn man die Linie entweder nachzeichnet (z.B. mit Kreide), vorsichtig mit Wasser beträufelt oder mit Sand auffüllt.

Trotz Zerstörungen und Vandalismus sind noch mehrere Komplexe von Felsritzungen an Ort und Stelle zu bewundern, und zwar auf allen Inseln. Die **schönsten Beispiele** dieser Kunstform finden sich jedoch auf **Big Island**, insbesondere in *Puuloa* am Volcanoes Nationalpark, in *Puako* und *Anaehoomalu* zwischen Waimea und Mauna Kea Beach sowie in *Kahaluu*, etwa 8 km südlich von Kailua-Kona. Auf **Oahu** sind die im *Nuuanu Petroglyphe Park* am besten zu erreichen, auf **Kauai** die am *Koloa Beach*.

Holzschnitzkunst und Bildhauerei

Die hochstehende Holzschnitzkunst der Polynesier bezog sich auf ihre gesamte Umgebung, indem Dinge des Alltags wie Hauspfosten, Holzschalen, Keulen, Kanus und Kanupaddel, Angelhaken, Speere, Netzbeschwerer usw. ornamental oder figürlich dekoriert wurden. Dazu benutzte man nicht nur die einheimischen Hölzer (besonders Koa), sondern auch Knochen oder Walzahn, die auf gleiche Weise geschnitzt wurden.

Wie bereits erwähnt, darf jedoch das Bestreben der Ureinwohner, selbst den kleinsten und alltäglichsten Dingen eine schöne Form zu geben, nicht als Kunsthandwerk in unserem Sinn oder als bloßes Design mißverstanden werden, denn jede Kunst und jedes Handwerk war gleichzeit ein religiöser Akt, bei dem man strenge Regeln und Normen beachten mußte. Dies trifft natürlich in besonderem Maße auf die Idole, Götterbilder und Ahnenfiguren zu, die ohnehin als Kultgegenstand der Verehrung zugedacht waren. Die ältesten davon werden die polynesischen Einwanderer von den Marquesas-Inseln oder später aus Tahiti bereits aus ihrer Heimat mitgebracht haben. Denn es ist undenkbar, daß sie ihre langen Überseefahrten antraten ohne den Schutz und Beistand ihrer Götter, die wiederum durch Bildnisse aus Holz oder Stein repräsentiert wurden. Tatsächlich zeigen die ersten hawaiischen Götterbilder eine starke Ähnlichkeit mit denen, die Archäologen auf den Marquesas gefunden haben.

Holzidol am 'Place of Refuge' (Big Island)

In der Isolation entfernte sich später dann – wie die gesamte Kultur – die Bildhauerei von ihren Vorbildern, es entstand eine eigenständige, unverwechselbar hawaiische Formensprache. Bei den Statuen ist dabei eine Biegung des Körpers vor allem in der Brustlinie kennzeichnend, so daß die Figuren oft leicht vornübergeneigt erscheinen. Um sie wirkungsvoller zu gestalten, brachte man auf ihrem Kopf häufig Menschenhaare an, denen man Zauberkraft zuschrieb, außerdem konnten die Götterbilder mit polierten Muscheln, Steinen, Zähnen und Federn geschmückt sein. Ahnenfiguren, Idole und Götter stellten die Ureinwohner sowohl in Holz als auch in Stein (meist Tuffstein) dar, ihre Größe variierte zwischen wenigen Zentimetern und mehr als drei Metern.

Vom Stil her war man weniger naturalistisch, als vielmehr abstrahierend bemüht, das jeweils Besondere des Dargestellten herauszuheben; so wurden der Kriegsgott *Ku* z.B. immer sehr furchterregend und zähnefletschend, Fruchtbarkeitsgötter hingegen mit übergroßem Geschlechtsteil dargestellt. Von den früher wohl sehr zahlreich vorhandenen Bildnissen ist allerdings nur ein Bruchteil erhalten, da die Missionare, die kurz nach den europäischen Entdeckern folgten, alles daransetzten, die Erinnerungen an die 'heidnische' Zeit auszumerzen.

Für die Ornamente und figürlichen Darstellungen, die die Hawaiier schnitzten bzw. in Stein hauten, standen ihnen zunächst nur sehr einfache Werkzeuge aus Stein, Zähnen und Korallen zur Verfügung. Dies änderte sich nach Ankunft der Europäer, von denen die Polynesier den Werkstoff Eisen übernahmen und es sehr schnell verstanden, die neuen Gerätschaften für ihre Kunstproduktion einzusetzen. Diese technische Revolution brachte einerseits natürlich Arbeitserleichterung und Zeitersparniss: Für eine Holzfigur brauchte man nun höchstens noch ein Zwanzigstel der Zeit wie früher, und die Produktion stieg gewaltig. Andererseits wurden die Schnitzereien und Steinskuplturen jetzt größer und bizarrer, so als ob die Künstler urplötzlich von einer Fessel befreit wären und erst jetzt ihr ganzes Repertoire an Formgebung und Phantasie entfalten konnten.

Oft wird behauptet, der neue Werkstoff Eisen sei ein Hauptgrund für das Erlöschen der alten Kunst gewesen. Doch das ist ein Vorurteil, denn im Gegenteil ermöglichte dieser eine letzte, überschwengliche Blüte (vor allem unter Kamehameha I.). Nicht das Eisen, sondern Missionierung und Verwestlichung brachte die polynesische Kunst zum Erliegen.

Die Federkunst

Die vielleicht auffälligste und wertvollste Leistung des Kunsthandwerkes ist die Verwendung von bunten Vogelfedern für Götterbilder, Gürtel, Helme, Schärpen und Umhänge. Federn galten in ganz Polynesien als Kostbarkeit, und auf Tahiti kam die Umgürtung mit einem Federgürtel einer Krönung gleich. Kein Volksstamm hat es in dieser Technik jedoch zu einer solchen Meisterschaft gebracht wie die Hawaiier, und die bedeutendsten Völkerkunde-Museen der Welt sind froh, wenn sie eines dieser herrlichen Exponate in ihrer Sammlung haben. Das gilt vor allem für die **Federmäntel**, die den *alii* vorbehalten waren und die nur unter viel Mühen in einem langwierigen Prozeß entstehen konnten. Schon *Captain Cook* rühmte diese Arbeiten und verglich sie mit dem schönsten und dichtesten Samt.

Die Könige hatten spezialisierte Vogelfänger, die mit Ruten und Netzen Jagd auf die begehrte Beute machten. Denn für die Kunstwerke wurden nur besonders farbenprächtige Tiere mit besonders kleinen Federn genutzt; am wertvollsten waren die in den Königsfarben Rot und Gelb. Hauptlieferant waren die *Oo*-Vögel mit ihren daunenweichen Brustfedern und der sog. hawaiische Zuckervogel *(mamo)* mit seinen leuchtenden gelben Federbüscheln. Ein Prachtstück im Bishop Museum, das *Kamehameha I.* gehört haben soll, besteht aus nicht weniger als 450.000 winzigen Einzelfedern, für deren Produktion gut 80.000 Vögel nötig gewesen waren. Es muß Jahrzehnte gedauert haben, bis ein solcher Königsmantel fertiggestellt war. Heutzutage wäre es unmöglich, einen ähnlichen Federumhang zu rekonstruieren: Erstens fehlt es an Handwerkern, die – von den Lohnkosten einmal abgesehen – die Kunstfertigkeit der traditionellen Knüpftechnik beherrschen würden, zweitens sind die meisten Vögel, von denen die Federn gewonnen wurden, inzwischen ausgestorben.

Hawaiischer Adeliger mit Federhelm und Federumhang (18. Jhd)

Außer für die Produktion von Mänteln und Umhängen wurden die kostbaren Federn auch für die nicht minder wertvollen **Helme** benutzt, die also nur von der Form her den Helmen der alten Griechen oder der Spanier ähnlich sind, diesen aber weder im Material noch in der Funktion entsprechen.

Die großen Könige schmückten sich überdies mit **Schärpen** und kürzeren **Umhängen** sowie mit **Standarten**, in die jeweils Federn eingearbeitet wurden. Auch waren die wertvollsten ***leis*** (s.u.) aus Federn geknüpft. Bekannt sind ferner hölzerne **Götterbilder**, die mit Federn zusätzlich geschmückt wurden oder solche, die aus einem Rutengeflecht bestanden, über das ein Netz mit eingeknüpften winzigen roten Federn gezogen war.

Flechtkunst und Textilherstellung

Da die Polynesier weder Wolle noch den Webstuhl kannten, mußten sie ihre Stoffe für Kleidung, Körbe, Matten und Decken aus anderen Materialien herstellen. Dazu nahmen sie den Rindenbast bestimmter Bäume (vor allem dem Papiermaulbeerbaum) und schnitten diesen in Streifen. Die einzelnen Baststreifen wurden dann durch stetiges Klopfen so lange zu dicken Lagen und breiteren Bahnen verfilzt, bis ein textilartiges Endprodukt entstand: *kapa* (auf Tahiti *tapa*).

Solche für die Inselwelt von ganz Polynesien charakteristischen Baststoffe wurden entweder bedruckt oder bemalt. Mit Nadeln aus spitzen Gräsern und Bändern aus Bananenbaumrinde konnten die Stoffbahnen miteinander verknüpft werden. Auf ähnliche Weise wurden die Blätter der *Ti*-Wurzel zur Herstellung von Kleidung, Körben und Matten genutzt.

Die Kunst, *kapa* herzustellen, ist heute mehr oder weniger vergessen, wenn auch z.B. im *Waimea Falls Park* auf Oahu Handwerker den Touristen Lektionen in der *kapa*-Produktion erteilen. Doch während früher die Baststoffe mit ihrem edlem Dekor und ihrer langen Haltbarkeit ein wesentlicher Bestandteil der Kultur waren, beschränken sich die Resultate heutiger Darbietungen auf geflochtene Hüte und derbe Körbe, die man Besuchern als Souvenirs andient.

Die Textilherstellung im westlichen Sinn setzte bald nach Ankunft der ersten Europäer ein. Aufgrund ihrer militärischen Stärke erschien den Hawaiiern ohnehin die westliche Kultur überlegen, und das wurde auch auf die Kleidung der Weißen übertragen, obwohl diese den klimatischen Bedingungen der Tropen nicht Rechnung trug.

Schon *Kamehameha I.* ließ sich stolz in europäischen Kleidern porträtieren. Später bestanden die puritanischen Missionare darauf, daß die Eingeborenen beim Kirchenbesuch 'anständig' aussahen, d.h. nicht nackt oder halbnackt erschienen, und in ihren Schulen wurde den hawaiischen Frauen das Nähen und Weben beigebracht. Die Schiffe, die damals die Handelsroute Kalifornien-Hawaii-China befuhren, brachten aus dem fernen Osten stets größere Mengen an Stoffen und Seide mit, und mit der Zeit entwickelte sich eine eigenständige hawaiische Textilkunst. Deren bekannteste Beispiele sind die *muumuus*, bunte und bodenlange Kleider, die locker um die Hüfte geschlungen werden, sowie die hinlänglich bekannten Hawaii-Hemden. Die heutige Textilproduktion beschränkt sich auf das international Übliche, wenn auch T-Shirts, Blusen, Kleider und Hosen oft mit inseltypischen Motiven bedruckt sind.

Wer einen Überblick über solcherart Mode gewinnen möchte, hat dazu in den Shopping Centers und den Läden der großen Hotels ausreichend Gelegenheit, oder man besucht in Honolulu die Fabrik und das Warenhaus *Hilo Hattie Fashion Center,* das das größte Angebot an Mode aus einheimischer Fabrikation im gesamten Bundesstaat bietet.

Die Blumenkränze (Leis)

Hawaii-Besucher, die von Freunden oder einem Reisebüro-Repräsentanten am Flughafen abgeholt werden, erhalten oft als Begrüßung einen wohlriechenden Blumenkranz umgehängt und machen damit gleich zu Anfang ihres Urlaubs Bekanntschaft mit der traditionellen Kunstform der *'leis'.* Früher waren solche Girlanden allein den Göttern vorbehalten, denen man ein *lei* als Opfergabe darbrachte oder denen zu Ehren der Blumenkranz bei religiösen Tänzen getragen wurde. Später ließen sich auch Könige oder andere *alii* mit Feder-*leis* schmükken sowie normale Sterbliche, die auf besonderen Schutz angewiesen waren (z.B. Schwangere). Heutzutage hat sich das Tragen eines *lei* insofern 'demokratisiert', als man die kunstvollen Gebilde bei Umzügen, Paraden, besonderen Anlässen (Hochzeiten), aus purer Lebensfreude oder Fremden zur Begrüßung anlegt. Die Sitte, dem Beschenkten nach dem Umhängen der Blumenkette einen Kuß zu geben, ist hingegen nicht so alt und rührt vom Zweiten Weltkrieg her.

Daß *lei* nicht gleich *lei* ist, kann man beim Vergleich der Preise (von US$ 5 bis weit über US$ 1.000) und des Aussehens – z.B. auf dem *International Market* in Oahu – auf den ersten Blick feststellen. Neben sehr viel Kitsch, darunter neuerdings leider auch Plastikprodukte, stößt man aber immer wieder auf wahre Kunst-Stücke, die dem Eingeweihten viel über die Herkunft der Blumenkette verraten können. Denn jede Insel hat ihre eigene Tradition, bei der im übrigen nicht nur Blumen verwandt werden.

Die meisten *leis* sind sog. *kui*, d.h. sie wurden aus intensiv riechenden Blumen (u.a. Hyazinthen, Nelken, Plumeria, Orchideen) gefertigt und auf ein Band gespannt. Die Art, Anordnung und Farbe der Blumen ist dabei jedoch nicht zufällig, sondern sorgfältig ausgewählt und war früher immer von symbolhafter Bedeutung. Außer Blumen wurden und werden viele andere Materialien zur Herstellung

Lei-Verkäuferinnen in Honolulu um 1900

benutzt. Früher gab es z.B. *leis* aus Meerespflanzen oder solche, die aus den stark duftenden Weinblättern des Maile-Baumes bestanden. Im Bishop-Museum kann man einen *lei* aus Federn bestaunen, für den mindestens 100 Vögel ihr Leben lassen mußten. Auf der Insel Niihau hat man sich auf die Herstellung von *momo leis* spezialisiert, die aus winzigen Muscheln bestehen und extrem teuer sind. Bei der *hili*-Art werden Grünpflanzen kombiniert (duftende Blätter und Farne), ähnlich wie bei der *wili*-Variante. Etwas Besonderes sind *humuhumu leis*, da sie nicht aufgebunden, sondern auf flache Ti-Blätter genäht werden und somit eine Art Streifen ergeben. Die sehr teuren *haku leis* schließlich vereinen Blumen, Blüten, Blätter und Farne. Weiter können auch Beeren und Kukui-Nüsse, Kräuter und Baumrinde in die Produktion einfließen.

Wer die traditionelle Herstellung eines *lei* beobachten möchte, hat dazu z.B. auf Oahu im *Polynesian Cultural Center*, im *Waimea Falls Park* sowie in vielen Hotels und Einkaufszentren Gelegenheit. Natürlich sind die Blumenkränze auch allenthalben käuflich zu erwerben; das größte Angebot können Sie in Honolulus Chinatown *(Maunakea St.)* erwarten. Wer sich den Duft der Inseln bis nach Hause bewahren möchte, sollte sich vor dem Rückflug einen *lei* auf dem Airport der Hauptstadt kaufen.

Die Baukunst

Aus archäologischen Ausgrabungen einerseits und aus Berichten von *James Cook* und anderen frühen Weltreisenden andererseits wissen wir über die Baukunst des alten Hawaii ziemlich gut Bescheid. Am vornehmsten und aufwendigsten entfaltete sie sich bei der Errichtung fester Tempelanlagen, den sog. *heiaus* (vgl. KAPITEL 2.3.1). Für die Anlage solcher Kultplätze, die auf Neuseeland und Tahiti *marae* oder *malae* genannt werden, gab es regelrechte Fachleute, die das Gelände nach religiösen und statischen Gesichtspunkten auswählten und die Bauarbeiten überwachten. Der Tourist wird in Hawaii auf zahlreiche Überreste der *heiaus* stoßen und dabei sicher von den Dimensionen, der Sorgfalt der Trockenmauern und den terrassierten steinernen Rechtecken beeindruckt sein. Da die Aufbauten aus organischem Material bestanden, ist von ihnen nichts mehr original erhalten; bei den meisten Anlagen muß man sich also die hölzernen Wächter- und Götterfiguren, die sog. Gebetstürme und die eigentlichen Tempelhäuser aus Gras hinzudenken. Bei fast allen *heiaus* befand sich an einem Ende des Areals ein aus Steinen errichteter Altar zum Aufstellen der Götterbilder.

Ansonsten gab es kaum Steingebäude. Selbst die größten Könige pflegten in Graspalästen zu residieren, die vom Aufbau her dem Prinzip der normalen Wohnhäuser folgten. Da Holz kostbar war, wurde es nur sehr sparsam verwendet, stattdessen errichtete man solche Häuser über einem Gittergeflecht aus Stäben, auf das dann Schilfgras gelegt wurde. Die Seitenwände konnten mit Matten aus *kapa* abgedichtet sein, ebenso der Boden.

Mit der Siedlungstätigkeit der Weißen verschwand die traditionelle Baukunst zusehends. Die Architektur folgte von nun an den jeweils in Europa und Amerika populären Baustilen – zuerst in den Städten, dann auch auf den Dörfern. Dabei wurden durchaus beachtliche Resultate erzielt, insbesondere natürlich in Honolulu, wo sich im 19. Jhd die wirtschaftliche und politische Elite konzentrierte.

Vorherrschend war zunächst der historisierende Baustil, der also ältere Architekturen nachahmte. Das Viertel um den Iolani-Palast ist dafür ein gutes Beispiel: Man sieht Bauten, die an die *Gotik* oder europäische Ritterburgen (Kathedrale, Iolani Barracks) erinnern, andere imitieren den *Klassizismus* (Justizpalast) oder die *Renaissance* (Iolani-Palast). Zu Anfang des 20. Jhds kam aus Kalifornien der sog. *Mission Style*, der die Mittelmeer-Architektur aufnimmt, und wenig später ebenfalls aus Amerika die *Art Deco* (gute Beispiele dafür sind z.B. in Hilo zu sehen). Wie anderswo auch wurde besondere Sorgfalt auf die Errichtung herausragender öffentlicher und Sakralbauten gelegt.

Große **Kirchen** aus dem 19. Jhd gibt es mit Ausnahme von Honolulu kaum, aber jedes Gotteshaus erhielt auch auf dem Land immer eine überzeugende, oft charmante Gestalt. Es lohnt sich stets, an diesen grün, weiß und blau angestrichenen Holzkirchen anzuhalten und einen Blick ins Innere zu werfen – vor allem natürlich an den ersten christlichen Gebäuden, von denen viele ihre Entstehung den Missionaren und dem Lepra-Pastor *Father Damien* verdanken.

Im öffentlichen Raum waren es die Häuser der **Bezirksverwaltungen,** die **Gerichte** und **Rathäuser**, die repräsentativ ausgestaltet wurden. Hier ahmte man oft den sog. Kolonialstil nach, wie er in jener Zeit in den Südstaaten der USA bevorzugt wurde. Ähnliches gilt auch für die Wohnsitze der Großgrundbesitzer, die Reichtum und Macht der 'Zuckerbarone' auszudrücken wissen. Die Architektur der normalen Wohn- und Geschäftshäuser war zweckdienlich und entsprach den klimatischen Bedingungen Hawaiis. Zur Straße hin schützten über den Bürgersteig gespannte Dächer die Passanten vor Sonnenschein oder Regengüssen, während sich ein Großteil des häuslichen Lebens auf den umlaufenden Veranden oder Balkonen *(lanais)* abspielte. Unter dem Dachfirst angebrachte Öffnungen durchlüfteten die Häuser. All dies kann man z.B. in der alten Walfänger- und Hauptstadt Lahaina (Maui) sehen, die das wohl schönste Beispiel für ein geschlossenes Ortsbild aus dem 19. Jhd abgibt.

Einen besonderen Akzent erhielt die hawaiische Architektur durch ihre verschiedenen ethnischen Gruppen. Schon zu Ende des 19. Jhds gab es in Honolulu

Restaurants, Wohnhäuser und buddhistische Tempel, die sich auch äußerlich als chinesisch zu erkennen gaben, ähnliches gilt für die starke japanische Gemeinde.

Das Stadtzentrum von Hilo (Big Island) um 1924

Das **moderne Hawaii** ist in seiner Baukunst ein Abbild der Gesellschaft, in der das Amerikanische im Vordergrund steht, das Ländliche und die Vergangenheit aber nicht untergehen. Beispielhaft ist dafür auf der einen Seite die Hochhauskulisse von Honolulu, die mit verspiegelten Banken, postmodernen Formen und einigen sehr anspruchsvollen Gebäuden (z.B. das *Imin Conference Center* des Architekten *I.M. Pei*, Universität von Honolulu) aufwartet. Auf der anderen Seite sieht man auf dem Land erfreulicherweise viele neue Hotelbauten und Wohnhäuser, bei denen die polynesische Architektur-Tradition wieder zum Leben erweckt wurde und die sich gut in die Landschaft eingliedern.

2.3.5 MUSIK, TANZ UND THEATER

Musik

Im alten Hawaii waren Lieder und Tänze hauptsächlich mit dem **Kult** verbunden und damit zumeist eine **Männerangelegenheit**. Die Priester *(kahunas)* ehrten mit monotonen Gesängen *(mele)* die Götter, Ahnen, Häuptlinge und die Natur. Es waren Lieder, die das gesammelte religiöse und mythische Wissen der Stämme enthielten, von hohem literarischen Niveau, aber kaum melodiös. Wenn überhaupt, wurden sie allein von Rhythmus-Instrumenten begleitet. Daneben werden sicher auch Volksfeste Anlaß zum Singen und Tanzen gegeben haben, bei denen die ganze Bevölkerung teilnahm und die die sinnenfrohe Seite des poly-

Alt-hawaiischer Hula-Tänzer (18. Jhd)

nesischen Lebens betonten. Aber auch der Hula-Tanz (s.u.) entstammt ursprünglich der kultischen Götterverehrung und hatte zunächst keinen Unterhaltungswert.

Nach der weißen Entdeckung Hawaiis strömten die **Missionare** auf die Inseln und versuchten, die Ureinwohner für das Christentum zu gewinnen. Ein wichtiges Mittel waren dabei die **Kirchenlieder** *(himeni)*, die sie in die hawaiische Sprache übersetzten. Sie wählten damit genau das richtige Medium, denn die Choräle und Psalmen mit ihrer ungewohnten Melodie wurden bei den Gottesdiensten (im Gegensatz zu den 'langweiligen' Predigten) für die Hawaiier zu einer Attraktion. Bis heute werden die alten Kirchenlieder inbrünstig gesungen und ist das Chorleben in den Gemeinden überaus aktiv.

Wer an einer Vorführung interessiert ist, sollte sich nach dem genauen Termin des Liederfestes erkundigen, das die Kamehameha-Schule Anfang März im *Blaisdell International Center* austrägt. Dabei gibt es einen Sängerwettbewerb, an dem viele hawaiische Chöre unterschiedlicher Altersstufen teilnehmen.

Außer den Missionaren kamen im **19. Jhd** Ausländer aus aller Herren Länder auf die Inseln – **Skandinavier, Deutsche, Amerikaner, Iren** und **Portugiesen**, die als Walfänger, Händler, Plantagenaufseher und -arbeiter tätig waren. Sie alle bereicherten die Inseln mit ihren Liedern, ihrem Musikempfinden und ihren Instrumenten. Die **Portugiesen** brachten durch ihre sentimentalen *Fado*-Gesänge ein Element in die hawaiische Musik, das hier begeistert aufgegriffen wurde; anscheinend konnte es die Gefühlslage der Bevölkerung besonders gut wiedergeben. Portugiesisch ist auch der Ursprung jener kleinen, 4saitigen Gitarre *(braquino)*, die wohl 1878 von Madeira aus nach Hawaii gelangte und die man hier ***Ukulele*** (= 'Springfloh') nannte.

Zu diesem Zeitpunkt war die Begeisterung für westliche Lieder und Tänze selbst in die Kreise der einheimischen *alii* gelangt, allen voran zu Mitgliedern des **Königshauses**. Schon König *Kamehameha III.* wollte eine Blaskapelle nach dem Muster europäischer Königshöfe haben und holte zu diesem Zweck den Deutschen ***Wilhelm Merseburgh*** ins Land. Er stellte die ***Hawaiian Royal Band***, die allerdings erst unter den Königen *Kamehameha V.* und *Kalakaua* ihren berühmten Namen erhielt. Geleitet wurde sie damals von einem weiteren Deutschen, dem Potsdamer ***Heinrich Berger***, der ihr 1872-1915 vorstand und von Königin *Liliuokalani* den Beinamen 'Vater der hawaiischen Musik' bekam.

Die Kapelle gab unter Berger 32.000 Konzerte, wobei die hawaiischen Texte und die Kompositionen zum großen Teil von ihm stammten. Der Einfluß *Bergers* und seiner Band auf die Unterhaltungsmusik des Landes kann nicht hoch genug eingeschätzt werden, zwei Generationen hawaiischer Musiker standen ganz in ihrem Bann. Texte und Melodien für die *Hawaiian Royal Band* wurden z.T. auch von Mitgliedern der königlichen Familie beigesteuert. Besonders König ***Kalakaua***, der sich ebenfalls um den Hula verdient gemacht hat (s.u.), und seine Schwester ***Liliuokalani*** taten sich mit Kompositionen, Liederbüchern und Konzertveranstaltungen hervor. Während *Kalakaua* u.a. die Neufassung der Nationalhymne *"Hawai'i Pono'i"* schrieb, stammt aus der Feder *Liliuokalanis* das berühmte und schwermütige ***"Aloha 'Oe",*** ohne das kaum ein Hawaii-Film auskommen konnte und mit dem man damals die Kreuzfahrt-Passagiere in Honolulu verabschiedete:

Hawai'i pono'i (Text: König Kalakaua; Vertonung: Heinrich Berger)

Hawai'i pono'i	*Mein Hawaii,*
Nana i kou mo'i	*Blick auf deinen König.*
kalani ali'i	*Den königlichen Häuptling,*
Ke ali'i	*Das Haupt.*
Hawai'i pono'i	*Mein Hawaii,*
e ka lahui e,	*O, du Nation,*
O kau hana nui	*Unsere große Pflicht:*
E ui e.	*Zu wetteifern.*

Aloha 'Oe (Text: Königin Liliuokalani; Vertonung: Heinrich Berger)

Aloha 'oe, aloha 'oe	*Leb wohl, leb wohl*
E ke onaona no ho i ka lipo	*Du süßer Duft in der blauen Ferne*
One fond embrace,	*Eine zärtliche Umarmung noch und ich gehe,*
a ho'i a'e au	*Bis wir uns einst wiedersehen*

Neben die normale Gitarre, die *Ukulele* und die Blasinstrumente der Königlichen Kapelle trat 1895 die **Stahlgitarre**, die zum erstenmal der einheimische Musiker *Kekuku* verwandte und die sich zu einem weiteren Kennzeichen der *'Hawaiian Music'* entwickeln sollte. Mit einem Repertoire von halb westlichen, halb hawaiischen Elementen gelang ihr der Sprung über den Pazifik, wo sie (u.a. vom erwähnten *Kekuku*) um die Jahrhundertwende in den USA außerordentliche Popularität genoß. Nun auch von ***Ragtime*** und ***Jazz*** beeinflußt, mit englischen Texten versehen und z.T. auch mit modernen Hula-Tänzen zu einer Revue erweitert, hatten hawaiische Kapellen große Erfolge (z.B. im Jahre 1915 bei der Panama-Pazifik-Ausstellung in San Francisco) und wurden zu den künstlerischen Botschaftern ihrer Heimat.

Die Filmindustrie **Hollywoods** konnte sich dem Trend natürlich nicht verschließen: An den Originalschauplätzen wurden mehrere erfolgreiche Streifen gedreht, deren Musik- und Tanzbegleitung nun in aller Welt zu sehen ware. Einen der größten Erfolge stellte dabei **1937** *"Waikiki Wedding"* dar, in dem *Bing Crosby* zwei Lieder sang und dafür den 'Oskar' bekam.

In den 1960er und 1970er Jahren trat die wenigstens zum Teil noch hawaiische Musik in den Hintergrund, und die internationalen Musikströmungen beherrschten die Szene. *Elvis Presleys* sang in seinem berühmten Konzert *'Aloha from Hawaii'*, das in den 1970ern in alle Welt übertragen wurde, zwar das altehrwürdige *"Aloha 'Oe"*, das in den Rahmen seiner sonstigen Schlager und Rock'n'Roll-Hits jedoch nicht recht passen wollte. Bis heute unterscheidet sich der Musikgeschmack der hawaiischen Jugendlichen kaum von dem allgemein-amerikanischen, und einheimische Gruppen spielen harten Rock oder versuchen sich in Rap und Reggae. Andererseits konnte man in den letzten zwei Jahrzehnten ein steigendes Interesse an hawaiischer Musik beobachten, sowohl bei den Touristen als auch bei den Einheimischen. Volks- und Countrysänger wurden durch Lieder mit hawaiischen Texten populär, neue Bands formierten sich, und die Folklore steht hoch im Kurs. Inzwischen bieten viele Hotels ihren Gästen diese Art von Musik an – meist im Zusammenhang mit einem *Luau* und *Hula*-Vorführungen. Vieles davon ist zu süßlich und zu verkitscht, um zu Recht das Prädikat "hawaiisch" zu tragen, doch kommt man auf solchen Veranstaltungen immerhin mit der einheimischen Sprache und – trotz aller Show – dem für die Inseln typischen Lebensgefühl in Kontakt. Solche Programme sind also ebenfalls ein Anzeichen für die nun schon länger anhaltende Renaissance der alten Kultur, der auch eine Wiederbelebung des 'Hula' entspricht.

Das hawaiische Flaggschiff der **ernsten Musik** ist das *Honolulu Symphony Orchestra*, das mit etwa 80 Musikern besetzt ist und gut 100 Vorstellungen im Jahr gibt. Die Saison für Konzerte und Opern findet dabei in den Herbst- und Wintermonaten statt. Daneben reist das Symphonieorchester häufig auch zu Gastspielen auf die anderen Inseln oder zum amerikanischen Festland. Ein zweites, mit 32 Musikern besetztes Synphonie-Orchester gibt es auf Maui, in Honolulu außerdem das *Chamber Mucic Hawaii* mit seinem Kammermusik-Programm.

Theater und Bühnen

Wie bei der klassischen Musik findet die **Theatersaison** im Herbst und Winter statt. Einige Bühnen – sämtlich im Großraum Honolulu ansässig – spielen inzwischen klassische Stücke auf hohem Niveau. Die drei größten Ensembles besitzen das *Diamond Head Theatre*, das *Manoa Valley Theatre* und das *University of Hawaii Theatre*, letzteres auch mit einem Repertoire avantgardistischer Stücke oder solchen von einheimischen Autoren. Daneben werden von den Theatern aber auch z.B. Broadway-Musicals angeboten. Hinzu kommt eine ganze Reihe von Kleinbühnen, ebenfalls vor allem in Honolulu, die sich auf die Bedürfnisse des touristischen Publikums (vorzugsweise leichte amerikanische Kost wie Komödien etc.) eingestellt haben.

Abgesehen vom *Aloha Stadium,* in dem bisweilen Rockkonzerte o.ä. stattfinden, verfügt das *Neal S. Blaisdell Center* mit der *Hawaii Opera & Concert Hall* (2.158 Plätze) sowie der Freiluftarena (8.780 Plätze) über die größten **Bühnen**. Ein großzügiges Platzangebot findet man außerdem im *John F. Kennedy Theatre* (633 Sitze) an der Universität und unter freiem Himmel vor der berühmten *Waikiki Shell* im Kapiolani Park von Waikiki.

Der Hula

Wie erwähnt, war der Hula zunächst eine religiöse Handlung und als solche den Männern vorbehalten. In den klosterähnlichen Hula-Schulen, die für die Tänzer übrigens eine Zeit der sexuellen Entsagung bedeuteten, lernten die Schüler die einzelnen Schritte, Gesten und Kopfhaltungen, die alle einen hohen symbolischen Gehalt besaßen. Sinn des Hula war es, die Lieder *(mele)* der Priester zu begleiten und zu ergänzen.

Angespornt wurden die Tänzer mit Trommeln (z.B. die *pahu,* eine mit Haifischhaut überzogene Holztrommel oder die Kürbistrommel *ipu*), Rasseln (z.B. die *ili'ili,* eine mit Steinen oder Muscheln gefüllte Kokosnuß), anderen Klopf- und Schlaginstrumenten sowie mit Händeklatschen. Der kultische Hintergrund des Hula war den Missionaren zu Anfang des 19. Jhs natürlich ein Dorn im Auge. Sie stempelten ihn als Teufelswerk ab und unterstellten ihm eine obszöne Bedeutung, die er tatsächlich bis dahin nie gehabt hatte. Mit fortschreitender Christianisierung gerieten dann auch viele der alten Tänze und ihre Bedeutung in Vergessenheit.

Es ist ein Verdienst des sinnenfrohen Königs *Kalakaua*, den Hula gerettet zu haben. 1874 gründete er eine eigene Hula-Gruppe und richtete in der Folgezeit auch wieder Hula-Schulen *(hula halaus)* ein, in der die traditionelle Tanzform erlernt werden konnte. Die Zeiten hatten sich jedoch gewandelt, und getanzte polynesische Legenden und Mythen konnten im ausgehenden 19. Jhd kein Publikum finden. Auch der Musikgeschmack hatte sich geändert, neue Instrumente und musikalische Einflüsse aus aller Welt waren nach Hawaii gekommen und hatten sich dort verschmolzen. Die Folge war ein Hula, der von Männern und Frauen gleichermaßen getanzt und nun von einem umfangreicheren Instrumentarium begleitet wurde sowie sich inhaltlich mehr auf die angenehmen, romantischen und lebensfrohen Momente festlegte. Damit entsprach er jenem Klischee, das der aufkommende Hawaii-Tourismus von der Südseeidylle mit ihrem vermeintlich lockeren Leben erwartete.

Nachdem *Bing Crosby* für zwei Lieder in dem 1937 gedrehten Film *"Waikiki Wedding"* den Oskar bekommen hatte, wurde der Tanz weit über die Grenzen des Archipels bekannt und gilt seitdem als Symbol für Hawaii schlechthin. Die Lieder waren zwar 'halb-weiß' *(hapa haole)*, d.h. sie waren in Form und Inhalt wenigstens zur Hälfte amerikanisch-europäisch beeinflußt, aber genau das entsprach den Erwartungen des Publikums, das vom Hula Exotik verlangte, ohne daß diese zu fremd wirken sollte.

Im 'neuen Hula' *(hula auana)* stehen die weiblichen Tänzer im Vordergrund, die sich mit Hüftschwung, Lächeln und erotischer Ausstrahlung zu den Klängen von Ukulele, Trommeln und Gitarren bewegen. Die Männer bleiben im Hintergrund und geben nur gelegentliche Einlagen. Auch der 'typische' Grasrock und die unbedeckten Hüften sind eine Erfindung der Moderne (der Grasrock wurde von den Gilbert-Islands importiert und war früher auf Hawaii niemals üblich).

Eine letzte, noch mehr auf den amerikanischen Geschmack zugeschnittene Variante erfuhr der Hula seit dem Zweiten Weltkrieg. Heute bieten größere Hotels und Einkaufszentren kostenlose Hula-Stunden an, werden Touristen auf Veranstaltungen zum Mitmachen aufgefordert, nachdem man ihnen einige Hula-Schritte beigebracht hat. Wofür im alten Hawaii die männlichen Tänzer Jahre gelernt hatten, wird nun zu einer scheinbar einfachen Aufgabe, deren Sinn und Zweck die Gaudi der Beteiligten ist. Dieser sog. 'Touristen-Hula' hat natürlich kaum noch etwas mit seinem Ursprung gemeinsam. Trotzdem: Manchmal wird zu solchen Tänzen hawaiisch gesungen, und allein das ist schon ein Grund, auch diese moderne Form zu begrüßen. Ein anderer ist, sich überhaupt mit hawaiischem Tanz auseinanderzusetzen und ihn dann auf einer authentischen Vorstellung richtig kennenzulernen (die Kodak-Hula-Show im Kapiolani Park von Honolulu mag dabei ein erster Schritt sein). Und schließlich finden vielleicht die Hawaiier selbst immer öfter über den 'Touristen-Hula' zum 'Modernen Hula' und von diesem zum traditionellen Hula zurück. Die Belegzahlen der authentischen Hula-Schulen und -kurse sprechen jedenfalls dafür.

2.4 BEVÖLKERUNG UND GESELLSCHAFT

2.4.1 BEVÖLKERUNGSENTWICKLUNG UND SIEDLUNGSSTRUKTUR

Wie viele Menschen in prähistorischer Zeit auf den einzelnen Inseln gelebt haben mögen, ist selbst als Schätzung schwer zu sagen. Weder kennen wir den Umfang der Einwanderung von den Marquesas-Inseln her, noch den aus Tahiti ab dem 11. Jhd. Flurnamen und archäologisch nachweisbare Siedlungsspuren beweisen jedoch, daß die Polynesier an nahezu allen zur Besiedlung überhaupt möglichen Stellen lebten, selbst an solchen, die heute von Urwald überwuchert, von Lava bedeckt oder von riesigen Plantagen besetzt sind. Der Archipel, den *James Cook* **1778** erreichte, wird die Heimat von etwa **300.000** bis **400.000 Ureinwohnern** gewesen sein.

Vor diesem Hintergrund sind die statistischen Daten der Bevölkerungsentwicklung erschreckend, die nach der **Zäsur der europäischen 'Entdeckung'** einsetzte. Binnen weniger Generationen dezimierten eingeschleppte Krankheiten die Hawaiier bis an den Rand der Auslöschung. Eine Erholung setzte dann erst wieder ein, als die weißen Plantagenbesitzer **Arbeitskräfte** aus **Asien** und **Europa** ins Land holten.

Junge in Hawaii

So stieg ab **1882** bis **1900**, dem Beginn der amerikanischen Zeit, die Population von **48.000** auf **154.000**. Welchen Anteil dabei die geförderte Immigration hatte, macht eine Aufschlüsselung der letztgenannten Zahl deutlich: Im Jahre 1900 setzte sich die hawaiische Bevölkerung aus 61.000 Japanern, 30.000 Hawaiiern, 26.000 Chinesen, 18.000 Portugiesen, 10.000 hawaiischen Mischlingen und 9.000 Angehörigen anderer Nationalitäten zusammen.

Nach 1900 sorgten die anhaltend gute Konjunktur, die Geburtenfreudigkeit der ethnischen Gruppen und der Mischehen sowie der weitere Zuzug von Einwanderern für ein enormes Wachstum. Bereits am Vorabend des Zweiten Weltkrieges war die vor Ankunft der Weißen bestandene Bevölkerungsdichte wieder erreicht, Mitte der 1980er Jahre zum erstenmal die Millionengrenze überschritten.

Allein von 1980 bis 1990 stieg die Zahl der Hawaiier um 14,9%, ein Trend, der sich auch in den 1990er Jahren fortsetzte. Ein Kennzeichen dafür ist das relativ junge Durchschnittsalter, das 1994 32,9 Jahre betrug, wobei die Lebenserwartung mit knapp über 77 Jahren die höchste in den USA ist.

Zur Verdeutlichung des Gesagten einige statistische Angaben (die ersten beiden Zahlen sind Schätzwerte):

1778	350.000 Einwohner	1950	499.769 Einwohner
1832	130.000 Einwohner	1980	893.428 Einwohner
1882	48.000 Einwohner	1990	1.108.229 Einwohner
1900	154.000 Einwohner	1991	1.134.800 Einwohner

Die **Siedlungsstruktur** ist, auf den gesamten Archipel bezogen, uneinheitlich. Teilt man die Einwohnerzahl von ca. 1,2 Millionen durch die Landfläche, ergibt sich mit **66 Menschen pro km²** ein sehr geringer Wert. Schaut man sich einzelne Inseln genauer an, wird man feststellen, daß der Besiedlungsgrad etwa von Maui und Big Island noch weit darunter liegt. Allerdings darf dabei die Topographie nicht außer acht gelassen werden: Weite Teile des Inselinneren eignen sich einfach nicht zur Kultivierung, anderswo setzen landwirtschaftliche Nutzflächen Grenzen. Aber im Grunde gilt, daß sich der Mensch überall da auf den Inseln niedergelassen hat, wo dies möglich war.

Als **äußerst dicht bevölkert** muß die Insel **Oahu** gelten, die allein mit rund 845.000 Einwohnern etwa **vier Fünftel der Gesamtbevölkerung** beherbergt und eine Siedlungsdichte von ca. **540 Ew/km²** aufweist. Der Löwenanteil davon, nämlich knapp die Hälfte, fällt auf den Großraum **Honolulu**, daneben haben sechs Städte auf der Insel mehr als 15.000 Einwohner: *Pearl City* (43.000 Ew), *Kailua* (35.000 Ew), *Kaneohe* (29.000 Ew), *Waipahu* (29.000 Ew), *Mililani* (22.000 Ew) und *Wahiawa* (17.000 Ew). An diesen Zahlen ist auch ein hoher Grad der **Verstädterung** ablesbar, der – auf die gesamte Inselgruppe bezogen – nur noch knapp **ein Fünftel** der Bevölkerung als **Landbewohner** ausweist. Zwar haben diese Ortschaften – von *Hilo* auf Big Island mit ca. 44.000 Einwohnern abgesehen – eher **Kleinstadt-Charakter**, sind jedoch für das Umfeld dominierend und damit jeweils lokale Zentren der Landflucht. Selbst ein Dörfchen wie *Lanai City* ist mit seinen 2.600 Einwohnern ein Beispiel von 'Verstädterung', da hier inzwischen fast die gesamte Inselbevölkerung ansässig ist!

Die Rangfolge der bewohnten hawaiischen Inseln		
1.	Oahu	845.000 Einwohner
2.	Hawaii	123.000 Einwohner
3.	Maui	92.000 Einwohner
4.	Kauai	53.000 Einwohner
5.	Molokai	7.500 Einwohner
6.	Lanai	3.000 Einwohner
7.	Niihau	250 Einwohner

2.4.2 DIE ETHNISCHEN GRUPPPEN

Auf Hawaii ist das Schlagwort vom *melting pot,* also vom "Schmelztiegel der Völker" mehr berechtigt als in jedem anderen amerikanischen Bundesstaat. Kein Kontinent und kaum eine größere ethnische Gruppe, die nicht wenigstens ein Steinchen im insularen Bevölkerungsmosaik stellen würde. Natürlich gelten heute alle Bürger als 'Amerikaner', und nur 15% der Einheimischen sind nicht auf dem Territorium der USA geboren. Aber schon ein oberflächlicher Blick auf das bunte Gemisch von Hautfarben macht deutlich, daß die Ursprünge dieser 'amerikanischen Bürger' in allen möglichen Gebieten diesseits und jenseits des Pazifiks liegen. Und noch etwas ist auffällig: Keine bestimmte Volksgruppe drängt in den Vordergrund und besitzt – statistisch gesprochen – mehr als 30% Bevölkerungsanteile. Mit anderen Worten ist jeder Bürger Hawaiis Angehöriger einer ethnischen Minderheit!

Viel Mühe wird darauf verwandt, die Frage zu beantworten, wie diese ethnischen Minderheiten verteilt sind. Und die Statistiker haben nach dem letzten Zensus die Bevölkerungszusammensetzung folgendermaßen definiert:

Weiße:	24%	Puertoricaner:	2,0%
Japaner:	24%	Koreaner:	2,0%
Hawaiier:	10%	Schwarze:	2,0%
Teil-Hawaiier:	10%	Samoaner:	1,5%
Philippinos:	13%	Andere:	5,5%
Chinesen:	6%		

Aber allein der Begriff *'Teil-Hawaiier'* ist das Resultat einer Entwicklung, die es in Zukunft immer schwerer machen wird, den ethnischen Ursprung irgendeines jungen Hawaiiers festzustellen: Etwa die Hälfte aller Eheschließungen war in den letzten Jahren gemischtrassig. Aus diesem Grunde ist die folgende Übersicht über einzelne ethnische Gruppen eher von historischem Interesse.

Hawaiier und 'Teil-Hawaiier'

Als *James Cook* 1778 den Archipel für das Abendland entdeckte, lebten dort schätzungsweise 300.000-400.000 Ureinwohner. Rund hundert Jahre später war deren Population auf die erschreckende Zahl von nur 48.000 gesunken. Der Grund dafür lag weniger in einer gezielten Vernichtung, als vielmehr in eingeschleppten Krankheiten, allen voran Masern, Typhus, Cholera und der Pest, denen ihr Immunsystem nicht gewachsen war.

Der größte Aderlaß ereignete sich bereits in den ersten Jahrzehnten des 19. Jhds, noch vor der Ankunft der Missionare – allein im Jahr 1804 sollen rund 100.000 Ureinwohner an Cholera und Typhus gestorben sein! Aber auch die Missionare mußten noch erleben, daß die Menschen, deren Seelen sie erretten wollten, scharenweise dahingerafft wurden. In den 1840er war eine solche Misere erreicht, daß Depressionen und Selbstmorde unter den Hawaiiern um sich griffen, und es schien absehbar, daß diese 'stolze und schöne Rasse', wie sie *Cook* noch vor zwei Generationen angetroffen hatte, zum Aussterben verurteilt war.

Hygienische Verbesserungen, eine stärkere Anpassungskraft an die veränderten Bedingungen, vor allem aber das Einheiraten in andere ethnische Gruppen und die Zeugung von Mischlingen setzte dem Verfall ein Ende. Z.Zt. zählen etwa 10% (= 115.000) der Bevölkerung als 'Hawaiier', wobei man jedoch als solcher in der Statistik bereits auftaucht, wenn nur ein Großelternteil wirklich hawaiisch gewesen war. Die Zahl der 'reinrassigen' Ureinwohner hingegen dürfte die 10.000-Grenze nicht überschreiten. In der sozialen Hierarchie stehen die Hawaiier an unterster Stelle und sind sowohl in der Arbeitslosen- als auch in der Kriminalitätsstatistik überproportional vertreten. Genausoviel wie die 'offiziellen Hawaiier' (= ca. 10%) macht der Bevölkerungsanteil der sog. 'Teil-Hawaiier' aus, die also in unterschiedlichem Grad und mit unterschiedlichen ethnischen Gruppen vermischt sind. Sie sind wegen ihrer Geburtenfreudigkeit die am schnellsten wachsende Volksgruppe und der beste Garant dafür, daß trotz aller Vermischung das hawaiische Erbgut auch in Zukunft erhalten bleibt.

Die Ostasiaten

Der Begriff von Hawaii als 'Brücke zwischen Ost und West' ist keine geographische Phrase, sondern wird durch die Bevölkerung ostasiatischer Abstammung tagtäglich mit Leben erfüllt. Gut die Hälfte aller Staatsbürger sind die Nachfahren jener chinesischen, japanischen, philippinischen oder koreanischen Einwanderer, die die blanke Not auf die Inseln brachte und die sich – anders als die Weißen – ihren heutigen gesellschaftlichen Status in vielen Generationen erkämpfen mußten. Dazu gehört auch die Gruppe der **Koreaner**, die z.Zt. ca. 19.000 Personen ausmacht, was etwa 2% der Bevölkerung entspricht. Obwohl erste Koreaner bereits im Jahre 1903 als Kontraktarbeiter für die Zuckerplantagen in Hawaii einreisten, ist ihre Zahl erst seit dem Zweiten Weltkrieg auf ihren heutigen Stand angewachsen. Auch die **Vietnamesen** und **Thailänder**, die man heutzutage vor allem in Honolulu antrifft und die mehrheitlich in der Gastronomie arbeiten, sind 'neuzeitliche Einwanderer', von denen viele vor ihrer Ankunft auf Hawaii zunächst in den Vereinigten Staaten gelebt haben. Die **drei wichtigsten** asiatischen Immigrantengruppen sind jedoch:

• Chinesen

Die Präsenz der Chinesen auf Hawaii ist fast genauso alt wie die der Weißen: Bereits in den Jahren 1789-91 waren einige von ihnen als Matrosen auf europäischen Schiffen hierhin gelangt, blieben an Land und nahmen u.a. als Söldner an den Feldzügen von *Kamehameha I.* teil.

Chinesischer Tee- und Wasserverkäufer (1915)

Von weit größerer Bedeutung jedoch waren jene sog. Kulis, die zur Mitte des 19. Jhds für die harte Saisonarbeit in der Zuckerrohr-Industrie angeworben wurden – für einen Hungerlohn von 36 US$ pro Jahr und im Rahmen von Fünf-Jahres-Verträgen. Nach Beendigung ihrer Arbeit blieben die meisten von ihnen in Hawaii und versuchten, entweder weiter als Plantagenarbeiter verpflichtet zu werden oder sich mit dem Ersparten selbständig zu machen. Darin zeigten sie sich als äußerst geschickt: Bereits 1869 waren allein in Honolulu 70 chinesische Geschäfte registriert, die meisten davon im heutigen Stadtteil Chinatown. Neben Honolulu war Lahaina ein bevorzugter chinesischer Wohnort. Außer durch ihren Geschäftssinn zeichneten sich ihre Sippenverbände *(hui)* – im Gegensatz zu den Japanern – durch die Bereitschaft aus, recht früh Mischehen mit Hawaiiern einzugehen. Dabei verlor die chinesische Gemeinde nie ihre Ursprünge aus den Augen, sondern begleitete mit ihren Festen, ihren Tempeln, ihren Speisen und ihren Spielen von Anfang an die Entwicklung der insularen Kultur und trug zu deren unverwechselbarem, multikulturellem Charakter bei. Nicht zu unterschätzen ist auch das intellektuelle Moment, das von den hawaiischen Chinesen zu allen Zeiten ausging. Als ein Beispiel unter vielen sei hier an Dr. *Sun Yat Sen* erinnert, der sich in Honolulu mit gesellschaftskritischen Theorien auseinandersetzte und revolutionäre Zellen gründete, die bis nach China zurückstrahlten. Viele Historiker halten *Sun Yat Sen* für einen direkten Vorläufer *Mao-Tse-Tungs* und Hawaii demnach für die "Wiege der chinesischen Revolution".

Heute sind die knapp 60.000 Hawaiier (= 6%) chinesischer Abstammung in allen sozialen Schichten zu finden, bis hinauf in die mächtigsten Ämter und reichsten Familien. Einer von ihnen ist z.B. *Hiram Fong*, der erste Asiate überhaupt, der einen Sitz im Washingtoner Senat bekam.

- **Japaner**

Die zweite Asiaten-Gruppe, die nach den Chinesen ins Land geholt wurde, waren die Japaner, die ebenfalls auf den Plantagen arbeiten sollten. 1868 brachte ein britisches Segelschiff einige Dutzend von Nippons Söhnen ins Land, wo sie sich für drei Jahre zur Plantagenarbeit verpflichtet hatten. Dieser Versuch war von den Großgrundbesitzern initiiert worden, die sich von den Japanern im Vergleich zu den Chinesen (noch) größere Loyalität, Disziplin und Einsatz erhofften.

Obwohl die Arbeiter alle in sie gesetzten Erwartungen übertrafen, standen einer Ausweitung der Verpflichtungen gewisse Ressentiments im Wege, die das hawaiische Königshaus gegenüber den Asiaten hegte. Dies änderte sich unter König *Kalakaua*, der auf seiner Weltreise 1881 Japan besucht hatte und so beeindruckt war, daß er sogar eine japanisch-hawaiische Konföderation ins Auge gefaßt haben soll. Er schaffte alle Behinderungen der Einwanderung ab, und 1886 traf aus Tokio das erste Schiff mit knapp 1.000 japanischen Landarbeitern ein. Die meisten von ihnen sollten trotz der widrigen Lebensumstände für immer auf Hawaii bleiben, und unzählige andere folgten nach. 1890 gab es bereits 12.610 Japaner auf den Inseln, sechs Jahre später schon doppelt so viele, und 1900 hatten sie mit gut 61.000 Angehörigen jede andere Immigrantengruppe hinter sich gelassen. Fleiß sowie eine starke familiäre Bindung machte die japanischen Clans zu einem wichtigen Faktor – dies um so mehr, als ihnen der Weg zu Bildung und Machtpositionen geebnet wurde und sie die Aufstiegschancen auch außerhalb der Feldarbeit wahrnahmen.

Japanischer Friedhof (Kauai)

Zu einem Rückschlag der traditionell guten Beziehungen drohte der Zweite Weltkrieg zu werden. Doch die *nisei*, wie man die japanischen Hawaiier nannte, zeigten sich durchweg als loyale Amerikaner und ließen sich auch durch Verunglimpfungen und pauschale Verdächtigungen nicht aus ihrer neuen Heimat vertreiben. Mit der langsamen Annäherung beider Staaten verstärkte sich ihre Position im Bundesstaat – Japaner waren es, die in die Aufsichtsräte der größten Firmen und Banken gelangten, die bei der Entwicklung des Tourismus führend beteiligt waren und die schließlich auch politisch jene Rolle einnahmen, die ihnen aufgrund ihrer Bevölkerungsanteile zukam (u.a. Wahl von *George Ariyoshi* zum Gouverneur im Jahre 1974).

Heute stellen sie mit knapp einem Viertel (= 24%) die größte einzelne Volksgruppe in Hawaii, und ihre Zahl steigt stetig an. Ihre Dominanz wird jedem Besucher auffallen – sei es an der Vielzahl von Sushi-Bars und Hotels im japanischen Design oder sei es an den japanischen Textbeiträgen und Beschriftungen in Touristenzeitungen bzw. Kaufhäusern. Die japanischen Touristen stellen nach den US-Amerikanern die zweitgrößte Besuchergruppe, es gibt zwei Zeitungen in japanischer Sprache sowie jeweils einen japanischen Radio- und Fernsehsender. Der Besitz von Immobilien durch Japaner (aus Japan, nicht aus Hawaii!) ist einerseits das Resultat der besonderen Beziehungen zwischen beiden Völkern, andererseits aber auch Gegenstand zunehmender Kritik, die den 'Ausverkauf des Bundesstaates' befürchtet.

• Philippinos

Die harte Arbeit auf den Zuckerrohr- und Ananasplantagen war der Grund, warum man nach den Chinesen und Japanern in der ersten Hälfte des 20. Jhds genügsame und billige Arbeitskräfte in den Philippinen anwarb. Allein von 1906-1946 wurden so 125.000 Philippinos ins Land geholt, darunter allerdings nur sehr wenige Frauen (weniger als 10.000). Für die Arbeiter bedeutete das neben einer schlechtbezahlten und monotonen Tätigkeit auch ein Leben in kasernenartigen Verhältnissen, so daß etwa die Hälfte von ihnen nach Ende ihres Vertrages in die Heimat zurückkehrte. Die anderen verheirateten sich später mit einheimischen Frauen oder warteten auf solche, die ihnen von den Philippinen nachreisten.

Philippinische Plantagenarbeiter

Heute beträgt die Zahl der Hawaiier philippinischer Abstammung etwa 115.000, was 13% der Gesamtbevölkerung entspricht. Lange Zeit war diese Einwanderergruppe zusammen mit den 'echten' Hawaiiern am unteren Ende der sozialen Hierarchie angesiedelt. Die weißen Plantagenbesitzer unterstellten ihnen einen Hang zu Kriminalität und Bandenwesen, der jedoch – sofern er nicht ein bloßes Vorurteil war – aus den schlimmen Verhältnissen in den philippinischen Wohnbaracken *(barreios)* und der ungerechten Lohnpolitik resultierte. Es ist kein Zufall, daß sich die blutigen Unruhen von 1924, bei denen Soldaten der Nationalgarde eingesetzt wurden, an den Versuchen der Philippino-Gewerkschaft entzündeten, höhere Löhne durchzusetzen. Bei diesem Arbeiteraufstand wurden 16 Philippinos getötet und mehr als hundert verhaftet.

Im Laufe der Zeit konnten sich jedoch auch diese Einwanderer aus den Fesseln von Armut, Vorurteilen und Benachteiligung befreien. Längst schon haben die meisten von ihnen die ehemaligen Ghettos nahe der Zuckerfabriken (z.B. in

Waipahu auf Oahu und in Hanapepe auf Kauai) verlassen. Die heutigen Philippinos sind mehrheitlich in allen Berufssparten zu finden, und nicht wenige von ihnen schafften den Weg in die Schaltstellen von Politik, Wirtschaft und Tourismus.

Das kulturelle Erbe der Phillipinos hat sich im hawaiischen Alltag nicht ganz so stark niedergeschlagen wie das der Chinesen und Japaner, ist aber durchaus aufzuspüren. Dabei sind nicht die traditionellen Hahnenkämpfe gemeint, die zwar polizeilich verboten sind, gleichwohl aber stattfinden. Sondern vielmehr das Moment der Lebensfreude, der Hang zu ausgelassenen Festen (am schönsten bei der auf allen Inseln stattfindenden *Fiesta Filipina* im Juni) und ihr tiefer Glaube, ohne den der Katholizismus auf Hawaii erheblich ärmer wäre.

Die Weißen

Mit 24% Bevölkerungsanteil ist die Gruppe der Weißen *(haole)* genauso stark wie die der Japaner, setzt sich aber natürlich aus verschiedenen Nationen zusammen. Während früher die geringe Zahl der **weißen Amerikaner** in auffälligem Gegensatz zu ihrem wirtschaftlichen Einfluß stand, ist deren Bevölkerungsanteil seit der Annektion und besonders seit dem Zweiten Weltkrieg enorm gestiegen. In den Chefetagen von Hotels, Firmen für landwirtschaftliche Produkte, Fluggesellschaften, Autovermietern usw. sind die weißen Amerikaner in der Überzahl; hinzu kommen etliche Rentner und Privatiers, die auf den Inseln einen angenehmen Lebensabend verbringen, sowie die ca. 100.000 militärischen Angestellten, die allerdings bei keiner Statistik als Einwohner Hawaiis mitgezählt werden. Trotzdem und obwohl ihr Prozentsatz weiter wächst, hat kein amerikanischer Bundesstaat so wenige 'Weiße' aufzuweisen wie Hawaii.

Einen beträchtlichen Anteil stellen daneben die Nachfahren verschiedener **europäischer Völker**, die entweder bereits zu Zeiten des Königreichs auf den Inseln Fuß faßten oder auf dem Umweg über die USA hierhin emigrierten oder in jüngerer Zeit direkt aus Europa einwanderten. Beispielhaft für die erste Kategorie sind **Briten**, die wie die Deutschen im 19. Jhd als Kaufleute, Unternehmer und Plantagenbesitzer erfolgreich waren, durch Mischheirat im Lauf der Zeit jedoch im Schmelztiegel aufgegangen sind. Schon die Missionare aus Boston waren eigentlich eher **Engländer**, die erst seit einer oder zwei Generationen in Amerika lebten. Unter den Mormonen befanden sich viele Amerikaner **schwedischer** Abstammung, deren Urahnen den Treck nach Utah mitgemacht hatten. Auch die heutigen Pizzabäcker besitzen zweifellos **italienisches** Temperament, stammen im Zweifelsfall aber eher aus New Yorks 'Little Italy' als aus Rom.

Aus unterschiedlichen Gründen sollten folgende zwei europäische Einwanderergruppen besonders erwähnt werden:

- **Portugiesen**

Erstaunlicherweise stellten Portugiesen in der zweiten Hälfte des 19. Jhds den größten Anteil unter der weißen Bevölkerung. Den Anfang machten knapp 400 Personen, die vor dem Jahr 1872 als Matrosen auf Walfangschiffen nach Hawaii kamen und die Inseln zu ihrer neuen Heimat machten. 6 Jahre später erreichte das erste Auswandererschiff mit portugiesischen Männern, Frauen und Kindern Honolulu. Sie waren auf Madeira und den Azoren angeworben worden, um auf den Zuckerrohrplantagen zu arbeiten. Die Großgrundbesitzer setzte diese Gruppe durchweg in besseren Positionen ein, vor allem als Vorarbeiter *(lunas)*, so daß sie von Anfang an gute soziale Aufstiegschancen hatten und einen erheblichen Anteil des hawaiischen Mittelstandes bildeten. Von den Arbeitsbedingungen und der Aussicht auf schnellen Erfolg angelockt, folgten bis 1890 rund 13.000 Menschen portugiesischer Abstammung den Anwerbern.

Trotz vieler späterer Mischehen konnten sich portugiesische Familien, kleine Gemeinden und 'Sprachinseln' bis in die Gegenwart halten. Viel wichtiger waren aber die Impulse, die diese Auswanderergruppe der hawaiischen Kultur brachten. Auf sie geht die kleine *Ukulele*-Gitarre zurück, die aus der Volksmusik gar nicht mehr wegzudenken ist, ebenso wie manche Ausdrücke im Pidgin-Englisch, Feste, Eigenarten der Küche (z.B. die allgegenwärtige portugiesische Bohnensuppe) und eine stärkere Stellung des Katholizismus.

• Deutsche

Kaum bekannt ist der Umfang und die Bedeutung der deutschen Einwanderer nach Hawaii sowie die intensiven Beziehungen zwischen Deutschland und dem Archipel. Erstaunlich ist sowohl der wirtschaftliche Erfolg einiger deutschsprachiger Immigranten und die politischen oder kulturellen Akzente, die von Deutschen ausgingen, als auch die Tatsache, wie früh deutschsprachige Matrosen und Gelehrte mit Hawaii in Kontakt kamen und aufschlußreiche Publikationen über ihr Reiseziel veröffentlichten.

Johann Wäber

Bereits *James Cook* wurde auf seiner Entdeckungfahrt von Deutschen begleitet, darunter der Matrose *Heinrich Zimmermann*, der seine Erlebnisse 1781 – noch vor der Veröffentlichung des englischen Berichtes! – unter dem Titel *"Die Reise um die Welt mit Kapitän Cook"* auf den Markt brachte. Der Schweizer *Johann Wäber* (engl.: *John Webber*) war der offizielle Illustrator der Reise, von ihm stammen die ersten Abbildungen aus Hawaii überhaupt.

Ein anderer Weltumsegler – der Baltendeutsche *von Krusenstern* – bereiste 1803-06 im Auftrag des Zaren die Ozeane und machte dabei auch auf Hawaii Station. Er wurde u.a. von seinem Neffen *Otto von Kotzebue* begleitet, dem wir das Buch *"Entdeckungsreise in die Südsee und nach der Beringstraße"* verdanken; es gibt die Erlebnisse dieser und einer weiteren Reise (an Bord des russischen Schiffes *'Rurik'*) wieder. Sein Reisepartner war der bekannte Dichter *Adalbert von Chamisso*, der nach Sprachstudien auf den Inseln die erste Grammatik schrieb (*"Über die hawaiische Sprache"*, 1837) und außerdem seinen Bericht *"Reise um die Welt mit der Romanzoffischen Entdeckungs-Expedition"* vorlegte.

In späteren Zeiten kamen Deutsche als **Ärzte, Geschäftsleute, Farmer** und **Plantagenarbeiter** ins Königreich, wo sie einen überaus **guten Ruf** hatten. Von höchster Seite wurde dies bestätigt, als König *Kamehameha III.* 1846 seinem deutschen Kollegen *Friedrich Wilhelm IV.* von Preußen über dessen Untertanen schrieb, daß *"keine Ausländer ordentlicher (sind) und in ihrem Benehmen korrekter"*. Die Weltreise des Königs *Kalakaua*, die ihn **1881** auch nach **Berlin** führte, tat ein übriges, um die Beziehungen zwischen Preußen und dem Königreich zu intensivieren. Nicht umsonst erinnerten sowohl die Rangordnung und als auch die Uniformen und Orden der hawaiischen Armee an das deutsche Vorbild, ebenso *Kalakauas* Galauniform samt Pickelhaube.

Vorher schon wurden von den Großgrundbesitzern Deutsche und Österreicher gerne als **Vorarbeiter** *(lunas)* eingesetzt. Andere Deutsche waren so erfolgreich, daß sie selbst zu **Großgrundbesitzern** aufstiegen, wie *Claus Spreckels* und *Heinrich Isenberg*.

● Der aus dem Hannoverschen stammende ***Claus Spreckels*** (1828-1908) kam nach 'Lehrjahren' in Amerika 1876 über Kalifornien nach Hawaii, wo er auf der Insel Maui 100.000 Morgen Land pachtete. Den Zuckerrohranbau revolutionierte er durch eine ausgefeilte Bewässerungstechnik und die Einführung der Schmalspur-Eisenbahn. Bald schon galt er als der ungekrönte 'Zuckerkönig', der seine guten Beziehungen zum Königshof und das System der allgemeinen Korruption mit rücksichtslosem Kalkül nutzte, um Konkurrenten auszuschalten. In Honolulu gründete er seine eigene Bank und mischte sich immer direkter in die politischen Angelegenheiten des Landes ein. Als er sich gegen die amerikanische Annektion und für die Königin *Liliuokalani* stark machte, mußte er Hawaii verlassen. Aber auch nachher gab er von San Francisco aus Impulse, u.a. durch die Gründung der *Oceanic Steamship Company*, die mit zwei Passagierschiffen – damals die größten der Welt – den Personenverkehr zwischen Amerika und Hawaii sicherte und den Anfang des Hawaii-Tourismus markierte. *Spreckel*, der überdies an der Agentur *W.G. Irwin & Co.* beteiligt war (s.u.), besuchte die Inseln 1905 zum letztenmal und verkaufte anschließend seine gesamten Besitztümer. An ihn erinnert auf Maui u.a. der von ihm gegründete Ort Spreckelsville.

● Der Pastorensohn und Agronom ***Heinrich D. F. Isenberg*** (1837-1903) kam 1858 zum erstenmal nach Hawaii, wo er eine ähnliche Karriere wie *Spreckels* erlebte. In Lihue, der Hauptstadt Kauais, wurde er Leiter der Zuckerfabrik, später stieg er durch Einheirat zum Großgrundbesitzer auf. Auf seinen Plantagen fanden die meisten der mehr als 1.400 Deutschen Arbeit, die bis zur Jahrhundertwende nach Hawaii emigrierten, und Lihue wurde mit seiner lutherischen Kirche und der deutschen Schule zu einem Zentralpunkt dieser Einwandergruppe. *Isenberg* erfuhr 1872 durch König *Lunalilo* eine außerordentliche Ehrung, indem er zum Mitglied des hawaiischen Oberhauses geadelt wurde. 1878 zog er sich von der Landarbeit zurück und übernahm von 1886 bis zu seinem Tod im Jahre 1903 die Leitung der Handelsfirma *H. Hackfeld & Co.* (s.u.).

Isenbergs Grab in Lihue

Diese Firma ging auf ***Heinrich Hackfeld*** zurück, der 1815 in Delmenhorst geboren wurde und als Schiffskapitän auf der China-Route 1848 nach Honolulu verschlagen wurde. Sein Laden für Schiffszubehör entwickelte sich prächtig, und bald war *Hackfeld* **Besitzer des größten Unternehmens** der Insel, mit eigener Reederei, regelmäßiger Seeverbindung nach Deutschland, Spezialbetrieben für Zukkerrohr-Maschinen und einem Honorarkonsulat für Deutschland, Norwegen und Schweden. 1863 ging er mit seiner Familie in die Heimat zurück, wo er 1887 starb. Vorher hatte er die Geschicke seiner Firma dem Deutschen *Isenberg* (s.o.) übertragen. Nach dessen Tod florierte das Unternehmen unter deutscher Leitung bis zum Ersten Weltkrieg, als es von den Amerikanern beschlagnahmt und zur Keimzelle der heute noch existierenden *American Factors Ltd. (AMFAC)* umgewandelt wurde. Zu dieser Firma gehören mehrere Hotels und die Kaufhauskette *Liberty House.*

Heinrich Hackfeld ist nicht das einzige Beispiel für einen deutschen **Händler** und **Reeder**, der binnen kürzester Zeit zum **Dollar-Millionär** aufstieg. Allgemein waren die Geschäftsleute, die 1858 – kurz vor der Gründung des Kaiserreichs – in Honolulu einen **deutschen Verein** gegründet hatten, auf Hawaii nicht nur gern gesehen, sondern auch überaus erfolgreich. Das verdeutlicht folgende Liste der **acht größten Handelsfirmen** und **Schiffsagenturen** des Königreichs im Jahre **1878**:

1. *H. Hackfeld & Co.* (Deutsch)
2. *W.G. Irwin & Co.* (Amerikanisch-Deutsch)
3. *Theo. H.Davies & Co.* (Britisch)
4. *C. Brewer & Co.* (Amerikanisch)
5. *Castle & Cooke* (Amerikanisch)
6. *F.A. Schaefer & Co.* (Deutsch)
7. *John Thomas Waterhouse* (Britisch)
8. *M.S. Grinbaum & Co.* (Deutsch)

Aus der nachfolgenden Generation erfolgreicher Geschäftsleute ist der Bremer ***Carl Conrad von Hamm*** (1870-1965) zu nennen, der 1891 in Honolulu eintraf. Zusammen mit seinem amerikanischen Schwiegervater gründete er das Unternehmen *'Von Hamm-Young Co.',* das führend beim Benzin- und Auto-Import tätig war und die ersten Autoreparaturwerkstätten auf Hawaii betrieb. *Von Hamm* leitete die Firma später alleine weiter, gründete Filialen auf allen Inseln und erwarb sich ein Privatvermögen von 20 Mio US$. Erst 1958 ging der damals 88jährige in den verdienten Ruhestand.

Außer Autoren, Großgrundbesitzern und Geschäftsleuten brachte die deutsche Gemeinde weitere Persönlichkeiten hervor, die sich auf verschiedene Weise um Hawaii verdient machten. Hier ist weniger der Desperado *Georg Anton Scheffer* (1779-1836, vgl. KAPITEL 10.5.2) gemeint, als vielmehr Gestalten wie *Heinrich Berger* (1844-1929), der "Vater der hawaiischen Musik", auf den im KAPITEL 2.3.5 schon näher eingegangen wurde. Oder der Hamburger **Architekt *Theodor C. Heuck*** (1830-1877), der nicht nur für einige der auffälligsten Gebäude in Honolulu verantwortlich war (u.a. Royal Mausoleum, Iolani Barracks, Queen's Hospital, Customs House), sondern als Mitglied des Parlamentes und preußischer Konsul auch politisch eine Rolle spielte.

Schließlich wurde das hawaiische Gesundheitswesen durch eine Reihe hervorragender deutscher **Ärzte** wesentlich beeinflußt:

● Der Hamburger ***William Hillebrand*** (1821-1886) kam 1851 nach Honolulu und leitete dort eine Praxis. 1860 wurde er zum Chefarzt des *Queen's Hospital* ernannt und war Vorreiter bei der Seuchenbekämpfung. Schließlich bestellte *Kamehameha V.* ihn zum Leiter der Einwanderungsbehörde, bei der er für die Anwerbung von 1.000 chinesischen Kulis verantwortlich war. Auf *Hillebrand* geht auch der Vorschlag zurück, Vorabeiter für die Zuckerrohrplantagen aus Portugal (Madeira) ins Land zu holen.

Genauso bekannt wurde *Hillebrands* Arbeit als Freizeitbotaniker. Sein Buch über die hawaiische Flora galt bis weit ins 20. Jhd hinein als Standardwerk. Daneben richtete er auf einem von Königin *Kalama* gekauften Grundstück einen Park mit Zier- und Nutzpflanzen aus aller Welt ein, der später als *'Foster Garden'* berühmt werden sollte.

- Der Sachse ***Hugo Stangenwald*** (1829-1899), ein 1848er-Revolutionär aus dem Umfeld von *Carl Schurz*, kam auf dem Umweg über die USA zeitgleich mit *Hillebrand* nach Hawaii. Seine Praxis in Honolulu wurde bei den Einheimischen zu einer bekannten Institution, da er seine Patienten ohne Wartezeiten behandelte und dafür den Beinamen 'Sofort-Heiler' *(kauka minuke'ole* = 'Arzt ohne Minute') erhielt. Später baute er an der Merchant St. das *'Stangenwald Building'*, das mit 6 Etagen das höchste Gebäude der Stadt war und heute noch als Jugendstil-Baudenkmal zu sehen ist. Als einer der ersten Fotografen hielt er die Landschaften und Bewohner Hawaiis in Bildern fest.

- ***Georg F. Straub*** (1879-1966) schließlich gelangte 1906 nach Honolulu, wo er die nach ihm benannte *Straub Clinic* gründete, aus der sich später das renommierte *Straub Hospital* entwickelte. Als begnadeter Cellist war er außerdem langjähriges Mitglied des Symphonie-Orchesters der Stadt.

Die **heutige deutsche Gemeinde** fällt zwar zahlenmäßig kaum ins Gewicht, ist aber trotzdem präsent und vielfach noch mit der alten Heimat verbunden. Als lokale Zentren des 'Deutschtums' können der Urlaubsort Kailua auf **Oahu**, die Dörfer Spreckelsville und Paia auf **Kauai** und Lihue auf **Maui** bezeichnet werden.

Andere

Als US-amerikanischer Bundesstaat mit einer vergleichsweise starken Ökonomie übt Hawaii den gleichen Reiz auf potentielle Einwanderer (z.B. Mexikaner) aus wie andere Regionen Nordamerikas. Aufgrund der Insellage gelangen diese jedoch seltener hierhin als etwa nach Kalifornien oder Florida. Anders sieht es mit jenen Immigranten aus, die aus den USA selbst oder ihrem unmittelbaren Umfeld kamen, die aber trotzdem zunächst ein 'fremdes Element' in der hawaiischen Gesellschaft darstellten. Die größte Gruppe war die der **Puertoricaner**, von denen die ersten bereits im Jahre 1900 eintrafen und bald mit mehr als 5.000 Personen vertreten waren.

Heute leben etwa 20.000 Menschen (= 2% der Bevölkerung) puertoricanischer Abstammung auf Hawaii; sie arbeiten zumeist in der Landwirtschaft und im Dienstleistungsgewerbe. In der Statistik werden sie als *haole*, also Weiße, geführt, obgleich sie weder von der Hautfarbe noch von der Sprache her dem amerikanischen Grundmuster entsprechen. Natürlich steht es auch jedem anderen Amerikaner frei, in den Bundesstaat überzusiedeln und hier zu arbeiten. Daher sieht man in den Straßen von Honolulu und anderswo auch **Schwarze** *(afro-americans)*, die aber im Vergleich zum US-Durchschnitt unterrepräsentiert sind und weniger als 2% der Bevölkerung stellen.

Vom Erscheinungsbild den Hawaiiern ähnlich sind jene **Samoaner**, die in den letzten Jahren verstärkt nach Hawaii einwanderten und inzwischen mit gut 15.000 Personen (= 1,5%) vertreten sind. Diese Polynesier stammen mehrheitlich aus dem amerikanischen Territorium Samoa (also nicht vom gleichnamigen unabhängigen Inselstaat), dessen Einwohner seit 1951 als amerikanische Bürger das Recht zur Übersiedlung haben. Für das Territorium bedeutete die Emigration –

hervorgerufen durch die dortigen schlechten Lebensbedingungen – einen Verlust von 6-8% seiner Bevölkerung. Viele der Samoaner gehören den Mormonen an und siedeln nun im Mormonenzentrum Laie auf Oahu. Andere zog es in die Vororte von Honolulu oder an die Westküste Oahus.

2.4.3 RELIGION

Die Glaubensgemeinschaften Hawaiis, in dessen Verfassung **seit 1840** die **freie Religionsausübung** festgeschrieben ist, decken ein ähnlich breites Spektrum ab wie seine ethnischen Gruppen. Allein die Verehrung der **alten hawaiischen Götter** (vgl. KAPITEL 2.3.1) ist durch die christliche Missionierung fast völlig verschwunden und lebt nur sporadisch in Geschichten, Aberglauben oder vereinzelten 'Opfergaben' fort.

Zwar rechnen sich mehr als 300.000 Hawaiier keinem Glaubensbekenntnis zu, dafür – so hat man manchmal den Eindruck – geht das religiöse Empfinden bei den anderen um so tiefer. Etwa **50% der Gläubigen** bekennen sich zu einer der zahlreichen **christlichen Kirchen**. Die ersten Missionare, die **1820** aus Boston nach Hawaii kamen, gehörten der calvinistischen Richtung der sog. **Congregationalisten** an, die in den folgenden Jahren eine starke Stellung auf den Inseln bekamen. Aber schon **1827** erreichte die **römisch-katholische** Konkurrenz Hawaii und verbreitete ein lebensfroheres Christentum, das vielen Hawaiiern mehr zusagte. Vor allem aber durch die portugiesischen und philippinischen Einwanderer erhielt der Katholizismus großen Zulauf und stellt heute mit 210.000 Gläubigen die größte christliche Gemeinschaft dar.

Eine etwa gleich große Anhängerschaft teilen sich diverse **protestantische** und andere Richtungen, von denen viele schon seit dem 19. Jhd auf Hawaii vertreten sind. Dazu zählen die *Mormonen* (seit 1850), die *Methodisten* (seit 1854), die 1862 von König *Kamehameha IV.* ins Land gerufene *Anglikanische Kirche*, die *Lutheraner* (seit 1883), die *Adventisten* (seit 1885) und die *Heilsarmee* (seit 1894). Im 20. Jhd kamen die *Unitarier, Christian Scientists, Zeugen Jehovas, Baptisten, Quäker* u.v.m. hinzu. Die **jüdische Gemeinde**, deren erste Synagoge 1950 in Honolulu eingerichtet wurde, umfaßt heute gut 2.000 Mitglieder.

Eine ähnlich starke Anhängerschaft wie die abendländischen Kirchen haben die **asiatischen Religionen**, zu denen sich mehr als 100.000 Hawaiier bekennen. Schon ab **1852** hatten die Chinesen ihre ersten konfuzianischen, taoistischen oder buddhistischen Tempel errichtet. Der **Buddhismus** ist mit insgesamt 65.000 Anhängern nach dem Katholizismus die zweitgrößte Glaubensgemeinschaft. Dazu zählen auch viele Einwohner japanischen Ursprungs, deren Vorfahren ab 1885 den *Mahayana-Buddhismus* in seinen unterschiedlichen Ausprägungen (u.a. *Jodo-, Hongwanji-* und *Zen-Buddhismus*) etablierten. Japaner waren es auch, die die ersten *Shinto-Schreine* errichteten und dem **Shintoimus** zu großem Zulauf verhalfen.

Das problemlose Nebeneinander der vielen Religionen gehört heute zu den wesentlichen Erscheinungsformen der kosmopolitischen Atmosphäre Hawaiis. Jeder Tourist kann daran teilhaben, indem er die Gottesdienste und die einzelnen religiösen Feste besucht oder die vielfältigen Beispiele einer Sakralarchitektur besichtigt, bei der Tempel, Pagoden, Schreine, Kirchen, Moscheen, Synagogen und Überreste der alten *heiaus* einträchtig versammelt sind.

2.4.4 WIRTSCHAFT

Nach dem Zerfall des alten Hawaii wurde die insulare Wirtschaft über mehr als ein Jahrhundert ausschließlich durch die **Monokulturen** Zuckerrohr- und Ananasanbau bestimmt. Dies war immer ein gefährlicher Zustand, da dadurch die gesamte Ökonomie mit Faktoren verknüpft war, auf die kein Hawaiier einen Einfluß hatte (Weltmarktpreise, Klima). Daß es den Inseln insgesamt trotzdem konstant gut ging, bewirkte die Stationierung amerikanischer Truppen und der Ausbau Hawaiis zum wichtigsten **Militärstützpunkt** im Pazifik, der Milliarden von Dollar und unzählige Arbeitsplätze mit sich brachte.

Ab Mitte der 1960er Jahre trat der **Tourismus** seinen Siegeszug an und entwickelte sich innerhalb von zwei Jahrzehnten zur wichtigsten Geldquelle des Bundesstaates. Damit ging ein Strukturwandel einher, der den wirtschaftlichen Charakter hin zu einer **Dienstleistungsgesellschaft** (vor allem auf Oahu) bewirkte. Doch auch der Fremdenverkehr ist ein risikoreiches Geschäft, von dem keiner sagen kann, wie lange es noch im gewohnten Umfang floriert. Deshalb bemühte man sich in letzter Zeit verstärkt, **neue Industrien** und wirtschaftliche **Innovationen** nach Hawaii zu bringen, um die Abhängigkeit von den drei genannten Sektoren abzuschwächen.

Die **Säulen der hawaiischen Wirtschaft** sind im einzelnen:

Landwirtschaft und Viehzucht

- Die **Landwirtschaft** ist der älteste und bis heute das Bild der Inseln prägende Wirtschaftszweig, obwohl die Bedeutung der einst übermächtigen Monokulturen mehr und mehr rückläufig ist. Das betrifft insbesondere den Anbau von **Zuckerrohr** (vgl. KAPITEL 2.2.5), lange Zeit der wichtigste Exportartikel der Inseln. Die Zuckerproduktion aus Zuckerrüben, weltweite Überkapazitäten und dadurch bedingt der Verfall der Preise, sowie die Konkurrenz aus Billiglohnländern haben die Zahl der hawaiischen Plantagen (z.Zt. knapp 300) und Fabriken schrumpfen lassen. Dank modernerer Anbau- und Weiterverarbeitungsmethoden haben sich zwar die Erträge der einzelnen Plantagen erhöht, aber auch hier ist der insgesamte Rückgang deutlich. Viele der sog. 'Zuckerbarone' oder 'Big Five', also der fünf mächtigsten Großgrundbesitzer-Clans, haben deshalb bereits ihr Investitionsvolumen auf touristische Projekte ausgedehnt.

Ähnliches gilt für die **Ananas**-Zucht, die fast ausschließlich von den Firmen *Dole* und *Del Monte* betrieben wird (vgl. KAPITEL 9.6.2) und bis zum Weltkrieg das zweite Standbein der hawaiischen Wirtschaft war. Aus den gleichen Gründen wie beim Zuckerrohr-Anbau sank der Anteil der aus Hawaii stammenden Ananasprodukte am Weltmarkt von rund 50% auf nurmehr 10%. In den Vereinigten Staaten jedoch ist ihr Stellenwert unvermindert stabil: Dort kommen rund 90% aller Ananas aus Hawaii (vor allem von der Insel Lanai).

Die Palette der landwirtschaftlichen Exportgüter hat sich jedoch erfreulicherweise verbreitert. So ist der besonders auf Big Island und Molokai angebaute aromatische **Kaffee** *(Kona-Coffee)* inzwischen auf dem US-Markt als zwar teures, aber hochwertiges Produkt eingeführt, ebenso wie die wohlschmeckenden **Macadamia-Nüsse**, deren Anbauzentren sich nahe von Hilo auf Big Island befinden. In zwei Fabriken werden die Nüsse dort zu vielfältigen Erzeugnissen weiterverarbeitet, die in steigendem Maße in den Export gehen. Hinzu kommt eine ganze

Anzahl von **Früchten** und **Gemüse**, die bis vor kurzem allein für den Eigenbedarf produziert wurden, heute aber bereits ausgeführt und zukünftig in der Landwirtschaft von noch stärkerer Bedeutung sein werden. Avocados, Bananen, Guaven, Mangos, Orangen, Papayas, Passionsfrüchte, Wassermelonen u.v.m. werden schon jetzt z.T. großflächig angebaut, während traditionelle Waren wie Kokosnüsse, Yam, Brotfrucht und Taro nur dem Verbrauch auf den Inseln selbst dienen.

Daneben haben sich jene **Blumen** (besonders Orchideen, Anthurien und Proteas) als Verkaufsschlager erwiesen, die als Schnitt- und Trockenblumen oder in verarbeiteter Form *(leis,* Gebinde etc.) beliebte Souvenirs darstellen. In Großbetrieben aufgezüchtet, decken sie den steigenden einheimischen Bedarf und gelangen zusätzlich auf die überseeischen Märkte in den USA und Japan.

Schließlich sollte noch erwähnt werden, daß der Anbau von **Marihuana** *(pakalolo)* ein zwar illegales, aber nichtsdestoweniger sehr lukratives Geschäft ist, dessen Erträge über denen aller anderen landwirtschaftlichen Produkte liegen dürfte.

● Auch die **Viehzucht** ist ein traditioneller Wirtschaftszweig. Obwohl der Bundesstaat über die Hälfte seines Fleischbedarfs einführen muß (mehrere Millionen Touristen jährlich wollen versorgt sein!), gehören weitläufige **Rinderweiden** zum gewohnten Landschaftsbild, vor allem auf Big Island *(Parker Ranch)*, auf Molokai *(Puu O Hoku Ranch)* und auf Maui (an den Hängen des *Haleakala*). Die Aufzucht von **Pferden** und **Maultieren** wird zwar auf allen Inseln betrieben, doch täuschen die vielen Koppeln über die geringe Bedeutung eines solchen Sektors hinweg. Ebenso spielt die **Schweinezucht** (z.B. auf Lanai) eine untergeordnete Rolle. Noch geringer ist der Stellenwert der **Geflügelzucht**.

Militär

Schon **1872** untersuchte eine Expertengruppe die mögliche Bedeutung von **Pearl Harbor** als Flottenstützpunkt der USA; kurze Zeit später mußte die Bucht von König *Kalakaua* den Amerikanern überlassen werden. Von eher historischem Interesse ist die Tatsache, daß die dort versammelten Kriegsschiffe **1893** am Sturz der Monarchie beteiligt waren. Von eminenter wirtschaftlicher Bedeutung für Hawaii war aber der Ausbau dieser 'Keimzelle' zum **größten Militärstützpunkt im Pazifik** überhaupt. Vor allem in den Zeiten des Zweiten Weltkrieges, des Koreakrieges und des Vietnamkrieges wurden ungeheure Summen auf den Archipel tansferiert – hauptsächlich zur Finanzierung von Bauarbeiten und zur Bezahlung von Zivilangestellten, Matrosen und Soldaten samt ihren Familien. Diese wiederum ließen nicht nur viel Geld auf den Inseln, sondern gaben auch einer Menge von Dienstleistungsunternehmen eine Existenzgrundlage. Bis zum Jahre **1976** (damals beliefen sich die Militärausgaben auf 2 Milliarden US$) war das Militär damit sowohl **wichtigster Arbeitgeber** als auch **größte Einnahmequelle** des Bundesstaates. Es war der Tourismus (s.u.), der in jenem Jahr dem Militär den Rang ablief.

Aber immer noch sind die Finanzmittel, die vom Verteidigungsbudget in Washington nach Hawaii fließen, ein unverzichtbarer ökonomischer Faktor und werden das auch in absehbarer Zukunft bleiben. Die Truppenreduzierungen in Europa, die nach dem Ende der Ost-West-Konfrontation möglich geworden waren, hatten bislang keine Auswirkungen auf Hawaii. Im Gegenteil – so wird erwartet – **steigt** dessen **militärische Bedeutung** in dem Maße, in dem der pazifische Raum wirtschaftlich und geostrategisch in den Vordergrund drängt. Etwa **54.000**

Militärangestellte samt 63.000 Familienangehörige sind vor allem auf Oahu stationiert, hinzu kommen etwa 20.000 hochqualifizierte **Zivilisten** und etliche **Dienstleistungs**-Unternehmen, so daß die Gesamtzahl derer, die vom militärischen Sektor leben, allein auf Oahu ein knappes Fünftel der Bevölkerung ausmacht.

Die **Zentrale** der Heeres-, Marine- und Luftwaffeneinheiten, das sog. *"war room"*, liegt in oder bei Pearl Harbor: der Sitz des *Commander-in-Chief Pacific (CINC-PAC)*. Ihm untersteht ein Fünftel der gesamten Streitkräfte der USA, nämlich sämtliche amerikanische Einheiten im Pazifik, im Indischen Ozean, in der Arktis, in Südostasien und auf den Alëuten (rund 240 Kriegsschiffe, 1.100 Flugzeuge und 233.000 Marinesoldaten).

Trotz ihrer wirtschaftlichen Bedeutung ist die Präsenz des Militärs nicht unumstritten. **Kritiker** beanstanden vor allem die enorme Bodenfläche, die allein auf dem dichtbesiedelten Oahu gut ein Viertel ausmacht und damit einen Hemmschuh für die weitere touristische oder sonstige Nutzung des Landes darstellt. Auch dem Fluglärm, der Umweltbelastung und der 'Besetzung' der Insel Kahoolawe als Bombenabwurfgelände stehen immer mehr Hawaiier negativ gegenüber.

Tourismus

In den 1960-90er Jahren, also in relativ kurzer Zeit, schaffte es der Fremdenverkehr, sich zum wichtigsten Wirtschaftszweig Hawaiis zu entwickeln und alle traditionellen ökonomischen Strukturen grundlegend zu verändern. Sicher: Touristische 'Vorläufer' – sogar sehr berühmte! – hatte es schon im 19. Jhd gegeben, und in der ersten Hälfte des 20. Jhds galt der Archipel als Traumziel einer erlesenen, gutsituierten Kundschaft, die sich die 1-Woche-Passage mit dem Schiff leisten konnte und im Schnitt 1 Monat zur Verfügung hatte. Vor dem Weltkrieg erreichten nur 1% aller Hawaii-Touristen ihr Reiseziel mit dem Flugzeug, wobei der Flug ab Kalifornien 17 Stunden dauerte und die damals enorme Summe von US$ 278 kostete. Der Durchbruch zur Massendestination kam in dem Moment, als 1959 (dem Jahr, in dem Hawaii den Status eines Bundesstaates erlangte) der regelmäßige Transport mit schnellen Düsenjets begann, die die Flugzeit auf 4 Stunden verkürzten.

Schlagartig wurden nun neue Hotels gebaut und die Infrastruktur verändert, denn etwa 243.000 Touristen nutzten damals bereits den kurzen Trip. Es folgte ein turbulentes Jahrzehnt, in dem vor allem Honolulu mit dem Stadtteil Waikiki rapide sein Gesicht veränderte. Schon **1967** gelangten durch die Ausweitung des Flugverkehrs erstmalig mehr als **1 Million Besucher** nach Hawaii, also mehr als die Inseln Einwohner hatten. Im Jahre **1976** wurde der Fremdenverkehr zum erstenmal die **wichtigste Geldquelle** des Bundesstaates, indem dessen Einnahmen die Ausgaben des Militärs überstiegen. **1979** erreichte der Hawaii-Tourismus eine neue Rekordmarke mit **4 Millionen Besuchern**. Und **1994** waren es schon **6.455.000 Gäste**, die sich vom Reiz der Inseln verzaubern lassen wollten! Der Fremdenverkehr brachte **1990** dem Staat Einnahmen in Höhe von **9,4 Milliarden US$**, wobei die indirekten Einnahmen, die diese Entwicklung z.B. für das Transport- und Bauwesen (s.u.) bedeutete, noch nicht einmal mitgerechnet sind.

Anfang der 1990er Jahre trat offensichtlich eine Art Denkpause ein, meßbar an den abnehmenden Besucherzahlen von -1,4% (1991), -5,2% (1992) und -6% (1993). Diese kurzzeitige Flaute war 1994 überwunden, das mit einem satten

Plus von 5,4% abschloß. Und obwohl die Steigerungsraten über die letzten drei Jahrzehnte hinweg zukünftig wohl nicht mehr erreicht werden können, sind die rund 80.000 Hotelzimmer im Jahre 1995 sicher nicht der Endpunkt einer stürmischen Entwicklung. Allerdings – das hat die jüngste Vergangenheit gezeigt – wird sich die Zusammensetzung der Besucherströme verändern, sowohl was deren Herkunftsländer betrifft als auch deren konkrete Reiseziele. Bislang war es so, daß die überwiegende Mehrheit der Touristen vom amerikanischen Festland kam, gefolgt von den Japanern als zweitstärkster Gruppe. Ihr Ziel war vor allem die Insel Oahu (70%) und dort besonders Waikiki, wo fast dreimal so viele Gäste wohnten wie auf allen anderen Inseln zusammen.

Die Tendenz geht nun dahin, daß die Zahl der Japaner, die 1993 rund 25% aller Touristen ausmachten, weiter steigen wird, prozentual noch stärker jedoch die der Besucher aus Europa (allen voran die Deutschen), aus Kanada und aus Australien. Diese sind es auch, die nicht nur die durchschnittliche Aufenthaltsdauer von z.Zt. 9 Tagen deutlich überschreiten (und damit mehr Geld im Bundesstaat lassen als der amerikanische Durchschnitts-Tourist), sondern die sich auch verstärkt von Oahu/Waikiki abwenden und ihre Südsee-Idylle auf den weniger stark frequentierten Inseln suchen.

Wer – wie die Tourismus-Manager – den Fremdenverkehr jedoch allein als segensreiche Entwicklung betrachtet, verkennet die negativen Auswirkungen des Wirtschaftszweiges. Kritiker verweisen in diesem Zusammenhang auf die enormen Umweltbelastungen, die rapide zunehmende Naturzerstörung und auf die schädlichen sozialen Folgen (vgl. KAPITEL 2.4.5).

Transport- und Bauwesen

● Eine direkte Folge des Fremdenverkehrs ist die steigende Bedeutung des **Transportwesens**. Der Internationale Flughafen von Honolulu ist einer der betriebsamsten der USA und eine der wichtigsten Drehscheiben des **Luftverkehrs** im Pazifik. Er wird von etwa 15 ausländischen und 15 amerikanischen Airlines regelmäßig angeflogen; hinzu kommen drei reguläre Linien für die inner-insularen Verbindungen sowie eine Vielzahl privater Firmen, die Sightseeing- und Charterflüge, Helikoptertouren und Lufttaxis betreiben. Die Flughäfen, allen voran natürlich der von Honolulu, bieten bei der Wartung, beim Bodenpersonal, der Abfertigung usw. wertvolle und sichere Arbeitsplätze.

Auch nach dem Ende der großen Trans-Pazifik-Dampfer, mit denen bis in die 1950er Jahre die Besucher auf die Inseln strömten, ist die **Seefahrt** ein wichtiger Wirtschaftsfaktor. Einschließlich von Pearl Harbor besitzt der Bundesstaat neun Tiefseehäfen, die für das Militär sowie für den Im- und Export von Waren größte Bedeutung haben.

Hinzu kommen etliche Häfen für Yachten, Ausflugsschiffe und Fischerboote, die die Lebensgrundlage für eine Reihe mittelständischer Unternehmen sind (Kleinwerften, Bootsausrüstung, Tourismus etc.).

Auch der Stellenwert des **Autoverkehrs** darf nicht unterschätzt werden. Auf den rund 6.650 Kilometern asphaltierter Hauptstraßen *(Highways)* rollen knapp 750.000 PKWs und 180.000 Nutzfahrzeuge, außerdem Mopeds, Motorräder und eine ansehnliche Flotte von Mietwagen jeder Kategorie. Es ist klar, daß damit der Autoverkehr einer Vielzahl von Menschen Arbeit und Lohn gibt, vom Straßenbauarbeiter über den Tankwart bis hin zum Angestellten einer Mietwagenfirma.

- Eine direkte Folge des Touristenbooms sind die übervollen Auftragsbücher der **Baubranche**. Immer mehr Highways auf den Inseln werden verbreitert, ausgebaut oder neuerrichtet (darunter das Milliardenprojekt der Autobahn H-3 auf Oahu), neue Hotel- und Resort-Komplexe samt den notwendigen Erschließungen, Zufahrtsstraßen und Serviceeinrichtungen entstehen auf den sich besonders schnell entwickelnden Inseln Maui, Kauai, Hawaii, Molokai und Lanai. Das Volumen der 28.000 Bauanträge, über die allein im Jahre 1990 positiv entschieden wurde, betrug 2,4 Milliarden US$, das Bauwesen insgesamt hatte einen Umsatz von 4 Milliarden US$!

Weitere Wirtschaftszweige

Um sich aus der Abhängigkeit von den Sektoren Landwirtschaft, Militär und Tourismus zu befreien, unternahm man in den letzten Jahrzehnten verstärkt Versuche, neue und zukunftsorientierte Erwerbszweige aufzubauen.

- Am erfolgreichsten war dabei die Etablierung **neuer Industrien**, d.h. von Industrien, die nicht unmittelbar mit der Landwirtschaft zu tun haben. Die hierbei erzielten Einkünfte, die 1967 noch bei 326 Mio US$ lagen, stiegen signifikant auf rund 1,75 Mrd US$ im Jahre 1990. Von großer Bedeutung waren dabei die beiden **Erdölraffinerien**, in denen der hauptsächliche Energieträger des Bundesstaates verarbeitet wird. Daneben lockte der Industriestandort Oahu **Zementwerke**, eine **Stahlkocherei** und eine **Betonröhrenfabrik** an. Nicht zu unterschätzen sind auch viele mittelständische Industriebetriebe, etwa die **Druckereien**, die Produktionsstätten für **Glas-** und **Steinwaren** und zukunftsweisende Firmen, in denen Geräte der **Nachrichtentechnik**, **Mikroelektronik** und **Computersoftware** entwickelt werden. Das vielleicht beste und für Touristen interessanteste Beispiel der wirtschaftlichen Umorientierung ist jedoch die aufstrebende **Textil-** und **Bekleidungsindustrie**. Sie hat das Schlagwort von der 'Hawaiischen Mode' zu einem weltweit anerkannten Begriff werden lassen.

- Vom *Oceanic Institute* der Universität sowie von staatlicher und privater Seite stark unterstützt wurde in den letzten Jahren die **Meeresforschung** *(Oceanographic Research)*, für die die hawaiischen Gewässer ideale Bedingungen bietet. In- und ausländische Wissenschaftler untersuchen hierbei die Voraussetzungen des maritimen Lebens mit dem Endziel, dieses erstens in allen seinen Abhängigkeiten zu verstehen und es dadurch zweitens für die Zukunft besser schützen zu können. Daneben führte die Ozeanforschung auch zu handfesten Vorteilen für die Hawaiier, u.a. durch die Vorgabe der Grundlagen für die **Aquakulturen**, also die Aufzucht von Fischen oder Seafood in geschlossenen Systemen.

'Science City' auf dem Haleakala (Maui)

- Hawaii ist der wohl weltweit bedeutendste Standort für die **astronomische Forschung**. Deren wichtigste Einrichtungen sind eine Station auf Kauai zur Raumfahrt- und Satellitenkommunikation, mehrere Observatorien auf dem Gipfel des

Haleakala auf Maui und schließlich die berühmte Ansammlung astronomischer Einrichtungen auf dem *Mauna Kea* auf Big Island, darunter seit 1979 das größte Spiegel-Teleskop der Welt.

- Da Hawaii seinen Energiebedarf lange Zeit ausschließlich aus Erdöl bezog, das nicht nur importiert werden muß, sondern auch den extremen Schwankungen des Weltmarktes unterworfen ist, wurden großangelegte Versuche gestartet, **neue Energieträger** zu entwickeln. Am augenfälligsten wird das an den **Windgeneratoren** dänischer oder japanischer Produktion, die inzwischen hundertfach die kostenlose Energie in Strom umwandeln. Weithin durchgesetzt haben sich auch die in staatlich geförderten Projekten erprobten **Solarzellen**, die heutzutage bereits manches Hotel in der Warmwasserversorgung autark machen.

Anderswo wird durch die Verbrennung von Rückstände aus der Zuckerrohrernte und von organischem Müll **(Biomasse)** Gas gewonnen. Viel verspricht man sich auch von den Versuchen, die **Temperaturunterschiede** im Meereswasser zu nutzen, um elektrische Energie zu erzeugen *(Ocean Thermal Energy Conservation; OTEC)*. Bei Puna auf Big Island wurde 1990 schließlich das ***Hawaii Geothermal Project*** aus der Taufe gehoben, bei dem – wie auf Island oder in Neuseeland – das durch Erdwärme aufgeheizte Wasser aus dem Boden geholt und in elektrische Energie umgewandelt wird. Kritiker werfen diesem Großprojekt allerdings unverantwortliche negative Auswirkungen auf die Ökologie vor.

- Aufgrund seiner natürlichen Lage im Pazifik, etwa gleich weit von den aufstrebenden amerikanischen, asiatischen und ozeanischen Wirtschaftsmetropolen entfernt, bietet sich Hawaii als **Handelszentrum** an. Waren aller Art werden im Hafen von Honolulu umgeschlagen, und die größten multinationalen Konzerne sind wie selbstverständlich in der Hauptstadt vertreten. Der pazifische Handel, der stetig Zuwachsraten verzeichnet, hat also auf Hawaii seinen natürlichen Mittelpunkt. Schon jetzt ist der Handel mit rund 137.000 Beschäftigten der zweitgrößte Arbeitgeber des Bundesstaates. Eine solche Rolle bedeutet gleichzeitig auch eine Konzentration von **Banken**, wie man an Honolulus Hochhauskulisse unschwer ablesen kann.

- Mit seiner Infrastruktur, dem sonnigen Klima und z.T. auch wegen seiner historischen Plätze bot sich Hawaii der Filmindustrie als kleiner 'Hollywood-Ableger' an. Inzwischen sind unzählige Zelluloid-Streifen auf dem Archipel gedreht worden (vor allem auf Kauai) und hat sich die **Filmindustrie** zu einem beachtlichen Wirtschaftsfaktor entwickelt. Bekannt sind natürlich Fernsehserien wie *"Magnum"* und *"Hawaii 5-0"*, aber auch große Kinofilme wie *"Hawaii"*, *"South Pacific"*, *"Blue Hawaii"*, *"Indiana Jones"*, *"Dornenvögel"*, *"King Kong"*, *"Verdammt in alle Ewigkeit"*, *"Jäger des verlorenen Schatzes"* oder *"Jurassic Park"* nutzten die natürliche Kulisse der Inseln. Unzählige Steifen, die den Überfall auf Pearl Harbor und den pazifischen Krieg zum Thema hatten, sind genauso auf Hawaii entstanden wie internationale Produktionen, etwa über James Cook, die Piraten oder den Walfang.

2.4.5 SOZIALE LAGE

Auf den ersten Blick scheint das Schlagwort vom Inselparadies, das auf den zahlungskräftigen Touristen abzielt, auch für die Einheimischen seine Berechtigung zu haben. Die Wirtschaft boomt, die Arbeitslosenrate ist dementsprechend niedrig, ebenso die Kriminalität (Hawaii gilt als der sicherste Bundesstaat der

USA!). Und angesichts der schmucken Holzhäuschen und Villen, die man überall entlang der Straßen sieht, könnte man auch von einer idealen Wohnsituation ausgehen.

Doch natürlich kann nicht alles eitel Sonnenschein sein, und auch Hawaii wird für seine Bewohner einige Schattenseiten bereithalten. Um mit der **Wohnsituation** anzufangen: Der durch den Tourismus entfachte Bauboom (der längst nicht mehr allein Oahu, sondern inzwischen alle Inseln betrifft) führte seit den 1980er Jahren zu einer ungehemmten **Immobilienspekulation**, die eine Explosion der Boden-, Haus- und Mietpreise nach sich zog. In Erwartung ständig steigender Besucherzahlen waren es vor allem Investoren aus Japan, die in großem Stil Grundstücke und Hotels an sich rissen. Dem einfachen Hawaiier, der mit den Aufkäufern der multinationalen Konzerne nicht mithalten kann, fällt es immer schwerer, sich ein Eigenheim zu leisten. Inzwischen muß er Preise bezahlen, die mehr als dreifach (!) über dem amerikanischen Durchschnitt liegen. Ein solcher Unterschied kann auch durch den Hinweis nicht abgemildert werden, daß die Hawaiier so gut wie keine Heizkosten haben und sich daneben auch das Geld für Winterkleidung sparen können. Es ist klar, daß auf diese Weise der Fremdenverkehr das Leben für die Einheimischen teurer macht – in letzter Zeit vor allem auf den kleinen Inseln, die nun ebenfalls mit touristischen Großprojekten konfrontiert werden.

Auch sonst hat der Tourismus längst nicht immer segensreiche Auswirkungen, sondern bringt auch Ungleichheit in die hawaiische Gesellschaft. Wer von ihm profitiert, sind in erster Linie einige wenige Investoren, die zudem häufig aus Japan, Australien oder Festlands-Amerika stammen. Die weitaus meisten der im Fremdenverkehr Beschäftigten – also z.B. Hotelangestellte, Kellner oder Wäschereiarbeiter – sind hingegen in nicht gerade üppig bezahlten Stellen eingesetzt, gelten als ungelernte Hilfskräfte und sind oft auf die Trinkgelder lebensnotwendig angewiesen. Nicht vergessen darf dabei der Europäer, daß in den USA die Arbeitszeiten länger sind als bei uns und die soziale Absicherung geringer ist.

Zwar stieg das Jahreseinkommen der Bevölkerung von US$ 4.944 pro Person im Jahre 1970 innerhalb von 20 Jahren auf US$ 20.356, doch gehört damit Hawaii zu den weniger kapitalkräftigen Bundesstaaten der USA. Verantwortlich dafür sind die im Verhältnis zum Festland **geringeren Löhne**, die etwa 9% unter dem amerikanischen Durchschnitt liegen. Dies allein wäre nicht unbedingt Anlaß zur Sorge, wenn zusätzlich nicht auch die **Preise** und **Lebenshaltungskosten** bedeutend **höher** wären als auf dem Festland. Die größte Ursache dafür ist die oben angesprochene Preisexplosion auf dem Immobilienmarkt, daneben tritt aber auch eine relativ stärkere Besteuerung der Hawaiier und höhere Preise für Gebrauchsgüter, da diese i.d.R. importiert werden müssen. Deswegen ist das **Fazit** berechtigt, daß der **Lebensstandard** auf Hawaii **geringer** ist als in den meisten anderen Bundesstaaten!

Solche pauschalen Aussagen treffen natürlich nicht auf jede Bevölkerungsschicht bzw. ethnische Gruppe gleichermaßen zu. So wie im Westen der Vereinigten Staaten die Schwarzen und Indianer i.d.R. schlechter ausgebildet und am häufigsten krank sind, weniger Einkommen besitzen und in den unattraktivsten Wohnverhältnissen leben, so stehen im 50. Bundesstaat die **eingeborenen Hawaiier** an unterster Stelle der sozialen Rangleiter und sind sowohl in der Arbeitslosen- als auch in der Kriminalitätsstatistik überproportional vertreten (auch den **Philippinos** geht es in dieser Beziehung schlechter als dem Durchschnitt der Bevölkerung). Sie sind es auch, die dem Fremdenverkehr die größten Widerstände entgegenbringen, weil sie in ihm mehr Nach- als Vorteile sehen. Einige haben sich in Bürgerrechtsbewegungen wie der *Hawaii Ecumenical Coalition (HEC)* zusammengeschlossen, die in den letzten Jahren verstärkt an die Öffentlichkeit drängte. Ein Pamphlet dieser Organisation, das 1994 auch als Flugblatt verteilt wurde, enthielt die Sätze "*Der Tourismus kümmert sich ausschließlich um die Selbsterhaltung seiner Industrie. Die wenigen örtlichen Eliten und die multinationalen Unternehmen sind die hauptsächlichen Nutznießer. Japanische Investoren sind die Anführer der Bande, gefolgt von Australiern"*. Der Text gipfelte schließlich in einem Aufruf zum Tourismus-Boykott.

Es ist klar, daß ich als Autor eines Reise-Handbuches einen solchen Aufruf für verfehlt halte. Aber er sollte allen Besuchern dieser wunderschönen Inseln zumindest Anlaß sein, sich den offenen Blick für die Probleme der Hawaiier nicht durch jene kitschigen Shows und die vorgegaukelte Hula-Scheinwelt vernebeln zu lassen, die nichts mit der Realität der Ureinwohner zu tun haben.

Persönliche Notizen

Glanzvolle Vergangenheit: Statue Kamehamehas I.

Polynesische Baukunst: Puuhonua O Honaunau (Hawaii)

„Grand Canyon des Pazifik": Waimea Lookout (Kauai)

Yachten und Fischerboote: Maalaea (Maui)

Wirtschaftssektor Ananas-Plantage (Oahu)

Hochhaus-Metropole: Honolulu (Oahu)

Ländliche Straßenszene: Kapaau (Hawaii)

Grüne Vielfalt: Regenwald bei Hanalei (Kauai)

Sichtbare Erdkräfte: Volcanoes National Park (Hawaii)

Feuer und Meer: Lavastrom auf Hawaii

Ruhender Vulkan: Caldera des Haleakala (Maui)

Heim der Vulkangöttin: Halemaumau (Hawaii)

Sympathisches Städtchen: Kailua-Kona (Hawaii)

Abgeschieden: Kirchlein bei Halawa (Molokai)

Touristen-Vergnügen: Szene in Lahaina (Maui)

Weltberühmt: Der Strand von Waikiki (Oahu)

Menschenleer: Im Polihale State Park (Kauai)

Unberührtes Tal: Waipio Valley (Hawaii)

Kultur und Show: Polynesian Cultural Center (Oahu)

Auffällige Landmarke: Chinaman's Hat (Oahu)

Hohe Klippen: Steilküste von Molokai

Grandios: Der Waimea Canyon (Kauai)

Naturwunder: Der Garden of the Gods (Lanai)

Farbkontraste: Steinstrand von Puaku (Hawaii)

inderweiden: Landschaft des Upcountry (Maui)

Spektakuläre Wasserfälle: Wailua Falls (Kauai)

Romantisch: Hawaiische Sonnenuntergänge

3 REISEHINWEISE FÜR HAWAII

3.1 PRAKTISCHE REISETIPS VON A – Z

A Abkürzungen

Häufige Abkürzungen, die auf Hawaii (etwa auf Landkarten, Straßenschildern usw.) und in diesem Buch gebraucht werden, sind:

Ave.:	Avenue	Bldg.:	Building
Blvd.:	Boulevard	Dept.:	Department
Dr.:	Drive	mph:	miles per hour
Ln.:	Lane	Mtn.:	Mountain
Rd.:	Road	Mts.:	Mountains
St.:	Street	Pk.:	Peak
Hwy.:	Highway	Rs.:	Reservoir (Stausee)
Frw.:	Freeway	NM:	National Monument
S.:	South	NP:	National Park
N.:	North	St.Rec.A.:	State Recreation Area
W.:	West	Nat'l.For.:	National Forest
E.:	East	I.:	Interstate (oder Island)

➔ Ärztliche Versorgung

Das Niveau der ärztlichen Versorgung ist auf Hawaii – wie überall in den USA – sehr hoch. Jede Insel verfügt über mindestens ein **Krankenhaus** oder medizinisches Zentrum (die Telefonnummern sind in den entsprechenden Reisekapiteln angegeben), wobei Patienten in schwierigen Fällen zu den beiden großen Kliniken in Honolulu transportiert werden. Dort gibt es z.T. auch deutschsprachige **Ärzte**. Größere Hotels haben i.d.R. eine eigene Krankenstation, ansonsten kann die ärztliche Versorgung schnell über die Rezeption gewährleistet werden. Da es in den Vereinigten Staaten kein System der gesetzlichen Krankenversichrung gibt, müssen alle **Kosten** vom Patienten sofort vor Ort bezahlt werden. Es ist sinnvoll, sich vor der Abreise bei der **Krankenversicherung** über die Leistungen bei einem Krankheitsfall in den USA zu informieren und gegebenenfalls eine Auslandskranken- und Unfallschutzversicherung abzuschließen.

Apotheken in unserem Sinn gibt es nicht, stattdessen bekommt man Medikamente in den *Pharmacies* der *Drugstores* (oft in Shoppping Centers oder Kaufhäusern). Die Rezeptpflicht wird sehr streng gehandhabt. Rezeptpflichtige Medikamente sollten deshalb in ausreichender Anzahl von zu Hause mitgebracht werden, wobei für die Einfuhr allerdings eine ärztliche Verordnung (in englischer Sprache!) notwendig ist. Denken Sie daran, Medikamente stets im Handgepäck zu befördern und berücksichtigen Sie bei der Einnahme die Zeitverschiebung. Wer eine Brille trägt, sollte ein Zweitmodell mitnehmen.
(siehe auch unter "GESUNDHEIT")

➔ Auskunft

Auskünfte über das Reiseziel Hawaii erteilt das *Hawaii Visitors Bureau (HVB)* oder das amerikanische Fremdenverkehrsamt (beide in Frankfurt; Anschriften siehe unter "FREMDENVERKEHRSÄMTER"). Vor Ort gibt es auf jeder Insel mindestens eine Zweigstelle des *HVB*, daneben sind Informationen am *Acitivity Desk* eines jeden größeren Hotels, in den Ankunfthallen der Flughäfen, bei den

Auskunftbüros der touristischen Zentren sowie in der Vielzahl kostenloser Besucher-Zeitungen und der Tagespresse erhältlich.

➔ Ausreise

Bei der Ausreise aus Hawaii sind alle Fluggäste, die die Inselgruppe in Richtung amerikanisches Festland verlassen, gesetzlich verpflichtet, ihr gesamtes Gepäck einer Kontrolle der Landwirtschaftsbehörden *(agricultural inspection)* zu unterziehen. Außer Ananas dürfen keine Früchte ausgeführt werden, ebenfalls wird die Ausfuhr von Pflanzen streng kontrolliert.

➔ Autofahren

Im Autoland USA pflegt man einen defensiven, gelassenen und langsamen Fahrstil, der sich wohltuend von der europäischen Hektik unterscheidet; Fußgänger, Schulkinder etc. genießen absoluten Vorrang (s.u.). Die **Straßenverhältnisse** auf Hawaii sind i.d.R. gut, jedoch gibt es hier aufgrund der Landschaftsstruktur nicht die endlosen und schnurgeraden Asphaltbänder, die sonst für Amerika so typisch sind. Mehrspurige Freeways findet man nur im Großraum Honolulu, ansonsten sind die Highways oft kurvenreich, schmal und weisen z.T. beträchtliche Steigungen auf. Mehrere Seitenstraßen – vor allem auf Lanai, Molokai und Big Island – sind nicht asphaltiert und werden von den Autovermietern nur für Geländewagen freigegeben.

Die **Höchstgeschwindigkeit** liegt innerhalb geschlossener Ortschaften bei 30 mph (48 km/h) und bei 55 mph (89 km/h) auf Highways. In Wohnbereichen oder auf kurvigen und engen Straßen (z.B. dem Hana-Highway) liegt die zulässige Geschwindigkeit deutlich darunter. Auch wenn's anfänglich schwerfällt, sollte man sich an die langsame Fahrweise gewöhnen, wobei man nach einigen Tagen deren Vorzüge schätzen lernen wird. Allerdings bedeutet dies auch, daß man bei Inselrundfahrten die mögliche Meilenleistung recht niedrig ansetzen muß.

Achtung: Die Einhaltung der Höchstgeschwindigkeit wird streng kontrolliert, bei Überschreitung ist ein sofort zahlbares 'Ticket' fällig, das vergleichsweise teurer ausfällt als in Deutschland.

Einige ***besondere Verkehrsregeln*** sollten Sie unbedingt beachten:
1) Generell gilt rechts vor links. Steht an Kreuzungen an jeder Ecke ein Stop-Schild, gilt die Regel, daß der als erster fahren kann, der zuerst an der Kreuzung gehalten hat. Im Zweifelsfall arrangiert man sich durch Blickkontakt und Handzeichen.
2) Im Schulbereich gelten stark herabgesetzte Höchstgeschwindigkeiten. Die gelben Schulbusse dürfen, solange sie die Warnblinkanlage eingeschaltet haben, nicht überholt werden. Auch der Gegenverkehr darf einen solchen Schulbus nicht passieren!
3) Bei rotem Ampellicht ist das Rechtsabbiegen generell erlaubt, es sei denn, es wird mit Hinweisen wie *'No right turn'*, *'No turn on red'* oder *'Right turn only at green arrow'* die Ausnahme von der Regel angezeigt.
4) Auf einer mehrspurigen Straße ist Rechts-Überholen erlaubt.
5) Die Polizei fordert einen zum Anhalten auf, indem sie mit Blaulicht und Sirene **hinter** und nicht vor einem fährt. Man sollte dann zur Seite fahren, den Motor abstellen, das Fenster herunterkurbeln und keine überhasteten Bewegungen machen.

6) Beachten Sie strikt die Einschränkungen fürs Parken. Nicht erlaubt ist das Parken neben einer roten Bordsteinkante, einer blauen Bordsteinkante (nur für Behinderte), vor Hydranten und Feuerwehrausfahrten sowie im Bereich eines *'No Parking'* oder *'No Stopping or Standing'*-Schildes.
7) Wie bei uns herrscht in den USA Rechtsverkehr, es besteht Anschnallpflicht und Kindersitzpflicht für Kinder bis 20 kg Körpergewicht. Fahren unter Einfluß von Alhohol oder Drogen ist verboten und wird streng bestraft.
(siehe auch unter "AUTOVERLEIH")

➔ Automobilclub

Der größte amerikanische Automobilclub ist die *American Automobile Association* (auch *'AAA'* oder *'Triple A'* genannt). Im Falle einer Panne hilft er auch jedem ausländischen Touristen, wenn dieser Mitglied in einem assoziierten Club (z.B. dem *ADAC)* ist. Die Hauptniederlassung der *AAA* für Hawaii ist das Büro in Honolulu (Oahu), 590 Queen St., Tel.: 528-2600. Dort erhält man auch nützliches Info- und Kartenmaterial, das allerdings nicht nach Europa verschickt wird. Weitere Informationen über Verkehrswege, Aktivitäten, touristische Attraktionen, Rabatte für *AAA*-Mitglieder etc. sind über die 24-Stunden-Hotline unter Tel.: 545-5868 erhältlich.

➔ Autoverleih

Da ein öffentliches Nahverkehrsnetz mit Ausnahme von Oahu nicht existiert, ist ein Mietwagen die beste Möglichkeit, die Inselgruppe kennenzulernen. Bis zu 50 Anbieter kämpfen dabei um Marktanteile, wobei die großen internationalen Firmen wie *Hertz, Avis, Budget, Alamo* usw. etwas teurer sind als die lokalen Mietstationen, dafür aber den Vorteil bieten, daß sie schnellstmöglich für Ersatzfahrzeuge sorgen und i.d.R. über eine gutgewartete und junge Flotte verfügen, bei der selbst in der kleinsten Kategorie Klimaanlage und Radio/Cassettenrecorder eingeschlossen ist. Jeder größere Mietwagenanbieter hat seine Wagen in verschiedene Typenklassen unterteilt, deren Terminologie z.T. voneinander abweicht. Aufgrund der reich bebilderten Broschüren ist aber immer leicht feststellbar, um was für eine Wagenklasse es sich jeweils handelt. Dazu zwei Beispiele:

- Bei ***Avis*** ist die billigste Klasse *Subcompact/A* und bedeutet einen zweitürigen Kleinwagen (z.B. 'Ford Festiva') mit Platz für ca. 3 Gepäckstücke. *Compact/Z* ist ebenfalls zweitürig, allerdings etwas größer und stärker motorisiert (z.B. 'Chevrolet Cavalier'), während *Compact/B* einen viertürigen Mittelklassewagen meint (z.B. 'Ford Escort'). *Intermediate/C* bietet 4 Türen, 5 bequeme Sitze und ausreichend Platz für 4 Gepäckstücke (z.B. 'Nissan Altima'); einen größeren Kofferraum und eine höhere Motorleistung (oft 6-Zylinder) findet man in der Klasse *Full Size/E* (z.B. 'Toyota Camry' oder 'Ford Taurus'). Wer ein zweitüriges Cabriolet bevorzugt, wählt die Kategorie *Cabriolet/K* (z.B. 'Pontiac Sunbird), wer mehr Raum beansprucht, die Kategorie *Minivan/V*, in der bis zu 7 Fahrgäste und 6 Gepäckstücke Platz finden (z.B. 'Chevrolet Lumina', vergleichbar mit 'Renault Espace'). Für Ausflüge auf unasphaltierten Wegstrecken sollte man auf die Klasse *Jeep/W* zurückgreifen, i.d.R. ein robuster Geländewagen mit Dachplane, 2 Türen und kleiner Rückbank (z.B. 'Suzuki').

- Bei der Firma ***Alamo*** lauten die entsprechenden Wagenkategorien: *Economy/EC* für den Kleinwagen (z.B. 'Geo Metro', vergleichbar mit 'Opel Corsa'), *Compact/CC* für die untere Mittelklasse (z.B. 'Chevrolet Cavalier', vergleichbar mit 'Opel Astra'), *Intermediate*/IC für einen guten Mittelklassewagen (z.B. 'Chevrolet Beretta', vergleichbar mit 'Opel Vectra'), *Full Size/SC* für die gehobene Mittelklasse (z.B. 'Buick Regal', vergleichbar mit 'Opel Omega'), *Luxury Van/LX* für einen geräumigen Van (z.B. 'Chevrolet Astrovan', 8 Sitze) und *Cabriolet*/IS für ein Cabriolet (z.B. 'Pontiac Sunbird', vergleichbar mit 'Opel Kadett Cabriolet').

Die Wagenmiete ist in Hawaii teurer als beispielsweise in Florida, aber billiger als in Bundesstaaten wie z.B. Kalifornien, Oregon, Alaska und Louisiana und auch billiger als in den meisten europäischen Ländern. Wer unabhängig reist und sich vor Ort um einen Mietwagen kümmert (in der Presse auf Sonderangebote oder Paketangebote achten!), bekommt einen akzeptablen Wagen bereits für US$ 40 pro Tag. Sicherer ist es natürlich, wenn man den Wagen schon von zu Hause aus bucht, abgesehen davon, daß man dann das kundenfreundlichere deutsche Reiserecht auf seiner Seite hat. Um Ihnen eine Vorstellung über die Mietwagenkosten zu geben, hier zwei Preisbeispiele aus den Katalogen deutscher Reiseveranstalter (Preise ohne örtliche Steuern und Gebühren, Zusatzversicherungen, Benzin oder sonstige Kosten; s.u.):

Preisbeispiel Mietwagen Avis (1995)

Typenbezeichnung	Türen	Sitze	Mietpreis 7 Tage	Zusatztag
A (Subcompact)	2	2-4	240	60
B (Compact)	4	4	267	67
C (Intermediate)	4	5	306	77
E (Full Size)	4	5	360	90
K (Cabriolet)	2	2-4	686	98
V (Minivan)	4	6-7	686	98
W (Allrad)	2	2-4	686	98

Preisbeispiel Mietwagen Alamo (1995)

Typenbezeichnung	Türen	Sitze	Mietpreis 7 Tage	Zusatztag
EC (Economy)	2	2-4	195	46
CC (Compact)	2	4-5	218	49
IC (Intermediate)	4	5	252	60
SC (Full Size)	4	5	295	70
LX (Luxury Van)	4	7-8	488	120
IS (Cabriolet)	2	2-4	490	121

Ein wichtiges Thema bei Mietwagen in den USA ist das der **Versicherung**. Allgemein gilt, daß es zwar eine gesetzlich vorgeschriebene Haftpflichtversicherung gibt, die auch meistens im Mietpreis enthalten ist, daß die Haftungshöhe jedoch im Vergleich zu Mitteleuropa äußerst gering und unzureichend ist. Die gesetzliche Haftpflicht deckt Sach- und Personenschäden bis zu einer Höhe von US$ 10.000-35.000 (je nach Staat, Änderungen sind an der Tagesordnung) ab, ist der tatsächliche Schaden höher, muß dies der Fahrer aus seinem Privatvermögen bezahlen!

Aus diesem Grund haben einige deutsche Reiseveranstalter eine Zusatzversicherung eingeschlossen, bei der die Haftungshöhe DM 2 Mio beträgt. Sollte diese Zusatz-Haftpflichtversicherung nicht im Mietpreis enthalten sein, sollten Sie unbedingt vor Ort eine Erweiterung des eingeschlossenen Versicherungsschutzes (**EP**= *Extended Protection)* abschließen. Diese kostet z.Zt. US$ 11 pro Tag und erhöht die Haftpflichtsumme auf 1 Mio Dollar. Diese Versicherung hat zusätzlich den Vorteil, daß sie auch dann aufkommt, wenn der Unfallgegner unterversichert ist (also der Wagenmieter zusätzliche Ansprüche hat). Allerdings sind bei einem Unfall die weiteren Insassen im Mietwagen **nicht** mitversichert – unabhängig von der Schuldfrage! Sollte ein Dritter den Unfall verursacht haben und unterversichert sein oder Fahrerflucht begehen, gibt es also kaum einen versicherungstechnischen Schadensersatz, ebensowenig, wenn der Mietwagenfahrer selbst den Unfall verursacht hat. Um solchen Schwierigkeitgen aus dem Weg zu gehen, empfiehlt sich der Abschluß einer Zusatzversicherung, die z.B. bei *Alamo* **PAEC** *(= Personal Accident Effects Coverage;* US$ 3,95 pro Tag) und bei *Hertz* und *Avis* **PAI** *(= Personal Accident Insurance*; ca. US$ 4,95 pro Tag) heißt.

Wird das Mietfahrzeug bei einem Unfall des Fahrers beschädigt oder durch Diebstahl, Vandalismus, Brand etc. zerstört bzw. gestohlen, kommt die **CDW**-Versicherung *(= Collision Damage Waiver)* bzw. die **LDW**-Versicherung *(= Loss Damage Waiver),* die im Mietpreis normalerweise eingeschlossen ist, bis zum maximalen Zeitwert des Wagens auf, je nach Anbieter mit einer Selbstbeteiligung von US$ 100.

Bedenken Sie, daß Ihnen Ihre Sicherheit und die Ihrer Mitreisenden die Zusatzkosten wert sein sollten; Ihr Einverständnis damit erklären Sie, indem Sie auf dem Mietvertrag hinter die entsprechende Versicherung Ihre Initialen (Anfangsbuchstabe des Vor- und Zunamens) eintragen.

Alle größeren Autovermieter haben ihre Schalter in der Flughafen-Ankunfthalle oder vis-a-vis vor dem Terminal. Von dort werden Sie normalerweise mit einem Shuttlebus zur Station an den Firmen-Parkplätzen gebracht (i.d.R. 3-5 Minuten Fahrzeit), wo der Mietvertrag unterschrieben wird. In der Hauptreisezeit und nach Ankunft mehrerer Maschinen können sich hier längere Schlangen bilden; ein Umstand, der gerade nach einem Langstreckenflug ärgerlich ist, aber nur mit Geduld gemeistert werden kann. Bei der Unterzeichnung der Mietverträge sind noch folgende Dinge zu beachten:

- Bei Übernahme des Fahrzeugs ist eine **Kaution** zu leisten. Üblicherweise ist das der Abzug Ihrer Kreditkarte, alternativ kann man jedoch auch Barbeträge hinterlegen (mindestens US$ 100 pro Woche).

- Falls eine **zweite** (oder dritte) **Person** den Wagen **fahren** möchte, muß auch diese als *Driver* eingetragen sein; in diesem Fall muß eine Zusatzgebühr von US$ 2-4 pro Tag oder US$ 25 pro Anmietung (je nach Firma) bezahlt werden. Achtung: Der Versicherungsschutz erlischt, wenn ein nicht eingetragener Fahrer den Wagen lenkt!

- Das **Mindestalter** aller Fahrer muß bei den meisten Firmen 21 Jahre betragen. Manche Anbieter verlangen eine zusätzliche Gebühr (ca. US$ 10 pro Tag), wenn der Fahrer 21-25 Jahre alt ist.

- Es genügt der nationale **Führerschein**, wenn er mindestens ein Jahr alt ist. Empfehlenswert ist die zusätzliche Mitnahme eines internationalen Führerscheins!

- Extra berechnet werden die **Mietwagen-Steuern**, die von Staat zu Staat unterschiedlich sind. In Hawaii liegen sie z.Zt. bei US$ 2 pro Tag. Weitere Gebühren fallen an, wenn ein **Kindersitz** angemietet wird (gesetzlich vorgeschrieben, ca. US$ 25 pro Woche) oder wenn Anmiet- und Abgabestation nicht identisch sind (**Einweg-Miete**).

- In vielen Mietwagenstationen wird man Ihnen **'Sonderangebote'** unterbreiten, bei denen Sie gegen einen geringen Aufpreis in eine höhere Wagenklasse umgestuft werden. Ob Sie darauf eingehen oder nicht, liegt natürlich ganz bei

Ihnen, man sollte jedoch bedenken, daß größere Wagen oft auch einen höheren Benzinverbrauch und damit weitere Folgekosten bedeuten.

● Reklamieren Sie sofort, wenn Ihnen beim Mietwagen ein **Schaden** auffällt oder wenn der Tank nicht vollgetankt ist. Und geben Sie den Wagen möglichst auch wieder vollgetankt zurück, da Ihnen sonst Auftankkosten in Rechnung gestellt werden, die weit über den Tankstellen-Preisen liegen.

● Die **Mietdauer** geschieht auf 24-Stunden-Basis (mit kleiner Kulanz). Halten Sie sich deshalb an den Abgabetermin, damit Ihnen bei geringer Verspätung nicht ein voller Tag berechnet wird.

Nachdem alle Geld- und Versicherungsfragen geklärt sind, könnten Sie eigentlich starten. Fast alle Mietwagen auf Hawaii haben ein **Automatikgetriebe**. Falls Sie mit solchen Wagen wenig Erfahrung haben, sollten Sie folgendes beachten:

● Ihr linker Fuß hat während des Fahrens Urlaub; jeder Versuch zu kuppeln kann fatale Folgen haben, wenn Sie nämlich das Bremspedal erwischen.

● Den Wagen können Sie nur starten, wenn der Wahlhebel auf **P** (= Parken) steht. Beim Halten blockieren Sie mit dieser Stellung das Getriebe und können nur so den Zündschlüssel ziehen.

● Den Leerlaufgang **N** (= Neutral) wählt man, wenn der Wagen abgeschleppt werden muß.

● Der Gang **D** (= Drive) ist für den Fahrbetrieb unter normalen Bedingungen geeignet. Beim Überholen oder Beschleunigen drückt man das Gaspedal ganz hinunter *('kick down')*, damit das Getriebe in den nächstunteren Gang schaltet. Bei Steigungsstrecken oder Gefälle wählt man die Fahrstufe **2**, bei sehr steilen Strecken die Fahrstufe **1**, entsprechend dem zweiten oder ersten Gang. Bei steilen Abfahrten kann man dadurch die Bremsen schonen.

● Für den Rückwärtsgang stellen sie den Wahlhebel auf **R**.

B Banken

Die beiden größten Bankhäuser sind die *First Hawaiian Bank* und die *Bank of Hawaii*, daneben gibt es noch sieben weitere Geldinstitute. Hier können Sie Geld umtauschen, Reiseschecks einlösen, Überweisungen vornehmen oder mit Kreditkarten wie *Visa* oder *Eurocard/Mastercard* Bargeld abheben.

Inhaber der *American Express Card* sollten sich an das *American Express Büro* im *Hyatt Regency Waikiki* oder im *Royal Hawaiian Shopping Center* wenden. Die Schalterstunden sind normalerweise Mo-Do 8.30-15.00 Uhr und Fr 8.30-18.00 Uhr, einige Bankfilialen in den Shopping Centers oder Wechselstuben in Honolulu sind auch Sa oder So geöffnet.
(vgl. auch unter "GELD")

➔ Bed & Breakfast

siehe unter "UNTERKUNFT"

➔ Benzin

Die amerikanischen Tankstellen bieten Treibstoff (= *gas, gasoline)* als Diesel (= *gasoil),* Normalbenzin (= *regular)* und Superbenzin (= *premium)* an, das Benzin überall auch in bleifreier Form (= *unleaded).* Tankstellen sind auf den großen Inseln flächendeckend vertreten, auf Molokai und Lanai hingegen gibt es jeweils nur eine oder zwei. Die Meßeinheit für Treibstoff ist die amerikanische Gallone, die 3,787 Litern entspricht.

Beim Tanken ist darauf zu achten, daß viele Benzinstationen Zapfsäulen mit Selbstbedienung und solche mit Service haben, letzterer kostet i.d.R. US$ 0,25 pro Gallone mehr. Die Preisunterschiede können mit etwa 20% Abweichung beträchtlich sein; durchschnittlich kostete 1995 eine Gallone Normalbenzin etwa US$ 1,50 und eine Gallone Superbenzin US$ 1,65-1,70. Unterschiedliche Kosten entstehen häufig auch durch die Art der Bezahlung, wobei Barzahlung natürlich billiger ist als solche per Kreditkarte.

Bei manchen Tankstellen werden die Zapfsäulen erst freigegeben, wenn Sie an der Kasse die Kreditkarte oder einen Barbetrag hinterlegt haben.

➔ Botschaften/Diplomatische Vertretungen

In Hawaii sind Deutschland, Österreich und die Schweiz jeweils durch Honorarkonsulate in Honolulu vertreten. Die Adressen:

- Deutsches Honorarkonsulat, 2003 Kalia Rd., Suite 1/I, Honolulu, HI 96815, Tel./Fax: 946-3819.
- Österreichisches Honorarkonsulat, 5388 Poola St., Honolulu, HI 96821, Tel.: 923-8585/373-1234, Fax: 528-2800.
- Schweizer Honorarkonsulat, 4231 Papu Circle, Honolulu, HI 96816, Tel.: 737-5297, Fax: 734-3996.

- Die **amerikanischen Botschaften** sind in

- **Deutschland:** Deichmanns Aue 29, D-53179 Bonn, Tel.: 0228-3391, Fax: 0228-3392663
- **Schweiz:** Jubiläumsstr. 93, CH-3005 Bern, Tel.: 031-437011 und 031-7990211
- **Österreich:** Boltzmanngasse 16, A-1091 Wien IX, Tel.: 0222-315511 und 0222-346611

- **Amerikanische Generalkonsulate mit Visa-Abteilung:**

- Clayallee 170, D-14195 Berlin, Tel.: 030-8197454, Fax: 030-8314926.
- Siesmayerstr. 21, D-60323 Frankfurt/M., Tel.: 069-75352204, Fax: 069-75352260.
- Königinstr. 5, D-80539 München, Tel.: 089-28880, Fax: 089-2805163.
- Zollikerstr. 141, CH-8008 Zürich, Tel.: 01-552566, Fax: 01-3839814.

- Adressen der **ausländischen Botschaften in den USA**:

- Embassy of the Federal Republic of Germany, 4645 Reservoir Rd., N.W., Washington D.C. 20007-1998, Tel.: (202)298-4000
- Swiss Embassy, 2900 Cathedral Ave., N.W., Washington D.C. 20008, Tel.: (202)745-7900
- Austrian Embassy, 2343 Massachusetts Ave., N.W., Washington D.C. 20008, Tel.: (202)483-4474

C Camping

Auf fast allen Inseln stehen Wanderern und Naturliebhabern Campingplätze zur Verfügung, die von den Nationalparks, den State Parks und den County Parks verwaltet werden. Wer auf Komfort weitgehend verzichten kann, sich gerne an abgelegenen Stränden aufhält oder das gebirgige Inselinnere intensiv erkunden möchte, ist hier genau richtig. Einige dieser Parks besitzen auch einfache Hütten, daneben gehören Toiletten und je nach Ausstattung Duschen oder fließend Wasser zur Grundausstattung der Zeltgelände. Für einige Campingplätze ist eine Vorreservierung weder erforderlich noch möglich, sie operieren auf der Basis *"first come first service";* für andere hingegen benötigt man ein Permit, das vom jeweiligen Betreiber ausgestellt wird – die Adressen finden Sie im Wanderkapitel am Ende einer jeden Inselbeschreibung.

E Einkaufen

Produkte des alltäglichen Bedarfs, wie Lebensmittel etc., kauft man in Hawaii nicht in Kaufhäusern europäischen Zuschnitts, sondern in den z.T. riesig großen Shopping Centers, in denen die Filialen von Kaufhausketten, Spezialgeschäften, Souvenirshops, Apotheken, Restaurants und oft auch Banken, Buchläden und Kinos unter einem Dach versammelt sind. Kleinere Boutiquen, die zu einem angenehmen Einkaufsbummel reizen, findet man u.a. in Honolulu, Waikiki und Lahaina auf Maui. Im Erdgeschoß der größeren Hotels befinden sich i.d.R. ebenfalls mehrere Shops, in denen man Getränke, Lebensmittel, Mode, Schmuck und Souvenirs erstehen kann.

Bei der Frage, was sich außer dem Alltagsbedarf zu kaufen lohnt, hängt die Antwort u.a. vom aktuellen Wechselkurs ab. Wenn – wie im März 1995 – der Dollar auf den Mittelkurs von ca. DM 1,37 abgesackt ist, kann man eigentlich alles kaufen, was einem gefällt, billiger als zu Hause ist es allemal. Dann bekommen Sie selbst in Hawaii, dessen Preisniveau über dem amerikanischen Durchschnitt liegt, z.B. Markenjeans, Parfums, Sportschuhe, Elektrogeräte, Fahrräder oder Surfbretter fast zum halben deutschen Preis! Bei Elektrogeräten mit Netzanschluß ist natürlich darauf zu achten, daß diese auf die heimische Stromspannung und die entsprechenden Stecker/Steckdosen umgerüstet sein müssen (viele Firmen bieten ihre Geräte in einer Exportversion an).

Geht es um Mitbringsel, muß ein Wort der Warnung vorangestellt werden: Vieles, was in den Souvenirshops als 'typisch hawaiisch' daherkommt, entstammt einer Produktionsstätte in Taiwan, Thailand oder China.

Aus dem Angebot des qualitätvollen, einheimischen Kunsthandwerks sind Holzschnitzereien aus *Koa*-Holz, Repliken von alt-hawaiischen *tiki*-Figuren, *leis* aus Blumen, Muscheln, Nüssen und anderen Materialien, aus Pandanus oder Kokos geflochtene Hüte, Matten und Taschen, Nachahmungen von Petroglyphen (u.a. in Silber oder Lavagestein) sowie hawaiische Steppdecken *(Quilts)* besonders hervorzuheben. Solche Gegenstände finden Sie in Spezialgeschäften und in den Souvenirabteilungen der Museen (z.B. dem Bishop Museum in Honolulu). Beliebte Mitbringsel sind auch die Aloha-Hemden, bedruckte T-Shirts, *Muumuus* und Strandkleidung, wie sie etwa von *Hilo Hatties* angeboten werden. Empfehlenswert ist auch ein Besuch der Buchhandlungen (z.B. *Waldenbrooks* oder *Honolulu Book Shop*), in denen Sie eine umfangreiche Hawaii-Literatur mit historischen, kunsthistorischen, geologischen Fachbüchern, Bildbänden, Postkarten mit historischen Motiven sowie vorzüglichem Kartenmaterial vorfinden.

➔ Einreise

Für eine Einreise in die USA und damit auch nach Hawaii ist ein Reisepaß notwendig, der noch mindestens sechs Monate Gültigkeit besitzt. Eine Visapflicht für Besucher aus Deutschland, Österreich und der Schweiz besteht nicht mehr, wenn diese sich nicht länger als 90 Tage in den Vereinigten Staaten aufhalten oder dort nicht als Studenten, Journalisten, Regierungsbeamte oder Geschäftsreisende tätig sind. Diese Einreisebestimmung gilt unter Vorbehalt für den Zeitraum bis Ende 1996 und kann aufgehoben oder verlängert werden. Erkundigen Sie sich also besser bei den Botschaften oder in Reisebüros nach dem aktuellen Stand. Wer ein Visum benötigt, wende sich an die US-Botschaften oder an die zuständigen Generalkonsulate in Berlin, Frankfurt/M., München und Zürich.

Bei der Einreise ist die Einfuhr von Pflanzen, Pflanzensamen, Obst oder sonstigen Lebensmitteln streng untersagt. Die Einfuhr von fremden Währungen ist unbegrenzt möglich, allerdings müssen alle Zahlungsmittel (Bargeld, Schecks) deklariert werden, die einen Gegenwert von mehr als US$ 10.000 übersteigen.

➔ Entfernungen

In den einzelnen Reisekapiteln sind unter der Rubrik 'Touristische Hinweise' jeweils die Kilometerzahl und ungefähren Fahrzeiten der wichtigsten Strecken angegeben. Die Entfernungen der Inseln untereinander sind (wichtigste Flugrouten; Luftlinie von Flughafen zu Flughafen):

Honolulu (Oahu)	–	Molokai	85 km
Honolulu (Oahu)	–	Lanai	118 km
Honolulu (Oahu)	–	Kahului (Maui)	162 km
Honolulu (Oahu)	–	Lihue (Kauai)	163 km
Honolulu (Oahu)	–	Kona (Big Island)	270 km
Honolulu (Oahu)	–	Hilo (Big Island)	346 km
Kahului (Maui)	–	Hilo (Big Island)	194 km
Kahului (Maui)	–	Kona (Big Island)	144 km
Kahului (Maui)	–	Molokai	77 km
Kahului (Maui)	–	Lanai	53 km
Molokai	–	Lanai	45 km

➔ Essen

siehe KAPITEL 3.2.2

F Fähren

Eine Personenfähre verkehrt zwischen Maui, Molokai und Lanai. Ansonsten ist die Inselgruppe nicht durch eine regelmäßige Fähre verbunden.

➔ Feiertage

Auf Hawaii als Bundesstaat der USA gelten die offiziellen amerikanischen Feiertage; d.h. daß an solchen Tagen Banken, Schulen, Postämter, Behörden und viele Museen geschlossen sind. Geschäfte allerdings haben an vielen Feiertagen geöffnet, selbst an solchen wie Weihnachten, Ostern und Neujahr. Außer den beweglichen Feiertagen Karfreitag und Ostersonntag zählen zu den **amerikanischen Feiertagen**:

1. Januar:	Neujahr
Dritter Montag im Januar:	Martin Luther King Day
Dritter Montag im Februar:	Washington's Birthday
Letzter Montag im Mai:	Memorial Day (Heldengedenktag)
4. Juli:	Independence Day (Unabhängigkeitstag)
Erster Montag im September:	Labor Day (Tag der Arbeit)
Erster Dienstag im November:	Wahltag (nur jedes zweite Jahr)
11. November:	Veterans Day (Tag der Kriegsveteranen)
Vierter Donnerstag im November:	Thanksgiving Day (Erntedankfest)
25. Dezember:	Christmas-Day (Erster Weihnachtstag)

Dazu kommen folgende Feiertage, die **nur für Hawaii** gelten:

26. März:	Prince Kuhio Day (Todestag des letzten Sprosses der Königsdynastie)
11. Juni:	Kamehameha Day (Gedenktag an den Begründer des Königreiches)
Dritter Freitag im August:	Admission Day (Tag, an dem Hawaii zum 50. amerikanischen Bundesstaat erklärt wurde)

(zu Festen und Feiertagen siehe auch KAPITEL 3.2.1)

➔ Fernsehen

Fast alle Hotelzimmer verfügen über einen Farbfernseher, wobei das Programm der normalen Kanäle (fünf Sender auf Oahu, vier auf Big Island und drei auf Maui) eher langweilig ist; gezeigt werden hier neben den üblichen Werbespots vor allem Sportveranstaltungen und alte Filmkonserven. Darüber hinaus ist auch der Nachrichtensender *CNN* zu empfangen sowie meist ein hoteleigener Kanal mit Sendungen über die Angebote des Hauses und Attraktionen der Insel. Ein erweitertes Fernsehprogramm mit aktuellen Spielfilmen bieten verschiedene pay-tv-Sender oder Videokanäle, für die ein Zusatzgerät aktiviert werden muß oder für die bestimmte Kanäle reserviert sind. Die Gebühr beträgt hier i.d.R. US$ 6,50-8,50 pro Film; achten Sie also darauf, daß Sie nicht zufällig auf diese Sender umschalten oder Ihre Kosten durch häufiges 'Zappen' addieren. Manchmal hat man eine Frist von bis zu 3 Minuten, in der man sich eine Sequenz des Videos anschauen kann, bevor der Film berechnet wird.

➔ Flüge

Die Inselgruppe, die etwa 12.500 km von Mitteleuropa entfernt liegt, kann von keiner Fluggesellschaft im Non-Stop-Flug erreicht werden. Die übliche Route verläuft über

Amerika, wo an der Ost- und Westküste oder nur an der Westküste zwischengelandet wird. So z.B. mit der *Lufthansa* oder der *LTU*, die von Deutschland aus direkt Los Angeles anfliegen. Aus der Vielzahl der möglichen Fluggesellschaften hier eine kleine Auswahl jener Airlines, die auch für eine Weiterreise in den pazifischen Raum oder für mehrere Stopover in Amerika von besonderem Interesse sind:

- ***Air New Zealand***: Die neuseeländische Fluggesellschaft bedient u.a. die Strecke Frankfurt-Los Angeles-Honolulu-Nadi (Fidji)-Auckland. Auf dem Weg nach Honolulu ist eine kostenlose Flugunterbrechung in Los Angeles möglich. Für die Weiterreise in den pazifischen Raum ist *Air New Zealand* ein idealer Carrier mit vielen Querverbindungen ab den Drehscheiben Auckland und Honolulu.
- ***Canadian Airlines***: Für diejenigen, die ihren Hawaii-Urlaub mit einer Reise nach Kanada koppeln möchten, ist diese Gesellschaft die beste. *Canadian Airlines* fliegt auf der Route Frankfurt oder München-(Calgary)-Vancouver-Honolulu oder über Toronto. Auf dem Weg nach Honolulu ist eine kostenlose Flugunterbrechung in Toronto oder Vancouver möglich. Die Flugzeit auf dem schnellsten Wege beträgt 24 Stunden, eingesetzt werden Boeing 747 und DC 10.
- ***Delta Airlines***: Die amerikanische Gesellschaft bedient alle größeren Flughäfen in den USA und verfügt ab Deutschland über die meisten Nonstop- oder Direktflüge. Sie ist daher ideal für alle, die ihre Reise nach Hawaii mit irgendeiner anderen US-Destination (oder mehreren) koppeln möchten. Die üblichsten *Delta*-Routen gehen von Hamburg, Berlin, Frankfurt, München und Zürich entweder über New York oder Pittsburgh nach Los Angeles und weiter nach Honolulu oder über Atlanta oder Dallas/Ft. Worth nach Honolulu. Auf dem Weg nach Hawaii ist eine kostenlose Flugunterbrechung am ersten Abflugsort in den USA sowie in Los Angeles, San Francisco oder San Diego möglich; Gabelflüge sind erlaubt, weitere Stops kosten DM 100-120. Außer Honolulu fliegt *Delta Airlines* auch Maui direkt an.
- ***KLM / Northwest Airlines***: Diese Verbindung ist eine von mehreren Möglichkeiten, über einen europäischen Nachbarstaat relativ preisgünstig nach Amerika und Hawaii zu reisen. Mit kostenlosen Anschlußflügen geht es dabei von vielen deutschen Flughäfen nach Amsterdam, von dort mit *KLM* in die USA (Columbus, New York, Phoenix, Las Vegas) und mit *Northwest Airlines* weiter. Auf dem Hin- und Rückflug ist jeweils eine kostenlose Flugunterbrechung in den USA möglich; Gabelflüge sind erlaubt.
- ***United Airlines***: Diese Gesellschaft verfügt über ein ähnlich ausgedehntes Netz an Zielflughäfen in den USA wie *Delta* und hat bezüglich Hawaii den großen Vorteil, daß sie außer Honolulu auch Maui, Kauai und Big Island direkt anfliegt. Von Berlin, Düsseldorf, Frankfurt, Hamburg und München geht es (z.T. via London) nach Chicago, New York oder Washington, dann nach Los Angeles oder San Francisco, ab dort nach Hawaii. Auf dem Weg ist jeweils eine kostenlose Flugunterbrechung am ersten Abflugsort in den USA sowie in Los Angeles oder San Francisco möglich, maximal zwei weitere Stopps gegen eine Gebühr von DM 120. Die Flugzeit auf dem schnellsten Wege beträgt 24 Stunden, eingesetzt werden Boeing 767, Boeing 747 und DC 10.
- ***Lufthansa***: Durch ein Kooperationsabkommen mit *United Airlines* kann die Lufthansa innerhalb Amerikas auf deren weitgespanntes Netz an Zielflughäfen zurückgreifen; auf dem Weg nach Hawaii ist eine kostenlose Flugunterbrechung in Los Angeles oder San Francisco möglich; Gabelflüge sind erlaubt.

Die **Flugpreise** liegen je nach Airline und Termin zwischen DM 1.500 und DM 2.600 für die Strecke Frankfurt/Honolulu/Frankfurt. Der **billigste Tarif** liegt normalerweise zwischen April und Juni sowie zwischen August und Anfang Dezember. In der **Hochsaison**, d.h. von Weihnachten bis Ostern und in den Sommerferien, fallen z.T. deutlich höhere Kosten an.

Achten Sie bei Ihrer Fluginformation auch darauf, ob die entsprechende Airline Wochenendzuschläge erhebt und ob evtl. Anschlußflüge in Deutschland im Preis enthalten sind oder nicht. Hinzurechnen muß man normalerweise auch die deutschen **Sicherheitsgebühren** (z.Zt. DM 10) und die **Flughafengebühren** in den USA (z.Zt. DM 40). Als Anhaltspunkt der jeweils billigste und teuerste Tarif einiger Fluggesellschaften im Jahre 1995 auf der Strecke Frankfurt/Honolulu/ Frankfurt: *Air New Zealand:* DM 1.680/2.072; *Canadian Airlines:* DM 1.568/2.184; *Delta Airlines:* DM 1.814/2.072; *KLM/Northwest Airlines:* DM 1.792/2.240; *Lufthansa:* DM 2.379/2.529; *United Airlines:* DM 1.589/1.879. Dies sind die offiziellen Flugpreise; Reiseveranstalter oder Last-Minute-Agenturen haben bisweilen auch Sonderangebote im Programm. Beachten Sie außerdem, daß bei Pauschalarrangements von Flug, Hotel und/oder Mietwagen oft günstigere Sondertarife zur Anwendung kommen.

Wer völlig unabhängig ist, gern selbst organisiert und möglichst geldschonend reisen möchte, kann durch Preisvergleiche mitunter erstaunlich billige Flüge in den Osten oder Westen der Vereinigten Staaten ergattern. Dort besorgt man sich dann ein Ticket nach Hawaii (Flugtickets sind in den USA z.T. deutlich billiger als in Europa). Trotzdem gilt auch hier: Selbst wenn man den organisatorischen Mehraufwand nicht einrechnet, der notwendig ist, um die jeweils billigsten Angebote auszukundschaften, wird mancher Individualist bei der Addition seiner Kosten feststellen, daß es preisgünstiger gewesen wäre, auf ein Pauschalangebot ab/bis Deutschland zurückzugreifen. Die Reiseveranstalter können bei ihren Flug-, Übernachtungs- und Mietwagenpaketen mit Sondertarifen kalkulieren, auf die der Individualtourist keinen Zugriff hat.

Wichtig ist, daß Sie in Hawaii für den Termin Ihres Weiter- oder Rückfluges möglichst 72 Stunden vor Abflug eine **Rückbestätigung** *(reconfirmation)* tätigen. Diese können Sie schon bei Ankunft direkt am Flughafenschalter der entsprechenden Linie vornehmen oder telefonisch. Nachfolgend finden Sie die **gebührenfreien Telefonnummern** einiger internationaler Fluggesellschaften. Fast alle haben natürlich auch ein Büro am Flughafen Honolulu sowie z.T. an weiteren Flughäfen und in den größeren Städten, wo eine Rückbestätigung ebenfalls telefonisch möglich ist. Weitere Telefonnummern von Airlines sind über die Hotelrezeptionen oder die Gelben Seiten erfragbar (vgl. auch KAPITEL 9.2).

- *American Airlines,* Tel.: 1-800-433-7300
- *British Airways,* Tel.: 1-800-247-9297
- *Canadian Airlines,* Tel.: 1-800-426-7000
- *Delta Airlines,* Tel.: 1-800-241-4141
- *Hawaiian Airlines,* Tel.: 1-800-367-5320
- *Lufthansa,* Tel.: 1-800-645-3880
- *Northwest Airlines,* Tel.: 1-800-225-2525
- *TWA,* Tel.: 1-800-892-4141
- *United Airlines,* Tel.: 1-800-241-6522

➔ Fremdenverkehrsämter

● Fremdenverkehrsamt von Hawaii: *Hawaii Visitors Bureau,* c/o Herzog HC GmbH, Borsigallee 17, D-60388 Frankfurt/M., Tel.: 069-42089089, Fax: 069-412525. Wer keine konkrete Urlaubsplanung, sondern nur Prospektmaterial haben möchte, sei an die *Broschürenbank* verwiesen, bei der Sie unter Tel.: 069-411237 rund um die Uhr Prospekte über Hotels, Hotel-Vouchersysteme, Flüge, Aktivitäten usw. von Hawaii und anderen amerikanischen Feriengebieten ordern können.

Die Adressen der einzelnen lokalen Informationsstellen des Hawaii Visitors Bureau finden Sie in den touristischen Hinweisen zu jeder Insel.

- Fremdenverkehrsamt der USA: *United States Travel & Tourism Administration*, Bethmannstraße 56, D-60311 Frankfurt/M., Tel.: 069-295213, Fax: 069-294173. Das Fremdenverkehrsamt berät Sie über den gesamten Bereich der USA, eine hilfreiche Adresse, falls Sie Ihren Hawaii-Urlaub mit einem Besuch z.B. in Kalifornien koppeln möchten.

G Geld/Geldwechsel/Zahlungsmittel

Am einfachsten zahlen Touristen in den USA mit Dollarnoten, Travellerschecks und Kreditkarten; und auch Ihre Reisekasse sollte aus einer ausgewogenen Mischung der genannten Zahlungsmittel bestehen. Es ist wichtig, daß Sie schon bei Ankunft einige (möglichst kleine) Dollarnoten bei sich haben, um u.a. den Taxifahrer, den Gepäckträger usw. bezahlen zu können. Der größte Teil Ihrer Geldreserven sollte jedoch in **Dollar-Reiseschecks** angelegt sein, mit denen man (zusammen mit dem Reisepaß) fast überall wie mit Bargeld bezahlen kann. Der Umtausch von Reiseschecks in Bargeld ist an den meisten Hotelrezeptionen möglich, allerdings oft mit einem Limit von US$ 100 pro Zimmer und Tag. Fast unverzichtbar ist heutzutage in den USA eine Kreditkarte, sei es, um einen Wagen zu mieten, sei es als Kaution für die Hotelrechnung. Abzuraten ist von der Mitnahme größerer Summen in heimischer Währung, da abseits von Honolulu und Waikiki längst nicht alle Banken Geld umtauschen.

Folgende **Banknoten** sind z.Zt. in Umlauf: 1, 2, 5, 10, 20, 100, 500 und 1.000 US$. Achtung: Alle haben die gleiche Größe und unterscheiden sich auch farblich nicht; es kann also leicht passieren, daß man eine Dollarnote z.B. mit einer Zehn-Dollarnote verwechselt. Als **Münzen** gibt es: 1 Cent *(= Penny),* 5 Cent *(= Nickel),* 10 Cent *(= Dime),* 25 Cent *(= Quarter),* 50 Cent *(= Half Dollar)* und die relativ seltenen Dollarmünzen (vgl. auch unter “KREDITKARTEN”).

➔ Gesundheit

Das Reiseziel Hawaii birgt – von Sonnenbrand und Sportunfällen einmal abgesehen – keine besonderen gesundheitlichen Risiken, irgendwelche Impfungen sind bei Einreise aus Europa ebenfalls nicht vorgeschrieben. Falls Sie aus einem oder über ein Seuchengebiet einreisen, ist ein Impfpaß mit gültiger Pockenschutzimpfung vorzuweisen. Die Sonneneinstrahlung ist das ganze Jahr hindurch sehr intensiv. Deshalb sollten Sie vor allem in den ersten Tages Ihres Urlaubs sehr vorsichtig sein und ein Sonnenschutzmittel mit einem hohen Lichtschutzfaktor (mindestens 10) benutzen. Decken Sie sich auch mit Salben und Insektenschutzmitteln ein oder besorgen Sie sich solche in Hawaii.

H Haustiere

Haustiere dürfen nur nach 120 Tagen Quarantäne einreisen. Über die Transportmöglichkeiten informieren die Fluggesellschaften.

➔ Helikopter-Rundflüge

Eine der beliebtesten Möglichkeiten, die hawaiischen Inseln überblicksartig kennenzulernen und auch die unzugänglichsten Stellen zu sehen, sind die Helikopterrundflüge, die auf jeder Insel von einer Vielzahl von Firmen angeboten werden

Auf dem Heliport von Lihue (Kauai)

(die Telefonnummern finden Sie im Reisekapitel unter der Rubrik "touristische Hinweise"). Zu den absoluten Highlights zählen die Na Pali Coast und der Waimea Canyon auf Kauai, die Steilküste von Molokai und der Volcanoes National Park auf Big Island. In den Programmen finden Sie sowohl kürzere Flightseeing-Touren von 20 Minuten als auch ein- oder mehrstündige Ausflüge, auf denen man eine oder gleich mehrere Inseln "komplett" überfliegt. Von den Firmen werden hauptsächlich folgende drei unterschiedliche Hubschrauber-Typen eingesetzt: Der *Aero-Star* ist ein 6-Sitzer, bei dem alle Passagiere einen Fensterplatz haben; der *Hughes 500* ist ein 4-Sitzer, ebenfalls ausschließlich mit Fensterplätzen, während beim *Bell Jet Ranger* vier Personen mitfliegen, wobei auf der Rückbank 3 Personen Platz finden. Der Pilot ist gleichzeitig der Reiseleiter, dessen Kommentare über Kopfhörer empfangen werden; häufig werden die Landschaftseindrücke auch durch eingespielte Musik untermalt. Bei manchen Firmen ist es möglich, die Erläuterungen und Begleitmusik per Kabel in den Toneingang der Videokamera einzuspeisen.

Inzwischen geht es im Luftraum über den wichtigsten Attraktionen schon recht gedrängt zu; Anwohner und Naturschützer beschweren sich über die Lärmbelästigung und die *Federal Aviation Administration* sah sich 1994 gezwungen, neue Bestimmungen für die Helicopter-Firmen zu erlassen. Auslöser waren zwei Unfälle am 14. Juli d.J. über Molokai und Kauai, bei denen drei Personen getötet wurden. Die Regeln sehen nun vor, daß die Piloten einen Mindestabstand zwischen ihren Maschinen einhalten müssen, daß die Helikopter entweder mit aufblasbaren Wasserinseln ausgestattet sein oder die Passagiere Schwimmwesten tragen müssen und daß man nicht mehr niedriger als 450 m über dem Ozean, über Talgründen oder Wohnhäusern fliegen darf. Dadurch sind einige der spektakulärsten Helikopterflüge nicht länger möglich, bei denen man früher tief in den Krater des Kilauea eintauchte oder an atemberaubenden Wasserfällen entlang durch engste Täler flog. Trotzdem ist ein Rundflug mit dem Hubschrauber immer noch eine unbedingt empfehlenswerte Sache und mit einer Preisspanne von US$ 50-250 auch erschwinglich.

Tips für Helikopter-Touren:

- Bevor Sie sich zu einem Rundflug entschließen, achten Sie auf die Sonderangebote, die es in den Touristenzeitschriften zuhauf gibt. Die Konkurrenz ist groß, deshalb kann sich ein Preisvergleich deutlich lohnen. Einsparungen sind auch dadurch möglich, daß man einen Abflugsort wählt, der näher zu der gewünschten Attraktion liegt. Wer auf Big Island z.B. den Volcanoes National Park aus der Vogelperspektive bewundern möchte, sollte bedenken, daß der Start ab Hilo sehr viel billiger ist als der von der Westküste aus – falls man auf einer Inselrundfahrt ohnehin durch Hilo kommt, legt man also den Helikopterflug zweckmäßigerweise auf diesen Tag. Einsparen kann man z.T. auch dadurch, daß man die Tour direkt bei der Hubschrauber-Firma bucht.
- Nehmen Sie für den Ausflug ausreichend Filmmaterial mit. Alle Aufnahmen müssen natürlich durch die geschlossenen Kabinenfenster gemacht werden, deren Krümmung zu Verzerrungen führt. Tragen Sie während des Fluges keine allzu auffällige Kleidung, da sich diese oft im Fenster spiegelt und für unerwünschte Farbflecken auf dem Dia/Foto/Videofilm sorgt. Im Reisepreis ist bei vielen Firmen eine Videokassette eingeschlossen, die natürlich sehr viel bessere Naturaufnahmen bietet, als man sie selbst machen könnte. Weisen Sie aber beim Ticketkauf daraufhin hin, daß das Videoband für das europäische Abspielsystem geeignet sein muß.
- Als Faustregel gilt, daß die Sichtverhältnisse in den frühen Morgenstunden am besten sind.

➔ Hotels

siehe unter Stichwort "UNTERKÜNFTE"

I Inlandflüge

siehe KAPITEL 4.1.2

J Jugendherbergen

siehe unter Stichwort "UNTERKUNFT"

K Kartenmaterial

Wie mit allem Infomaterial, so wird man auch mit Karten in Hawaii reichhaltig und kostenlos versorgt. Die Hotels in Waikiki halten z.B. Stadtpläne bereit, die Mietwagenfirmen geben ihren Kunden praktikable Kartenhefte mit, in denen auch Sehenswürdigkeiten, Meilenangaben etc. eingetragen sind, und die Touristenzeitungen bilden oft die jeweilige Insel mit ihren Straßenverbindungen überblicksartig ab. Autofahrern seien jedoch zusätzlich die von der *University of Hawaii Press* herausgegebenen Inselkarten von *James A. Bier* empfohlen, mit denen man

stets zuverlässig zu seinem Reiseziel geleitet wird. Sie werden in den meisten Souvenirshops und Buchläden verkauft und kosten US$ 2,95-4,50.
Wer sich schon vor der Reise mit Kartenmaterial eindecken möchte, findet im *Internationalen Landkartenhaus/Geo Center* (Postfach 800830, D-70508 Stuttgart, Tel.: 0711-7889340) eine reiche Auswahl, auch an topografischen, Spezial- und Seekarten.

➔ Kleidung

Überall in Amerika schätzt man bequeme, lockere Kleidung, vor allem natürlich in Hawaii mit seinen ganzjährig warmen Temperaturen. Bedenken Sie aber, daß häufig Regenschauer niedergehen können und daß es in den Höhenlagen empfindlich kühler sein kann als an der Küste. Wanderer sollten an festes und bequemes Schuhwerk denken. Es lohnt sich nicht, vor der Reise auf Einkaufsbummel zu gehen, da Kleidung und Schuhe je nach Wechselkurs beträchtlich billiger sind als in Mitteleuropa. Leichte Sommerkleidung wie die bunten Aloha-Hemden (bzw. Hawaii-Hemden) oder die weiten hawaiischen Kleider *(Muumuus)* bekommt man ebenso wie Badekleidung preisgünstig vor Ort. In einigen Restaurants der höheren Preisklasse werden zum Abendessen Jackett und Krawatte verlangt.

➔ Klima

siehe KAPITEL 2.2.7

➔ Kreuzfahrten

siehe KAPITEL 10.5

➔ Kreditkarten

Das 'Plastikgeld' hat auf seinem Siegeszug längst schon Hawaii erreicht, und oft ist es einfacher, mit Kreditkarte zu bezahlen als bar, da die Angst vor Falschgeld groß ist und Kellner, Taxifahrer etc. außerdem bei größeren Beträgen oft kein Wechselgeld haben. Unter Vorlage Ihres Reisepasses bekommen Sie über Ihre Kreditkarte u.a. bei der *Bank of Hawaii,* der *First Hawaiian Bank* oder der *First Interstate Bank* auch Bargeld. Die genannten Geldinstitute verfügen auch über einen Service bei gestohlenen oder verlorengegangenen Karten. Falls Sie diese oder andere Probleme mit Ihrer Kreditkarte haben sollten, bieten die großen Unternehmen einen kostenlosen 24-Stunden-Service per Telefon an: *American Express:* Tel.: 1-800-528-4800. *Mastercard/Eurocard:* Tel.: 1-800-826-2181. *Visa:* Tel.: 1-800-227-6800. *Diners Club:* Tel.: 1-800-525-9150.

➔ Kriminalität

Bekanntermaßen besitzen die Vereinigten Staaten eine relativ hohe Kriminalitätsrate (insbesondere die Großstädte), doch im Vergleich dazu schneidet Hawaii erfreulicherweise besonders positiv ab. Trotzdem sollte man auch hier Langfinger oder Hotelpersonal nicht unnötig in Versuchung führen. Lassen Sie daher kein Gepäck, Filmkameras oder Wertsachen unbeaufsichtigt im Wagen liegen. Und empfehlenswert ist es allemal, im Hotel die Wertsachen (dazu gehören auch die Flugtickets und der Reisepaß) einzuschließen. Fast alle Hotels haben Safes an der Rezeption, manche auch auf den Zimmern, wo die Benutzung häufig eine Gebühr von US$ 2-3 pro Tag kostet.

M Maßeinheiten

Umrechnungstabelle Fahrenheit/Celsius			
Fahrenheit	**Celsius**	**Fahrenheit**	**Celsius**
23,0°	-5°	66,2°	19°
24,8°	-4°	68,0°	20°
26,6°	-3°	69,8°	21°
28,4°	-2°	71,6°	22°
30,2°	-1°	73,5°	23°
32,0°	±0°	75,2°	24°
33,8°	1°	77,0°	25°
35,6°	2°	78,8°	26°
37,4°	3°	80,6°	27°
39,2°	4°	82,4°	28°
41,0°	5°	84,2°	29°
42,8°	6°	86,0°	30°
44,6°	7°	87,8°	31°
46,4°	8°	89,6°	32°
48,2°	9°	91,4°	33°
50,0°	10°	93,2°	34°
51,8°	11°	95,0°	35°
53,6°	12°	96,8°	36°
55,4°	13°	98,6°	37°
57,2°	14°	100,4°	38°
59,0°	15°	102,2°	39°
60,8°	16°	104,0°	40°
62,6°	17°	105,8°	41°
64,4°	18°	107,6°	42°

Umrechnungstabelle Maße und Gewichte			
Gewichte			
100 g =	3,527 oz (ounce)	1 oz =	28,35 g
1 kg =	2,205 lb (pound)	1 lb =	453,59 g

Längenmaße			
1 in (inch) =	2,54 cm	1 mm =	0,039 in
1 ft (foot)(= 12 in) =	30,48 cm	1 cm =	0,033 ft
1 yd (yard)(= 3 ft) =	91,44 cm	1 m =	1,09 yd (3,28 ft)
1 mi (mile) =	1,610 km	1 km =	0,62 mi
Flächenmaße			
1 sq in, in² (square inch) =	6,45 cm²	1 cm² =	0,155 in²
1 sq ft, ft² (square foot) =	9,288 dm²	1 dm² =	0,108 ft²
1 sq yd, yd² (square yard) =	0,836 m²	1 m² =	1,196 yd²
1 acre =	0,405 ha	1 ha =	2,471 acres
1 sq mi, mi² (square mile) =	2,589 km²	1 km² =	0,386 mi²
Raummaße			
1 cu in, in³ (cubic inch) =	16,386 cm³	1 cm³ =	0,061 in³
1 cu ft, ft³ (cubic foot) =	28,320 dm³	1 dm³ =	0,035 ft³
1 cu yd, yd³ (cubic yard) =	0,765 m³	1 m³ =	1,308 yd³
1 bu (bushel) =	35,24 l	96,8° =	36°
Hohlmaße			
1 gill =	0,118 l	1 gal (US gallon) =	3,787 l (4 qt)
1 pt (pint) =	0,473 l (4 gills)	1 liter = 8,474 gills =	2,114 pt = 1,057 qt = 0,264 gal
1 qt (quart) =	0,946 l (2 pt)		

Umrechnungstabelle Kleidergrößen								
Herrenkleidung								
Anzüge	USA	36	38	40	42	44	46	48
	Europa	46	48	50	52	54	56	58
Hemden	USA	14	14½	15	15½	16	16½	17
	Europa	36	37	38	39	41	42	43
Schuhe	USA	6½	7	8	9	10	10½	11
	Europa	39	40	41	42	43	44	45
Damenkleidung								
Kleider	USA	32	34	36	38	40	42	44
	Europa	40	42	44	46	48	50	52

Strümpfe	USA	8	8½	9	9½	10	10½	11
	Europa	0	1	2	3	4	5	6
Schuhe	USA	5½	6	7	7½	8½	9	9½
	Europa	36	37	38	39	40	41	42

N **Notrufnummer** (gebührenfrei)

Ambulanz, Polizei, Feuerwehr: 911

O Öffnungszeiten

In den USA gibt es keine verbindlichen Ladenschlußzeiten wie bei uns. Manche Shops, vor allem in Waikiki, sind an sieben Tagen in der Woche und oft bis 22.00 Uhr oder später geöffnet. Auch die Einkaufszentren haben unterschiedliche Öffnungszeiten; das *Ala Moana Shopping Center,* das größte Einkaufszentrum des Staates, hat Mo-Sa 9.30-21.00 Uhr und So 9.30-17.00 Uhr geöffnet. Die Schalterstunden der Banken sind i.d.R. Mo-Do 8.30-15.30, Fr 8.30-18.00 Uhr.

P Post/Briefmarken

Die Schalterstunden der **Postämter** sind i.d.R. Mo-Fr 9.00-16.30 und Sa 9.00-12.00 Uhr, mit Abweichungen zu beiden Seiten (z.B. in Waikiki und Honolulu oft ab 8.00 Uhr und bis 18.00 Uhr). Das wichtigste Hauptpostamt *(Main Post Office)* ist das am Flughafen von Honolulu, an das man auch **postlagernde Sendungen** (mit dem Vermerk *'General Delivery')* schicken kann; die Adresse: Main Post Office, 3600 Aolele St., Honolulu, HI 96802, Tel.: 423-3990.

Über einen Telefonservice verfügen die Postämter i.d.R. nicht, da die Telekommunikation in den Händen privater Firmen liegt. Die **Portogebühren** nach Europa betragen 40 Cents für Postkarten und 50 Cents für Briefe, die leichter als eine halbe Unze (= 14 g) sind. Bei schwereren Briefen zahlt man 50 Cents pro halber Unze hinzu. **Briefmarken** erhält man in Postämtern (an den Schaltern oder in Automaten), Drugstores, an Zeitungsständen und bei vielen Hotelrezeptionen, dort allerdings manchmal zu einem höheren Preis. Die amerikanischen Briefkästen sind blau und tragen die Aufschrift *'U.S. Mail'.*

➔ Preisermäßigungen

Preisermäßigungen auf viele touristische Leistungen werden oft in der Nebensaison gegeben. Daneben lohnt es sich, vor Ort die Touristenzeitungen nach Rabattcoupons durchzublättern, die Preisnachlässe für Ausflüge, Restaurants, Eintritte etc. gewähren. In den Restaurants kann man vor der eigentlichen Dinnerzeit ein Abendessen zu deutlich billigeren Preisen bekommen (= *Early Bird Specials),* auch kosten Cocktails und andere Getränke in der *'Happy Hour'* weniger.

Wer keine Pauschalarrangements vorab gebucht hat, kann seine Kosten durch Preisvergleiche und Zurückgreifen auf erstaunlich günstige Paketangebote (Inselflug, Mietwagen, Übernachtung) reduzieren. Fluggesellschaften gewähren Kleinkindern meistens 90% Preisnachlaß und Kindern von 2-11 Jahren 50% *(Air New Zealand:* 33%).

R Rauchen

Der Nikotingenießer oder -süchtige sieht sich seit einigen Jahren in den USA einer immer stärker werdenden Front von Nichtrauchern gegenüber. Es gehört längst nicht mehr zum guten Ton, in der Öffentlichkeit zu rauchen, im Gegenteil: Man läuft Gefahr, auf seine Genußsucht angesprochen zu werden. Das Rauchen in öffentlichen Gebäuden ist genauso untersagt wie in fast allen Büros. Restaurants müssen eine ausgewiesene non-smoking-section haben, wobei die Raucher-Plätze oft die deutlich schlechteren sind, manchmal aber auch die besseren (nämlich die auf der Terrasse).

Raucher sollten bei der Hotelrezeption auf ihr Laster hinweisen, damit sie nicht in einem Nichtraucherzimmer landen. Auf allen inneramerikanischen Flügen ist das Rauchen strengstens untersagt, inzwischen auch bei den Transatlantik-Flügen einiger Fluggesellschaften. Wer z.B. mit *Canadian Airlines* oder *Air New Zealand* das Reiseziel Hawaii ansteuert, muß für eine ganze Weile auf Nikotin verzichten können. Erschwerend kommt für starke Raucher hinzu, daß viele Flughäfen auf den Zwischenstopps (z.B. Vancouver, aber auch Honolulu) zur raucherfreien Zone erklärt wurden.

➔ Reiseagenturen

Auf allen größeren Inseln, besonders aber in Honolulu, hat sich eine Vielzahl von Reiseagenturen angesiedelt, die alle Arten an Ausflügen (von der kurzen Dinner-Kreuzfahrt bis zum mehrtägigen Abstecher auf eine Nachbarinsel), einschließlich Abholung am Hotel, organisieren, aber auch Flüge und Hotels buchen, Sportgeräte ausleihen und Tickets für Shows oder Luaus verkaufen (u.a. *Hawaiian Overnighters,* Tel.: 922-3444; *Hawaiian Pacific Resorts,* Tel.: 531-5235; *Island Getaways,* Tel.: 922-4400; *Roberts Hawaii,* Tel.: 945-2444; *Royal Adventure Travel,* Tel.: 735-2894).

Als eine zuverlässige Agentur mit deutschsprachigem Personal hat sich *Go America Tours Inc.* erwiesen (2222 Kalakaua Ave., Suite 1406, Honolulu, Tel.: 924-3615, Fax: 924-3720).

➔ Reisezeit

siehe KAPITEL 2.2.7

➔ Restaurants

Wer jeden Tag zum Frühstück, Mittagessen und Abendessen ein gutes Restaurant aufsucht, wird dies schneller in der Reisekasse spüren, als ihm lieb sein kann. Billiger und für den Strandaufenthalt bzw. für Ausflüge bequemer ist es, wenn man sich einen Picknickkorb zusammenstellt oder frisches Obst kauft. Eine Ausweichmöglichkeit sind natürlich auch die zahlreichen Fast-Food-Läden: Die Hamburger-Ketten *McDonald's* und *Burger King* sind auf allen Inseln flächendekkend vertreten, ebenso *Domino's Pizza*. Für wenige Dollar kann man sich außerdem beim chinesischen Take-away durchaus sattessen, und inzwischen bieten auch immer mehr Bistros europäischer Art Mahlzeiten für den kleinen Hunger an.

Auf Hawaii sind die meisten Restaurants bis 22.00 Uhr geöffnet. Anders als bei uns geht man nicht von sich aus auf einen freien Platz zu, sondern wartet am Eingang (an dem Schild '*Wait to be seated*'), bis einem der *Host* oder die *Hostess* einen Platz zuweist. Natürlich sollte man offen sagen, wenn einem dieser Platz nicht gefällt. Auch sollten Sie angeben, ob Sie einen Raucher- oder Nichtraucherplatz bevorzugen. Vor allem in den Hotelrestaurants sind häufig alle Plätze belegt, so daß man die Wartezeit in der Bar oder Lounge verbringt (und dort i.d.R. einen Aperitif zu sich nimmt).

Während in den Vereinigten Staaten das Dinner immer häufiger als gesellschaftliche Angelegenheit zelebriert wird (die mindestens aus Vorspeise, Hauptgericht und Nachspeise besteht, eine gepflegte Kleidung verlangt und zu der man gerne Freunde und Geschäftspartner einlädt), sind die Sitten auf Hawaii stärker an seinem warmen Klima und den Bedürfnissen der Urlauber angepaßt. D.h. daß man nur bei den wirklich besten Adressen mit Anzug und Krawatte bzw. eleganter Abendgarderobe erscheinen sollte, es ansonsten aber lockere Freizeitkleidung tut.
(Vgl. auch KAPITEL 3.2.2)

In den Reisekapiteln geben bei der Klassifizierung ausgewählter Restaurants die Dollarzeichen die ungefähre Preisspanne für ein durchschnittliches Abendessen mit Suppe oder Salat an (ohne Getränke und Trinkgeld):

$	unter US$ 15,—	**$$$$**	unter US$ 60,—
$$	unter US$ 30,—	**$$$$$**	über US$ 60,—
$$$	unter US$ 45,—		

➔ Rundfunk

In Hawaii gibt es annähernd 40 private und staatliche Rundfunkstationen, die einen rund um die Uhr mit Musik und Reklame versorgen. Gute hawaiische Musik hört man am besten über den Sender *KCCN* auf der Frequenz 1420 KHz/AM. Die Deutsche Welle kann über Kurzwelle empfangen werden.

S Souvenirs

siehe unter "EINKAUFEN"

➔ Sport

siehe KAPITEL 3.2.3

➔ Sprache

siehe KAPITEL 2.3.1

➔ Strom

In Hawaii herrscht wie überall in den USA die Wechselspannung 110 V/60 Hz. Üblich sind drei- oder zweipolige Flachstecker, für die ein Adapter notwendig ist. Dieser kann in einigen Hotels ausgeliehen werden, besser ist es aber, wenn Sie ihn von zu Hause mitbringen. Der Adapter hat nur Sinn, wenn Sie das entsprechende Gerät auf 110 V umschalten können. In allen besseren Hotels können Sie jedoch z.B. einen Fön ausleihen.

T Taxis

Auf allen Inseln gibt es mehrere Taxiunternehmen, bei denen man sich einen Wagen telefonisch bestellen kann (Rufnummern in den touristischen Hinweisen der Reisekapitel). Taxistände gibt es an den Flughäfen, vor den größeren Hotels, an einigen touristischen Attraktionen sowie auf Oahu an den Bushaltestellen nach Einstellung des Busverkehrs.
Eine Taxifahrt ist in Hawaii eine recht teure Angelegenheit, und es lohnt sich nicht, längere Strecken auf diese Weise zurückzulegen. Oft liegt nämlich der 24-Stunden-Preis für einen Mietwagen unter dem Taxi-Tarif für eine 20-km-Tour.

➔ Telekommunikation

• Telefonnummern

Bei einem direkten Telefongespräch **von Hawaii** nach Mitteleuropa wählt man
- **nach Deutschland:** 011-49, dann die Ortskennzahl ohne 0 und die Rufnummer
- **nach Österreich:** 011-43, dann die Ortskennzahl ohne 0 und die Rufnummer
- **in die Schweiz:** 011-43, dann die Ortskennzahl ohne 0 und die Rufnummer.

Von Europa aus wählt man 001 (für USA), dann 808 (für Hawaii), dann die siebenstellige Rufnummer.

• Telefonieren

Die gesamte Telekommunikation wird in den USA von privaten Firmen organisiert, was Vor- und Nachteile hat. Ein Vorteil ist sicher der geringere Preis, wobei allerdings der Tarifdschungel mit seinen günstigen und weniger günstigen Zeiten für Ausländer schwer durchschaubar ist (Faustregel: Am billigsten sind Gespräche zwischen 23.00 und 8.00 Uhr). In Amerika unterscheidet man folgende **Arten von Telefongesprächen**:
- **station to station call:** Anruf von Ihrem Apparat zu dem gewünschten Anschluß
- **person to person call:** Sie sagen dem Operator, wen Sie sprechen möchten. Erst wenn er die gewünschte Person erreicht hat, zahlen Sie.
- **third number calls:** Sie telefonieren über den Operator, das Gespräch zahlen jedoch weder Sie, noch der Angerufene, sondern ein Dritter (beispielsweise ein Freund in den USA). Dessen Nummer teilen Sie dem Operator mit, der sich natürlich vorab das Einverständnis der *'third number'* einholt.
- **collect call (R-Gespräche):** Der Angerufene zahlt für Sie, nachdem er dem Operator dazu das Einverständnis gegeben hat. Wenn Sie ein R-Gespräch nach

Deutschland wünschen, gibt es eine direkte Vermittlung über Frankfurt/M. Dazu wählen Sie von Hawaii aus 1-800-292-0049 und nennen die gewünschte Rufnummer. Dieser Service ist deutschsprachig, allerdings auch etwas teurer (für den Angerufenen).

Bei der häufigsten und nach unserem Verständnis üblichen Telefonart, dem *station to station call*, gibt es verschiedene Möglichkeiten:

- Entweder Sie gehen zu einer **Telefonzelle** und wählen die entsprechende Nummer. Handelt es sich um ein Ortsgespräch (ein Telefonat innerhalb einer Insel), reichen 25 Cent. Handelt es sich um ein Ferngespräch (dazu zählen auch Telefonate zwischen den Inseln), schaltet sich zumeist ein Operator ein, der Ihnen sagt, wieviel Sie zu zahlen haben. Während man für ein Drei-Minuten-Gespräch z.B. zwischen Oahu und Kauai rund US$ 2,50 benötigt, kommt man nach Europa selten unter US$ 8 davon, was eine entsprechend große Anzahl an Münzen (10 Cents und 25 Cents) notwendig macht. Sobald Ihr Kredit verbraucht ist, schaltet sich der Operator in das Gespräch ein und verlangt nach weiteren Münzen – eine z.T. unbequeme und nervenaufreibende Angelegenheit, die durch die oft schnelle Sprechweise des Operators zusätzlich erschwert wird. Einfacher wird es, wenn Sie über eine Kreditkarte mit Telefonkodierung oder über eine spezielle **Calling Card** verfügen. Eine solche wird z.B. ab Deutschland von verschiedenen Reiseveranstaltern und Telekommunikations-Unternehmen angeboten. Da gibt es u.a. die "CA-Karte" von *Global Link*, die als Wertkarte in den Versionen für DM 35,- und DM 50,- zu bestellen ist. Demgegenüber werden die Gebühren bei der *T.N.C. Travel Card* dem Bankkonto oder der Kreditkarte belastet (Infos: Tel.: 040-3258110). Und die *Deutsche Telekom* bietet die *"T-Card"* an, bei der die Gebühren dem eigenen Telefon-Konto belastet werden, oder eine Wertkarte für DM 25,- (Infos unter Tel.: 01114 oder bei Ihrem örtlichen Telekom-Shop). Bei allen genannten Karten kann man in den USA von jedem Tastentelefon aus bargeldlos telefonieren und hat den Vorteil eines deutschsprachigen Services. Vor Ort können Sie sich eine Calling Card u.a. von der Gesellschaft *AT&T* besorgen. Ein weiterer Vorteil solcher Karten besteht darin, daß viele Pensionen ihre Telefonapparate gegen Ferngespräche, die nicht mit einer persönlichen Calling Card geführt werden, gesperrt haben *(toll restriction)*.
- Die zweite Möglichkeit ist, daß Sie Ihr Gespräch von einem Büro der Firma *Phone Line Hawaii* (Tel.: 923-1214) aus führen. Diese Firma ist in Honolulu durch folgende zwei Filialen vertreten (jeweils 8.30-23.00 Uhr geöffnet):
  International Market Place, Kalakaua Ave., 1. Stock
  Discovery Bay Center, 1778 Ala Moana Blvd.
- Die dritte und einfachste, allerdings auch teuerste Möglichkeit ist ein Telefongespräch aus ihrem **Hotelzimmer**. Normalerweise muß die Leitung vom Zimmer vorher freigeschaltet werden, indem Sie an der Rezeption ein *Deposit* in Form eines Kreditkartenabzuges oder in Bargeld hinterlegt haben. Um eine Freileitung zu bekommen, wählt man in den meisten Fällen eine 8 oder 9 vor. Durchschnittswerte für das Telefonieren vom Hotelzimmer aus sind 50 Cents für Ortsgespräche *(= local call)* und ungefähr US$ 12 für ein Drei-Minuten-Ferngespräch *(= long distance call)* nach Europa.

• Telefax

Über ein Faxgerät verfügt jedes Hotel und die meisten Pensionen oder Bed & Breakfast-Häuser, die Benutzung ist i.d.R. über die Rezeption gegen Gebühr möglich. Bei einigen Hotels der Luxusklasse befindet sich sogar ein privates Faxgerät im Zimmer. Ansonsten gibt es die Möglichkeit, in einem Hauptpostamt ein Fax zu versenden.

➔ Toiletten

Öffentliche Toiletten gibt es nur in den Flughäfen sowie an den meisten Beach Parks und an einigen Raststätten in den Nationalparks. Darüber hinaus besitzt jedes Shopping Center sanitäre Anlagen. Das Wort 'Toilette' oder 'WC' versucht man, nach Möglichkeit zu vermeiden; stattdessen sagt man *"Rest Room"* bzw. *"Ladies' Room"* für Damen und *"Men's Room"* für Herren.

➔ Trinkgeld

Anders als in Mitteleuropa ist das Trinkgeld (= *tip, gratuity)* in **Restaurants** und **Bars** nicht inbegriffen und für das Personal ein unverzichtbarer Bestandteil seines Verdienstes (der übrigens auch pauschal besteuert werden muß). Üblich ist ein Trinkgeld, das sich je nach Ihrer Zufriedenheit zwischen 15% und 20% des Rechnungsbetrages bewegt (dies betrifft nicht die Fast-Food-Ketten!). Diesen Betrag läßt man entweder auf dem Tisch liegen oder trägt ihn auf dem Kreditkartenbeleg ein. In Bars wird häufig sogar mehr gegeben, als Anhaltspunkt mag hier der Betrag von US$ 1 für zwei Bier dienen.

Ein Trinkgeld erwarten auch Zimmermädchen, Taxifahrer, Gepäckträger, Platzanweiser im Kino sowie bei begleiteten Ausflügen der Busfahrer und der Reiseleiter. **Gepäckträgern** gibt man pro Gepäckstück und je nach Größe US$ 0,50-1,00, einem **Zimmermädchen** etwa US$ 1 pro Übernachtungstag, einem **Busfahrer** US$ 1 pro Ausflug und einem **Reiseleiter** US$ 1-2; im **Taxi** rundet man ebenfalls mit ca. 15% des angezeigten Betrages großzügig auf.

➔ Trinkwasser

Das Leitungswasser in Hawaii ist rein und kann ohne Bedenken getrunken werden.

U Unterkunft

- **Jugendherbergen/YMCA:**

Jugendherbergen oder *YMCA*s sind auf der Inselgruppe nur spärlich gesät: Zwei Häuser des *American Youth Hostel*-Verbandes gibt es in Honolulu bzw. Waikiki, ein *YMCA* jeweils auf Oahu, Kauai und Maui. Preisgünstige Unterkünfte mit Mehrbettzimmern und vorwiegend jugendlichem Publikum sind außerdem in einigen Ortschaften an Oahus Nordküste und z.B. in Wailuku auf Maui oder in Hilo auf Big Island vorhanden.

- **Bed & Breakfast/Ferienhäuser:**

Immer beliebter wird vor allem bei ausländischen Gästen ein Aufenthalt in einer 'B&B'-Pension oder in einem Ferienhäuschen: Hier kann man abseits des Touristenrummels und der Hotelhochburgen seinen Urlaub erholsam und in der Relation auch preisgünstiger verbringen, hat bei einigen Häusern (und wenn man es möchte) Familienanschluß, in jedem Fall aber Insidertips aus erster Hand. Inzwischen haben sich eine Reihe von Vermietern auf den wachsenden Markt spezialisiert, davon auch einige mit deutschem Background bzw. Sprachkenntnissen. Ihre Ferienhäuser liegen über alle Inseln verstreut (auf Oahu mit Schwerpunkt Kailua) und decken die gesamte Bandbreite von rustikalem und einfachen Holzhäuschen bis hin zum luxuriös ausgestatteten Studio mit eigenem Pool ab. Einige Beispiele für empfehlenswerte Häuser sind mit Preisangabe in den touristischen Hinweisen der einzelnen Reisekapitel aufgeführt. Die freundlichen Besitzer sind alle sehr um ihre Gäste bemüht, geben Ratschläge und bieten auch günstige Mietwagen und/oder Flüge an. Es empfiehlt sich, wegen einer Ferienwohnung einige Monate im voraus Kontakt aufzunehmen. Beim Anruf oder Fax sollten Sie möglichst genau mitteilen, in welcher Zeit und mit wie vielen Personen Sie reisen, welche Insel(n) Sie besuchen, welchen Unterkunftstyp Sie wünschen und ob weitere touristische Leistungen gebucht oder andere Sonderwünsche erfüllt werden sollen. I.d.R. erhalten Sie sehr schnell eine komplette Liste aller Ferienwohnungen oder bereits ein auf Ihre Wünsche zugeschnittenes Angebot. Nach einer Anzahlung bekommen Sie später dann die Reservierungsbestätigung mit der genauen Adresse, evtl. auch Ihre Mietwagen-Reservierung und/oder Inland-Flugtickets. An dieser Stelle seien vier Organisationen genannt, mit denen ich sehr gute Erfahrungen sammeln konnte:

- *Hawaiian Islands, Bed & Breakfast and Vacation Rentals* (Verena Rainalter), 572 Kailua Rd., Suite 201, Kailua, Oahu, HI 96734, Tel.: 261-7895, Fax: 262-2181. Rund 500 Zimmer, Studios und Bungalows, mit Frühstück oder Küche, auf allen Inseln vertreten.
- *All Islands Bed & Breakfast* (Ann Carlin), 823 Kainui Dr., Kailua (Oahu), HI 96734, Tel.: 263-2342, gebührenfrei: 1-800-542-0344, Fax: 263-0308. Mehr als 475 Unterkünfte auf allen Inseln, mit Schwerpunkt Kailua auf Oahu.
- *Affordable Paradise Bed & Breakfast* (Maria und William Wilson), 226 Pouli Rd., Kailua (Oahu) HI 96734, Tel.: 262-7865, Fax: 261-7315. Mehr als 200 Unterkünfte auf Oahu, Maui, Kauai und Big Island; u.a. Zimmer in Privathäusern (mit Frühstück), Studios, Suiten oder private Bungalows, ab US$ 35 für ein Doppelzimmer. Infos und Beratung auch unter der deutschen Kontaktadresse erhältlich: *Bed & Breakfast Agentur,* Bogenstr. 8a, D-85649 Waldbrunn/Brunnthal, Tel.: 08102-71925, Fax: 08102-71915.
- *Pacific Hawaii Bed & Breakfast* (Doris Epp-Reichert), 602 Kailua Rd., Ste. 602, Kailua (Oahu), HI 96734, Tel.: 261-0532, mehrere hundert Unterkünfte auf allen Inseln.

• **Condominiums:**

Unter Condominium-Anlagen *(Condos)* versteht man Ferienapartments, deren Einheiten i.d.R. mit Küche und Schlaf-/Wohnzimmer ausgestattet sind und vorzugsweise wochen- oder monatsweise vermietet werden. Viele Einheiten sind von Langzeitmietern belegt, nicht selten auch als Eigentumswohnungen verkauft, wobei sich mehrere Besitzer eine Wohnung mit festgelegten Wohnrecht-Terminen *(timesharing)* teilen können. Häufig unterscheiden sich äußerlich die Condominiums nicht von Hotelbetrieben (parkähnliche Umgebung, Swimmingpool, Tennisplätze, Grillplätze) und werden auch ähnlich geführt (Rezeption, Zimmerservice). Das größte Angebot vermietbarer *Condos* hat die Firma *Aston Hostels & Resorts,* die auf vielen Inseln vertreten ist. Der große Vorteil von Condominiums ist ihr vergleichsweise günstiger Preis, besonders, wenn sich mehrere Personen eine Wohneinheit teilen und als Selbstversorger die Küche nutzen. Diese besteht mindestens aus einem Kühlschrank, Herd, Kaffeemaschine, Kochgeschirr etc., oft ist aber auch eine Spül- und eine Waschmaschine vorhanden. Die Mindestmietzeit liegt i.d.R. bei drei Nächten. In den Reisekapiteln werden einige wenige Condominiums genannt, weitere Hinweise geben der *Accomodation Guide* des Fremdenverkehrsamtes oder die Gelben Seiten der Telefonbücher.

• **Hotels:**

Neben New York, Florida und Las Vegas weist Hawaii die dichteste Hotelkonzentration in den USA auf. Die Bandbreite der angebotenen Unterkünfte umfaßt da-

bei Mega-Anlagen mit über 1.000 Zimmern genauso wie kleine, unverwechselbare Häuser mit persönlichem Service. Achten Sie bei der Buchung auf die Zimmerkategorie und die eingeschlossene Verpflegungsleistung. **Zimmer** werden eingeteilt in die **Kategorien** *Standard, Superior, Deluxe* und *Suiten*, die sich hinsichtlich ihrer Größe, Lage innerhalb des Hotels und Ausstattung unterscheiden. Selbst Standard-Zimmer bieten i.d.R. aber drei Personen Platz, und ein Zustellbett kostet meist nur einen geringen Aufpreis. Zur Standardausstattung gehören bei den moderneren Hotels heutzutage ein Bad mit WC und Dusche, Farb-TV, Ventilator oder Klimaanlage und Balkon, sehr häufig sind aber auch Minibar, Safe, Kaffeemaschine und Kühlschrank selbst in den billigeren Zimmern vorhanden. Unabhängig von der Kategorie macht oft auch der Ausblick vom Balkon einen Preisunterschied aus, wobei natürlich die Zimmer mit *Ocean View* (= Meeresblick) teurer sind als die mit *Garden View* oder *Mountain View*. Je nach Lage des Hotels lohnt es sich, den Aufschlag zu zahlen, denn nichts ist schöner, als morgens vom Sonnenaufgang geweckt zu werden oder abends den Sonnenuntergang vom 'eigenen' Balkon aus zu beobachten. Hinsichtlich der **Verpflegungsleistung** werden am häufigsten in den Programmen Unterkünfte nach dem sog. *European Plan (EP)* mit bloßer Übernachtung, also ohne Frühstück angeboten. Im *Continental Plan (CP)* ist das Frühstück eingeschlossen, beim *Modified American Plan (MAP)* Halbpension und beim *American Plan (AP)* Vollpension.
Trotz des großen Hotelangebots können viele Häuser in der Hochsaison ausgebucht sein, weswegen sich eine **rechtzeitige Anmeldung** empfiehlt. Ein weiterer Grund spricht für die Vorreservierung vom Heimatort aus: Zusammen mit einer Flugbuchung oder anderen touristischen Leistungen (Pauschalangebote) bekommen Sie das gewünschte Hotelzimmer zu erheblich günstigeren Preisen als vor Ort, haben außerdem keine lästige Sucherei nach einem langen Flug, können sich auf die Prospektbeschreibung berufen und haben im Fall von Reklamationen das kundenfreundliche deutsche Reiserecht auf Ihrer Seite.

Üblicherweise ist auf Hawaii der frühestmögliche Termin zum **Einchecken** 15.00 Uhr. Dabei wird von den meisten Hotels ein Abzug der Kreditkarte gemacht, der als Kaution für Telefongespräche, Zimmerservice, Minibar etc. dient. Wer keine Kreditkarte besitzt, muß ein Deposit mit Bargeld hinterlegen, welches bei der Abreise mit den Kosten verrechnet bzw. zurückerstattet wird. Der **Check-out** muß normalerweise bis 12.00 Uhr erfolgen; wessen Abflug erst am Abend ist, kann sein Gepäck dem *'Bell Captain'* zur Aufbewahrung geben. Für Gruppen wird in diesem Fall oft ein Hotelzimmer *(= hospitality room)* zur Verfügung gestellt, dessen sanitäre Einrichtungen genutzt werden können. Oft ist es auch möglich, nach vorheriger Anmeldung das eigene Zimmer gegen Aufpreis bis zum Abend zu behalten. Falls für Sie im Hotel eine Nachricht abgegeben wurde, leuchtet in den größeren Hotels eine rote Lampe am Telefon auf. In diesem Fall wende man sich an die Rezeption.

Einige Fachbegriffe:

baggage	Gepäck
bell captain	Gepäckaufsicht
check in (out)	An(Ab)meldung
double	Doppelbett
elevator	Fahrstuhl
front desk	Rezeption
kingsize, queensize bed	besonders große Doppelbetten
(no) vacancy	(nicht) ausgebucht
room service	Zimmerbedienung
single	Einzelzimmer
twin	zwei getrennte Betten

Angesichts des enormen Hotel-Angebotes können in diesem Reise-Handbuch nur einige wenige Adressen genannt werden; dabei wurde versucht, einen repräsentativen Querschnitt zu geben. Die Auswahl und die bewertenden Aussagen entstammen allein dem subjektiven Empfinden des Autors; Häuser, die in diese Auswahl nicht aufgenommen wurden, müssen deswegen nicht schlechter sein!

Die jeweilige Preiskategorie der meisten Unterkünfte ist mit Dollarsymbolen gekennzeichnet. Da durch Saisonzeiten, Sondertarife, unterschiedliche Zimmerkategorien, allgemeine Preisentwicklung etc. gerade auf diesem Sektor verläßliche Angaben schwer zu machen sind, können die Symbole nicht mehr als eine vage Richtschnur sein.
Die Kategorisierung versteht sich als Preis p.P. bei der Übernachtung im Doppelzimmer (Standard), ohne Frühstück.

$	unter DM 50	/ US$ 30	(= einfacher Standard)
$$	unter DM 80	/ US$ 50	(= Mittelklasse-Hotel)
$$$	unter DM 110	/ US$ 70	(= Hotel der gehobenen Mittelklasse)
$$$$	unter DM 160	/ US$ 100	(= First-Class-Hotel)
$$$$$	über DM 160	/ US$ 100	(= Luxushotel)

Buchtip
Vom Hawaii Visitors Bureau wird ein alljährlich aktualisierter *'Accomodation Guide'* mit Anschriften und Kurzbeschreibungen der meisten Hotels, Condominiums und Bed & Breakfast-Häuser herausgegeben. Das Heft ist auch über das Fremdenverkehrsamt in Frankfurt erhältlich.

V Verkehrsregeln

siehe unter "AUTOFAHREN"

➔ Versicherung

Es ist sinnvoll, eine Reisegepäck-, eine Reisekranken- und eine Unfallversicherung (letztere mit Rücktransportversicherung) abzuschließen. Hinweise geben die Reisebüros.

W Wäsche

Fast alle größeren Hotels auf Hawaii bieten einen 24-Stunden Wäscheservice an *(laundry service* bzw. *valet service).* In kleineren Häusern können die Gäste i.d.R. ebenfalls ihre Wäsche waschen lassen, da dies aber meist über eine Agentur außer Haus geschieht, dauert es dort etwas länger.

Wer ein Ferienhaus oder ein Apartment einer Condominium-Anlage gemietet hat, kann zumeist auf einen Münzwaschautomaten *(coin laundry)* zurückgreifen. Außerdem stehen in der Innenstadt von Honolulu/Waikiki, in anderen größeren Orten und in den zahlreichen Shopping-Zentren Waschmaschinen und Trockner zur Verfügung, für die man sich einige 25-Cent-Stücke aufbewahren sollte. Waschmittel sind ebenfalls in solchen Salons zu bekommen.

Z Zeit

Im Vergleich zur MEZ liegt Hawaii um 11 Stunden zurück (wenn es in Deutschland 12.00 Uhr mittags ist, ist es in Hawaii erst 1.00 Uhr morgens). Der Unterschied zur amerikanischen Ostküste (z.B. New York) beträgt 5 Stunden, der zur amerikanischen Westküste (z.B. Los Angeles) 2 Stunden.

Anders als Europa und alle anderen US-Staaten hat Hawaii **keine Sommerzeit**! In dieser Periode beträgt der Zeitunterschied zu Europa also 12, zur amerikanischen Ostküste 6 und zur amerikanischen Westküste 3 Stunden.

➔ Zeitungen

Europäische oder gar deutsche Tageszeitungen wird man auf Hawaii vergeblich suchen, deutsche Magazine bekommt man bisweilen am Flughafen Honolulu (dann aber meist mit großer Verspätung). Wer auf dem laufenden bleiben möchte, sollte sich eine der amerikanischen Zeitungen besorgen. Weit verbreitet sind die bunte *'USA Today'* und die *'New York Times'* sowie Westküstenblätter wie der *'San Francisco Chronicle'* oder die *'Los Angeles Times'*. Als Wochenzeitschriften empfehlen sich vor allem die *'Newsweek'* und die *'Times'* für politische Berichte sowie die *'Forbes'* und die *'Business Week'* für den Wirtschaftsbereich.

Unter den hawaiische Blättern sind die Morgenzeitung *'Honolulu Advertiser'* und das nachmittags erscheinende *'Honolulu Star Bulletin'* – beide mit einer Auflage von ca. 100.000 Exemplaren – am renommiertesten. Sie berichten zuverlässig über die Weltpolitik und Lokales und können mit ihren Veranstaltungshinweisen und Kleinanzeigen auch für Touristen von Nutzen sein. Kleinere Lokalblätter gibt es auf allen Inseln, daneben Zeitungen in japanischer und chinesischer Sprache.

➔ Zoll

Bei der **Einreise** sind alle Gegenstände des persönlichen Bedarfs zollfrei. Außerdem dürfen **zollfrei eingeführt** werden: 200 Zigaretten, 2 kg Tabak oder 50 Zigarren, 1 l Alkoholika (p.P. ab 21 Jahre), Geschenke im Wert von 100 US$. Zahlungsmittel im Wert von über 10.000 US$ müssen deklariert werden. Lebensmittel, besonders Frischwaren/Obst, sowie Pflanzen dürfen nicht eingeführt werden.

Bei der **Wiedereinreise nach Deutschland** oder ein anderes EU-Land sind **zollfrei**:

200 Zigaretten oder 50 Zigarren oder 250 g Tabak, 1 l Spirituosen über 22% Vol. oder 2 l Spirituosen unter 22% Vol., 2 l Wein (jeweils für Personen ab 18 Jahren), 50 g Parfüm, 250 g Kaffee, 100 g Tee, sonstige Waren im Gegenwert von DM 115,-.

3.2 HAWAIISCHES KALEIDOSKOP

3.2.1 FESTE, FESTIVALS UND VERANSTALTUNGEN

Das warme Klima, gepaart mit pazifischer Lebensfreude, lassen die hawaiischen Veranstaltungen aller Art zu einem unvergeßlichen Erlebnis werden. Jede einzelne der ethnischen Gruppen hat dabei ihre eigene Weise, nationale oder religiöse Feste zu begehen, und die Touristen sind zur Teilnahme herzlich eingeladen. Seien es nun Sportwettkämpfe, offizielle Feiertage (vgl. im KAPITEL 3.1 unter Stichwort "FEIERTAGE"), religiöse oder kommerzielle Veranstaltungen, immer werden Sie nicht nur auf freundliche Menschen, sondern auch auf ein umfangreiches Begleitprogramm stoßen, in dem für Musik ebenso gesorgt wird wie für das leibliche Wohl der Besucher.

Im nachfolgenden Veranstaltungskalender finden Sie einige der wichtigsten Inselfeste aufgelistet. Daneben gibt es aber noch eine große Anzahl von Sportveranstaltungen (vgl. KAPITEL 3.2.3 und 3.2.4), Verkaufsausstellungen oder sonstiger lokaler Feierlichkeiten. Selbst wenn man bei einigen Festivals Eintritt zahlen muß (1-5 US$), lohnt sich die Teilnahme immer; genießen Sie also die Atmosphäre und nehmen Sie Eindrücke und Schnappschüsse voller Lokalkolorit mit. Über den Ort und genauen Zeitpunkt der Veranstaltungen informiert Sie die Tagespresse, Ihre Hotelrezeption oder das örtliche Fremdenverkehrsamt, wo man einen aktuellen *Calendar of Events* bekommen kann. Am besten fragen Sie gleich nach Ankunft, ob, wann und wo in der Zeit Ihres Aufenthaltes ein Fest ansteht.

Veranstaltungskalender
(Auswahl; in Klammern: Info-Telefonnummern):

- **Januar:**

- Mitte bis Ende des Monats (genauer: am zweiten Neumond nach der Wintersonnenwende) gibt es beim chinesischen Neujahrsfest *(Chinese New Year Celebration)* 15 Tage lang in den Straßen von Honolulus Chinatown Drachentänze, Trommelumzüge und Feuerwerk zu sehen. Gleichzeitig wird bis Anfang März (5 Wochen lang) in der Chinatown das Narzissenfestival *(Narcissus Festival)* gefeiert, den Höhepunkt bildet die Wahl der 'Narzissenkönigin' (Tel.: 533-3181).

- **Februar:**

- Die japanische Gemeinde feiert in Honolulu ihr Kirschblütenfest *(Cherry Blossom Festival),* das oft schon im Januar beginnt und ebenfalls bis in den März geht – insgesamt 11 Wochen lang. Ein Höhepunkt findet Ende Februar mit der Wahl der 'Kirschblütenkönigin' und historischen Kriegsschauspielen statt (Tel.: 949-2255).
- Am Anfang des Monats wird im Manoa Valley bei Honolulu der größte, farbenfroheste und bekannteste Karneval *(Carnival)* von Hawaii abgehalten (Tel.: 944-5752).
- Beim *Haleiwa Sea Spree* wird in der Gegend von Haleiwa und Waialua (Oahu) ein buntes Programm zu Ehren von Königin Liliuokalani abgehalten, u.a. ein Markt, Surfwettbewerbe, Umzüge und Kanurennen.

- **März:**

- Am 3. März sieht man die meisten japanischen Geschäfte mit Puppen dekoriert. Der Grund: An diesem Tag feiert man in Japan den 'Tag des Mädchens' *(Hinamatsuri),* an dem man jungen Mädchen Puppen schenkt.

- Am 17. März hat die kleine, aber sehr aktive irische Gemeinde ihren großen Tag: Zu Ehren des Nationalheiligen St. Patrick gibt es auf der Kalakaua Avenue in Waikiki eine Parade mit grünen Fahnen und irischer Musik *(St. Patrick's Day).*
- Im Kapiolani Park von Honolulu wird der Drachensegel-Wettbewerb *(Oahu Kite Festival)* mit Teilnehmern aller Altersstufen ausgetragen. Prämiert werden die schönsten und die erfolgreichsten Drachen.
- In Hilo ist die Wahl zur *Miss Aloha* eine Attraktion, bei der einige der hübschesten Mädchen der Inseln zu sehen sind (Tel.: 935-5022).
- Der *Prince Kuhio Day*, ein offizieller Feiertag am 26. März, wird überall auf den Inseln festlich begangen. Den wichtigsten Gedenkfeiern und Gottesdiensten kann man in Poipu (Kauai; mit Kanurennen und Tänzen), wo der letzte Sproß der Königsdynastie geboren wurde, sowie auf Oahu in der Kawaiiahao-Kirche (Honolulu) und im Royal Mausoleum (Nuuanu Valley) beiwohnen.

● **April:**
- Das *Merry Monarch Festival* zum Gedenken an den letzten König Kalakaua wird an vielen Orten mit allen möglichen Veranstaltungen (Kostümfeste, Blumenschauen usw.) begangen. Am interessantesten ist sicherlich das einwöchige Festival in Hilo auf Big Island, das am Ostersonntag beginnt und bei dem sehr sehenswerte Hula-Wettbewerbe abgehalten werden (Tel.: 935-9168).
- Das Osterfest wird von den katholischen Gemeinden mit Gottesdiensten und Osterfeuern begangen. Sehr eindrucksvoll ist am Ostersonntag die Christmette zum Sonnenaufgang auf dem Kraterrand des Punchbowl-Militärfriedhofes oberhalb von Honolulu. In mehreren Dörfern und Städten finden sog. Osterhut-Paraden mit originellen, aus Palmblättern hergestellten Kopfbedeckungen statt.
- Buddhas Geburtstag *(Buddha Day)* ist ein religiöser Festtag der (hauptsächlich japanischen) Buddhisten. Er wird von Teezeremonien, alten Gesängen und anderen Kulturveranstaltungen begleitet.

● **Mai:**
- Unser 'Tag der Arbeit' ist auf Hawaii der *'Lei Day'*, bei dem also das traditionelle Kunsthandwerk der Blumenkränze seinen Höhepunkt erlebt. Selbst der mürrischste Tourist wird heute mit einem kunstvoll geknüpften Gebinde bedacht, überall sieht man lächelnde Gesichter und Musikgruppen. Zentrum der Aktivitäten ist der Kapiolani-Park in Waikiki mit *Lei*-Knüpf-Wettbewerben, Hula-Shows und der Wahl der *Lei*-Königin zum Sonnenuntergang.
- Die *'Fiesta Filipina'* dauert den ganzen Monat über und ist der Höhepunkt des Festjahres für die Philippinos.
- Ende Mai/Anfang Juni begehen in Honolulu und in anderen Orten die Einwanderer aus dem pazifischen Raum und die Hawaiier gemeinsam das *Festival of the Pacific* mit Gesängen, Tänzen und Sportveranstaltungen.

● **Juni:**
- Der *Kamehameha-Day* wird überall im Bundesstaat am 11. Juni (sowie an den Tagen davor und danach) sehr feierlich begangen. Die Statue des großen Königs in Honolulus Downtown ist aber unbestreitbar der Mittelpunkt dieser Aktivitäten. Am gleichen Tag zieht eine farbenprächtige Parade über die Kalakaua Avenue (Tel.: 586-0333).
- Am Ende des Monats kann man in Honolulu während der *King Kamehameha Hula Competition* die besten Tänzer der Inseln im Wettstreit bewundern.

● **Juli:**
- Der offizielle Feiertag am 4. Juli *(Unabhängigkeitstag)* wird auf allen Inseln mit unterschiedlichen Veranstaltungen verknüpft, z.B. Rodeos, Yacht- und Kanurennen, Feuerwerk, Paraden usw.

- In der Mitte des Monats findet auf dem Thomas Square in Honolulu die Kunsthandwerksmesse *Pacific Handicrafts Fair* statt (Tel.: 254-6788).
- Das japanische *O-Bon-* oder *Bon-Odori*-Festival wird von den Buddhisten zu unterschiedlichen Zeiten z.T. bis in den August hinein gefeiert. Sie ehren ihre Ahnen durch Trommeltänze, Festtagskleidung und 'schwimmende Laternen'. Schauplätze sind u.a. die japanischen Jodo-Missionen von Haleiwa, (Oahu, Tel.: 637-4382) und Lahaina (Maui, Tel.: 661-4304). In Waikiki gibt es eine Laternenparade auf dem Ala Wai Canal.

- **August:**

- Zu Anfang des Monats ist der Kapiolani Park in Waikiki Schauplatz des *Na Hula O Hawaii Festivals,* bei dem traditioneller und moderner Hula vorgestellt wird (Tel.: 836-0974).
- Mitte August findet an der restaurierten Tempelanlage in Kawaihae auf Big Island das *Puukohola Heiau Cultural Festival* statt, bei dem die Demonstration von alten Tänzen, Liedern und Kunsthandwerk sowie traditionelle Speisen im Vordergrund stehen (Tel.: 882-7218).

- **September:**

- Ganz dem Wassersport gewidmet ist das *Hawaiian Ocean Fest*, das etwa 8 Tage lang in der ersten Monatshälfte in Waikiki stattfindet. Die besten Rettungsmannschaften *(life guards)* Amerikas kämpfen hier um Preise bei Kanu-, Surf- und Rettungsschwimm-Wettbewerben, daneben gibt es Windsurfing-Meisterschaften und Auslegerboot-Rennen.
- Das einwöchige *Aloha Festival* ist eines der größten Feste im Bundesstaat und wird auf allen Inseln mit Umzügen, Kanurennen, Tanzaufführungen etc. gefeiert. Den Anfang macht Oahu, wo zur Monatsmitte die berühmte Blumenparade abgehalten wird (Tel.: 944-8857). Anschließend 'wandert' die *Aloha Week* zum Big Island, nach Molokai, Lanai, Maui und Kaui, wo die *Aloha Festivals* etwa Mitte Oktober zu Ende gehen.

- **Oktober:**

- Anfang Oktober finden die Aktivitäten im Waimea Falls Park (Nord-Oahu) während des *Mukahiki Festivals* ihren Höhepunkt (Tel.: 638-8511).
- Blumenfreunde kommen Mitte Oktober bei der Orchideenschau im Blaisdell Center von Honolulu auf ihre Kosten (Tel.: 527-5400).

- **November:**

- Anfang November findet in Kailua-Kona und an anderen Orten auf Big Island das viertägige *Kona Coffee Festival* statt (Tel.: 326-7820).
- Zur gleichen Zeit (manchmal aber auch schon im Oktober oder erst im Dezember) sind auf Maui Lahaina und Kaanapali die Schauplätze des *Na Mele O'Maui Festival*, bei dem alt-hawaiische Lieder und Tänze im Vordergrund stehen (Tel.: 661-3271).

Königlicher Wagen beim Aloha Festival

- Ähnliches wird zur Mitte des Monats auf Big Island geboten, und zwar beim *King Kalakaua Keiki Kula Festival* in Kailua-Kona.
- Beim offiziellen Feiertag des *Veterans Day* zieht in Honolulu am 11. November eine Parade mit Kriegsveteranen vom Fort de Russy zum Kapiolani-Park.

- **Dezember:**
- Ende November/Anfang Dezember lockt das *International Film Festival* Cineasten aus aller Welt nach Honolulu, wo im *East West Center* und den Kinos der Stadt etwa 100 neue Produktionen aus Asien, Amerika und den Pazifikstaaten vorgestellt werden (Tel.: 528-3456).
- Mitte Dezember werden am *Bodhi-Tag* alle buddhistischen Tempel geschmückt und besonders festliche Gottesdienste abgehalten (Tel.: 245-6262).

3.2.2 ESSEN UND TRINKEN

So bunt wie das Land und seine Bewohner ist auch die Küche von Hawaii – kein Wunder, wenn man bedenkt, welche kulinarischen Einflüsse seit vielen Jahrzehnten ihre Spuren hinterlassen haben. Vor allem natürlich in Honolulu, aber auch in vielen anderen touristischen Orten gibt es Spezialitätenrestaurants, die sich der amerikanischen, chinesischen, koreanischen, thailändischen, italienischen oder französischen Küche verschrieben haben; daneben setzen die Restaurants in den größeren Hotelanlagen oft eine an bestimmten Landesküchen orientierte Note. Dabei sieht man wegen der starken japanischen Bevölkerungsgruppe und dem Strom der japanischen Touristen immer häufiger fernöstliche Gerichte auf der Speisekarte.

Viele Restaurants (selbst in internationalen Hotels) haben ohnehin einen starken **japanische Akzent**, ganz abgesehen von den 'Sushi-Bars'. Ihren Namen führen diese Schnell-Gaststätten nach der Spezialität *Sushi*: einer Platte mit rohem Fisch, Algen oder Scampis, äußerst ästhetisch angerichtet und mit Gemüse oder Reisbällchen serviert. Auch die Speise *Sashimi* besteht aus rohem, in Streifen geschnittenem Fisch (meist Thunfisch), der mit Soja-Soße und Meerrettich angerichtet ist.

Welcher Nationalität auch immer sich ein Restaurant verpflichtet fühlt, seine Speisen bestehen i.d.R. aus frischer, von den Inseln kommender Ware. Die großen Ranchen versorgen die Metzger mit vorzüglichen Steaks, wohlschmekkende Früchte und Gemüse wachsen sozusagen im Vorgarten, und Fische oder Meeresfrüchte gehören ohnehin zu den kulinarischen Höhepunkten der hawaiischen Küche. Daß dabei viele Namen auf der Speisekarte ungewohnt (weil hawaiisch) sind, sollte keinen davon abhalten, gerade diese Köstlichkeiten zu probieren. Am häufigsten wird Ihnen dabei der *mahimahi* (Dorado) begegnen; er kommt das ganze Jahr über in dichten Beständen vor der Küste vor, besitzt ein festes, fast geruchloses Fleisch und wird in vielen Variationen zubereitet. Als Speisefisch sehr beliebt ist auch der *ahi*, ein Gelbflossen-Thunfisch, während die etwas selteneren Tiefseefische *opakapaka* (pink snapper) und *onaga* (red snapper) vor allem von Gourmet-Restaurants angeboten werden.

Das nahe Beieinander der unterschiedlichen Küchen und die Tatsache, daß ohnehin alle auf das gleiche insulare Angebot an frischen Rohwaren zurückgreifen, hat dazu geführt, daß enge geschmackliche Abgrenzungen aufgebrochen wurden und Zubereitungsarten verschiedener Herkunft miteinander verschmolzen sind. Z.B. stehen inzwischen selbst in einer Fast-Food-Kette wie *McDonald's* japanische Nudeln und Soßen auf der Speisekarte. Auf gehobenerem Niveau sind ein Resultat dieser gegenseitigen Beeinflussung die sog. *Pacific-Rim-Cuisine* und die *Nouvelle Cuisine Americaine.* Im ersten Fall handelt es sich um eine Kombination französischer und fernöstlicher Kochkunst auf der Grundlage frischer, lokaler Eßwaren, im zweiten Fall um eine Abwandlung der deftigen amerikanischen Küche mit leichter Kost und landestypischen Früchten sowie einer stärkeren Berücksichtigung von Fisch- und Seafood-Gerichten.

Typisch 'hawaiisches Essen', d.h. die traditionelle polynesische Küche, wird man als Tourist nur selten in authentischer Form genießen können. Die häufig angebotenen Luaus (s.u.) sind fast alle am amerikanisch-europäischen Geschmack orientiert.

Zum Restaurantbesuch ist noch anzumerken, daß dieser i.d.R. nicht gerade billig ausfallen wird, auch ist die Beachtung einiger lokaler Spielregeln notwendig (vgl. KAPITEL 3.1 unter dem Stichwort "RESTAURANTS").

Die folgende Übersicht will die einzelnen Mahlzeiten im Tagesablauf vorstellen und eine kleine Auswahl an typischen Gerichten auflisten:

Frühstück

Das Amerikanische Frühstück ist eine der beiden Hauptmahlzeiten und für die Leibesfülle vieler US-Bürger mitverantwortlich. Weitaus üppiger als bei uns wird in den Morgenstunden (die auf Hawaii auch gerne bis in den Mittag gehen können) gespeist: Mindestens zwei Eier, Schinken oder ein Steak, Kartoffeln, Brot, Marmelade und reichlich Ketchup gehören unverzichtbar dazu. Es ist aber i.d.R. möglich, die genannten Bestandteile einzeln zu bestellen. Als Konzession an die Europäer wird außerdem meist ein *'Continental Breakfast'* angeboten, daneben kann man in immer mehr Hotels ein chinesisch oder japanisch beeinflußtes Frühstück (Nudelsuppe etc.) bekommen.

In einem Land, in dem Trends jeweils von einer breiten Bevölkerungsschicht begeistert aufgenommen werden, sind auch die Eßsitten einem Wandel unterworfen. So hat nach der Anti-Salz-Kampagne die Anti-Cholesterin-Kampagne die USA überschwemmt, mit dem Ergebnis, daß oftmals cholesterinarmes Essen auf der Speisekarte besonders markiert ist und verschiedentlich – gegen Aufpreis – Spiegeleier ohne Eigelb angeboten werden.

Das Frühstück nimmt man in den Hotelrestaurants oder (billiger!) in den *Coffee Shops* ein. Im Übernachtungspreis ist es in den seltensten Fällen eingeschlossen.

Mögliche Bestandteile des Frühstücks und kleine Sprachhilfe

- **Frühstücksarten**

American Breakfast	üppiges Frühstück mit Eiern, Schinken oder Speck, Kartoffeln, Toast, Marmelade u.v.m.
Western Breakfast	amerikanisches Frühstück mit Steak
Continental Breakfast	kleines Frühstück mit Toast oder Croissant, Marmelade und Fruchtsaft

- **Eierspeisen**

boiled eggs	(weich) gekochte Eier
eggs over easy	beidseitig gebratene Eier
huevos rancheros	Eier auf Tortillas mit Chili-Soße
omelettes	Omelettes
poached eggs	pochierte Eier
scrambled eggs	Rühreier
sunny side up	Spieleier

- **Teigwaren**

bagel	festes, ringförmiges Brötchen
biscuit	Bisquit, ähnlich einem Zwieback
coffee cake	leicht süßes Gebäck
cookies	Kekse
Danish pastry	Blätterteigstückchen
English muffin	leicht süßes, halbes Brötchen
French Toast	in heißem Fett angebackenes Weißbrot, 'Armer Ritter'
onion roll	Zwiebelbrötchen
pancakes	Pfannkuchen
raisin bread	Rosinenbrot
rolls	weiche Brötchen
rye toast	Roggentoast
shortcake	Mürbeteigküchlein mit Früchten
waffles	Waffeln
wheat toast	Weizentoast

- **Beilagen**

baked beans	dicke Bohnen in Tomatensoße
bacon	Schinkenspeck
cornflakes	unterschiedliche Getreideflocken
crispies	knusprige Getreideflocken
french fries	Pommes Frites
granola, cereal	Müsli
ham	dicke Scheibe gekochter Schinken
hash browns	geschnetzelte Bratkartoffeln
sausages	Würstchen

- **Aufstrich**

Bologna sausage	Mettwurst
cottage cheese	Hüttenkäse
jam	Marmelade
jelly	Gelee
peanut butter	Erdnußbutter

Brunch

Vor allem in den größeren Waikiki-Hotels ist der "Brunch" eine weit verbreitete Einrichtung und wird i.d.R. an Sonn- und Feiertagen zwischen 11.00 und 14.00 Uhr angeboten. Die aus *'breakfast'* und *'lunch'* zusammengesetzte Wortschöpfung deutet schon an, daß es sich dabei um eine Mischung aus Frühstück und Mittagessen handelt und dementsprechend komponiert ist. Die Abfolge der kalten und warmen Speisen pflegt man sich an einem üppigen Buffet selbst zusammenzustellen.

Lunch

Das Mittagessen fällt im Gegensatz zum deutschsprachigen Raum eher bescheiden aus. Meistens suchen die Hawaiier in der kurzen Mittagspause einen Coffee Shop, eines der Fast-Food-Restaurants, eine Sushi-Bar oder eine Cafeteria auf und begnügen sich mit einem mehr oder weniger kleinen Imbiß. Auch Urlauber kommen mit einer leichten Zwischenmahlzeit, Obst oder einem spät eingenommenen amerikanischen Frühstück gut über den Tag, was zudem der Reisekasse zuträglich ist. Außerdem bieten viele Hotels ein Lunchpaket an, das Autotouristen und Wanderer unterwegs oder Badegäste am Strand verzehren können.

Wer trotzdem nicht auf das gewohnte 'größere' Mittagessen verzichten möchte, findet schon zur Mittagszeit in vielen Gaststätten das Angebot an Speisen und *Daily Specials*, auf das man sich in Amerika normalerweise fürs Abendessen freut.

Dinner

Das Abendessen ist die Hauptmahlzeit des Tages und wird etwa zwischen 18.00 und 21.00 Uhr eingenommen. Wer früher Hunger hat oder sparsam veranlagt ist, kann bei den *Early Bird Specials* zuschlagen, einem 'vorgezogenen' Abendessen, das zwischen 16.00-18.00 Uhr zu einem ca. 30% geringeren Preis angeboten wird.

Mögliche Bestandteile des Dinners und kleine Sprachhilfe:

- **Vorspeisen (starters/appetizers)**

wheat toast	Weizentoast
soup	Suppe (verschiedene Arten)
crab bisque	Krabbencremesuppe
shrimp cocktail	Krabbencocktail
cole slaw	roher Kohl mit Dressing

- **Hauptgerichte (entrées/main courses)**

\- **Fleisch:**

beef	Rind
lamb	Lamm
pork	Schwein
veal	Kalb
prime rib	Rinder-Rippenstück
spareribs	Schweinerippchen
steaks	Steaks

\- **Steakarten:**

sirloin steak	Lendensteak (sehr zart)
tenderloin steak	sehr feines Filet
T-bone steak	Steak mit T-förmigem Knochen

\- **Zubereitung:**

well done	ganz durchgebraten, 'französisch'
medium	halb durchgebraten, innen rosa
rare	nur außen angebraten, 'englisch'
BBQ (barbecue)	auf dem Grill zubereitet

- **Fisch:**

ahi (tuna)	Thunfisch
aku (skipjack tuna)	Bonito
akule (Mackarel)	Makrele
au (swordfish)	Schwertfisch
chowder	Fischcremesuppe
clams	Muscheln
crabs	Krebse
crayfish	Languste
hapu'upu'u (grouper)	Zackenbarsch
kajiki (blue marlin)	Blauer Marlin
kaku (barracuda)	Barrakuda
lobster	Hummer
mahimahi (dorado)	Goldmakrele
mano (shark)	Hai
onaga (red snapper)	Roter Schnapper
ono (wahoo)	Königsmakrele
oysters	Austern
shrimps	Krabben bzw. Garnelen
salmon	Lachs
scallops	Kamm-Muscheln
seafood	Meeresfrüchte

- **Geflügel:**

chicken	Hähnchen
duck	Ente
turkey	Truthahn

- **Beilagen**

baked potatoes	Folienkartoffeln
chips	gebratene Kartoffelscheiben
french fries	Pommes Frites
poi	Brei aus Taro-Wurzeln
salads	Salate
vegetables	Gemüse

- **Nachspeisen (desserts)**

brownies	'süße Stückchen'
hot fudge sundae	Eis mit warmer Schokoladensoße
ice cream	Eiscreme (sehr sahnig)
pies/tarts	Kuchen, Torten

Hawaiisches Essen/Luaus

Wer das Glück hat, von einem Einheimischen im privaten Rahmen zum Essen eingeladen zu werden, wird noch am ehesten authentisch-polynesische Küche genießen können. Eine Alternative ist die Teilnahme am abendlichen Festessen des **Luaus**, das fast alle größeren Hotelanlagen an bestimmten Wochentagen anbieten. Der Ablauf einer solchen, fast immer unter freiem Himmel abgehaltenen Veranstaltung besteht i.d.R. aus drei Phasen: Nachdem die Gäste eingetroffen sind (gegen 18.00 Uhr), haben sie zunächst etwa 1 Stunde Gelegenheit, sich bei Cocktails und anderen Getränken zwanglos zu unterhalten. Manchmal wird dabei auch *okolehao* angeboten, ein scharfer Schnaps, der aus der Wurzel der

Ti-Pflanze gewonnen wird. Anschießend nimmt man an langen Tischen Platz und bedient sich am Buffet mit warmen und kalten Speisen. Zum Schluß steht eine Show mit hawaiischen Liedern und Tänzen auf dem Programm (bis ca. 21.00 Uhr).

Der Höhepunkt eines Luaus ist das Essen, bei dem der Erdofen *imu* eine zentrale Rolle spielt. Dabei handelt es sich um eine Grube, in der schon um die Mittagszeit mit *kiawe*-Holz ein Feuer entfacht und dadurch Lavasteine erhitzt werden. Nach Entfernen der Asche legt man ein in feuchte Ti- und Bananenblätter gewickeltes Schwein in die Grube, wobei heiße Steine auch in die Bauchhöhle des Tieres kommen. Anschließend deckt man die Grube ab und läßt das Ganze einige Stunden garen. Beim Luaua wird es wieder hervorgeholt und in kleine, äußerst zarte Stücke zerteilt – *kalua* nennt man ein auf diese Art zubereitetes Schwein. Daneben können aber auch gesalzene Fische, Rindfleisch und Taro-Spitzen im Erdofen gedämpft werden, die mit dem *kalua*-Schwein zu einer *laulau* genannten *imu*-Platte komponiert werden. Solch ein Luau ist eine aufwendige Sache, bei der früher ganze Großfamilien tagelang mit den Vorbereitungen beschäftigt waren. Aus diesem Grund sind leider immer mehr Hotels dazu übergegangen, das langsame Garen im imu-Erdofen durch moderne Methoden in der Hotelküche abzukürzen.

Außer den Fleisch- und Fischgerichten umfaßt das Buffet Beilagen, z.B. Obst, Salate, Yams, Süßkartoffeln und Brotfrüchte. Gewöhnungsbedürftig ist der traditionelle **poi**, der lange Zeit die Hauptnahrung der Insel darstellte. Er wird aus gekochten Taro-Knollen zerstoßen und zu einer grauen, ein wenig an Mehlbrei erinnernden Masse zubereitet. Dieses Essen gilt als sehr gesund und magenfreundlich, ist wegen seines säuerlichen Geschmacks aber mit Sicherheit nicht die beliebteste Beilage eines Luaus. Anders sieht es mit der Vorspeise **lomi** aus, einem mit Tomaten und Zwiebeln marinierten Pazifik-Lachs. Lecker sind auch die **opihi-**Schnecken. Als Dessert wird **haupia** gereicht, eine Art Pudding aus dem Fleisch der Kokosnuß.

Getränke (beverages)

Wie überhaupt in den USA liebt man auf Hawaii Erfrischungsgetränke eiskalt. Deswegen werden Softdrinks (Limonaden, Gemüsesäfte, Orange Juices usw.), aber z.T. sogar auch Bier, Milch und Wein mit Eisstücken serviert, und in den meisten Hotels hat jede Etage ihren Eiswürfel-Automaten. Europäischen Touristen ist man übrigens nicht böse, wenn sie bei der Getränkeorder mit *"little ice, please"* oder *"no ice, please"* kundtun, daß sie von diesen amerikanischen Gepflogenheiten nicht viel halten. Übrigens haben auch Dosengetränke i.d.R. eine magenunfreundliche Temperatur in Gefrierpunktnähe. In Restaurants ist es selbstverständlich, daß man den Gästen ein bis zum Rand gefülltes Eiswasser-Glas hinstellt. Ansonsten fällt beim Kauf von Getränken auf, daß mehr noch als bei uns Plastikflaschen, Aluminiumdosen und Pappbehälter überwiegen.

• Kaffee und Tee

Bislang galt der Satz, daß Kaffee- und Tee-Trinker in den Vereinigten Staaten nicht die von zu Hause gewohnte Qualität erwarten können. Und leider trifft es immer noch zu, daß in den meisten Restaurants und Coffee Shops ein **'American Coffee'** serviert wird, der entweder ein Instant-Getränk oder so schwach geröstet ist, daß er schal schmeckt und nur den einzigen Vorteil hat, daß er zu jeder Tages- und Nachtzeit bedenkenlos getrunken werden kann. Erfreulicherweise hat aber die Zahl jener Gaststätten zugenommen, in denen man einen Kaffee, **Espresso** oder **Capuccino** europäischer Machart bekommt. Der dabei meist verwendete *Kona*-Kaffee kommt aus Hawaii selbst und ist ausgesprochen aromatisch. Erfreulich ist auch die Sitte, Kaffee ohne Aufpreis nachzuschenken oder es den Gästen freizustellen, sich nach Belieben an der Thermoskanne selbst zu bedienen. Wer auf den Wirkstoff Koffein verzichten möchte, kann sich in den meisten Restaurants einen *de-coffeinated coffee/tea* bestellen.

Tee gibt es fast ausschließlich als Beutel-Tee. Erfrischend ist der **Eistee** *(iced tea)*, der in großen Flaschen lange gezogen ist und dann mit Eiswürfeln, Zitrone und Zucker serviert wird.

• Softdrinks

Bei der Produktion alhoholfreier Getränke sind die USA führend und haben eine weltumspannende *"Coca-Cola-Kultur"* etabliert. Aus der Angebotspalette des Konzerns aus Atlanta (Georgia) stammt auch die immer beliebter werdende *"Diet Coke"*, daneben gibt es etliche Produkte ebenfalls weltweit bekannter Konkurrenzfirmen. Äußerst beliebt und z.T. von enormer Größe sind die Milchshakes, die es u.a. in jedem Fast-Food-Restaurant gibt. Auf Hawaii werden außerdem vorzügliche frische Frucht- und Obstsäfte angeboten.

• Bier

Daß der Karnevalsschlager *"Es gibt kein Bier auf Hawaii ..."* jeglicher Grundlage entbehrt, dürfte inzwischen überall bekannt sein. Im Gegenteil stellt Bier das beliebteste alkoholische Getränk auf den Inseln dar. Die populärsten Marken stammen trotz europäischer Namen *("Budweiser", "Löwenbräu")* aus rein amerikanischen Unternehmen, die z.T. eigene Braumethoden und Ingredienzien haben. Weitere bekannte nationale Biersorten sind *"Coors"*, *"Miller"* und *"Schlitz"*. Besser schmeckt das amerikanische Bier, wenn es in Bars als Faßbier *("American draught")* bestellt wird. Bei einer Trinkrunde greift man gerne auf die größeren Bierkrüge *("pitcher", "tankard", "mug")* zurück. Wem aber die einheimische Produktion partout nicht schmecken will, der kann auf europäische (z.B. *"Guiness", "Heinecken", "Becks", "Tuborg")* oder mexikanische *("Corona")* Importbiere zurückgreifen. In Restaurants mit ethnischer Küche stehen daneben oft die Biermarken des Heimatlandes auf der Getränkeliste. Gut für Autofahrer: Auch in den USA ist alkoholfreies Bier auf dem Vormarsch.

• Wein

Die Tatsache, daß Amerika hervorragende Weine herstellt, hat sich inzwischen auch in Europa herumgesprochen. In den besseren Restaurants werden vor allem vorzügliche kalifornische Weine angeboten. Am häufigsten wird man dabei folgende Tropfen auf der Weinliste finden:

- Rotweine

Zinfandel	auch als 'kalifornischer Beaujolais' bezeichnet, schmeckt himbeerartig
Cabernet Sauvignon	der wohl beste Rotwein, aromatisch und trocken, sollte mindestens 4 Jahre alt sein
Petite Sirah (Shiraz)	dunkelroter, gerbstoffreicher und alterungsfähiger Wein
Pinot Noir	leichter, fruchtiger Rotwein
Barbera	sehr dunkler Rotwein mit ausgewogenem Säuregehalt

Ruby Cabernet	guter trockener Tischwein
Gamay Beaujolais	ähnlich dem *Pinot Noir*, aber nicht mit dem französischen *Beaujolais* vergleichbar
- **Roséwein**	
Gamay	leicher Rosé
- **Weißweine**	
Chenin Blanc	harmonischer, herber Wein
Chardonnay	der beste kalifornische Weißwein, trocken, aromatisch und duftend
White Riesling	fruchtiger, herber Weißwein
Semillon	ziemlich süßer, goldfarbener Wein
Sauvignon Blanc	trockener, erdig-fruchtiger Weißwein
Gewürztraminer	leicht süßer, aromatischer Wein
Pinot Blanc	fruchtig und trocken

- **Cocktails und Spirituosen**

Nirgendwo sonst ist die Kunst des Mixens von Longdrinks und Cocktails so verbreitet wie in den USA. Dabei trinkt man gerne ein Gläschen direkt nach Feierabend, wenn in den Bars und Restaurants die *'happy hour'* eingeläutet wird: Von 17.00-19.00 Uhr (Zeiten lokal unterschiedlich) bekommt man die Cocktails günstiger bzw. zwei Getränke zum Preis von einem. Außer den international bekannten Cocktails sind auf Hawaii vor allem der *'Mai Tai'* (Limonensaft, Rum, Orange, Curaçao, Sirup), die *'Piña Colada'* (Rum, Kokosnußcreme, Ananassaft), die *'Margarita'* (Tequila mit Zitrone, im Glas mit Salzrand serviert) und der *'Blue Hawaiian'* (Rum, Ananassaft, blauer Curaçao) sehr beliebt. An puren Spirituosen stehen Brandy, Whisky (Bourbon) und Wodka obenan.

3.2.3 HAWAII SPORTLICH

Sicher kann man alle Touristen verstehen, die in ihrem verdienten Winterurlaub dem mitteleuropäischen Schmuddelwetter entfliehen und auf Hawaii 'mal so richtig faulenzen' wollen. Und nicht wenige davon werden sich auch mit guten Worten nicht davon abbringen lassen, allein das warme Klima zu genießen und jeglicher sportlichen Aktivität eine Absage zu erteilen – vom Plantschen im hoteleigenen Swimmingpool einmal abgesehen. Trotzdem: Nachdrücklich sei allen Besuchern empfohlen, wenigstens ab und zu das umfangreiche Sportangebot der Inseln anzunehmen – nicht nur, weil es der Fitness dient und man mit Gleichgesinnten schneller in Kontakt tritt, sondern weil man durch die meisten Sportarten auch die natürliche Schönheit Hawaiis intensiver erleben und somit den Urlaubswert steigern kann. Im folgenden wird auf einige Möglichkeiten kurz eingegangen (in Klammern: Info-Telefonnummern). Weitere Adressen bzw. Telefonnummern von Sportstätten und Spezialanbietern finden Sie jeweils in den touristischen Hinweisen zu Beginn eines Reisekapitels.

Wassersport

Daß sich dabei die Inselkette vor allem zum Wassersport anbietet, ist eine Binsenweisheit. Damit ist nicht nur das **Surfen** gemeint, das wie kein anderer Sport mit Hawaii in Verbindung gebracht wird (und das Thema des nächsten Kapitels ist).

• Segel- und Bootstouren

Wegen der starken Passatwinde hat sich der Archipel auch als Mekka des **Segelsports** einen weithin berühmten Namen geschaffen. Im *Kewalo Basin* von Honolulu und in vielen anderen Häfen kann man sich Segelboote jeder Größe mieten (hobby cats, Katamarane, Yachten etc.) und zu kleineren oder längeren Törns auslaufen. Allerdings sollte man sich immer der Gefahr eines plötzlichen Wetterumschwungs bewußt sein und im Zweifelsfall bei der *Coast Guard* die zu erwartenden See-Konditionen erfragen. Wem das Chartern eines eigenen Bootes zu gefährlich erscheint, der kann auf ein umfangreiches Angebot an organisierten Schiffsausflügen zurückgreifen; z.B. mit Großseglern zum Sonnenuntergang vor Waikiki, mit Schlauchbooten *(zodiacs)* zur spektakulären Na Pali-Küste von Kauai oder auf Yachten zu den benachbarten Inseln – bis hin zu einem einwöchigen Törn, auf dem man alle Küsten der Inselkette zu Gesicht bekommt.

Wer größeren und kleineren Booten lieber von Land aus zuschaut, hat dazu bei einigen Regatten und Windjammer-Paraden Gelegenheit. Die bekannteste Veranstaltung ist dabei das *Trans Pacific Yacht Race,* das bereits im Jahre 1906 zum erstenmal durchgeführt wurde und damit den ältesten Langstrecken-Segelwettbewerb der Welt darstellt. Die Pazifik-Überquerung startet in ungeraden Jahren am Unabhängigkeitstag (4. Juli) im kalifornischen San Pedro (Los Angeles) und endet 9-25 Tage später am *Diamond Head Lighthouse.* Der Diamond Head ist deshalb auch der beste Standort, um die Flotte von Großyachten zu beobachten. In der Woche des 4. Juli wird außerdem eine Parade von großen und kleinen Segelschiffen im Hafen von Honolulu abgehalten, und ebenfalls Anfang Juli findet das traditionelle Segelboot-Rennen vom Ala Wai Yacht-Hafen (Honolulu) zur Insel Molokai statt.

Weitere transpazifische Segel-Wettbewerbe sind jeweils im Juli der *Pacific Cup,* der auf der Strecke San Francisco-Kaneohe Bay (Oahu) durchgeführt wird, und an geraden Jahreszahlen ein *Trans Pac* vom kanadischen Victoria (British Columbia) nach Lahaina auf Maui.

• Kanufahren (kayaking)

Bei den Polynesiern galt das Paddeln auf den Auslegerkanus als Sport der Adeligen. Heute steht es jedermann frei, sich ein Kunststoff-Kanu zu mieten und die küstennahen Gewässer zu erkunden. Besonders geeignet sind dazu natürlich die ruhigen Buchten mit allenfalls gemäßigter Brandung; dort findet man i.d.R. auch eine Vielzahl von Anbietern entsprechender Geräte. Auf Oahu sind *Waikiki* und die *Hanauma Bay* lokale Zentren dieses Sports, auf Maui die *Perouse Bay* und auf Kauai die *Hanalei Bay.* Dort kann man auch Flüsse wie den *Hanalei River* und den *Wailua River* per Kanu bereisen.

Mitten in Waikiki ist der *Ala-Wai-Kanal* ein beliebter Tummelplatz für Kanuten. Jeden Freitag sieht man hier eine Vielzahl von ihnen im sportlichen Wettkampf, oft angefeuert von Zuschauern am Kanalufer. Ein offizielles **Wettrennen** unter noch größerer Beteiligung findet regelmäßig im Februar statt.

Der *Kaiwi Channel* zwischen Oahu und Molokai ist Schauplatz zweier weiterer, vielbeachteter **Kanu-Regatten**. Den Anfang macht Ende September das *Bankoh Na Wahine O Ke Kai,* bei dem ausschließlich weibliche Teilnehmer die 65,6 km lange Strecke zurücklegen. Die Regatta startet um 7.00 Uhr in Molokai und endet am frühen Nachmittag am Fort de Russy Beach in Honolulu (Tel.: 262-7567). 14 Tage später wird die gleiche Strecke auch von Männern zurückgelegt.

• Windsurfen

Das Windsurfing-Zentrum von Oahu ist *Kailua* mit dem *Lanikai Beach*. Die stete, aber gemäßigte Brise, das glatte, türkisfarbene Wasser und die entsprechende Infrastruktur (Windsurfing-Schulen, Verleiher) machen Kailua auch für Anfänger in dieser Sportart zum idealen Standort. Sehr häufig sieht man Windsurfer auch vor den Stränden von Waikiki. Dort zeigen – im Zusammenhang mit dem *Hawaiian Ocean Fest* – weibliche Teilnehmer Anfang September ihre Künste beim *Diamond Head Wahine Windsurfing Classic*, das vor dem *Diamond Head Beach* stattfindet.

Eine zweite, mehr für Fortgeschrittene geeignete Windsurfing-Hochburg stellt der *Hookipa Beach Park* auf Maui dar. Hier drängen sich in der ersten Novemberwoche die Zuschauer, um die Windsurfing-Meisterschaften des *Aloha Classic* zu beobachten (Tel.: 575-9151). Auf Big Island gibt es an der Westküste (z.B. *Waikoloa* und *Kailua-Kona*) mehrere Windsurfing-Schulen und Geräte-Verleiher.

• Tauchen und Schnorcheln

Mehr als 200 Unterwasserstellen in Hawaii gelten als besonders zum **Tauchen** *(scuba diving)* geeignete Plätze. Die Voraussetzung, um sich eine entsprechende Ausrüstung leihen zu können, ist ein Zertifikat, das man auf einem zwei- bis fünftägigen Kursus erwerben kann. Die schönsten *spots* für Anfänger in dieser Sportart sind mit den bevorzugten Schnorchel-Plätzen (s.u.) identisch.

Fortgeschrittene zieht es im Sommer eher an die Nordküste Oahus, wo man im relativ ruhigen Wasser eine bizarre Unterwasserwelt mit Grotten und Höhlen erkunden kann (z.B. *shark's cove)*. Der Vulkankrater von Molokini vor der Südwestküste von Maui ist ein weiteres Highlight des Tauch- sowie des Schnorchel-Sports; Bootsexkursionen dorthin werden in einer Vielzahl angeboten. Von Tauchermagazinen zu einem der weltweit besten Tauchgründe gekürt wurden außerdem die sog. *Cathedrals*, spitze, 20 m hohe Klippen, die sich vom Meeresboden bis kurz unter die Wasseroberfläche erheben.

Wer keine Lust für den Tauchkurs hat oder sich die höheren Gebühren sparen möchte, wird das **Schnorcheln** *(snorkeling)* vorziehen. Eine entsprechende Ausrüstung – einschließlich von Unterwasser-Kameras – kann an vielen Stellen gemietet werden, oft auch ein Transfer zu den schönsten Schnorchel-Plätzen. Dazu zählen der Unterwasser-Naturpark der *Hanauma Bay* auf Oahu, die Vulkaninsel von *Molokini* vor Maui, die *Hulupoe Bay* auf Lanai und auf Big Island die *Honaunau Bay* und die *Kealakekua Bay*. Selbst zu der 'verbotenen Insel' Niihau werden Schnorchelexkursionen angeboten.

• Angeln und Hochseefischerei

Das **Hochseeangeln** *('Big Game Fishing')* ist inzwischen ein bedeutender Zweig des Fremdenverkehrs und kann von allen Inseln aus betrieben werden. Am *Kewalo-Basin* in Honolulu, in Lahaina und am *Maalaea Harbor* auf Maui, in Hilo auf Big Island und in vielen anderen Häfen werden professionelle Hochsee-Angeltörns mit entsprechender Ausstattung angeboten. Bevorzugt wird dabei Jagd auf Blaue Marline, Thunfische, Wahus, Mahimahis, Bonitos, Schwertfische, Barrakudas und Haie gemacht; nach erfolgreichem Fischzug gehören dann Präsentation und Abwiegen der Beute zum üblichen Ritus, bei dem sich regelmäßig eine größere Anzahl von Zuschauern einfindet. Fänge von beachtlicher Größe sind ganzjährig möglich, als eigentliche Jagdsaison gilt jedoch die Zeit von Juni bis August. Die Aktivitäten konzentrieren sich dann besonders in Kailua-Kona auf Big Island, der unbestreitbaren Hochburg des Hochseeangelns (= *"the deep-sea fishing capital of the world"*). Hier findet Anfang August auch das *Hawaiian International Billfish Tournament* statt, eine Art inoffizieller Weltmeisterschaft im Marlin-Angeln (Tel.: 836-0974).

Angelboot vor Kailua-Kona

Gegenüber dem Hochseefischen ist das **Süßwasser-Angeln** eher unbedeutend. Die besten Möglichkeiten bietet hier die Insel Kauai, wo man in den Gebirgsbächen nahe dem *Kokee State Park* u.a. Forellen fangen kann. Für jegliches Angeln im Inselinneren ist eine Lizenz notwendig.

Hinweis

Eine 30 Tage gültige Angellizenz (US$ 3,75) bekommt man beim *Dept. of Land & National Resources,* 1151 Punchbowl St., Room 311, Honolulu HI 96813, Tel.: 587-0077.

Luftsportarten

Für die massenhaft angebotenen und besonders auf Maui und Big Island populären Helikopter- und sonstigen 'Flightseeing'-Ausflüge braucht man kaum Kondition, sondern allenfalls etwas Mut. Wer das luftige Erlebnis steigern und um eine sportliche Note bereichern möchte, kann an der Nordküste von Oahu aus gut 3,2 km Höhe mit dem **Fallschirm** abspringen; auch Tandemsprünge sind möglich, wobei die ersten 1.500 Höhenmeter im freien Fall bewältigt werden. Näher am Boden bleibt man beim **Parasailing**, wobei man etwa 10 Minuten lang am Fallschirm hängend von einem Speed-Boot durch die Luft gezogen wird. Entsprechende Angebote gibt es in den meisten touristischen Zentren, am häufigsten jedoch auf Oahu (Waikiki und vor der Hanauma Bay) und auf Maui.

Laufen und Leichtathletik

• Langlauf und Marathon

Da die Amerikaner ein laufbegeistertes Volk sind, ist die Vielzahl von **Jogging**-Strecken kein Wunder, die entweder von Hotels ausgeschildert sind oder die sich einfach bei Einheimischen und Touristen eingebürgert haben. Wer diese Fitness-Form auch im Urlaub betreiben möchte, wird problemlos eine geeignete Runde finden, wo er in den Morgen- und Abendstunden auf etliche Gleichgesinnte trifft. Wer seinen Urlaub in Waikiki verbringt, kann z.B. den 8-km-Zirkel um den *Dia-*

mond Head ablaufen oder den 3,2 km langen Rundweg im Kapiolani-Park. Liebt man es etwas gedrängter, sollte man in Honolulu Ende Februar am **Volkslauf** *Great Aloha Run/Walk* teilnehmen, bei dem die Strecke vom Aloha Tower zum Aloha-Stadium (ca. 13 km) laufend oder gehend zurückgelegt wird (Tel.: 735-6092).

Bekannt ist der Bundesstaat wegen seiner **Marathonläufe**, an denen regelmäßig Profis und Amateure aus der ganzen Welt teilnehmen. Den Anfang macht die Insel Maui, wo im März der Marathon *von Wailuku nach Lahaina* stattfindet (Tel.: 242-6042), dann folgt Anfang Juli Big Island mit dem *Hilo-Marathon* (Tel.: 961-6651). Der mit Abstand berühmteste Wettbewerb ist jedoch der *Honolulu Marathon*, der als einer der populärsten amerikanischen Langstreckenwettbewerbe (rund 8.000 Läufer) Mitte Dezember in der Hauptstadt stattfindet. Wer den Start miterleben möchte, muß früh auf den Beinen sein: Bereits um 5.30 Uhr geht es am Aloha Tower los, dann über die Kalakaua Ave. um den Diamond Head bis zum Wendepunkt in Hawaii Kai. Der Zielpunkt ist der Kapiolani-Park in Waikiki.

Hinweis
Auskünfte über den genauen Termin, Startgeld etc. bekommen Marathonläufer bei der *Honolulu Marathon Association*, P.O.Box 27244, Chinatown Station, Honolulu HI 96827, Tel.: 734-7200.

- **Triathlon**

Sportbegeisterte in aller Welt verbinden Hawaii natürlich besonders mit der *Ironman Triathlon World Championship*, auch kurz 'Hawaii Triathlon' genannt. Zu diesem knochenharten Wettbewerb, bei dem innerhalb eines Tages zuerst eine 3,8 km lange Strecke geschwommen, dann 180 km auf dem Rennrad zurückgelegt und schließlich eine Marthon-Strecke (= 42 km) gelaufen werden muß, treten die weltbesten Athleten in Kailua-Kona auf Big Island an (Tel.: 329-0063; vgl. KAPITEL 5.3.2). Der Startschuß fällt um 7.00 Uhr, und erst am Abend sind die erschöpften Triathleten wieder am Ausgangspunkt zurück. Dann beginnt der zweite Teil der Veranstaltung, indem sich Wettkämpfer und die zahlreichen Zuschauer zu einer der legendären Feten in den Straßen des Städtchens einfinden.

Start zum 'Hawaii Triathlon'

Wandern

Am besten erschließt sich einem die Schönheit der hawaiischen Natur beim Wandern *(hiking)*, für das die Inseln ideale Voraussetzungen aufweisen. Ein Netz von markierten Pfaden *(trails)* deckt eine Bandbreite von halbstündigen Touren bis hin zu Mehrtages-Exkursionen ab, so daß sich Besucher je nach Kondition und Zeitplan auf jeder Insel ihr individuelles Wanderprogramm aussuchen können. Im Reiseteil finden Sie jeweils am Ende einer Inselbeschreibung ein Kapitel, das die schönsten Wandertouren in kurzer Form vorstellt.

Fahrradfahren

Dem internationalen Trend folgend, bieten heutzutage auf jeder Insel wenigstens einige Hotels und Spezialfirmen Tourenräder oder Mountainbikes an, so daß der umständliche Flug-Transport des eigenen Drahtesels eigentlich überflüssig ist.

Zu den populärsten Strecken gehören auf Maui die rasante Abfahrt vom Dreitausender Haleakala bis auf Meeresniveau. Aber auch Oahu, Big Island, Kauai und Molokai sind geeignet, um auf kleinen Nebenstrecken dem touristischen Hauptverkehr auszuweichen und mit Mountainbikes in Landschaften vorzustoßen, die für normale Mietwagen unpassierbar sind. Selbst auf der kleinen Insel Lanai kann man sich Räder ausleihen, um beispielsweise zum 'Garden of the Gods' zu radeln.

Jagd

Wer sich auf Hawaii als Waidmann betätigen möchte, braucht eine Jagd-Lizenz (US$ 95, ein Jahr gültig), die man auf einem zweitägigen Kurs oder aufgrund eines offiziellen Jagdscheins des Heimatlandes erwerben kann. Als bekanntestes Jagdgebiet des Bundesstaates gilt die Insel Lanai, wo in der Saison u.a. Wildziegen, verwilderte Schafe und Fasane geschossen werden; die Aktivitäten gehen hier vor allem von der noblen *Lodge at Koele* aus.

Information
Für weitere Informationen über Jagdbedingungen und Saisonzeiten wende man sich an die *Division of Conservation & Resources Enforcement*, 1130 N. Nimitz Hwy, Honolulu, HI 96817, Tel.: 587-0200.

Ballspiele

In den letzten Jahren hat die Zahl der **Tennisplätze** sprunghaft zugenommen, darunter erfreulicherweise auch eine ganze Reihe von öffentlichen Plätzen, d.h. die im Besitz des Countys sind und deren Benutzung kostenlos ist (z.B. im Kapiolani-Park und Ala Moana Beach in Honolulu). Die anderen Tennisplätze sind entweder hoteleigene, wobei dort oft auch externe Gäste gegen Gebühr spielen dürfen, und solche, die zu privaten Tennisclubs gehören. Über die lokalen Visitor Bureaus sind Listen aller Tennisplätze erhältlich.

Mannschaften für weitere populäre Ballspiele wie **Volleyball**, **Strandball** usw. werden oft spontan aus der Reihe der Interessenten gebildet. Gleiches gilt für den **Fußball**, der auf Hawaii dank der vielen Zuwanderer nicht erst seit der 1994er Weltmeisterschaft Anhänger hat. Fußballplätze sind besonders auf Oahu anzutreffen, viele davon in Strandnähe.

Der amerikanische **Football** hingegen ist für Touristen wohl zum Zuschauen eher geeignet als zum Selbst-Spielen. Besucher können dabei kurz hintereinander Anschauungsunterricht in zwei sehr gut besetzten Turnieren genießen: zunächst beim *Jeep Eagle Aloha Bowl*, der am ersten Weihnachtstag im Aloha Stadium von Honolulu ausgetragen wird (Tel.: 947-4141), anschließend beim alljährlichen *'NFL Hula Bowl Football Game'*, das an gleicher Stelle jeweils am ersten Samstag im Januar stattfindet (ab 13.00 Uhr) und bei dem College-Footballteams aus ganz Amerika beteiligt sind (Tel.: 486-9300).

Pferdesport

Reitfreunde haben auf vielen Inseln Gelegenheit, ihren Sport auszuüben. Das Angebot reicht dabei von geführten Rundritten über die Dole-Ananasplantagen in Zentral-Oahu bis hin zu ausgedehnten Reitexkursionen am Strand oder durch Canyons. Die interessantesten Ausflüge auf dem Pferderücken sind folgende:

- Auf Oahu der Ritt in den Krater des Koko Head von den *Koko Crater Stables* aus und am Strand oder durch das Hinterland der Turtle Bay vom *Turtle Bay Hilton* aus.
- Auf Big Island – dem Zentrum des Pferdesports – bieten mehrere Farmen in den mittleren Höhenlagen des Inselinnern Reitausflüge an. Am bekanntesten ist dabei die *Parker Ranch* in Waimea.
- Auf Maui können Abenteuerlustige auf dem Maultier den Haleakala-Krater erkunden.
- Auf Kauai vermittelt das *Hyatt Regency Hotel* die seltene Gelegenheit, durch den Waimea Canyon zu reiten. Außer dem Führer sind dabei nur zwei weitere Reitgäste erlaubt.
- Auf Molokai kann mit Maultieren an der Steilküste hinab zur Kalaupapa-Halbinsel (Lepra-Kolonie) reiten.

Für 'Normal-Touristen' wohl nur zum Zuschauen geeignet sind die **Polo**-Spiele, die im Sommer (März bis September) jeden Sonntag auf den *Mokuleia Polo Grounds* in Nord-Oahu stattfinden. Dabei kann man einige der weltbesten Polomannschaften der Welt erleben. Die Polo-Saison wird am ersten Sonntag im März um 14.00 Uhr eröffnet (Tel.: 637-6688).

Der Pferdesport ist auf Hawaii nicht als Freizeitattraktion für Touristen ins Leben gerufen worden, sondern geht auf jene Zeit zurück, als **Cowboys** mit Geschick die großen Rinderherden (vor allem auf Big Island) hüten mußten.

Diese hawaiischen Cowboys kamen ursprünglich aus Mittel- und Südamerika und werden ***Paniolos*** genannt. Wie ihre Kollegen auf dem Festland sind sie Meister in Disziplinen wie Lassowerfen oder Zureiten, und in vielen **Rodeos** zeigen die besten von ihnen einem größeren Publikum ihre Kunststücke. Wer an dieser bodenständigen Western-Atmosphäre mit Volksfestcharakter interessiert ist, sollte sich folgende Termine merken:

- Mitte März gibt es in der Honaunau Arena bei Kailua-Kona auf Big Island die sog. *"Kona-Stampede"* (Tel.: 885-7949).
- Zwei weitere Rodeos oder Pferdewettbewerbe finden im Mai und ebenfalls auf Big Island statt: zum einen das *"Honokaa-Rodeo"*, das der *Hawaii Saddle Club* in Honokaa organisiert (Tel.: 775-5522), zum andern das Festival *"Old Hawaii on Horseback"*, das in ungeraden Jahreszahlen in Waimea stattfindet.
- Am 4. Juli gibt es im Zuge des Unabhängigkeitstages auf der Parker Ranch/ Waimea auf Big Island (Tel.: 885-7655) das wohl sehenswerteste Rodeo mit Pferderennen. Ebenfalls an diesem Tag oder in der ersten Septemberwoche finden in Naalehu (Big Island) das *"Naalehu Rodeo"* (Tel.: 928-8326), in Makawao (Maui) das *"Maui County Rodeo"* und in Lihue (Kauai) das *"Kauai County Rodeo"* (Tel.: 245-4471) statt.

Wintersport

Wer als Skibegeisterter einen Winterurlaub auf Hawaii ablehnt, weil er dann auf seinen geliebten Sport zu verzichten hätte, muß sich eines Besseren belehren lassen. Der *Mauna Kea* als höchster Berg des Staates zeigt sich i.d.R. von November bis Mai mit einer dicken Schneekappe, auf der Abfahrtslauf und Slalom möglich sind (8 km Pisten). Die besten Bedingungen herrschen im Februar, wenn in der Monatsmitte die *Ski Association of Hawaii* auch ihr viertägiges Skirennen ausrichtet. Allerdings gibt es weder Skilifte noch Wintersporthotels (als Ersatz dafür jede Menge Unterkünfte am Strand). Wegen der besonderen Bedingungen sollten sich selbst erfahrene Skienthusiasten nur mit einem Führer auf die Piste trauen. Informationen und Geräteverleih bei *Ski Guides Hawaii,* Tel.: 885-4188.

Golf

Seitdem 1898 der *Moanalua Country Club* auf Oahu als einer der ältesten Golfplätze westlich der Rocky Mountains eröffnet wurde, haben sich bei Freunden des weißen Sports die fantastischen Golfmöglichkeiten auf Hawaii weltweit herumgesprochen. Direkt am Strand oder oberhalb der Steilküste, in schattigen Tälern und auf vulkanischen Hochflächen, inmitten einer künstlichen Seenplatte oder als grüne Oasen in der schwarzen Lava-Wüste – kaum sonstwo findet man eine solch abwechslungsreiche Fülle von Golf-Landschaften. Dutzende von 18-Loch-Anlagen, viele davon auf Weltmeisterschafts-Niveau und von absoluten Könnern gestaltet, locken in- und ausländische Golfer in den Bundesstaat – Profis genauso wie Amateure. Entsprechend dem Golfboom der jüngeren Vergangenheit wurden viele Anlagen zu Anfang der 1990er Jahre renoviert und auf den modernsten Stand gebracht, mehrere erstklassige Courses auch 1994/95 neu eröffnet.

Golfen an der Koele Lodge auf Lanai

Ein gutes Beispiel dafür ist der *Ala Wai Golf Course* in Waikiki, der älteste öffentliche von Hawaii, der 1989 ein völlig neues Aussehen und ein großes, modernes Clubhaus bekam. Mit etwa 500 Runden täglich ist er der wohl meistfrequentierte Platz des Archipels – kein Wunder bei den vielen Hotels der Umgebung. Überhaupt führt Oahu, entsprechend den Einwohner- und Besucherzahlen, die Statistik mit 34 Plätzen an, es folgen Big Island mit 16, Maui mit 12, Kauai mit 7, Lanai mit 3 und Molokai mit 2 Anlagen.

Hinweis

Eine Übersicht aller privaten, öffentlichen und militärischen Golfplätze Hawaiis gibt der jährlich aktualisierte *"Hawaii Golf Guide"*, der in verschiedenen Hotels ausliegt. Falls Sie im Urlaub vorzugsweise Golf spielen möchten und sich evtl. 'ihre' Insel nach den vorhandenen Golfplätzen aussuchen möchten, empfiehlt es sich, dieses ca. 80 Seiten starke Heft vorab zu bestellen. Die Adresse: *Professional Golfer's Association of America (PGA),* Aloha Section – Publications Dept., 770 Kapiolani Blvd., Suite 715, Honolulu, HI 96813, Tel.: 593-2232, Fax: 593-2234.

Für Zuschauer interessant sind die vielen, erstklassig besetzten Golfturniere, bei denen Profis und Amateure um Preisgelder antreten. Einigen dieser Wettkämpfe kann man gegen Eintrittsgeld beiwohnen, andere sind kostenlos.

Die **bekanntesten Golf-Turniere**:

- Im Januar findet alljährlich das mit 1,2 Mio US$ dotierte *United Airlines Hawaiian Open Golf Tournament* statt, das vier Tage lang im *Waialae Country Club* auf Oahu ausgetragen wird (Tel.: 526-1232).
- Ende Januar ist auf Big Island das *Senior Skins Pro-Am Tournament* auf dem Platz des *Mauna Lani Bay Hotel* zu sehen (Tel.: 885-6655).
- Anfang Februar spielen rund 140 weibliche Profis beim mit 500.000 US$ dotierten *TBA Itoki Hawaiian Ladies Open* auf dem *Ko Olina Golfplatz* auf Oahu (Tel.: 671-5050).
- Ende Oktober/Anfang November findet das erstklassig besetzte *Lincoln Mercury Kapalua International PGA*-Turnier auf dem *Plantation Course* in Maui statt (Tel.: 669-4844).

3.2.4 DAS ELDORADO FÜR SURFER

Die Bedeutung des Surf-Sports für Hawaii (bzw. die Bedeutung von Hawaii für den Surf-Sport) verlangt ein eigenes kleines Kapitel. Dabei muß zunächst geklärt werden, daß es um jenes Surfen geht, das im Deutschen oft als 'Wellenreiten' übersetzt wird, also nicht um das **Windsurfing** (für das auf Hawaii ebenfalls ideale Bedingungen herrschen).

Aber auch beim 'Wellenreiten' gibt es einige Abarten, wie z.B. das **Body Boarding**. Im Gegensatz zum 'richtigen Surfen' versucht man dabei nicht, stehend auf dem Surfbrett die Balance zu halten, sondern legt sich mit dem Oberkörper flach auf das breitere und kürze *Body Board* (oder *Boogie Board).* Nun geht es darum, auf dem Brett liegend mit Paddelbewegungen in Wellenrichtung Geschwindigkeit zu machen, bis man im Idealfall den Kamm einer Welle kurz vorm Überschlagen erreicht und auf dieser dann nach vorne schießt. Während sich das *Body Boarding* in den 1970ern entwickelte, ist die Form des **Body Surfing** älter und geht bereits auf die Polynesier zurück. Dabei ist nun überhaupt kein Brett mehr notwendig, stattdessen ist der Körper selbst das 'Surfboard'. Wie beim *Body Boarding* geht es auch hier um den richtigen Zeitpunkt, also darum, sich schwimmend an die Wellengeschwindigkeit anzunähern und deren Kamm kurz vor dem Überschlagen zu erreichen.

Beide Formen sind einfacher als das richtige Surfen zu erlernen, doch gehört auch hier eine gehörige Portion Erfahrung dazu, um ohne unfreiwillige Unterwasser-Saltos und ohne Meerwasser-Schlucken elegant das Ufer zu erreichen.

Die Ursprünge des Surf-Sports

Wer die heutigen Kunststoff-Bretter sieht, könnte davon ausgehen, daß das Surfen eine moderne Erfindung sei. Tatsächlich aber gehört dieser Sport zu den uralten Kulturtechniken der Polynesier, die auf Tahiti genauso wie auf Hawaii und anderen Inseln ausgeübt wurden. Wie alt sie genau sind, läßt sich heute nicht mit Bestimmtheit sagen. Wir kennen jedoch die Darstellung von Surfern auf Petroglyphen (= Felsritzungen) und wissen, daß bei Captain *Cooks* Ankunft der Sport in voller Blüte stand.

Tagebuchaufzeichnungen und Illustrationen seiner Entdeckungsfahrt belegen einerseits, wie elegant und formvollendet damals die Hawaiier auf den Wellen ritten, und andererseits, wie erstaunt die Europäer über solch eine Kunstfertigkeit gewesen sind. In der polynesischen Gesellschaft wurde das Surfen von Männern, Frauen und Kindern ausgeübt, galt aber insgesamt als Sport der Adeligen und Häuptlinge, die sich daher die besten Surfstrände mit *kapus* reservieren ließen. Auch muß es damals bereits die ersten Surf-Wettkämpfe gegeben haben. Als *Surfboards* dienten den Hawaiiern 3-6 m lange und zentnerschwere Planken aus dem Holz der *wili-* und *koa*-Bäume.

Mit der Verwestlichung der Inseln, die alles Alte ablehnte, drohte später auch das Surfen in Vergessenheit zu geraten. Um 1900 gab es nur noch wenige, die die alte Technik beherrschten und die besten Plätze kannten. Eine Dekade später führten aber fast zeitgleich drei Umstände dazu, daß das Surfen wiederentdeckt wurde. Zunächst erschien in London ein Artikel mit dem Titel *"A Royal Sport: Surfing at Waikiki"*, der das Interesse der reichen weißen Gesellschaft auf die alte hawaiische Kulturtechnik lenkte.

Duke Paoa Kahanamoku (ganz rechts) 1928 mit seinen Brüdern am Waikiki Beach

Vielleicht davon beeinflußt, wurden in Honolulu zwei Klubs gegründet, zuerst 1908 der *Outrigger Canoe Club*, dann 1911 der *Hui Nalu* (Surfklub). Beide kümmerten sich vornehmlich um den traditionellen Kanusport, daneben aber eben auch um das Wiederbeleben des Surfens. Der Zeitpunkt kam nicht von ungefähr – ging es doch damals darum, Oahu als Destination für Strandurlaub zu entwickeln.

Und drittens schließlich machte der Adelige *Duke Paoa Kahanamoku*, der spätestens seit seiner olympischen Goldmedaille im Schwimmen von 1912 (vgl. KAPITEL 9.3.4) eine anerkannte Persönlichkeit war, den Surfsport populär und gesellschaftsfähig. Und von Hawaii aus trat er schließlich seinen Siegeszug um die Welt an.

Surfen heute

Ähnlich wie beim Skisport hat in den letzten Jahrzehnten eine Art 'technischer Revolution' die Surfgeräte verändert. Von den schweren und riesigen Brettern aus einheimischen Hölzern ging man bereits um die Jahrhundertwende zu kalifornischem Redwood über, in den 1950er Jahren dann zu kürzeren und leichteren Geräten aus Balsaholz. Heute halten nur noch Surf-Nostalgiker dem Holz die Treue und zeigen u.a. beim alljährlichen *Buffalo's Big Board Classic* auf Oahu, daß man auch mit bis zu 5 m langen Sportbrettern noch waghalsige Kunststücke vollbringen kann.

Moderner Surfer

Ansonsten aber greift der Surfer heutzutage zum Kunststoff-Brett, das i.d.R. nicht länger als 2 m und nicht schwerer als 5 kg ist. Auch hier gibt es eine ganze Reihe von Variationen, die Namen wie *potato chip, stinger fins* usw. tragen und deren Vorzüge oder Nachteile Gegenstand endloser Gespräche unter den Surffreaks sein können.

Am Grad des Könnens und der Ernsthaftigkeit, mit der man diesen Sport ausübt, zerfällt die Surfgemeinde außerdem in eine Zwei-Klassen-Gesellschaft. Auf der einen Seite stehen die Urlauber, die aus lustigem Zeitvertreib und angespornt von den Künsten ihrer erfahreneren Kollegen das Wellenreiten einfach mal ausprobieren wollen. Die berühmten 'Beachboys' von Waikiki geben geduldig Nachhilfeunterricht, ebenso von Hotels angestellte Surflehrer auf allen Inseln. Als Anfänger sollte man sich genau an die Ratschläge dieser erfahrenen Cracks halten, insbesondere auch, was die Wahl des Übungsgewässers angeht. Keine Schwierigkeiten hat man, sich entprechendes Gerät auszuleihen: Überall, wo der Tourismus Fuß gefaßt hat, werden auch Surfbretter vermietet, i.d.R. für einen Stundenpreis von ca. US$ 5.

Auf der anderen Seite gibt es die Surf-Enthusiasten, die für ihren Sport jahrelanges Training und viel Geld investiert haben. Z.T. dreht sich ihr gesamtes Leben, einschließlich Musik, Kleidung, Reisen und Bekanntenkreis, nur um das Surfen.

Surf-Meisterschaften

Die besten von ihnen kämpfen inzwischen als Profis um Preisgelder, die bis zu US$ 200.000 betragen können. Diese Meister pilgern alljährlich im Winter nach Hawaii, um an den berühmten Wettkämpfen teilzunehmen, die vor allem an der Nordküste Oahus ausgetragen werden. Viele Hawaiier sind darunter, daneben aber die gesamte Surf-Elite aus Kalifornien, Florida, Neuseeland, Australien, Südafrika und Europa. Ab November, wenn sich die Wellenberge bis zu 10 m hoch auftürmen, reisen die Wasserathleten und Touristen in Scharen zu Spots, wie dem *Ehukai Beach* (mit der berühmt-berüchtigten röhrenartigen *Banzai Pipeline*), dem *Banzai Beach*, dem *Sunset Beach* und dem *Alii Beach*. Das sind die Strandabschnitte von Nord-Oahu, die selbst erfahrensten Surfern allen Mut und ihr ganzes Können abverlangen, während die weniger Geübten sich tunlichst mit Zuschauen begnügen sollten.

Die beste Gelegenheit dazu ergibt sich bei einigen Wettbewerben, die allesamt Weltruf genießen. Den Anfang einer dreiteiligen internationalen Profi-Tournee *(Triple Crown)* macht Mitte November das *Hawaiian Pro Surfing Classic* am Alii Beach Park in Haleiwa (Tel.: 377-5850), Ende November folgt dann, ebenfalls an der Nordküste, die *Hawaiian Surf Championship*. Das Ende der Wettkampf-Saison markieren an gleicher Stelle im Februar die sog. *Hang Ten American Professional Surf Championships*. Der genaue Schauplatz wird erst kurz vorher bekanntgegeben und richtet sich nach den besten Wellenverhältnissen.

3.2.5 PARADIESISCHE WELTEN: HAWAIIS STRÄNDE

Allgemeines

Das Bild von Hawaii als Urlaubsparadies wird vornehmlich durch seine herrlichen Strände bestimmt, die jedem gängigen Klischee von Südsee-Romantik nahekommen. So stehen denn auch laut einer Umfrage unter amerikanischen Touristen von 1994 die **Strände Hawaiis im internationalen Vergleich** glänzend dar. Auf einer Skala von 0-10 erzielten sie mit 8,7 die bei weitem **beste Note**. Auf den nächsten Plätzen folgten die Strände der Jungferninseln (7,8), von Florida (7,6), von Tahiti (7,4) und die der Bahamas (7,2) *[Quelle: Hawaiian Beat, Vol.8, No.10]*. Kein Wunder also, daß der Normalurlauber auf Hawaii vor allem eins will: das Strandleben genießen, im warmen Ozean baden, Wassersport betreiben.

Angesichts einer Küstenlinie, die bei Big Island 266 km beträgt (ca. 100 Strände), bei Maui 193 km (ca. 50 Strände), bei Oahu 185 km (ca. 80 Strände) und bei Kauai 145 km (ca. 75 Strände) – um nur die wichtigsten Destinationen zu nennen –, hat man als Erstbesucher natürlich die Qual der Wahl. Und bei der Entscheidung, welchem Strand auf welcher Insel man den Vorzug geben soll, spielt nicht nur die Qualität (d.h. Feinsandigkeit, Länge und Breite) eine Rolle, sondern natürlich auch das Umfeld und die Möglichkeiten, diesen Strand überhaupt zu nutzen – denn angelockt von Hochglanzfotos und einer überschwenglichen Beschreibung sieht mancher sich am Strand einer Vielzahl von Warnschildern gegenüber, die es ratsam erscheinen lassen, für ein erfrischendes Bad dann doch lieber den Hotelpool zu nutzen.

Um zunächst beim ersten Punkt zu bleiben, dem Umfeld der Strände. Welche Unterschiede es hier gibt, macht ein Vergleich des Strandabschnitts von Waikiki (Oahu) z.B. mit dem des Polihale State Parks auf Kauai deutlich: Ersterer ist der bekannteste Vertreter der 'touristisch voll erschlossenen' Sandstreifen, auf dem sich die Besucher dichtgedrängt vor der Hochhauskulisse von Honolulu in der Sonne aalen und der sich mit der Copacabana von Rio de Janeiro den Ruf des berühmtesten Strandes der Welt teilt. Am 3 km langen *Waikiki Beach* sind ganzjährig alle Formen von Wassersport möglich, es gibt auch außerhalb des Wassers viel zu sehen und zum nächsten Restaurant oder Shopping Center sind es nur ein paar Gehminuten. Im Gegensatz dazu macht es sehr viel mehr Mühe, den *Polihale State Park* zu erreichen, der weit von der nächsten Siedlung entfernt liegt. Dafür verlieren sich hier die wenigen Besucher auf einem 24 km langen und enorm breiten weißen Sandstrand, anstelle der Restaurants gibt es hier nur vereinzelte Picknickplätze, und anstelle der Hotelkomplexe grenzen

Der Waikiki Beach in Honolulu

nur respektable Dünen und am Horizont die hohen Klippen der Na Pali Coast an den Strand. Andererseits donnert die Brandung bisweilen so mächtig gegen die Küste, daß nur absolute Könner sich ins Wasser wagen dürfen, und meistens besteht die einzige Sportmöglichkeit hier in einem ausgedehnten Strandspaziergang.

Gefahren und Verhaltensregeln

Damit wären wir bei einem Thema, das aus gegebenem Anlaß unbedingt angesprochen werden muß, nämlich den **Gefahren**, die viele hawaiische Strände bergen und denen in den letzten Jahren eine steigende Zahl gerade europäischer Touristen zum Opfer gefallen ist.

Gefährlich sind an vielen Stellen Strömungen und hoher Wellengang, beides Phänomene, die verstärkt im Winter und an den nördlichen und östlichen Küsten auftreten. Mit einer **starken Brandung** muß man stets auch bei Flut rechnen, besonders auf Big Island, das am wenigsten Schutz durch Korallenriffe oder vorgelagerte Inseln genießt. Gerade Hawaii-Neulinge haben allen Grund, die an vielen Plätzen aufgestellten Warnschilder ernst zu nehmen. Selbst bei vermeintlich ruhigen Verhältnissen sollte man erst einmal das Meer und andere Badegäste beobachten, bevor man selbst ins Wasser geht; schwimmen Sie möglichst auch nie allein! Gehen die Wellen höher, ist besondere Vorsicht angebracht. Eine zwei Meter hohe Welle kann von Surfern spielerisch bezwungen werden, gerät man jedoch als unerfahrener Schwimmer unter die tonnenschweren Wassermassen, kann man durcheinandergewirbelt, auf den Sand gestoßen oder über Lavagestein und Korallen geschleift werden sowie nicht nur die Orientierung, sondern oft auch die Badekleidung verlieren. Nun gibt es auf Hawaii durchaus Wellen, die deutlich höher als 4 m sind (an Oahus Nordküste im Winter bisweilen sogar 10-15 m!) und die manchmal unvermittelt auftreten können. Selbst wenn Sie im flachen Wasser stehen, ist es deshalb ratsam, dem Ozean niemals den Rücken zuzukehren.

Heimtückischer noch sind die nicht sichtbaren **Unterströmungen**. Geraten Sie in einen plötzlich auftretenden Sog, ist die wichtigste Regel, weder in Panik zu geraten noch mit aller Macht gegen die Strömung anzukämpfen; dadurch erschöpfen Sie nur vorzeitig Ihre Kräfte.

Strand an der Manele Bay (Lanai)

Versuchen Sie stattdessen, die Sogwirkung in Schrägrichtung zu nutzen, bis Sie wieder in ruhigeres Wasser geraten und steuern Sie dort den nächsten Punkt der Küste an.

Vorsicht sollte man auch dort walten lassen, wo geschützte Buchten mit vielen Schnorchlern ungestörtes Badevergnügen versprechen. Die Schnorchler sind an Riff-Fischen und Korallen interessiert, und letztere wiederum können zu schmerzhaften Erlebnissen führen, wenn man nämlich barfuß auf sie tritt.

Einige Warnschilder an hawaiischen Beach Parks:

Eine weitere Gefahr sollte ebenfalls nicht unterschätzt werden, nämlich die eines **Sonnenbrandes** (samt entsprechenden Spätfolgen). Die geografische Lage zwischen Nördlichem Wendekreis und Äquator bringt es mit sich, daß die Sonne – selbst im Winter – viel höher steht als etwa am Mittelmeer und die Strahlungsintensität auch bei bedecktem Himmel beträchtlich ist.

Geben Sie deshalb Ihrem Körper Zeit, sich ganz langsam an die dortigen Verhältnisse zu gewöhnen, halten Sie sich vor allem an den ersten Tagen beim Sonnenbaden zurück (eine Stunde sollte das Äußerste sein), schützen Sie Ihre Haut durch Sonnenschutzmittel mit einem hohen Lichtschutzfaktor (mindestens 15) und tragen Sie beim Schnorcheln, Segeln etc. ein T-Shirt.

Beim Besuch eines hawaiischen Strandes sollte man überdies nicht vergessen, daß man sich innerhalb der USA befindet, wo die (Bekleidungs-)Sitten nicht ganz so locker sind wie etwa in Frankreich, Deutschland oder Dänemark. **Nacktbaden** ist verpönt, selbst 'oben ohne' gilt als anstößig. Und dies betrifft nicht nur die dichtbevölkerten Strände in Waikiki oder in Nähe der Resorts, sondern auch völlig einsame Uferstrecken, wo manchmal ein Schild *No Nudidity* daran erinnert, daß man das oft strapazierte Wort vom 'paradiesischen Hawaii' nicht zu wörtlich nehmen darf. Ein Verstoß gegen die "guten Sitten" ist übrigens auch einer gegen das Gesetz und kann dementsprechend geahndet werden!

Hohe Brandung

Starke Strömung

Steilabfall unter Wasser

Korallen

Rutschige Felsen im Wasser

Gefährliche Wellen

Quallen

Beach Parks

Die Tatsache, daß auf dem Archipel mehr als 100 sog. *County Beach Parks* unter der Aufsicht der jeweiligen Bezirksverwaltung stehen, bedeutet weder, daß hier Baden und Wassersport jederzeit möglich wären, noch, daß sie allesamt bewacht wären – im Gegenteil ist dies bei nur wenigen Stränden der Fall (erkennbar am roten Aussichsturm)! Dafür bieten die Beach Parks i.d.R. aber andere Annehmlichkeiten: Sie sind von der Straße aus gut zu finden (ausgeschildert), verfügen über sanitäre Einrichtungen und Duschen, Picknicktische und Grillplätze.

In rund einem Drittel der County Parks kann man sogar sein Zelt aufschlagen, vorausgesetzt, man hat sich um ein entsprechendes Permit gekümmert. Im Prinzip sind jedoch nicht nur die offiziellen Beach Parks, sondern alle Strände öffentlich, d.h. daß jeder sie benutzen kann – sofern er sie erreicht. Denn viele der namenlosen Sandabschnitte sind nur auf Wanderungen oder von der See aus zugänglich. Oder aber Privathäuser und ausgedehnte Hotel- und Condominium-Anlagen versperren den direkten Zugang; in diesem Fall achten Sie auf die weiß-blauen Hinweisschilder mit der Aufschrift *'Beach Access'* oder *'Shoreline Access'*, die den nächsten öffentlichen Pfad zu dem Strand markieren.

Hawaiis Strände (Auswahl)

Im Reiseteil wird auf die jeweils schönsten und ungefährlichsten Strände etwas ausführlicher eingegangen. Weder dort noch in dieser Übersicht sind jedoch **alle** Strandabschnitte erfaßt, sondern i.d.R. nur die touristisch erschlossenen und mit einem Namen versehenen; unzählige weitere kann jeder auf einer Inselrundfahrt/-wanderung entdecken und genießen.

Im folgenden werden einige hawaiische Strände im Überblick vorgestellt. Mit einem Sternchen versehen wurden jene **'Top Ten'**, die nach subjektiver Meinung des Autors zu den zehn schönsten Stränden zählen, was nicht heißen soll, daß hier in jedem Fall Wassersport- oder Schwimmöglichkeiten bestünden.
Bei den **Sportmöglichen** bedeutet:

B = Baden SN = Schnorcheln
S = Surfen W = Windsurfen
- = eingeschränkt möglich (z.B. nur im Sommer)

Bei der Kategorie **Bemerkung** bedeutet:

a = abgelegen, schwer zugänglich
f = felsig
k = kleiner oder schmaler Sandstreifen
s = schwarzer oder grauer Sand
v = stark besucht

Name	Lage	Sportmöglichkeit	Bemerkung
● **Big Island** (KAPITEL 5)			
Waipio Bay	Norden	B-	a, s
Samuel M. Spencer Beach	Norden	B, SN	
Kaunaoa Beach	Westen	B, SN, S, W	
Hapuna Beach	Westen	B, SN, S, W	
Kalahaipuaa	Westen	B-, S-, W-	
* *Anaehoomalu Bay*	Westen	B, SN, W	v
Kamakohuno Lagoon	Westen	B	k, v
White Sands Beach	Westen	S, SN	k, v
Kealakekua Bay	Westen	SN	f
Keonelle Beach	Westen	S, SN	a, f
Punaluu Beach	Südosten	B-, SN-	s
Harry K. Brown Beach	Südosten	B-	s, f
Coconut Island	Nordosten	B	k, s
● **Maui** (KAPITEL 6)			
Kapalua Beach	Nordwesten	B-, SN	
Napili Beach	Nordwesten	B-, SN-, S	

Kaanapali Beach	Nordwesten	B, SN, S, WS	v
Wahikuli Beach	Nordwesten	B, SN	k, f,v
Maipoina Oe Lau Beach	Südwesten	B, SN, WS	
Kamaole Beach	Südwesten	B, SN, WS	
Mokapu Beach	Südwesten	B, S, WS	
Polo Beach	Südwesten	B, S, SN	
* *Makena Beach*	Südwesten	B-, SN-	
Hookipa Beach	Osten	S	
Waianapanapa Beach	Norden	a, k, s	
Hamoa Bay	Norden	B-, SN-	a, k
● **Lanai** (KAPITEL 7)			
Shipswreck Beach	Osten	S-	a
Keomuku Beach	Osten	S-	a
Polihua Beach	Norden	B-, S-	a
* *Hulupoe Beach*	Westen	B, SN, S, WS	
● **Molokai** (KAPITEL 8)			
Kepuhi Beach	Westen	B-, S-, WS-	
* *Papohaku Beach*	Westen	B-, S-, WS-	
Kapukahehu Beach	Westen	B-, S-, WS-	
Kawakiu Beach	Westen	B-, S	a
Moomomi Beach	Norden	S	a
One Alii Beach	Süden	B, SN	k
Murphey's Beach	Süden	B, SN	k
Halawa Beach	Osten	SN	a, k
● **Oahu** (KAPITEL 9)			
Ala Moana Beach	Süden	B, S, W	v
Waikiki Beach	Süden	B, S, W	v
Diamond Head Beach	Süden	S, WS	f
* *Hanauma Bay Beach*	Südosten	B-, S	f, v
Sandy Beach	Südosten	S	
Waimanalo Beach	Südosten	B-, S, WS	
* *Kailua Beach*	Südosten	B, S, WS	
Kualoa County Beach	Osten	B-, WS	
Sunset Beach	Norden	B-, S	
Ehukai Beach	Norden	S	
Banzai Beach	Norden	S	
Ke Waena Beach	Norden	S	
Waimea Beach	Norden	B-, S	
Kahe Beach	Westen	B-, S	
Maili Beach	Westen	B, S	
Lualualei Beach	Westen	B-, S	
Pokai Beach	Westen	B-, S	
Makaha Beach	Westen	S, B-, SN-	
Keeau Beach	Westen	S, B-, SN-	
* *Yokohama Bay*	Westen	B-, WS-, S, SN	
● **Kauai** (KAPITEL 10)			
Salt Pond Beach	Süden	B, S, WS	
Kukuiula Beach	Süden	B, S, WS	
Poipu Beach	Süden	B, S, WS, SN	
Mahaulepu Beach	Süden	S, WS, SN	

Kipu Kai Beach	Osten	B, SN	a, k	
Kalapaki Beach	Osten	B, WS		
Lydgate Beach	Osten	B, SN		
Wailua Beach	Osten	B-, SN-, S	f	
Anahola Beach	Osten	B-, SN-, S		
Moloaa Beach	Osten	B-, SN-, WS-, S	a	
Anini County Beach	Norden	SN	f	
Hanalei Beach	Norden	B-, SN-, WS-, S		
* *Lumahei Beach*	Norden	B-, SN-	a, k, v	
Haena County Beach	Norden	B-, SN-		
* *Kee Beach*	Norden	B, SN	k, v	
* *Polihale Beach*	Westen		a	
Kekaha Beach	Westen		B-	a

Einsame Sandbucht auf Kauai

Das kostet Sie Hawaii

- Stand: Februar 1997 -

Auf den 'grünen Seiten' geben wir Ihnen Preisbeispiele für Ihren Hawaii-Urlaub, damit Sie sich ein ungefähres Bild über die Kosten Ihrer Reise machen können. Natürlich können die Angaben nur eine vage Richtschnur sein. Leistungen, die man im Ausland buchen kann, sind in DM ausgezeichnet, ansonsten in Dollar (US$).

Beförderungskosten

- **Transatlantik-Direktflüge (Hin- und Rückflug)**

Die Preise der Transatlantik-Flüge sind stark abhängig von der jeweiligen Saisonzeit, dem Image der Fluggesellschaft und der Art des Fluges (Charterflug oder Linienflug). Insgesamt sind die Preise im Vergleich zum Vorjahr leicht gesunken, verschiedentlich konnte man bei Last-Minute-Angeboten sogar Flüge nach Hawaii für weniger als DM 1.400 erhalten. Zusammenschlüsse wie der von *Lufthansa* und *United Airlines* wirkten sich zusätzlich zum Wohl des Kunden aus. Einige **Preisbeispiele** verschiedener Fluggesellschaften mit täglichen Abflügen für **1997** (ohne Saison-Zuschläge, ohne Flughafen- und Sicherheitsgebühren):

- Mit *Air New Zealand* ab Frankfurt nach Honolulu (ein Stopover auf Hin- und Rückflug in Los Angeles erlaubt) ab DM 1.778.
- Mit *American Airlines* ab Düsseldorf/Frankfurt/München (ein Stopover in Chicago oder Dallas erlaubt) nach Honolulu ab DM 1.977.
- Mit *Canadian Airlines* ab Frankfurt und München (ein Stopover in Vancouver bzw. Toronto erlaubt) nach Honolulu ab DM 1.778.
- Mit *Continental Airlines* ab Frankfurt (ein Stopover in New York sowie San Francisco oder Los Angeles) nach Honolulu ab DM 1.919.
- Mit *Delta Airlines* ab Frankfurt/Hamburg/München/Stuttgart/Berlin (kostenlose Stopovers in San Diego, San Francisco und Los Angeles erlaubt) nach Honolulu ab DM 1.977.
- *KLM* ab allen deutschen Flughäfen via Amsterdam (ein Stopover am ersten Flughafen in den USA erlaubt) nach Honolulu ab DM 2.012.
- *Northwest Airlines* ab allen deutschen Flughäfen (ein Stopover in Boston oder Detroit erlaubt) nach Honolulu ab DM 1.956.
- Mit *LTU* ab Düsseldorf/München nach San Francisco und Los Angeles jeweils ab DM 1.399.
- Mit *Lufthansa* ab allen deutschen Flughäfen nach Honolulu ab DM 2.379.
- Mit *TWA* ab Frankfurt (Stopovers in New York und Los Angeles erlaubt) nach Honolulu ab DM 1.862.
- Mit *United Airlines* ab allen deutschen Flughäfen (Stopovers erlaubt in Chicago, New York oder Washington sowie in Los Angeles, San Francisco oder Seattle) nach Honolulu ab DM 1.938, nach Maui ab DM 2.050.

- **Zusätzliche Flugkosten:** US-Zollgebühren, US-Abflugsteuern und US-Einreiseabfertigungsgebühren 31 DM. Sicherheitsgebühr in Deutschland: 10 DM. Wochenendzuschläge (*Lufthansa* bzw. *Canadian Airlines*): 50 bzw. 55 DM.

- **Flugpreisermäßigungen:** Kinder unter 2 Jahren je nach Fluggesellschaft 90-100%. Kinder 2-11 Jahre je nach Fluggesellschaft 25-50%.
- **Flugpässe:** Rundflugtickets der *America West Airlines* (innerhalb der gesamten USA): 4 Coupons DM 561, 5 Coupons DM 644, 6 Coupons DM 727. Der *United Standby-Pass* der *United Airlines* ist 30 Tage gültig und kostet DM 799. Mit dem Pass, der nur in Verbindung mit einem Transatlantikflug der *Lufthansa* oder *United Airlines* buchbar ist, können auf Standby-Basis 115 Ziele in allen Staaten außer Alaska und Hawaii angeflogen werden.
- **Mietwagen**

Preisbeispiele für Frühsommer und Herbst 1997 (ohne Saisonzuschläge) der Firma *Hertz* bei einer Mindestmietdauer von 4 Tagen (in DM, einschl. unbegrenzte km, CDW-Versicherung, Kfz-Zusatzversicherung, Flughafengebühren; buchbar in Deutschland):

		Preis	
Typ	***Kategorie***	***pro Woche***	***pro Tag***
Ford Festiva	A: Kleinwagen	332	84
Ford Escort	B: Mittelklasse	370	93
Ford Taunus	F: obere Mittelklasse	410	104
Lincoln Town Car	I: Oberklasse	735	184
Ford Aerostar	R: Kleinbus/7 Sitze	662	166
Ford Mustang	U: Cabrio/2 Sitze	662	166

- **Taxis**

Honolulu Airport	Honolulu Downtown	US$ 15
Honolulu Airport	Waikiki	US$ 25
Honolulu Airport	Kailua	US$ 35

- **Busse**

Big Island: Überlandbusse	US$ 0,75-6,00
Oahu: Stadtbusse Honolulu	US$ 0,85
Maui: Flughafen-Kaanapali	US$ 14

- **Personenfähre**

Maui-Lanai	US$ 25

- **Benzinpreise** (pro Gallone)

Normalbenzin (regular)	ca. US$ 1,55
Superbenzin (premium)	ca. US$ 1,70

Trinkgeld und Steuern

Bei allen Service-Leistungen wird ein Trinkgeld von mindestens 15% erwartet. Außerdem unterliegen alle Beträge einer Verkaufssteuer von z.Zt. 4,17%.

Pauschalangebote

Eine kleine Auswahl von Pauschalreisen unterschiedlichen Charakters:

- *Hawaii Island Hopper,* 16tägige Flug-/Busrundreise nach Oahu, Hawaii, Kauai und Maui, Übernachtung in guten Mittelklasse-Hotels, Inlandflüge, deutschsprachige Reiseleitung, im Doppelzimmer, ab/bis Kalifornien ab DM 2.722 p.P., ab/bis Honolulu ab DM 1.998 p.P.
- *Hawaii Island Drive,* 16tägige Flug-/Mietwagenreise nach Oahu, Hawaii, Kauai und Maui, Übernachtung in guten Mittelklasse-Hotels, Alamo-Mietwagen, Inlandflüge, ab/bis Deutschland ab DM 3.389 p.P. im Doppelzimmer, ab/bis Kalifornien ab DM 2.285 p.P., ab/bis Honolulu ab DM 1.559 p.P.
- *Hawaii Deluxe,* 15tägige Flug-/Busrundreise nach Oahu, Hawaii, Kauai und Maui, Übernachtung in Luxushotels, Halbpension, Helikopterflug, Inlandflüge,

deutschsprachige Reiseleitung, ab/bis Deutschland ab DM 6.719 p.P. im Doppelzimmer, ab/bis Kalifornien ab DM 5.338 p.P., ab Honolulu bis Maui ab DM 4.524 p.P.

Verpflegungskosten

(durchschnittliche Lebensmittelpreise eines Supermarktes auf Oahu)

- **Milchprodukte**

1 Pfund Butter	2,25 US$	12 große Eier	2,00 US$
200 g Gouda	3,50 US$	1 kl. Becher Joghurt	0,89 US$
1 l Milch	1,50 US$	1 Pfund Spaghetti	2,30 US$

- **Fisch**

1 Pfund Lachsfilet	6,99 US$	1 Pfund Flunder	7,59 US$
1 Pfund Garnelen (groß)	9,99 US$	1 Pfund Haifisch	5,99 US$
1 Pfund Seezunge	7,29 US$		

- **Obst**

1 Pfund Äpfel (Golden Delicious)	1,69 US$	1 großer Eisbergsalat	0,99 US$
1 Pfund Pflaumen	2,69 US$	1 Pfund Fleischtomaten	1,29 US$
1 Pfund Mangos	2,69 US$	1 Pfund Bananen	0,99 US$
1 Kiwi	0,49 US$	1 Pfund Papayas	0,69 US$
		1 Pfund Orangen	0,89 US$

- **Fleisch**

1 Pfund Rindergehacktes	2,99 US$	1 Pfund Kalbsgulasch	9,99 US$
1 Pfund Rindergulasch	2,99 US$	1 Pfund Schweineschnitzel	3,99 US$
1 Pfund New York Strip Steak	6,99 US$	1 Pfund frisches Hähnchen	1,19 US$
1 Pfund Rinderbraten	3,99 US$	1 Pfund Hühnerbrust	3,19 US$
1 Pfund T-Bone Steak	5,99 US$	1 Pfund Schweinebraten	1,99 US$

- **Brot**

1 Pfund Dreikorn-Brot	1,97 US$	1 Toastbrot	1,09 US$
1 Pfund Weißbrot	1,39 US$	1 Apple Pie (850 g)	2,39 US$
1 Brötchen	0,25 US$		

- **Alkoholfreie Getränke**

1,9 l frisch gepreßter Orangensaft	2,05 US$	6er-Pack Coca Cola	2,99 US$
1,9 l frisch gepreßter Apfelsaft	2,15 US$	1 Flasche einheimisches Mineralwasser (0,75 l)	0,85 US$
1,9 l Orangensaft (aus Konzentrat)	1,25 US$	1 Flasche importiertes Mineralwasser (0,75 l)	1,10 US$
6er-Pack Sprite	2,99 US$	1 Pfund Kaffee	8,00 US$

- **Alkoholische Getränke**

6er-Pack Busch Light Bier	2,05 US$	Behringer Cabernet Sauvignon	14,59 US$
6 Flaschen (à 0,33 l) Importbier	7,28 US$	*kalifornischer Weißwein (1 Flasche à 0,75 l):*	
kalifornischer Rotwein (1 Flasche à 0,75 l):		Corbett Canyon Chardonnay	5,99 US$
August Sebastianus	9,36 US$	Behringer Chardonnay	16,66 US$
Fetzer Cabernet Sauvignon	8,66 US$		

- **Restaurant-Preise** (Beispiel: Abendessen und Brunch in einem guten Mittelklasse-Hotel auf Big Island)

CHINESE BUFFET

Spring Rolls
Crispy Won Ton
Chinese Dumplings
Shao Mai

Seafood and Vegetable Stir Fry
Chinese Roast Duck
Char Siu Pork
Sweet and Sour Pork
Won Ton Soup
Spicy Hot Braised Mahi
Steamed Clams with Black Beans
Beef Broccoli
Szechuan Noodles
Gon Lo Mein
Steamed Rice
Fried Rice

Fortune Cookies
Almond Cookies

Salads
Deserts

ADULTS: $12.95
CHILDREN 4 – 12 YEARS: $6.95

SEAFOOD BUFFET

Alaska Snow Crab Legs
Prime Rib
Clams with Garlic and Green Onions
Seafood Newburg
Sautéed Mahi Mahi
Steamed Ono
Deep Fried Oysters
New England Clam Chowder
Tako Sashimi
Poki
Seafood Salad
Sashimi
Boiled Shrimp
Poi
Crudité Tray
Tossed Waimea Greens
Marinated Herring
Fresh Fruit Trays
Baked Potato - Condiments
Riz Pilaf
Butter Corn on the Cob
Vegetable du Jour
Steamed Rice

Assorted Desserts

ADULTS: $19.95
CHILDREN 4 – 12 YEARS: $9.95

SUNDAY BRUNCH

Fresh Fruits
Juices
Tossed Greens with Dressing
Variety Salads
Pastries, Muffins, Danish, etc.
Boiled Shrimp
Lau Lau
Poki
Kalua Pork
Eggs Benedict
Belgian Waffles
Omelettes to Order
Bacon
Sausage

Corn Beef Hash
Steamed Rice
Mahi Florentine
Seafood Newburg
Sesame Seed Chicken
Prime Rib of Beef
Variety of Desserts
Fruit Filled Crêpe

Sushi

Coffee or Tea
Champagne

ADULTS: $16.95
CHILDREN 4 – 12 YEARS: $8.95

A LA CARTE MENU ALSO AVAILABLE 6:30 A.M. – 9:00 P.M.

HAWAII-INSELN-NEUIGKEITEN

– Stand Februar 1997 –

Inhaltsübersicht Telex-Seiten

1. ALLGEMEINES

- **Neuer Gouverneur (S. 50)**

Bei den Gouverneurswahlen von 1994 wurde der 55jährige *Benjamin J. Cayetano* zum Nachfolger von *John D. Waihee* gewählt. Wie sein Vorgänger gehört auch *Cayetano* der Demokratischen Partei an. Die nächsten Gouverneurswahlen finden im Januar 1999 statt.

- **Ergebnis der Volkszählung von 1994**

Ende 1995 wurden in Honolulu die Einzelergebnisse der jüngsten Volkszählung von 1994 vorgestellt. Demnach stieg 1990-94 die Bevölkerung im Bundesstaat von 1.248.360 um 3,1% auf 1.287.600 Personen. Bei den einzelnen Inseln hatten prozentual die größten Zuwächse Lanai (4.000 Ew., + 52,8%), Big Island Hawaii (149.000 Ew., + 10,3%) und Maui (139.500 Ew., + 9,9%). Weniger deutlich war die Veränderung auf Oahu (920.500 Ew., + 1,4%) und auf Molokai (7.700 Ew., + 0,9%). Ein Bevölkerungs-Rückgang wurde auf Kauai verzeichnet (66.700 Ew., - 1,5%). Die Unterschiede zu den Angaben der jeweiligen 'Inseltelegramme' erklären sich dadurch, daß die Zahlen der Volkszählung von einer de-facto-Bevölkerung ausgehen, die stets um einiges größer ist als die Zahl derjenigen, die auf der einzelnen Insel als *residents* registriert sind.

- **Tourismus-Entwicklung (S. 121 f.)**

Die Zahl der Hawaii-Touristen blieb 1995/96 insgesamt auf konstant hohem Niveau, doch nahm die Zahl der Besucher aus den USA stetig ab, während die Kanadier und Europäer für große Zuwachsraten sorgten. Allein aus Deutschland reisten 1995 ca. 90.000 Urlauber nach Hawaii, für 1996 geht man von einem Plus von ca. 2% aus.

Bei der Steuerung der Touristenströme soll zukünftig der Entwicklung Rechnung getragen werden, daß sich vor allem die europäischen Besucher weniger für einen reinen Strandurlaub interessieren, dafür mehr für intakte Natur, kulturelle Highlights und einen insgesamt 'sanften Tourismus'. Ende 1994 wurde zu diesem Thema in Honolulu eine Ökotourismus-Konferenz abgehalten, deren Ergebnisse nun in die Tat umgesetzt werden sollen. Ziel ist es nicht, den Massentourismus zu ersetzen, sondern den Ökotourismus als Marktsegment neben der bisherigen Fremdenverkehrspolitik weiterzuentwickeln und zu stärken.

- **Film-Industrie (S. 124)**

Die phantastische Kulisse der Inseln wurde auch 1996 für etliche Serien und andere Hollywood-Produktionen genutzt. Das neueste Filmprojekt von Disney ist der 24-Mio-Dollar Streifen *'George of the Jungle'* mit Brendan Fraser in der Hauptrolle, eine Art Tarzan-Geschichte, die 1997 auf Hawaii gedreht wird und 1998 in die Kinos kommen soll.

2. REISE-A-Z

- **Botschaften und Konsulate (S. 134)**

Bei den Adressen oder Telefonnummern der Botschaften und Konsulate traten z.T. geringfügige Änderungen ein. Z.Zt. sind folgende Angaben aktuell:

- **US-Botschaften**:

in Deutschland: Deichmanns Aue 29, D-53170 Bonn, Tel.: (0228) 3391, Fax: 3392663; Mo-Fr 8.30-17.00 Uhr.

in Österreich: Boltzmanngasse 16, A-1090 Wien, Tel.: (0222) 31339, Fax: 3100682; Mo-Fr 8.30-11.00 Uhr.

in der Schweiz: Jubiläumsstraße 93, CH-3005 Bern, Tel.: (031) 3577245, Fax: 3577398; Mo-Fr 8.30-11.30 Uhr.

- **Botschaften der deutschsprachigen Länder in den USA**:

Embassy of the Federal Republic of Germany, 4645 Reservoir Rd. NW, Washington, D.C. 20007-1998, Tel.: (202) 298-4000, Fax: 298-4249/471-5558;

Swiss Embassy, 2900 Cathedral Ave. NW, Washington, D.C. 20008-3499, Tel.: (202) 745-7900, Fax: 387-2564;

Austrian Embassy, 3524 International Court NW, Washington, D.C. 20008, Tel.: (202) 895-6700, Fax: 895-6750.

US-Konsulate

- **in Deutschland**: *Botschaft der USA,* Konsularabteilung, Deichmanns Aue 29, 53179 Bonn, Tel.: (0228) 3392053 (14.00-16.00 Uhr für allgemeine Fragen), Tel.: 3392454 (9.00-16.00 Uhr für Fragen zum visafreien Reisen); zuständig für Nordrhein-Westfalen. *Konsularabteilung der Botschaft der USA,* Außenstelle Berlin, Clayallee 170, 14195 Berlin, Tel.: (030) 8197454; zuständig für Berlin und die neuen Bundesländer. *Generalkonsulat der USA,* Siesmayerstraße 21, 60323 Frankfurt am Main, Tel.: (069) 7535-0, Fax: 561114; zuständig für Hessen, Rheinland-Pfalz, Saarland. *Generalkonsulat der USA,* Alsterufer 27-28, 20354 Hamburg, Tel.: (040) 41171-0; zuständig für Hamburg, Bremen, Schleswig-Holstein und Niedersachsen. *Generalkonsulat der USA,* Wilhelm-Seyffert-Straße 4, 04107 Leipzig, Tel.: (0341) 2117866. *Generalkonsulat der USA,* Königinstraße 5, 80539 München, Tel.: (089) 28880, Visaabteilung 2888725; zuständig für Bayern. *Generalkonsulat der USA,* Urbanstraße 7, 70182 Stuttgart, Tel.: (0711) 2145-0; zuständig für Baden-Württemberg.
- **in Österreich**: *Konsularbüro der USA,* Gartenbaupromenade 2, 1010 Wien, Tel.: (0222) 51451. *Generalkonsulat der USA,* Gisela-Kai 51, 5020 Salzburg, Tel.: (0662) 28601.
- **in der Schweiz**: *Generalkonsulat der USA,* Zollikerstraße 141, 8008 Zürich, Tel.: (01) 552566.

- **Fremdenverkehrsämter/Informationen (S. 140)**

Leider wurde 1996 das amerikanische Fremdenverkehrsamt in Frankfurt/M. geschlossen, so daß es für die deutschsprachigen Länder nun keine zentrale Informationsstelle mehr gibt. Ebenfalls hat das Hawaii Visitors Bureau seine Repräsentanz geändert. Zuständig für die deutschsprachigen Länder ist nun: *Hawaii Visitors & Convention Bureau,* c/o AVM American Venture Marketing GmbH, Siemensstraße 9, D-63263 Neu-Isenburg, Tel.: 06102-722410, Fax: 06102-722409.
Wer keine konkrete Urlaubsplanung, sondern nur Prospektmaterial haben möchte, wende sich an die Agentur *Schotte,* die gegen DM 10,- Gebühr ein umfangreiches Infopaket zu Hawaii versendet. Über die gleiche Agentur erhält man auch Infos zu den meisten Bundesstaaten und Großstädten im Westen der USA, vor allem auch für Kalifornien, Oregon und Washington. Die Adresse: *Schotte Media Partners,* - USA Info Service -, Postfach 4101, D-40654 Meerbusch, Tel.: (0180) 5313531, Fax: (0180) 5313532.
Ebenfalls kann man sich vor der Reise bei den **Amerika-Häusern** bzw. **Deutsch-Amerikanischen Instituten** informieren, die man in Berlin, Darmstadt, Frankfurt/M., Freiburg, Hamburg, Hannover, Heidelberg, Kiel, Köln, München, Nürnberg, Regensburg, Saarbrücken, Stuttgart und Tübingen findet.

- **Geld/Währung (S. 140)**

Ein Rückblick auf das Auf und Ab des US$ innerhalb der letzten zwei Jahre verdeutlicht, daß verläßliche Aussagen über die mittelfristige Entwicklung des Kurswertes kaum noch zu machen sind. Insgesamt jedoch waren die USA 1996 für europäische Touristen ein teureres Urlaubsziel als Anfang 1995, als der Mittelkurs des Dollar noch mit DM 1,36 notiert wurde.

Bisher waren alle Dollar-Noten gleich groß und hatten die gleiche Farbe, d.h, sie unterschieden sich nur durch den Nennwert und die aufgedruckten Bilder auf der schwarzen Vorder- und grünen Rückseite. Ab 1996 jedoch bekommen die Dollarnoten ein neues und 'fälschungssicheres' Gesicht, angefangen mit dem 100-Dollar-Schein. *Benjamin Franklin*, der auch auf dem alten Hunderter zu sehen war, prangt auf dem neuen in vergrößerter Ausgabe und wird an den rechten Rand geschoben, außerdem durch ein Wasserzeichen verdoppelt. Auch die Porträts von *Franklins* 'Kollegen' sollen nach und nach modernisiert werden: *George Washington* auf der 1-Dollar-Note, *Alexander Hamilton* auf dem Zehner, *Andrew Jackson* auf dem Zwanziger und *Ulysses S. Grant* auf dem Fünfziger. Die neuen Scheine bekommen zusätzlich eine Randlinie von Strichen und Punkten.

- **Bed & Breakfast-Unterkünfte (S. 152)**

Adressenänderung bzw. Ergänzung einiger Bed & Breakfast-Agenturen:
* *Pacific Hawaii Bed & Breakfast* (Sylvia Pope), c/o Neal Realty, 602 Kailua Rd., Ste. 107C, Kailua (Oahu), HI 96734; oder: (Doris Epp-Reichert), 99-1661 Aiea Heights Dr., Aiea (Oahu), HI 96701; Tel./Fax: 943-1185; 486-8838; 487-1228.
* *Affordable Paradise Bed & Breakfast* (Maria & Barbara Wilson), 570 Wanaao Rd., Kailua (Oahu), HI 96734, Tel.: 262-7865, Fax: 261-7315; deutsche Kontaktadresse: Ursula Klotz, Am Talblick 33, D-88477 Schöneburg/Schwendi, Tel.: 07353-3719, Fax: 07353-3722.

- **Helikopter-Rundflüge (S. 186 ff.)**

Trotz aller Beschränkungen (Einhaltung von Mindestflughöhen usw.) boomt das Geschäft der Unternehmen, die Helikopterrundflüge anbieten. Die dadurch hervorgerufene Lärmbelästigung ist auf Kauai inzwischen zu einem ernsten Problem geworden. Auf Maui ging die Firma *Papillon Helicopters* (S. 316) in Konkurs. Sehr gute Erfahrungen machten dort viele Leser mit der Firma *Alexair* (Tel.: 871-0792). Wer auf Maui spät abends (bis 20.30 Uhr) einen Helikopter-Rundflug im *Acivity Warehouse* (am Azeka Place in Kihei und in Lahaina) bucht, kann viel Geld sparen, da dann 2 Plätze zum Preis von einem verkauft werden. In mehreren Leserzuschriften wurde außerdem der Rundflug über Big Island mit der Firma *Volcanoes Helitours* gelobt, die direkt im Nationalpark startet.

- **Inlandflüge (S. 186 ff.)**

Flüge zwischen den Inseln werden mittlerweile wie Busfahrscheine an den Traveldesks der großen Hotels oder in jedem Reisebüro vor Ort verkauft. Die Fahrpläne sind außerdem stark erweitert worden, so daß eine Vorausbuchung ab Deutschland i.d.R. nicht notwendig ist. Da die Flugunternehmen einen regelrechten Preiskrieg führen, kann man viel Geld sparen, wenn man auf Sonderangebote achtet oder auf Flugcoupons zurückgreift, wie sie etwa von *Hawaiian Airlines* angeboten werden. In letzterem Fall betrug 1996 der Ticketpreis pro Flug nur US$ 35 (zum Vergleich: Normalpreis US$ 78). Ähnlich günstig operiert die *Mahalo Air*, die stündlich zwischen den wichtigsten Inseln pendelt. Achten sollte man bei den einzelnen Fluggesellschaften auf das zulässige Freigepäck (z.B. *Interisland Air*: 20 kg p.P., *Mahalo Air*: 32 kg p.P.).

3. NEUIGKEITEN AUS DEN EINZELNEN INSELN

BIG ISLAND (HAWAII)

- **Bed & Breakfast-Unterkünfte an der Kona Coast**

Nach Auskunft mehrerer Leser scheint die Bed & Breakfast-Unterkunft *Hale Maluhia* (S. 216) nicht mehr empfehlenswert zu sein. Stattdessen wurden zwei andere Pensionen sehr gelobt, die im Buch nicht aufgeführt sind:
* *Three Bear's Bed & Breakfast* (Familie Stockel), 72-1001 Puukala St., Kailua-Kona, HI 96704, Tel./Fax: 325-7563; freundliche Pension in 600 m Höhe, ca. 8 km von Kailua-Kona entfernt, sehr persönlicher Service, deutschsprachig.
* *The Rainbow Plantation Bed & Breakfast* (Marianne und Rainer Schrepfer), P.O.Box 122, Captain Cook, HI 96704, Tel.: 323-2393, Fax: 323-9445; in schöner Berglage nahe der Napopoo Rd. inmitten eines Gartens, komfortable Zimmer, freundlicher Service, deutschsprachig.

- **"Ritz-Carlton Mauna Lani" unter neuer Leitung (S. 289)**

Das Top-Hotel *Ritz-Carlton Mauna Lani* trägt ab 1997 den Namen *Orchid at Mauna Lani*. Keine Einflüsse hat der Besitzerwechsel auf den hohen Standard dieses Hauses der absoluten Luxusklasse.

MAUI

- **Bootstouren (S. 315)**

Der Katamaran *Sea Quest* wurde in *Gemini* umgetauft.

- **Highway 340 (S. 365/374 ff.)**

Die Küstenstraße von Kapalua nach Kahului (Hwy. 340) im Norden der Insel ist inzwischen durchgängig asphaltiert. Dementsprechend gibt es auch keine Einwände der Autovermieter gegen diesen Abschnitt mehr. Ein schnelles Vorwärtskommen garantiert die neue Asphaltdecke jedoch nicht, da der Highway zwischen Honokohau und Wailuku extrem eng, kurvenreich und tempobegrenzt (meist 15 mph) ist.

- **Wandern auf Maui (S. 378ff.)**

1996 mußte man sich bei Tages-Wanderungen im Haleakala-Nationalpark nicht mehr in Listen eintragen, auch wurden keine Permits mehr verlangt. Nach wie vor obligatorisch ist dies jedoch bei Übernachtungen im Park.
Die Anfahrt zum *Polipoli Loop* (S. 381) über die Schotterstraße ist so schwierig geworden, daß sie nur noch für Geländewagen zu empfehlen ist. Als bessere Alternative kann man auf gleichem Weg an der Jagdstation anhalten und in etwa 1 km zum gut markierten *Waiako Loop* wandern. Der Trail ist 2,7 Meilen lang und bietet in etwa die gleichen Attraktionen wie der *Polipoli Loop*. Länge insgesamt ab/bis Jagdstation: ca. 6,5 km; Zeitaufwand ca. 3 Stunden.
Die 'schöne Aussicht' von der Steinbank am *Waikamoi Ridge Loop* (S. 381) ist mittlerweile total zugewachsen. Der Wanderweg lohnt sich trotzdem!

- **Silvesterparty in Kahului**

Sollten Sie den Jahreswechsel auf Maui verbringen, lohnt sich die Teilnahme an der *New Year's Eve Celebration* des *Maui Arts & Cultural Center* in Kahului. Bei diesem nicht-alkoholischen Fest wird neben dem obligaten Feuerwerk auf vier Bühnen jede Menge Musik und Entertainment geboten.

- **Drachenfliegen**

Ein besonderes Abenteuer verspricht ein Drachenflug vom Haleakala-Kraterrand bis zur Küste. Flüge und Transfers organisiert *Arnim Engert* (Tel.: 572-6557; deutschsprachig), der Preis beträgt ca. US$ 230.

MOLOKAI

- **Mietwagen (S. 407)**

1996 waren von den großen Mietwagenfirmen nur noch *Budget* und *Dollar* am Flughafen vertreten.

- **Halawa Trail (S. 432 f.)**

Leider erlauben die Besitzer des Privatgeländes, über das man auf dem Wanderweg zu den *Moaula Falls* gelangt, Touristen nicht mehr den Durchgang.

OAHU

- **'Rella Mae' unter neuem Namen (S. 466)**

Die *Rella Mae*, das Flaggschiff der Windjammer-Kreuzfahrten, wurde ab 1996 einer umfassenden Renovierung unterzogen, die Ende 1997 abgeschlossen sein wird. Der Viermaster, der bis zu 1.000 Passagiere aufnehmen kann, heißt in Zunkunft *Kulamanu* (= 'Goldener Vogel').

- **'Kohala Hilton' unter neuer Leitung (S. 503)**

Das Luxushotel *Kohala Hilton*, eines der schönsten im Südosten von Oahu, trägt seit Mitte 1996 nach einer 75-Mio-Dollar-Renovierung den Namen *Mandarin Oriental Hawaii*. Keine Einflüsse hat der Besitzerwechsel auf den hohen Standard dieses luxuriösen Hauses.

- **Antiquitäten-Shop in Haleiwa**

Der renommierte Anbieter von Antiquitäten und Kuriositäten, *Ralston Antiques*, hat sein Geschäft von Lahaina/Maui nach Haleiwa/Oahu verlegt. Man findet es nahe der Haleiwa Bridge auf 66-030 Kamehameha Hwy. (Tel.: 637-8837; Do-So 10.00-17.00 Uhr).

KAUAI

- **Kilauea Lighthouse (S. 573 f.)**

In der Saison 1996 war der Leuchtturm von Kilauea am Wochenende geschlossen.

- **Wandern auf Kauai (S. 597 ff.)**

Der Startbeginn des Trails zum Sleeping Giant (S. 598) ist jetzt am kleinen Parkplatz rechts der Straße auf Höhe des Telefonmastes N° 39; die Zufahrt zur Pumpstation ist gesperrt. Der Zeitaufwand für diese Wanderung beträgt insgesamt nur ca. 2½ Stunden.

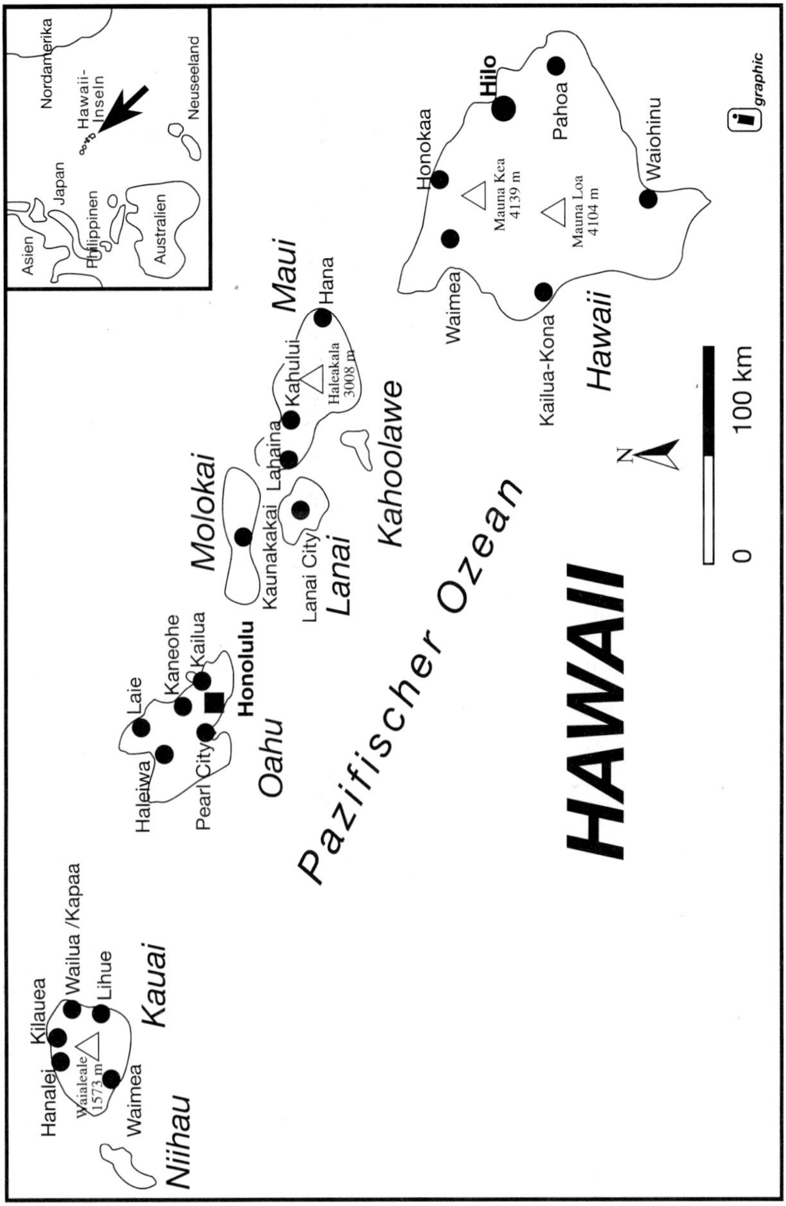

HAWAII
Pazifischer Ozean
Niihau
Kauai
Hanalei
Kilauea
Wailua /Kapaa
Lihue
Waimea
Waialeale
1573 m
Oahu
Haleiwa
Laie
Kaneohe
Kailua
Honolulu
Pearl City
Molokai
Kaunakakai
Lanai
Lanai City
Lahaina
Kahului
Maui
Hana
Haleakala
3008 m
Kahoolawe
Hawaii
Waimea
Kailua-Kona
Honokaa
Hilo
Pahoa
Waiohinu
Mauna Kea
4139 m
Mauna Loa
4104 m
N
0
100 km
graphic
Nordamerika
Hawaii-Inseln
Neuseeland
Japan
Asien
Philippinen
Australien

4 REISEN AUF HAWAII

4.1 URLAUB AUF HAWAII

Touristen, die die hawaiischen Inseln besuchen, kann man aufgrund ihres Reiseverhaltens in zwei Hauptgruppen unterteilen:

- Auf der einen Seite stehen jene, die in erster Linie den Erholungswert der Tropen schätzen, indem sie ihren Urlaub in einem komfortablen Strandhotel verbringen. Es sind vor allem Amerikaner, die auf diese Weise Hawaii 'kennenlernen', viele davon im Winter, wenn es in den meisten Bundesstaaten kalt ist und sich der Sprung über den Pazifik besonders lohnt – für sie hat der Archipel einen ähnlichen Stellenwert wie die Kanaren oder Kapverden für europäische Touristen.

- Auf der anderen Seite gibt es eine ständig steigende Anzahl von Besuchern, die möglichst viele Seiten ihres Reisezieles erleben möchten und deshalb nicht nur die nähere Umgebung ihres Hotels bzw. ihre Urlaubsinsel intensiv erkunden, sondern per *'Island Hopping'* und Mietwagen aktiv werden. Es liegt auf der Hand, daß sich die meisten Europäer auf diese Weise Hawaii nähern, da sie immerhin die Strapazen von mindestens zwanzig Flugstunden auf sich genommen haben, bevor sie ihr Ziel erreichten.

Auf welche Art und Weise man seinen Urlaub verbringt, ist letzten Endes auch eine Frage der Zeit, die man zur Verfügung hat. In den bunten Prospekten der Reiseveranstalter finden sich zuhauf Angebote von kombinierten Flug-, Hotel- und Mietwagenpaketen, die einem vorgaukeln, man könne innerhalb von 7 Tagen nicht nur alle Inseln besuchen und kennenlernen, sondern hätte dabei auch noch ausreichend Zeit zur Erholung. Und auch manche Reiseführer, die detaillierte Vorschläge zu Tagesprogrammen unterbreiten, gehen häufig sehr großzügig mit der Zeit ihrer Leserschaft um und erwecken den Anschein, als könne man beispielsweise Big Island problemlos an einem Tag umrunden oder auf dem Hana-Highway (Maui) nicht nur innerhalb eines Tages hin- und zurückfahren, sondern den Ausflug auch noch mit anderen Zielen kombinieren.

Deshalb an dieser Stelle ein Wort der Warnung: Lassen Sie Ihren Urlaub nicht zu einer Rekord-Jagd werden, bei der Sie sich abhetzen, um möglichst viele Besichtigungspunkte abzuhaken. Oft ist es sinnvoller, die eine oder andere Attraktion auszulassen, dafür aber die besichtigten Sehenswürdigkeiten intensiver in sich aufzunehmen und durch Ruhe-, Bade- oder Wanderpausen den Erlebniswert zu steigern.

Mietwagenrundreisen, auf denen man im Prinzip nur auf Achse ist, lohnen sich höchstens, wenn man sich einen Überblick verschaffen möchte, um später einmal zur der Region bzw. Insel zurückzukehren, in der es einem am besten gefallen hat. Oder wenn man an die Tour einen erholsamen Badeaufenthalt anschließt.

Auch die im KAPITEL 4.1.3 skizzierten "Kurzreisen" sollten Sie unter diesem Gesichtspunkt sehen; sie stellen eigentlich das Maximum dessen dar, was gerade noch zu schaffen ist, ohne daß der Hawaii-Urlaub in Besichtigungsstreß ausartet.

4.1.1 BADEURLAUB

Natürlich ist es ganz legitim, Hawaii wegen seiner Strände und dem damit verbundenen Badeurlaub als Reiseziel zu wählen – vor allem, wenn es in Deutschland kalt und unangenehm ist. Aus oben genannten Gründen ist es jedoch wenig empfehlenswert, etwa einen einwöchigen Hawaii-Urlaub in den Weihnachtsferien zu buchen, um dann die ganze Zeit am Strand von Waikiki zu verbringen. Nicht nur die langen Flugzeiten der An- und Abreise sprechen dagegen, sondern auch die Tatsache, daß man in den ersten Tagen die Strapazen des Klimawechsels und der Zeitverschiebung zu bewältigen hat *('Jet Lag')* und daß sich die Haut erst langsam an die UV-Strahlung der tropischen Sonne gewöhnen muß. Allein aus gesundheitlichen Gründen sollte man von einer solchen kurzzeitigen Bräunungsaktion Abstand nehmen, oder anders ausgedrückt: Der Urlaub wäre gerade dann zu Ende, wenn er eigentlich erst beginnen dürfte!

Und noch einen Grund gibt es, der gegen reine Strandferien in den Weihnachtsferien spricht: Dies ist auch die bevorzugte Zeit der amerikanischen Touristen und gilt damit als absolute Hochsaison; auf den beliebtesten Stränden geht es dann am gedrängtesten zu, und die Preise für Hotels, Flüge etc. sind am höchsten.

Anders sieht es aus, wenn man die Zeit vor dem Badeurlaub in einer anderen pazifischen Destination verbracht hat, Hawaii also als Stopover nutzt (vgl. KAPITEL 4.2). Nichts ist z.B. angenehmer, als den anstrengenden Rückflug von Neuseeland nach Europa mit einigen erholsamen Tagen am hawaiischen Strand zu unterbrechen oder eine Rundfahrt durch den amerikanischen Westen mit einer Woche "Baden auf Hawaii" abzuschließen.

Wer sich – aus welchen Gründen auch immer – dazu entschließt, Hawaii allein der schönen Strände wegen zu besuchen und diese von einem festen Standquartier aus zu genießen, muß sich trotzdem die Mühe machen, vorher einige Informationen über Klima, Standort und Reisezeit einzuholen. Denn es reicht nicht aus, aufgrund der Hotelbeschreibung und des Zusatzes "Strandnähe" zu erwarten, daß durch die Buchung alle Wünsche erfüllt würden. Manchmal sind es nur wenige Schritte vom Hotelzimmer zu einem feinsandigen, weißen und langgestreckten Strand, der einem Südsee-Bilderbuch entstammen könnte – und trotzdem kann man dort nicht baden, weil entweder die Brandung zu hoch oder die Strömung zu heimtückisch ist (vgl. auch KAPITEL 3.2.5). Als Faustregel gilt hier, daß die Bedingungen in den Wintermonaten an den Nord- und Ostküsten der einzelnen Inseln am ungünstigten sind (Ausnahmen bestätigen die Regel!).

Standorttips für einen reinen Badeurlaub

Oahu:

- Ziehen Sie das internationale Flair eines weltberühmten Großstadtstrandes und Betriebsamkeit mit all ihren Vor- und Nachteilen vor, sind Sie in Waikiki genau richtig. Hier ist Baden ganzjährig möglich, das Angebot an Unterkünften, Restaurants, Wassersportarten und Ausflugsmöglichkeiten unübertroffen, das öffentliche Verkehrsnetz perfekt und Honolulu mit seinen Museen, Einkaufszentren etc. nur Minuten entfernt; es gibt jede Menge Beach Boys und Strandnixen zu betrachten, und Kontakte zu Touristen aus aller Herren Länder sind schnell hergestellt.
- Möchten Sie das quirlige Honolulu/Waikiki in Ihrer Nähe wissen, bevorzugen selbst aber einen etwas ruhigeren Urlaub, sollten Sie nach Kailua ausweichen

und sich dort in einem der vielen hübschen Bed & Breakfast-Häuser einmieten. Auch dort ist Baden ganzjährig möglich.

Maui:

- Bei der zweitwichtigsten Hawaii-Destination für reinen Strandurlaub kommt nur die stets trockene Westküste in Frage. Im Norden sind Kaanapali oder Lahaina ein guter Standort, weil unabhängig von der Saison gebadet und Wassersport betrieben werden kann, die touristische Infrastruktur mit einer Vielzahl von Unterkünften, Restaurants, Verkehrsverbindungen, organisierten Ausflugsmöglichkeiten etc. gut ist und mit dem Städtchen Lahaina auch die Kultur ein Highlight hat.
- Wenn Sie es etwas ruhiger lieben, gerne Golf spielen und auf gepflegte Atmosphäre Wert legen, sind Sie im Südwesten in Waimea besser aufgehoben.

Kauai:

- Die bevorzugten Standquartiere für Badeferien auf der landschaftlich wohl reizvollsten Insel sind Poipu im Süden und Kapaa im Osten. Eine gute Infrastruktur und ganzjährig gute Schwimmöglichkeiten sind beiden Orten gemeinsam, einige Resorts in Poipu aber locken durch ihr unübertroffen hohes Niveau.
- Ohne Mietwagen ist das mondäne Princeville oder das bodenständigere Hanalei im Norden vielleicht etwas zu abgeschieden, außerdem das Wetter auch weniger stabil. Wer aber auf allabendliches Entertainment verzichten kann und die landschaftliche Szenerie einem stets blauen Himmel vorzieht, kann hier gut eine Woche verbringen.

Big Island:

- Mit Ausnahme der Waikoloa Resorts ist die 'große Insel' für einen reinen Badeurlaub weniger geeignet. Wer sich trotz des idealen Strandes langweilt, braucht jedoch auch dort einen Mietwagen.
- Die Strände im Touristen-Zentrum Kailua-Kona sind oft schmal oder felsig, dafür bietet das Städtchen ein betriebsameres Leben.

Molokai:

- Wer sich abseits der Touristenströme in Ruhe erholen möchte, sollte eins der beiden Hotels an der Westküste buchen. Gutes Wetter, herrliche Golfplätze und Strände, an denen bei ungünstigen Wetterverhältnissen das Baden allerdings gefährlich ist, sind vorhanden. Wer mehr möchte, braucht einen Mietwagen.

Lanai:

- Das *Manele Bay Hotel* an der gleichnamigen Bucht im Süden der Insel ist der ideale Zufluchtsort für komfortbewußte Robinsons.

4.1.2 INSELHÜPFEN

Anders als bei vielen Inselgruppen sind die hawaiischen Inseln nicht durch einen regelmäßigen Schiffsverkehr miteinander verbunden – von den Personenfähren zwischen Maui, Lanai und Molokai einmal abgesehen. An die Stelle der Fähren treten hier die Flugverbindungen, deren perfekt ausgebautes Netz von Einheimischen wie Touristen als selbstverständliches Nahverkehrsmittel genutzt wird. Auf diese Weise ist Inselhüpfen zu einer schnellen (durchschnittliche Flugdauer: 20-30 Minuten), problemlosen und recht preisgünstigen Angelegenheit geworden, bei der es keine langen Wartezeiten oder Sitzplatzreservierungen, dafür aber jede Menge Starts und Landungen zwischen 5.30 und 21.00 Uhr gibt. Der Check-In bei Inselflügen geschieht 30 Minuten vor dem Start, spätestens 15 Minuten vorher sollte man am Boarding Gate sein. Etwas mehr Zeit braucht man, wenn man von einem innerhawaiischen direkt auf einen Überseeflug umsteigen möchte, nämlich etwa 75 Minuten. Eine ähnliche Zeitreserve sollten Sie in Honolulu einplanen, wenn ein Anschlußflug von einer anderen Gesellschaft durchgeführt wird, da deren Terminal recht weit von der Ankunftshalle entfernt sein kann.

Die wichtigsten Carrier im innerhawaiischen Fluggeschäft sind *Hawaiian Airlines, Aloha Airlines, Island Air* und *Air Molokai*, die z.T. mit mittelgroßen Düsenjets, z.T. aber auch mit kleinen Propellermaschinen operieren, die das Erlebnis eines touristischen Erkundungsfluges sozusagen kostenlos mitliefern. Letztere haben natürlich den Vorteil, daß sie auch auf kleinen Pisten landen können, und sind für alle interessant, die sich z.B. die lange Autofahrt nach Hana oder den Maultierritt zur Kalaupapa-Halbinsel ersparen möchten.

Auf den großen Flughäfen wie dem Honolulu International Airport sind die Gesellschaften der kleinen 'Inselhüpfer' in einem abgelegenen Seitenflügel untergebracht, dem sog. *Commuter Terminal (commuter* = 'Pendler'). Die begrenzte Tragfähigkeit der Maschinen erfordert übrigens, daß Sie beim Einchecken Ihr Gewicht angeben müssen.

Die sog. **Drei-Letter-Codes** der Inselflughäfen – enthalten auf Ihrem Flugschein und der Gepäckkarte – bedeuten:

HNL = Oahu, Honolulu Airport
ITO = Big Island, Hilo Airport
KOA = Big Island, Kona Airport
MUE = Big Island, Waimea (Kamuela)
LIH = Kauai, Lihue Airport
HPW = Kauai, Princeville Airport
LNY = Lanai Airport
MKK = Molokai, Hoolehua Airport
LUP = Molokai, Kalaupapa Airport
OGG = Maui, Kahului Airport
HNM = Maui, Hana Airport
JHM = Maui, Kapalua Airport

- **Hawaiian Airlines**

Diese Fluggesellschaft ist die älteste Hawaiis und bediente schon 1929 die einzelnen Inseln nach einem regelmäßigen Flugplan. Inzwischen hat sich *Hawaiian Airlines* zu einer der wichtigsten Gesellschaften des pazifischen Flugverkehrs gemausert und bietet mit 350sitzigen *Tristar Lockheeds* auch eigene Verbindungen nach/ab Seattle, San Francisco, Los Angeles und Las Vegas an. Innerhalb Hawaiis werden die größeren Inseln ebenfalls mit Düsenjets, die kleineren hingegen mit 50sitzigen Turboprop-Maschinen angeflogen, wobei Honolulu und Maui die beiden Drehkreuze der Gesellschaft darstellen.

Von *Hawaiian Airlines* werden folgende Flugplätze mehrmals täglich bedient: Honolulu (Oahu), Kahului (Maui), Kona und Hilo (Big Island), Lihue (Kauai), Lanai und Molokai. Dabei wird allein von Honolulu aus Kahului 21mal am Tag angeflogen, Lihue 16mal, Kona 14mal, Hilo 13mal, Molokai viermal und Lanai dreimal.

Die Preise für eine Flugstrecke zwischen zwei Inseln liegen bei umgerechnet DM 88, aber Achtung: Ist eine Verbindung zwischen zwei Inseln nur über eine dritte

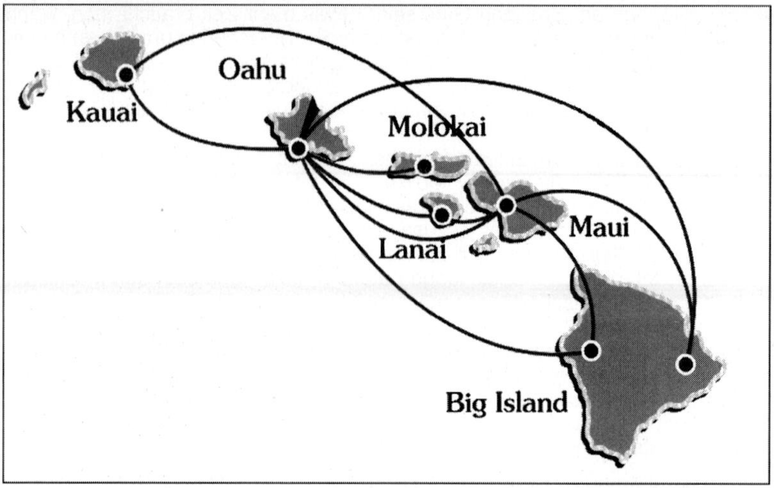

möglich und ändert sich dabei die Flugnummer, ist der Tarif für zwei Flüge zu zahlen. Eine Alternative für Vielflieger ist der *Hawaiian Island Pass*, der 1995 für fünf Tage US$ 159 kostete und nicht nur zu unbegrenzten innerhawaiischen Flügen berechtigte, sondern zusätzlich auch Vergünstigungen bei bestimmten Mietwagen- und Hotelarrangements beinhaltete. Den *Hawaiian Island Pass* gibt es auch mit einer Laufzeit von 1 Woche, 10 Tagen oder 2 Wochen.

Telefonnummern der *Hawaiian Airlines* für Fluginformationen, Reservierungen und Flugrückbestätigung

- Oahu 838-1555
- Big Island 326-5615
- Kauai 245-1813
- Maui 871-6132
- Lanai 565-7281
- Molokai 553-3644
- USA (Festland) 1-800-367-5320

• Aloha Airlines

Für den innerhawaiischen Flugverkehr hat *Aloha Airlines* zusammen mit der kleinen Tochter *Island Air* (s.u.) einen ähnlich hohen Stellenwert wie *Hawaiian Airlines* und ist sogar führend bei der Anzahl der Starts und Landungen. Durch ein Partnerschaftsabkommen mit *United Airlines* ist die Gesellschaft darüberhinaus auch an Überseeflügen ab/nach San Francisco, Los Angeles, Chicago, Tokyo und Osaka beteiligt.

Innerhalb Hawaiis werden von *Aloha Airlines* mit Boeing 737 folgende Flugplätze mehrmals täglich bedient: Honolulu (Oahu), Kahului (Maui), Kona und Hilo (Big Island) und Lihue (Kauai). Dabei gibt es allein von Honolulu aus 31mal am Tag Flüge nach Kahului, 22mal nach Lihue, 19mal nach Kona und 17mal nach Hilo.

Hinsichtlich der Preisgestaltung sind die Unterschiede zur Konkurrentin *Hawaiian Airlines* gering. Auch hier kosten die Einzelstrecken, die bereits in Europa gebucht werden können, DM 88, und auch hier gibt es Sonderangebote wie den *Aloha Pass*, um den man sich in den USA selbst kümmern muß.

Telefonnummern der *Aloha Airlines* für Fluginformationen, Reservierungen und Flugrückbestätigung

- Oahu 484-1111
- Maui 244-9071
- Hawaii 935-5771
- USA (Festland) 1-800-367-5250
- Kauai 245-3691

• Island Air

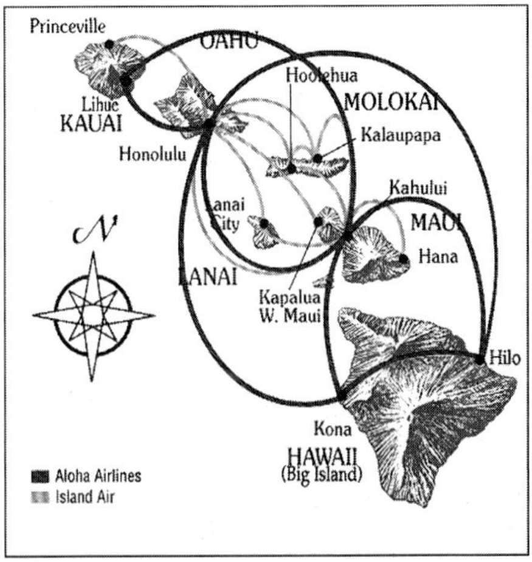

Island Air ist eine Tochter der *Aloha Airlines*, was aber nicht bedeutet, daß die Gesellschaften identisch wären und sich z.B. in Honolulu die gleiche Abfertigungshalle teilen würden. Im Gegenteil ist dort ein etwas längerer Fußmarsch oder die Benutzung des *Wiki-Wiki-Shuttles* vonnöten, um vom Aloha-Terminal zum Island Air-Terminal zu gelangen. Diese kleine Gesellschaft hat sich auf jene Flugziele spezialisiert, die für große Maschinen nicht oder nur schwer erreichbar sind. So werden von den Drehkreuzen Honolulu und Kahului (Maui) mit 18sitzigen Turboprop-Maschinen Hana und Kapalua (beide auf Maui) angeflogen, außerdem Lanai, Molokai und Princeville (Kauai), einschließlich der Querverbindungen zwischen den genannten Destinationen. Die Flugreise mit den *Twin Otters* dauert etwas länger als die mit den schnellen Düsenjets, dafür hat fast jeder Passagier einen Fensterplatz, und die geringe Flughöhe macht eine Reise mit *Island Air* fast immer zu einem Flightseeing-Erlebnis. Die Preise entsprechen denen von *Aloha Airlines.*

Telefonnummern der *Island Air* für Fluginformationen, Reservierungen und Flugrückbestätigung:
Oahu: 484-2222; auf allen anderen Inseln: 1-800-652-6541; in den USA (Festland): 1-800-323-3345.

• Air Molokai

Aus noch kleineren Maschinen (nämlich 9sitzigen Cessnas) besteht das Fluggerät der *Air Molokai*, die von Honolulu aus tägliche Verbindungen einerseits nach Kahului und Hana auf Maui und andererseits nach Kaunakakai und zur Kalaupapa-Halbinsel auf Molokai sowie entsprechende Querverbindungen sicherstellt. Die letztgenannte Destination wird von *Air Molokai* exklusiv angeflogen, wobei der Kauf eines Tickets auch eine Führung durch die ehemalige Leprakolonie einschließt.

Telefonnummern der *Air Molokai* für Fluginformationen, Reservierungen und Flugrückbestätigung

- Oahu 521-0090
- Molokai 553-3636
- Maui 887-0026

Außer den genannten Fluggesellschaften bieten mehrere private Firmen ihre Flightseeing- und Charter-Dienste an, die man natürlich auch für ein individuelles Inselhüpfen nutzen kann. Außerdem ist es möglich, über Agenturen vor Ort erstaunlich preisgünstige Fly-&-Drive-Pakete zu erwerben, die allemal günstiger sind als eine getrennte Flug- und Mietwagenbuchung (z.B. ab Oahu Hin- und Rückflug zu einer Nachbarinsel samt Mietwagen mit unlimitierten km und Steuern ab ca. US$ 100); Gleiches gilt auch für zusätzliche Hotelarrangements.

Wer aus Zeit- oder anderen Gründen auf ein intensiveres Kennenlernen der einzelnen Inseln verzichten muß, gleichwohl aber am Inselhüpfen im Schnelldurchgang interessiert ist, kann z.B. mit *Scenic Air Tours* einen eintägigen 'Sechs-Insel-Flug' unternehmen, auf dem man Oahu, Molokai, Lanai, Kahoolawe, Maui und Big Island aus der Vogelperspektive erlebt und unterwegs in Honolulu (Start- und Zielpunkt), Hilo und Kahului landet.

Zeiteinteilung

Alle diejenigen, die das Inselhüpfen nicht nur als Tagesausflug von einem festen Standort aus verstehen, möchten möglichst viele Facetten des Archipels erleben, sind dabei aber i.d.R. in ein enges zeitliches Korsett gedrängt. Die Frage, wieviel Zeit man nun auf welcher Insel verbringen soll, ist pauschal natürlich nicht zu beantworten, sondern richtet sich nach den Wünschen und Erwartungen, die man an einen ausgefüllten Urlaub stellt.

Die nachfolgenden Vorschläge sind deshalb als reine Besichtigungstouren mit dem Mietwagen zu verstehen (vgl. auch KAPITEL 4.1.3); wer zusätzlich wandern, ausgiebig baden oder sonstigen Aktivitäten nachgehen möchte, braucht entsprechend größere Zeitreserven. Die Vorschläge orientieren sich z.T. an dem, was mehrere europäische Reiseveranstalter als kombinierte Flug-/Mietwagen-/Hotelrundreise im Paket anbieten.

- **"Hawaii Überblick" in 14 Tagen (Oahu/Kauai/Maui/Big Island)**

1. Tag:	Anreise ab Europa oder aus USA nach Honolulu.
2. Tag:	Stadtbesichtigung Honolulu und Waikiki.
3. Tag:	Rundreise Oahu: Ostküste, Nordküste, das Inselinnere.
4. Tag:	Flug Oahu-Kauai; Besichtigung Lihue und Poipu.
5. Tag:	Rundreise Kauai: entlang der Ost- und Nordküste bis zum Kee Beach.
6. Tag:	Rundreise Kauai: zum Waimea Canyon und zur Westküste.
7. Tag:	Flug Kauai – Maui; Besichtigung Kahului/Wailuku und Iao Valley.
8. Tag:	Rundreise Maui: Der Hana Highway.
9. Tag:	Rundreise Maui: zum Sonnenaufgang zum Haleakala, anschließend Upcountry. Nachmittags am Strand.
10. Tag:	Rundreise Maui: die Nordwestküste mit Besichtigung von Lahaina.
11. Tag:	Flug Maui-Big Island (Kona); Besichtigung Kailua-Kona.
12. Tag:	Rundfahrt Big Island: entlang der Südküste zum Volcanoes NP und nach Hilo (Übernachtung).
13. Tag:	Rundfahrt Big Island: Hilo-Kona mit Besuch der Nordhalbinsel.
14. Tag:	Rückflug (Ankunft am 15. Tag).

- **"Hawaii Komplett" in 18 Tagen (Oahu/Kauai/Maui//Big Island/Molokai/Lanai)**

1.-13. Tag:	wie oben
14. Tag:	Flug Big Island – Molokai; Baden und Erholen an der Westküste.
15. Tag:	Rundreise Molokai: Kalaupapa-Overlook, Kaunakakai und an der Südküste entlang bis zur Halawa Bay.
16. Tag:	Flug Molokai-Lanai; Baden und Erholen an der Südküste.
17. Tag:	Rundfahrt Lanai: evtl. Munroe Trail, Lanai City, Garden of the Gods.
18. Tag:	Flug Lanai – Honolulu und Rückflug (Ankunft am 19. Tag).

- **"Hawaii Intensiv" in 30 Tagen (Oahu/Kauai/Maui/Molokai/Lanai/Big Island)**
  Eine Kombination der einzelnen "Intensiv"-Rundfahrten des KAPITELS 4.1.3

1. Tag:	Anreise ab Europa oder aus USA nach Honolulu.
2.- 6. Tag:	Oahu
7.-11. Tag:	Maui
12.-17. Tag:	Kauai
18.-19. Tag:	Lanai
20.-23. Tag:	Molokai
24.-29. Tag:	Big Island
30. Tag:	Flug Big Island – Honolulu und Rückflug (Ankunft am 31. Tag).

4.1.3 AUSGEWÄHLTE RUNDFAHRTEN

Im folgenden werden zu jeder Insel zwei Routenvorschläge unterbreitet, die die wichtigsten Sehenswürdigkeiten enthalten.

- Die Version einer **"Kurzreise"** ist geeignet, das Reiseziel überblicksartig kennenzulernen, und vor allem für diejenigen interessant, die den Archipel per *Island Hopping* erkunden und trotz beschränkter Zeit möglichst viel sehen möchten. Es ist klar, daß dabei ein Großteil des Urlaubs im Wagen verbracht werden muß und nur selten eine Wanderung, ein Bad im Ozean oder eine erholsame Ruhepause eingelegt werden kann. Der vielzitierte Satz, daß weniger oft mehr ist, gilt hier in besonderem Maße!

- Die Version **"Intensiv"** läßt dem Reisenden mehr Zeit auf jeder Insel sowie für die einzelnen Besichtigungspunkte, berücksichtigt auch weniger bekannte Regionen und macht Vorschläge zu Freizeitaktivitäten. Sie richtet sich an Touristen, die sich in ihrem Urlaub auf eine oder zwei Inseln beschränken oder aber von vorneherein einen längeren Aufenthalt (4-5 Wochen) auf dem Archipel eingeplant haben.

Bei beiden Versionen handelt es sich selbstverständlich nur um Anregungen, die Sie in keiner Weise von einer eigenen Routenzusammenstellung und einer Zeiteinteilung, die sich allein an Ihren Bedürfnissen orientiert, abhalten wollen. Zwischen der "Kurzreise" und dem "intensiven" Erleben sind viele weitere Variationen möglich, und wer länger als eine Woche auf einer Insel verweilt, wird ebenfalls keine Schwierigkeiten haben, Neues zu entdecken.

KAPITEL 5: Big Island

Rundreisen auf Big Island sind wegen der Inselgröße nur schwer von einem einzigen Standquartier aus machbar. Empfehlenswert ist zumindest eine Zwischenübernachtung in Hilo, noch besser wäre es, wenn man als Hotelstandorte Kailua-Kona, Hilo und Waikoloa wählt. Die dreitägige "Kurzreise" bringt einen zu den wichtigsten Highlights, während man in der "Intensiv"-Version mehr Zeit an den einzelnen Punkten zur Verfügung hat. Abenteuerliche Naturen könnten an weiteren Tagen Wanderungen unternehmen, z.B. auf dem schwierigen *Mauna Loa Trail* (2-4 Tage).

• "Big Island Kurzreise"

1. Tag: Der erste Tag dient der Erkundung der Touristen-Hochburg Kailua-Kona und des Küstenstreifens bis zur Honaunau Bay. Beim Hotelstandort Waikoloa bedeutet dies eine längere An- und Abreise. Parken Sie Ihren Wagen in **Kailua-Kona** der Nähe des Kamehameha-Hotels und unternehmen Sie einen Spaziergang zu den wichtigsten Sehenswürdigkeiten (ca. 1½ Stunden). Anschließend geht es auf dem Alii Drive nach Süden und ab Keaohou auf den Hwy. 11. Hinter der Ortschaft **Captain Cook** kann man ein zweites Frühstück im **Aloha Theater** einnehmen, dann biegt man zur Kealakekua Bay ab, wobei ein kurzer Besuch des **Kaffee-Museums** lohnend ist. Nach dem Blick auf das **Captain Cook Monument** fährt man zum **Puuhonua O Honaunau National Historical Park**, den man ausgiebig besichtigt (ca. 1 Stunde). Halten Sie bei der Weiterfahrt zum Highway an der **St. Benedict's Church.** Entweder direkt oder über Holualoa geht's zurück nach **Kailua-Kona**, wo man sich um 15.30 Uhr auf der Pier das Fischewiegen anschauen sollte. Danach Ruhe und Entspannung, um die Kräfte für die nächsten beiden Tage zu schonen.

2. Tag: Fahrt zum Volcanoes National Park und weiter nach Hilo. Falls man dort keine Unterkunft reserviert hat, muß man noch am gleichen Tag vom Volcanoes National Park zurück, nach Kailua-Kona am besten über die Süd-, nach Waikoloa am besten über die Nordroute. Ein sehr frühzeitiger Aufbruch ist in jedem Fall wichtig, auch die Mitnahme von Proviant für einen Imbiß zwischendurch. Den Abstecher zum **South Point** sollten Sie nur bei genügend Zeit unternehmen. Fotostop an der Kauahaao Church in Waiohinu, danach Abstecher zum Black Sand Beach von **Punaluu**. Zügige Weiterfahrt zum **Volcanoes National Park** mit Besuch des Visitor Center (Filmvorführung) und Essenspause im Volcano House. Rundfahrt auf dem **Crater Rim Drive** mit seinen Attraktionen. Bei Hotelübernachtung in Hilo evtl. noch Abstecher auf der **Chain of Craters Road**.

3. Tag: ALTERNATIVE I: Bei Übernachtung in **Hilo** kurze Stadtbesichtigung (ca. 1½ Stunden), dann auf dem Hwy. 19 nach Norden mit Rundfahrt auf dem **Pepeekeo Scenic Drive** und Abstecher zu den **Akaka Falls**, ab Honokaa je nach Zeitreserve Fahrt zum **Waipio Valley Lookout**, anschließend späte Mittagspause in **Waimea**. Über den Hwy. 19 zur Westküste, Besichtigung des **Puukohola Heiau** und Weiterfahrt zu den Waikoloa Resorts mit kurzer Wanderung zum Petroglyphenfeld von **Puako**. Evtl. Aufenthalt im *Hilton Waikoloa Village* oder Baden an der Anaehoomalu Bay.

ALTERNATIVE II: Bei Übernachtung in Kailu-Kona oder Waikoloa Ausflug zur Nordhalbinsel mit Besichtigung des Petroglyphenfeldes von **Puako** sowie des **Puukohola Heiau**, dann über **Hawi** nach **Kapaau** (Mittagspause, Kamehameha-Statue) und bis zum **Pololu Valley Lookout**. Ab Hawi über den Hwy. 250 nach **Waimea** zur Stadtbesichtigung (Kamuela-Museum, Parker Ranch). Zurück über Hwy. 19 oder Hwy. 190.

- **"Big Island Intensiv"**

1. Tag: Wie oben. Zusätzlich Besuch des *Kona Historical Museums* in **Captain Cook** und Schnorcheln in der **Kealakekua Bay**.
2. Tag: Wie oben, aber Übernachtung in Volcano Village oder in Hilo, deswegen ausgiebigeres Kennenlernen des *Volcanoes National Parks*.
3. Tag: Morgens ab Volcano oder Hilo **Helikopterrundflug** über den Nationalpark. Stadtbesichtigung **Hilo** einschließlich Abstecher zu den *Rainbow Falls*. Nachmittags Ausflug nach **Kalapana** mit Besuch des *Lava Tree State Monuments* (ca. 3 Stunden). Übernachtung in Hilo.
4. Tag: Frühmorgens Fotostop am *Suisan* Fischmarkt, dann auf dem Hwy. 19 nach Norden mit Rundfahrt auf dem **Pepeekeo Scenic Drive** und Abstecher zu den **Akaka Falls**, ab Honokaa Fahrt zum **Waipio Valley Lookout**, evtl. Wanderung ins Tal oder Sightseeing-Tour mit dem Geländewagen des *Waipio Valley Shuttle* (ca. 1½ Stunden). Weiterfahrt nach **Waimea** und kurze Stadtbesichtigung einschließlich des *Kamuela-Museums*. Über den Hwy. 19 zur Westküste, Tagesausklang am Strand der **Anaehoomalu Bay**; Übernachtung im Waikoloa Resort.
5. Tag: Rundfahrt zur Nordhalbinsel mit Besichtigung des **Puukohola Heiau**, dann über **Hawi** nach **Kapaau** (Mittagspause, Kamehameha-Statue) und bis zum **Pololu Valley Lookout**. Ab Hawi über den Hwy. 250 nach **Waimea**, dort oder unterwegs evtl. Reitausflug. In Waimea Besichtigung der Parker Ranch. Auf dem Hwy. 190 und über die Waikoloa Rd. zurück zur Westküste, dort kurze Wanderung zum Petroglyphenfeld von **Puako** und Aufenthalt im *Hilton Waikoloa Village*.
6. Tag: Fahrt auf der Saddle Rd. zum Visitor Center unterhalb des Maune Kea, anschließend schwierige Wanderung zum Gipfel oder Teilnahme an einer geführten Besichtigung des Observatoriums (in Eigenregie nicht immer möglich, Anmeldung erforderlich; alternativ ein organisierter Ausflug ab Kailua-Kona oder Waimea zum Mauna Kea).

KAPITEL 6: Maui

Wer auf Maui eine wirkliche 'Rundreise' unternehmen möchte, braucht wegen einiger unasphaltierter Abschnitte einen Geländewagen. Bei entsprechender Zeitdisziplin kann man aber auch mit dem normalen Pkw von einem Hotelstandort an der Westküste aus die drei wichtigsten Routen jeweils als Tagesausflug gestalten. Für ein intensiveres Kennenlernen empfiehlt sich zumindest eine Zwischenübernachtung an der Ostküste (Hana).

- **"Maui Kurzreise"**

1. Tag: Orientierende Stadtrundfahrt durch **Kahului/Wailuku** mit Abstecher ins **Iao Valley**. Über den Hwy. 30 zur **Maui Tropical Plantation**, dann zur Nordwestküste mit Stadtbesichtigung **Lahaina**. Tagesausklang am **Kaanapali Beach** oder **Kapalua Beach**.
2. Tag: Frühzeitiger Aufbruch und Tagesexkursion über den berühmten **Hana Highway** nach Hana und zurück.
3. Tag: In den frühen Morgenstunden Auffahrt zum **Haleakala** (Sonnenaufgang), anschließend Rundreise durch's **Upcountry** mit seinen Botanischen Gärten und der Tedeschi Winery. Über **Paia** zurück zum Hotel und Erholung am Strand.

- **"Maui Intensiv"**

1. Tag: Stadtbesichtigung von **Kahului/Wailuku** und Ausflug ins **Iao Valley**. Dann Rundgang bzw. Tramtour durch die **Maui Tropical Plantation** und weiter zur südlichen Westküste; evtl. Schnorchelausflug zum **Molokini Island**, Whalewatching oder Strandleben.
2. Tag: Rundfahrt West-Maui: zum Hafenort **Maalaea**, dann evtl. Wanderung auf dem *Lahaina Pali Trail.* Anschließend ausgiebige Besichtigung von **Lahaina** (Mittagspause). Weiter nach **Kaanapali** mit dem *Whalers Village Museum* und entlang der Strände bis zur **Honokohau Bay**. Falls mit Geländewagen ausgestattet, Komplettierung der Rundfahrt entlang der nördlichen Ostküste mit dem Blowhole.
3. Tag: Landschaftsfahrt entlang der Nordküste über den **Hana Highway** mit Wanderungen und Abstechern zur *Keanae*-Halbinsel und zum *Waianapanapa State Park.* Weiter bis zu den *Seven Sacred Pools* und nach Kipahulu. Übernachtung in Hana.
4. Tag: Besichtigung des *Hana Cultural Center*, evtl. Baden am *Hamoa Beach* oder Reiten auf der Hana Ranch. Anschließend geruhsame Rückfahrt.
5. Tag: In den frühen Morgenstunden Auffahrt zum **Haleakala** (Sonnenaufgang und Wanderungen), anschließend Rundreise durch's **Upcountry** mit seinen Botanischen Gärten und der Tedeschi Winery. Über **Paia** zurück zum Hotel und Erholung am Strand.

KAPITEL 7: Lanai

Die 'private Insel' ist für eine Mietwagen-Rundreise am wenigsten geeignet, weil sie nur über wenige Asphaltstrecken (jeweils Stichstraßen) verfügt und viele schöne Ziele nur mit dem Geländewagen zu erreichen sind. Eine Alternative ist der Hotel-Shuttle zwischen der Manele Bay, dem Flughafen und der Koele Lodge.

- **"Lanai Kurzreise"**

1. Tag: Fahrt vom Flughafen nach **Lanai City** und Besuch der *Koele Lodge*, von dort zum **Garden of the Gods**, anschließend zur Südküste **(Hulupoe Bay)**.

- **"Lanai Intensiv"**

1. Tag: Tour zum **Shipwreck Beach** mit Strandwanderung, dann nach **Lanai City** und am Nachmittag zum **Garden of the Gods** (evtl. mit dem Mountain Bike ab der *Koele Lodge).*
2. Tag: Mit dem Geländewagen über den **Munro Trail**. Nachmittags Reiten oder Golfen in der **Koele Lodge,** Sonnenuntergang an der **Hulupoe Bay.**

KAPITEL 8: Molokai

Auf der langgestreckten Insel ist eine wirkliche Rundfahrt nicht möglich; trotzdem kann man bei entsprechend frühem Aufbruch auch die Strecke entlang der Südküste an einem Tag schaffen. Bei dem Vorschlag "Molokai Intensiv" braucht man für den dritten und vierten Tag sportliche Kondition bzw. einen geländegängigen Mietwagen.

- **"Molokai Kurzreise"**

1. Tag: Fahrt zum **Kalaupapa-Overlook** und kurzer Spaziergang zum **Phallic Rock**, dann Fotostop an der **Coconut Grove** und Essenspause in **Kaunakakai**. Anschließend Fahrt entlang der Südküste mit Besichtigung der Kirchen **St. Joseph's Church**, **Kaluaaha-Church** und **Our Lady of Sorrows** bis zur **Halawa Bay** (Picknick). Rückfahrt nach Kaunakakai oder bis zur Westküste (Abendessen, Sonnenuntergang).

- **"Molokai Intensiv"**

1. Tag: Nach frühem Aufbruch Fahrt zum **Kalaupapa-Overlook** und kurzer Spaziergang zum **Phallic Rock**, anschließend Besichtigung der **R.W. Meyer Sugar Mill**. Danach Stop in **Kualapuu** (zweites Frühstück im *Kualapuu Cook House*) und Besuch der **Purdy's Natural Macadamia Nut Farm**. Weiterfahrt nach **Kaunakakai**, unterwegs Fotostop an der **Coconut Grove**. In Kaunakakai Organisation der Ausflüge in den folgenden Tagen. Zurück zur Westküste und um 14.00 Uhr Teilnahme an der Safari über den **Molokai Ranch Wildlife Park**. Am Nachmittag Strandleben am **Papohaku-Beach** oder Golfen auf der Anlage des *Kaluakoi Colony Resort.*
2. Tag: Erneut früher Aufbruch und Fahrt entlang der Südküste; Teilnahme am *Molokai Horse & Wagon Ride.* Danach weiter bis zur **Halawa Bay**. Auf der Rückfahrt kürzere Badepausen und Besichtigung der Kirchen **Our Lady of Sorrows**, **Kaluaaha-Church** und **St. Joseph's Church**. Tagesausklang unter dem Banyan-Baum des *Pau Hana Inn* in Kaunakakai.
3. Tag: Ein Tag für sportlich veranlagte Naturen: morgens Abstieg (oder Maultier-Ritt) zur **Kalaupapa-Halbinsel** und Besichtigung der ehemaligen Lepra-Kolonie mit *Damien Tours.* Am Nachmittag **Reiten** oder **Mountain Biking** im Westteil der Insel.
4. Tag: Ausflüge ins 'unberührte Molokai': vormittags zum **Waikolu Lookout** mit kleineren Wanderungen, nachmittags zu den Dünen von **Keonelele**. Für beide Exkursionen braucht man einen Geländewagen. **Alternativ** Bootsausflug ab Kaunakakai zur Pali Coast.

KAPITEL 9: Oahu

Oahu mit seiner Vielzahl von Sehenswürdigkeiten ist für eine Rundfahrt ideal. Wenn man sich anstrengt, schafft man die Umrundung der Insel sogar in einem Tag, und wer mit einem Tag Sightseeing in Honolulu auskommt, könnte den Inselbesuch auf eine zweitägige Kurzreise beschränken. Wer mehr sehen möchte, sollte mindestens vier Tage einplanen, die man mit einer Zwischenübernachtung an der Nordküste (z.B. Turtle Bay) noch gut ausdehnen könnte. Die Hauptstadt und der Stadtteil Waikiki sind in beiden Fällen jedoch so interessant, daß sich allein dort ein längerer Aufenthalt lohnen würde.

- **"Oahu Kurzreise"**

1. Tag: Stadtrundgang in **Honolulu Downtown** und Besuch von **Waikiki Beach**, Fahrt zum **Punchbowl Crater** und über den **Tantalus Drive**.
2. Tag: Inselrundfahrt Oahu: am **Diamond Head** vorbei zur **Hanauma Bay** (Fotostop), dann entlang der Ostküste über **Wailua**, dem **Byodo-In Temple**, **Chinaman's Hat** zum **Polynesian Cultural Center** (je nach Zeit Besichtigung). Am Nachmittag entlang der Nordküste bis **Haleiwa** und durchs Inselinnere zurück nach Honolulu, unterwegs Halt am **Dole Pineapple Pavillon**.

- **"Oahu Intensiv"**

1. Tag: Stadtbesichtigung von Downtown **Honolulu** mit allen wesentlichen Baudenkmälern, einschl. Chinatown und Foster Botanical Gardens. Zum Sonnenuntergang am **Waikiki Beach**.
2. Tag: Rundfahrt Südosten: frühmorgens Besteigung des **Diamond Head Crater**, dann zur **Hanauma Bay** (Bade- und Schnorchelpause) und Halt am **Sea Life Park**. Weitere Badepause in **Kailua,** anschließend über den *Nuuanu Pali Drive* zurück nach Honolulu (Fotostop am **Nuuanu Pali Lookout**).
3. Tag: Rundfahrt Osten und Norden: von Honolulu über den Likelike Hwy. zur Ostküste, Halt am **Byodo-In Temple** und am Chinaman's Hat, anschließend Besichtigung des **Polynesian Cultural Center**. Dann zur Nordküste mit verschiedentlichen Abstechern zu den Stränden. Besuch des **Waimea Falls Park** und bei genügend Zeit weiter in den Westen bis zum Ende der Straße. Zurück nach Haleiwa und durchs Inselinnere bis zum **Dole Pinapple Pavillon** (kurzer Halt). Anschließend Abstecher zu den **Kukaniloko Birth Stones**, bevor es zurück nach Honolulu geht.
4. Tag: Rundfahrt Westen: zuerst nach **Pearl Harbor** mit Bootsfahrt zum *USS Arizona Memorial*. Dann entlang der Westküste mit Picknick am Strand; Abstecher ins **Makaha Valley** und ganz hinauf bis zur **Yokohama Bay**. Evtl. Wanderung bis zum **Kaena Point**.
5. Tag: Erweiterte Stadtbesichtigung von **Honolulu** mit Außenbezirken; u.a. Bishop Museum, Tantalus Drive, Punchbowl Crater, Paradise Park und Universität.

KAPITEL 10: Kauai

Wegen ihrer Na Pali Coast besitzt die wohl schönste Insel Hawaiis keine Ringstraße. Das dazu fehlende Stück im Nordwesten kann nur erwandert werden. Ein kurzer Besuch auf Kauai kommt mit drei Tagen aus, ein intensiveres Kennenlernen erfordert mindestens vier Tage, bei längeren Wanderungen entsprechend mehr.

- **"Kauai Kurzreise"**

1. Tag: Der Osten und Norden: von **Lihue**/Flughafen zur **Wailua Bay**, evtl. Bootsfahrt zur **Fern Grotto**. Im Norden Abstecher zum **Kilauea Lighthouse** (Mittagspause in **Kilauea**). Fotostops und evtl. Badepausen in **Hanalei**, am **Lumahai Beach** und am **Haena Beach Park**. Sonnenuntergang am **Kee Beach**; anschließend zurück.
2. Tag: Der Westen und das Inselinnere: von **Lihue**/Flughafen zur Südküste bei **Poipu** mit Fotostop am *Spouting Horn*, dann kurzer Besuch in **Hanapepe** und Halt am *Fort Elizabeth* bei **Waimea**. Über die *Waimea Canyon Rd.* zu den Aussichtspunkten am **Waimea Canyon** mit Mittagspause an der *Kokee Lodge*. Am Nachmittag Weiterfahrt nach **Kekaha** und zum **Polihale Beach Park** (Sonnenuntergang).

- **"Kauai Intensiv"**

1. Tag: Nach **Lihue** und Teilnahme an einem **Helikopter-Rundflug** über die Insel. Anschließend Besichtigung der wichtigsten Punkte der Hauptstadt und Abstecher zu den **Wailua Falls**. Dann kurze Fahrt zur **Kilohana Plantation** (Mittagspause) und weiter zur Südküste bei **Poipu** mit Fotostops in **Koloa** und am *Spouting Horn*. Abendessen in Poipu oder evtl. in Kapaa.

2. Tag: Landschaftsfahrt in den Norden mit einem Abstecher zu den **Opaekaa Falls**, evtl. einer Bootstour zur **Fern Grotto** und einem Besuch von *Smith's Tropical Paradise*. Ausflug zum **Kilauea Lighthouse**, anschließend Fotostops und evtl. Badepausen in **Princeville, Hanalei**, am **Lumahai Beach** und am **Haena Beach Park**. Sonnenuntergang am **Kee Beach**; anschließend zurück.
3. Tag: Landschaftsfahrt zum **Waimea Canyon** und ausgiebiger Aufenthalt mit Wanderungen.
4. Tag: Fahrt entlang der Südküste mit Besuch des **Pacific Tropical Botanical Garden** (Voranmeldung notwendig), kurzer Bummel durch **Hanapepe** und Halt in **Waimea** (*Fort Elizabeth*, *Captain Cooks Statue*). An **Kekaha** vorbei zum **Polihale Beach Park** (Sonnenbaden und Strandwanderung).
(5.-6. Tag: Abenteuerlichen Naturen sei die Mehrtageswanderung auf dem **Kalalau Trail** empfohlen; alternativ eine Schlauchboot-Tour zur Na Pali Coast, eine Wanderung auf dem *Nounou Mountain* oder Golfen am Princeville Hotel).

Rast in Molokai

4.2 HAWAII ALS 'STOPOVER'

Hawaii und der amerikanische Westen

Jeder, der auf Hawaii war, wird bestätigen, daß es eigentlich viel zu schade ist, die Inselgruppe nur als kleinen Baustein einer größeren Reise zu besuchen. Trotzdem gibt es unter bestimmten Voraussetzungen viele gute Gründe, Hawaii als 'Stopover' bzw. als Anhängsel an einen Urlaub mit anderem Thema zu nutzen.

Am beliebtesten ist dabei, das Reiseziel mit einem Aufenthalt in den USA oder in Kanada zu kombinieren. Denn wer z.B. einige Wochen mit dem Wohnmobil, dem Mietwagen oder dem Bus durch den amerikanischen Westen getourt ist, mag den berechtigten Wunsch verspüren, als gleichermaßen erholsamen und krönenden Abschluß noch eine Woche Badeurlaub anzuhängen. Selbst im Hochsommer ist nämlich das Pazifikwasser an der amerikanischen Westküste (von Südkalifornien abgesehen) i.d.R. zu kalt zum Schwimmen. Außerdem dauert der Flug nach Hawaii von den Metropolen im Westen aus 'nur' 5 Stunden.

In diesem Fall ist es ratsam, sich auf Hawaii nicht allzuviel vorzunehmen und natürlich den Aufenthalt an das Ende und nicht an den Anfang der Reise zu stellen. Da die meisten Fluggesellschaften ohnehin einen Zwischenstopp in den USA ohne Mehrkosten erlauben (vgl. KAPITEL 3.1 unter Stichwort "Flüge"), kauft man sich zweckmäßigerweise ein Ticket bis Hawaii und gibt an, wo und wie lange man in den Vereinigten Staaten bzw. Kanada unterbrechen möchte – eigentlich ist dabei also das amerikanische Festland und nicht Hawaii der 'Stopover'.

Entsprechend der internationalen Flugrouten gehören Los Angeles, San Francisco, Vancouver, Seattle und San Diego zu den beliebtesten Unterbrechungen. Eine Alternative zu den Westküsten-Airports ist u.a. Phoenix, die Hauptstadt Arizonas. Drei Vorteile sprechen für dieses 'Sprungbrett' in den Pazifik: Erstens sind in Arizona die Preise für Mietwagen/Wohnmobile niedriger als bei Annahme/Abgabe des Wagens in Kalifornien, auch bei den Unterkünften hat man leichte Vorteile. Zweitens ist der Flughafen von Phoenix angenehmer und viel überschaubarer als z.B. der von Los Angeles. Und drittens gibt es fünfmal wöchentlich Direktflüge nach Honolulu (Oahu) und Kahului (Maui). Flugtickets ab/bis Phoenix sind ab DM 687,- (Honolulu) bzw. ab DM 707,- (Maui) zu bekommen.

Von den großen Reiseveranstaltern ist die Kombinationsmöglichkeit von Hawaii mit anderen Destinationen im amerikanischen Westen längst als Marktlücke entdeckt worden; daher wird man keine Schwierigkeiten haben, entsprechende Angebote von Pauschalreisen per Mietwagen bzw. Wohnmobil *(Fly and Drive)* oder Busrundreisen zu den Naturwundern des Westens in Verbindung mit einer Verlängerungswoche auf Hawaii in den Programmen zu finden oder eine Vielzahl von Arrangements, die man sich entsprechend eigener Vorstellungen im Baukastensystem selbst zusammenstellen kann.

Wer eher auf Eigeninitiative und größtmögliche Unabhängigkeit schwört, hat ebenfalls alle Möglichkeiten, in den USA problemlos und schnell für die Inselgruppe ein Flugticket oder einen Hotelaufenthalt zu buchen. Hawaii ist als 50. Bundesstaat eben Inland und eine Reise dorthin leicht zu bewerkstelligen.

Hawaii und die pazifische Inselwelt

Natürlich kann man Hawaii auch zu einem kleinen Bestandteil einer größeren Südsee-Reise machen, die man entweder in Eigenregie durchführt oder als Pauschalangebot bucht. Der Vorteil – ähnlich einer Kreuzfahrt durch die Region – ist, daß man den pazifischen Raum komprimiert mit seinen landschaftlichen und kulturellen Gemeinsamkeiten oder Unterschieden erlebt. Dem steht der Nachteil gegenüber, daß bei einem normalbemessenen Urlaub die einzelnen Ziele nur oberflächlich gestreift werden können und daß bei einer Reise auf eigene Faust einige organisatorische Aufgaben zu bewältigen sind (von den Flugkosten einmal abgesehen).

Durch das Flugnetz u.a. von *Air New Zealand* und *Air France* (für Französisch-Polynesien) sind reizvolle Destinationen wie **Neuseeland**, die **Fidji-Inseln, Tonga**, **Tahiti**, die **Cook Islands** und **Samoa** fast beliebig kombinierbar. In den Programmen der Veranstalter tummeln sich etliche Routenvorschläge, Bausteine und Paketangebote zu Reisen in den Pazifik. Als ein Beispiel unter vielen sei hier die Studienreise "Südsee" aus dem Programm des Veranstalters Klingenstein skizziert, die einschl. Flügen (mehrere Nachtflüge), Transfers, gute bis sehr gute Hotels, Frühstück bzw. Halbpension, deutsche Reiseleitung usw. ab DM 8.950,- kostete (1995):

1. Tag: Frankfurt – Honolulu. 2. Tag: Honolulu (Stadtrundgang). 3. Tag: Inselrundfahrt Oahu. 4. Tag: Honolulu; fakultativ Flug-/Busexkursion nach Big Island (Volcanoes NP); nachts Honolulu – Nadi (Fidji). 5. Tag: Nadi (Fidji-Inseln). 6. Tag: Suva (Fidji-Inseln). 7. Tag: Nadi. 8. Tag: Nadi. 9. Tag: Nadi – Auckland (Neuseeland). 10. Tag: Neuseeland – Tonga. 11. Tag: Tongatapu (Tonga). 12. Tag: Apia (West Samoa). 13. Tag: Aleipata (West Samoa). 14. Tag: Rarotonga (Cook-Inseln). 15. Tag: Rarotonga. 16. Tag: Tahiti (franz. Polynesien). 17. Tag: Moorea (franz. Polynesien). 18. Tag: Moorea. 19. Tag: Moorea – Tahiti. 20. Tag: Tahiti. 21. Tag: Tahiti – Los Angeles – Frankfurt.

Hawaii und Neuseeland/Australien

Da die Reiseziele Neuseeland und Australien von Europa aus gesehen genau auf der anderen Seite des Globus liegen, können sie ebensogut über die Asienroute (z.B. via Bangkok, Singapore oder Hongkong) angeflogen werden wie über die Amerikaroute. Wer letztere wählt, hat u.a. mit *Air New Zealand* und *Canadian Airlines* die Möglichkeit, auf dem Weg vom amerikanischen Festland nach Neuseeland (oder auf dem Rückweg) einen Stopover auf Hawaii einzulegen. Allerdings lohnt sich die Unterbrechung m.E. nur, wenn Sie über genügend Zeit für die Gesamtreise verfügen. Denn die Destinationen Neuseeland und Australien bergen so viele landschaftliche und kulturelle Höhepunkte, daß man es sich bei einem durchschnittlich bemessenen Urlaub (also ca. 3 Wochen) gut überlegen sollte, ob es sinnvoll ist, dem eigentlichen Reiseziel diese Tage auf Hawaii 'wegzunehmen'. Es wäre schlimm, wenn man nach den Ferien festellen würde, daß man so weder Neuseeland/Australien noch Hawaii richtig kennengelernt hat. Falls Sie jedoch über die entsprechende Zeit verfügen, dann sei Ihnen der Stopover auf Hawaii wärmstens empfohlen. Sie unterbrechen dabei auf angenehme Weise die lange Flugzeit und können die Badeferien nachholen, die in Neuseeland aufgrund der Wassertemperaturen nicht immer möglich sind. Besonders empfehlenswert ist dabei also – ähnlich wie bei der Kombination amerikanischer Westen/Hawaii – die Terminierung des Hawaii-Besuches auf die Heimreise.

Lahaina sowie hinauf zum Haleakala; auf Kauai eine Fahrt zum Waimea Canyon und einen Bootsausflug zur Fern Grotto; auf Big Island einen Besuch des Volcanoes National Park, eine Stadtbesichtigung von Wailua-Kona und einen Ausflug zum Place of Refuge.

Hinweis
Infomaterial, Schiffspläne etc. können bestellt werden bei *American Hawaii Cruises,* Mainland Office, 2 N. Riverside Plz., Chicago, IL 60606-9594, Tel.: 1-800-765-7000.

Anders verhält es sich mit **Trans-Pazifik-** oder **Rund-um-die-Welt-Kreuzfahrten**, bei denen Hawaii manchmal eine kurze Zwischenstation darstellt. Sie können einem das Land natürlich nicht sinnvoll näherbringen, ihr Wert liegt dabei eher darin, daß man den Großraum Pazifik, bei dem Hawaii eben nur ein kleines Mosaiksteinchen ausmacht, mit seiner landschaftlichen Vielfalt und seinen kulturellen Querverbindungen kennenlernt. Die meisten Schiffahrtsrouten zwischen Amerika, Australien und Asien gehen allerdings südlich an der Inselgruppe vorbei; sie starten i.d.R. in Peru oder Chile und führen über Inseln wie Tahiti, Bora Bora, Tonga etc. nach Neuseeland bzw. Australien. Als Beispiel für eine Seereise, bei der die nördlichere Route mit einem Stop auf Hawaii gewählt wurde, mag die "Pazifik-Kreuzfahrt" mit der *'MS Itala Prima'* dienen, die 1995 über deutsche Reisebüros zu buchen war und einschl. Flügen und allen Mahlzeiten ab DM 6.500,- (Vierbett-Kabine) kostete:
1. Tag: Flug Deutschland-Mexiko, Einschiffung in Ensanada. *2. Tag:* auf See. *3./ 4. Tag:* San Francisco. *5. Tag:* auf See. *6. Tag:* Honolulu (Inselrundfahrt). *7. Tag:* Kahului/Maui (Inselrundfahrt). *8./9./10. Tag:* auf See; Äquatorüberquerung. *11. Tag:* West-Samoa. *12./13. Tag:* auf See; Überqueren der Datumsgrenze. *14. Tag:* Tonga. *15. Tag:* auf See. *16./17. Tag:* Auckland/Neuseeland. *18./19. Tag:* Rückflug.

Auf einer ähnlichen Kreuzfahrt mit der *'TS Albatross'* (14 Tage "Kalifornien-Südsee-Australien") wurde nach Start in Mexiko (Tijuana) ebenfalls zunächst San Francisco angelaufen, dann am 7. Tag Honolulu erreicht (Stadtrundfahrt und Besuch des Polynesian Cultural Center), am 8. Tag war ein Besuch in Hilo (Big Island) vorgesehen, bei dem eine Ganztagestour zum Volcanoes National Park unternommen wurde, bevor es schließlich zu anderen pazifischen Inseln weiterging.

5 HAWAII – THE BIG ISLAND

5.1 ÜBERBLICK

Inseltelegramm: Big Island

Beiname: *"Orchid Island"* (= 'Orchideen-Insel')
Inselfläche: 10.448 km² (Länge: 149 km; Breite: 122 km)
Küstenlinie: 428 km
Einwohner: 123.000
Hauptstadt: Hilo (44.000 Ew)
Verwaltungseinheit: County Big Island
Höchste Erhebung: Mauna Kea, 4.205 m

Die Insel Hawaii, am südöstlichen Rand des Archipels gelegen und durch den 48 km breiten *Alenuihaha Channel* von der Nachbarinsel Maui getrennt, trägt den gleichen Namen wie der gesamte Bundesstaat, was eine Unterscheidung manchmal schwierig macht. Deshalb hat sich neben dem touristischen Beinamen 'Orchideen-Insel' auch die Bezeichnung 'Big Island' eingebürgert, die angesichts einer Landmasse von 10.458 km² mehr als berechtigt ist: Mit 63% der gesamten Bodenfläche des Bundesstaates würden alle anderen Inseln zusammengenommen bequem in Big Island hineinpassen. Nicht nur hinsichtlich seiner Größe (die von Touristen oft unterschätzt wird) spielt Big Island eine Sonderrolle, sondern auch aus topographischen, geologischen und historischen Gründen.

Geologisch ist die Insel die jüngste des Archipels und die einzige, deren vulkanische Genese noch nicht abgeschlossen ist. Nicht weniger als fünf Schildvulkane waren an ihrer Entstehung beteiligt, nämlich außer den übermächtigen *Mauna Kea* und *Mauna Loa*, die zusammen etwa 73% der Landmasse ausmachen, der *Hualalai* im Westen, die *Kohala Mountains* im Norden und der *Kilauea*, ein unabhängiger Nebenvulkan des *Mauna Loa*. Zwar gilt der *Mauna Kea* als 'ruhend', doch dafür zählt der 1.243 m hohe *Kilauea* zu den tätigsten Vulkanen der Welt. Nach wie vor schickt er seine Lavaströme in Richtung Küste und vergrößert stetig die Landmasse von Big Island (während alle anderen hawaiischen Inseln langsam kleiner werden). Aufgrund dieser Aktivität hat Hawaii neben den Bezeichnungen *Orchid Island* und *Big Island* auch den Beinamen *Volcano-Island* erhalten.

Die **Topographie** ist natürlich in höchstem Maße von der jungen geologischen Geschichte Big Islands bestimmt: Die Erosionskräfte hatten noch nicht genügend Zeit, die Bergriesen abzuschleifen oder tiefe Canyons in die Hänge der Schildvulkane zu graben. Mit 4.205 m *(Mauna Kea)* bzw. 4.104 m ü.d.M. *(Mauna Loa)* stellen diese die höchsten Gipfel des pazifischen Beckens dar und sind, von ihrem Sockel auf dem Meeresgrund aus gemessen, mit 9.000-10.000 Metern die höchsten Berge der Welt! Aber auch im Westen der Insel erreicht z.B. der *Hualalai* mit 2.521 m noch eine beträchtliche Höhe. Das Profil der Gebirgsstöcke ist abgeflacht und erinnert an einen wuchtigen Rücken, der sich behäbig aus dem Meer erhebt. Das Landschaftsbild wird im Süden, Südwesten und Südosten durch erstarrte und breite Lavaströme bestimmt, die nur spärlich von Vegetation überwuchert sind.

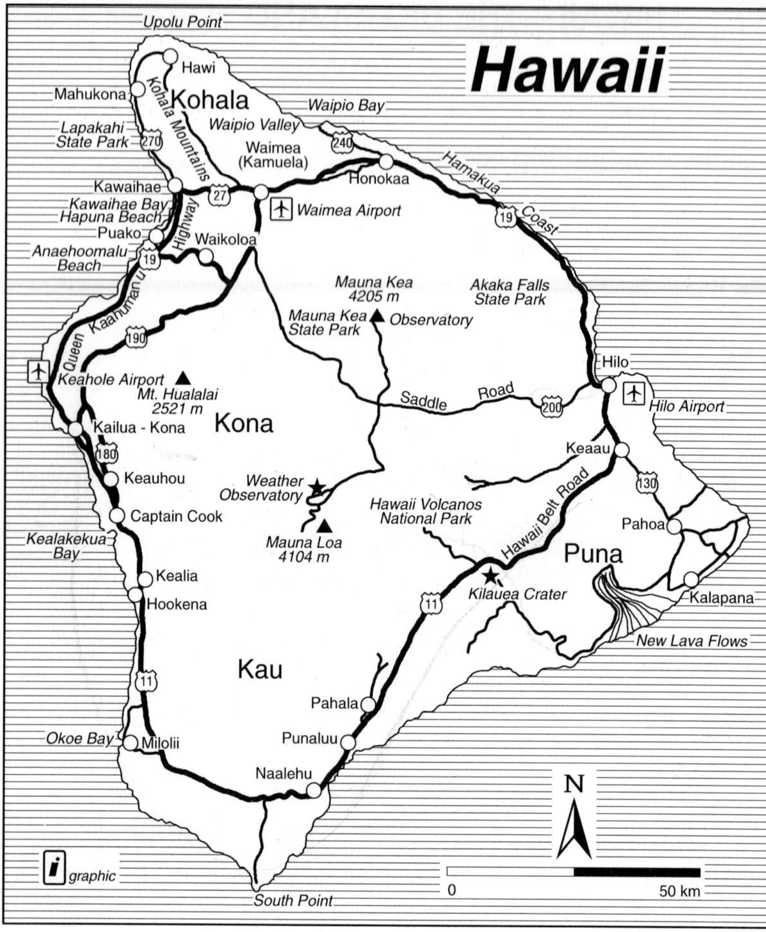

Im geologisch älteren Norden ist das Gebirge mehr verwittert; hier finden sich auch einige tiefe Täler mit dichter Vegetation und eine Küste, die steil aus dem Pazifik ragt. Rings um Big Island gibt es aufgrund der jungen Erdgeschichte nicht die Vielzahl an Stränden, wie sie sonst für den Archipel so charakteristisch ist. Stattdessen wird die Insel hauptsächlich von scharfkantigen Lavablöcken oder Geröll- und Kieselküsten gesäumt und dort, wo sich in Buchten Sand abgelagert hat, ist dieser oft von schwarzer oder grau-grünlicher Farbe.

Die **klimatischen** Unterschiede sind wegen der hoch aufragenden Gebirgsstöcke beträchtlich. Die Passatwinde treiben ganzjährig Wolken über den Pazifik, die sich an den nordöstlichen Hängen des *Mauna Kea* stauen und abregnen. Sie bringen der *Hilo Coast* enorme Niederschlagsmengen mit feucht-heißem, tropischem Klima und machen die Inselhauptstadt zu einer der regenreichsten Städte der USA. Demgegenüber ist es im Windschatten des Vulkans fast wüstenhaft trocken, vor allem in der Gegend um Kailua-Kona und westlich der *Kohala Mountains*. Aufgrund der hohen Berge ist daneben die 'vertikale Klimadifferenz' besonders ausgeprägt – am deutlichsten sichtbar an den Schneekuppen, die den *Mauna Loa* und den *Mauna Kea* bis weit in den Frühling hinein bekrönen und sogar Skifahren möglich machen.

In **historischer** Hinsicht war Big Island stets ein Kristallisationspunkt hawaiischer Geschichte. Wahrscheinlich wurde der gesamte Archipel von hier aus besiedelt, da das Südkap der Insel die erste Anlaufstation der frühen polynesischen Seefahrer gewesen sein muß. Dafür sprechen die archäologischen Funde, die nirgendwo so weit zurückreichen wie auf Big Island, ebenso wie der Name 'Hawaii', der aus dem gesamten polynesischen Sprachraum bekannt ist und den die Emigranten oft auf ihre neue Heimat übertrugen. Big Island schließlich war Geburts- und Sterbeort des großen *Kamehameha I.*, der hier seine Eroberungsfeldzüge startete, die in der Errichtung des gesamt-hawaiischen Königreiches mündeten.

Auch wichtige Momente der Entdeckung und Besiedlung der Inselkette durch Weiße nahmen auf Big Island ihren Ausgang. Der Kapitän *James Cook* z.B. hatte hier den intensivsten Kontakt mit den Eingeborenen und fand dort 1779 auch seinen Tod. Und 1820 trafen aus Boston kommend in Kailua-Kona die ersten christlichen Missionare ein, die die neue Religion schnell auf allen Inseln verbreiten konnten.

Aus unterschiedlichen Gründen (z.B. bessere Häfen und bessere Voraussetzungen für die Landwirtschaft) übernahmen später andere Inseln und Orte die Vormachtstellung Big Islands. Die politische und wirtschaftliche Elite bevorzugte Lahaina auf Maui und schließlich Honolulu auf Oahu, wodurch Hawaii in eine ungünstige Randlage geriet.

Noch in den 1970er Jahren lebten hier nicht mehr als 63.000 Einwohner, was einer **Bevölkerungsdichte** von nur 6 Ew/km² entsprach. Der Zuzug von anderen Inseln und eine hohe Geburtenrate ließ die Bevölkerung in den letzten Dekaden auf nunmehr 123.000 Einwohner ansteigen, ein Trend, der sich den Prognosen zufolge fortsetzen wird. In der ethnischen Zusammensetzung sind die Weißen mit über 35% stärker und die Chinesen mit nur 2% schwächer repräsentiert als sonst im Bundesstaat.

Obwohl die Topographie und der Lavauntergrund zwei Drittel der Insel als 'Ödland' ausweisen, haben bis in die heutige Zeit **Landwirtschaft** und **Viehzucht** das ökonomische Leben auf Big Island bestimmt. Rund 40% der Zuckerrohrerträge des Bundesstaates entfallen auf die Insel, daneben sind der Anbau von Kaffee und Macadamia-Nüssen sowie die Blumenzucht weitere Aktivposten. Etwa zwei Drittel des Rindfleischbedarfs des Bundesstaates werden allein durch die *Parker Ranch* – die größte private Ranch der USA – gedeckt. Das wirtschaftliche Standbein der Zukunft ist jedoch der **Fremdenverkehr**, der das insulare Erscheinungsbild (vor allem an der *Kona Coast* im Westen) in den letzten Jahrzehnten so stark veränderte, daß sich inzwischen schon Widerstand gegen ihn regt. Z.Zt. ist fraglich, ob alle der ca. 30 geplanten Hotelneubauten realisiert werden können.

In den folgenden Kapiteln wird zunächst das touristische Zentrum Kailua-Kona und seine Umgebung vorgestellt, dann eine Inselrundfahrt entgegen dem Uhrzeigersinn, die über die sog. *Hawaii Belt Road (Hwy. 11* und *Hwy. 19)* möglich ist. Auf dieser Straße kommt man zum Volcanoes National Park, der sicherlich größten Attraktion der Insel, und zur Hauptstadt Hilo. Von dort fährt man nach Waimea im Inselinnern (Zentrum der Rinderzucht) und wieder zurück zur Westküste. Eine Alternative wäre die Paßstrecke *Saddle Road*, die jedoch manchmal gesperrt und außerdem für normale Mietwagen nicht zugelassen ist. Angesichts der Entfernungen verbietet sich eine Inselumrundung in nur einem Tag, für eine Zwischenübernachtung bietet sich Hilo an. Eilige können stattdessen auch von Hilo aus zurückfliegen.

Highlights

- Übernachten im *Ritz-Carlton* oder *Kona Village Resort (*Luxusklasse), im *Royal Waikoloan* (First-Class), im *Kanaloa at Kona* (Condominium) oder im *Pink House* (B & B).
- Gourmet-Essen im *Merriman's* (Waimea) oder im *Canoe House* des *Mauna Lani Bay Hotels.*
- Teilnahme am Freitags-Luau im *Kona Village Resort.*
- Helikopterflug über den Kilauea-Krater bei eruptiver Tätigkeit.
- Stadtrundgänge in den historischen Orten *Hilo* und *Kailua-Kona.*
- Schnorcheln und Tauchen in der *Kealakekua Bay*, Schwimmen und Wassersport in der *Anaehoomalu Bay*
- Ausgiebiger Besuch des *Volcanoes National Parks* mit Wanderungen und Fahrten entlang der *Crater Rim Drive* und auf der *Chain of the Craters Road* hinab zum Meer.
- Bei Hilo Besuch der *Rainbow Falls* sowie kurze Fahrt durch den Regenwald auf dem *Pepeekeo Scenic Drive.*
- Besichtigung der wichtigsten Kulturdenkmäler aus alt-hawaiischer Zeit: die restaurierte Kultstätte *Puuhonua-o-Honaunau*, der *Puukohola Heiau* und die Petroglyphenfelder von *Puako.*
- Landschaftsfahrt zur nördlichen Halbinsel.
- Besuch des *Ironman Triathlon*-Wettbewerbes, der jedes Jahr im Oktober in Kailua-Kona ausgetragen wird.

5.2 REISEPRAKTISCHE HINWEISE

Information

Das Fremdenverkehrsamt *(Hawaii Visitors Bureau)* hat zwei große Büros auf der Insel: einmal in Kailua-Kona an der Westküste (75-5719 W. Alii Dr., Kailua-Kona, HI 96740, Tel.: 329-7787, Fax: 326-7563) und zum andern in der Hauptstadt Hilo (250 Keawe St., Hilo, HI 96720, Tel.: 961-5797, Fax: 961-2126). Daneben ist touristisches Material auch an den Infoständen in den beiden Flughäfen sowie bei folgenden Stellen zu bekommen: *Destination Hilo* (193 Kinoole St., Hilo, Tel.: 935-5294) und *Keauhou Visitors Association* (78-6831 Alii Dr., Kailua-Kona, Tel.: 322-3866). Viele aktuelle Tips, Veranstaltungshinweise und Rabatt-Coupons finden sich in den kostenlosen Touristenmagazinen *(Big Island Gold, Big Island of Hawaii Magazine, This Week Big Island* u.a.), die am Flughafen, in Shopping-Centers und in den Hotels ausliegen.

Unterkunft

● **Hotels und Condominiums**

Vom Sonderfall Hilo einmal abgesehen, dessen Unterkünfte vor allem von Geschäftsreisenden frequentiert werden, konzentriert sich auf Big Island die Hotellerie (z.Zt. rund 6.000 Zimmer) ausschließlich an der sonnigen Westküste, und zwar hauptsächlich an zwei Abschnitten:

- Einmal in **Kailua-Kona** und am Küstenstreifen bis hinunter nach **Keauhou**. Hier gibt es sowohl Herbergen der First-Class-Kategorie als auch preisgünstigere Mittelklasse-Hotels und besonders viele Condominiums.
- Zum anderen in **Waikoloa** nördlich des Kona-Flughafens, wo hauptsächlich Resorts der gehobenen bis luxuriösen Kategorie anzutreffen sind. Nicht nur hinsichtlich der Unterkünfte, sondern auch in bezug auf Golfplätze und Strände ist Waikoloa sicherlich der beste Standort.

Bei der Wahl Ihres Hotels sollten Sie sich allerdings nicht ausschließlich an diesen Kriterien orientieren. Wer z.B. im Urlaub auch mal Kneipen oder einfachere Restaurants aufsuchen möchte und sich gerne unter Menschen bewegt, ist in oder bei Kailua-Kona besser aufgehoben. Außerdem sollten Sie für eine Inselrundfahrt zumindest eine Übernachtung in Hilo oder im Volcanoes National Park einplanen, da die rund 500 km der *Hawaii Belt Rd.* für einen Tag einfach zuviel sind.

● **Bed & Breakfast**

Besonders reichhaltig ist das Angebot an Bed & Breakfast-Unterkünften auf Big Island, und zwar sowohl an der westlichen Sonnenseite der Insel, als auch im weniger erschlossenen Osten und im gebirgigen Inselinnern. Sehr viel besser als in den typischen Touristenhotels bieten diese die Möglichkeit, das 'unberührte Hawaii' kennenzulernen. Einige private Pensionen sind im jeweiligen Reisekapitel genannt, ansonsten findet man bei den Agenturen, die im KAPITEL 3.1 unter dem Stichwort "UNTERKUNFT" aufgeführt sind, ein reichhaltiges Angebot.

Ferienhaus Pink House an der Kealakekua Bay

Beispielhaft dafür sind folgende acht Unterkünfte (alle sehr empfehlenswert) aus dem Programm von *Hawaiian Islands, Bed & Breakfast and Vacation Rentals*:

1.) Hale Malia in Kailua-Kona, zwei geräumige Suiten direkt am Strand, 2 Personen ab US$ 75 mit Frühstück.

2.) Da Third House B & B in Honaunau, schönes, modernes Studio mit Balkon, 2 Personen ab US$ 65 mit Frühstück.

3.) Carson's Volcano Cottages, unterschiedlich ausgestattete Hütten nahe von Volcano, 2 Personen ab US$ 75 mit Frühstück.

4.) Piihonua B & B bei Hilo, privates Studio nahe den Rainbow Falls, 4 Personen ab US$ 85.

5.) Hale Kukui nahe dem Waipio Valley Lookout, Gästehaus in großem Garten mit mehreren Studios, z.B. 6 Personen ab US$ 95.

6.) Swiss Chalet in Waimea, 2 Personen ab US$ 65 mit Frühstück.

7.) Coffee Country B & B in Captain Cook, 365 m ü.d.M. gelegene Studios, 2 Personen ab US$ 75 mit Frühstück.

8.) The Pink House am Strand der Kealakekua Bay, herrliches Ferienhaus direkt am Meer in historischer Umgebung, beste Schnorchelmöglichkeiten, 4 Personen ab US$ 150.

Camping

Ein Zelt oder eine einfache Hütte ist bei den längeren Wanderrouten oft die einzige Übernachtungsmöglichkeit. Sehr populär sind die beiden Campingplätze im Volcanoes Nationalpark, die auf *'first-come-first-service'*-Basis operieren. Für fast alle anderen Zeltplätze und Hütten ist genauso wie beim wilden Campieren ein Permit erforderlich, das von den im KAPITEL 5.8 genannten Stellen erteilt wird.

Flüge

Big Island verfügt über vier Air- und zwei zusätzliche Heliports. Am wichtigsten sind natürlich die beiden **Flughäfen**, die von den Nachbarinseln und sogar auch vom amerikanischen Festland aus angeflogen werden, nämlich der *Keahole-Kona Airport* und der *Hilo International Airport*. Ersterer, der beim Ticketkauf allgemein nur als ***'Kona-Airport'*** (Tel.: 329-3423) bezeichnet wird, ist für die Mehrzahl der Touristen das Einfallstor auf die Insel, da er von den großen Resorts und Hotels der Westküste maximal nur eine halbe Stunde entfernt liegt (vgl. KAPITEL 5.7.4).

Täglich gibt es mehrere Direktverbindungen zwischen dem Kona-Airport und Oahu (Honolulu), Maui (Kahului), Kauai (Lihue) und Molokai, sowie unregelmäßig auch zum amerikanischen Festland.

Einige Resorts holen ihre Gäste mit Vans vom Flughafen ab, ansonsten gibt es Taxen und Mietwagen, aber keine Busverbindungen.

Der ***Hilo-Airport*** (Tel.: 934-5801) am *General Lyman Field* liegt nur 1½ km vom Zentrum der Hauptstadt entfernt und ist ebenfalls durch mehrere Flüge mit Oahu (Honolulu), Maui (Kahului) und Kauai (Lihue) verbunden. Auch hier findet man alle üblichen Einrichtungen einschließlich einer Touristeninformation und den Schaltern der Autovermieter.

Kleinere Flughäfen befinden sich in ***Upolu*** im äußersten Norden und in ***Waimea***. Helikopterrundflüge starten außer von den genannten Airports auch von den **Heliports** in Waikoloa (Hwy. 19) und im Volcanoes Nationalpark.

Hier einige Rufnummern für Fluginformationen, Reservierungen und Rückbestätigungen *(reconfirmations)*:

- *Aloha Airlines*, 935-5771
- *Aloha Island Air*, 800-652-6541
- *Hawaiian Airlines*, 326-5615
- *United Airlines*, 961-2811

Busse

Ein öffentliches, die ganze Insel umfassendes Busnetz besteht nicht. Immerhin bedient ab der Hauptstadt Hilo die Firma ***Hele-On Bus Company*** (Info-Tel.: 935-8241) die Hawaii Belt Rd., so daß eine Inselumrundung praktisch möglich, jedoch wegen der seltenen Fahrzeiten nicht zu empfehlen ist. Die Fahrpreise sind je nach Strecke von US$ 0,75 bis maximal US$ 6 gestaffelt. Am interessantesten ist wohl die Verbindung zum Volcanoes National Park, bei der der Bus Mo-Fr tägl. am *Hilo Downtown Terminal* um 14.30 Uhr startet und die Park Headquarters um 15.45 Uhr erreicht. Die Rückfahrt ist erst am nächsten Tag um 8.15 Uhr möglich (Ankunft in Hilo 9.20 Uhr); der Fahrpreis beträgt pro Strecke US$ 2,25.

- Der ***Alii Shuttle Bus*** (Info-Tel.: 329-9337) ist für alle interessant, die an der Westküste in der Nähe von Kailua-Kona wohnen. Vom *King Kamehameha Hotel* bis zum *Kona Surf Resort* besteht dieser Busservice tägl. von 7.45-22.00 Uhr mit Zwischenstopps am *Kona Inn Shopping Village, Kona Resort, Jameson's by the Sea, Keauhou Beach Hotel* und *Keauhou Shopping Village*. Die Fahrt dauert 45 Minuten und kostet US$ 2. Preiswertere Tages-, Wochen- und Monatspässe sind erhältlich.
- Der ***Keauhou Shuttle Bus*** (Info-Tel. : 322-3500) verbindet die einzelnen Hotels und Resorts in Keauhou.

Mietwagen
Um die Insel wirklich kennenzulernen, ist ein Mietwagen unerläßlich. Denken Sie aber an die großen Entfernungen und an die Tatsache, daß die meisten Autovermieter bestimmte Strecken (z.B. die Saddle Road einschl. der Zufahrten zum Mauna Kea und Mauna Loa) für normale Pkw nicht erlauben. Wer diese abgelegenen Gebiete erkunden möchte, sollte auf einen Geländewagen zurückgreifen. Alle großen Autovermieter sind sowohl am *Kona Keahole Airport* (Kailua-Kona, Queen Kaahumanu Hwy.) als auch am *Hilo International Airport* (Hilo, General Lyman Field) vertreten; deren Schalter sind dort normalerweise von 6.30-20.00 Uhr geöffnet. Außerdem haben die internationalen Firmen mehrere Stationen in den diversen Touristen-Resorts. Daneben gibt es eine Vielzahl lokaler Anbieter von Mietwagen.

Die wichtigsten Autovermieter und ihre Telefonnummern sind:

Flughafen Kona	Flughafen Hilo
• *Alamo:* 329-2662	961-3343
• *Avis:* 329-1745	935-1290
• *Budget:* 329-8511	961-0661
• *Dollar:* 329-2744	961-2101
• *Hertz:* 329-3566	935-2896

Taxen
An den beiden Flughäfen und in den Zentren wie Hilo, Kailua-Kona und Waimea stehen genügend Taxen bereit, die auf der Straße mit der Hand angehalten werden. Eine Fahrt vom Flughafen Kona nach Kailua-Kona kostet ungefähr US$ 25. Sollten Sie ein Taxi benötigen, ist man Ihnen im Restaurant oder an der Hotel-Rezeption gerne behilflich. Telefonisch können Sie an der Westküste über *Paradise Taxi* (Tel.: 329-2481) und *Kona Airport Taxi* (Tel.: 329-7779) einen Wagen bestellen, in Hilo bei *BIA Taxi* (Tel.: 935-8303), *Bob's Taxi* (Tel.: 935-5247) und *Hilo Harry's* (Tel.: 935-7091).

Einige Entfernungen

Von	*nach*	*Route*	*Kilometer*	*ca. Fahrzeit*
Hilo	Kailua-Kona	Hwy. 19	155	2¼ Stunden
Hilo	Kailua-Kona	Hwy. 11	203	3¼ Stunden
Hilo	Kailua-Kona	Saddle Rd.	143	2¼ Stunden
Hilo	National Park	Hwy. 11	48	45 Minuten
Hilo	Kalapana	Hwy. 130	39	45 Minuten
Hilo	Waimea	Hwy. 19	89	1¼ Stunden
Kailua-Kona	National Park	Hwy. 11	155	2½ Stunden
Kailua-Kona	Waimea	Hwy. 190	63	50 Minuten

Ärztliche Versorgung
Die Insel verfügt über mehrere **Apotheken** *(Drugstores)*. Das größte Angebot hat die Kette *Long's*, die auf Big Island u.a. im *Lanihau Center* in Kona (Tel.: 329-1380) und in Hilo im *Prince Kuhio Plaza* (Tel.: 959-5881) sowie auf der 555 Kilauea Ave. (Tel.: 935-3358) vertreten ist.

Die beiden größten **Krankenhäuser** sind:
- *Hilo Hospital,* 1190 Waianuenue Ave., Hilo, Tel.: 969-4111
- *Kona Hospital,* Kailua-Kona, Tel.: 322-9311

Wichtige Telefonnummern
Polizei, Ambulanz, Feuerwehr: 911
Wetter-Vorhersage für Hawaii: 961-5582

Wetter-Vorhersage für Hilo: 935-8555
Volcano Eruption Information: 967-7977
See- und Schiffahrtsbedingungen: 935-9883
Coast Guard: 1-800-552-6458
Zeitansage: 961-0212

Einkaufen

Big Island kann nicht mit ähnlich riesigen Shopping Centers aufwarten wie Oahu (Honolulu), ist aber flächendeckend mit ausreichend Läden versorgt. Ohnehin besitzen die größeren Hotels und Resorts i.d.R. eine eigene Einkaufspassage, in der man von Badekleidung bis hin zu Lebensmitteln und Getränken alles Notwendige erstehen kann. Einkaufszentren, Boutiquen, Antiquitätenläden und Galerien findet man u.a. in Hilo, Kailua-Kona, Waikoloa Beach und Waimea.

Die größten und bekanntesten **Einkaufszentren** sind: in Kailua-Kona das *Kona Inn Shopping Village* (75-5744 Alii Dr., tägl. 9.00-21.00 Uhr geöffnet), mit über 50 Geschäften und Restaurants; in Keauhou das *Keauhou Shopping Village* (78-6831 Alii Dr., geöffnet Mo-Sa 9.00-18.00, So 10.00-17.00 Uhr); in Hilo die *Prince Kuhio Plaza* (Hwy. 11); in Waimea das *Parker Ranch Shopping Center*; in Waikoloa das *Waikoloa Haina Tropic Center*; und am Waikoloa Beach Resort die *King's Shops* mit 30 Läden und Restaurants.

Eine gute Adresse für hawaiische **Mode** ist *Hilo Hattie's*, das in der *Prince Kuhio Plaza* in Hilo sowie mit einer Filiale in Kailua-Kona (75-5597 A Palani Rd.) vertreten ist.

Wer sich preisgünstig mit Lebensmitteln versorgen will, sei an die vielen offenen **Märkte** und die **Supermärkte** verwiesen, z.B. an die *ABC-Stores*, die im Ortszentrum von Kailua-Kona zweimal vertreten sind.

Restaurants

Die Gastronomie von Big Island hat inzwischen einen solch guten Ruf, daß regelmäßig die einschlägigen Restaurant-Führer viele Sterne hierhin vergeben und selbst aus Honolulu zahlungskräftige Gourmets anreisen. Vor allem die luxuriösen Resorts am Waikoloa-Beach konnten dabei die meisten Lorbeeren ernten, aber auch die Kleinstadt Waimea im Inselinneren, in die einige innovative Chefköche von der Küste übergesiedelt sind und sich dort selbständig gemacht haben. Natürlich hat die Haute Cuisine auch auf Big Island ihren Preis, der jedoch im Vergleich günstiger ist als beispielsweise auf Oahu oder Maui. In Kailua-Kona und in der Hauptstadt Hilo haben die Restaurants nicht dieses hohe Niveau, obwohl man auch hier einige sehr gute und stimmungsvolle Gaststätten finden kann. Wer seine Reisekasse schonen möchte, findet auf der Insel daneben eine Vielzahl von bodenständigen und soliden Lokalen mit amerikanischer, chinesischer, indonesischer oder mexikanischer Küche, deren Preis-Leistungsverhältnis stimmt.

Und selbstverständlich sind auch hier die üblichen Fast-Food-Ketten vertreten, darunter z.B. *McDonald's* sechsmal.

Luaus

Die Luaus der großen Hotels auf Big Island werden m.E. liebevoller angerichtet als auf den anderen Inseln, und wer bisher Angst vor einer zu großen amerikanisch-touristischen Verballhornung hatte, sollte sich vielleicht hier zum Besuch einer solchen Veranstaltung entschließen. Nach wie vor das beste Luau der Insel und für viele das beste überhaupt bietet (leider nur freitags!) das

- *Kona Village Resort* (Kailua-Kona, Tel.: 325-5555), dessen polynesische Architektur der *imu*-Zeremonie und der anschließenden authentischen Hula-Show einen angemessenen Rahmen gibt. Ansonsten erlebt man empfehlenswerte Luaus im:
- *King Kamehameha Hotel* (Kailua-Kona, Tel.: 326-4969, So, Di, Mi und Do von 17.30 bis 20.45 Uhr, US$ 49);

- *Royal Kona Resort* (Kailua-Kona, Tel.: 329-3111, Mo, Di, Fr, Sa ab 17.45 Uhr, US$ 49),
- *Royal Waikoloan Hotel* (Waikoloa Beach, Tel.: 885-6789, So und Do ab 18.00 Uhr, US$ 42.

Nachtleben

Allgemein spielt sich auf Big Island nach Sonnenuntergang nur noch wenig ab, wobei sich das Nachtleben auf die hoteleigenen Cocktail-Lounges und Diskotheken konzentriert. Immerhin bieten Kailua-Kona *(Waterfront Row* und *Eclipse* am Kuakini Hwy.), Hilo *(Fiasco)* und Waimea (*Parker Ranch Broiler*) einige Lokale mit Tanz und Live-Musik.
Die aufwendigste Diskothek ist das *Spats* im Hilton Waikoloa Village.

Wassersport

Da die besten Strände im Westen liegen und dort die Wellen- und Strömungsverhältnisse i.d.R. günstig sind, hat man hier auch die besten Wassersport-Möglichkeiten. Für **Taucher** und **Schnorchler** bietet vor allem die Kona Coast ideale Reviere, insbesondere an der *Honaunau Bay* und an der *Kealakekua Bay*. **Anbieter** von **Tauch-** und **Schnorcheltouren** oder von entsprechendem **Gerät** findet man konzentriert in Kailua-Kona, wobei *Snorkel Bob's* (76-5828 Alii Dr., am *Activities Information Center*, Kailua-Kona, Tel.: 329-0770) das größte Unternehmen ist, das Filialen auch auf anderen Inseln unterhält; es bietet u.a. vollständiges Schnorchelequipment für US$ 15 pro Woche, Verleih von Unterwasserkameras, Abgabemöglichkeit der Geräte auch auf anderen Inseln. Eine andere gute Adresse ist *Sea Paradise Scuba* (Keauhou Bay, Tel.: 322-2500), ein komplett ausgestatteter Dive Shop mit Geräteverleih, u.a. auch Unterwasserkameras und -videogeräte, sowie einem breiten Spektrum an Tauchfahrten (auch nachts).
Wasserscooter kann man sich u.a. in Kailua-Kona ausleihen, z.B. bei *Kona Jet Ski* (Tel.: 936-0043, Boottransfer ab Kailua Pier zur Jet Ski-Plattform). Ebenfalls in Kailua-Kona werden luftige **Parasailing-Touren** angeboten (z.B. von *UFO Parasail*, Kona Square, Tel.: 325-5836, tägl. von 9.00-16.00 Uhr ab Kailua Pier, 10 Minuten US$ 33, auch Tandem-Flüge möglich).
Naturgemäß ist **Hochseefischen** ein populärer Sport, rühmt sich doch Kailua-Kona des Beinamens *"Hawaii's Sportfishing Capital"*. Aus der Vielzahl der Spezialboote, die am Kailua Pier oder im Honokohau Harbor auf Gäste warten, seien hier nur drei genannt:
- *Omega Sportfishing* (Kailua-Kona, Tel.: 325-7593); der deutschstämmige Skipper Klaus Kropp bietet Gästen Halbtages- (US$ 250) oder Ganztages-Charter (US$ 350) an.
- *Sea Wife Charters* (Honokohau Harbor, Tel.: 329-1806); von Mo-Sa läuft das Schiff zweimal (7.30 und 12.00 Uhr) zu 4-Stunden-Touren aus, auch Einzelgäste willkommen (US$ 55 p.P.).
- *Mariah Sportfishing* (Honokohau Harbor, Tel.: 936-3993) läuft unter dem erfahrenen Kapitän John Light tägl. zur Marlinjagd aus, Vollcharter für den halben Tag US$ 175, für den ganzen Tag US$ 275.

Zweiräder

Aufgrund der großen Entfernungen und des gebirgigen Inselcharakters kann **Fahrradfahren** auf Big Island zu einer echten Herausforderung werden. Eine gute Adresse in Kailua-Kona ist der Ausrüster des Triathlon-Wettbewerbes, *Hawaiian Pedals* (Kona Inn Shopping Village, Tel.: 329-2294), der stets gut gewartete Rennräder und Mountainbikes verleiht. Hingewiesen sei aber besonders auf das sympathische Unternehmen *Mauna Kea Mountain Bikes* in Waimea (P.O.Box 44672, Hwy. 19, Tel.: 885-2091). In bester Mountainbiking-Lage werden dort nicht nur Fahrräder samt Helmen und Kartenmaterial (US$ 28/Tag) oder Fahrradträger für Autos (US$ 5/Tag) vermietet, sondern auch ein ausgeklügeltes Programm für Fahrradtouren aller Schwierigkeitsgrade mit Begleitung angeboten. Außer den Touren im Nationalpark sind besonders die Abfahrten z.B. von den *Kohala Mountains* und sogar vom Viertausender *Mauna Kea* hinab zur Küste populär.

Wer eher an **Motorrädern** oder **Mopeds** interessiert ist, sollte sich an *DJ's Rentals (Motorcycle & Scooter Rentals,* Tel.: 329-1700) wenden, die in Kailua-Kona (am Alii Dr. gegenüber vom King Kamehameha Hotel) und im Waikoloa Resort (King's Shops) vertreten sind; dort bekommt man außer Mopeds u.a. auch schwere *Harley Davidsons* ab US$ 65/Tag.

Wandern

Kaum eine Insel im Pazifik hat solch abwechslungsreiche Wanderwege aller Schwierigkeitsgrade und Längen anzubieten wie Big Island. Organisierte Wanderungen werden angeboten von *Hawaiian Walkways* (73-1307 Kaiminani Dr., Kailua-Kona, Tel.: 325-6677). Die schönsten Ziele für Wanderfreunde sind im KAPITEL 5.8 beschrieben.

Jagen

Auf Big Island werden Wildschweine, verwilderte Ziegen, Truthähne und verschiedenes andere Geflügel gejagt, zumeist auf privatem Gelände. Wegen der besonderen Bestimmungen für Jagdgäste wende man sich an das State Department of Land & Natural Resources, 75 Aupuni St., Hilo, Tel.: 961-7291. Organisierte Jagdausflüge werden u.a. angeboten von *Hawaii Hunting Tours*, P.O.Box 58, Paauilo, Tel.: 776-1666.

Tennis

Die Versorgung mit Tennisplätzen ist auf Big Island sehr gut. Viele davon befinden sich sogar in kommunalem Besitz, und ihre Benutzung ist kostenlos, z.B. in Kailua-Kona, Captain Cook, Naalehu und Hilo. Andere Plätze gehören zu Clubs, die Gäste gegen Gebühr spielen lassen. Die größeren Hotels und Resorts an der Kona und Kohala Coast verfügen ebenfalls fast alle über Tennisplätze, oft sogar mit Flutlicht.

Golf

Nachdem in den 1960er Jahren die ersten Golfplätze auf Big Island angelegt wurden, sind in jüngster Vergangenheit viele erstklassige neue Anlagen hinzukommen, die den allerhöchsten Ansprüchen genügen. Gleichzeitig wurden die älteren Plätze erweitert und auf den modernsten Stand gebracht. Inzwischen verfügt die Insel über 17 Golfplätze, darunter allein fünfzehn 18-Loch-Anlagen. Vier der Plätze sind öffentlich, alle anderen gehören zu Clubs oder Hotelresorts, auf denen auch externe Gäste zugelassen sind. Eine Konzentration der Golfaktivitäten ist an der Westküste bei Waikoloa festzustellen, aber auch in allen anderen Regionen der großen Insel brauchen Golffreunde nicht auf ihren Sport zu verzichten – bis hinauf zum *Volcanoes National Park*. Die Plätze im einzelnen:

● **Kohala Coast, Küstennähe:**

- *Mauna Kea Beach Golf Club,* Mauna Kea Beach Dr., Kohala, Tel.: 882-7222; 18-Loch, Par 72.
- *Hapuna Golf Course,* Mauna Kea Beach Dr., Kohala, Tel.: 882-1035; 18-Loch, Par 72.
- *Mauna Lani Resort,* Kohala Coast, Tel.: 885-6655; zwei Plätze, jeweils 18-Loch, Par 72.
- *Kings' Course,* Waikoloa, Tel.: 885-4647; 18-Loch, Par 72.
- *Beach Course,* Waikoloa, Tel.: 885-6060; 18-Loch, Par 70.

● **Kohala Coast, Hinterland:**

- *Waikoloa Village Colf Club,* Waikoloa, Tel.: 883-9621; 18-Loch, Par 72.
- *Makalei Hawaii Country Club,* 72-3890 Hawaii Belt Rd., Kailua-Kona, Tel.: 325-1505; 18-Loch, Par 72.

● **Kona Coast:**

- *Alii Country Club*, 78-7000 Alii Dr., Keauhou, Tel.: 322-2595; 18-Loch, Par 72.
- *Kona Country Club*, 78-7000 Alii Dr., Keauhou, Tel.: 322-2595; 18-Loch, Par 72.

● **Süden/Südosten:**

- *Discovery Harbour Golf & Country Club,* Naalehu, Tel.: 929-7353; (öffentlich) 18-Loch, Par 72.
- *Sea Mountain Golf Course,* Pahala, Tel.: 928-6222; 18-Loch, Par 72.

● **Volcanoes National Park:**
- *Volcano Golf & Country Club,* Volcanoes National Park, Tel.: 967-7331; (öffentlich) 18-Loch, Par 72.

● **Hilo Coast:**
- *Hilo Municipal Golf Course,* 340 Haihai St., Hilo, Tel.: 959-9601; (öffentlich) 18-Loch, Par 71.
- *Naniloa Country Club,* 120 Banyan Dr., Hilo, Tel.: 935-3000; 9-Loch, Par 35.

● **Norden:**
- *Hamakua Country Club,* Honokaa, Tel.: 775-7244; (öffentlich) 9-Loch, Par 35.
- *Waimea Country Club,* Kamuela, Tel.: 885-8053; 18-Loch, Par 72.

Reiten

Aufgrund der Vielzahl von Ranchen und seiner langen *Paniolo*-Tradition ist es nicht verwunderlich, daß Big Island von allen Inseln das umfassendste Angebot an Gestüten und Reitausflügen besitzt. Die meisten Unternehmen sind in Waimea und entlang des Hwys. 250 angesiedelt. Zur ersten Orientierung eine kleine Auswahl:

● *Paniolo Riding Adventures* (Tel.: 889-5354);

● *Kohala Trailriding* (Tel.: 889-6257, Hwy. 250, Nord-Kohala, tägl. Ausritte um 10.00 und 13.00 Uhr, 2 Stunden US$ 60);

● *Naalapa Trail Rides* (Tel.: 775-0330, Kahua Ranch und Kohala Ranch, Hwy. 250, tägl. Ausritte um 9.00 und 13.30 Uhr, 2½ Stunden US$ 65);

● *Fallbrook Trail Rides* (Tel.: 322-1818, 1-, 1½- und 2-Stunden-Ausritte).

Ausflüge

● **Bootstouren**

Fast alle Bootstouren starten auf Big Island entweder am Kailua Pier oder am Honokohau Harbor, größere Unternehmen holen dabei ihre Gäste am Hotel ab. Die Bandbreite des Angebotes reicht von Exkursionen zur Walbeobachtung über Dinner-Kreuzfahrten und einfache Segeltörns bis hin zu Ausflügen mit einem U-Boot. Nachfolgend einige Anregungen:
- *Captain Beans' Cruises* (73-4800 Kanalani St., Kailua-Kona, Tel.: 329-2955), führt tägl. um 17.15 Uhr 'Dinner Cruises' ab Kailua Pier durch, US$ 45-53 je nach Hoteltransfer, verkitschte, aber lustige Fahrt auf einem 'polynesischen' Doppelrumpfboot mit drei Segeln, mit Tänzen und Gesängen.
- *The Body Glove Boat* (Tel.: 326-7122) bietet ab dem Kailua Pier eine Schnorchel-Kreuzfahrt von 4½ Stunden mit Frühstück und Lunch für US$ 54 an, abends einen kurzen 'Sunset Sail' für US$ 10.
- *Kamanu Charters* (Tel.: 329-2021), startet tägl. um 9.00 und 13.30 Uhr zu einem 3¼-Stunden-Segeltörn mit einem Katamaran ab Honokohau Harbor, maximal 24 Gäste, Schnorcheln und Snacks inklusive, US$ 39.
- *Fair Wind Snorkeling & Diving Adventures* (Keauhou Bay, Tel.: 322-2788) bietet Segelkreuzfahrten mit einem Trimaran an, einschl. Schnorcheln und Tauchen am Capt. Cook Monument sowie nach Möglichkeit Whalewatching, 2 Abfahrten täglich.
- *Second Wind Sail/Snorkel Charters* (Honokohau Harbor, Tel.: 334-0577) führt tägliche 4-Stunden-Segeltörns für maximal 6 Personen durch, Snacks und Schnorcheln inkl., Abfahrten um 10.00 Uhr.
- *Captain Zodiac* (Kailua-Kona, Tel.: 329-3199) startet tägl. zu rasanten Schlauchboot-Exkursionen an der Kona-Küste entlang bis zur Kealakekua Bay, Schnorcheln und Lunch inkl., nach Möglichkeit auch Whalewatching.
- *Captain Dan McSweeney's* (Kailua-Kona, Tel.: 322-0028) nimmt Sie zum 3½-Stunden-Whalewatching auf alle möglichen Wal-Arten mit, tägl. ab Kailua Pier um 9.00 und 13.00 Uhr, US$ 40 (falls kein Wal gesichtet wird, ist die zweite Tour umsonst).

- *Atlantis Submarines,* Kailua-Kona, Hotel King Kamehameha, Tel.: 329-6626; die Firma mit ihrer bekannten Freizeit-U-Boot-Flotte bringt tägl. ab 9.00 Uhr vom 'King Kamehameha Hotel' in Kailua-Kona Passagiere zu einem ihrer U-Boote, dann geht es hinab bis in 30-40 m Tiefe. Das Ziel ist ein 10 ha großes Korallenriff, wo man durch Gucklöcher die phantastische Unterwasserwelt betrachten und fotografieren kann. Abfahrten jede volle Stunde, Tauchzeit ca. 45 Minuten, Gesamtdauer ca. 2 Std., Preis ca. US$ 80.

Auf Tauchfahrt mit Atlantis Submarines

● **Big Island-Sightseeing**

An den *Activity Desks* der größeren Hotels sowie an den Flughäfen und von den Nachbarinseln aus kann man Exkursionen zu einzelnen Zielen oder Inselrundfahrten buchen, die aufgrund der Größe stets Ganztagesausflüge sind. Vans und Limousinen für kleinere Gruppen bietet dabei u.a. *Aloha Aina Limousine Tours* (Kailua-Kona, Tel.: 322-0668) an, eine Inselrundfahrt im klimatisierten Bus z.B. *Roberts Hawaii* (Tel.: 329-1688; 'Grand Circle Island' ab US$ 55).

● **Helikopter-Rundflüge**

Die beiden Bergriesen *Mauna Kea* und *Mauna Loa*, die vulkanischen Vorgänge rund um den *Kilauea* sowie die grüne Pali-Küste im Norden sind das Ziel von Hubschrauber-Touren zahlreicher Firmen. Diese starten außer von den Flughäfen in Keahole-Kona, Waimea und Hilo auch vom Waikoloa Heliport und vom Volcano Heliport am Volcano Golf Course. Dies ist insofern wichtig, als der Startpunkt die Länge des Weges und damit auch den Preis bestimmt – anders ausgedrückt: Helikopterrundflüge zum Volcanoes Nationalpark sind bei Abflug in Hilo oder in Volcano bis mehr als US$ 100 billiger als etwa von Kona aus! Am meisten zu empfehlen ist die sog. *Volcano Kohala Deluxe Tour*, die praktisch die gesamte Insel zum Ziel hat mit dem Schwerpunkt auf dem Volcanoes Nationalpark (ca. US$ 295 ab Kona).

Die einzelnen Helikopter-Firmen mit Startpunkten und Telefonnummern auf einen Blick:

- *Blue Hawaiian Helicopters,* ab Kona, Tel.: 961-5600.
- *Hawaiian Heli-Jet,* ab Waimea und Kona, Tel.: 883-8460.
- *Hawaii Helicopters,* ab Kona, Tel.: 1-800-994-9099.
- *Io Aviation Helicopters,* ab Hilo, Tel.: 935-3031, und ab Kona, Tel.: 329-3031.
- *Island Helicopters,* ab Hilo, Tel.: 969-1172.
- *Kenai Helicopters,* ab Kona, Waikoloa und Hilo, Tel.: 885-5833.
- *Mauna Kea Helicopters*, ab Waimea und Hilo, Tel.: 885-6400.
- *Papillon Hawaiian Helicopters,* ab Kona, Tel.: 329-0551.
- *Safari Helicopters,* ab Hilo, Tel.: 969-1259.
- *Volcano Heli-Tours,* Tel.: 967-7578, exklusiv ab Volcano Heliport.

● **Kleinflugzeuge**

Nicht nur mit Helikoptern, sondern auch mit Kleinflugzeugen kann man zum 'Flightseeing' über Big Island aufsteigen, oft sogar mit einem leichten Preisvorteil. Drei Anregungen:

- *Big Island Air* (Tel.: 329-4868) startet täglich von Kona zu einem Rundflug über Maui und Big Island, auf dem man die Hana Coast und den Haleakala, den Mauna Kea, Mauna Loa und

den Kilauea-Krater aus der Vogelperspektive erlebt (US$ 189). Ein einstündiger Rundflug über Big Island Air kostet US$ 99, die empfehlenswerte Tour *Full Island Deluxe* (1 Std.) US$ 169.
- *Island Hoppers* (Tel.: 969-2000) hat ein ähnliches Programm und ähnliche Preise, startet aber in Hilo.
- *Classic Aviation Corporation* (Tel.: 329-8687) unterscheidet sich von den vorgenannten Firmen, da man hier im offenen Doppeldecker fliegt, z.B. ab Kona zum Vulkan für nur US$ 49.

● **Flüge zu anderen Inseln**

Wer sein Urlaubsquartier ausschließlich auf Big Island bezogen hat, kann mit erstaunlich preisgünstigen Fly-&-Drive-Paketen jede der Nachbarinseln an einem Tag kennenlernen (Hin- und Rückflug, Mietwagen mit unlimitierten km und Steuern, ab ca. US$ 100). Wer länger auf einer Nachbarinsel bleiben möchte, kann genauso günstig beliebig viele Hotelübernachtungen hinzubuchen. Auch Flüge mit anschließender Busrundfahrt auf Oahu, Kauai, Maui oder Molokai sind möglich (ca. US$ 150), ebenso eine reine Flugbuchung (ca. US$ 45 pro Strecke) oder eine Helikopter-Tour zur Nachbarinsel Maui (ab US$ 90).

Strände

Obwohl Big Island die bei weitem längste Küstenlinie aller hawaiischen Inseln besitzt, muß es hinsichtlich der Anzahl und der Qualität seiner Badestrände hinter Maui, Kauai und Oahu zurückstehen. Die besten befinden sich an der Kohala Coast im Westen – dort, wo auch die Sonne fast immer scheint und wo deshalb die bevorzugten Hotelstandorte sind. Nördlich vom Flughafen kommt man entlang dem Hwy. 19, kurz vor dem Kona Village Resort, zu den etwas abgelegenen Buchten *Kua Bay* und *Kukio Bay*, die für viele auf der Liste der besten Badeplätze ganz oben stehen. Etwas weiter, am Royal Waikoloan Hotel, liegt die *Anaehoomalu Bay*, deren langer Sandstreifen mit Lagune und Kokosnußpalmen nicht nur den wohl schönsten Strand der Insel darstellt, sondern auch allerbeste Schwimm- und Wassersportverhältnisse bietet. Es folgen der *Kalahaipuaa Beach,* der *Hapuna Beach,* der *Kaunaoa Beach* und nahe dem Puukuhola Heiau der *Samuel M. Spencer Beach*, die allesamt feinsandig, langgestreckt und zum Baden sowie für Wassersport geeignet sind. Südlich des Flughafens Kona werden die Strände kleiner und sind außerdem wegen der vielen Condominiums und Hotels von Kailua-Kona oft überlaufen. Das trifft auf die winzige und geschützte *Kamakahonu Lagoon* am King Kamehameha Hotel genauso zu wie auf den *White Sands ('Magic Sand') Beach* und den *Kahaluu Beach* in Keauhou, während der *Keonelle Beach* in der Honaunau Bay sich eher zum Schnorcheln eignet. Überhaupt sind die oft steinigen Strände an der Kona Coast (vor allem die *Kealakekua Bay*) ein Eldorado für Schnorchler und Taucher.
An der Ostküste gibt es nur einige wenige Sandstrände, die meistens grau- oder schwarzfarbig sind, z.T. aber auch einen grünlichen oder rötlichen Schimmer aufweisen. Zu den besten gehören im Südosten der *Punaluu Beach* und im Nordosten der Strand des *Waipio Valley.* In der Umgebung von Hilo gibt es kaum nennenswerte Strände, von dem kleinen Sandstreifen auf *Coconut Island* einmal abgesehen.

5.3 DAS TOURISTISCHE ZENTRUM: KAILUA-KONA

5.3.1 ÜBERBLICK UND REISEPRAKTISCHE HINWEISE

Information

● *Hawaii Visitors Bureau*, 75-5719 W. Alii Dr., Kailua-Kona, HI 96740, Tel.: 329-7787.

● *Keauhou Visitors Association*, 78-6831 Alii Dr., Kailua-Kona, Tel.: 322-3866.

● Am *Activity Information Center*, 76-5828 Alii Dr., Tel.: 329-7700 (nahe dem Royal Kona Resort über 'Snorkel Bob's') kann man sich über alle möglichen Aktivitäten in Kailua-Kona und Umgebung beraten lassen und Ausflüge buchen.

Hotels

● **Hotels in Kailua-Kona** (Auswahl):

- *Royal Kona Resort* ($$$$), 78-6740 Alii Dr., Kailua-Kona, Tel.: 329-3111, Fax: 944-2974; Haus der gehobenen Mittelklasse mit 452 Zimmern, 1 km südlich vom Ortszentrum direkt an der Lagune (schwarze Lavaklippen mit guter Schnorchelmöglichkeit) mit Blick über die Bay gelegen, Pool, Restaurants, Shops, 4 Tennisplätze, Entertainment.
- *Hotel King Kamehameha* ($$$), 5660 Palani Rd., Kailua-Kona, Tel.: 329-2911; Mittelklasse-Hotel mit 455 Zimmern in exponierter Lage direkt am Pier und Ahuena Heiau; Pool, Sauna, 4 Tennisplätze, 2 Restaurants, Shops, kleiner Sandstrand mit Bootsverleih. In der Lobby beachtliche Gemälde und Exponate aus der hawaiischen Geschichte.
- *Kona Seaside Hotel* ($$), 75-5646 Palani Rd., Tel.: 329-2455; zentral gelegenes, einfaches Mittelklasse-Hotel, 225 saubere, zweckmäßig eingerichtete Zimmer, Restaurant, 2 kleine Pools.
- *Hale Maluhia* ($-$$$$), 76-770 Hualalai Rd., Kailua-Kona, Tel.: 329-5773, Fax: 326-5487; sehr schöne Bed & Breakfast-Anlage, 5 km oberhalb des Ortes (am Hwy. 182) in tropischer Vegetation gelegen, mehrere Hütten, Häuser und Zimmer in hawaiisch-victorianischer Architektur, japanischer Garten, Restaurant, Pool, Bibliothek, Sportmöglichkeiten, Minimum 3 Tage Aufenthalt, Preise variieren je nach Ausstattung (vom guten Apartment bis zur Luxus-Cottage).

● **Hotels und Condominiums zwischen Kailua-Kona und Keauhou** (Auswahl):

- *Kona Reef* ($$), 75-5888 Alii Dr., Kailua-Kona, Tel.: 329-6488, Fax: 329-5480; moderne Condominium-Anlage mit 130 Einheiten, alle mit Küche, Pool, Grillplätze.
- *Casa de Emdeko* ($$), 75-6082 Alii Dr., Kailua-Kona, Tel.: 329-6488, Fax: 329-5480; Mittelklasse-Condominium mit 106 Einheiten im maurischen Stil, 2 Pools (Salz- und Süßwasser), Restaurant, direkt am Meer.
- *Adrienne's at Casa del Sol* ($$), 77-6335 Alli Dr., Kailua-Kona, Tel.: 326-2272; hochgelegener 'Bed & Breakfast Inn' im spanischen Stil mit 5 Wohneinheiten, komfortable Einrichtung, Pool, Frühstück, Küchenbenutzung.
- *Kailua Plantation House* ($$$), 75-5948 Alii Dr., Kailua-Kona Tel./Fax: 329-3727; hübsches Bed & Breakfast-Haus mit 5 Zimmern, alle mit Balkon, Swimmingpool, knapp 2 km von Kailua-Kona entfernt.
- *The Sea Village Resort* ($$$), 75-6002 Alii Dr., Kailua-Kona, Tel.: 329-1000, Fax: 533-4621; gepflegte Condominium-Anlage der Mittelklasse, 131 Einheiten mit Küche, Pool, Tennisplatz, Jacuzzi, Grillplätze.
- *Aston Royal Sea Cliff Resort* ($$$), 75-6040 Alii Dr., Kailua-Kona, Tel.: 329-8021; Condominium-Anlage mit 154 Einheiten, alle mit voll eingerichteter Küche (Mikrowelle, Spülmaschine), Frischwasser- und Meerwasserpool, Restaurant, Coffeeshop, Sauna, Tennisplätze, Münzwaschsalon.

- *Colony's Kona Bali Kai* ($$$), 76-6246 Alii Dr., Kailua-Kona, Tel.: 329-9381; Mittelklasse-Hotel direkt am Strand mit 154 Zimmern, in vier Gebäuden um den Pool gruppiert, einige Einheiten mit Küche, Restaurants in unmittelbarer Nähe.
- *Aston Kona by the Sea* ($$$$), 75-6106 Alii Dr., Kailua-Kona, Tel.: 327-2300; großzügige, kürzlich renovierte Condominium-Anlage nahe zum Schwesterkomplex *Royal Sea Cliff Resort*, 86 Einheiten mit Balkon und Küche (1 oder 2 Schlafzimmer mit reichlich Platz für 4 Personen), Münzwaschsalon, Pool, Restaurant, kein Strand.

● **Hotels und Condominiums in Keauhou** (Auswahl):
- *Keauhou Beach Hotel* ($$$), 78-6740 Alii Dr., Keauhou-Kona, Tel.: 322-3441, Fax: 944-2974; Mittelklasse-Hotel mit 318 Zimmern, Restaurants, Pool, Shops, 6 Tennisplätze, Sauna.
- *Kona Surf Resort* ($$$), 78-128 Ehukai St., Keauhou, Tel.: 322-3411, Fax: 322-3411; moderne, große Mittelklasse-Hotelanlage, 530 Zimmer, Restaurants, 2 Pools, Shops, Golf- und Tennisplätze.
- *Colony's Kanaloa at Kona* ($$$$), 78-261 Manukai St., Keauhou, Tel.:322-9625; luxuriöse Condominium-Anlage mit 117 Einheiten, modern und ansprechend eingerichtet (u.a. Küche), gutes Restaurant, Tennisplätze, beste Surf-, Golf-, Schnorchel- und Tauchmöglichkeiten in unmittelbarer Nähe.

Restaurants (Auswahl)
Nicht berücksichtigt wurden bei der folgenden Auswahl die Hotel-Restaurants, die natürlich auch für externe Gäste geöffnet sind und deren Qualität i.d.R. dem Standard des entsprechenden Hotels entspricht.
- *Sibu Café* ($), Banyan Court Mall, Tel.: 329-1112; kein Café, sondern ein Restaurant mit guter indonesischer Küche (probieren Sie ein Satay oder Hühnchen auf balinesische Art!), mitten im Herzen der Stadt gelegen, Innen- und Außenservierung, geöffnet tägl. 11.30-15.00 und 17.00-21.00 Uhr.
- *French Bakery* ($), Kaahumanu Plaza, Tel.: 326-2688; die beste Bäckerei auf der Insel ist eine gute Alternative zu den Frühstücksbuffets in den Hotels, aber auch für Snacks (Quiche, Baguettes, Croissants) zu empfehlen. Mo-Fr 5.30-13.00, Sa bis 14.00 Uhr geöffnet.
- *Sizzler Restaurant* ($), 74-5586 Palani Rd., Tel.: 329-3374; die Kona-Filiale der populären US-Kette im Kona Coast Shopping Center bietet Steaks und Seafood zu reellen Preisen, besonders gut das Salat-Buffet, tägl. von morgens bis abends geöffnet.
- *Poquito Mas* ($), 74-5588 C Palani Rd., Kailua-Kona, Tel.: 882-1111; preiswertes, aber gutes mexikanisches Restaurant im Kona Coast Shopping Center.
- *Kona Ranch House* ($$-$$$), 75-5653 Ololi St. (Kuakini Hwy. nahe Palani Rd.), Tel.: 329-7061; beliebtes Restaurant im Kolonialstil, bekannt wegen seines rustikalen Cowboy-Frühstücks, zwei Speiseräume: der preisgünstigere *Paniolo Room* und der elegantere *Plantation Lanai Room*, tägl. 6.30-21.00 Uhr geöffnet.
- *The Jolly Roger* ($$$), Alii Dr., Waterfront Row, Tel.: 329-1344; gutes und lebhaftes Restaurant mit Fisch, Seafood, Steaks und Salatbar, schöne Lage, am Wochenende Livemusik.
- *Huggo's* ($$$), 75-5828 Kahakai Rd., Tel.: 329-1493; gutes Restaurant mit Seafood, Steaks und Salatbar, schöne Lage oberhalb der Uferpromenade, beliebt für Sunset-Cocktails, Reservierung empfehlenswert.
- *Fisherman's Landing Restaurant* ($$$), 57-5744 Alii Dr., Tel.: 326-2555; gutes Seafood-Restaurant im Kona Inn Shopping Village, schöne Lage direkt am Meer, tägl. 17.30-21.30 Uhr geöffnet; sofort daneben befindet sich das zum gleichen Unternehmen gehörende *The Captain's Deck* ($$), das auch leichte Snacks anbietet und durchgehend ab 8.00 Uhr geöffnet ist.
- *Jameson's by the Sea* ($$$), 77-6452 Alii Dr., Tel.: 329-3195; romantisches Restaurant am Magic Sands Beach, das schon durch seine Aquarien auf seine sehr guten Fisch- und Seafood-Gerichte aufmerksam macht, beliebt für Sunset-Cocktails, Mo-Fr 11-22, Sa-So 16.30-22 Uhr geöffnet.
- *Palm Café* ($$$), Coconut Grove Marketplace, Alii Dr., Tel.: 329-7765; locker-elegantes Restaurant mit *pacific-rim*-Küche, schöne Lage im ersten Stock (Veranda), Spezialitäten sind fangfrischer Fisch und Lammkoteletts, tägl. 17.30-22.00 Uhr geöffnet.

Überblick

Kailua-Kona ist ganzjährig von der Sonne verwöhnt, aber nicht zu trokken, so daß die Ortschaft immer mit hohen Palmen und einer unglaublichen Blütenpracht aufwarten kann, dazu noch mit einigen hübschen Stränden und phantastischen Schnorchel-Revieren gesegnet ist ≈ kein Wunder, daß dieser Küstenstreifen zu den beliebtesten des Bundesstaates gehört. Das Doppelwort war übrigens notwendig geworden, weil man nicht mit den gleichnamigen Orten auf Oahu, Kauai oder Molokai verwechselt werden wollte und deshalb ein 'Kona' (= 'windabgewandt') hinzufügte.

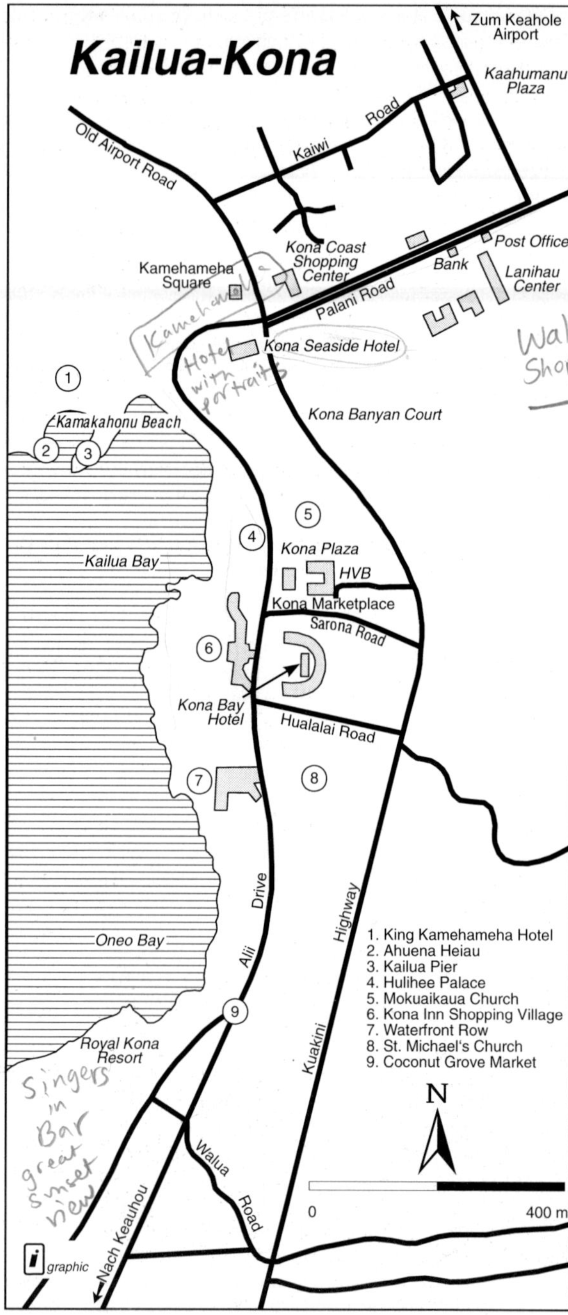

Seitdem der neue Flughafen von Keahole-Kona (12 km entfernt) fertiggestellt wurde, ist das 6.000-Einwohner-Städtchen als Urlaubsziel noch populärer geworden und stellt sich heute mit Boutiquen, Einkaufszentren, einem Wassersport-Angebot, das keine Wünsche offenläßt, mit Restaurants, Condominium-Anlagen, Bed & Breakfast-Häusern und Hotels für jeden Geldbeutel als quirliges Zentrum an der Sonnenküste von Big Island dar. Inzwischen sind die kleinen Dörfer bis hinunter zur Keauhou Bay fast schon zu einem Gemeinwesen zusammengewachsen, das mit insgesamt rund 30.000 Einwohnern dabei ist, der regenreichen Hauptstadt Hilo an der Ostküste den Rang abzulaufen.

Wer aufgrund der skizzierten Entwicklung nur ein modernes Dienstleistungszentrum erwartet, wird von Kailua-Kona angenehm überrascht sein. Entpuppt sich doch der Ort als äußerst geschichtsträchtig und kann mit wichtigen Baudenkmälern aus alt-hawaiischer Zeit und der ältesten Kirche des Landes aufwarten, mit prächtigen restaurierten *Heiaus* und mit Felsritzungen, mit schmucken Holzpalästen und mit historischen Monumenten. Solcherart lohnt er eine Besichtigung auch für Urlaubsgäste, deren Quartier sich weiter nördlich in Waikoloa befindet. Auswärtige Besucher sollten auf dem *Hwy. 19* bzw. *Hwy. 11* bis zum Abzweig der *Palani Rd.* fahren, auf der man geradewegs zum nördlichen Ortsanfang am *King Kamehameha Hotel* geleitet wird. Dort oder vorher am *Lanihau Center* kann man den Wagen parken und das nette Städtchen am besten zu Fuß erkunden.

5.3.2 STADTRUNDGANG KAILUA-KONA

Im folgenden werden die wichtigsten Sehenswürdigkeiten genannt, die auf einer Länge von rund 500 m von Nord nach Süd entlang der Hauptstraße *Alii Drive* aufgereiht sind. Historische Gebäude, stimmungsvolle Cafés und Restaurants sowie moderne Shopping Centers machen den Stadtrundgang zu einer kurzweiligen Angelegenheit, bei der man immer wieder zu Erfrischungspausen einkehren oder auf der Uferpromenade Seeluft schnuppern kann.

King Kamehameha Hotel (1) und Ahuena Heiau (2)

Ein guter und markanter Ort, um den Rundgang zu beginnen, ist das moderne Kamehameha-Hotel am Nordende der *Kailua Bay*, das sich auf historischem Gelände befindet: Hier verlebte König *Kamehameha I.* seine letzten Lebensjahre, und hier wuchs sein Sohn und Nachfolger *Kamehameha II.* auf. Viele Relikte der damaligen Residenz (1812-19) sind wahrscheinlich von dem Hotelklotz für immer bedeckt worden, dafür erhebt sich aber in Sichtweite auf einer kleinen Halbinsel die restaurierte und eindrucksvolle Kultstätte des **Ahuena Heiau**.

Restaurierte Kultstätte Ahuena Heiau

Sie wurde von *Kamehameha I.* dem Gott *Lono* geweiht und war wahrscheinlich Schauplatz blutiger Menschenopfer. Nach einer Epoche des Zerfalls ist das Heiau unter Aufsicht des *Bishop Museums* wiederhergestellt worden und stellt nunmehr eins der besten Beispiele polynesischer Sakralarchitektur dar. Zu sehen sind zwei grasgedeckte Tempelbauten mit Orakeltürmen auf einer steinernen Plattform, umgeben von Palisaden und mächtigen Holzfiguren. Allerdings will die neuzeitliche Umgebung mit dem Badeleben des *Kamakahonu Beach* und dem weißen Betonbau des *Royal Kona Resort* jenseits der Bucht nicht recht zu diesem Ambiente passen.

Das **Kamehameha-Hotel** lohnt in diesem Zusammenhang übrigens auch einen Besuch. In der Lobby sind viele alt-hawaiische Gegenstände von beachtlicher Qualität ausgestellt, außerdem veranstaltet man hier täglich um 13.30 Uhr historische Führungen (kostenlos) zum Heiau und zur ehemaligen königlichen Residenz *Kama Kahonu.* Mittwochs um 10.00 Uhr bietet das Hotel außerdem Hula-Shows an sowie mehrfach in der Woche Luaus. Direkt vor dem Hotel erstreckt sich der kleine, aber feinsandige **Kamakahonu Beach**, der durch seine geschützte Lage und das flache Gewässer auch für Kinder geeignet ist. Das Badeleben ist mit Tretboot- und Kanuverleih jedoch ziemlich betriebsam.

Kailua Pier (3)

Zum Osten hin wird die Bucht durch den Kailua Pier begrenzt, wo früher die Rinder der großen Farmen zu den Frachtschiffen gebracht wurden, die das Schlachtvieh nach Honolulu brachten. Heute liegen am Pier Yachten jeglicher Größe sowie viele Ausflugs- und Fischerboote. Von hier aus nehmen alltäglich lokale Fischer oder die Kapitäne von Charterbooten Touristen mit, die kurz vor der Küste ideale Bedingungen der Hochseefischerei vorfinden. Nicht umsonst wird Kailua-Kona auch *Hawaii's Sportfishing Capital* genannt und ist jedes Jahr im August Schauplatz des weltweit bekannten *Hawaiian International Billfish Tournament.* Anglerclubs aus aller Herren Länder (69 Teams im Jahre 1995) machen sich hier auf Rekordjagd vor allem auf den Blauen Marlin und den Thunfisch. Welche Ausmaße die dicksten Brocken haben können, ist in der Lobby des benachbarten *King Kamehameha* Hotels zu bewundern, wo z.B. der Rekord-Marlin von 1986 (482 kg) und der aus dem Jahr 1993 (529 kg) ausgestellt sind. Wer dieses Turnier verpaßt, hat täglich um 11.30 und 15.30 Uhr die Chance, sich auf der Pier das Fischewiegen anzuschauen, wenn die Ausflugsboote von ihren Halbtages- oder Ganztagesausflügen zurückkehren. Bei besonders großen Fängen wird dabei regelmäßig ein Erinnerungsfoto geschossen.

Hawaii-Triathlon: Start- und Zielpunkt

Nicht nur für Hobbyfischerei und Bootstouren ist der Pier ein wichtiger Platz, sondern auch für den weltberühmten **Triathlon-Wettkampf**, der hier seinen Start- und Zielpunkt hat. Ein entsprechendes Hinweisschild findet man am *Banyan-Tree Market Place*, der so etwas wie die gute Stube des Städtchens und Treffpunkt von Einheimischen wie Touristen darstellt.

INFO

Information zum Hawaii-Triathlon

*Der Triathlon hat seinen **Ursprung** auf **Oahu**, wo **1978** der Navy Commander John Collins mit 15 Freunden drei populäre Sportarten miteinander kombinierte: das 'Waikiki Roughwater'-Schwimmen, das 'Around Oahu Bike Race' und den berühmten Honolulu-Marathon. Von Sportjournalisten zunächst als 'Verrücktheit' abgetan, wurde die Disziplin in den Folgejahren jedoch immer populärer und gewann begeisterte Anhänger in aller Welt. **1981** wurde zum erstenmal die Ironman Championship von **Kailua-Kona** ausgetragen, damals noch nach dem Sponsor Budlight benannt (heute: Gatorade). Sie entwickelte sich schnell zum bekanntesten Triathlon-Rennen und gilt als **alljährliche Weltmeisterschaft** in dieser Disziplin. Bis heute ist die Zahl der Teilnehmer genauso stetig gestiegen wie die der Zuschauer vor Ort und an den Fernsehschirmen der sportinteressierten Welt. 1994 nahmen z.B. rund **1.500 Athleten aus 52 Ländern** an diesem knochenharten Wettkampf teil, der über Satellit in 34 Staaten übertragen und von etwa **200 Millionen Menschen** verfolgt wurde.*

*Die Athleten haben sich zuvor in 22 internationalen und nationalen Wettkämpfen qualifiziert, in Deutschland z.B. im fränkischen Roth. Der Gesamtpreis von **US$ 170.000** im Jahre 1995 (maximal US$ 25.000 für die besten Männer und Frauen) kann nur sehr wenigen die professionelle Ausübung der Sportart erlauben, aber allen Teilnehmern gemeinsam ist die gewissenhafte Vorbereitung auf dieses Ereignis, bei dem es für viele hauptsächlich darauf ankommt, das Ziel **innerhalb** der erlaubten **17 Stunden** zu erreichen. In den Monaten zuvor haben sie durchschnittlich 18-25 Stunden in der Woche trainiert, und viele reisen frühzeitig nach Hawaii, um sich besser auf die lokalen Bedingungen einzustellen. Der Kreis der Anwärter auf den Titel ist naturgemäß recht klein. Fünfmaliger Gewinner ist der Amerikaner Mark Allen, der auch Inhaber der **Rekordzeit** von **8:09:28 h** (1993) ist. Als ungekrönter König des Hawaii-Triathlon gilt der legendäre Dave Scott, der sechsmal diese Championship gewann und als 40jähriger 1994 immerhin noch Zweiter wurde. Mit dem Australier Greg Welch gewann den Wettbewerb in diesem Jahr übrigens zum erstenmal ein Nicht-Amerikaner. Bei den Frauen konnte Paula Newby-Fraser den Hawaii-Triathlon sechsmal gewinnen – hier liegt die Bestzeit bei etwa 8:55 Stunden.*

*Der Wettbewerb findet jedes Jahr **Mitte Oktober** in Kailua-Kona statt und wird von einem großen Medienspektakel und ausgelassenen Feiern begleitet. In der Nacht vor dem Großereignis werden wichtige Straßen (z.B. der Alii*

Dr.) abgesperrt, Tribünen errichtet usw. Während des Rennens versorgen 5.000 Helfer die Athleten mit Getränken, während unzählige Fernsehtechniker und Journalisten ihrer Arbeit nachgehen.

Wie ist nun die zeitliche Abfolge der einzelnen Disziplinen und was sind die besten Zuschauerplätze?

***Start- und Zielpunkt** des ersten Wettkampfes, die **3,8 km lange Schwimmstrecke**, ist der **Pier von Kailua.** Die Sportler schwimmen parallel zur Küste in südlicher Richtung und können deshalb am besten von der Uferpromenade am Alii Dr. aus beobachtet werden. Der Wettkampf beginnt um **7.00 Uhr,** aber bereits um 5.00 Uhr sind die besten Plätze von Fotografen, Fernsehteams und sportbegeisterten Zuschauern belegt.*

*Eine Alternative sind die Restaurants mit Blick aufs Meer, in denen man an diesem Tag sein Frühstück einnehmen könnte – doch lassen Sie sich dazu unbedingt Plätze reservieren. Die Gesamtstrecke muß von den Athleten innerhalb von 2 Stunden und 15 Minuten zurückgelegt sein. Anschließend beginnt am Pier die **180 km lange Radrenn-Strecke**, die über die Palani Rd. und den Hwy. 19 (Queen Kaahumanu Hwy.) nach Norden bis zur Ortschaft Hawi führt, dann zurück nach Kailua-Kona und über den Alii Dr. bis zum Kona Surf Resort in Keauhou. Dort geht es ohne Pause auf die **42 km lange Lauf-Strecke,** die wiederum am Pier in Kailua zu Ende ist.*

Triathleten auf der 180-km-Radstrecke

*Gute Beobachtungsmöglichkeiten gibt es entlang der genannten Straßen, am interessantesten ist dabei aber der Wechsel der Disziplin in Keauhou. Die Athleten müssen das Radrennen bis spätestens 17.30 Uhr absolviert haben, den Marathonlauf bis spätestens um Mitternacht. Der **Triathlon-Sieger** wird zwischen **15.00-15.30 Uhr** in Kailua erwartet. Noch während sich ein Großteil der Läufer auf der Strecke befindet, beginnt der zweite und inzwischen genauso legendäre Teil der Veranstaltung, nämlich die **Open-Air-Fete** in den zahlreichen Kneipen und Restaurants der Stadt.*

*Weitere **Informationen** zu diesem sportlichen Großereignis sind unter Tel.: 329-0063 erhältlich.*

Vom *Banyan-Tree Market Place* schlendert man am Hafenkai entlang, auf dessen Mauer regelmäßig viele Angler zu sehen sind. Nach wenigen Minuten erreicht man dann ein auffälliges, grau-blau gestrichenes Gebäude:

Hulihee Palace (4)

Ursprünglich für den Inselgouverneur *John Adams* im Jahre 1838 gebaut, wurde der Holzpalast von der königlichen Familie zur Sommerfrische bevorzugt. Vor allem die beliebte (und beleibte) Prinzessin *Ruth* schätzte das Haus; sie war als *alii nui* und Großgrundbesitzerin schwerreich – wobei sich das 'schwer' auch auf ihre 3 Zentner Körpergewicht beziehen läßt.

Der Hulihee-Palast von der Seeseite gesehen

Von König Kalakaua wurde der *Hulihee*-Palast in seiner jetzigen Form verändert. Heute dient das zweistöckige und von großen Banyan-Bäumen flankierte Gebäude als Museum, in dem Porträts, originales Mobiliar und Erinnerungsstücke an seine königlichen Bewohner gezeigt werden, daneben aber auch eine Speersammlung aus der Zeit *Kamehamehas I.*

Hulihee Palace, 75-5718 Alii Dr., Tel.: 329-1877, tägl. 9.00-16.00 Uhr geöffnet, Eintritt US$ 4.

Mokuaikaua Church (5)

Gegenüber dem *Hulihee*-Palast befindet sich auf der anderen Seite des *Alii Dr.,* inmitten eines hübschen Gartens und hinter einem mächtigen Torbogen aus Korallengestein, die älteste Kirche des Bundesstaates. Das Gelände wurde den protestantischen Missionaren sofort nach ihrer Ankunft im Jahre 1820 von König *Kamehameha III.* geschenkt. Nach Vorläufer-Bauten aus Holzgeflecht und Gras entstand dieses Gotteshaus nach Plänen des Missionars *Thurston* im Jahre 1837.

Der 36 m lange und 14 m breite Bau ist aus Lavabrocken und Korallenmörtel errichtet, der 33 m hohen Turmhelm aus Holz. Das Innere ist weitgehend schmucklos, strahlt aber durch die reichliche Verwendung einheimischer Hölzer eine warme Atmosphäre aus. Interessant ist unter der hinteren Empore das Modell des Dreimasters *'Thaddeus'*, mit dem die Missionare ihre entbehrungsreiche und vielmonatige Reise nach Hawaii angetreten hatten.

Folgt man dem *Alii Dr.,* passiert man zunächst linkerhand die Touristeninformation und das Gelände des *Kona Market Place* und erreicht dann zur Rechten das ausgedehnte **Kona Inn Shopping Village (6).** Dieses 'Freiluft-Dorf' (tägl. 9.00-

21.00 Uhr geöffnet) unterscheidet sich durch seine anheimelnde Holzarchitektur von den üblichen Einkaufszentren. Tatsächlich bekam es seine Form bereits in den 1920ern, wenn es auch später vielfach funktionell verändert und umgebaut wurde.

Die Mokuaikaua Church

Heute beherbergt das *Shopping Village* rund 50 Restaurants, Galerien, Boutiquen, Souvenirshops und andere Läden, daneben ein Postamt und den *Kona Inn General Store*. Die schönsten Restaurants sind diejenigen, die sich mit Terrassen und Freiluft-Tischen zur Seeseite öffnen.

Ein weiteres Shopping Center folgt kurz darauf ebenfalls auf der rechten Seite. Die **Waterfront Row (7)**, schon von weitem an ihrem auffälligen blauen Dach erkennbar, ist moderner als das Kona Inn Shopping Village, bietet aber auch mehrere hübsche Galerien, Boutiquen und gute Restaurants sowie einen kleinen Ausguck mit Blick auf die Stadt. Dahinter gibt links der Straße die katholische **St. Michael's Church (8)** ein fotogenes Bild ab; hier könnte der Rundgang enden.

Der *Alii Drive* verläuft anschließend nahe am Ufer der *Oneo Bay*, die südlich von einer Halbinsel mit dem markanten *Royal Kona Resort* begrenzt wird. Dort gibt es unter Kokosnußpalmen den unregelmäßig abgehaltenen **Coconut Grove Market (9)**, auf dem Kunsthandwerk, Second-hand-Waren, Lebensmittel etc. feilgeboten werden.

Es folgt eine kilometerlange Strecke mit Pensionen, Hotels und Condominium-Anlagen, die man auf dem Weg nach *Keauhou* und zum *Puuhonua-o-Honaunau* (s.u.) passiert.

5.3.3 VON KAILUA-KONA ZUM PUUHONUA-O-HONAUNAU

Die Gegend nördlich von Kailua-Kona, also die Strecke auf dem *Hwy. 19* nach Waimea, ist von landschaftlichem Reiz und wegen des *Kona-Keahole Airport*s sowie vieler Hotels – vor allem im Raum Waikoloa – von touristischem Interesse. Die Sehenswürdigkeiten dort sind im KAPITEL 5.7.4 beschrieben.

In diesem Kapitel wird eine kleine Rundfahrt in den Süden vorgestellt, die bis zur *Kealakekua Bay* führt und an einem halben Tag absolviert werden kann. Sie ist deswegen als eigener Ausflug zu empfehlen, weil ihre Attraktionen auf dem Weg zum *Volcanoes National Park* oder nach Hilo aus Zeitgründen nicht besucht werden können.

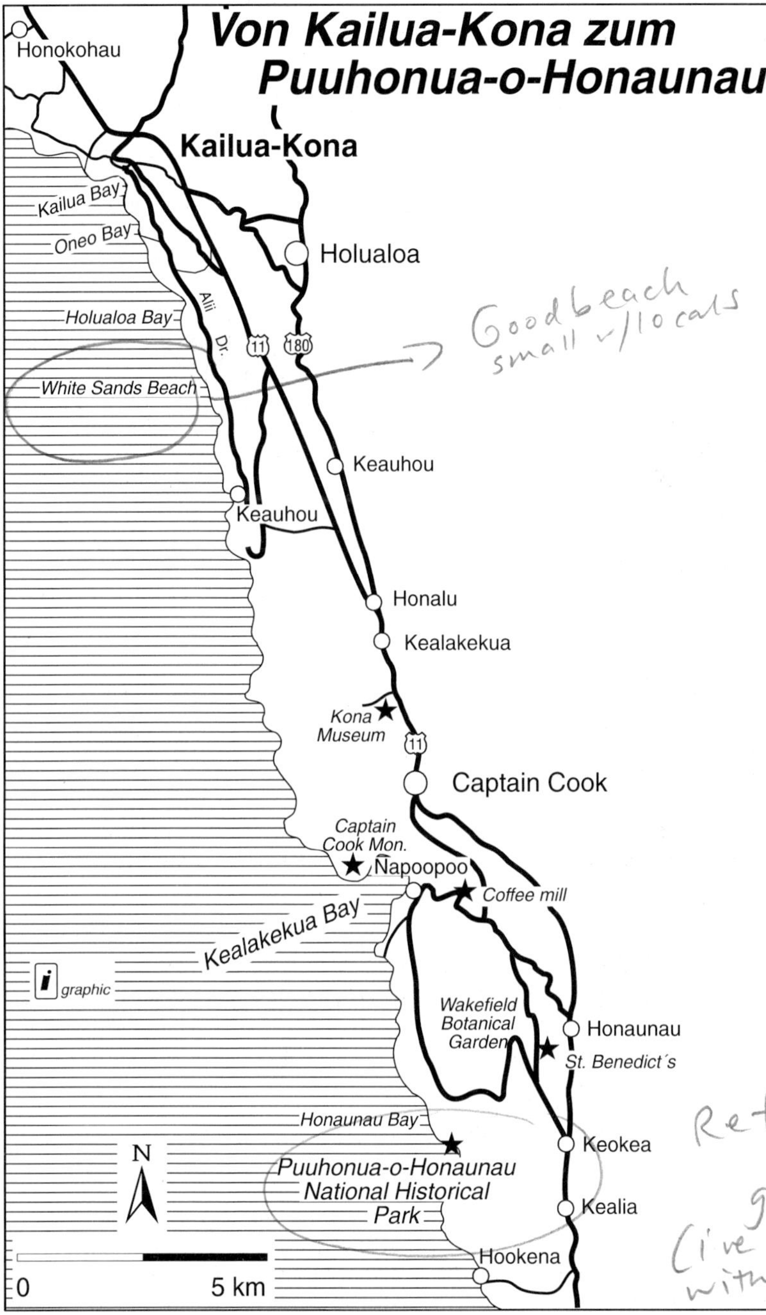
Von Kailua-Kona zum
Puuhonua-o-Honaunau
Honokohau
Kailua-Kona
Kailua Bay
Oneo Bay
Holualoa
Holualoa Bay
Alii Dr.
11
180
White Sands Beach
Keauhou
Keauhou
Honalu
Kealakekua
Kona Museum
11
Captain Cook
Captain Cook Mon.
Napoopoo
Coffee mill
Kealakekua Bay
i graphic
Wakefield Botanical Garden
Honaunau
St. Benedict´s
Honaunau Bay
Keokea
Puuhonua-o-Honaunau National Historical Park
N
Kealia
Hookena
0
5 km

Alii Drive

Man verläßt Kailua-Kona über die Hauptstraße, den *Alii Drive*. Hinter dem auffälligen weißen Betonbau des *Royal Kona Resort* wird die Straße enger, bleibt aber stark befahren und führt durch ein touristisch voll erschlossenes Gebiet. Man passiert eine fast ununterbrochene Reihe von Restaurants, Condominium-Anlagen und Hotels – die meisten davon mit bescheidenen Ausmaßen und von hübscher Architektur – u.a. *Kona Reef*, *Kailua Plantation House*, *The Sea Village Resort*, *Aston Royal Sea Cliff Resort* und die *Casa de Emdeko*.

Hinter der letztgenannten Herberge sind noch die Überreste des **Kaukaiakaola Heiau** zu sehen, dann bestimmen wieder Unterkünfte wie das *Aston Kona by the Sea* und das *Colony's Kona Bali Kai* das Bild, bevor die Straße die **Holualoa Bay** erreicht, die bei den polynesischen Häuptlingen als Surfgebiet beliebt war.

Es folgt der felsige *Pahoehoe Beach* und sofort dahinter der **Magic Sands Beach** (auch *White Sands Beach* oder *Disappearing Sands Beach* genannt). Das 'Magische' dieses Strandes liegt weder in seiner Größe noch in den Wassersportmöglichkeiten – beide sind eher von bescheidener Qualität. Stattdessen taucht hier bisweilen das Phänomen auf, daß der schmale Sandstreifen im Winter von der Flut mitgenommen wird, so daß der Strand völlig verschwunden ist – um kurze Zeit später wieder angeschwemmt zu werden.

Die nächste Bucht, die man auf dem *Alii Dr.* erreicht, ist die **Kahuluu Bay**, die immer schon besiedelt war, mit einem weiteren kleinen Sandstrand. Einträchtig und nahe beieinander befinden sich hier die verlassene Kultstätte *Kuemanu Heiau* und die katholische *St. Peter's Church*. Wo früher die *alii* die ihnen vorbehaltene Surf-Kunst ausübten, schnorcheln heute Gäste des *Keauhou Beach Hotels*. An der Rezeption kann man sich ein Faltblatt besorgen, das Hinweise zu weiteren Kultstätten (die Überreste von drei Heiaus) und Felszeichnungen auf dem Hotelgelände enthält.

Hinter dem Abzweig zum *Kona Coast Resort* kommt man in **Keauhou** zu einer großen Kreuzung, wo linkerhand der breite *Kamehameha III. Hwy.* in einigen Kehren zum *Hwy. 11* hinaufsteigt. Der *Alii Dr.* hingegen führt noch ein kleines Stück weiter an der Küste entlang bis zum südlichen Ende der **Keauhou Bay**. Hier haben sich einige Condominium-Anlagen, das große *Kona Surf Resort* und zwei 18-Loch-Golfplätze angesiedelt, deren ausgedehnte Grünflächen den Küstenstreifen bestimmen. Als Geburtsort von *Kamehameha III.* und als Schauplatz einer blutigen Schlacht im Jahre 1819 hat Keauhou daneben auch historische Bedeutung.

Über den *Kamehameha III. Hwy.* verläßt man nun die unmittelbare Küste und fährt am neuen *Keauhou Shopping Village* vorbei hinauf zum Hwy. 11, einem Teilstück der inselumrundenden *Hawaii Belt Road.*

Hier setzt man die Fahrt auf hochgelegener Strecke und immer mit einer weiten Aussicht auf den Ozean in südliche Richtung fort, passiert in der Ortschaft **Honalu** die Einmündung des *Hwys. 180* und kann rechts von einem *'Scenic Lookout'* nochmals den Blick auf die Küste und die *Keauhou Bay* genießen. Die kleinen Siedlungen und Häuser am Wegrand bekommen nun eindeutig ländlicheren Charakter, Kaffee- und Nußfarmer, Künstler und Alternative leben hier. Um so mehr überrascht in **Kainaliu** das repräsentative *Aloha Theater*, ein Holzbau mit Art-Deco-Elementen aus dem Jahre 1932. Er beherbergt heute ein gutes Restaurant mit jugendlichem Touch.

Das Aloha Theater

Restaurant
Aloha-Cafe ($$), Aloha Theater Bldg., Hwy. 11, Tel.: 322-3383, Mo-Sa 8.00-20.00 Uhr geöffnet, So Brunch von 9.00-14.00 Uhr; amerikanische Küche und Gesundheitskost, versuchen Sie, einen Platz auf der Veranda zu bekommen.

Auch hinter dem *Aloha Theater* laden einige rustikale oder alternative Restaurants und Bars zum Einkehren ein, wobei man natürlich überall den Kona-Kaffee (s.u.) angeboten bekommt.

Vor dem Städtchen Captain Cook und vor der Abfahrt zur *Kealakekua Bay* lohnt rechterhand das **Kona Historical Museum** einen Besuch (geöffnet Mo-Fr. 9.00-15.00 Uhr). Dabei handelt es sich um ein kleines Häuschen aus dem Jahre 1875, in dem in wildem Durcheinander und anscheinend ohne System die verschiedensten 'Antiquitäten' gesammelt sind. Hinter dem sympathischen Haus stößt man auf Ruinen einer alten Kaffee-Mühle, während jenseits der Straße im Garten der *Episcopal Church* von 1867 ein herrlicher Banyan-Baum zu bewundern ist.

Die nächste Ortschaft ist das langgestreckte Städtchen **Captain Cook**, das seinen Namen natürlich nach jenem großen Seefahrer erhalten hat, der in der *Kealakekua Bay* ermordet wurde (s.u.). Es gibt in Captain Cook einige nette Gaststätten, das *Kealakekua Ranch Center* mit 15 Geschäften, einem Supermarkt und 3 Restaurants, einen Park und mehrere hübsche Gebäude, aber die Attraktionen in der näheren Umgebung sind allemal sehenswerter. Fahren Sie deshalb **vor** dem Ortsanfang auf der asphaltierten *Napoopoo Rd.* rechts ab, die über einige Meilen in vielen Kehren bergab verläuft.

Einen ersten Stop könnte man am Kaffeemuseum der **Royal Kona Coffee Mill** einlegen, in der man alles Wissenswerte über den Kaffeeanbau in dieser Region erfährt.

Öffnungszeiten
Mauna Kea Royal Kona Coffee Mill & Museum, 160 Napoopoo Rd., Tel.: 328-2511, tägl. 8.30-17.00 Uhr geöffnet, freier Eintritt.

INFO

Informationen zum Kona-Kaffee

Die ersten Arabica-Kaffeepflanzen erreichten Hawaii vom brasilianischen Rio de Janeiro aus im Jahre 1825. Sie befanden sich an Bord des britischen Kriegsschiffes 'HMS Blonde', das die traurige Aufgabe hatte, die Leichname von König Kamehameha II. und seiner Frau, die in London gestorben waren, zurück nach Honolulu zu bringen (vgl. KAPITEL 2.1.3). Die ersten Setzlinge wurden im Manoa Valley auf Oahu eingepflanzt, allerdings nur mit bescheidenem Erfolg. Auf der Suche nach besseren Wachstumsbedingungen exportierte man 1828 Ableger der ersten Pflanzen in andere Regionen Oahus und auf die Nachbarinseln.

Dem Missionar Samuel Ruggles ist es zu verdanken, daß bei dieser Gelegenheit Kaffeesetzlinge auch die Kona Coast erreichten, wo er sie nahe der heutigen Ortschaft Captain Cook kultivierte. Es stellte sich heraus, daß diese Umgebung mit ihrem Lavaboden und der spezifischen Mischung von Feuchtigkeit, Sonnenschein und Schatten ideal war und den Kaffee erst richtig aufblühen ließ. Heutzutage sind die landwirtschaftlichen Kleinbetriebe von Big Island (zusammen mit denen auf Molokai) die einzigen in den Vereinigten Staaten, die kommerziell Kaffee anbauen. Die roten Bohnen werden im September geerntet und dann zu den lokalen Röstereien gebracht, von wo sie inzwischen nicht nur nach ganz Hawaii gebracht, sondern zunehmend auch in die USA exportiert werden. Der Kona-Kaffee ist zwar nicht gerade billig, hat sich aber aufgrund seines vollaromatischen Geschmacks einen festen Liebhaberkreis erworben. Schon der Schriftsteller Mark Twain war des Lobes voll, als er 1866 die Kona-Küste besuchte. Damals schrieb er: 'The ride through the district of Kona to Keakakekua Bay took us to the famous coffee section. I think Kona Coffee is richer flavoured than any other, be it grown where it may and call it by what name you please'.

Kurz hinter dem Kaffeemuseum stößt man auf die *Middle Keei Rd.*, an der man sich rechts hält und weiter bergab fährt. An der schönen **Kahikolo Church** von 1852 vorbei gelangt man zu einem Stopschild, dort fährt man auf der einspurigen Straße nach rechts und gelangt kurz darauf zum Parkplatz an der *Kealakekua Bay*.

Kealakekua Bay State Historical Park

Die tiefe, von schwarzen Lavaklippen eingeschlossene und Korallenbänken gesäumte Bucht von *Kealakekua* besitzt nicht nur großen landschaftlichen Reiz, sondern ist auch von historischem Interesse. Als naturgeschützter *Underwater Park* bietet das flache Gewässer mit die besten Schnorchel- und Tauchbedingungen von Big Island; entsprechendes Gerät, aber auch Kanus, kann man sich am Parkplatz ausleihen. Die Chancen stehen nicht schlecht, daß man hier das muntere Spiel der Spinner-Dolphins *(= mahias)* beobachtet, denn die Bucht ist einer der wenigen Plätze auf der Erde, wo diese Tiere der Küste sehr nahe kommen.

Die historische Bedeutung der *Kealakekua Bay* wird durch einige polynesische Kultstätten dokumentiert, wovon sich der **Hikiau Heiau** direkt am Parkplatz befindet. Das Betreten der Anlage ist verboten, aber auch so beeindruckt die mächtige Plattform aus Lava- und Korallensteinen allein durch ihre Dimension. Eine kleine Tafel erinnert daran, daß hier am 28. Januar 1779 von Kapitän *James Cook* die Totenmesse für ein Besatzungsmitglied gelesen wurde: der erste christliche Gottesdienst auf den hawaiischen Inseln!

Das Hikiau Heiau

Der Weltumsegler selbst starb zwei Wochen später auf der gegenüberliegenden Seite der Bucht. Dort erinnert ein weißes, 8 m hohes Granitmonument an den großen Entdecker. Die historische Stätte kann man nur über einen nicht markierten und beschwerlichen Pfad von der Ortschaft James Cook aus oder auf dem Seeweg erreichen (z.B. auf Bootsausflügen ab Kailua-Kona), ist aber vom Parkplatz aus mit bloßem Auge gut zu erkennen.

INFO

Captain Cooks Tod

Die Ermordung des großen Weltumseglers in der Bucht von Kealakekua war Anlaß für vielerlei Spekulationen und z.T. voneinander abweichende Darstellungen. Der Grund für die Bluttat scheint jedoch klar zu sein: bei seiner Ankunft am ***18. Januar 1779*** *hatten die Polynesier dem Kapitän einen fürstlichen Empfang bereitet (weil sie ihn für den Gott Lono hielten; vgl. KAPITEL 2.1.2) und ihn samt der Besatzung der beiden Schiffe 'Discovery' und 'Resolution' drei Wochen lang bewirtet und beschenkt. Dabei verausgabten sie ihre Vorräte bis zur Erschöpfung und sie mögen froh gewesen sein, als die Weißen die Insel am* ***4. Februar*** *endlich verließen. Um so größer war ihr Erstaunen, als die Schiffe nur neun Tage später erneut die Kealakekua Bay anliefen, weil sie durch einen Sturm beschädigt waren und repariert werden mußten. Da Cook-Lono offensichtlich den Naturgewalten unterworfen war, konnte er für die Eingeborenen kein Gott mehr sein, und man begegnete ihm nun mit Mißtrauen und unverhohlener Feindschaft. Durch Diebstähle und Übergriffe eskalierte die Situation so, daß James Cook am* ***13. Februar*** *mit zehn Leuten zu einer Strafaktion an Land ruderte. Dort hatten sich mehrere hundert aufgebrachte Krieger versammelt; es kam zu Kampfhandlungen, in deren Verlauf der Kapitän von den Eingeborenen umringt und angegriffen wurde. Die genauen Todesumstände sind umstritten. Nach einer Version erhielt Cook einen Schlag, durch den er verletzt ins Wasser fiel und ertrank.*

Captain Cooks Tod – Radierung des Zeugen John Webber

Nach einer anderen Version wurde er von den Hawaiiern am Strand erdolcht, oder – wie es auch in einigen Filmen dargestellt wurde – mit Lanzen und Keulen erschlagen und zerstückelt.

Fest steht, daß die Eingeborenen den Leichnam mit sich nahmen und ihn in traditioneller Weise 'behandelten', d.h. den Körper aufteilten und einzelne Stücke den Priestern und Häuptlingen übergaben. Einige im Erdofen gebratene und von den Knochen gelöste Leichenteile sandte man auch zu den Schiffen der Weißen, die über das grausige Ende ihres Kapitäns so entsetzt waren, daß sie gnadenlos die Dörfer und Tempel der Einheimischen mit Kanonen beschossen. Nachdem daraufhin Cooks Gebeine den Briten übergeben worden waren, lichteten sie am ***22. Februar*** *die Anker und verließen den Archipel in Richtung Heimat. Die sterblichen Überreste des Kapitäns wurden auf hoher See beigesetzt.*

Der Höhepunkt des Ausfluges liegt 6,4 km weiter südlich und ist vom Parkplatz aus auf einer ausgeschilderten und asphaltierten, aber sehr engen Straße (z.T. einspurig) zu erreichen. Dabei fährt man parallel zur Küste durch eindrucksvolle Lavafelder, die spärlich mit Gestrüpp überwachsen sind. Schließlich erreicht man den breiten Hwy. 160, von dem es nach rechts zum Visitor Center des *Puuhonua-o-Honaunau* geht.

Puuhonua-o-Honaunau National Historic Park (Place of Refuge)

Trotz der starken Restaurierungsarbeit stellt das *Puuhonua-o-Honaunau* – wörtlich übersetzt: 'der Zufluchtsort von Honaunau' – das wohl eindrucksvollste Zeugnis der polynesischen Kultur dar, das im gesamten Bundesstaat zu bewundern ist. Ein solcher 'Zufluchtsort' war für alle, die sich dem Vergehen eines großen *kapus* schuldig gemacht hatten, die letzte Möglichkeit, ihrer Bestrafung (d.h. der Opferung) zu entgehen. Solche Stätten waren naturgemäß nicht einfach zu erreichen und außerdem dünn gesät – nur sechs davon gab es auf Big Island. Dadurch, daß

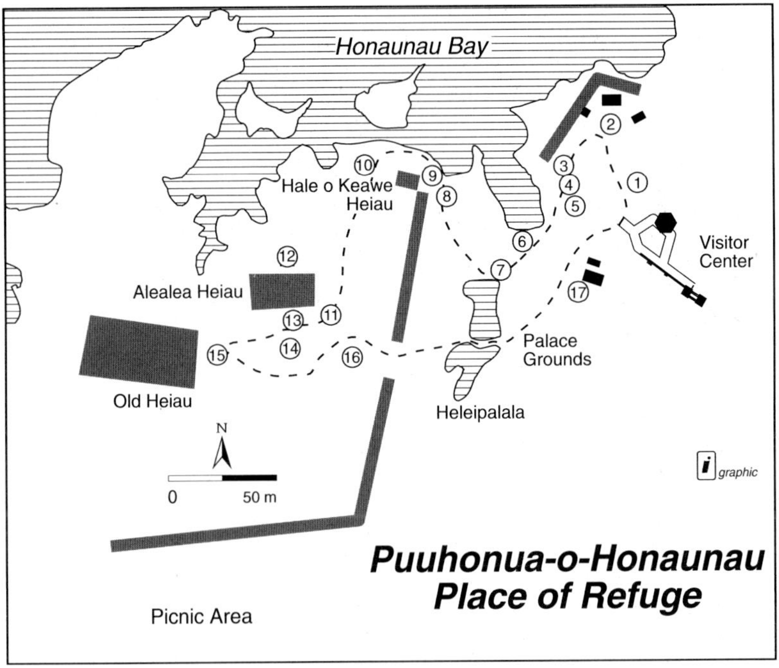

das Ahnenhaus der hawaiischen Könige in unmittelbarer Nachbarschaft liegt und seit dem 16. Jhd hier die Gebeine von Königen und Priestern bestattet wurden, wuchs die heilige Ausstrahlung *(mana)* des Ortes stetig an und war dadurch in der Lage, die Taten der Verbrecher aufzuwiegen. Nachdem sich ein 'Sünder' bis zum Zufluchtsort durchschlagen konnte, wurde er durch einen Priester vom Makel der *kapu*-Verletzung befreit und wieder der Gesellschaft zugeführt. Da die Funktion einer solchen Stätte von allen Stämmen akzeptiert wurde, konnten hier auch all jene Zuflucht suchen, die bei den häufigen Schlachten nicht mitkämpfen konnten: Frauen, Alte und Kinder. In ihren Dörfern waren sie den Siegern ausgeliefert und wurden oft genug abgeschlachtet, aber hier waren sie geschützt – egal, wie der Kampf ausging.

Holzidole am Puuhonua-o-Honaunau

Nach dem Ende des *kapu*-Systems und dem Absterben der alt-hawaiischen Religion wurde *Puuhonua-o-Honaunau* schließlich zerstört, wobei aber die massiven Steinmauern (The

Great Wall und die Tempelfundamente) erhalten blieben. Sie ermöglichten zusammen mit alten Darstellungen der Anlage zu Anfang des 20. Jhds, vor allem aber in den 1960er Jahren, die Zufluchsstätte zu rekonstruieren. Heute vermittelt sie mit ihrem Tempel- und Zufluchtsbereich, mit Grashäusern und hölzernen Tempelgöttern das Aussehen des heiligen Ortes, wie er im 18. Jhd bestanden hat.

Der erste Weg führt vom Parkplatz zum Visitor Center, wo man einen Lageplan mit Erläuterungen bekommt. Dann geht es an Wandmosaiken vorbei, die hawaiische Mythen symbolisieren und per Knopfdruck zum 'Sprechen' gebracht werden können, in das große Freiluft-Gelände. Die wichtigsten Sehenswürdigkeiten sind in der Reihenfolge eines empfohlenen Spaziergangs numeriert. Im einzelnen sind dies:

1) Palace Grounds
Dieser von Kokosnußpalmen umringte Platz trug den Graspalast des jeweiligen Königs bzw. Häuptlings. Er war vor allen anderen Plätzen *kapu*, d.h. er durfte von den gemeinen Sterblichen weder mit dessen Schatten berührt noch gar betreten werden.

2) House Models
Die Modelle zeigen die Bauweise der Wohn- und Vorratshäuser der *alii* oder der einfachen Leute.

Haus-Modell

3) Konane
Das 'hawaiische Schachspiel' (in Wirklichkeit eher ein Mühle-Spiel, bei dem es darum ging, den letzten Zug machen zu können) wurde auf diesem zugehauenen Felsblock mit schwarzen und weißen Steinchen gespielt.

4) Kanoa
Künstliche Vertiefungen im Lavagestein mit unbekanntem Zweck (evtl. zum Färben von Kleidung oder zum Zerstampfen der *'awa*-Wurzeln für einen rituellen Trunk).

5) Tree Mold
Bei einem lange zurückliegenden Lavafluß hat hier ein Baumstamm seinen Abdruck hinterlassen.

6) Keoneele
Diese kleine Bucht war der Anlegeplatz der königlichen Kanus und für Normalsterbliche *kapu*. Die Grenze des *kapu*-Gebietes mag die kleine Götterfigur im Wasser markiert haben. Landeinwärts werden Kanus nach traditioneller Weise hergestellt.

7) He-lei-palala
Ein königlicher Fischteich, ebenfalls *kapu* (vgl. KAPITEL 8.3.3).

8) The Great Wall
Das beeindruckendste Bauwerk der Anlage! Die große Mauer aus kunstvoll aufgeschichteten Lavasteinen wurde im 16. Jhd errichtet, ist 300 m lang, 5 m breit und 3 m hoch. Sie hatte die Aufgabe, den Tempelbereich vom Palastgelände zu trennen.

Holzfigur vor der Großen Mauer

9) Hale o Keawe Heiau
Der originalgetreu rekonstruierte Tempel geht auf den zum Gott erhobenen König *Keawe-ku-i-ke-kaai* zurück, der gegen 1550 starb und dessen Gebeine hier beigesetzt wurden. Während der folgenden 2½ Jahrhunderte wurden weitere 22 Könige hier bestattet, zuletzt ein Sohn *Kamehamehas I.* im Jahre 1818.

10) Puuhonua
Die eigentliche Zufluchtsstätte war nur schwimmend zu erreichen (da sie zur Landseite hin durch das bewachte Palastgelände und die Große Mauer abgeschirmt war). Von dieser Stelle hat man einen guten Blick über die Bucht und auf die Meerwasserteiche, deren Krebse und anderes Getier den Flüchtlingen als Nahrung dienten.

11) A-lealea Heiau
Steinplattform, die früher mehrere Grashäuser des Tempels getragen hat. Nach dem Bau des *Hale o Keawe Heiau* wurde sie für andere Zwecke benutzt.

12) Keoua Stone
Angeblich war dieser Stein der Lieblingsplatz des Kona-Königs *Keoua*. In den Löchern im Boden können Pfosten gesteckt haben, die einen Baldachin trugen.

13) Kaahumanu Stone
Der Legende nach jener Stein, unter dem sich *Kaahumanu* vor den Häschern König *Kamehamehas I.* nach einem Ehestreit versteckte. Das Gebell ihres Hundes verriet sie jedoch, und das Ehepaar lebte anschließend in Frieden miteinander.

14) Papamu
Wie in Nr. 3 ein Stein für das *Kanone*-Spiel. Die Spielregeln sind übrigens im Visitor Center erhältlich.

15) Old Heiau
Die Fundamente des ältesten Tempels und Vorghänger-Baus des *A-lealea Heiaus*.

16) Petroglyph
Felsritzung einer menschlichen Figur (Datierung unsicher; schwer zu erkennen).

17) Halau
Zeltartige Holzgebäude, die als Lagerschuppen und Arbeitsstätten genutzt wurden.

Wanderung
Wer nach dem Besichtigungsprogramm noch Zeit und Lust auf eine interessante, rund einstündige (= 2½ km) Wanderung hat, sollte das südliche Terrain des Nationalparks erkunden. Dort beschreibt die *Alahaka Bay* einen tiefen Bogen landeinwärts, im Süden begrenzt durch die *Keanae'e* Klippen, einem 'versteinerten Wasserfall' aus Lava. Dieses Naturphänomen wurde schon in vergangenen Zeiten gerne von Reisenden aufgesucht, die aber wegen des Tempelgeländes, das ja *kapu* war, einen recht schwierigen Pfad direkt am Meeresufer nehmen mußten. Man erreicht ihn vom Visitor Center über den Picknick-Platz an der Küste. Nach dem Fall des *kapu*-Systems baute man 1868 einen schnurgeraden Maultierpfad, der mittels einer Steinrampe auf die Klippen führt. Heutige Besucher können also beide Wege zu einer kleinen Rundwanderung verbinden.

Öffnungszeiten
Puuhonua-o-Honaunau National Historical Park, Honaunau, Kona, Tel.: 328-2326; tägl. 7.30-17.30 Uhr geöffnet, Eintritt US$ 2 p.P. oder US$ 4 pro Auto.

Nach dem Besuch dieser historischen Stätte bleibt man auf dem *Hwy. 160* und hat kurze Zeit später Gelegenheit, rechterhand die **Wakefield Botanical Gardens** (mit Restaurant) zu besuchen. Hier werden auf einem 2 ha großen Gelände hauptsächlich Macadamia-Nüsse angebaut, daneben aber auch rund 1.000 andere Pflanzen- und Blumenarten.

Öffnungszeiten
Wakefield Botanical Gardens, Hwy. 160, Tel.: 328-9930, tägl. 11.00-15.00 Uhr geöffnet, freier Eintritt.

Sofort dahinter zweigt links eine kleine Straße ab, die einen nach wenigen Minuten zur sog. *'Painted Church'* bringt.

St. Benedict's Church (Painted Church)

Rechterhand der Straße gelangt man zu einem Parkplatz, um den einige sakrale Gebäude und Skuplturen versammelt sind. So z.B. eine Golgatha-Darstellung sowie ein Krippenmotiv, bei dem Maria und Josef wie ein hawaiisches Königspaar gestaltet sind und bei dem nicht Ochs' und Esel, sondern Schweine und Hunde der Szene beiwohnen. Und am oberen Ende des Platzes liegt das katholische Gotteshaus *Our Lady of Hawaii.*

Die "Painted Church"

Die eigentliche Sehenswürdigkeit ist aber jenes weiße Holzkirchlein, das mit seinem filigranen, neugotischen Turmhelm jenseits eines kleinen und im Sommer ausgetrockneten Baches zu sehen ist. Es wurde um die Jahrhundertwende errichtet und ist dem *St. Benedict* geweiht. Bekannter ist das Gebäude jedoch unter dem Namen *'Painted Church',* der sich auf die komplette Ausmalung des Interieurs durch den Belgier *Jean Berchman Velghe* bezieht. *Velghe*, der mehrere Kirchen im pazifischen Raum ausschmückte, war 1899-1904 Geistlicher an der *St. Benedict's Church.* Sein Bildprogramm ist an der Bibel ausgerichtet, wobei er einzelne Szenen jedoch in eine typisch hawaiische Landschaft stellte. Interessant, wie er die 6 Holzsäulen, durch die das Innere in drei Schiffe unterteilt wird, am Holzdach als Palmenkronen auslaufen läßt oder wie er dem Chorbereich durch eine perspektivische Wandmalerei die Illusion einer gotischen Kathedrale verpaßte.

Auch der blumengeschmückte Friedhof inmitten eines Lavafeldes, die süßlichen Muttergottes-Statuen und das Standbild von *Father Damien* verdienen Beachtung.

Bei der Weiterfahrt auf der schmalen Straße, vorbei an Kaffeeplantagen und Obstgärten, gelangt man nach 2½ km zur *Middle Keei Rd.*, der man nach links wieder bis zur *Napoopoo Rd.* oder auf kürzerer Strecke rechterhand zum *Hwy. 11* folgt. Um die Rundfahrt zu vollenden, fährt man auf diesem wieder nach Norden, wo man hinter der Ortschaft **Captain Cook** auf die bereits bekannte Strecke stößt. Sollten Sie noch Zeit übrig haben, lohnt sich vor Captain Cook links des Highways ein Besuch der **Macadamia Nut Factory**, in der man einiges über die Veredelung der 'Königin der Nüsse' erfährt und selbstverständlich Kostproben erstehen kann (tägl. 9.00-17.00 Uhr geöffnet, freier Eintritt).

Restaurants
U.a. sind zwei Restaurants in Captain Cook empfehlenswert:
- *Manago Hotel Restaurant* ($), am Hwy. 11, tägl. von morgens bis abends geöffnet, bodenständige amerikanische Küche mit Schweinekoteletts als Spezialität.
- *Reál* ($$) am Hwy. 11 im Kealakekua Ranch Center (zu erkennen am blauen Dach), Mo-Fr 11.00-20.00, Sa-So 11.00-17.00 Uhr geöffnet, gute mexikanische Küche.

Holualoa

Eine Alternative sowohl zum *Alii Dr.* als auch zum *Hwy. 11* ist der *Mamalahoa Hwy. (Hwy. 180),* der in Honalo vom *Hwy. 11* abzweigt und durch landwirtschaftlich genutztes Gebiet zum Dörfchen Holualoa führt. Dieser Weg kann für alle, die auf der *Hawaii Belt Rd.* weiter nordwärts reisen möchten, gleichzeitig als Umgehung von Kailua-Kona genutzt werden. Holualoa ist ein verschlafenes, kleines Nest, das sich neuerdings einige Künstler als Heimat gewählt haben und wo der Tourismus Fuß zu fassen beginnt, u.a mit der komfortablen Bed & Breakfast-Unterkunft *Hale Maluhia.* Das in einer alten Kaffeemühle untergebrachte *Kona Arts Center*, das Studio des Galeristen *Hiroki Morinoue*, die Glasbläserei *Yamazawa Art Glass*, die hübsche *Holualoa Chapel* von der Jahrhundertwende und der 1915 gegründete *Kimura Lauhala Shop* sind einige der Adressen, die man bei genügend Zeit aufsuchen könnte. Vom Ortszentrum führt die *Hualalai Rd.* bergab und direkt ins Zentrum von Kailua-Kona.

5.4 VON KAILUA-KONA DURCH DEN SÜDEN ZUM VOLCANOES NATIONAL PARK

5.4.1 ÜBERBLICK UND REISEPRAKTISCHE HINWEISE

Die Fahrt um die Südspitze von Big Island herum ist **landschaftlich** in erster Linie von den breiten Lavaströmen geprägt, die aus Seitenspalten des *Mauna Loa* im 19. und 20. Jhd dem Meer zuflossen und eine karge Szenerie von gleichzeitig erschreckender Monumentalität und bizarrer Schönheit schufen. Grüne Vegetationsinseln dazwischen geben Raum für Rinderfarmen sowie Kaffee- und Macadamia-Nußplantagen. Nur die erste Teilstrecke bis zur Ortschaft Captain Cook ist mit Restaurants, Hotels und Supermärkten touristisch erschlossen; hier befinden sich meerseitig auch die größten kulturellen Sehenswürdigkeiten, deren Besichtigung jedoch viel Zeit in Anspruch nimmt und die bereits im vorigen Kapitel ausführlicher dargestellt worden sind.

Die **Gesamtstrecke** von Kailua-Kona bis zum Nationalpark beträgt auf der gut ausgebauten *Hawaii Belt Rd. (Hwy. 11)* **155 km** und ist bei normalen Verkehrs-

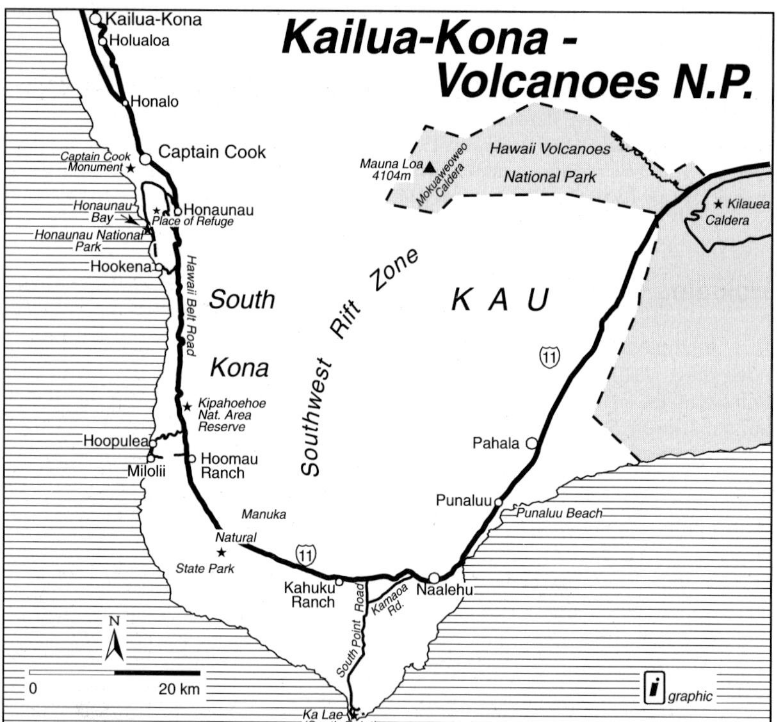

verhältnissen und ohne Abstecher in etwa 2½ Stunden zu bewältigen. Die erste Etappe bis Naalehu ist dabei 96½ km und die zweite Etappe bis zum Visitor Center 57,9 km lang. Wer allerdings dem South Point einen Besuch abstatten möchte, muß noch 17,4 km (pro Strecke) hinzurechnen.

Ein beschränktes Angebot an **Unterkünften** findet sich am Ende der Etappe im Nationalpark, doch ist wegen des starken Andranges hier eine Vorab-Reservierung unbedingt ratsam. Wer am gleichen Tag weiter nach Hilo fahren oder zum Ausgangspunkt zurückkehren möchte, ist also gut beraten, so früh wie möglich aufzubrechen, da man im Nationalpark selbst mindestens einen halben Tag zur Verfügung haben sollte. In diesem Fall verbietet sich der Besuch einiger hier vorgestellter Punkte von selbst.

Restaurants sind entlang der Strecke rar gesät, doch findet man immer wieder einen Laden, in dem man Früchte oder anderen Proviant kaufen kann, sowie einige nette Lokale in *Naalehu* und *Punaluu*.

Vor Ihrem Aufbruch sollten Sie übrigens auch an angemessene **Kleidung** denken. Erstens ist es auf der anderen Seite der Insel deutlich feuchter, zweitens kann es im Nationalpark in Höhenlagen von bis zu 1.300 m deutlich kühler sein als an der Westküste. Außer Regenjacke und evtl. einem Pullover sind festes Schuhwerk ratsam, da nicht alle Wanderwege im Nationalpark plattiert sind.

5.4.2 ZWISCHEN KAILUA-KONA UND SOUTH POINT

Die erste Teilstrecke legt man von Kailua-Kona am schnellsten auf dem *Hwy. 11* zurück, der weiter von der Küste entfernt ist als der *Alii Dr.*, aber durch eine durchaus eindrucksvolle Landschaft führt. Vor und nach Captain Cook gibt es allerdings auch viele Kurven, die ein Überholen oft nicht möglich machen.

Nachdem man den Weiler **Kealia** und die kleine *Puukana*-Kirche passiert hat, lohnt sich ein kleiner Abstecher zur Küste, wo zwischen den Meilenmarkern 101 und 102 rechts eine schmale und 3,7 km lange Straße zum Fischerdorf **Hookena** abgeht. Schon *Robert Louis Stevenson* hatte den Ort in seinen *'Travels in Hawaii'* erwähnt; auf den damals noch völlig unberührten Ort war er durch König *Kalakaua* aufmerksam gemacht worden. Inzwischen hat zwar die westliche Zivilisation Einzug in Hookena gehalten, trotzdem findet man hier noch ländliches Ambiente ohne touristische Überfrachtung. Außerdem laden zwei kleine Strände (*Kealia Beach* und *Hookena Beach*) mit schwarzem und weißem Sand zum Baden und Schnorcheln ein, der dazugehörige *Beach Park* verfügt über Picknicktische.

Zurück auf dem Highway, geht es auf nach wie vor sehr kurvenreicher Strecke in einiger Entfernung parallel zur Küste, wobei man wegen der Höhe (300-500 m ü.d.M.) häufig einen weiten Blick bis zum Meer hat. Man durchquert die *Kipahoehoe Natural Area Reserve*, in dem inzwischen eine dichte Vegetationsdecke den Lavastrom von 1919 bedeckt, und kommt kurz darauf zu einem Abzweig, der einen auf asphaltierter Straße zum 8 km entfernten Fischerdorf **Milolii** bringt. Dort, wo diese Straße die Küste erreicht, passiert man die Siedlung *Hoopulea*, die

1928 durch einen Lavastrom vernichtet wurde. Die Einwohner siedelte man damals nach Milolii um, wo das Leben ihrer Nachfahren bis heute in traditionellen Bahnen verläuft. Wer an authentischem hawaiischen Leben interessiert ist – hier dürfte er es auf Big Island noch am ehesten erleben.

Die *Hawaii Belt Rd.* wird bald gerader und erlaubt zügigeres Fahren. Auf Höhe der **Hoomau-Ranch** (links) bestimmt auf einmal das saftige Grün von Rinderweiden das Landschaftsbild, anschließend begleitet ein großes Gelände mit Macadamia-Nußbäumen rechterhand die Straße. Der Highway durchschneidet dann ein weiteres Naturschutzgebiet *(Manuka Natural Area Reserve)*, das als großes Dreieck vom Südwestkamm des *Mauna Loa* bis zur Küste reicht. In der Mitte des Gebietes zweigt links ein Weg ab, auf dem man zum Start- und Zielpunkt des schönen Wanderweges *Manuka Trail* gelangt.

Sofort danach beginnt die eindrucksvollste Etappe, bei der man auf schnurgerader und sehr gut ausgebauter Strecke durch eine Abfolge unterschiedlicher Lavaströme gebracht wird. Die mächtigsten Eruptionen fanden in den Jahren 1887 und 1907 statt, als sich Unmengen glühender Lava von den Hängen des Mauna Loa hinabwälzten und als erstarrtes Plateau die Küstenlinie weit in den Ozean hinausschoben. Hier sollte man auf den Lookout auf der rechten Straßenseite abfahren, den Motor abstellen und die unwirkliche Einöde und Stille in sich aufnehmen.

Kurz darauf wird das Erscheinungsbild wieder freundlicher, und die Weiden der **Kahuku Ranch** erscheinen nach dem Erlebnis der Lavawüste als grüne Oasen. Nahe dem Meilenmarker 69 geht anschließend die schmale *South Point Rd.* zum südlichsten Punkt des Bundesstaates ab.

Abstecher zum South Point

Insgesamt 17,4 km ist die Straße lang, und ob sich dieser Abstecher lohnt, hängt davon ab, ob nachher noch genug Zeit für den weitaus eindrucksvolleren Nationalpark bleibt. Immerhin hat man am Endpunkt der Strecke das Südkap von Hawaii erreicht, das gleichzeitig auch als *"southernmost point in the United States"* bezeichnet wird. Das ist zwar nicht ganz korrekt, da sich ein Teil der viel weiter südlich gelegenen Samoa-Inseln in amerikanischem Besitz befindet, aber für Sammler geographischer Extrempunkte reicht es allemal.

Windfarm am South Point

Die asphaltierte *South Point Rd.* ist schmal (einspurig), bietet jedoch mehrfach Ausweich-Möglichkeiten und ist insgesamt gut zu befahren. Die Landschaft hier unten ist nicht sensationell, aber mit schwarzen Lavaflächen, vereinzelten Baumbeständen und saftigen Weiden abwechslungsreich. Etwa auf halbem Wege passiert man rechterhand die im Juli 1987 eingerichtete **Kamaoa Wind Farm**, auf der 37 Windturbinen des *Mitsubishi*-Konzerns die umliegenden Haushalte mit Strom versorgen.

Schließlich hat man das Südkap erreicht, das auf polynesisch **Ka Lae** (= 'der Punkt') heißt und das in frühen Zeiten dicht besiedelt war. Wahrscheinlich gingen hier die ersten Siedler von den Marquesas und aus Tahiti an Land; alte Heiaus und Kanu-Landeplätze sind von den Archäologen jedenfalls nachgewiesen worden. 1964 wurde das nunmehr unbewohnte Kap deshalb als *National Historical Landmark* eingerichtet.

Die etwa 35 m hohe Steilklippe inmitten einer windzerzausten Weidelandschaft wird vor allem von lokalen Fischern aufgesucht, die hier ihre Boote zu Wasser lassen oder direkt von den Klippen aus angeln. Touristische Einrichtungen irgendwelcher Art gibt es am *South Point* nicht.

Eine Besonderheit ist der östlich gelegene **Green Sand Beach**, den man auf einem 4 km langen Küstenpfad zu Fuß oder mit dem Geländewagen erreicht und der tatsächlich grünlich schimmernden Sand besitzt. Er befindet sich hinter einem vulkanischen Kegel, dessen Abhänge man zuvor bezwingen muß. Dafür trifft man hier kaum eine Menschenseele an und hat bei ruhiger See gute Badebedingungen.

5.4.3 ZWISCHEN SOUTH POINT UND DEM NATIONALPARK

Die erste kleine Ortschaft nach dem Abzweig der *South Point Rd.* ist **Waiohinu**, deren weiße Holzkirche (*Kauahaao-Church*) rechts des Highways zu sehen ist. Das hübsche Gotteshaus mit seinem spitzen Turmhelm wurde bereits 1841 errichtet und ist im Innern bis auf ein schlichtes Holzkreuz schmucklos. Stolz ist man auch auf einen Baum nahe dem *Shirakawa Motel*, der von Mark Twain persönlich gepflanzt wurde.

HOTEL

Hotel

Shirakawa Motel ($), Hwy. 11, Naahelu, Waiohinu, Tel.: 929-7462; sehr einfaches Motel (aber auch das einzige der Gegend), 13 Einheiten.

Naalehu

Gut 3 km hinter der Kirche gelangt man auf dem Highway mitten durch das Städtchen Naalehu, dessen rund 1.200 Einwohner hauptsächlich von philippinischen und italienischen Einwanderern abstammen. Auffällig sind die vielen Schulgebäude und Sportplätze, die der Ort (übrigens der südlichste des Landes) in seiner Mittelpunktfunktion für das Umland besitzt.

Des weiteren findet man hier u.a. Kirchen, Tankstellen, zwei nette Bäckereien und einen öffentlichen 18-Loch-Golfplatz.

Punaluu

Hinter Naalehu berührt der Highway wieder für einige Kilometer die Küste. Weder der Lookout noch der nahe *Whittington Beach* (ohne Sandstrand) sind jedoch einen Stop wert, stattdessen geht es 7½ km weiter zum Doppelort **Ninole** (mit der Condominium-Anlage *Sea Mountain* samt angeschlossenem 18-Loch-Golfplatz und kleinem Strand) und **Punaluu**. Dort lohnt sich der Abzweig zum *Punaluu Beach Park*, an dem man einen von Lavaklippen eingerahmten schwarzen Sandstrand vorfindet. Der sog. *Black Sand Beach*, der in erster Linie von Einheimischen frequentiert wird, steht als Nistgebiet der Seeschildkröten unter Naturschutz. Über die *Loop Rd.* gelangt man zum Highway zurück; wer eine Erfrischung braucht, sei hier an das *Punaluu Village Restaurant* verwiesen oder an den *Punaluu Bakeshop*, in dem das berühmte *'Punaluu Sweetbread'* hergestellt wird (Tel.: 929-7343; tägl. 8.30-17.00 Uhr geöffnet).

Hinter der Ortschaft verläßt die Straße das küstennahe Gebiet und bringt einen in 7,2 km zum Dörfchen **Pahala**, das von der nahen Rinderfarm *Kapapala Ranch* und den Macadamia-Nußplantagen und Obstgärten der Umgebung lebt. Vom gut 300 m hoch gelegenen Pahala steigt der *Hwy. 11* stetig bis auf 1.200 m an und verläuft zunächst am südwestlichen Rand des Nationalparks entlang, in den man schließlich auf 927 m ü.d.M. hineinfährt. Dort sind bereits die ersten lohnenden Wanderungen möglich, z.B. der *Kau Desert Trail* und der *Mauna Iki Trail*. Auf den gut markierten Pfaden kommt man dabei in jenes Wüstengebiet, das im Jahre 1790 von plötzlichen Asche-Ausbrüchen und von Giftgasen heimgesucht wurde. Genau zu diesem Zeitpunkt marschierten hier Soldaten des Königs *Keoua* gegen die Armee *Kamehamehas I.*, und 400 von ihnen kamen bei der Naturkatastrophe ums Leben – für *Kamehameha* der Beweis, daß die Vulkangöttin *Pele* auf seiner Seite stand (vgl. KAPITEL 2.1.3). Die fliehenden Krieger hinterließen ihre Fußspuren im Ascheschlamm, der später glasartig erhärtete. Einige dieser eingeglasten Fußabdrücke sind rechts der Straße in etwa 800 m Entfernung zu sehen (Hinweis).

Auf den nächsten 11 km bis zum Abzweig zum Visitor Center passiert man linkerhand ein Campinggelände und die Einmündung der *Mauna Loa Rd.*, auf der man zum *Kipuka Bird Park* und zum *Mauna Loa Lookout* kommt, von dem ein Trail auf den zweithöchsten Berg der Insel führt (vgl. KAPITEL 5.8). Vor allen anderen Aktivitäten sollte man jedoch zunächst vom *Hwy. 11* nach rechts zum **Park Visitor Center** abzweigen und sich dort mit Kartenmaterial usw. versorgen (s.u.).

5.5 DER HAWAII VOLCANOES NP

5.5.1 ÜBERBLICK UND REISEPRAKTISCHE HINWEISE

Information

Hawaii Volcanoes National Park, P.O.Box 52, Hawaii HI 96718-0052, Tel.: 967-7311, tägl. geöffnet. Der Eintritt beträgt US$ 5 pro Wagen oder US$ 3 für Fahrradfahrer, Wanderer, Buspassagiere etc., er gilt für 7 Tage. Für Inhaber des Golden Eagle Pass (US$ 25, gilt für alle Nationalparks in den USA) ist der Eintritt frei. Im Nationalpark gibt es drei Informationsstellen: Das *Kilauea Visitor Center* am *Crater Rim Dr.* ist das größte und die erste Adresse für alle Besucher. Es ist tägl. 7.45-17.00 Uhr geöffnet. Eine Dependance des Visitor Center befindet sich im *Jaggar Museum*, ebenfalls am *Crater Rim Dr.* Am Ende der *Chain of Craters Rd.* gibt es schließlich ein mobiles Informationsbüro, das 10.30-17.00 Uhr geöffnet ist. Außerdem können innerhalb des Nationalparks über das Autoradio täglich aktualisierte Informationen auf der Frequenz AM 530 abgehört werden.

Telefonnummern

- Park Headquarters, Unfall, Camping-Informationen, Fundbüro: Tel.: 967-7311.
- Infos zur vulkanischen Aktivität (Eruption Update): Tel.: 967-7977.
- Restaurants, Hüttenreservierung, Unterkunft: Tel.: 967-7321.

Hotels

- *Volcano House* ($$-$$$), P.O.Box 53, Hawaii National Park, Tel.: 967-7321, Fax: 967-8429; das einzige Hotel innerhalb des Nationalparks, nach der Abfahrt der Bustouristen am Nachmittag sehr gemütlich (offener Kamin), 42 komfortable Zimmer, unschlagbare Aussicht, Restaurant.
- *Kilauea Lodge* ($$$), Old Volcano Rd., Volcano, Tel.: 967-7366, Fax: 967-7367; rustikaler Country Inn mit 12 Zimmern, schöne Gartenanlage, Restaurant.

Bed & Breakfast

In der Ortschaft Volcano gibt es eine ganze Reihe von einfachen bis luxuriös eingerichteten Gästezimmern und Ferienhäuschen, von denen einige im Programm der im KAPITEL 3.1 genannten überregionalen Anbieter sind. An dieser Stelle sei auf folgende Bed & Breakfast-Unterkünfte hingewiesen:

- *My Island* ($$), P.O.Box 100, Volcano, 148 Wright Rd., Tel.: 967-7216; altes Missionshaus mit Gästezimmer, sehr freundliches und hilfreiches Personal; es werden auch andere Unterkünfte in der Umgebung und auf der ganzen Insel vermittelt.
- *Chalet Kilauea* ($$-$$$$), P.O.Box 998, Volcano, Wright Rd., Tel.: 967-7786, Fax. 967-7786; Unterkunft mit originell eingerichteten Gästezimmern sowie verschiedenen Hütten und Ferienhäusern.
- *Ohia Gardens B & B* ($$), 11-3827 5th St., Volcano, Tel.: 985-8865; gemütliche Unterkunft mit Frühstück.

Camping

Wanderer, die auf Zwischenübernachtungen im Zelt angewiesen sind *(backcountry camping)*, brauchen dafür ein Permit, das von der Nationalparkverwaltung erteilt wird. Ansonsten stehen zwei offizielle und kostenlose Campingplätze zur Verfügung, beide sind mit Duschen, Sanitäranlagen, Picknicktischen und Grillplätzen ausgestattet. Zeltplätze kann man hier nicht reservieren lassen, d.h. daß Camper möglichst frühzeitig dort sein sollten:

● Der *Kipuka Nene Campground* liegt am Südhang des Kraters und ist in ca. 20 km ab dem Visitor Center über den *Crater Rim Dr.*, die *Chain of Craters Rd.* und die *Hilina Pali Rd.* zu erreichen.

● Der *Namakani Paio Campground* liegt westlich am Hwy. 11. Auf dem Gelände befinden sich auch **Hütten** *(Namakani Paio Cabins)* mit jeweils 4 Schlafplätzen. Der Übernachtungs-

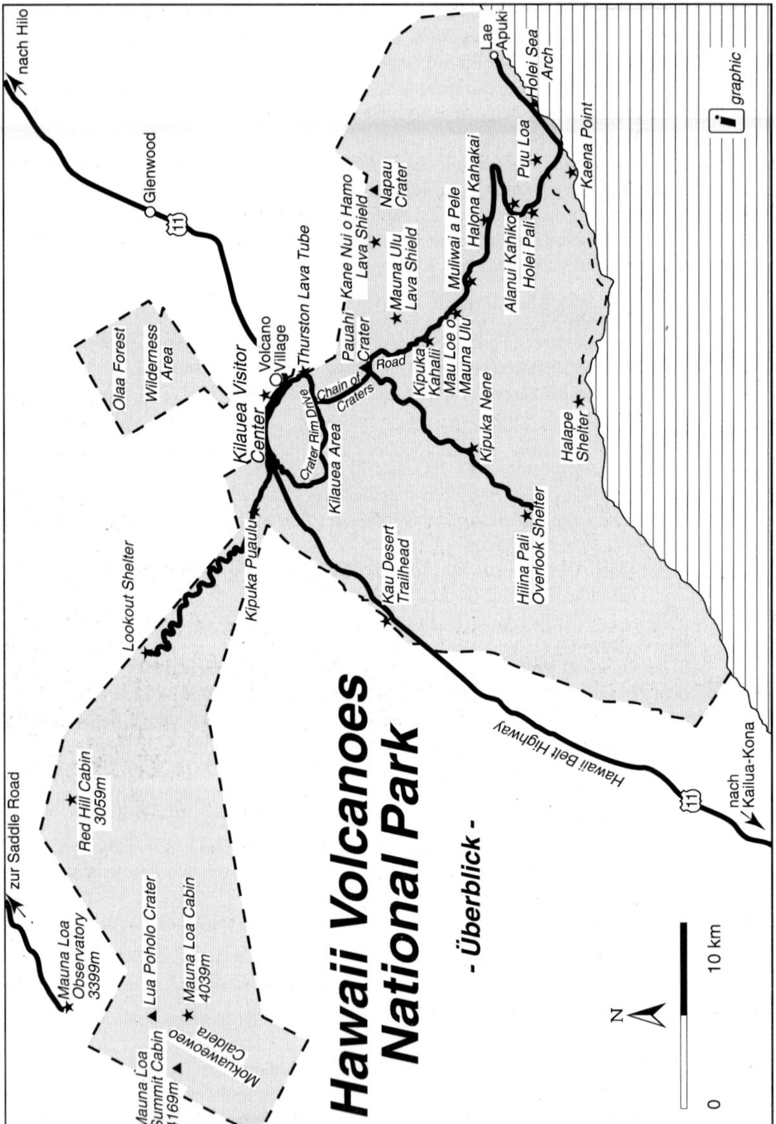

preis beträgt ca. US$ 35 für 2 Personen, zusätzlich US$ 6 für die dritte und vierte Person. Darin ist Bettzeug enthalten, aber ein eigener Schlafsack ist empfehlenswert, da die Hütten nicht geheizt sind. Die Cabins werden vom *Volcano House* (s.o.) verwaltet und können dort reserviert werden, die Schlüssel bekommt man ebenfalls dort.

Restaurants

Im *Snack Shop* des *Volcano House* sowie in einigen Imbißbuden in der Ortschaft Volcano kann man recht preisgünstig speisen. Die drei besten Restaurants am Platz sind:

- Der *Ka Ohelo Dining Room* ($$$) im *Volcano House* verbindet solide kontinentale Küche mit einem atemberaubenden Blick. Tägl. zum Frühstück, Mittag- und Abendessen geöffnet, tagsüber oft mit Bustouristen überfüllt.
- Im *Country Club Restaurant* ($$$) des Golf Clubs (Tel.: 967-8228) bekommt man amerikanische und lokale Küche sowie sehr gute Desserts. Tägl. von 7.00-20.30 Uhr geöffnet.
- Das Restaurant der *Kilauea Lodge* ($$$$) in Volcano bietet vorzügliche kontinentale Küche in Gebirgshütten-Atmosphäre mit offenem Kamin, tägl. zum Dinner (17.30-21.00 Uhr) geöffnet, Reservierung ratsam.

Überblick

Der 1916 eingerichtete *Hawaii Volcanoes National Park* ist eine der wichtigsten Sehenswürdigkeiten im pazifischen Raum und dürfte eigentlich von keinem Hawaii-Besucher versäumt werden. Er ist eine der wenigen Stellen auf diesem Planeten, an denen man gefahrlos und unmittelbar Zeuge erdgeschichtlicher Vorgänge werden kann.

Hawaiierinnen opfern am Halemaumau-Krater

Das als Nationalpark naturgeschützte Gebiet umfaßt nicht nur den *Kilauea* und seine direkten Nachbarkrater, sondern zieht sich im Westen bis zum Gipfelbereich des *Mauna Loa* hin sowie im Süden und Osten bis zur Küste – insgesamt ein Areal von 554 km^2.

Seitdem der Mensch seinen Fuß auf die Insel gesetzt hat, ist die vulkanische Tätigkeit in dieser Region bekannt und gefürchtet. Die Polynesier vermuteten hier deshalb die **Heimat der Vulkangöttin Pele**, die im *Halemaumau*-Krater südlich des *Kilauea* zu Hause war und sich immer dann durch Eruptionen und Erdbeben meldete, wenn sie aus irgendeinem Grunde verärgert war.

Früher versuchte man, den Zorn der Göttin durch Opfergaben abzumildern, heute beobachten wissenschaftliche Stationen die Vorgänge im und am Krater und haben in der Vergangenheit mehrfach Ausbrüche prognostiziert und Evakuierungsmaßnahmen in die Wege geleitet.

Der **Kilauea** ist insgesamt kein eigentlicher Krater, sondern eine Caldera, also ein eingesunkener Kessel über entleerten Magma-Kammern. Sein oval geformter Rand ist gut 4 km lang, 3,2 km breit und 122 m tief. Über 100 Jahre hinweg war der Kilauea ununterbrochen aktiv, und auf dem Boden seines *Halemaumau*-Kraters befand sich der berühmte brodelnde Lavasee mit einem Durchmesser von 800 m. In einer enormen Dampfexplosion wurde er 1924 'trockengelegt', ohne daß aber dadurch die vulkanische Tätigkeit abnahm. Diese verlagerte sich auf die Seitenkrater und Flanken mit einem Höhepunkt in den Jahren 1974 und 1982.

Wissenschaftler haben ausgerechnet, daß das Lavamaterial, das in den letzten 1.100 Jahren vom Kilauea freigesetzt wurde, ein 805 km^2 großes Areal bedeckt. Noch gigantischer muten die Statistiken über den 4.169 m hohen **Mauna Loa** an, dem größten Vulkan der Welt. Seine Caldera ist knapp 5 km lang, 2½ km breit und 183 m tief. Im 20. Jhd brach er allein 14mal aus, und seit 1832 sind 37 Eruptionen dokumentiert. Seine erstarrten Lavaströme bedecken eine Fläche von rund 3.220 km^2, und beim 23tägigen Ausbruch von 1950 müssen allein 600 Mio m^3 Auswurfmaterial freigesetzt worden sein. Die Gesamtmenge der Magma, die er innerhalb eines Jahrhunderts nach oben beförderte, wird auf 4 Mrd m^3 geschätzt! Zuletzt brach der *Mauna Loa* im März 1984 aus, und zwar durch eine Spalte in 2.865 m Höhe, deren Lavafluß die Hauptstadt Hilo bedrohte.

Trotz dieser eindrucksvollen Zahlen sollte man nicht in dem Glauben zum Nationalpark fahren, auf jeden Fall Zeuge einer feuerspeienden Eruption zu werden. Solche außergewöhnlichen Ereignisse finden im Durchschnitt nur einmal in 11 Monaten statt und konnten in der Vergangenheit immer recht präzise vorhergesagt werden (was jeweils eine wahre Touristenflut auslöste). Dagegen ist es sicher, daß Sie bei Ihrem Besuch Fumarolen und aufsteigende Schwefeldämpfe sehen werden, auf immer noch warmem Lavaboden spazieren und alle sonstigen Anzeichen der Naturgewalt erleben können.

1993 und 1994 war praktisch jeden Tag an der Küste eine enorme weiße Rauchsäule zu beobachten, wo die Lava unterirdisch in den Ozean abfloß. Häufig war in den letzten Jahren auch von Aussichtspunkten und bei Helikopterflügen der Feuerschein zu sehen – besonders nachts eine Freude für alle Fotografen. In ausgezeichneten Filmen zeigen das *Visitors Center* und das *Jaggar Museum* außerdem die spektakulärsten Ausbrüche der letzten Jahrzehnte.

Zeitplan

Welche Attraktionen des Volcanoes National Park sind nun in welcher Zeit zu 'schaffen'?

- Hat man nur einen **halben Tag** zur Verfügung (bei Übernachtung an der Westküste), sollte man den *Crater Rim Dr.* mit seinen einzelnen Overlooks abfahren, das *Visitor Center* und *Jaggar*-Museum besuchen sowie die kurze Wanderung zur *Thurston Lava Tube* unternehmen.
- Bei einem **'Dreiviertel-Tag'** (bei Übernachtung in Hilo) sind zusätzlich die *Chain of Craters Rd.* und vereinzelte Wanderungen wie der *'Iliahi Loop'* möglich.

- Wer einen **vollen Tag** im Nationalpark verbringt (Übernachtung dort oder in Volcano Village), kann das obige Programm und den faszinierenden *'Kilauea Iki Loop'* bewältigen, außerdem ein Teilstück der Mauna Loa Rd. mit Kipuka Puaulu abfahren und/oder die Asphaltstraße zum *Hiina Pali Lookout.*
- Bei einem **zweiten Tag** im Nationalpark ist die Tageswanderung des *Halape Trail* empfehlenswert.
- Wer sich **4-5 Tage** Zeit nimmt und gut vorbereitet ist, sollte den einmaligen *Mauna Loa Trail* (über Red Hill) auf den Gipfel des Viertausenders nicht versäumen.

Im folgenden werden die wichtigsten Attraktionen entlang der Hauptstraßen des Nationalparks genannt. Einen tieferen Einblick in dessen Wunderwelt erhält man bei Wanderungen auf den zahlreichen markierten Trails, von den einige im KAPITEL 8.5 vorgestellt werden.

5.5.2 DER CRATER RIM DRIVE

Gut ausgeschildert geht vom *Hwy. 11* ein kurzer Verbindungsweg zum *Crater Rim Dr.* ab; jener ist insgesamt 17½ km lang ist und folgt dem Verlauf des Caldera-Randes. An mehreren Stellen führen kurze Stichstraßen oder Loops zu Aussichtspunkten bzw. anderen Sehenswürdigkeiten. Die nachstehend aufgeführten Stationen sind chronologisch nach dem Streckenverlauf der Kraterrundstraße entgegen dem Uhrzeigersinn geordnet:

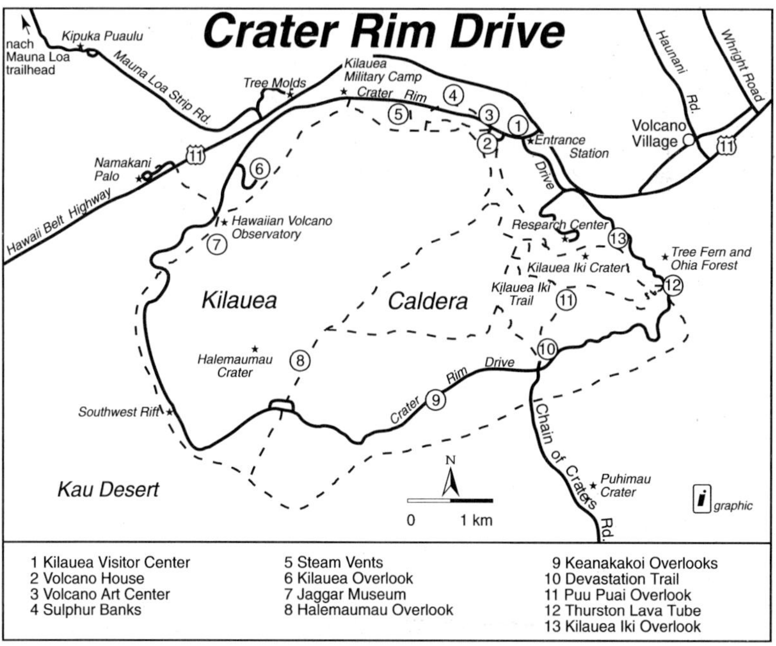

1 Kilauea Visitor Center
2 Volcano House
3 Volcano Art Center
4 Sulphur Banks
5 Steam Vents
6 Kilauea Overlook
7 Jaggar Museum
8 Halemaumau Overlook
9 Keanakakoi Overlooks
10 Devastation Trail
11 Puu Puai Overlook
12 Thurston Lava Tube
13 Kilauea Iki Overlook

Kilauea Visitor Center (1)

Das wichtigste Informationszentrum liegt am Anfang des *Crater Rim Dr.* und sollte die erste Adresse eines jeden Besuchers sein. Hier erhält man Karten- und Informationsmaterial sowie Postkarten und Spezialliteratur, hier starten die Parkranger zu geführten Wanderungen oder geben Hinweise für Touren in Eigenregie.

Schautafeln, Wandkarten und Modelle geben einen Eindruck von der geologischen Situation des Nationalparks. Ein 20minütiger Einführungsfilm wird zu jeder vollen Stunde zwischen 9.00 und 16.00 Uhr vorgeführt. Ein längeres Video über die spektakulärsten Eruptionen der letzten Zeit kann man sich im benachbarten Volcano House tägl. um 19.30 und 21.00 Uhr anschauen.

Unweit des Visitor Centers (gleicher Parkplatz) befinden sich zwei weitere Gebäude: das **Volcano House (2)** und das **Volcano Art Center (3)**. Beide gehen auf die erste feste Unterkunft am Kraterrand zurück, die bereits 1846 von *Benjamin Pitman* gebaut wurde und im Laufe der Zeit mehrfach ihr Aussehen veränderte.

Das Volcano Art Center

Der Bau, der seine Gestalt im Jahre 1877 bekam und solch illustren Gäste wie *Mark Twain* und *Franklin D. Roosevelt* beherbergte, dient heute als Ausstellungsort für einheimische Künstler *(Volcano Art Center)*, in dem auch Hula-Vorführungen gegeben werden.

Das neue 'Volcano House' wurde jenseits der Straße als 42-Zimmer-Hotel im Jahre 1941 errichtet und zuletzt 1989 restauriert. Es verfügt über eine Cafeteria, ein Restaurant, 2 Souvenirshops und eine Aussichtsterrasse mit Blick in die Caldera.

Am Parkplatz zwischen den genannten Gebäuden beginnen auch viele Wanderungen, deren Verlauf mit ungefährer Zeitangabe auf den Faltblättern der Parkverwaltung eingetragen ist. Wer Lust auf eine erste kleine Wanderung hat, sollte es mit dem 2,1 km langen *Iliahi Loop* versuchen, der einige der interessantesten Punkte dieser Region berührt (vgl. KAPITEL 5.8).

Sulphur Banks (4)

Kurz hinter dem Parkplatz am Visitor Center (und von diesem auch leicht zu Fuß zu erreichen) geht von der Kraterrundstraße rechts ein kleiner Weg zu den 'Schwefelhängen' ab, wo der aufsteigende Wasserdampf Schwefel an die Erdoberfläche transportiert, der sich dort gelb-grünlich niederschlägt.

Steam Vents (5)

Eine Parkbucht zur Linken bringt einen nahe an die typischen 'Dampföffnungen', die man auch an vielen anderen Stellen innerhalb der Caldera sehen kann. Hier dringt Oberflächenwasser durch Erdspalten in den heißen Untergrund, wo es verdampft und wieder nach oben steigt.

Kilauea Overlook (6)

Dieser Aussichtspunkt bietet sich für den nächsten Stop an, wo man die gesamte Caldera überblicken kann. Bei wenig Zeit fahren Sie jedoch besser zum *Jaggar Museum* weiter.

Jaggar Museum (7)

Das linkerhand der Straße befindliche Gebäude wurde 1987 eröffnet und trägt seinen Namen nach dem amerikanischen Geologen *Thomas A. Jaggar*, der als einer der ersten zu Anfang des 20. Jhds die vulkanische Tätigkeit des Kilauea studierte. Die wichtigsten Forschungsergebnisse wurden im nebenan gelegenen Observatorium erzielt, das aber für die Öffentlichkeit nicht zugänglich ist. Das *Jaggar Museum* befindet sich in 1.243 m Höhe direkt auf dem Kraterrand und bietet von seiner Aussichtsterrasse einen weiten Blick über die gesamte Caldera. Mit Schautafeln, Videofilmen und Diashows werden Besucher über die vulkanologischen Vorgänge genauso wie über die polynesischen Mythen von der Vulkangöttin Pele informiert. Weiter befinden sich ein Schalter des Visitor Centers und ein Souvenirshop in dem Museum (tägl. 8.30-17.00 Uhr geöffnet).

Halemaumau Overlook (8)

Im Südwesten der Kraterrundstraße führt ein kurzer Weg vom Parkplatz zum Aussichtspunkt über den *Halemaumau*. Dieser äußerst aktive Krater, nach althawaiischer Vorstellung das Haus der Göttin Pele, hat seine Form und Größe im Lauf der Jahrhunderte mehrfach verändert. Noch 1924 gingen die Kraterränder mehr als 365 m steil hinab, und auf dem Boden befand sich ein brodelnder, rotglühender Magmasee. Nach mehreren Ausbrüchen, besonders stark in den Jahren 1974 und 1982, wurde der Kratergrund mit Lava aufgefüllt. Aufsteigende Dampfsäulen, Risse in der Lavadecke und mineralische Ablagerungen sowie ein durchdringender Schwefelgeruch künden aber davon, daß die Göttin Pele nach wie vor den Kessel beherrscht.

Keanakakoi Overlooks (9)

Der kleine, aber tiefe *Keanakakoi*-Krater liegt rechts der Straße und ist von dieser (hinter der Brücke) direkt einsehbar. In dieser Parkgegend trifft man häufig auch auf *Nene*-Gänse.

Devastation Trail (10)

Wo rechterhand die **Chain of Craters Road** von der Kraterrundstraße abzweigt (vgl. KAPITEL 5.5.3), führt zur anderen Seite eine Stichstraße zum Beginn des kurzen und interessanten Wanderweges. Dabei kommt man durch ein gespenstisches Gebiet, das 1959 durch eine Aschen- und Lavaeruption verwüstet wurde. Damals bedeckte eine meterhohe Schicht von Auswurfmaterial den alten *Crater*

Auf dem Devastation Trail

Rim Dr. und ließ von der Vegetation nur kahle Baumruinen stehen. Interessanterweise schlugen die für tot gehaltenen *Ohia*-Bäume nach drei Jahrzehnten wieder aus und tragen nun zarte grüne Blätter. Der bequeme Holzbohlenweg endet nach 800 m am *Puu Puai Overlook* (s.u.), von wo man über die Asphaltstraße zum Ausgangspunkt zurückkehren kann.

Puu Puai Overlook (11)

Eine 500 m lange Stichstraße bringt Besucher durch waldreiches Gebiet nach links zu einem Aussichtspunkt, von wo man dem Kegel des *Puu Puai* am nächsten ist und einen herrlichen Blick in den *Kilauea Iki*-Krater hat.

Thurston Lava Tube (12)

Ein etwa 500 m langer Pfad führt rechts der Straße durch einen phantastischen Wald von Baumfarnen und *Ohias* zu einem sog. Lavatunnel. Diese 150 m lange und bis zu 6 m hohe Röhre entstand, indem ein Lavastrom von außen rasch abkühlte und erstarrte, während im Innern das glühende Material weiterfloß und einen Tunnel hinterließ. Der Weg durch die *Thurston Lava Tube* ist außerordentlich eindrucksvoll; er ist auf Treppen und Holzbohlen bequem zu begehen und im Innern der Röhre beleuchtet.

In der Thurston Lava Tube

Kilauea Iki Overlook (13)

Auf einem kurzen Seitenweg gelangt man hier zum vielleicht besten Lookout auf den Krater des 'kleinen Kilauea'. Er entstand 1959, wobei rotglühende Fontänen bis über 600 m in den Himmel schossen und stündlich mehr als 2 Mio t Lava ausspuckten. Das Phänomen der Lavafontänen ist für Hawaii übrigens charakteristisch und entsteht, wenn dünnflüssiges Material unter hohem Druck aus engen Öffnungen gestoßen wird. Die Mondlandschaft auf dem Boden des Kraters ist inzwischen abgekühlt und kann auf dem empfehlenswerten *Kilauea Iki Loop* durchwandert werden (vgl. KAPITEL 5.8).

5.5.3 DIE CHAIN OF CRATERS ROAD

Auf der *Chain of Craters Rd.*, die südlich vom *Crater Rim Dr.* abzweigt, hat man die seltene Möglichkeit, vom Kraterrand bis hinab zum Meeresufer durch eine völlig vom Vulkanismus geprägte Landschaft zu fahren, dabei mehrere tiefe Seitenkrater zu sehen und am Endpunkt den aufsteigenden weißen Dampf zu erleben, der durch den Kontakt von heißer Lava mit dem Meerwasser entsteht. Früher war es möglich, von der *Chain of Craters Rd.* entlang der Küste nach Kalapana zu fahren und über den Hwy. 130 wieder auf den Hwy. 11 zu gelangen. Lavaströme zu Beginn der 1990er Jahre haben eine solche Rundfahrt jedoch unmöglich gemacht, und deshalb heißt es heute nach etwa 40 km: *'Road closed by lava flow'*. Mit anderen Worten: Wer diese Strecke abfahren möchte, muß die entsprechende Zeit mitbringen – trotz der guten Straßenverhältnisse sollten Sie wegen vieler Serpentinen, gelegentlicher Spaziergänge und Fotostops rund 2 Stunden für die 80 km einkalkulieren.

Dampfsäulen am Ende der Chain of Craters Rd.

Auf den ersten 6,4 km ab dem Abzweig fährt man auf schnurgerader Strecke durch eine grüne Landschaft, deren Vegetation im feuchten und milden Klima beste Voraussetzung findet. Anzuhalten lohnt sich jeweils am *Lua Manu Crater*, *Puhimau Crater* und am *Kookoolau Crater*, die sich unmittelbar neben der Straße befinden. Dann kommt man zur Abzweigung der *Hilina Pali Rd.*, die sich in 14,4 km bis zum **Hilina Pali Overlook** im Südwesten entlangwindet. Diese Piste ist zwar für normale Pkw geeignet, aber schwieriger zu fahren und deshalb nur bei größeren Zeitreserven zu empfehlen. Auf halber Wegstrecke erreicht man dabei den Camping- und Picknickplatz **Kipuka Nene** (890 m ü.d.M.), von dem aus der wunderschöne *Halape Trail* zur Küste führt (vgl. KAPITEL 5.8).

Auf der *Chain of Craters Rd.* passiert man kurz hinter dem Abzweig auf der linken Seite den tiefen *Pauahi Crater*, ab wo die Landschaft von riesigen, z.T. grauen, z.T. tiefschwarzen Lavaflächen bestimmt wird. Ein relativ junges Lavafeld entstand 1969, als sich der **Mauna Ulu** wieder einmal geregt hatte. Dieser 'Ableger' des Kilauea, der in der deutschen Übersetzung 'wachsender Berg' bedeutet, konnte keinen besseren Namen erhalten. Bei der letzten Eruption hob er sich um gut 100 m, während seine Lavaflüsse an der Küste ein 80 ha großes Areal neuen Landes geschaffen hatten.

Die Lavaströme, die bis 1974 nach Süden abflossen, bestimmen auch den weiteren Weg, bei dem sich der Highway in vielen Kehren hinabwindet. Lohnenswert ist der Halt beim **Kealakomo Overlook** mitten in der schwarzen Vulkanwüste. Kurz bevor man die Küste erreicht, kann man auf einem kürzeren Trail einen Abstecher in diese Urlandschaft unternehmen. Dabei geht der 1½ km lange Pfad nach links zu den Petroglyphen von *Puu Loa*, die sich erstaunlicherweise erhalten haben. Zur anderen Seite hat man die Möglichkeit, den mehr als 10 km langen *Puna Coast Trail* bis zum Kap *Apua* zurückzulegen.

Die Holei Sea Arch

Am Meeresufer biegt die *Chain of Craters Rd.* nach links ab und folgt der unmittelbaren Küstenlinie. Einen guten Eindruck von der scharzen Mauer des neugeschaffenen Landes, das sich in einer Steilküste dem Ozean entgegenstellt, gewinnt man an der Naturbrücke der **Holei Sea Arch**, nur wenige Fußminuten von der Straße entfernt.

In der Ferne beweist eine aufsteigende weiße Dampfsäule, daß immer noch glühendes Material mit dem Meerwasser in Kontakt tritt. Kurz vor dieser Stelle ist die Straße gesperrt, und eine provisorische, mobile Filiale des *Visitor Centers* unterrichtet Besucher, wie weit man auf dieses Naturschauspiel gefahrlos zugehen darf und ob es sich lohnt, den Einbruch der Dunkelheit abzuwarten (wenn der rote Feuerschein natürlich besonders gut zu sehen ist). Der Pfad entlang der Küste bis **Kamoamoa** war Anfang 1995 nicht mehr zugänglich. Dort stellte früher der *Black Sand Beach* eine Attraktion dar, der 1987 vom Meer angeschwemmt wurde. Der schwarze Sand solcher Strände entsteht während der plötzlichen Abkühlung der heißen Lava durch das Meerwasser, der das Material in mikroskopisch feine Teilchen zersplittern läßt. In dieser Region ist die Lebensdauer eines Strandes freilich nur kurz. Fünf Jahre nach seiner Entstehung verschwand der *Black Sand Beach* von Kamoamoa unter einer dichten Lavadecke! Überhaupt sind verläßliche Angaben über dieses Gebiet schwer zu machen, da die vulkanische Tätigkeit stets für neue Überraschungen sorgen kann.

5.5.4 WEITERE SEHENSWÜRDIGKEITEN UND VOLCANO VILLAGE

Das enorme Ausmaß des Nationalparks bringt es mit sich, daß weite Teile weder von den oben beschriebenen Straßen *(Crater Rim Dr.* und *Chain of Craters Rd.*) aus zugänglich sind, noch vom *Hwy. 11*, sondern nur über lange Wanderungen durch die Vulkanwüste. An dieser Stelle soll jedoch nur auf jene Punkte hingewiesen werden, die man als Autotourist ohne große Mühen erreichen kann. Fährt man vom Abzweig des Visitors Centers auf dem Hwy. 11 nach links (also in Richtung Kailua-Kona), passiert man nach wenigen Minuten linkerhand das *Kilauea Military Camp*, das zwar keine Attraktionen bereithält, aber wegen seines Postamtes von Nutzen sein kann. Auf gleicher Höhe zweigt nach rechts die *Volcano Golf Course Rd.* ab, die einen zum öffentlichen 18-Loch-**Golfplatz** mit angeschlossenem Clubhaus samt Restaurant bringt, zum **Heliport**, von dem aus exklusiv die Helikopter der *Volcano Heli-Tours* zu Rundflügen starten dürfen, sowie zur benachbarten **Volcano Winery**. Ein Weingut in 1.220 m Höhe haben wohl die wenigsten erwartet, doch scheinen hier die Früchte unter der tropischen Sonne bestens zu gedeihen. Auf 5½ ha werden u.a. Guaven,

Passionsfrüchte und Carambolas kultiviert und dann im Verhältnis 1:1 mit Chablis gemischt. Auch Honigwein und andere exotische Liköre können in der *Volcano Winery* probiert und gekauft werden.

Öffnungszeiten
Volcano Winery, Volcano Golf Course Rd., Tel.: 967-7479; tägl. 10.00-17.00 Uhr geöffnet, Souvenirshop, freier Eintritt.

Als nächstes zweigt die *Mauna Loa Strip Rd.* vom Highway ab, die einen zu mehreren interessanten Punkten bringt. Da sind zunächst die sog. **Tree Molds**, die man auf einem rechts abgehenden Seitenweg nach wenigen Minuten erreicht. Solche 'Baumlöcher' entstehen, wenn die heiße Lava auf einen Baumstamm trifft und durch den Kontakt erstarrt. Durch die Hitze brennt der Baum zwar ab, hinterläßt aber ein Loch im Bodenmaterial.

Folgt man der *Mauna Loa Strip Rd.* etwa 2 km weiter nach Nordwesten, gelangt man zum **Kipuka Puaulu Bird Park**. Dort haben die Lavaflüsse ein größeres Gebiet ausgespart, in dem sich die einheimische Tier- und Pflanzenwelt wie in einer Isolierstation inmitten der lebensfeindlichen Umwelt erhalten konnte. Sehr zu empfehlen ist hier der knapp 2 km lange Wanderweg *Kipuka Puaulu Loop*, der einen zu den schönsten Punkten in dieser Vegetationsinsel bringt (vgl. KAPITEL 5.8).

Bei ausreichender Zeit kann man die gesamte Route (= 21,7 km) auf asphaltierter, aber kurvenreicher Strecke bis zum **Mauna Loa Lookout** zurücklegen, wo sich ein Picknickplatz befindet. Diese Stelle ist gleichzeitig Startpunkt des *Mauna Loa Trail*, einem 59 km langen Wanderweg zur Caldera des größten Vulkans der Welt.

Zurück auf dem Highway, kommt man danach am Picknick- und Campingplatz **Namakani Paio** vorbei sowie schließlich zu jener Stelle, an der einen der *Kau Desert Trail* nach ca. 800 m zu den versteinerten Fußspuren hawaiischer Krieger bringt, die 1790 vor einer Giftgas-Eruption flohen (s.o.).

Volcano Village

Nördlich vom *Visitor Center* (also in Richtung Hilo) bringt einen der *Hwy. 11* zur Ortschaft Volcano Village, die für Besucher nur wegen ihrer touristischen Infrastruktur von Interesse ist. Sie liegt nördlich (linkerhand) der Hauptstraße und ist mit dieser an drei Stellen verbunden. Als Längsachsen durchqueren die *Old Volcano Rd.* (die als erste vom Highway abgeht) und parallel dazu die *Kilauea Rd.* den Ort, als Querstraßen sind die *Haunani Rd.* und die *Wright Rd.* am wichtigsten. Innerhalb dieses Straßenrasters befinden sich ein **Postamt**, ein **Supermarkt**, zwei **Tankstellen**, die *Kilauea Lodge* und viele Bed & Breakfast-**Unterkünfte**. Außerdem findet am ersten und dritten Sonntag eines jeden Monats dort der lokale **Markt** mit Kaffee-, Kräuter-, Blumen- sowie Secondhand-Ständen statt.

5.6 VOM VOLCANOES NATIONAL PARK NACH HILO

5.6.1 ÜBERBLICK UND REISEPRAKTISCHE HINWEISE

Vom *Volcanoes National Park* verläuft der *Hwy. 11* stetig, aber ohne steile Abschnitte oder Serpentinen hinab in die Küstenebene von Hilo. Auf dem gut ausgebauten Highway ist die nur 45 Kilometer lange Etappe bis zur Hauptstadt in einer halben Stunde zu schaffen, so daß diejenigen, die ein Quartier in Hilo reserviert haben, sich ruhig Zeit im Nationalpark lassen können.

Anders sieht es aus, wenn man noch den einen oder anderen Abstecher entlang der Wegstrecke unternehmen möchte. Geeignet dazu sind verschiedene Blumenzucht-Anlagen, Macadamia-Nußplantagen und botanische Gärten. Wer jedoch aus Zeitgründen zwischen den vulkanischen Attraktionen des Nationalparks und den erwähnten botanischen Highlights abwägen muß, sollte m.E. immer ersteren den Vorzug geben.

Angesichts der kurzen Etappe wird hier auf Hinweise zu **Restaurants** oder **Übernachtungsmöglichkeiten** verzichtet. Beide sind sowohl im Nationalpark als auch in Hilo reichlich vorhanden und an entsprechender Stelle beschrieben.

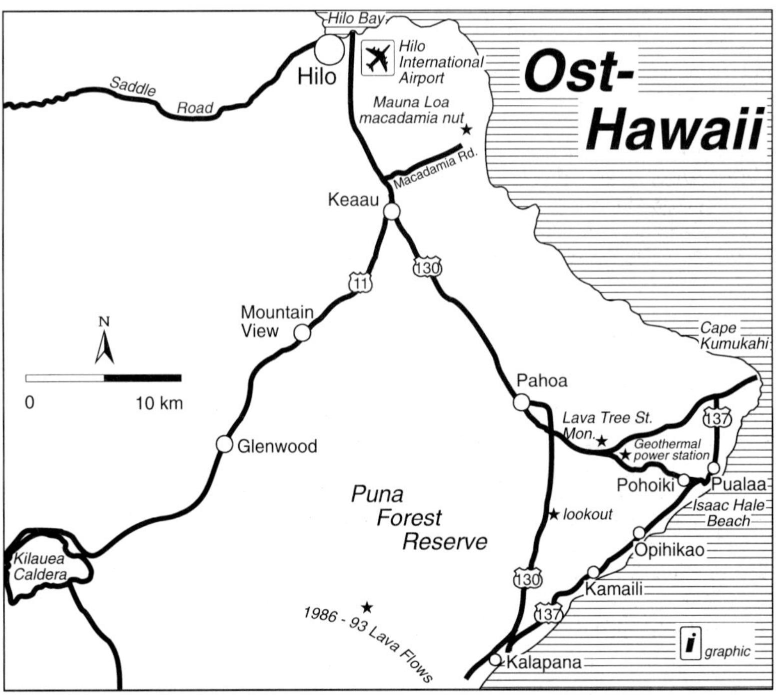

Ein etwas längerer Ausflug zweigt von der *Hawaii Belt Rd.* über den *Hwy. 130* zur Küste ab und läßt sich mit den *Hwys. 132* und *137* zu einer sehr interessanten Rundfahrt verbinden, dessen größte Sehenswürdigkeit sicher das *Lava Tree State Monument* darstellt. Auf dieser Tour sind allerdings insgesamt 100 km zurückzulegen, so daß man an Zeit drei zusätzliche Stunden mitbringen muß. Eine Alternative wäre der Abstecher nur zu den *Lava Trees,* der hin und zurück in 45 km (= 1 Stunde) bewerkstelligt werden kann. Restaurants, Unterkünfte und Tankstellen sucht man in dieser abgelegenen Region vergebens.

5.6.2 ZWISCHEN DEM NATIONALPARK UND HILO

Die Sehenswürdigkeiten entlang des 45 Kilometer langen, gut ausgebauten und zügig befahrbaren Highways nach Hilo sind schnell aufgezählt. Es handelt sich dabei vor allem um Gärten und landwirtschaftliche Betriebe, in denen Blumen, Macadamia-Nüsse etc. kultiviert werden. Auf die erste Anlage dieser Art stößt man zwischen den Siedlungen **Volcano Village** und **Glenwood**, wo nach rechts ein kurzer, ausgeschilderter Weg zu den **Akatsuka Orchid Gardens** führt. In diesem 2½ ha großen Garten hat der Blumenzüchter *Mori Akatsuka* eine Vielzahl von Orchideen-Arten zusammengetragen.

Öffnungszeiten
Akatsuka Orchid Gardens, Tel.: 967-7660; tägl. außer So 8.30-17.00 Uhr geöffnet, freier Eintritt.

Der *Hwy. 11* durchquert dann das kleine Dorf **Glenwood** in 700 m Höhe und steigt auf den nächsten 10 km bis zur Ortschaft **Mountain View** (kleiner Park, Gewächshäuser) auf 450 m hinab. Gut 9½ km weiter hat man bei **Keaau**, dessen Ortszentrum rechts der Wegstrecke liegt, die Ebene erreicht. Hier ist auch der Abzweig des *Hwys. 130 (Pahoa Rd.),* der zu den im KAPITEL 5.6.3 beschriebenen Attraktionen führt.

Kurz hinter der Weggabelung geht nach rechts die *Macadamia Rd.* zur **Macadamia Nut Factory** ab (ausgeschildert), einem sehenswerten Großbetrieb mit etwa 800.000 Nußbäumen. Dieser weltgrößte Produzent der wohlschmeckenden Baumfrucht begann seine Produktion in den 1950er Jahren. Besuchern bietet er die wohl beste Möglichkeit, sich Kenntnisse über das Wachstum, die Ernte und die Weiterverarbeitung der köstlichen Macadamia-Nüsse anzueignen – u.a. mit einem Visitor Center, einem informativen Videofilm und einem Rundwanderweg durch die Gärten. Auf dem Gelände befinden sich auch ein Picknickplatz und ein Snack-Shop, in dem Sie Kekse, Konfekt und andere veredelte Produkte kaufen können.

Öffnungszeiten
Mauna Loa Macadamia Nut Factory, Macadamia Rd., Tel.: 966-8612; tägl. 8.30-17.00 Uhr geöffnet, freier Eintritt.

Nur wenige Fahrminuten weiter (hinter dem Meilenmarker 4) weist ein Schild auf die **Nani Mau Gardens** hin, die man auf der rechts abgehenden Stichstraße *Makalika St.* erreicht, vorbei an weißen, wildwachsenden Orchideen. Der 8 ha große botanische Garten wurde 1970 angelegt und enthält rund 100 tropische Frucht- und Obstbaum- sowie 2.000 Blumenarten, vor allem diverse Anthurien, Orchideen und Ingwer. Beim Spaziergang durch das Gelände kommt man an einem künstlich angelegten Teich mit Wasserfall vorbei und kann die Picknick-Pavillons oder das Angebot des *Plumeria Restaurants* nutzen.

Öffnungszeiten
Nani Mau Gardens, 421 Makalika St., Hilo, Tel.: 959-3541, tägl. 8.00-17.00 Uhr geöffnet, Eintritt. Im *Plumeria Restaurant* Mo-Sa 10.30-13.30 Uhr Lunch-Buffet und So 10.00-13.00 Uhr Sekt-Brunch.

Zurück auf dem Highway, gelangt man unmittelbar danach bereits in die Außenbezirke der Hauptstadt. Die jetzt mehrspurige Straße bringt einen an der *Prince Kuhio Plaza* vorbei, Hilos größtem Einkaufszentrum (u.a. mit dem Supermarkt *Woolworth* und der Modefirma *Hilo Hattie's*), weiter an Tankstellen, Fast-Food-Gaststätten und der Abfahrt zum nahen **Hilo International Airport**, bis man schließlich auf die Küstenstraße *Kamehameha Hwy.* stößt. Wer sein Quartier in einem der Hotels am *Banyan Dr.* reserviert hat, hält sich immer geradeaus und erreicht so automatisch sein Ziel.

5.6.3 ABSTECHER NACH KALAPANA

Kurz vor Hilo kann man auf Höhe der Ortschaft **Keaau** einen landschaftlich sehr reizvollen Ausflug unternehmen, der einen in eine der einsamsten Gegenden von Big Island bringt. Diese Rundfahrt beschreibt ab dem Dorf **Pahoa** ein Dreieck, auf dem man zunächst zum **Lava Tree State Monument** kommt, dann zum östlichsten Punkt des Bundesstaates, dem Kap **Kumukahi** fährt und anschließend an der Küste entlang nach Süden, bis nahe der Ortschaft **Kalapana** die erstarrten Lavaflüsse der jüngsten Zeit ein Weiterkommen unmöglich machen. Von hier geht es auf dem *Hwy. 130* geradewegs nach Norden nach Pahoa und auf dem *Hwy. 11* zurück. Der gesamte Ausflug ist knapp 100 km lang und erfordert wegen der schlechten Straßenverhältnisse etwa 3 Stunden (einschl. Fotostops). Wer hingegen nur zum äußerst lohnenswerten Ziel der sog. *Lava Trees* fährt, muß ab dem *Hwy. 11* für den Hin- und Rückweg nur 45 km zurücklegen und kommt gut mit einer Stunde aus.

Ab **Keaau** verläuft der *Hwy. 130 (Pahoa Rd.)* auf rund 18 km Länge durch ein landwirtschaftlich intensiv genutztes Gebiet bis zur Ortschaft **Pahoa**, die für ihre Anthurien- und Orchideen-Farmen bekannt ist. Der Highway umgeht das Ortszentrum in weitem Bogen und erreicht an dessen südlichem Ende den Abzweig des *Hwy. 132*, auf dem es nach links zum Weiler **Kaniahiku** und kurz darauf zum **Lava Tree State Monument** geht. Auf einem kurzen Rundweg durch diesen bizarren Park gelangt man zum merkwürdigen Phänomen der sog. Lavabäume *(Lava Trees)*. Diese entstanden bei einer Eruption im Jahre 1790, als das dünnflüssige Material in schnellem Strom einen Wald von Ohia-Bäumen erreichte. Dort traf die Lava auf die freistehenden Bäume, wo sie abkühlte und durch den Kontakt so erstarrte, daß sich eine feste Kruste bildet. Anders als bei den *Tree Molds* (s.o.) floß hier aber der bis zu 4 m hohe Lavastrom durch Spalten im Untergrund ab, so

Erstarrte 'Lava-Bäume'

daß die Lavakrusten in Form der ehemaligen Bäume als bizarre, schwarz-graue Monumente stehen blieben.

Wenige hundert Meter hinter dem Abzweig zum Lava Tree Monument biegt rechts die schmale *Pahoa-Pahoiki Rd.* in Richtung Meer ab, wo sie am *Isaac Hale Beach* auf den *Hwy. 137* stößt (s.u.). Interessant ist auf dieser Strecke das nahe **Hawaii Geothermal Project**, das 1990 auf einem Lavafeld eingerichtet wurde. In der eingezäunten Anlage werden Tiefenbohrungen unternommen, um das durch Erdwärme aufgeheizte und verdampfende Grundwasser in elektrische Energie umzuwandeln. Dieses Großprojekt, bei dem der 'Export' des Stromes durch Unterseekabel nach Oahu geplant ist, wird von Umweltschützern und Einheimischen allerdings heftig bekämpft.

Folgt man dem *Hwy. 132* nach Osten, gelangt man durch ein ausgedehntes und spärlich von Moosen und Flechten bewachsenes Lavafeld, das 1960 bei einer Spalteneruption entstand und zur Aufgabe des Ortes **Kapoho** führte. Die verlassene Siedlung erreicht man nach 9 km ab dem Lava Tree Monument, hinter der Kreuzung mit der Küstenstraße *(Hwy. 137)*. Wer möchte, kann hier noch auf einer 2,7 km langen Stichstraße durch den erstarrten Lavastrom bis zum **Cape Kumukahi** weiterfahren, wo ein Leuchtturm den **östlichsten Punkt** des Bundesstaates Hawaii markiert.

Der *Hwy. 137* bringt einen anschließend auf schmaler Teerstraße zur Küste und an dieser entlang weiter nach Süden. Knapp 24 km sind es bis zum Ende der Straße bei **Kalapana**, eine Wegstrecke, auf der man Papaya-Plantagen und Regenwald, Lavawüste und den *Isaac Hale Beach*, warme Quellen und illegale Marihuana-Felder passiert. Nur wenige Menschen wohnen hier, viele davon sind Aussteiger, die sich diesen entlegenen Winkel ausgesucht haben, um ohne große Komfortansprüche ihr einfaches Leben zu führen und von Touristen dabei nur ungern gestört werden.

Auch ohne den Kontakt zu den Einheimischen lohnt sich die Strecke jedoch unbedingt, wobei viele Kurven und das ständige Auf und Ab der Straßenführungen hohe Anforderungen an den Fahrer stellen. Während man die Küste nur selten zu Gesicht bekommt, bestimmen die erstarrten Lavaströme, die aus den Spalten der *East Rift Zone* 1955, 1960 und 1977 dem Meer zuflossen, das Landschaftsbild.

Die letzten Eruptionen, die 1983-86 und von 1986-93 die Gegend verheerten, bedeckten südlich von Kalapana den Highway und unterbrachen die alte Verbindung zur *Chain of Craters Rd.* Auch die Siedlung **Kalapana** mußte dabei zum größten Teil geräumt werden, wobei die Einwohner ihre Holzkirche aus dem Jahre 1929 retteten und an einen ungefährlicheren Platz neben den Highway

Straßensperre Lavafluß

verlegten. Da die vulkanische Tätigkeit unvermindert anhält, ist nicht mit Bestimmtheit zu sagen, wo sich genau das Ende der Straße befindet; man ist jedoch bestrebt, die Verbindung zum *Hwy. 130* nicht abreißen zu lassen, auf dem man in gut 13 km wieder nach **Pahoa** zurückkehrt.

5.6.4 HILO

Information

- *Hawaii Visitors Bureau,* 250 Keawe St., Hilo, HI 96720, Tel.: 961-5797.
- *Destination Hilo,* 193 Kinoole St., Tel.: 935-5294.

Hotels (Auswahl)

- *Hotel Hilo Hawaiian* ($$$), 71 Banyan Dr., Hilo, Tel.: 935-9361, Fax: 477-2329; renoviertes Mittelklasse-Hotel mit 325 geräumigen Zimmern, schöner Blick auf die Bay, Pool, Shops, gutes Restaurant *Queen's Court* ($$$).
- *Hawaii Naniloa Hotel* ($$$), 93 Banyan Dr., Tel.: 935-9361, Fax: 569-0158; gutes Mittelklasse-Hotel, vom Aussehen und Standard mit dem *Hilo Hawaiian* identisch, 325 Zimmer, Pool, Health Club, Restaurant (*Sandalwood Room*), 9-Loch-Golfplatz.
- *Hilo Bay Hotel* ($$), 87 Banyan Dr., Hilo, Tel.: 961-5818, Fax: 935-7903; Mittelklasse-Hotel mit 145 zweckmäßig eingerichteten Zimmern, Pool, Restaurant, Shops.

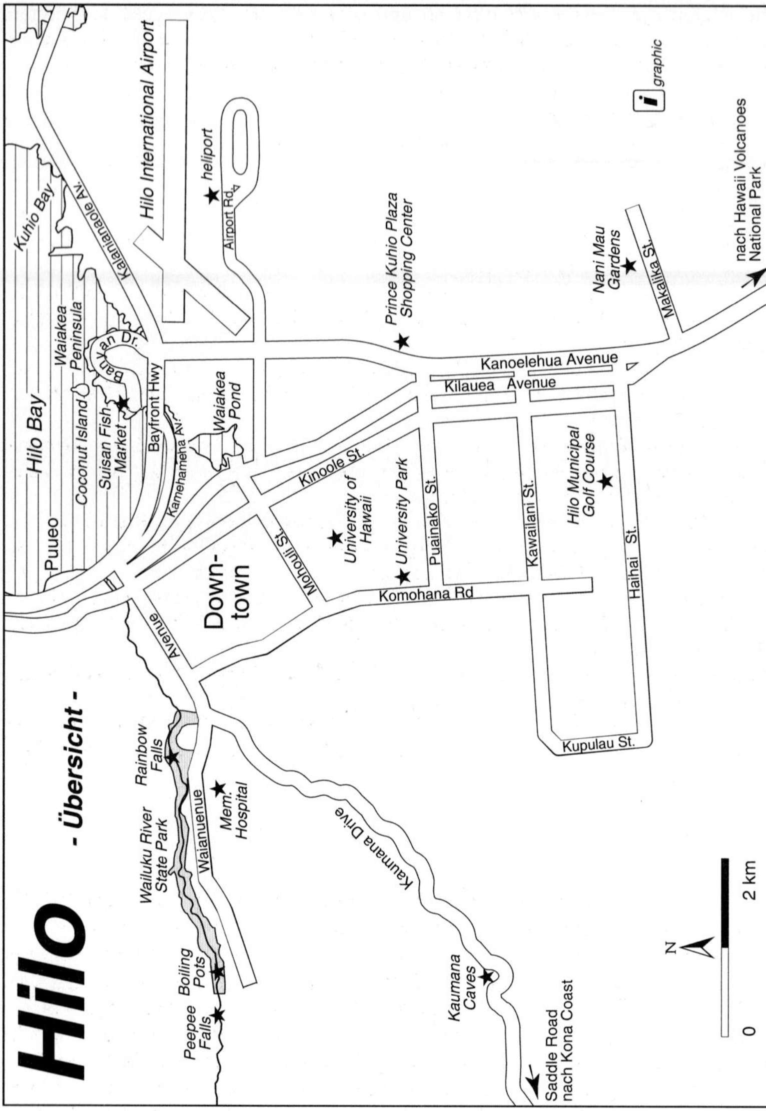

• *Dolphin Bay Hotel* ($$), 333 Iliahi St., Tel.: 935-1466; gemütliches, kleines Hotel jenseits des Waikulu River und nahe zum historischen Distrikt gelegen, 18 Zimmer, alle mit Küche ausgestattet, schöne Gartenanlage, europäische Atmosphäre mit freundlichem Service, Mindestaufenthalt 2 Nächte.

• *Wild Ginger Inn* ($), 100 Puueo St., Tel.: 935-5556; freundliche B&B-Unterkunft in Gartenlage, jenseits des Waikulu River und nahe zum historischen Distrikt gelegen, 28 Nichtraucher-Zimmer.

● *Arnott's Lodge & Hiking Adventures* ($), 98 Apapane Rd., Tel.: 969-7097, Fax: 961-9638; einfaches, aber sauberes Haus mit Jugendherbergs-Charakter, netter Service, 60 Betten, davon einige im Schlafsaal (US$ 15), Wanderausflüge, freier Shuttlebus ab/bis Airport.

Jugendherberge
Hilo Bay AYH-Hostel, 311 Kalanianaole Ave., Hilo, Tel.: 935-1383

Restaurants (Auswahl)
● *Bears's Coffee* ($), Keawe St., kleines Café im Wild-West-Stil, reichhaltiges Frühstück, gute Sandwiches.
● *Fiasco* ($$), 200 Kanoelehua Ave., Tel.: 935-7666; betriebsames Lokal mit typisch amerikanischer Küche (Hamburger, Steaks, Salatbuffet), tägl. ab 11.00 Uhr geöffnet, Do-Sa bis 1.30 Uhr Tanz in der Bar im ersten Stock.
● *Restaurant Fuji* ($$), 142 Kinoole St., Tel.: 961-3733; japanisches Restaurant im Hilo-Hotel, liebloses Ambiente, aber preiswerte und authentisch-japanische Gerichte, tägl. außer Mo mittags und abends geöffnet.
● *Uncle Billy's Hilo Bay Restaurant* ($$), 87 Banyan Dr., Tel.: 935-0861; einfaches und preiswertes Fisch- und Steak-Restaurant im *Hilo Bay Hotel*, tägl. zum Frühstück und Dinner geöffnet, abends Hula-Shows und Entertainment.
● *Café Pesto* ($$$), 308 Kamehameha Ave., Tel.: 969-6640; sehr gutes Restaurant in der nostalgischen Atmosphäre des *Hata Buildings*, hawaiisch-italienische Küche mit Pizzen, Pasta und Seafood, tägl. zum Lunch und Dinner geöffnet.
● *Harrington's* ($$$), 135 Kalanianaole St., Tel.: 961-4966; Restaurant im polynesischen Stil östlich der Waiakea-Halbinsel, gute Fisch- und Seafoodgerichte und Prime Rib, Mo-Sa 11.00-14.00 und tägl. ab 17.30 Uhr geöffnet.
● *Pescatore* ($$$), 235 Keawe St., Tel.: 969-9090; italienische Küche mit starkem hawaiischen Einschlag, stimmungsvolles Ambiente.
● *Roussels* ($$$), 60 Keawe St. Tel.: 935-5111, geöffnet Mo-Fr 11.30-13.30 und tägl. 17.00-22.00 Uhr; edel aufgemachtes Restaurant mit karibisch-hawaiischer Küche, sehr gute, frische Fischgerichte.

Überblick

Hilo, an der gleichnamigen Bucht (= 'Mondsichelbucht') gelegen, wurde 1778 gegründet und ist mit ca. 44.000 Einwohnern nach Honolulu die zweitgrößte Stadt des Bundesstaates. Für Big Island ist der Ort eine wahre Hauptstadt, nicht nur wegen der Ansammlung administrativer Gebäude, sondern auch wegen seiner Bedeutung als Hafen-, Schul- und Landwirtschaftszentrum. Rund ein Drittel der Insel-Bevölkerung ist hier zu Hause, trotz der Gefährdung durch eine feindliche Natur, die gerade in der zweiten Hälfte des 20. Jhds die Stadt mehrfach verwüstete. Damit sind vor allem die beiden schlimmen **Flutwellen** von **1946** und **1960** gemeint, die zusammen mehr als 200 Todesopfer forderten. Aber auch die Vulkanausbrüche des Kilauea und Erdbeben haben in jüngerer Vergangenheit (1960, 1973, 1977, 1989) mehrfach zu schweren Schäden geführt und Hilo an den Rand der Totalevakuierung gebracht.
Im historischen Rückblick ist das sog. Hilo-Massaker von **1938** erwähnenswert, als die Polizei einen Streik der Werftarbeiter brutal auflöste. Auch der Angriff japanischer U-Boote am 30. Dezember **1941** hat den Namen der Stadt in die Weltpresse gebracht.

Für den **Fremdenverkehr** spielt Hilo bislang keine allzu große Rolle. Zwar besitzt die Stadt einen internationalen Flughafen sowie mehrere Mittelklasse-Hotels, aber der Mangel an guten Badestränden und das Stigma der "regenreichsten Stadt der USA" (durchschnittlich 3.470 mm Niederschlag pro Jahr) lassen Touristen dann doch lieber die trockene Westküste als Urlaubsquartier wählen. Drei Gründe jedoch sprechen eindeutig für einen Besuch von Hilo:

- Der hohe Niederschlag mag lästig sein, ist aber für eine unglaubliche Blütenpracht verantwortlich, die man u.a. in den vielen Parks der Stadt und in botanischen Gärten bewundern kann. Nicht umsonst trägt Hilo den Beinamen *'Orchid Capital'*.
- Die größte Sehenswürdigkeit der Insel, der Volcanoes Nationalpark, ist von Hilo weitaus schneller und bequemer zu erreichen als von Kailua-Kona oder Waikoloa. Wegen der größeren Nähe sind z.B. Helikopterrundflüge dorthin auch erheblich billiger. Außerdem ist das Preisniveau der Hotellerie eindeutig niedriger als an der Westküste.
- Die historische Altstadt von Hilo ist für Liebhaber und Kenner von Architektur allemal einen Besuch wert.

Tip
Bei einer Inselrundfahrt ist Hilo auch dann für eine Zwischenübernachtung ideal, wenn Sie ein festes Urlaubsquartier an der Westküste haben. Bei frühzeitigem Aufbruch dort hätten Sie einen Dreiviertel-Tag im Nationalpark und wären abends in Hilo. Am nächsten Tag könnten Sie hier die Stadt hinreichend erkunden und am Nachmittag die Rückreise antreten.

Der Banyan-Drive (Waiakea Peninsula)

Die Waiakea-Halbinsel ragt zwischen Flughafen und historischem Distrikt in die Hilo-Bucht und wird durch den *Banyan Dr.* erschlossen, der halbkreisförmig von der *Kamehameha Ave.* abgeht. Ihren Namen trägt diese Küstenpromenade zu Recht, ist sie doch zu beiden Seiten von mächtigen **Banyan-Bäumen** gesäumt, deren Luftwurzeln und Blätterdach einen regelrechten Vegetations-Tunnel bilden. Viele der Bäume wurden von Persönlichkeiten des öffentlichen Lebens gepflanzt, deren Namen am Baumstamm markiert sind. Die meisten auswärtigen Gäste werden den *Banyan Dr.* allein schon deswegen kennenlernen, weil sich hier nebeneinander die drei größten Touristen-Hotels befinden. Aber auch sonst reizt die von großzügigen Parkanlagen und einem Golfplatz bedeckte Halbinsel zu einem erholsamen Spaziergang. Sehenswert ist dabei besonders das Gelände westlich des letzten Hotels *(Hilo Hawaiian)*.

Coconut Island

Dort sollte man über eine Fußgängerbrücke das kleine und flache Inselchen **Coconut Island** besuchen, das mit seinen Kokosnußbäumen, dem Pavillon, einem kleinen Badestrand sowie einer schönen Aussicht auf die Bay und – bei klarer Sicht – bis hinüber zum Mauna Kea lockt. In alt-hawaiischer Zeit war das Eiland Geburtsstätte der *alii* und Ort ritueller Heilungen.

In den Liliuokalani Gardens

Zurück auf der Halbinsel, darf man sich die 12 ha großen **Liliuokalani Gardens** nicht entgehen lassen, die schönste der vielen Parkanlagen in der Hauptstadt. Sie ist ganz im japanischen Stil gehalten – mit geschwungenen Holzbrücken, Pavillons, fernöstlichen Statuen, Fischteichen und einem Teehaus. Der öffentliche Park trägt zwar den Namen der letzten hawaiischen Königin, stellt aber mit seiner Landschaftsarchitektur eine Verbeugung vor dem starken japanischen Bevölkerungsanteil von Insel und Stadt dar.

Am westlichen Ende der Halbinsel, wo in einem engen Hafenbecken die ansehnliche Fischereiflotte von Hilo beheimatet ist, befindet sich als Sehenswürdigkeit ganz eigener Art der **Suisan-Fischmarkt.** Dort sieht man in den Morgenstunden die Einkäufer der Restaurants und Geschäfte aus dem ganzen Bundesstaat, die sich in einer lebhaften Auktion um die frischesten Marlins, Thunfische, Mahimahis, Schwertfische und andere Meerestiere bemühen. Wer früh genug auf den Beinen ist, findet hier eine spannende Atmosphäre voller Lokalkolorit und vorzügliche Fotomotive. In einem benachbarten Laden können außerdem auch Privatpersonen frischen Fisch kaufen.

Auf dem Suisan-Fischmarkt

Öffnungszeiten
Suisan Fish Market & Auction, 85 Lihiwai St., Mo-Sa tägl. ab 7.30 Uhr.

Das moderne Stadtzentrum

Die Stadtmitte zwischen der Waiakea-Halbinsel und dem historischen Distrikt ist von modernen Verwaltungsgebäuden, der weitverzweigten Lagune *Waiakea Pond* und großen Grünflächen geprägt, die diesem Gebiet einen parkähnlichen Charakter verleihen. Die Modernität der Gebäude ist eine direkte Folge der Flutwellen, die den alten Stadtteil vernichtet und eine völlige Neugestaltung notwendig gemacht hatten. Im Osten der Lagune, gegenüber der Waiakea-Halbinsel gelegen, erstreckt sich nun der **Hoolulu Park** mit dem *Civic Center Auditorium*. Auf der anderen Seite gelangt man zum Einkaufszentrum *Kaikoo Mall*, zum **County Office Building**, zum **State Office Building** und zum **Wailoa Center**, in dem u.a. Werke lokaler Künstler und Kunsthandwerker ausgestellt sind.

Für Besucher am interessantesten ist hier das **Tsunami Memorial**, das man nahe am *Wailoa Center* inmitten eines Parks vorfindet (vom *Hwy. 11* aus über die *Kamehameha Ave.*, die *Pauahi St.* und *Aupuni St.* zu erreichen).

Plakette am Tsunami Memorial

Das Memorial erinnert an die beiden schlimmen Tsunamis von 1946 und 1960 und symbolisiert mit seiner gewellten Mauer selbst eine solche Flutwelle. Auf einer Plakette wird der vielen Opfer gedacht, die die Tsunamis unter der Bevölkerung gefordert haben.

INFO

Die Tsunamis von Hilo

So wie Pearl Harbour für die Schrecken des Krieges steht, so ist der Name der Stadt Hilo weithin bekannt für die katastrophalen Auswirkungen von seismischen Flutwellen (vgl. KAPITEL 2.2.2). Einer der bekanntesten Tsunamis des 20. Jahrhunderts wurde 1946 durch ein Erdbeben auf den Aleuten hervorgerufen. Ungläubig beobachteten am 1. April die Einwohner von Hilo, wie sich der Ozean zuerst weit zurückzog, um sich dann in Sekundenschnelle vor der Küste zu einer Wasserwand von rund 12 Metern aufzutürmen. Höher als die Bürohäuser an der Uferstraße brach die Riesenwoge über die Stadt, wirbelte Autos und Lastwagen wie Spielzeug durcheinander, zerschmetterte Gebäude und riß anschließend einen Großteil der Hilo Bay zurück ins Meer. Innerhalb weniger Augenblicke waren 175 Menschen ums Leben gekommen, der Strand samt Uferbebauung völlig verheert und Schäden von über 25 Mio US$ entstanden. Dieser Angriff des Pazifik richtete schwerere Zerstörungen an als der japanische Überfall auf Pearl Harbour einige Jahre zuvor.

Nach dem Schock gingen die Einwohner daran, die Trümmer beiseite zu räumen und ihre Stadt wieder aufzubauen. Und unter dem Eindruck der Katastrophe beschlossen die pazifischen Anrainerstaaten, auf Hawaii 1948 ein Frühwarnsystem für Tsunamis einzurichten.

1960 erschütterte auf mehreren hundert Kilometern Länge ein Erdbeben die chilenische Küste, wobei rund 4.000 Menschen den Tod fanden. Gleichzeitig war diese Katastrophe am 22. Mai der Auslöser für Tsunamis, die auf ihrem Weg über den Pazifik erneut Hilo heimsuchten. Der Riesenwelle, die diesmal rund 11 m hoch war, als sie über Hawaii hereinbrach, folgten sofort danach zwei weitere und vergrößerten die Zerstörung. Zwar funktionierte das Frühwarnsystem, doch hatten sich die Einwohner angesichts der neuen, mehrere Meter hohen Schutzmauer am Hafen sicher gefühlt. Auch diesmal wurde die Stadt völlig überspült, und 61 Menschen verloren dabei ihr Leben.

Dort, wo sich früher ein lebhafter, hauptsächlich von Japanern bewohnter Stadtteil befunden hatte, erstrecken sich heute ausgedehnte Grünanlagen. Damit nie wieder ähnliche Zerstörungen durch eine Flutwelle ausgelöst werden können, wurden nach 1960 die Verwaltungsgebäude weiter landeinwärts verlegt. Außerdem würde heute eine erneute Tsunami-Warnung in Hilo die Evakuierung nach sich ziehen. 1960 waren übrigens die Hawaiier nicht die alleinigen Leidtragenden: Auch die Küsten von Neuseeland, den Philippinen und Japan wurden von den Tsunamis betroffen (insgesamt 180 Tote).

Rundgang durch den historischen Distrikt

Der sog. *Historical District* oder *Downtown Hilo* ist ein quadratischer Stadtteil von ganz besonderem Reiz, in dem noch viele ältere Gebäude erhalten sind und der etwas von dem großstädtischen Charme erahnen läßt, den früher ganz Hilo auszeichnete. Nach einer Zeit des Verfalls wurden in den letzten Jahren erfolgreich Anstrengungen unternommen, die alte Bausubstanz zu erhalten und mit Restaurants, Boutiquen und anderen Geschäften wieder mit Leben zu füllen. Die meisten Sehenswürdigkeiten liegen nah beieinander, so daß man sie bequem zu Fuß erreichen kann: Von der Uferstraße bis zum *Lyman Museum & Mission House* sind etwa 800 m zurückzulegen.

Ein guter Startpunkt für den **Stadtrundgang** sind die Parkplätze zwischen dem *Hwy. 19* und der *Kamehameha Ave.*, auf die man kurz vor der Brücke links abbiegt. Hier befindet sich der Grünstreifen des **Mooheau Park (1)** mit einem Pavillon, der *Hilo Downtown Busstation* sowie einem Kiosk der **Touristeninformation (2)** und die *Bay-Front*-Häuserzeile vom ersten Drittel des 20. Jhds. Eins der schönsten Häuser ist hierbei das **Hata Building (3)** von 1912, das heute das beliebte *Café Pesto* beherbergt. Jenseits der *Haili St.* ist das *Kress Bldg.* von 1932 interessant, das im Stil des *Art Deco* errichtet wurde.

Von diesem kleinen Platz geht man am besten über die *Haili St.* stadteinwärts, vorbei am interessanten **Palace Theater (4)**, und erreicht kurz darauf die *Keawe*

St., an der die meisten Restaurants der Stadt sowie an der Straßenkreuzung das **Hawaii Visitors Bureau (5)** zu finden sind. Folgen Sie der *Keawe St.* nach rechts bis zur nächsten Querstraße, der *Kalakaua St.*, auf der Sie die schönste innerstädtische Grünanlage erreichen, den **Kalakaua Park (6)**.

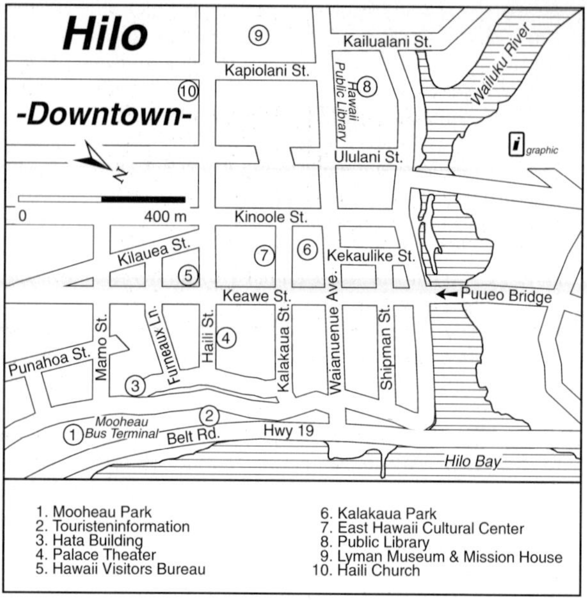

Er trägt seinen Namen nach König *David Kalakaua*, dem 'lebenslustigen Monarch' (vgl. KAPITEL 2.3.1), der als Bronzefigur auf seinem Thron sitzend dargestellt ist. Umgeben wird der Park von einigen repräsentativen Gebäuden: im Rücken z.B. das **East Hawaii Cultural Center (7)**, dem Sitz der alten Polizeiwache von 1932, links daneben das *Hawaiian Telephone Company Bldg.*, zur Rechten das *Burns Bldg.* und das *Pacific Bldg.* (ca. 1900) sowie jenseits der *Waianuenue Ave.* das *First Trust Bldg.* von 1908 und das große *Post Office*.

Statue des Königs im Kalakaua Park

Wenn Sie auf die *Waianuenue Ave.*, die den Park nördlich begrenzt, links einbiegen, kommen Sie bald darauf zur **Public Library (8)** und davor an zwei auffälligen Steinen vorbei: dem kleineren *Pinao Stone*, der aus einem alten Tempel stammen soll, und dem größeren *Naha Stone*, einem Monolith von der Insel Kauai. Die Legende weiß, daß König *Kamehameha I.* diesen Felsen mit bloßen Händen auf die Spitze stellte und damit die Prophezeiung erfüllte, nur dem ersten hawaiischen König könne dies gelingen ≈ angesichts der 3.200 kg bedurfte er dazu natürlich göttlichen Beistands.

Hinter der Stadtbücherei geht es von der *Waianuenue Ave.* links auf die *Kapiolani St.* ab und an der nächsten Kreuzung auf der

Das Lyman Mission House

Haili St. wieder nach rechts, wo Sie auf das **Lyman Museum & Mission House (9)** stoßen.

Das schöne, zweistöckige weiße Holzhaus wurde 1839 für die ersten christlichen Missionare von Hilo errichtet und später unter Denkmalschutz gestellt. 1973 baute man daneben ein modernes Museum, das in verschiedenen Abteilungen Ausstellungsstücke und andere Dokumente zu folgende Themen aufbereitet hat: die Zeit der Missionare, Hawaiis ethnische Gruppen, Vulkanismus (sehenswerter Film), chinesische Kunst, hawaiische Kunst, Astronomie. Ganz besonders interessant ist im ersten Stock die Sammlung von Mineralien, Muscheln und Seetieren aus aller Welt.

Öffnungszeiten
Lyman Museum & Mission House, 276 Haili St., Tel.: 935-5021; geöffnet Mo-Sa 9.00-17.00, So 13.00-16.00 Uhr, Eintritt US$ 4; geführte Touren durch das alte *Mission House* jede volle Stunde von 9.30-11.30 und 13.00-16.00 Uhr.

Vom *Lyman Museum* kann man nun die *Haili St.* immer geradeaus bis zum Ausgangspunkt des Stadtrundganges zurückwandern. Sofort hinter der ersten Querstraße *(Kapiolani St.)* passiert man dabei zwei Gotteshäuser, nämlich auf der linken Seite eine sehr schöne Kirche im neubarocken Stil und rechterhand die hölzerne **Haili Church (10)** aus dem Jahre 1824, die von den ersten protestantischen Missionaren errichtet wurde. Ein weiteres Gotteshaus, die *Central Christian Church* von etwa 1900, sieht man rechterhand zwischen der *Kinoole St.* und der *Keawe St.*

Hinweis
Der historische Verein von Hilo bietet geführte Stadtwanderung mit besonderer Berücksichtigung der Architektur an. Interessenten sollten sich unter Tel.: 935-8850 anmelden.

Der Wailuku River State Park

Bei genügend Zeit ist der Ausflug in den *Wailuku River State Park* eine unbedingt lohnende Sache. Dieses Naturschutzgebiet befindet sich noch diesseits des *Wailuku River* und damit innerhalb des eigentlichen Stadtgebietes, ist aber ganz und gar ländlich geprägt und touristisch nicht überlaufen. Man erreicht das Gelände von der *Kamehameha Ave.* in wenigen Minuten über die *Waianuenue Ave.,* die auf den ersten 800 m mit dem *Hwy. 200* identisch ist. Nach weiteren 400 m bringt einen ein kurzer Fußweg gegenüber dem *Hilo Memorial Hospital* zum ersten und schönsten Ziel, den **Rainbow Falls** (ausgeschildert), die sich aus 30 m in einen weiten Pool stürzen und die bei schrägem Sonnenlicht tatsächlich einen Regenbogen hervorzaubern. Etwa 2 km weiter oberhalb der gleichen Straße liegen die **Boiling Pots**, eine Serie kreisrunder Pools, die durch Kaskaden vom *Wailuku River* gespeist werden und deren Wasser nicht kocht, sondern im Gegenteil allerbeste Bademöglichkeiten bietet. Nahebei sollte man sich dann auch die **Peepee Falls** anschauen, die nicht so eindrucksvoll wie die *Rainbow Falls* sind, aber den kurzen Abstecher unbedingt lohnen.

Zurück auf dem *Hwy. 200*, der später zur *Saddle Road* wird, könnte man weiterhin etwa 5 Minuten stadtauswärts fahren, wo der **Kaumana Caves Park** direkt an der Wegstrecke liegt. Schöner als die Höhlen ist hier der Ausblick, den man vom Parkgelände aus über Hilo und die *Hilo Bay* gewinnt.

Die Rainbow Falls

5.7 VON HILO DURCH DEN NORDEN NACH KAILUA-KONA

5.7.1 ÜBERBLICK UND REISEPRAKTISCHE HINWEISE

Landschaftlich ist die Strecke von der Ost- zur Westküste über die Nordroute **(Hwy. 19)** abwechslungsreicher als die durch den Süden: Grüne Täler mit schwarzsandigen Stränden, Lavaklippen und Steilküsten werden abgelöst vom moderaten Hügelland um Waimea mit seinen Rinderweiden und schließlich vom trockenen Westteil mit seinen goldgelben Badebuchten und einer Fülle historischer Denkmäler. Diese Route auf dem *Hwy. 19* ist von Hilo aus bis Honokaa 65 km lang, bis Waimea sind es 89 km und bis Kailua-Kona etwa 155 km. Wer sich dabei aber auch nur die wichtigsten Sehenswürdigkeiten anschaut *(Pepeekeo Scenic Drive* mit dem *Hawaii Tropical Botanical Garden, Laupahoehoe Point, Waipio Valley Lookout, Waimea*), hat einen ausgefüllten Tag vor sich und wird erst am späten Abend am Westküsten-Hotel ankommen.

Nur scheinbar ist die Strecke quer durch das Inselinnere über die **Saddle Rd.** kürzer und einfacher; viele Unwägbarkeiten machen diese Route nur in Ausnahmefällen empfehlenswert (vgl. KAPITEL 5.7.3).

Der **Abstecher in den Norden** (KAPITEL 5.7.4) stellt eine eigenständige Halbtages-Rundfahrt dar, die man von Kailua-Kona und Waikoloa aus an einem separaten Tag durchführen sollte. Wenn man ihn innerhalb der Gesamtroute von Hilo zur Westküste unternehmen möchte, setzt dies einen sehr frühzeitigen Aufbruch in Hilo und Abstriche beim Besichtigungsprogramm unterwegs voraus.

Für die letzte Etappe **von Waimea nach Kailua-Kona** schließlich gibt es zwei Möglichkeiten: Einmal den *Hwy. 19* entlang der Küste, der an den schönsten Stränden und größten Hotels der Insel, an historischen Attraktionen und am Flughafen Keahole vorbeiführt, wobei sich ab Waimea zur Küste wieder zwei Routenvarianten ergeben *(Hwy. 19* oder *Hwy. 190, Waikoloa Rd.* und *Hwy. 19).* Zum andern der *Hwy. 190,* der die schnellere Verbindung darstellt und durch von Lavaströmen und Rinderweiden geprägte Landstriche führt, insgesamt aber weniger interessant ist.

Hinweis

Unterkünfte für eine Zwischenübernachtung sind entlang dem *Hwy. 19* stets durch kleinere Hotels, Bed & Breakfast-Häuser oder Zeltgelände gegeben, wobei das größte Angebot außer in Waimea natürlich am Ende der Route besteht. Gleiches gilt im wesentlichen auch für die **Restaurants**.

5.7.2 VON HILO NACH WAIMEA ÜBER DEN HIGHWAY 19

Auf dem Pepeekeo Scenic Drive

Der Hwy. 19 verläßt den innerstädtischen Bereich von Hilo über eine der drei Brücken über den *Wailuku River* und steigt auf der anderen Seite der Hilo Bay zum oberen Küstenrand hinauf. Einen schönen Blick auf Stadt und Bucht gewinnt man nach etwa 3 km von einem *'Scenic Point'* zur Rechten.

Durch einige ländliche Ortschaften und an einem großen japanischen Friedhof (links) vorbei gelangt man nach rund 7 km zu einem gut ausgeschilderten Abzweig nach rechts, an dem der herrliche **Pepeekeo Scenic Drive** parallel zum Highway beginnt. Länge und Straßenbeschaffenheit werden dem Besucher durch die Aufschrift *"4 miles long, narrow winding road"* mitgeteilt, doch sollte sich davon keiner abschrecken lassen. Im Gegenteil: Der Zeitverlust ist minimal, das Naturerlebnis aber einmalig. Gesteigert wird dieses durch den Besuch des *Botanical Garden,* für den man seinen Wagen neben der alten gelben Holzkirche zur Linken abstellt und sich dort zu einer Tour anmeldet.

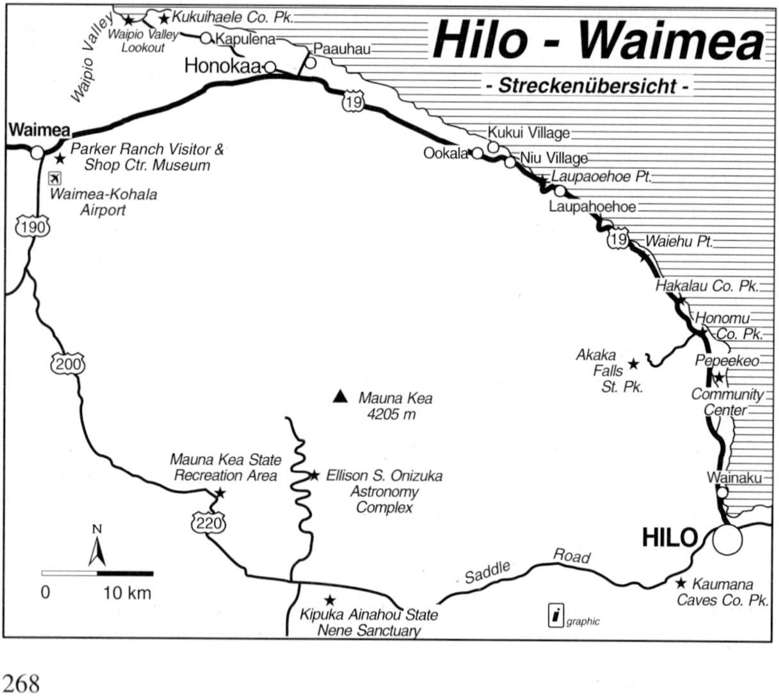

Hawaii Tropical Botanical Garden

Die phantastische Wunderwelt eines tropischen Regenwaldes direkt am Meer, mit Seerosenteichen, reichem Vogelleben, einer unglaublichen Blütenpracht, klaren Bächen, Wasserfällen, 30 m hohen Palmen, allen endemischen Baumarten der Insel sowie Obstbäumen aus der ganzen Welt ist hier auf ca. 18 ha versammelt. Besucher werden von der alten Kirche mit Vans in das Gelände gefahren und haben dort die Möglichkeit zu einer Rundwanderung durch 'Natur pur'. Dafür sollte man allerdings gut 1½ Stunden an Zeit mitbringen!

Öffnungszeiten
Hawaii Tropical Botanical Garden, Rural Route 143 A, Papaikou, Tel.: 964-5233; tägl. 8.30-16.30 Uhr geöffnet, Eintritt.

Auch wer auf den Besuch des Botanischen Gartens verzichtet hat, wird auf dem *Scenic Drive* mit einem echten Dschungel-Gefühl belohnt. Der Weg schlängelt sich durch eine undurchdringlich erscheinende Vegetationswand hindurch, passiert die hübsche, grau gestrichene *Kahokohoka*-Kirche mit ihrem kleinen Holzturm zur Rechten und bringt einen zu einem Aussichtspunkt hoch über der *Onomea Bay*. Weiter geht es durch den Regenwald und über viele einspurige Holzbrücken hinweg, bis man schließlich automatisch auf den Hwy. 19 zurückgeleitet wird.

Auf der Hauptstraße, die bald breiter (z.T. dreispurig) wird, ändert sich nun schlagartig das Bild: Anstelle des Regenwaldes bestimmen jetzt weite landwirtschaftliche Flächen – zumeist Zuckerrohrplantagen – die Landschaft. Auf hochgelegener Strecke, oft mit einem guten Blick auf den Ozean zur Rechten, geht es bis zum Abzweig des *Hwys. 220,* auf dem sich ein lohnender Abstecher anschließen läßt:

Abstecher zu den Akaka Falls

● Honomu

Der 6 km lange Ausflug zu den Akaka-Falls (ausgeschildert) auf dem *Hwy. 220* bringt einen zunächst durch das Ortszentrum von Honomu, das mit einigen zerfallenen und mehreren restaurierten Gebäuden den Charme eines Wild-West-Städtchens versprüht. Ein kleiner Supermarkt und ein sympathisches Café mit Souvenirshop liegen auf der Wegstrecke, ebenfalls die interessante *Hongwanji-Mission* mit ihrer metallverkleideten Kuppel.

Die Hongwanji-Mission in Honomu

Von Honomu führt die gut ausgebaute Straße durch

Zuckerrohrfelder und endet schließlich hinter einer einspurigen Brücke am Parkplatz des *State Parks* (sanitäre Einrichtungen, Erfrischungsstand).

Die Akaka Falls

- **Akaka Falls State Park**

Als *State Park* ist das herrliche Naturschutzgebiet um die Akaka Falls voll erschlossen, d.h. bietet die üblichen Einrichtungen sowie gut befestigte und mit Stufen und Bänken ausgestattete Wanderwege. Dem steht der Nachteil gegenüber, daß es hier bisweilen recht überlaufen sein kann. Trotzdem sollte sich keiner den Spaziergang entgehen lassen, wobei Sie im Sinne der Erlebnissteigerung dem empfohlenen 'Loop' (= entgegen dem Uhrzeigersinn) folgen sollten. Er ist etwa 650 m lang und erfordert an Zeit nicht mehr als eine halbe Stunde einschließlich Fotostops. Zuerst kommt man dabei bis nahe an die *Kahuna Falls* (= 'Priester') heran, dann schließlich zu einem Aussichtspunkt auf die größeren *Akaka Falls* (= 'klar', 'hell'), die sich aus einer Höhe von etwa 150 m in einen runden Pool stürzen. Wie bei vielen Wasserfällen auf Hawaii verursacht der unterschiedlich harte Untergrund das Zustandekommen der Kaskaden. Während das weichere Gestein vom Fluß schon längst zu einem engen Tal ausgewaschen wurde, braucht er für die Basalte flußaufwärts längere Zeit, so daß die beiden Wasserfälle nur langsam (aber stetig) zurückwandern. Zwar ist der *State Park* nach den *Akaka Falls* benannt, aber die dichte Vegetation des Tales lohnt den Abstecher mindestens in gleichem Maße. Dichter Regenwald mit Epiphyten (Pflanzen, die auf anderen wachsen), rotem Ingwer, Plumerien, Bananenstauden, Baumfarnen, Ti- und Hibiskus-Pflanzen, Paradiesvogelblüten und undurchdringliches Bambus-Dickicht, erfüllt von Vogelgezwitscher und dem Rauschen der Wasserläufe – diese tropische Wunderwelt macht den eigentlichen Reiz der Wanderung aus.

Zurück auf dem *Hwy. 19*, bleibt man nun immer nahe am Ufer, fährt auf bequem zu fahrender Strecke an Zuckerrohrfeldern vorbei und überquert mehrere sehr schöne Täler kurz vor ihrer Mündung in den Ozean. Von den jeweiligen Brücken und vereinzelten Lookouts hat man dabei herrliche Ausblicke, bei denen das Blau des Meeres und das Grün des Hinterlandes ein vorzügliches Landschaftsbild abgeben, u.a. an der *Hakalau Bay* und am *Waiehu Point*. Schließlich erreicht man an einem ähnlich schönen Tal den Doppelort **Paauhau** und **Laupahoehoe**, der einige hübsche Häuser mit ländlich-altmodischem Ambiente aufweist.

Restaurant

The Local Café ($), Tel.: 962-6669; tägl. außer Mo 10.00-19.30 Uhr geöffnet; rustikales Imbißlokal aus den 1940er Jahren, gute Hamburger oder selbstgemachte Eiscreme. Vom Hwy. 19 auf der Abfahrt Laupahoehoe nach links, dann am zweiten Block.

● **Laupahoehoe Point**
Zum sehenswerten *Laupahoehoe Point* (Hinweisschild) gelangt man nicht durch den gleichnamigen Ort, sondern erst, nachdem man das Tal in weitem Bogen umfahren hat. Die schmale Stichstraße zum Meer bringt einen zunächst an der 1899 errichteten und 1979 restaurierten *Jodo-Mission* vorbei und endet dann am *Beach Park,* der sich vorzüglich für ein Picknick eignet. Baden ist wegen der scharfkantigen Lavablöcke nicht möglich, dafür aber der Ausblick auf das anbrandende Meer um so schöner. Nahebei liegt der kleine *Laupahoehoe Harbour*, der von massiven Betonblöcken geschützt ist, und ein kleines Monument mit einer Gedenktafel. Hier wird der 24 Todesopfer gedacht, die bei der 10 m hohen Flutwelle vom 1. April 1946 umgekommen sind und von denen einige auf dem idyllischen, von Lavamauern umschlossenen Inselfriedhof bestattet liegen.

Auf dem Highway geht es anschließend in 6 km nach **Niu**, wo nochmals ein schönes, bewaldetes Tal am Wegrand liegt, anschließend verläßt die Straße die unmittelbare Küste und verläuft in einiger Entfernung zu ihr z.T. schnurgerade nach **Kukaiau** (7 km). Nach weiteren 10 km (bzw. 65 km hinter Hilo) erreicht man den Ortsanfang von **Honokaa**, dessen Zentrum der Highway aber links umgeht und anschließend in die Höhenlagen von Waimea hinaufklettert. Bei genügend Zeit lohnt es sich jedoch, in Honokaa rechts auf den *Hwy. 240* abzubiegen und einen Abstecher zum 15 km entfernten *Waipio Valley Lookout* zu unternehmen.

Abstecher zum Waipio Valley

Dieser *Hwy. 240* ist gleichzeitig die Hauptstraße des kleinen Städtchens **Honokaa**, das er auf ganzer Länge durchquert. Der Ort bietet keine Sensationen, dafür aber Wild-West-Atmosphäre mit einigen hübschen Gebäuden aus den 1920er und 1930er Jahren (z.B. das Theater), eine weitere *Macadamia Nut Factory* und den Laden *Kamaaina Woods*, in dem man schönes Kunstgewerbe aus Koa-Holz bekommt.

Auf der gut ausgebauten Wegstrecke passiert man einfache Wohnhäuser mit blühenden Vorgärten genauso wie respektable Villen und gelangt schließlich zum Parkplatz, von dem ein steiler Fußweg in wenigen hundert Metern zur Brüstung des **Waipio Valley Lookout** hinabführt. Hier genießt man den seitlichen Blick in das vielleicht schönste Tal der Insel sowie an der gegenüberliegenden Steilküste entlang.

● **Waipio Valley**
Das *Waipio Valley* ist knapp 10 km lang und wird von 600 m hohen bewaldeten Bergwänden eingefaßt. In polynesischer Zeit war hier ein Besiedlungszentrum der Ostküste mit großen Dörfern und Tarofeldern sowie Tempelanlagen und Versammlungsplätzen der Priester. Vom Waipio Valley zog die Invasionsarmee *Kamehamehas I.* zu ihren Eroberungsfeldzügen aus, und vor der benachbarten *Waminanu Bay* fand die erste Seeschlacht zwischen den Königreichen von Hawaii und Maui statt. Bei der königlichen Familie war das Tal als Sommerfrische beliebt und bekam so den Beinamen *"Valley of the Kings"*. Als 1823 die europäischen

Missionare das Tal entdeckten, lebten dort etwa 1.500 Menschen. Und noch zu Anfang des 20. Jhds gab es hier eine blühende Gemeinde mit Schulen, Läden, Kirchen, Restaurants, einem Hotel, einem Postamt und einem Gefängnis. Der schlimme Tsunami von 1946 überspülte das gesamte Tal und machte der Siedlung ein Ende. In den 1960ern zogen wieder mehrere Familien ins *Waipio Valley*, wurden jedoch durch eine erneute Flutwelle im Jahre 1979 vertrieben. Bis auf ca. 60 Bauern, die nach wie vor Taro anbauen, ist das Tal heute menschenleer und eine der paradiesischsten Gegenden auf der gesamten Insel: Bewaldete Berghänge, eine steile Paliküste, Bäche, die sich in den Kaskaden der *Hiilawe Falls* mehr als 300 m tief (!) hinabstürzen, Seerosen-Teiche, Obstbäume, verwilderte Pferde und ein schöner grauer Sandstrand runden das Bild ab.

Wanderer können die steile Piste hinunter ins Tal hinabsteigen und dann nach insgesamt 2½ km den wunderschönen, menschenleeren Sandstrand erreichen (auf dem ersten Weg nach rechts). Bei noch mehr Ausdauer und Zeit empfiehlt sich die Mehrtageswanderung entlang der Steilküste bis zum *Waimanu Valley* (vgl. KAPITEL 5.8).

Hinweis

Wer den Weg nicht zu Fuß zurücklegen will, kann an einem Ausflug mit dem 4x4-Van des *Waipio Valley Shuttle* (P.O.Box 5218, Kukuihaele, Tel.: 775-7121) teilnehmen. Die Tour zum und durch das Tal beginnt an den *Waipio Valley Artworks* (s.u.), wird Mo-Sa zwischen 8.00-16.00 Uhr durchgeführt, dauert 1½ Stunden und kostet US$ 30 p.P. Telefonische Voranmeldung ist ratsam.

Nehmen Sie auf dem Rückweg nicht die bekannte Strecke, sondern die alte Landstraße, die unweit des Parkplatzes links zur Küste hinabführt. Dabei passieren Sie das Dörfchen **Kukuihaele** mit einem Landungssteg, einem *County Park* und dem Stützpunkt der *Waipio Valley Artworks*, von denen Geländewagen Touristen ins Waipio Valley bringen. Dort kann man sich aber auch Postkarten, Snacks und Insider-Informationen besorgen. Kurz danach windet sich die enge und kurvenreiche Straße zurück zum Hwy. 240.

Landschaft bei Waimea

Um auf den *Hwy. 19* in Richtung Waimea zu gelangen, ist es übrigens nicht notwendig, das gesamte Städtchen **Honokaa** zu durchqueren. Biegen Sie stattdessen am Ortseingang (Hinweis: *'Health Center'*) rechts ab und an der katholischen Kirche *Our Lady of Lourdes* vorbei immer geradeaus, dann kommen Sie automatisch auf die *Hawaii Belt Rd.* zurück.

Die nun folgende Strecke nach Waimea ist 24 km lang und bringt einen in eine völlig andere Szenerie. Langsam auf rund 900 m ü.d.M. ansteigend, bleibt die fruchtbare Küstenebene zurück; bewaldete Höhenzüge mit Nadelbäumen, dazwischen Viehweiden mit grasenden Kühen bestimmen das Bild und erinnern ein wenig an das Allgäu. Bald ist das Ziel der Etappe erreicht: Waimea, das ganz im Zeichen der größten amerikanischen Ranch steht.

Waimea (Kamuela)

Hotel

Parker Ranch Lodge ($$), Hwy. 19, Tel.: 885-4100, Fax: 885-6711; einfaches Motel der Mittelklasse in einem Holzgebäude, zentral gelegen.

Restaurants

● *Waimea Coffee & Company* ($), Hwy. 19, Tel.: 885-4472; gute Espressos und andere Getränke aus 100% Kona-Kaffee, Salate, Suppen, Gebäck.

● *Paniolo Country Inn* ($$), Ecke Hwys 19/190, Tel.: 885-4377; deftige amerikanische und mexikanische Küche in schönem Holzhaus, besonders reichhaltiges Frühstück, tägl. 6.00-20.45 Uhr geöffnet.

● *Parker Ranch Broiler* ($$$), Parker Ranch Shopping Center, Tel.: 885-5433; rustikale Küche im Paniolo-Stil, hervorragendes *Prime Angus Beef*, Seafood und Suppen, Di und Fr Mittagessen mit mexikanisch-hawaiischen Gerichten, tägl. 11.00-14.00 und 17.00-22.00 Uhr geöffnet; Fr und Sa ab 9.00 Uhr Tanz zu Livemusik.

● *Merriman's* ($$$$$), Hwy. 19/Opelo Rd., Tel.: 885-6822; neue amerikanische Küche vom Feinsten (für einige Kritiker ist *Merriman's* sogar das beste Restaurant des Staates), frischeste Zutaten von den Wäldern, Weiden und Küsten Hawaiis, meisterhaft verarbeitet und arrangiert, angenehme Atmosphäre; tägl. zum Lunch und Dinner geöffnet, Reservierung erforderlich.

● Überblick

Das zwischen 900 und 1.000 m hoch gelegene Waimea (= 'rotes Wasser') zählt etwa 1.500 Einwohner und ist damit das Zentrum von Nord-Hawaii. Um Verwechslungen mit den Ortschaften gleichen Namens auf Oahu und Kauai auszuschließen, bekam Waimea die postalische Bezeichnung **Kamuela**, die manchmal auch auf Landkarten eingetragen ist. Das Städtchen, das einen aufgeräumten und wohlhabenden Eindruck macht, unterscheidet sich von den meisten anderen Siedlungen Big Islands durch seine landschaftliche Umgebung und die Architektur der Farmhäuser, die an den Osten oder Mittleren Westen der USA erinnert. Während früher die *'Paniolos'* (= Cowboys) das Leben in Waimea bestimmten, stellen heute wohlhabene Amerikaner, die in den Villen und Condos der Umgebung wohnen und die das milde Klima und die gute Luft hierher gezogen hat, einen großen Teil der Einwohnerschaft. Auch die Unterkünfte der Wissenschaftler der Mauna Kea-Observatorien befinden sich hier.

Waimea ist nicht nur lokales Zentrum, sondern auch ein Verkehrsknotenpunkt im Norden der Insel. Der *Hwy. 19,* der die Ostküste mit der Westküste verbindet, stellt die Querachse der Ortschaft dar, von der der *Hwy. 190* durch das Inland zur *Saddle Road* bzw. nach Kailua-Kona im Süden abzweigt, und der *Hwy. 250* über den Kamm der *Kohala Mountains* nach Norden. Der Flughafen *Waimea-Kohala Airport* wird von Kleinflugzeugen von anderen Teilen Big Islands und den Nachbarinseln angeflogen und dient als Basis für Helikopterrundflüge. Außerdem hat sich in Waimea durch einige sehr gute Restaurants, den 18-Loch-Golfplatz, einem

Einkaufzentrum, Tankstellen, Reiseagenturen, Gestüte und Fahrradvermieter eine beachtliche touristische Infrastruktur entwickelt.

Die Geschichte des Städtchens ist bis auf den heutigen Tag von der Rinderzucht und dabei in besonderem Maß von der Parker Ranch geprägt, die auf das Jahr 1848 zurückgeht.

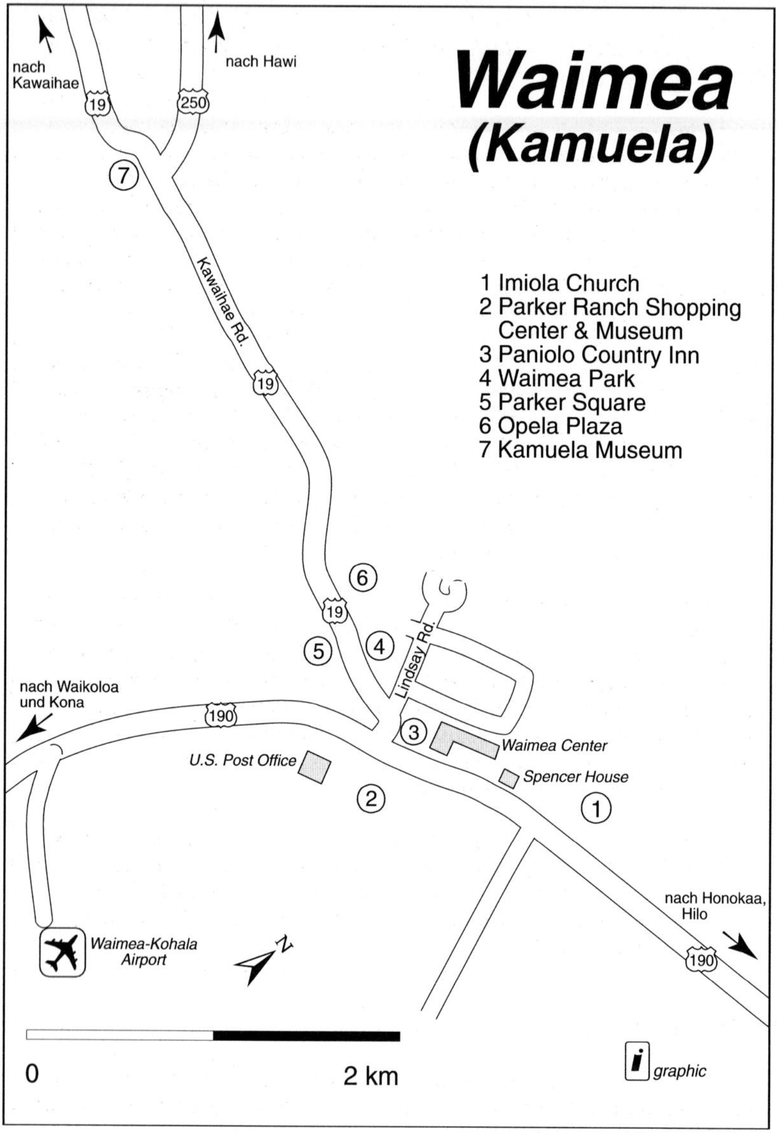

INFO

John Palmer Parker und die Parker Ranch

John Palmer Parker war einer jener Weißen, die als Abenteurer zu Beginn des 19. Jhds nach Hawaii kamen und hier nicht nur wirtschaftlichen Erfolg hatten, sondern auch zu bedeutenden Gestalten des öffentliches Lebens wurden. Als 19jähriger erreichte der aus Massachusetts stammende Parker ***1809*** *den Archipel, wo er das Vertrauen Kamehamehas I. gewann. 12 Jahre vorher hatte der britische Kapitän George Vancouver die ersten Rinder nach Hawaii gebracht, die aber verwildert waren, sich rasch vermehrt hatten und immer mehr zu einem drängenden Problem für die hawaiische Landwirtschaft wurden. Der König beauftragte Parker nun, die Tiere einzufangen und auf Weiden zu domestizieren, wobei sich der junge Amerikaner die besten Exemplare für seinen eigenen Viehbestand aussuchen konnte. Für diese Arbeit holte Parker* ***1830 mexikanische Cowboys*** *ins Land, die Vorfahren der heute noch auf Hawaii arbeitenden 'Paniolos' (das Wort ist übrigens eine Verballhornung für 'Español', der Sprache der Einwanderer).*

Als ***1848*** *durch die sog. 'Große Mahele' der Landbesitz für alle Bürger möglich wurde, kaufte sich Parker ein Weidegebiet an den Hängen des Mauna Kea – der Grundstock der Parker Ranch. Durch die Heirat mit der einheimischen Adeligen Kelii-kipikane-o-kolakala, die mit Kamehameha I. verwandt war und selbst über beträchtlichen Grundbesitz verfügte, wurde die Ranch erweitert; gleichzeitig stieg der Amerikaner in die* ***Führungsschicht des Königreiches*** *auf. Durch weitere Landkäufe brachte er in der Folgezeit knapp* ***10% der gesamten Fläche von Big Island*** *in seinen Besitz.*

Die Parker Ranch blieb bis auf den heutigen Tag in den Händen der Familie (inzwischen in der sechsten Generation). Etwa ***50.000 Rinder*** *und über* ***1.000 Pferde*** *machen den Viehbestand aus, und das Weideland stellt mit* ***920 km²*** *die* ***größte private Ranch in den USA*** *dar! Bei der touristischen Erschließung Big Islands machte die Familie enorme Gewinne, indem sie das wenig ertragreiche Land an der Westküste an die großen Hotelkonzerne verkaufte. Auch heute nimmt der Immobilienverkauf bzw. die -verpachtung einen großen Teil der geschäftlichen Aktivitäten ein.*

Der Ort Waimea und seine nähere Umgebung werden durch die Parker Ranch in hohem Maße geprägt. Ein großes Einkaufszentrum, ein Motel, ein eigenes Visitor Center mit Museum und rekonstruierte Gebäude der Parker-Familie sind einige der Attraktionen, die Einheimische und Touristen gleichermaßen anziehen.

● Ortsbesichtigung

Wer auf der bisherigen Route anreist, also über den *Hwy. 19* von Hilo her kommend, passiert am Ortsanfang rechterhand die *Church Row* mit mehreren Kirchen unterschiedlicher Konfessionen.

Die Imiola Church in Waimea

Am wichtigsten und schönsten ist dabei ganz rechts die **Imiola Church (1)**, die 1855-57 gebaut wurde. Das von einer ansehnlichen Kirchhofsmauer umschlossene Gotteshaus entspricht dem neuenglischen Architekturstil der Missionare. Das Innere ist sehr einfach und schmucklos gehalten, bekommt aber durch die reichliche Verwendung einheimischer Hölzer (Wände, Dekke, Fußboden, Möblierung) einen warmen Charakter. Das Denkmal vor der Kirche erinnert an den Bauherrn und Geistlichen *Lorenzo Lyons*, der u.a. durch Übersetzungen vom Hawaiischen ins Englische und umgekehrt in Erscheinung getreten ist.

Wenige hundert Meter danach liegt kurz vor der Weggabelung der *Hwys. 19* und *190* rechterhand das moderne *Waimea Center* und links, etwas zurückgesetzt, der auffällige und große Komplex des **Parker Ranch Shopping Centers (2)**, in dem sich auch das Parker-Museum befindet.

Parker Ranch Museum

Das *Parker Ranch Museum* dokumentiert die Geschichte der Parker-Familie und der Farm mit Fotografien, Erinnerungsstücken und Schaubildern sowie einem 20-Minuten-Videofilm. Auf geführten Spaziergängen kann man sich das seit 1988 zugängliche Gelände anschauen und kommt dabei u.a. zum Familienfriedhof, zu Stallungen, dem restaurierten Herrenhaus *Mana* aus den 1840er Jahren und zum mondänen *Puuopelu*, in dem die Besitzerfamilie einen großen Bestand an internationalen Kunstwerken angesammelt hat, u.a. italienische und chinesische Kunst sowie Meisterwerke französischer Impressionisten (Degas, Pissarro, Renoir).

Öffnungszeiten
Parker Ranch Visitor Center & Museum, P.O.Box 458, Tel.: 885-7655; tägl. 9.00-17.00 Uhr geöffnet, Eintritt US$ 5, vierstündige Ranchtour US$ 16,50 inkl. Lunch.

Am rustikalen *Paniolo Country Inn* **(3)** zweigt sofort anschließend die *Lindsay Rd.* rechts ab und von dieser nach links der *Hwy. 19*. Wer die direkte Route zur Westküste fahren oder später die Rundfahrt um die Nordhalbinsel unternehmen möchte, ist hier auf dem richtigen Weg.

Auf den ersten hundert Metern passiert man hierbei rechterhand den **Waimea Park (4)** und ihm gegenüber den **Parker Square (5)** mit einer Galerie und den Wohnhäusern der Parker-Familie (*'Mana'* und *'Puuopelu'*). Es folgt die **Opelo Plaza (6)**, u.a. mit dem Restaurant *Merriman's*, und dann eine 3 km lange Strecke bis zum Abzweig des *Hwys. 250*. Diesem gegenüber befindet sich das lohnende **Kamuela Museum (7)**, das ein Sammelsurium unterschiedlichster Ausstellungsgegenstände – vom ausgestopften Bären aus Kanada über alt-hawaiische Artefakte bis hin zu Gerätschaften der örtlichen Paniolos – bietet. Allemal sehenswert ist jedoch der wunderschöne Garten mit einer unglaublichen Kakteensammlung – ein 'Muß' für jeden botanisch Interessierten.

Öffnungszeiten
Kamuela Museum, Kamuela, Tel.: 885-4724; tägl. 8.00-17.00 Uhr geöffnet, Eintritt US$ 2,50.

5.7.3 VON HILO NACH WAIMEA ÜBER DIE SADDLE ROAD

Hinweis
Die berüchtigte *Saddle-Road* hat zwar durch die durchgehende Asphaltierung viel von ihrem einstigen Schrecken verloren und ist zwar z.T. recht rauh, aber insgesamt in akzeptablem Zustand. Ob sie jedoch für Touristen mit einem normalen Pkw als Teilstrecke einer Inselrundfahrt eingeplant werden sollte, bleibt aus folgenden Gründen fraglich: Der Sattel zwischen den beiden Vulkanriesen ist fast immer von dichtem Nebel bedeckt, hinzu kommen Regen- und Graupelschauer, die das Fahren strapaziös machen. Zweitens gibt es aufgrund der Straßenverhältnisse auf der Strecke z.B. nach Kailua-Kona keine Zeitersparnis gegenüber dem nur 12 km längeren *Hwy. 19*. Als Alternative zu diesem würde man drittens die vielen Sehenswürdigkeiten an der Küste verpassen. Viertens gibt es keinerlei Einrichtungen wie Tankstellen, Werkstätten, Gaststätten oder Unterkünfte entlang der Saddle Rd. Fünftens schließlich erlauben die meisten Mietwagenfirmen die Etappe nur für geländegängige Autos; wer sich an diese Auflage nicht hält und steckenbleibt, ist also nicht versichert und muß jeden Schaden selbst tragen.
Fazit: Wenn überhaupt, dann nutzen Sie diese Strecke nur mit einem geeigneten Fahrzeug – etwa auf dem Weg zum *Trailhead* der *Mauna Loa*-Wanderung oder zum Observatorium des *Mauna Kea*. Und wenn Sie die Wahl haben, fahren Sie der besseren Aussicht wegen lieber von Hilo nach Westen als in umgekehrter Richtung!

Der östliche Startpunkt der Saddle Rd. (Hwy. 200) ist das Stadtzentrum von **Hilo**, wo man von der Küstenstraße *Kamehameha Ave.* auf die *Waianuenue Ave.* abzweigt und immer deren Verlauf folgt. Dabei passiert man in einiger Entfernung den sehenswerten *Wailuku River State Park* und erreicht nach etwa 5 Minuten den **Kaumana Caves Park** mit einem schönen Panoramablick auf die Bucht von Hilo (vgl. KAPITEL 5.6.4).

Ab nun liegen vor einem ca. 95 km bis nach Waimea und ca. 143 km bis nach Kailua-Kona, wobei die Saddle Rd. zunächst stetig ansteigt. Bald nach dem Golfplatz des *Hilo Country Club* verändert sich das Landschaftsbild – das grüne Vegetationskleid wird deutlich spärlicher, gleichzeitig nehmen auch die Kühle und Feuchtigkeit zu. Ab etwa 1.000 m Höhe, wo der eigentliche Sattel zwischen dem *Mauna Kea* und dem *Mauna Loa* beginnt, werden Autofahrer durch die Wetterverhältnisse i.d.R. gezwungen, das Licht einzuschalten und die Scheibenwischer auf Dauerbetrieb zu stellen. Schon weit vor der Paßhöhe von etwa 1.900 m Höhe bestimmen graue und schwarze Lavaplateaus die Landschaft und tragen ihrerseits zum düsteren Gesamteindruck bei. Die Straße passiert einige Stellen, in denen die Lavaströme sog. *kipukas* ausgespart haben, Vegetationsinseln, die ein wichtiges Rückzugsgebiet der einheimischen Flora und Fauna darstellen. Dort leben z.T. auch größere Bestände von *Nene*-Gänsen, weswegen es streng verboten ist, diese Areale in der Brutzeit (Anfang November bis Ende Februar) zu betreten.

Ungefähr in der Mitte der Wegstrecke gehen kurz hintereinander zwei (unmarkierte) Stichstraßen in Richtung der Vulkangipfel ab. Etwa am Meilenmarker 28 ist das zunächst die asphaltierte *Observatory Rd.,* die nach links in ca. 27 km bis zum 3.371 m ü.d.M. gelegenen Observatorium am Fuß des aktiven Vulkans **Mauna Loa** führt. Eine lange und anstrengende Wanderung bringt Sie von dort zur Caldera des zweithöchsten Berges von Hawaii hinauf (vgl. KAPITEL 5.8).

Wenig später geht nach rechts der ebenfalls asphaltierte *John A. Burns Way* von der *Saddle Rd.* ab und auf den *Mauna Kea* zu.

Abstecher zum Mauna Kea

Der Name des höchsten Berges im Pazifik (= 'weißer Berg') bezieht sich auf die Kuppe aus Schnee und Eis, die weit über den Winter hinaus den 4.205 m hohen Gipfel bedeckt und abenteuerlich veranlagten Touristen das seltene Vergnügen einer Skifahrt in den Tropen beschert. Nun ist gerade dieser Gipfel etwa vom *Haleakala* auf Maui weitaus besser zu sehen als von der *Saddle Rd.,* aber Reisende, die sich zu ihm auf den Weg gemacht haben, sollten angesichts des häufigen Nebels nicht unbedingt verzweifeln: Oft genug lichtet sich in den oberen Regionen die Wolkendecke, und je mehr man sich der Spitze nähert, desto größer wird die Chance auf Sonnenschein und eine unglaubliche Fernsicht.

Der Mauna Kea mit Schneekappe

Der *John A. Burns Way* ist zwar sehr steil, aber asphaltiert und bis zum *Onizuka Center* auch mit dem normalen Pkw zu befahren. Am Versorgungs-Camp *Hale Pohaku* vorbei gelangt man dabei in knapp 10 km bis zu einem **Lookout** und auf der anderen Straßenseite zum **Ellison S. Onizuka Center for International Astronomy** in knapp 3.000 m Höhe, einem *Visitor Center*, in dem man mit Schautafeln über die Bedeutung der astronomischen Station auf dem Berggipfel informiert wird.

Ab hier gibt es für 'Gipfelstürmer' verschiedene Möglichkeiten. Wer trainiert ist, genügend Zeit mitbringt und sich die anstrengende **9,6 km-Wanderung** in der dünnen Luft zutraut, kann sich am *Mauna Kea Summit Trail* versuchen. Dabei kommt man u.a. am *Lake Waiau* vorbei, der mit 3.700 m der dritthöchste See der USA ist. Für diesen Aufstieg, der durch eine unglaubliche Aussicht belohnt wird, muß man zu jeder Jahreszeit mit widrigen Witterungsverhältnissen rechnen und das Wandern auf Schnee und Eis beherrschen.

Die bequemere Alternative ist die Fahrt auf der steilen Gebirgsstrecke bis zum **Mauna Kea Observatorium**, die aber nur mit dem **Geländewagen** durchführbar ist. Das Observatorium, das durch einige Beobachtungsstationen verschiedener Länder komplettiert wird, besitzt seit 1992 unter einer 30 m hohen Kuppel das Teleskop ***'Keck I.'***, das der amerikanische Öl-Tycoon *Myron Keck* mit umgerechnet 70 Mio DM gesponsert hat. Der 10 m große, aus 36 Segmenten zusammengesetzte Spiegel ist das bislang größte optische Teleskop der Welt und fängt die Lichtsignale fernster Galaxien ein. Auf der Baustelle daneben soll bis Ende 1996 eine identische Anlage entstehen ***(Keck II.)***.

Mauna Kea Observatorium

Das Observatorium wird gemeinschaftlich von der *University of Hawaii* und der *NASA* unterhalten. Zusammen mit dem 500-Millionen Mark Projekt *VLT*, das einige europäische Staaten derzeit in der chilenischen Atacama-Wüste errichten, und dem im Weltraum ausgesetzten *Hubble Space Telescope* zählt *Keck I.* aufgrund seiner Höhe und der völlig klaren Luft zu den besten astronomischen Beobachtungsstationen überhaupt. Das Observatorium ist nicht zu jeder Zeit öffentlich zugänglich, jedoch werden an Wochenenden kostenlose geführte Rundgänge durch die Station angeboten. Diese müssen vorher in Hilo angemeldet sein (bei: *Mauna Kea Support Services*, 177 Makaala St, Hilo, Tel.: 961-2180), den Guide trifft man dann um 13.30 Uhr am *Onizuka Center*. Die einfachste Möglichkeit, auf den Mauna Kea zu gelangen, besteht natürlich innerhalb von **pauschalen Arrangements**. Z.B. wird man von *Paradise Safaris* (Tel.: 322-2366) von den Hotels an der Westküste abgeholt und mit einem Geländewagen (maximal 7 Personen) zum Gipfel gebracht, wo man den Sonnenuntergang erlebt. In Waimea starten die *Mauna Kea Summit Tours* (Tel.: 775-7121) zu einer 6-Stunden-Tour zum Gipfel (maximal 4 Personen), bei der auch ein Mittagessen eingenommen und nach Möglichkeit das Observatorium besichtigt wird.

Hinter dem Sattel steigt die Straße stetig hinab und läßt langsam die Lavawüste, schließlich auch die monotone Steppe hinter sich. Die ersten niedrigen Sträucher zeigen sich, bald abgelöst von grünen Weiden mit Pferden und Kühen. Und als erster Vorbote der vielen Rinderfarmen um Waimea liegt die **Waikii Ranch** am Wegrand. Bei der Weiterfahrt hat man – gutes Wetter vorausgesetzt – mehrfach einen sehr schönen Blick bis hinunter zur Kohala-Küste sowie auf vereinzelte Aschekegel, die sich als Minivulkane aus der Landschaft erheben. Nachdem man den letzten davon, den *Nohona o Hae* (990 m ü.d.M.), passiert hat, endet die

lange und sehr hohe Steinwälle zu sehen sind, ist im *Kohala Historical Sites State Monument* denkmalgeschützt, wo weitere spärliche Steinfundamente jenem Palast zugeschrieben werden, in dem König Kamehameha auf die Welt gekommen sein soll *(Kamehameha I. Birthplace)*.

Hawi

Der folgende Ort heißt Hawi, ist der nördlichste der Insel und war einmal das Zentrum von Big Islands Zuckerindustrie. Eine Schmalspurbahn brachte ab 1880 das Zuckerrohr zur *Kohala Mill* und die verarbeiteten Produkte zum Hafen von Mahukona. Für den Trassen- und Gleisbau holte man chinesische Vertragsarbeiter vom *Hakka*-Stamm hierher, die später auf den Plantagen und in der Zuckermühle Arbeit fanden und lange Zeit durch ihr Traditionsbewußtsein und ihren engen Clanzusammenhalt diese Region prägten. Nach dem Niedergang der Zuckerindustrie sanken Hawi und die benachbarten Dörfer zur Bedeutungslosigkeit ab, viele schöne Gebäude verfielen, und erst in jüngster Zeit wurden Anstrengungen unternommen, neues Leben nach Hawi zu bringen. Einige Aussteiger und Esoteriker sind darunter, aber auch einfache Bauern, die Obst, Gemüse und sicher auch Marihuana anbauen oder sich einige Pferde und Kühe halten. Es herrscht also eine besondere Atmosphäre hier oben, die durchaus ihren Reiz hat und vom Massentourismus gottseidank bislang verschont wurde.

Wenn Sie schon bis Hawi gekommen sind, sollten Sie hier nicht sofort die Rückreise über den *Hwy. 250* antreten, sondern unbedingt noch die letzten 10 km bis zum Ende der Straße zurücklegen. Vielleicht schauen Sie sich vorher die exponiert gelegene *Sacred Heart Church* rechts der Straße an oder nehmen im *Kohala Restaurant & Bar* neben dem schönen *Takata*-Gebäude (1926) oder in einem anderen Café einen Imbiß ein.

Das Original: König-Kamehameha-Statue

Kapaau

Hinter Hawi geht es auf einer nun deutlich schmaleren (aber durchgängig asphaltierten) Strecke weiter nach Kapaau, dessen Ortsanfang man nach wenigen Minuten erreicht. Hier begrüßt einen auf einem Hügel die schöne weiße Holzkirche *St. Augustine's Church*, die 1884 erbaut wurde. Die links abgehende Stichstraße zum *Kamehameha Park* bringt einen zu Schulgebäuden und Sportanlagen samt Golfplatz. Ähnlich wie Hawi ist Kapaau von halb verfallenen oder restaurierten Häusern im Wild-West-Stil geprägt. Hinter dem schönen Art-Deco-Gebäude der *Bank of Hawaii* befindet sich schließlich rechts der Straße die größte Sehenswürdigkeit der Region, nämlich die König-Kamehameha-Statue. Stellen Sie den Wagen am Parkplatz des *Kohala Civic Center* ab – vielleicht holen Sie sich im Shop gegenüber auch ein gutes Sandwich oder einen Kaffee! – und betrachten Sie dann das Denkmal vom hübschen und schattigen Park aus (sanitäre Anlagen, Picknicktische).

INFO

König-Kamehameha-Statue

Die meisten Hawaii-Besucher werden nicht dieses originale Standbild des Königs bewundern und fotografieren, sondern die weitaus besser präsentierte Kopie, die in Honolulu an exponierter Stelle zwischen Iolani- und Justizpalast zu finden ist (vgl. KAPITEL 9.3.3). Warum es überhaupt zwei Ausgaben gibt, geht auf eine merkwürdige und interessante Geschichte zurück:

Ihr Auftraggeber war der lebenslustige König Kalakaua, der das Standbild zur Verschönerung des Platzes vor dem neuen Iolani-Palast und als Mittelpunkt seiner Hauptstadt haben wollte. Für die damals hohe Summe von 10.000 Dollar modellierte der amerikanische Bildhauer T.R. Gold das Kunstwerk, wobei er sich einen wegen seiner Schönheit allseits bekannten Mann aus Honolulu zum Vorbild nahm. Gegossen wurde die Bronzestatue in Paris und dann in Bremen auf den Segelfrachter "Georg Friederich Händel" gebracht. Beim Transport nach Hawaii kenterte jedoch das Schiff und ging auf Höhe der Falkland-Inseln samt Besatzung und Fracht unter.

Da die Statue mit 12.000 Dollar versichert war, wurde flugs ein zweiter Abguß hergestellt, diesmal jedoch vom Sohn des inzwischen verstorbenen Bildhauers, so daß die Kopie dem Original nicht besonders ähnlich war. Dieses Standbild erreichte wohlbehalten Honolulu und nahm 1883 den Ehrenplatz ein, auf dem es heute noch steht.

Der Zufall wollte es, daß Schiffer der Falkland-Inseln inzwischen das Wrack der 'G.F. Händel' entdeckt hatten, die Statue bargen und sie in ihrer Hauptstadt Port Stanley aufstellten, ohne zu wissen, wen die Figur darstellen sollte. Ein weiterer Zufall führte den amerikanischen Kapitän Jervis dorthin, der den König Kamehameha erkannte, das Standbild für 500 Dollar kaufte und es nach Honolulu transportieren ließ, wo allerdings der zugedachte Platz bereits durch die Kopie besetzt war. So entschloß man sich, das Original an den Geburtsort des großen Königs zu bringen, wo es nun einer eher ärmlichen und ländlichen Gegend ein wenig Hauptstadt-Glanz verleiht.

Nach Kapaau folgt eine Reihe unbedeutender Siedlungen wie **Halaula**, **Halawa**, **Makapala** und **Niulii**, deren Lebensgrundlage früher die *Kohala Sugar Company* war und die heutzutage kleine landwirtschaftliche Betriebe beherbergen. Achten Sie auf der Strecke auf jenen Stein, der nach einer Kurve rechterhand als *Kamehameha Rock* markiert ist; der Legende nach soll er vom jungen König als Kraftprobe von der Küste bis an diese Stelle getragen worden sein. Kurze Zeit später legen der historische Laden *Wo-On-Store* und das Gebäude des *Wo-Tong*-Geheimbundes (1886) Zeugnis von der alten chinesischen Gemeinde der Region ab. Gleiches gilt für **Niulii** mit seinem kleinen chinesischen Friedhof; man passiert diesen, wenn man die 1½ km lange Stichstraße zum **Keokea Beach Park** hinabfährt. Auch sonst macht dieser Abstecher Sinn, weil ansonsten der *Hwy. 270* immer in einiger Entfernung zum Meer verläuft. Die Piste hinab zum Picknickplatz ist eng und rauh, aber asphaltiert. Am *Beach Park* ist Schwimmen zwar nicht möglich, doch hat man einen schönen Blick auf die Steilküste.

● **Pololu Valley Lookout**

Der Highway selbst ist kurze Zeit später an einem kleinen Parkplatz zu Ende, von dem aus man die gute Aussicht auf das *Pololu Valley* und die nordöstliche Küstenlinie genießen kann. Wer möchte, kann in das von bewaldeten Bergwänden eingezwängte Tal in etwa 20 Minuten hinabsteigen; für die ziemlich steile Kletterpartie wird man durch einen wunderbar einsamen, schwarzen Sandstrand inmitten herrlicher Vegetation belohnt.

Auf dem Rückweg gibt es bis **Hawi** keine Alternative zu der bereits bekannten Strecke. Dort allerdings biegt man nun nach links auf den *Hwy. 250* ab, der sich sofort anschließend in die **Kohala Mountains** hinaufwindet und durch völlig unterschiedliche Vegetationsstufen geht. Das Hinweisschild *"next 17 miles narrow and winding road"* sollte keine übertriebenen Befürchtungen wecken – es gibt auf Hawaii weitaus schlimmere Gebirgsstrecken. Auf den ersten Kilometern kommt man durch eine fruchtbare und landwirtschaftlich intensiv genutzte Gegend; zwischen Bäumen und Obstgärten sieht man Kühe, Pferde und – auf einer kleinen Weide zur Rechten – sogar auch Lamas. Hinter der Zufahrt zur **Puu Hue Ranch** ändert sich das Landschaftsbild: Ähnlich den alpenländischen Almen bedecken nur noch weite Wiesen die Hügel.

Auf dem Gelände der Kohala Ranch

Eine zweite Rinderfarm mit angeschlossenem Gestüt, die **Kahua Ranch**, begleitet den Weg, kurz danach passiert man einen erneuten Zugang zur **Kohala Ranch** (s.o.), auf dem man übrigens auch bis zur Küstenstraße *Hwy. 270* hinabgelangen kann. Lassen Sie sich aber die weitere Strecke über die Kohala Mountains nicht entgehen, die im wesentlichen auf einem Grat verläuft und ihren höchsten Punkt mit 1.086 m ü.d.M. erreicht – etwa gleich weit von Hawi und Waimea entfernt.

Nach einer von Ironwood-Bäumen gesäumten Allee gelangt man am Meilenmarker 8 zu einem Lookout, von dem der Blick über die kargen, von Kakteen bewachsenen und Schafen bevölkerten Berghänge bis zum Ozean reicht, wo an klaren Tagen der Dreitausender *Haleakala* auf Maui in der Ferne auszumachen ist.

Nach diesem 'Scenic Point' geht es in einigen Kehren hinab, das Land wird wieder fruchtbarer, und kurz darauf stößt man am Ortsanfang von **Waimea** auf den *Hwy. 19* – dort, wo sich vis-a-vis das Kamuela Museum befindet und wo die Rundfahrt ihren Ausgang nahm.

5.7.5 ZWISCHEN WAIMEA UND KAILUA-KONA

Für die letzte Etappe der Inselumrundung gibt es drei Wegvarianten, von denen hier nur die dritte ausführlicher beschrieben werden soll. Die anderen beiden sind:

- **Variante I.:** Vom Ortszentrum in *Waimea* geht es auf dem *Hwy. 190*, der die eigentliche **Hawaii Belt Rd.** komplettiert, durch das Inselinnere in 64½ km direkt nach Kailua-Kona. Dabei fährt man durch eine moderate Hügellandschaft, die über weite Strecken von den erstarrten Lavaströmen des *Mauna Loa* geprägt ist. Auf dem Weg kommt man am Abzweig der *Saddle Rd.* nach Hilo, am Abzweig der *Waikoloa Rd.* nach **Waikoloa** sowie an den Siedlungen **Puuanahuhu** und **Kalaoa** vorbei.

- **Variante II.:** Bei dieser Variante folgt man ebenfalls dem *Hwy. 190,* zweigt dann aber 7,7 km hinter der *Saddle Rd.* nach rechts auf die *Waikoloa Rd.* ab. Die gut ausgebaute, breite Asphaltstraße bringt einen in weiten Kehren am interessanten Krater *Puu Hinai* vorbei und passiert dann eine vierspurige Straßeneinmündung, auf der man nach rechts zum **Waikoloa Village** gelangt. Dieses 'Dorf' ist eine grüne Oase inmitten der Lavawüste – geprägt von modernen, eingeschossigen Wohnhäusern und dem großen Golfplatz. Ein Ziel dieses Abstechers könnte das *Waikoloa Haina Tropic Center* mit seinen guten Einkaufsmöglichkeiten sein. Vor allem der Supermarkt *Waikoloa Village Market* ist reich bestückt und ein Tip für alle, die als Selbstversorger in den Condominiums an der Küste wohnen.

Schließlich erreicht man auf der *Waikoloa Rd.* den *Hwy. 19* am Waikoloa-Heliport. Zum *Waikoloa Beach Resort* geht es von hier aus nach links, zum *Mauna Lani Resort* nach rechts.

Nach Kailua-Kona über die Küstenstraße (Hwy. 19)

Auf dieser dritten Variante fährt man von Waimea auf der schon bekannten Strecke des *Hwys. 19 (Kawaihae Rd.)* bis zum Hafenort **Kawaihae**, wo der *Hwy. 270* nach Norden abzweigt. Hier bleiben wir auf dem *Hwy. 19* in Richtung Süden, der in den Inselkarten auch als *Queen Kaahumanu Hwy.* eingetragen ist. Er führt zwar immer parallel zur Küste, aber doch in einiger Entfernung zu ihr, so daß die einzelnen Resorts und Strände nur auf Stich- oder Nebenstraßen zu erreichen sind.

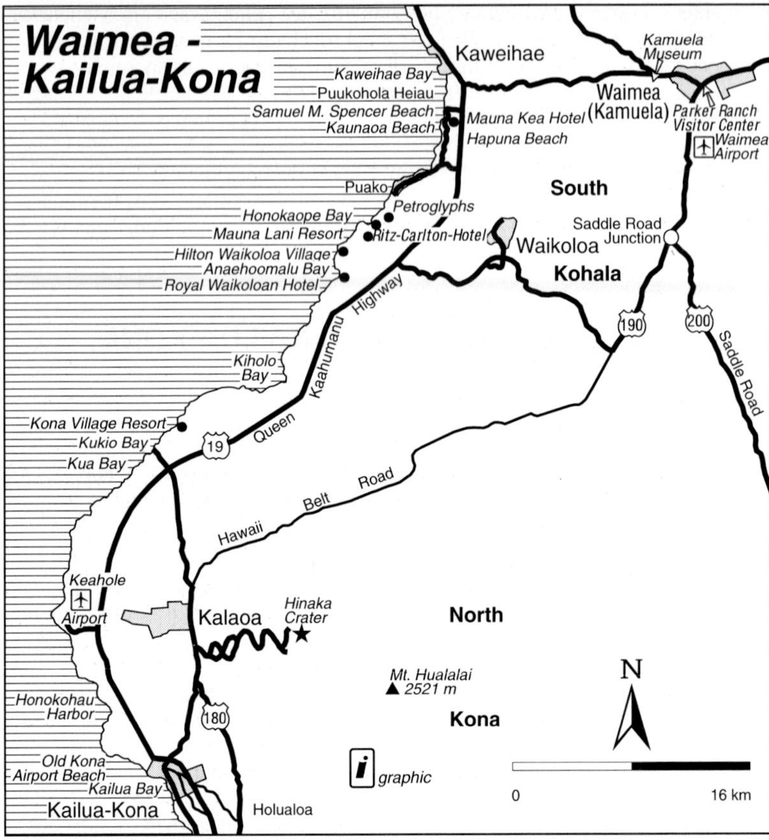

Die Strecke selbst bietet wenig Attraktionen ≈ von der grandiosen Kargheit der schwarzen Lavawüste einmal abgesehen, in die unzählige Besucher ihre Namen oder Botschaften mit weißen Steinchen markiert haben. Wenn im folgenden von einigen Sehenswürdigkeiten die Rede ist, dann befinden sich diese also auf dem Gelände der großen Hotelanlagen, manchmal bestehen sie auch aus den Hotels selbst. Für den ersten Teilabschnitt ≈ **von Kawaihae bis zur Kiholo Bay** ≈ sollen deshalb zunächst die wichtigsten Namen der Hotellerie (und Gastronomie) genannt werden:

Hotels (von Norden nach Süden)

1 *Mauna Kea Beach Hotel* ($$$$$), One Mauna Kea Beach Dr., Kohala Coast, Tel.: 882-7222, Fax: 882-7657; das älteste Strandhotel der Kohala-Küste, aber immer noch eine luxuriöse Anlage mit starkem sportlichen Akzent, 310 Zimmer mit allen Annehmlichkeiten, exquisite asiatisch-pazifische Kunstsammlung, Restaurants, Shops, Pool, Golfplatz, Tennisplätze, Sauna, Massagesalon, Jogging-Pfad, Schnorchel- und Tauchexpeditionen, Reitmöglichkeiten, kleiner Strand.

- *Hapuna Beach Prince Hotel* ($$$$$), One Mauna Kea Beach Dr., Tel.: 882-1111, Fax. 882-1174; jüngstes Großprojekt an der Kohala-Küste, Ende 1994 eröffnetes Luxushotel mit allem erdenklichen Komfort, 350 Zimmer, Pools, Restaurants, Shops, Golf- und Tennisplätze.
- *Ritz-Carlton Hotel Mauna Lani* ($$$$$), 50 Kaniku Dr., Tel.: 885-0099, Fax: 885-8886; 1990 eröffnetes Haus der absoluten Luxusklasse mit 541 Zimmern in mehreren Gebäuden, europäisch-lockerer Stil mit schlichter Eleganz und vielen Kunstwerken, schöner weißer Sandstrand mit allen Wassersportmöglichkeiten, 18-Loch-Golfplatz, 10 Tennisplätze (z.T. mit Flutlicht), Fitnesscenter, 4 Restaurants.
- *Mauna Lani Bay Hotel & Bungalows* ($$$$$), One Mauna Lani Dr., Tel.: 885-6622; luxuriöse Fünf-Sterne-Anlage mit 350 Zimmern, Pool, Tennis- und Golfplatz, Fitnesszentrum, Shops, Restaurants, aufwendige Innen- und Außenanlagen u.a. mit Meerwasserlagune (Haie) und tropischer Tier- und Pflanzenwelt in der Lobby.
- *Hilton Waikoloa Village* ($$$$$), HC 02 Box 5500, 425 Waikoloa Beach Dr., Waikoloa, Tel.: 885-1234, Fax: 885-2900; das ehemalige 'Hyatt Regency' ist das größte und aufwendigste Hotel auf Big Island und wird weiter unten ausführlicher beschrieben; 1.241 komfortable Zimmer, 6 Restaurants, Shops, eigene Lagune, eigenes Nahverkehrssystem, 18-Loch-Golfplatz, alle Sportangebote.
- *The Royal Waikoloan* ($$$), P.O.Box 5000, S. Kohala, Tel.: 885-6789, Fax: 885-7852; komfortable First-Class-Hotelanlage des Outrigger-Konzerns am schönsten Strand der Insel, sehr gutes Preis-Leistungsverhältnis, 545 komfortable Zimmer mit Balkon, 2 Restaurants, Pool, Boutiquen, 6 Tennisplätze, 18-Loch-Golfplatz, Reitmöglichkeiten.

Restaurants

Da der Küstenstreifen fast ausschließlich von Hotelanlagen besetzt ist, findet man außerhalb der Unterkünfte kaum Restaurants. Nur in den beiden Shoppingzentren von Waikoloa und am Waikoloa Beach gibt es gute Gaststätten, die nicht einem Hotelbetrieb angehören, so z.B. das *Big Island Steak House* ($$$) in den *'King's Shops'* (Tel.: 885-8805). Auf eine Ausnahme sei hier ausdrücklich hingewiesen: das *Gallery Restaurant* ($$$$) am Racket-Club der Mauna Lani Resorts (Tel.: 885-7777) bietet exquisite norditalienische Küche und gehört zu den besten Adressen auf Hawaii.

Nachfolgend einige der **besten Hotel-Restaurants** in obiger Reihenfolge, wobei dies nur eine kleine Auswahl sein kann (allein die Mega-Anlage des Hilton hat 6 verschiedene Restaurants):

- Im ***Mauna Kea Beach*** *Hotel*: der *Batik Room* ($$$) mit kontinentaler Küche, *The Garden* ($$$) mit gelungenen Gerichten im pacific-rim-Stil, sowie das *Hau Tree-Clambake* ($$$) am Strand, wo jeden Samstagabend ein Seafood-Buffet aufgebaut wird.
- Im ***Hapuna Beach Prince*** *Hotel*: das Open-Air-Restaurant *Ocean Terrace* ($$) mit Frühstücksbuffet und Abendessen sowie das elegantere Lokal *Coast Grille* ($$$), das nur zum Dinner geöffnet ist und mit Lamm-, Rind-, und Seafood-Gerichten aufwartet, das japanische Restaurant *Hakone* ($$$) und das *Bistro* ($$$) mit italienischer und Mittelmeer-Küche.
- Im ***Ritz-Carlton*** *Hotel Mauna Lani*: das *Café Restaurant* ($$$), das durchgehend von morgens bis abends geöffnet ist, und *The Grill* ($$$$) mit französisch-kontinentaler Küche (Steaks and Seafood) zum Dinner. Am besten und teuersten speist man hier in der eleganten Atmosphäre des *Dining Room* ($$$$$), einem der bekanntesten Restaurants der Insel mit der frischen Küche des *pacific-rim* (nur Dinner; Reservierung ratsam).
- Im ***Mauna Lani Bay Hotel*** *& Bungalows*: das renommierte *Canoe House* ($$$$) mit seiner *pacific-rim*-Küche für Gourmets (nur zum Dinner, probieren Sie Won Ton Ravioli mit Hummer!) und *Le Soleil* ($$$$) mit ebenfalls äußerst guter Küche (Seafood und Fisch).
- Im ***Hilton Waikoloa Village***: *The Palm Terrace* ($$$) mit Frühstück- und Dinnerbuffets, das *Donatoni's Restaurant* ($$$) mit italienischer Küche und das japanische Restaurant *Imari* ($$$).
- Im *The* ***Royal Waikoloan***: die *Royal Terrace* ($$) mit kontinentaler Küche, von morgens bis abends durchgehend geöffnet, und der *Tiare Room* ($$$$) mit internationalen und italienischen Spezialitäten zum Dinner.

Routenbeschreibung

Die ersten beiden Abzweige, die hinter Kawaihae vom *Queen Kaahumanu Hwy.* in Richtung Meer führen, bringen einen zum *Mauna Kea Beach Hotel* und zum schönen Hapuna Beach. Wenige Fahrminuten danach kann man auf der *Pueko Rd.* zur hübschen **Hokuloa Church** von 1859 gelangen und anschließend zum *Holoholokai Beach* weiterfahren. Von dort aus ist über einen Jeeptrack auch der Zugang zu den berühmten *Puako-Petroglyphen* (s.u.) möglich, doch der besser ausgeschilderte Weg geht vom *Mauna Lani Dr.* ab.

Nach einem etwas weiteren Wegstück erreicht man auf dem Highway eine Zufahrtsstraße zum **Mauna Lani Resort**, das ausgedehnte Golfplätze und die beiden großen Nobelherbergen *Ritz-Carlton Hotel* und *Mauna Lani Bay Hotel & Bungalows* umfaßt. Schon die Innenbesichtigung der Hotelanlagen lohnt den Abstecher (insbesondere die Kunstsammlung im *Ritz-Carlton*), noch viel mehr aber die archäologischen Stätten in der näheren Umgebung, von denen die wichtigsten die Felsritzungen von *Puako* sind.

● Puako Petroglyph Archaeological Preserve

Zu diesem größten aller hawaiischen Petroglyphenfelder gelangt man, wenn man am *Ritz-Carlton* vorbeifährt und ab da der Ausschilderung folgt. Die Straße endet an einem Parkplatz in Strandnähe, wo der gut 1 km lange *Malama Trail* beginnt. Am Anfang des Pfades sind einige Petroglyphen in moderner Zeit nachgebildet worden, um Fotografen zu jeder Tageszeit gute Motive und denjenigen, die die Konturen auf Papier 'durchrubbeln' wollen, ein Demonstrationsobjekt zu bieten.

Eine der Felsritzungen von Puako

Zu den Originalen geht es dann auf einem schmalen Fußpfad durch Gestrüpp, über Lava und Asche, aber fast immer im Schatten. Sobald Sie auf einen breiteren Feldweg stoßen, überqueren Sie diesen und kommen auf der anderen Seite nach wenigen hundert Metern zu einer Balustrade, hinter der sich ein großes Steinfeld erstreckt, das völlig mit Petroglyphen besetzt ist. Mehr als 3.000 Felsritzungen sind hier erhalten, zumeist figürliche Darstellungen, aber auch Tiere und abstrakte Symbole. Auf die Frage, wann die Petroglyphen angebracht wurden und warum gerade in dieser sehr unfruchtbaren Gegend ohne jegliche Trinkwasservorkommen, kann die Forschung keine eindeutige Antwort geben. Auffällig ist, daß die Figuren fast alle zum Berg hin gewandt sind. Insgesamt sind an der Kohala-Küste mehr als 12.000 Petroglyphen erhalten, und ein zweites, weniger großes Feld befindet sich ganz in der Nähe.

Vergessen Sie nach dem Besuch nicht, vom Parkplatz aus dem Strand einen Besuch abzustatten, der sich zwar nicht zum Baden eignet, mit seinen Lava- und Korallensteinen jedoch einen phantastischen Schwarz-Weiß-Kontrast aufweist. Picknicktische und gute sanitäre Anlagen empfehlen den Ort außerdem für eine Rastpause.

Bei der Rückfahrt kann man von der Straße aus oder über den Hoteleingang des *Mauna Lani Bay Hotels* weitere Ausflüge in die Geschichte unternehmen. Etwa zum **Historical Park** des Hotels, bei dem ein Pfad durch ein archäologisches Ausgrabungsgelände führt, wo Überreste einer alt-hawaiischen Siedlung erhalten sind. Das ganze ist eingebettet in eine bizarre Landschaft, in der sich die Golfplätze des Resorts inmitten von Lavabrocken, Schlacken und Asche wie grüne Oasen ausnehmen.

Interessant ist auch die **Eva Parker Woods Cottage** auf dem Gelände, in der alte Fotografien, Federarbeiten und Gerätschaften die polynesische Kultur dokumentieren. Unter Leitung des Einheimischen *Kaniela Akaka* werden vom *Mauna Lani Bay Hotel* zu bestimmten Terminen lohnende Spaziergänge veranstaltet, auf denen Gästen Felszeichnungen, alte Fischteiche und andere Relikte gezeigt werden.

Öffnungszeiten
Eva Parker Woods Cottage, One Mauna Lani Dr., Tel.: 885-6622; geöffnet Di 15.00-16.30, Mi 14.15-16.30 und Do 9.00-10.00 Uhr, freier Eintritt.

Zurück auf dem Highway, kommt man zunächst an der Einmündung der *Waikoloa Rd.* vorbei, die sich durch ein Lavafeld zum **Waikoloa Village** (s.o.) und weiter zum *Hwy. 190* hinaufschlängelt, sowie direkt daneben am Heliport, von dem aus verschiedene Firmen ihre Helikopterrundflüge starten. Der nächste Abzweig nach rechts – etwa am Meilenmarker 16 – bringt einen

Fischteich und Strand an der Anaehoomalu Bay

dann zum **Waikoloa Beach Resort**, das Attraktionen der unterschiedlichsten Art bereithält.

Zunächst ist da das *Royal Waikoloan Hotel*, auf dessen Gelände sich das Petroglyphenfeld **Anaehoomalu** befindet. Auf einem kurzen und gut gestalteten Pfad gelangt man vom Parkplatz vor dem Hotel dorthin, man kann jedoch auch an einer kostenlosen, einstündige Wanderung unter der Leitung des Petroglyphen-Kenners *Roz Salomon* teilnehmen, die jeden Samstag um 8.30 Uhr am *Food Pavilion* der *King's Shops* startet.

Hinter dem Hotel sind zwei alte Fischteiche zu bewundern und natürlich der von Palmen gesäumte und beste Sandstrand der Insel, an dem alle Wassersportarten möglich sind (**Anaehoomalu Bay**). Außerdem hat das Resort wunderschöne tropische Gärten, die man am besten auf einer sehr instruktiven Wanderung unter der Leitung des Botanikers *Armstrong Yamamoto* kennenlernt, bei der auch externe Gäste willkommen sind (jeden Di und Do um 9.30 Uhr).

Folgen Sie nun der Straße zwischen dem Hotel und dem gegenüberliegenden *King's Shops*, einem Einkaufs- und Restaurantzentrum auf hohem Niveau, nach rechts, dann erreichen Sie nach wenigen Minuten den Besucherparkplatz des **Hilton Waikoloa Village**, das eine Sehenswürdigkeit für sich darstellt. Für 360 Mio US$ errichtet und 1988 nach nur 26 Monaten Bauzeit als *Hyatt Regency Waikoloa* eröffnet, wurde die Mega-Anlage weit über Hawaiis Grenzen hinaus als bestes Beispiel eines sog. *Fantasy Hotels* bekannt. Auf eigene Faust oder innerhalb geführter Touren können Sie die Wunderwelt erkunden (sofern Sie nicht ohnehin hier wohnen). Für den Personentransport innerhalb des 25 ha-Terrains stehen eine eigene Elektrobahn sowie mehrere Motorboote zur Verfügung, die auf einem künstlichen Kanalsystem pendeln. Die 1.241 Zimmer sind in drei riesigen Komplexen untergebracht, wobei die Normaltarife die Spannbreite von US$ 250 bis US$ 3.000 *(Presidential Suite)* umfassen. 6 Restaurants und etliche Bars sorgen für das leibliche Wohl, in mehreren Einkaufszentren kann man Mode, Schmuck, Kunst usw. kaufen, eine künstlich angelegte Salzwasserlagune samt Strand und einem ebenfalls künstli-

Auf den Kanälen des Hilton Waikoloa Village

chen Wasserfall bilden das Zentrum des Resorts, zu dem außerdem mehrere Pools (einer von 2.000 m^2), ein Delphinarium, zwei 18-Loch-Golfplätze, 7 Tennisplätze mit eigenem Stadion u.v.m. gehören. Ausgestattet ist das Ganze mit kostbaren Kunstwerken, vor allem aus dem asiatischen Raum. Ein solch riesiger Betrieb ist sicher nicht jedermanns Sache, und zumal europäische Touristen mögen Vorbehalte gegenüber dieser gutgeölten Urlaubsmaschinerie äußern. Aber ob's einem gefällt, kann man erst sagen, wenn man sich an Ort und Stelle eine eigene Meinung gebildet hat.

Die nächsten touristischen Einrichtungen sind auf dem *Queen Kaahumanu Hwy.* relativ weit entfernt, wobei die Strecke Lavaströme von bizarrer Schönheit begleiten. Nach einem *Lookout* oberhalb der **Kiholo Bay** sind es noch etwa 9 km, bis erneut eine Stichstraße nach rechts abgeht, und zwar zum **Kona Village Resort**. Mit seiner polynesischen Architektur ist auch diese Nobelunterkunft eine Stippvisite wert, und sei es nur, um in einem der vorzüglichen Restaurants eine Mahlzeit einzunehmen. Kurz hinter dem Hotel besteht dann an der sehr schönen *Kua Bay* die letzte Möglichkeit vor dem Flughafen, im Ozean zu baden.

Hotel

Kona Village Resort ($$$$$), P.O.Box 1299, Kailua-Kona, Tel.: 325-5555, Fax: 325-5124; einzigartiges all-inclusive-Resort der Luxusklasse direkt am Strand, 125 Zimmer in polynesischen Bungalows, 2 Pools, Shops, Restaurants, Tennisplätze, Gesundheitszentrum, Tauchen, Katamaran-Segeln und andere Wassersportarten ebenso im Preis inbegriffen wie die Mahlzeiten, kein Telefon oder Fernsehen – ideal für moderne Robinsons mit hohen Komfortansprüchen.

Restaurants

Wie das Hotel, so sind auch seine Restaurants Spitzenklasse und die beste Adresse am Ort. Der *Hale Moana Dining Room* ($$$$$) bietet eine exquisite pazifische Küche zum Frühstück, Lunch und Dinner an, der nicht minder gute *Hale Samoa Dining Room* ($$$$$) ist zum Dinner geöffnet, und freitagabends findet hier das beste Luau der Insel, wenn nicht des ganzen Bundesstaates, statt.

Kona-Keahole Airport

Der *Keahole Airport*, der allgemein nur *'Kona-Airport'* genannt wird, liegt inmitten eines Lavastromes, der 1801 vom *Mauna Loa* herabfloß und die Küstenlinie nach außen verschob. Touristen, die hier zum erstenmal den Boden Big Islands betreten (und das sind die meisten), kommen also direkt mit einer prägenden Landschaftsform der Insel in Kontakt – egal, in welche Richtung sie fahren. Der Flughafen selbst ist nicht nur mit allen modernen Einrichtungen ausgestattet, sondern kann wegen seiner offenen und funktionalen Architektur als äußerst gelungen bezeichnet werden.

Museum

Wer vor seinem Abflug noch etwas Zeit übrig hat oder ein besonderes Interesse für die Geschichte der Raumfahrt hegt, findet auf dem Flughafengelände zwischen Ankunfts- und Abflugshalle das *Astronaut Ellison S. Onizuka Space Center*, das mit Fotos, Exponaten und audiovisuellen Vorführungen an den hawaiischen Astronauten *Onizuka* erinnert. Er kam 1986 beim Unglück des Space-Shuttles *Challenger* ums Leben. Das Museum ist tägl. 8.30-16.30 Uhr geöffnet.

Ellison S. Onizuka

Nur 11 km sind es vom Airport bis nach Kailua-Kona, eine Strecke, die die meisten Urlaubsgäste möglichst schnell zurücklegen werden. Wer sich für die hawaiische Geschichte interessiert, findet am Wegrand aber auch hier mehrfach Gelegenheit, sein Wissen zu vertiefen. U.a. gibt es in der Bucht von *Kaloko* noch Spuren einiger alter Fischteiche und die vermutete Begräbnisstätte König *Kamehamehas I.* Ein 525 ha großer Teil des Geländes steht als **Kaloko-Honokohau National Historical Park** unter Denkmalschutz. Hier haben Archäologen mehr als 200 verschiedene Relikte einer polynesischen Siedlung freigelegt, die bis ins 19. Jhd Bestand hatte – u.a. zwei Heiaus, Fischteiche, Kanu-Landeplätze usw. Wer an einer geführten Wanderung (3-6 Stunden; kostenlos) teilnehmen möchte, sollte sich vorher telefonisch anmelden.

Öffnungszeiten
Kaloko-Honokohau National Historical Park, 73-4786 Kanalani St., Tel.: 329-6881; tägl. 8.00-15.30 Uhr geöffnet.

Nahebei befindet sich der **Honokohau Harbor**, der neben dem Kailua Pier wichtigsten Adresse für Yachten, Ausflugsboote und Hochseeangeln. Und genau wie im südlichen Nachbarort ist auch hier das Wiegen der Fänge, die die Sportfischer angelandet haben, ein tägliches Spektakel (11.30 und 15.30 Uhr).

5.8 WANDERN AUF BIG ISLAND

Schon aufgrund seiner Größe, seiner landschaftlichen Vielfalt und seiner vulkanischen Aktivität bietet sich Big Island noch mehr als die anderen Inseln zu einem Wanderurlaub an. Das interessanteste und am besten erschlossene Gebiet ist dabei der *Volcanoes National Park*, der über Dutzende von markierten Wegen und gute Unterkünfte (Hotel, Pensionen, Hütten, Campingplätze) verfügt. Vorgestellt werden hier vier Trails, die die Bandbreite von einem einfachen Spaziergang bis hin zur anstrengenden Tageswanderung abdecken.

Erfahrene Wanderfreunde finden ein zweites, riesiges Betätigungsfeld entlang der *Saddle Road* und im *Mauna Loa*-Gebiet. Die Höhenlage, die lange Anfahrt und die Entfernungen machen die dortigen Trails aber zu einer Herausforderung, die man nur mit Vorbereitung, viel Zeit und ohne große Komfortansprüche hinsichtlich einer Übernachtung bestehen kann. Gleiches gilt für die Wanderer, die an der Nordküste die menschenleere Gegend zwischen dem *Waipio Valley* und dem *Waimanu Valley* erkunden möchten.

Bei den Mehrtageswanderungen sind Übernachtungen auf einfachen Zeltplätzen oder in Hütten notwendig. Das dazu notwendige **Permit** sowie Kartenmaterial oder weitere Informationen zu den Trails auf Big Island erhalten Sie bei einer der folgenden Stellen:

- *Hawaii Volcanoes National Park,* P.O. Box 52, Hawaii HI 96718-0052, Tel.: 967-7311.
- *Division of Forestry & Wildlife,* P.O. Box 4849, 1643 Kilauea Ave., Hilo, Tel.: 933-4221.
- *Division of State Parks,* P.O.Box 936, 75 Aupuni St., Hilo, Tel.: 933-4200.
- *Department of Parks & Recreation,* 25 Aupuni St., Hilo, Tel.: 961-8311.

1. Wanderungen im Volcanos National Park

- **Der Iliahi Loop**

Diese leichte Wanderung kombiniert Streckenabschnitte des *Sandalwood Trail*, des *Crater Rim Trail* und des *Halemaumau Trail*. Vom hinteren Ende des Parkplatzes am Visitor Center gehen Sie über die Straße nach links, wo der *Crater Rim Trail* (ausgeschildert) beginnt. Nach etwa 70 m erreicht man ein Infoschild für Wanderer und folgt hier dem Hinweis 'Sandalwood Trail 0,3 miles'. Kurz darauf geht es auf Stufen hinab zu einer Weggabelung. Hier hält man sich an den *Halemaumau Trail*, dem man etwa 300 m durch einen dichten Wald mit u.a. Baumfarnen und Ohia-Bäumen folgt. Dann biegt man rechts auf den *Sandalwood Trail* ein, der einen an Fumarolen vorbei auf aussichtsreicher Strecke zum Kraterrand bringt. An der nächsten Kreuzung biegt man nach rechts auf den Crater Rim Trail ab und vollendet den Rundgang nach weiteren 500 m bis zum Visitor Center.

- **Anfahrt:** Über den Hwy. 11 bis zum Volcanoes National Park; Startpunkt ist der Parkplatz am Visitor Center.
- **Länge:** 2,1 km
- **Zeitaufwand:** ca. 1½ Stunden
- **Höchster Punkt:** 1.213 m
- **Niedrigster Punkt:** 1.143 m

• Der Kilauea Iki Loop

Auf dieser längeren, aber ebenfalls leichten Wanderung lernt man das Gebiet des *Kilauea Iki*-Kraters (= 'kleiner Kilauea') kennen, das 1959 Schauplatz einer mächtigen, 36 Tage andauernden Eruption war. Die damals hier aufsteigende Lavafontäne erreichte eine Höhe von etwa 470 Metern (!) und ist u.a. in jenem Film dokumentiert, der im Visitor Center gezeigt wird. Die Attraktionen des Rundganges sind der immer noch warme Kraterboden und die Versuche der Vegetation, das Terrain zurückzuerobern.

Vom nördlichen Ende des Parkplatzes am *Kilauea Iki Overlook* geht es auf deutlich markiertem Weg entgegen dem Uhrzeigersinn am nördlichen Kraterrand entlang. Nach gut 1 km wird man durch einen Hain mit Baumfarnen geführt, nach weiteren 500 m erreicht man die Kreuzung mit dem *Byron Ledge Trail*, die die Möglichkeit zu einem kurzen Abstecher zu einem Aussichtspunkt auf den Krater bietet. Nach der Kreuzung geht es hinab zum Boden des *Kilauea Iki,* vorbei an *Ohelo*-Büschen mit roten Beeren, die traditionell der Vulkangöttin Pele geopfert werden müssen. Über die flache und wüstenhafte Lavaebene, aus der immer noch Dämpfe aufsteigen, wandert man gerade auf den gegenüberliegenden Kraterrand zu, den man auf einem Zickzackpfad erklimmt, vorbei an großen Baumfarnen. Oben stößt man auf den *Crater Rim Dr.* und den *Crater Rim Trail*, auf dem man in knapp 500 m wieder zum Ausgangspunkt zurück gelangt. Ein überaus lohnender Abstecher ergibt sich am Anfang dieses Trails, wo jenseits der Straße ein 500 m langer Weg zum und durch den berühmten Lavatunnel *Thurston Lava Tube* führt.

- **Anfahrt:** Über den Hwy. 11 bis zum Volcanoes National Park; dann am Visitor Center nach links auf dem Crater Rim Dr. in 2½ km bis zum *Kilauea Iki Overlook*. Startpunkt ist der dortige Parkplatz.
- **Länge:** 4,8 km
- **Zeitaufwand:** ca. 2½ Stunden
- **Höchster Punkt:** 1.189 m
- **Niedrigster Punkt:** 1.069 m

• Der Halape Trail

Diese anstrengende Wanderung führt von den Hängen des Kilauea durch ein ausgetrocknetes Gebiet hinab zum Meeresufer, wo die kleine Siedlung Halape 1975 durch ein Erdbeben und einen nachfolgenden Tsunami vernichtet wurde. Halape war bekannt für seinen Hain von hohen Kokosnußpalmen inmitten der Lavaödnis, die Erinnerungen an eine Wüstenoase wach werden ließen. Innerhalb von Sekunden wurde im November 1975 der idyllische Flecken um einige Meter unter den Meeresspiegel abgesenkt, und eine hohe Flutwelle riß die Hütten und Zelte einiger Camper ins Meer. Nach dieser Katastrophe ragten die zerfetzten Spitzen der Palmen aus dem Meer, gleichzeitig war aber eine Lagune mit weißem Sandstrand geschaffen worden, an dem sich inzwischen junge Kokosnußpalmen angesiedelt haben.

Vom 890 m ü.d.M. gelegenen Camping- und Picknickplatz **Kipuka Nene** geht es auf einem ehemaligen Fahrweg mehr als 3 km entlang, dann wendet sich der Pfad nach Süden und erreicht das Meeresufer nach etwa 8½ km. Auf der eindrucksvollen, schwarz-grauen Lavafläche haben sich erste Gräser und Flechten als Pionierpflanzen angesiedelt, ansonsten gibt es keine Vegetation (und daher auch keinen Schatten). Ausdauernde Wanderer können die gut 23 Kilometer hinunter zum Ozean und wieder hinauf zum Ausgangspunkt an einem Tag schaffen, allerdings ist dabei ein sehr früher Aufbruch notwendig. Eine starke Taschenlampe sollte sich in diesem Fall im Wandergepäck befinden. Ebenfalls muß man an ausreichende Mengen Trinkwasser und Proviant denken. Wer vorhat, in der Wildnis zu campieren, muß sich vorher am Nationalpark-Headquarter registrieren lassen.

- **Anfahrt:** Über den Hwy. 11 und den *Crater Rim Dr.* auf die *Chain of Craters Rd.,* dort nach 6,4 km auf die *Hilina Pali Rd.* abbiegen, die einen zum Picknickplatz Kipuka Nene bringt. Der Trail beginnt hinter dem Pavillon auf einem ehemaligen Fahrweg.
- **Länge:** 23,2 km
- **Zeitaufwand:** ca. 10 Stunden
- **Höchster Punkt:** 890 m
- **Niedrigster Punkt:** Meeresspiegel

• Der Kipuka Puaulu Loop

Das Ziel dieses kurzen und einfachen Spazierganges ist nicht die lebensbedrohende vulkanische Umgebung, sondern ein sog. *kipuka* – eine Vegetationsinsel, die von erstarrten Lavaströmen umgeben ist. Am Anfang des gut markierten Trails findet man Schautafeln, auf denen die wichtigsten Vertreter der hiesigen Flora und Fauna beschrieben sind (wer dazu nähere Informationen wünscht, kann im Visitor Center eine spezielle Broschüre der *Hawaii Natural History Association* bekommen). Dann geht es durch eine Umzäunung, die Wildschweine von der endemischen Tier- und Pflanzenwelt abhält, in ein dicht bewachsenes, schattiges Gelände mit riesigen Ohia-Lehua- und Koa-Bäumen und einer Vielzahl seltener, farbenfroher Vögel. Diese kann man übrigens am besten in den Morgen- oder Abendstunden beobachten, insbesondere nach Regenfällen.

- **Anfahrt:** Über den Hwy. 11 bis 3,7 km vor (westlich) der Abfahrt zum Visitor Center, hier auf die *Mauna Loa Rd.* in nördliche Richtung abbiegen. Der Trail startet 2½ km hinter dem Abzweig am Parkplatz.
- **Länge:** 1,9 km
- **Zeitaufwand:** ca. 1 Stunde
- **Höchster Punkt:** 1.274 m
- **Niedrigster Punkt:** 1.201 m

2. Wanderungen im Mauna Loa-Gebiet und an der Saddle Road

Der *Mauna Loa*, der zweite Viertausender von Hawaii, ist über mehrere Trails zu erklimmen, was alljährlich von etlichen erfahrenen Bergwanderern getan wird. Bevor man sich aber ebenfalls aufmacht, diese Herausforderung anzunehmen, sollte man unbedingt folgende Dinge beachten:

- Der Mauna Loa und seine Nebenkrater gehören zum *Hawaii Volcanoes National Park*. D.h. daß Wanderungen oder Übernachtungen bei dem dortigen Headquarter angemeldet sein müssen, selbst wenn man über die Saddle Road anreist. Für den Wanderer, der das Observatorium den *Mauna Loa Summit Trail* erreichen möchte, bedeutet dies einen enormen Umweg. Ebenfalls sollte man das Headquarter über die Rückkehr von der Wanderung informieren (damit keine Suchtrupps losgeschickt werden!).

- Die Wanderbedingungen sind von extremen Klimaverhältnissen betroffen. Nebel, Schneeschauer und arktische Minusgrade, aber auch aufquellende Lava und entweichender Dampf können ganzjährig auftreten. Erkundigen Sie sich über die Wettervorhersage und bei den Rangern des Nationalparks nach dem aktuellen Wetterstand. Nach Schneefällen sind die (ohnehin spärlichen) Markierungen und Pfade nicht zu sehen, in diesem Fall ist von einer Besteigung dringend abzuraten. Die mittleren Höhenlagen können oft wochenlang von dichten Regenwolken eingehüllt sein. Andererseits befindet sich der Gipfel oft oberhalb der Wolkendecke und bietet eine phantastische Fernsicht.
- Die enorme Höhe mit ihrer dünnen Luft bereitet allen Tieflandbewohnern Schwierigkeiten, die sich in Kurzatmigkeit, Kopfschmerzen, erhöhtem Herzschlag usw. äußern. Bedenken Sie, daß unter diesen Bedingungen jeder Kilometer länger erscheint als in tieferen Wandergebieten.
- Die Vulkanregion besteht zum großen Teil aus Aschen, Schlacke und der sehr scharfkantigen *aa*-Lava. Es hat keinen Zweck, auf diesem Untergrund mit Turn- oder Halbschuhen wandern zu wollen!
- Die beiden Unterkunftsmöglichkeiten *Red Hill Cabin* und *Mauna Loa Cabin* haben Etagenbetten mit Matratzen. Mitzubringen sind dicke Schlafsäcke (in regendichter Verpackung), Proviant und Trinkwasser. Ebenfalls sollte man Woll- und Regenkleidung, Handschuhe, Sonnenbrille und Sonnencreme sowie eine starke Taschenlampe dabei haben.

● Der Mauna Loa Trail (über Red Hill)

Die Bergwanderung über den Red Hill zum Mauna Loa ist sicher die interessanteste, die man in dieser Region unternehmen kann. Sie beginnt in 2.031 m Höhe am *Mauna Loa Lookout,* der mit dem Wagen vom Nationalpark bzw. *Hwy. 11* erreichbar ist, und verläuft über eine kurze Distanz in nördlicher Richtung, dann durch ein Tor gen Westen auf den Vulkangipfel zu. Steinhügel *(ahus)* und die Spuren anderer Wanderer sind die einzigen Markierungen. Die ersten 11 km bis zur *Red Hill Cabin* gehen stetig bergan und können in 4-6 Stunden zurückgelegt werden. Nach der Übernachtung wandert man durch eine bizarre, vegetationslose Landschaft, an flachen Aschekegeln und an langen Vulkanspalten vorbei. Bis zur nächsten Hütte *(Mauna Loa*

Die Red Hill Cabin

Cabin) sind es gut 18 km, was einer ausgefüllten Tageswanderung entspricht. Dazu benutzt man zunächst das 'Bett' des Lavastromes von 1984, vorbei an den Kegeln *Dewey Cone* (3.476 m), *Steaming Cone* (3.593 m) und *Pohaku Hanalei* (3.787 m), bis man gut 15 km hinter der Hütte zum *North Pit* gelangt, dem nördlichen Ende der riesigen *Mokuaweoweo Caldera*. Hier treffen vier Wanderwege zusammen: der *Observatory Trail* in Richtung Saddle Road (s.u.), der *Summit Trail* zur höchsten Stelle des Vulkans und der *Cabin Trail*, dem man am Ostrand der Caldera zur zweiten Übernachtungsstelle folgt, wobei es zunächst abwärts zum Boden des North Pit und dann wieder bergan zum Kraterrand geht. Falls man auf dem Pfad zur 3,4 km entfernten *Mauna Loa Cabin* von der Dunkelheit überrascht wird, muß man unbedingt Obacht geben, nicht in den tiefen und kreisrunden Nebenkrater des *Lua Poholo* zu stürzen, der am Wegrand liegt. Am nächsten Tag könnte man den Rückweg antreten (etwa 12 Stunden für die Gesamtstrecke) oder die Caldera umrunden, was aufgrund der 14½ km langen Strekke eine weitere Übernachtung notwendig machen würde.

- **Lage:** Zentral im Inselinneren
- **Anfahrt:** Über den Hwy. 11 bis 3,7 km vor (westlich) der Abfahrt zum Visitor Center, hier auf die *Mauna Loa Rd.* in nördliche Richtung abbiegen. Dieser Straße über 17,7 km bis zum Ende am Lookout folgen. Der Trail startet unmittelbar oberhalb des Parkplatzes.
- **Länge:** 59 km
- **Zeitaufwand:** ca. 30 Stunden (3-4 Tage)
- **Höchster Punkt:** 4.039 m
- **Niedrigster Punkt:** 2.031 m

● Der Mauna Loa Summit Trail (über Observatorium)

Die anstrengende Bergwanderung beginnt am Jeep-Track unterhalb des etwa 3.352 m hoch gelegenen Observatoriums, das öffentlich nicht zugänglich ist. Folgen Sie dem Jeep-Track etwa 750 m, bis Sie zum Hinweisschild des Trails gelangen. Ab hier weisen Steinhügel *(ahus)* und orange-gelbe Markierungen den Weg bis zum North Pit, von wo es noch 3,4 km bis zur *Mauna Loa Cabin* sind (s.o.). Für diesen Aufstieg sollte man mit insgesamt 10 Stunden rechnen, d.h. am frühen Morgen aufbrechen. Für den Rückweg zurück zum Ausgangspunkt sollte man etwa 6 Stunden veranschlagen.

- **Lage:** Zentral im Inselinneren
- **Anfahrt:** Über den Hwy. 220 (Saddle Rd.) zwischen Hilo und Waimea bis etwa zum Meilenmarker 28, von dort nach Süden auf der asphaltierten *Observatory Rd.*, der man 27 km bis zum Observatorium folgt. Diese Straße gabelt sich nach knapp 13 km auf, nehmen Sie hier die rechte, asphaltierte Piste. Parken Sie etwa 300 m unterhalb des Observatoriums, wo der Jeep Track abzweigt.
- **Länge:** 19,3 km
- **Zeitaufwand:** ca. 16 Stunden (2 Tage)
- **Höchster Punkt:** 4.039 m
- **Niedrigster Punkt:** 3.371 m

● Der Puu Oo Volcanoe Trail

Der Wanderweg folgt einem alten Pfad, auf dem Rinderhirten ihre Tiere an den erstarrten Lavaströmen vorbei über die Ortschaft Volcano zum Viehmarkt nach Hilo brachten. Die verschiedenen Lavaflüsse (aus den Jahren 1855, 1881 und 1935) mit ihrem unterschiedlichen Erscheinungsbild *(aa-* und *pahoehoe*-Lava) sind die eine Attraktion des Trails, die Vegetationsinseln dazwischen – sog. *kipukas* – die andere.

Die Wanderung beginnt an der Saddle Road an einem Hinweisschild und verläuft weitgehend eben. Weitere Markierungen (z.B. Steinhügel) sind spärlich gesät, wobei aber die nahe und schnurgerade 'Powerline', eine Hochspannungsleitung mit Geländewagen-Piste, als Orientierung dienen kann. Über schwarze Lavaflächen, auf denen sich ein Vegetationsschleier von Farnen, Moosen und Flechten angesiedelt hat, kommt man zu mehreren *kipukas* mit uralten Beständen an Ohia-, Koa-, Ohelo- und anderen endemischen Baumarten. Auch die einheimische Vogelwelt ist reich vertreten (sogar mit Nene-Beständen), wodurch dieser von Touristen nur selten benutzte Trail zu einem Eldorado für ornithologisch Interessierte wird. Wo der Wanderweg und die Powerline zusammenstoßen, hat man das Wichtigste gesehen und kann wieder auf gleichem Weg zurückkehren. Oder man folgt der geraden Jeep-Piste und geht auf der Saddle Road zurück zum Ausgangspunkt.

- **Lage:** Zentral im Inselinneren
- **Anfahrt:** Über den Hwy. 220 (Saddle Rd.) zwischen Hilo und Waimea bis etwa zum Meilenmarker 22, wo der ausgeschilderte Trail am südlichen Straßenrand beginnt (Parkplatz).
- **Länge:** 11,9 km
- **Zeitaufwand:** ca. 4 Stunden
- **Höchster Punkt:** 1.768 m
- **Niedrigster Punkt:** 1.753 m

3. Wanderungen an der Nordostküste

● Der Muliwai Trail

Die *Kohala-Mountains* im Norden – auch sie ein ehemaliger Schildvulkan – bestehen aus dem ältesten Gestein von Big Island und sind dementsprechend stärker erodiert als andere Teile der Insel. Die Folge ist ein differenziertes Landschaftsbild, das mit einer Steilküste und tief eingeschnittenen Tälern noch am ehesten an Kauai, Maui oder Molokai erinnert.

Der Trail beginnt am Parkplatz oberhalb des Lookouts, von dem eine sehr steile und nur für Geländewagen zugelassene Schotterstraße ins *Waipio Valley* hinabführt. Unten angelangt, nimmt man den ersten Weg nach rechts und folgt diesem bis zum Strand. Dort durchwatet man die Mündung des *Wailoa Stream*, wandert parallel zum Meer auf die gegenüberliegende Bergwand und über einen Zick-Zack-Pfad an dieser hinauf. Der Pfad ist übrigens nicht gar so steil, wie er vom *Waipio Valley Lookout* aus erscheinen mag. Oben geht es immer an der Steilküste entlang, durch mehrere kleine Täler und über 13 Flußfurten hinweg. Eine Schutzhütte gibt es nach etwa zwei Drittel der Wegstrecke. Schließlich hat man den Rand des *Waimanu Valley* erreicht, das dem *Waipio Valley* sehr ähnlich ist.

Nach dem Abstieg wendet man sich nach rechts und geht durch einen Hain von Hala-Bäumen zum Strand. Jenseits des *Waimanu Stream* kann man sein Zelt am Strand aufstellen. Falls man nicht den Rückweg antreten muß, könnte man am nächsten Tag das menschenleere Tal erkunden, in dem Terrassen, Steinfundamente und -wälle an die hier einst blühende polynesische Zivilisation erinnern. Eine überquellende Vegetation und die sehenswerten *Waiilikahi Falls* sind weitere Highlights. Vorsicht ist bei den vielen verwilderten Schweinen angebracht, die sehr angriffslustig werden können, wenn man sie aufschreckt.

Wer den gesamten Weg bis zur *Waimanu Bay* und zurück wandern möchte, muß mindestens einmal campieren (wegen der erforderlichen Permits wende man sich an die *Division of Forestry & Wildlife* in Hilo). Außerdem sollte man sich auf starke Regenfälle einstellen und auf eine Vielzahl hungriger Moskitos gefaßt sein.

- **Lage:** Ostküste der nördlichen Halbinsel
- **Anfahrt:** Über den Hwy. 19 und den Hwy. 240 bis zum Waipio Valley Lookout.
- **Länge:** 29 km
- **Zeitaufwand:** ca. 19 Stunden (2-3 Tage)
- **Höchster Punkt:** 411 m
- **Niedrigster Punkt:** Meeresspiegel

Kopf der Nene-Gans

6 MAUI

6.1 ÜBERBLICK

Inseltelegramm: Maui

Beiname: *"The Valley Isle"* (= 'Tal-Insel')
Inselfläche: 1.888 km^2 (Länge: 77,3 km; Breite: 42 km)
Küstenlinie: 193 km
Einwohner: 92.000
Hauptstadt: Wailuku (10.500 Ew.)
Verwaltungseinheit: County Maui
Höchste Erhebung: Haleakala, 3.055 m

Mit einer Fläche von 1.888 km^2 ist Maui die zweitgrößte Insel des Archipels und liegt zwischen Big Island im Südosten und den kleineren Eilanden Kahoolawe, Lanai und Molokai im Westen. **Topographisch** wird sie von den beiden Schildvulkanen *Haleakala* (3.055 m) in Ost-Maui und *Puu Kukui* (1.764 m) in West-Maui geprägt. Zuerst hatte sich dabei als Inselberg der ältere *Puu Kukui* gebildet, den später die Lavamassen seines jüngeren Kollegen erreichten, womit aus zwei

Blick vom Haleakala auf das Central Valley

getrennten Inseln eine zusammenhängende Landmasse wurde. An der Schnittstelle der beiden Inselteile erstreckt sich das flache *Central Valley*, dessen verwitterte Lavaböden gute Voraussetzung für die landwirtschaftliche Nutzung schufen; daneben befindet sich auch der Haupt- und Doppelort Wailuku/Kahului und der Flughafen in diesem sog. Tal.

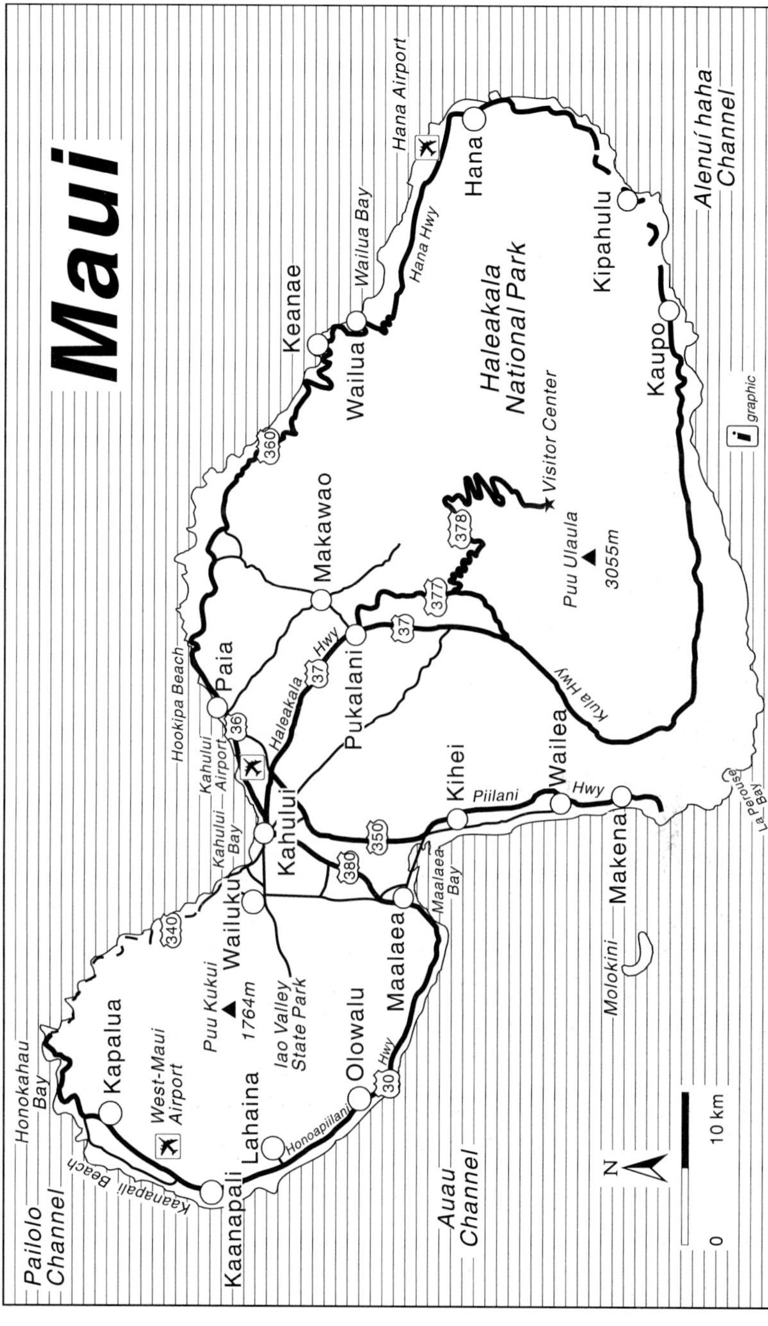

Maui
Pailolo Channel
Honokahau Bay
Kapalua
West-Maui Airport
Kaanapali Beach
Kaanapali
Lahaina
Honoapiilani Hwy
30
Olowalu
Iao Valley State Park
Puu Kukui
1764m
Wailuku
340
Maalaea
Maalaea Bay
Auau Channel
Kahului Bay
Kahului
Kahului Airport
380
350
Hookipa Beach
Paia
36
Haleakala Hwy
37
Pukalani
Makawao
377
378
Kihei
Piilani Hwy
Wailea
Makena
Molokini
La Perouse Bay
Kula Hwy
Puu Ulaula
3055m
Visitor Center
Haleakala National Park
360
Keanae
Wailua
Wailua Bay
Hana Hwy
Hana Airport
Hana
Kipahulu
Kaupo
Alenuíhaha Channel
N
0
10 km
i graphic

Landschaftlich tragen die beiden Inselhälften ein unterschiedliches Gepräge. Der ältere **Westteil** war länger der Erosion ausgesetzt und ist deshalb nicht nur niedriger, sondern auch zerfurchter und von vielen engen Tälern durchsetzt (diese mögen zusammen mit dem *Central Valley* für Mauis Beinamen *"The Valley Isle"* verantwortlich sein). Der Großteil des Westens ist unzugänglich und von dichter Vegetation überzogen. Hier wurden auch die höchsten **Niederschlagsmengen** gemessen, die mit durchschnittlich 11.200 mm nur knapp unter den Rekordwerten von Kauai liegen. Die wenige Kilometer entfernte Westküste ist hingegen äußerst trocken (z.B. Lahaina mit durchschnittlich 500 mm Niederschlag), so daß sie sich als Hotelstandort schon aus diesem Grund empfahl. Der zweite Grund sind die vielen schönen Sandstrände, die sich hier vor allem entlang des Streifens von der *Maalaea Bay* bis nördlich von Kaanapali erstrecken.

Der jüngere **Ostteil** ist zum größten Teil von dem hoch aufragenden, blockhaften Haleakala besetzt, der mit seiner Caldera zu den ganz großen Naturwundern Hawaiis gehört. Er fungiert auch als Wetterscheide, indem sich die Wolken an seinen Nord- und Osthängen stauen und den entsprechenden Küsten hohe Niederschläge bescheren. Demgegenüber liegt der Südwesten im Windschatten und konnte deshalb als zweites touristisches Zentrum ausgebaut werden, zumal auch hier schöne Sandstrände anzutreffen sind.

Das unzugängliche, gebirgige Inselinnere brachte es mit sich, daß Mauis **Vegetation** weniger als auf Oahu von der Plantagenwirtschaft zurückgedrängt wurde. Während diese (Zuckerrohr, Ananas) im *Central Valley* und z.T. auch auf dem schmalen Küstenstreifen des Nordwestens angesiedelt ist, sind die feuchten Höhen des *Puu Kukui* und die karge Vulkanlandschaft des *Haleakala* Rückzugsgebiete der endemischen Flora und Fauna, die hier einige besonders rare Arten überleben ließ.

Im **historischen** Rückblick muß auf die besondere Bedeutung der Insel hingewiesen werden. Schon ihr Name ist eng mit der polynesischen Mythologie verknüpft. Der populäre Halbgott Maui soll sie mit einem Angelhaken aus dem Meer gefischt und an die Wasseroberfläche gebracht haben, so daß er selbstverständlich als Namenspatron herhalten mußte. In alt-hawaiischer Zeit war die Insel Heimat eines sehr dicht bevölkerten und selbstbewußten Kleinkönigreiches, und die Einverleibung in das Reich *Kamehamehas I.* konnte erst nach hartnäckigem Widerstand und in einem langjährigen, äußerst blutigen Akt der Eroberung vonstatten gehen. Zweimal, im Jahre 1790 und 1802, wurden dabei Mauis Verteidiger empfindlich geschlagen. Die mit so viel Mühe eingenommene Insel ehrte Kamehameha I. dann dadurch, daß er in der Ortschaft Lahaina seine wichtigste Residenz erbaute. Bis 1845 war **Lahaina** die **offizielle Haupstadt** von ganz Hawaii, bis diese Funktion auf Honolulu überging. Gleichzeitig entwickelte sich der Ort zu einem Zentrum des **Walfangs**. Nach dessen langsamem Niedergang nahm der **Zuckerrohranbau** die wirtschaftliche Schlüsselposition ein, bis er auch hier in den 1960er Jahren vom prosperierenden **Fremdenverkehr** als wichtigste Geldquelle abgelöst wurde.

Mit 92.000 Einwohnern nimmt Maui den dritten Platz in der **Bevölkerungs**-Rangfolge ein (nach Oahu und Big Island). Mit rund 15% haben dabei die Einwohner alt-hawaiischen Ursprungs einen höheren Prozentsatz als auf den anderen großen Inseln. Auch der hohe Anteil an Weißen (36%) und der relativ niedrige an Japanern (23%) ist untypisch für Hawaii. **Administrativ** ist das County Maui auch für die kleineren Inseln Lanai, Molokai und Kahoolawe zuständig.

Wirtschaftlich ist Mauis Ökonomie überwiegend vom **Tourismus** abhängig. Etwa 2½ Millionen Gäste kommen mittlerweile alljährlich auf die Insel, womit Maui nach Oahu Hawaiis wichtigste Urlaubsdestination darstellt. Weitere Vergleiche etwa mit Waikiki sind jedoch fehl am Platze. Zwar konzentriert sich die Hotellerie an den beiden oben genannten Küstenabschnitten, wo man Resorts jeder Größenordnung antreffen kann, doch hat man auf Maui von Anfang an versucht, jede Form von 'Manhattanisierung' zu vermeiden und durch strenge Baugesetze ein ausgewogenes Verhältnis von touristischer Bebauung und Naturschutz herzustellen.

Ein ausgewogenes Verhältnis finden Besucher auch hinsichtlich möglicher Aktivitäten und Urlaubsfreuden vor: Auf der einen Seite bietet Maui einen großartigen landschaftlichen Rahmen mit unvergeßlichen Natureindrücken einschließlich phantastischer Strände und aller Wasser- und Landsportarten. Auf der anderen Seite gibt es jede Menge historischer und kultureller Sehenswürdigkeiten, kleine Städtchen, lebhafte Häfen, spektakuläre Golfplätze, gute Shopping-Möglichkeiten und gemütliche Kneipen. Immer mehr Besucher stimmen daher dem selbstbewußten Slogan der Einheimischen zu, der da lautet: *"Maui no ka oi"* = 'Maui ist die beste Insel'!

Highlights

- Ausgiebiger Stadtrundgang in der historischen Walfängerstadt *Lahaina*.
- Erlebnis des Sonnenaufgangs auf dem *Haleakala*-Krater und anschließend Wanderungen in der Vulkanlandschaft.
- Schnorcheln im Kraterkessel des Inselchens *Molokini*.
- Landschaftsfahrt entlang dem berüchtigten *'Hana-Highway'*.
- *Whalewatching* vor der Westküste.
- Strandleben und Wassersport an einem der vielen Strände der Westküste.
- Unterkunft im abgeschiedenen *Hana-Hotel* oder in einem der First-Class-Hotels von *Kaanapali* oder *Wailea*.

6.2 REISEPRAKTISCHE HINWEISE

Information

Das Hauptbüro des Fremdenverkehrsamtes hat folgende Adresse: *Maui Visitors Bureau*, 1727 Wili Pa Loop, Wailuku, Tel.: 244-3530, Fax: 244-1337. Daneben ist touristisches Informationsmaterial (z.B. Unterkunftsnachweise, Restaurantlisten etc.) auch bei der *Maui Chamber of Commerce* (26 N. Puunene Ave., Kahului, Tel.: 871-7711) sowie an einigen Info-Theken in Lahaina zu bekommen. Viele aktuelle Tips, Veranstaltungshinweise und Rabatt-Coupons finden sich in den kostenlosen Touristenmagazinen *(Maui Beach Press, Guide to Maui, Maui Gold, This Week Maui),* die am Flughafen, in Shopping-Centers und in den Hotels ausliegen.

Hotels und Condominiums

Mit über 13.000 Zimmern in Hotels und Condominiums besitzt die Insel nach Oahu die meisten Übernachtungsmöglichkeiten. Bei den **Hotels** fällt auf, daß erstens gut 70% aller Häuser auf zwei Küstenabschnitte konzentriert sind (nämlich zwischen Lahaina und Kapalua im Nordwesten sowie zwischen Kihei und Makena im Südwesten), und daß zweitens der Anteil der First-Class- und Luxus-Kategorie besonders hoch ist. Von Makena im Süden bis Kapalua im Norden trifft man auf Resorts, die einander mit tropischen Gärten, künstlichen Wasserlandschaften, riesigen Golfplätzen und Spitzenrestaurants zu übertrumpfen suchen. Bei diesen Fünf-Sterne-Häusern, von denen allein das *Grand Hyatt Regency* in Wailea 600 Mio Dollar gekostet hat, stimmt vom Komfort der Zimmer über die Qualität des Essens und die Bandbreite des Sportangebotes bis hin zum freundlichen Service alles – trotzdem würde so mancher europäische Besucher bei seinem Urlaubsdomizil lieber etwas weniger Protz und dafür etwas mehr individuelle Atmosphäre sehen. Wer darauf Wert legt, hat – anders als auf Oahu – die Möglichkeit, in kleinen Hotels Quartier zu beziehen, von denen einige als historische Baudenkmäler gelten und mit ihrer Privatheit einen unverwechselbaren Charme besitzen. Überschaubarer als die 600-Zimmer-Hotels sind i.d.R. auch die **Condominiums**, von denen es auf Maui eine ganze Menge gibt.

Die **Standortfrage** des bestmöglichen Urlaubsquartieres kann natürlich nur an den individuellen Erwartungen festgemacht werden. Wer es gerne großzügig bis luxuriös möchte und zudem ein Golffreund ist, sollte eines der **Wailea**-Resorts buchen. Wer gerne Wassersport betreibt und ab und zu mal die quirlige Atmosphäre eines Hafenstädtchens genießen möchte, sollte **Kaanapali** mit dem nahen Lahaina vorziehen. Das nördliche **Kapalua** garantiert Ruhe und Erholung in komfortabler Hotelumgebung, hat jedoch das Manko des weitesten Anfahrtweges zur Hauptstadt und den wichtigsten Ausflugszielen. **Kihei** hat im Gegensatz zu Wailea eher bescheidenere und preisgünstigere Hotels zu bieten. **Paia** ist etwas für Surffreaks mit kleinerem Geldbeutel und **Hana** schließlich für Naturliebhaber, die auf ständigen Sonnenschein verzichten können.

Bed & Breakfast

Sowohl in den touristischen Zentren als auch an den einsameren Küstenstreifen und im Upcountry stellen etliche Ferienwohnungen oder Bed & Breakfast-Häuser eine Alternative zu den Mega-Ferienanlagen dar.

Einige private Pensionen sind im jeweiligen Reisekapitel unter der Rubrik "Hotels" genannt, ansonsten haben die Agenturen, die im KAPITEL 3.1 unter dem Stichwort "UNTERKUNFT" aufgeführt sind, ein reichhaltiges Angebot. Beispielhaft dafür sind folgende sechs Unterkünfte (alle sehr empfehlenswert) aus dem Programm von *Hawaiian Islands, Bed & Breakfast and Vacation Rentals*:

- *Silver Cloud Ranch*, Kula; an den kühlen Berghängen des Upcountry gelegene Farm der Jahrhundertwende, wunderschön restauriert, mehrere Zimmer, Suiten und Hütten ab US$ 70 pro Doppelzimmer einschl Frühstück.
- *Haikuleana*, Haiku; an der Nordküste gelegenes historisches Plantagenhaus von 1870 (!), mit Antiquitäten möbliert, 2 geräumige B&B-Zimmer mit Bad und Frühstück, ab US$ 65 für 2 Personen.
- *Aikane Ohana*, Maui Meadows (Wailea); Studio im Erdgeschoß eines modernen Designer-Hauses, kleiner Pool, Strandnähe, Terrasse, BBQ, mit Frühstück ab US$ 70 für 2 Personen.
- *Whale Watch House,* Maui Meadows (Wailea); verschiedene Studios und Ferienhäuser in einer größeren Anlage mit Swimmingpool, Mo-Fr Frühstück, ab US$ 55 für 2 Personen.
- *Caryl's Vacation Hideaway*, Maui Meadows (Wailea); inmitten eines Palmengarten gelegenes Häuschen für 2 Personen, Bad im japanischen Stil, herrlicher Ausblick, ab US$ 85.

● *Lahaina Front Street*, Lahaina; direkt am Meer gelegene Zimmer mit privatem Eingang, Bad und z.T. Terrasse, mit Frühstück ab US$ 60 für 2 Personen.

Camping

Während es bislang auf Maui keine **Jugendherberge** gibt, stehen **Campingfreunden** einige Zeltgelände und vereinzelt auch Hütten zur Verfügung. Die meisten davon befinden sich nahe zu den schönsten Wanderrouten und stehen unter der Verwaltung des *Haleakala*-Nationalparks, der *Division of Forestry & Wildlife,* der *Division of State Parks* und des *Maui County Parks Department* (vgl. Adressen im KAPITEL 6.8), wo auch die erforderlichen Permits eingeholt werden müssen. Wer auf diese Übernachtungsform zurückgreifen möchte, sollte frühzeitig (möglichst 2 Monate im voraus) Reservierungen vornehmen, da die Anzahl der Plätze begrenzt ist.

Flüge

Maui verfügt über drei Flughäfen, von denen der meistfrequentierte der **Flughafen Kahului** (Tel.: 872-3803 und 872-3893) ist. Das moderne Gebäude besitzt alle üblichen Einrichtungen einschließlich der Service-Schalter aller größeren Mietwagen-Anbieter. Mit *Delta Air* (Tel.: 221-1212) und *United Airlines* (Tel.: 241-6522) wird Kahului sogar vom amerikanischen Festland direkt angeflogen. Der übliche Flugweg zur Destination Maui führt jedoch über Honolulu (einfache Fahrt ca. 50-80 US$). Von dort kommt man zur Insel mit *Hawaiian Airlines* und *Aloha Island Air*, die zusammen mit *Air Molokai* auch den innerinsularen Verkehr (von/nach Molokai, Lanai und Big Island) sicherstellen. Hier die Rufnummern für die Flugrückbestätigung *(reconfirmation)*:

● *Air Molokai* : 877-0026
● *Aloha Island Air*: 652-6541
● *Hawaiian Airlines*: 882-8811

Die beiden anderen Flughäfen sind der **Kapalua Airport** im Norden des Westteils und der **Hana Airport** an der Ostküste. Kleine Propellermaschinen bringen ab Kahului Touristen wie Einheimische zu diesen Destinationen, an denen man auch Mietwagen bekommt. Diese Flugstrecken lohnen sich für Gäste, die beispielsweise den *Hana Highway* mit etwas mehr Zeit und nur in einer Richtug befahren möchten oder die ein Hotel in Kapalua gebucht haben (die Taxifahrt dorthin kostet ungefähr das gleiche).

Busse

Anders als auf Oahu gibt es auf Maui **kein** öffentliches Busnetz! Stattdessen bieten private Firmen und Hotels einen Shuttle-Service an, der bisweilen kostenlos in Anspruch genommen werden kann. Shuttle-Busse verkehren zwischen dem Flughafen Kahului und den Resorts von Makena-Wailea-Kihei (ca. US$ 11) sowie zu den Hotelanlagen von Kaanapali (ca. US$ 14). Zwischen Kapalua und Kaanapali bzw. Lahaina war der Service bisher kostenlos, ebenso bestimmte Strecken innerhalb von Lahaina. Fahrzeiten und nähere Informationen bekommt man bei den Hotelrezeptionen, dem Touristenbüro oder bei den Firmen *Akina* (Tel.: 879-2828), *Trans Hawaiian Maui* (Tel.: 877-7308), *Kaanapali Beach Resort Shuttle* (Tel.: 667-7411), *The Cannery Shuttle* (Tel.: 661-5304) und *The Wharf Shuttle* (Tel.: 661-8748).

Mietwagen

Alle großen und einige lokale Mietwagenanbieter sind auf Maui vertreten. Wer seine Zeit nicht nur am Strand verbringen oder an organisierten Busrundreisen teilnehmen möchte (letztere sind übrigens nicht billiger als der Tagespreis eines

normalen Mietwagens!), sollte sich zu einem Mietwagen entschließen und dabei bedenken, daß pauschale Arrangements (Fly & Drive oder Hotelpakete) oft noch preisgünstiger sind. Zwei kürzere, unasphaltierte Küstenstrecken sind von den Mietwagenfirmen nur für 4x4-Wagen zugelassen, ansonsten ist das Straßennetz mit jedem normalen Pkw gut zu befahren.
Hier die Adressen/Telefonnummern der größeren Anbieter:

- *Alamo:* Kahului Airport, 905 Mokuea Pl., Tel.: 871-6235 (geöffnet 6.00-22.00 Uhr).
- *Avis:* Kahului Airport, 884 W. Mokuea St., Tel.: 871-7575; und: 10-3 Halawai St., Lahaina, Tel.: 661-4588. Weitere Avis-Stationen befinden sich in den Hotels *Stouffer Beach Resort, Four Seasons Resort, Maui Inter-Continental* (alle Wailea), *Kihei Baseyard* (Kihei) und *Ritz-Carlton* (Kapalua).
- *Dollar:* Kahului Airport, Mokuea St., Tel.: 877-6526. Hana Airport, Tel.: 248-8237. Kapalua Airport, Tel.: 667-2651.
- *Hertz:* Kahului Airport, 40 S. Hana Hwy., Tel.: 871-6235 (geöffnet 6.00-22.00 Uhr). Weitere *Hertz*-Stationen befinden sich in den Hotels *Westin Maui* und *Maui Marriott* (beide Kaanapali).
- *Budget:* Kahului Airport, Tel.: 871-8811.
- *National:* Kahului Airport, Tel.: 227-7368.
- *Thrifty:* Kahului Airport, Tel.: 871-7596.
- *Tropical:* Kahului Airport, Tel.: 352-3923.

Taxis

Am Flughafen in Kahului und an touristischen Brennpunkten stehen Taxis in ausreichender Zahl zur Verfügung oder können auf der Straße angehalten werden. Billig ist das Vergnügen nicht: Für eine Fahrt vom Flughafen nach Kaanapali muß man mit ca. US$ 45 rechnen, nach Kihei mit ca. US$ 20! In Ihrem Hotel bestellt Ihnen die Rezeption oder der Bell Captain gern einen Wagen, ansonsten können Sie sich telefonisch an folgende Firmen wenden: *Kaanapali Taxi* (Tel.: 661-5285), *Kihei Taxi* (Tel.: 879-3000), *Sunshine Cabs* (Tel.: 879-2220), *Wailea Taxi* (Tel.: 874-5000) und *Yellow Cab of Maui* (Tel.: 877-7000).

Personenfähren

Die nahegelegenen Inseln Lanai (Manele Bay) und Molokai (Kaunakakai) können von Lahaina und Maalaea per Personenfähre erreicht werden, der Preis beträgt jeweils etwa US$ 25 p.P. und pro Strecke. 1995 gab es ab Lahaina nach Lanai vier Abfahrten täglich. Informationen über die aktuellen Fahrpläne und Preise gibt es bei den üblichen Stellen, am Hafen oder bei *Maui Princess* (nach Molokai; Tel.: 661-8397) und *Expeditions on Maui* (nach Lanai; Tel.: 661-3756).

Einige Entfernungen (und ungefähre Zeitangaben):

Kahului Airport – Wailuku	10 km	10 Minuten
Kahului Airport – Kihei	14 km	20 Minuten
Kahului Airport – Wailea	29 km	35 Minuten
Kahului Airport – Kula	29 km	23 Minuten
Kahului Airport – Lahaina	35 km	45 Minuten
Kahului Airport – Kaanapali	48 km	50 Minuten
Kahului Airport – Kapalua	58 km	1 Stunde
Kahului Airport – Haleakala	60 km	1 Stunde, 45 Minuten
Kahului Airport – Hana	84 km	2 Stunden, 30 Minuten

Ärztliche Versorgung

Ein kleines, modernes **Inselkrankenhaus** befindet sich in der Hauptstadt Wailuku *(Maui Memorial Hospital,* Kanaloa Ave., Tel.: 244-9056), daneben gibt es auch in Lahaina einige private Kliniken (z.B. die *Kaiser Clinic* auf der Wainee St. und die

Maui Medical Group Ecke Prison St./Front St.) sowie in Hana das *Hana Medical Center* (Hana Hwy., Tel.: 248-8294) und in Kula das *Kula Hospital* (Tel.: 878-1221). Wie in Amerika üblich, verfügen die größeren Einkaufszentren ebenfalls über Arztpraxen und Apotheken, so z.B. das *West Maui Healthcare Center* im Whalers Village (Kaanapali, Tel.: 667-9721). Bei akuten Krankheitsfällen verständige man die Hotelrezeption, die den nächsterreichbaren Arzt holen wird. Die Insel verfügt über mehrere **Apotheken** *(Drugstores)*. Das größte Angebot hat die Kette *Long's*, die auf Maui u.a. im *Lahaina Shopping Center* vertreten ist (Tel.: 667-4384).

Wichtige Telefonnummern

Polizei, Ambulanz, Feuerwehr: 911
Wetter-Vorhersage: 877-5111
See- und Schiffahrtsbedingungen: 877-3477
Coast Guard: 1-800-552-6458
Zeitansage: 242-0212

Einkaufen

Maui verfügt zwar nicht über die riesigen Shoppingzentren, wie sie für Honolulu typisch sind, ist aber für einen Einkaufsbummel durchaus geeignet. Von der hauptstädtischen Region Wailuku/Kahului abgesehen, wo in architektonisch einfallslosen Konsumtempeln alle Waren des alltäglichen Bedarfs zu bekommen sind, entstanden in der Nähe der großen Hotels richtiggehende kleine 'Einkaufsstädte', in denen man außer Geschäften aller Art auch Apotheken, Banken, Restaurants, Imbißstände und kulturelle Darbietungen vorfindet. Beispielhaft dafür ist das *Whalers Village Shopping Center* von Kaanapali mit ca. 70 Geschäften, zwei Museen und einem polynesischen Kulturprogramm. Auf dem Ostteil der Insel entspricht dem das kleinere und elegante *Wailea Shopping Village*, das ebenfalls eine Reihe von Restaurants und Geschäften aufweist sowie jeden Dienstag um 13.30 Uhr eine kostenlose Hula-Vorführung anbietet. Im benachbarten Kihei kauft man auf niedrigerem (Preis-)Niveau am besten im *Azeka Place* ein. Am schönsten, weil am vielfältigsten, sind die Shoppingmöglichkeiten jedoch in Lahaina, wo man in den Gassen der historischen Altstadt auf jede Menge kleiner Boutiquen, Souvenirläden, Schmuckgeschäfte usw. stößt. Natürlich gibt es auch hier einige Einkaufszentren, die zumeist schön gestaltet und zum Bummeln mehr als geeignet sind.
Mitten in der Stadt sind da z.B. *505 Front Street, The Wharf Cinema Center, Lahaina Market Place, Mariner's Alley, The Lahaina Shopping Center* und das *Lahaina Center*, alle an der Front St. oder in unmittelbarer Nähe. Im Lahaina Center befindet sich übrigens eine Filiale von *Hilo Hattie*, dem größten Anbieter hawaiischer Mode. Weniger zentral, dafür aber mit einem noch umfangreicheren Warenangebot ausgestattet ist die vollklimatisierte *Lahaina Cannery Mall* am nördlichen Ortsausgang von Lahaina mit ihren 55 Modegeschäften, Restaurants und Souvenirläden. Die meisten dieser Einkaufszentren sind täglich von 9.30-21.00 Uhr geöffnet.

Kleine Boutique in Paia

Restaurants

Angesichts der vielen Fünf-Sterne-Hotels verwundert weder die Vielzahl der guten bis exquisiten Restaurants noch deren hohes Preisniveau. Unter den über 200 Restaurants der Insel befinden sich jedoch auch viele kleine, gemütliche Lokale, die die Reisekasse nicht allzusehr strapazieren. Selbstverständlich sind auch die bekannten Fast-Food-Ketten flächendeckend vertreten. Im Reisekapitel wird auf einige empfehlenswerte Restaurants gesondert hingewiesen.

Luaus

Viele der großen Hotels um Kaanapali (z.B. *Royal Lahaina, Sheraton)* und um Wailea (z.B. *Maui Lu Resort, Maui Inter-Continental, Stouffer's Wailea)* bieten zu festen Terminen *Luaus* an. Dabei überwiegt auch hier die Massenabfertigung, obwohl man weitaus eher auf seine Kosten kommt als auf Oahu. Die besten Luaus mit polynesischer Show werden m.E. von den Hotels *Hyatt Regency* und *Maui Marriott* sowie vom *"Old Lahaina Luau"* abgehalten:

- *Maui Marriott Luau* (Kaanapali Beach), Tel.: 661-5828; großes Festessen mit imu-Zeremonie und polynesischer Show, jeden Abend.
- *Hyatt Regency Luau* (Kaanapali Beach), Tel.: 667-4420; Buffet am Strand, anschließend die Show 'Drums of the Pacific', bei der auch Tänze und Gesänge aus Samoa, Fidji, Neuseeland und Tahiti vorgeführt werden, Mo, Mi, Fr und Sa ab 17.30 Uhr, Showbeginn um 19.00 Uhr.
- *Old Lahaina Luau*, 505 Front St., Lahaina, Tel.: 879-4900; großes Buffet am Strand mit Live-Musik und Hula-Show, Mo-Sa 17.30-20.30 Uhr.

Nachtleben

Jedes größere Strandresort bietet seinen Gästen abends ein Unterhaltungsprogramm mit Tanzmusik einheimischer Bands, hawaiischer Folklore oder bisweilen sogar Konzerten berühmter amerikanischer Künstler. Jüngere und Junggebliebene können oft auch in der hoteleigenen Disko zu heißen Rhythmen tanzen, wobei der größte technische Aufwand (Laser-Shows etc.) vom *Inu Inu* im Maui Inter-Continental (**Wailea**, bis 1.00 Uhr) und vom *Tsunami* im Grand Wailea Resort (bis 4.00 Uhr) getrieben wird. Während hier die Touristen mehr oder weniger unter sich bleiben bzw. sich näher kommen, trifft man an den Samstagen bis 2.30 Uhr einheimische 'Jugendliche' über 21 Jahren bevorzugt in der *Red Dragon Disco* vom Maui Beach Hotel, **Kahului**. Wer es etwas bodenständiger mag, findet vor allem in **Lahaina** originelle Kneipen, z.T. mit Live-Musik, in denen man es bis in die frühen Morgenstunden gut aushalten kann. Am gemütlichsten ist es im schönen *Old Whalers Saloon* des historischen Pioneer Inn, während das *Hard Rock Café* oft überfüllt ist. Der *Planet Hollywood* auf der Front St. ist ähnlich aufgemacht wie das Hard Rock Café, nur mit Requisiten aus dem Film-Business: schöne Räumlichkeiten, gute Stimmung, leckeres Essen und Musik. Ebenfalls Rockmusik bietet abends die populäre Bar *Moose McGillycuddy's* auf der Front St. (im Obergeschoß der Mariner's Alley), während sich die Szene auf der *505 Front Street* etwas eleganter gibt. Einen quirligen Treffpunkt für Jugendliche findet man in **Kihei** in *Polli's on the Beach* (101 N. Kihei Rd.). Und in **Paia** schwooft man am besten in der *WunderBar* – nicht nur am Abend.

Wassersport

- Für **Taucher** und **Schnorchler** ist Maui deshalb ein idealer Urlaubsort, weil sich gute Spots nicht nur an der Küste befinden, sondern das Vulkaninselchen Molokini mit seiner traumhaften Unterwasserwelt sozusagen vor der Haustüre liegt. Es ist daher nicht verwunderlich, wie viele Spezialanbieter für Schnorchel- und Tauchausflüge sich auf Maui niedergelassen haben, die meisten davon in Kihei und Lahaina. Eine kleine Auswahl empfehlenswerter Unternehmen (vgl. auch weiter unten unter "Ausflüge"):

- *Reef Watchers* (61 S. Kihei Rd., Suite A, Kihei, Tel.: 874-3467) hat sich auf Schnorchel- und Tauchausflüge spezialisiert, u.a mit Tauchlehrgängen (PADI), nächtlichen Tauchgängen, Unterwasserfotografie und Einführungskursen.
- *Molokini Adventures,* Maalaea Harbor, Tel.: 242-7683; halbtägige Schnorchelexkursion nach Molokini, mit Frühstück und Mittagsimbiß (ca. US$ 50).

- *Maui Classic Charters*, Kihei, 101 N. Kihei Rd., Tel.: 879-8188; breitgefächertes Angebot von Schnorchelexpeditionen nach Molokini (US$ 68), Whalewatching-Touren (US$ 40) und Sunset-Segeltrips (US$ 65).
- *Ocean Acitivity Center,* Kihei, 1325 S. Kihei Rd., Tel.: 879-4485; halbtägige Schnorchelexpeditionen entlang der Küste, nach Molokini und nach Lanai, z.T. mit Essen, sowie Dinnerkreuzfahrten (US$ 40-60).

Anbieter von **Tauch-** und **Schnorchelgeräten** findet man zuhauf. Die nachfolgenden Unternehmen (Auswahl) bieten zudem auch Tauchgänge und Einführungskurse an. Letztere kosten ca. US$ 35-100, ebenso die Tauchgänge an der Küste oder vom Boot aus.
- *Captain Nemo's Ocean Emporium,* 150 Dickenson St., Lahaina, Tel.: 661-5555
- *Dive Maui,* Lahainaluna Rd., Lahaina, Tel.: 667-2080
- *Lahaina Divers,* 710 Front St., Lahaina, Tel.: 667-4077
- *Makena Coast Charters,* Kihei, Tel.: 874-1273
- *Molokini Divers,* 1993 S. Kihei Rd., Kihei, Tel.: 879-0055

● **Parasailing**

Vor allem vor der Küste von West-Maui werden Parasailing-Touren angeboten, bei denen man bis an 210 m Höhe erreicht. Der Preis beträgt für ca. 10 Minuten ca. US$ 50. Oft fotografiert die Crew das Ereignis und bietet nachher das Bild für US$ 8 an. Neben dem 'normalen' Parasailing können Paare bei *West Maui Parasail* auch mit speziell konstruierten, bequemen Doppelsitzern gemeinsam in die Luft aufsteigen.
- *Lahaina Parasail,* Lahaina Harbor, Lahaina, Tel.: 661-4887
- *UFO Parasail,* Whalers Village, Kaanapali, Tel.: 661-7836.
- *West Maui Parasail*, Slip 15, Lahaina Harbor, Lahaina, Tel.: 661-4060)

● **Hochseeangeln**

Ein spannendes, aber nicht ganz billiges Vergnügen ist das 'Big Game Fishing'. Wer auf *ahi, mahi-mahi* oder den blauen Marlin Jagd machen möchte, bezahlt beispielsweise auf der *'Rhythm & Blues'* (Tel.: 879-7098) für eine 4-Stunden-Tour US$ 440 (bis zu 6 Passagiere) und für eine Ganztagestour (ca. 8 Stunden) US$ 640. Wer sich einer Gesellschaft anschließen möchte, zahlt als Einzelpassagier US$ 115 bzw. US$ 145, allerdings gibt es auch billigere Angebote (ab US$ 60 für 4 Stunden).

Die meisten Hochseeangler starten von Lahaina oder Maalaea aus, vom Hafen in **Lahaina** z.B. *Aerial Sportfishing Charters* (Tel.: 667-9080), *Finest Kind Inc.,* (Tel.: 661-0338), *Hintea Sportfishing* (Tel.: 667-7548), *Lucky Strike Charters* (Tel.: 661-4606), *Lahaina Charter Boats* (Tel.: 667-6672) und *West Maui Charters* (Tel.: 669-6193); vom Hafen in **Maalaea** aus z.B.: *Carol Ann Charters* (Tel.: 877-2181) und *Rascal Sportfishing Charters* (Tel.: 669-6193).

● **Windsurfer**

Besonders der Küstenabschnitt bei Paia und bei Kihei ist gut für Windsurfer geeignet, weshalb sich auch ein gutes Dutzend von Geräte-Verleihern und Windsurfing-Schulen in Maui niedergelassen hat. Anfängerkurse kosten etwa US$ 50-60, eine komplette Windsurfing-Ausrüstung pro Woche etwa US$ 250. Einige Firmen haben sich in der Nähe des Flughafens Kahului niedergelassen, z.B. als eine der besten Adressen *Windsurfing West Maui* (460 Dairy Rd., Tel.: 871-8733): Hier findet man ein riesiges Angebot an Sportgeräten oder Kursen und bekommt wertvolle Insidertips für die besten Lokalitäten.

● **Bootsverleih**

Segel- und Schlauchboote, Kayaks und anderes Wassersportgerät wird an vielen Stellen vermietet. Hier nur zwei Anregungen:
- *Pacific Jet Ski* (Kaanapali, Tel.: 667-2066) verleiht am südlichen Ende des Kaanapali Beach, direkt vor dem Hanakaoo Beach Park, Wasserscooter unterschiedlicher Größe.
- *U-Drive Boat Rentals* (19790 S. Kihei Rd., Tel.: 879-3721) vermietet Motorboote, Schlauchboote, Wasserscooter und Kayaks ab US$ 25 pro Tag. Die Wasserfahrzeuge liegen am Bootshafen in Kihei bereit, von wo aus man zum nahen Molokini starten kann. Eine Schnorchelausrüstung wird mitgeliefert.

Zweiräder

Glaubt man den Versprechungen in den Touristenzeitungen, dann ist die Radfahrt vom Haleakala hinab bis zum Ufer des Pazifiks ein unverzichtbares Highlight eines Maui-Aufenthaltes. Näheres dazu und die Adressen entsprechender Anbieter finden Sie im KAPITEL 6.5.1. Dabei hat die Insel nicht nur diese spektakuläre Route anzubieten, sondern im Upcountry und an der Küste eine ganze Reihe landschaftlich sehr reizvoller Strecken mit wenig Autoverkehr. Radelt man gern in einer Gruppe, sind *Hawaiian Bicycle Experience* (Kihei, Tel.: 874-1229) und *Chris' Bike Adventures* (Lower Kula Rd., Tel.: 877-8000) gute Adressen: Beide bieten geführte Fahrradtouren auf der ganzen Insel mit unterschiedlichem Schwierigkeitsgrad an, daneben aber auch Radesel-Trips auf den Nachbarinseln Molokai und Lanai. Wer lieber individuell unterwegs ist, kann sich an vielen Orten ein Tourenrad, Mountainbike, Moped oder Motorrad lehen. Dazu einige Adressen:

- **Kahului:** *The Island Biker* (Kahului Shopping Center, Tel.: 877-7744).
- **Kihei:** *Kukui Activity Center* (1819 S. Kihei Rd., Tel.: 875-1151), *Maui Mac Dougal's* (1913 S. Kihei Rd., Tel.: 874-0068), *Paradise Pedaling* (2439 S: Kihei Rd., Tel.: 874-5303).
- **Lahaina:** *Fun Bike Rentals* (193 Lahainaluna Rd., Tel.: 661-3053), *Go Go Bikes* (Tel.: 661-3063), *Islands Sports Rental Connection* (Tel.: 667-0449), *West Maui Sports* (Tel.: 667-9393).
- **Napili:** *A & B Moped Rental* (Tel.: 669-0027)

Wandern

Mit ihren Lavaküsten, Regenwäldern, tiefen Tälern, dem Upcountry und der Vulkanwüste des Haleakala ist die Insel für Wanderfreunde ideal. Und ein ausgezeichnetes System markierter Trails bietet alle Möglichkeiten von erholsamen Familienspaziergängen bis hin zu Bergwanderungen für Erfahrene. Die schönsten *hiking*-Ziele sind im KAPITEL 6.8 beschrieben. Wer das Wandern in einer Gruppe mit qualifizierter Führung vorzieht, kann an den 6-Stunden Touren von *Hawaiian Bicycle Experience* (Kihei, Tel.: 874-1229) teilnehmen, die ins Upcountry und zu verschwiegenen Strandabschnitten gehen – die Kosten liegen bei ca. US$ 50 p.P.

Tennis

Öffentliche Tennisplätze befinden sich u.a. in Kihei, Lahaina, Makawao, Pukalani und Wailuku. Daneben gibt es mehrere Tennisclubs, die z.T. zu Hotelanlagen gehören. Der größte, in dem schon mehrfach internationale Wettkämpfe ausgetragen wurden, ist der *Wailea Tennis Club* mit 11 Hart- und 3 Rasenplätzen (Tel.: 879-1958). Auch die *Royal Lahaina Tennis Ranch* verfügt über 11 Hartplätze und ein Tennisstadion (Tel.: 661-3611), weitere vorzügliche Anlagen besitzen der *Kapalua Tennis Garden* (Tel.: 669-5677) und der *Makena Tennis Club* (Tel.: 879-8777). Ansonsten verfügen die großen Resorts *(Hyatt Regency, Marriott, Sheraton)* meist über mehrere Plätze, z.T. mit Flutlicht, und bieten Tennisunterricht an. Die Tagesgebühr für Hartplätze beträgt ca. US$ 8-15 (Hotelgäste ca. US$ 5-8).

Reiten

Bei einer Reihe von Reitställen und Ranches kann man geführte Ausritte buchen, wobei das Programm von einstündigen Erkundungsritten bis zu zweitägigen Abenteuertouren reicht. Mit *Adventures on Horseback* (Makawao, Tel.: 242-7445), *Pony Express* (Kula, Tel.: 667-2000) und der *Silver Cloud Upcountry Ranch* (Kula, Tel.: 878-6101) kann man das Upcountry und den Haleakala-Nationalpark auf dem Pferderücken erkunden, ebenso wie von der 1902 gegründeten *Thompson Ranch* aus (Thompson Rd., Kula, Tel.: 878-1910), die täglich Halbtages- und Ganztagesritte unter qualifizierter Führung anbietet sowie einen 2-Tages-Ritt durch den Haleakala-Krater (mit Zeltübernachtung). Verschiedene Ausflüge entlang der Hana Coast, z.T. mit BBQ oder Luau, sind von der *Hana Ranch* (Hana, Tel.: 248-

8211) aus möglich, während die *Makena Stables* (Makena, Tel.: 879-0244) u.a. Strandritte zum Sonnenuntergang anbieten. In den talreichen Westteil von Maui kommt man mit den Pferden der *Rainbow Ranch* (Napili, Tel.: 669-4991). Hier (im Waihee Valley) liegt auch die rustikale *Mendes Ranch*, von der Mo-Sa tägl. um 8.30 Uhr halbtägige Reittouren starten, die auch ein reichhaltiges Barbecue zusammen mit den *Paniolo*-Cowboys beinhalten (US$ 130 p.P). Anstelle der Eigenanfahrt kann man sich mit einem Jeep um 8.00 Uhr ab dem Kahului Airport zur Ranch bringen lassen und wird dort um 13.00 Uhr zu einer ca. 30minütigen Flightseeing-Tour von *Sunshine Helicopters* abgeholt (US$ 219 p.P. inkl. Reittour und BBQ).

Golf

Bereits 1929 wurde auf Maui der erste private 9-Loch-Golfplatz eröffnet, inzwischen gibt es auf der Insel 16 erstklassige Anlagen, darunter nur ein 9-Loch-Course. Vier – allesamt hervorragende – Plätze sind öffentlich, wobei der *Waiehu Golf Course* aus zwei zusammengelegten und sehr unterschiedlichen 9-Loch-Plätzen besteht, der *Sandalwood Golf Course* in den 1990er Jahren eröffnet wurde und der *Silversword Golf Club* 1987. Der ebenfalls öffentliche *Pukalani Country Club* befindet sich in den mittleren Höhenlagen des Haleakala in waldreicher, kühlerer Umgebung. Der *Maui Country Club* und der *Waikapu Valley Country Club* (seit 1991) besitzen private Plätze, auf denen Nichtmitglieder mindestens an einem Tag in der Woche zugelassen sind. Die anderen Anlagen gehören zu den Strandresorts und befinden sich im Herzen der touristischen Zentren. Die drei 18-Loch-Plätze

Golfplatz in Wailea

in Kapalua haben Weltmeisterschafts-Niveau und wurden von verschiedenen Fachzeitschriften unter die 17 besten Anlagen der USA gerechnet. Auch die drei 18-Loch-Golfplätze in Wailea, von denen zwei 1994 eröffnet wurden, besitzen *Championship*-Format und sind Austragungsorte internationaler Wettkämpfe. Da sich die Anlagen von Kaanapali und Makena hinter den genannten nicht zu verstecken brauchen, kann das **Fazit** nur lauten, daß Maui eine ideale Destination für Freunde des Golfsports ist. Hier die Adressen der genannten Courses:

● **Westküste von West-Maui** (von Süden nach Norden):
- *Kaanapali Golf Courses,* Kaanapali Beach, Lahaina, Tel.: 661-3691; zwei Plätze, jeweils 18-Loch, Par 71.
- *The Bay Course,* 300 Kapalua Dr., Kapalua, Tel.: 669-8820; 18-Loch, Par 72.
- *The Village Course,* 300 Kapalua Dr., Kapalua, Tel.: 669-8835; 18-Loch, Par 71.
- *The Plantation Course,* 300 Kapalua Dr., Kapalua, Tel.: 669-8877; 18-Loch, Par 73.

● **Großraum Wailuku/Kahului:**
- *Waiehu Golf Course,* Wailuku, Tel.: 244-5934; (öffentlich) 18-Loch, Par 72.
- *Maui Country Club,* 48 Nonohe Pl., Paia, Tel.: 877-7893; 9-Loch, Par 37.
- *Sandalwood Golf Course,* 2500 Honoapiilani Hwy., Wailuku, Tel.: 242-7090; (öffentlich) 18-Loch, Par 72.
- *Waikapu Valley Country Club,* 2500 Honoapiilani Hwy., Wailuku, Tel.: 244-7888; 18-Loch, Par 72.
- *Pukalani Country Club,* 360 Pukalani St., Pukalani, Tel.: 572-1314; (öffentlich) 18-Loch, Par 72.

● **Westküste von Ost-Maui** (von Norden nach Süden):
- *Silversword Golf Club,* 1345 Piilani Hwy., Kihei, Tel.: 874-0777; (öffentlich) 18-Loch, Par 71.
- *Wailea Golf Club,* 120 Kaukahi St./1 Wailea Golf Club Dr., Wailea, Tel.: 879-2966; drei Anlagen: *Blue Course, Orange Course* und *Gold Course*, jeweils 18-Loch, Par 72.
- *Makena Golf Club,* 5415 Makena Alanui, Makena, Tel.: 879-3344; zwei Anlagen, jeweils 18-Loch, Par 72.

Ausflüge

Mehrere **Reiseagenturen**, die man direkt oder über den *Activity Desk* im Hotel buchen kann, führen Inselrundfahrten und Besichtigungsfahrten nach Lahaina an. Zum Standardprogramm gehören der Hana Highway (Ganztagestour, ca. US$ 80), die Auffahrt zum Haleakala-Krater, der Besuch des Iao Valley und von Lahaina. Von vielen Agenturen werden auch kombinierte Helikopter-Bustouren sowie Schiffs- oder Reitausflüge angeboten. Das umfangreichste Programm haben:
- *Akina Tours,* Kihei, Tel.: 879-2828
- *Aloha Nui Loa,* Lahaina, Tel.: 669-0000
- *Robert's Hawaii,* Kahului, Tel.: 973-2300
- *Trans Hawaiian Maui,* Kula, Tel.: 735-6467
- *Polynesian Adventure Tours,* Kahului, Tel.: 877-4242
- Deutschsprachige Maui-Touren bietet die Firma *Mynabird Travel* (Tel.: 575-2658 oder 243-0284) an. In komfortablen Minibussen (maximal 11 Reiseteilnehmer) werden folgende Ausflüge durchgeführt (Preise ab/bis Hotel): dienstags um die Nordküste des Westteils und ins Iao Valley (6 Stunden, US$ 59), donnerstags zum Haleakala-Krater und ins Upcountry (8 Stunden, US$ 79), samstags nach Hana und zur Südküste (ca. 10 Stunden, US$ 99).
- Eine ausgezeichnete Möglichkeit, sowohl als Individualtourist zu reisen als auch auf die Ortskenntnisse eines Einheimischen zurückgreifen zu können, bietet die Firma *Rent-A-Local* (333 Dairy Rd., Suite 104-B, Kahului, Tel.: 1-800-228-6284). Nach telefonischer Vereinbarung, bei der Sie Ihre Interessen und Ihren Zeitplan darlegen, fährt der hawaiische Führer in Ihrem Mietwagen mit und zeigt Ihnen Dinge, die dem normalen touristischen Auge verschlossen bleiben.

● **Bootstouren**

Mit Segelschiffen, Power-Motorbooten, Yachten und anderen Wasserfahrzeugen werden von Maui aus vielfältige Minikreuzfahrten durchgeführt, auf denen man z.B. die spektakuläre Küste und die Nachbarinseln kennenlernen, den Sonnenuntergang genießen, Buckelwale beobachten und zum Schnorcheln ausfahren kann, oft verbunden mit einem Lunch bzw. Dinner an Bord. Die Touren starten i.d.R. im Hafen von Lahaina oder Maalaea. Wer den Ozean aus einer anderen Perspektive erleben möchte, kann mit einem U-Boot auf Entdeckungsfahrt gehen, während sportlichere Naturen vielleicht lieber an einer geführten Kayak-Tour teilnehmen. Aus dem fast schon unüberschaubaren Angebot hier eine kleine Auswahl:

- *Lin Wa Cruises,* Lahaina, Front St., Tel.: 661-3392; tägliche Minikreuzfahrten (ca. 1½ Stunde) mit dem **Glasbodenboot** zu den Korallenriffen vor der Küste West-Mauis, ca. US$ 20.
- *Island Marine Activities,* Lahaina, Front St., Tel.: 667-2224; im Winter **Whalewatching**-Exkursion, 2½ Stunden, ca. US$ 30.
- *Activity Information Center*, Lahaina, 888 Wainee St., Tel.: 667-7777; umfangreiches Programm, u.a. Bootsausflug nach **Lanai** (zum 'Club Lanai' mit Buffet, Entertainment, Wasserski, Badminton, Fahrradtouren, Wanderungen, Volleyball oder anderen Sportmöglichkeiten, ca. US$ 79; oder ganztägige **Segeltour** nach **Molokini** mit der *"Silent Lady"*, einem nachgebauten Walfängerschiff, mit ausreichend Zeit zum Schnorcheln, ca. US$ 60 einschl. Frühstück, Mittagessen, Getränken und Schnorchelausrüstung.
- *Manutea* (Tel.: 879-4485); von Lahaina aus startet jeden Abend das Segelboot zu einer romantischen, 2stündigen **Sunset-Cruise** in kleinem Rahmen mit opulentem Abendessen, ca. US$ 59.
- *Sea Quest Adventures,* Kaanapali Beach, Tel.: 874-7048; zwei Ausflüge tägl. mit dem **Segel-Katamaran** *'Sea Quest'* ab Kaanapali Beach: um 10.00 Uhr 6stündiger Schnorchelausflug (US$ 45 einschl. Ausrüstung, Lunch-Buffet, Erfrischungen, Benutzung der Unterwasserkameras etc.), und um 16.15 Uhr eine *Sunset Champagne Cruise* zum Sonnenuntergang vor Lanai.
- *Ocean Riders*, Lahaina Harbor, Tel.: 661-3586. Mit einem **Schnellboot** (45 Knoten) starten maximal 20 Personen um 6.30 Uhr in Lahaina zu einer Tour, auf der man die gesamte Insel **Lanai** umrundet – vorbei an der spektakulären Steilküste, Schiffswracks und Delphinen. Ein reichhaltiges Mittagsbuffet und mehrere Schnorchelstops runden das Programm ab, bevor man um 15.00 Uhr wieder in Lahaina ist (ca. US$ 140).
- *Trilogy Excursions,* 180 Lahainaluna Rd., Tel.: 661-4743. Die drei Katamarane des Unternehmens starten täglich von Lahaina zum Whalewatching, zu Schnorcheltrips nach Molokini oder zu einer **Ganztagesexkursion** nach **Lanai** (mit Essen und Programm, ca. US$ 150).
- Tasgesexkursion mit der Fähre *"Maui Princess"* von Lahaina nach **Molokai**, wo man an einer Inselrundfahrt mit dem Van teilnehmen kann. Dabei besucht man eine Mango- und eine Macadamianuß-Plantage, sieht die wichtigsten landschaftlichen Sehenswürdigkeiten und nimmt ein gutes Mittagessen im Hotel Molokai ein (Paketangebot, ca. US$ 140).
- *Atlantis Submarines,* Lahaina, Front St., Tel.: 667-2224; die Firma mit ihrer bekannten Freizeit-U-Boot-Flotte bringt tägl. ab 8.00 Uhr Passagiere vom 'Pioneer Inn' in Lahaina zu einem ihrer **U-Boote**, dann geht es hinab bis in 30-40 m Tiefe. In der Unterwasserwelt kann man durch Gucklöcher Lavaformationen, schwarze Korallen, Taucher und jede Menge Rifffische betrachten und fotografieren. Abfahrten jede volle Stunde, Tauchzeit ca. 45 Minuten, Gesamtdauer ca. 2 Std., Preis ca. US$ 80.
- *Kelii's Kayak Tours* (Tel.: 874-7652) führt **Kayak-Touren** in Kleingruppen durch, z.B. ab Makena Landing zur La Perouse Bay (2½ Stunden, US$ 55), ab der Honolua Bay entlang der Nordküste (4½ Stunden, US$ 85 inkl. Lunch) oder ab dem Ukumehame Beach zu einer Sunset-Tour (2½ Stunden, US$ 55).

● Helikopterrundflüge

Vom *Heliport* am Flughafen Kahului starten täglich die Hubschrauber mehrerer Firmen zu einem Flightseeing-Programm, das Rundflüge von 20 Minuten bis mehr als 2 Stunden umfaßt. Sehr beliebt sind die Flüge zum Haleakala-Krater, für die die frühen Morgenstunden die beste Zeit sind. Auch die Hana Coast, die Täler von West-Maui oder Lanai (mit Landung an der Koele Lodge) und andere Ziele kann man vom Helikopter aus beobachten. Besonders empfehlenswert ist der Ausflug "West Maui/Molokai", auf dem man die schönsten Landschaften der beiden Inseln einschließlich Molokais spektakulärer Steilküste sieht (Preis ca. US$ 185 p.P:).

- *Alexair* Tel.: 871-0792
- *Blue Hawaiian Helicopters*, Tel.: 871-8844
- *Cardinal Helicopters*, Tel.: 877-2400
- *Diamond Helicopters*, Tel.: 877-3344
- *Hawaii Helicopters*, Tel.: 877-3900
- *Helicopter Tours*, Tel.: 624-7771
- *Papillon Helicopters*, Tel.: 871-0722
- *Sunshine Helicopters*, Tel.: 871-0722

● **Kleinflugzeuge**

- *Big Island Air* (Tel.: 800-303-8868 oder 329-4868) startet täglich von den Flughäfen Kahului und Kapalua zu einem Rundflug über Maui und Big Island, auf dem man die Hana Coast und den Haleakala, den Mauna Kea, Mauna Loa und den Kilauea-Krater aus der Vogelperspektive erlebt (US$ 189).
- *Biplane Barnstormers* (Tel.: 878-2860) bietet vom Kahului Airport aus 5 abenteuerliche Rundflüge im offenen Doppeldecker an. Ganz Mutige können auch an sog. *Aerobatic Flights* teilnehmen.

Helikopter im Inselinneren

Strände

Mit über 67 Kilometern an herrlichen Stränden – einige davon werden zu den besten des Bundesstaates gezählt – hat Maui nicht nur den Wassersportlern eine Menge zu bieten. Während die Ostküste oft rauh ist und – wo sandig – vor allem von Windsurfern und Surfern frequentiert wird, tummeln sich die Badegäste im trokkenen Westen. Die **Westküste** von **West-Maui** hat ihre schönsten Strände bei Kaanapali (wo auch die meisten Hotels zu finden sind) und weiter nördlich im *Napili Beach* und *Kapalua Beach* – letzterer mit seiner weißsandigen, sichelförmigen Bucht sicher ein Highlight! Noch weiter nördlich garantieren die *Oneloa Bay* und der *D.T. Fleming Beach Park* weitgehend ungestörte Urlaubsfreude.

An der **Westküste** von **Ost-Maui** führt die S. Kihei Road an einem kilometerlangen Sandstreifen entlang, der in verschiedene Strandabschnitte unterteilt ist. Trotz der vielen Hotels, Condominiums und Ferienwohnungen geht es hier nie gedrängt zu. Auch den Resorts von Wailea sind drei schöne Sandstrände vorgelagert, die aber alle nicht so beeindrucken können wie der südlichere *Makena Beach*. Seine zwei Buchten (*Little Beach* und *Big Beach*) sind nicht ganz einfach zu erreichen, dafür aber um so leerer und in jedem Fall den Abstecher wert.

An der **Ostküste** sind der *H.A.Baldwin Beach Park* diesseits von Paia und vor allem der *Hookipa Beach* jenseits davon hervorzuheben. Wegen der steten Passatwinde können hier fast immer die Kunststücke der Surfer beobachtet werden. Ganz im Osten lohnen der kurze schwarzsandige Strand von *Waianapanapa* und der *Hamoa Beach* bei Hana einen Besuch, obwohl hier Strömungen und hohe Wellen das Schwimmen zumeist unmöglich machen.

6.3 DIE INSELHAUPTSTADT WAILUKU UND UMGEBUNG

6.3.1 ÜBERBLICK UND REISEPRAKTISCHE HINWEISE

Dort, wo sich zwischen den Hängen der beiden großen Schildvulkane im Osten und Westen das breite, flache und grüne 'Central Valley' ausbreitet, befindet sich im Norden das größte Ballungszentrum der Insel. Es wird gebildet von den inzwischen zusammengewachsenen Gemeinden Wailuku und Kahului, in denen insgesamt mehr als 20.000 Einwohner wohnen. Während Kahului mit Airport, Seehafen, kleineren Industriebetrieben und Kaufhäusern gleichermaßen ökonomisches Zentrum und größter Verkehrsknotenpunkt ist, befindet sich in Wailuku der Sitz der County-Administration.

Das landschaftliche Umfeld der beiden Gemeinden wird in erster Linie von den ausgedehnten Zuckerrohrfeldern dominiert, hinter denen sich im Westen die Hänge der *West Maui Mountains* mit dem *Puu Kukui* hinaufziehen. Dort befindet sich auch die hübsche Villensiedlung **Waikapu**, von der man einen weiten Blick über das *Central Valley* und *Waikapu Valley* mit seinen Obstplantagen genießen kann. Nördlich davon stellt das tief eingeschnittene *Iao Valley* mit seiner berühmten Felsnadel ein spektakuläres Ausflugsziel dar. Zum Südosten hin wird das *Central Valley* von den Hängen des Haleakala begrenzt, während sich südlich der Zuckerrohrfelder der Uferstreifen von Kihei und Wailea mit seinen schönen Sandstränden hinzieht.

Das Gros der Besucher betritt am **Flughafen** von Kahului zum erstenmal den Boden der Insel Maui. Hier sind alle großen Mietwagenfirmen vertreten, deren Kunden mit ständig verkehrenden Shuttle-Bussen in etwa 3 Minuten zu den Stellplätzen gebracht werden. Autofahrer gelangen vom Airport automatisch auf die Straße *Keolani Pl. (Hwy. 380),* die einen zu den großen Überlandstraßen bringt. Wer in Richtung **Hana** fahren möchte, biegt sofort hinter dem Flughafen links auf die *Aalele St.* ab, die auf den *Haleakala Hwy.* stößt. Von diesem geht es an der zweiten Kreuzung (Ampel) erneut nach links auf den *Hana Hwy. (Hwy. 36)*. Wer an der Kreuzung geradeaus fährt, befindet sich auf dem *Hwy. 37* in Richtung **Haleakala/Upcountry**. Touristen auf dem Weg nach **Lahaina/Kaanapali** bleiben auf der *Keolani Pl.*, die in die *Dairy Rd.* und nach der zweiten Ampel in den *Kuihelani Hwy. (Hwy. 380*) übergeht. Wer nach **Kihei/Wailea** muß, biegt an dieser Stelle nach links auf die *Puunene Ave.* ab, die später als *Hwy. 350* weiterführt.

Möchte man hingegen vom Flughafen aus zunächst die Hauptstadt **Wailuku** besichtigen oder den Kurztrip ins **Iao Valley** unternehmen, fährt man an der ersten Möglichkeit hinter dem Flughafen nach rechts und kommt über den *Hana Hwy.*, vorbei am *Kanaha Pond*, geradewegs zur *Kaahumanu Ave.* Sie ist die Hauptstraße von Kahului und verläuft parallel zum großen Hafen sowie an Shoppingzentren und Grünanlagen vorbei zum Nachbarort Wailuku, wo sie zur *Main St.* wird. Noch etwas weiter zweigt von ihr gut ausgeschildert die schmale Straße zum *Iao Valley State Park* ab.

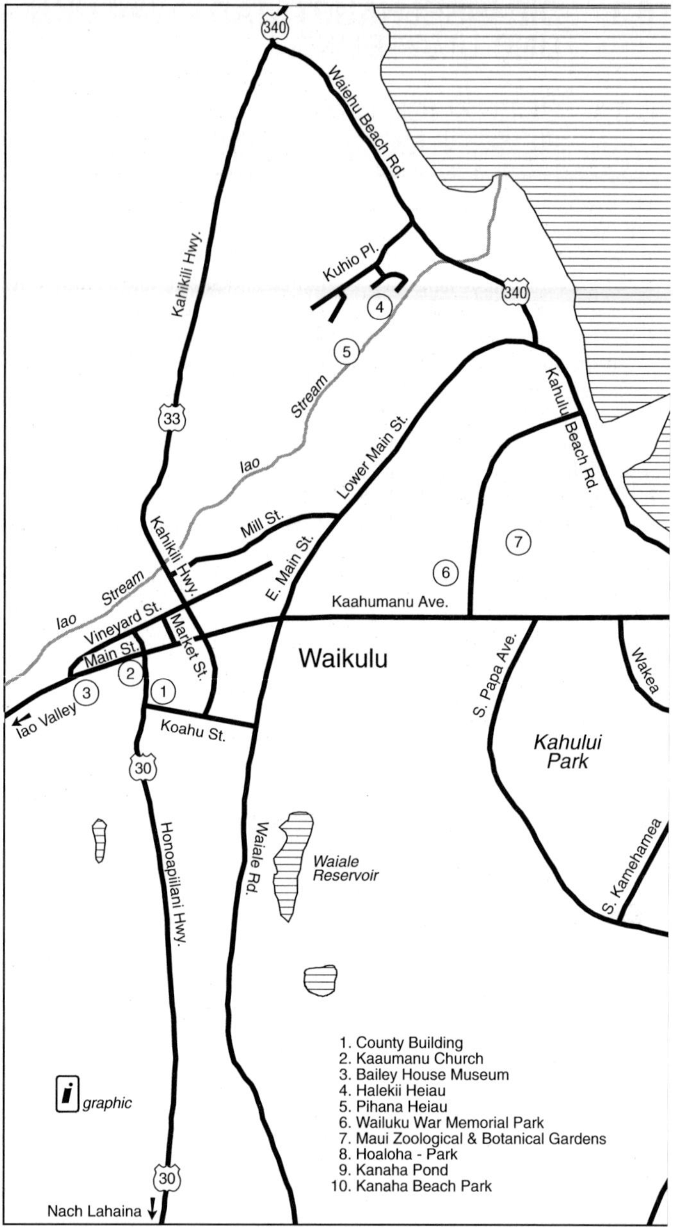
340
Waiehu Beach Rd.
Kahikili Hwy.
Kuhio Pl.
340
Stream
Iao
Lower Main St.
Kahului Beach Rd.
33
Mill St.
Kahikili Hwy.
E. Main St.
Iao Stream
Vineyard St.
Main St.
Market St.
Kaahumanu Ave.
Waikulu
S. Papa Ave.
Wakea
Iao Valley
Koahu St.
30
Kahului Park
Honoapiilani Hwy.
Waiale Rd.
Waiale Reservoir
S. Kamehamea
graphic
30
Nach Lahaina
1. County Building
2. Kaaumanu Church
3. Bailey House Museum
4. Halekii Heiau
5. Pihana Heiau
6. Wailuku War Memorial Park
7. Maui Zoological & Botanical Gardens
8. Hoaloha - Park
9. Kanaha Pond
10. Kanaha Beach Park

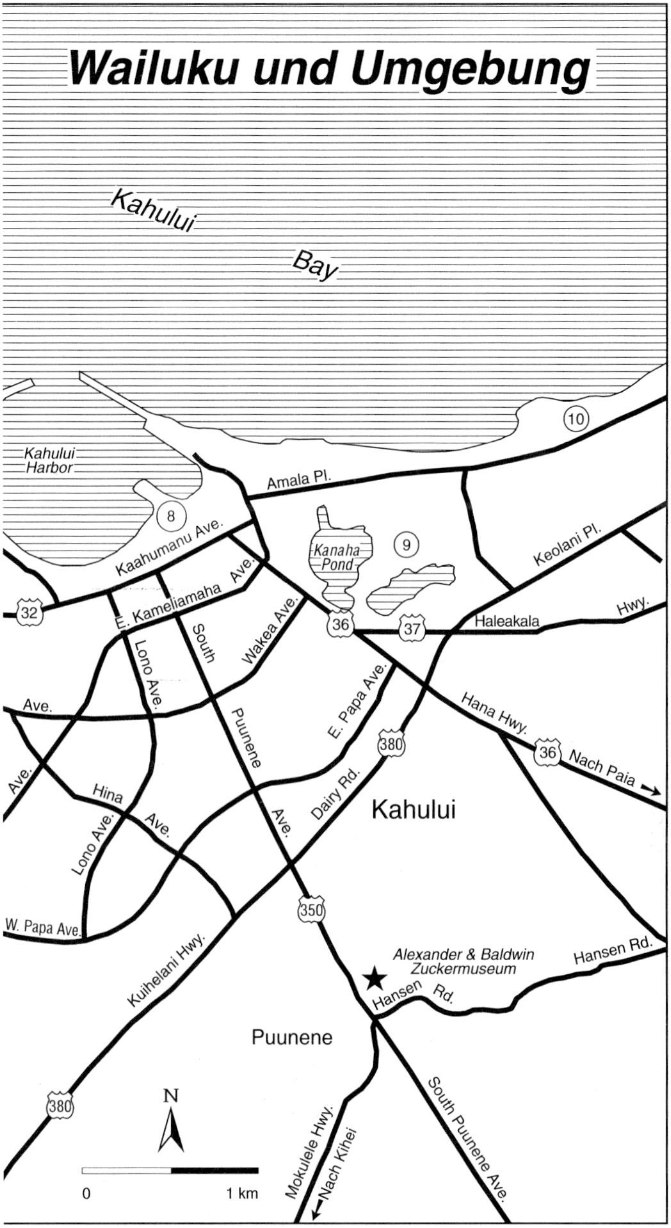

Wailuku und Umgebung
Kahului Bay
Kahului Harbor
Amala Pl.
Kaahumanu Ave.
Kanaha Pond
Keolani Pl.
E. Kameliamaha Ave.
South Puunene Ave.
Wakea Ave.
Haleakala Hwy.
Lono Ave.
Ave.
E. Papa Ave.
Hana Hwy.
Nach Paia
Hina Ave.
Dairy Rd.
Kahului
Lono Ave.
W. Papa Ave.
Kuihelani Hwy.
Alexander & Baldwin Zuckermuseum
Hansen Rd.
Hansen Rd.
Puunene
Mokulele Hwy.
Nach Kihei
South Puunene Ave.
N
0
1 km
8
9
10
32
36
37
380
350

Als Hotelstandort sind **Kahului** und **Wailuku** wenig geeignet. Meistens sind es Geschäftsleute oder Low-Budget-Touristen, die entweder aus Berufsgründen in Mauis wirtschaftlich-politischem Zentrum Quartier beziehen wollen oder von hier aus zu den nahen Surfstränden bei Paia fahren. Die meisten Urlauber zieht es dagegen zu der trockenen Westküste mit ihren vielen Hotel- und Condominium-Anlagen.

6.3.2 WAILUKU/KAHULUI

Wailuku

Hotel

Northshore Inn ($), 2080 Vineyard St., Wailuku, Tel.: 242-8999; gemütliches Billighotel, das sich an jugendliche Gäste ohne große Komfortansprüche wendet.

Restaurants

- *Saeng's Thai Cuisine* ($$$), Vineyard St., Wailuku, Tel.: 244-1567; thailändische Küche mit Seafood-Spezialitäten, angenehme Atmosphäre (Garten), tägl. zum Dinner geöffnet.
- *Siam Thai* ($$), 123 N. Market St., Wailuku, Tel.: 244-3817; authentische thailändische Küche zu günstigen Preisen, Mo-Fr mittags und tägl. abends geöffnet.

Im Gegensatz zu Kahului kann Wailuku dem Besucher etwas mehr bieten. Vor allem das **historische Zentrum**, das im Bereich der Straßen *High St., Market St.* und *Vineyard St.* liegt, weist noch einige recht hübsche Holzhäuser und Kirchen auf. Sein markanter Mittelpunkt ist auf der *High St.* das achtstöckige **County Building (1)** *(Kalana O Maui)*, in dessen unmittelbarer Nähe sich die wichtigsten Baudenkmäler befinden (und außerdem auch Parkplätze zur Verfügung stehen). Direkt neben dem County Building stellt z.B. das **Court House** von der Jahrhundertwende einen hübschen Blickfang dar. Ihm gegenüber ist auf der anderen Straßenseite die **Kaahumanu Church (2) e**ine Sehenswürdigkeit. Das weiße Holzgebäude mit seinem spitzen Turm wurde auf Veranlassung des Missionars *Bailey* (s.u.) im Jahre 1837 errichtet und nach der Lieblingsfrau König *Kamehamehas I.* benannt. Beim Sonntagsgottesdienst kann man in dem schönen Gotteshaus noch Kirchenlieder in hawaiischer Sprache hören.

Das Court House

Spaziert man auf der *High St.* stadtauswärts (oder fährt später auf dieser Strecke in Richtung Waikapu), kommt man nach wenigen hundert Metern an der Bibliothek, an der mit dunklen Lavasteinen erbauten *Wailuku Public School*, sofort daneben an einer weiteren Kirche im Stil der englischen Neugotik und später noch an einigen anderen Gotteshäusern vorbei.

Zur anderen Seite sind es etwa 100 m von der *Kaaumanu Church* bis zur Straßenkreuzung mit der *Main St. (Hwy. 320)*. Auf dieser ist das 1927 gebaute **Iao Theater** sehenswert, das sich rechts auf der Ecke zur *Market St.* befindet. Zur anderen Seite (nach links) führt die *Main St.* auf das Iao Valley zu. Folgt man der Straße ca. 150 m hinauf, kommt man linkerhand zum **Bailey House Museum (3)**, einem sehr schönen, aus weißen Feldsteinen errichteten Gebäude. Das zweistöckige Haus wurde 1833 erbaut und 1837-82 von der Missionarsfamilie *Edward Bailey* bewohnt.

Diesem Puritaner aus Boston war nicht nur daran gelegen, möglichst viele Eingeborene zum Christentum zu bekehren, sondern hat als Übersetzer, Schriftsteller und Maler auch viel zur Dokumentation ihrer Kultur beigetragen. Während seine Frau der hiesigen Mädchenschule vorstand, trug der botanisch interessierte *Bailey* zudem viele Pflanzen zusammen, die z.T. in dem sehr interessanten Garten immer noch zu sehen sind.

Das restaurierte und in ein historisches Museum umgewandelte Haus besitzt eine beachtliche Sammlung hawaiischer Kunst und Alltagsgegenstände (u.a. ein Surfbrett des berühmten *Duke Kahanamoku),* außerdem Mobiliar, Kleidung und Einrichtung aus der Missionarszeit. Im gut sortierten Museumsladen kann man sich mit Literatur zum Thema eindecken.

Öffnungszeiten
Bailey House Museum/Hale Ho'ike'ike, 2375-A Main St., Wailuku, Tel.: 244-3326; geöffnet Mo-Fr 10.00-16.00 Uhr, Eintritt US$ 3.

Ebenfalls in die Geschichte, und zwar in die alt-hawaiische, weisen zwei Tempelrelikte, die man im Nordosten von Wailuku besuchen kann. Man erreicht sie am besten über die *Waiehu Beach Rd. (Hwy. 340)*, die parallel zum Ufer den *Kahikili Hwy. (Hwy. 33)* mit der *Kaahumanu Ave. (Hwy. 32)* verbindet. Nahe der Brücke über den *Iao Stream* geht von ihr die *Kuhio Pl.* ab, der man etwa 200 m folgt. Linkerhand kommt man von dort zum **Halekii Heiau (4)**, das aus dem 18. Jhd stammt und das 1790 König *Kamehameha I.* zum Schauplatz seines Dankfestes anläßlich der Eroberung von Maui wählte.

Ein kleiner Pfad führt ab hier flußaufwärts, wo man die Überreste des **Pihana Heiau (5)** entdeckt, das ungefähr zur gleichen Zeit errichtet wurde. Der kurze Abstecher lohnt sich auch wegen des Blickes, den man vom alten Opferplatz auf den *Kahului Harbor* hat.

Fährt man auf der genannten *Waiehu Beach Rd.* in Richtung Kahului, passiert man unweit der *Kuhio Pl.* einen japanischen Shinto-Schrein und gelangt dann zum Abzweig der *Kanaloa Ave.* Auf dieser sind es etwa 500 m, bis man rechts den *Wailuku War Memorial Park* **(6)** und links den Eingang des **Maui Zoological & Botanical Gardens (7)** erreicht. Der kleine Zoo ist vor allem für Kinder ein nettes Ausflugsziel, u.a. kann man Ziegen, Schafe, Affen, Wasserbüffel und sogar Rentiere erleben, sowie viele Vögel, darunter auch Nene-Gänse. Im angrenzenden botanischen Garten sind etwa 150 unterschiedliche Arten der hawaiischen Flora zusammengetragen.

Öffnungszeiten
Maui Zoological & Botanical Gardens, Kanaloa Ave., Tel.: 243-7337, tägl. 9.00-16.00 Uhr geöffnet; freier Eintritt.

Kahului

Hotels

- *Maui Beach Hotel* ($$$), 170 Kaahumanu Ave., Kahului, Tel.: 877-0051, Fax: 596-0158; Mittelklasse-Hotel mit 148 komfortablen Zimmern, Pool, Restaurant, Bar, Shops, samstags Disko.
- *Maui Palms Hotel* ($$), 150 Kaahumanu Ave., Kahului, Tel.: 877-0071; einfaches Mittelklasse-Hotel mit 103 Zimmern, direkt neben dem Maui Beach gelegen, Pool, Restaurant.

Restaurants

- *The Charthouse* ($$$), 500 N. Puunene Ave., Kahului, Tel.: 877-2476; gutes Restaurant mit nautischem Ambiente, Steaks, Seafood, Fischgerichte und empfehlenswerte Salatbar, schön am Hoaloa Park am Hafen gelegen.
- *Sizzler Restaurant* ($), E. Kamehameha Ave.; die Maui-Filiale der US-Kette bietet Steaks, Seafood und ein reichhaltiges Salat-Buffet zu reellen Preisen, am Maui Shopping Center nahe dem Flughafen gelegen, tägl. von morgens bis abends geöffnet.

Über die breite *Kaahumanu Ave.,* die nahe am *Wailuku War Memorial Park* und am Zoo vorbeiführt, kommt man in wenigen Minuten geradewegs in das 'Zentrum' von Kahului, dem mit etwa 13.000 Einwohnern größten Ort der Insel. Früher lebten hier hauptsächlich die Plantagenarbeiter, und vom großen Hafen aus wurden die Zuckerprodukte nach Honolulu verschifft. Heute ist Kahului ein gesichtsloses Dienstleistungszentrum mit einer eintönigen, von flachen Zweckbauten bestimmter Architektur. Bedeutung für den Fremdenverkehr hat der Ort in erster Linie wegen des Flughafens, auf dem seit den 1980er Jahren auch große Maschinen landen können, wegen einiger Shopping-Zentren (am größten das *Kaahumanu Shopping Center* an der gleichnamigen Avenue), dreier Hotels sowie wegen einer Vielzahl von Mietwagen-, Windsurfing-, Fahrradverleih- und sonstiger touristisch orientierter Firmen. Wer hier Einkaufsmöglichkeiten, Schnellimbisse oder auch bessere Restaurants sucht, wird leicht fündig werden, nicht aber, wer auf der Suche nach Sehenswürdigkeiten ist. Immerhin kann man im **Hoaloha-Park (8)** das betriebsame Treiben im Hafen beobachten und von dort aus zum nahen *Kahului Harbor Park* oder zu den *Maui Zoological & Botanical Gardens* (s.o.) spazieren.

Und auch nach Osten hin, zwischen dem Stadtzentrum und dem Flughafen, lohnt sich der Besuch des **Kanaha Pond (9)** in Ufernähe, wo sich ein Feuchtbiotop erstreckt, das als *State Wildlife Sanctuary* unter Naturschutz steht. Die vielen und z.T. seltenen Wasservögel kann man von einer Besucherplattform beobachten. Noch etwas weiter östlich und über die Uferstraße *Amala Pl.* zu erreichen, liegt der **Kanaha Beach Park (10)**, der jedoch absolut kein 'Muß' darstellt.

6.3.3 DAS IAO VALLEY

Das Iao Valley ist ein enges und tiefes Tal, das der *Iao Stream* in Jahrtausenden in West-Mauis Bergwelt gegraben hat. Hinter einer Schmalstelle, an der sich die berühmte Felsnadel *(Iao Needle)* erhebt, öffnet sich das Tal wie ein riesiges, immergrünes Amphitheater, begrenzt von den Hängen des 1.764 m hohen alten Schildvulkans *Puu Kukui*. In diesem natürlichen Kessel werden die heranziehenden Wolken quasi gefangen, stauen sich und regnen ab, daher ist gutes Wetter in dieser Region eher die Ausnahme. Historisch wurde das Tal durch den Kriegszug *Kamehamehas I.* bekannt, der hier im Jahre 1790 die bedrängten Verteidiger der Insel mit Kanonen beschießen ließ und ein Massaker anrichtete.

Eine schmale, asphaltierte Straße folgt dem Tal flußaufwärts und endet am *Iao Valley State Park*. Sie erreicht man, wenn man in Wailuku der Verlängerung der *Main Street (Hwy. 32)* folgt und kurz hinter dem *Bailey House Museum* (s.o.) rechts abbiegt (Hinweisschild). Wer hier geradeausfährt, gelangt zu den **Wailuku Heights**, einem hochgelegenen Villenviertel, das phantastische Ausblicke auf das *Central Valley* und hinüber nach Ost-Maui eröffnet.

Etwa 200 m hinter dem Abzweig auf der rechten Seite lohnen die **Tropical Gardens of Maui** einen Besuch, die kleiner, aber auch weniger touristisch als die *Maui Tropical Plantation* (KAPITEL 6.3.4) sind. Fußwege führen hier durch schön angelegte Plantagen und Gärten; insbesondere die vorzügliche Orchideen-Kollektion wird botanisch Interessierte entzücken.

Die Iao Needle

Öffnungszeiten
Tropical Gardens of Maui, tägl. 9.00-17.00 Uhr geöffnet, Eintritt US$ 3.

Bei der Weiterfahrt passiert man linkerhand die schwarze Klippe *Pali Ele'ele (Black Gorge)*, die mit viel Phantasie an das Profil von *John F. Kennedy* erinnert. Kurz bevor die Straße ihren Endpunkt erreicht, liegen in einer Kurve dann linkerhand die **Kepaniwai County Park & Heritage Gardens** mit großem Parkplatz.

Hier sind einige Pavillons und Gebäude jener Nationen errichtet worden, die einen Großteil der hawaiischen Bevölkerung stellen, u.a. sieht man einen chinesischen Tempel, Skulpturen, ein japanisches Teehaus, eine portugiesische Villa und den Nachbau eines polynesischen Grashauses. Das bei den Einheimischen sehr populäre Gelände ist tägl. von 7.00-22.00 Uhr geöffnet, einen freien Picknickplatz zu ergattern, fällt aber zu jeder Tageszeit schwer. Angrenzend befindet sich das **Hawaii Nature Center**, das u.a. Programme für Schulklassen erarbeitet und geführte Wanderungen in Areale anbietet, für die eine spezielle Genehmigung notwendig sind. Die Straße, die ab hier nachts geschlossen ist, endet kurz darauf am 290 m hoch gelegenen Parkplatz des **Iao Valley State Park** (mit sanitären Einrichtungen), der trotz seiner Größe bisweilen überfüllt sein kann. Denn die **Iao Needle**, eine markante Felsenklippe, gehört zum Standardprogramm einer Inselrundfahrt. Es handelt sich dabei um einen Basalt-Monolithen, dessen hartes Material der Gebirgsbach nicht abtragen konnte. Im alt-hawaiischen Legendenschatz taucht die *Iao Needle* – wie das gesamte Tal – mehrfach auf. Das Iao Valley soll demnach ein Tummelplatz der Ahnen-Geister gewesen sein, und die Felsnadel galt immer als heiliger Ort. Es war die Vulkangöttin *Pele*, die hier den Wassermann *Puukamoua* in eine Steinsäule verwandelt haben soll; damit kam sie dem Halbgott *Maui* zuvor, der diesen als ungeliebten Brautwerber für seine schöne Tochter gefangengenommen hatte und umbringen wollte.

Vom Parkplatz aus führt ein plattierter und mit Treppen versehener Weg zu einem kleinen Pavillon hinauf, von dem man den besten Ausblick auf die *Iao Needle* hat. Von dort aus und auch am Flußufer entlang gehen schmale Pfade weiter auf das Tal zu, die allerdings alle über privaten Grund und Boden verlaufen. Zur anderen Richtung, nämlich zum Flußufer hinab, gibt es auf beiden Seiten der Fußgängerbrücke ebenfalls hübsch angelegte Pfade, die jeweils einen kleinen Rundweg beschreiben und durch eine Art botanischer Garten am *Iao Stream* entlang führen.

6.3.4 WAIKAPU (MAUI TROPICAL PLANTATION)

Wer von Wailuku bzw. dem Iao Valley zur nördlichen Westküste fährt (z.B. nach Lahaina), benutzt zweckmäßigerweise den **Hwy 30**, der nahe den Südhängen des *Puu Kukui* entlangführt. Auf dem schnurgeraden Weg sind keine touristischen Sehenswürdigkeiten zu erwarten, mit Ausnahme der gut ausgeschilderten **Maui Tropical Plantation**, zu der eine kurze Stichstraße abgeht. Der große Parkplatz und eine Vielzahl hier wartender Busse geben schon einen Hinweis auf die Popularität des Gartens, besonders bei organisierten Inselrundfahrten.

Das Terrain betritt man durch das *Visitor Center* mit seiner großen Souvenir-Abteilung. Dahinter liegt das große und oft von Gruppen frequentierte *Tropical Restaurant*, wo an einigen Tagen ein abendliches Barbecue abgehalten wird. In unmittelbarer Nähe befinden sich zwei kleine Museen, in denen mit alten Fotos, Gerätschaften und Videovorführungen über den Anbau und die Verabeitung von Kaffee bzw. von Zuckerrohr informiert wird. Auf einem kurzen Rundgang kann man diesen, von einem hohen Windrad überragten Teil der *Tropical Plantation* in einer guten halben Stunde kennenlernen. Die etwa 20 ha große

Maui Tropical Plantation

Anlage bietet darüber hinaus aber noch wunderschöne Blumen- und Fruchtfelder mit Zuckerrohr, Papayas, Kaffee, Ananas, Bananen, Guaven, Proteas, Anthurien etc. sowie ein Gebäude zur Kultivierung der Macadamia-Nüsse. Der Zugang zu den Gärten ist frei, man kann aber auch an einer empfehlenswerten 45minütigen *'Tram-Tour'* teilnehmen (US$ 8), auf der man mit kleinen, offenen Elektrowägelchen durch den ganzen Garten gebracht wird und Erläuterungen bekommt. Diese Touren starten von 10.00-16.00 Uhr im 45-Minuten-Rhythmus.

Öffnungszeiten
Maui Tropical Plantation, Wailuku, Hwy. 30, Tel.: 244-7643; tägl. von 9.00-17.00 Uhr geöffnet, freier Eintritt.

6.3.5 VON WAILUKU/KAHULUI NACH KIHEI, WAILEA UND MAKENA

Solange der Ausbau des *Piilani Hwy.* nicht voran kommt (geplant ist für die Zukunft eine Verbindung von der Küste zum Hwy. 31, die eine ufernahe Inselumrundung möglich machen würde), gibt es **zwei Anfahrtswege** zu den Strandresorts an der sonnigen Südwestküste:
1.) Von **Wailuku** oder **Lahaina** über den *Hwy. 30* südwärts, dann auf dem *Hwy. 31 (North Kihei Rd.)* um die *Maalaea Bay* mit ihrer Lagune. Diese Verbindung nutzt man zweckmäßigerweise auch umgekehrt, wenn man also z.B. von Wailea/ Kihei einen Ausflug nach Lahaina unternehmen möchte.
2.) Von **Kahului** (Flughafen) über den *Hwy. 350 (Mokulele Hwy.)*. Diese Strecke benutzt man natürlich auch, wenn man von Wailea/Kihei in umgekehrter Richtung, also nach Kahului, nach Hana oder zum Haleakala fährt. Unasphaltierte Nebenstrecken und Querverbindungen, die in einigen Landkarten eingezeichnet sind, dürfen nur vom *"local traffic",* d.h. von Zuckerrohrtransportern und landwirtschaftlichen Maschinen befahren werden. Eine Abkürzung zum Hwy. 31 gibt es nicht!

Wer den Weg von Kahului über den *Hwy. 350* wählt, passiert zunächst den südlichen Vorort **Puunene**, dessen Zuckerfabrik – die größte der Insel – schon von weitem zu sehen ist. Sofort daneben befindet sich in einem alten Haus das **Alexander & Baldwyn Sugar Museum**, das interessierten Gästen mit Fotodokumenten, Exponaten, Filmen und Modellen die Geschichte der Plantage und der Zuckerproduktion nahebringt. *Alexander & Baldwyn* ist eine der traditionellen fünf großen Firmen des Landes ('Big Five'; vgl. KAPITEL 2.1.4), deren wirtschaftlicher Einfluß bis heute enorm ist. Hier auf Maui standen ihre Plantagen im direkten Konkurrenzkampf zu denen des Deutschen *Claus Spreckels*.

Öffnungszeiten
Alexander & Baldwyn Sugar Museum, 3957 Hansen Rd., Puunene, Tel.: 871-8058; geöffnet Mo-Sa 9.30-16.30 Uhr, Mitte Juni bis Ende August auch So, Eintritt US$ 3.

Von der Zuckerfabrik aus, wo der Highway eine Rechtskurve beschreibt, geht es über eine schöne Allee und an ausgedehnten Zuckerrohrfeldern vorbei schnurgerade auf Kihei zu. Den Ortsanfang erreicht man kurz vor dem Ufer der *Maalaea*

Bay, wo die beiden oben genannten Straßen *(Hwy. 31* und *Hwy. 350)* zusammenkommen. Genau an dieser Stelle teilt sich der Weg aber erneut auf, und man kann zwischen der *Kihei Rd.,* die mitten durch den Fremdenverkehrsort und nur wenige hundert Meter vom Meer entfernt verläuft, und der einige Kilometer weiter landeinwärts führenden Schnellstraße des *Piilani Hwy.* wählen. Letzteres empfiehlt sich für alle, die auf schnellstmöglicher Route nach Wailea gelangen möchten.

Kihei

Hotels (Auswahl)

● *Mana Kai Maui Resort* ($$$$), 2960 S. Kihei Rd., Tel.: 879-1561, Fax: 874-5042; Hotel- und Condominium Anlage der gehobenen Mittelklasse, 98 Zimmer (die Studios mit Küche), 2 Restaurants, Pool, Shops.

● *Aston Kamaole Sands Resort* ($$$), 2695 S. Kihei Rd., Kihei, Tel.: 931-1400, Fax: 922-8785; Condominium-Anlage der Mittelklasse, 480 Einheiten mit Küche, ansprechende Architektur inmitten einer großzügigen Gartenanlage, Pool, Tennisplätze, Restaurant, wenige Gehminuten zum *Kamaole Beach* (jenseits der Straße).

● *Maui Sun Hotel* ($$$), 75 E. Lipoa St., Kihei, Tel.: 875-9000, Fax: 874-8446; kleineres Mittelklasse-Haus mit 229 Zimmern, schöner Garten mit Pool, Restaurant, Bar, 10 Fahrminuten vom Makena Beach entfernt.

Restaurants (Auswahl)

● *Carellia* ($$$$), 2980 S. Kihei Rd., Keawakapu Beach, Tel.: 875-0001; populäres Restaurant neben dem *Wailea Ocenanfront Hotel*, vorzügliche und teure italienische Küche, die schon diverse Hollywood-Stars genossen haben, wunderschöne Lage direkt am Meer.

● *Island Fish House* ($$$), 1945 S. Kihei Rd., Tel.: 879-7771; guter, frischer Fisch zu moderaten Preisen sind die Spezialität dieses Hauses, tägl. ab 17.00 Uhr geöffnet.

● *Ocean Terrace* ($$), 2960 S. Kihei Rd., Tel.: 879-2607; solides Essen mit prächtiger Aussicht vom Terrassen-Restaurant des *Mana-Kai-Maui-Hotels*, tägl. von morgens bis abends geöffnet.

Kihei ist nicht nur ein sehr langgestreckter, sondern auch ein äußerst zersiedelter Fremdenverkehrsort, der in der Vergangenheit schnell (Kritiker sagen: zu schnell) gewachsen ist und heute mit knapp 10.000 Einwohnern die drittgrößte Gemeinde der Insel darstellt. Auf etwa 5 km Länge wechseln sich Ferienwohnungen, Condominiums und Hotels mit Restaurants, Einkaufszentren und Tankstellen ab. Diese touristische Infrastruktur ist es, die das Stadtbild prägt, nicht etwa irgendwelche Sehenswürdigkeiten. Trotzdem verläuft das Leben hier weitgehend noch in gemütlichen Bahnen, das Preisniveau ist relativ niedrig und der Strand nach wie vor lohnend und erstaunlicherweise nicht überfüllt.

Zwischen der *S. Kihei Rd.* und den Sandstränden, die in einzelne Abschnitte unterteilt und benannt sind, wird die Bebauung oft durch Grünanlagen, Parkplätze mit Picknicktischen und Sportanlagen aufgelockert. Den besten Zugang zu den Stränden hat man über die *Beach Parks*, die alle über die üblichen Einrichtungen verfügen. Von Norden nach Süden sind dies der *Maipoeina Oe Iau Beach Park,* der *Kaonoulu Beach Park,* der *Kalepolepo Beach Park,* der *Waimahaihai Beach Park*, dann der in drei Abschnitte unterteilte *Kamaole Beach* sowie schließlich der *Iliiliholo Beach Park.*

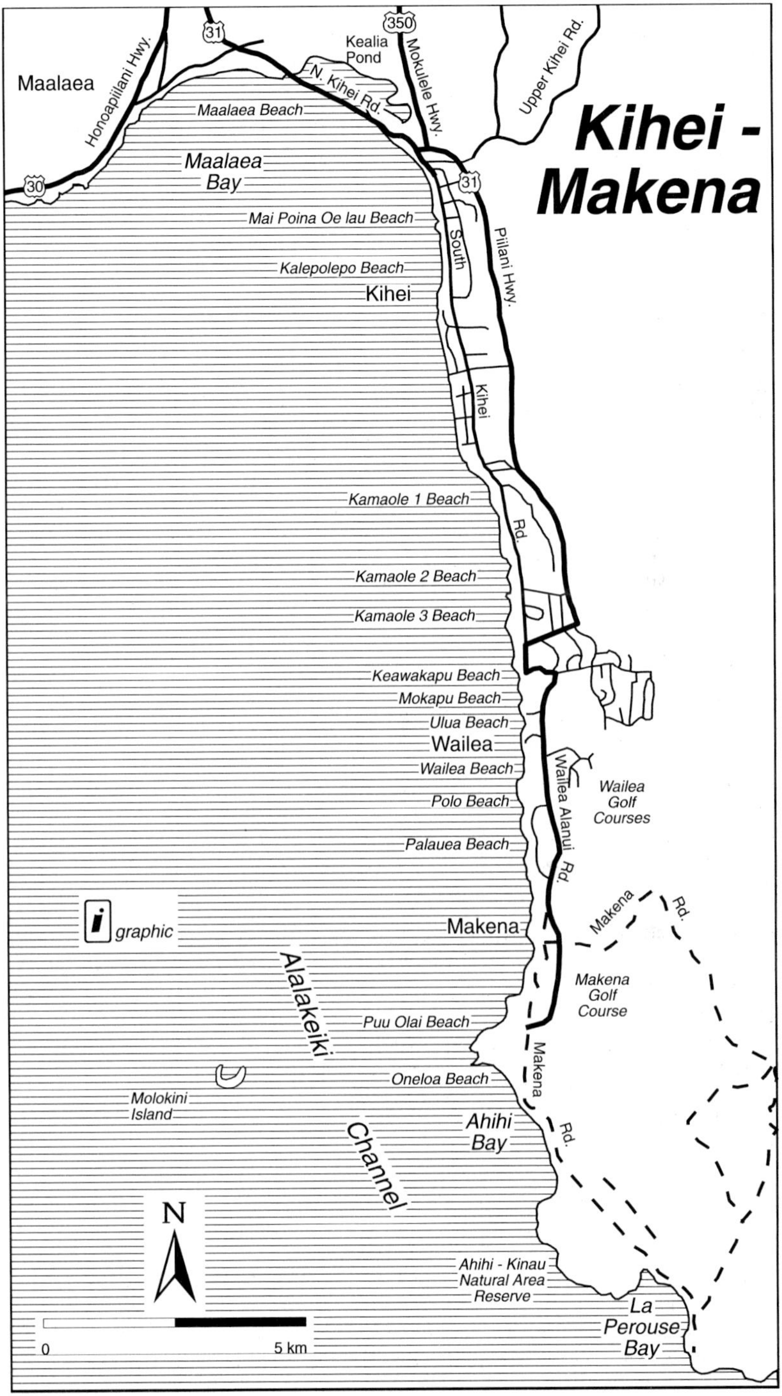
Kihei - Makena
Maalaea
Honoapiilani Hwy.
31
30
350
Kealia Pond
N. Kihei Rd.
Mokulele Hwy.
Upper Kihei Rd.
Maalaea Beach
Maalaea Bay
Mai Poina Oe Iau Beach
South
Piilani Hwy.
Kalepolepo Beach
Kihei
Kihei
Kamaole 1 Beach
Rd.
Kamaole 2 Beach
Kamaole 3 Beach
Keawakapu Beach
Mokapu Beach
Ulua Beach
Wailea
Wailea Beach
Wailea Alanui Rd.
Wailea Golf Courses
Polo Beach
Palauea Beach
Makena
Makena Rd.
graphic
Alalakeiki
Makena Golf Course
Puu Olai Beach
Makena Rd.
Oneloa Beach
Molokini Island
Ahihi Bay
Channel
N
Ahihi - Kinau Natural Area Reserve
La Perouse Bay
0
5 km

Am südlichen Ortsausgang kommt die Straße in ein spürbar mondäneres Viertel. Golfplätze, Joggingpfade und hohe Bäume in parkähnlicher Umgebung kündigen die Ortschaft Wailea an, deren weitläufige Resorts gut ausgeschildert sind.

Wailea

Hotels

● *Stouffer Wailea Beach Resort* ($$$$$), 3550 Wailea Alanui Dr., Tel.: 879-4900, Fax: 874-5370; das luxuriöse Resort direkt am Mokapu Beach wurde 1978 als 'Westin'-Hotel eröffnet und ist inzwischen mehrfach umgebaut und modernisiert worden. Heute bietet es 347 Wohneinheiten mit allen Annehmlichkeiten (einschl. privatem Faxgerät), herrliche tropische Gartenanlage mit Wasserspielen und 3 Pools, 4 Gourmet-Restaurants, Fitness-Center, Tennis- und Golfplätze, umfangreiches Wassersportprogramm und sonstige Aktivitäten – ideal u.a. für Geschäftsleute, die auch im Urlaub ständig erreichbar sein müssen.

● *Four Season's Resort Wailea* ($$$$$), 3900 Wailea Alanui, Tel.: 874-8000, Fax: 874-2222; elegantes Urlaubsdomizil mit 380 luxuriösen Zimmern, exquisite Restaurants, alle Tennis-, Golf- und Wassersportmöglichkeiten, Shops, Health Club, Pool und großzügiger Garten.

● *Hotel Kea Lani* ($$$$$), 4100 Wailea Alanui Dr., Tel.: 975-4100, Fax: 875-1200; 1991 fertiggestellte Luxusanlage am Strand mit 450 Suiten (Wohn- und Schlafraum), ansprechende Architektur mit edler Ausstattung, tropische Gartenanlage mit mehreren Pools, Gourmet-Restaurants, umfangreiches Sportangebot, Tennisplätze und drei 18-Loch-Golfplätze in unmittelbarer Nähe.

● *Grand Hyatt Wailea* ($$$$$), 3850 Wailea Alanui Dr., Tel.: 875-1234, Fax: (212)758-7367; luxuriöse und teuerste Resortanlage, direkt am Strand, 767 Zimmer mit allen Annehmlichkeiten, tropischer Garten, riesiger Pool mit Wasserlandschaft, 6 Restaurants, 12 Bars, Shops, Health-Club, Kunstsammlung, 2 Golf- und mehrere Tennisplätze.

● *Maui Inter-Continental Resort* ($$$$), 3700 Wailea Alanui Dr., Wailea, Tel.: 879-1922, Fax: 875-4878; First-Class-Unterkunft am Strand, 516 komfortable Zimmer in mehreren Gebäuden, großzügiger Palmengarten, 3 Pools, 5 Restaurants, Shops, 2 Golf- und 14 Tennisplätze.

Restaurants

Die Restaurants in Wailea gehören fast alle zu den Resorts und stehen sämtlich auf einem hohen Niveau – was sowohl Service und Qualität als auch die Preise angeht. Das Flaggschiff des *Four Season's Resort* ist das Dinner-Restaurant *"Seasons"* (kalifornische Küche), während der *"Pacific Grill"* gute Buffets und Speisen der *Pacific Rim Cuisine* zu fairen Preisen bietet und das *"Cabana Café"* am Pool Sandwiches oder Salate. Im *Stouffer Beach Resort* ißt man am besten und teuersten im *"Raffles"* (kontinentale Küche, Spezialität Lamm, nur Dinner), billiger ist der *"Palm Court"*, wo man sich beispielsweise zum Sekt-Frühstück trifft. Im *Inter-Continental* ist man am besten im *"La Perouse"* (Dinner und Sonntags-Brunch) aufgehoben.

Außerhalb der Resorts ist das *Sandcastle Restaurant* ($$$) im Wailea Shopping Village empfehlenswert (Seafood, Fisch, Steaks und Salatbar, tägl. von morgens bis abends geöffnet, Tel.: 879-0606).

Auf dem schnellsten Weg gelangt man über den *Piilani Hwy.* nach Wailea, der oberhalb von Kihei verläuft. Biegt man vom Highway nach rechts auf die Verbindungsstraßen *Keonekai Rd.* oder *Kilohana Dr.* ab, stößt man nach etwa 1 Meile auf Höhe der Bootsanlegestelle in Kihei auf die *Kihei Rd.*, von wo es nur wenige Fahrminuten nach Wailea sind. Genauso gut kann man auf dem *Piilani Hwy.*

Am Strand von Wailea

bleiben und die Villensiedlung **Maui Meadows**, die sich linkerhand den Hang hinaufzieht, hinter sich lassen, bis die Schnellstraße abrupt in einer Rechtskurve endet. Ab hier bringt einen der *Wailea Ike Dr.* auf das elegante **Wailea Shopping Village** am *Wailea Alanui Dr.* zu, an dem sich zu beiden Seiten die exklusiven Golfplätze und Resortanlagen von Wailea ausbreiten. Es lohnt sich, diese aufgeräumte Atmosphäre eines Urlaubsrefugiums für Besserbetuchte zu erleben, selbst wenn man sein Quartier nicht hier hat. Außerdem sind die Strandbuchten zwar nicht so lang, dafür aber breiter und schöner als der Strand von Kihei, auf schmalen Wegen zwischen den großen Hotels sind sie jedermann zugänglich.

Zur Orientierung: nördlich (vom Highway kommend nach rechts) des 'Wailea Shopping Village' liegen das **Stouffer Resort** am *Keawakapu Beach* und das **Maui Inter-Continental** am *Lilua Beach*, südlich das **Grand Hyatt Wailea** sowie das **Four Seasons Resort** am *Wailea Beach* und dahinter, von der Felsklippe *Wailea Point* abgetrennt, der *Polo Beach* mit dem **Kea Lani Hotel**.

In Wailea kann man das Angebot an Land- und Wassersportarten wahrnehmen, in einem der Hotelrestaurants vorzüglich essen oder sich zu einem abendlichen *Luau* oder einer sonstigen Veranstaltung einfinden. Wer auf eine kleine Besichtigungstour aus ist, sollte sich das *"Grand Hyatt Wailea"* nicht entgehen lassen. Allein schon wegen seiner 600 Mio Dollar Baukosten gilt es bei vielen als Non-plusultra der hawaiischen Hotellerie, aber man sollte mit eigenen Augen gesehen haben, wie dieses Geld angelegt wurde. Allein der 700 m lange Pool mit seinen Grotten, Wasserfällen und Rutschbahnen ist phänomenal, ebenso der 'Wasserlift' und die enorme Lobby, in der man Kunstwerken von unschätzbarem Wert begegnet – darunter allein 18 Skulpturen des Franzosen *Fernand Legér*!

Makena

Hotel

Maui Prince Hotel ($$$$$), 5400 Makena Alanui Dr., Tel.: 874-1111, Fax: 879-8763; luxuriöse und schönste Herberge am Makena Beach, 1986 eröffnet, 310 komfortable Zimmer, japanischer Wassergarten mit Fischteichen, Minipagoden, Steinen und Wasserfällen, 2 Pools, 3 Restaurants, Shops, Golf- und Tennisplätze.

Restaurants

Das *Café Kiowai* ($$$) ist der Coffee-Shop des *Maui Prince Hotel*, der aber mit wunderschönem Dekor und in prächtiger Lage mehr bietet als nur Frühstück. Suppen, Salate, Fisch und viele andere leichte Gerichte der innovativen amerikanischen *Nouvelle Cuisine* stehen auf der Speisekarte, und das alles durchaus bezahlbar. Im gleichen Haus sind das *Hakone* (japanisches Essen, Dinner) und der *Prince Court* (kontinentale Küche, Dinner) Gourmet-Adressen, deren vorzügliche Qualität auch ihren hohen Preis hat.

Südlich von Wailea kommt man über die Straße *Wailea Alanui*, die schließlich die Bezeichnung *Makena Alanui* trägt, in das etwa 3 km entfernte Makena. Der 'Ort' besteht aus kaum mehr als den zwei Hotels und den Reitställen von *Makena Stables*. Der gut 800 m lange **Oneloa Beach**, auch als *Makena Beach* oder *'Big Beach'* bekannt, gehört mit Sicherheit zu den schönsten Hawaiis. Da bislang noch keine Asphaltstraße dorthin führt und die großen Resorts relativ weit entfernt sind, kann man außerhalb des Wochenendes die weißsandige Bucht mit ihrem türkisfarbenen Wasser relativ ungestört genießen. Man erreicht sie von der *Makena Alanui* über eine etwa 400 m lange unasphaltierte Piste, die an einer Telefonzelle rechts abgeht. In den frühen 1970ern war der Strand übrigens von einer größeren Hippie-Gemeinde bevölkert. Vielleicht geht es auf diese zurück, daß man am folgenden Strandabschnitt, dem sog. *'Little Beach'* noch einige Nudisten antreffen kann. Zu dieser hübschen Badebucht gelangt man über einen steinigen Pfad, der vom *Big Beach* am Felsenkap des 110 m hohen **Puu Olai** vorbei südwärts führt.

Molokini

Den Felsen *Puu Olai* verbindet die Legende mit dem Inselchen Molokini, das von Wailea und Makena aus gut zu sehen ist. Die in einen gewissen *Lohiau* verliebte Vulkangöttin *Pele* war eifersüchtig auf eine hawaiische Adelige, die sich *Lohiau* zur Frau genommen hatte, und ermor-

Molokini aus der Vogelperspektive

Grotte am Kanaio Beach

dete sie auf brutale Weise. Ihren Rumpf ließ sie zum Felsen *Puu Olai* versteinern, während sie deren Haupt weit ins Meer schleuderte, wo es zum Eiland *Molokini* wurde. Daß dieses hufeisenförmige Inselchen mit *Pele* in Verbindung gebracht wird, hat seinen guten Grund. Denn tatsächlich handelt es sich um einen Krater, dessen größter Teil unter der Meeresoberfläche verschwunden ist. Nur ein Teilstück des alten Kraterrandes ragt als etwa 45 m hohe Sichel aus dem Ozean (wer vom Helikopter oder Flugzeug aus Molokini aus der Vogelperspektive sieht, kann die untergegangen Teile noch klar erkennen). Wie ein Atoll ist nun das blaue Wasser vor der Brandung geschützt, weswegen eine Vielzahl von Unternehmen Tauch- und Schnorchelausflüge hierhin anbieten. Die Bedingungen sind ideal: Die Riffische stehen in dichten Schwärmen, und unterseeische Felsformationen geben dem Ganzen einen Rahmen von bizarrer Schönheit. Seit 1977 steht das Inselchen mit seiner artenreichen Fisch- und Seevögelpopulation als *Molokini Marine Reserve* unter Naturschutz.

Die *Makena Alanui*, die auf Höhe des Abzweigs zum Big Beach zu einer holprigen, unasphaltierten Piste wird und nun den Namen *Makena Rd.* trägt, bringt Unverwüstliche noch ein Stückchen weiter in den Süden – wobei allerdings für normale Pkws die Weiterfahrt von den Mietwagenfirmen i.d.R. nicht erlaubt ist. Nach etwa 1½ km kommt man dabei zum 1979 eingerichteten Naturschutzgebiet **Ahihi-Kinau**, das sich auch ein gutes Stück ins Wasser hinzieht. Dies ist das Terrain, das der letzte Lavafluß von Maui im Jahre 1790 geschaffen hat und mit seinen scharfkantigen Riffs und Klippen ein Eldorado für Schnorchler und Taucher darstellt. Südlich der harten Lavakruste, rund 2½ km hinter dem Naturschutzgebiet, endet die Piste an der **La Perouse Bay**, die nach dem französischen Adeligen und Entdecker *Comte Jean-François Galaup de la Perouse* benannt ist. Er war es, der hier im Jahre 1786 als erster Europäer seinen Fuß auf die Insel setzte. Die Einsamkeit der Bucht wird nur sporadisch von Fischern und Tauchern unterbrochen.

Wer von der *La Perouse Bay* noch weiter in den Süden vorstoßen möchte, muß das per Bootsausflug oder auf einer Wanderung tun. Ein markierter Trail beginnt etwa 1.200 m hinter dem Ende der Asphaltstraße (weißes Hinweisschild: *Hoapili Trail)* und geht quer durch das Lavafeld. An den Ruinen eines alten Fischerdorfes vorbei kommt man schließlich zum **Kanaio Beach**, dessen ausgewaschene, große Grotte ein beliebtes Ausflugsziel für Bootsexkursionen ist.

6.4 DER HANA HIGHWAY

6.4.1 ÜBERBLICK UND REISEPRAKTISCHE HINWEISE

Der **1927** angelegte sog. *Hana Highway*, auch als *'Highway to Heaven'* oder *'The Road to Hana'* bekannt, ist mit Sicherheit einer der schönsten Landschaftsstrekken, die man auf Hawaii befahren kann. Von Kahului geht sie als breiter *Hwy. 36* über Spreckelsville und Paia, danach als *Hwy. 360* an der kaum bewohnten Küste entlang in **84 km** zum kleinen Ort Hana im äußersten Osten, vorbei an Wasserfällen und grünen Tälern, durch die überquellende Vegetation des Regenwaldes, zu Lavaküsten und kleinen natürlichen Wasserpools.

Bei idealen Bedingen muß man für die Gesamtstrecke mit **2½ Stunden** Fahrtzeit rechnen, allerdings sorgen ständige Bau- oder Aufräumungsarbeiten sowie eine relativ starke Frequentierung der Strecke (vor allem an Wochenden) i.d.R. für eine längere Fahrtdauer. Genau **617** z.T. scharfe **Kurven** haben die Statistiker gezählt und **56** zumeist einspurige **Brücken**. Nicht nur dort, sondern eigentlich auf der gesamten Strecke ist das Überholen unmöglich – es sei denn, die langsameren Fahrer lassen an den vereinzelten Parkbuchten den schnelleren Verkehr vorbei. Diese Form der Höflichkeit den einheimischen Automobilisten gegenüber sollten auch Touristen beherzigen!

Für die amerikanischen Besucher vom Festland, die selten andere Strecken als die breiten und schnurgeraden Freeways ihrer Heimat befahren, ist der Weg eine echte Herausforderung, was sich bisweilen in einer sehr zögerlichen Fahrweise bemerkbar macht (die natürlich lange Autoschlangen zur Folge hat). An und für sich werden aber versierte Autofahrer, die schmale europäische Landstraßen gewohnt sind, keine Schwierigkeiten haben, die Etappe nach Hana und zurück an einem Tag zu bewältigen.

Folgende **Hinweise**
sollten bei Planung und Durchführung dieses Ausfluges berücksichtigt werden:

- Trotz der relativ kurzen Etappe sollte man sich **einen guten Tag** für den *Hana Highway* freihalten. Wer bei der Rückfahrt die kurvenreiche (dann aber leere) Strekke nicht in der Dunkelheit zurücklegen will, sollte möglichst frühzeitig starten.
- Wer für den Trip mehr Zeit zur Verfügung haben möchte, hat zwei Möglichkeiten: Entweder kümmert man sich um eine **Zwischenübernachtung** in Hana (begrenztes Zimmerangebot, oft ausgebucht) bzw. auf dem Zeltgelände von Waianapanapa oder man legt einen Weg per **Flugzeug** zurück. Leihwagen können auch am Flughafen in Hana angemietet werden.
- Theoretisch möglich ist die **Inselumrundung**, indem man hinter Hana nach Kipahulu und auf einem unasphaltierten Stück in Richtung Kula weiterfährt. Diese Strecke ist allerdings nicht kürzer als der Hana Highway, ihre Befahrbarkeit außerdem je nach Wetterlage schwierig bis unmöglich und wird von Mietwagenfirmen nicht erlaubt. Die in einigen Landkarten eingetragene Straßenverbindung hinunter zur Westküste (Makena, Wailea) existiert nicht!
- Regenreich ist die Ostküste ohnehin. Bei besonders starken Niederschlägen werden aber regelmäßig Steine, Schlamm und Pflanzen auf den Highway geschwemmt. Die Aufräumungsarbeiten nehmen viel Zeit in Anspruch, manchmal kann die Strecke auch stunden- oder tagelang völlig gesperrt werden. Erkundigen Sie sich vor Ihrer Abfahrt also über die **Straßenbedingungen**.

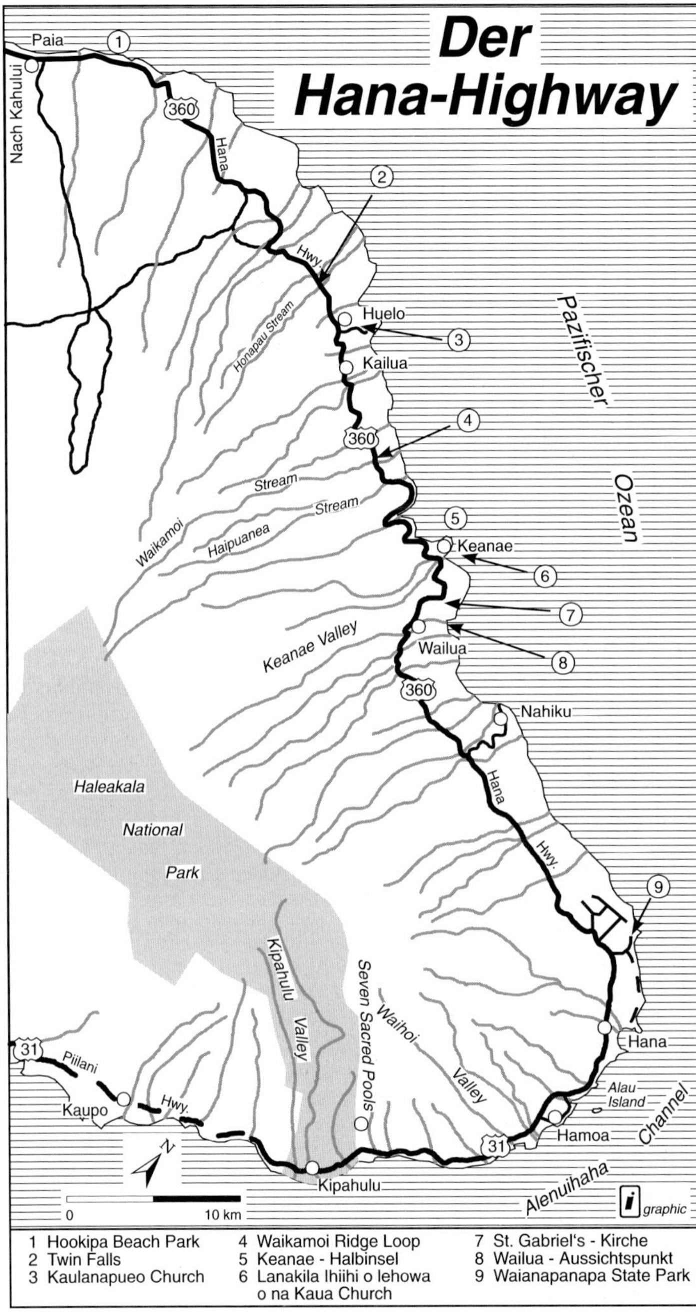

1 Hookipa Beach Park
2 Twin Falls
3 Kaulanapueo Church
4 Waikamoi Ridge Loop
5 Keanae - Halbinsel
6 Lanakila Ihiihi o lehowa o na Kaua Church
7 St. Gabriel's - Kirche
8 Wailua - Aussichtspunkt
9 Waianapanapa State Park

Lavaklippen entlang dem Hana Highway

- Wählen Sie aus den nachfolgend beschriebenen Sehenswürdigkeiten jene aus, die Ihnen am interessantesten erscheinen. *Alle* genannten **Wanderungen** oder **Besichtigungen** durchzuführen, ist i.d.R. nicht möglich.
- Vor besonders schönen Stellen (z.B. Wasserfällen) gibt es häufig nur begrenzte **Parkmöglichkeiten**. Viele Autofahrer warten dann auf der Straße, bis ein Stellplatz frei wird und behindern durch den Rückstau den Verkehrsfluß. Denken Sie in solchen Fällen daran, daß Sie auf der Rückfahrt hier ja erneut vorbeikommen.
- Imbißbuden oder Restaurants sind auf der Strecke so gut wie gar nicht vorhanden, dafür aber viele idyllische Rastplätze mit Picknicktischen. Es ist daher empfehlenswert, vom Hotel aus ein **Lunchpaket** mitzunehmen oder sich ein solches in Paia zu besorgen.
- Denken Sie daran, vor der Fahrt **vollzutanken**, da es zwischen Paia und Hana keine Tankstelle gibt.

6.4.2 VON WAILUKU/KAHULUI NACH HANA

Der *Hana Highway,* der zunächst identisch mit dem *Hwy. 36* ist, nimmt in **Kahului** seinen Ausgang und ist, wenn man vom Flughafen oder den Fremdenverkehrsorten der Westen anfährt, gut ausgeschildert. Auf einer breiten, zügig zu befahrenden Strecke geht es hinter dem Flughafen und am Abzweig des *Hwy. 37* (zum Haleakala) vorbei durch landwirtschaftlich genutztes Gebiet auf die Küste zu. Vorher passiert man zur Rechten die Ortschaft **Spreckelsville**, eine Gründung des deutschen Plantagenbesitzers *Claus Spreckels*. Kurz darauf geht nach links eine Stichstraße zum *H.A. Baldwin Beach Park* mit einem ca. 800 m langen, sandigen Strandabschnitt. Wegen der steten Winde und oft hohen Brandung treffen sich hier gleichermaßen Surfer, Bodysurfer und Windsurfer. Kurz darauf gelangt man auf dem *Hwy. 36* mitten durch das Ortszentrum der kleinen Gemeinde Paia.

Paia

Shops/Restaurants

- *Picnics Restaurant* ($), Hana Hwy., Tel.: 579-8021; kleiner Laden gegenüber der Post, in dem man sich schnell ein Lunch-Paket für den Trip nach Hana zurechtmachen lassen kann, gute Biokost, tägl. 7.30-15.00 Uhr geöffnet.
- *Paia General Store* ($), 149 Hana Hwy., Tel.: 579-9514; auch in diesem Kaufladen am Ortsausgang bekommt man Sandwiches, Hühnchen, Getränke etc., außerdem kann man sich hier Kühlboxen leihen. Mo-Fr 6.00-21.00, Sa-So 7.00-21.00 Uhr geöffnet.
- *Café Wunderbar* ($$), 89 Hana Hwy., Tel.: 579-8808; gemütliches Lokal unter bayerischer Leitung, kleiner Innenhof, rustikales und sehr gutes Essen (Salate, Sandwiches, Hamburger usw.), abends manchmal Live-Musik, Treffpunkt für Surfer und Windsurfer, von morgens bis abends geöffnet.

Café in Paia

• *Mama's Fish House* ($$$$), Hana Hwy., Tel.: 579-8488; schönes Restaurant, rund 2½ km hinter Paia direkt am Strand gelegen, frisch-gefangener Fisch und Seafood sowie Steaks, tägl. zu Lunch (11.00-14.30 Uhr) und Dinner (17.00-21.30 Uhr) geöffnet.

Paia entstand aus einer Barackensiedlung für Plantagenarbeiter, und immer noch ist die älteste operierende Zuckermühle der Insel (auf der *Baldwin Ave.,* etwa 1,6 km südlich des Ortes) von wirtschaftlicher Bedeutung. Das historische Städtchen strahlt mit seinen niedrigen Holzhäusern und seiner Wildwest-Atmosphäre viel Charme aus, der in den 1960er und 1970er Jahren eine Reihe von Hippies und Aussteigern hierhin lockte. Die heutigen Besucher machen wegen einiger uriger Kneipen und kleinen Boutiquen gerne Halt in Paia – sei es auf dem Weg nach oder von Hana oder sei es als Abschluß einer Fahrradtour den Haleakala hinunter. Im Ort selbst oder in seiner Umgebung bieten einige Hausbesitzer – darunter übrigens auffällig viele Europäer – billige Unterkünfte an, die hauptsächlich von jugendlichen (Wind-)Surfern genutzt werden.

Man verläßt Paia auf dem nach wie vor guten *Hwy. 36* und passiert auf der linken Seite den sehenswerten buddhistischen Tempel *Mantokuji* mit Friedhof und hübschen Gartenanlagen. Danach gelangt man zum **Hookipa Beach Park (1)**, zu dessen kleinem Sandstrand links eine Stichstraße abgeht. Berühmt ist er wegen seiner idealen Surf- und Windsurfing-Bedingungen, die regelmäßig Profis und Amateure dieser Sportarten hierhin lockt. Einige nationale und internationale Windsurfing-Meisterschaften – die bekannteste die *Maui/O'Neill Invitational* im April – werden hier alljährlich abgehalten. Während die Windsurfer meistens erst am Nachmittag eintreffen, wenn der Nordostpassat kräftiger bläst, führen die Wellenreiter ihre Kunststücke den ganzen Tag lang vor. Die beste Möglichkeit, dieses Schauspiel zu beobachten, ergibt sich etwas weiter auf dem Hwy. vom Aussichtpunkt kurz vor dem Meilenmarker 9.

Windsurfer bei Hookipa

Hinter der nächsten Bucht *(Maliko Bay)* verläßt die Straße das Ufer und führt durch eine Gegend mit Ananasplantagen. Am Meilenpunkt 13 passiert man auf der linken Seite den großen Friedhof *Valley Isle Cemetery*, kurz danach zweigt der *Hwy. 365* rechts nach Makawao (= Upcountry) ab, während der *Hana High-*

way nun die Nr. *360* trägt und die Meilenzählung wieder bei Null beginnt. Wer bisher noch kein Lunchpaket hatte, kann sich eins im *Maui Grown Market* besorgen oder mit Obst, Getränken etc. eindecken (geöffnet Mo-Sa 6.30-18.00, So 7.30-17.00 Uhr).

Nun sind Sie also auf der eigentlichen 'Road to Hana', die sich bald schon durch eine dichter werdende Vegetation (u.a. mit Guaven, Ingwer-Sträuchern, Bambus und Kukui-Bäumen) sowie den ersten Wasserfällen vorstellt. Nach etwa 3,3 km gelangt man zur *Hoolawa Bridge*, der ersten in einer ganzen Reihe von schmalen Flußüberquerungen, von wo man auf einem Trail am Fluß entlang in ca. 1½ km zu den *Twin Falls* **(2)** wandern kann – aber keine Angst: Eindrucksvolle Wasserfälle sieht man auf der folgenden Etappe noch genug!

Von hier aus geht nach weiteren 1½ km links die *Huelo Rd.* zum kleinen Weiler **Huelo** ab. Das 'Königszeichen' mit der Aufschrift *Kaulanapueo Church* **(3)** weist den Weg auf der kleinen, unasphaltierten Straße zu einer Kirche, die zwar völlig schmucklos ist, aber immerhin aus dem Jahre 1853 stammt. Es handelt sich dabei um die zweite Kirche entlang der Piste – man kann sie an dem kleinen hölzernen Dachreiter erkennen. Neben ihr befindet sich rechts die Dorfschule und auf der linken Seite ein hübscher Friedhof.

Der *Hana Hwy.*, dessen Beschaffenheit durch das Warnschild "*Winding Road next 30 Miles*" schon hinreichend charakterisiert wurde, bringt einen von hier nach knapp 10 km zu einem Abzweig, auf den die Wanderer des kurzen *Waikamoi Ridge Loop* **(4)** (vgl. KAPITEL 6.8) abbiegen müssen. Unweit davon, kurz vor dem Meilenmarker 10, sind die *Waikamoi Falls* eine Attraktion ganz nahe dem Highway, und gut 1½ km dahinter wiederum überquert man den *Puohokamoa Stream*, an dem Pfade in wenigen Minuten zu den pittoresken *Puohokamoa Falls* führen. Nicht weit dahinter kann man rechts zum *Kaumahina State Park* abbiegen, der sich mit sanitären Anlagen, Stühlen, Tischen und einer schönen Aussicht auf die Küste für eine kleine Pause anbietet.

Keanae

Auf halber Strecke nach Hana (etwa 6½ km hinter dem *Kaumahina State Park*) ragt die flache Halbinsel *Keanae* **(5)** in den Ozean. Während der Highway an den waldreichen Berghängen oberhalb verläuft, kann man dieses landwirtschaftlich genutzte Gebiet auf einer Stichstraße kennenlernen. Kurz vor dem Abzweig geht allerdings nach rechts ein Weg zum *Keanae Arboretum* ab, in dem importierte und einheimische Pflanzen aufgezogen werden und das man auf einer kurzen Wanderung kennenlernen kann (vgl. KAPITEL 6.8). Etwa 150 m dahinter lohnt es sich, der Ausschilderung nach Keanae zu folgen. Diese Halbinsel ist das Produkt eines Lavastromes, der vom Haleakala-Krater durch ein Tal nach Osten floß und sich in das Meer hinausschob. Die Polynesier nutzten den verwitterten Boden und legten hier ihre Taro-Felder an. Auf der asphaltierten Straße wird man durch die gesamte kleine Siedlung geführt, an deren Ende rechterhand eine kleine Kirche auftaucht. Sie wurde 1860 aus Lava- und Korallensteinen erbaut und trägt den hübschen Namen *"Lanakila Ihi'ihi O Lehowa O Na Kaua Church"* **(6)**! Unweit der Kirche endet die Straße an einem sehr schönen Aussichtspunkt direkt vor den schwarzen Lavaklippen, gegen die das Meer gischtsprühend anbrandet.

Kirchlein auf der Keanae-Halbinsel

Wailua

Zurück auf dem Highway passiert man zunächst eine Stelle mit dem Hinweis *'Half Way to Hana'* und in dessen Nähe einige Stände, an denen frisches Obst angeboten wird. Anschließend kann man erneut links abbiegen *(Wailua Rd.;* hinter dem Meilenmarker 18) und kommt dabei auf einer geraden, asphaltierten Straße in die Siedlung Wailua. Wie Keanae lebt dieses Dorf (beide haben zusammen etwa 250 Einwohner) von der Landwirtschaft. Für Touristen sind in erster Linie die beiden Kirchen interessant, die sich am Ortseingang und einen Steinwurf weit auseinander links der Straße befinden. Die erste ist die kunsthistorisch unbedeutende *St. Gabriel's*-Kirche **(7)** (mit einem kitschig-schönen Taufstein). Die zweite, etwas zurückgesetzt, ist die hübsche *Miracle Church*, die 1860 aus Korallengestein erbaut wurde.

Zwischen den Gotteshäusern befindet sich der Schrein *'Our Lady of Fatima'*. Fahren Sie von den Kirchen noch ein kurzes Stück die Straße entlang, dann werden Sie durch einen schönen Blick auf den hohen *Waikani*-Wasserfall in der Ferne belohnt.

Die Miracle Church

Wieder auf dem Highway, kann man zunächst das zurückliegende Wailua-Tal mit der *St. Gabriel's Church* vom Aussichtpunkt auf der linken Seite **(8)** betrachten. Kurze Zeit später kommt man vor einer Brücke an einem mächtigen Wasserfall vorbei, dessen schmutzigbraunes Wasser aus den Bergen herunterstürzt. Der *Puaa Kaa State Park*, etwa in der Mitte zwischen den Meilenmarkern 22 und 23 gelegen, bietet sich zum Picknick unter Eukalyptusbäumen oder für eine kurze Pause an, bei der man auf Pfaden zu weiteren kleinen Wasserfällen und natürlichen Pools spazieren kann.

Ein erneuter Halt ist kurz vor dem Meilenmarker 31 möglich, und zwar im *Hana Garden Land* rechts des Highways. Exotische Vögel, tropische Bäume und farbenprächtige Blumen können hier betracht werden, außerdem gehört ein Coffee Shop zu der Anlage. Kurz dahinter, am Meilenmarker 31, geht die *Ulaino Rd.* links ab, die einen zum **Kahanu Garden** bringt.

Auf diesem 51 ha großen Gelände, das zum *National Tropical Botanical Garden* gehört, sind endemische und importierte Blumen und Bäume zu sehen, darunter auch die wichtigsten polynesischen Kulturpflanzen. Innerhalb des Gartens befinden sich außerdem die Ruinen des *Piilanihale Heiau*, der größten alt-hawaiischen Kultstätte des Landes, die von Archäologen in das 13. Jhd datiert wird.

Öffnungszeiten

Kahanu Garden, Ulaino Rd., geöffnet Di-Sa 10.00-14.00 Uhr, Eintritt US$ 5. Im Visitor Center sind Broschüren und eine detaillierte Wegbeschreibung durch den Garten erhältlich.

Waianapanapa State Park (9)

Nach der Stichstraße zum Hana Airport und etwa in Höhe des Meilenmarkers 32 ist nach links der *Waianapanapa State Park* ausgeschildert, dessen Besuch kein Tourist versäumen sollte. Zunächst fährt man hier ein gutes Stück auf einer sehr schmalen, aber asphaltierten Straße bis zum Parkplatz. Vor einem liegt nun eine tiefe Bucht, in die sich das Meer oft mit gewaltiger Brandung hineindrängt. Vom Parkplatz aus nach links geht (oder fährt) man zu einem Trail, der einen unter dichtem Zweigwerk hindurch auf Treppen und Stufen zu zwei legendenumwobenen Lavahöhlen bringt.

Außer diesem kurzen Rundgang kann man in wenigen Minuten zum Strand *(Black Sand Beach)* wandern, dessen pechschwarzer Sand jeden Fotografen begeistern wird (Schwimmen ist allerdings zu gefährlich). Zur anderen Seite kann man die schroffen Lavaklippen besteigen und dem Spiel der mit lautem Getöse anbrandenden Wellen zuschauen.

Der *State Park*, in dem es ein Zeltgelände gibt und einige Hütten vermietet werden, eignet sich auch vorzüglich für ein Picknick. Wanderer können außerdem von hier auf dem wunderschönen *Hana-Waianapanapa Coastal Trail* immer an der Küste entlang zum etwa 4½ km entfernten Hana gehen (vgl. KAPITEL 6.8).

Hana

Hotels

- *Hotel Hana Maui* ($$$$$), P.O.Box 9, Hana HI 96713, Tel.: 248-8211, Fax: 248-7202; wunderschönes, luxuriöses Haus mit mehreren Bungalows, insgesamt nur 96 Zimmer mit allen Annehmlichkeiten, Pool, 2 Restaurants, Sportcenter, Shops, Reiten, Wandern, Tennis und sonstige Aktivitäten möglich, edle und moderne Ausstattung, herrlicher Garten.
- *Hana Kai* ($$$), Uakea Rd., Tel.: 248-7742; 11 Studios mit Schlafzimmer und Küche.
- *Aloha Cottages* ($$), Keawa Pl., Tel.: 248-8420; 5 Ferienhäuschen bzw. Studios neben dem Hotel Hana Maui.

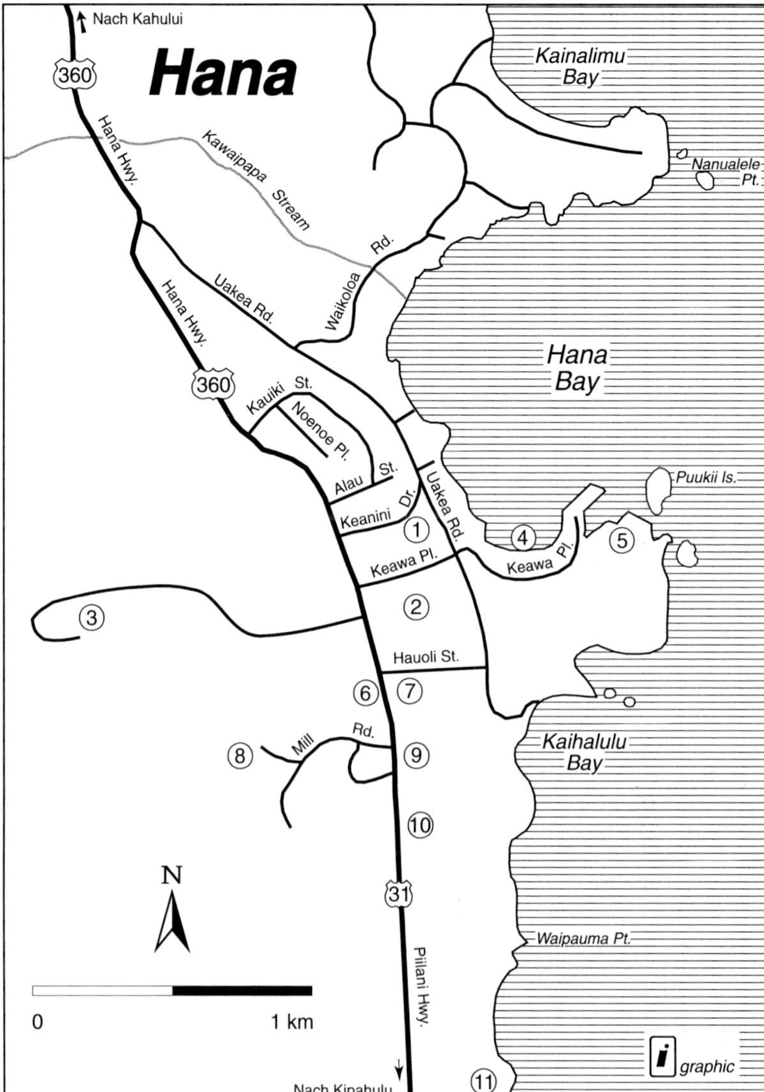

1 Hana Cultural Center
2 Hotel Hana Maui
3 Fagan Memorial
4 Hana Beach Park
5 Kauiki Head
6 St. Mary's Church
7 Wananalua Church
8 Hana Ranch
9 Hasegawa Store
10 Hongwanji Buddhist Temple
11 Hamoa Beach

Restaurants

- *Hana Ranch Restaurant* ($$$), Hana Hwy., Tel.: 248-8255; Steaks, Seafood und Pizzas, zum Abendessen Do-Sa geöffnet.
- *Tutu's Snack Bar* ($), Keawa Pl., Tel.: 248-8224; Imbißgaststätte am Hafen.

Knapp 5 km hinter dem Abzweig zum *Waianapanapa State Park* hat man das Ziel des Ausfluges erreicht: den 1.000-Seelen-Ort **Hana**, wegen seiner himmlischen Abgeschiedenheit oft auch *'Heavenly Hana'* genannt. Am Ortseingang gabelt sich die Straße auf: der *Hwy. 360* führt weiter geradeaus, der *Hwy. 31 (Uakea Rd.)* biegt links ab. Aber auf beiden Wegen kommt man durch das kleine Städtchen, und am Ortsende sind die zwei Straßen wieder vereint und gehen dann als *Hwy. 31 (Piilani Hwy.)* weiter an der Küste entlang.

Unter den wenigen Sehenswürdigkeiten ist das **Hana Cultural Center (1)** an erster Stelle zu nennen, ein zwar kleines, aber interessantes Museum, das mit alten Fotos und verschiedenen Exponaten die Vergangenheit des Ortes dokumentiert. Auch die Muschelsammlung des Centers ist beachtenswert.

Öffnungszeiten

Hana Cultural Center, P.O.Box 27, Tel.: 248-8622,; tägl. 10.00-16.00 Uhr geöffnet, Eintritt frei.

Hinter dem Cultural Center liegt jenseits der Straße *Keawa Pl.* das **Hotel Hana Maui (2)**, das sich hinter einer unscheinbaren Fassade versteckt. Gebaut wurde es 1947 von dem kalifornischen Großindustriellen *Paul Fagan*, der für seine Freunde ein weitgehend ungestörtes Refugium errichten wollte. Persönlichkeiten wie der Bestseller-Autor *James A. Michener* und der Beatle *George Harrison* haben hier bereits übernachtet, das Hotel selbst (eigentlich eine Bungalowanlage inmitten eines herrlichen Gartens) wurde zwischenzeitlich renoviert und auf den modernsten Stand gebracht. Wer hier kein Quartier bezogen hat, kann in einem der beiden exquisiten Restaurants speisen und sich dabei die Gesamtanlage etwas näher anschauen.

Gegenüber dem Hotel geht vom *Hana Hwy.* ein kleiner Fahrweg zum *Lyon's Hill* ab, dessen weithin sichtbares Kreuz als **Fagan Memorial (3)** an den oben genannten *Paul Fagan* erinnert. Dieser Millionär aus San Francisco, der 1943 etwa 5.670 ha stillgelegter Zuckerplantagen erworben hatte, baute nicht nur das berühmte Hotel, sondern war in erster Linie Farmer, der nun auf seiner großen *Hana Ranch* Pferde und Rinder züchtete. Auch nachdem *Fagan* 1959 gestorben war, blieb das Unternehmen erfolgreich und ist neben dem Fremdenverkehr immer noch der wichtigste Arbeitgeber des Ortes. Vom Gedenkkreuz hat man einen schönen Blick auf die Hana Bay und das Städtchen.

Auf der anderen Seite und am besten über die Straße *Keawa Pl.* zu erreichen, liegt der **Hana Beach Park (4)** mit einem kleinen Sandstrand direkt an der halbkreisförmigen Bucht. Der Beach Park verfügt über die üblichen Einrichtungen wie Toiletten, Duschen und Picknicktische. In der geschützten Umgebung der Bucht ist Schwimmen fast immer möglich, aber auch Schnorchler kommen auf ihre Kosten, vor allem zwischen dem Pier und *Puukii Island* mit seinem Leuchtturm.

Zum Süden hin wird die Bucht vom 118 m hohen, rötlichen Kegel des **Kauiki Head (5)** begrenzt, der in der Geschichte Mauis nicht nur als Schauplatz blutiger Kämpfe, sondern auch als Geburtsort *Kaahumanus*, Königin und Gattin *Kamehamehas I.*, bekannt ist. Auf der anderen Seite des Felsens erstreckt sich der hübsche *Red Sand Beach (Kaihalulu Beach),* der aber nur auf einem Pfad von der *Old Hana School* (Wakea Rd.) erreicht werden kann.

Zurück auf dem *Hana Highway*, stehen sich kurz hinter dem Hotel zwei interessante Kirchengebäude gegenüber: Auf der rechten Seite sieht man die katholische **St. Mary's Church (6)**, auf der linken die lutherische **Wananalua Church (7)**, die bereits 1838 aus Lavablöcken erbaut wurde. In dem Gotteshaus – einem der ältesten von Maui – kann man sonntags noch einer Messe in hawaiischer Sprache beiwohnen!

Der südwärts aus dem Ort führende *Hwy. 31,* der hinter Hana den Namen *Piilani Hwy.* trägt, passiert kurz hinter den Kirchen die rechts abgehende *Mill Rd.*, auf der man zum Kaufladen und zum Restaurant der **Hana Ranch (8)** gelangt, aber auch zu Einrichtungen wie Bank, Post und Souvenirshop. Die Ranch steht übrigens nicht für Besichtigungen zur Verfügung, bietet Touristen aber Reitausflüge oder Kutschenfahrten an.

Etwas weiter, kurz vor der Tankstelle, lohnt sich ein Halt am **Hasegawa Store (9)** auf der linken Seite, der zwar 1990 abbrannte und neu errichtet werden mußte, aber wenigstens seinen klangvollen Namen behalten hat. In diesem historischen Kramladen konnten sich früher Reisende und Einheimische mit fast allen erdenklichen Waren eindecken, was ihn zu einem Gegenstand amerikanischer Songs, einer lokalen Berühmtheit und Touristenattraktion machte. Immerhin hatten hier bereits illustre Gäste wie *Kris Kristofferson, Burt Reynolds* und *George Harrison* Einkäufe getätigt.

Bei der Weiterfahrt entdeckt man auf der linken Seite ein sehr edles, weißes Holzgebäude, das als **Hongwanji Buddhist Temple (10)** Mittelpunkt der kleinen buddhistischen Gemeinde von Hana ist. Ab 1864 hatte die Zuckerindustrie, die bis in die 1930er in Hana florierte, für den Zuzug einiger hundert Japaner und Chinesen gesorgt, deren Nachfahren immer noch im Ort leben.

Wer zum **Hamoa Beach (11)**, dem schönsten Strand von Hana gelangen will, muß etwa 4 km weiter in südlicher Richtung fahren (auch mit dem Fahrrad möglich, Mietfahrräder sind an der Tankstelle und im Hotel zu bekommen!).

6.4.3 VON HANA NACH KIPAHULU UND WEITER AUF DER WESTROUTE

Ob Sie dem *Hamoa Beach* einen Besuch abstatten oder sogar noch weiter fahren möchte, hängt von Ihrem individuellen Zeitplan ab. Bedenken Sie aber, daß eine Weiterfahrt auf der Westroute oft nur für Geländewagen möglich ist. Die Gesamtstrecke nach Kahului beträgt auf dieser Route 113 km (= etwa 3 Stunden und 45 Minuten), der unasphaltierte Abschnitt ist gut 12 km lang.

Andererseits ist die Szenerie entlang dem *Piilani Hwy.* besonders eindrucksvoll und ein landschaftliches Highlight. Vielleicht entschließen Sie sich ja, den Ausflug noch wenigstens bis zu den *'Seven Pools'* auszudehnen, was etwa 40 Minuten verlangt.

Hinter Hana führen die ersten möglichen Abstecher auf dem *Piilani Hwy.* zum Meer, also nach links. Nach gut 1½ km zweigt z.B. die *Haneoo Rd.* ab, die einen zum **Koki Beach Park** bringt, der bei Surfern und Bodysurfern beliebt ist. Der von Ironwood-Bäumen flankierten und sehr schmalen Straße kann man noch weiter folgen, immer mit einem schönen Blick auf das vorgelagerte Inselchen **Alau Island**, bis man schließlich zum oben erwähnten **Hamoa Beach** gelangt, der fast ausschließlich von den Gästen des *Hana Maui* Hotels genutzt wird. Während der Koki Beach mit seinen gefährlichen Strömungen Schwimmen zu gefährlich macht, ist dies am Hamoa Beach bei ruhiger See schon möglich. Ansonsten kann man surfen, sonnenbaden oder die nahe Höhle *Mokae Cove* erkunden.

Die *Haneoo Rd.* bringt einen zum Highway zurück, der nun zusehends schmaler wird und in vielen Windungen z.T. hoch über der Küste verläuft. In Wailua, etwa 11 km hinter Hana, wird man auf einer Brücke direkt an den knapp 30 m hohen **Wailua Falls** vorbeigeleitet, und 5 km danach kommt man über viele weitere Brükken und an der Skulpturengruppe der Jungfrau Maria vorbei, zum **Oheo Gulch** – bekannter unter dem Namen *"Seven Sacred Pools"*. Dieses Tal, das den südöstlichen Zipfel des **Haleakala-Nationalparks** markiert, wird vom *Paukea Stream* durchflossen, der auf seinem Weg zum Ozean viele natürliche Pools bildet – da deren Anzahl deutlich mehr als sieben, nämlich rund 20 beträgt, die außerdem nie 'heilig' waren, ist der Beiname etwas irreführend.

Die Muttergottes am Wegrand

Einen schönen Blick auf die Schlucht und einige ihrer Wasserfälle und Teiche hat man von der Brücke des Highways aus, allerdings ist hier das Anhalten nicht erlaubt. Man fahre deshalb noch 300 m weiter und stelle den Wagen auf dem Parkplatz auf der linken Seite ab. Von dort aus kann man auf Pfaden zum Fluß zurückgehen und hier zu den dramatisch schönen unteren Wasserfällen *(Lower Falls)* oder auf einem ausgedehnten Netz von Trails flußaufwärts wandern. Letzteres ist vor allem empfehlenswert, wenn sich an und in den Pools in Straßennähe zu viele Touristen aufhalten. Auf dem 6½ km langen *Waimoku Falls Trail* weicht man den Besuchermassen gut aus und erlebt eine der schönsten Landschaften von Ost-Maui (vgl. KAPITEL 6.8). Die meisten der Pools laden zu einem erfrischenden Bad ein. Und in der Nähe des Parkplatzes steht Campern ein Zeltgelände zur Verfügung.

Gut 1½ km hinter dem Parkplatz bringt einen der schmale *Piilani Hwy.* auf einen Hügel, wo Sie auf den Meilenmarker 41 achten sollten. Kurz darauf geht nach links ein Privatweg ab, der einen zur kleinen **Palapala Hoomau Church** aus dem Jahre 1857 bringt. Sie wurde vom Ehepaar *Taylor* in den frühen 1960ern restauriert; gleichzeitig lud die Familie das befreundete Ehepaar *Anne Morrow* und *Charles Lindbergh* ein, ihren Lebensabend bei Kipahulu zu verbringen. Der berühmte Atlantikflieger starb hier im Jahre 1974 und wurde auf dem Friedhof des Kirchleins beigesetzt. Außerhalb des Friedhofes und nahe zur Kirche sieht man die beiden Gräber der *Taylors* und kleinere Grabstätten, in denen ihre Haustiere, nämlich fünf Gibbon-Affen beigesetzt wurden.

Die Kaskaden der Oheo Gulch

Nahe der Kirche bietet eine Grasfläche im **Kipahulu Point Park** eine schöne Aussicht auf den Ozean und eine gute Picknickmöglichkeit. Hier könnten Geländewagenfahrer die letzte Stärkung zu sich nehmen, bevor sie sich auf die rauhe, 12 km lange Piste wagen, die etwa 1½ km hinter **Kipahulu** beginnt. Der bisherige und ohnehin von Schlaglöchern durchsetzte Asphaltbelag hört nun völlig auf, und Steinschlag oder Schlammlawinen machen nach Regenfällen die Passage selbst für robuste Fahrzeuge unmöglich. Wer Glück hat, trifft auf gute Bedingungen und kann die herrlichen Ausblicke genießen, die sich immer wieder von der kurvenreiche Piste aus ergeben. Sie bringt einen an der *Lelekea Bay* entlang und um den *Mokuia Point* auf die *Waiuha Bay* zu.

Hier lohnt sich der Abstecher über eine noch kleinere Piste zu der in völliger Einsamkeit und auf einem windzerzausten Kap stehenden **Huialoha Church** (1859). Zurück auf dem sog. 'Highway', kommt man kurz darauf zur Minisiedlung **Kaupo**, in der nur eine Handvoll hawaiischer Cowboys (= *paniolos*) leben; ihren Lebensunterhalt verdienen sie auf der *Kaupo-Ranch*, deren Viehzäune ein Stück des Weges begleiten. Ansonsten hat das Dorf die verlassene *St. Joseph's Church*, einen interessanten Kram-Laden *(Kaupo Store)* und in der Nähe die Überreste einiger alt-hawaiischer Tempel zu bieten, u.a. den *Loaloa Heiau* aus dem 16. Jhd.

Nach Kaupo, etwa in der Mitte des unasphaltierten Wegstückes, ändert sich die Szenerie in dramatischer Weise: Ein Lavastrom, der 1790 durch den Bergeinschnitt des *Kaupo Gap* vom Haleakala herunterfloß, ist bis zum Meer hin als breites, grau-schwarzes und nur spärlich bewachsenes Feld erstarrt und gibt der Landschaft ein drohendes, düsteres Aussehen. Nahe der Ansiedlung **Nuu** zeugen die Relikte des Tempels *Koa Heiau* links der Straße von der frühen Besiedlung dieses Gebietes; ab hier wird die Straße auch wieder besser (und ist von den Mietwagenfirmen 'freigegeben'). Gleichzeitig verläßt der *Piilani Hwy.* nun das Ufer und verläuft nun etwas oberhalb an den Hängen des Vulkans entlang, nach wie vor durch gespenstische Lavafelder. Nach einer Richtungsänderung gen Norden begleitet schlagartig wieder saftiges Grün den Weg – nun befindet man sich bereits im **Upcountry**, wo einen der gut ausgebauten *Kula Hwy. (Hwy. 37)* an der *Tedeschi Winery* und **Kula** auf **Kahului** zuführt (vgl. KAPITEL 6.5.3).

Kajakfahrer vor der Bucht von Wailea

6.5 DER HALEAKALA-KRATER UND DAS HOCHLAND

6.5.1 ÜBERBLICK UND REISEPRAKTISCHE HINWEISE

Der Haleakala ist als größter ruhender Vulkan der Erde natürlich ein absolutes Highlight und sollte auch bei einem kurzen Inselaufenthalt nicht verpaßt werden. Wer zu seinem Krater hinauffährt, kommt automatisch durch das Hochland (= Upcountry), unter dem man auf Maui die mittleren Höhenlagen seiner Westhänge versteht. Beide Regionen – also Krater und Upcountry – sind durch asphaltierte Straßen gut erschlossen und laden zu einer näheren Erkundung förmlich ein.

Warten auf den Sonnenaufgang

Dieser Einladung folgen tagtäglich Tausende von Besuchern, und selbst in der Dunkelheit der frühen Morgenstunden quält sich eine ganze Karawane von Autofahrern den Berg hinauf. Den (zu Recht!) vielgepriesenen **Sonnenaufgang** wird man also nie in völliger Einsamkeit erleben können. Bevor man sich auf die Reise macht, sollte man an die **klimatischen Bedingungen** im Hochland denken. Schon in einer Höhe von 1.500 m ü.d.M. ist es meistens 5°-10°C kühler als an den Stränden, und auf der Spitze des Haleakala muß man in den Morgenstunden mit Temperaturen um den Gefrierpunkt rechnen – immerhin wurde hier mit minus 11°C die tiefste Temperatur auf Hawaii überhaupt gemessen! Dies kann übrigens zur Folge haben, daß der Highway nach Niederschlägen oder Nebel eisglatt ist. Bedenken Sie auch, daß auf dem Gipfel die **Luft** sehr dünn ist, und nehmen Sie sich deshalb nicht zuviel an Aktivitäten vor. Fast immer ziehen im Laufe des Vormittages **Wolken** auf, so daß Regenkleidung ins Reisegepäck gehört. Wer wissen möchte, wie groß die Chancen für einen wolkenlosen Sonnenaufgang stehen, sollte vor seinem Start die **Wetter-Nachrichten** unter **Tel.: 871-5054** abhören.

Den Haleakala erreicht man über den *Haleakala Hwy. (Hwy. 378),* der vom *Hwy. 37* abgeht. Ab Wailea beträgt die **Fahrtzeit** etwa 2 Stunden, ab Kahului etwa 1½ Stunden. Nun ist aber die **Mondlandschaft** des riesigen Kraters nicht die einzige Attraktion, sondern auch das Upcountry hält manche Überraschung bereit und steht mit seinen **Weiden** und kühlen **Wäldern** in starkem Kontrast zu Mauis tropischer Vegetation. Deshalb ist unverständlich, warum so viele Touristen nach einem kurzen Besuch des Haleakala oft schnellstmöglich wieder zu den Sandstränden zurückkehren. Mein Tip: Nehmen Sie sich einen ganzen Tag Zeit. Vielleicht orientieren Sie sich ja an diesem Vorschlag für ein ausgefülltes **Tagesprogramm**:

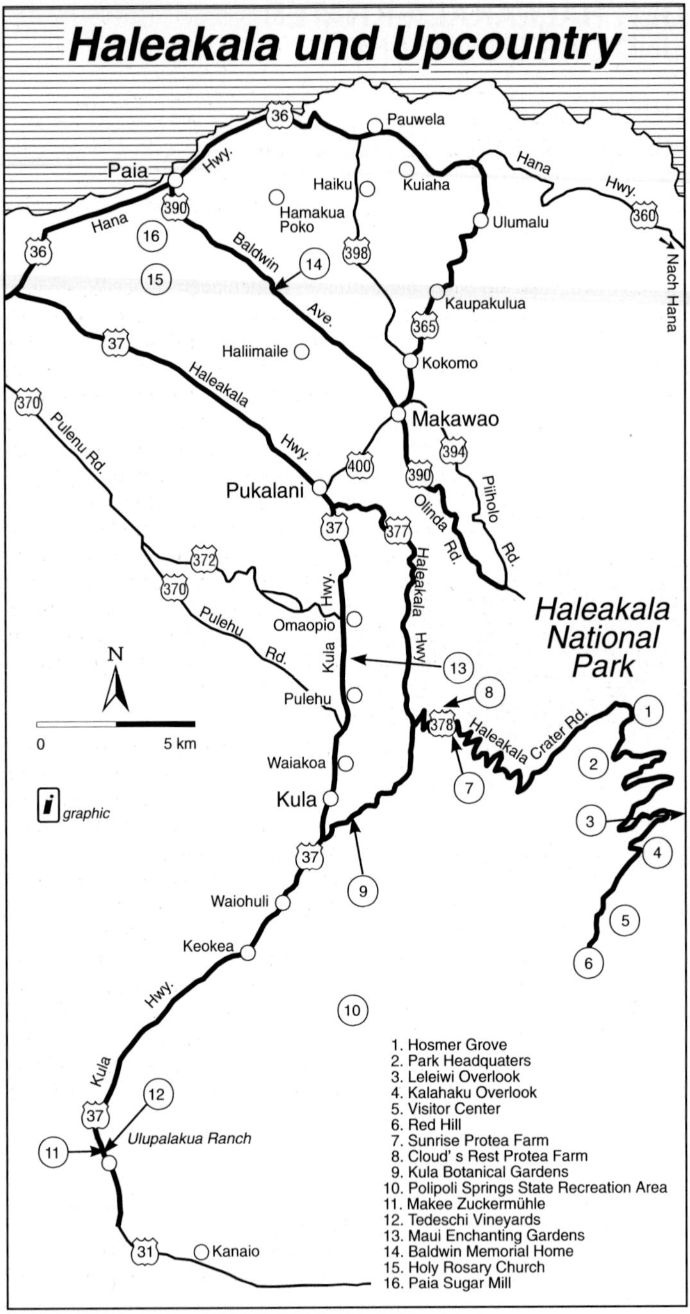
Haleakala und Upcountry
Paia
Hana Hwy.
36
390
Pauwela
Haiku
Kuiaha
Hamakua Poko
Hana Hwy.
360
Ulumalu
Nach Hana
16
15
14
Baldwin Ave.
398
Kaupakulua
365
37
Haliimaile
Kokomo
Haleakala Hwy.
370
Pulenu Rd.
Makawao
394
400
390
Pukalani
37
377
Piiholo Rd.
Olinda Rd.
372
370
Haleakala Hwy.
Kula Hwy.
Haleakala National Park
Omaopio
Pulehu Rd.
13
N
Pulehu
8
1
378
Haleakala Crater Rd.
0
5 km
2
7
Waiakoa
graphic
Kula
3
4
37
9
Waiohuli
5
Keokea
6
Kula Hwy.
10
12
37
Ulupalakua Ranch
11
31
Kanaio
1. Hosmer Grove
2. Park Headquaters
3. Leleiwi Overlook
4. Kalahaku Overlook
5. Visitor Center
6. Red Hill
7. Sunrise Protea Farm
8. Cloud' s Rest Protea Farm
9. Kula Botanical Gardens
10. Polipoli Springs State Recreation Area
11. Makee Zuckermühle
12. Tedeschi Vineyards
13. Maui Enchanting Gardens
14. Baldwin Memorial Home
15. Holy Rosary Church
16. Paia Sugar Mill

Start im Hotel gegen **3.00/3.30 Uhr** und Fahrt über die *Hwys. 350/380, 37, 377* und *378* zum Kratergipfel, Erleben des **Sonnenaufgangs**. Anschließend kleinere Wanderungen (evtl. Teilnahme an geführten Touren der Parkranger) sowie Fahrt zu den Aussichtspunkten. Abfahrt über die *Haleakala Crater Rd.* und weiter nach **Kula** (Hwy. 377), unterwegs Besichtigung der *Sunrise Protea Farm* und der *Kula Botanical Gardens*. Gegen Mittag Aufenthalt in den *Tedeschi Vineyards*, dann Rückfahrt über den *Hwy. 37*. Durch **Kula** und **Pukalani** nach **Makawao** (Ortsbesichtigung, evtl. frühes Abendessen), von dort über die *Baldwin Ave.* zur Küste und Tagesausklang in **Paia**.

Eine andere und zunehmend populärere Möglichkeit, sowohl den Krater als auch das Upcountry kennenzulernen, besteht auf einer begleiteten **Fahrradtour**. Wo sonst in der Welt hat man schon Gelegenheit, von mehr als 3.000 m ü.d.M. ohne viel Anstrengung bis auf Meeresniveau herunterzuradeln?! Eine Vielzahl von Unternehmen hat sich in den vergangenen Jahren darauf spezialisiert, Touristen in den frühen Morgenstunden an ihrem Hotel abzuholen, sie zum Sonnenaufgang auf den Haleakala zu bringen, dort mit Fahrrädern, Regenzeug, Helmen usw. auszurüsten und dann, nach einem kleinen Einführungskurs, die rasante Serpentinen-Abfahrt bis nach Paia in Angriff zu nehmen.

Radfahrer auf dem Haleakala

Eingeschlossen ist zumeist ein oder zwei Führer, ein Begleitbus sowie ein Mittagessen bzw. Picknick. Solche Touren kosten alle um die US$ 100 p.P. und dauern insgesamt etwa 8 Stunden. Wer allerdings dabei einen rundum interessanten Tag unter rein abenteuerlichen Vorzeichen erwartet, wird vielleicht enttäuscht sein. Oft wird am Krater sofort zum Aufbruch gedrängt, nachdem sich die ersten Sonnenstrahlen gezeigt haben. Die Abfahrt geht dann auch nicht gar so schnell vonstatten, da in jeder Gruppe einige vorsichtigere, ältere Fahrer dabei sind, auf die Rücksicht genommen werden muß (ein Überholen des an der Spitze radelnden Führers ist nicht gestattet). Und die angekündigten Fotostops entpuppen sich als kurzer Halt auf halber Wegstrecke, bei dem die Kleidung gewechselt wird. Erkundigen Sie sich deshalb nicht nur nach dem Preis, sondern auch danach, wieviel Zeit man am Krater hat, wie viele Fotostops eingelegt werden und wo die Mittagspause stattfinden soll.

Veranstalter

Als sehr zuverlässig hat sich in der Vergangenheit der Veranstalter *Mountain Riders Bike Tours* erwiesen. Hier die Adressen **einiger Anbieter**:

- *Maui Downhill Bicycle Safaris,* 199 Dairy Rd., Kahului, Tel.: 871-2155; vom Krater bis nach Paia mit Essensstop in Kula und Picknick auf der Sunrise Flower Farm, Morgen- und Abendtouren.

- *Maui Mountain Cruiser's,* 296 Alamaha Rd., Makawao, Tel.: 871-6014; vom Krater bis nach Paia mit Essensstop in Kula, Morgen- und Mittagstouren.
- *Mountain Riders Bike Tours,* P.O.Box 6222, Kahului, Tel.: 242-9739; mehrere Touren, u.a. vom Vulkan nach Paia oder ins Upcountry zur Tedeschi Winery, ebenfalls Touren an der Küste entlang bis zur La Perouse Bay mit Schnorchelaufenthalt am Big Beach.
- *Cruiser Bob's Downhill,* 99 Hana Hwy., Paia, Tel.: 667-7717; frühmorgendliche und abendliche Touren vom Haleakala nach Paia.

Wer längere Zeit im Nationalpark verbringen möchte, sollte sich frühzeitig um die wenigen Übernachtungsmöglichkeiten (Campingplätze, Hütten) bemühen. Oder man mietet sich ein Ferienhaus im Gebiet von Pukalani, Makawao oder Kula, ab wo man ein gutes Stück der Anfahrt abgekürzt hat. Natürlich sind in dieser abgelegenen Region auch **Restaurants** und Imbißbuden nicht dicht gesät, weswegen sich die Mitnahme eines Lunchpaketes empfiehlt.

6.5.2 FAHRT ZUM HALEAKALA-KRATER

'Haleakala' heißt in der deutschen Übersetzung 'Haus der Sonne', ein Name, der auf die Legende vom Halbgott *Maui* zurückgeht: Um seiner Mutter das Trocknen des Rindenstoffes *kapa* zu erleichtern, versteckte sich *Maui* im Krater und wartete ab, bis sich die Sonne über der Öffnung zeigte. Als dies geschah, fing er sie mit einem riesigen Lasso ein, zog sie in den Krater hinab und ließ die Sonne erst wieder frei, als sie versprach, zukünftig langsamer über das Firmament zu ziehen. Seit diesem Tag hatten die Götter und die Menschen mehr Zeit zur Verrichtung ihres Tagwerkes. Nicht nur aufgrund dieser Geschichte war der Vulkan für die alten Hawaiier ein heiliger Berg. Hier bestatteten sie Häuptlinge und warfen die Nabelschnüre von Neugeborenen in den Krater, damit diese stark und tugendhaft würden. Viele Relikte von *heiaus* samt Opferaltären sind erhalten, und auch ein uralter Steinpfad wird auf die Wirksamkeit polynesischer Priester zurückgeführt.

Weitaus nüchterner, aber gleichwohl beeindruckend lesen sich die Angaben der Geographen über diesen Berg: 3.055 m ü.d.M. beträgt seine heutige Spitze, wobei aber mindestens 600 m hinzugerechnet werden müssen, die die Erosion inzwischen abgetragen hat. Und da sich die Basis des Haleakala mehr als 6.000 m unter der Wasseroberfläche auf dem Meeresboden befindet, haben wir es hier mit einem Bergriesen zu tun, der einmal knapp 10.000 m und heute immerhin noch über 9.000 m hoch ist. Die letzte vulkanische Tätigkeit liegt zwei Jahrhunderte zurück, was nach geologischen Maßstäben eine sehr kurze Zeitspanne bedeutet. Und da es in dieser Zeit häufiger Erdbeben gegeben hat, ist ein erneuter Ausbruch möglich, wenn auch nicht wahrscheinlich – mit anderen Worten: der Vulkan ist nicht 'tot', sondern 'ruht' nur.

Die **Fahrtroute** zum Haleakala verläuft durch das Upcountry und ist im folgenden Kapitel etwas näher beschrieben. Von **Kaanapali** her kommend, benutzt man dabei den *Hwy. 36 (Hana Hwy.),* der einen direkt auf den *Hwy. 37 (Haleakala Hwy.)* bringt. Nach etwa 12,8 km biegt der *Haleakala Hwy.* an einer Ampelanlage nach links ab und wird zum *Hwy. 377,* von dem es nach ungefähr 9,6 km wiederum nach links auf den *Hwy. 378* geht. In vielen Kehren windet sich die Straße am

Westhang hinauf und geht dann in einer großen Schleife auf den Haleakala Nationalpark zu. Hier hat man bereits die grünen Weiden und Wälder des Upcountry hinter sich gelassen; die Landschaft trägt nun mit spärlicher Vegetation und großen Steinbrocken wüstenhaften Charakter.

Nach einer Rechtskurve klettert die Straße wieder in Serpentinen hinauf, die aber viel länger sind als die Kehren im unteren Streckenabschnitt. Kurz vor der Parkeinfahrt, auf einer Höhe von knapp 2.000 m ü.d.M., liegt **Hosmer Grove (1),** ein Picknick- und Campingplatz in einem wunderschönen Hain. 1910 hatte hier *Ralph Hosmer*, auch als 'Hawaii's Father of Forestry' bekannt, u.a. australische Eukalyptusbäume, japanische Cryptomerien, indische Himalaya-Zedern, nordamerikanischen Fichten, Redwoods und Wacholder angepflanzt. Das Gelände kann man auf einem 800 m langen Rundweg bequem inspizieren. Etwas weiter, direkt hinter der Parkgrenze, liegen rechts der Straße die **Park Headquarters (2)** mit einem Besucherzentrum, in dem man Karten, Wanderpläne und Informationen aller Art bekommt. Häufig sieht man hier und auf dem folgenden Wegstück auch einige *nene*-Gänse, die seltenen hawaiischen 'Staatsvögel'.

Vom Parkeingang bis zum Kratergipfel sind es noch rund 16 km, wobei sich lohnt, an einigen Stellen mit besonders schöner Aussicht anzuhalten. Zuerst ist da der **Leleiwi Overlook (3)** auf einer Höhe von etwa 2.440 m ü.d.M., dann der **Kalahaku Overlook (4)** auf einer Höhe von etwa 2.740 m ü.d.M., beide mit erklärenden Schaukästen und Tafeln ausgestattet. Zu letzterem führt eine kleine Stichstraße, in deren Nähe stets einige Exemplare der seltenen *Silversword*-Pflanze zu entdecken sind. Die nächste Station ist das direkt am Kraterrand gelegene **Visitor Center (5)** mit einem großen Parkplatz und sanitären Anlagen. Auch hier bekommt man nützliche Infos, Postkarten und Broschüren, außerdem verfügt das

Der Haleakala – 'House of the Sun'

Gebäude über eine kleine naturwissenschaftliche Ausstellung. An der Brüstung zum Krater hin drängen sich in den Morgenstunden die Touristen, die das Naturschauspiel des Sonnenaufganges beobachten wollen; andere gehen auf einem steinigen Pfad zum nahen *Magnetic Peak*, der in 3.050 m Höhe eine noch bessere Aussicht bietet. Die höchste Stelle (= 3.055 m), durch eine windgeschützte Aussichtsplattform markiert, liegt einige hundert Meter weiter auf dem **Red Hill** *(Puu Ulaula)* **(6)**, zu dem ebenfalls eine Autostraße hinführt. Dort liegt einem nun wirklich ganz Maui zu Füßen, aber der Blick geht auch zu den Nachbarinseln Molokai, Lanai, Kahoolawe und selbst bis nach Big Island. Selbst wenn eine Wolkendecke die tiefergelegenen Regionen bedeckt, ragen im Süden fast immer die Gipfel des *Mauna Kea* und *Mauna Loa* aus dieser heraus.

Sehr viel näher, nämlich auf dem Nachbarhügel, recken sich die weißen Observatorien von **Science City** in den Himmel. Hier wird im Auftrag der Universität von Hawaii und der *NASA* Himmelsforschung betrieben, wobei Touristen allerdings nicht zugelassen sind.

Die größte Aufmerksamkeit verdient jedoch der **Krater** selbst, dessen Inneres 12 km lang, 4 km breit und 915 m tief ist. Er weist eine außerordentlichen Farbenvielfalt auf, wobei Rot, Gelb, Grau und Schwarz überwiegen. Steine, Sandflächen und vereinzelte Kegel aus Lava, Asche und Schlacken, die wie Minivulkane aussehen, bilden eine Mondlandschaft, die schon die Astronauten des Apollo-Programms für Trainingsausflüge nutzten. Diese grandiose, gleichzeitig erschrekkende und faszinierende Naturlandschaft, die von *Jack London* in seinem Reisebericht *'The House of the Sun'* als "Botschaft von Schönheit und Wunder für die menschliche Seele" charakterisiert wurde, kann nicht beschrieben werden – man muß sie erlebt haben!

6.5.3 DAS UPCOUNTRY

Für die Fahrt ins Hochland bzw. durchs Hochland zum Haleakala gibt es, wenn man von den Strandhotels um Kihei oder Kaanapali aus anreist, zwei Möglichkeiten.

Die erste und einfachere führt über den Hwy. 37 und die Ortschaft **Pukalani**, die über einen guten Golfplatz, ein Restaurant, einen *McDonald's*-Imbiß sowie einige Ferienhäuser verfügt, ansonsten aber dem Touristen nicht viel zu bieten hat. Pukalani heißt übrigens in der Übersetzung 'Loch in den Wolken', was darauf anspielt, daß die Ortschaft fast immer von der Sonne beschienen wird, während die Umgebung wolkenverhangen ist.

Der zweite Weg zweigt in **Paia** vom *Hana Hwy. (Hwy. 36)* ab und führt über die *Baldwin Ave. (Hwy. 390)* zur Ortschaft **Makawao**, von der man wiederum auf dem *Hwy. 365* zum *Haleakala Hwy.* zurückfindet – eine interessante Strecke mit einigen Attraktionen. Sie soll im folgenden etwas näher beschrieben werden, und zwar dem obigen Vorschlag eines Tagesausfluges folgend. D.h. daß man auf dem Weg zum Haleakala zunächst über Pukalani fährt, dann einen Abstecher in den Osten macht und die Rückreise schließlich über Makawao und Paia antritt. Der

Vollständigkeit halber sei erwähnt, daß es zwischen Makawao und der Nordküste eine weitere Verbindung gibt, nämlich die *Makawao Ave. (Hwy. 365)*, die jedoch nur für diejenigen interessant ist, die vom Hana Hwy. ins Upcountry gelangen wollen (oder umgekehrt).

Nachdem man über **Pukalani** zum Haleakala gelangt ist (und evtl. wegen des frühen Starts von der Umgebung nichts gesehen hat), fällt bei der Abfahrt vom Krater der Gegensatz zwischen der vulkanischen Wüste und einer fruchtbaren, ans Allgäu erinnernden Alm-Landschaft ins Auge. Hügelige Weiden, auf denen Hereford- und andere Rinder grasen, vereinzelte *paniolos* (= Cowboys), Viehgatter und großzügige Ranchen bestimmen das Bild. Je tiefer man kommt, desto häufiger setzen auch Blumen farbenprächtige Akzente, und schließlich erreicht man kleine Siedlungen, in denen die Blumenzucht zu einem wichtigen Erwerbszweig ausgebaut wurde.

Hotel/Restaurant
Kula Lodge ($$$-$$$$), Hwy. 377, Tel.: 878-1535; gutes Restaurant mit kontinentaler Küche, tägl. zum Frühstück, Lunch und Dinner geöffnet. Beliebter Platz für Eßpausen bei Reisegruppen (per Bus oder Fahrrad). Wer das Upcountry von hier aus intensiver erkunden möchte, kann sich in einer der 5 komfortablen Wohneinheiten (mit Veranda) einquartieren.

Links des *Hwys. 378*, kurz bevor dieser auf den *Hwy. 377* stößt, kann man in der **Sunrise Protea Farm (7)** (Tel.: 878-2119) eine solche Blumenzucht besuchen und sich gleichzeitig hier zu einem Imbiß niederlassen. Eine weitere Blumenfarm, ebenfalls mit Einkehrmöglichkeit, ist etwas weiter auf dem *Hwy. 377* (ausgeschilderte Abfahrt nach rechts, 485-F *Upper Kimo Dr.,* Tel.: 878-2544) in der **Cloud's Rest Protea Farm (8)** zu besichtigen. Wie deren Namen schon ausdrücken, hat man sich hier vor allem auf die erfolgreiche Aufzucht und den Export der *Protea*-Pflanze spezialisert.

INFO

Die Protea-Pflanze

Unter den vielen farbenprächtigen Blumen der Insel Maui gebührt der Protea ein Ehrenplatz, obwohl sie nicht, wie die Silversword (s.o.) endemisch ist, sondern in den 1950er Jahren eingeführt wurde.

Ihre Heimat ist Südafrika, wo in den Höhenregionen ähnliche klimatische Verhältnisse herrschen wie auf den Hängen des Haleakala. Denn die Protea braucht ganzjährig Kühle in der Nacht und tagsüber Wärme – Bedingungen, die auf Maui in Höhen von 650-1.300 m ü.d.M. gegeben sind; hinzu kommt hier der ideale vulkanische Boden. Die Protea zeichnet sich durch einen gro-

ßen Variantenreichtum aus, weswegen sie der schwedische Botaniker Carl von Linné nach dem griechischen Gott Proteus benannte, der in der Lage war, seine Gestalt nach Belieben zu verändern. Insgesamt soll es rund 1.400 Abarten dieser Blume geben, wovon 75 auf Maui heimisch geworden sind. Besonders prächtig und bekannt sind jene beiden Sorten, die die Bezeichnung 'King Protea' und 'Queen Protea' tragen. Sie zeichnen sich wie alle Proteas durch einen kräftigen Wuchs und die Fähigkeit aus, mehrere Tage ohne Wasser auszukommen. In den Protea-Farmen des Upcountry werden die Pflanzen gezüchtet, wobei sie später vor allem als Trockenblumen Verwendung finden.

Am Ende des *Hwys. 378*, also der eigentlichen Haleakala-Strecke, kommt man wieder auf den *Hwy. 377* zurück, wobei man hier nach links abbiegen sollte. Dieses Wegstück heißt *Kekaulike Ave.* und bringt einen durch eine schöne Hügellandschaft südlich der Ortschaft **Kula** zum *Hwy. 37*. Kurz davor lohnt ein Aufenthalt an den **Kula Botanical Gardens (9)**. Über 1.700 tropische Pflanzen – darunter eine Vielzahl von Proteas, Orchideen und wildem Ingwer – sind der Stolz dieses Parks, dem eine landwirtschaftliche Versuchsanstalt der Universität von Hawaii angeschlossen ist. Auch die endemischen Kukui- und Koa-Bäume sind vertreten. Wer den hübschen Rundgang durch das Gelände in voller Länge auskosten möchte, sollte etwa eine Stunde einkalkulieren (also nicht später als 15.00 Uhr hier sein).

Öffnungszeiten
Kula Botanical Gardens, Kekaulike Ave., Tel.: 878-1715; tägl. 9.00-16.00 Uhr geöffnet, Eintritt US$ 3.

Bei der Weiterfahrt passiert man etwa 600 m vor der Einmündung auf den *Hwy. 37* die links abzweigende und z.T. unasphaltierte *Waipoli Rd.*, die zum **Polipoli Springs State Recreation Area (10)** führt, einem hochgelegenen, waldreichen Naturschutzgebiet, in dem es herrliche Wanderwege gibt (vgl. KAPITEL 6.8).

Ulupalakua Ranch

Bei genügend Zeit empfiehlt es sich anschließend, dem *Hwy. 37 (Kula Hwy.)* einige Meilen nach Süden zu folgen. Dabei kommt man zunächst durch das rustikale Dörfchen **Keokea** mit einem Kramladen und einer Imbißbude und knapp 10 km danach schließlich zur **Ulupalakua Ranch**. Dieses etwa 8.000 ha große Gelände wurde Ende des 19. Jhds vom Pionier *James Makee* erschlossen, der hier eine funktionierende Zuckerplantage errichtete. Die Ruinen der dazugehörigen **Zuckermühle** *(Makee Sugar Mill)* **(11)** können noch besichtigt werden. Nach dem Tod des Plantagenbesitzers wechselten die neuen Eigner zur Viehzucht über und besitzen heute rund 500 Rinder, 1.000 Schafe und einige Stücke Rotwild.

Von besonderem Interesse für Besucher ist die Winzerei **Tedeschi Vineyards (12)**, die sich ebenfalls auf der Ranch befindet, und zwar in unmittelbarer Nähe zur alten Zuckermühle. Sie wurde 1973 von dem Ehepaar *Emil* und *Jo Ann*

Tedeschi eingerichtet, die aus dem Napa Valley in Kalifornien stammen. Von dort brachten sie ihre Kenntnisse des Weinanbaus mit und bauten das hundertjährige Gemäuer eines ehemaligen Gefängnisses zum Zentrum und Probierstube ihrer Weinkellerei um – der einzigen des Bundesstaates! Nachdem hier zunächst nur Ananaswein produziert wurde, hat man seit 1983 erfolgreich Weinstöcke kultiviert und bietet nun zwei Sekt- und mehrere Wein-Sorten an. Die Restaurants der Insel sind die Hauptabnehmer solcher Tischweine wie *'Maui Blanc'* oder *'Ulupalakua Red'*. Auf einem geführten Rundgang erklärt man Ihnen die Geschichte der *Ulupalakua Ranch,* zeigt Ihnen die Weinproduktion und lädt Sie selbstverständlich zu einer Kostprobe ein.

Öffnungszeiten
Tedeschi Vineyards, Ulupalakua Ranch, Tel.: 878-6058; geöffnet tägl. 9.00-17.00 Uhr. Führungen finden tägl. 9.30-14.30 Uhr zu jeder halben Stunde statt. Freier Eintritt.

Die Weinkellerei sollte der südlichste Punkt eines Tagesausflugs sein – aus zeitlichen Gründen und nicht etwa, weil sich die Weiterfahrt landschaftlich nicht lohnen würde. Im Gegenteil: Der *Kula Hwy.* führt durch einen Naturraum von bizarrer Schönheit, bei der das Grün der Weiden einem drohend-schwarzen Lavafeld Platz macht. Nach 30 km hört die Asphaltstraße auf, und auf einer Schlagloch-Piste geht es dann weiter zum Dörfchen **Kaupo**, bis man schließlich auf dem Highway nach **Hana** wieder Asphalt unter die Räder bekommt (vgl. KAPITEL 6.4.3). Wie gesagt, sprengt diese Etappe den Rahmen eines Tagesprogramms und lohnt sich außerdem nur, wenn man einen Geländewagen zur Verfügung und möglichst auch eine Unterkunft in Hana besorgt hat.

Kula

Stattdessen kehrt man an den *Tedeschi Vineyards* um und fährt auf dem *Kula Hwy.* in nördliche Richtung. Wenn Sie diesmal nicht rechts auf die Strecke zum Haleakala einbiegen, sondern der bisherigen Richtung folgen, kommen Sie nach wenigen Fahrminuten zur Kleinstadt **Kula**, die das landwirtschaftliche Zentrum des Upcountry darstellt. Außer den erwähnten Blumenfarmen werden hier auf etwa 900 m Höhe Kartoffeln, Tomaten, Zwiebeln, Gurken u.v.m. angebaut. Im 19. Jhd wurden von Kula zur Zeit des Goldrausches sogar Kartoffeln und Gemüse nach Kalifornien exportiert.

Nördlich der Ortschaft, auf dem Weg nach Pukalani, liegen am Wegrand die **Maui Enchanting Gardens (13)**, in denen über 400 verschiedene einheimische und importierte exotische Pflanzenarten vereint sind und ein ungemein farbenreiches Schauspiel abgeben. Fotografen können die Blütenpracht von zwei 3 m hohen Ausgucksplattformen aufnehmen. Wer allerdings vorher schon die *Kula Botanical Gardens* (s.o.) besucht hat, kann sich den Eintritt für diesen Park sparen.

Öffnungszeiten
Enchanting Floral Gardens of Kula, Hwy. 37, Tel.: 878-2531; Souvenirshop, tägl. 9.00-17.00 Uhr geöffnet, Eintritt US$ 3,50.

Makawao

Restaurants

• *Casanova Italian Restaurant* ($$$), Makawao Ave., Tel.: 572-0220; Pasta, Pizzen, Salate und Seafood zu moderaten Preisen, tägl. abends geöffnet, an Wochenenden Entertainment.

• *Makawao Steak House* ($$$), 3612 Baldwin Ave., Tel.: 572-8711; traditionelles Steak- und Seafood-Restaurant, tägl. abends geöffnet, sonntags Brunch.

Sollten Sie in Pukalani noch Lust und Zeit haben, ist es allemal lohnender, über Makawao und Paia zur Küste zurückzukehren, anstatt den schnellen und breiten Hwy. 37 zu bevorzugen. Über den *Hwy 365* ist die knapp 3½ km lange Strecke nach Makawao schnell zurückgelegt, wo Sie ein kleines, aber ungemein idyllisches Städtchen mit Wildwest-Atmosphäre erwartet. Der 1.100-Seelen-Ort führt seine Gründung auf jene portugiesischen Einwanderer zurück, die hier als hawaiische Cowboys Rinderzucht betrieben. Immer noch ist dieser Erwerbszweig wichtig, und die Rodeos (das bekannteste am 4. Juli) sind mehr als nur eine nostalgische Tourismus-Einrichtung. Am besten geht man zu Fuß die beiden Hauptstraßen *(Baldwin Ave.* und *Makawao Ave.)* ab, genießt das altertümliche Stadtbild mit seinen hölzernen Veranden, schaut sich die Boutiquen und originellen Geschäfte an und kehrt vielleicht in eines der vielen Restaurants ein (spätestens hier sollten Sie einmal eine portugiesische Bohnensuppe versuchen!).

Restaurant in Makawao

Wer noch viel Zeit zur Verfügung hat (vielleicht bei einem zweiten Besuch), sollte sich die schöne Landschaftsfahrt nach **Olinda** nicht entgehen lassen, die man über die *Olinda Rd. (Hwy. 390)* und die *Piiholo Rd. (Hwy. 394)* als 15 km langer Rundweg ab/bis Makawao gestalten kann.

Von Makawao bringt einen die *Baldwin Ave. (Hwy. 390)* in etwa 8 km zum ebenfalls hübschen Ort **Paia**, der zu Anfang des KAPITELS 6.4.2 beschrieben wurde. Ihren Namen trägt die Straße nach *Henry Baldwin*, der um die Jahrhundertwende mehrere Zuckerplantagen in dieser Region etablierte. Sein herrschaftliches Wohnhaus, das **Baldwin Memorial Home (14)** von 1917, kann auf etwa halber Wegstrecke besichtigt werden; heute beherbergt es das *Hui Noeau Visual Arts Center* mit zeitgenössischer Kunst und Kunsthandwerk. Etwas weiter in Richtung Paia sind die *Makawao Union Church* von 1869 und vor allem die **Holy Rosary Church (15)** sehenswert, eine rote Ziegelstein-Kirche mit einem Standbild von *Father Damien,* dem Lepra-Priester von Molokai. Etwa 1½ km vor Erreichen der Küste passiert man schließlich die **Paia Sugar Mill (16)**, die ebenfalls um die Jahrhundertwende errichtet wurde und die älteste Zuckermühle der Insel in Funktion darstellt.

6.6 INSELRUNDFAHRT IM WESTEN

6.6.1 ÜBERBLICK UND REISEPRAKTISCHE HINWEISE

Mit der alten Landeshauptstadt Lahaina, ihren herrlichen Stränden, bewaldeten Höhen, kleinen Häfen und einer Vielzahl an Hotels, Condominiums und Restau-

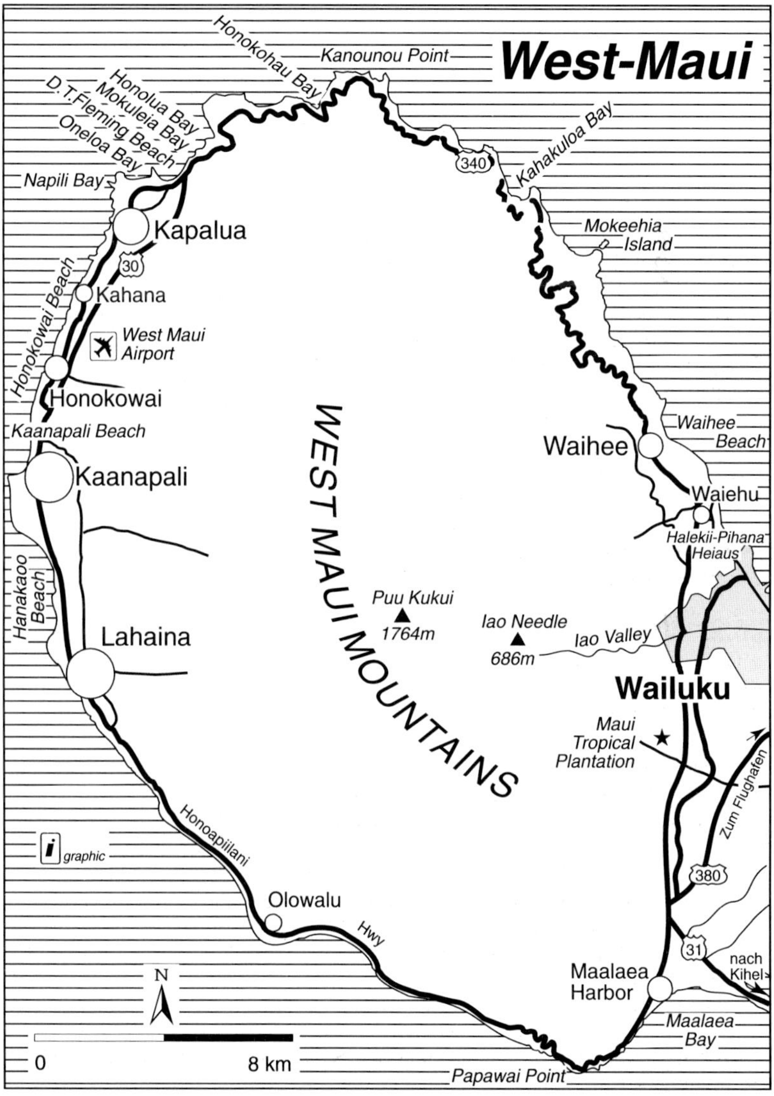

rants ist der Westteil der Insel ein bevorzugtes Reiseziel. Erschlossen wird die Westküste von Kahului/Wailuku aus durch den *Hwy. 30,* der dicht am Ufer entlangführt und die Hauptverkehrsroute für Einheimische und Touristen darstellt. Zu einer wirklichen 'Rundfahrt' wird der Ausflug in den Westen freilich nur, wenn man um das Nordkap der Insel und auf dem *Hwy. 340* zurück zur Hauptstadt fährt, was sich wegen eines unasphaltierten Abschnittes jedoch schwierig gestaltet und von den Mietwagenfirmen nur für Geländewagen erlaubt wird. Aber auch die Strecke bis zur *Honokohau Bay* ist allemal lohnend und nimmt einen ganzen Tag in Anspruch – sofern man nicht ohnehin an der Westküste sein Urlaubsquartier aufgeschlagen hat.

Wer in Kihei/Wailea wohnt und über genügend Zeit verfügt, könnte für den Nordwesten mindestens zwei Tage veranschlagen, indem man die Besichtigungsziele mit denen in Zentral-Maui verknüpft. Ein solches Programm könnte folgendermaßen aussehen:

1. Tag: Von Wailea/Kihei über den *Hwy. 350* nach Kahului, am Hafen vorbei über den *Hwy. 32* nach Wailuku (Stadtbesichtigung), Abstecher ins Iao Valley, Fahrt über den *Hwy. 30* südwärts (Besuch der Maui Tropical Plantation), dann bis nach Lahaina mit abendlichem Stadtbummel und Essen. Zurück über die *Hwys. 30* und *31*.

2. Tag: Auf gleichem Weg wieder in Richtung Lahaina mit Zwischenstopp in Maalaea und evtl. Wanderung auf dem *Lahaina Pali Trail*, Stadtbesichtigung in Lahaina, Weiterfahrt bis zum Nakalee Point mit Badepausen, Abendessen in Kapalua oder Kaanapali.

Als touristisch voll erschlossene Küste ist der Nordwesten mit **Restaurants** und **Hotels** jeder Kategorie reich gesegnet; die Mitnahme eines Lunchpaketes ist also nicht erforderlich – es sei denn, Sie möchten an einem der einsameren Strände im Norden ein idyllisches Picknick veranstalten.

6.6.2 VON WAILUKU/KAHULUI NACH LAHAINA

Die Anfahrt von Wailea/Kihei, von Kahului oder von Wailuku erfolgt auf unterschiedlichen Routen, die sich allesamt im Norden der *Maalaea Bay* treffen. Während man von den südlichen Stränden Ost-Mauis über die *Kihei Rd. (Hwy. 31)* anreist, nimmt man vom Flughafen und **Kahului** aus am besten den *Kuihelani Hwy. (Hwy. 380),* der über 10 km schnurgerade durch das landwirtschaftlich genutzte *Central Valley* auf den *Hwy. 30* zuläuft. Dieser *(Honoapiilani Hwy.)* wiederum ist der beste Anfahrtsweg ab **Wailuku** und bietet Touristen außerdem die Möglichkeit zu einem Besuch der *Maui Tropical Plantation*. Wenige Kilometer vor der **Maalaea Bay** treffen sich beide Highways und nehmen kurz darauf auch den *Hwy. 31* auf.

Maalaea

Nach dieser Einmündung sollten Sie auf die Linksabbiegerspur bzw. das Hinweisschild *"Maalaea Village"* achten, denn der kurze Abstecher in diesen netten

Hafenort ist überaus lohnend. Hier sind stets eine Anzahl von Fischer- und Ausflugsbooten sowie von Yachten jeder Größe versammelt, man kann an der Hafenmole entlangschlendern, Anglern zuschauen oder auch in einem der Restaurants einkehren.

Der Yachthafen von Maalaea

Restaurant
Buzz's Wharf ($$$), Maalaea Bay, Tel.: 244-5426; tägl. 12.00-23.00 h geöffnet; Steaks, frischer Fisch, Seafood und Salatbar, alles gut und zu fairen Preisen, schöner Ausblick auf den Hafen.

Etwa 24 km sind es von Maalaea nach Lahaina, wobei die Straße bald die Ebene des *Central Valley* verläßt und auf einen steileren Küstenabschnitt zuführt. Links des Highways markiert der **Papawai Lookout** den südlichsten Punkt von West-Maui und bietet außerdem einen schönen Blick auf das Inselchen Molokini, das größere Kahoolawe und auf den Haleakala jenseits der Bucht. Dies ist auch einer jener Punkte, an denen man in der Saison (November bis Mai) beim **'Whalewatching'** die größten Aussichten auf Erfolg hat, wobei man die Buckelwale selbst ohne Fernglas beobachten kann.

INFO

Die Buckelwale

Die bevorzugten Beutetiere der Walfänger waren im 19. Jhd die Buckelwale, bis ihre Bestände soweit dezimiert waren, daß die Art kurz vor der Ausrottung stand. Nachdem sie ***1964*** *unter* ***weltweiten Schutz*** *gestellt wurden, ist die Population der riesigen Meeressäuger wieder auf* ***über 1.000 Exemplare*** *angestiegen; auf Hawaii wurde der Buckelwal (engl.: humpback whale) zum* ***offiziellen 'Staatstier'*** *erklärt.*

Wie der Blauwal gehört der Buckelwal zur Familie der ***Bartenwale****, d.h. daß er anstelle von Zähnen einen 'Vorhang' hornartiger Barten hat. Nachdem die Säugetiere mit geöffnetem Maul eine Menge Meerwasser aufgenommen haben, pressen sie dieses durch die Barten zurück und filtern so ihre Nahrung heraus. Die Buckelwale ernähren sich also von äußerst kleinen Lebewesen (Plankton, Krill, Kleinfische und -krebse), obwohl sie zu den größten Lebewesen der Welt gehören: Bis zu* ***15 m Länge*** *und* ***45 t Gewicht*** *erreicht ein ausgewachsenes Tier!*

Ihre Jungen zeugen die Buckelwale in den tropischen Gewässern wie eben um Hawaii, bevor sie zu ihren Sommerrevieren in der Arktis zurückkehren.

Während des Winters verlassen die Buckelwale, darunter die trächtigen Muttertiere, die eisigen und planktonreichen Gewässer um Alaska und machen sich erneut zu ihrer langen Reise nach Hawaii auf. Auf dieser fressen sie übrigens so gut wie gar nichts, und auch am Zielort ist ihre Nahrungsaufnahme äußerst gering; stattdessen leben sie von dem Fett, das sie sich in der Arktis angefressen haben. Man schätzt, daß von den mehr als 1.000 Buckelwalen, die es z.Zt. gibt, jährlich ***bis zu 600*** *die Reise* ***nach Hawaii*** *antreten.*

Dort verbringen sie die Zeit von ***Dezember bis April****, um sich zu paaren bzw. um ihre Jungen zur Welt zu bringen. Bei der Geburt ist das* ***Kalb****, das mit dem Schwanz zuerst den Mutterleib verläßt, bereits mehr als* ***4 m*** *lang und wiegt etwa* ***1 Tonne****. Es muß dann sofort an die Wasseroberfläche gebracht werden, wo es zu atmen und zu schwimmen lernt. Die Kälber werden 11 Monate lang gesäugt, also auch noch während der langen Heimreise in die Arktis, die etwa 4 Monate nach der Geburt stattfindet. Zu diesem Zeitpunkt hat die nahrhafte Muttermilch den kleinen Buckelwal bereits 7½ m lang werden lassen.*

Ihren ***Namen*** *tragen die Säugetiere wegen ihres Schwimmverhaltens, bei dem sie ihren Rumpf als 'Buckel' über der Wasseroberfläche zeigen. Langsam rollt dieser gekrümmte Rücken nach hinten, bis nur noch die Schwanzflosse aus dem Meer ragt. Nach einem kurzen Moment, in dem die Flosse fast senkrecht steht, verschwindet der Wal in der Tiefe der See. Nirgendwo sonst auf der Welt ist dieser majestätische Anblick aus solch kurzer Distanz zu beobachten wie auf Hawaii. Schon seit langem ist daher das* ***'Whalewatching'*** *zu einer touristischen Attraktion geworden; allerdings weisen Biologen und Tierschützer darauf hin, daß Boote, Wasserskifahrer oder Helikopter den Tieren nicht zu nahe kommen dürfen. Denn wenn sie erschreckt werden, flüchten sie in tieferes Gewässer, wo sie von Haien angegriffen werden können.*
Außer in der Region zwischen Molokai, Lanai und Maui, ihrem bevorzugten Paarungsgebiet, sind die Buckelwale auch von Kauai (z.B. am Kilauea Point), von Big Island (Kona Coast und South Point) und von Oahu (nahe der Hanauma Bay) aus zu beobachten.

Auf dem stark befahrenen Highway geht es nun an hohen Klippen vorbei, die mit Eisennetzen gegen Steinschlag gesichert sind, und man kommt zu weiteren Aussichtspunkten (natürlich immer auf der anderen Straßenseite, was einen Besuch bei der Rückfahrt nahelegt) sowie schließlich zu einer ganze Reihe von schmalen

Sandstränden. Den ersten, nämlich den **Papalaua Beach Park**, erreicht man knapp 5 km hinter dem *Papawai Lookout*, kurz nachdem man den 1951 gebauten Tunnel durchfahren hat. Unter schattigen Kiawe-Bäumen gelegen, wäre er ein idealer Picknick-Platz, wenn nicht der Straßenlärm so nahe wäre. 800 m weiter folgt der **Ukumehame Beach Park**, der allerdings relativ steinig ist. Wer hier nicht schwimmen, surfen oder picknicken möchte, kann auf der anderen Straßenseite zu einer wunderschönen Wanderung auf dem *Lahaina Pali Trail* starten (vgl. KAPITEL 6.8).

Gut 3 km weiter nördlich kommt man zum **Punahoa Beach**, der ebenfalls unter Kiawe-Bäumen versteckt und vom Straßenlärm beeinträchtigt, aber manchmal gut zum Schnorcheln oder Surfen geeignet ist.

Olowalu

Restaurant
Chez Paul ($$$$), Hwy. 30, Olowalu, Tel.: 661-3843; ein sehr bekanntes, kleines Restaurant mit klassisch-französischer Küche, elegantes Dekor, tägl. zum Dinner (18.30-20.30 Uhr) geöffnet, Reservierungen unbedingt erforderlich.

Nach weiteren 1½ km passiert man die kleine Siedlung Olowalu, die eigentlich nur aus ein paar Häusern besteht, gleichwohl aber zu historischer Berühmtheit gelangte. Hier nämlich spielte sich 1790 das berüchtigte 'Olowalu-Massaker' ab, einem brutalen Rachefeldzug des Kapitäns *Simon Metcalf* (vgl. KAPITEL 2.1.3). Außer einem Kramladen mit Tankstelle und einem populären Restaurant hat der Weiler nichts zu bieten, interessant jedoch sind die alt-hawaiischen **Petroglyphen** (Menschen, Tiere, Symbole), die über einem Wirtschaftsweg in etwa 800 m Entfernung zu entdecken sind. Bevor man sich auf den Weg macht, erkundige man sich an der Tankstelle nach ihrer genauen Lage.

Auf den letzten 8 km bis Lahaina passiert man noch zwei schmale Sandstrände: zuerst den **Launiopoko Beach Park**, der über sanitäre Anlagen, Picknicktische etc. verfügt, dann den **Puamana Beach Park**, dessen Sandstreifen hinter einem Rasenstück verborgen liegt und der recht gut zum Schwimmen und z.T. auch zum Surfen geeignet ist. Gut 1½ km danach hat man Lahaina erreicht, das der *Honoapiilani Hwy.* umfährt, während einige Querstraßen nach links abzweigen. Für eine Stadtbesichtigung ist es empfehlenswert, gleich die erste *(Shaw St.)* zu nehmen und sich in Ufernähe einen Parkplatz zu suchen.

6.6.3 LAHAINA

Historischer Überblick

Vergangen sind die Zeiten, als Lahaina die Hauptstadt von ganz Hawaii und darüber hinaus mit seinen Bordellen und Spelunken für die Walfänger einen der turbulentesten Punkte im gesamten Pazifik darstellte. Heutzutage ist das 6.000-Einwohner-Städtchen nicht einmal mehr die Hauptstadt von Maui und zehrt nur

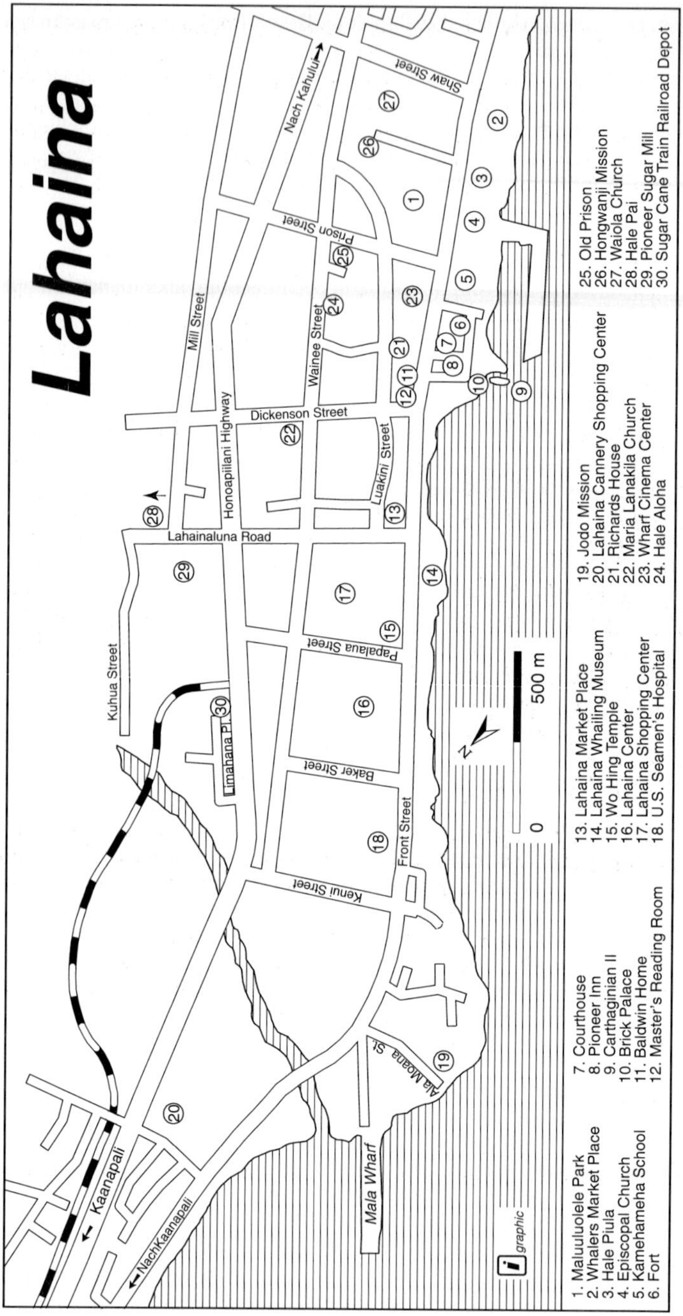
Lahaina
Shaw Street
Nach Kahului
Prison Street
Mill Street
Wainee Street
Dickenson Street
Honoapiilani Highway
Luakini Street
Lahainaluna Road
Kuhua Street
Papalaua Street
Baker Street
Limahana Pl.
Front Street
Kenui Street
Ala Moana St.
Mala Wharf
Kaanapali
NachKaanapali
0
500 m
graphic
1. Maluuluolele Park
2. Whalers Market Place
3. Hale Piula
4. Episcopal Church
5. Kamehameha School
6. Fort
7. Courthouse
8. Pioneer Inn
9. Carthaginian II
10. Brick Palace
11. Baldwin Home
12. Master's Reading Room
13. Lahaina Market Place
14. Lahaina Whailing Museum
15. Wo Hing Temple
16. Lahaina Center
17. Lahaina Shopping Center
18. U.S. Seamen's Hospital
19. Jodo Mission
20. Lahaina Cannery Shopping Center
21. Richards House
22. Maria Lanakila Church
23. Wharf Cinema Center
24. Hale Aloha
25. Old Prison
26. Hongwanji Mission
27. Waiola Church
28. Hale Pai
29. Pioneer Sugar Mill
30. Sugar Cane Train Railroad Depot

noch von seiner Geschichte, die allerdings vorzüglich konserviert wurde. Die historische Bedeutung des Ortes ergibt sich aus der Tatsache, daß sich innerhalb weniger Generationen die Fäden der geschichtlichen Entwicklung in Lahaina bündelten: Hier hielt König *Kahekili* von Maui Hof und forderte den Eroberungsdrang *Kamehamehas I.* heraus, hier errichtete jener seine Residenz, die Lahaina zum Mittelpunkt des gesamten Archipels machte, hierhin kamen deswegen auch die ersten Missionare und versuchten erfolgreich, die Christianisierung bei den Adeligen (insbesondere bei Königin *Kaahumanu)* durchzusetzen.

Der günstige Hafen und die Funktion einer Kapitale machten Lahaina schließlich für die Ausländer interessant. Händler, Reeder und Walfänger kamen hierhin, teils als gerngesehene Gäste, teils in heftige Fehden mit der einheimischen Bevölkerung verstrickt. Von hier aus eroberten sich westliche Waren und neue Agrartechniken das Land, hier wurden aber auch die schrecklichen Krankheiten eingeschleppt, die die Hawaiier bald an den Rand der Vernichtung führen sollten.

Straßenszene in Lahaina

Als 1845 die Funktion der Hauptstadt offiziell auf das aufstrebende Honolulu überging, stand Lahaina im Zenit seiner Entwicklung. Über 400 Walfangschiffe legten in diesem Jahr hier an, und mehr als 100 Europäer und Amerikaner hatten sich dauerhaft in der Stadt niedergelassen.

Erst in den 1870er Jahren, mit dem Ende der Walfang-Ära, sank Lahaina in die Bedeutungslosigkeit zurück und verfiel schließlich in einen Dornröschenschlaf, der nur sporadisch durch die Aktivität der Zuckerindustrie unterbrochen wurde. Da in dieser Zeit kaum bauliche Veränderungen durchgeführt wurden, ist die Epoche von Lahainas Stagnation letztlich verantwortlich für die heutige Bedeutung der Stadt: In den 1960er Jahren wurde die Ferienindustrie auf die Atmosphäre und das geschlossene Ortsbild aufmerksam, schnell restaurierte man die Baudenkmäler, erfüllte sie mit neuem Leben und schuf damit jenen Touristenmagneten, der Jahr für Jahr ganze Heerscharen von Urlaubern nach Lahaina ziehen läßt.

Hinweis

Für einen Stadtrundgang sollte man sich das kostenlose Heftchen *'Lahaina Historical Guide'* besorgen, das in Hotels, an Kiosken und anderen Stellen ausliegt. Es enthält Stadtpläne und Erläuterungen zu allen Gebäuden oder Plätzen von historischem Belang.

Reisepraktische Hinweise

Hotels (Auswahl)

● *Tony's Place* ($), 13 Kauaula Rd., Lahaina, Tel.: 661-8040; gemütliche, zentral gelegene Unterkunft mit 4 sauberen Zimmern in einem kleinen Holzhaus, wenige Gehminuten zu allen Attraktionen Lahainas und zum Strand, Insidertips vom netten Besitzer.

● *Maui Islander* ($$), 660 Wainee St., Lahaina, Tel.: 667-9766, Fax: 661-3733; Hotel- und Condominium-Anlage der Mittelklasse, 350 Einheiten (die Studios mit Küche) in verschiedenen einstöckigen Holzbau-Trakten, Pool, Tennisplatz, hübscher tropischer Garten, die Altstadt von Lahaina ist nur wenige Minuten entfernt, zum Strand fährt man etwa 10 Minuten.

● *Pioneer Inn* ($$$), 658 Wharf St., Lahaina, Tel.: 661-3636, Fax: 667-5708; günstige, rustikale Unterkunft in einem historischen Gebäude, 48 Zimmer, sehr zentral, viel Trubel in den Bars und Restaurants (daher nicht gerade ruhig), umlaufende Veranda, ideal für Nachtschwärmer, Doppelzimmer ab US$ 60.

● *Lahaina Shores Beach Resort* ($$$), 475 Front St., Lahaina, Tel.: 667-1400, Fax: 661-1025; Condominium-Anlage mit 199 Einheiten, alle komplett mit Küche ausgestattet, Pool, Strandnähe, Lahaina mit seinen Shops, Restaurants und Kneipen ist nur wenige Fußminuten entfernt.

● *The Plantation Inn* ($$$$), 174 Lahainaluna Rd., Lahaina, Tel.: 667-9225, Fax: 667-9293; wunderschönes, intimes Haus im Kolonialstil, 18 komfortable Zimmer, edle Ausstattung, Swimming Pool, Health Club, vorzügliches Restaurant, zentral, aber ruhig gelegen.

● *The Lahaina Hotel* ($$$$), 127 Lahainaluna Rd., Lahaina, Tel.: 661-0577; wunderschöne Bed & Breakfast-Unterkunft in historischem Holzhaus, recht zentral gelegen, 13 hübsche, mit Antiquitäten ausgestattete Zimmer mit Veranda, kontinentales Frühstück, vorzügliches Restaurant.

Restaurants (Auswahl)

● *La Bretagne* ($$$$$), 562 C Front St., Tel.: 6618966; Gourmet-Restaurant mit französischer Küche, Spezialität Fischgerichte, Reservierung erforderlich.

● *Gerard's Restaurant* ($$$$), 174 Lahainaluna St., Tel.: 661-8939; romantisches Gourmet-Restaurant mit Veranda, französische Küche mit Lamm- und Seafood-Spezialitäten, Fr zum Lunch geöffnet, ansonsten zum Frühstück (Buffet) und Abendessen.

● *David Paul's Lahaina Grill* ($$$$), 127 Lahainaluna Rd., Tel.: 667-5117; intimes Restaurant mit amerikanischer Nouvelle Cuisine im Lahaina Hotel, mittags und abends geöffnet.

● *Kobe Japanese Steak House* ($$$$), 136 Dickenson St., Tel.: 667-5555; elegantes japanisches Restaurant mit authentischer Küche, am Tisch zubereitet, Sushi Bar, tägl. zum Dinner geöffnet.

● *Longhi's* ($$$$), 888 Front St., Tel.: 667-2286; elegantes Restaurant mit italienisch-europäischer Küche (ohne geschriebene Speisekarte, der Ober erklärt die Spezialitäten), schöne Lage direkt am Meer, ab 7.30 Uhr geöffnet, am Wochende ab 22.30 Uhr Live-Musik, gute Weinliste.

● *Chart House* ($$$$), 1450 Front St., Tel.: 661-0937; schön gelegenes, elegantes Restaurant, in dem man vorzügliche Steaks oder frisches Seafood mit Blick auf Lanai, Molokai und den Sonnenuntergang genießen kann.

● *Avalon* ($$$), 844 Front St., Tel.: 667-5559; kreative pazifisch-amerikanische Küche mit vorzüglichen Seafood- und Kalbgerichten sowie variationsreichen Soßen, tägl. zu Lunch und Dinner geöffnet.

● *Old Lahaina Café* ($$$), 505 Front St. (Whalers Market Place), Tel.: 661-3303; schönes Restaurant unter freiem Himmel direkt am Wasser, Frühstück, Brunch, Lunch und Dinner, Spezialitäten Seafood und Grillgerichte hawaiischer Art.

● *Benihana of Tokio* ($$$), Wharf Cinema Shopping Center, Tel.: 667-2244; Filiale der bekannten japanischen Steak- und Seafood-Kette, mit sehenswerter Zubereitung am Tisch, tägl. zum Mittag- und Abendessen geöffnet.

● *Kimo's* ($$$), 845 Front St., Tel.: 661-4811; sehr gutes Fischrestaurant direkt am Meer, im ersten Stock exquisite Cocktails zum Sonnenuntergang, Mittag- und Abendessen, im Erdgeschoß eine populäre Bar.
● *Lahaina Fish Company* ($$), 831 Front St., Tel.: 661-3472; frischer Fisch und Seafood, schönes Lokal direkt am Meer.
● *Thai Chef* ($$), Lahaina Shopping Center, Tel.: 667-2814; bester Thailänder am Ort, Mo-Fr 11.00-14.30 Uhr und tägl. 17.00-22.00 Uhr geöffnet.
● *Golden Palace* ($$), Lahaina Shopping Center, Tel.: 661-3126; solide südchinesische Küche, tägl. für Lunch und Dinner geöffnet.
● *Lahaina Coolers* ($$), 180 Dickenson St., Tel.: 661-7082; ein von früh (7.00 Uhr) bis spät (24.00 Uhr) geöffnetes Café-Bistro mit leichten Gerichten (Pizzas, Omelettes, Salate usw.) und Getränken, originelle Bar.
● *Hard Rock Café* ($), Lahaina Center, 900 Front St., Tel.: 667-7400; populäre Jugendkneipe der bekannten Hard Rock Café-Kette, wie üblich mit Rock'n'Roll-Memorabilien dekoriert, gutes und reichhaltiges Mittagessen und Dinner.
● *The Bakery* ($), 991 Limahana Pl., Tel.: 667-9062; kein Café, aber eine gute europäische Bäckerei, empfehlenswert für alle Selbstversorger ohne Frühstücksarrangement – geöffnet Mo-Fr 6.00-15.00, Sa bis 14.30 und So bis 12.00 Uhr.

Ortsbesichtigung/Stadtrundgang

Das geschlossene Ortsbild mit seinen vielen historischen Gebäuden, die Hotels, Kneipen, Restaurants und Einkaufszentren, der hübsche Hafen und die stets turbulente, 1½ km lange *Front Street* machen einen Aufenthalt am Tage wie am Abend zu einem Erlebnis. Im folgenden ist ein kleiner **Rundgang** beschrieben, der in Süd-Nord-Richtung zu den **wichtigsten Sehenswürdigkeiten** der Stadt führt und bequem in wenigen Stunden absolviert werden kann. Ein intensiveres Kennenlernen der alten Walfänger-Metropole verlangt jedoch mehr Zeit. Für Autofahrer empfiehlt es sich, möglichst frühzeitig einen der Parkplätze entlang der Front Street aufzusuchen (z.B. in der Nähe des *Lahaina Shores Hotel).*

Aus Richtung Wailuku kommend, gehen einige Straßen mit dem Hinweis 'Lahaina' vom *Honoapiilani Hwy. (Hwy. 30)* nach links ab, wobei in diesem Fall gleich die erste Straße *(Shaw St.)* genommen werden sollte. Vorbei an der großen Grünfläche des **Maluuluolele Park (1)** mit dem Gebäude der Heilsarmee zur Linken bringt sie einen auf die Hauptstraße des historischen Ortes, die **Front Street**. Sofort an der Einmündung, schräg gegenüber vom auffälligen *Lahaina Shores Hotel*, gibt es die erste Parkmöglichkeit, weitere folgen im Verlauf der Straße, sind aber stärker frequentiert.

Gegenüber dem Parkplatz erhebt sich zur Meerseite hin ein hellblauer Komplex verschiedener Gebäude im historischen Kostüm, der verschiedene Restaurants, Cafés, Galerien und touristische Dienstleistungsunternehmen beherbergt. Dieser Komplex firmiert unter dem Namen **'Whalers Market Place' (2)** oder einfach als **'505 Front Street'**. Auf der Rückseite, wo Windsurfing-Geräte verliehen werden, erstreckt sich ein kleiner Sandstrand, wo man bei Rückkunft evtl. eine Badepause einlegen kann. Wieder auf der *Front St.*, schlendert man stadteinwärts und passiert dabei zur Linken das Gelände, auf dem sich früher der Palast *Kamehamehas III.*, das sog. **Hale Piula (3)**, befand. Das in den 1830er Jahren errichtete Gebäude wurde 1858 durch einen Orkan zerstört. Anschließend sieht man in parkähnlicher Umgebung links die **Episcopal Church (4)**, eine kleine, mit schönen Malereien versehene Holzkirche aus dem Jahre 1909. Wenn man nicht den Weg am Ufer vorzieht, gelangt man auf der *Front St.* an der 1957 gebauten **Kamehameha School (5)** vorbei zur *Canal Street*, die über einem zugeschütteten, ehemaligen Kanal verläuft. Biegen Sie hier nach links ab und achten Sie auf die Mauerreste rechts der *Canal St.*: Es handelt sich dabei um die Überbleibsel des alten **Forts (6)**, das von den Missionaren 1831-32 errichtet wurde. Der Grund für dieses seltsam-kriegerische Auftreten der Missionare ist in *James Micheners* Roman "Hawaii" nachzulesen: Die Geistlichen hatten den hawaiischen Mädchen verboten, nackt zu den Walfängerschiffen zu schwimmen, worauf diese erbost die Mission von ihren Schiffen mit Kanonen beschossen. Um zukünftig vor solchen Übergriffen geschützt zu sein, ließen die Puritaner Wallmauern aus Korallenkalk errichten und nun ihrerseits mit einer Kanone bestücken.

Von der *Canal St.* biegt man nach rechts auf die *Wharf St.* ein, die parallel zum Yachthafen verläuft, und kommt nun zur schönsten Ansammlung historischer Gebäude.

Courthouse (7)
Das Gerichtsgebäude auf der *Wharf St.*/Ecke *Hotel St.* ist ein zwar schmuckloser, aber dennoch markanter Blickfang. Es wurde 1859 aus den Steinen des alten Palastes von *Kamehameha III.* errichtet, der ein Jahr zuvor von einem Sturm zerstört worden war. Nachdem das *Courthouse* lange als Verwaltungs- und Gerichtsgebäude Dienst getan hatte, beherbergt es heute eine Kunstgalerie und die Polizeiwache. Zur *Front St.* hin wird es vom besonders schönen **Court Square** (zwischen *Canal St.* und *Hotel St.)* begrenzt, der fast gänzlich von einem riesigen **Banyan-Baum** dominiert wird. Als er 1873 aus Indien importiert und vom Sheriff des Ortes gepflanzt wurde, war er 2½ m hoch, heute hat er eine Höhe von 16 m erreicht und erstreckt sich, von mehreren Luftwurzeln abgestützt, über eine Fläche von etwa 60 Metern – damit ist er der ausladendste der Vereinigten Staaten! Seinen schattigen Schutz nutzen Einheimische wie Touristen als einen der beliebtesten Treffpunkte von Lahaina.

Der Banyan Tree von Lahaina

Pioneer Inn (8)
Unmittelbar nördlich des Platzes, zwischen der *Hotel St.* und der *Wharf St.,* nimmt der grün-weiße Holzbau des *'Pioneer Inn'* einen ganzen Häuserblock, einschließlich Innenhof, in Beschlag. Vom Kanadier *George Freeland* im Jahre 1901 eröffnet (im gleichen Jahr wie das berühmte Moana-Hotel in Waikiki), konnte der Inn bis zum heutigen Tag als Hotel genutzt werden und ist immer noch im Besitz der Gründerfamilie. Die Gästezimmer liegen im

Lahainas Wahrzeichen: der Pioneer Inn

ersten Stock, der auf ganzer Länge sowohl zur Straße als auch zum Innenhof von einer herrlichen Holzveranda umgeben ist. In den unteren Räumen des mehrfach restaurierten Hauses haben Reiseagenturen, Souvenirshops, ein Restaurant und der besonders schöne *'Old Whalers Saloon'* Platz gefunden. Mit seiner liebevollen, historischen Dekoration erinnert er an die wilde Zeit des Walfanges und ist einer der populärsten Treffs des Städtchens.

Vom *Pioneer Inn* sind es nur wenige Schritte bis zum stimmungsvollen **Hafen**, in dem immer Yachten jeder Größe zu bewundern sind. Außerdem ist er als Anlegestelle der *Atlantis*-U-Boote, der Fähren nach Lanai und anderer Ausflugsboote eine wichtige Drehscheibe touristischer Aktivitäten. Zum Norden hin wird er von einer Rasenfläche mit schattigen Bäumen, alten Kanonen und einem kleinen weißen Leuchtturm begrenzt. Als größter und oft fotografierter Blickfang liegt hier ständig der Nachbau einer Brigg vor Anker:

Die Carthaginian II.

Carthaginian II (9)
Die 140-Tonnen-Brigg *Carthaginian II* ist kein originales Walfängerschiff, sondern eine Rekonstruktion jener wendigen Boote, die in der

damaligen Zeit den Warenverkehr innerhalb des Archipels besorgten. Nachdem die *Carthaginian I.* 1972 auf der Fahrt nach Honolulu gekentert war, benutzte man für den Nachbau den Rumpf der aus Norwegen stammenden Brigg *Marie Sophie* (1872) und fertigte die Takelage und Aufbauten in zweijähriger Handarbeit nach alten Vorbildern an. Im Innern des Schiffes, das als Seefahrtsmuseum dient, kann man tägl. von 9.00-16.30 Uhr Ausstellungen und Video-Filme zur Geschichte des Walfanges betrachten, darunter auch ein originales Walfängerboot, das 1973 aus Alaska hierhin verfrachtet wurde (Eintritt US$ 3).

Geht man nun über die *Market St.* wieder zur *Front St.* zurück, stößt man noch innerhalb des Parkes auf einige historisch interessante Überbleibsel. Da ist zunächst nahe dem Ufer der sog. **Hauola Stone**, ein heiliger Stein in Form eines Stuhles. Hier nahmen die *kahunas* (= Priester) Platz und führten heilbringende Handlungen durch, auch als Geburtsstein fand der Fels Verwendung. Dahinter erblickt man die Ruinen des sog. **Brick Palace (10)** von 1802 – einem ehemaligen Lagerhaus und Empfangsgebäude, in dem *König Kamehameha I.* ausländische Kapitäne zur Audienz empfing.

Rechterhand der *Market St.* erhebt sich die **Bücherei** *(Library),* die auf dem Grund alt-hawaiischer Taro-Felder errichtet wurde. An der Einmündung zur *Front St.* sieht man sich dann zwei historischen Gebäuden auf der anderen Straßenseite gegenüber:

Baldwin Home (11)
Zur Rechten erkennt man ein 1835 aus Lavasteinen und Korallenkalk erbautes Haus, das zu den ältesten Gebäuden Mauis zählt. Von 1837-71 lebte hier der Missionar *Dwight Baldwin* mit seiner neunköpfigen Familie. Baldwin war nicht nur um das Seelenheil der Hawaiier in der schwierigen Zeit der Walfänger bemüht, sondern kümmerte sich auch als praktischer und Zahnarzt um deren Gesundheit. Das schöne Gebäude mit seiner Möblierung einschließlich der alten Arztpraxis kann man auf einem geführten Rundgang kennenlernen.

Öffnungszeiten
Baldwin Home Museum, Front St., Tel.: 661-3262; tägl. 9.00-16.00 Uhr geöffnet, Eintritt US$ 3.

Master's Reading Room (12)
Links davon, an der Ecke zur *Dickinson St.*, wurde vom gleichen Geistlichen *Baldwin* 1847 das zweistöckige Haus errichtet, das einerseits der Mission diente, andererseits als Lese- und Aufenthaltszimmer der Kapitäne und ihrer Familien, die von hier aus das Ent- und Beladen ihrer Schiffe im Hafen beobachten konnten. Das völlig erhaltene Gebäude aus Korallenkalk und Feldsteinen ist heute der Sitz der *Lahaina Restauration Foundation* und kann nach Absprache (Tel.: 661-3262) besichtigt werden.

Der Rundgang folgt weiter der *Front St.*, die nun ein kleines Stück als hübsche Seepromenade direkt am Ufer entlangführt. Auf der anderen Seite nimmt der **Lahaina Market Place (13)** einen ganzen Block ein, gefolgt vom historischen (und edlen) *'Lahaina Hotel'* jenseits der *Lahainaluna St.*

Links davon bietet der Kinosaal des **Hawaii Experience Domed Theater** von 10.00-22.00 zu jeder vollen Stunde den Film *'The Hawaii Experience'* an, eine High-Tech-Show mit Soundeffekten, die über die wichtigsten landschaftlichen und natürlichen Schönheiten des Archipels (Tel.: 661-8314) unterrichtet. In dem langgestreckten Gebäude zur Seeseite (865 Front St.) befinden sich Fischgeschäfte, das schöngelegene Restaurant *Kino's* und das **Lahaina Whaling Museum (14)**, in dem Harpunen und andere seltene Exponate aus der Zeit des Walfangs zu sehen sind.

Wo Hing Temple (15)
Gegenüber lohnt an der *Front St.* der Wo Hing Temple einen Besuch. Dieses Gebäude diente zunächst als Wohnheim chinesischer Plantagenarbeiter, bevor es 1984 als Tempel restauriert wurde. Mit seinem buddhistischen Schrein und Götterfiguren ist das Bauwerk einerseits ein Gotteshaus, will andererseits aber als Museum dazu beitragen, Besuchern durch Ausstellungen (Fotos, Exponate, historische Filme von *Thomas Edison)* den Alltag der chinesischen Bevölkerung im Hawaii des 19. Jhds nahezubringen.

Öffnungszeiten
Wo Hing Temple Museum, 5 Front St., Tel.: 661-3262; tägl. 9.00-16.30 Uhr geöffnet, eine Spende wird erwartet.

Von hier aus kann man noch die wenigen Meter bis zur *Papalaua St.* weiterbummeln, an der sich zur Linken der große Komplex des **Lahaina Center (16)** ausbreitet, in dem man Modegeschäfte (z.B. *Hilo Hattie),* Restaurants, Kneipen (z.B. das *Hard Rock Café),* Kinos und eine 4½ m hohe Holzstatue von *Kamehameha I.* finden kann.

An dieser Stelle kann man den Rückweg antreten, indem man auf der *Papalaua St.* hinter dem Postgebäude zum **Lahaina Shopping Center (17)** abzweigt und von diesem zur parallel zur *Front St.* verlaufenden *Luakini St.* gelangt.

Wer jedoch als unentwegter Spaziergänger auf der *Front St.* weiterwandert (oder die Straße später mit dem Wagen abfährt), stößt dort nach etwa 300 m rechterhand auf das historische **U.S. Seamen's Hospital (18)**. Es hat seinen Ursprung in den 1850er Jahren, als *Kamehameha III.* auf Ersuchen der amerikanischen Botschaft ein Krankenhaus für jene Matrosen und Walfänger einrichtete, die während der langen Passage erkrankten oder sich in Lahaina mit Geschlechtskrankheiten infizierten. Das Gebäude wurde 1974 von der *Lahaina Restauration Foundation* erworben und steht interessierten Besuchern offen.

Noch etwas weiter, nahe der **Mala Wharf** (auf der *Ala Moana St.* nach rechts), lohnt die **Jodo Mission (19)** einen Besuch. In einem hübsch angelegten Park thront hier ein riesiger Bronzebuddha, den man 1968 anläßlich des hundertsten Jahrestages der Einwanderung der ersten japanischen Plantagenarbeiter aufstellte. Ein buddhistischer Schrein und ein Versammlungsplatz, der von Japanern gerne zu Hochzeitsfeierlichkeiten aufgesucht wird, komplettieren das Missionsgelände. Wer in der Zeit des japanischen *O-Bon*-Festivals (August) in Lahaina weilt, darf sich die Trommeltänze und 'schwimmenden Laternen' an dieser Stelle nicht entgehen lassen (Info-Tel.: 661-4304). Unweit davon, jenseits der *Front St.* und kurz vor deren Einmündung in den Highway, stellt das **Lahaina Cannery Shopping Center (20)** die letzte große Einkaufsmöglichkeit vor Kaanapali dar.

Wieder zurück auf der *Luakini St.*, geht man parallel zur *Front St.* in südliche Richtung. Hinter der Kreuzung mit der *Dickenson St.* setzen ein weiterer **buddhistischer Tempel** auf der linken und das historische **Richards House (21)** auf der rechten Seite kulturelle Akzente. Letzteres ist wie das *Baldwin Home* ein Baudenkmal aus der Pionierzeit der Missionare und wurde in den 1830ern von *William Richards* errichtet, der später auch als wichtige politische Persönlichkeit in Erscheinung trat. U.a. diente er *Kamehameha III.* als Lehrer, Übersetzer und Kaplan sowie als erster Bildungsminister des Königreiches. Wer der *Dickenson St.* nach oben folgt, stößt jenseits der *Wainee St.* und gegenüber dem *Maui Islander*-Hotel auf die römisch-katholische **Maria Lanakila Church (22)**, eine Rekonstruktion des 1858 von Franzosen errichteten Gotteshauses.

Auf der *Luakini St.* hingegen lockt rechts hinter der nächsten Querstraße *(Hale St.)* das moderne **Wharf Cinema Center (23)** mit mehreren Restaurants und natürlich auch Kinos, während man links über die *Hale St.* zur *Wainee St.* gelangt, auf der man wieder an einigen wichtigen historischen Bauten vorbeikommt. Zunächst passiert man dabei den **Friedhof** *(Episcopal Cemetery)* mit Grabstätten der ersten anglikanischen Familien von Maui. Dahinter erhebt sich die 1858 gebaute und 1974 restaurierte **Hale Aloha (24)**, ein Schul- und Gotteshaus, das dankbare Protestanten errichtet hatten, weil die Pest Lahaina (im Gegensatz zu Honolulu) verschont hatte. Als nächstes sieht man in parkähnlicher Umgebung auf der Ecke zur *Prison St.* jenes **Old Prison** (Hale Paahao) **(25)**, das ab 1852 den Walfängern als zeitweilige Unterkunft diente, die wegen Vergehen, wie Trunkenheit, Vergewaltigung, Sonntagsarbeit, rücksichtslosem Reiten oder Desertation von ihren Schiffen, überführt waren. Delinquenten, die mehr als ein Jahr einsitzen mußten, wurden zum Gefängnis von Honolulu geschickt. Das schmucklose Gebäude wird heute für Veranstaltungen aller Art zur Verfügung gestellt und kann ansonsten tägl. 9.00-15.00 Uhr besichtigt werden (freier Eintritt).

Folgt man der *Wainee St.* geradeaus, gelangt man bald zu jenem großen Park **Maluuluolele (1)**, der von Einheimischen und Touristen für Picknicks und sportlich genutzt wird. Er verfügt u.a. über Fußballfelder und Tennisplätze. An kulturellen Sehenswürdigkeiten fällt zunächst rechterhand die **Hongwanji Mission (26)** ins Auge, die von chinesischen Buddhisten seit 1910 als Gemeindesaal, Sprachschule und Tempel genutzt wird. Das heutige farbenprächtige Gebäude stammt aus dem Jahr 1927 und ist Mittelpunkt der Feiern zum chinesischen Neujahrsfest, zu Buddhas Geburtstag (April) und zum *O-Bon*-Fest (August).

Waiola Church (27)

Am anderen Ende des Parks, kurz vor der *Shaw St.,* stellt die *Waiola Church* (auch *Wainee Church* genannt) einen würdigen Abschluß des Rundganges dar. Obwohl der jetzige Kirchenbau auf das Jahr 1951 zurückgeht, ist das Gotteshaus als solches ein Kristallisationspunkt der hawaiischen Geschichte. Als die puritanischen Missionare aus Boston sie 1828-32 erbauten, war sie die erste Steinkirche des Archipels überhaupt und damit ein Symbol für die Christianisierung der Eingeborenen. Sie ist das Vorbild für jene Kirche, die *James A. Michener* in seinem Roman "Hawaii" als Werk des fanatischen Missionars *Abner* darstellt. Sowohl im Roman wie in der Wirklichkeit klafften bei dem Gotteshaus missionarischer Anspruch und bauliche Realität auseinander: Schon 1858 fiel das Kirchlein einem Wirbelsturm zum Opfer. Der Nachfolgebau wurde 1894 von Royalisten aus Protest gegen die Amerikaner abgebrannt. Die wiedererrichtete Kirche brannte 1947 abermals ab, und deren Nachfolgebau wurde 1951 von einem erneuten Wirbelsturm niedergelegt.

Fast noch bedeutender als die Kirche selbst ist ihr angrenzender **Friedhof** *Waiola Cemetery* (oder *Wainee Cemetery)* – die wohl interessanteste historische Begräbnisstätte des Bundesstaates. Hier sind Mitglieder der ersten Missionarsfamilien beigesetzt, ebenso wie hochrangige Mitglieder des Königshauses, die zu den ersten eingeborenen Christen gehörten, und andere Persönlichkeiten. U.a. findet man folgende **Grabmäler** auf dem *Waiola Cemetery:*

- das Grab der Prinzessin *Nahienaena*, Schwester der Könige *Kamehameha II.* und *III.*
- das Grab von Königin *Kekauonohi*, eine der fünf Frauen *Kamehamehas II.* und Gouverneurin von Kauai
- das Grab von Häuptling *Hoapili*, General und Freund *Kamehamehas I.* und späterer Ehemann zweier seiner Frauen
- das Grab von *Kaumualii*, der letzte König des unabhängigen Kauai
- das Grab von Königin *Keopuolani*, vornehmste *alii* Hawaiis und erste protestantisch getaufte Hawaiierin
- das älteste christliche Grab eines Eingeborenen, der 1829 an Fieber starb
- das Grab eines Mannes, der 1908 im Alter von 104 Jahren starb und alle Staatsformen vom unabhängigen Königreich mit seinen *kapu*-Gesetzen bis hin zum amerikanisch annektierten Territorium erlebt hatte

Von Kirche und Friedhof sind es anschließend entlang der *Shaw St.* nur wenige Minuten zurück zur *Front St.* und zum **Ausgangspunkt des Rundganges**.

Wer später z.B. mit dem Wagen noch **weitere Besichtigungen** anschließen möchte, könnte auf dem Weg nach Kaanapali die oben genannten Punkte wie das *Seamen's Hospital* und die *Jodo Mission* anfahren. Nimmt man statt der *Front St.* den *Honoapiilani Hwy.*, bietet sich ein Besuch der alten Missions-Druckerei **Hale Pai (28)** an, die rechts des Highways auf der *Lahainaluna Rd.* liegt (dritte Abfahrt hinter der *Shaw St.).* Sie wurde 1831 von den Congregationalisten aus Boston gegründet, und zwar als erste Druckerei westlich der Rocky Mountains. Hier wurden nicht nur Psalmen, die Bibel und Kirchenlieder zum erstenmal in hawaiischer Sprache gedruckt, sondern ebenso die erste Zeitung *("Lama Hawaii").* Seit 1982 restauriert und in ein Museum umgewandelt, steht Hale Pai heute allen interessierten Besuchern offen (Mo-Fr 10.00-15.30 Uhr, Tel.: 667-7040). Etwas weiter auf der gleichen Straße befindet sich außerdem die **Lahainaluna High School**, die 1831 von den Missionaren ins Leben gerufen wurde und heute Bestandteil eines zwar modernen, aber trotzdem sehenswerten Campus ist.

Fährt man auf dem *Honoapiilani Hwy.* weiter in Richtung Kaanapali, passiert man rechterhand die **Pioneer Sugar Mill (29)**, einst der ökonomische Dreh- und Angelpunkt des Städtchens, und dahinter das neuzeitliche *West Maui Center*. Biegt man an der folgenden Ampel nach rechts auf die *Hinau St.* und kurze Zeit später auf die *Limahana Pl.* ab, gelangt man zum **Sugar Cane Train Railroad Depot (30)**, wo die Replik einer historischen Schmalspur-Eisenbahn (vgl. KAPITEL 6.6.4) Touristen nach Kaanapali bringt.

6.6.4 VON LAHAINA ZUR HONOKOHAU BAY

Auf der etwa 6½ km langen Strecke zwischen Lahaina und Kaanapali führt der *Honoapiilani Hwy. (Hwy. 30)* direkt an der Küste entlang, wobei man die Strände des *Wahikuli Beach Park* und *Hanakaoo Beach Park* passiert, die beide gute Schwimm- und Schnorchelmöglichkeiten bieten. Kurz vor dem Fremdenverkehrsort verläßt der Highway das Ufer und verläuft zwischen den großzügigen Hotelanlagen und dem *Royal Kaanapali Golf Course*, während die drei miteinander verbundenen Straßen *Nohea Kai Dr., Kaanapali Pkwy.* und *Kekaa Dr.* nach links zu den (ausgeschilderten) Resorts abgehen.

Eine Alternative zu der Autofahrt ist der sog. **Sugarcane Train**, der den Highway rechterhand begleitet. Er erinnert an jene Zeit, als auf der ca. 6 km langen Schmalspurbahn das Zuckerrohr aus den Plantagen von Kanaapali zur Zuckerfabrik von Lahaina transportiert wurde. Heutzutage werden hier mit authentisch rekonstruierten Dampfloks und Waggons aus den 1890ern Touristen befördert; eine sehr angenehme, rund 50minütige Reise, auf der man über die Geschichte der hawaiischen Zuckerindustrie informiert wird. Am Endpunkt in Lahaina bringen kostenlose offene Shuttle-Busse die Passagiere zum Hafen. Gleiches gilt auch für die Haltestelle in Kaanapali, die einen Zubringerdienst zu den einzelnen Resorts unterhält. Die Endstation des Zuges liegt in **Puukoli**, am nördlichen Ende von Kaanapali. Die *Lahaina-Kaanapali & Pacific Railroad* (Tel.: 661-0089) verkehrt täglich zwischen 8.55-17.20 Uhr; eine einfache Fahrt kostet US$ 8, Hin- und Rückfahrt US$ 12.

Kaanapali

Hotels

Hyatt Regency Maui ($$$$$), 200 Nohea Kai Dr., Kaanapali, Tel.: 661-1234, Fax: 667-4497; das Luxushotel mit 815 Zimmern (in drei Gebäuden) ist das Flaggschiff der Hotellerie in Kaanapali, direkt am Strand gelegen, riesiger Pool mit 60 größeren und kleineren Wasserfällen, herrlicher Garten mit exotischen Pflanzen, Pfauen, Flamingos, Schwänen und Pinguinen (!), Lobby mit schönem Banyan-Baum, 7 Restaurants, Discothek, kostbare Kunstsammlung, umfangreiches Wassersport-Angebot, 2 Golfplätze, Tennisplätze, Healthclub mit Sauna, 5 Fahrminuten von Lahaina entfernt.

● *Maui Marriott* ($$$$$), 100 Nohea Kai Dr., Kaanapali, Tel.: 667-1200, Fax: 667-0692; 10stöckige First-Class-Herberge mit zwei Flügeln, 720 Zimmer mit allen Annehmlichkeiten, direkt am Strand, tropischer Garten, Pools, 3 Restaurants, Shops, Health Club mit Sauna, Tennis-Plätze, 18-Loch-Golfplatz, Whalers Village in unmittelbarer Nähe.

● *The Westin Maui* ($$$$$), 2365 Kaanapali Parkway, Kaanapali, Tel.: 667-2525, Fax: 523-3958; luxuriöses Haus mit 761 Zimmern auf 11 Stockwerken, direkt am Strand, üppige Garten- und Poolanlage (5 Pools), 8 Restaurants, umfangreiches Wassersportangebot, Shuttle-Service zu den nahen Tennis- und Golfplätzen, ebenfalls freier Shuttle-Service nach Lahaina.

● *Kaanapali Beach Hotel* ($$$), 2525 Kaanapali Parkway, Kaanapali, Tel.: 661-0011, Fax: 667-5978; Mittelklasse-Hotel mit 430 Zimmern, direkt am Strand, schöner Garten, Pool, Restaurant, nahe zum Whalers Village und *Westin Maui* gelegen.

● *Royal Lahaina Resort* ($$$$), 2780 Kekaa Dr., Kaanapali, Tel.: 661-3611, Fax: 661-6150; Haus der gehobenen Mittelklasse, 592 Zimmer mit allen Annehmlichkeiten, tropischer Garten, 3 Pools, 10 Tennisplätze, 5 Golfplätze in der Nähe, 2 Restaurants, umfangreiches Wassersport-Angebot, am Nordteil des Kanaapali Beach und 5 Fahrminuten von Lahaina entfernt gelegen.

● *Maui Eldorado Apartments* ($$$), 2661 Keeka Dr., Kanaapali, Tel.: 661-0021, Fax: 667-7039; Condominium-Anlage der Mittelklasse, 204 Einheiten mit Küche, Strand 5 Gehminuten entfernt (Shuttle-Bus), Pool, BBQ-Plätze, Golf- und Tennisplätze in unmittelbarer Nähe.

Restaurants (Auswahl)

● Das *Sound of the Falls* ($$$$$) im "Westin Maui" ist wohl das Spitzenrestaurant in Kaanapali: exotisches Dekor, herrliche Open-Air-Lage mit Meerblick, exquisite und international hochgelobte *"best in Pacific Bistro Cuisine"*, tägl. zum Dinner geöffnet, sonntags ab 10.00 Uhr Brunch, Reservierung empfehlenswert.

● Der *Swan Court* ($$$$$) im "Hyatt Regency" bietet exquisite kontinentale Küche, schön an Schwanenteichen, Gärten und einem kleinen Wasserfall gelegen, tägl. zum Brunch und Dinner geöffnet.

● Das *Nikko Steak House* ($$$$) im "Maui Marriott" ist ein gepflegtes Restaurant mit japanischen Speisen, Spezialität Steaks nach der traditionellen *teppan-yaki*-Küche zubereitet, tägl. zum Dinner geöffnet.

● *El Crab Catcher* ($$$), Whalers Village, Tel.: 661-4423; schön gelegenes Gartenrestaurant mit Fisch- und Seafood-Spezialitäten, tägl. von morgens bis abends geöffnet.

● *Chicos Cantina & Café* ($$), Whalers Village, Tel.: 667-2777; mexikanische und amerikanische Küche, tägl. zum Lunch und Dinner geöffnet, als Cocktail nimmt man natürlich einen *Margerita.*

Außer seinen Resorts, den Golf- und Sportplätzen und den Stränden hat Kaanapali keine 'Sehenswürdigkeiten' zu bieten: Es ist ein ganz und gar auf den Fremdenverkehr fixiertes und von ihm lebendes künstliches Dorf, dessen Standort freilich gut gewählt ist. Der *Kaanapali Beach* zieht sich als leicht geschwungener, knapp 5 km langer Sandstreifen dahin, vom *Hyatt Regency* im Süden bis zum *Sheraton* im Norden, wo der vulkanische 'Black Rock' einen natürlichen Schlußpunkt zieht. In den Sommermonaten ist das Wasser zumeist ruhig und eignet sich zum Schwimmen und allen anderen Wassersportarten; Schnorchler haben am 'Black Rock' geradezu ideale Bedingungen. Vom Highway, der ohne zu stören weiter landeinwärts verläuft, führen drei Straßen zu den Golfplätzen und Resorts, die alle zwischen 1962 und 1987 errichtet wurden. Das elegante Einkaufszentrum *Whalers Village* markiert dabei etwa die Mitte der Hotelanlagen. Südlich von ihm liegen das *Hyatt Regency,* das *Maui Marriott,* das *Kaanapali Alii,* das *Westin Maui* und das *Kaanapali Royal Hotel*, wobei der 80-Millionen-Dollar Bau des *Hyatt Regency* eine Sehenswürdigkeit für sich darstellt. Südlich des *Whalers Village* erstrekken sich die Anlagen des *Kaanapali Beach Hotel*, des *Sheraton Maui* und des *Maui Eldorado* sowie, auf der anderen Seite des 'Black Rock', schließlich das *Royal Lahaina* und die *Maui Kaanapali Villas.*

• Whalers Village

Ein Besuch des Komplexes ist vor allem deswegen lohnend, weil sich im Obergeschoß ein großes, aus zwei Trakten bestehendes **Wal-Museum** befindet. Auf der einen Seite gibt es das *Whale Museum*, das anhand von Modellen, Skeletten und audiovisuellen Vorführungen die biologische Seite der Wale (Größe, Ernährung, Wanderung, Evolution etc.) behandelt. Im dazugehörigen großen Shop findet man neben kitschigen Souvenirs auch einige hübsche Dinge und eine gute Literaturauswahl zum Thema.

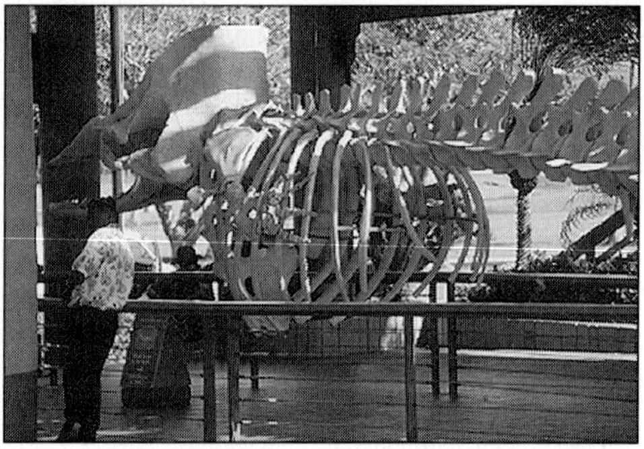

Walskelett im Whalers Village

Dem *Whale Museum* gegenüber befindet sich das *Whalers Village Museum* mit gut 100 originalen Exponaten aus der Zeit des Walfangs, Schiffsmodellen und einem interessanten halbstündigen Film.

Öffnungszeiten
Hale Kohola Whale Museum, Whalers Village, 2435 Kaanapali Parkway, Tel.: 661-9918; tägl. 9.30-22.00 Uhr geöffnet, eine Spende (US$ 3) wird im *Whalers Village Museum* erwartet.

In den nördlichen Nachbarorten von Kaanapali, **Honokowai** und **Kahana**, weicht die konzentrierte touristische Bebauung mehreren Condominium-Komplexen, die selten höher als drei Stockwerke aufragen. Die meisten davon befinden sich an der *Lower Honoapiilani Rd.,* die näher zur Küste und parallel zum *Hwy. 30* verläuft. Das Verhältnis von Honokawai zu Kaanapali ist ähnlich wie das von Kihei zu Wailea: Trotz einer guten Infrastruktur (mit einer Vielzahl an Restaurants, Tankstellen, Fast-Food-Ketten usw.) haben sich bislang keine großen Hotelanlagen angesiedelt. Der Grund dafür liegt wohl darin, daß die Strände weniger breit und schön sind. Dafür können sich alle, die hier ihr Quartier haben, am schönen Ausblick auf Lanai und Molokai erfreuen und über die Tatsache, daß das Preisniveau deutlich niedriger ist als in Kaanapali oder Kapalua.

Gut 3 km nördlich von Honokawai kommt man zum Fremdenverkehrsort **Napili**, und wer bisher den Highway der *Lower Honoapiilani Rd.* vorzog, sollte spätestens hier die küstennahe Straßenvariante wählen. Denn die palmengesäumte *Napili Bay* mit ihrem weißen Sandstrand braucht keinen Vergleich mit irgendeinem anderen Beach Park auf Maui zu scheuen: Badegäste und Schnorchler finden hier exzellente Bedingungen vor, der Blick über den *Pailolo Channel* zum 14 km entfernten Molokai ist herrlich und mit einigen Boutiquen und Restaurants entspricht auch das Ambiente einem modernen Seebad.

Durch den *Hawea Point* ist die *Napili Bay* von der *Oneloa Bay* getrennt, wo bereits die Bebauung durch die Resorts von Kapalua beginnt.

Kapalua

Hotels (Auswahl)

● *The Ritz-Carlton* ($$$$$), One Ritz-Carlton Dr., Kapalua, Tel.: 669-6200, Fax: 669-3908; luxuriöse Hotelanlage mit 550 Zimmern, alle Annehmlichkeiten, herrliche Gartenanlage, Restaurants, Pools, Shops, Health Club, mehrere Tennis- und Golfplätze.

● *Kapalua Bay Hotel & Villas* ($$$$$), One Bay Dr., Kapalua, Tel.: 669-5656; Fax: 669-4694; großzügiges Resort mit 194 luxuriösen Zimmern, Pool, Restaurants, Health Club, Shops, Tennis- und Golfplätze, umfangreiches Wassersportangebot.

● *Kapalua Ridge* ($$$), 100 Ridge Rd., Kapalua, Tel.: 669-9696, Fax: 669-4411; kleinere Mittelklasse-Anlage mit 161 Apartments und Hotelzimmern, Restaurant, Shops, Pool, Tennis- und Golfplätze in unmittelbarer Nähe.

Restaurants (Auswahl)

● *The Grill* ($$$) im Ritz-Carlton ist ein solides Restaurant mit hawaiisch-kontinentaler Küche, tägl. zum Dinner geöffnet, sonntags Brunch, abends Entertainment und Tanz.

● *The Bay Club* ($$$$), gehobene Küche mit Fisch- und Seafood-Gerichten im "Kapalua Bay Hotel", sehr schöne Lage, tägl. zum Lunch und Dinner geöffnet.

● *Papillion* ($$$$), vorzügliches Open-Air-Restaurant im "Kapalua Bay Hotel", internationale Küche, tägl. Frühstücks-Buffet, sonntags Brunch, tägl. außer Sa Dinner, am Freitagabend Seafood-Buffet.

● Das *Plantation Veranda* ($$$$$) im "Kapalua Bay Hotel" ist das Spitzenrestaurant in Kapalua, französische *Haute Cuisine* in stimmungsvollem Ambiente, Spezialitäten sind Wild, Fisch und Seafood, nur zum Dinner geöffnet, Reservierung empfohlen.

Kapalua ist ein Paradebeispiel dafür, wie der Fremdenverkehr die einstmals dominierende Landwirtschaft als Einnahmequelle ablöste. Der gesamte Grund und Boden gehört der *Maui Land & Pineapple Company*, die außer Viehzucht vor allem die Kultivierung von Ananas betrieb. Als sich in den 1970er Jahren abzeichnete, daß mit Tourismus mehr Geld zu verdienen sei, erinnerte sich die Gesellschaft an den herrlichen, weißsandigen *Kapalua Beach* und entschloß sich, hier ein Ferienresort für gehobene Ansprüche einzurichten. Das Kernstück wurde das luxuriöse *Kapalua Bay Hotel,* zu dem sich bald andere Nobelunterkünfte, Restaurants, Shops sowie Golf- und Tennisplätze gesellten. Vor allem Festlands-Amerikaner, die dem turbulenten Treiben von Kaanapali und Lahaina entfliehen, keinesfalls aber auf Komfort verzichten wollen, machen hier Urlaub. Schattige Haine und Ananasfelder in der Umgebung tun ein übriges, um den Ruf von Kapalua als erholsame Feriendestination zu festigen.

Nordöstlich von Kapalua, wenige hundert Meter vom *'Ritz-Carlton'* entfernt, beginnt die wunderschöne **Honokohau Bay**. Ihren populärsten Strand, den *D.T. Fleming Beach Park,* erreicht man über den Highway hinter dem Meilenmarker 31, wo sich die beiden Küstenstraßen wieder vereinigen. Benannt ist der Strand nach jenem *David T. Fleming,* der sich kurz nach der Jahrhundertwende um die Einführung der Ananaskulturen in dieser Region verdient gemacht hat und Manager der nahgelegenen *Honolua Ranch* war. Der Beach Park verfügt über die üblichen Einrichtungen einschließlich BBQ-Plätze und eignet sich mit seinen Dünen zum Sonnenbaden und Strandspaziergängen. Während Surfen manchmal möglich ist, machen Unterwasser-Strömungen das Schwimmen leider zu gefährlich. Das südliche Ende der Bucht war übrigens als Standort des *'Ritz-Carlton'* vorgesehen, als man bei den Bauarbeiten auf einen vorgeschichtlichen Friedhof stieß. Daraufhin wurde dieses Areal als heiliger Platz akzeptiert, und das Hotel mußte auf seinen heutigen Platz ausweichen.

Etwa 1,8 km hinter der *Honokahua Bay*, sofort hinter dem Meilenmarker 32, geht ein kleiner Pfad von der Landstraße zum Ozean ab, auf dem man den *Mokuleia Beach* erreicht, der den wenig vorteilhaften Beinamen *'Slaughterhouse Beach'* (= Schlachthaus-Strand) trägt. Der Strand markiert den südlichen Beginn der weitgeschwungenen **Mokuleia Bay**, die zusammen mit der folgenden **Honolua Bay** unter strengem Naturschutz steht. Die Wunderwelt der Muscheln, Korallen und Riffische machen bei ruhiger See die beiden Buchten zu einem Eldorado für Schnorchler und Taucher, wobei es möglich ist, von der einen Bay um das Kap **Kalaepiha Point** herum in die nächste zu schwimmen.

In den Wintermonaten ist Schwimmen wegen der mächtig heranrollenden Brecher nicht ratsam, während die (trainierten) Bodysurfer und Surfer ihre helle Freude haben. Erstere bevorzugen den *Mokuleia Beach* für ihre Kunststücke, Surfer hingegen sieht man häufiger in der *Honolua Bay*, wo sie ein Revier haben, das oft mit der Nordküste von Oahu verglichen wird. Zuschauer, die die Sportler (oder einfach nur die Bucht) von einer höheren Warte aus erleben wollen, sollten vom Highway etwa 800 m hinter dem Meilenmarker 33 abbiegen und auf der holprigen Piste dem Verlauf der Bay bis zu ihrem Ende am **Lipoa Point** folgen.

Knapp 5 km danach endet an der **Honokohau Bay** der *Honoapiilani Hwy. (Hwy. 30)* und geht in den *Kahekili Hwy. (Hwy. 340)* über, der kurze Zeit später ein unasphaltiertes Wegstück aufweist. Wer sich an die Vorgaben der Autovermieter hält, müßte dort umkehren.

6.6.5 ÜBER DIE NORDKÜSTE ZURÜCK NACH WAILUKU/KAHULUI

Der Küstenstreifen von der *Honokohau Bay* zur *Hononana Bay* und ab dort in südöstlicher Richtung weiter nach Wailuku/Kahului ist geprägt von einer unberührten Natur mit schroffen Klippen, dichtbegrünten Tälern und menschenleeren Buchten. Die erste Etappe ist auf einer Strecke von knapp 6 km noch asphaltiert und reizt zu Abstechern an die Küste, wo man sich zum Picknick niederlassen oder den Sonnenuntergang beobachten kann. Das Kap *Kanounou Point* ist solch ein Punkt, ein weiterer und schöner noch der Leuchtturm von **Nakalele**, gut 3 km hinter Honokohau gelegen. Ein schmaler, nur für Fußgänger geeigneter Pfad führt vom Highway dorthin – ein kurzer Spaziergang, der mit einem wunderbaren Blick belohnt wird: Unterhalb des grasigen Platzes sieht man das Meer, das in mühevoller Arbeit einige natürliche Felsentore und Becken in die Küste der *Poelua Bay* modelliert hat.

Knapp 4 km hinter dem Leuchtturm kommt man zu einem Lookout, von dem man zur geschwungenen **Hononana Bay** und auf ein sog. *Blowhole* schauen kann, eine Art 'Meerwasser-Geysir', der oft mit hoher Fontäne aufspritzt. 2½ km danach ist der Asphaltbelag zu Ende, und auf einer Strecke von rund 3½ km muß man mit einer üblen Schlaglochpiste vorlieb nehmen, die nach Regenfällen vollkommen unpassierbar sein kann. Wer sich trotzdem traut (oder einen geigneten Wagen fährt), wird auf diesem Abschnitt nach etwa 800 m von einem altertümlichen Hinweisschild auf den sog. *Bellstone* oder *Pohaku Kani* aufmerksam gemacht: einen knapp 2 m hohen Steinblock, der wie eine Glocke klingen soll, wenn man ihn in einer bestimmten Weise schlägt.

Auf dem nach wie vor rauhen *Kahekili Hwy.* kommt man anschließend durch das ursprüngliche Fischerdorf **Kahakuloa** mit zwei kleinen Landkirchen und vereinzelten Tarofeldern. Anschließend folgt die Straße der Küstenlinie einer kleinen Halbinsel, die am *Hakunee Point* eine weite Aussicht bis hinüber nach Paia bietet. Gut 11 km hinter Kahakuloa, nun bereits wieder auf aspaltierter Strecke, passiert man die rechts abgehende Straße zum Maluhia Camp (Hinweisschild), in dessen Nähe der schöne, 7,3 km lange *Waihee Ridge Trail* zu einer ausgedehnten Wanderung einlädt (vgl. KAPITEL 6.8).

Gut 3 km hinter diesem Abzweig kann man linkerhand am **Waihee Point** nochmals einen herrlichen Panoramablick genießen, bevor es zu den beiden Dörfern **Waihee** und **Waiehu** geht. Beide verfügen über einen *Beach Park* und sind durch einen großen Golfplatz voneinander getrennt.

Nachdem man das Golfgelände passiert hat, teilt sich der Highway an einem Stop-Schild auf: Fährt man auf dem *Hwy. 340* weiterhin geradeaus, gelangt man auf den *Kahului Beach Dr.,* der einen kurz darauf zum Hafen von **Kahului** bringt. Stattdessen biegt in Waiehu der *Kahekili Hwy.* als *Hwy. 330* rechts ab und geht nach einer Weile in die *Market St.* der Hauptstadt **Wailuku** über. Dort stößt man auf die *Main St.*, auf der man rechterhand ins **Iao Valley** gelangt, oder aber, nachdem man von dieser links abgebogen ist, über den *Hwy. 30* zurück nach **Lahaina/Kaanapali**.

6.7 DIE INSEL KAHOOLAWE

Die südwestlich vor der Küste von Maui gelegene Insel Kahoolawe ist **für Touristen nicht zugänglich** und soll an dieser Stelle nur deshalb erwähnt werden, weil man sie von den beliebtesten Stränden Mauis recht gut sehen kann: Die geringste Entfernung beträgt nur 11 km.

Das 116 km^2 große Eiland (17 km lang, 10 km breit) steigt kahl und unwirtlich aus dem Meer und hat seinen höchsten Punkt im *Lua Makika* (452 m ü.d.M.). Für das baumlose Erscheinungsbild ist einerseits die Trockenheit verantwortlich (Kahoolawe liegt im Windschatten des Vulkanberges Haleakala und bekommt deshalb nur wenig Niederschlag ab), andererseits der Viehverbiß durch verwilderte Ziegen. Immer schon spielte die Insel – auch bedingt durch ihre Wasserarmut – eine **Sonderrolle**. Nicht umsonst soll sie die Heimat des Gottes *Kanaloa* gewesen sein, dem Gott der Toten und aller giftigen Dinge. Als solche war Kahoolawe den Alt-Hawaiiern heilig, die hier mehrere Tempel und andere Kultstätten errichteten. Dicht bevölkert jedoch war die Insel nie.

Bei der Ankunft der Weißen gab es keine festen Einwohner auf Kahoolawe. Das war auch der Grund, warum man in den 1830er Jahren hier eine Strafkolonie einrichtete, die sich aus Wassermangel aber nicht lange halten konnte. Der Einwanderer *Angus MacPhee* pachtete sie daraufhin für jährlich US$ 200 und versuchte mit einigem Erfolg, sie wieder aufzuforsten und eine Rinderfarm einzurichten. 1939 übergab er der Regierung einen kleinen Küstenstreifen als Schießplatz der US-Armee. Nach dem japanischen Angriff auf Pearl Harbor weitete die Armee ihr Übungsgelände auf die gesamte Insel aus und enteignete *MacPhee*. Während und nach dem Krieg flogen die Bomber der Luftwaffe Trainingsflüge gegen Kahoolawe, während die US-Marine ihre neuen Waffen und Munition auf dem Eiland ausprobierte. 50 Jahre lang explodierten Bomben, detonierte Munition und lag die Insel quasi unter Dauerbeschuß, was ihr den zweifelhaften Ruhm eingebracht hat, der am **häufigsten bombardierte Ort auf der Erde** zu sein.

Von der hawaiischen Bevölkerung ist die Besetzung durch die Armee nie akzeptiert worden. Für sie war es ein besonders krasses Beispiel für die kulturelle Arroganz der Weißen gegenüber einem ihrer heiligen Plätze. Aus diesem Grund besetzten **1976** einige Widerständler in einer vielbeachteten Aktion die Insel, worauf Verhandlungen zwischen der Regierung und der Organisation *'Protect Kahoolawe Ohana'* geführt wurden. Die erhoffte Freigabe der Insel konnten die Hawaiier dabei nicht erreichen, immerhin aber das Recht, sie an bestimmten Terminen (maximal 4 Tage im Monat) zu besuchen. Außerdem versprach die Militärführung, die alten heiligen Plätze, die von der US-Regierung als historische Stätten anerkannt wurden, bei den Schießübungen zu verschonen.

6.8 WANDERN AUF MAUI

Die Insel Maui eignet sich mit ihrer vielseitigen Naturlandschaft ganz besonders für kürzere oder längere Wandertouren. Eine ganze Reihe von Trails ist in vorbildlicher Weise markiert, wobei drei völlig unterschiedliche Regionen besonders berücksichtigt wurden: erstens die 3.000 m hoch gelegene Mondlandschaft des *Haleakala*-Nationalparks, die von zwei langen und einer Menge kleinerer Trails durchzogen wird. Zweitens die Küstenregion des Ost-Teils, wo man an zerklüfteten Lavaformationen am Ufer entlang oder durch die überquellende Vegetation des Hinterlandes mit seinen herrlichen Wasserfällen wandern kann. Und drittens schließlich der Westen, wo von den Sandstränden aus Wanderwege durch Zuckerplantagen hinauf zu den talreichen Hängen des *Puu Kukui* führen.

Im folgenden werden einige der schönsten Wanderstrecken auf Maui kurz vorgestellt. Die meisten davon sind von mittlerem Schwierigkeitsgrad und dauern i.d.R. 3-4 Stunden. Während diese auch von Familien etwa als Alternativprogramm zum Strandurlaub beliebig eingeschoben werden können, verlangen die beiden Mehrtages-Wanderungen im *Haleakala*-Nationalpark größere Vorbereitung, insbesondere was die Übernachtung anbelangt. Drei (oft überfüllte) Hütten und einige Zeltgelände, für die man jeweils ein Permit benötigt, sind dort eingerichtet, allerdings darf man nicht vergessen, daß nachts selbst im Sommer die Temperaturen bis unter den Gefrierpunkt absinken können. Übernachtungen in den Hütten sollten möglichst einige Wochen im voraus bei der Nationalpark-Verwaltung reserviert werden:

Reservierung
Haleakala National Park, P.O.Box 369, Makawao, Maui HI 96768 (Tel.: 572-9306).

Wanderer, die die herrlichen Trails an der regenreichen Nord- und Ostküste kennenlernen möchten, haben das Problem der langen Anfahrt über den Hana Highway. Normalerweise reicht die Zeit nicht, um an einem Tag bis nach Hana und zurück zu fahren und dabei auch noch mehrere Stunden wandernd unterwegs zu sein. Eine Alternative wäre hier der Flug zum Hana-Airport in Kombination mit einem Mietwagen, oder eine Zwischenübernachtung. Außer dem luxuriösen Hana-Hotel und einigen Ferienwohnungen könnte man dabei ebenfalls auf Hütten und Campinggelände zurückgreifen, für die eine Anmeldung notwendig ist. Bei folgenden Adressen ist man Ihnen mit Kartenmaterial, weiteren Auskünften zu Wanderungen auf der Insel sowie mit Hinweisen zu einer evtl. Zelt- oder Hüttenübernachtung behilflich:

Information
- *Division of Forestry & Wildlife,* 54 S. High St., Wailuku, Tel.: 243-5352.
- *Division of State Parks,* P.O.Box 1049, 54 S. High St., Wailuku, Tel.: 243-5354.
- *Maui County Parks Department,* 1580 Kaahumanu Ave., Wailuku, Tel.: 243-7389.

1. Wanderungen im Haleakala Nationalpark und im Upcountry

Anmerkung zu den Trails im Haleakala Nationalpark
Es gibt entlang der Autostraße zum Gipfel des Haleakala sowie in der Nähe des Visitors Centers eine ganze Reihe kürzerer Trails, die man auch untrainiert bewältigen kann – vorausgesetzt, man verkraftet problemlos die große Höhe. Ein Beispiel dafür ist die *Hosmer Grove*, kurz vor dem Nationalpark-Hauptquartier und rund 16 km vom Gipfel entfernt. Hier findet man einen im Jahre 1910 angepflanzten Hain, durch den ein botanischer Lehrpfad führt. An der *Hosmer Grove* gibt es auch einen Rastplatz mit sanitären Anlagen und Picknicktischen sowie einem Zeltgelände, für das man bislang noch kein Permit benötigt.

Die beiden nachfolgend vorgestellten Trails sind für gut trainierte Wanderer gedacht, denen es nichts ausmacht, eine Nacht in eisiger Kälte zu verbringen, und die sich vorher die Mühe machten, die Unterkunft sowie die Hin- und Rückfahrt zu organisieren (in beiden Fällen liegen Start- und Zielpunkt der Trails weit auseinander!). Neben der Hüttenreservierung muß an folgende Dinge gedacht werden: Wanderschuhe, warme Wollkleidung, regen- und winddichte Jacke, Trinkwasser, Proviant, Sonnenschutz (Cremes, Hut), warmer Schlafsack und evtl. ein wasserdichtes Zelt. Das Entzünden von offenen Feuern ist im Kraterkessel ebensowenig erlaubt wie ein Verlassen der Trails (etwa um die Serpentinen 'abzukürzen').

Es ist empfehlenswert, schon bei der Anfahrt an der Grenze zum Nationalpark bei den *Haleakala National Parks Headquarters* anzuhalten und letzte Informationen über die bevorstehende Wanderung und die notwendigen Permits einzuholen.

Wer keine Lust auf organisatorische Vorbereitung hat und es bei einem ausgefüllten Wandertag belassen möchte, kann sich an folgendem Vorschlag einer **Kombination** der beiden Touren orientieren:
- Wandern Sie vom Visitors Center auf dem *Sliding Sands Trail* etwa 9 km in die Caldera hinab. Etwa 300 m vor der *Kapalaoa*-Hütte zweigt ein Pfad scharf nach links ab, dem Sie etwa 1,6 km folgen, bis Sie zu einer Weggabelung kommen. Hier wandern Sie wieder nach links, um den Kegel des *Puu Naue* herum und zwischen ihm und dem Nachbarkegel *Halalii* hindurch. Sie stoßen dabei automatisch auf den *Halemauu Trail*, dem Sie nun nach links und bergauf folgen, bis Sie wieder den Ausgangspunkt erreicht haben. Diese Strecke ist etwa 20 km lang und sehr anstrengend, kann aber in einem Tag geschafft werden.
- Oder Sie gehen einfach den *Sliding Sands Trail* so weit entlang, wie Sie sich zutrauen, zeitlich und konditionsmäßig die gleiche Strecke wieder bergauf schaffen zu können. **Wichtig:** Jeder Tageswanderer muß sich oben am Visitors Center in eine Liste eintragen.

● Der Halemauu Trail

Der *Halemauu Trail* beginnt wie der Wanderweg nach Kaupo (s.u.) am Visitors Center nahe dem Gipfel des Haleakala. Da der Endpunkt der Wanderung später etwa 16 km weiter unten an der *Hosmer Grove* (einen guten Kilometer hinter der Grenze des Nationalparks) liegt und es dort einen Campingplatz auf der First-

Come-First-Service-Basis gibt, ist es sinnvoll, hier sein Zelt bereits auf dem Anfahrtsweg aufzuschlagen (am nächsten Tag könnte man dann über den Highway zum Parkplatz zurückwandern und seinen Wagen abholen. Wer dies vorhat, muß über eine gute Kondition verfügen, denn eine anstrengende Wanderung von 18 km liegt vor einem. Wer sich das nicht zutraut, sollte tunlichst eine Übernachtung in der Holua Cabin bzw. auf dem angrenzenden Zeltgelände [s.u.] reserviert haben).

Die erste Etappe der Wanderung verläuft auf dem gut ausgeschilderten *'Sliding Sands Trail'*, der als einziger Weg vom Kraterrand in einer Zickzack-Linie östlich in den Vulkankessel hinabführt. Dabei taucht man ein in die majestätische und bizarre Mondlandschaft, in der nur spärliche Spuren von Vegetation anzutreffen sind. Nach etwa 5 km passiert man den Schlackenkegel *Puu o Pele* (= 'Hügel der Pele') zur Rechten, danach geht es nochmals bergab. Nach 6½ km verläßt man den *Sliding Sands Trail* (der von hier aus zur 2,9 km entfernten *Kapalaoa*-Hütte bzw. zur 9,3 km entfernten *Paliku*-Hütte weitergeht; s.u.) nach links und wandert ab nun auf dem *Halemauu Trail* nach Norden.

Unübersehbar liegt das nächste Ziel, der Aschenkegel des *Ka Moa o Pele* vor einem, den man links auf einer Art Paß umrundet. Nun geht es, an schönen *Silversword*-Exemplaren vorbei und über aufgerissene *pahoehoe*-Lava auf den nächsten Minivulkan zu, den *Halalii*. Diesen Schlackenkegel kann man auf einem Seitenpfad zur Rechten umrunden; der Weg ist zwar 800 m länger, dafür kommt man aber an einer tiefen Spalte vorbei, die den Namen *"the bottomless pit"* (= 'bodenlose Grube') trägt. Vom *Halalii*-Kegel bringt einen der *Halemauu Trail* durch eine trostlose Schlacken-, Sand-, Aschen- und Lavafläche in 3 km zur *Holua*-Hütte; auf halbem Weg kann man dabei über den kurzen *Silversword Loop* eine Rundwanderung unternehmen, die an sehr eindrucksvollen Exemplaren dieser seltenen Pflanze vorbeiführt. Die *Holua*-Hütte liegt oberhalb des Trails nahe am Kraterrand; ein Wassertank und ein Zeltgelände befinden sich in unmittelbarer Nähe.

Von hier aus geht es durch Lavafelder weiter nach Norden, bis ein Serpentinenweg wieder zum Kraterrand hinaufführt. Oben angelangt, genießt man das Grün einiger dort heimischer Pflanzenarten und erreicht nach etwa 1½ km den Highway auf Höhe der *Hosmer Grove*.

Lage: Haleakala Krater
Anfahrt: Auf dem Hwy. 378 (Haleakala Hwy.) bis zum Endpunkt am Visitors Center

Länge: 18 km	**Zeitaufwand:** 9 Stunden (1-2 Tage)
Höchster Punkt: 2.987 m	**Niedrigster Punkt:** 2.012 m

- **Die Sliding Sands-Kaupo Gap Route**

Diese Route wird auch die *Haleakala Crater Grand Tour* genannt, weil sie als einziger Wanderweg den Kraterkessel in seiner ganzen West-Ost-Ausdehnung durchquert, um dann aus einer Höhe von ca. 3.000 m ü.d.M. am Osthang des Vulkans bis zur Küste hinabzuführen. Kaum sonstwo hat man die Möglichkeit, auf einer nur 28 km langen Strecke solch unterschiedliche Höhen-, Klima- und Vegetationsstufen kennenzulernen. Ein Vorteil dieser Wanderung ist, daß sie im wesentlichen nur bergab geht. Ein Nachteil jedoch, daß man am Endpunkt, nämlich bei Kaupo auf dem *Piilani Hwy.*, eine Mitfahrgelegenheit organisieren muß, um nicht die Gesamtstrecke zurückwandern zu müssen. Auch wer nur Teilstrekken des Trails abwandert, wird unvergeßliche Landschaftseindrücke mit nach Hause nehmen, hierbei ist es möglich, die Wanderung mit einer Teilstrecke des *Halemauu Trails* (s.o.) zu einem Rundweg zu verbinden.

Die Wanderung startet ebenfalls am Visitors Center und ist auf den ersten 6½ km mit der oben beschriebenen Strecke identisch. Am Abzweig des *Halemauu Trail* bleibt man jedoch auf dem *Sliding Sands Trail* und erreicht die erste Hütte *Kapalaoa* nach weiteren 2,8 km. Wer hier übernachtet, hat noch genügend Zeit, die interessanten kleineren Pfade nördlich von *Kapalaoa* zu erkunden. Die nächste Hütte, *Paliku*, ist von hier 6,4 km entfernt, wobei man sich an der nächsten Weggabelung rechts (ostwärts) hält. Kurz vor dem Zeltgelände und der Hütte von *Paliku* geht der Wanderweg in den *Kaupo Trail* über. Die Hütte befindet sich wenige hundert Meter links davon. Der *Kaupo Trail* bringt einen aus der vulkanischen Mondlandschaft durch die Kaupo-Schlucht immer weiter hinab, die ersten Moose und Gräser bedecken den Boden, dann sieht man Sträucher und noch etwas weiter hohe Koa-Bäume. Schließlich geht es an der Kaupo Ranch vorbei, ab wo ein Jeep Track die Wanderer bis zum Highway bringt.

Lage: Haleakala Krater
Anfahrt: Auf dem Hwy. 378 (Haleakala Hwy.) bis zum Endpunkt am Visitor Center
Länge: 28 km — **Zeitaufwand:** 2-3 Tage
Höchster Punkt: 2.987 m — **Niedrigster Punkt:** 76 m

- **Der Polipoli Loop**

Schon auf dem Anfahrtsweg zum *Polipoli State Park* hat man auf einer Distanz von 10 km gut 1.000 Höhenmeter gewonnen und befindet sich nun in einer kühleren, dicht bewaldeten Region. Ein ganzes Netz von Wanderwegen durchzieht diesen State Park am Südwesthang des Haleakalea, von denen der *Polipoli Loop* den schönsten und zentralen Trail darstellt. Zwar sind die wenigsten der Bäume einheimisch, was aber dem Reiz der Wanderung keinen Abbruch tut. Dieser besteht u.a. in schönen Ausblicken auf Zentral-Maui und bis zum Meer sowie in einer ganz und gar 'untypisch'-hawaiischen Naturlandschaft. Wem es hier gut gefällt, hat die Möglichkeit, auf ausgewiesenen Plätzen ein Zelt aufzuschlagen oder eine Hütte zu benutzen. Anmeldungen und die erforderlichen Permits sind bei der *Division of State Parks* einzuholen.

Der Rundweg beginnt am Campinggelände am Ende der Straße und verläuft zunächst nach links durch Zypressen, Zedern und Monterey Kiefern, die in den 1930er Jahren hier eingeführt wurden. Nach knapp 1 km stößt man auf den *Haleakala Ridge Trail,* dem man nach rechts folgt und der einen zunächst durch dichte Bestände von Eukalyptus-, Mahagonibäumen und Zypressen bringt. Gut 600 m nach dem Abzweig kann man auf einem kurzen Seitenweg nach links einen

Abstecher zu einem vulkanischen Kegel unternehmen. Rund 800 m hinter dem Abzweig verläßt man den *Haleakala Ridge Trail*, indem man scharf rechts auf den breiteren *Plum Trail* abbiegt. Durch eine kühle Waldlandschaft geht es gut 1½ km weiter, bis rechterhand der *Tie Trail* bergauf (nach rechts) abzweigt, ihn kann man als Abkürzung nehmen. Interessanter ist es jedoch, der bisherigen Richtung zu folgen. Dabei gelangt man zu sehenswerten Beständen an Redwood-Bäumen und einem kleinen Zeltplatz mit Hütte; kurz dahinter zu einer Weggabelung, wo man nun wieder rechts auf den *Redwood Trail* einbiegt. Auf diesem geht es aufwärts und nach einer Weile zurück zum Ausgangspunkt.

Lage: Im *Polipoli State Park,* am Südwesthang des Haleakala.
Anfahrt: Über den Hwy. 37 über Kula bis zum Abzweig des Hwy. 377 in Richtung Haleakala, dort nach 600 m rechts auf die asphaltierte Waipoli Rd. abbiegen, die nach knapp 10 km in eine Schotterstraße übergeht. Nach weiteren 5,6 km kommt man zu einer Weggabelung, bei der es rechts in ca. 800 m zum Polipoli State Park geht.
Länge: 8 km — **Zeitaufwand:** 3½ Stunden
Höchster Punkt: 1.890 m — **Niedrigster Punkt:** 1.609 m

2. Wanderungen in Ost-Maui

● Der Waikamoi Ridge Loop

Diese kurze und leichte Wanderung beschreibt einen Rundweg, der auf der rechten (meerabgewandten) Seite des berühmten Hana Highway beginnt. Hier stößt man auf eine von Eukalyptusbäumen umgebene Lichtung mit Picknicktischen, von der zwei Trails abgehen. Nehmen Sie hier den rechten Weg, der stetig hügelaufwärts und zwischen Eukalyptusbäumen und Philodendren entlangführt. An *Ti*-Pflanzen und Baumfarnen vorbei geht auf den Hügelgrat zu, bis man auf eine Weggabelung stößt. Hier nehmen Sie den rechten Pfad, der eine Steinbank (schöne Aussicht) passiert und einen weiter bergaufwärts leitet, bis man schließlich einen grasigen Picknickplatz auf dem Gipfel des Hügels erreicht, wobei man die letzten hundert Meter auf einem Jeep-Track zurückgelegt hat. Zurück gehen Sie wieder bis zur Weggabelung, dort aber nach rechts und kommen so zur anderen Seite der Lichtung, wo die Wanderung ihren Ausgangspunkt hatte.

Lage: Nordküste von Ost-Maui, zwischen Kailua und Keanae
Anfahrt: Über den Hwy. 360 (Hana Hwy.), etwa 5,6 km östlich von Kailua, am Meilenstand 9,6.
Länge: 1,6 km — **Zeitaufwand:** 1 Stunde
Höchster Punkt: 244 m — **Niedrigster Punkt:** 192 m

● Das Keanae Arboretum

Der Reiz dieser leichten Wanderung liegt weniger in ihrer landschaftlichen Umgebung als vielmehr darin, daß man einen guten Eindruck von den Wachstumsbedingungen der alt-hawaiischen Nutzpflanzen bekommt. Das gut ausgeschilderte *Keanae Arboretum* liegt nur wenige Meter vom Hana Highway entfernt und ist deshalb ein lohnender Abstecher selbst bei begrenzter Zeit. Auf einem Pfad wird man zunächst durch Plantagen mit Hibiskus, Cashew-Nüssen, Grapefruits, Königspalmen, Zitronen usw. geleitet, anschließend durch Tarofelder, deren Produkte früher das Grundnahrungsmittel von Hawaii darstellten. Hinter den Tarofeldern geht es geradewegs in den Regenwald hinein, allerdings kann hier bei feuchter Witterung der unbefestigte Pfad zu schwierig werden. Bei guten Verhältnissen ist es möglich, dem *Kuo Stream* noch etwa 1½ km flußaufwärts zu folgen – eine richtige kleine Dschungel-Wanderung! Kehren Sie um, wenn es Ihr Zeitplan erfordert oder die Feuchtigkeit, schlammiger Boden und Mücken ein Weitergehen unmöglich machen.

Lage: Nordküste von Ost-Maui, bei Keanae
Anfahrt: Über den Hwy. 360 (Hana Hwy.), kurz vor dem Abzweig nach Keanae nach rechts (ausgeschildert).
Länge: 4,8 km **Zeitaufwand:** 1-2 Stunden
Höchster Punkt: 122 m **Niedrigster Punkt:** 49 m

- **Der Hana-Waianapanapa Coastal Trail**

Eine der schönsten Küstenwanderungen, die man auf Hawaii unternehmen kann, verbindet den Rastplatz Waianapanapa und dessen sonstige Sehenswürdigkeiten mit der Bucht von Hana. Auch aus historischen Gründen ist dieser Trail interessant, folgt er doch einem alt-hawaiischen befestigten 'Königsweg'. Vom Campingplatz in Waianapanapa ist der Trail gut ausgeschildert und bringt einen an einem alten Friedhof vorbei und direkt am Meer entlang durch eine bizarre Szenerie mit scharfkantigen Lavafetzen und markanten Felsformationen. An einigen Stellen wird das Meerwasser durch Lavakanäle gepreßt und schießt als hohe Fontäne wie ein Geysir aus dem Boden. Rechterhand passiert man die Überbleibsel eines alten *heiaus*, nahebei weitere Fundamente einer polynesischen Siedlung.

Nach etwa 3 km kommt man zur *Kainalimu Bay*, wo sich der Weg aufgabelt. Folgt man weiter der Uferlinie, erreicht man das Kap *Nanualele Point* mit einem schönen Blick auf die Bucht von Hana. Nach rechts gelangt man an einem alten Friedhof vorbei zurück zum Highway, kurz vor dem Ortsanfang von Hana. Wer eine Mitfahrgelegenheit hat, kann also die halbe Strecke des Weges auf dem Highway zurücklegen. Die Wanderung empfiehlt sich vor allem in den Morgen- oder Abendstunden, wenn das schräge Licht die Lavaküste noch gespenstischer erscheinen läßt.

Lage: Ostküste von Ost-Maui
Anfahrt: Über den Hwy. 360 (Hana Hwy.), etwa 1 km hinter dem Abzweig zum Hana-Airport nach links (Hinweisschild 'Waianapanapa').
Länge: 9,7 km **Zeitaufwand:** 4 Stunden
Höchster Punkt: 12 m **Niedrigster Punkt:** Meeresspiegel

- **Der Waimoku Falls Trail**

Während die größte Touristenattraktion der Region, die sog. *Seven Sacred Pools*, ziemlich überlaufen ist, ist dieser Trail noch relativ 'unentdeckt', jedenfalls in seinem weiteren Verlauf. Der Startpunkt ist jener große Parkplatz, der sich etwa 300 m hinter der Brücke über die Pools links des Highways befindet. Auf der anderen Straßenseite bleibt der Trail nahe dem Flußverlauf, wobei nach einer Weile ein Seitenpfad rechts zu einer Klippe abgeht, von der sich ein schöner Blick in die Schlucht und auf den *Makahiku*-Wasserfall bietet.

An den 'Seven Sacred Pools'

Zurück auf dem Hauptweg geht es weiter bergauf bis zum Ende des Tales, dann steil hinab zum üppig bewachsenen Ufer des *Palikea Stream*, den man oberhalb eines natürlichen Pools überquert. Durch ein Dickicht von Guaven und Bambus sowie alte Taro-Felder erreicht man einen Korridor, der in einen Bambuswald geschlagen wurde, und an dessen Ende den *Pipiwai Stream*, dessen Verlauf man flußaufwärts folgt. Nach einer Weile macht der Pfad eine Rechtsbiegung und bringt einen kurz darauf zu den schön gelegenen *Waimoku Falls*. Der Rückweg erfolgt auf gleicher Route.

Lage: Südostküste von Ost-Maui, bei Kipahulu.
Anfahrt: Über den Hwy 31 (Piilani Hwy) bis zum Parkplatz der Oheo Gulch (Seven Sacred Pools), etwa 16 km hinter Hana.
Länge: 6½ km **Zeitaufwand:** 3-4 Stunden
Höchster Punkt: 305 m
Niedrigster Punkt: 46 m

3. Wanderungen in West-Maui

● Der Waihee Ridge Trail

Dieser recht kurze, aber nicht einfache Wanderweg beginnt am Parkplatz mit dem braunen Hinweisschild *"Na Ala Hele"*. Von dort geht es durch ein Viehgatter und ca. 500 m geradeaus einen Hügel hinauf. An Norfolk-Kiefern und Guaven vorbei macht der Pfad eine Rechtsbiegung bergaufwärts, kurze Zeit später dann wieder nach links und folgt ab nun dem Berggrat oberhalb des Waihee Valley, immer wieder schöne Ausblicke auf das Tal mit seinen Wasserfällen, den *Mount Eke* im Südwesten und über Zentral-Maui bis hinüber zum Haleakala freigebend. Nach einem Hain mit Norfolk-Kiefern und einer weiteren Steigung endet der Trail auf dem Gipfel des 781 m hohen *Lanilili*: ein idealer Picknickplatz, bevor man den Rückweg auf gleicher Route antritt.

Lage: Nordküste von West-Maui, bei Waihee.
Anfahrt: Von Wailuku über die Küstenstraße Hwy. 340 bis Waihee, und

zwar bis zur *Waihee Elementary School*, ca. 4,3 km hinter der Ortschaft. Am asphaltierten Abzweig nach links auf das Pfadfinder-Camp Maluhia zu. Der Wanderpfad beginnt am Parkplatz auf der linken Seite, knapp 1½ km hinter dem Abzweig.
Länge: 7,3 km **Zeitaufwand:** 3½ Stunden
Höchster Punkt: 781 m **Niedrigster Punkt:** 320 m

- **Der Lahaina Pali Trail**

Dieser Wanderweg von mittlerem Schwierigkeitsgrad wurde 1993 eingerichtet und folgt einem alt-hawaiischen Pfad, der von der Küste bergaufwärts führt. Da es hier nur wenig Schatten gibt, ist es ratsam, die Wanderung in den kühleren Morgenstunden zu unternehmen. Der Startpunkt ist der Parkplatz des *Ukumehame Beach Park*, wo man nach Rückkehr ein erfrischendes Bad im Ozean nehmen kann. Zunächst geht es auf der alten Asphaltstraße parallel zum Highway rund 500 m auf den Tunnel zu, bis ein Fußweg links abzweigt. Auf diesem wandert man bergaufwärts durch eine heiße, trockene Landschaft, an Felsen vorbei, auf denen man noch Inschriften von Reisenden des 19. Jhds erkennen kann. Auf knapp 400 m Höhe durchquert man die Schlucht *Manawainui*, wobei sich der Trail mit einem Jeepweg vereinigt.

Wenige hundert Meter hinter der Schlucht hat man den höchsten Punkt des Wanderweges erreicht, der phantastische Blicke auf die *Maalaea Bay* und die Inseln Lanai und Kahoolawe ermöglicht. Zwischen November und April kann man von hier aus auch sehr gut die Buckelwale in der Meerenge beobachten. Solange der zweite Teil des Trails, nämlich hinunter zur *Maalaea Bay*, noch nicht eingerichtet ist, geht man auf gleichem Weg zum *Ukumehame Beach Park* zurück.

Lage: Südküste von West-Maui, bei Lahaina.
Anfahrt: Über den Hwy. 30 bis zum Ukumehame Beach Park, ca. 3,3 km westlich des Tunnels.
Länge: 7,3 km **Zeitaufwand:** 4 Stunden
Höchster Punkt: 500 m **Niedrigster Punkt:** 30 m

7 LANAI

7.1 ÜBERBLICK

Inseltelegramm: Lanai

Beiname: *"The Private Island"*
Inselfläche: 361 km² (Länge: 29 km; Breite: 21 km)
Küstenlinie: 75 km
Einwohner: 3.000
Hauptstadt: Lanai City (2.600 Ew)
Verwaltungseinheit: County Maui
Höchste Erhebung: Mount Lanaihale, 1.027 m

In der Rangfolge der größeren Inseln des Bundesstaates steht Lanai mit einer **Fläche** von 361 km² und einer **Einwohnerzahl** von rund 3.000 jeweils auf dem sechsten Platz: Nur die 'verbotene Insel' Niihau ist noch kleiner. Der geringen Bedeutung entsprechend bildet Lanai auch keine eigenständige Verwaltungseinheit, sondern ist wie Molokai dem County von Maui angegliedert. Die Nachbarin-

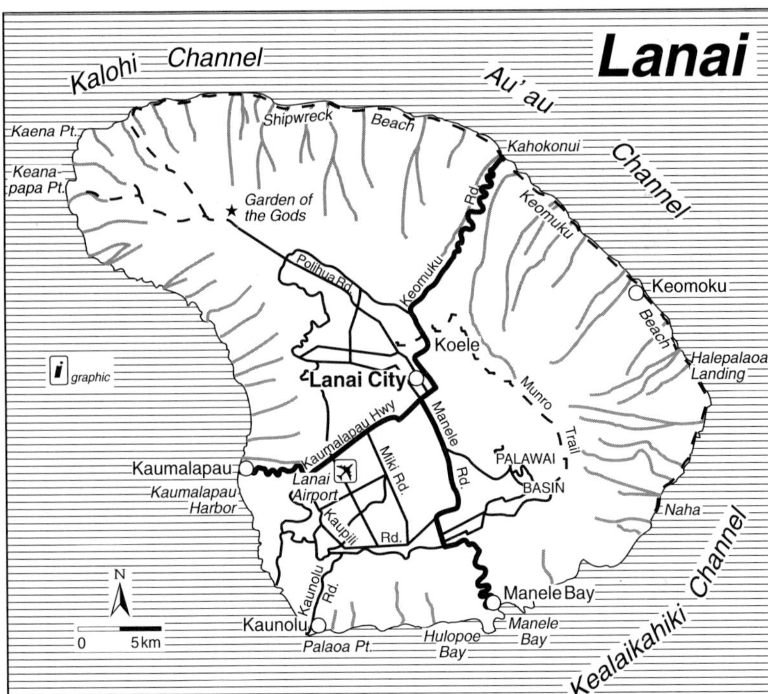

seln sind jeweils relativ gering entfernt, so daß man fast von allen Küsten Land sieht: im Südosten die Insel Kahoolawe, die durch den 29 km breiten *Kealaikahiki Channel* von Lanai getrennt ist, im Osten und Nordosten Maui, das an der engsten Stelle des *Auau Channels* nur 14 km entfernt ist, und im Norden und Nordwesten Molokai, das der ebenfalls 14 km breite *Kalohi Channel* von Lanai trennt.

Topographisch ist die Insel von einem ehemaligen Schildvulkan geprägt, der ihr von ferne das Aussehen eines gleichmäßig aus dem Meer aufragenden Buckels gibt. Dabei handelt es sich um den Rand eines eingestürzten Kraters (= Caldera), der im *Mount Lanaihale* mit 1.027 m ü.d.M. seine höchste Stelle erreicht, während die Caldera selbst, das sog. *Palawai Basin*, als etwa 500 m hohes, vorwiegend landwirtschaftlich genutztes Plateau das Zentrum der Insel bildet. Auch die Hauptstadt Lanai City und der kleine Flughafen befinden sich in diesem Kessel.

Wegen der Nachbarschaft der genannten Inseln, die allesamt höher als Lanai sind, fällt hier recht wenig **Niederschlag**, vor allem natürlich im zusätzlich abgeschlossenen Kraterkessel. Rund 750 mm jährlich weist die Statistik aus, von denen der Großteil an der Ostseite niedergeht. Dort findet man auch die wenigen Überbleibsel der ehemaligen tropischen **Vegetation**, während das Landschaftsbild der Insel sonst durch ausgedehnte Ananasplantagen und aufgeforstete Norfolk-Kiefern geprägt ist.

Die **historische** Entwicklung wurde lange Zeit durch den polynesischen Glauben behindert, daß hier böse Geister ihre Heimstätte hätten. Deswegen dauert es bis zum 14./15. Jhd, bis Lanai zum erstenmal besiedelt wurde, wobei der Legende nach der damalige Pionier, ein gewisser Häuptling *Kaululaau*, die Geister besiegte und dem Spuk ein Ende bereitete. In den europäischen Horizont geriet sie vermutlich zum erstenmal durch *Charles Clerke*, einen von Kapitän *Cooks* Offizieren.

Nach vielen Jahrzehnten der Stagnation versuchten die Mormonen in den 1850er Jahren, geistige und wirtschaftliche Impulse nach Lanai zu bringen. Diese Versuche nutzte das Gemeindemitglied *Walter Murray Gibson* zum eigenen Vorteil, indem er von Kirchengeldern fast die gesamte Insel aufkaufte. *Gibson* (1822-88) – ohnehin eine abenteuerliche Gestalt, die später in mehrfacher Hinsicht auf die hawaiische Politik Einfluß nahm – erwarb sich damit eine riesige zusammenhängende Landfläche, die von ihm und seinen Nachfahren zum Zuckerrohranbau und als Weidegrund genutzt wurde.

1922 wurde das Land für die lächerliche Summe von 1,1 Mio US$ an die *Dole Company* verkauft, die hier ihre landwirtschaftlichen Erfahrungen von Oahu umsetzte und die 'größte Ananas-Plantage der Welt' installierte. Dieser neue Wirtschaftszweig war es, der bis auf den heutigen Tag das insulare Erscheinungsbild prägte. Damit sind nicht nur die endlosen Ananas-Reihen und die aufwendigen Bewässerungsanlagen gemeint. Sondern auch die 'Hauptstadt' Lanai City, die als gleichmäßig angelegte Siedlung für die Plantagenarbeiter entstand (von denen übrigens rund die Hälfte von den Philippinen stammt). Oder der Tiefseehafen *Kaumalapau*, der einzig für die Ananasexporte gebaut und durch eine Asphaltstraße mit Lanai City verbunden wurde. Seit 1966 ist die Plantage im Besitz des Unternehmens *Castle & Cooke,* das sich angesichts der allgemeinen Überproduktion von Ananas zur Stillegung einiger Felder und Abbau von Arbeitskräften entschließen mußte. Gleichzeitig investierte das Unternehmen (bzw. seine Tochtergesellschaft *Lanai Company Inc.*) jedoch in den **Fremdenverkehr**, der das ökonomische Defizit der Landwirtschaft zunehmend ausgleichen kann. Vor allem, seitdem 1990 zwei Luxushotels ihre Pforten eröffneten und den Weg in die Zukunft wiesen: Lanai soll und wird sich zu einer Destination des gehobenen Tourismus entwickeln, in der eine gutbetuchte Kundschaft mehr oder weniger unter sich bleibt und die phantastischen Golfplätze, die Wanderwege und umfangreiche Reit-, Jagd- oder Wassersportangebote nutzt. Diese sonst auf Hawaii nicht mehr anzutreffende Atmosphäre von Abgeschiedenheit und Ruhe wurde auch durch die 'Umbenennung' der Insel deutlich gemacht: Hatte früher Lanai den Beinamen *Pineapple Island,* so wird sie heute *The Private Island* genannt. Der touristische 'Normalverbraucher', der in diese Privatheit einbrechen will, hat die Möglichkeit, Lanai auf einem Tagesausflug (per Flugzeug oder Schiff) kennenzulernen oder sich in dem einzigen billigeren Hotel bzw. in einem der wenigen Ferienhäuser einzuquartieren.

Die Lodge at Koele

Highlights

- Unterkunft im Luxushotel *Manele Bay.*
- Strandleben und Wassersport an der *Hulupoe Bay.*
- Golfen auf der phantastischen Anlage der *Koele Lodge.*
- Tageswanderung oder Jeepexkursion über den *Munro Trail* zum Gipfel des *Mt. Lanaihale.*
- Ausflug mit Mietwagen, zu Fuß oder Mountainbike zum *Garden of the Gods.*

7.2 REISEPRAKTISCHE HINWEISE

Information
Informationen geben die beiden großen Hotels sowie die PR-Firma *Destination Lanai* (P.O.Box 700, Lanai City, HI 96763; Tel.: 565-7600, Fax: 565-9316).

Hotels
● *The Manele Bay Hotel* ($$$$$), P.O.Box 774, Lanai City, Tel.: 565-7700, Fax: 565-2483. 1991 eröffnetes und herrlich gelegenes Luxushotel direkt oberhalb des Strandes, 250 Zimmer in 8 Villen, die um das Hauptgebäude gruppiert sind, Gärten im japanischen, hawaiischen und philippinischen Stil, südpazifische Kunstsammlung, Gourmet-Restaurants mit Koa-Möbeln, großer Swimmingpool, umfangreiches Sportangebot, Tenniscenter (6 Plätze), 18-Loch-Golfplatz, Konferenzzentrum. Zimmerpreise ab US$ 225 bis US$ 2.000 für eine Suite mit Butler-Service.
● *The Lodge at Koele* ($$$$$), P.O.Box 774, Lanai City, Tel.: 565-7700, Fax: 565-2483. Wunderschöne Herberge im Landhausstil, 102 Zimmer mit Lanai (Veranda), geschmackvolle Möblierung, offener Kamin in der zentralen Lounge, beachtliche Kunstsammlung, Pool, riesiger Garten, Weltmeisterschafts-Golfplatz, Reitställe, 3 Tennisplätze, Fahrräder (gratis), exquisite Küche – schon Robert Wagner, Gene Hackman und andere illustre Gäste ließen es sich hier wohlsein. Zimmerpreise ab US$ 295 bis US$ 975 für eine Suite mit Privat-Kamin.
● *Hotel Lanai* ($$$), 828 Lanai Ave., Lanai City, Tel.: 565-7211; kürzlich renoviertes Haus mit Atmosphäre, schöner Veranda, Restaurant, 10 Zimmer.

Bed & Breakfast
Einige wenige, aber schöne Häuser haben die im KAPITEL 3.1. genannten überregionalen Bed & Breakfast-Anbieter im Programm.
Auf der Insel selbst bieten *Lanai City Service* (Tel.: 565-7227), *Lanai Reality* (Tel.: 565-6597), *Dreams Come True* (Tel.: 565-6961) u.v.m. Unterkunft in Ferienhäusern oder Zimmern an.

Camping
Nur an einer Stelle ist das Zelten erlaubt, nämlich am *Hulupoe Beach,* der freilich einer der schönsten Strände von ganz Hawaii ist. Wer dort übernachten möchte (Sanitäranlagen, Duschen), braucht ein **Permit** der *Lanai Company Inc.,* P.O.Box L, Lanai HI 96763, Tel.: 565-8232. Informationen sind erhältlich unter Tel.: 565-8240.

Flüge
Der kleine und moderne **Inselflughafen** (Tel.: 565-6757) wird mehrmals täglich von Honolulu und Maui, aber auch von anderen Inseln aus angeflogen – insgesamt rund 100 Flüge in der Woche. Das eingesetzte Fluggerät sind i.d.R. kleine Propellermaschinen, daneben landet aber auch zweimal täglich eine Boeing 737 der *Hawaiian Airlines*, die Flugdauer beträgt ab Honolulu 25 Minuten. Gäste, die ein Zimmer in einem der beiden Nobelhotels gebucht haben, werden vom Flughafen abgeholt und ihr Gepäck automatisch aufs Zimmer gebracht.
Wer ein Taxi benötigt, kann einen Wagen über das rote Service-Telefon aus Lanai City anfordern.
Informationen, Buchungen und Flugrückbestätigung sind über folgende Telefonnummern möglich:
● *Aloha Airlines/Island Air*, Tel.: 565-6744
● *Air Molokai*, Tel.: 521-0090
● *Hawaiian Airlines*, Tel.: 565-6877

Busse
Es gibt auf Lanai kein öffentliches Busnetz. Allerdings bieten die beiden Resorts ihren Gästen einen kostenlosen Shuttle-Bus-Service zwischen der *Lodge at Koele*, dem *Manele Bay Hotel* sowie zum Manele Boat Harbor, Lanai City und dem Flughafen. Abfahrten: ab der *Lodge at Koele* jede volle Stunde ab 7.00 Uhr, ab dem *Manele Bay Hotel* im 60-Minuten-Rhythmus ab 7.30 Uhr.

Mietwagen
Auf Lanai stehen rund 50 km an Asphaltstraßen und rund 160 km an geschotterten und z.T. schwierigen Nebenstrecken zur Verfügung. Wer einen Wagen mieten möchte, sollte daher unbedingt auf ein geländegängiges Auto zurückgreifen.

- *Lanai City Service Inc.*, 1036 Lanai Ave., Lanai City, Tel.: 565-7227, Fax: 565-7087; diese Firma ist Vertragspartner von *Dollar Rent-A-Car* und verfügt über das größte Angebot; ihr Manager *Rudy Bosma* spricht deutsch und gibt Tips zur Inselerkundung.
- *Tropical* (*Oshiro Service)*, 850 Fraser Ave., Lanai City, Tel.: 565-6952 und 352-3923.

Taxis
Taxis müssen telefonisch beim *Oshiro Service*, 850 Fraser Ave., Lanai City, Tel.: 565-6952 und 352-3923 bestellt werden.

Personenfähren
Die Firma *Expeditions on Maui* (Tel.: 695-2624) betreibt einen regelmäßigen Bootsverkehr zwischen Lahaina auf Maui und dem Manele Boat Harbor. Die Abfahrten in Manele sind um 8.00 Uhr und 10.30 Uhr, die Rückfahrt beginnt in Lahaina um 15.15 Uhr bzw. 17.45 Uhr, wegen Tickets (ca. US$ 25 pro Strecke), Reservierungen und Infos wende man sich an die Hotelrezeptionen.

Ärztliche Versorgung
Ein kleines **Krankenhaus** befindet sich in der Hauptstadt:
Lanai Community Hospital, Lanai City, Tel.: 565-6411. Bei Zahnschmerzen wende man sich an den **Zahnarzt** Dr. *Fujimoto*, Tel.: 565-6455.

Wichtige Telefonnummern
Polizei, Ambulanz, Feuerwehr: 911
Wetter-Vorhersage: 565-6033
Schiffahrtsbedingungen: 877-3477
Coast Guard: 1-800-552-6458
Zeitansage: 565-9211

Einkaufen
Die 'private Insel' ist sicher kein Einkaufsparadies. In den beiden Hotels gibt es Shops mit Mode, Badeutensilien und Souvenirs, daneben kann man in der Boutique *Island Collections* (Lanai City, Tel.: 565-6505) Muscheln, Schmuck und Kunsthandwerk erstehen. Ebenfalls in Lanai City gibt es zwei kleine Supermärkte. Ideal für einen Einkaufsbummel ist hingegen die hübsche Stadt Lahaina auf Maui, die man per Personenfähre erreichen kann (s.o.).

Restaurants
Das kulinarische Leben spielt sich in erster Linie in den beiden Luxushotels ab, die Gerichte aus eigenem biologischen Anbau anbieten:

- Im *"Manele Bay Hotel"* bietet die Poolbar *The Pool Grille* ($$$) leichtere Mahlzeiten und kontinentales Mittagessen, der *Hulopo'e Court* ($$$$) gute kontinentale Küche mit hawaiischen Spezialitäten und das Gourmet-Restaurant *Ihilani* ($$$$$) exquisite französische Küche (Abendessen) an.

● In der *"Lodge at Koele"* speist man morgens, mittags und abends in *The Terrace* ($$$$$) auf höchstem Niveau; zu Wild-, Rind- und Fischgerichten gibt es gratis einen herrlichen Blick auf Garten und die Hügel des Hinterlandes. Eine nicht minder vorzügliche Alternative ist hier der *Dining Room* ($$$$$) mit Abendessen im Stil der 'Pacific Rim Cuisine'. Beide Restaurants wurden von verschiedenen Zeitschriften zu den 'besten von Hawaii' gekürt.

● Als billigere Alternative empfiehlt sich das rustikale, stimmungsvolle Restaurant des *"Hotel Lanai"*, in dem es Frühstück (7.30-10.00 Uhr), Mittagessen (11.30-13.30 Uhr) und Abendessen (17.30-21.00 Uhr) gibt. Gäste der *Koele Lodge* und des *Manele Bay Hotel* können die Mahlzeiten auf ihre Zimmerrechnung übertragen lassen.

In folgenden Cafés, beide am Dole Park in Lanai City zu finden, werden leichte Gerichte, Imbisse, Hamburger etc. angeboten:

● *S & T Properties,* 419 7th St., Lanai City, Tel.: 565-6537; tägl. außer Mi 6.30-0.30 Uhr geöffnet.

● *The Blue Ginger Café,* 409 7th St., Lanai City, Tel.: 565-6363; tägl. 7.00-14.00 und 17.30-21.00 Uhr geöffnet.

Nachtleben

Ein Nachtleben findet nur in sehr bescheidenem Rahmen statt. Täglich gibt es in einem der beiden Luxushotels Folklore- oder Gesangsvorstellungen. Die Inselbevölkerung trifft sich lieber auf der Veranda des *Hotel Lanai* zu einem zünftigen Umtrunk. Ein kleines Kino *(Lanai Theatre Playhouse)* in Lanai City gibt tägl. um 18.30 und 20.30 Uhr Vorstellungen.

Golf

Für Golfer ist die Insel ein wahres Paradies. Der von Greg Norman und Ted Robinson gestaltete 18-Loch-Championship-Course der *Lodge at Koele* (Par 72), oft auch *'The Experience at Koele'* genannt, ist mit Sicherheit eine der schönsten Anlagen Hawaiis (Golfshop, alle modernen Einrichtungen; Green fees US$ 95; Tel.: 565-4653). Während der 500 m hoch gelegene Koele-Platz von seinen gestalteten Gärten, beträchtlichen Höhenunterschieden und herrlicher Vegetation (Banyan-Wald) lebt, ist der Vorzug des 1993 eröffneten und von Jack Nicklaus gestalteten Platzes *The Challenge at Manele* die Nähe zum Meer und der Blick über die Hulopoe-Bucht. Auch diese 18-Loch-Anlage (Par 72, Green fees US$ 95; Tel.: 565-2222) genügt höchsten Ansprüchen. Daneben gibt es in Lanai City (Keomoku Rd.) den kommunalen 9-Loch-Platz *Cavendish Community Golf Course* (Par 36, Green fees US$ 5).

Aktivitäten und Ausflüge

Für sportliche Naturen ist die 'private Insel' ideal. Die meisten Aktivitäten kann man in den beiden großen Hotels buchen, von denen die unterschiedlichen Ausflüge i.d.R. auch ausgehen. Für externe Gäste, die sich direkt an die Veranstalter wenden wollen, sind im folgenden Info-Telefonnummern angegeben.

Das **Wassersport**-Angebot umfaßt Segeltörns, Windsurfen, Tauchkurse und -expeditionen, Hochseeangeln, Schnorcheln, Whalewatching und Ausflüge zur Nachbarinsel Maui. Buchung und Geräteverleih bei *Trilogy Ocean Sports,* 1036 Lanai Ave., Lanai City, Tel.: 565-2387 (geöffnet 8.00-20.00 Uhr). **Fahrräder** kann man sich in der *Lodge at Koele* und im *Manele Beach Hotel* leihen (für Gäste kostenlos). Für Freunde des **Pferdesports** ist ebenfalls die Lodge mit ihren Reitställen (Tel.: 565-7300) die beste Adresse. Passionierte **Jäger** können mit *Hunting Guides* (Tel.: 565-7300) auf Pirsch gehen oder sich an das Unternehmen *Deer Hunt on Lanai* (Tel.: 565-7233) wenden. Weiter bestehen vorzügliche Möglichkeiten zum **Tennisspielen** in den beiden Hotels (auch für externe Gäste), zum **Golfen** (s.o.) und zum **Wandern** (KAPITEL 7.4).

Strände

Im Norden, Osten und Süden ist Lanai von etlichen, langgezogenen Stränden umgeben. Die östlichen, jeweils über 12 km langen Strände *Shipwreck Beach* und *Keomuku Beach* bieten menschenleere Einsamkeit und eignen sich für Strandspaziergänge. Wellengang und Unterströmungen machen das Baden hier allerdings zu gefährlich. Gleiches gilt für den *Polihua Beach* im Norden, der mit seinen weißen Sanddünen aber zu den schönsten der Insel gehört. Am bekanntesten und populärsten ist der leicht erreichbare Strand der *Hulupoe Bay*, ein Eldorado für Badegäste, Schnorchler und Taucher.

7.3 LANAI SEHEN UND ERLEBEN

7.3.1 DIE INSELHAUPTSTADT LANAI CITY UND DAS PALAWAI BASIN

Auf der einen Seite hat kaum ein anderer Ort den Namen 'Hauptstadt' so verdient wie **Lanai City** – lebt hier doch mit über 90% fast die gesamte Inselbevölkerung. Auf der anderen Seite ist der Name 'City' angesichts von 2.600 Einwohnern nun wahrlich zu hoch gegriffen. Durch die Achse der *Lanai Avenue*, zu der man automatisch kommt, wenn man eine der drei Asphaltstraßen Lanais befährt, ist der Ort klar gegliedert. Von ihr gehen links und rechts Seitenstraßen (durchnumeriert von *3rd Street* bis *13th Street;* Nummer 1 und 2 fehlen) ab. Wer nun an der *Lanai Avenue* historische Baudenkmäler oder gar irgendwelche Sensationen erwartet, verkennt den Charakter der Insel und ihrer Kapitale. Diese Siedlung, die den typischen Charme einer kleinen amerikanischen Kleinstadt versprüht, wurde in den 1920er Jahren von der *Dole Pineapple Company* für ihre Ananas-Plantagenarbeiter angelegt, und zwar für damalige Verhältnisse mustergültig. Kleine, einstöckige Einfamilienhäuschen, alle aus Holz, mit bunten Dächern und mit blühenden Vorgärten versehen, flankieren die Hauptstraße, und nur ab und zu unterbricht eine Tankstelle, das *Post Office*, das weiße *Lanai Company Administration Building* oder daneben die *First Hawaiian Bank* das gleichförmige Bild. Sehr angenehm ist die großzügige Bepflanzung mit schattenspendenden Norfolk-Kiefern, die dem Ganzen einen parkähnlichen Charakter verleiht. Dies trifft insbesondere auf den Bereich des **Dole Park** zu, der mit Post, *Community Center*, dem oben genannten *Administration Building*, zwei Cafes und zwei Kirchen so etwas wie die gute Stube der Hauptstadt darstellt.

Straßenszene in Lanai City

Folgt man der *Lanai Avenue* zum nordwestlichen Ortsausgang (Hwy. 44, Richtung Shipwreck Beach), geht es nach einer scharfen Rechtskurve durch eine herrliche Pinien-Allee und am *Cavendish-Golfplatz* auf das **Luxushotel** *"Lodge at Koele"* zu, das in sich

Holzkapelle an der Koele Lodge

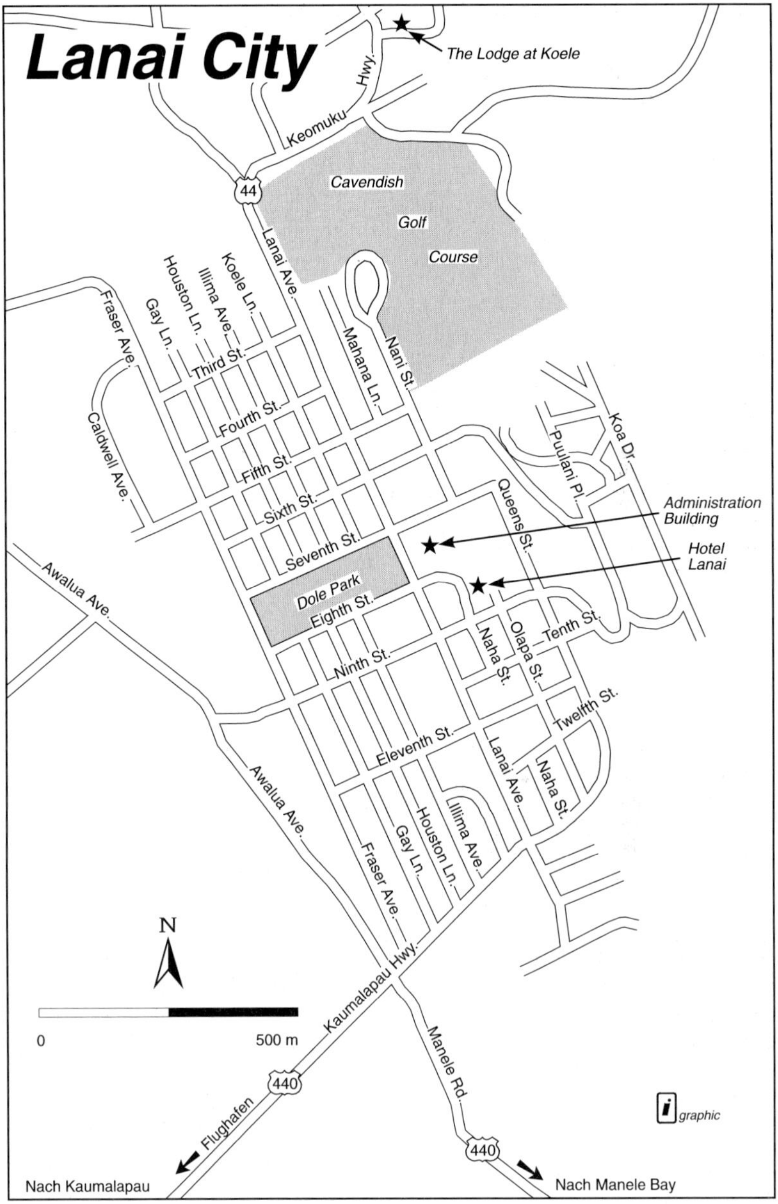
Lanai City
The Lodge at Koele
Hwy.
Keomuku
44
Cavendish
Golf
Course
Lanai Ave.
Koele Ln.
Illima Ave.
Houston Ln.
Gay Ln.
Fraser Ave.
Third St.
Mahana Ln.
Nani St.
Fourth St.
Caldwell Ave.
Fifth St.
Sixth St.
Koa Dr.
Puulani Pl.
Queens St.
Administration Building
Hotel Lanai
Seventh St.
Dole Park
Eighth St.
Awalua Ave.
Naha St.
Olapa St.
Tenth St.
Ninth St.
Twelfth St.
Eleventh St.
Lanai Ave.
Naha St.
Awalua Ave.
Illima Ave.
Houston Ln.
Gay Ln.
Fraser Ave.
N
Kaumalapau Hwy.
0
500 m
Manele Rd.
440
Flughafen
440
graphic
Nach Kaumalapau
Nach Manele Bay

eine Sehenswürdigkeit darstellt. Links vor dem Haupteingang, vor dem Hintergrund eines riesigen Banyan-Baumes, lohnt die kleine, grüne Holzkirche *'Kalokahi Okamalamalama'* einen Besuch, die restauriert und von anderer Stelle hierher gebracht wurde. Heute dient sie dem Hotel als Hochzeitskapelle. Wer die Nobelherberge besichtigen möchte, kann das im Rahmen täglicher geführter Touren tun, aber auch Individualtouristen steht man nicht ablehnend gegenüber. Versuchen Sie, an der Rezeption die Broschüre *"Art Guide"* zu bekommen, die Ihnen die vielfältigen Kunstwerke und Antiquitäten des Hauses erläutert. Unverzichtbar ist auch ein Spaziergang durch den Garten mit seinen Wasserspielen, Fischteichen, künstlichen Bächen und dem Orchideenhaus.

Das **Palawai Basin**, an dessen Rand sich auch die Hauptstadt befindet, ist im wesentlichen ein ca. 65 km^2 großes Becken, das als Caldera (also durch den Einsturz eines alten Schildvulkans) entstand, inzwischen aber durch Erosion vielfach überformt ist. Es wurde und wird hauptsächlich landwirtschaftlich genutzt, im wesentlichen durch den Anbau von Ananas, die wegen eines ausgeklügelten Bewässerungssystems auf dem roten Boden vorzüglich gedeiht. Die einzige Asphaltstraße zum Westen hin, der Hwy. 440 *(Kaumalapau Hwy.)*, durchquert das Bassin in Richtung Kaumalapau Harbor und passiert dabei den **Flughafen**, eine sympathisch-kleine, moderne und von hohen Norfolk-Kiefern umgebene Anlage.

Als wichtigste kulturelle Attraktion hält das *Palawai Basin* für Besucher die Felsritzungen (Petroglyphen) von **Luahiwa** bereit, die allerdings nicht einfach zu finden sind – lassen Sie sich daher vom Mietwagenverleiher oder vom Hotel den Anfahrtsweg genau beschreiben. Zu den Felszeichnungen gelangt man, wenn man zunächst auf dem Hwy. 441 *(Manele Rd.)* in Richtung Manele Bay fährt, dann (an einem Vorfahrtsschild) nach links in die geschotterte *Hoike Rd.* abbiegt. Fahren Sie bis zum Zaun der Schweinefarm *(Pulawai Hog Ranch)* und an diesem entlang wieder nach links. Wenn Sie ein Bewässerungsrohr erreicht haben, folgen Sie diesem nach rechts, kurze Zeit später geht es links hinauf auf einen Steilabhang. Dort befinden sich in einem kleinen Hain 34 graue bzw. schwarze Steine, die die umfangreichste Sammlung an Petroglyphen auf der Insel darstellen.

Man sieht Kreise und andere abstrakte Symbole sowie figürliche Darstellungen, Kanus und Hunde. Das Alter der Petroglyphen ist schwer zu bestimmen, wobei die Abbildung von Pferden natürlich in eine Zeit nach der europäischen Entdekkung weist. Wahrscheinlich sind hier jedoch ältere und jüngere Bilder vereint.

7.3.2 AUSFLUG ZUR NORDKÜSTE

Eine von Lanais drei Asphaltstraßen, nämlich der **Hwy 430** *(Keomuku Rd.)*, führt von Lanai City auf die windige Nordküste zu. Diese 13,4 km lange und sehr kurvenreiche Strecke ist also auch mit normalen Pkw zu befahren; auf dem Weg passiert man zwei vorzügliche Aussichtspunkte, die einmal den Blick zurück auf das *Palawai Basin* und zum andern auf die Meeresstraßen zwischen Lanai und Molokai bzw. Maui freigeben. Kurz vor der Küste endet die Straße, ab hier geht es nur zu Fuß oder mit dem Geländewagen weiter. Der Küstenabschnitt zur Linken, also in nordwestlicher Richtung, wird **Shipwreck Beach** genannt. Ihren

Namen verdankt die ca. 13 km lange Uferstrecke dem Umstand, daß die flachen Gewässer (Riffe) und das oft stürmische Wetter für eine ganze Reihe von Schiffsunglücken verantwortlich sind. Traurige Überbleibsel von Segelbooten findet man als größere oder kleinere Holzplanken am Strand, zusammen übrigens mit einer erklecklichen Menge Treibholz. Daneben sind auch zwei größere Wracks auf dem Riff vor der Küste zu sehen, darunter der Rumpf eines Liberty-Frachters aus dem Zweiten Weltkrieg. Den besten Blick auf das **erste Wrack** hat man, wenn man mit dem Geländewagen oder zu Fuß etwa 1½ km dem Küstenverlauf folgt, bis man auf die Ruinen eines Leuchtturms stößt. Oberhalb der Ruinen sind außerdem noch gut erhaltene alt-hawaiische **Petroglyphen** zu entdecken. Ab hier können abenteuerliche Naturen den Weg auf einer längeren Strandwanderung fortsetzen, wobei sie mit Sicherheit auf allerlei interessantes Teibgut stoßen werden.

Auf Höhe des **zweiten Schiffswracks** geht ein Pfad zum *'Garden of the Gods'* ab, während etwas weiter der schöne *Polihua Beach* zum Sonnenbaden lockt; Schwimmen ist jedoch wegen der Riffe und starker Strömungen am gesamten Strandabschnitt zu gefährlich. Auch ab dort kann man auf einem Pfad ebenfalls zum *'Garden of the Gods'* gelangen.

Hinweis
Wer vorhat, diese 'große Runde' abzuwandern, also vom *Shipwreck Beach* zum *Polihua Beach* und zurück nach Lanai City, braucht dafür einen vollen Tag. Dabei ist es sinnvoll, für die erste Strecke bis zur Küste ein Taxi zu ordern. Denken Sie auch an ausreichend Proviant und Trinkwasser. An stürmischen Tagen ist die Wanderung nicht zu empfehlen, da aufgewirbelter Sand am *Shipwreck Beach* die Sicht behindert.

Die Küste, die sich am Ende der Asphaltstraße nach rechts, also in südöstliche Richtung erstreckt, heißt **Keomuku Beach** und ist rund 20 km lang. Erschlossen ist sie durch eine teils sandige, teils geschotterte Piste, die hohe Anforderungen an Fahrer und Geländewagen stellt. Falls Sie vorhaben, diese Strecke abzufahren, fragen Sie vorher nach den Bodenverhältnissen und kalkulieren Sie einen guten halben Tag für den Ausflug ein.

Interessant ist die Strecke allemal. Gut 9 km nach Verlassen der asphaltierte *Keomuku Rd.* erreicht man z.B. die 'Geisterstadt' **Keomuku**, die einmal den mit Abstand größten Ort der Insel darstellte. Zu Ende des 19. Jhds lebten hier fast 2.000 Menschen, die auf den Plantagen der *Maunalei Sugar Company* oder in deren Zuckerfabrik arbeiteten. Um das Jahr 1900 mußte die Gesellschaft den unrentablen Zuckerrohranbau aufgeben, und auch die Versuche, einen Ersatz mit Baumwolle oder anderen Produkten zu schaffen, schlugen fehl. Die Familie *Gay* übernahm das Areal und baute es zum Zentrum ihrer Rinder- und Schafszucht aus. Aber auch diese Farm gab 1954 auf; die wenigen verbliebenen Einwohner siedelten nach Lanai City um, wo sie bei der *Dole Company* eine Anstellung fanden. Da man in den 1970er Jahren alle Häuser abriß, künden nur noch die baufällige **Malamalama-Kirche** (1903) und die Ruinen der Zuckerfabrik vom vergangenen Leben des Städtchens Keomuku.

Gut 3 km weiter südlich erreicht man den Strand des 'Club Lanai', der von Ausflugsbooten aus Maui angelaufen wird. Der Standort trägt den Namen **Halepalaoa Landing**, weil hier früher der Wirtschaftshafen des nahen Keomuku gele-

7.3.4 AUSFLUG ZUM GARDEN OF THE GODS

Für den Ausflug zum Naturphänomen des 'Garden of the Gods' benötigt man erneut einen geländegängigen Wagen oder ein Mountain Bike.

Der **Anfahrtsweg** beginnt in Lanai City, und zwar an der Koele Lodge. Wenn Sie hier der Asphaltstraße nach links folgen (Hwy. 430), kommen Sie nach wenigen hundert Metern zu den Tennisplätzen, vor denen ein Weg links abbiegt. Auf diesem passieren Sie auch die Reitställe der Lodge und erreichen anschließend eine Kreuzung, an der Sie nach rechts fahren. Nun sind Sie auf der *Polihua Rd.*, die schnurgerade an Rinderweiden, Zuckerrohr- und Ananasfeldern vorbei nach Nordwesten führt, immer in gehörigem Abstand zu einem Ausläufer des Kraterrandes zur Rechten. Auf der sandigen Schlaglochpiste erreichen Sie zunächst einige Viehgatter (Durchfahrt erlaubt) und das ausgedehnte Waldgebiet der **Kanepuu Reserve**, einen sog. *'Dryland Forest'*. Dem Neuseeländer *George Munro* (vgl. KAPITEL 7.4) ist es zu verdanken, das hier ein Stück jener ursprünglichen Vegetation erhalten wurde, die einstmals ganz Lanai bedeckte. Botanisch Interessierte stoßen in diesem Hain auf etwa 48 einheimische Spezies, u.a. auf das rar gewordene Sandelholz, auf lokale Olivenbaum-Arten und auf eine seltene Gardenien-Art *('Morning Glory').*

Ein Stückchen weiter, insgesamt 10,3 km hinter Lanai City, sind Sie am sog. **'Garden of the Gods'** angelangt. Dabei handelt es sich um ein rotsandiges, wüstenhaftes Plateau, auf dem Gesteinsblöcke und Lavabrocken über Jahrtausende von Wind und Wetter abgeschliffen und wie Riesenmurmeln plaziert worden sind. Das bizarre Erlebnis versuchten in der Vergangenheit Touristen noch zu

Wunderwelt des 'Garden of the Gods'

steigern, indem sie kleinere Steine pyramidenartig auf die vorhandenen legten. Die Anwesenheit der Götter verspürt man besonders, wenn man an diesem reizvollen Ort am Sonnenauf- oder noch besser am Sonnenuntergang verweilt. Die schrägen Sonnenstrahlen verwandeln dann das Areal in ein tiefrot bis hellgolden erstrahlendes Naturwunder.

War der Weg bis hierhin schon nicht einfach, so sind die Pfade, die vom *'Garden of the Gods'* in Richtung Meer führen, noch eine Spur schlechter. Am ehesten für Geländewagen geeignet ist dabei der *Kaena Trail*, der nach einer Weile links abzweigt und am **Kaena Point** endet. In der Nähe sind dort die spärlichen Überreste des ehemals größten Tempels der Insel *(Kaena Heiau)* ausgegraben. Ein anderer Trail *(Polihua Trail)* geht an der Abzweigung geradeaus zum **Polihua Beach**, einem herrlichen, weißsandigen und von Dünen gesäumten Strandabschnitt. Der Name *(poli* = 'Bucht', *hua* = 'Eier') weist darauf hin, daß hier die Seeschildkröten ihre Eier im Sand vergraben. Die starke Strömung an diesem Strand macht Baden allerdings zu einem Risiko.

Ausdauernde Wanderer können vom *Polihua Beach* zum 13 km entfernten *Shipwreck Beach* gehen und kommen dabei an steilen Küstenabschnitten, Höhlen und einem Leuchtturm vorbei. Da die Strecke allerdings nicht für Wagen geeignet ist, muß die Anfahrt oder Abholung vorab geklärt werden.

7.3.5 AUSFLUG ZUR WESTKÜSTE

Zwar ist die Westküste ab Lanai City durch den 22 km langen Hwy. 440 *(Kaumalapau Hwy.*, die beste Asphaltstraße der Insel) leicht zu erreichen, ist aber ansonsten unzugänglich und bietet Besuchern keine außergewöhnlichen Erlebnise. Dieser Ausflug ist also nur der Vollständigkeit halber erwähnt.

Der landschaftlich reizvollste Teil des Highways beginnt kurz hinter dem Flughafen, wenn es aus dem *Palawai Basin* hinauf auf den alten Kraterrand und von dort in einer rund 4 km langen Serpentinenstraße wieder hinabgeht, begleitet von schönen Panoramablicken auf die westliche Küstenlinie. Die Straße endet am **Kaumalapau Harbor**, einem kleinen Industriehafen, der 1926 für die Frachtschiffe der *Dole Pineapple Company* errichtet wurde. Wegen des Schiffsverkehrs ist Schwimmen und jede Form von Wassersport hier nicht erlaubt.

Südlich des Hafen schiebt sich eine bis zu 380 m hohe Steilküste *(Pali Kaholo)* bis unmittelbar an den Pazifik. Zum Norden ist die Küste weniger steil, aber immer noch überaus interessant, so daß sich die Teilnahme an einem **Bootsausflug**, der von Maui aus und manchmal auch von den beiden Luxushotels angeboten wird, unbedingt lohnt. Dabei sieht man tiefe, von der Meeresbrandung ausgewaschene Höhlen sowie enge Täler, die sich in die Hänge des *Mount Lanaihale* eingeschnitten haben. Besonders interessant sind jene beiden Felsnadeln von **Nanahoa**, die sich steil aus dem Meer erheben und Heimat vieler Seevögel sind; sie konnte man bereits vom Lookout oberhalb des Kaumalapau Harbor erkennen. Der Legende nach handelt es sich bei den Felsen um ein Ehepaar, das versteinert wurde, nachdem der Mann seine Frau mißhandelt hatte.

7.4 WANDERN AUF LANAI

Wegen der wenigen Asphaltstraßen, kaum Verkehr und einer Vielzahl von Viehpfaden, Wirtschaftswegen und markierten Trails böte sich eigentlich die gesamte Insel Wanderfreunden als wahres Paradies an. Da sich aber Lanai sozusagen in Privatbesitz befindet, sind Wanderungen (selbst nur für einen Tag) strengen Restriktionen unterworfen. Allein wer sein Quartier in einem der beiden Luxushotels oder auf dem Campinggelände hat, darf sich frei und nach Herzenslust bewegen, alle anderen müssen bei der *Lanai Company Inc.* (P.O.Box L, Lanai HI 96763, Tel.: 565-8240) um Erlaubnis fragen. Ist diese Bedingung erfüllt, bieten sich vor allem jene Routen an, die weiter oben auch für Fahrer von Geländewagen empfohlen wurden, also z.B. die Strecke zum *Garden of the Gods* oder eine 13 km lange Strandwanderung entlang dem *Shipwreck Beach.* Als schönster und auch (sparsam!) markierter Weg stellt jedoch der *Munro Trail* das absolute Highlight für Wanderfreunde dar. Außer ihm sind keine Trails markiert, und man muß sich auf sein Orientierungsvermögen verlassen.

Als Alternative kann man sich an organisierten Wandertouren der beiden Hotels beteiligen oder sich um einen individuellen *hiking guide* (Tel.: 565-7300) bemühen.

Munro Trail

Seinen Namen trägt dieser Trail nach dem Neuseeländer *George Munro,* der Anfang des 20. Jhds zur Wiederaufforstung der Insel nach Lanai geholt wurde und hier eine kleine Farm betrieb. Er entdeckte, daß Norfolk-Kiefern wie keine andere Baumart geeignet waren, Niederschläge zu speichern und langsam an die Umgebung abzugeben. Auf ihn geht also die Anpflanzung dieser heute so charakteristischen Bäume (aber auch der Eukalyptus-Bäume) zurück, die aus einem ehemals wüstenhaften Terrain eine blühende, dicht bewaldete und vor weiterer Erosion geschützte Landschaft gemacht haben.

Die schönsten Beispiele dafür sind auf eben jenem Munro Trail zu sehen. Der Wanderweg, der einem alten Maultierpfad folgt und bei guten Wetterverhältnissen auch von Geländewagen befahren werden kann (eine sehr holprige Angelegenheit!), benutzt den Grat des ehemaligen Vulkankraters und führt bis zur höchsten Inselstelle *(Mount Lanaihale)* hinauf. Je nachdem, ob man ihn in Nord- oder Südrichtung erwandern bzw. befahren möchte, gestaltet sich die **Anfahrt** unterschiedlich.

Wer von Süden kommt, also vom *Manele Bay Hotel* oder dem *Hulopoe Beach*, benutzt den Hwy. 440 *(Manele Rd.).* Nachdem man die Serpentinenstrecke geschafft hat, gelangt man zu einem Stop-Schild (neben vier gelben Bewässerungsrohren) und biegt hier rechts auf einen schnurgeraden Feldweg ab. Durch Ananasplantagen geht es nun geradewegs auf den Hang des Kraterrandes zu, bis ein kleines Hinweisschild *Munro Trail* nach rechts weist. Am nächsten Schild *("Puu Manu")* hält man sich links und kann sich von nun an nicht mehr verfahren. Diese Wegbeschreibung ist für Selbstfahrer gedacht, die den Munro Trail mit dem **Ge-**

ländewagen befahren möchten. Wanderer sollten sich mit dem Taxi hierhin bringen lassen.

Auf dem Munro Trail

Leichter ist der Wanderweg an seinem Nordende zu erreichen. Dabei verläßt man Lanai City über den Hwy. 44 *(Keomoku Rd.),* an der Koele Lodge vorbei. Nach 2,4 km geht nach rechts ein asphaltierter Weg zum Friedhof. Nach etwa 400 m führt der inzwischen unasphaltierte Weg nach links und durch einige Eukalyptus-Haine. Nachdem man eine kleine Nebenstraße zur Linken passiert hat, windet sich der Trail nun steil (und für Fahrer sehr holprig) am Rand der Caldera nach oben. Durch dicht bewaldetes Gelände, in dem Wildblumen, Baumfarne, Ironwood, Eukalyptus-Bäume und besonders Norfolk-Kiefern anzutreffen sind, gewinnt man immer weiter an Höhe und hat nach 6½ km einen wunderschönen Blick auf Lanai City und die alte Caldera des *Palawai Basin.* Nach weiteren 2,1 km ist der höchste Punkt am *Mount Lanaihale* (1.027 m ü.d.M.) erreicht. Hier oben ist es spürbar kühler als im Tal, und oft ziehen graue Wolken über die Baumgipfel, um kurz danach wieder blauem Himmel zu weichen.

An schönen Tagen geht der Blick weit über die hawaiische Inselwelt, man sieht Oahu, Molokai und den *Haleakala-Krater* von Maui, im Winter ist am Horizont sogar die Schneekuppe des *Mauna Kea* von Big Island zu erkennen. Wanderer sollten nun zum Ausgangspunkt zurückkehren, da der Endpunkt des Munro-Trail auf der anderen Seite inmitten von weitläufigen Ananasplantagen liegt.

Länge: 17,7 km
Höchster Punkt: 1.027 m
Zeitaufwand: ca. 7 Stunden
Niedrigster Punkt: 594 m

!!!

Achtung

Der Munro Trail führt durch ein waldreiches Gebiet, in dem oft gejagt wird. Wanderer sollten deshalb helle Kleidung tragen und sich vorher erkundigen, ob Jagdaktivitäten stattfinden. Nach Regenfällen sei Autofahrern geraten, sich beim Mietwagen-Verleiher vorher über die Bedingungen zu erkundigen, oft machen dann nämlich tiefe Pfützen und Schlammlöcher ein Befahren des gesamten Trails unmöglich.

8 MOLOKAI

8.1 ÜBERBLICK

Inseltelegramm: Molokai

Beiname: *"Friendly Island"* (= 'Freundliche Insel')
Inselfläche: 676 km² (Länge: 61 km; Breite: 16 km)
Küstenlinie: 142 km
Einwohner: 7.500
Hauptstadt: Kaunakakai (1.300 Ew)
Verwaltungseinheit: County Maui
Höchste Erhebung: Mt. Kamakou, 1.513 m

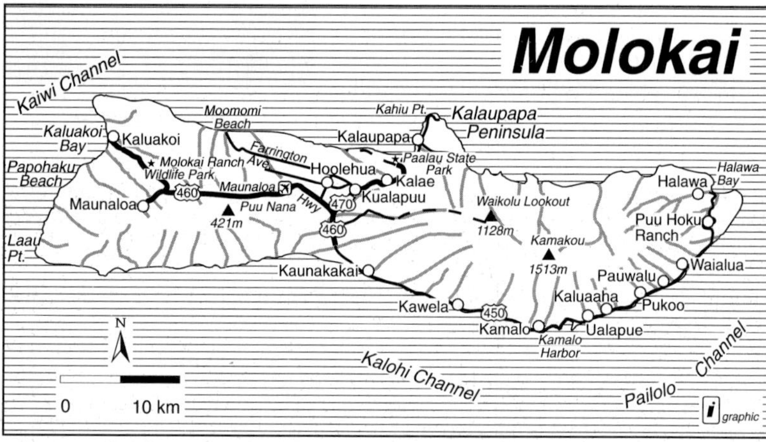

Landschaftlich gehört Molokai zu den interessantesten Inseln des Archipels, indem es völlig unterschiedliche Naturräume aufweist: Im Norden ragt das langgestreckte Eiland mit einer spektakulären Pali-Küste schroff und steil aus dem Meer, die bis über 1.000 m abfallenden Klippen gehören zu den höchsten der Welt. Der Süden hingegen ist weitgehend eben – hier befinden sich die meisten Siedlungen, und das Meer ist wegen der vorgelagerten Korallenriffe flach und ruhig. Der Osten zeigt wegen der dort niedergehenden Wassermengen ein 'typisch hawaiisches' Bild mit Regenwald, grünen Tälern und dichter Vegetation, während der Westen sehr viel trockener ist und streckenweise das Gepräge einer Wüsten- oder Steppenlandschaft trägt.

Geologisch ist Molokai wie Maui oder Oahu aus zwei Schildvulkanen aufgebaut, deren Lavamassen sich später vereinigten und die Gesamtinsel bildeten. Im Westen ist das der ältere *Puu Nana*, der infolge der langen Erosionstätigkeit nur noch 421 m hoch ist. Demgegenüber ragt der jüngere *Mt. Kamakou* im Osten 1.513 m auf und ist damit hoch genug, um Winde und Wolken vom Inselinnern abzuhalten und der Ostküste ihre reichen Niederschläge zu bescheren. Später kam noch ein dritter, sehr niedriger Schildvulkan im Norden hinzu, der die Halbinsel Kalaupapa wie ein kleines Anhängsel an Molokai anschmiedete.

In der Rangfolge der größeren Inseln des Bundesstaates steht Molokai mit einer **Fläche** von 676 km^2 und einer **Einwohnerzahl** von rund 7.500 auf dem fünften Platz, jeweils hinter Kauai und vor Lanai. Damit bildet die Insel wie Lanai keine eigenständige Verwaltungseinheit, sondern ist dem County von Maui angegliedert (eine Ausnahme bildet die Kalaupapa-Halbinsel, die dem Gesundheitsministerium untersteht).

Die **Nachbarinseln** im Südosten sind jeweils relativ nah und können von Kaunakakai oder der Küstenstraße deutlich erkannt werden: Südlich ist die Insel durch den *Kalohi Channel* vom 14 km entfernten Lanai getrennt, im Südosten durch den *Pailolo Channel* vom ebenfalls 14 km entfernten Maui. Nach Westen hin beträgt der Abstand zur Nachbarinsel Oahu immerhin 47 km, so daß man beim Blick über den *Kaiwi Channel* etwa den Diamond Head nur schwach erahnen kann.

Historisch spielte Molokai, das in polynesischer Zeit stets dichter bevölkert war als heute, eine gewisse Sonderrolle. Die magischen Kräfte ihrer Priester waren weithin bekannt und gefürchtet, so daß die Nachbarinseln bis ins 18. Jhd hinein

Molokai: Die höchste Steilküste der Welt

von Eroberungsversuchen absahen. *Kamehameha I.* schließlich schickte seine Invasionstruppen gegen die Insel, von der er noch fünf Jahre zuvor seine Frau *Keopuolani* geholt hatte, und besiegte in der äußerst blutigen Schlacht von *Pakuhiwa* die Verteidiger. Es heißt, daß sämtliche Krieger Molokais dabei ums Leben kamen.

Von den **europäischen Entdeckern** hatte *James Cook* die Insel zwar 1778 gesichtet, beschrieb sie aber als öde und sah von einer Landung ab. Als erster Weißer betrat der Brite *George Vancouver* Molokai im Jahre 1792. Die christliche Missionierungstätigkeit begann im Jahre 1832. Obwohl die Insel unter den Hawaiiern immer einen besonderen Ruf hatte – u.a. errichtete König *Kamehameha V.* hier eine Sommerresidenz –, sank während des 19. Jhds die Zahl der Bevölkerung rapide ab, so daß Molokai schließlich den Beinamen *'Die einsame Insel'* erhielt. Dazu gesellte sich ab 1865, als auf Kalaupapa die berüchtigte Quarantänestation eingerichtet wurde, die Bezeichnung *'Lepra-Insel'*, und beide Spitznamen waren wahrlich nicht geeignet, den Ruf Molokais als Feriendestination zu etablieren. Aus diesem Grund entschied man sich in heutiger Zeit für den Beinamen *'Die freundliche Insel'*, der der Realität auch erheblich näherkommt.

Wirtschaftlich dominierten lange Zeit Landwirtschaft und Viehzucht, obwohl die äußeren Voraussetzungen dafür nicht gerade günstig sind. In der polynesischen Vergangenheit wurde an der Südküste **Aquakultur** in großen Fischteichen betrieben, von denen viele noch sehr gut erhalten sind. Die Versuche (im 19. Jhd u.a. vom deutschen Einwanderer *R.W. Meyer*), **Zuckerrohr** auf der Insel anzubauen, blieben ebenso ein Intermezzo wie der **Ananas**-Anbau, der in den 1980er Jahren eingestellt wurde. Erfolgreicher war die **Viehwirtschaft**, die bis heute in zwei großen Farmen (die *Molokai Ranch* im Westen und die *Puuo Hoku Ranch* im Osten) betrieben wird und nach wie vor das wirtschaftliche Standbein bildet. Daneben umfaßt die Produktpalette der Insel u.a. Kaffee, Macadamia-Nüsse, Wassermelonen und Honig.

Wegen des Niedergangs der Ananas-Industrie stieg die **Arbeitslosigkeit** unter der **Bevölkerung**, die zu 50% alt-hawaiischen Ursprungs ist, erheblich an, und man entschloß sich, den **Fremdenverkehr** als weitere Einnahmequelle auszubauen. Dabei gab man allerdings der behutsamen Entwicklung den Vorzug gegenüber einem zu schnellen Wachstum – ein Vorsatz, der bis heute eingehalten werden konnte. Zwar wurden einige Millionen Dollar in eine entsprechende Infrastruktur gesteckt, gibt es inzwischen ein gutes Hotel und mehrere Mittelklasse-Unterkünfte sowie Condominium-Anlagen und Ferienhäuser, doch geht alles einen weitaus geruhsameren Gang als auf den größeren Inseln. Die Eigenwerbung Molokais, daß Gäste hier nicht nur den Geburtsort des Hula, sondern insgesamt noch das 'wahre Hawaii' entdecken könnten, stimmt: Bei Erkundungen der zauberhaften Landschaft mit ihren unberührten Regenwäldern, spektakulären Küsten und menschenleeren Stränden treffen Touristen nur selten auf ihresgleichen.

Der Papohaku Beach an Molokais Westküste

Anders als auf Lanai öffnet sich die Insel vor allem den 'Normaltouristen', die eine rustikale Atmosphäre zu schätzen wissen und nicht unbedingt auf Luxus angewiesen sind. Sie treffen hier nicht nur auf eine wunderschöne Natur, sondern außerdem auf viele interessante historische Plätze und eine sehr gastfreundliche Bevölkerung.

Stark gestiegen ist in den letzten Jahren die Zahl der Tagesbesucher, die per Flugzeug oder mit der Personenfähre von Maui aus auf die Insel strömen und Ausflüge mit dem Mietwagen unternehmen. Oft ist auch zu lesen, daß die Insel aufgrund ihrer geringen Größe bequem an einem Tag zu 'schaffen' sei. Wer allerdings die wichtigsten Sehenswürdigkeiten (Kalaupapa-Lookout, Fahrt zum Halawa Valley, Strand von Papohaku) nicht nur abhaken, sondern auch genießen möchte, sollte wenigstens eine Zwischenübernachtung einplanen. Falls man zudem noch wandern, an einem Bootsausflug teilnehmen, die 'Hauptstadt' und andere Stätten kennenlernen sowie mit dem Pferdewagen ins Inselinnere oder mit dem Jeep zur Molokai Ranch aufbrechen möchte, sollte schon drei Tage im Reisegepäck mitbringen.

Highlights

- Unterkunft im *Kaluakoi Resort*, *Hotel Molokai* oder *Pau Hana Inn*.
- Landschaftsfahrt auf der Küstenstraße bis zum Halawa Valley.
- Golfen am Meeresstrand auf der schönen 18-Loch-Anlage von Kaluakoi.
- Wochenend-Schwofen mit Einheimischen unter dem Banyan-Baum des *Pau Hana Inn*.
- Strandwanderung am Papohaku-Beach oder in den Dünen von Keonelele.
- Zünftiger Pferdewagen-Ausflug in den Regenwald mit *Molokai Horse & Wagon Ride*.
- Abstieg zur Kalaupapa-Halbinsel und Besichtigung der ehemaligen Lepra-Kolonie mit *Damien Tours*.
- Safari in die 'Serengeti von Hawaii' im *Molokai Ranch Wildlife Park*.
- Bootsausflug zur spektakulären *Pali Coast* im Norden der Insel.

8.2 REISEPRAKTISCHE HINWEISE

Information

Informationen über die Insel sind beim *Hawaii Visitors Bureau* in Maui erhältlich, am kleinen Info-Stand im Flughafen, in den Hotels sowie über die *Molokai Visitors Association* (P.O.Box 960, Kaunakakai, HI 96748; Tel.: 553-3876, Fax: 553-5288), wo Sie auch die Broschüre "Molokai – the Most Hawaiian Island" bestellen können.

Hotels/Condominiums

Da Molokai bislang noch keinen Luxus-Tourismus kennt, sucht man hier Fünf-Sterne-Anlagen wie auf Maui oder Lanai vergeblich. Am komfortabelsten (und teuersten) ist das *Kaluakoi Resort* im Westen, das zwar inzwischen etwas in die Jahre gekommen ist, dafür aber mit einem der schönsten Strände von Hawaii direkt vor der Haustüre entschädigt. Ihm angeschlossen sind zwei Condominium-Anlagen, die gehobenen Ansprüchen gerecht werden. An der Südküste, vor allem in und bei Kaunakakai, gibt es einige Hotels und Pensionen der Mittelklasse, die relativ preisgünstig sind und den Vorteil eines zentralen Standortes für die Inselerkundung bieten. Auch hier und entlang der Küstenstraße nach Osten gibt es recht komfortable und vor allem überschaubare Condominiums.

Bed & Breakfast/Ferienhäuser

Die ländliche Insel wird zu einer immer beliebteren Destination für Urlauber, die gerne eine Woche oder länger bleiben und in einem Ferienhaus wohnen möchten. Die im KAPITEL 3.1 genannten überregionalen Bed & Breakfast-Anbieter haben einige hübsche Häuser (von *'basic'* bis *'deluxe'*) im Programm, so z.B. *Hawaiian Islands B & B and Vacation Rentals* zwei sehr schöne Gästezimmer und eine Hütte auf der 'Kamalo Plantation' ($$) gegenüber der St. Joseph Church. Weitere Hinweise gibt auch die *Molokai Visitors Association.* Auf ein privat vermietetes Ferienhaus sei an dieser Stelle hingewiesen: das *Miller Molokai* (243 Papapa Pl., Papohaku Ranch, Tel.: 552-2942, Fax: (503)222-6134) ist ein luxuriöses Haus mit 4 Schlafzimmern (maximal 12 Gäste), hat ein zentrales Wohngebäude mit Küche, Jacuzzi etc. und liegt nur 220 m vom herrlichen Papohaku Beach entfernt (Mindestaufenthalt 5 Tage, Wochenmiete ab US$ 2.450).

Camping

Zeltmöglichkeiten gibt es u.a. am *Papohaku Beach Park* im Westen, am *Alii Beach Park* nahe von Kaunakakai, im *Palaau State Park* an der Nordküste, am *Wailoku Lookout* im Inselinnern sowie im *Halawa Bay Beach Park* im äußersten Osten. Überall benötigt man hier ein Camping-Permit, das bei der *Division of Forestry & Wildlife,* der *Division of State Parks* oder dem *Department of Parks & Recreation* zu bekommen ist (Adressen siehe KAPITEL 8.4).

Flüge

Der **Inselflughafen** *Molokai Airport* (Tel.: 567-6140), manchmal auch *Hoolehua Airport* genannt, befindet sich im Herzen der Insel, 13 km von Kaunakakai entfernt. Er wird tägl. mehrmals von Honolulu und Kahului (Maui) direkt angeflogen. Am Flughafen gibt es einen Info-Stand, eine Snack-Bar und die Schalter der größeren Mietwagenfirmen sowie eine Haltestelle für Taxen und den Shuttle-Bus nach Kaunakakai.

Ein Hin- und Rückflug ab/bis Honolulu einschl. Mietwagen auf Molokai ist ab US$ 84 zu bekommen.

Der zweite Inselflughafen befindet sich auf der Halbinsel Kalaupapa (Tel.: 567-6331) und wird von der Gesellschaft *Air Molokai* angeflogen, die daneben auch die Strecken nach Honolulu und Hana sowie Kahului (beide auf Maui) bedient.

Informationen, Buchungen und Flugrückbestätigung sind über folgende Telefonnummern möglich:

- *Aloha Airlines/Island Air*, Tel.: 244-9071
- *Air Molokai*, Tel.: 553-3636
- *Hawaiian Airlines*, Tel.: 553-3644

Busse

Es gibt auf Molokai kein öffentliches Busnetz, aber einen sporadisch eingesetzten Shuttle-Bus von *Kukui Tours* nach Kaunakakai und zum *Kaluakoi Resort*.

Mietwagen

Alle Mietwagenfirmen sind ausschließlich am Flughafen vertreten, wobei sich die Schalter im Terminal und die Parkplätze vis-a-vis davon (kein Shuttle) befinden.

Wer Molokai wirklich erleben möchte, ist wegen der Entfernungen und des fehlenden Busnetzes auf einen Mietwagen angewiesen; die Straßen zu den wichtigsten Sehenswürdigkeiten sind gut, asphaltiert und nur auf dem *Hwy. 450 East* sehr schmal – hier ist ein normales Leihauto völlig ausreichend.

Wer jedoch Ausflüge ins Inselinnere oder zu den schönen Strandabschnitten im Norden unternehmen möchte, sollte sich für einen Geländewagen entscheiden.

- *Avis:* Molokai Airport, Tel.: 567-6814
- *Budget:* Molokai Airport, Tel.: 567-6877
- *Dollar:* Molokai Airport, Tel.: 567-6156
- *Hertz:* Molokai Airport, Tel.: 800-654-3131
- *National:* Molokai Airport, Tel.: 800-227-7368
- *Tropical:* Molokai Airport, Tel.: 800-352-3923

Einige Entfernungen (mit ungefähren Zeitangaben) ab Molokai Airport:

Kaunakakai	13 km (10 Minuten)
Palaau Park	15 km (15 Minuten)
Kamalo	22½ km (30 Minuten)
Kepuhi Beach	24 km (25 Minuten)
Halawa Valley	58 km (2 Stunden)

Taxis

Folgende Firmen führen Personentransporte und Inseltouren durch: *Friendly Isle Tours & Transportation* (Tel.: 567-6177), *Kukui Tours & Limo* (Tel.: 553-5133), *Molokai Limo & Taxi* (Tel.: 553-3979), *Molokai Off-Road Tours & Taxi* (Tel.: 553-3369) und *Cab Molokai* (Tel.: 553-3433).

Personenfähren

Die einzige Fährverbindung verbindet Kaunakakai mit Lahaina auf Maui. Die moderne Personenfähre *"Maui Princess"* verläßt die Wharf tägl. um 5.45 und 16.00 Uhr, die Überfahrt dauert 1 Stunde und 20 Minuten – für Frühaufsteher also eine gute Möglichkeit, die alte Walfängermetropole zu erkunden.

Das Einzelticket kostet US$ 25, 6 Tickets kosten US$ 115; es gibt auch Paketangebote, einschließlich Mietwagen auf Maui. Infos und Reservierungen unter Tel.: 553-3377.

Ärztliche Versorgung

Eine **Apotheke** *(Molokai Drugs,* Ala Malama St., Tel.: 553-9913) befindet sich in Kaunakakai, ebenfalls ein kleines **Hospital**: *Molokai General Hospital,* Home'Olu St., Tel.: 553-5331.

Wichtige Telefonnummern

- Polizei, Ambulanz, Feuerwehr: 911
- Coast Guard: 1-800-552-6458
- Wetter-Vorhersage: 552-2477
- Zeitansage: 553-9211
- See- und Schiffahrtsbedingungen: 877-3477

Einkaufen

Molokai ist wahrlich kein Einkaufsparadies. Immerhin gibt es in der Hauptstadt einige Geschäfte für Fotozubehör, Mode, Lebensmittel, Schnorchel-, Tauch- und Angelausrüstung *(Molokai Fish & Dive)* sowie Souvenirs, die alle auf der Ala Malama St. untergebracht sind.

Auch das Dorf Maunaloa im Westen hat mit der *Big Wind Kite Factory*, der *Plantation Gallery* und *Blue Nalu* drei für Touristen interessante Läden. Ansonsten sorgen einige *General Stores* für das Notwendigste. Wer auf einen Einkaufsbummel aus ist, sollte die Fähre nach Lahaina nehmen.

Restaurants

Wie bei den Unterkünften ist auch das Angebot an Restaurants beschränkt, Gourmet-Lokale gibt es überhaupt nicht. Die meisten Möglichkeiten ergeben sich in Kaunakakai, daneben finden sich in Maunaloa und Kualapuu kleinere rustikale Gaststätten. Essen kann man selbstverständlich auch in den Hotel-Restaurants.

Nachtleben

Das Nachtleben ist auf die Hotels *Kalaukoi Resort, Hotel Molokai* und *Pau Hana Inn* beschränkt. In den erstgenannten gibt es an Wochenenden Entertainment, z.T. auch Hula Shows. Im *Pau Hana Inn* wird Live-Musik geboten, u.a. von der bekannten Inselband *'Fibre'*.

Golf

Von allen hawaiischen Inseln hat Molokai die wenigsten Golfplätze, nämlich nur zwei. Dieses Manko wird dadurch wettgemacht, daß der 1977 angelegte **Kaluakoi Golf Course** an der Westküste (Kaluakoi, Tel.: 552-2739, 18 Loch, Par 72; Green fees US$ 75) zu den schönsten direkt am Wasser gelegenen gehört, die der Archipel anzubieten hat. Während die Anlage zum Kaluakoi-Resort gehört (aber auch externe Gäste zuläßt), ist der **Ironwood Hills Golf Club** in Kualapuu (Tel.: 567-6000, 9 Loch, Par 34; Green fees US$ 10) ein öffentlicher Platz. Er liegt erhöht und bietet einen schönen Panoramablick auf die Insel.

Aktivitäten und Ausflüge

Für **Wassersport** sind die Verhältnisse ideal, doch hinkt die Infrastruktur noch hinter den Möglichkeiten zurück. Wer gerne tauchen, schnorcheln oder Bootsausflüge unternehmen möchte, findet z.B. in Lahaina auf Maui sehr viel mehr Anbieter, die Molokai in ihr Programm aufgenommen haben. Dies betrifft vor allem Inselumrundungen mit dem Speed-Boot, bei der man die spektakuläre Nordküste aus der Nähe betrachten kann. Auf der Insel selbst kann man über das *Kaluakoi Resort* an der Westküste, über *Molokai Fish & Dive* in Kaunakakai oder über das *Outfitters Center* in Maunaloa Sportgeräte ausleihen bzw. an organisierten Ausflügen teilnehmen. Weitere Anbieter:

- Bei *Molokai Charters* (Kaunakakai, Tel.: 553-5852) kann man Segelboote unterschiedlicher Größe chartern oder an organisierten Segeltörns teilnehmen (2 Stunden-, Halbtages- oder Ganztagestouren), z.T. mit Schnorchelmöglichkeit und Mittagessen.
- Anbieter von Bootsausflügen zum Angeln bzw. zur Hochseefischerei findet man an der Wharf Kaunakakai, wo z.B. die *Shon-A-Lei II* (Tel.: 553-5242) oder die *The Alyce C.* (Tel.: 558-8377) Gäste mitnimmt. Für eine Halbtagestour muß man mit US$ 230 im Vollcharter rechnen.

● Auf dem Land bieten folgende drei Unternehmen **Inselausflüge** mit dem Van bzw. dem Jeep an, u.a. auch zum Waikolu Lookout und zur Hawala Bay: *Molokai Limousine & Taxi* (Tel.: 553-3979), *Kukui Tours & Limousine* (Tel.: 553-5133) und *Molokai Offroad Tours* (Tel.: 553-3369).
Ein ganz besonderes Vergnügen ist es, mit dem **Pferdewagen** durch die größte Mango-Plantage der Inseln und zum alten Tempel *Iliiliopae* gebracht zu werden. Diese gemütliche, interessante und empfehlenswerte Tour wird von drei Hawaiiern organisiert, die das Unternehmen *Molokai Horse & Wagon Ride* (P.O.Box 56, Hoolehua, Tel.: 567-9402 oder 558-8380) gegründet haben. Auf dem Trip wird alt-hawaiische Musik dargeboten, und die Gäste können Netzfischen, Kokosnuß-Öffnen und Hula-Tanzen lernen. Zum Abschluß gibt's einen Lunch im Hotel Molokai. Die Touren starten Mo-Sa um 10.30 Uhr und kosten US$ 37 einschließlich Essen. Ebenfalls angeboten werden begleitete Reitausflüge (1½ Stunden US$ 44 einschließlich Essen).
Die **Molokai Ranch** im Westen der Insel ist das Betätigungsfeld des *Molokai Ranch Outfitters Center* (P.O.Box 259, Maunaloa, Tel.: 552-2681). Dieses Unternehmen bietet hier eine breite Produktpalette an Ausflügen und Sportarten an, u.a. einen **Ganztagesritt** zu einem versteckten Sandstrand mit Kayaking, Schnorcheln, Surfen etc. und Picknick (US$ 95), einen 1½-Stunden-Ritt über das Ranch-Gelände (US$ 35), eine Van-Safari durch das Wildgehege (US$ 35) sowie geführte Wanderungen. Auch **Fahrräder** (Mountainbikes) kann man sich im *Outfitters Center* ausleihen. Passionierte **Jäger** wenden sich an die beiden großen Ranchen, von denen alle Aktivitäten aus organisiert werden. Im Westteil der Insel werden Fasane, wilde Truthähne und Rotwild gejagt, im Osten Wildziegen, Wildschweine und Rotwild.
Über **Tennisplätze**, die auch von externen Gästen benutzt werden dürfen, verfügt das *Colony's Kaluakoi Resort,* ansonsten gibt es Tennisplätze in den Condominium-Anlagen des *Wavecrest Resort* und von *Molokai Shores Condominium.*

● **Rundflüge**

Wer Molokai aus der Vogelperspektive erleben möchte, sollte von Oahu, Maui oder Lanai aus an einer Flightseeing-Tour mit dem Helikopter- bzw. Kleinflugzeug teilnehmen. Die meisten Besucher der Insel kommen aber ohnehin mit kleinen Propellermaschinen nach Molokai und sehen sozusagen gratis u.a. die Nordküste mit der Kalaupapa-Halbinsel. Auf der Insel selbst bietet *Bi-Plane Hawaii* (Molokai Airport, Tel.: 567-6100) Rundflüge mit einem offenen Doppeldecker an, die von 35 bis 65 Minuten dauern. Der Preis liegt für 2 Passagiere bei US$ 220 aufwärts.

● **Touren nach Kalaupapa**

Für den Besuch der ehemaligen Lepra-Kolonie gelten besondere Bestimmungen, z.B. ist die Besichtigung für Personen unter 16 Jahren untersagt. Die einzige Möglichkeit, die Sehenswürdigkeiten in Kalaupapa kennenzulernen, besteht auf einer geführten Tour mit *Father Damien Tours* (P.O.Box 1, Kalaupapa, Tel.: 567-6171), die unbedingt vorher angemeldet sein muß. Den Ritt zur Halbinsel auf einem Maultier (Ganztagesausflug einschl. Essen und Führung) organisiert *Molokai Mule Ride* (P.O.Box 200, Kualapuu, Tel.: 567-6088), ebenfalls den Besuch per Flugzeug oder eine kombinierte Maultier-/Flugzeug-Tour.

Strände

Die schönsten und am leichtesten zugänglichen Strände befinden sich an der **Westküste**, darunter der *Kepuhi Beach,* der *Kapukahehu Beach* und besonders der *Papohaku Beach,* mit knapp 5 km der längste Sandstrand der Insel. Wegen Strömungen und hoher Wellen ist das Schwimmen hier jedoch nicht immer möglich. Der schönste Strand des **Nordens** ist der *Moomoni Beach* mit dem Dünengebiet von *Keonelele,* er ist allerdings nur zu Fuß oder per Geländewagen zu erreichen. Im **Süden** gibt es eine ganze Reihe meist schmaler Sandstrände, von denen viele durch einen *Beach Park* erschlossen sind *(One Alii Beach, Murphey's Beach).* Hier ist Schwimmen und Schnorcheln fast immer möglich, allerdings ist das Wasser recht flach (ideal für Familien!). Der einzig zugängliche Strand im **Osten** ist der an der *Halawa Bay,* wobei man die lange Reise dorthin nicht wegen der Bademöglichkeiten, sondern wegen der naturschönen Umgebung unternehmen sollte.

8.3 MOLOKAI SEHEN UND ERLEBEN

8.3.1 VOM FLUGHAFEN ZUR WESTKÜSTE

Wer vom Flughafen auf den *Hwy. 460 (Maunloa Hwy.)* einbiegt und in westlicher Richtung fährt, mag von der Landschaft enttäuscht sein: Wo sich sonst auf Hawaii sattes Grün in Tälern und auf steilen Berghängen ausbreitet, ist hier die Natur ausgedörrt und steppenartig, das Landschaftsbild leicht gewellt und eintönig. Und da die Sonne meist gnadenlos vom blauen Himmel knallt, beeilen sich die meisten Besucher, die ca. 25 km zu den beiden Traumstränden an der Westküste *(Popohaku Beach* und *Kepuhi Beach)* möglichst schnell hinter sich zu bringen, wofür man auf der gut ausgebauten Strecke etwa 25 Minuten braucht.

Der Highway steigt vom Flughafen sanft an und kommt zu einem Paß unweit des alten Schildvulkans *Puu Nana*, der mit 421 m ü.d.M. die höchste Erhebung dieses Inselteils darstellt. Gut 4 km danach erreicht man den Abzweig der *Kaluakoi Rd.,* die rechts zu den genannten Stränden hinabführt.

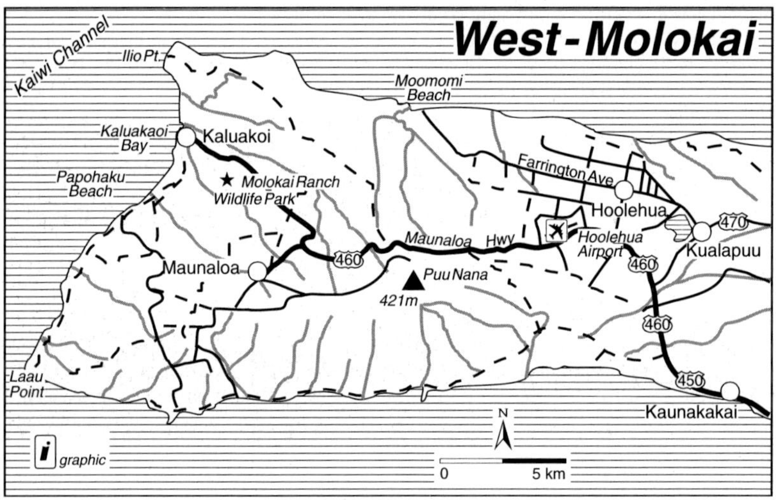

Maunaloa

Bleibt man an der Abzweigung auf dem *Hwy. 460*, gelangt man nach 2½ km zum Straßendorf Maunaloa, wo der Highway endet. Das 1923 errichtete Dorf war ursprünglich eine Siedlung für die Arbeiter der Ananasplantagen von *McNeil & Libby*. Etwa 50 Jahre lang versuchten die Firma, die später von der *Dole Company* aufgekauft wurde, und das Konkurrenzunternehmen *Del Monte*, dem trockenen Boden mit intensiver Bewässerung profitable Erträge abzugewinnen, bis 1975 *Dole* und 1982 *Del Monte* die Plantagen aufgaben. Fast alle Einwohner verließen daraufhin Maunaloa, und erst einige Jahre später wurde der Ort von Aussteigern und Künstlern, in den 1990er Jahren dann auch von Bauherren für Ferienwohnungen wiederentdeckt. Heute hat Maunaloa wieder einige hundert Bewohner und verfügt über eine Kirche, eine Schule, mehrere hübsche Holzhäuschen, einen Supermarkt, eine populäre Imbißstube und die originelle *Big Wind Kite Factory*. Am Ende des Dorfes ist auch das *Molokai Ranch Outfitters Center* ansässig, das geführte Wander- und Reittouren anbietet.

Restaurant

Jojo's Café ($), Maunaloa Hwy., Tel.: 552-2803; rustikale Gaststätte mit Gerichten wie Fisch, Hühnchen, Hamburger, portugiesische Bohnensuppe, tägl. außer So 12.00-14.00 und 17.00-19.45 Uhr geöffnet.

Einkaufen

- *Big Wind Kite Factory*, 120 Maunaloa Hwy., geöffnet Mo-Sa 8.30-17.00, So 10.00-14.00 Uhr, Tel.: 552-2364; interessantes Geschäft mit fernöstlichen Antiquitäten, Büchern, Postkarten und einer Vielzahl handgemachter farbenfroher Flugdrachen. Die Besitzerfamilie *Socher* vermittelt auch Lernstunden für die hohe Kunst des Drachenfliegens.
- *Blue Nalu*, Maunaloa Hwy., geöffnet Mo-Sa 9.00-18.00, So 10.00-16.00 Uhr, Tel.: 552-0012; interessanter Laden unter einem Banyan-Baum mit hawaiischem und indianischem Kunsthandwerk, Schnitzereien, Souvenirs und Kleidung.

Da Maunaloa keine Sensationen bereithält, kann man es bei einer kurzen Stippvisite belassen und fährt zurück bis zur Abzweigung der *Kaluakoi Rd.*. Auf dieser geht es entlang der Molokai Ranch (s.u.) und auf die Westküste zu, wobei man schon von Ferne den Golfplatz von Kaluakoi als grüne Oase sieht. Zum **Kaluakoi Resort**, dem einzigen der Insel, zweigt man in einer Linkskurve rechts ab. Das ehemals zum Sheraton-Konzern gehörende Haus wurde 1977 gebaut und ist inzwischen von zwei Condominium-Anlagen umgeben. Zum Westen hin wird es vom wunderschönen und weißsandigen **Kepuhi Beach** begrenzt, der bei ruhiger See zum Schwimmen geeignet ist. Nördlich davon befindet sich ein weiterer schöner Sandstrand, der **Kawakiu Beach**, der die gleichnamige Bucht säumt. Er ist am besten über die Condominium-Anlage *Paniolo Hale* und den Golfplatz erreichbar.

Der Kepuhi Beach

Hotels

- *Colony's Kaluakoi Hotel & Golf Club* ($$$$), Kepuhi Beach, Maunaloa, Tel.: 552-2555, Fax: 552-2821; gutes Mittelklasse-Hotel mit 175 Zimmern in mehreren zweistöckigen Gebäuden, herrlich am Strand und am Golfplatz gelegen, Pool, Restaurant, Snackbar, 18-Loch-Golfplatz, vier Tennisplätze, am Wochenende Entertainment.
- *Paniolo Hale* ($$$$), Kepuhi Beach, Maunaloa, Tel.: 552-2731; sehr gute Condominium-Anlage mit Pool und 39 Einheiten, alle mit Küche, Balkon, Whirlpool usw. ausgestattet. Mindestaufenthalt 3 Nächte.

Restaurant
Das *Ohia Lodge Restaurant* ($$$) im *Kaluakoi Resort* bietet solide kontinentale Küche mit Seafood und Prime Rib als Spezialitäten, spektakuläre Sonnenuntergänge, manchmal Buffets und Hula-Shows, tägl. zu Frühstück, Mittag- und Abendessen geöffnet.

Weiter südlich und vom *Kepuhi Beach* durch den 33 m hohen Schlackenkegel *Kaiaka Rock* getrennt, erstreckt sich der knapp 5 km lange, 100 m breite und von Kiawe-Bäumen gesäumte **Papohaku Beach**, einer der längsten von ganz Hawaii und sicher auch einer der schönsten. Schade nur, daß die starke Strömung und die hohe Brandung Schwimmen wenig ratsam erscheinen lassen. Zu diesem weißsandigen Bilderbuchstrand gibt es drei öffentliche Zugänge. Der erste ist rechts der

Der Papohaku Beach

Kaluakoi Rd. am *Papohaku Beach Park*, wo es auch Picknicktische, Duschen, sanitäre Anlagen und ein Campinggelände gibt. Bleibt man auf der *Kaluakoi Rd.* (Vorsicht: wilde Truthähne!), hat man nach 800 m über die *Lauhue Rd.* und nach 2 km über den *Papapa Pl.* weitere Anfahrtsmöglichkeiten; letztgenannte befindet sich am südlichen Ende des Strandes, der wenige Schritte vom kleinen Parkplatz entfernt liegt.

Wem die 5 Kilometer des *Papohaku Beach* nicht ausreichen, der kann zu einer Reihe weiterer Strände aufbrechen, die z.T. etwas versteckt liegen. Der letzte öffentlich zugängliche Strand im Süden der Westküste ist der **Kapukahehu Beach**, der von den Einheimischen nach einem Schiff, daß hier in den 1920ern auf das Riff auflief, *"Dixie Maru Beach"* genannt wird. Er liegt gut 3 km vom *Papohaku Beach* entfernt, verfügt über einen schmalen, aber schönen Sandstrand, an dem man bei ruhiger See gut schwimmen kann, und ist über die *Poha Kuloa Rd.* zu erreichen. Diese Straße führt als *Kulawai Loop* auf die *Kaluakoi Rd.* zurück, auf der man anschließend wieder auf das *Kaluakoi Resort* zufährt. Kurz vorher gibt es nach rechts eine weitere Rundfahrtmöglichkeit, wobei einen der *Pa Loa Loop* nicht zum Ufer, sondern durch die Steppe des Inselinneren und ein gutes Stück oberhalb des Hotels zur *Kaluakoi Rd.* zurückbringt.

Außer den genannten Straßen sind fast alle anderen Privatwege, die zum riesigen Gebiet der **Molokai Ranch Company** gehören. Mit einem Areal von über 24.000 ha ist sie der größte Großgrundbesitzer der Insel und betreibt vor allem Rinderwirtschaft. Aber auch Reitställe, lange Wanderwege, Felder und Eigentumswohnungen gehören zur Ranch. Da die Ländereien bis an die Küste gehen, sind nicht nur interessante Plätze (u.a. alt-hawaiische Petroglyphen und heiaus) für die Öffentlichkeit nicht zugänglich, sondern auch mehrere schöne Strände. Andererseits vergibt die Company gegen ein Deposit die Erlaubnis, das Areal zu durchfahren bzw. zu durchwandern (Tel.: 552-2767; Anmeldungen mindestens eine Woche im voraus). Einfacher ist es, an einer geführten Tour per Jeep, Pferd oder zu Fuß durch das Ranchgebiet teilzunehmen. Solche Exkursionen bietet das *Molokai Ranch Outfitters Center* in Maunaloa an, zu besonderen Anlässen ebenfalls die Teilnahme an einem Rodeo der Ranch-Cowboys *(paniolos)*. Die größte Attraktion der Molokai Ranch ist aber zweifellos ihr *Wildlife Park.*

Molokai Ranch Wildlife Park

Ein etwa 405 ha großes Gelände der Molokai Ranch ist seit 1978 als *Wildlife Conservation Park* die Heimat vieler zumeist aus Afrika stammenden Wildtiere. Zebras, Giraffen, Elen- und Oryx-Antilopen, Berberschafe, Hirsche, Kraniche und viele andere Tiere bevölkern das Wildgehege, das der Filmindustrie bisweilen als Hintergrund für Szenen dient, die in Tansania, Kenia oder Südafrika spielen. Immerhin kommt landschaftlich die Steppe West-Molokais dem Original so nahe, daß der Beiname von der 'hawaiischen Serengeti' aufgetaucht ist.

In der 'hawaiischen Serengeti'

Auf Rundfahrten *(Safari Van Tours)*, die 1½-2 Stunden dauern, werden Tier- und Fotofreunde durch das Gehege gebracht, wo sie dann ein echtes Safari-Gefühl erleben und an Fütterungen teilnehmen können.

Touren

Die Touren, die am Kaluakoi Resort starten, finden Fr, Sa, So und Mo um 10.30 und 14.00 Uhr sowie am Mi um 14.00 Uhr statt. Sie kosten für Erwachsene US$ 35, für Jugendliche bis 18 Jahre US$ 25 und für Kinder unter 6 Jahren US$ 10. Reservierungen sind im Resort oder beim *Molokai Ranch Outfitters Center* (Tel.: 552-2681) vorzunehmen.

8.3.2 DER NORDEN: VOM FLUGHAFEN ZUR KALAUPAPA-HALBINSEL

Nur 15 km sind es vom Flughafen bis zum Lookout auf die Kalaupapa-Halbinsel, und da die Straßenverhältnisse sehr gut sind, braucht man für die Strecke nicht mehr als eine Viertelstunde. Wegen einiger Besichtigungspunkte unterwegs und Spaziergänge am Zielpunkt sollte man sich für diesen Ausflug jedoch einige Stunden Zeit nehmen, und wer den Weg hinunter zur Kalaupapa-Halbinsel (ca. 1½ Stunden), den dortigen Rundgang und den Aufstieg zurück zum *Palaau State Park* (ca. 2½ Stunden) unternehmen möchte, hat einen ausgefüllten Tag vor sich.

Vom Flughafen fährt man zunächst in Richtung Kaunakakai auf dem *Hwy. 460*, von dem man nach wenigen Kilometern links auf den *Hwy. 470* abbiegt. Reizvoller (und kein großer Umweg) ist es, wenn man bereits vorher links auf den *Hwy. 480* abzweigt und durch landwirtschaftlich intensiv genutztes Gebiet nach Norden bis **Hoolehua** fährt. Hier stößt man auf die *Farrington Ave.*, auf die man rechts einfährt und bald darauf nach Kualapuu bzw. zum *Hwy. 470* gelangt.

Hinweis
Wenn man in Hoolehua der *Farrington Ave.* und der folgenden *Moomoni Rd.* noch weiter nach Nordwesten folgt (links), kommt man nach gut 5½ km zum **Moomomi Beach**, einem schönen Sandstrand. Das Schwimmen ist dort allerdings zu gefährlich, und die starken Winde machen auch Sonnenbaden zu keiner angenehmen Sache. Gut 3 km westlich der Buch erstreckt sich das ausgedehnte Dünengebiet von *Keonelele*, das auch als 'Desert Strip' bezeichnet wird. Die Landschaft ist phantastisch, jedoch besteht der Anfahrtsweg sowohl nach Moomoni als auch nach Keonelele aus einer äußerst rauhen und sandigen Piste, für die ein Geländewagen notwendig ist.

Kualapuu

Zum Osten hin wird die *Farrington Ave.* zur Hauptstraße des kleinen Marktortes Kualapuu, in dessen Zentrum sich ein Kramladen, das Postamt und ein sehr fotogenes Restaurant befinden.

Restaurant
Kualapuu Cook House ($), Farrington Hwy., Tel.: 567-6185; schönes Holzgebäude mit amerikanisch-hawaiischer Küche, viele Einheimische, rustikale Atmosphäre, tägl. außer So von morgens bis abends geöffnet.

Rund 800 m vom Ortszentrum entfernt stellt im Nordwesten (zu erreichen über die *Lihi Pali Ave.*) die **Purdy's Natural Macadamia Nut Farm** einen interessanten Abstecher dar. Auf dieser Farm wachsen u.a. Avocados, Kokosnüsse, Zuckerrohr, Bananen, Mangos und Papayas, die Attraktion aber ist eine 60 Jahre alte Macadamianuß-Plantage mit etwa 50 Bäumen.

Man kann durch die Anlage spazieren und viel über Herkunft, Wachstum und Verarbeitung der 'Königin der Nüsse' lernen. Natürlich können Sie auch eine Kostprobe zu sich nehmen und Souvenirs (u.a. Macadamia-Honig) kaufen.

Kualapuu Cook House

Öffnungszeiten
Purdy's Natural Macadamia Nut Farm, Lihi Pali Ave., Tel.: 567-6601; Mo-Fr 9.30-15.30, Sa 10.00-14.00 Uhr geöffnet, freier Eintritt.

Nach Osten hin bringt einen die *Farrington Ave.* in wenigen hundert Metern zum *Hwy. 470*, vorbei an Kaffee-Feldern, die in den 1930er Jahren angelegt wurden. Sofort an der Einmündung in den Highway kann man sich den hier angebauten Kaffee in dem grün-weißen Holzgebäude *'Coffee of Hawaii'* schmecken lassen bzw. abgepackten Kaffee und Souvenirs kaufen.

Am Ende der Ortschaft biegt man auf den *Hwy. 470* ein, der einen in 6½ km zum Palaau State Park bringt, vorbei an Rinderweiden und durch schattige Wälder. In der Nähe des Weiler **Kaele** liegt kurz hinter der Kualapuu links der Straße die **R.W. Meyer Sugar Mill**, deren Besuch sich lohnt. Sie wurde 1878 vom Hamburger *Rudolph Wilhelm Meyer* gegründet, der 1850 als 24jähriger nach Molokai eingewandert war und zunächst der Molokai Ranch als Verwalter vorstand. *Meyer* hielt die klimatischen Verhältnisse im 460 m hoch gelegenen Kaele für ideal, um hier Zuckerrohr anzubauen, der dann auf Ochsenkarren zu seiner Zuckermühle gebracht wurde. Seine 12 ha großen Ländereien warfen in Spitzenzeiten 50 Tonnen Zucker ab. Auch privat fand

Meyer sein Glück auf Molokai: Er heiratete die Einheimische *Kalama Waha* und hatte mit ihr 11 Kinder. Nach seinem Tod im Jahre 1899 wurde die Mühle noch eine Dekade weiter betrieben, bevor sie wegen Unrentabilität aufgegeben werden mußte. Nach vielen Jahrzehnten des Verfalls erinnerte man sich 1972 wieder an das Baudenkmal und restaurierte es in 16jähriger Arbeit. Im Innern des Holzgebäudes werden Sie in einem 20minütigen Videofilm über die Geschichte von *R.W. Meyer* und seinen Betrieb informiert, und in der Hauptsaison zeigt man manchmal die Maschinerie, die von einem Pferd in Gang gehalten wird. Ein kleiner Souvenirshop und sanitäre Anlagen sind ebenfalls vorhanden.

Schauen Sie sich nach dem Besuch der Mühle auch noch auf dem Friedhof *("R.W. Meyer Cemetery")* um, auf dem die Gräber des Gründerehepaares und zahlreicher Familienmitglieder erhalten sind. Er liegt unweit des neugebauten Parkplatzes.

Öffnungszeiten
R.W. Meyer Sugar Mill, Hwy. 470, Tel.: 567-6436; tägl. außer So 10.00-12.00 Uhr geöffnet, Eintritt US$ 2,50.

Wieder zurück auf dem *Hwy. 470*, geht es in 1½ km leicht bergan auf gut ausgebauter Strecke zum *Palaau State Park*, wobei man linkerhand die Maultier-Ställe *(Mule Stables)* und rechterhand den Startpunkt des Maultierpfades zur Halbinsel Kalaupapa passiert.

Palaau State Park

Dieser herrliche, 95 ha große und rund 485 m hoch gelegene *State Park* ist umgeben von dichten Ironwood- und Eukalyptuswäldern, durch die ein dichtes Netzwerk von schönen Wanderwegen führt. Der Highway endet am Parkplatz (mit sanitärer Einrichtung, in der Nähe ein Campinggelände), von wo zwei ausgeschilderte kurze Trails abgehen. Biegt man hier rechts in den Wald ein, kommt man zum Aussichtspunkt auf die Halbinsel, geht man schräg nach links, gelangt man zum berühmten *'Phallic Rock'*.

Der Phallic Rock

- **Phallic Rock**

Etwa 300 m sind es bis zu diesem merkwürdigen Felsen, wobei der Weg durch einen dichten Ironwood-Wald führt, in dem man nichts von der Nähe des Meeres spürt. Wenn Sie dem Pfad hinauf auf einen Hügel folgen (nicht links abbiegen), gelangen Sie in einen regelrechten Steingarten mit mehreren von Wind und Wetter glattgeschliffenen Felsen. Genau in der Mitte dieses Terrains befindet sich der *Phallic Rock (Kaule O Nanahoa),* der an seiner charakteristischen Form unschwer zu erkennen ist. Der Legende nach geht der Stein auf einen gewissen *Nanahoa* zurück, der hier auf dem Hügel mit seiner Frau *Kawahuna* lebte. Eines Tages beobachtete diese, wie ihr Mann ein junges hübsches Mädchen beobachtete. Rasend vor Eifersucht lief sie auf das Mädchen zu, während der ertappte Ehemann zu seinem Weib lief und es wütend zu Boden warf, wo sie sich in einen Stein verwandelte. Doch auch *Nanahoa* wurde versteinert, und zwar in Form eines Phallus.

Der Volksglaube will es auch, daß unfruchtbare Frauen, die eine Nacht am *Phallic Rock* verbracht haben, schwanger nach Hause gekommen seien.

- **Kalaupapa Outlook**

Der andere Pfad bringt Sie in wenigen Minuten zu einer Steinmauer direkt an der Steilküste, von wo man einen guten Blick auf die Kalaupapa-Halbinsel hat. Auf

Blick auf die Kalaupapa-Halbinsel

fünf Schautafeln finden Sie Erläuterungen zur Naturgeschichte von Kalaupapa, zu der Leprakolonie, zur Leprakrankheit, zum Leben und Werk von *'Father Damien'* und *'Mother Marianne'* sowie zur heutigen Situation auf Kalaupapa.

Einen noch besseren Blick auf die Halbinsel erhält man, wenn man dem Pfad, der vom Lookout aus durch den wunderschönen Ironwood-Wald bergab führt, etwa 200 m folgt und dann nach rechts zur Steilküste abbiegt – hier sieht man einen größeren Teil von Kalaupapa samt der aufragenden Küste –, aber Vorsicht: Dieser Spot ist nicht gesichert, und die Klippen fallen rund 500 m steil ab.

• Kalaupapa

Die flache Halbinsel ist das Produkt von Lavaeruptionen, mit denen sich der flache Schildvulkans *Kauhako* aufbaute. Dies war die letzte Eruption auf der Insel

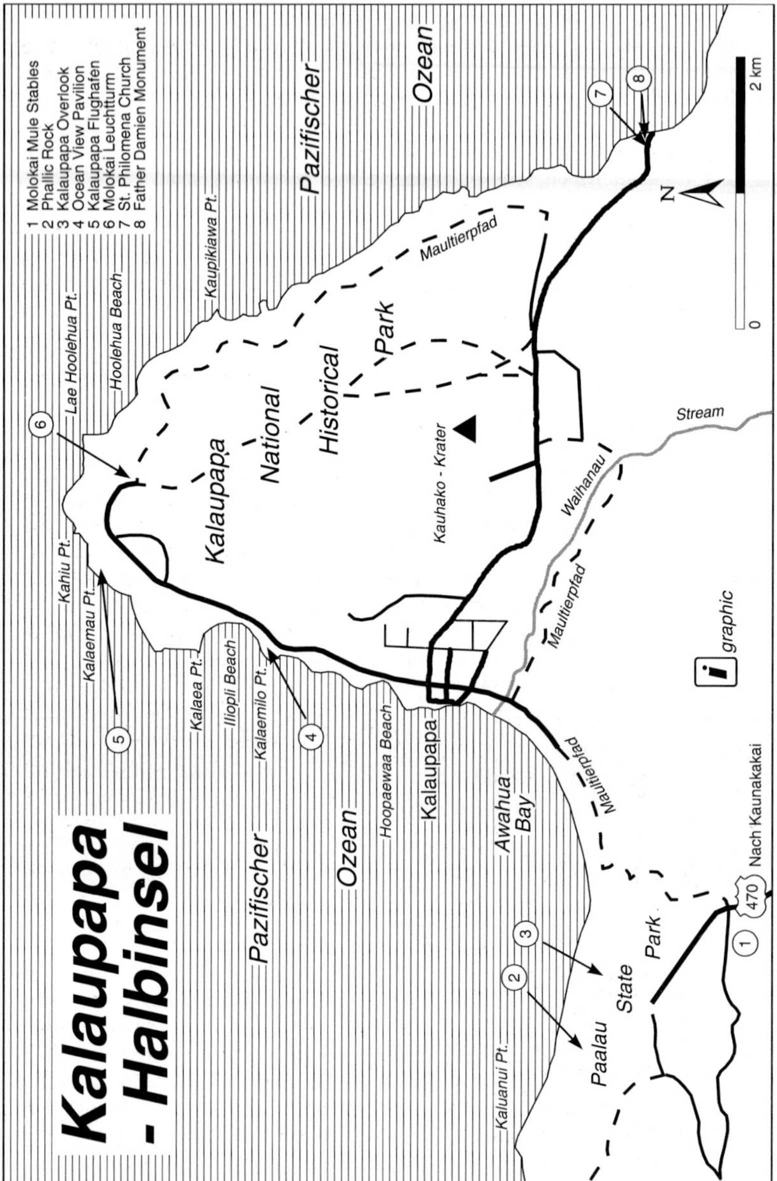

und fand statt, nachdem die Steilküste schon voll ausgebildet war. Der *Kauhako*-Krater ist mit 125 m nicht sehr hoch, sein Inneres wird von einem See bedeckt, der allerdings 240 m tief hinabreicht. Die Halbinsel mißt 4 km von den Klippen bis zum *Kahiu Point* und ist fast genauso breit wie lang.

Die isolierte Lage der nur von wenigen Fischern bewohnten Halbinsel war der Grund, daß man sie 1865 zur zentralen Quarantänestation von Hawaii für Leprakranke machte. Der schlimme Ruf, den diese 'Leprakolonie' (und mit ihr ganz Molokai) weltweit erhielt, steht in merkwürdigem Kontrast zur eindrucksvollen Natur, der von Dichtern, wie *Robert Louis Stevenson* und *Jack London*, die beide die Kolonie besuchten, treffend beschrieben wurde. Auch *James A. Michener* sprach davon, daß es *'seit Menschengedenken keinen solch höllischen Ort in einer solch himmlischen Umgebung'* gegeben habe. Untrennbar ist die Lepra-Kolonie aber auch mit dem Wirken eines *Father Damien* (s.u.) verbunden, der wegen seines aufopferungsvollen Dienstes an den Todgeweihten zu den herausragenden Gestalten von Hawaii zu zählen ist.

INFO

Die Lepra, Father Damien und Kalaupapa

Neben der Pest haben nur wenige Seuchen dort, wo sie auftraten, ein solches Maß an Furcht und Schrecken verbreitet wie die Lepra. Diese Krankheit ist leicht übertragbar, schlummert aber lange im Körper, bevor sie ausbricht. Das Krankheitsbild betrifft den gesamten Körper, hauptsächlich aber die Extremitäten und den Kopf. Erste Anzeichen der Lepra ist der Gefühlsverlust, z.B. im Bein, mit Lähmungserscheinungen. Daneben und mit fortschreitender Krankheit tauchen Deformierungen der Knochen, Hautblasen und Blindheit auf. Auch das Immunsystem des Körpers wird nachhaltig geschwächt, und wegen der Gefühllosigkeit sind die Infizierten anfällig für Verletzungen und Infektionen aller Art, die häufig zur Amputation von Gliedmaßen führen (es ist aber nicht so, wie häufig geschrieben steht, daß Hände, Arme, Nasen usw. durch die Lepra 'abfallen'). 1873 gelang es dem norwegischen Physiker Dr. Gerhard Hansen erstmals, den Lepra-Bazillus zu isolieren; nach ihm wird die Krankheit auch Hansen's Desease genannt. Aber es sollte noch lange dauern, bis die Lepra auch heilbar wurde.

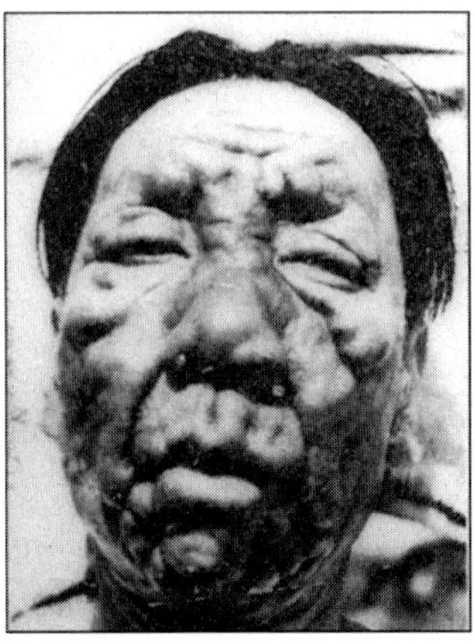

Patient der Lepra-Kolonie

Unheilbarkeit und schnelle Ansteckung waren die Gründe, daß man überall Leprakranke wie Kriminelle aus der Gesellschaft ausschloß. In Hawaii tauchte die Krankheit ab den 1830ern auf, vor allem unter der einheimischen Bevölkerung, die die Einwanderer aus dem Fernen Osten für deren Ausbreitung verantwortlich mach-

ten und Lepra deshalb mai pake (= 'chinesische Krankheit') nannten. Die Seuche hatte schnell ein solches Ausmaß angenommen, daß sich das Gesundheitsamt zum Handeln entschloß. 1865 wurde die abgelegene und unzugängliche Kalaupapa-Halbinsel im Norden Molokais als Quarantänestation bestimmt und im gleichen Jahr schon mehr als 500 Infizierte dorthin geschickt, darunter auch ein Neffe von Königin Emma. Die ersten Kranken vegetierten unter skandalösen Umständen dahin: Es war weder für ein Hospital oder einen Doktor, noch für Behausungen oder Nahrungsmittel gesorgt. Manchmal entschlossen sich Ehepartner oder Familienmitglieder, mit den Verstoßenen zu reisen, wohl wissend, daß sie selbst angesteckt und nie mehr zurückkehren würden. Schlimm war auch, daß die Furcht vor der Lepra die Behörden dazu brachte, regelrechte Kopfgelder für die Meldung eines Krankheitsfalles auszusetzen, und daß durch Denunzierung selbst Menschen mit harmlosen Hautausschlägen den Weg in das Todeslager antreten mußten. Da es dort keine Vertreter irgendeiner Ordnungsmacht gab, waren die Leprakranken völlig sich selbst überlassen – in einem Gemeinwesen, das von Anarchie, Brutalität und Vergewaltigung geprägt war.

Joseph Damien de Veuster

In diese Kolonie mit ihren barbarischen Zuständen schickte im Jahre 1872 der katholische Bischof Maigret einen jungen Missionar, der sich so entsetzt über die Verhältnisse zeigte, daß er darum bat, nach Kalaupapa versetzt zu werden. Sein unermüdlicher Einsatz für die Leprakranken und seine Verdienste um eine Verbesserung derer Lebensumstände machten ihn unter dem Namen 'Father Damien' bekannt.

Father Damien wurde 1840 als Joseph Damien de Veuster im belgischen Tremeloo geboren. Als Priesteranwärter und Mitglied des Ordens vom Heiligen Herzen war er 1864 nach Honolulu gekommen, von wo er als Missionar auf viele hawaiische Inseln geschickt wurde. Von seinem Wirken zeugen allein auf Maui und Molokai rund ein Dutzend katholischer Kirchlein. Seine Inspektionsreise zu der Leprakolonie sollte jedoch sein weiteres Leben prägen. Er insistierte beim Königshaus und der Regierung auf eine effektive Hilfe, baute eine Krankenstation und eine Kirche, legte einen Maultierpfad in den Klippen an, auf dem er in Notlagen Lebensmittel herbeischaffen konnte, sorgte für seelischen Beistand genauso wie für eine zivilisierte Organisation des Lagerlebens. Schnell sprach sich das Wirken des Priesters herum, und durch die Presse wurde sowohl seine Person als auch die Leprakolonie weltbekannt. Dazu trug auch ein Brief bei, den der Dichter Robert Louis Stevenson nach einem Besuch auf Kalaupapa schrieb.

Seit 1876 mehrten sich bei Father Damien, der die Kolonie nun nie mehr verließ, die Verdachtsmomente, selbst angesteckt zu sein. 1883 verlor er das Gefühl in seinem linken Fuß, und in den nächsten Jahren erging es ihm immer schlimmer. Zu diesem Zeitpunkt lebten über 1.000 Menschen in Kalaupapa, andererseits flossen viele Spendengelder und Lebensmittel in die Kolonie und immer mehr Geistliche folgten dem Beispiel des Belgiers. Als er im April 1889 als 49jähriger starb, gab es zwei katholische, zwei protestantische und eine Mormonen-Kirche sowie eine Gruppe von Franziskanerinnen (darunter die ähnlich bekannte Mother Marianne) auf der Halbinsel. Die Habseligkeiten des Priesters schickte man nach Belgien, wo sie in einem Museum in Tremeloo aufbewahrt werden. Seine sterblichen Überreste wurden 1936 exhumiert und ebenfalls in Belgien (Leuwen) beigesetzt. Father Damien, der 1977 selig gesprochen wurde, wird nicht nur auf Molokai, sondern auch an anderen Plätzen in den USA verehrt. Sein Standbild repräsentiert Hawaii im Kapitol von Washington – neben dem von König Kamehameha I!

Seit 1946 ist die Lepra heilbar, und die Quarantänestation wurde als solche 1969 aufgehoben. Z.Zt. leben noch etwa 70 ehemalige Kranke auf der Halbinsel, die aber das Recht haben, den Ort jederzeit zu verlassen. Die Zahl dieser älteren Leute, die ihren Lebensabend in der gewohnten Umgebung verbringen möchten, nimmt von Jahr zu Jahr ab; wenn die letzten gestorben sind, soll Kalaupapa (dessen Gebäude bereits jetzt unter Denkmalschutz stehen) als historischer Nationalpark eingerichtet werden.

Touristen verlassen den Ort wohl selten ohne ein beklemmendes Gefühl. Es leben weder Kinder in Kalaupapa, noch dürfen Personen hierhin kommen, die jünger als 16 Jahre sind. Beim Besuch des sog. *Leprosarium*, also der alten Quarantänestation, zeigt man Ihnen jene Siedlung **Kalawo**, die unter Father Damien auf der entgegengesetzten Seite des heutigen Ortes bestanden hatte. Dort befindet sich der verwahrloste **Friedhof**, auf dem rund 8.000 Opfer der Seuche begraben liegen, der Pandanus-Baum, unter dem Father Damien die ersten Nächte verbrachte und unter dem er bestattet wurde, die von ihm gegründete **St. Philomena-Kirche**, eine protestantische Kirche und das **Father Damien Monument**. Nach dem Bau einer Wasserleitung wurde der Ort 1888 auf die westliche Seite verlegt, später kamen moderne Einrichtungen wie ein Leuchtturm, ein Inselflughafen und der sog. *Ocean View Pavillon* hinzu.

Ein **Besuch** der Halbinsel unterliegt strengen Reglementierungen. Man darf sich dort nicht frei bewegen, sondern muß an einer Führung teilnehmen, die oft von ehemaligen Patienten geleitet wird. Der **Kalaupapa Trail**, der übrigens nicht identisch ist mit dem Pfad, den Father Damien genommen hat, kann bis zur Basis der Klippen von jedermann begangen werden, spätestens im Ort sollte man dann jedoch seinen Guide treffen. Der Trail startet wenige hundert Meter vom Parkplatz entfernt links des Highways auf einer Höhe von 488 m ü.d.M.; ab hier geht es dann in 26 Zickzackkurven steil hinab bis auf Meeresspiegelniveau. Für den

Abstieg sollte man mit 1½ Stunden, für den Aufstieg mit 2½ Stunden rechnen, die Gesamtstrecke beträgt 6½ km. Da man sich auf der Halbinsel nicht frei bewegen darf und ein Permit des *State Department of Health* benötigt, ist es am sinnvollsten, einen Rundgang mit Führung (ca. 4 Stunden) im voraus zu buchen (z.B. bei *Damien Tours,* Tel.: 567-6171), wobei das Permit eingeschlossen ist.

Wer nicht selbst gehen möchte, kann den Trail auf einem Maultier zurücklegen – eine nicht unbedingt bequemere Lösung! Der Maultierritt muß vorbestellt sein (*Molokai Mule Rides,* Tel.: 526-0888) und startet normalerweise um 9.00 Uhr. Fußgänger sollten möglichst früher zu ihrer Wanderung aufbrechen, um mit den Maultierkarawanen nicht zu kollidieren. Eine dritte und sicherlich die bequemste Möglichkeit ist ein Flug mit Kleinflugzeugen vom Molokai Airport nach Kalaupapa. In diesem Fall sorgt *Molokai Mule Rides* bzw. die Fluggesellschaft für das erforderliche Permit. Eine Übernachtungsmöglichkeit auf Kalaupapa gibt es im übrigen nicht, es sei denn, Sie werden von den Einwohnern eingeladen.

Auf der Rückfahrt vom *Palaau State Park* benutzt man wieder den gut ausgebauten *Hwy. 470 (Kalae Hwy.),* der einen erneut an Kalae und Kualapuu vorbeibringt. Dabei hat man einen sehr schönen Blick auf das **Kualapuu Reservoir**, das in den 1960ern angelegt wurde und ein Fasssungsvermögen von 5,3 Millarden Liter hat! Es stellt die Trinkwasserversorgung und landwirtschaftliche Bewässerung von Zentral- und West-Molokai sicher.

2½ km danach stößt man auf dem *Kalae Hwy.* auf den *Hwy. 460 (Maunaloa Hwy.),* der einen nun nach rechts zum Flughafen zurück bzw. nach West-Molokai bringt oder nach links zur 6½ km entfernten Hauptstadt Kaunakakai.

8.3.3 DER SÜDEN UND OSTEN: ÜBER KAUNAKAKAI ZUR HALAWA BAY

Der einzige Landweg in den Osten führt vom Flughafen aus über den *Hwy. 460,* der bis zur Hauptstadt Kaunakakai den Namen *Maunaloa Hwy.* trägt und ab dort als *Hwy. 450 (Kamehameha V. Hwy.)* dem südlichen Küstenverlauf folgt. Die erste Etappe ist 13 km lang und kann auf der gut ausgebauten Strecke in 10 Minuten zurückgelegt werden. Dabei durchfährt man jene trockene Ebene des *'Central Molokai'*, die die vulkanischen Gebirgsstöcke im Osten und Westen miteinander verbindet und keine weiteren Sehenswürdigkeiten bereithält. Das letzte Stück führt die Straße bergab und schnurgerade auf den Pazifik zu, wo sie eine weite Linkskurve beschreibt. Dort, etwa 1½ km vor der Hauptstadt, macht rechterhand ein herrlicher Hain von hochgewachsenen Kokosnußpalmen auf sich aufmerksam und fordert zum Halten auf:

Kapueiwa Grove

Dieser Wald, der in der Übersetzung 'geheimnisvolles Kapu' heißt und einfach auch als *Coconut Grove* bezeichnet wird, ist einer der letzten erhaltenen königlichen Palmenhaine von Hawaii und bestand ursprünglich aus 1.000 Bäumen. Sie

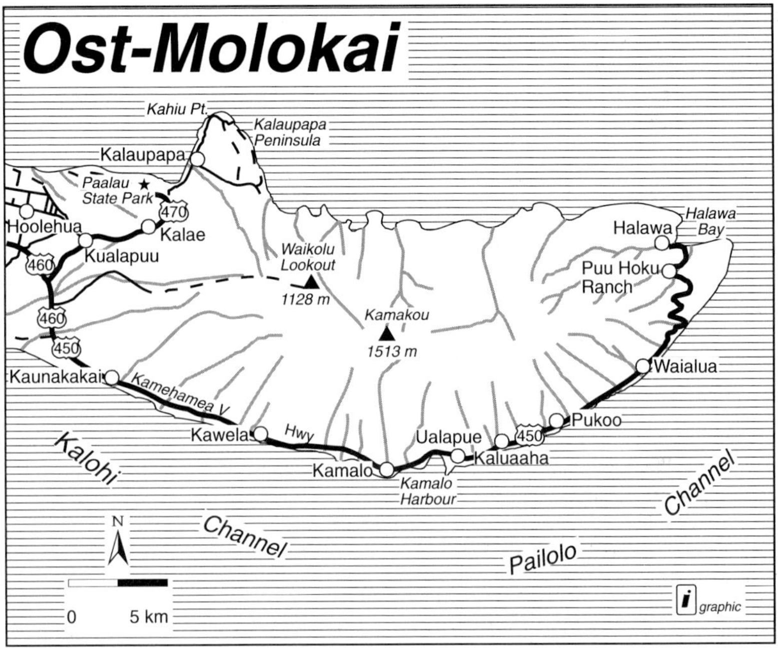

wurden in den 1860er Jahren für König *Kamehameha V.* angepflanzt, der in der Nähe seine Sommerresidenz hatte. Sie können mit dem Wagen durch den Kokosnußhain bis zum Meeresufer fahren, dort evtl. angelnden Einheimischen zuschauen oder einfach nur den majestätischen Anblick der schlanken Bäume genießen. Besonders schön ist es hier beim Sonnenuntergang, wenn die schräg einfallenden Strahlen das gegenüberliegende Lanai in rötliches Licht tauchen.

Warnschild in der Kapueiwa Grove

Church Row

Schräg gegenüber der *Coconut Grove* sieht der Betrachter eine ganze Reihe kleiner Gotteshäuser, die friedlich und ohne von profanen Bauten getrennt zu sein nebeneinander stehen. Die hübschen Holzkirchen, sechs an der Zahl plus einer Bibelschule, geben ein stimmungsvolles Bild in Braun, Grün, Rot und Weiß ab und repräsentieren fast alle christlichen Glaubensrichtungen auf Molokai. Sonntags kann man den Gottesdiensten beiwohnen, die z.T. noch in hawaiischer Sprache abgehalten werden.

Kaunakakai

Hotels

● *Pau Hana Inn* ($$), Oki Pl., P.O.Box 546, Kaunakakai, Tel.: 553-5342, Fax: 553-5047; gemütliches und zentrales Hotel am Strand, Pool, Restaurant, Bar, 40 Zimmer und Bungalows mit unterschiedlicher Ausstattung.

● *Hotel Molokai* ($$$), Kamehameha V. Hwy., Kaunakakai, Tel.: 553-5347, Fax: 553-5047; am östlichen Ortsrand gelegenes Mittelklasse-Hotel mit 55 Zimmern in mehreren zweistöckigen Bungalows im polynesischen Stil, schönes Freiluft-Restaurant direkt am Meer, Pool, Wassersportmöglichkeiten, am Wochenende Entertainment.

● *Molokai Shores Condominium* ($$$), Kamehameha V. Hwy., Tel.: 553-5954; gehobene Condominium-Anlage mit 40 Einheiten, am östlichen Ortsrand und direkt am Meer gelegen, Pool, Tennisplätze.

Restaurants

● *Kanemitsu Bakery & Restaurant* ($), Ala Malama St., Tel.: 553-5855; gemütliche Backstube, in der das legendäre *Molokai Bread* produziert wird, auch Hamburger und andere leichte Gerichte, tägl. von morgens bis abends geöffnet.

● *Molokai Pizza Café* ($), Wharf Rd., Tel.: 553-3288; modernes Cafe mit Pizzen, Sandwiches, Salaten und Lunchpaketen, tägl. ab 11.00 Uhr geöffnet.

● *Pau Hana Inn* ($$), Oki Pl., Tel.: 553-5342; gutes Restaurant mit frischem Fisch und Seafood sowie kontinentaler Küche, viel Atmosphäre, die Open-Air-Bar unter dem Banyan-Baum ist gleich nebenan, Fr und Sa Live-Musik mit einheimischen Bands, tägl. von morgens bis abends geöffnet.

● *Holoholo Kai* ($$$), schönes Freiluft-Restaurant im *Hotel Molokai* mit Blick auf Lanai und den Sonnenuntergang, Seafood, Fisch, Fleischgerichte und Salatbar, Entertainment, tägl. von morgens bis abends geöffnet.

Die 'Hauptstadt' Kaunakakai entpuppt sich als kleiner, überschaubarer 1.300-Seelen-Ort, dessen Sehenswürdigkeiten schnell aufgezählt sind. Auf dem *Hwy. 460* kommt man nach der Brücke am Ortseingang zu einer Kreuzung, wo nach rechts die *Kaunakakai Rd.* und nach links die *Ala Malama St.* abzweigen, während auf der anderen Seite der *Hwy. 450* weiter ostwärts führt. Biegt man rechts ab, kommt man nach einer Weile zu einer Betonstraße, die über das Wasser bis zur **Wharf** führt, wo die tägliche Fähre nach Maui anlegt und gelegentlich auch ein Kreuzfahrtschiff. Weiter sieht man hier einige Yachten und Ausflugsboote liegen, die Touristen zu einer Inselumrundung oder zum Hochseeangeln, zu Schnorcheltrips und zum Whalewatching mitnehmen. Bevor es auf die Betonpiste geht, kann man

Kirchlein an der Malama Street

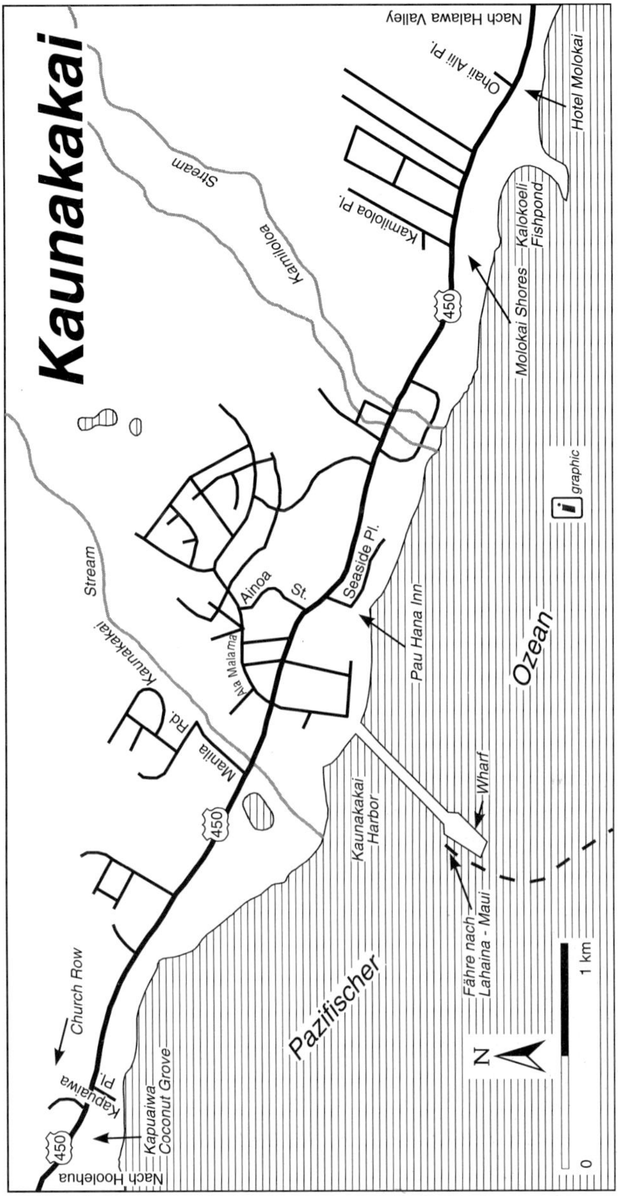

auf einem Rasenstück direkt am Wasser die spärlichen Überreste vom ehemaligen **Sommerpalast** Königs *Kamehamehas V.* entdecken.

Wieder an der Kreuzung, fährt man an der Pizzeria (rechts) und der Tankstelle (links) vorbei auf die *Ala Malama St.*, die Hauptstraße der Ortschaft. Auf der linken Seite, sofort hinter der Tankstelle, ist die Bücherei beachtenswert, ein schönes, grüngestrichenes Holzgebäude. An den nächsten drei Blocks sieht man einstöckige Holzhäuser in Wild-West-Manier, in denen sich Shops, Imbißgaststätten, ein Supermarkt und die *Kanemitsu Bakery* befinden, deren *Molokai Bread* (mit Zwiebeln oder Käse) zu einem Begriff geworden ist. Am *Post Office* mit dem *Bell Park* und dem hübschen Kirchlein ist die Hauptstraße zu Ende, und man kann Kaunakakai beruhigt den Rücken kehren.

Wenn Sie wieder auf dem Highway sind und ostwärts fahren, sollten Sie jedoch über den *Oki Pl.* rechts abzweigen, der Sie zum *Pau Hana Inn* mit seinem schönen Innenhof bringt. Oder besser noch: Kehren Sie hier auf dem Rückweg zum Abendessen ein und genießen Sie die stets gute Atmosphäre. Falls ein Einheimischer zur Gitarre greift, können Sie sicher sein, daß er Ihnen auch den bekannten Schlager *"The cock-eyed major of Kaunakakai"* darbietet, den man überall in den USA kennt. Das Lied mit seiner eingängigen Melodie hat nur einen Fehler: Kaunakakai besitzt keinen eigenen Bürgermeister, also auch keinen schielenden!

Bei der Weiterfahrt auf dem *Kamehameha V. Hwy.* passiert man am Ortsausgang zur Linken die Siedlung Kamiloloa Heights und zur Rechten die *Molokai Shores Condominium*-Anlage und das *Hotel Molokai*, zwischen denen der sehr gut bewahrte **Kalokoeli Fishpond** plaziert ist, der erste einer ganzen Reihe der für Molokai charakteristischen alten Fischteiche (s.u.). Die nächsten beiden, nämlich den *Alii Fishpond* und den *Kaoini Fishpond*, kann man knapp 5 km hinter der Hauptstadt am Ufer entdecken. Genau zwischen den zwei Teichen befindet sich der **One Alii Beach Park** mit seinem schmalen Sandstreifen. Das flache und fast immer ruhige Wasser ist für Kinder ideal, der Park selbst hat alle Einrichtungen einschließlich Picknicktischen, Pavillon, Sportplatz und Campinggelände.

Nächste Station ist das Dörfchen **Kawela**. Im Hinterland (sehr schwer zugänglich!) befindet sich ein alter heiau, der die Funktion eines Zufluchtsortes hatte. Früher war dieser Küstenabschnitt dichtbesiedelt, ein Grund wohl, daß hier die Invasionstruppen *Kamehamehas I.* zur Eroberung Molokais ansetzten. Etwas weiter östlich liegt der *Kakahaia Beach Park* und dahinter ein Vogelschutzgebiet, in dem noch einige endemische Seevögel beobachtet werden können.

Father Damiens Statue

Nach weiteren 6 km – hinter dem Meilenmarker 10 – sieht man rechts der Straße ein kleines, weißgestrichenes Holzkirchlein mit Dachreiter. Es handelt sich dabei um die katholische **St. Joseph's Church**, die von *Father Damien* 1876 erbaut wurde. Sehenswert ist auch der angrenzende Friedhof und eine Bronzestatue des Paters, die von einem ehemaligen Lepra-Patienten geschaffen und 1979 hier aufgestellt wurde.

Gut 1½ km hinter dem Gotteshaus weist ein leicht zu übersehendes Holzzeichen auf jene Stelle hin, an der am 14. Juli 1924 *Ernest Smith* und *Emory Bronte* ihr Flugzeug bruchlandeten, mit dem sie soeben in 25½ Stunden von Kalifornien nach Molokai geflogen waren – der erste zivile Transpazifik-Flug der Geschichte. Ebenfalls schwer einsehbar liegt ein Stückchen weiter rechts der Straße der **Keawanui Fishpond**, ein erneutes, diesmal aber besonders großes und schönes Beispiel für die hochentwickelte Aquakultur der Polynesier. Zusammen mit dem *Ualapue Fishpond* (s.u.) ist dieser Teich als historische Stätte unter Denkmalschutz gestellt worden.

INFO

Die Königlichen Fischteiche von Molokai

Für den Keawanui Fishpond bauten die Polynesier eine über 600 m lange Mauer in das flache Meer und schnitten so ein Areal von über 22 ha vom Pazifik ab. Als Baumaterial nahmen sie Korallensteine und Basaltblöcke, die z.T. eine halbe Tonne schwer waren. Der unter Denkmalschutz stehende Teich von Keawanui ist zwar besonders groß, aber längst nicht das einzige Beispiel der frühen Aquakulturen. Auf allen hawaiischen Inseln trifft man auf Relikte dieser spezifischen Form der Fischzucht, wobei Molokai wegen seiner flachen Südküste offenbar besonders gut für Fishponds geeignet war: 58 solcher Anlagen haben die Archäologen hier nachweisen können. Die Anfänge der Aquakultur, die ab dem 15. Jhd perfektioniert wurde, vermuten Forscher im 13. Jhd. Nach der Ankunft der Europäer geriet die Technik langsam in Vergessenheit, die meisten Fischteiche versandeten, oder Flutwellen zerstörten ihre Mauern.

Alter Fischteich

Die Idee der Fischteiche ist genauso einfach wie genial: In flachen Gewässern oder vor natürlichen Buchten wurde eine Mauer errichtet, in die man eine odere mehrere kleine Öffnungen einließ. Ein Gittergeflecht ('makaha') ließ Jungfische bequem in den Teich hinein, wo Sonnenbestrahlung und geringe Wassertiefe – normalerweise 90-120 cm – ideale Ernährungsbedingungen geschaffen hatten. Die Fische fraßen sich hier bald so fett und groß, daß sie nicht mehr durch das makaha hindurchpaßten und also gefangen waren. Nun konnten sie mit Netzen oder der bloßen Hand ohne große Anstrengung an Land geholt werden.

Dieser 'Sport' war übrigens alleine den Häuptlingen und Königen vorbehalten, weshalb man auch von 'Königlichen Fischteichen' spricht. Für das gemeine Volk, das die Mauern der Teiche errichtet hatte, waren die Teiche 'kapu'. Für sie blieben nur das offene Meer oder die Flüsse übrig, wo der Fischfang von Booten bzw. vom Ufer aus betrieben wurde, und zwar mit Speeren, Reusen, Angeln oder Netzen.

Der Highway, der nun deutlich enger und viel kurviger wird sowie häufiger Betonfurten *(= dips)* überquert, bringt einen auf Höhe des Meilenmarkers 13 zum Weiler **Ualapue** mit einem ebenfalls unter Denkmalschutz stehenden *Fishpond*, einem kleinen Laden und einer Condominium-Anlage.

Hotel
Wavecrest Resort ($$$), Kamehameha V. Hwy., Star Route 155, Tel.: 558-8103; gute Condominium-Anlage mit 21 Einheiten, Pool, Tennisplätze, Mindestaufenthalt 3 Nächte.

2½ km danach gelangt man zum Dörfchen **Kaluaaha**, dem man heute nicht mehr ansieht, daß es in polynesischer Zeit die Hauptsiedlung der Insel darstellte. Zur Seeseite gibt es hier eine fast ununterbrochene Reihe recht gut erhaltener Fischteiche, während links der Straße zwei Kirchen das Interesse wecken: am Ortseingang die **Kaluaaha-Church**, die 1844 von den ersten protestantischen Missionaren auf Molokai erbaut wurden und die auch das älteste Gotteshaus auf der Insel ist. Am Ortsausgang lohnt ein Besuch der katholischen Kirche **Our Lady of Sorrows**, die 1874 wieder einmal von *Father Damien* gebaut wurde; durch Holzsäulen in drei Schiffe eingeteilt, ist sie größer als die *St. Joseph's-Church* und besitzt eine reichhaltigere Ausschmückung – der Kreuzgang, die altertümlichen Ventilatoren und Lampen an der Decke, all das strahlt eine friedliche und keineswegs museale Atmosphäre aus. Dazu gehört auch der stimmungsvolle Friedhof, der hinter der Kirche inmitten eines Palmenhains zu sehen ist.

Ein alter Tempel, der **Iliiliopae Heiau**, kann etwa 1 km hinter der Kirche auf einem Fußweg besucht werden, allerdings befindet er sich auf Privatgelände, und ein Besuch muß vorher angekündigt und bewilligt worden sein (Tel.: 553-3876). Bei den informativen Ausflügen auf dem Pferdewagen *(Molokai Trail & Wagon Ride*; vgl. KAPITEL 8.2) ist der Besuch dieses Tempels enthalten. Die Kultstätte ist eine der ältesten und mit 100 m Länge und 36 m Breite eine der größten von ganz Hawaii. Viele Legenden von der sagenhaften Entstehung des Tempels und der dort abgehaltenen Menschenopfer haben sich bis heute erhalten.

Etwa 800 m weiter, am Meilenmarker 16, passiert man das verschlafene Örtchen **Pukoo**, das einmal der Sitz der Inselregierung (mit einem Gerichtsgebäude, Gefängnis und Hotel) gewesen war. Heute können Sie hier im *Neighborhood Store'n'Counter* ein einfaches Mittagessen einnehmen oder sich mit Lebensmitteln und Getränken für ein Picknick eindecken. Der nach wie vor schmale Highway schlängelt sich durch eine paradiesische Landschaft, geprägt von kleinen Farmen und grasenden Pferden. Ab und zu setzen Häuser mit einer witzigen Architektur (in Kugelform oder mit strahlend blauen Ziegeldächern) bizarre Akzente in die ländliche Gegend. Die nächste Ortschaft heißt **Waialua** und beherbergt kurz nach der Ortseinfahrt linkerhand die *United Church of Christ Waialua Congregational Church*, während rechterhand ein Parkplatz mit Pavillon sich zu einem Picknick anbietet: Der schöne Sandstrand mit Blick auf Maui ist nicht weit.

Wenige Fahrminuten danach sind vor dem Meilenmarker 20 links der Straße die spärlichen Ruinen der alten *Moanui Sugar Mill* zu sehen, die in den 1870er Jahren errichtet wurde, und hinter dem Meilenmarker auf der rechten Seite der schöne Sandstrand des **Murphy's Beach Park**. Es folgt ein sehr enges Straßenstück, wo die Höchstgeschwindigkeit z.T. nur 5 m.p.h. beträgt. Man fährt direkt oberhalb der Küste mit phantastischen Ausblicken auf das rauhe, von Lavabrocken gesäumte Ufer sowie auf die Nachbarinsel Maui jenseits des *Pailolo Channel*. Da auf dem schmalen Highway ein Anhalten unmöglich ist, sollte man zwischen den Meilenmarkern 21 und 22 zum (nicht ausgeschilderten) Lookout abbiegen und hier die Aussicht in aller Ruhe genießen. Unweit der Küste sieht man hier zwei Felsklötze im Meer, nämlich den näheren *Kanaha Rock* und die größere und höhere Insel **Moku Hooniki**. Beide sind heute naturgeschützte Eilande mit großen Seevögelbeständen – und angesichts dieser Stimmung kann man sich kaum noch vorstellen, daß *Moku Hooniki* während des Weltkrieges von Bomberpiloten als Übungsziel auserkoren wurde.

Der Black Rock im Osten der Insel

Als letzter Felsen, direkt neben der Straße und an seiner Farbe unschwer zu erkennen, markiert der **Black Rock** das Ende der Küstenstraße, denn kurz danach windet sich der Highway ins Inselinnere hinauf. Schlagartig verändert sich die Szenerie; nun bestimmen saftige Rinderweiden das Bild. Sie gehören zur **Puuo Hoku Ranch** (= 'Sternenhügel'), dem zweiten großen Landwirtschaftsbetrieb auf der Insel. Früherer Besitzer war der kalifornische Millionär *Paul Fagan*, der von hier nach Maui überwechselte und dort die berühmte *Hana Ranch* aufbaute (vgl. KAPITEL 6.4.2). Das 58 km^2 große Ranchgelände erstreckt sich auf beiden Seiten der Straße und geht östlich bis zu den Steilklippen am Meer. Nördlich wird es von einer schmalen Straße begrenzt, die rechts vom Highway abzweigt und einen bis zum mächtigen **Cape Halawa** bringt, dabei passiert man auf halbem Weg einen Hain mit Kukui-Bäumen, der in althawaiischer Zeit Begräbnisplatz der Häuptlinge gewesen war.

Blick auf die Halawa Bay

Der enge *Hwy. 450* hingegen schlängelt sich bergauf und bergab ebenfalls durch dichtes Waldgebiet, das immer wieder unvermittelt von kahlen Felsen oder Weideflächen abgelöst wird – hier zeigt sich Molokai von seiner schönsten Seite! Schließlich erreicht man in einer scharfen Linkskurve den Aussichtspunkt, von dem der Blick ca. 360 m tief zur *Halawa Bay* und ins **Halawa Valley** geht; auch der Wasserfall am Ende des Tales ist von hier aus zu sehen.

Halawa Bay

Vom Lookout geht es in vielen Kehren auf einer einspurigen Straße (mit Ausweichbuchten) ins Tal hinab, das sich bald mit Bananenstauden, Papayas, Guaven, Blumen und dichtem Baumbestand ankündigt. Das *Halawa Valley* ist das einzige der vier großen Täler in Molokais Norden (die anderen sind *Waikolu, Pelekunu* und *Wailau Valley*), das mit dem Auto erreicht werden kann. Früher gab es hier viele Einheimische (etwa 500 zur Mitte des 19. Jhds), die sich vom Taro-Anbau und der Fischerei ernährten. 1946 brach jedoch ein schlimmer Tsunami in das Tal ein und vernichtete Wohnhäuser und Felder. Die meisten Bewohner wanderten daraufhin aus, und heute leben nur noch wenige Familien im Halawa Valley. Kurz bevor die Straße an der Bucht endet, stellt auf der linken Seite die kleine, grüne Holzkirche einen hübschen Blickfang dar; hier startet auch der Trail zu den Wasserfällen (vgl. KAPITEL 8.4).

Kirchlein im Halawa Valley

Am *Halawa Beach Park* endet die Asphaltstraße, man kann aber noch etwa 100 m auf einem Sandweg weiterfahren und dort den Wagen abstellen. Wer zum Sandstrand hinüber möchte, muß durch den flachen Fluß kurz vor seiner Mündung waten, ein wenig lohnendes Unterfangen, da der Strand nicht besonders gut und Schwimmen gefährlich ist. Stattdessen sollte man einfach die herrliche Szenerie der von hohen Klippen eingerahmten Bucht genießen, ein Picknick einnehmen und ein wenig zum Kieselstrand diesseits des Flusses wandern. Campingfreunde finden an den sanitären Anlagen des Beach Parks ein Zeltgelände, das aber einen etwas verwahrlosten Eindruck macht. Und Wanderer schließlich können sich zu den beiden Wasserfällen am hinteren Ende des Tal aufmachen, wobei man allerdings Orientierungssinn, Proviant, Moskitoschutz und rund 4 Stunden an Zeit mitbringen muß.

8.3.4 ZUM WAIKOLU LOOKOUT

Der Ausflug in das waldreiche Inselinnere des Ostteils rund um den 1.513 m hohen *Mt. Kamakou* ist ein Highlight für alle Naturliebhaber – findet man hier doch eine völlig unberührte Natur mit einer der größten zusammenhängenden Flächen einheimischer Flora und Fauna auf Hawaii. Allerdings ist es nicht ganz einfach, dieses Terrain zu erkunden: Man braucht entweder viel Kondition als Wanderer (24 km sind es bis zum Waikolu Lookout und zurück!) oder einen robusten Geländewagen. Nach Regenfällen ist die Strecke gänzlich unpassierbar. Startpunkt ist der *Maunaloa Hwy. (Hwy. 460)* zwischen dem Flughafen und Kaunakakai. Hier geht etwa 5,8 km vor Kaunakakai, kurz hinter der Betonbrücke, in östlicher Richtung der Feldweg *Maunahui Rd.* (auch *Molokai Forest Reserve Rd.*

genannt) ab und klettert gut 900 m hinauf ins Bergland. Wichtig ist, ab der Abzweigung auf den Meilenzähler des Wagens zu achten. Zunächst geht es durch eine landwirtschaftlich genutzte Ebene mit Eukalyptus-Bäumen, Cook-Pinien und Monterey-Zypressen immer in östliche Richtung, vorbei an etlichen Abzweigungen und leicht bergan. Nach 5,3 Meilen hat man die Grenze der *Forest Reserve* erreicht und kurz danach einige Bewirtschaftungsgebäude. Durch aufgeforstetes Gebiet, das vielen seltenen Vogelarten zur Heimat geworden ist, geht es weiter, vorbei an einem Wasserreservoir (6,5 Meilen), bis man nach etwa 9 Meilen rechterhand eine auffällige Grube in Schiffsform passiert. Dabei handelt es sich um den sog. **Sandalwood Measuring Pit** *(Luana Mokuiliahi)*, der zu Anfang des 19. Jhds nach dem Modell (Umfang und Tiefe) eines Segelfrachters ausgegraben wurde. Damals blühte der Handel mit Sandelholz, und die hawaiischen Könige ließen binnen kürzester Zeit die gesamten Sandelholz-Wälder abschlagen und verkauften sie schiffsladungsweise an europäische und amerikanische Händler. Diese brachten das Holz nach China und tauschten es dort gegen Seide und andere Waren ein. Damit die polynesischen Waldarbeiter nun wußten, wann eine Schiffsladung zustande gekommen war, benutzten sie solche Gruben im Originalmaßstab.

Etwa 500 m weiter kommt man zum 1.128 m hoch gelegenen **Waikolu Lookout**, wo man anhalten, den schönen Blick auf das tiefe *Waikolu Valley* genießen und evtl. eine Pause einlegen (Picknick-Tische) sollte. Das *Waikolu Valley* öffnet sich wie ein Amphitheater nach Norden, von wo der Wind fast immer dichte Wolken herantreibt, die hier dann abregnen. Die Folge ist ein undurchdringlicher, dichter Regenwald und eine Unmenge von Bächen und Flüssen sowie hohe Wasserfälle, die das Landschaftsbild des Tales bestimmen. Unterhalb des Lookouts befindet sich übrigens der Beginn eines knapp 9 km langen Tunnels, der durch das Bergmassiv gebohrt wurde und den Stausee des *Kualapuu Reservoires* (vgl. KAPITEL 8.3.2) mit Wasser versorgt.

Hinter dem Picknick-Gelände gelangt man zum Eingang der **Kamakou Preserve**, die 1982 als 1.123 ha großes Naturschutzgebiet angelegt wurde und deren Zentrum der *Mt. Kamakou* darstellt. In dieser stets feuchten Wunderwelt der Natur gibt es große Bestände des ursprünglichen Regenwaldes, u.a. Sandelholz- und Ohia-Lehua-Bäume, eine einheimische Veilchenart, endemische Moose, Farne und Gräser. Kaum sonstwo auf Hawaii kann man eine unberührte Naturlandschaft erleben, in der die alte Flora und Fauna, wie sie vor der Ankunft der Menschen den Archipel prägte, so gut erhalten ist. Die Tierwelt ist u.a. durch fünf vom Aussterben bedrohte Vogelarten vertreten, von denen zwei (der *Molokai Creeper* und der *Molokai Trush*) nur hier vorkommen. Durch die *Kamakou Preserve* führt eine ganze Reihe von Wanderwegen, einige davon sogar auf hölzernen Stegen über den fast immer schlammigen Untergrund. Der interessanteste Pfad ist dabei der *Pepeopae Trail* (vgl. KAPITEL 8.4), dessen Begehbarkeit allerdings stark von den Wetterverhältnissen abhängig ist.

8.4 WANDERN AUF MOLOKAI

Von allen Inseln des Archipels ist Molokai die am meisten naturbelassene und unzugänglichste. Daher ist auch die Anzahl der Wanderwege begrenzt, und viele Trails befinden sich außerdem in einem solch schlechten Zustand, daß man sie ohne lokale Begleitung nicht finden kann. Dies betrifft vor allem die rauhe Nordküste, deren enorm hohe und steil abfallende Klippen man am besten auf einem Bootsausflug erkunden sollte. Wer ihre vier engen Täler kennenlernen möchte, sollte sich ebenfalls mit einem Boot dorthin bringen lassen, abenteuerlich veranlagt und mit wasserdichter Kleidung sowie Moskitoschutz ausgestattet sein.

Der bekannteste Trail ist der hinunter zur ehemaligen Leprakolonie Kalaupapa, der allerdings angemeldet sein muß. Ansonsten findet man auch ohne Markierungen entlang der Hauptstraßen und am Strand viele Möglichkeiten zu kürzeren oder längeren Wanderungen. Wegen weiterer Auskünfte wende man sich an eine der folgenden Stellen:

- *Division of Forestry & Wildlife,* P.O.Box 347, Kaunakakai, Tel.: 567-6680.
- *Division of State Parks,* P.O.Box 153, Kaunakakai, Tel.: 567-6083.
- *Department of Parks & Recreation,* Kaunakakai, Tel.: 553-3221.

Auf zwei Trails, die sich beide im Ostteil der Insel befinden, soll jedoch etwas näher eingegangen werden. Zusammen mit dem *Kalaupapa Trail* (s. KAPITEL 8.3.2) gehören sie zu den interessantesten Wanderwegen der Insel.

Der Halawa Trail

Das grüne *Halawa Valley* im Nordosten der Insel und seine Wasserfälle *Moaula* und *Hipuapua Falls* sind das Ziel dieser recht schwierigen Wanderung. Sie führt z.T. über Privatgelände; nachdem im Frühjahr 1993 ein Tourist auf diesem Wegstück einen Unfall erlitten und die Eigentümer dafür haftbar gemacht hatte, haben die Besitzer leider den Zugang gesperrt. Setzen Sie sich deshalb vorab telefonisch mit 'Pilipo' unter Tel.: 553-5940 in Verbindung, damit geklärt ist, ob Sie diesen Trail gehen dürfen.

Neben der grünen Holzkirche führt ein schmaler, rund 800 m langer Feldweg vom Hwy. links ab, dem man bis zum Anfang des eigentlichen Trails folgt. An einer Öffnung in der Steinmauer, die den Weg begleitet, gibt es zwei Möglichkeiten, zu den Wasserfällen zu gelangen. Der Trail, der geradeaus führt, scheint zunächst einfacher zu sein, ist aber nur bedingt zu empfehlen, da er erstens über Privatgelände führt und zweitens so sehr zugewachsen ist, daß man ohne lange Kleidung und festes Schuhwerk Schwierigkeiten bekommt. Die bessere Alternative ist, hier rechts abzubiegen und dem kleinen Pfad hinunter zum *Halawa Stream* zu folgen. Dort watet man durch den Fluß zu seiner nördlichen Seite (bei Hochwasser gefährlich!), wo es unter Mango-Bäumen und durch Buschwerk auf die Uferböschung hinaufgeht. Dort findet man den Wanderweg, der etwa 15 m oberhalb dem Bachverlauf folgt. An Taro-Feldern und Guaven vorbei wandert man mehr als 3 km flußaufwärts, wobei eine alte Steinmauer und Wasserleitung als Orientierung dienen. Dann überquert man den *Hipuapua Stream*, der von Nordwesten in

Die Hipuapua Falls

den *Halawa Stream* einmündet. Wer seinem Bett flußaufwärts folgt, erreicht nach ca. 20 Minuten die eindrucksvollen *Hipuapua Falls*, die sich aus 150 m Höhe herabstürzen – allerdings gibt es dorthin keinen Wanderweg, sondern man muß sich je nach Wasserstand über Ufergeröll oder von Stein zu Stein fortbewegen. Auf dem Hauptweg kommt man kurz nach der Furt zu einer Weggabelung: Über den rechten Trail geht es steil hinauf zum Pool unterhalb der oberen *Moaula Falls* – eine anstrengende und z.T. gefährliche Tour. Der linke Weg bringt einen zum (schöneren) Pool an den 76 m hohen unteren Fällen, der groß genug für ein Bad ist und dessen glattgeschliffene Felsbrocken sich zum Sonnenbaden eignen.

Lage: **Im äußersten Osten der Insel an der Nordküste.**
Anfahrt: Über den Hwy. 450 bis zum Endpunkt. Die Wanderung beginnt nahe der kleinen Holzkirche auf der linken Seite. Dort gibt es eine Parkbucht, ansonsten stellt man den Wagen am nahen Country Park ab.
Länge: 8 km — **Zeitaufwand:** ca. 4 Stunden
Höchster Punkt: 91 m — **Niedrigster Punkt:** 6 m

Der Pepeopae Trail

Während die Wanderung als solche kurz und einfach ist, erfordert die Anfahrt einen erheblichen Zeitaufwand (knapp 1 Stunde) und Orientierungsvermögen. Sie ist außerdem nur mit einem Geländewagen zu bewältigen und unter schlechten Witterungsbedingungen nicht möglich. Man erkundige sich deshalb vorher bei der *Division of Forestry & Wildlife*, ob der *Pepeopae Trail* geöffnet ist. Der Ausflug startet auf dem Hwy. 460 zwischen dem Flughafen und Kaunakakai und folgt der in KAPITEL 8.3.4 beschrieben Route bis zum **Waikolu Lookout**. Hinter dessen Picknick-Gelände gelangt man zum Eingang der *Kamakou Preserve* und folgt dem schlammigen, z.T. überwachsenen Weg. An einer Gabelung am Meilenstand 9,45 hält man sich rechts (in südlicher Richtung), dann geht es auf kurvenreicher Berg- und Talstrecke weiter, wobei man alle Abzweigungen nach rechts ignoriert. Nach 10,9 Meilen geht es links ab (Hinweis: *'Puu Kolekole')* und bei der Weggabelung nach 11,5 Meilen nimmt man erneut die linke Variante, die einen kurz darauf zum Beginn des Trails bringt. Dieser verläuft größtenteils auf einem schmalen Holzplanken-Weg bis hin zur höhergelegenen Aussichtsplattform **Pepeopae**, wo man die gesamte Bandbreite der endemischen Flora vor Augen hat.

Lage: Im Inselinneren von Ost-Molokai.
Länge: 2,3 km — **Zeitaufwand:** ca. 1½ Stunden
Höchster Punkt: 1.265 m — **Niedrigster Punkt:** 1.196 m

9 OAHU

9.1 ÜBERBLICK

Inseltelegramm: Oahu

Beiname: *"The Gathering Place"* (= 'Treffpunkt')
Inselfläche: 1.574 km² (Länge: 70,4 km; Breite: 48 km)
Küstenlinie: 220 km
Einwohner: 845.000
Hauptstadt: Honolulu (380.000 Ew)
Verwaltungseinheit: County Oahu
Höchste Erhebung: Mount Kalaa, 1.227 m

Mit einer Fläche von 1.574 km² ist Oahu zwar nur die drittgrößte Insel des Archipels, dafür aber dessen wirtschaftliches, politisches und kulturelles Zentrum. Außerdem ist die Insel die mit Abstand am dichtesten besiedelte: Ihre rund 845.000 Einwohner entsprechen etwa 75% der Gesamtbevölkerung Hawaiis.

Topographisch wird Oahu, das zwischen Kauai im Westen und Molokai im Osten liegt, von den Gebirgszügen der *Koolau Range* und *Waianae Mountains* geprägt, die beide in Nordwest-Südost-Richtung verlaufen und die kompakte,

einem schrägen Parallelogramm ähnliche Form der Insel bestimmen. Zwischen den Bergketten, die Relikte alter Schildvulkane sind, haben Lavaströme eine Hochebene aufgebaut (das *Leilehua-* bzw. *Schofield Plateau*), die heute Zentrum der Landwirtschaft ist, insbesondere des Ananas-Anbaus. Im Süden lassen die Berge einer weiteren, aus Korallenkalk gebildeten Ebene Platz. Auffällig sind einige nicht sehr hohe, aber steile und markante Tuffkegel, die in der letzten vulkanischen Phase Oahus – vor etwa 150.000 Jahren – entstanden sind: der berühmte *Diamond Head* und der *Punchbowl*-Krater gehören dazu, aber auch die Inselberge *Chinaman's Hat* und *Rabbit Island.*

Die **klimatischen** Unterschiede sind wegen der nicht allzu hohen Gebirgsstöcke nur gering. Allerdings stauen sich die Wolken, die mit den Passatwinden aus Nordosten kommen, an der Flanke der *Koolau Range* und bringen dieser Seite die höchsten Niederschläge. Das Inselinnere und die Westküste sind demgegenüber deutlich trockener. Die Verteilung des Niederschlags ist dafür verantwortlich, daß man eine überquellende, tropische **Vegetation** am ehesten an der regenreichen Nord- und Ostküste erwarten darf. Allerdings muß hierzu kritisch angemerkt werden, daß die hohe Bevölkerungsdichte und die intensive landwirtschaftliche, militärische und touristische Nutzung Oahus die einheimische Tier- und Pflanzenwelt stärker in Mitleidenschaft zog, als dies auf den anderen Inseln der Fall war. Die Schönheit von Flora und Fauna erlebt man daher am ehesten in den herrlichen Park- und Gartenanlagen (z.B. Waimea Valley) oder in einigen unverbauten Tälern und an Berghängen (z.B. Nuuanu Valley, Tantalus Drive).

Die **historische** Bedeutung der Insel liegt in ihrer zentralen Lage und gut nutzbaren Topographie, die Oahu trotz der relativ geringen Größe zur 'Hauptinsel' werden ließ. Schon der Inselname wird von den Sprachforschern als 'Treffpunkt' bzw. 'Versammlungsplatz' gedeutet und als Hinweis dafür gesehen, daß sich hier die Insel-Häuptlinge bereits vor der Errichtung des Königreichs Hawaii versammelten. 1795 von *Kamehameha I.* als letzter Bestandteil dem Königreich einverleibt, wuchs Oahus Stellung durch die Verlegung der Residenz von Lahaina (Maui) nach Honolulu, das 1845 offiziell zur Hauptstadt Hawaiis erklärt wurde.

Auch die ersten Weißen – Walfänger, Missionare und Händler – ließen sich bevorzugt hier nieder, nach der Annektion von 1898 gefolgt von der amerikanischen Administration, von Wirtschaftsunternehmen und von Banken. Der Zuckerrohranbau brachte Hunderttausende von chinesischen, japanischen und anderen asiatischen Vertragsarbeitern auf die Insel, die dadurch nicht nur einen erheblichen Bevölkerungsschub, sondern auch ihr bis heute wirksames multikulturelles Gepräge erhielt.

Ein weiterer Motor der Entwicklung war das Militär, das im 20. Jhd die tiefe Bucht *Pearl Harbor* zum Hauptstützpunkt der Pazifikflotte ausbaute. Dieser wiederum war das Ziel des japanischen Angriffs vom 7. Dezember 1941, der Honolulu und Hawaii in das Schlaglicht der Weltöffentlichkeit brachte. Vorher schon, vor allem aber nach Ende des Krieges und mit Anbruch des Düsenflug-Zeitalters, bekam die Insel ihren festen Platz als Destination sonnenhungriger Urlauber aus aller Welt. Der Tourismus ist es auch, der das insulare Erscheinungsbild in den letzten Jahrzehnten mehr veränderte als alle anderen Wirtschaftszweige.

Administrativ sind Oahu und Honolulu als Einheit anzusehen, da der Major des Countys gleichzeitig Bürgermeister der Stadt ist; eine eigene Verwaltung für Honolulu gibt es nicht.

Wirtschaftlich besitzt Oahu – analog zur Bevölkerungsdichte – das größte Potential des gesamten Staates. Führend ist der Fremdenverkehr, der allein für 45% aller Arbeitsplätze verantwortlich zeichnet. Da weitere Wirtschaftszweige direkt oder indirekt vom Tourismus abhängen (Bauwirtschaft, Transportwesen), kann seine Bedeutung für die Insel gar nicht hoch genug eingeschätzt werden. Das zweite ökonomische Standbein ist das Militär, dem gut 25% der Bodenfläche Oahus gehören. Dies ist angesichts der Bevölkerungsdichte und der landwirtschaftlichen Nutzbarkeit ein sehr hoher Prozentsatz, und trotz seiner Wichtigkeit stößt diese insulare Geldquelle nicht nur auf ungeteilte Zustimmung. Gleiches gilt übrigens für den Fremdenverkehr, der sich auf der Insel einer wachsenden Zahl von Kritikern gegenüber sieht. Die dritte Säule der Ökonomie stellt die Landwirtschaft, deren Zuckerrohr- und Ananasplantagen die zentrale Hochebene prägen.

Blick vom Diamond Head auf den Kapiolani Park und Waikiki

Touristisch scheint das Bild der Insel für immer auf den schmalen Strand von Waikiki und Honolulus Hochhauskulisse festgelegt zu sein. Sicher mag das turbulente, z.T. auch mondäne Strandleben der Hauptstadt für viele eine faszinierende Erfahrung sein, und die Statistik gibt den Urlaubsmanagern Recht: Nach wie vor ist Oahu das Reiseziel für 80% aller Hawaii-Urlauber und hier mehrheitlich Waikiki. Nachdrücklich sei an dieser Stelle aber auf jene Insel-Schönheit verwiesen, die neben dem Großraum Honolulu existiert. Oft nur wenige Fahrminuten davon entfernt können Sie überall dramatische Küstenabschnitte, Täler mit überwältigender Vegetation, steile Bergklippen, verschwiegene Buchten und relativ leere, langgezogene Sandstrände entdecken.

Highlights

- Stadtrundgang in *Honolulu Downtown* mit dem Palast-Viertel, dem Hafen und der Chinatown.
- Ausgiebige Besichtigung des *Bishop Museum*.
- Blick auf Honolulu vom *Diamond Head* und vom *Punchbowl*-Krater.
- Besuch des *Sea Life Park*.
- Besuch des *Polynesian Cultural Center*, trotz der mitunter allzu touristischen Präsentation.
- Strandleben und Wassersport an den Stränden *Ala Moana Beach* und *Waikiki Beach* im Süden, *Hanauma Bay* und *Kailua Beach* im Osten oder *Yokohama Beach* im Westen.
- Besichtigung des *Visitor Center* und *Arizona Memorial* von Pearl Harbor
- Landschaftsfahrt über den *Nuuanu Pali Drive* und *Tantalus Drive* und ihren phantastischen Aussichtspunkten (besonders: *Nuuanu Pali Lookout*).
- Ausflug zum 'Tal der Tempel' mit Besichtigung des *Byodo-In-Temple*.

Der Aloha Tower von Honolulu

9.2 REISEPRAKTISCHE HINWEISE

Information

An Informationsstellen und verwertbarem -material besteht weder auf den Inseln allgemein, noch erst Recht auf Oahu Mangel, man wird im Gegenteil mit Broschüren, **Gratis-Touristenzeitungen** (z.B. *"Waikiki Beach Press", "Spotlight's Oahu Gold"* oder *"Souvenir Guide to Oahu"*), Stadt- und Inselplänen etc. geradezu überschüttet. Tip: Werfen Sie diese Papierberge nicht gleich fort, sondern sondieren Sie die vielfach enthaltenen **Rabatt-Coupons**. Dies lohnt sich, vor allem, wenn Sie genau wissen, auf welche Ausflüge, Restaurants, Besichtigungen oder Aktivitäten Sie Lust haben.

Von jedem Telefongerät ist die **24-Stunden-Information** der *Electronically Voiced Information Exchange (E.V.I.E.)* abfragbar. Man wählt Tel.: 263-3463 und bekommt automatisch Instruktionen und ein Menue, aus dem man Gebiete wie 'Einkaufen', 'Restaurants', 'Shows' usw. auswählt. Falls man Hilfe braucht oder Reservierungen vornehmen möchte, wird der Anruf an einen Operator weitergegeben.

Wie auf allen Inseln enthalten die ersten Seiten des **Telefonbuchs** eine ganze Reihe nützlicher Info-Nummern wie Wetter-Vorhersage, kulturelle Veranstaltungen, Festivals, Sportereignisse etc. **Offizielle Touristeninformationen** finden Sie in der Ankunftshalle des Flughafens und in Honolulu/Waikiki, daneben ist man Ihnen auch in den größeren Hotels bei den *Activity Desks* und Rezeptionen mit Auskünften behilflich (vgl. 9.3.2).

Wettervorhersage

Wettervorhersage für Oahu: Tel. 836-0121
Wettervorhersage für Honolulu: Tel. 833-2849
Wetterbedingungen auf See: Tel. 836-3921

Unterkunft

● **Hotels**

Von Las Vegas einmal abgesehen, wird man wohl sonst in den USA nirgendwo eine ähnliche Konzentration von Hotelzimmern finden wie in Waikiki. Dabei handelt es sich i.d.R. um komfortable Einheiten in großen Hochhäusern. Im KAPITEL 9.3.2 finden Sie eine Auswahl empfehlenswerter **Hotels** in Honolulu/Waikiki, ansonsten sind gute Adressen im Reiseteil am jeweiligen Ort angegeben.

● **Condominiums**

Besonders in Waikiki ragen zwischen den Hotelhochburgen (und von diesen in Aussehen und Ausstattung kaum zu unterscheiden) Condominium-Anlagen *(Condos)* in den Himmel, also Apartment-Häuser, deren Einheiten mit Küche und Schlaf-/Wohnzimmer ausgestattet sind und vorzugsweise wochen- oder monatsweise vermietet werden. Viele Einheiten sind von Langzeitmietern belegt, nicht selten auch als Eigentumswohnungen verkauft. Deren Besitzer vermieten wiederum ihre Wohnungen an Touristen und zeigen dies in den Kleinanzeigen der örtlichen Presse an. Auch an der Rezeption einer solchen Anlage kann man Ihnen Auskunft über freie Wohnungen geben. Das größte Angebot vermietbarer *Condos* hat die Firma *Aston Hostels & Resorts* (2255 Kuhio Ave., 18th fl., Honolulu HI 96815, Tel.: 923-0745, gebührenfrei 1-800-922-7866, Fax: 922-8785), die auf fast allen Inseln vertreten ist und auch mehrere 'normale' Hotels betreibt. Einige ihrer Häuser sind auch über deutsche Reiseveranstalter zu buchen, so z.B. das empfehlenswerte *"Aston Waikiki Sunset Apartments/Studios"* ($$$), 229 Paoakalani Ave., Tel.: 922-0511: ein modernes Mittelklasse-Apartment-Hotel nahe dem Kapiolani Park, 350 geräumige Einheiten mit komplett eingerichteter Küche, Pool, Sauna, Tennisplatz, Shop, Parken US$ 3/Tag. Weitere, ähnlich komfortable Condo-Anlagen der Kette in Waikiki sind *"Aston Waikiki Beach Tower"* (140 Einheiten), *"Aston at the Waikiki Shore"* (164 Einheiten) und *"Aston at the Waikiki Banyan"* (876 Einheiten).

● **Bed & Breakfast**

Während außerhalb des Großraums Honolulu die luxuriösen Hotel- und großen Condominium-Anlagen rar gesät sind, gibt es an der Ost-, Nord- und Westküste eine Vielzahl hübscher Ferienwohnungen und Bed & Breakfast-Häuser: eine ideale Voraussetzung für einen erholsamen Urlaub abseits des Waikiki-Trubels. Besonders am sehr schönen Strand von Kailua und Lanikai, an dem sich noch keine Hotelanlagen etablieren konnten, steht eine Vielzahl wunderschöner Apartments, Studios, Ferienhäuser und Pensionen jeglicher Kategorie zur Verfügung. Im KAPITEL 3.1 finden Sie unter dem Stichwort "UNTERKUNFT" einige Adressen empfehlenswerter Bed & Breakfast-Vermittler. Für Oahu sind dabei aus dem Angebot von *Hawaiian Islands, Bed & Breakfast and Vacation Rentals* folgende sechs Unterkünfte besonders hervorzuheben:

- *Manoa Valley Inn*, 2001 Vancouver Dr., Manoa Valley; nahe dem Universitätsviertel und mit Blick auf Waikiki gelegene Pension mit nur 8 Zimmern, herrliches, denkmalgeschütztes Haus, das 1919 im victorianischen Stil errichtet wurde. Freundliche Atmosphäre, ideal für Liebhaber des 'Besonderen', ab US$ 110 für das DZ mit Frühstück.
- *John Walker's Beach House*, Lanikai (Beachfront); direkt am Strand gelegenes, luxuriöses Haus von 1924, gehörte ehemals dem schottischen Architekten *John Walker*, der in Honolulu u.a. das Bishop Museum und die City Hall baute. Das Haus (für 10 Personen) bietet Küche, Sauna, Haupthaus mit Bad und 3 Schlafzimmern, Gästehaus mit Bad und 2 Schlafzimmern, Bootsrampe, Fahrräder etc.; wird nur insgesamt vermietet, ab US$ 325/Tag.
- *Lanikai Bed & Breakfast*, Lanikai; neues Haus mit einer Etage für bis zu 4 Personen *(Hale Mahina)*, ab US$ 75/Tag, und einem *Garden Studio* für 2 Personen, ab US$ 60/Tag; Gartenlage, vom Lanikai Beach nur durch eine Straße getrennt.
- *Top of the Rocks,* Lanikai; Studio für 2 Personen, luftig auf einem Hügel mit weitem Blick gelegen, kurzer Fußweg zum Strand, ab US$ 65/Tag.
- *Annie's Garden Retreat*, Kailua; inmitten eines tropischen Gartens gelegenes Studio für 2 Personen, sehr geschmackvoll eingerichtet, ab US$ 65/Tag.
- *Santa's by the Sea*, Haleiwa (Nordküste); hübsches Apartment, nur wenige Stufen oberhalb eines schönen Sandstrandes, bis zu 4 Personen, ab US$ 90/Tag.

John Walker's Beach House

Camping

Auf Oahu gibt es nur wenige Zeltmöglichkeiten in naturgeschützter Umgebung. Über Konditionen und Permits informiert das *Department of Parks & Recreation,* Honolulu, 650 S. King St., Tel.: 523-4225, und die *Division of Parks,* Honolulu, 1151 Punchbowl St., Tel.: 548-7455.

Flüge

Der **Flughafen** von Honolulu *(Honolulu International Airport,* Tel.: 836-6411) ist die wichtigste Luftverkehrs-Drehscheibe im Pazifik und wird von allen größeren amerikanischen, asiatischen und pazifischen Linien angeflogen. Der moderne und großzügig angelegte Komplex verfügt über alle üblichen Einrichtungen, wie Gepäckaufbewahrung, Schließfächer, Restaurants, Snack-Bars, Duty Free Shops, Banken. Zwischen Freeway und den Terminals befinden sich zwei gute Flughafenhotels sowie die Hauptpost der Insel.

Tip:

Wer beim Rückflug von Honolulu nicht zu spät am Internationalen Flughafen ist und noch ein wenig Zeit übrig hat, kann dem ***"Pacific Aerospace Museum"*** einen Besuch abstatten, das in der Haupthalle untergebracht ist. Hier wird die Luft- und Raumfahrt anhand von Fotos, Exponaten, dem Flugdeck eines NASA-Space Shuttle in Originalgröße sowie einer multimedialen Vorführung im *'Great Skyquest Theatre'* dokumentiert. Das Museum ist Mo-Di 9.00-18.00, Mi-Sa 9.00-21.00 und So 10.00-18.00 Uhr geöffnet.

Für die internationalen Flüge bzw. die vom amerikanischen Festland ist der zentrale *Main Terminal* zuständig, ein weiterer *International Terminal* ist derzeit im Bau. Wer von Übersee kommt und zu einer anderen Hawaii-Insel weiterfliegen will, muß sich mit einem Shuttle zum *Inter-Island Terminal* bemühen, in dem die *Aloha* und *Hawaiian Airlines* ihre Schalter haben. Für Flüge nach Molokai und Lanai, die hauptsächlich von *Aloha Island Air* bedient werden, ist ein weiterer Terminal aufzusuchen, nämlich der *Terminal No. 3 (Commuter Terminal).* Zwischen den Terminals verkehrt der kostenlose *Wiki-Wiki-Shuttle.* Vor der Ankunftshalle des *Main Terminal (Ground Level)* und des *Inter-Island Terminal* stehen **Taxen** bereit und halten im Pendelverkehr die Waikiki-Shuttle-**Busse**, die Shuttle-Busse der Mietwagenfirmen, Kleinbusse verschiedener Transportunternehmen sowie die einzelner Hotels. Alle **Autofahrer** gelangen vom Parkplatz bzw. den Mietwagen-Depots direkt auf den Freeway H-1. Nach Honolulu fährt man auf diesem in östlicher Richtung. Die beste Abfahrt für Downtown Honolulu ist Exit 22 *(Vineyard Blvd.),* die beste für Waikiki ist Exit 23 *(Punahou St.).*

Die **Rückbestätigung** *(reconfirmation)* Ihres Weiter- oder Rückfluges können Sie direkt am Flughafenschalter der entsprechenden Linie vornehmen oder telefonisch. Die **Telefonnummern der wichtigsten Fluggesellschaften** sind auf Oahu:

- **Internationale Flugglinien:**

Air New Zealand	262-1234	*American Airlines*	223-5436
Canadian Airlines	426-7000	*China Airlines*	955-0088
Continental Airlines	525-0280	*Delta Airlines*	221-1212
Japan Airlines	525-3663	*Northwest Airlines*	225-2525
Singapore Airlines	742-3333	*United Airlines*	241-6522

- **Insel-Fluggesellschaften:**

Aloha Airlines	367-5250	*Aloha Island Air*	323-5436
Hawaiian Airlines	367-5320		

Busse

Der öffentliche Personenverkehr mit dem Bus (*TheBus*) ist auf Oahu besser und billiger als in den meisten Gemeinden Amerikas. Mit **US$ 0,85** kommt man nicht nur in Honolulu vorwärts, sondern gleich um die halbe Insel. Dabei ist einmal Umsteigen erlaubt, wobei man aber beim ersten Einstieg den Fahrer um ein Transfer-Ticket bitten muß. **Wichtig:** Den Fahrpreis kann man nur in Münzen und passend in eine Glasbox werfen, Wechselgeld wird nicht herausgegeben. Die Busse sind modern und klimatisiert, die auf den Hauptrouten operierende jüngere Generation ist auch für Rollstuhlfahrer geeignet. **Aktuelle Fahr-** und **Routenpläne** enthält die Broschüre '*The Bus Guide*', die man u.a. in Souvenirshops, Buchläden und Supermärkten bekommt, oder man fragt die 24-Stunden-Bandansage ab: Tel.: 296-1818, nach der Verbindung dann 8287 wählen.

Die wichtigste Drehscheibe für den insularen Busverkehr ist das **Ala Moana Center**, das ab/bis Waikiki (Kuhio Ave.) mit den Linien 8,19,20,47,58 erreicht wird. Hier starten auch die beiden Linien, die um die Insel führen und auch an den bekanntesten Stränden halten: Nr. 55 an der Ostküste entlang, Nr. 52 durch das Inselinnere (wer also am schnellsten zum *Sea Life Park* oder *Polynesian Cultural Center* möchte, benutzt die Nr. 55, wer zum *Waimea Falls Park* möchte, nimmt die Nr. 52). Einige der rund 60 Linien von *TheBus* fahren auch zum **Flughafen**, allerdings werden keine größeren Gepäckstücke mitgenommen. Bei der An- und Abreise sollte man also auf die bequemen *Waikiki-Shuttle-Busse* oder auf ein Taxi zurückgreifen.

Die **Flughafen-Shuttle-Busse** sind meist Vans von Privatfirmen wie z.B. *Sinan Trans & Tour* (Tel.: 536-2917), *1st-Choice-Shuttle* (Tel.: 988-9293), *Airport Motorcoatch* (Tel.: 839-0911), *Mali Taxi* (Tel.: 943-1603) oder *E.M. Tours* (Tel.: 836-0210), die Sie auf Vorbestellung an Ihrem Hotel abholen, auf dem Weg zum Flughafen aber meist noch weitere Adressen anfahren. Ein solcher Transfer (ab US$ 5) wird von jeder Hotel-Rezeption vermittelt, oder Sie bestellen einen Wagen telefonisch (auf Anzeigen in Touristen-Prospekten achten!).

Für das Sightseeing in Honolulu ist der **Waikiki Trolley** eine zwar teurere, aber sehr bequeme Alternative zum Stadtbus (vgl. 9.3.2).

Mietwagen

Alle großen und eine Vielzahl lokaler Mietwagenanbieter sind auf Oahu vertreten. Wer gerne unabhängig ist, Landschaftsfahrten, wie z.B. den *Tantalus Drive*, unternehmen und viele unterschiedliche Strände kennenlernen möchte, sollte sich auch zu einem Mietwagen entschließen – selbst wenn das Busnetz auf der Insel vorbildlich ausgebaut ist. Wer allerdings sein Standquartier in Waikiki aufschlägt, hauptsächlich dort den Urlaub verbringen und nur sporadisch Ausflüge unternehmen möchte, sollte lieber auf den Bus umsteigen oder an organisierten Ausflügen teilnehmen. Bei vielen Pauschalangeboten ist der Mietwagen ab/bis Flughafen im Preis enthalten. Bedenken Sie hierbei aber, daß internationale Flüge oft spät abends in Honolulu ankommen und Sie nach dem langen Flug wahrscheinlich keine Lust haben werden, mit dem Shuttle zur Mietwagenstation zu fahren, um dann in Eigenregie und bei Dunkelheit Ihr Hotel in Waikiki suchen zu müssen. Daher der **Tip:** Verzichten Sie für den Ankunftstag auf den Mietwagen, erkunden Sie Waikiki und Honolulu am darauffolgenden Tag zu Fuß oder per Bus/Trolley und mieten Sie den Wagen erst ab dem dritten Tag an einer Station in Waikiki.

Alle großen Mietwagenanbieter haben einen Schalter in der Ankunftshalle des Flughafens. Von dort werden Sie mit einem Shuttle zum Depot gebracht (ca. 5 Minuten), wo Sie Ihren Wagen bekommen. Achten Sie bei der Wagenrückgabe auf das Hinweisschild *Rental Car Return*! Nachfolgend die Flughafen-Adressen einiger Anbieter; im KAPITEL 9.3.2 werden weitere Stationen und Firmen in Waikiki genannt.

- *Alamo:* Honolulu Interntl. Airport, 3055 N. Nimitz Hwy., Tel.: 833-4584, 24 Stunden geöffnet.
- *Avis:* Honolulu Interntl. Airport, 2912 Aolele St., Tel.: 834-5564, 24 Stunden geöffnet.
- *Budget:* Honolulu Interntl. Airport, 3055 N. Nimitz Hwy., Tel.: 537-3600.
- *Dollar:* Honolulu Interntl. Airport, N. Nimitz Hwy., Tel.: 831-2331.
- *Hertz:* Honolulu Interntl. Airport, 3055 N. Nimitz Hwy., P.O.Box 29240, Tel.: 831-3500, geöffnet 07.00-19.30 h.
- *National:* Honolulu Interntl. Airport, 3055 N. Nimitz Hwy., Tel.: 227-7368.

Einige Entfernungen

von Waikiki nach:	*Route*	*km/Meilen*	*ca. Fahrzeit*
Sea Life Park	Hwy. 72	24 km/15 m	35 Min.
Polynesian Cultural Center	Hwys 61/83	56 km/35 m	1¼ Std.
Waimea Falls Park	H-2/Hwy. 99	58 km/35 m	1 Std.
Hanauma Bay	Hwy. 72	18 km/11 m	30 Min.
University of Hawaii	University Ave.	5 km/3 m	10 Min.
Pali Lookout	Hwy. 61	18 km/11 m	30 Min.
Downtown Honolulu	Kalakaua Ave./ Beretania St.	6,5 km/4 m	15 Min.
International Airport	Ala Moana Blvd./ Nimitz Hwy.	14,5 km/9 m	30 Min.
Arizona Visitor Center	Nimitz Hwy./ Hwy. 99	18 km/11 m	30 Min.
Makaha	H-1/Hwy. 93	58 km/36 m	1 Std.
Makapuu Point	Hwy 72	19 km/12 m	30 Min.
Rundreise *Pali/Koko Head*	Hwys 61/72	56 km/34,7 m	1¼ Std.
Rundreise *Pali/Laie/Haleiwa/Wahiawa*	Hwys 61/83/99	135 km/84 m	3 Std.

Einkaufen

Auf der Insel hat natürlich Honolulu, die größte Stadt des Bundesstaates, auch das größte Einkaufs-Angebot, insbesondere in Waikiki entlang der *Kalakaua Ave.* und *Kuhio Ave.* Hier finden Sie eine endlose Kette von Boutiquen und Souvenirläden, Fachgeschäften und Einkaufszentren. Das größte Kaufhaus in Downtown Honolulu ist das *Liberty House*, das mit zahlreichen Filialen in Waikiki, auf Oahu und anderen Inseln vertreten ist (oft im Erdgeschoß der Hotels). Für den billigen Schnelleinkauf ist u.a. die Ladenkette *ABC Stores* geeignet, die mit ihrem günstigen Angebot an Alkoholika, Lebensmitteln, Badesachen, Drogerieartikeln, Filmen etc. auf allen Inseln zu finden ist und allein in Waikiki 35 Filialen unterhält. Die meisten *ABC stores* sind tägl. 7.00-24.00 h geöffnet.
Geradezu gigantische Ausmaße haben einige *Shopping Centers*, in denen man verschiedene Geschäfte und Dienstleistungsunternehmen unter einem Dach vorfindet. Die meisten davon sind in Waikiki bzw. zwischen Honolulu Downtown und Waikiki konzentriert (vgl. KAPITEL 9.3.2). Außerhalb dieser Region haben im Westen das *Pearlridge Center* in Aiea sowie im Süden das *Hawaii Kai Shopping Centre* an der Manaula Bay das größte Warenangebot.

Restaurants

Entsprechend der Bevölkerungs- und Hoteldichte gibt es eine Konzentration von Gaststätten in Honolulu und besonders in Waikiki. Eine kleine Auswahl empfehlenswerter Restaurantadressen finden Sie im KAPITEL 9.3.2 für diesen Bereich oder bei den entsprechenden Orten. Alle größeren touristischen Attraktionen haben i.d.R. ebenfalls ein Restaurant oder wenigstens eine Cafeteria. Weniger strapazieren die zahlreichen Fast-Food-Läden die Reisekasse: Die Hamburger-Ketten *McDonald's* (38 mal) und *Burger King* (22 mal) sind auf Oahu flächendeckend vertreten, ebenso *Domino's Pizza* (18 mal). Für wenige Dollar kann man sich außerdem beim chinesischen Take-away durchaus sattessen, und inzwischen bieten auch immer mehr Bistros europäischer Art Mahlzeiten für den kleinen Hunger an. Wer zu den einsamen Stränden im Westteil der Insel aufbricht, sollte an ein Lunchpaket denken.

Wassersport

Es liegt auf der Hand, daß das Freizeitangebot auf Oahu vor allem den Wassersport betrifft. Für **Taucher** und **Schnorchler** ergeben sich auf der Insel phantastische Möglichkeiten, allerdings sind die Bedingungen jahreszeitlich bedingt sehr unter-

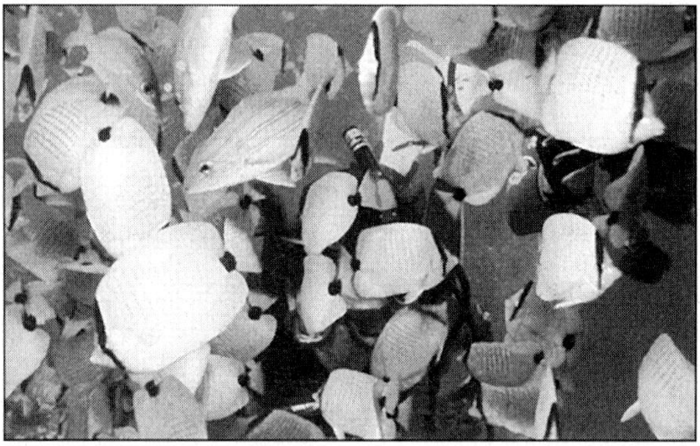

Fischschwarm in der Hanauma Bay

schiedlich. Im Sommer, wenn die Brandung dort moderat ist und wenig Sand aufwirbelt, empfiehlt sich die Nordküste, im Winter eher die Südküste. Das bekannteste (und deswegen auch oft überfüllte) Schnorchelrevier ist die *Hanauma Bay* im Südosten. Ruhiger geht es am *Waimanalo Beach Park* zu, gute Schnorchel-Bedingungen findet man ansonsten in *Kailua, Lanikai* und am *Malaekahana Beach* im Osten, am *Makua-*, *Yokohama-* und *Makaha Beach* im Westen sowie am *Pupukea-, Waimea-, Kapaeloa-, Chun's Reef-* und *Papailoa Beach* im Norden.

Anbieter von **Tauch-** und **Schnorcheltouren** oder von entsprechendem **Gerät** findet man zuhauf, u.a. auch am *Waikiki Beach*. Informieren Sie sich in den Touristenzeitungen über die aktuellen Preise (auf Rabatt-Coupons achten!). Unter den unzähligen Geräte-Verleihern ist *Snorkel Bob's* (700 Kapahulu Ave., Tel.: 735-7944, auf dem Weg zur Hanauma Bay) das größte Unternehmen, das Filialen auch auf anderen Inseln unterhält; es bietet u.a. vollständiges Schnorchelequipment für US$ 15 pro Woche, Verleih von Unterwasserkameras, Abgabemöglichkeit der Geräte auch auf anderen Inseln. Empfehlenswert ist auch das Unternehmen *Paradise Snorkel Adventures* (Holiday Isle Hotel, Waikiki, 270 Lewers St., Tel.: 923-7766), das Schnorchel-Touren zu den schönsten Spots mit Transfer anbietet. *Dan's Dive Shop* (660 Ala Moana Blvd., Tel.: 536-6181) führt Catamaran-Segeltouren mit Schnorcheln ab US$ 35, Tauchkurse, Tauchgänge usw. an, Tauchgänge und Kurse mit Zertifikat sind u.a. bei *Beach Divers Hawaii* (Tel.: 737-7966) und *Atlantis Reef Divers* (Tel.: 592-5801) zu buchen.

Für **Segelfreunde** stehen Boote aller Klassen zur Verfügung, vom kleinen Hobbie Cat bis zur großen Yacht. Kleinere Boote können Sie stundenweise problemlos am Waikiki Beach mieten. Die beiden größten Anbieter der gesamten Segelboot-Palette, einschließlich von Lernkursen und organisierten Törns, sind *A Tradewind Charter* (1833 Kalakaua Ave., Tel.: 829-4899; Minikreuzfahrten, Mehrtages-Törns, Sunset-Dinner-Cruises und Segelboot- und Yachten-Vermietung) und *Honolulu Sailing Co.* (47-335 Lulani St., Kaneohe, Tel.: 829-0114; Segeltörns, Schnorchel- und Angeltouren, Whalewatching, halbtägige bis mehrtägige Ausflüge).

Parasailing in der Hanauma Bay, z.T. aber auch **Wasserski**, Tauchlehrgänge und **Jetboote** bieten u.a. *Big Sky Parasail* (Tel.: 396-0564), *Waikiki Parasailing* (Tel.: 924-3525), *Aloha Parasail* (Tel.: 521-2446), *Hawaii Kai Parasail* (Tel.: 396-9224) und *Sea Breeze Parasailing* (Tel.: 396-0100) an, der freie Transfer ab/nach Waikiki ist eingeschlossen.

Naturgemäß stellen **Surfen** und Windsurfen einen Schwerpunkt der Wassersport-Aktivitäten. Surfboards werden Ihnen in Waikiki und an vielen populären Stränden sowie durch Agenturen in der Stadt (z.B. *Planet Surf Rentals,* 415 Nahua St., Tel.: 926-2060) angeboten. Das Mekka der **Windsurfer** liegt in Kailua, wo auch die meisten Windsurfing-Schulen anzutreffen sind (z.B. *Kailua Sailboard,* 130 Kailua Rd., Tel.: 262-2555; *Naish Hawaii,* 155 A Hamakua Dr., Tel.: 262-6068).

Die wichtigste Adresse für passionierte **Sportfischer** ist das Kewalo Basin (Fisherman's Wharf) zwischen Downtown Honolulu und Waikiki, von wo aus die gutausgerüsteten Boote zur Hochseejagd starten. Angebote dazu gibt es u.a. bei *Brooke Kay Sportfishing,* (Tel.: 396-8257), *ELO Sportfishing* (Tel.: 947-5208) und *Blue Nun Sportfishing* (Tel.: 596-2443).

Zweiräder

Besonders in Waikiki gibt es eine Vielzahl von Fahrrad-, Mofa- und Motorradverleihern; Hotels und Pensionen außerhalb der Stadt bieten ihren Gästen oft ebenfalls Mietfahrräder an. Als Drahtesel bekommt man meist ein Mountainbike, was angesichts der z.T. steilen Strecken auch angemessen ist. Eine Bewährungsprobe, was Höhenunterschiede angeht, stellt der Tantalus-Drive dar, eine sehr populäre Rundfahrt durchs Hinterland von Honolulu. Weitere schöne Mountainbike-Routen starten z.B. im Waimea Falls Park, wo auch Geräte verliehen werden. Eine andere Bewährungsprobe für Fahrer und Material ist die arge Schotterstrecke um das Nordwestkap Oahus. Auf den Hauptrouten der Insel macht das Fahrradfahren wegen des starken Autoverkehrs keinen Spaß!

Fahrradtour im Waimea Falls Park

Mopeds können für US$ 15-20/Tag geliehen werden. Einige Verleiher:
- *The Moped Connection* (750 A Kapahulu Ave., Tel.: 732-3366; Motorräder, -roller, Mofas)
- *Mopeds! Mopeds!* (1946 Ala Moana Blvd., Tel.: 944-3131; Motorroller, Mofas)
- *Cheap Moped Rentals* (1831 Ala Moana Blvd., Tel.: 943-0815; Motorroller, Mofas)
- *Rollerblade Rentals* (1705 Kalakaua Ave., Tel.: 941-2222; Mofas, Fahrräder, Rollschuhe).

Flugsport

Vom Dillingham Airfield/Gliderport in Mokuleia an der Nordküste starten vielfältige Aktivitäten. **Fallschirmspringen** wird dort angeboten von *Pacific International Skydiving Center* (Tel.: 637-7472) und von *Sky Dive Hawaii* (Tel.: 637-9700), **Segelfliegen** von *Soar Hawaii Sailplane Rides* (Tel.: 637-3147) und *Original Glider Rides* (Tel.: 677-3404), Flüge mit historischen **Doppeldeckern** von *Fightertown Hawaii* (Tel.: 637-3021).

Wandern

Trotz der touristischen Erschließung der Insel hat Oahu wunderschöne Wanderwege anzubieten, einige davon sogar im Stadtbereich von Honolulu. Die schönsten Ziele für Wanderfreunde sind im KAPITEL 9.8 beschrieben.

Tennis

Oahu ist die Insel mit den meisten Tennisplätzen von Hawaii, viele davon sind sogar in kommunalem Besitz und ihre Benutzung kostenlos, z.B. im Kapiolani Park, am Diamond Head Tennis Center und am Ala Moana Beach Park. Eine Liste dieser Courts gibt das *Department of Parks & Recreation* (Honolulu, 650 S. King St., Tel.: 523-4225) heraus. Andere Plätze gehören zu Clubs, die Gäste gegen Gebühr spielen lassen. Größere Hotels haben ebenfalls Tennisplätze, oft mit Flutlicht, wobei in Waikiki aufgrund der Hochhausarchitektur nur ein geringes Platzangebot besteht – ausgesprochene Tennisfans sollten da lieber auf sportliche Hotels außerhalb der Stadt zurückgreifen, z.B. auf das *Sheraton Makaha Resort* im Westen oder das *Turtle Bay Hilton* im Norden.

Golf

Kaum eine Gegend in den USA weist eine solche Konzentration an erstklassigen Golfplätzen auf wie Oahu. 34 sind es z.Zt., die meisten davon haben 18-Loch-Courses. Von diesen befinden sich 7 auf militärischem Sperrgebiet und sind der Öffentlichkeit nicht zugänglich; gleiches gilt für einige Plätze, die Privatclubs gehören. Gut 30 Anlagen sind aber öffentlich oder im Besitz von Country Clubs und Hotels, die auswärtige Gäste wenigstens an bestimmten Tagen akzeptieren. Die **schönsten Golfplätze** sind an der **Südküste** der *Ewa Beach International Golf Club*, an der **Ostküste** der *Koolau Golf Club*, der *Mid-Pacific Country Club* an der **Südostküste**, der *Royal Kunia Honolulu Country Club* im **Inselinneren**, der *Makaha Valley Country Club* an der **Westküste** und der *Turtle Bay Country Club* an der **Nordküste**.

Hier einige **Adressen** durchweg empfehlenswerter Courses:

- *Ala Wai Golf Course,* 404 Kapahulu Ave., Waikiki, Tel.: 296-4653; 18-Loch, Par 70.
- *Bayview Golf Links,* 45-285 Kaneohe Bay Dr., Kaneohe, Tel.: 689-8317; 18-Loch, Par 54.
- *Ewa Beach International Golf Club,* 91-050 Ft. Weaver Rd., Ewa Beach, Tel.: 689-8317; 18-Loch, Par 72.
- *Hawaii Country Club,* Wahiawa, Tel.: 621-5654; 18-Loch, Par 72.
- *Hawaii Kai Golf Courses,* 8902 Kalanianaole Hwy., Tel.: 395-2358; *Championship Course* 18-Loch, Par 72, *Executive Course* 18-Loch, Par 55.
- *Hawaii Prince Golf Club,* 91-1200 Ft. Weaver Rd., Ewa Beach, Tel.: 689-2213; 27-Loch, Par 72.
- *Kahuku Golf Course,* Kahuku, Tel.: 293-5842; 9-Loch, Par 35.
- *Kapolei Golf Course Kapolei* (1994); 18-Loch, Par 72.
- *Ko Olina Golf Club,* 92-1220 Aliinui Dr., Ko Olina, Tel.: 676-5309; 18-Loch, Par 72.
- *Koolau Golf Course,* 45-550 Kionaole Rd., Kaneohe, Tel.: 235-3886; 18-Loch, Par 72.
- *Mahaka Valley Country Club,* 84-627 Mahaka Valley Rd., Waianae, Tel.: 695-9578; 18-Loch, Par 71.
- *Mid-Pacific Country Club,* 266 Kaelepulu Dr., Kailua, Tel.: 261-9765; 18-Loch, Par 72.
- *Mililani Golf Club,* 95-176 Kuahelani Ave., Mililani, Tel.: 623-2254; 18-Loch, Par 72.
- *Olomana Golf Links,* 41-1801 Kalanianaole Hwy., Waimanalo, Tel.: 259-7926; 18-Loch, Par 72.
- *Pali Golf Course,* 45-050 Kamehameha Hwy., Kaneohe, Tel.: 296-7254; 18-Loch, Par 72.
- *Pearl Country Club,* 98-535 Kaonohi St., Aiea, Tel.: 487-3802; 18-Loch, Par 72.
- *Royal Hawaiian Country Club*, Kailua, Tel.: 626-2139; 18-Loch, Par 70.
- *Royal Kunia Honolulu Country Club* (1994); 18-Loch, Par 72.
- *Sheraton Makaha Resort & Country Club,* 84-626 Makaha Valley Rd., Waianae, Tel.: 695-9544; 18-Loch, Par 72.
- *Ted Makalena Golf Course,* 93-059 Waipio Pt. Access Rd., Waipahu, Tel.: 296-7888; 18-Loch, Par 71.
- *Turtle Bay Hilton & Country Club,* Kahuku, Tel.: 293-8574; zwei Plätze á 18-Loch, Par 72.
- *Waikele Golf Club,* Waipahu, Tel.: 677-5693; 18-Loch, Par 72.
- *West Loch Golf Course,* 91-1126 Okupe St., Ewa Beach, Tel.: 296-5624; 18-Loch, Par 72.

Tip

Wer auf Oahu hochwertiges Golf-Equipment kaufen möchte (oft sehr viel billiger als bei uns), sei an das Spezialgeschäft *"Golf House"* in Honolulu verwiesen: 2038 S. King St., Tel.: 955-1400.

Ausflüge

Eine ganze Reihe von **Reiseagenturen** bieten in Anzeigen und Flugblättern dem Oahu-Besucher ihre Dienste an. Dazu gehören geführte Stadtrundgänge in Chinatown, Besichtigungsfahrten nach Pearl Harbor, Kreuzfahrten, Halbtages- und Ganztagestouren über die Insel oder zu bestimmten Highlights, aber auch ein- bis mehrtägige Ausflüge zu den Nachbarinseln, auf Wunsch mit Übernachtungs-, Sightseeing- oder Mietwagenarrangement. Ihr *Activity Desk* im Hotel oder das *Oahu Activity Information Center* wird Sie beraten, welcher Ausflug was enthält und in Ihren Reiseplan paßt. Wenn Sie lieber direkt buchen möchten – hier einige Telefonnummern:

- *Affordable Tours,* Tel.: 922-5522
- *E Noa Tours,* Tel.: 591-2561
- *Magnum Tours,* Tel.: 923-7825
- *Pacific Monarch Travel,* Tel.: 924-7717
- *Polynesian Express,* Tel.: 922-5577

Wer sich durch die großen Gruppen und die oft sehr oberflächlichen amerikanischen Kommentare von einer Inselrundfahrt im Bus abschrecken läßt, findet vielleicht Gefallen an der deutschsprachigen Insel- und Stadtrundfahrt, die in einer Cadillac-Limousine angeboten wird (8 Stunden, ca. US$ 70; Tel.: 455-4301). Ebenfalls für deutschsprachige Besucher ist die *Hawaiian Safari* (5 Stunden, ca. US$ 60; Tel.: 988-39999) interessant, die der Auswanderer Kurt Meimer mit Jeeps in die Schönheiten Oahus abseits der Touristenpfade durchführt. Da an einer solchen Safari nur maximal 6 Personen teilnehmen, sollte eine Anmeldung einige Tage im voraus erfolgen.

● **Bootstouren**

Bootstouren sind auf Oahu fast immer eine sehr touristische Angelegenheit, die weniger dem Sightseeing dient als dem Zweck, vor romantischer Kulisse möglichst viel Spaß zu erleben. Die Touren starten i.d.R. am Kewalo Bassin oder am Aloha Tower Marketplace. Angeboten werden u.a. Super-Katamarane, große Segelyachten und U-Boote mit High-Tech-Ausstattung. Für eine der beliebten *Sunset Dinner Cruises* (2½ Stunden) mit Show und Tanz müssen Sie mit US$ 30-50 p.P. rechnen. Nachfolgend einige Anregungen:

- *Atlantis Submarines Hawaii,* 1600 Kapiolani Blvd., Tel.: 548-6262. Die Firma mit der größten Freizeit-U-Boot-Flotte der Welt ist auf Oahu mehrfach vertreten, u.a. mit *'Aloha 2000'*, dem weltweit größten Passagier-U-Boot. Die Touren beginnen am Port Hilton (Hilton Hawaiian Village) mit einem Bootstransfer zum U-Boot, dann geht es hinab bis in 30-40 m Tiefe. Die maritime Wunderwelt *Atlantis Reef*, Korallen, Schiffswracks und auch Taucher können durch Gucklöcher betrachtet und fotografiert werden. Tauchzeit ca. 45 Minuten, Gesamtdauer ca. 2 Std., Preis ca. US$ 82.
- *Leahi Catamaran,* Tel.: 462-7975; der gemütliche Segelkatamaran läuft mehrmals tägl. zu Tages- und Sunset-Kreuzfahrten sowie Tauch- und Schnorchelausflügen aus.
- *Paradise Cruise Ltd.,* 350 Ward Ave., Kewalo Basin, Tel.: 593-2493; Dinner-, Sunset- und Pearl Harbor-Kreuzfahrten mit der *'Star of Honolulu'*, dem neuesten und größten Katamaran des Staates (bis zu 1.600 Passagiere), oder mit dem Glasboden-Katamaran *'Holo Holo Kai'*.
- *Royal Hawaiian Cruises,* Honolulu, Pier 6, Tel.: 852-4183. Tägliche Dinner- und Sunset-Kreuzfahrten oder Whalewatching mit dem Katamaran *'Navatek I'*.
- *Windjammer Cruises,* 2222 Kalakaua Ave., Tel.: 367-5000; Dinner-Kreuzfahrten ab dem Aloha Tower mit dem stählernen Viermaster *'Rella Mae'*.

● **Oahu-Sightseeing**

Organisierte Ausflüge werden halbtageweise zu bestimmten Attraktionen wie dem *Arizona-Memorial* in Pearl Harbor (ca. US$ 15) oder dem *Polynesian Cultural Center* (je nach Programm US$ 23-50) veranstaltet, ebenfalls zu sehr touristischen Show-Programmen mit Abendessen *("Polynesian Luau",* ca. US$ 48) in einem Waikiki-Hotel oder zu Veranstaltungen im Aloha Showroom *("Legends in Concert",* ca. US$ 29). Daneben gibt es natürlich das Angebot einer ganztägigen **Inselrundfahrt** per Bus. Eine solche Oahu-Exkursion verläuft im Regelfall von Waikiki aus am Diamond Head und Kahala vorbei zur Hanauma Bay, dann an der Ostküste entlang über Makapuu und Waimanalo nach Norden, dort an den berühmten Stränden wie Sunset Beach und Waimea Beach vorbei, schließlich durchs Inselinnere mit Stopp an der Dole Plantation zurück nach Pearl Harbor, Downtown Honolulu und Waikiki. Der Preis für eine solche Tour liegt – je nach Länge und Stopps – bei US$ 25-60.

● **Flüge zu anderen Inseln**

Wer sich Oahu zum alleinigen Standquartier gewählt hat, kann mit erstaunlich preisgünstigen Fly-&-Drive-Paketen jede der Nachbarinseln an einem Tag kennenlernen (Hin- und Rückflug, Mietwagen mit unlimitierten km und Steuern, ab ca. US$ 100). Wer länger auf einer Nachbarinsel bleiben möchte, kann genauso günstig beliebig viele Hotelübernachtungen hinzubuchen. Auch Flüge mit anschließender Busrundfahrt auf Kauai, Maui oder Big Island sind möglich (ca. US$ 150), ebenso eine reine Flugbuchung (ca. US$ 45 pro Strecke) oder eine Helikopter-Tour über die Nachbarinseln (ab US$ 50).

Wer es ganz eilig hat, kann an einem eintägigen 'Sechs-Insel-Flug' von *Scenic Air Tours* teilnehmen. Nach frühem Start geht es in einer zweimotorigen Propellermaschine von Oahu über Molokai, Lanai, Kahoolawe und Maui nach Big Island (Hilo), von wo ein Busausflug zum Volcanoes National Park unternommen wird. Auf dem Rückflug wird in Maui gelandet (Exkursion nach Lahaina). Alle anderen Ziele sieht man nur aus der Luft, wobei jeder Teilnehmer einen Fensterplatz hat. Preis: ca. US$ 235.

Strände

Die ganze Insel ist von schönen Sandstränden umringt, die – je nach Wetterlage und Jahreszeit – sehr gute Schwimm- und Wassersportmöglichkeiten bieten. Als Faustregel gilt, daß die Nord- und Westküste in den Wintermonaten (Oktober bis Februar) eine besonders hohe Brandung aufweist und dann zum Schwimmen zu gefährlich ist. Da in dieser Jahreszeit auch viel Sand weggespült wird, sind die Strände im Winter zudem schmaler, was die Surfer natürlich nicht weiter stört. Zu den **populärsten Stränden** gehören an der **Südküste** der *Ala Moana Beach Park* und die einzelnen Abschnitte des *Waikiki Beach*. Beide sind stark frequentiert, aber ganzjährig sicher. Im **Südosten** zählen zu den beliebtesten Stränden: die *Hanauma Bay*, eine perfekte Bucht mit perfekten Schwimm-, Schnorchel- und Tauchbedingungen (ganzjährig), allerdings oft sehr voll; der *Waimanalo Beach Park*, mit 5 km der längste Strand der Insel, gute Schwimmbedingungen, beliebt bei Surfing-Anfängern; der *Kailua Beach Park*, ein sicherer 3-km-Strand, ideal für Windsurfer. An der **Nordküste** hat der *Sunset Beach* als Austragungsort der Surfing-Weltmeisterschaft einen Namen, ebenso der *Ehukai Beach Park* mit der berühmten 'Banzai Pipeline' und die *Waimea Bay*. Alle Strände zeichnen sich durch sehr hohe Wellen (vor allem im Winter!) aus, die sie zum Schwimmen zu gefährlich, für trainierte Surfer in dieser Zeit aber ideal machen. Währenddessen ist das Wasser des *Haleiwa Beach Park* auch im Winter oft zum Schwimmen geeignet.

An der sonnenreichen **Westküste** sind der *Makaha Beach Park* und, weit im Norden, die *Yokohama Bay* die beliebtesten Plätze. Auch hier zieht die enorme Brandung der Wintermonate Surfer aus aller Welt an (internationale Meisterschaften). Im Sommer sind die Gewässer zumeist ruhig und gut zum Schwimmen, Schnorcheln und Tauchen geeignet.

Bis auf den *Sunset Beach* und die *Yokohama Bay* haben alle genannten Strände Picknickplätze, Sanitäranlagen und Telefonzellen, die meisten sind außerdem bewacht, und an einigen kann man sich an Imbißständen verpflegen.

9.3 HONOLULU

9.3.1 ÜBERBLICK

Topographisch ist die größte Stadt des Bundesstaates auf einer recht schmalen Ebene angesiedelt, die im Südwesten durch das Meer und im Nordosten durch die *Koolau*-Bergkette begrenzt wird. Jene weist zwar keine allzu großen Höhen auf, ist jedoch ziemlich steil und beschränkte von Anfang an die Ausdehnung Honolulus. Zum Meer hin ist die Küstenlinie durch die langen Strandabschnitte bei Waikiki und weiter nördlich durch *Pearl Harbor*, eine tief ins Hinterland eindringende und weitverzweigte Bucht geprägt.

Eine "geschützte Bucht" ist es auch, die der hawaiische Name 'Honolulu' in der Übersetzung bedeutet und die am Anfang der **historischen Entwicklung** der Stadt stand, allerdings war damit nicht *Pearl Harbor*, sondern die Hafenbucht des eigentlichen Honolulu *(Honolulu Harbor)* gemeint. Diese bot den seefahrenden Ureinwohnern von Oahu einen Unterschlupf bei Taifunen sowie die Möglichkeit zum Binnenhandel. Insofern war es folgerichtig, daß sich an der Bucht Siedlungen etablierten und der vorzügliche Naturhafen (der durch ein vorgelagertes Riff zusätzlich geschützt war) als wichtigster Warenumschlagplatz genutzt wurde.

Die ersten Europäer haben diesen Vorzug genauso gesehen, und es ist kein Zufall, daß 1792 der britische Seefahrer *William Brown* der Bucht den gleichen Namen

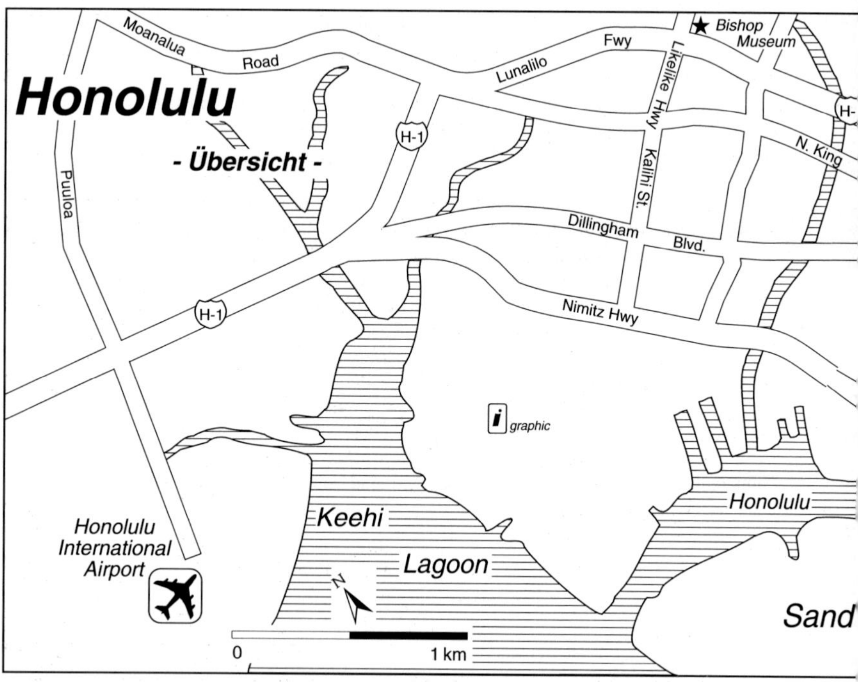

gab wie die Polynesier: *Fair Haven*. Für ihn selbst bot der Hafen jedoch nur einen trügerischen 'Schutz', fand er doch am 1. Januar 1795 hier durch einen Überfall, den der damalige König von Oahu *(Kalanikupule)* inszenierte, den gewaltsamen Tod. Nachdem die Insel wenige Monate später unter die Kontrolle von König *Kamehameha I.* gelangt war, wuchs Honolulu im 19. Jhd schnell von einem örtlichen Handelszentrum zur wichtigsten Stadt des gesamten Archipels heran. Sowohl die Ureinwohner als auch die Weißen nutzten den Hafen als Lagerplatz und Umschlagsort: Hier wurden die Waffen und internationalen Güter angelandet, die *Kamehameha* zur Hofhaltung benötigte, hierhin kamen die Missionare, hier fanden die Walfänger Kneipen und Bordelle. Und als die Segelschiffe von den Dampfern abgelöst wurden, machten diese hier regelmäßig Zwischenstation auf ihrem Weg zwischen Amerika und Asien.

König *Kamehameha III.* trug der Entwicklung Rechnung, indem er am 30. August **1850** Honolulu offiziell zur **Hauptstadt des Königreiches** erklärte. Während sich im und um den Iolani-Palast die politische Macht konzentrierte und auch heute noch im State Capitol in nächster Nachbarschaft zu finden ist, errichteten auch die Hauptarbeitgeber der Insel ihre Büros in Honolulu. Banken und große Kaufhäuser folgten, so daß sich die Stadt schnell zum **kommerziellen Zentrum** entwickeln konnte. Im 20. Jhd stieg Honolulu durch die Erschließung und Schiffbarmachung von Pearl Harbor ab 1911 zusätzlich zu einem der bedeutendsten **militärischen Stützpunkte** im Pazifik auf. Zu diesem Zeitpunkt war durch die Entwässerung und Urbarmachung von Waikiki bereits der Grundstein für die stürmisch verlau-

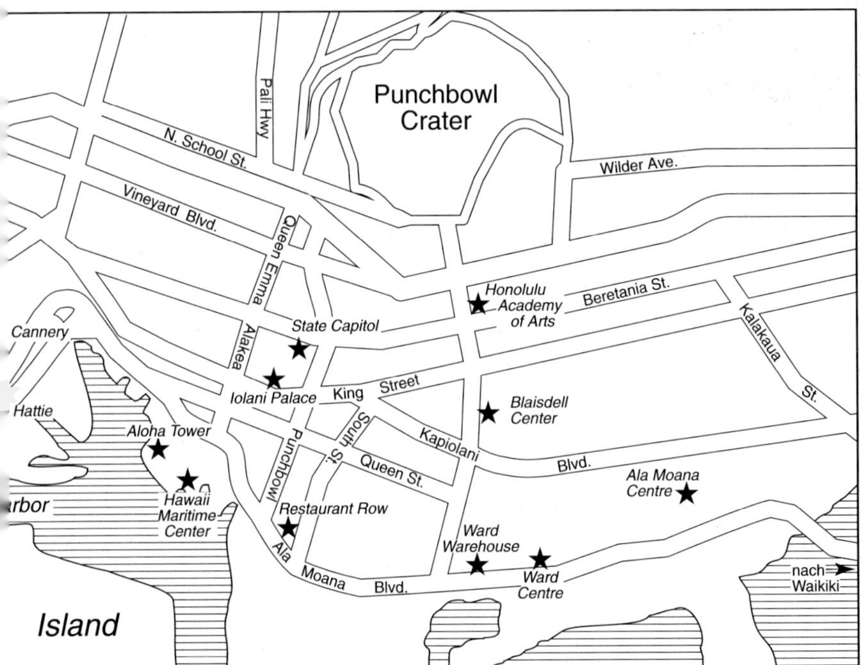

fende touristische Entwicklung dieses Stadtteils gelegt worden. Fast gleichzeitig hatte auch die Gründung der Universität von Hawaii (1920) **Bildung, Wissenschaft** und **Forschung** in Honolulu eine Heimat gegeben.

Nach der Zäsur des Zweiten Weltkrieges wurde im Großraum Honolulu ein modernes Gemeinwesen amerikanischer Prägung geschaffen. Dazu gehören die ausufernden Viertel der Einfamilienhäuschen genauso wie den *'Manhattanisation'* genannten 'Drang in die Höhe' von Hotel- und Bürohäusern, notwendig geworden durch die stark ansteigende Population im 20. Jhd und die eingezwängte Lage zwischen Meer und Bergen. Und auch die Entwicklung von Satellitenstädten (Pearl City im Norden; Kaneohe jenseits der Berge) folgt dem allgemein-amerikanischen Muster. Heute ist die Stadt mit rund ca. **380.000 Einwohnern** eine der größten im Pazifik. Und trotz des beschränkten Platzes, trotz der Nachteile einer modernen Metropole (wie Umweltbelastung, Parkplatzprobleme, steigende Kriminalität) scheint die Anziehungskraft von Honolulu auf viele Hawaiier ungebrochen.

Downtown Honolulu

Der Bau des Flughafens auf einer künstlichen Insel in der Bucht trug nicht nur der wachsenden Beliebtheit des Reisezieles Hawaii Rechnung, sondern machte Honolulu auch zu einer **Drehscheibe des internationalen Flugverkehrs** im gesamten Pazifik. Und außer seiner Rolle als politisches, administratives, Bildungs- und Wirtschaftszentrum sowie als Verkehrsknotenpunkt kann man die Stadt wegen ihrer vielen Museen, Galerien, Theater und Kinos auch als **Kulturzentrum**, wegen ihrer Einrichtungen des Breiten- und Leistungssport (u.a. *Aloha Stadium*, Honolulu-Marathon) schließlich auch als Heimstätte des **Sports** bezeichnen.

Verkehrstechnisch erschließt sich die Metropole – sonst eher selten in den USA – durch ein ausgezeichnetes System von städtischen und privaten Buslinien (eine U-Bahn existiert genausowenig wie die Eisenbahn). Besucher sind also wenigstens für die Stadtbesichtigung nicht auf Taxis oder einen Mietwagen angewiesen. Daneben haben aber die Verkehrsplaner, wie in Amerika üblich, versucht, den Großraum Honolulu mit einem System von **Free-** und **Highways** autogerecht zu gestalten. Das Kernstück ist dabei der *Nimiz Hwy.* bzw. *Lunalilo Frw.* (H-1), der vom Westen an Pearl Harbor und dem Flughafen vorbeiführt und eine Schneise durch die nördlichen Gebiete von Downtown Honolulu sowie Waikiki schlägt. Diese Stadtautobahn ist vor allem in der rush hour chronisch überlastet. Zum Osten hin geht sie schließlich in den *Kamehameha Hwy* (Nr. 72) über, der ab Kahala parallel zur Küste verläuft. Nach Nordosten zweigen zwei Highways von der H-1 ab und durchschneiden die Koolau-Berge, nämlich der *Likelike Hwy.* (Nr. 63) und parallel dazu der *Pali Hwy.* (Nr. 61). Entlastung verspricht man sich von der neuen Autobahn nach Kaneohe (H-3), deren Fertigstellung aber noch auf sich warten läßt.

Nach Westen entlastet der *Hwy. 78* den Verkehr in Richtung Aiea/Pearl City, wo er wieder mit der H-1 zusammenkommt; hinter Pearl City zweigt schließlich die H-2 nach Norden (Wahiawa, Waialua) ab.

Bei einer **ersten Orientierung** ist es sinnvoll, Honolulu in drei Bereiche zu unterteilen, die (von Nordwesten nach Nordosten) *Pearl Harbor*, *Downtown Honolulu* und *Waikiki* sind. Hiervon ist **Downtown Honolulu** (KAPITEL 9.3.3) das historische Zentrum, das trotz der modernen Hochhauskulisse noch viele Baudenkmäler vergangener Zeiten besitzt. Südlich schließt sich daran **Waikiki** (KAPITEL 9.3.4) an, Tummelplatz des internationalen Tourismus und wichtigster Hotel-Standort der Inselgruppe. Den flächenmäßig größten Teil von Honolulu macht **Pearl Harbor** (KAPITEL 9.3.5) aus, das die verzweigte Bucht mit ihren Hafenanlagen, den Flugplatz und größere militärische Sperrgebiete umfaßt. Da der Stadtteil hauptsächlich militärisch und industriell genutzt wird, ist er – abgesehen vom *Arizona Memorial* und zwei Museen – für Besucher von untergeordnetem Interesse.

Zwischen Downtown Honolulu und Waikiki bzw. an der nordöstlichen Peripherie des Stadtgebildes befinden sich **weitere Sehenswürdigkeiten** und Ausflugsmöglichkeiten, von denen die interessantesten im KAPITEL 9.3.6 vorgestellt werden.

Redaktionstips für Honolulu

- ☆ Übernachten im *Royal Hawaiian Hotel, Sheraton Moana* oder *Halekulani* (Luxuskategorie), in einem der *Outrigger*-Hotels (Mittelklasse) oder im *Manoa Valley Inn* (Bed & Breakfast).
- ☆ Sunset-Cocktail auf der Terasse des *Sheraton-Moana.*
- ☆ Landschaftsfahrt über den *Tantalus Drive.*
- ☆ Panorama-Blick auf die Stadt vom *Diamond Head* (morgens) und vom *Punchbowl Crater* (nachmittags).
- ☆ Strandleben und Wassersport in *Waikiki* und am *Ala Moana Beach Park.*
- ☆ Rundgang in Honolulu Downtown mit *Iolani-Palast*, *Kamehameha-Statue* und *Aloha Tower Marketplace.*
- ☆ Besuch des *Kapiolani-Parks* mit der *Kodak Hula Show.*
- ☆ Intensive Besichtigung des *Bishop Museum.*
- ☆ Rundgang durch *Chinatown* und Besuch des *Foster Botanical Garden.*

9.3.2 REISEPRAKTISCHE HINWEISE

Information

Die **beiden offiziellen Touristen-Informationen** sind:

- *Hawaii Visitors Bureau,* Waikiki Business Plaza, 2270 Kalakaua Ave., 7. Stock, Tel.: 924-0266.
- *Waikiki/Oahu Visitors Association,* 1001 Bishop St., Pauahi Tower, Suite 477, Tel.: 524-0722, Fax: 538-0314.

Daneben hat jedes größere **Hotel** einen *Activity Desk*, an dem man Ausflüge und Aktivitäten buchen oder sich mit Prospektmaterial versorgen kann. Die Mitarbeiter sind i.d.R. freundlich und geben auch nicht-kommerzielle Hinweise. Gleiches gilt für die Hotel-Rezeptionen, an denen Sie meist brauchbare Stadtpläne bekommen.

Nahe dem Royal Hawaiian Shopping Center befindet sich die **zentrale Reservierungsstelle**/ Ticketverkauf für alle auf der Insel buchbaren Aktivitäten: *Oahu Activity Information Center* (im Waikiki Business Plaza, 2270 Kalakaua Ave., Tel.: 971-9700).

Weiter haben alle großen **Einkaufszentren** eine eigene, gut ausgeschilderte Informationsstelle, wo man sich über das Warenangebot und evtl. Veranstaltungen erkunden kann sowie Lagepläne erhält.

Post/Anschrift

Am Internationalen Flughafen (Aolele St.) befindet sich das **Hauptpostamt** (Tel.: 423-3990), wo auch postlagernde Sendungen abzuholen sind. Einfacher zu erreichen sind die Filialen in Honolulu Downtown und Waikiki.

Die postalische **Anschrift** muß nach dem Namen des Adressaten und der Straße die Ortsbezeichnung **Honolulu, HI 96815** enthalten, dies gilt auch für Adressen in Waikiki.

Unterkunft

- **Hotels** (Auswahl)

- *Royal Hawaiian Hotel* ($$$$$), 2259 Kalakaua Ave., Tel.: 923-7311, Fax: 924-7098. Berühmtestes Luxus-Hotel des Staates, direkt am Strand, 2 Restaurants, Bar, eleganter *"Monarch-Room"* mit Tee, Pool, schöne Gartenanlagen, Shop, 526 Zimmer, davon die stilvollsten im historischen Flügel von 1927, Parken US$ 5/Tag.

- *Sheraton Moana Surfrider Hotel* ($$$$$), 2365 Kalakaua Ave., Tel.: 922-3111, Fax: 923-0308. Zusammen mit dem *Royal Hawaiian* die große alte Dame der Hotellerie, schön restauriertes Gebäude von 1901 mit 790 geschmackvollen Zimmern, 2 Restaurants, stimmungsvolle Cocktail-Veranda, Pool, Parken US$ 5/Tag.

- *Halekulani* ($$$$$), 2199 Kalia Rd., Tel.: 949-0061, Fax: 949-4906. Traditionsreiches, oft als 'das beste' der Inseln bezeichnetes Luxus-Hotel mit 456 Zimmern direkt am Strand, gediegene Atmosphäre und erlesene Kundschaft, Gourmet-Restaurants, Bars, Pool, Shops, alle Annehmlichkeiten.

- *Hilton Hawaiian Village* ($$$$$), 2005 Kalia Rd., Tel.: 949-4321, Fax: 947-7847. Mit 2.543 Zimmern ist das First-Class-Hotel das größte (und betriebsamste) Hawaiis, am schönsten Strandabschnitt von Waikiki mit Lagune gelegen, 4 Gebäudekomplexe mit mehreren Restaurants, Bars, Nightclubs, tägl. Entertainemt, 3 Pools, alle Wassersportmöglichkeiten, Parken US$ 9/ Tag.

- *The Ilikai Nikko Hotel* ($$$$$), 1777 Ala Moana Blvd., Tel.: 922-2511, Fax: 923-3656. First-Class-Hotel mit 800 großzügigen Zimmern, nahe am Ala Moana Shopping Center & Strand sowie am Yachthafen gelegen, 2 Pools, Tennisplätze, Fitness-Räume, Restaurants, Bars, vorwiegend japanische Gäste.

- *Waikiki Parc Hotel* ($$$$), 2233 Helumoa Rd., Tel.: 921-7272, Fax: 922-7012. Luxuriöses Haus mit 298 Zimmern, unter dem gleichen Management wie das renommierte *Halekulani* (s.o.), aber etwas weiter vom Strand entfernt und preislich günstiger. Gediegene, elegante Atmosphäre, Restaurant, Pool, Shops, die Anlagen des Schwesterhotels können mitbenutzt werden.

- *Hyatt Regency Waikiki* ($$$$), 2424 Kalakaua Ave., Tel.: 923-1234, Fax: 923-7839. Strandnahes First-Class-Hotel mit 1.230 eleganten Zimmern in zwei 40stöckigen Komplexen, mondäne Lobby mit künstlichen Wasserfällen, Pool, Diskothek, Shops, 6 Restaurants, Bars, tägl. Entertainment, Parken US$ 8/Tag.
- *Sheraton Waikiki Hotel* ($$$$), 2255 Kalakaua Ave., Tel.: 922-4422, Fax: 923-7853. Modernes, 31stöckiges First-Class-Hotel mit 1.852 Zimmern, 2 Pools, 4 Restaurants, darunter eins im obersten Stock mit herrlichem Blick, Entertainment, Parken US$ 7/Tag.
- *Hawaiian Regent Hotel* ($$$$), 2552 Kalakaua Ave., Tel.: 922-6611, Fax: 921-5119. First-Class-Hotel mit 1.346 Zimmern, 6 Restaurants, Nightclub, Tennisplatz, Entertainment, 2 Pools, Parken US$ 5/Tag.
- *Pacific Beach Hotel* ($$$$), 2490 Kalakaua Ave., Tel.: 922-1233, Fax: 922-8061. Gutes Hotel der gehobenen Mittelklasse, 850 komfortable Zimmer, große Lobby mit tropischer Vegetation und großem Aquarium, 3 Restaurants, Tennisplätze, Diskothek, Pool.
- *Best Western The Plaza Hotel* ($$$$), 3252 N. Nimitz Hwy., Tel.: 836-3636, Fax: 834-7406. Modernes Hotel der gehobenen Mittelklasse, direkt am Flughafen gelegen, nicht empfehlenswert für längeren Aufenthalt, aber sehr gut geeignet für Zwischenübernachtung vor oder nach internationalen Flügen, 274 komfortable Zimmer, Restaurant, Pool, Shops, ständiger Airport-Shuttle.
- *Waikiki Terrace Hotel* ($$$), 2045 Kalakaua Ave., Tel.: 955-6000, Fax: 943-8550. Am westlichen Verlauf der Hauptstraße gelegenes Mittelklassehotel, 242 Zimmer auf 18 Etagen, Restaurant, Bar, Pool, gut ausgestattete Zimmer.

● **Outrigger-Hotels**

Die größte Hotelkette Hawaiis ist allein in Waikiki mit 20 Häusern vertreten, die fast alle am Strand oder ein bis zwei Straßen zurückgesetzt liegen. Diese bieten zwar selten eine charmante oder historische Atmosphäre, sondern einfallslose Architektur, dafür aber ein gutes Preis-Leistungsverhältnis in der Kategorie der Standard- bis gehobenen Mittelklassehotels. Interessant ist die Kette auch deshalb, weil fast alle ihre Herbergen eine Kochnische, wenigstens aber einen Kaffeekocher und Kühlschrank haben, und weil es häufig Rabatte gibt, wenn man ein *Outrigger*-Hotel auf einer anderen Insel bucht. Die Hotels bieten zudem attraktive Zimmerpreise in Verbindung mit einem Mietwagen. Die Adresse der **zentralen Buchungsstelle** ist: *Outrigger Hotels*, 3275 Kuhio Ave., Tel.: 926-0679. Gute Erfahrungen habe ich mit folgenden Häusern gemacht:

- *Outrigger Prince Kuhio* ($$$), 2500 Kuhio Ave., Tel.: 922-0811, Fax: 921-6860. Hotelturm der gehobenen Mittelklasse, 626 komfortable Zimmer auf 37 Etagen, Restaurant, Bar, Pool und Sonnendeck, Parken US$ 7/Tag.
- *Outrigger Reef Hotel* ($$$), 2169 Kalia Rd., Tel.: 923-3111, Fax: 924-4957. Hotel der gehobenen Mittelklasse, unmittelbar am Strand von Waikiki, 885 komfortable Zimmer, Boutiquen, 2 Restaurants, Coffeeshop, Pool, Bar, Wassersport.
- *Outrigger Surf Hotel* ($$), 2280 Kuhio Ave., Tel.: 922-5777, Fax: 924-6414. Mittelklassehotel im Herzen von Waikiki (gegenüber dem Interntl. Market Place) mit 251 Zimmern auf 17 Etagen, übliche Einrichtung, z.T. mit *kitchenette*, Restaurant, Pool, Parken US$ 6/Tag.
- *Outrigger Hobron* ($$), 343 Hobron Ln., Tel.: 942-7777, Fax: 923-7373. Im westlichen Teil von Waikiki nahe zum Yachthafen und dem Ala Moana Beach gelegenes Mittelklassehotel, 612 Zimmer auf 44 Stockwerken, übliche Ausstattung, Restaurant, Pool, *kitchenette*-Zimmer erhältlich, Parken US$ 7/Tag.

Weitere Outrigger-Hotels in Waikiki sind:

- *Outrigger Ala Wai Tower* ($$), 175 Paoakalani Ave., Tel.: 942-7722; 120 Zimmer.
- *Outrigger Coral Seas* ($$), 250 Lewers St., Tel.: 923-3881; 108 Zimmer.
- *Outrigger East Hotel* ($$), 150 Kaiulani Ave., Tel.: 922-5353; 445 Zimmer.

- *Outrigger Edgewater Hotel* ($$), 2168 Kalia Rd., Tel.: 922-6424; 184 Zimmer.
- *Outrigger Maile Sky Court* ($$), 2058 Kuhio Ave., Tel.: 947-2828; 596 Zimmer.
- *Outrigger Malia Hotel* ($$); 2211 Kuhio Ave., Tel.: 923-7621; 328 Zimmer.
- *Outrigger Reef Lanais* ($$), 225 Saratoga Rd., Tel.: 923-3881; 110 Zimmer.
- *Outrigger Reef Towers* ($$), 227 Lewers St., Tel.: 924-8844; 479 Zimmer.
- *Outrigger Royal Islander* ($$), 2164 Kalia Rd., Tel.: 922-1961; 101 Zimmer.
- *Outrigger Village Hotel* ($$), 240 Lewers St., Tel.: 923-3881; 440 Zimmer.
- *Outrigger Waikiki Surf* ($$), 2200 Kuhio Ave., Tel.: 923-7671; 303 Zimmer.
- *Outrigger Waikiki Surf East* ($$), 422 Royal Hawaiian Ave., Tel.: 923-7671; 102 Zimmer.
- *Outrigger Waikiki Surf West* ($$), 412 Lewers St., Tel.: 923-7671; 115 Zimmer.
- *Outrigger Waikiki Tower* ($$), 200 Lewers St., Tel.: 922-6424; 439 Zimmer.
- *Outrigger West Hotel* ($$), 2330 Kuhio Ave., Tel.: 922-5022; 663 Zimmer.
- *Outrigger Waikiki on the Beach* ($$$), 2335 Kalakaua Ave., Tel.: 923-0711; 530 Zimmer.

Jugendherberge/YMCA

Honolulu International AYH-Hostel (Hostelling International), Honolulu, 2323 A Sea View Ave., Tel.: 946-0591, Fax 946-5904. Nahe der Universität, 40 Betten, für Mitglieder US$ 12, sonst US$ 15, freundliche Atmosphäre. Ein *YMCA* befindet sich auf der Kalihi St. gegenüber dem Bishop Museum.

Busse

Das für Touristen vielleicht interessanteste Verkehrsmittel, Waikiki und Honolulu Downtown kennenzulernen, ist der **Waikiki Trolley**, ein nostalgischer Bus in der Art von San Franciscos Cable Car. Zu den Stopps gehören u.a.: Academy of Arts, Ala Moana Center, Aloha Tower, Asia Mall, Aquarium, Bishop Museum, Dole Cannery, Foster Botanic Gardens, Hard Rock Café, Hilo Hattie, Hilton Hawaiian Village, Iolani-Palast, Kamehameha-Statue, Kewalo Basin, Mission Houses, Restaurant Row, State Capitol, Ward Center. Kurz: alle Sehenswürdigkeiten und Attraktionen werden viertelstündlich angefahren, die Passagiere können beliebig oft aus- und zusteigen. Ein Tagesticket ist überall in Waikiki, wo Ausflüge etc. gebucht werden, erhältlich, ebenso im Bus selbst. Es kostet US$ 15 (Kinder 5 US$), ein 5-Tages-Ticket US$ 25. Der Waikiki Trolley startet am Royal Hawaiian Shopping Center von 8.00-16.30 h alle 15 Minuten, eine komplette Rundfahrt dauert 2 Stunden.

Das Haupt-Nahverkehrsmittel für Honolulu wie für die Insel ist **TheBus**. In Waikiki stellt dabei die Kuhio Ave. die wichtigste Schiene dar, auf der in kurzen Abständen die Haltestellen (*The Bus Stop*) markiert sind. Zum *Ala Moana Center*, dem inoffiziellen Busbahnhof der Stadt, kommt man von hier mit den Linien 8,19,20,47,58. Ab dem *Ala Moana Center* starten die Linien Nr. 55 (entlang der Ostküste) und Nr. 52 (durch das Inselinnere) zum Norden. Weitere wichtige Buslinien ab/bis Waikiki sind: Nr. 20,47 zum Aloha Stadium oder Pearl Harbor, Nr. 2 nach Downtown und zum Bishop Museum, Nr. 19,20 nach Downtown Honolulu und zum Flughafen, Nr. 4 zur Universität/Manoa Valley, Nr. 22 zur Hanauma Bay, Nr. 51 nach Makaha und zu den Stränden der Westküste.

Eine Besonderheit sind die **Gratis-Shuttle-Busse**, die einen am Hotel abholen und zu verschiedenen Attraktionen bringen. Ob *Sea Life Park, Aloha Marketplace, Polynesian Cultural Center* oder *Dole Plantation* – wer nur dorthin kommen möchte, sollte durchaus auf diesen kostenlosen Service zurückgreifen. Ein anderes Beispiel ist der *Hilo Hattie Bus*, der einen Di-Do morgens pünktlich zur *Kodak Hula Show* im Kapiolani Park, anschließend zum *Hilo Hattie Fashion Center*, zum *Dole Cannery Square* und zurück zum Hotel bringt (Tel.: 537-2926).

Mietwagen (Auswahl)

● *Alamo:* Pacific Monarch Hotel, 142 Uloniu St., Tel.: 924-4444, geöffnet 07.00-19.30 h. Royal Islander, 2164 Kalia Rd., Tel.: 923-3337. Ilikai Hotel, 1777 Ala Moana Blvd., Tel.: 947-6112.

● *Avis:* Outrigger East Hotel, 148 Kaiulani Ave., Tel.: 971-3700. 2002 Kalakaua Ave., Tel.: 973-2610. Hilton Hawaiian Village, 2005 Kalia Rd., Tel.: 946-4284.
● *Budget:* 1837 Ala Moana Blvd.; 2379 Kuhio Ave.; 2301 Kalakaua Ave.; 2424 Kalakaua Ave.; Tel. der zentralen Reservierung: 537-3600.
● *Dollar:* 1958 Kalakaua Ave., Tel.: 926-4264.
● *Hertz:* Kahala Hilton, 2424 Kalakaua Ave., Tel.: 971-3535.
● *Nippon Rent-a-Car:* 2113 Kalakaua Ave., Tel.: 922-0882.

Taxis

Taxis stehen in ausreichender Anzahl am Flughafen bereit, ansonsten kann man jedes der vielen Taxis in Downtown oder Waikiki mit der Hand anhalten. Sie können auch telefonisch einen Wagen ordern, z.B. bei:
● *Aloha State Taxi,* Tel.: 847-3566.
● *Charley's,* Tel.: 995-2211.
● *Discount Taxi,* Tel.: 841-0333.
● *Ho Taxi & Limosine Service,* Tel.: 226-3041.
● *Sida,* Tel.: 836-0011.
● *Taxi & Tours,* Tel.: 926-4029.

Ärztliche Versorgung

Apotheken *(Drugstores)* befinden sich u.a. in jedem größeren Einkaufszentrum; das umfangreichste Angebot hat die Kette *Long's*, die u.a. im *Ala Moana Shopping Center* vertreten ist (tägl. geöffnet). Große Apotheken in Waikiki sind außerdem die *Outrigger Pharmacy* (2335 Kalakaua Ave., Tel.: 923-2529) und die *Kuhio Pharmacy* (2330 Kuhio Ave., Tel.: 923-4466).
Die wichtigsten **Krankenhäuser**, alle mit Sitz in Honolulu, sind:
● *Kaiser Foundation Hospital,* 1697 Ala Moana Blvd., Tel.: 949-5811.
● *Queen's Medical Center,* 1301 Punchbowl St., Tel.: 538-9011.
● *St.Francis Hospital,* 2230 Liliha St., Tel.: 547-6011.
● *Waikiki Health Center*, 277 Oahu Ave., Tel.: 922-4787
U.a. haben folgende größere **Waikiki-Hotels** jeweils eine eigene **Krankenstation** mit einem *doctor on call*, der auch externe Gäste betreut: *Ala Moana Hotel*, Tel.: 926-7776; *Hyatt Regency Waikiki*, Tel.: 923-1234; *Hawaiian Regent Hotel*, Tel.: 923-3666; *Hilton Hawaiian Village*, Tel.: 973-5252; *Outrigger Waikiki*, Tel.: 971-6000. Der ärztlicher 24-Stunden-Notdienst hat die Tel.-Nr.: 971-6000.
Einen **Zahnarzt** erreichen Sie von 8.00-16.00 Uhr unter Tel.: 923-3225, oder Sie erfragen den Standort des nächsten Zahnarztes bzw. -notdienst über die 'Hotline' der *Hawaii Dental Association*, Tel.: 536-2135.

Einkaufen

Honolulu bzw. Waikiki sind nicht nur ein Bade-, sondern auch ein Einkaufsparadies; tatsächlich hat man bei manchen Touristen (vor allem solchen aus Fernost) den Eindruck, daß Shopping den Hauptzweck ihrer Urlaubsreise darstelle. Kein Besucher wird daher Schwierigkeiten haben, ein zu seinen Bedürfnissen passendes Geschäft zu finden. Die meisten Boutiquen, Kaufhäuser, Buchläden und Spezialgeschäfte findet man zusammen mit Dienstleistungsunternehmen unter einem Dach in riesigen Einkaufszentren. Das älteste und größte darunter ist das *Ala Moana Shopping Center* (1450 Ala Moana Blvd., Tel.: 946-2811), in Waikiki jenseits des Yachthafens gelegen. Und nicht weit davon entfernt befinden sich gleich zwei weitere, ebenfalls sehr große Komplexe, nämlich *The Ward Warehouse* und *The Ward Center* (1050 Ala Moana Blvd., Tel.: 531-6411; vgl. jeweils KAPITEL 9.3.6). Während die *Asia Mall* in Chinatown auf Fernöstliches spezialisiert ist, bündelt sich im 'eigentlichen' Waikiki das Waren- und Showangebot in den drei mehrstöckigen Gebäuden des *Royal*

Hawaiian Shopping Center (2201 Kalakaua Ave., Tel.: 922-0588). Ihm gegenüber bieten auch die *Waikiki Business Plaza* und die *Waikiki Shopping Plaza* (an der Ecke Seaside Ave./Kalakaua Ave.) den Kaufhungrigen genügend Anreize, letztere mit sechs Stockwerken voller Restaurants, Souvenir-, Lebensmittel-, Mode- und Buchläden. Ebenfalls im Zentrum von Waikiki kann man in der *Kuhio Mall* (2301 Kuhio Ave., Tel.: 922-2724) auf Einkaufsbummel gehen und im *King's Village* (131 Kaiulani Ave.) neben vielen Geschäften auch die 'Wachablösung der königl. Garde' (tägl. 18.15 Uhr) sehen. Die Öffnungszeiten dieser Shopping Centers sind unterschiedlich, i.d.R. aber Mo-Sa 9.00-21/23.00 Uhr, So oft bis 17.00/19.00 Uhr.
Wer lieber unter freiem Himmel Ausschau nach Lebensmitteln, Kunstgewerbe und Kitsch halten möchte, sollte sich in Waikiki an den *International Market Place* (besonders reizvoll abends) oder in Chinatown an den *Maunakea Marketplace* und den *Oahu Market* halten. Auch der 1995 fertiggestellte *Aloha Tower Marketplace* ist zu jeder Tageszeit einen Besuch wert. Schließlich noch eine Adresse für alle Interessenten hawaiischer Textilien: das *Hilo Hattie Fashion Center* in Honolulu (700 Nimitz Hwy., nahe dem Dole Cannery Square, Tel.: 537-2926, tägl. 8.30-18.00 Uhr geöffnet) ist das größte, allein auf Textilien und Mode spezialisierte Shopping Center des Staates. Verkauft werden Waren, die an Ort und Stelle in der gleichnamigen Fabrik hergestellt wurden. Große Souvenir-Abteilung, Parkplatz, freier *Hilo Hattie Express Bus* alle 30 Minuten ab/bis verschiedenen Waikiki-Hotels.

Restaurants (Auswahl)

• Amerikanisches und kontinentales Essen

- *Sizzler Restaurant* ($), 1945 Kalakaua Ave., Tel.: 955-4069; die Honolulu-Filiale der in den USA weit vertretenen Kette (allein 11 mal auf Oahu), Steaks und Seafood zu reellen Preisen, besonders gut das Salat-Buffet, tägl. von morgens bis abends geöffnet.
- *Hard Rock Café* ($), 1837 Kapiolani Blvd./Ecke Kalakaua Ave., Tel.: 955-7383; die weltweit bekannte Londoner Pub-Kette mit lauter Musik und Erinnerungen an Rock'n'Roll-Musiker stellt sich in Honolulu als weißer Kneipentempel dar, sehr populär bei Einheimischen und Touristen, tägl. von morgens bis abends geöffnet, deftiges und gutes Essen, prima Stimmung.
- *House without a Key* ($$), Halekulani Hotel, 2199 Kalia Rd., Tel.: 923-2311; ein für das noble *Halekulani* sehr preiswertes Restaurant (Frühstücksbuffet, Mittagessen und Abendessen mit leichten Mahlzeiten wie Suppen, Salaten, Sandwiches), schönes Ambiente mit Meeresterrasse unter einem Kiawe-Baum, herrliche Sonnenuntergänge.
- *Buzz's Steak & Lobster* ($$), 225 Saratoga Rd., Tel.: 923-6762; tägl. 12.00-23.00 Uhr geöffnet; Steaks, frischer Fisch, Seafood und Salatbar, alles gut und zu fairen Preisen.
- *Top of Waikiki Revolving Restaurant* ($$), Waikiki Business Plaza, 2270 Kalakaua Ave., Tel.: 923-3877; das einzige Drehrestaurant von Hawaii bietet eine solide Küche zu moderaten Preisen, vor allem aber einen schönen Ausblick, geöffnet zum Mittag- und Abendessen.
- *Ruth's Chris Steak House* ($$-$$$), 500 Ala Moana Blvd., Tel.: 599-3860; in der sog. 'Restaurant Row' gelegenes Steakhouse, das aber auch erstklassige Geflügel-, Seafoodgerichte und Salate bietet.
- *Hau Tree Lanai Restaurant* (S$-S$$$), Otani Kaimana Beach Hotel, 2863 Kalakaua Ave., Tel.: 921-7066; kreative hawaiisch-kontinentale Küche mit gutem Seafood und Geflügel, Frühstück, Lunch und Dinner, sehr schöne Lage auf einer Terrasse über dem Ozean.
- *Shorebird Beach Broiler* ($$$), Outrigger Reef Hotel, 2169 Kalia Rd., Tel.: 923-3111; betriebsames Open-Air-Lokal am Strand, Fleisch-, Fisch- und Seafood-Gerichte, die man sich selbst am Grill zubereiten kann, Salatbar, Frühstücksbuffet, abends Entertainment, gute Stimmung.
- *Pikake Terrace* ($$$), Sheraton Princess Kaiulani Hotel, 120 Kaiulani Ave., Tel.: 922-5811; großes Gartenrestaurant mit täglich wechselnden, umfangreichen Frühstücks-, Mittags- und Abendbuffets, abends Live-Musik und Tänze.
- *Orchids* ($$$$), Halekulani Hotel, 2199 Kalia Rd., Tel.: 923-2311; Open-Air-Restaurant des Luxushotels mit herrlichem Blick, die hohen Preise sind dem Essen angemessen, tägl. Frühstück, Brunch, Mittag- und Abendessen.

- *Monarch Room* ($$$$), Royal Hawaiian Hotel, 2259 Kalakaua Ave., Tel.: 923-7311; Dinner mit Gesangsdarbietungen in sehr gepflegter Atmosphäre, amerikanisch-europäische Küche auf höchstem Niveau.
- *The Hanohano Room* ($$$$$), Sheraton Waikiki Hotel, 2255 Kalakaua Ave., Tel.: 922-4422; vorzügliche Küche (Frühstück, Brunch, Mittag- und Abendessen) mit etwas überhöhten Preisen, bei denen man die Aussicht aus dem 30. Stock mitbezahlt, abends Tanz und Entertainment.

● **Fernöstliche Küche**

Entsprechend der Zusammensetzung der Bevölkerung sind fernöstliche Restaurants und Imbisse äußerst reichhaltig vertreten. **Chinesisches Essen** findet man in etlichen 'Take Aways', die preiswert sind und satt machen. Daneben gibt es Dutzende guter chinesischer Restaurants, vor allem in Chinatown, aber auch in den modernen Hotels. Hier eine kleine Auswahl:
- *Lotus Moon Restaurant* ($), Sheraton Princess Kaiulani Hotel, 150 Kaiulani Ave., Tel.: 922-5811; gute chinesische Küche (Szechuan) zu erstaunlich günstigen Preisen, tägl. zum Lunch und Dinner geöffnet.
- *Wo Fat* ($-$$), 115 N. Hotel St., Tel.: 533-6393, tägl. zum Mittag- und Abendessen geöffnet; vielleicht das berühmteste Restaurant von Hawaii seit 1882, mitten in Chinatown gelegen, sehr preiswertes und reichhaltiges Essen (besonders Seafood), Souvenirverkauf.
- *Golden Dragon* ($$$), Hilton Hawaiian Village, Rainbow Tower, 2005 Kalia Rd., Tel.: 949-4321, Di-So abends geöffnet; mehrfach ausgezeichnetes Restaurant mit verschwenderischem Dekor, herrlicher Blick auf die Lagune, umfangreiche Weinkarte, beste chinesische Küche, Spezialitäten wie *'Imperial Peking Duck'* müssen 1 Tag im voraus bestellt werden.

Angesichts der starken japanischen Minderheit in Honolulu und der vielen japanischen Touristen kann keinen die Vielzahl von **japanischen Restaurants** erstaunen. Sushi-Bars und japanische Delikatessen findet man inzwischen in fast jedem Kaufhaus, u.a. im Shirokiya (Ala Moana Center) und Waikiki Shopping Plaza. Natürlich haben auch einige Hotelrestaurants japanische Küche, so z.B. das Pacific Beach Hotel mit dem empfehlenswerten *Shogun Restaurant*, oder das *Ilikai-Hotel*. Gut sind u.a. folgende Gaststätten:
- *Kyo-Ya* ($$), 2057 Kalakaua Ave., Tel.: 947-3911 tägl. 11.00-14.00 und 17.00-22.00 Uhr geöffnet; das älteste japanische Restaurant in Waikiki bietet authentisches Essen und elegantes fernöstliches Ambiente bei moderaten Preisen.
- *Benihana of Tokyo* ($$), Hilton Hawaiian Village, Rainbow Bazaar, 2005 Kalia Rd., Tel.: 955-5955, geöffnet tägl. 11.00-14.00 und 16.30-22.00 Uhr; bekannte japanisch-amerikanische Restaurantkette, bei der das Essen auf heißer Steinplatte am Tisch zubereitet wird, am besten ist das *Benihana Special.*
- *Tanaka of Tokyo* ($$), tägl. ab 17.30 Uhr geöffnet; eine japanische Steak- und Seafood-Kette ähnlich wie das *Benihana*, in Waikiki dreimal vertreten: Waikiki Shopping Plaza, 4. Stock, 2250 Kalakaua Ave., Tel.: 922-4702; King's Village, 3. Stock, 131 Kaiulani Ave., Tel.: 922-4233; und in der Lobby des Ilikai-Hotel, 1777 Ala Moana Blvd., Tel.: 945-3443. Im Ilikai-Hotel auch zum japanischen Frühstück (5.30-10.30 Uhr) und Mittagessen (ab 11.30 Uhr) geöffnet.

Quantitativ und qualitativ stark verbessert haben sich in den letzten Jahren Restaurants mit **thailändischem Essen**. Einige Tips:
- *Singha Thai Cuisine* ($$$), Canterbury Place, 1910 Ala Moana Blvd./Ena Rd., Tel.: 941-2898, tägl. 11.00-23.00 Uhr (Sa-So ab 16.00 Uhr) geöffnet; beste thailändische Küche der Insel, Tanzvorstellungen tägl. außer Mi-Do 18.45-20.45 Uhr.
- *Siam Inn* ($$), 407 Seaside Ave., Tel.: 926-8802; der 'Ableger' eines New Yorker und Bangkoker Restaurants bietet gute und authentische Thai-Küche.
- *Keo's Thai Cuisine* ($$), beliebte und elegante Restaurant-Kette, die in Waikiki dreimal vertreten ist: *Kapahulu*, 625 Kapahulu Ave., Tel.: 737-8240, tägl. ab 17.00 Uhr geöffnet; *Makiki*, 1486 S. King St., Tel.: 947-9988, tägl. ab 17.00 Uhr geöffnet; und *Ward Center*, 1200 Ala Moana Blvd., Tel.: 533-0533, geöffnet Mo-Sa ab 11.00 Uhr, So ab 17.00 Uhr.

Aus der Vielzahl an **indischen, koreanischen, philippinischen** und **vietnamesischen** Gaststätten sei an dieser Stelle nur auf das *Saigon Cafe* ($) hingewiesen (Waikiki Mini Shops, 1831 Ala Moana Blvd., 2. Stock, Tel.: 955-4009, tägl. 6.30-21.30 Uhr geöffnet). Es bietet authentisches Essen aus Vietnam, aber auch amerikanische und vegetarische Küche, volle Mahlzeiten für weniger als US$ 5 und freundlichen Service.

● Nouvelle Cuisine

Beachtlich ist die Anzahl jener Köche, die *nouvelle cuisine* nicht als Vorrecht der Franzosen verstehen, sondern mit Ideen und Kochkunst alle möglichen Vorbilder aufnehmen, um überraschende Kreationen einer 'neuen Küche des Pazifiks' zu schaffen. Osten und Westen, Süden und Norden treffen sich so zu einem kulinarischen Abenteuer. Dafür drei Beispiele:

- *Ciao Mein* ($$$), Hyatt Regency Waikiki, 2424 Kalakaua Ave., Tel.: 923-2426; phantasievolle Mischung italienischer und chinesischer Gerichte, tägl. Dinner (z.T. mit Entertainment), Sonntags Brunch.
- *Garden Brasserie* ($$$), 255 Beach Walk, Tel.: 923-1619, tägl. ab 18.00 Uhr geöffnet; kleineres, 1994 von mehreren Zeitungen gefeiertes Restaurant mit grünem Ambiente, Küche mit italienischem, hawaiischem und thailändischem Einfluß. Probieren Sie den frischen Fisch mit Curry-Sauce!
- *Roy's Park Bistro* ($$$), Park Plaza Hotel, 196 Ala Moana Blvd., Tel.: 944-4624; 'Ableger' von Meisterkoch Roy Yamaguchis Restaurant in Hawaii Kai, neue amerikanisch-pazifische Küche.

● Europäische Küche

Als Beispiele exquisiter, **französischer** Haute Cuisine seien genannt:

- *La Mer* ($$$$), Halekulani Hotel, 2199 Kalia Rd., Tel.: 923-2311; gastronomisches Flaggschiff des Nobelhotels, französische Kochkunst mit hawaiischem Einfluß (Abendessen), romantisch am Ufer plaziert.
- *Michel's Restaurant* ($$-$$$$$), Colony Surf Hotel, 2895 Kalakaua Ave., Tel.: 923-6552; ein Open-Air-Restaurant mit einfacheren und vorzüglichen Gerichten, zum Frühstück, Mittag- und Abendessen geöffnet, sonntags Brunch.

Die Küche **Italiens** ist in Honolulu nicht nur mit etlichen Pizzerien (nach amerikanischem Geschmack) vertreten, sondern auch mit Gaststätten, die gehobenen Ansprüchen genügen. Z.B.:

- *Villa Paradiso* ($$), Royal Hawaiian Shopping Center, Orchid Court, 3. Stock, Tel.: 926-1717, tägl. 11.30-14.00 Uhr und 18.00-22.00 Uhr geöffnet; gute bis sehr gute norditalienische Küche mit Pizzen, Antipasti, Pasta und Seafood.
- *Sergio's* ($$$$), Ilima Hotel, 445 Nohonani St., Tel.: 926-3388, tägl. 17.30-22.30 Uhr geöffnet; der renommierteste 'Italiener' in Honolulu, elegante Atmosphäre, original-italienische Küche vom Feinsten.

Nachtleben

Mit Hunderten von Bars, Kneipen, Nachtclubs und Showbühnen dürfte jeder in Waikiki auf seinen Geschmack kommen; Anregungen, wo wann welche Musik gespielt wird oder sonst etwas los ist, erhält man am *Activity Desk* oder in den kostenlosen Touristenzeitungen. Die in Waikiki angebotenen *Luaus* sind jedoch allesamt sehr touristisch-verkitscht, selbst das im *Royal Hawaiian Hotel* (Mo 18.00 Uhr). Die größeren Hotels bieten fast alle abendliches Entertainment an, oft Hula-Tänze und gute Bands mit klassischer Popmusik oder hawaiischen Evergreens. Die Darbietungen finden meist während des Dinners bzw. im Anschluß daran oder in einer Cocktail-Lounge statt. Aus der Fülle des Angebotes und einer ständig wechselnden Szene hier nur einige Tips für Nachtschwärmer:

● Hawaiische Musik und Tanz

Das noble 'Halekulani Hotel' bietet auch vorzügliche Unterhaltung an. Im *House without a Key* trifft sich die elegante Gesellschaft zum Sunset-Cocktail und genießt die hawaiischen Tänze und Gesänge (Tel.: 923-3111; tägl. 17.00-20.30 Uhr). Anschließend könnte man dort in die gediegene Atmosphäre der *Lewers Lounge* überwechseln, wo ab 21.00 Uhr oft guter Jazz zu hören ist. Ähnliches haben auch die beiden anderen Luxusherbergen anzubieten. Im *Banyan-Court* des 'Sheraton Moana Surfrider' wird der Sonnenuntergang von hawaiischer "Musik der 30er bis 70er" und oft auch von Hula-Tänzern begleitet (Tel.: 922-3111), im 'Royal Hawaiian Hotel' kann man zu dieser Tageszeit hawaiische Musik im *Monarch Room* und in der *Mai Tai Bar* live erleben (Tel.: 923-7311). In der *Diamond Head Lawn* des 'Sheraton Waikiki' findet freitags 17.30-19.00 Uhr am Pool eine *Aloha Friday Show* statt (Tel.: 922-4422), während die *Aloha Bar* im 'Outrigger East Hotel' (Tel.: 922-5353), der *Duke's Canoe Club* im 'Outrigger Waikiki' (Tel.: 923-0711) und *Harry's Bar* im 'Hyatt Regency Waikiki' (Tel.: 923-1234) täglich ältere oder neuere hawaiische Musik darbieten. Das *Tahitian Lanai* (11811 Ala Moana Blvd., Tel.: 946-6541), ein direkt am Strand gelegenes Traditionshaus aus den 1950er Jahren und das angeschlossene *'Waikikian on the Beach Hotel'* haben ein umfangreiches Abendprogramm, bei dem im Hotelrestaurant tägl. außer So und Di von 17.45-19.15 Uhr hawaiische Musik geboten wird, während in der *Papeete Bar* und in der *Pioano Bar* von Sonnenuntergang bis Mitternacht Sänger und Entertainer auftreten.

- **Jazz und Rock-Musik**

Im 'Alana Waikiki Hotel' (1956 Ala Moana Blvd., Tel.: 941-7275) singt Jimmy Borgers im *Café Picasso* Fr-Sa 18.00-21.00 Uhr Jazz-Stücke zur Pianobegleitung von Betty Taylor. Täglichen Live-Jazz gibt es auch in der *Paradise Lounge* des 'Hilton Hawaiian Village' und bis ca. 21.00 Uhr im *Black Orchid* in der Restaurant Row zu hören (500 Ala Moana Blvd., Tel.: 521-3111), danach Rock- und Diskomusik. Zu klassischem Rock kann man im populären *Hard Rock Café* (1837 Kapiolani Blvd., Tel.: 955-7383) essen, tanzen und die stets gute Stimmung genießen. Auch im *Studebaker's* in der Restaurant Row (500 Ala Moana Blvd., Tel.: 531-8444) wird gutes, preisgünstiges Essen geboten, dazu Rock'n'Roll, zu dem bisweilen auf Tischen und Stühlen getanzt wird. Einheimische Pop- und Rockbands spielen von 21.00-02.00 Uhr vor durchweg jungem Publikum im *Anna Banana's* (2440 S Beretania St., Tel.: 946-5190) nahe der Universität. Heiße Diskorhythmen hört man tägl. 20.00-04.00 Uhr im *Maharaja* im Waikiki Trade Center (2255 Kuhio Ave., Tel.: 922-3030), einem Treffpunkt der Reichen und Schönen der Nacht. Eine weitere Nobel-Diskothek mit beeindruckenden Laser-Lichtarrangements findet man in der *Ultrazone* des 'Ilikai Nikko Hotel' (Tel.: 973-9932).

9.3.3 DOWNTOWN HONOLULU

Überblick

Downtown Honolulu, auch *'Old Honolulu', 'Downtown'* oder einfach nur *'Town'* genannt, ist die Keimzelle der heutigen Metropole und weist mehrere bedeutende Baudenkmäler auf, wobei 'bedeutend' freilich immer in Relation zur nur 150jährigen Geschichte seit der weißen Besiedlung zu setzen ist. Und es wäre außerdem ein Fehler, hinter dem Begriff *Old Honolulu* eine Altstadt im europäischen Sinn zu vermuten: Die Silhouette auch dieses Stadtteils wird viel eher durch verspiegelte Wolkenkratzer – Banken und Bürohäuser – geprägt, zwischen denen sich die historischen Sehenswürdigkeiten recht verloren ausnehmen.

Trotzdem lohnt sich ein Besuch der Downtown unbedingt, und sei es nur als halbtägiger Ausflug zu den **wichtigsten Attraktionen**. Dazu zählt das Viertel um den **Iolani-Palast** (immerhin der einzige Königspalast Amerikas!) genauso wie die **Chinatown** und die Hafenatmosphäre um den **Aloha Tower**. Bei etwas mehr Zeit sollte man auch den **Foster Botanical Garden**, das Fabrikquartier der **Dole Pineapple Cannery** und verschiedene **Museen** für den Besuch einplanen.

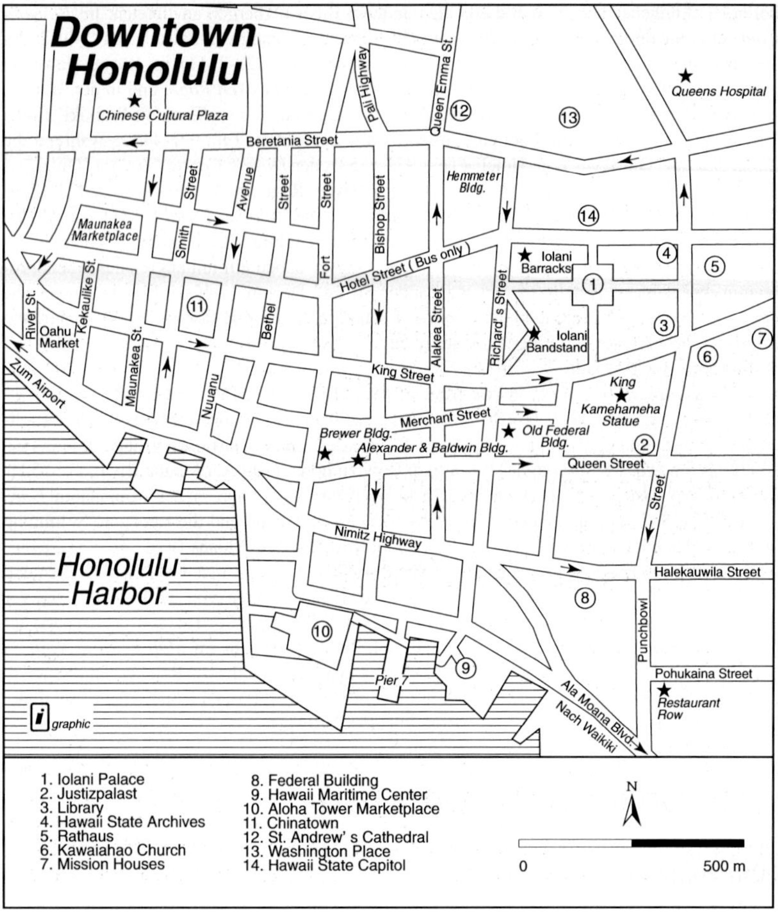

Da die einzelnen Sehenswürdigkeiten nicht allzu weit auseinander liegen, Parkplätze rar gesät sind und man bei einem Rundgang immer wieder auf originelle Restaurants, Kneipen oder Geschäfte stoßen kann, erschließt sich einem der Stadtteil am besten zu Fuß.
Von Waikiki aus ist man am günstigsten und schnell mit dem Waikiki Trolley am Iolani-Palast, oder man nimmt den Stadtbus (Linie 2; Ausstieg am besten an der Haltestelle *Beretania St./Punchbowl St.*). Wer trotzdem mit dem Wagen anreist (z.B. um den Besuch von Downtown Honolulu mit der Fahrt zur nahen Punchbowl Cemetery, dem Tantalus Drive oder dem Bishop Museum zu verbinden), sollte versuchen, einen Parkplatz nahe dem Palast (Merchant St.) oder am Pier 7 zu ergattern.

Im folgenden wird ein **Rundgang** beschrieben, der den Besucher vom Palastviertel zum Hafen führt, dann am Oahu-Markt vorbei durch die Chinatown und zurück zum politischen Zentrum. Einzelne Abschnitte des Rundgangs können auch mit dem Waikiki Trolley zurückgelegt werden.

● Iolani Palace (1)

Inmitten eines sehr schönen, durch ein Gitter abgetrennten Parks liegt der Iolani Palast *(Iolani = 'Himmelsadler')*, die offizielle Residenz der beiden letzten Herrscher des hawaiischen Königreichs, König *Kalakaua* und Königin *Liliuokalani*. Zusammen mit anderen Gebäuden in nächster Nachbarschaft repräsentiert er einen Großteil der hawaiischen Geschichte: Mit ihm erlebte das Land die neun letzten Jahre seiner Unabhängigkeit (1882-1893), hier wurde der Staatsstreich inszeniert, mit dem die Monarchie abgeschafft wurde, und hier verlebte Königin *Liliuokalani* die demütigende Zeit ihres Hausarrestes. Später diente das Gebäude als Tagungsstätte von Parlament und Regierung, deren Sitz 1969 in das nördlich gegenüberliegende State Capitol verlegt wurde. Der südlich gegenüberliegende Justizpalast schließlich war als Schloß für König *Kamehameha V.* geplant.

Der Iolani Palace

Nach einer Zeit des Verfalls und aufwendigen Restaurierungsarbeiten konnte 1978 der Iolani-Palast wieder der Öffentlichkeit zugänglich gemacht werden. Von außen überzeugt der Bau, der nach dreijähriger Bauzeit 1882 eingeweiht wurde, durch eine historisierende Formensprache, die ihre Vorbilder in der victorianischen und florentinischen Baukunst hat. Zu allen Seiten ist der vierstöckige Palast durch Loggien und zwei übereinanderliegende Reihen korinthischer Säulen gegliedert.

Im Inneren sind neben vielen Prunkstücken und königlichen Einrichtungsgegenständen u.a. der Thronsaal, der Große Speisesaal, der sog. 'Blue Room' und der herrliche, aus Koa-Holz hergestellte Treppenaufgang zu besichtigen.

Öffnungszeiten
Iolani Palace, King St./Richards St., geführte Rundgänge Mi-Sa alle 15 Minuten von 9.00-14.15 h, vorherige Reservierung erforderlich), Eintritt US$ 4; Tel.: 538-1471 (Infos) oder 522-0832 (Reservierung), die Tickets sind in den Iolani Barracks (s.u.) erhältlich.

Im **Park**, der von einem riesigen, doppelten Banyan-Baum dominiert wird, fällt linkerhand vom Palast ein **Pavillon** mit der Fahne von Hawaii auf. Dabei handelt es sich um den 1883 gebauten *Coronation Stand*, in dem der König die Krönungsfeierlichkeiten entgegennahm. Heute hält hier jeden Freitagmittag die *Royal Ha-*

waiian Band ihre beliebten Konzerte ab, ansonsten ist der Krönungspavillon *kapu*, d.h. daß er nur von autorisierten Personen betreten werden darf.

Die etwas weiter nördlich, aber ebenfalls im Schloßpark gelegenen **Iolani Barracks** wirken mit ihren Schießscharten und Zinnen etwas bizarr. Entworfen hat sie der aus Hamburg stammende *Theodor Heuck* (1830-77), der der erste wirkliche Architekt Honolulus war und auch dem hawaiischen Parlament angehörte. Die Iolani Barracks dienten der Leibgarde des Königs und wurden 1871 vollendet.

Die Straße, die vom Mittelteil des Palastes südlich zur *King Street* führt, entläßt die Besucher durch ein hübsches Tor, auf dem das Wappen des Bundesstaates (zwei Häuptlinge mit Speer und Federszepter, dazwischen das vierteilige Wappenschild) prangt. Von hier aus geht der Blick über die stark befahrene *King St.* zur Kamehameha-Statue und dem Justizpalast.

• Kamehameha Statue

Das wohl meistfotografierte Standbild von Hawaii zeigt ein idealisiertes Abbild von König Kamehameha dem Großen; bekleidet mit goldfarbenen Federumhang, Lendenschurz, Schärpe und dem prächtigen Federhelm *(mahiole)*, blickt er zum Iolani-Palast, die Hand zum Aloha-Gruß ausgestreckt. Der königliche Speer *(pololu)* liegt nicht in der Kampfhand, sondern in seiner Linken, was als Friedenssymbol interpretiert wird. Unterhalb des weißen Sockels sind auf Reliefs vier Szenen aus Kamehamehas Leben zu sehen, u.a. sein Besuch auf der *'Resolution'* von Kapitän *James Cook.*

Die Statue wurde 1878 vom hawaiischen Parlament in Europa in Auftrag gegeben, als Modell diente ein damals in Hofkreisen verkehrender Geschäftsmann namens *Baker.* Der Transport nach Honolulu stand jedoch unter keinem guten Stern (vgl. KAPITEL 5.7.3), so daß diese Kopie angefertigt werden mußte. Zur Königskrönung von *Kalakaua* wurde sie der Öffentlichkeit vorgestellt.

Die Kamehameha-Statue, heute ein Wahrzeichen der Stadt, wird zum Staatsfeiertag am 11. Juni feierlich mit Blumengirlanden geschmückt und bietet dann ein besonders prächtiges Bild.

• Justizpalast / *Aliiolani Hale* (2)

Im Rücken der Statue befindet sich der sog. Justizpalast (*Aliiolani Hale*), der ein würdiges Pendant zum Iolani-Palast darstellt. Das nach Plänen des australischen Architekten *Rowe* errichtetet Haus war ursprünglich als Residenz des Königs *Kamehameha V.* geplant, nach des-

Der Justizpalast

sen Tod jedoch in veränderter Ausführung 1874 als Justiz- und Parlamentsgebäude fertiggestellt.

Heute beherbergt es den Obersten Gerichtshof. In der Lobby sind manchmal historische Ausstellungen zu sehen (geöffnet Mo-Fr 7.45-16.30 h, freier Eintritt).

- **State Archives and Library**

Von dieser zentralen Stelle verläuft der Rundgang zunächst ein Stück in östlicher Richtung. An der *King St./Punchbowl St.* sieht man linkerhand noch auf dem Gelände des Ioalani-Palastes ein etwas jüngeres Gebäude: die größte öffentliche Bibliothek des Staates **(3)**, 1911/12 errichtet. Ihr umfangreiches Angebot kann man Mo-Fr 9.00-17.00 h (Di und Do bis 20.00 h) nutzen oder aber auch nur eine kleine Ruhepause in ihrem schattigen Hof einlegen.

Dahinter befinden sich ebenfalls an der *Punchbowl St.* die *Hawaii State Archives* **(4)**, die Fotos, Bücher und sonstige Dokumente aus der kolonialen Vergangenheit enthalten. Das in den 1950er Jahren gebaute Staatsarchiv ist öffentlich zugänglich und eine gute Adresse für alle, die ein tiefergehendes Interesse an der Geschichte des Reisezieles haben.

- **Rathaus** / *Honolulu Hale* **(5)**

Das auffällige Gebäude an der *Punchbowl St.* gegenüber dem Staatsarchiv ist das im Jahre 1927 fertiggestellte Rathaus *(City Hall)*. Mit seinem Ziegeldach, den Altanen und spanischen Fenstern ist es ein Werk des sog. *Mission Style*, der damals besonders in Kalifornien populär war. Der offene Innenhof bildet einen hübschen Rahmen für Konzerte und andere Kulturaktivitäten, die hier bisweilen abgehalten werden.

- **Kawaiahao Church (6)**

Wieder zurück an der *King St.*, erreicht man an der Ecke zur *Punchbowl St.* und nahe zur Kamehameha-Statue das wohl bedeutendste Gotteshaus von Hawaii. Inmitten eines parkähnlichen Kirchhofs gelegen und inzwischen von Honolulus Hochhäusern überragt, wirkt die Kirche mit ihrem helmlosen Westturm gedrungen. Allein der Haupteingang, von vier weißen Säulen flankiert, unterstreicht die Würde der Kawaiahao Church. Der Name übrigens weist in vorchristliche Zeit

Die Kawaiahao Church

zurück und bedeutet 'Wasser der Hao'. Gemeint ist damit eine heilige Quelle, deren Wasser nur von Adligen genutzt werden durfte, darunter – so will es die Legende – auch die Häuptlingsfrau Hao. Die Missionare nutzten diese vornehme Stelle und bauten dort zunächst vier kleine, provisorische Strohkirchen. Der Reverend *Hiram Bingham* (vgl. KAPITEL 2.1.3) faßte dann den Beschluß, sie durch eine 'Große Steinkirche' zu ersetzen. Deren recht lange Bauzeit (1836-42) wird verständlich, wenn man weiß, daß ihre rund 14.000 hellgrauen Steine mühsam aus den der Stadt vorgelagerten Korallenriffen gehauen wurden. Bei ihrer feierlichen Eröffnung drängten sich Tausende von Gläubigen vor und in der Kirche, darunter auch König *Kamehameha III.* Nicht nur daran ist die historische Bedeutung der Kirche abzulesen, sondern auch an der Tatsache, daß in ihr *Kamehameha IV.* und Königin *Emma* heirateten, daß König *Lunalilo* auf eigenen Wunsch auf ihrem Friedhof beigesetzt und daß drei Könige in der Kirche offiziell in ihr Amt eingesetzt wurden.

Die Verbundenheit mit der Krone und der alt-hawaiischen Ständegesellschaft wird auch im Innern der Kirche sichtbar: Die Porträts vornehmer Familienmitglieder, die für das Königshaus reservierten Sitzplätze und weitere Insignien sprechen eine deutliche Sprache. Ein Besuch lohnt sich übrigens nicht nur aus historischen Gründen, sondern auch, um hawaiische Volksfrömmigkeit, Lieder und Sprache zu erleben, besonders am Sonntagsgottesdienst (8.00 und 10.30 Uhr).

Neben dem königlichen neugotischen Mausoleum weist der **Friedhof** sehr interessante Grabstätten der ersten Missionare von Oahu und Angehöriger ihrer ersten Gemeinde auf. Auch der Deutsche *Heinrich Berger,* lange Zeit Dirigent der *Royal Hawaiian Band*, fand hier seine letzte Ruhestätte. Das **Lehmhaus** neben dem Friedhof schließlich stammt aus dem Jahr 1835 und diente ursprünglich als Schulgebäude (*Kawaiahao Church*, 957 Punchbowl St., Tel.: 538-6267).

- **Mission Houses (7)**

Ein Stückchen weiter auf der *King St.* gelangt man nahe der Kawaiahao Church zu einem Komplex dreier historischer Gebäude, die zwischen 1821-1841 von den ersten amerikanischen Missionaren auf der Insel errichtet wurden und damit auch die früheste Phase der Weißen dokumentieren. Die Gebäude aus importiertem Holz umfassen das eigentliche **Missionshaus** oder *Frame House* von 1821, das sog. ***Chamberlain House*** von 1831 und die **Druckerei** von 1841; diese hatten die provisorischen Hütten abgelöst, die der mißtrauische König *Kamehameha II.* zunächst nur erlaubt hatte. Heute sind die Häuser unter Denkmalschutz gestellt und werden als Museum genutzt. Im Innern können ein Teil der originalen Möblierung, Textilien, Bücher und Haushaltsgegenstände besichtigt werden. Ein geführter Rundgang durch das Museum startet jeweils um 9.30, 10.30, 11.30, 13.00, 14.00 und 15.00 h. Einmal im Monat wird zudem abends bei Kerzenschein das Programm *Living History* durchgeführt, bei dem Schauspieler in die Rolle der Missionare schlüpfen.

Öffnungszeiten
Mission Houses Museum, 553 *S King St.,* Tel.: 531-0481, Eintritt; geöffnet Di-Sa 9.00-16.00 h, So 12.00-16.00 h.

Unweit von den Mission Houses fällt an der *King St.* ein rotes Backsteingebäude mit weißen Säulen (1916) auf, das als *Mission Memorial Building* bezeichnet wird und das Hauptquartier der evangelischen Gesellschaft von Hawaii war. In der Parkanlage daneben ist eine schwarze, abstrakte Skulptur mit dem Titel *"Skygate"* bemerkenswert. Dieses Werk des Künstlers *Isamu Noguchi* (1977) ist eins von vielen Beispielen, wie man Downtown Honolulu flächendeckend mit moderner Kunst ausgestattet hat.

Auf dem Weg zum Hafen hat man nun verschiedene Möglichkeiten: Wer der *Punchbowl St.* folgt, kann an der Ecke zur *Pohukaina St./Ala Moana Blvd.* in der **"Restaurant Row"** einkehren, wo mehrere Restaurants in einer Passage zusammengefaßt sind. Oder man folgt zunächst der *Queen St.* wieder bis zur rückwärtigen Seite des Justizpalastes und biegt dann auf die *Mililani St.* nach links ein. An dieser Stelle verdient das hübsche **Hauptpostamt** (*Federal Post Office Building*) im Stil der Neo-Renaissance Beachtung. Am langgestreckten, massigen Betonklotz des neuen **Federal Building (8)** vorbei erreicht man den vielbefahrenen *Ala Moana Blvd.*, auf dessen anderer Seite man zu den einzelnen Piers des Hafens gelangt.

● Hawaii Maritime Center (9)

Nach Umbauarbeiten im Jahre 1994 präsentiert sich das *Maritime Center* mit seinem Museum am **Pier 7** in neuem Glanz. Bei genügend Zeit lohnt es sich, das Innere des Museums zu betreten, das über eine hervorragende Sammlung nautischer Gerätschaften der polynesischen Ureinwohner und interessante Ausstellun-

Die 'Falls of Clyde' vor dem Hawaii Maritime Center

gen zur Geschichte des Fischens, der Wetterbeobachtung etc. verfügt. Vom angeschlossenen Restaurant *Coasters* (freundliche Atmosphäre, Bar im Obergeschoß) hat man einen schönen Blick auf die Hafenszenerie. Im Museum findet man das **King Kalakaua Boathouse Museum**, das eine maritime Reise durch die Geschichte der Seefahrt von *Captain Cook* bis zu König *Kalakaua* verspricht (audiovisuelle Vorführungen), die nachgestellte Wand eines Kreuzfahrtschiffes und die **Whaling Exhibit** mit u.a. einem kompletten Buckelwal-Skelett. Einen ebenso großen Aufmerksamkeitswert haben die Schiffe, die in den Hafenbecken neben und am Museum festgemacht sind. So z.B. die ***"Falls of Clyde"***, ein 1878 in Glasgow gebauter Viermaster, der als Passagierschiff und als Frachter von Honolulu aus im Pazifik Dienst tat. Eine Spendensammlung rettete das schöne Schiff vor dem Abwracken und brachte es von Alaska zurück nach Hawaii, wo es seit 1986 besichtigt werden kann. Eine weitere Attraktion ist das 20 m lange und knapp 3 m breite Segelkanu ***"Hokulea"***, eine originalgetreue Replik der polynesischen Doppelrumpfboote. Ihre Seetüchtigkeit bewies die *"Hokulea"* durch spektakuläre Reisen in den 1970/80er Jahren (u.a. nach Tahiti), bei denen sich die Mannschaft ausschließlich der alten Navigationstechniken bediente.

Oft zu sehen (aber nicht zum Museum gehörend) ist der stählerne Windjammer ***"Rella Mae"***, ebenfalls ein Viermaster, der gelegentlich zu Dinner-Kreuzfahrten ausläuft (Info-Tel.: 537-1122). Modernere Ausflugsboote der *Royal Hawaiian Cruises*, z.B. der Katamaran *Navatec*, legen unweit von hier am Pier 6 an.

Öffnungszeiten
Hawaii Maritime Center, Pier 7, Honolulu Harbor, Tel.: 536-6373, Eintritt US$ 7; tägl. 9.00-17.00 h geöffnet.

• Aloha Tower Marketplace (10)

Nach umfangreichen Restaurierungsarbeiten und einer Neugestaltung der Umgebung ist seit 1995 auch der viereckige und kuppelbekrönte Aloha Tower wieder zu besichtigen, der bei seiner Fertigstellung im Jahre 1926 das alles überragende Wahrzeichen von Honolulu war. Hier wurden vor dem Zeitalter der Jumbo Jets die Touristen begrüßt und verabschiedet, die damals mit den großen Passagierschiffen nach Hawaii kamen. Obwohl längst schon Wolkenkratzer den Blick begrenzen, lohnt die Auffahrt auf die Aussichtsplattform im 10. Stock immer noch unbedingt.

In einem 100-Millionen-Dollar-Projekt wurde 1994/95 der Platz um den *Aloha Tower* neugestaltet und in einen quirligen 'Marktplatz' mit nostalgischem Reiz verwandelt. Mehrere geschickt arrangierte, zweistöckige Gebäude mit grünlasierten Dächern bieten Souvenirshops, Pubs und Restaurants Platz, auf den palmengesäumten Gassen finden Hula-Shows statt und immer wieder ergeben sich schöne Ausblicke auf den Kai, wo Yachten, Kreuzfahrtschiffe und das restaurierte Feuerschiff *Abner T. Longley* anlegen. Unter den vielen Restaurants und Pubs sei an dieser Stelle nur auf die Brasserie *'Scott's Seafood Grill & Bar'*, die *'Gordon Biersch Brewery'* (in der man ein an Ort und Stelle gebrautes Bier und hawaiisches Essen bekommt) sowie *'Sloppy Joe's'* (Livemusik) hingewiesen. Ein Be-

Der Aloha Marketplace

such des Marktplatzes lohnt sich besonders am Samstagabend, wenn die Passagierkreuzer *SS Constitution* und *SS Independence* wie in der 'guten alten Zeit' verabschiedet werden. Welche sonstigen Schiffe wann am Aloha Tower Marketplace festmachen, kann unter Tel.: 537-9260 erfragt werden.

Öffnungszeiten
Aloha Tower Marketplace, Pier 9, Nimiz Hwy., Tel.: 528-5700; der Tower ist tägl. 9.00-21.00 h geöffnet, die Shops 10.00-22.00 Uhr, Clubs und Restaurants 11.00-24.00/01.00 Uhr.

• Chinatown (11)

Vom Hafen aus kann man mit dem Waikiki Trolley oder zu Fuß das nördlich gelegene Stadtviertel erkunden, das von den Straßen *Nimiz Hwy., Nuuanu St., River St.* und *Beretania St.* begrenzt wird und allgemein unter dem Namen 'Chinatown' bekannt ist. Ähnlich wie in San Francisco – wenn auch viel kleiner! – hat sich hier das fernöstliche Leben erhalten können, das die chinesischen Landarbeiter ab den 1860er Jahren in dieses Viertel brachten.

Lange Zeit hindurch galt die Chinatown als gefährliches Pflaster, und die Wohn- und hygienischen Verhältnisse waren alles andere als gut. 1886 wurden große Teile der beengten Stadt durch eine Feuerbrunst vernichtet, ein zweites Feuer, das 1900 mutwillig gelegt wurde, um die Pestepidemie einzudämmen, geriet außer

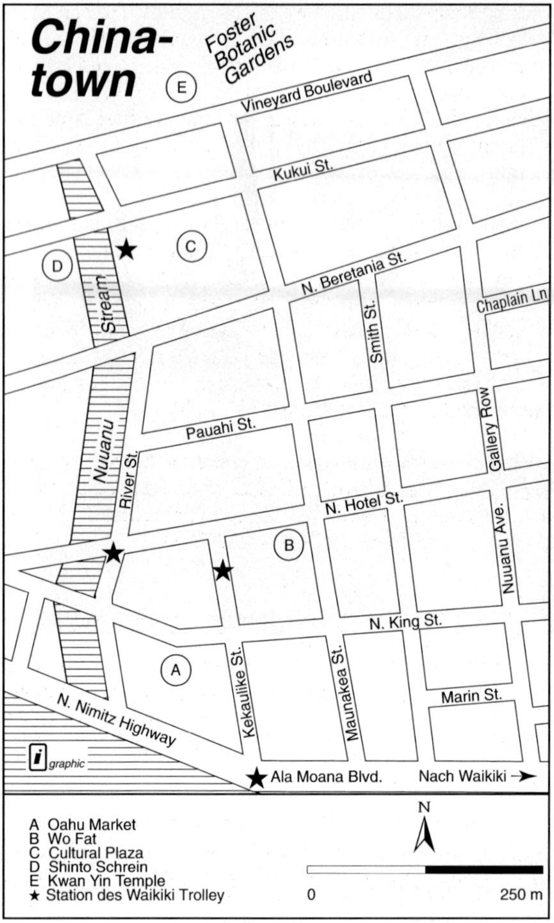

Kontrolle und verrichtete ebenfalls sein Werk der Zerstörung. Im 20. Jhd erwarb sich die Chinatown den zweifelhaften Ruf einer Spielhölle und Heimat der Prostitution. Tatsächlich sind immer noch nicht alle Etablissements dem Touristen guten Gewissens zu empfehlen, doch es überwiegt der Gesamteindruck eines lebenslustigen, ungefährlichen und z.T. pittoresken Viertels mit historischen Läden, Tempelanlagen, asiatischen Heilpraktikern und Akupunkteuren, Geschäftszentren mit exotischen Waren und Antiquitäten (Porzellan!), Märkten, Lei-Ständen, Nudelfabriken, Kunstgalerien sowie Restaurants mit fernöstlicher Küche.

Es bleibt hinzuzufügen, daß die Einwohner der Chinatown längst nicht mehr ausschließlich von chinesischen Vorfahren abstammen. Inzwischen leben hier außer Chinesen genauso Hawaier, Fillipinos, Japaner, Vietnamesen und Koreaner.

Bei einem **Rundgang** kann man vom *Aloha Tower Marketplace* zunächst den Weg parallel zum *Ala Moana Blvd.*, der in den *Nimiz Hwy.* übergeht, fortsetzen und stößt nach ca. 400 m auf den **Oahu Market (A)**, der sich im Block zwischen der *Kekaulike St.* und der *River St.* befindet. Dieser 1904

Restaurant 'Wo Fat'

gegründete Lebensmittel-Markt kann noch am ehesten das quirlige Treiben einer wirklichen Chinatown vermitteln. Im Nordosten stößt man schließlich auf die *Hotel St.* mit einer Vielzahl von fernöstlichen Geschäften. Nach rechts kommt man dann an der Ecke zur *Maunakea St.* zum berühmten Restaurant **Wo Fat (B),** das bereits 1882 gegründet wurde. 1906 an diesen Standort verlegt, war das pagodenartige Haus das erste in Hawaii, das nach der Aufhebung der Prohibition 1933 die Schanklizenz bekam.

Auf der *Maunakea St.* geht es nach links, am **Maunakea Marketplace** mit seinen vielen Restaurants und Läden vorbei, zum Block der **Cultural Plaza (C)**, vor deren Eingang die lebensgroße Statue des *Dr. Sun Yatsen* zu sehen ist. Hier befinden sich ebenfalls mehrere Restaurants, u.a. in der *Asia Mall*, Geschäfte, sowie ein eigenes Besucherzentrum der Chinatown. Nördlich davon sind an der *Kukui St.* einige sehenswerte Sakralgebäude versammelt. So z.B. an der Kreuzung mit der *River St.* der kleine chinesische Tempel **Lam Sai Ho Tong** und sofort jenseits des Kanals *Nuuanu Stream* der japanische Shinto-Schrein **Izumo Taisha (D)**.

An der nördlichen Parallelstraße *Vineyard Blvd.*, nun schon außerhalb der eigentlichen Chinatown, stellt der **Kwan Yin Temple (E)** das größte und bekannteste fernöstliche Gotteshaus dar. Geweiht ist der Tempel der buddhistischen Göttin der Dunkelheit, die im Innern als 3 m hohe Bronzefigur dargestellt ist.

Tip

Wer die Chinatown unter sachkundiger Führung erkunden möchte, sollte sich den Spaziergängen der *Chinatown Historical Society* (Tel.: 521-3045) anschließen. Diese starten Mo-Sa um 10.00 und 13.00 sowie So um 10.00 Uhr in der *Asia Mall* (1250 Maunakea St.) und kosten US$ 5. Neben den wichtigsten Tempeln und anderen Sehenswürdigkeiten wird auf der Tour auch der *Foster Botanic Garden* besucht. Bei speziellem Interesse ist auch das Büchlein *"Exploring Honolulu's Chinatown"* von Frances Carter (Bess Press) hilfreich, das in den örtlichen Buchläden erhältlich ist.

Nach dem Besuch der Chinatown kann man sich bei genügend Zeit nun hinter dem *Kwan Yin Temple* den herrlichen *Foster Botanic Garden* anschauen (vgl. KAPITEL 9.3.6). Um wieder zum Ausgangspunkt des Rundganges zu gelangen, kehren Sie jedoch zur *Kukui St.* zurück und folgen dieser geradewegs bis zur *Queen Emma St.* (ca. 500 m). Dort biegen Sie rechts ab zur nahen St. Andrew's Cathedral:

● St. Andrew's Cathedral (12)

Diese Kathedrale im Stil der normannischen Neugotik wurde von König *Kamehameha IV.* und seiner Frau *Emma* initiiert, die auf ihrer Reise nach England Bekanntschaft mit der anglikanischen Kirche gemacht hatten und bald deren Anhänger geworden waren. Erst unter dem Nachfolger und Bruder des Königs, *Kamehameha V.,* konnte jedoch 1867 mit den Bauarbeiten begonnen werden, die sich sehr lange hinzogen. Ein Grund dafür war, daß ein Großteil der Materialien (einschließlich des Sandsteins) sowie der Glasfenster und Einrichtungsgegenstände aus England importiert wurden. Auch nach der Einweihung 1902 wurde an der Kathedrale weitergebaut, bis schließlich 1958 mit dem modernistischen Hauptportal das Gotteshaus komplett war.

Ganz in der Nähe *(Fort Street Mall)* ist übrigens die kleinere, aber auch ältere katholische 'Konkurrenz' zu besichtigen. Die von französischen Missionaren errichtete **Cathedral of Our Lady of Peace** wurde 1843 vollendet und ist aus Korallenkalk gebaut.

- **Washington Place (13)**

Geht man nun auf der *Beretania St.* ein Stück nach links, fällt linkerhand ein schmuckes Gebäude auf. Dieser weiße, im neuklassizistischen Kolonialstil errichtete Bau (also kein 'Platz', wie der Name nahelegt) von 1846 war das Wohnhaus des amerikanischen Kapitäns *John Dominis*, der 1837 aus New York nach Oahu gekommen war. Sein Sohn *John Owen Dominis* heiratete später die zukünftige Königin *Liliuokalani* und war lange Zeit Gouverneur der Insel. Die tragische Königin lebte nach dem Sturz der Monarchie bis zu ihrem Tod 1917 im *Washington Place*. Heute dient das Haus als privater Wohnsitz des Gouverneurs und ist der Öffentlichkeit nicht zugänglich.

Rechts des Gebäudes ist ein 3 m hohes Monument auffällig, das **War Memorial**. Seine ewige Flamme erinnert an die Frauen und Männer Hawaiis, die ihr Leben im Zweiten Weltkrieg ließen.

- **Hawaii State Capitol (14)**

Auf der anderen Seite der *Beretania St.* erhebt sich unübersehbar inmitten ausgedehnter Grünanlagen das State Capitol. Als Sitz der Regierung und des Parlaments hat das protzige, 24 Mio US$ teure Gebäude den ungleich schöneren Ioalni Palace beerbt. Es ist ein typischer Betonbau der 1960er Jahre, der nicht nur die beiden Kammern des Parlaments (Repräsentantenhaus und Senat) aufnehmen, sondern durch seine Architektur auch den gesamten Bundesstaat symbolisieren wollte. So sind z.B. die Säulen, die das weit vorstehende Dach tragen, als abstrahierte Königspalmen gestaltet, die Brunnen, Teiche und blauen Mosaiksteine des Innenhofes sind Sinnbilder des Meeres, das die Inseln umgibt, und die nach oben geschwungene Form des Inneren erinnert an den Vulkanismus, dem der Archipel seine Entstehung verdankt. Die für alle offenen Sichtmöglichkeiten auf die Sitzungssäle schließlich sind ein Zeichen für das Demokratische des jungen Staates.

Besucher des Geländes werden auf viele Skulpturen und Denkmäler stoßen. Beachtung verdient auf der meerzugewandten Seite z.B. die 1969 errichtete, große Bronzeskulptur für *Father Damien* (vgl. KAPITEL 8.3.2), ebenso das Standbild für die letzte Königin *Liliuokalani*, das auf der anderen Seite plaziert ist. Auf dem Sockel ist u.a. der Text der 'Nationalhymne' *Aloha Oe* eingraviert. Und über den beiden Eingängen des Capitols prangen riesige Abgüsse des Staatswappens. Teile des Inneren sind frei zugänglich, und ein Fahrstuhl bringt Besucher in den fünften Stock, von wo man eine gute Aussicht auf die Stadt hat. Wer Sitzungssäle und den Sitz des Gouverneurs besichtigen möchte, kann an einer einstündigen Führung teilnehmen, vorherige Anmeldung empfehlenswert (*Hawaii State Capitol,* Beretania St./Richards St., Tel.: 548-7851).

9.3.4 WAIKIKI

Überblick

Waikiki – von Palmen gesäumte Hochhauskulisse, in Filmen und Fernsehserien hundertmal gesehen, auf ungezählten Hochglanzseiten immer wieder abgebildet. Waikiki ist hektische Betriebsamkeit, eine gut geölte und bestens organisierte Urlaubs-Maschinerie, das große Auffangbecken für den Jumbo-Jet-Tourismus aus aller Welt. Sicher: Die berühmten Sonnenuntergänge gibt es, Palmen ebenfalls, und selbst ein Erholungswert ist Waikiki nicht abzusprechen. Und der schmale, dazu noch künstlich aufgeschüttete Sandstrand wird in einem Atemzug mit der Copacabana von Rio genannt, in den örtlichen Publikationen natürlich immer als "der berühmteste Strand der Welt" bezeichnet.

Daß die von geschickten Fotografen eingefangene Südseeidylle jedoch nicht mehr als ein schöner Traum ist, macht der Blick auf die Statistik deutlich: Drei Viertel der hawaiischen Bevölkerung lebt auf Oahu, davon die Hälfte in Honolulu, dessen Großteil an touristischen Einrichtungen aller Art wiederum in Waikiki konzentriert ist. Hier gibt es mehr Hotelbetten (ca. 90 große Hotels) und Ferienapartments, mehr Restaurants (ca. 240), Bars (ca. 280), Einkaufspassagen und Souvenirläden als auf allen anderen Inseln zusammen. Insofern verwundert es doch ein wenig, daß

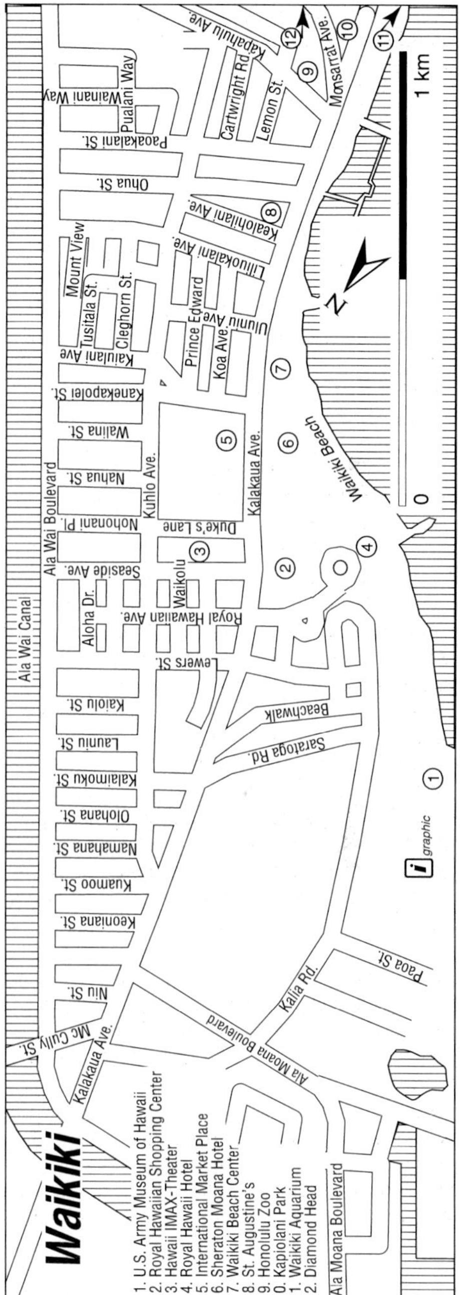

Hotelhochburgen in Waikiki

viele Waikiki immer noch mit Oahu, ja sogar mit Hawaii insgesamt gleichsetzen und ihren gesamten Urlaub hier verbringen. Ob man damit zufrieden sein kann, hängt von der Erwartungshaltung und der persönlichen Art ab, die Ferien zu gestalten. Immer häufiger trifft man jedoch Touristen, vornehmlich aus dem europäischen Ausland, die nach wenigen Tagen Waikiki den Rücken kehren, um sich auf die Suche nach dem 'wahren Hawaii' zu machen. Denn eines ist klar: Ebensowenig, wie sich einem die Schönheit des Bundesstaates Florida durch einen Besuch von Miami Beach erschließen kann, kann man in Honolulu bzw. Waikiki das Paradiesische des hawaiischen Archipels entdecken.

Die wörtliche Übersetzung des Namens 'Waikiki' lautet *"sprudelndes Wasser"* und ist ein Indiz dafür, daß das recht kleine Terrain früher ein ganz anderes Gepräge hatte. Das 'sprudelnde Wasser' kam aus dem Hinterland in Form von drei Flüssen und mehreren Bächen in die Senke und machte aus Waikiki ein sumpfiges Eldorado für Büffel und Wasservögel. Der Reiz dieser Landschaft wuchs in dem Maße, in dem Honolulu größer und staubiger wurde. Schon die Kamehameha-Könige hatten ab etwa 1800 ein Strandhaus in Waikiki, das wegen des morastigen Bodens allerdings nur vom Wasser aus zugänglich war.

1860 baute man die erste Straße von Honolulu hierhin, die 20 Jahre später bereits von einer Personenkutsche befahren wurde, ab 1888 schließlich von einer Straßenbahn. Sie wurde von den Städtern und von jenen Besuchern frequentiert, die in den Gästezimmern von Honolulu untergebracht waren, erst durch die 1884 eröffnete Pension 'Sans Souci' gab es auch eine Unterkunftsmöglichkeit in Waikiki selbst. Während der Schotte **Robert Louis Stevenson** ("Die Schatzinsel") bei seinem Besuch von 'Sans Souci' im Jahre 1889 noch von der dortigen *"schönen Landschaft, reinen Luft, sauberem Meerwasser"* schwärmte, sah sein Schriftstellerkollege **Jack London,** der 1916 den 'Outrigger Canoe Club' besuchte, die stürmische Entwicklung der nächsten Jahre prophetisch voraus: *"Ich bin froh, daß wir jetzt hier sind. Denn eines Tages wird Waikiki Beach ein einziges langes Hotel sein",* schrieb er.

Zu diesem Zeitpunkt war mit dem fünfstöckigen, weißen **Moana Hotel** (1901) bereits die erste, repräsentative Touristenherberge entstanden. 1927 gesellte sich das pinkfarbene **Royal Hawaiian** dazu, und auf alten Ansichtskarten ist zu sehen, wie die beiden Luxushotels einsam inmitten eines riesigen Palmenhains plaziert waren, verbunden durch die *Kalakaua Avenue*, die trotz der Straßenbahn einen rein ländlichen Charakter aufwies. Wer sich heute die restaurierten Gebäude des Moana-Hotels und des Royal Hawaiian anschaut, zwar nach wie vor imponierend, aber von den Hochhäusern der Nachbarschaft fast erdrückt, bekommt eine Ah-

Das Royal Hawaiian Hotel kurz nach seiner Fertigstellung

nung, wie rasant sich das erholsame Waikiki zum turbulenten Mittelpunkt des Hawaii-Tourismus wandelte.

Der entscheidende Schritt dazu wurde 1922 getan, als mit dem *Waikiki Reclamation Project* die Entwässerung der sumpfigen Ebene beschlossene Sache war. Kernstück des Projektes war der **Ala-Wai-Kanal**, heute von Kanufahrern genutzt und von Grünanlagen flankiert. Er markiert auch die nördliche und östliche Grenze des eigentlichen Waikiki, während der Strand im Westen und der grüne *Kapiolani Park* bzw. die Hänge des *Diamond Head* im Süden die natürlichen Grenzen darstellen. Das davon eingeschlossene Areal ist mit ca. 2 km^2 also überschaubar und nicht besonders groß, was zur Folge hatte, daß die ab den 1930er Jahren flächendeckend aufsprießenden Hotelbauten nur eine Richtung der Ausdehnung kannten: die in die Höhe.

Nachdem der Hawaii-Tourismus in vollen Zügen einsetzte, insbesondere ab den 1960er Jahren, wurde binnen kurzer Zeit jenes Stadtbild geschaffen, das heute die einen fasziniert, die anderen aber abschreckt. Mit den Hotels schossen natürlich auch die Grundstückspreise in die Höhe und erreichten bald ein ähnliches Niveau wie in Manhattan. Jüngstes Großprojekt ist das vierstöckige *Hawaiian Convention Center*, dessen Bau (Kosten: US$ 200 Mio) 1994 beschlossen wurde und das 1997/98 eingeweiht werden soll. In beherrschender Lage am Ala-Wai-Kanal soll es zukünftig Touristen und Geschäftsleute am Eingang von Waikiki begrüßen. Vorgesehen sind außer Park- und Konferenz-Möglichkeiten eine riesige Ausstellungshalle mit dem Thema 'Hawaiische Kultur', ein Dachgarten mit Palmen, Wasserfällen und Teichen sowie ein monumentaler, von Kokospalmen flankierter Eingang als neues Wahrzeichen des Stadtteils.

Die skizzierte Entwicklung von Waikiki zum Touristenmagnet macht verständlich, daß Besucher hier keine Sehenswürdigkeiten im herkömmlichen Sinn erwarten dürfen. Was u.a. den Reiz von Downtown Honolulu ausmacht, nämlich die Besichtigung historischer Gebäude, Plätze oder Museen, sucht man in Waikiki (von wenigen Ausnahmen abgesehen) vergeblich. Stattdessen werden Strandleben, Restaurantbesuche und Shopping im Vordergrund stehen. Im Süden des Stadtteils jedoch kann man vom Strand aus über die *Kalakaua Ave.* in wenigen Minuten z.B. den vom *Diamond Head* überragten *Kapiolani Park* mit seinen vielen Highlights erreichen.

Wenn auch Neuankömmlingen das **Einbahnstraßensystem** zu schaffen macht (besonders wenn sie nach einem langen Flug und nachts mit dem Mietwagen vom Honolulu Airport aus hierhin fahren), fällt es trotzdem leicht, sich in Waikiki zu orientieren. Der Strand, der *Diamond Head* und der *Ala Wai Canal* sind als begrenzende Fixpunkte schon genannt worden. Sie umschließen einen länglichen, in Nord-Süd-Richtung ausgedehnten Stadtteil, der von drei Straßenachsen durchzogen wird: im Osten der *Ala Wai Blvd.*, der parallel zum Kanal verläuft, dann die aus dem Nordosten kommende und schräg nach Südwesten gehende *Kalakaua Ave.* und dazwischen die *Kuhio Ave.*

Eine Vielzahl von Straßen durchschneidet diese Achsen in West-Ost-Richtung und schaffen so das Rastersystem der einzelnen Blocks. Nur zum Meer hin verstellen häufig Shopping-Zentren und Hotelbauten sowohl die Sicht auf den als auch den ungehinderten Zugang zum Strand (mit Ausnahme jenes Abschnitts, an dem die *Kalakaua Ave.* direkt an der Uferpromenade entlangführt).

Im folgenden ist eine kleine **Wegstrecke** beschrieben, die von der *Kalakaua Ave.* nördlich des *Royal Hawaiian Shopping Center* parallel zum Strand in südliche Richtung geht. Sie ist gedacht für Besucher, die nicht in Waikiki wohnen und nur einen Eindruck von der Touristenhochburg erhalten möchten. Bei wenig Zeit kann man eine Richtung dieses Weges mit dem *Waikiki Trolley* oder dem Stadtbus zurücklegen. Der südlichste Punkt dieser Aufzählung, nämlich der *Diamond Head*, sollte ohnehin mit dem Bus oder dem Mietwagen angefahren werden. Dabei ist es sinnvoll, wegen der besseren Sicht die Besteigung des *Diamond Head* auf die Morgenstunden zu legen und sich erst anschließend Waikiki zu nähern.

● Kalakaua Avenue

Der Lebensnerv des Straßensystems von Hawaii ist die *Kalakaua Avenue,* die von Norden (Honolulu) kommend, den *Ala Wai Kanal* quert und kurz darauf als Einbahnstraße schräg durch Waikiki auf den gleichnamigen Strand zuläuft. Auf ihr wird man für eine kurze Strecke direkt am weißen Sandstrand und der Uferpromenade vorbeigeführt; ab dem *Waikiki Zoo* ist die Straße dann wieder in beiden Richtungen befahrbar. An der *Kalakaua Ave.* befinden sich neben Einkaufszentren, Restaurants, Souvenirläden, Kaufhäusern und Bars auch die ältesten und einige der renommiertesten Hotels des Archipels, u.a. das *"Royal Hawaiian"* und das *"Sheraton Moana"*. Es wäre falsch, die Avenue als 'Prachtstraße' zu bezeichnen, dazu hat sie zu wenig Historie. Aber als Laufsteg der Touristen und Honeymooner, als Bühne für Surfboys und Strandnixen, als idealer Beobachtungsposten für Voyeure, als Erlebnis der Quintessenz von Waikiki – dazu ist sie allemal geeignet! Der Namensgeber König *Kalakaua,* dem ein sehr lebenslustiger Zug nachgesagt wird, hätte an der Avenue jedenfalls seine Freude gehabt.

Hinweis

Ein anderer guter Startpunkt für den Spaziergang wäre der **Ala Moana Beach** und das gleichnamige Shopping Center außerhalb des eigentlichen Waikiki (vgl. KAPITEL 9.3.6), bequem per Bus, Trolley oder dem Mietwagen zu erreichen (kostenloser, großer Parkplatz). Von dort aus erreicht man z.B. das *Royal Hawaiian* in 10 Minuten zu Fuß, wobei der schöne Weg am Yachthafen, dem *Hilton Hawaiian Village* und dem *US-Army Museum* vorbeiführt.

Wer vom Norden die Avenue herunterschlendert und in die düstere Welt des Kriegshandwerkes abschweifen möchte, könnte einen ersten Abstecher über die *Saratoga Rd.* nach rechts zum Armee-Museum (und evtl. weiter zum Strand) unternehmen.

• US-Army Museum of Hawaii (1)

An der Ecke zur *Kalia Rd.* befindet sich rechterhand auf dem Gelände des **Fort de Russy** das **US-Army Museum**. Untergebracht ist es in einem massiven Bunker (*"Battery Randolph"*), der 1909 zur Verteidigung von Pearl Harbor bzw. Honolulu errichtet wurde und mit den Kanonen der Küstenwache bestückt war. Die Sammlung des Museums zeigt alle möglichen kriegerischen Erinnerungsstücke, von Uniformen aus dem Unabhängigkeitskrieg über japanische U-Boote oder Görings Marschallstab aus dem Zweiten Weltkrieg bis hin zu Waffen aus dem Korea- und Vietnam-Krieg. Am interessantesten dürften jene Exponate sein, die das kriegerische Leben alt-hawaiischer Stämme dokumentieren.

Öffnungszeiten
US-Army Museum of Hawaii, Fort de Russy, Kalia Rd., Tel.: 438-2821, tägl. außer Mo 10.00-16.30 h geöffnet, freier Eintritt.

• Waikiki Beach

Falls Sie sich das Armee-Museum angeschaut haben und nicht wieder bis zur Kalakaua Ave. zurückwandern möchten, können Sie genausogut bis zum Strand weitergehen und, vorbei an den Hotels *Waikiki Shore, Outrigger Reef, Halekulani* und *Sheraton Waikiki,* zum *Royal Hawaiian Hotel* spazieren, von dort aus dann entweder das nahe *Royal Hawaiian Shopping Center* besuchen oder den Weg bis zur Strandpromenade fortsetzen. Der gesamte, gut 3 km lange, aber nicht besonders breite Strandstreifen, dessen Sand übrigens vorwiegend von der Insel Molokai importiert wurde, trägt auf den üblichen Karten die Bezeichnung 'Waikiki Beach'. Tatsächlich besteht er jedoch aus mehreren Abschnitten, die jeweils eigene Namen haben. Von Norden nach Süden sind dies zunächst der *Kahanamoku Beach* (benannt nach dem sog. *Duke*, dem 'Vater des Surf-Sports', s.u.), dann der *Gray's Beach* und der populärste Abschnitt, der *Royal Hawaiian Beach.* Ab der Strandpromenade folgen nach Süden hin der *Kuhio Beach Park* mit dem *Queen's Surf Beach* (der wegen der ins Meer gebauten Schutzmauer nicht zum Schwimmen geeignet ist), dann der *Kapiolani Beach* und als letzter der *Sans Souci Beach.*

• Royal Hawaiian Shopping Center (2)

Ob Sie nun am Wasser entlang oder über die *Kalakaua Ave.* gehen, der langgestreckte Komplex dieses modernen Shopping Centers ist kaum zu verfehlen. Es besteht aus drei Blocks (*Ilima Court, Orchid Court, Hibiscus Court*), die auf jeweils vier Etagen insgesamt rund 150 Geschäfte, Restaurants und Service-Unternehmen beherbergen. Die Betonbauten, die aber durch freundliche Farben sowie mit Springbrunnen und viel Grün sehr angenehm gestaltet sind, bieten neben der Einkaufsmöglichkeit ein kostenloses kulturelles Rahmenprogramm, bei der man Hula- und Ukulele-Stunden nehmen, die Herstellung von Blumenkränzen beobachten oder der *"Polynesian Mini Show"* (ein Ableger des Polynesian Cultural Centers) beiwohnen kann. Den größten Aufmerksamkeitswert besitzt nachmittags und abends die Show *"Legends in Concert"*, bei der Doubles von Stars wie *Elvis Presley, Madonna, Little Richard* oder *Marilyn Monroe* ihre Vorbilder mehr oder weniger gekonnt nachahmen. Lagepläne erhalten Sie in den Hotels oder an den Touristeninformationen im Shopping Center selbst, an dem sich übrigens auch die Haupthaltestelle des Waikiki Trolley befindet.

Öffnungszeiten

Royal Hawaiian Shopping Center, 2201 Kalakaua Ave., Tel.: 922-0588; unterschiedl. Öffnungszeiten der einzelnen Geschäfte.

Gegenüber dem Einkaufszentrum geht es auf der anderen Seite der *Kalakaua Ave.* nicht weniger kommerziell zu, wo gleich zwei Geschäfts- und Restaurantpassagen auf Besucher warten: die *Waikiki Shopping Plaza* und die *Waikiki Business Plaza.* Dazwischen verläuft die *Seaside Ave.,* wo man sich einen Block weiter landeinwärts im *IMAX-Theater* eine sehenswerte Show über Hawaii anschauen kann:

• Hawaii IMAX-Theater (3)

In diesem sofort neben den *'Waikiki Twin Theatres'* gelegenen Kino wird auf einer Breitwand-Leinwand der 45-Minuten-Film *"Hidden Valley"* mit herrlichen Naturaufnahmen von bekannten und vor allem versteckten Gegenden des Archipels gezeigt, einschließlich Unterwasseraufnahmen des neuen Vulkans Loihi. Daneben gibt es Sonderfilme wie z.B. *"Search for the great Sharks"* (spektakuläre Dokumentation über Haie) oder *"Ring of Fire"* (eine atemberaubende Reise entlang des 50.000 km langen vulkanischen Gürtels um den Pazifik). Das aktuelle Programm erfahren Sie in den kostenlosen Touristen-Zeitungen oder durch einen Anruf beim IMAX-Theater.

Öffnungszeiten

Hawaii IMAX Theater, 325 Seaside Ave., Tel.: 923-4629, 11.00-21.00 h jede volle Stunde Vorführungen, Eintritt US$ 7,50.

• Royal Hawaiian Hotel (4)

Zum Meer hin verbirgt sich hinter dem *Royal Hawaiian Shopping Center* der prächtige Garten des wohl berühmtesten Hotels der Insel, das für sich eine Sehenswürdigkeit besonderer Güte darstellt.

Schon die Eröffnung des Royal Hawaiian Hotels am 1. Februar 1927 war ein gesellschaftliches Ereignis ersten Ranges: 1.200 festliche Gäste aus dem In- und Ausland erlebten eine grandiose historische Show und feierten das Aufleuchten eines neuen Sterns der internationalen Hotellerie. 4 Millionen Dollar hatte die Nobelherberge die Schiffsgesellschaft *Matson Company* damals gekostet, die ihre Kunden nicht nur von den luxuriösen Kreuzfahrtschiffen bezog, die damals in Honolulu Halt machten, sondern immer häufiger auch aus der Szene der Hollywood-Stars, der Großindustriellen, der Politiker und der blaublütigen Gesellschaft Europas. Schon kurz nach seiner Eröffnung hatte das pinkfarbene, in seinem Stil an maurischen Palästen orientierte Haus dem *"Moana"* den Rang abgelaufen. Es waren die Kriegswirren nach dem Angriff auf Pearl Harbor, die den Tourismus zum Erliegen brachten und beide Häuser in Existenznöte. Das *Royal Hawaiian* wurde an die US-Marine verpachtet und diente bis 1947 als feudaler Ruheort für Militärs.

Waikiki Beach, im Hintergrund das Royal Hawaiian Hotel

Ende der 1950er Jahre übernahm *Sheraton* das traditionsreiche Haus, später ein japanischer Geldgeber. Als denkmalgeschützte Landmarke und nach einer gründlichen Renovierung behauptet sich das nach wie vor luxuriöse *Royal Hawaiian* inzwischen selbst gegenüber dem benachbarten 31stöckigen *Sheraton Waikiki*, und die Hotelgäste können sich nicht nur unter dem blauen Himmel am Swimmingpool sonnen, sondern auch in dem Gefühl, als Urlaubsdomizil eine der ganz großen Adressen im Pazifik gewählt zu haben.

Wer es nicht vorzieht, vom Hotel aus am (meist überfüllten) Strand entlangzuschlendern, kommt auf der *Kalakaua Ave.* zur Rechten an weiteren Hotelbauten vorbei, während eine Freifläche zur Linken den *International Market Place* beherbergt.

● International Market Place (5)

Der alte Marktplatz von Waikiki hat sich heutzutage zu einem richtigen Touristenbasar gewandelt. Hier finden Sie an etlichen Verkaufsständen unter freiem Himmel Kitsch und Kunsthandwerk, Imbißstände und Souvenirläden. Macadamia-Nüsse in jedweder Form werden genauso angeboten wie Austern, in denen

Sie Perlen finden können. Obwohl gerade bei den Souvenirs die Qualität nicht immer die beste ist, die Preise relativ hoch sind (Handeln möglich!) und sich ab und zu auch Langfinger im Gedränge befinden, lohnt sich ein Besuch: Die Atmosphäre rund um den riesigen Banyan-Baum mit seinem Baumhaus ist quirlig und interessant, und abends wird die Szenerie durch unzählige Glühbirnen stimmungsvoll erleuchtet. Dies ist auch die Tageszeit, wenn in einem eigenen Gebäude die Hula-Show *"Tavana's Polynesian Spectacular"* gezeigt wird, die früher Bestandteil des Abendprogramms im renommierten Moana-Hotel war.

Dieses befindet sich nur wenige Meter entfernt auf der anderen Straßenseite der *Kalakaua Ave.*:

- **Sheraton Moana Hotel (6)**

Vergangen sind die Zeiten, als das *Moana* allein auf weiter Flur die 'Skyline' von Waikiki bestimmte. 1901 erbaut, war es nicht nur das erste Haus am Platze, sondern richtete sich von Anfang an an eine erlesene Klientel. Schon die Architektur drückt dies aus: ein weißer, ausladender Bau, fünfstöckig und im klassizistischen 'Kolonialstil' errichtet, großzügig und elegant. Während das Moana früher die Umgebung überragte, wirkt es nun vor dem Hintergrund der umgebenden Hochhäuser fast niedrig, kann sich aber durchaus noch gegen die neuzeitliche Konkurrenz behaupten. Das unter Denkmalschutz stehende und vom Sheraton-Konzern übernommene Haus wurde gründlich renoviert und bietet heute alle Annehmlichkeiten des modernen Lebens, gepaart mit der Würde eines historischen Bauwerks. Und es gibt kaum eine stilvollere Art, den Sonnenuntergang von Waikiki zu erleben als bei einem Cocktail in der eleganten Atmosphäre der Veranda. Und nach Einbruch der Dunkelheit locken die Shows auf dem Hof unter dem hundertjährigen Banyan-Baum.

Das Sheraton Moana Hotel

- **Waikiki Beach Center (7)**

Kurz hinter dem Moana Hotel verläuft die Avenue direkt am Strand entlang, von diesem nur durch eine kleine Promenade mit Bänken und Grünanlagen getrennt. Dies ist die Stelle, wo sich der Geruch von Autoabgasen mit dem von Sonnenöl vermischt, wo Kanus und Surfbretter vermietet werden, wo Vermittler von

Schiffsausflügen auf Kunden warten, wo japanische Jungverheiratete das Erinnerungsfoto schießen und wo Sonnenanbeter geduldig auf einen handtuchgroßen freien Platz am Sandstrand warten.

Unmittelbar südlich des *Surfrider Hotels* sind am *Waikiki Beach Center* unter einer Schraubenpalme vier unscheinbare Steine aufgereiht, denen allerdings magische Kräfte zugesprochen werden. Ein Hinweisschild klärt Besucher über die Bewandnis dieser **Wizzard Stones of Waikiki** auf: Demnach sollen im 16. Jhd vier mächtige Magier (*kahunas*) aus Tahiti hierhergekommen sein. Bevor sie Oahu wieder in Richtung Heimat verließen, übertrugen sie ihre geistigen Kräfte (*mana*) auf diese Steine, die nunmehr als Relikt einer längst vergangenen Zeit inmitten des hektischen Badelebens überdauern.

Ein weiterer Blickfang ist an diesem Strandabschnitt die **Statue** des *Duke Kahanamoku*, der durch seine internationalen Erfolge sportlich genauso viel erreicht hat wie für das Selbstbewußtsein der Hawaiier.

INFO

Der Vater des Surf-Sports: Duke Paoa Kahanamoku

Wer die heutige Staffage von Kunststoff-Brettern sieht, die am Waikiki-Strand auf Surfer warten, mag glauben, dieser Sport sei eine Erfindung unserer Freizeitgesellschaft. Aber aus alten Berichten wissen wir, daß bereits seit dem 15./16. Jhd die polynesischen Ureinwohner das Wellenreiten – häufig den Häuptlingen vorbehalten – kannten und liebten. Die guten Surfbedingungen in Waikiki nutzten daher auch die Könige der Kamehameha-Dynastie, die seit etwa 1800 dort ein Strandhaus besaßen. Ihnen standen damals 3-6 m lange Planken aus dem Holz der wili- und koa-Bäume für ihren Sport zur Verfügung (vgl. auch KAPITEL 3.2.4). Im Zuge der Umwandlung der hawaiischen Gesellschaft drohten um die Jahrhundertwende jedoch das Surfen, seine Techniken und seine besten Plätze in Vergessenheit zu geraten. Nur einige Unentwegte ritten damals die Wellen vor dem Strand von Waikiki – unbeeindruckt von der 'modernen Welt', die von dieser Tradition nichts wissen woll-

Der "Duke" am Strand von Waikiki (ca. 1915)

te. Den wohl größten Schub für den weltweiten Siegeszug des Surfens brachte dann jedoch ein junger hawaiischer Adeliger, der 1890 auf der Insel Maui geboren worden war und bereits als Schüler der Kamehameha-Schule in Honolulu durch seine sportlichen Leistungen auf sich aufmerksam gemacht hatte. Paoa Kahanamoku, wegen seiner fürstlichen Herkunft schnell "Duke" genannt, war nicht nur ein vorzüglicher Schwimmer, sondern seit frühester Jugend auch begeisterter Surfer: Tagtäglich konnte man den Duke auf seinem 5 m langen und 50 kg schweren Brett damals in Waikiki sehen.

Weltweite Bekanntheit erlangte er zunächst 1912 bei den Olympischen Sommerspielen in Stockholm, bei denen Kahanamoku über die Distanz von 100 m einen Weltrekord aufstellte, den er bald darauf in Hamburg brach. Auch 1920 in Antwerpen wurde er Weltmeister und verlor diesen Titel erst 1924 durch den neuen Schwimmstar Johnny Weissmüller. Vier Jahre später konnte er in Amsterdam erneut Medaillen gewinnen, und noch 1932, nun schon als 42jährigen, sahen die Olympischen Spielen von Los Angeles den Duke als aktiven Wasserball-Sportler. Zu diesem Zeitpunkt war er in seiner Heimat bereits ein seit langem gefeierter Nationalheld und eine lebende Legende.

Zu seinem Ruhm trug sein Engagement in einigen Hollywood-Streifen ebenso bei wie eine spektakuläre Rettungsaktion, bei der er in Kalifornien mit dem Surfbrett acht gekenterten Fischern zu Hilfe kam. Obwohl er später oft in untergeordneten Stellungen arbeitete (u.a. als Hausmeister und Tankwart), konnte er sich bis ins hohe Alter die Aura des frauenumschwärmten und sportlichen beach boy erhalten. Bis 1961 trug er den Titel des Ehren-Sheriffs von Honolulu, und in seinen letzten Lebensjahren durfte er als Protokollchef von Hawaii alle prominenten Besucher des Archipels begrüßen.

Auch nach seinem Tod im Jahre 1967 wird der Surfer und Schwimmer verehrt, wie man u.a. an den Blumenkränzen an der Kahanamoku-Statue erkennen kann.

● St. Augustine's (8)

Möchten Sie vom Strand bzw. der *Kalakaua Ave.* wieder stadteinwärts und auf die *Kuhio Ave.* zurückgelangen, könnten Sie dies z.B. über die kleine Gasse an der *St. Augustine's*-Kirche tun. Der zeltartige Betonbau mit grünem Kupferdach wurde 1961 eingeweiht und ist von außen nicht besonders imposant. Im Innern können Sie jedoch sehr interessante Glasmalereien entdecken, auf denen die biblische Geschichte innerhalb einer typisch hawaiischen Landschaft ausgebreitet wird. Links am Gotteshaus vorbei führt die Gasse außerdem zu einem kleinen **Museum**, das an das Wirken von *Father Damien* erinnert (vgl. KAPITEL 8.3.2; geöffnet Mo-Fr 9.00-15.00, Sa 9.00-12.00 Uhr).

Setzt man den Spaziergang in südlicher Richtung fort, vorbei an den Hotels *Hawaiian Regent, Waikiki Beach* und *Park Shore*, erreicht man einen Grüngürtel, der nahtlos in die Hänge des hoch aufragenden *Diamond Head* übergeht. Der

Großteil der Anlagen gehört zum *Kapiolani Park*, dessen erstes Stück, flankiert von den Straßen *Kapahulu Ave.* und *Monsarrat Ave.*, den Zoologischen Garten von Honolulu beherbergt.

● Honolulu Zoo (9)

Der Zoo von Honolulu gehört nicht unbedingt zu den aufsehenerregendsten zoologischen Gärten Amerikas, weder was seine Größe noch was seinen Bestand an Tieren angeht. Die afrikanische Tierwelt ist u.a. mit Giraffen, Elefanten, Löwen und Affen vertreten, ebenso wird die Fauna Asiens und Amerikas mit den zooüblichen Exemplaren repräsentiert. Interessant jedoch wird es immer dann, wenn Hawaiisches zu sehen ist, insbesondere für Kurzbesucher, die hier Gelegenheit haben, die vielfältige Vogelwelt der Inseln zu bewundern. So besitzt der Zoo einige Exemplare des Staatsvogels *Nene*, jener Gans, die in der freien Natur sehr selten geworden ist. Auch die beiden endemischen (= einheimischen) Säugetierarten sind vertreten, nämlich die behaarte Fledermaus einerseits und die hawaiische Mönchsrobbe andererseits.

Öffnungszeiten
Honolulu Zoo, Kapiolani Park, 151 Kapahula Ave., Tel.: 971-7171; tägl. 9.00-16.30 h geöffnet, Eintritt. Den Zoo bzw. den Kapiolani Park erreicht man mit den Buslinien 4, 8, 19, 20, 22, 47 und 58, die nächste Haltestation für den Waikiki Trolley befindet sich am Aquarium.

● Kapiolani Park (10)

Der 'eigentliche' Kapiolani Park erstreckt sich in einem Dreieck zwischen den Straßen *Monsarrat Ave., Paki Ave.* und *Kalakaua Ave.* – ein 28 ha großes Gelände voller Sportplätze, Joggingpfade, Gärten, Musikständen und exotischer Botanik. Seinen Namen trägt der Park nach der Königin und Frau *Kalakauas*, jenem König, der die Grünanlagen 1877 seinen Untertanen zum Geschenk machte. Damit ist er der erste öffentliche Park von Hawaii und nebenbei bis heute der populärste. Längst schon haben sich ihn die Jogger, Drachenflieger, Fußballer und Picknick-Begeisterten der Stadt zu ihrem Lieblingsplatz erkoren, und auf einem Spaziergang durch das Gelände wird man daher auf sehr viel Lokalkolorit stoßen. An bestimmten Tagen geht es nicht nur auf den Joggingpfaden gedrängt zu, z.B. im Dezember, wenn hier das internationale **Marathonrennen** seinen Zielpunkt hat.

Besucher finden im Kapiolani-Park außer Erholung oder Sport mehrere lohnenswerte Ziele. Sollten Sie sich z.B. am Sonntagnachmittag hier aufhalten, können Sie im **Musikpavillon** den Konzerten der renommierten *Royal Hawaiian Band* lauschen. Ebenfalls am Wochenende (9.00-13.00) wird nahe der *Monsarrat Ave.* ein Kunstmarkt abgehalten, bei dem einheimische Künstler in einer Art Open-Air-Galerie ihre Werke ausstellen und verkaufen.

An der *Waikiki Shell*, einer auffälligen Konzertmuschel nahe der *Monsarrat Ave.*, findet Di, Mi und Do von 10.00-11.15 h die berühmte **Kodak Hula Show** statt. Zwar mehrfach verändert und sicher auch mit Zugeständnissen an den Geschmack der amerikanisch-japanischen Touristen, blickt diese Vorführung immerhin auf eine Tradition zurück, die bereits 1937 begann. Der Name verrät, daß ein bekannter Foto-Konzern als Sponsor tätig ist, was aber keinen Konsumenten anderer Marken von einem Besuch abzuhalten braucht. Denn die Show, bei der außer tahitischen Tänzen natürlich der Hula gezeigt wird, und zwar recht authentisch, ist wirklich sehenswert und war bis Ende 1994 kostenlos (zukünftig evtl. US$ 2,50 Eintritt). Von den Zuschauerrängen hat man eine gute Sicht und vorzügliche Foto-Motive; wer es sich zutraut, kann auch selbst als Hula-Tänzer aktiv werden. Da der Andrang i.d.R. groß ist, empfiehlt es sich, mindestens eine gute halbe Stunde vor Beginn am Ort der Vorführung zu sein.

Über das sonstige Kulturprogramm, wie z.B. die wechselnden Musikveranstaltungen in der **Waikiki Shell** (Jazz, Rock, Reggae), informiert die Tagespresse.

Blumenfreunde seien schließlich auf den 1972 eingerichteten **Queen Kapiolani Rose Garden** hingewiesen, der sich an der Ecke *Monsarrat Ave./Paki Ave.* befindet und viele, z.T. auch seltene Rosenarten aufweist, so z.B. die einheimische *lokelani*.

• Waikiki Aquarium (11)

Den Besuch des Kapiolani Parks kann man verbinden mit einem Abstecher zum 1954 eröffneten und nicht sehr großen Waikiki Aquarium, in dessen Innen- und Außenbecken immerhin einige hundert Spezies der Meeresfauna von Hawaii und dem Südpazifik versammelt sind. Es befindet sich jenseits der *Kalakaua Ave.* nahe dem Strand. Besonders interessant ist innen die Ausstellung *'Edge of the Reef'*, wo man die farbenprächtigen Bewohner am Rand der Korallenriffe bewundern kann, in den Außenbecken verdienen die seltenen hawaiischen Mönchsrobben besondere Beachtung. Und der *Mahimahi*, der einem auf den Speisekarten der Stadt so oft begegnet, kann hier im lebenden Zustand aus nächster Nähe betrachtet und angefaßt werden. Versäumen Sie anschließend nicht, dem unweit gelegenen, triumphbogenartigen **War Memorial Natatorium** einen Besuch abzustatten sowie die entspannte Atmosphäre an diesem Strandabschnitt kennenzulernen.

Öffnungszeiten
Waikiki Aquarium, 2777 Kalakaua Ave., Tel.: 923-9741; tägl. 9.00-17.00 h geöffnet, Eintritt US$ 6. Waikiki-Trolley-Stop oder Buslinie 2.

• Diamond Head (12)

Der markante Kraterrand des Diamond Head, dessen Silhouette noch von der Nachbarinsel Lanai wahrgenommen werden kann, kann als bekanntestes Wahrzeichen von Honolulu gelten. Dabei erhebt sich sein aus Tuffgestein aufgebauter Gipfel *Leahi* nur **232 m** ü.d.M. bzw. 171 m über dem Boden des Kraters, bietet aber eine **phantastische Aussicht** auf Waikiki und Honolulu.

Seinen Namen verdankt der Vulkan Funden von Kalkspat, die britische Matrosen der Vancouver-Expedition von 1825 für Diamanten gehalten hatten. Für die Ureinwohner war der Krater ein heiliger Platz, an dessen Westflanke ein bedeuten-

Leuchtturm am Diamond Head Beach

des *heiau* existierte. König *Kamehameha I.* ließ dort nach 1795 Menschenopfer zur Besänftigung des Kriegsgottes Ku verrichten. Der alt-hawaiische Name *Leahi*, der früher für den gesamten Vulkan galt, wird als 'Platz des Feuers' oder als 'Braue des Laeahi-Fisches' gedeutet. Wegen seiner exponierten Lage wurde von den Weißen der Kraterrand später militärisch genutzt und mit Geschützstellungen versehen, die u.a. im Zweiten Weltkrieg verstärkt wurden.

Heute ist der *Diamond Head Crater Park* unverzichtbarer Bestandteil einer geführten Sightseeing-Tour durch Honolulu. Individualtouristen, die nicht die 3,7 km ab dem Zoo zu Fuß zurücklegen wollen, erreichen ihn mit dem Bus (Linie 18, Ausstieg *Diamond Head Rd./18th Ave.*, dann 1,1 km langer Fußweg) oder mit dem Mietwagen über die *Monsarrat Ave.* ab dem Honolulu Zoo bzw. der *Kalakaua Ave.,* falls Sie den Krater zunächst südlich umrunden wollen. Auf beiden Straßen gelangt man zur *Diamond Head Rd.,* die den Berg nördlich passiert, wobei man jeweils am Hinweisschild *"Diamond Head Crater"* abbiegt. Dieser Zufahrtsweg bringt einen durch einen Tunnel geradewegs in den Krater des erloschenen Vulkans, der mittlerweile in den Rang eines naturgeschützten *State Monument* erhoben wurde.

Am Parkplatz (Sanitäranlagen, Picknicktische) gegenüber einer Militärkaserne ist schließlich das Ende der bequemen Anfahrt erreicht, ab hier geht's nur noch zu Fuß weiter. Der Wanderweg, für den man bergauf etwa 45 Minuten benötigt, ist 1,13 km lang und am Anfang plattiert, dann unbefestigt und teilweise recht steil. Er folgt im wesentlichen jenem Pfad, den man 1908-10 baute, um einen Komplex der US-Küstenartillerie zu bedienen. Nach einigen Zick-Zack-Windungen gelangt man in seinem oberen Bereich zu einer Betontreppe mit 99 Stufen, dann zu zwei Tunnels, in deren letzterem eine sehr enge Wendeltreppe bezwungen werden muß (da dieser Abschnitt unbeleuchtet ist, empfiehlt sich die Mitnahme einer starken Taschenlampe). Nachdem man sich schließlich durch den engen Durchgang einer alten Artilleriestellung gezwängt hat, wartet als Lohn der Mühe auf einen die prächtige Aussicht auf das Meer und die tief zu Füßen liegende Hochhauskulisse von Waikiki.

Öffnungszeiten
Diamond Head Crater Park, Tel.: 587-0285, tägl. 6.00-18.00 h geöffnet.

Fototip
Die Fotomotive sind in den Morgenstunden am schönsten, wenn Waikiki von der Sonne beleuchtet wird.

!!! **Achtung**

Wer über die *Diamond Head Rd.* an der Südflanke des Berges entlangfährt, wird verschiedentlich ausgetretene Pfade zum Gipfel entdecken, die jedoch keine offiziellen Wanderwege sind. In Honolulu weist man zurecht daraufhin, daß man diese Wege **nicht** wählen sollte: Erstens sind sie wegen des Lockergesteins gefährlich, zweitens zerstört die 'wilde Besteigung' die sensible Natur des Berges. Der einzige Zugang führt daher durch den Krater, wie oben beschrieben.

9.3.5 PEARL HARBOR

Überblick

In alt-hawaiischer Zeit war Pearl Harbor eine seichte Lagune, die ihren Namen wohl wegen der reichen Bestände an Perlenaustern erhielt (haw.: *wai momi*). Nach der weißen Besiedlung des Archipels und im Zeichen des Welthandels stieg die Bedeutung der weit ins Landesinnere hineinreichenden Buchten. Schließlich liegt Hawaii mitten im Pazifik und bietet sich daher als Bunker- und Zwischenstation für die Schiffahrt an. Außerdem konnten die geostrategischen Überlegungen der erwachenden Weltmacht USA fast zwangsläufig den Archipel nicht übersehen. Und von allen Häfen Hawaiis war Pearl Harbor nun einmal der größte und einer der am meisten geschützten. Schon 1872 traf daher eine Expertengruppe ein und untersuchte, ob die Buchten als Flottenstützpunkt geeignet seien. Kurze Zeit später mußte König *Kalakaua* widerstrebend und unter Druck den Amerikanern die Nutzung des Areals erlauben. Für eine Zeit, in der die Schlachtschiffe immer größer wurden und viel Tiefgang hatten, waren die Gewässer freilich zu flach. 1908 begann man deshalb mit umfangreichen Ausbaggerungsmaßnahmen, bis Ende 1911 schließlich der neue Flottenstützpunkt im Beisein von Königin *Liliuokalani* feierlich eingeweiht werden konnte. Schritt für Schritt wurde dieser Stützpunkt zur wichtigsten Militärbasis der Vereinigten Staaten im Pazifik ausgebaut, insbesondere natürlich, als sich im Vorfeld des Zweiten Weltkrieges der Ferne Osten zur Krisenregion entwickelte. Der japanische Angriff von 1941, durch den Pearl Harbor schlagartig und weltweit traurige Berühmtheit erlangte, kam also nicht von ungefähr.

INFO

Der 7. Dezember 1941: Angriff auf Pearl Harbor

06.00 Uhr: *Die erste Angriffswelle der Japaner startet. Aus ihrer Angriffsposition 370 km nördlich von Oahu steigen Jagdflugzeuge, Bomber und Torpedoflieger von den Flugzeugträgern auf und fliegen auf Honolulu zu.*
06.40 Uhr: *Die Mannschaft des Zerstörers USS Ward sichtet ein U-Boot, das sich auf den Hafen von Honolulu zubewegt, versenkt es mit Unterwasserbomben und meldet den Zwischenfall.*
07.00 Uhr: *Die Radarstation von Opana Point empfängt ein Signal eines größeren Fluggeschwaders, das sich von Norden her nähert. Man hält dies für Maschinen des eigenen Flugzeugträgers Enterprise und gibt keinen Alarm.*

Explosionswolken der USS Arizona über Pearl Harbor

07.55 Uhr: *Die erste japanische Angriffswelle trifft am Ziel ein. Durch das berühmte "Tora, Tora, Tora" des Kommandanten Mitsuo Fuchida wird den Flugzeugträgern der Beginn des Angriffs mitgeteilt.*

08.00-10.00 Uhr: *Von Bomben und Torpedos getroffen, sinken Schiffe, explodieren Munitionslager und Flugzeuge. Pearl Harbor ist ein einziges flammendes Inferno, in dem Rettungsmannschaften versuchen, die Brände zu löschen und Verletzte zu bergen, während Soldaten in dem Chaos ihren Einsatzort suchen. Die Stadt Honolulu, in der die meisten Einwohner noch im Sonntagsschlaf sind, wird erstmals um 08.05 Uhr von Bomben getroffen. Neben Pearl Harbor werden auch andere militärische Einrichtungen auf Oahu Ziel der feindlichen Flieger. Hunderte von am Boden zerstörten Maschinen und Hunderte von Toten und Schwerverletzten fordern die Angriffe auf die Flugplätze von Hickam, Wheeler und Bellows sowie auf Kaneohoe und Ewa. Nur wenige Piloten des Army Air Corps können ihre eigenen Maschinen starten und wahrscheinlich 12 japanische Maschinen vernichten.*

08.10 Uhr: *Die USS Arizona wird von einer Panzerbombe getroffen, die das Deck durchschlägt und im Munitionsdepot explodiert. Das Schiff mit 1.177 Mann Besatzung sinkt in weniger als 9 Minuten. Ebenfalls ein Totalverlust ist die von mehreren Torpedos getroffene USS Oklahoma mit über 400 Mann Besatzung. Auch die Schlachtschiffe California, West Virginia und Utah sinken, die Maryland, Pennsylvania und Tennessee werden schwer beschädigt.*

08.40 Uhr: *Die zweite Welle des japanischen Angriffs setzt ein und konzentriert sich auf den inneren Hafenbereich. Ihr fallen die Schiffe USS Shaw, Sotoyomo und die Nevada zum Opfer, ebenfalls Dockananlagen. Auch an anderen Stellen der Insel Oahu fallen Bomben, so z.B. auf den Flughäfen Hickam und Kaneohe. Eine wirkungsvolle amerikanische Gegenwehr wird dadurch unmöglich gemacht.*

10.00 Uhr: *Die Maschinen der zweiten Angriffswelle drehen nach Norden ab.*

Insgesamt forderte der Angriff auf Oahu am 7. Dezember 1941 auf amerikanischer Seite 2.341 Tote innerhalb des Militärs und 54 Tote in der Zivilbevölkerung, 1.168 Personen wurden z.T. schwer verwundet. Von der Pazifikflotte wurden 9 Schiffe beschädigt und 12 versenkt, die jedoch später mit Ausnahme der Arizona, Oklahama und Utah alle geborgen und repariert werden konnten. 164 Flugzeuge wurden zerstört und 159 beschädigt. Die japanischen Verluste beliefen sich auf 5 versenkte Schiffe oder U-Boote, 29 abgeschossene und 74 beschädigte Flugzeuge. Die Zahl der Toten wird mit 64 angegeben (vgl. KAPITEL 2.1.5).

So schlimm der japanische Überfall und die Verluste an Menschenleben und Maschinen auch waren, so erstaunlich schnell konnte Pearl Harbor wieder zu einem funktionierenden Hafen und zur amerikanischen Schaltstelle des Pazifik-Krieges ausgebaut werden. Die Treibstoff-Tankanlagen und Werften waren kaum beschädigt, ebensowenig waren die Flugzeugträger (die sich beim Angriff nicht im Hafen befunden hatten) und der U-Boot-Stützpunkt durch den Schlag in Mitleidenschaft gezogen worden.

Nach dem Zweiten Weltkrieg und dem Erstarken der beiden Machtblöcke behielt Pearl Harbor zwangsläufig seine militärische Bedeutung. Die See- und Luftoperationen sowohl des Korea- als auch des Vietnamkrieges wurden hier koordiniert. Auch heute noch befinden sich um den gesamten Hafen militärische Einrichtungen, deren Betreten Zivilisten untersagt ist. Schlagzeilen machte die *Hickam Air Force Base* neben **Ford Island**, wo im Juli **1969** die Astronauten der *Apollo-11*-Mission nach ihrem Mondflug wieder die Erde betraten.

Das einzige touristische Ziel in Pearl Harbor ist das **Arizona Visitor Center** und **Memorial** sowie der **Bowfin Park & Museum** in unmittelbarer Nachbarschaft und das **Pacific Submarine Museum**. Ein **weiteres Denkmal** befindet sich auf **Ford Island** und erinnert an das versenkte Schlachtschiff *USS Utah*; dieses Memorial ist allerdings nur in Begleitung von Militärpersonal zu besichtigen.

Flüge
Fans von Oldtimer-Flugzeugen können sich mit *Fightertown Hawaii's* (Tel.: 637-3021, 221-5711) Pearl Harbor aus der Vogelperspektive anschauen, und zwar aus einem originalen Trainingsflugzeug der Navy aus dem Zweiten Weltkrieg. Der Pilot fliegt jene Strecke ab, die die japanischen Bomber 1941 genommen haben.

Helikopter
Der luftige Blick auf Pearl Harbor ist ebenfalls Bestandteil vieler Sightseeing-Touren mit dem Helikopter, z.B. beim Oahu-Inselrundflug von *Papillon Hawaiian Helicopters* (Tel.: 836-1566).

Boote
Verschiedene Schiffsagenturen bieten vom Kewalo-Bassin oder Honolulu Harbour Bootsausflüge nach Pearl Harbor an, z.B. *Paradise Cruise Ltd* (Tel.: 593-2493) und *Royal Hawaiian Cruises* (Tel.: 848-6360). Auf diesen Minikreuzfahrten wird u.a. die Geschichte des Zweiten Weltkrieges erläutert. Allerdings wird weder am Memorial noch am Besucherzentrum angehalten.

Busse
Besucher ohne eigenes Auto erreichen das Visitor Center mit verschiedenen Buslinien vom Ala Moana Center (Nr. 50,51,55) oder direkt von Waikiki (Nr. 20). Auch ein Expreßbus (*Arizona Memorial Shuttle,* Tel.: 926-4747) startet halbstündlich in Waikiki. Bequemer ist es, wenn man sich mit dem Sammeltaxi am Hotel abholen läßt. Dieser Ausflug kostet US$ 3 p.P. und pro Strecke, Infos und Reservierungen unter Tel.: 839-0911. Das Besucherzentrum ist auch Ziel verschiedener Sightseeing-Fahrten. Weitere Informationen erhalten Sie unter Tel.: 422-0561.

Mit dem eigenen Wagen erreicht man Pearl Harbor von Waikiki aus in ca. 40 Minuten über die H-1, von der man hinter dem Flughafen auf den Hwy. 99 (Kamehameha Hwy.) abbiegt. Kurz anschließend achte man auf das grüne Hinweisschild zum *Arizona Memorial and Visitor Center*. Wer über Moanaula Frw. (Hwy. 78) oder über die H-1/H-2 aus nördlicher Richtung anreist, zweigt am ovalen Riesenbau des *Aloha Stadiums* auf den Kamehameha Hwy. ab, Exit 15A.

Das **Aloha Stadium** ist mit 50.000 Sitzplätzen die größte Sportstätte Hawaiis und wird für Football-Spiele, Konzerte sowie andere Massenveranstaltungen genutzt.

● USS Arizona Memorial and Visitor Center

Auf militärischem Boden gelegen, hat die *US Navy* das Gelände an die Nationalpark-Verwaltung übergeben und unter die Kontrolle des Innenministeriums gestellt. Vom Parkplatz aus erreicht man das Besucherzentrum, wo man sich am Eingang sofort eine Nummer und den Termin der Überfahrt zum Memorial geben lassen sollte. Als eines der meistfrequentierten Ausflugsziele (tägl. rund 4.000 Besucher, darunter viele amerikanische und japanische Veteranen) führt die begrenzte Kapazität des *Arizona Memorials* dazu, daß häufig nicht alle die Fährpassage unternehmen können.

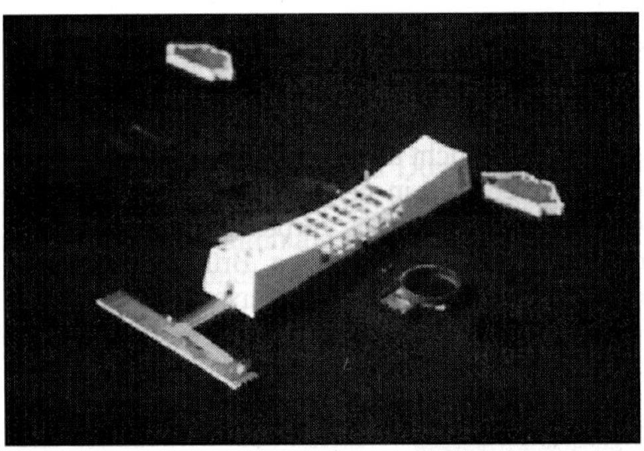

Das USS Arizona Memorial

Selbst wer sich frühzeitig sein Ticket gesichert hat, muß längere Wartezeiten einkalkulieren, eine Vorab-Reservierung ist nicht möglich. Daher der Tip: möglichst früh am Besucherzentrum sein und evtl. Wartezeiten für die Besichtigung der Ausstellungen und/oder des *Bowfin Park and Museums* nutzen.

Das 1980 errichtete **Visitor Center** beherbergt ein Museum mit historischen Fotografien, Zeitungsausschnitten und anderen Erinnerungsstücken an den japanischen Fliegerangriff, zwei Kinos, in denen der 20minütige Dokumentarfilm gezeigt wird, einen gut sortierten Buchladen sowie einen Erfrischungsstand. Es lohnt sich, einen Spaziergang durch die Grünanlagen am Ufer zu unternehmen, wo man anhand von Karten und alten Aufnahmen die Geschehnisse des Überfalls lokalisieren

mationsfilme und die Multi-Media-Show *"The Dole Pineapple Story"* (alle 20 Minuten von 9.30-15.30 h), ist dann auch der eigentliche Zweck des Besuches. Natürlich darf eine Gratis-Kostprobe frischen Ananas-Saftes nicht fehlen. Anschließend hat man Gelegenheit, auf dem hübsch zurechtgemachten *Dole Cannery Square* zu bummeln, der eine Vielzahl von Geschäften, Souvenirläden und Restaurants aufweist.

Ganz in der Nähe befindet sich übrigens das *Hilo Hattie Fashion Center,* das größte Mode-Kaufhaus des Bundesstaates. Den *Dole Cannery Square* erreicht man mit dem Waikiki Trolley und der Buslinie 19. Ein kostenloser Transfer vom/zum Hotel in Waikiki kann stündlich zwischen 8.00 und 16.00 h organisiert werden (Tel.: 548-6601).

Öffnungszeiten
Dole Pineapple Cannery, 650 Iwilei Rd., Tel.: 548-6601; tägl. 9.00-17.00 h geöffnet, freier Eintritt.

- **Bishop Museum (Bernice Pauahi Bishop Museum)**

Das bekannteste Museum von Hawaii wartet nicht nur mit einer der größten völkerkundlichen und naturwissenschaftlichen Sammlungen der Vereinigten Staaten auf, sondern ist mit seiner schönen Architektur, den Hula-Darbietungen und Kunstausstellungen, seiner Bibliothek, dem Planetarium und den Gartenanlagen weit mehr als ein bloßer 'Lückenbüßer' bei schlechtem Wetter. Die Geschichte des Museums geht auf *Charles Reed Bishop* zurück, 1846 aus Oregon einwanderte und sehr bald zu einem der reichsten und mächtigsten Männer der Inseln aufstieg. Er gründete das erste Handelshaus und die erste Bank des Archipels, wurde Ratgeber von vier Königen und der letzten Königin sowie lebenslanges Mitglied des Oberhauses.

Bernice Pauahi Bishop

Das Museum gründete er 1889 als Erinnerung an seine verstorbene Frau, *Bernice Pauahi,* Enkelin von *Kamehameha I.* und damals größte Großgrundbesitzerin. Durch ihre Familie hatte *Bishop* direkten Zugriff auf einige der wichtigsten Kleinode der hawaiischen Kultur.

Kernstück des 1892 der Öffentlichkeit zugänglich gemachten und kurz darauf erweiterten Museums ist die dreistöckige, mit edlem Holz ausgelegte *Hawaiian Hall*, die allein schon einen Besuch zu einem Highlight werden läßt. Sie und weitere Räume sollen in knapper Form kurz vorgestellt werden:

- **Hawaiian Hall *(Hauptgebäude)***

In diesem herrlichen (für Fotografen allerdings zu dunklen) Saal werden auf drei Etagen Kunst, Möbel, Waffen, Schmuck und Bekleidung aus allen Phasen der

In der Hawaiian Hall

hawaiischen Kultur ausgestellt. Im Erdgeschoß begegnet man u.a. geschnitzten Idolen, den kostbaren Federhelmen und -umhängen der Könige, Koa-Holzgefäßen, Thronen, Kronen und Mobiliar aus dem Iolani-Palast.

Darüber werden Gegenstände aus der Zeit nach dem Sturz der Monarchie präsentiert, auf der dritten Etage die Kunst verschiedener Einwanderergruppen. Von den hölzernen und durch weiße Doppelsäulen getragenen Galerien der Stockwerke richtet sich der Blick immer wieder auf den Boden des Innenraums mit einem strohgedeckten alt-hawaiischen *hale* (Haus), während darüber an der Decke ein ausgestopfter, gut 15 m langer Pottwal hängt.

- **Hall of Hawaiian Natural History** ***(Hauptgebäude)***

Ein kleiner, ausgewählter Teil der Bestände zur hawaiischen Naturgeschichte, die u.a. über 250.000 Pflanzen, 6 Mio Muscheln, 12 Mio Insekten, 300.000 Fische und andere Meerestiere, 15.000 Säugetiere und 20.000 Vögel umfassen, sind hier zu sehen. Vulkanismus, Ökologie und die biologische Evolution auf den Inseln sind weitere Themen der Sammlung.

- **Polynesian Hall** ***(Hauptgebäude)***

Kunst, Kultur, Religion und Alltag der südpazifischen Inselbewohner werden dem Betrachter anhand von kostbaren ethnologischen Exponaten und Dokumenten nahegebracht. Außer der polynesischen Welt ist auch die Mikronesiens und Melanesiens vertreten.

- **Vestibule Gallery** ***(Hauptgebäude)***

Eine Verkaufsausstellung von zeitgenössischer Kunst und Kunsthandwerk aus Hawaii, tägl. 9.00-15.00 Uhr.

- **Atherton Halau**

Schüler (meist Kinder) dieser in einem Nebengebäude untergebrachten Hula-Schule demonstrieren ihr Können tägl. um 13.00 Uhr.

- **Library & Archives**

Etwa 100.000 Bücher sowie Zeitschriften und Zeitungen, die über den pazifischen Raum berichten, stehen Besuchern und Forschern zur Verfügung. In einer eigenen Abteilung werden z.T. sehr alte Landkarten, Fotos und Filme über Hawaii und die Nachbarinseln gezeigt.

- Planetarium

In einem eigenen Gebäude ist der Himmel über Hawaii das Thema einer audiovisuellen, computergestützten Vorstellung, die Mo-Sa um 11.00 und 14.00 Uhr sowie außerdem jeden Fr und Sa um 19.00 Uhr zu sehen ist. Zusätzlich findet an jedem ersten Sonntag im Monat ein sog. *family sunday* mit Entertainment, Essen und besonderen Vorführungen statt. In den Abendstunden wird bei guter Wetterlage das angeschlossene Himmels-Observatorium zweimal wöchentlich geöffnet.

- Außenanlagen

Die Museumsgebäude sind von schönen Parkanlagen mit einer Reihe von interessanten Objekten umgeben. Eine besondere Kostbarkeit im Garten ist eine Steinskulptur von den Osterinseln.

- Sonstiges

Zum Museum gehören weiter einige Säle mit wechselnden Ausstellungen *(Hall of Discovery, Kahili Room),* daneben gibt es auch zwei gutsortierte Buch- und Souvenirläden sowie das luftige *Woody's* Restaurant.

Öffnungszeiten

Bishop Museum & Planetarium, 1525 Bernice St., Tel.: 847-3511, Eintritt US$ 7,95; die Hauptabteilungen sind tägl. 9.00-17.00 h geöffnet, die Bibliothek und das Archiv Di-Fr 10.00-15.00 h, Sa 9.00-12.00 h, das Observatorium bei geeignetem Wetter Fr-Sa 19.30-21.00 h. Von Waikiki aus erreicht man das Bishop-Museum mit dem Wagen über die Stadtautobahn (H-1), von der man auf den Hwy 63 (Likelike Hwy) abbiegt; dann die nächste Abfahrt. Der Waikiki Trolley bringt einen direkt zum Museum, oder man fährt mit der Buslinie 2 (Ausstieg *School St./Kapalama St.,* ab dort 2 Minuten ausgeschilderter Fußweg).

Tip

Genau oberhalb des Museums führt die **Kamehameha-Schule** ihre Gründung ebenfalls auf *Bernice Pauahi Bishop* zurück. Das größte und bekannteste Ausbildungszentrum der Inseln besteht aus einer Reihe unterschiedlicher Privatschulen, die um einen Campus gruppiert sind. Wer auf der Suche nach Fotos hawaiischer Kinder und Jugendlicher ist – hier findet er genügend Motive! Gleichzeitig bietet die Schule einen der besten Panoramablicke auf Honolulu.

• Foster Botanical Garden

Unter den vielen sehenswerten Gärten Oahus ist der *Foster Botanical Garden* mit Sicherheit einer der schönsten und interessantesten. Gegründet wurde er bereits 1850 von dem aus Hamburg stammendem Arzt und Botaniker *William Hillebrandt* (vgl. KAPITEL 2.4.2), der den Garten vor seiner Rückkehr nach Deutschland an *Thomas Foster* verkaufte, der ihn wiederum 1930 der Stadt Honolulu vermachte.

Das in einzelne Abteilungen unterteilte, gut 8 ha große Gelände besitzt heute die **größte Sammlung** an seltenen tropischen Pflanzen **in den USA**. Sehenswert sind u.a. die noch von *Hillebrandt* gepflanzten **Bäume**, darunter besonders prächtige *Banyans,* eine australische *Kaurifichte,* ein afrikanischer *Baobab,* ein indonesischer *Kapok*-Baum und die größte *'Gingerbread'*-Palme der Welt. Weiter ist die äußerst reichhaltige Sammlung wilder **Orchideen** bemerkenswert, ebenso die Gärten mit exotischen **Nutzpflanzen** (Kräuter, Gewürze, Kaffee-, Kakao- und andere Sträucher). Geführte Touren durch den Park, bei denen man auch an der großen japanischen Buddhafigur aus dem 13. Jhd vorbeikommt, finden werktags um 13.00 Uhr statt. Der Botanische Garten, der über sanitäre Einrichtungen und einen Souvenirladen verfügt, befindet sich am *N Vineyard Blvd.* in unmittelbarer Nähe zum *Kwan Yin Temple* am Rand der Chinatown (vgl. KAPITEL 9.3.3) und könnte im Rahmen eines Spaziergangs durch Downtown Honolulu erkundet werden.

Öffnungszeiten
Foster Botanical Garden, 50 N Vineyard Blvd., Tel.: 522-7066, Eintritt; tägl. 9.00-16.00 h geöffnet. Den Garten erreicht man mit Buslinie 2 oder dem Waikiki Trolley.

- **Academy of Arts**

Wechselausstellungen, Filme, Konzerte und Lehrprogramme machen die *Academy of Arts* zum wichtigsten und vielseitigsten Kunstzentrum von Hawaii. Das Museum, das 1928 von der 'Zuckerbaronin' *M. Cook* gegründet wurde, ist in einem abgewandelten spanischen Stil *(Mission Style)* errichtet. Es verfügt über 28 Galerien, die um ein großen und vier kleinere Innenhöfe gruppiert sind. Im östlichen Teil (rechts vom Eingang) sind um den *'Spanish Court'* europäische Meisterwerke ab der Antike und bis zur Moderne (u.a. *Matisse, Gauguin* und *Picasso*) sowie ausgewählte Beispiele amerikanischer Kunst zu sehen. Links vom Eingang findet man um den *'Oriental Court'* japanische, koreanische und chinesische Exponate. Der hintere Bereich, rund um den *'Kinau Court'*, ist der pazifischen und hier besonders der hawaiischen Kunst vorbehalten (Saal 24). Ein schöner Skulpturengarten, ein wechselndes Kulturprogramm, der ausgezeichnete Souvenirladen und ein Restaurant runden das Angebot der *Academy* ab.

Öffnungszeiten
Honolulu Academy of Arts, 900 S Beretania St., Tel.: 532-8701, Eintritt; geöffnet Di-Sa 10.00-16.30 h, So 13.00-17.00 h. Das Museum erreicht man mit Buslinie 2 oder dem Waikiki Trolley.

Ausflug ins Nuuanu Valley

Das dicht bewaldete Nuuanu-Tal stellt sich als steiler Einschnitt in die *Koolau*-Bergkette dar und verläuft vom Punchbowl-Krater aus in nordöstliche Richtung. Erschlossen ist es durch den *Pali Hwy. (Nr. 61),* der nach einigen Tunneln und dem Paß am *Nuuanu Pali Lookout* wieder in die Ebene hinabführt und vor Kailua auf den *Hwy. 72* trifft. Deshalb kann man diesen Ausflug in mehrfacher Hinsicht ausweiten:

- **Erstens** zu einer Rundfahrt ab/bis Waikiki über den *Punchbowl*-Krater, den *Pali Hwy. (61)* und um das Südostkap zurück *(Hwy. 72)* zum *Diamond Head.*
- **Zweitens** zu einer Rundfahrt über den *Pali Hwy. (61),* den *Kamehameha Hwy. (83)* und den *Likelike Hwy. (63).*
- **Drittens** zu einer 'großen Inselrundfahrt', wobei man vom *Pali Hwy.* auf den *Kamehameha Hwy.* abbiegt und diesem bis zum Nordteil Oahus folgt, von dort durchs Inselinnere zurück (vgl. KAPITEL 9.4 bis 9.6).

Von Downtown Honolulu gelangen Sie leicht auf den *Pali Hwy.,* z.B. über die *Beretania St.*, oder Sie biegen von der Stadtautobahn H-1 nahe dem Punchbowl-Krater auf den Highway ab. Für den ersteren Streckenabschnitt ist es aber sinnvoller, daß man stattdessen die westlich und parallel geführte *Nuuanu Avenue* nimmt. Auf dieser passiert man zunächst einige Grünanlagen mit sehenswerten Friedhöfen, wie dem **Oahu Cemetery** (links) und besonders den **Kyoto Gardens**. Letztgenannter Friedhof besitzt u.a. schöne Nachbildungen des japanischen Tempels *Kyoto Kinka-Ji* und der dreistöckigen Pagode *Nara Sanju*. Kurz dahinter sollte man am *Royal Mausoleum* (auf der rechten Seite) unbedingt aussteigen.

• Royal Mausoleum

Das 2,4 ha große und von dichter Vegetation (Ingwer, Palmen Plumeria etc.) in einen tropischen Garten verwandelte Gelände hat im Zentrum eine neugotische Kapelle auf kreuzförmigem Grundriß. Diese wurde 1865 auf Befehl König Kamehamehas V. errichtet, weil seinerzeit die Grabstelle am Iolani-Palast nicht mehr ausreicht. Die dort beigesetzten Könige wurden umgebettet, so daß das *Königliche Mausoleum* zur letzten Ruhestätte von sechs der acht hawaiischen Monarchen (die Könige *Kamehameha II., III., IV., V.* und *Kalakaua* sowie Königin *Liliuokalani)* wurde. Die Kapelle, die der Architekt *Theodor Heuck* (vgl. die Iolani Barracks) entworfen hatte, stellt damit einen der wichtigsten historischen Orte Hawaiis dar, auch wenn die Sarkophage nicht mehr in ihr, sondern in Gruften auf dem Gelände ruhen. Nur König *Kamehameha I.,* dessen Grabstätte bis heute nicht bekannt ist, und König *Lunalilo,* der auf eigenen Wunsch bei der *Kawaiahao Church* beerdigt wurde, sind hier nicht vertreten.

Öffnungszeiten
Royal Mausoleum, 2261 Nuuanu Ave., Tel.: 536-7602; geöffnet Mo-Fr 8.00-16.00 h. Der Friedhof und *Queen Emma Summer Palace* sind mit Buslinie 4 zu erreichen.

• Queen Emma Summer Palace

Kurz hinter dem Mausoleum geht die *Nuuanu Ave.* in den *Pali Hwy.* über, auf dem man in wenigen Minuten die nächste Sehenswürdigkeit erreicht: den ehemaligen Sommerpalast von Königin *Emma*, der Gattin *Kamehamehas IV.* Von dem rechteckigen, großen Holzgebäude ist freilich allein die Vorderfront mit sechs Säulen im Kolonialstil repräsentativ gestaltet. Der

Queen Emma Summer Palace

vorzüglich restaurierte 'Palast' wird seit 1915 als Museum genutzt und enthält außer der Möblierung viele interessante und wertvolle Erinnerungsstücke aus dem Besitz des Königspaares und des Prinzen Albert.

An den Sommerpalast schließt sich der **Nuuanu Valley Park** an, der sich gut für eine Ruhepause oder ein Picknick eignet.

Öffnungszeiten
Queen Emma Summer Palace, 2913 Pali Hwy., Tel.: 595-3167, Eintritt; tägl. geöffnet 9.00-16.00 h.

• Nuuanu Pali Drive

Etwa 500 m hinter dem Sommerpalast zweigt rechts vom Highway der *Nuuanu Pali Dr.* ab, eine enge, kurvenreiche Straße, die einem das Gefühl gibt, wirklich durch den Regenwald zu fahren. Nur vereinzelt sieht man kleine Landhäuser, seltene Zeichen der Zivilisation zwischen Bambuswäldern und wildem Jasmin, Banyan- und Mahagonibäumen, Palmen, Bananenstauden und Wasserfällen ... In der Gegend kann man auf ausgeschilderten Trails kürzere und längere Wanderungen unternehmen (vgl. KAPITEL 9.8).

Die Straße bringt einen automatisch auf den Highway zurück, der durch zwei Tunnels auf die Windseite Oahus führt. Hier sollte man auf einer weiteren Abfahrt (ausgeschildert) zum berühmten Aussichtspunkt abbiegen.

• Nuuanu Pali Lookout

Der Nuuanu Pali Lookout lohnt den Besuch aus **zwei Gründen**. Einmal ist hier, auf einer Höhe von rund 300 m, die **Aussicht** auf das südöstliche Oahu einfach phantastisch. Schon im 19. Jhd wurde sie von Reisenden gerühmt, und man baute, um die Stelle bequemer erreichen zu können, bereits 1898 mühsam einen Weg hierhin. Oberhalb einer steilen 'Klippe' (= *pali)* geht der Blick weit über die Ebene mit ihren Feldern, Wäldern und den Ortschaften Kaneohe und Kailua bis zum Pazifik. Freilich ist die Sicht nicht immer ungetrübt, häufig verdecken Wolken und Regenschauer den Horizont. Außerdem kann es deutlich kühler (*nuuanu* = 'kühle Höhe') als in Waikiki sein, weshalb sich die Mitnahme einer Regenjacke empfiehlt.

Der zweite Grund für einen Besuch ist **historischer** Natur. Denn an dieser Stelle fand die letzte kriegerische Auseinandersetzung innerhalb der hawaiischen Stämme ihr tragisches Ende. Es war König *Kamehameha I.,* der 1795 seine Kriegsflotte von Molokai aus in See stechen ließ. Sein Ziel: die Insel Oahu, die als letzte seinem Reich noch nicht einverleibt war. Von Waikiki aus trieb er z.T. mit Musketen die Verteidiger der Insel, die noch herkömmlich bewaffnet waren, am Punchbowl-Krater vorbei ins Nuuanu-Valley. Die Entscheidungsschlacht nahe dem heutigen *Queen Emma Summer Palace* gewann *Kamehameha,* die Unterlegenen flüchteten daraufhin das Tal hinauf und stürzten sich verzweifelt von den Klippen. Man schätzt, daß mindestens 400 auf diese Weise den Tod fanden. Der König von

Oahu, *Kalanikupule*, konnte zunächst noch fliehen, wurde später aber gefaßt und von *Kamehameha* nach einigen Monaten dem Kriegsgott *Ku* geopfert. Auch daran sollte man denken, wenn man auf der Aussichtsplattform den Panoramablick genießt.

• Punchbowl National Cemetery

Der zwischen Waikiki und Downtown Honolulu jenseits der Autobahn H-1 gelegene Tuffkegel ist schon von weitem sichtbar und eine der auffälligsten Landmarken der Stadt. Wie der *Diamond Head* oder *Koko Head* entstand er durch eine Eruption vor etwa 150.000 Jahren und hinterließ einen etwa 47 ha großen Krater. Die Ureinwohner nutzten diesen rituell, worauf der Name *Puovaina* (= 'Hügel der Menschenopfer') hinweist. Die Kamehameha-Könige bauten die steilen Kraterwände zu einer Festung um, die dann nach dem Fall der Monarchie verfiel. Nach dem Zweiten Weltkrieg beschloß man, die große Freifläche mit ihrer natürlichen Begrenzung in einen nationalen Militärfriedhof umzuwandeln, der 1949 eingeweiht wurde; aber auch nachher wurden hier Männer und Frauen beigesetzt, die im Korea-Krieg oder im Vietnam-Krieg dienten. Die rund 30.000 Gräber sind durch flach in den Rasen eingelassene Steine gekennzeichnet, häufig mit Blumen geschmückt. Dominiert wird die eindrucksvolle Anlage durch ein monumentales Kriegerdenkmal mit großer Freitreppe.

Man erreicht den Punchbowl Krater von Downtown aus über die *Queen Emma St.,* von der man nach der Autobahnbrücke auf die *Auwaiolimu St.* und den *Puowaina Dr.* abbiegt. Vom Freeway *H-1* zweigt man auf den *Pali Hwy. (61)* ab und nimmt dann den *Exit 21 B*. Nach einer Fahrt am Nordhang des Kraters hinauf kommt man zum Portal, von wo ab man die Anlage mit dem Wagen oder zu Fuß erkunden kann. Wenn man den ersten Kreisverkehr sofort nach links verläßt, passiert man jene Terrasse, von der aus sich der schönste Blick auf Honolulu, Waikiki und den Diamond Head ergibt – vor allem am Nachmittag, wenn man die Sonne im Rücken hat. Dieser Aussichtspunkt ist auch zu Fuß in wenigen Minuten vom zentralen Kriegerdenkmal aus zu erreichen.

Öffnungszeiten
National Memorial Cemetery of the Pacific, 2177 Puowaina Dr., Tel.: 566-1430; tägl. 8.00-17.30/18.30 h geöffnet.

• Tantalus Drive

Der 14 km lange *Tantalus Drive*, die schönste stadtnahe Möglichkeit für eine Rundfahrt durch die bewaldete Umgebung, startet direkt an der Auffahrt zum Punchbowl-Krater und sollte deshalb am besten nach dessen Besuch abgefahren werden. Bei der Abfahrt vom Krater sehen Sie am Stoppschild schon den Hinweis 'Tantalus Drive', überqueren die Brücke über die *Auwaiolimu St.* und fahren von nun an stetig bergan. Mehrere Parkbuchten (besonders die zweite auf der rechten Seite) geben immer wieder einen herrlichen Blick auf die Stadt und das Meer frei. Durch dichten Regenwald mit Eukalyptus-, Bambus-, Banyan- und Ingwerbaumbestand, immer wieder aber auch an Villen und kleinen Häuschen vorbei, windet sich der Weg die *Makiki Heights* hinauf, bis man die Paßhöhe am 650 m hohen Tantalus-Berg erreicht hat. Ab hier kann man auf markierten Wanderwegen vielfältige Abstecher in die Natur unternehmen (vgl. KAPITEL 9.8); es ist natürlich auch möglich, den *gesamten* Tantalus Drive auf einer Ganztageswanderung zu bezwingen oder als Bergstrecke mit dem Mountainbike abzufahren. Auf der Straße bergab, deren Name nun *Round Top Drive* lautet, lohnt es sich, den kurzen Weg nach rechts in den *Puu Ualakaa State Park* zu nehmen, der nochmals (und besonders schön!) einen Panoramablick aus 320 m Höhe auf die Stadt ermöglicht. Zwei Parkplätze (der linke direkt an der Aussichtsplattform, der rechte mit einem kurzen Fußweg zu ihr) deuten auf die Beliebtheit dieses Punktes hin – vor allem beim Sonnenuntergang.

Anschließend geht es auf kurvenreicher Strecke weiter bergab. Am Fuß der Serpentinen setzt man den Weg über die *Makiki St.* bis zur *Beretania St.* fort, von der man zur Downtown kommt, oder bis zur *S King St.* und *Kalakaua Ave.,* die einen nach Waikiki zurückbringt.

● University of Hawaii / Paradise Park

Die hawaiische Universität ist Honolulus Zentrum für Forschung und Lehre und hat einen weit über die Insel hinausreichenden guten Namen. Insbesondere auf den Gebieten Astronomie, Geophysik und Meeresbiologie sind international bedeutsame Forschungsergebnisse erzielt worden. Auch die Studiengänge zur Geschichte, Wirtschaft und Völkerkunde des Pazifiks sind weithin berühmt.

Der Ursprung der Lehranstalt war das 1907 gegründete *'College of Agriculture & Mechanic Arts',* das 1911 von Honolulu ins Manoa Valley verlegt und in *'College of Hawaii'* umbenannt wurde. Als *'University of Hawaii'* 1920 gegründet, machte die Hochschule in den folgenden Jahrzehnten große Fortschritte und hat heute rund 25.000 Studenten. Ein zweiter Campus der Universität befindet sich in Hilo, der Hauptstadt von Big Island.

Gäste finden auf dem ca. 115 ha großen Gelände eine Vielzahl interessanter Einrichtungen. Im Informationszentrum des *'Student Center'* sind Programme der öffentlich zugänglichen Vorlesungen zu bekommen, im Stockwerk darüber lohnt die Kunstgalerie einen Besuch. Außerordentlich gut ist das Angebot der Buchhandlung, die über fast alle Titel über hawaiische und pazifische Themen verfügt. Eine besondere Institution auf dem Campus der Universität ist das seit 1960 operierende **East-West-Center** (1777 East-West Rd.), das sich der *'Verständigung der asiatischen Völker, des Pazifik und der USA durch gemeinsame Ausbildung und Forschung'* verschrieben hat. Neben der multikulturellen Atmosphäre des Centers sind die Architektur und Inneneinrichtung verschiedener Gebäude und die Gartenanlagen von Interesse. So z.B. die *John A. Burns Hall* mit Arbeiten jener Künstler, die vom East-West Center gefördert wurden, der *Japanische Garten* mit Teehaus und thailändischem Pavillon und das moderne *Imin Conference Center* des Architekten *I.M. Pei*, dessen Treppenhaus zwei großformatige Wandmalereien aufweist.

Busse
University of Hawaii, University Ave., Manoa Valley, Tel.: 948-8855; zu erreichen mit Buslinie 4 ab Kapiolani Park.

Der Besuch der Universität kann verbunden werden mit einem Ausflug ins **Manoa Valley**, einer bevorzugten Wohngegend oberhalb der Stadt. Hierzu fährt man vom Campus in westliche Richtung bis zur Kreuzung mit der *Manoa Rd.*, auf die man rechts einbiegt. Am *Manoa Valley District Park* vorbei gelangt man schließlich zum **Paradise Park** am nördlichen Ende des bebauten Geländes. Auf diesem Privatgelände sind noch Reste des ursprünglichen Regenwaldes bewahrt, in dem sich unzählige tropische Vögel tummeln. Trotz aller touristischen Vermarktung (Shows, 'Jungle Safaris') öffnet einem der Park die Augen für die hawaiische Natur und lohnt den Aufenthalt unbedingt. Nur wenige Gehminuten entfernt kann man außerdem im Garten des von der Universität unterhaltenen **Lyon Arboretum** einen Überblick über einheimische und fremde Baumarten gewinnen. Eine Steigerung dieser Naturerlebnisse ist möglich, wenn man vom Lyon Arboretum aus die hübsche Wanderung zu den *Manoa Falls* (vgl. KAPITEL 9.8) unternimmt.

Busse
Paradise Park, 3737 Manoa Rd., Manoa Valley, Tel.: 988-2141; zu erreichen mit Buslinie 5 ab Ala Moana Center.

Zwischen Honolulu Downtown und Waikiki

Der Küstenstreifen zwischen dem Honolulu Harbour und dem Strand von Waikiki ist von großzügigen Grünanlagen und guten Sandstränden geprägt. Insbesondere der *Ala Moana Park* (*Ala Moana* = 'Fluß am Wasser') ist dabei einen Besuch wert, der von zwei Hafenbecken eingerahmt wird: im Nordwesten vom *Kewalo Basin* und im Südosten vom *Ala Wai Yacht Harbor*. Jenseits der Uferstraße *Ala Moana Blvd.* laden einige bekannte Kaufhäuser zum Einkaufsbummel ein.

• Kewalo Basin und Ward Warehouse

Das **Kewalo Basin**, auch *'Fisherman's Wharf'* genannt, blickt auf eine grausame Geschichte zurück: Hier wurden Verbrecher bzw. Ausgestoßene durch Ertränken hingerichtet. Heute ist das Erscheinungsbild mit seinen Fischerbooten, Yachten und Ausflugsschiffen ungleich friedlicher. Immer noch wird das Hafenbecken von Fischern genutzt, daneben ist es aber als Startpunkt der Ausflugsboote nach Pearl Harbor und verschiedener Minikreuzfahrten von touristischer Bedeutung. Für Teilnehmer an solchen Vergnügungsfahrten bieten die Veranstalter i.d.R. einen kostenlosen Transfer vom/zum Hotel in Waikiki an. Eine der größten von hier aus operierenden Firmen ist *Paradise Cruise Ltd* (Tel.: 593-2493) mit ihrem Flaggschiff *'Star of Honolulu'*, das für Tages- und Dinnerkreuzfahrten bis zu 1.600 Passagiere an Bord nehmen kann. Zur gleichen Gesellschaft gehört auch der Glasboden-Katamaran *'Holo Holo Kai'*, der vom Kewalo Basin zweimal täglich zu Segeltörns ausläuft.

Auf der anderen Seite des *Ala Moana Blvds,* der das Basin nordöstlich begrenzt, bieten sich die beiden miteinander verbundenen Gebäude des **Ward Center & Warehouse** zum Shopping an. Gut 70 Geschäfte, Galerien und Restaurants sind hier versammelt, meist ruhiger, kleiner, intimer und auf eine gehobenere Kundschaft abzielend als im nahen *Ala Moana Shopping Center*. Geboten wird hochwertige Mode, Kunst und Kunsthandwerk sowie Schmuck und Literatur. Von beiden Gebäuden ist das *Warehouse* durch seine anheimelnde Architektur das interessantere.

Busse
Ward Center & Warehouse, 1050 Ala Moana Blvd., Tel.: 531-6411, mit dem Bus zu erreichen wie das Ala Moana Shopping Center (3 Haltestellen weiter).

● Ala Moana Beach Park und Shopping Center

Wer am Strand von Waikiki keinen Platz mehr für seine Badematte bekam oder wer ganz einfach dem allzu gedrängten Trubel dort aus dem Weg gehen möchte, kann dies in nur 10 Minuten Fußweg am **Ala Moana Beach** tun. Zwischen Honolulu Downtown und Waikiki gelegen, kann man hier natürlich keine abgeschiedene Idylle erwarten, aber man trifft dort auf weitaus weniger Touristen, dafür auf mehr Einheimische und echtes Lokalkolorit.

Am Ala Moana Beach

Durch einen breiten, baumbestandenen Grünstreifen vom belebten *Ala Moana Blvd.* getrennt, bietet der etwa eine Meile lange Sandstrand gute Schwimm- und Wassersportbedingungen sowie die üblichen Einrichtungen eines Beach Parks. Und Autofahrern steht, sonst eine Seltenheit in der Metropole, ein großer, kostenloser Parkplatz zur Verfügung.

Genauso gut ist es möglich, mit dem Bus (Linien 8 und 20) zum Beach Park zu gelangen oder hierhin einen Spaziergang vom nahen Waikiki aus zu unternehmen. Der schöne Weg führt dabei am US-Army Museum, am Hilton Hawaiian Village und am Yacht-Hafen vorbei. Südlich vom Strand und direkt nordwestlich des Ala Wai Yacht Harbours (von den Straßen *Atkinson Dr., Ala Moana Blvd., Piikoi St.* und *Kapiolani Blvd.* umschlossen) bietet sich überdies das **Ala Moana Shopping Center** für einen Einkaufsbummel in gepflegter Umgebung an.

Das älteste Einkaufszentrum des Staates wurde in den letzten Jahren modernisiert und bietet nun auf zwei Etagen eine unübertroffene Auswahl an Dienstleistungsunternehmen und Läden unterschiedlichster Art. Wer Bademode, Bücher und Landkarten, Lebensmittel, Schmuck oder Souvenirs sucht – hier ist er an der richtigen Adresse. Bevor Sie sich ins Getümmel stürzen, sollten Sie sich allerdings einen Lageplan besorgen, damit Sie sich in dem Konsumtempel nicht verlaufen. Dort sind u.a. das Postamt (auch Sa geöffnet), die zwei Banken und die vier großen Kaufhäuser (darunter das japanische *Shirokaya*, das nur fernöstliche Waren führt) eingezeichnet. An dieser Stelle nur drei Einkaufstips: die frischen Lebensmittel und Imbißgaststätten im *Makai Market Food Court* im Erdgeschoß, das Geschäft *Long's Drugs* für günstiges Fotozubehör sowie der *Honolulu Book Shop,* der größte und bestsortierte Buchladen von ganz Hawaii.

Öffnungszeiten
Ala Moana Shopping Center, 1450 Ala Moana Blvd., Tel.: 946-2811; tägl. 9.30-21.00 h, So bis 17.00 h geöffnet. Zu erreichen mit dem Waikiki Trolley oder den Buslinien 8, 19 und 20.

9.4 FAHRT ENTLANG DER OSTKÜSTE

9.4.1 ÜBERBLICK UND REISEPRAKTISCHE HINWEISE

Die Fahrt entlang der Ostküste gehört zu den **landschaftlichen Höhepunkten** Oahus. In schnellem Wechselspiel erlebt man hier eine grandiose Szenerie mit schroffen Klippen, Buchten mit vorzüglichen Sandstränden und überquellende Vegetation. Für die Fahrt bis Kahuku im Nordosten benötigt der Autofahrer etwa **2 Stunden**, da der Verkehr ziemlich dicht ist und am Hwy. 72 stets einige Baustellen zu erwarten sind.

Die meisten Touristen werden diese Strecke als Teilstück einer Inselumrundung nutzen, was dem **Programmplan** enge Grenzen setzt: Eine Besichtigung von Attraktionen, wie dem *Sea Life Park* und dem *Polynesian Cultural Center*, wird schwerlich zu schaffen sein, wenn man die ganze Runde abfahren und auch ab und zu einen der schönen Strände aufsuchen möchte.

Gäste mit einer Zwischenübernachtung im *Turtle Bay Hilton* im äußersten Nordosten haben hier einen erheblichen Vorteil. Wer die Rundfahrt mit dem Mietwagen von Waikiki aus unternimmt, sollte in jedem Fall **früh aufbrechen**. Vor 8.00 Uhr ist die Verkehrssituation noch entspannt, man fährt sozusagen vor der Karawane der Ausflugsbusse und hat u.a. die Chance, die *Hanauma Bay* relativ leer zu erleben.

Eine **Alternative** wäre, die Rundfahrt **in zwei Zirkeln** zu bewältigen: am **ersten Tag** um den *Diamond Head* auf dem Hwy 72 nach Kailua mit Besuch der *Hanauma Bay* und des *Sea Life Parks*, nach der Mittagspause am Kailua Beach über den Pali Hwy und seinen Sehenswürdigkeiten (vgl. KAPITEL 9.3.6) zurück nach Honolulu/Waikiki. Am **zweiten Tag** über den Likelike Hwy. direkt in den Osten, wobei bei frühem Aufbruch sogar noch Zeit für das *Polynesian Cultural Center* wäre.

Wer hauptsächlich an den **Stränden zwischen Waikiki und Kailua** interessiert ist, braucht keinen Mietwagen, sondern kann mit dem **Bus** fahren. Dazu nimmt man in Waikiki die Linie 58 (Richtung Hawaii Kai/Sea Life Park) oder ab dem Ala Moana Center die Linien 56/57 (Richtung Kaneohe/Kailua). Zum schönen Kailua Beach muß man im Zentrum von Kailua in die Linie 70 (Richtung Lanikai) umsteigen, oder man nimmt von dort einen etwa 15minütigen Fußweg auf sich.

Unterkunftsmöglichkeiten sind auf dem ersten Teilstück vor allem in Kailua und Lanikai (etliche Pensionen und Ferienhäuser) gegeben. Größere Hotels entlang der Strecke sind das *Kahala Hilton* unweit von Waikiki und das *Turtle Bay Hilton* am Ende der Etappe. **Restaurants** jeglicher Kategorie sind reichlicher vorhanden, vor allem in Kailua, aber auch weiter im Norden. Hier könnte man ein zweites Frühstück einlegen oder zu Lunch oder Dinner einkehren; andererseits laden etliche schöne Beach Parks zu einem Picknick mit Badepause ein.

9.4.2 DER SÜDOSTEN: HONOLULU-KAILUA

Die Rundfahrt beginnt in **Waikiki**, das man über die *Kalakaua Ave.* verläßt. Am *Kapiolani Park* hält man sich rechts und passiert den Grüngürtel zur Rechten mit dem *Waikiki Aquarium* und dem *War Memorial*. Nun geht es auf der Diamond Head Rd. weiter, an der linkerhand der Tuffkegel des Kraters steil emporsteigt. Rechterhand liegt unterhalb der Straße der *Diamond Head Beach Park*, der wegen der Korallen, scharfkantiger Steine und des flachen Wassers sicher kein guter Badestrand ist, aber zum Spazierengehen in schöner Umgebung animiert. Dabei kann man die Künste der Surfer und Windsurfer bewundern, die sich hier reichlich tummeln.

Am Leuchtturm und einem Aussichtspunkt vorbei erreicht man anschließend die *Kahala Ave.,* die einen durch hübsche Vororte mit Blumengärten bringt. Besonders **Kahala** hat als Wohnort der Reichen von Honolulu einen guten Namen, wobei man von der stark befahrenen Straße aus nur selten einen Blick auf die Villen der Prominenz erhält. Will man nicht dem schönen *Waialae Beach* und dem *Kahala Hilton Hotel* einen Besuch abstatten, muß man am Ortsausgang auf der *Kealaolu Ave.* nach links abbiegen und nach ca. 1 km rechts auf den Hwy. 72 einbiegen.

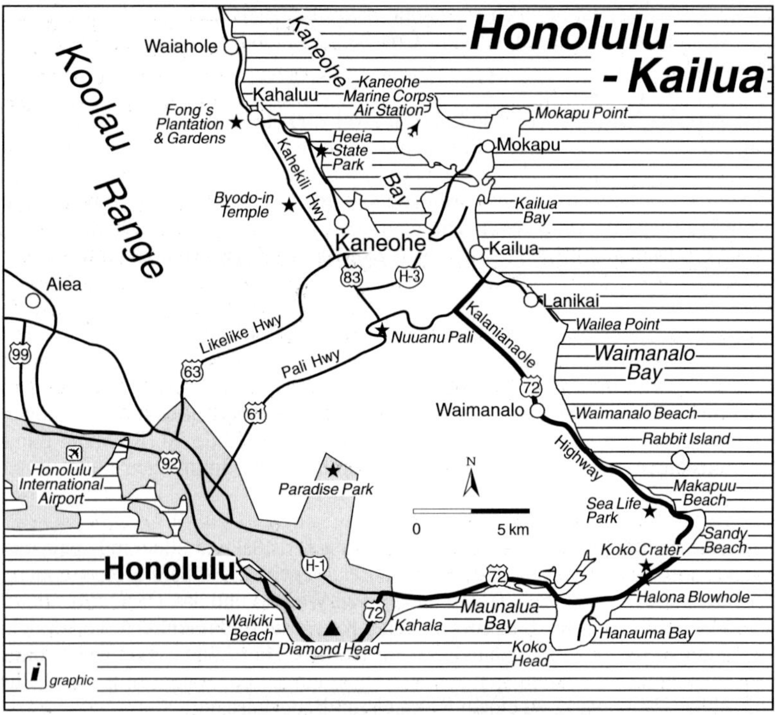

Hotel
Kahala Hilton ($$$$$), 5000 Kahala Ave., Tel.: 734-2211, Fax: 737-2478. Sehr schönes Haus mit 369 luxuriösen Zimmern und erlesener Kundschaft, viel Hollywood-Prominenz, abseits des Waikiki-Trubels am Waialae Beach gelegen, Restaurants, Pools, Tennisplätze, Shops, Gärten und Teiche mit Delphinen, regelmäßiger Waikiki-Shuttle.

Restaurant
Das *Maile Restaurant* ($$$$$) im *'Kahala Hilton'* gilt bei vielen als das beste Restaurant Hawaiis, kontinentale Haute Cuisine, spezielles 48-Dollar-Menü mit hawaiischen Gerichten, vorbildlicher Service.

Der **Hwy. 72** *(Kalanianaole Hwy.)* führt zunächst noch durch dichte Wohngebiete und ab dem **Wailupe Beach Park** wieder parallel zum Meer. Danach lichtet sich die Bebauung etwas, und immer häufiger schiebt sich das Grün der Felder zwischen Häuser und Shopping Centers. Die große Bucht, die sich zur Rechten erstreckt, ist die **Manaula Bay**, in die nach einigen Kilometern die schmale *Paiko*-Halbinsel (Naturschutzgebiet) ragt. Kurz danach überquert man auf einer Brücke den ersten Kanal des weitverzweigten Wassersystems von **Hawaii Kai**, das eine der größten Freizeitflotten des Archipels beherbergt. Hawaii Kai ist heute eine prosperierende Vorstadt für die Besserverdienenden, eine fast eintönige Aneinanderreihung von Villen, Swimmingpools und Garagen. Gut 30.000 Menschen wohnen bereits hier, etwa 20.000 sollen noch hinzukommen. Initiator dieser Siedlung war der Industrielle *Henry J. Kaiser*, der in den 1960er Jahren das Gelände aufkaufte und erschließen ließ. Er selbst baute sich ein pinkfarbenes Anwesen (an der Portlock Rd.), das mit Fug und Recht als 'Schloß' bezeichnet werden kann und Gäste, wie Präsident Johnson oder Jackie Kennedy, gesehen hat, heute aber nicht mehr im Besitz der Familie ist.

Restaurant
Roy's Restaurant ($$$-$$$$), 6600 Kalanianaole Hwy., Tel.: 396-7697; vorzügliches Restaurant des Kochs und Besitzers Roy Yamaguchi, einem Vertreter der *nouvelle cuisine americaine*, der europäische, amerikanische und pazifische Kochkunst auf sehr phantasievolle Weise verknüpft. Fisch, Lamm, Seafood, Rind und Geflügel mit exotischen Beilagen und Saucen – ein kulinarisches Erlebnis! Der Weg lohnt sich auch für Touristen mit festem Standort in Waikiki (Reservierung empfohlen).

Nachdem man die zweite Brücke von Hawaii Kai passiert hat, geht es auf dem Hwy. 72 nun deutlich bergan, auf die Anhöhe des **Koko Head** hinauf.

• Hanauma Bay

Hinter der Bergkuppe zweigt nach rechts eine Stichstraße zur berühmten **Hanauma Bay** ab, eine fast kreisrunde Bucht, die von den steilen Wänden eines ehemaligen Kraters begrenzt wird. Den besten Überblick erhält man vom Parkplatz am Kraterrand, doch man sollte es sich nicht nehmen lassen, zum palmengesäumten Sandstrand hinab- und in das warme, kristallklare Wasser hineinzugehen. Seit 1967 als Naturreservat *(Hanauma Bay Nature Park)* etabliert, ist das flache Wasser heute von farbenprächtigen Korallen und unzähligen, fast zahmen Fischen bevölkert. Ein türkisfarbenes Eldorado für Taucher und Schnorchler also, das zusammen mit der

Traumstrand: Hanauma

herrlichen Umgebung inzwischen so viele Touristen anzieht, daß die Zufahrtsstraße oft wegen Überfüllung geschlossen werden muß. Wer rechtzeitig dort ist, kann das Paradies noch genießen, doch schon am Vormittag treffen die Sightseeing-Busse ein, füllen sich die Snackbar und die Stände der Schnorchel-Verleiher und drängen sich die Badegäste z.T. schlimmer als am Waikiki Beach. Auch nach 17.00 Uhr werden die Verhältnisse besser, dann ist das Wasser jedoch wegen der vielen Tagesbesucher aufgewühlt und die Sichtweite deutlich geringer. Die Hanauma Bay ist mittwochs der Öffentlichkeit nicht zugänglich.

● Koko Crater

Auf der anderen Seite des Highways führt eine Stichstraße (Koko Head Park Rd.) auf den Krater des Tuffvulkans zu, der seine Entstehung genau wie der Diamond Head der letzten vulkanisch aktiven Phase der Inselgeschichte verdankt. Der Legende nach bildete sich der Krater, als die Göttin *Pele* ein Heim auf Oahu suchte. Ein ausgeschilderter Fußweg bringt Sie in knapp einer Stunde zum Krater selbst, der mit dem Wagen nicht erreicht werden kann. Näher an ihn heran führt die *Kealahou St.*, die hinter dem Sandy Beach (s.u.) links vom Highway abzweigt. Reitfreunde haben dort auch die Möglichkeit, auf dem Pferderücken in den Krater zu gelangen (Koko Crater Stables, 408 Kealahou St., Tel.: 395-2628). Ein großer Teil des Geländes ist als *Koko Crater Botanic Garden* naturgeschützt. Außerdem ist der gesamte Streifen am Meer zwischen dem *Koko Head* oberhalb der *Hanauma Bay* und dem Krater unter der Aufsicht des **Koko Head Regional Park**.

Durch diesen führt also auch der Highway, an dem im weiteren Verlauf einige Aussichtspunkte zum Halten reizen. Rechterhand sieht man am *Molokai Lookout* und kurz darauf am *Lanai Lookout* gut die benachbarten Inseln, etwas später stellt das **Halona Blowhole** eine vielbesuchte Attraktion dar: Am *Blowhole Lookout* drängen sich die Touristen, um die fauchenden Gischteruptionen zu beobachten. Dabei preßt das Meer Wasser durch einen unterirdischen Lavagang nach oben – ein Vorgang, der in den Prospekten nicht ganz korrekt als 'Meerwasser-Geysir' bezeichnet wird.

Kurz hinter dem *Halona Blowhole* stellt der schöne **Sandy Beach**, der seinen Namen zu Recht trägt, ein ebenfalls beliebtes, aber nie überfülltes Ausflugsziel des *Koko Head Regional Parks* dar. Die Gewässer sind wegen der hohen Brandung und starken Strömung allerdings zum Schwimmen zu gefährlich. Auch unerfahrene Surfer sollten hier sehr vorsichtig sein.

Nach dem *Sandy Beach* und dem anschließenden *Wawamalu Beach* verläßt der Hwy. 72 zunächst die Küste und bringt einen bergan zum **Makapuu Point**, wo wiederum ein Lookout einen schönen Blick freigibt. Von hier aus sieht man die geschwungene Bucht des *Makapuu Beach* sowie die vorgelagerten Inseln: Dem Betrachter am nächsten liegt das kleine *Kaohikaipu Island*, dahinter das größere **Manana Island**, das wegen einer früheren Hasenzucht dort auch *Rabbit Island* genannt wird. Heute ist das Eiland ein Seevögel-Naturschutzgebiet. Vom Parkplatz aus kann man zu kurzen Wanderungen aufbrechen, z.B. zum knapp 200 m hohen *Makapuu Head*, der den östlichsten Punkt Oahus markiert, oder zum weißen Leuchtturm *Makapuu Lighthouse*.

Szenerie an der Südostküste

Hinter dem Parkplatz geht es bergab zum **Makapuu Beach**, der einen Aufenthalt lohnt, wobei wiederum Sonnenbaden oder Surfen empfehlenswerter ist als Schwimmen. Oder Sie machen einen Spaziergang am Wasser entlang und genießen den schönen Blick auf die Inseln oder beobachten die Drachenflieger, die häufig von den 400-Meter-Felsen des Hinterlandes bis zum Strand hinuntersegeln. Schräg gegenüber dem Strand führt auf der anderen Straßenseite eine kurze Stichstraße zum *Sea Life Park*, eine der größten Touristenattraktionen der Insel.

● Sea Life Park

In naturschöner Lage oberhalb des Pazifik lockt dieser 'Marine Park' mit seiner umfangreichen zoologischen Sammlung (ca. 4.000 Tiere), die – wie in Amerika üblich – in ihrer Präsentation von Showelementen durchsetzt ist. Zu den unzweifelhaften Highlights gehört das Hauptaquarium *Hawaiian Reef Tank*, in dessen rund 1,1 Mio Litern Seewasser sich Haie, Rochen, Schildkröten und andere lokale Meeresbewohner tummeln. Durch den tiefgelegten Wandelgang hat man Gelegenheit, die Tiere auch unter Wasser zu beobachten. In anderen Becken mit Zuschauertribünen zeigen Seelöwen, Delphine und Pinguine ihre antrainierten Kunststücke.

In der *Whaler's Cove,* einer künstlichen Lagune mit Südsee-Romantik, wartet die *"Essex"* auf Besucher, die Replik eines Walfangschiffes im Maßstab 5:8. *Touch-Pools*, in denen man verschiedene Fische und Schalentiere berühren darf, gehören ebenso zu den zusätzlichen Attraktionen wie das *Pacific Whaling Museum* (mit u.a. einem 12 m langen Buckelwal-Skelett) sowie Spaziergänge an der felsigen Küste mit maritimem Leben und Vogelkolonien.

Natürlich fehlt es auch nicht an Restaurants, Läden und Souvenirständen. Am Freitagabend steht der *Sea Life Park* dann ganz im Zeichen von Showeinlagen, Gesangsdarbietungen und hawaiischem Entertainment.

Öffnungszeiten
Sea Life Park, Makapuu Point, Waimanalo, Tel.: 259-7933; tägl. 9.30-17.00 h, Fr bis 22.00 h geöffnet, Eintritt US$ 15. Ab/bis diversen Hotels in Waikiki freier Shuttle-Bus; ansonsten Buslinie 58.

• Waimanalo Bay

Hinter dem Sea Life Park passiert man den 200 m ins Meer hinausgebauten Pier der *Makai Undersea Test Range* und fährt auf gerader Strecke ein Stück an der *Waimanalo Bay* entlang. Diese geschwungene Sandbucht stellt mit 5 km Länge den längsten zusammenhängenden Strand der Insel dar, der in verschiedene Beach Parks aufgeteilt ist. Darunter befindet sich der nördliche *Bellows Field Beach Park* auf Militärgelände und ist deshalb der Öffentlichkeit nur am Wochenende zugänglich. Die Schwimm- und Wassersportbedingungen (Schnorcheln) sind gut, das Wasser zumeist ruhig, die Beach Parks selbst wenig überlaufen und mit allen üblichen Einrichtungen versehen. Und für einen Imbiß empfiehlt sich *Keneke's Waimanalo BBQ*.

Wegen der *Bellows Air Force Base* macht der Highway einen Knick nach links und bringt einen zum verschlafenen **Waimanalo Town Center**, dessen sympathisch-ländliches Ambiente von einigen Kaufläden und Fast-Food-Restaurants ergänzt wird. Am Olomana-Golfplatz vorbei, benannt nach dem spitzen Doppelgipfel, der im Hintergrund das grüne Maunawili-Tal überragt, kommt man zur Abzweigung des *Keolu Dr.*, auf dem man nach rechts zum hübschen Kailua abbiegen kann. Oder man wartet noch ein wenig bis zur Kreuzung mit dem Hwy. 61, wo einen die *Kailua Rd.* ebenfalls nach rechts zur Ortschaft bringt.

• Kailua

Restaurants

• *Assagio Italian Restaurant* ($$$), 354 Uluniu St., Tel.: 261-2772; vornehmeres italienisches Restaurant für Dinner und Cocktails.

• *Buzz's Steakhouse* ($$), 413 Kawailoa St., Tel.: 261-4661; beliebtes Steakhouse hinter der Brücke zum Kailua Beach Park, Steaks, Fisch und Seafood zum Mittag- und Abendessen, hübsche Terrasse.

• *Cinnamon's Restaurant* ($$), 315 Uluniu, Tel.: 261-8724; das beste Frühstück in Kailua, auch mittags geöffnet.

• *Yum Yum Tree* ($), Pali Palms Plaza, Tel.: 254-5861; amerikanisches Familienrestaurant, ganztägig bis 23.00 Uhr geöffnet.

• *Saeng's Thai Restaurant* ($), 315 Hahani St., Tel.: 263-9727; preiswertes thailändisches Take-Out, aber auch Sitzplätze.

Das etwa 38.000 Einwohner zählende Kailua ist die letzte größere Stadt an der Ostküste und war bereits in alt-hawaiischer Zeit die bevölkerungsreichste Region von Oahu. Hier besaß der lokale König *Kakuhihewa* seinen legendären Graspalast, und der Tempel *Ulo Po Heiau* war der bedeutendste der Insel. Von den historischen Stätten sind nur noch spärliche Überreste erhalten, während die alten Fischteiche des *Kaelepulu Pond* noch gut als kleine Seenplatte im Stadtbild zu erkennen sind. Den Reiz des Städtchens macht heutzutage seine lockere Urlaubsatmosphäre ohne Hochhauskulisse aus. Blühende Vorgärten, der idyllische *Kalepuulu Stream*, hübsche Ferienhäuschen und Bungalows, Grünanlagen und der mächtige Banyan-Baum an der Straßenkreuzung *Oneawa St./Kuulei Rd./Kailua Rd.* bestimmen die Ortschaft. Hauptanziehungspunkt für Gäste ist der **Kailua Beach Park**, der jenseits der Brücke über den Fluß (im Ortszentrum nach rechts) liegt. Hier beginnt der etwa 3 km lange *Kailua Beach*, der sich über den adretten Vorort **Lanikai** weit nach Süden hinzieht. Er ist mit Sicherheit einer der schönsten der Insel, zudem wegen eines vorgelagerten Riffs zum Baden geeignet. Der pulverweiße Sand, der in kleinen Dünen ausläuft, das kristallklare und türkisfarbene Wasser, die gepflegte Umgebung mit Villen, Pensionen und Picknickplätzen – das ist Kailuas Antwort auf Waikiki. Der stetige Passat sorgt hier außerdem für ideale Segel- und Windsurfing-Verhältnisse, weshalb Fans dieses Sports aus aller Welt nach Kailua kommen und sich am Ort mehrere Geräteverleiher und Windsurf-Schulen niedergelassen haben.

Kailua: Mekka der Windsurfer

9.4.3 DER OSTEN: KAILUA-KAHUKU

Die Fahrt entlang der windzugewandten Seite der Insel *(Windward Oahu)* führt aus dem Ballungsgebiet der Ortschaften Kailua, Kaneohe, Heeia und Kahuluu in eine dünn besiedelte und ländlich geprägte Umgebung, in der keine Städte oder größere Dörfer mehr zu sehen sind, dafür um so mehr Felder mit Bananenstauden, Zuckerrohr, Papayas und Zitrusfrüchten, kleine Bauernhäuschen und waldreiche Abschnitte.

Die Hauptstraße der Etappe ist der ab Kahaluu parallel zur Küste verlaufende **Hwy. 83**, zu dem man automatisch gelangt, wenn man von Waikiki bzw. Honolulu über den Hwy. 61 bzw. 63 anreist. Er beginnt in den genannten Ortschaften, die – mit Ausnahme des Fremdenverkehrsortes Kailua – allesamt ‘Schlafstädte’ für in Honolulu Beschäftigte und für Touristen kaum von Interesse sind. Gleiches gilt auch für die große Halbinsel **Mokapu Peninsula**, die gänzlich vom Militär besetzt ist *(Kaneohe Marine Corps Air Station)*.

Ab Kailua kann man auf mehreren Wegen die Rundfahrt fortsetzen. Wenn man die *Kailua Rd.* wieder zurück- und auf dem Hwy. 61 auf die Steilwände der Nuuanu Pali zufährt, gelangt man zum Abzweig des Hwy. 83, der einen unter

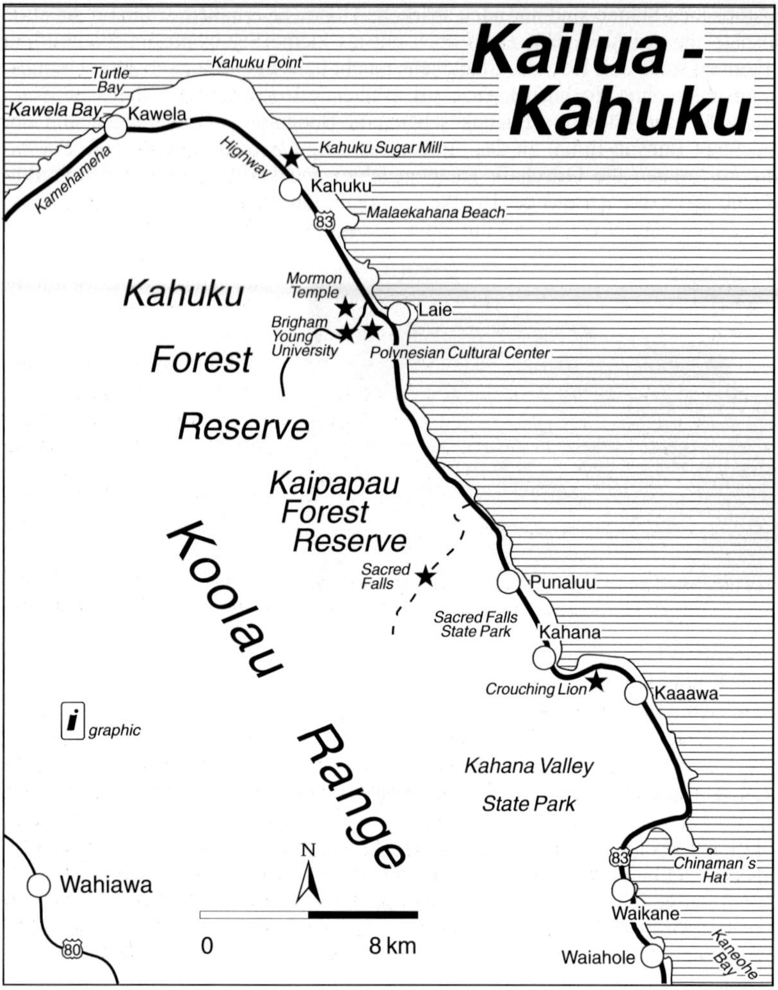

dem Autobahn-Neubau der H-3 nach Kaneohe bringt. Genausogut kann man das Ortszentrum über die *Kalahewo Ave.* nach Norden verlassen und entweder auf dem Hwy. 65 oder über die H-3 bis zum Hwy. 83 fahren. In **Kaneohe** muß man an den Kreuzungen der **Hwys. 83/65** aufpassen, denn ab hier gibt es nun **zwei Varianten** für die Fahrt in den Norden:

- **Über den Hwy. 836 nach Kahaluu**

Der **Hwy 836** *(Kamehameha Hwy.)* führt aus dem Ortszentrum von Kaneohe auf die **Kaneohe Bay** zu, vorbei an Einkaufszentren, Fast-Food-Läden und wenig attraktiven Wohnhäusern. Die Bucht, die recht verschmutzt und zum Baden wenig einladend wirkt, erreicht man auf Höhe des **Heeia State Park**. Zu ihm gehört jene kleine Halbinsel zur Rechten, die in einen grünen Park verwandelt wurde und vom *Kealohi Point* einen schönen Blick auf die Bucht sowie die Mokapu-Halbinsel bietet. Zum Süden hin sind hier deutlich die Steinwälle im Wasser zu sehen, die einen der größten, vor allem aber den am besten erhaltenen alt-hawaiischen Fischteich umschließen. Direkt nördlich der Halbinsel befindet sich ein Pier mit Fischer- und Ausflugsbooten *(Heeia Kea Boat Harbour)*. Von dort aus startet das **Glasbodenboot** *Coral Queen*, von dem man die Vielfalt und Farbenpracht der vorgelagerten Korallengärten und ihrer Riff-Fische beobachten kann.

Bootstour
Kaneohe Bay Cruises, Tel.: 235-2888; Mo-Sa mehrere Abfahrten tägl.

Vom Heeia State Park verläuft der Hwy. 836 durch eine Wohngegend, immer dicht an der Küste entlang, bis er sich hinter dem *Kahalu Pond* (einem weiteren alten Fischteich) mit dem Hwy. 83 vereinigt, der ab nun ebenfalls den Namen *Kamehameha Hwy.* trägt.

● Über den Hwy. 83 nach Kahaluu

Die kurze Route über den Hwy. 83, der bis Kahaluu *Kahekili Hwy.* heißt, hält keine landschaftlichen Sensationen bereit, ist aber wegen zweier Ziele die interessantere:

- Haiku Gardens

Nach wenigen Kilometern geht links vom Highway die *Haiku Rd.* ab, die einen zu der wunderschönen, 6,5 ha großen Gartenanlage von Haiku bringt. Das Gelände befand sich früher im Besitz der Krone und war nur Adeligen vorbehalten, im 19. Jhd wurde es an einen Engländer verkauft, der mit dem Aufbau des heutigen tropischen Parks begann. In diesem erst seit kurzem der Öffentlichkeit zugänglichen Garten sieht man eine überquellende Vegetation, spaziert an Teichen mit Wasserlilien vorbei, an alten Grashütten und durch Bambuswälder. Die Ortsansässigen nutzen den Garten gerne für Hochzeitsfeierlichkeiten, ebenso das gute, luftig gelegene Restaurant *Chart House* ($$$; ab 17.00 Uhr geöffnet), in dem man ein romantisches Candlelight-Dinner mit vorzüglichem Essen genießen kann.

Öffnungszeiten
Haiku Gardens, 46-316 Haiku Rd., Kaneohe, Tel.: 247-6671; tägl. 7.00-20.00 Uhr geöffnet, freier Eintritt.

Hinweis
Ein weiterer schöner Park mit ausgezeichneten Wandermöglichkeiten ist weiter südlich der *Hoomaluhia Garden*, der im KAPITEL 9.8 beschrieben wird.

- Tal der Tempel / Byodo-In Tempel

Etwas weiter befindet sich am Fuß der Koolau-Berge, ebenfalls links vom Highway, das ausgeschilderte sog. 'Tal der Tempel' *(Valley of the Temples Memorial Park)*, das von der Straße schon an der zeltartigen Kirche mit dem großen weißen

Betonkreuz zu erkennen ist. Eigentlich handelt es sich bei dem großzügig (und autogerecht) angelegten Gelände um eine Ansammlung von Friedhöfen, die die großen auf Hawaii ansässigen Religionen repräsentieren. So kann man, nachdem man die Eintrittspforte (US$ 2) passiert hat, mit dem Wagen nach rechts eine kleine Rundfahrt durch den römisch-katholischen Friedhof unternehmen, dann bringt einen das Einbahnstraßen-System, am japanischen Friedhof vorbei, zum Parkplatz, von dem man über eine hübsche Fußgängerbrücke zum buddhistischen Tempel **Byodo-In** (= 'Tempel der Gleichheit') gelangt. Das Hauptgebäude vor der Brücke ist eine Nachbildung des 900jährigen Tempels von Uji (Japan) und wurde 1968 zum 100jährigen Jubiläum der Ankunft der ersten japanischen Einwanderer eingeweiht. In seinem Zentrum kann man eine 3 m hohe, mit Gold und Lack überzogene Buddha-Statue bewundern. Im Pavillon zur Linken befindet sich eine mächtige, 3 t schwere und in Japan gegossene Messing-Glocke, dahinter ein Meditationshaus. Es lohnt sich, einmal um den Tempel herumzugehen und die Ruhe der Gartenanlagen in sich aufzunehmen. Dabei sieht man viele Pfauen und Teiche voller Karpfen, Goldfische und schwarzer Schwäne. In dem kleinen Laden *(Teahouse)* rechts vom Tempel erhalten Sie Souvenirs und Erfrischungen.

Der Byodo-In Tempel

Öffnungszeiten

Byodo-In Tempel, 47-200 Kahekili Hwy., Tel.: 239-8811, tägl. 9.00-16.00 h geöffnet.

Am **Kahaluu Pond** erreicht der Hwy. 83 (ab nun *Kamehameha Hwy.*) wieder die Küste. Wenige Fahrminuten später zweigt nach links die *Pulama Rd.* ab, auf der man einen kurzen Abstecher zu den *Senator Fong's Garden* unternehmen kann:

• Senator Fong's Plantation and Gardens

Das schön gelegene, knapp 300 ha große Gelände ist im Besitz der Familie des ehemaligen U.S. Senators *Hiram Fong*. Die eine Attraktion der Gartenanlagen sind die herrlichen Ausblicke auf Oahus Windward-Seite, die andere die Vegetation, die u.a. mit über 100 verschiedenen Baumarten eßbarer Früchte, Obst und Nüssen vertreten ist. Durch das Terrain kann man wandern oder sich auf geführten Touren mit dem Pferdewagen leiten lassen (letzte Abfahrt 15.00 h).

Öffnungszeiten

Senator Fong's Plantation & Gardens, 47-285 Pulama Rd., Tel.: 239-6775, Eintritt; tägl. 10.00-16.00 h geöffnet.

Bei der Weiterfahrt bleibt man immer in Ufernähe, obwohl meist Bananenplantagen die Sicht aufs Meer versperren. Man passiert den **Waiahole Beach Park** und die hübsche Kirche *Our Lady of Carmel*, fährt durch eine Allee windgebeugter Bäume und kann ab und zu auf engen Stichstraßen zu den großen, durch eine schmale Landenge abgetrennten Fischteichen des *Molii Pond* abzweigen.

Blick auf den "Chinaman's Hat"

• Kualoa

Nach einem landwirtschaftlich intensiv genutzten Gebiet erreicht man den **Kualoa County Regional Park** (Hinweisschild), an dem man rechts abbiegen und eine Pause einlegen sollte. Der Sandstrand ist schmal, aber sehr schön und meistens zum Baden geeignet.

Auf einer großen Rasenfläche, auf der Gäste häufig ihre Drachen steigen lassen, findet man Picknickplätze und schattenspendende Palmen.

Während landeinwärts die mächtigen Klippen der *Koolau Range* eine beeindruckende Kulisse abgeben, ist zum Meer hin der 450 m entfernte **Chinaman's Hat** ein markanter Blickfang; der wie ein Chinesenhut geformte Inselberg heißt auf Hawaiisch *Mokolii*, was soviel wie 'kleiner Drachen' bedeutet. Er ist, genau wie *Diamond Head* oder *Koko Head*, aus vulkanischem Tuffgestein aufgebaut. Bei Ebbe kann man zum *Chinaman's Hat* hinüberwaten (mit Schuhen: scharfe Korallen!) und an seiner Küste schön schnorcheln.

Landeinwärts liegt dem *Kualoa County Regional Park* die 1.620 ha große **Kualoa Ranch** gegenüber, auf der es Pferde, Rinderherden und viele Ziegen, wilde Obstbäume, einen alten Fischteich sowie Bäche mit Steingarnelen gibt. Auf dieser letzten großen Ranch in Küstennähe sind Besucher willkommen, und von Mo-Fr werden um 8.00 Uhr begleitete Reittouren über das Gelände angeboten. (*Kualoa Ranch*, P.O.Box 650, Ka'aawa, Tel.: 237-7321).

Auch auf den folgenden Kilometern verläuft der Hwy. 83 immer nahe zum Ufer, an den Ruinen einer alten Zuckermühle (1863-71) und an verschiedenen Beach Parks vorbei. In der kleinen Ortschaft **Kaaawa**, vor einer scharfen Linkskurve, sieht man die Felsformation **Crouching Lion**, die vage an einen ruhenden Löwen erinnert. Unterhalb des Felsens befindet sich eine traditionsreiche Gaststätte, ein gemütlicher Platz für einen Zwischenstopp.

Restaurant

Crouching Lion Inn ($$), 51-666 Kamehameha Hwy., Tel.: 237-8511, tägl. 11.00-15.00 und 17.00-21.00 h geöffnet; seit über 50 Jahren operiert dieses schön gelegene Restaurant (amerikanische Küche, gutes Mittagessen).

Hinter **Punaluu**, kurz bevor auf der rechten Seite eine Kunstgalerie auftaucht und linkerhand die alte **Holzkirche** *Kamalamalama O Keao* ein hübsches Fotomotiv abgibt, hat man bei genügend Zeit Gelegenheit, nach links abzuzweigen und eine Wanderung zu den *Sacred Falls* zu unternehmen (vgl. KAPITEL 9.8). Das nächste Ziel, durch große Schilder schon lange angekündigt, ist wenig später das *Polynesian Cultural Center* links des Highways.

• Polynesian Cultural Center

Das *Polynesian Cultural Center* ist die nach dem Arizona Memorial meistbesuchte Touristenattraktion auf Hawaii, die alljährlich von mehr als 1 Mio Menschen aufgesucht wird. Verwaltet wird das Kulturzentrum von den Mormonen, deren nahe *Brigham Young University* (s.u.) genügend polynesische Studenten beherbergt, die sich hier als Tänzer, Sänger, Akrobaten oder Fremdenführer ein Zubrot verdienen. Solche mormonische Studenten waren es auch, die ab den späten 1940ern in Laie ein Fischereifestival mit *Luau* abhielten und damit den Grundstein für das spätere Zentrum legten. Daraus entwickelte sich die Idee, die Heimat und das Kulturerbe der Studenten einer breiten Öffentlichkeit nahezubringen. Nachdem seit 1962 Künstler und originale Baumaterialien aus Polynesien herbeigeholt worden waren, konnte das Zentrum im Oktober 1963 eröffnet werden. Im Zuge des Hawaii-Tourismus wurde dieses immer wieder erweitert und um Attraktionen bereichert – bis hin zu der perfekten Show und dem Bau des IMAX-Kinos in den 1990ern.

Nachdem man in der Halle hinter den Parkplätzen und dem Springbrunnen den Eintritt gelöst hat (Karten sind auch in Waikiki im *Royal Hawaiian Shopping Center*, Ground Level, Building C, erhältlich), betritt man das ca. 14 ha große Gelände. Dessen größten Teil füllen die sieben 'Dörfer', die mit charakteristischen Bauwerken und Kanus sowie Vorführungen von Tänzen, Gesängen und Kulturtechniken die polynesische Inselwelt von **Hawaii, Fidji,** den **Marquesas, Neuseeland, Samoa, Tahiti** und **Tonga** repräsentieren. Die Dörfer sind in großzügige Grünanlagen eingebettet und durch Kanäle voneinander getrennt. Einen Überblick erhält man auf geführten Kanutouren (Abfahrten alle 15 Minuten) oder mit einer Art Straßenbahn, sinnvoller aber ist es, wenn man anschließend die einzelnen Dörfer noch einmal zu Fuß 'entdeckt' und an den verschiedenen Vorführungen teilnimmt. Wer dies intensiv tun will, sollte gut 4-5 Stunden an Zeit mitbringen.

Den kommerziellen Teil der Anlage machen die üblichen Snack-Bars, Verkaufsstände, ein Marktplatz und ein Kunsthandwerkszentrum aus. Auch eine Modenshow für Kinder und Jazz-Konzerte werden täglich veranstaltet. Für das leibliche Wohl sorgen das *Gateway Restaurant* mit ca. 1.000 Plätzen und das *Alii Luau,* in dem das Abendessen der Show eingenommen wird. Weitere Attraktionen sind ein nachgebautes Missionshaus aus den 1850ern, das 2.000-Sitze-Amphitheater *Hale Aloha*, auf dessen Wasserbühne tägl. um 13.00. 14.00, 15.00 und 16.00 Uhr das Spektakel *"Pageant of the Long Canoes"* aufgeführt wird, und das *IMAX-Kino*

Großes Finale der Show "Mana!"

mit der Vorführung *"Polynesian Odyssey"*. Die größte überdachte Bühne stellt der riesige *Pacific Pavillon* (2.770 Sitzplätze) dar, in dem die abendliche Show *"Mana! The Spirit of our People"* stattfindet (Beginn 19.30 und 21.00 Uhr).

Bei dieser 90minütigen, weltweit größten polynesischen Revue stehen über 100 Darsteller auf der Bühne. Mit ihren Hollywood-Effekten und artistischen Einlagen ist sie vom Unterhaltungswert her sicher sehr sehenswert, allerdings kaum geeignet, einen tieferen Eindruck von der polynesischen Kultur zu erhalten.

Die Attraktionen des *Polynesian Cultural Center* haben ihren (gesalzenen!) **Preis:** US$ 25 (Kinder US$ 13) kostet der bloße Eintritt, will man auch an den Shows teilnehmen, sind US$ 34 zu berappen, US$ 32 kosten Buffet und Show ab 18.00 Uhr, US$ 42 der ganztägige Eintritt mit Buffet und Show, US$ 54 der ganztägige Eintritt mit Show und Luau. Kritikern dieser Preispolitik hält das Unternehmen entgegen, daß eine Reise zu allen polynesischen Inseln mit mindestens US$ 10.000 zu Buche schlagen würde ...

Da die Anlage von Mormonen verwaltet wird, macht alles einen sehr sauberen, aufgeräumten Eindruck. Alkoholische Getränke sind streng verboten, Trinkgelder werden von den Angestellten nicht angenommen.

Öffnungszeiten
Polynesian Cultural Center, Laie, 55-370 Kamehameha Hwy., Tel.: 293-3333; Mo-Sa 12.30-18.00 h geöffnet

• Laie

Wenige Fahrminuten hinter dem *Polynesian Cultural Center* erreicht man auf dem *Kamehameha Hwy.* den übersichtlichen Ort Laie, dem Zentrum der Mormonen in Hawaii.

Von der Hauptstraße sollte man hier hinter dem *Laie Shopping Center* nach rechts auf die schmale Halbinsel abbiegen *(Anemoku St./Napaka St.)*, die am **Laie Point** eine herrliche Aussicht bietet: Weit geht hier der Blick über die *Laie Bay* mit den vorgelagerten Inselchen **Kukuihoolua** und **Mokuauia** *(Goat Island)* sowie an der Windward-Küste mit ihren Steilwänden und Wasserfällen entlang.

Auf der anderen Seite des Highways kann man einen Abstecher zu den beiden wichtigsten Institutionen der Mormonen unternehmen. Das ist zum einen die **Brigham Young University** mit ihrem großen Campus, die aus dem früheren *Church College of Hawaii* hervorgegangen ist und an der z.Zt. etwas mehr als 2.000 Studenten lernen. Sie stammen von den polynesischen Inseln und wurden von Missionaren der Mormonen für ihr Studium ausgesucht. Rund 400 von ihnen sind zeitweise am Polynesian Cultural Center beschäftigt. Zum andern ist da der große **Mormonentempel** von 1919, ein strahlend weißer Bau inmitten herrlicher Grünanlagen, der den (weit übertriebenen!) Beinamen *'Taj Mahal des Pazifik'* trägt.

Das Tempelinnere ist nur für Mormonen zugänglich, Besucher aber haben zum Visitor Center (rechts vom Eingang) und zu den Außenanlagen freien Eintritt.

Öffnungszeiten
Mormon Temple, 55-600 Naniloa Loop, Tel.: 293-9297; tägl. 9.00-20.00 h geöffnet.

INFO

Die Mormonen und Hawaii

Der Gründer der Mormonen (= 'Heilige der letzten Tage') war der amerikanische Farmerssohn ***Joseph Smith*** *(1805-44). Er berichtete von einer Vision, in der ihm mitgeteilt worden war, Jehova habe bereits in alter Zeit in Amerika gewirkt und dort die Ankunft des Messias verkündet. Einer der Stämme Israels soll dabei um 600 v.Chr. nach Amerika ausgewandert und mit den Indianern zu einer Glaubensgemeinschaft verschmolzen sein. Später 'belegen' angeblich gefundene Goldtafeln mit hebräischer Inschrift diese Offenbarung. 1830 gründete Smith in Fayette (Bundesstaat New York) seine 'Kirche Jesu Christi der Heiligen der letzten Tage', deren schriftliche Grundlage das* ***"Buch Mormon"*** *und weitere Quellen, an erster Stelle aber die Bibel, sind.*

Smith verstand sich als Prophet, der Jesus Christus repräsentierte und die Ideen der Urkirche erneuern wollte. Die neugegründete Glaubensgemeinschaft erfuhr sehr bald ungeheuren Zulauf, vor allem durch europäische Emigranten (besonders Skandinavier), die vom moralischen Verfall und den mißlichen Lebensbedingungen in der Neuen Welt enttäuscht waren. Die Konfrontation mit der herrschenden religiösen Auffassung brachte später jedoch nicht die Lehre als solche, sondern die ***Vielweiberei****. Joseph Smith hatte durch göttliche Eingebung erfahren, daß die Vielehe von Gott wieder gewünscht sei, wie ja schon Abraham, David und Salomon laut Bibel mehrere Frauen hatten. Wegen seiner Anschauungen wurde der Kirchengründer zusammen mit seinem Bruder Hyrum 1844 in einer Gefängniszelle in Carthage (Illinois) gelyncht und damit zum ersten Märtyrer der Mormonen.*

Sein Nachfolger ***Brigham Young*** *(1801-77) kann als der eigentliche Organisator und größte Lehrer der Kirche bezeichnet werden. Er war es, der seine Glaubensgenossen aus der feindlichen Umwelt des Ostens führte und ihnen das neue Gelobte Land, den Garten Eden zeigen wollte. In einer viermonatigen Wanderung zog er an der Spitze eines großen Trecks durch die Wüste nach Westen, wo er nach vielen Entbehrungen 1847 am Rande des Großen Salzsees den berühmten Satz* ***"This is the Place!"*** *aussprach. Die dort gegründete Siedlung* ***Salt Lake City*** *(Utah) wurde das Zentrum der Gemeinschaft, dort entstand der berühmte Temple Square, von dort aus wurden Missionare in alle Welt entsandt. Das alltägliche Leben der Mormonen zeichnet sich durch einen starken* ***moralischen Rigorismus*** *aus. Genüsse, wie etwa Tabak, Tee, Kaffee und Alkohol, sind für die Mitglieder der Kirche verboten. Fleiß, wirtschaftlicher Erfolg, Familienleben, Gesundheit und Sauberkeit sind Kennzeichen ihrer Gemeinschaft.*

Von Beginn an versuchten die Mormonen, ihre Ideen durch ***Missionare*** *in alle Welt zu tragen; mehr als 11.000 von ihnen arbeiten z.Zt. in etwa 100 Ländern. In den pazifischen Raum gelangten sie bereits im Jahre* ***1844****, als die Missionare* ***Tahiti*** *und die benachbarten Inseln erreichten.* ***1850*** *kamen sie nach* ***Oahu****, wo sie ein Jahr später die erste Gemeinde gründeten.* ***1865*** *kauften sie in* ***Laie*** *ein Grundstück von 2.400 ha, das fortan zum* ***Mittelpunkt*** *__ihres Wirkens__ ausgebaut wurde. Ihr sprichwörtlicher Fleiß machte aus Laie eine blühende Kolonie, die König Kalakaua 1874 als mustergültig rühmte. Der 250.000-Dollar-Bau des __Mormonentempels__ begann im Jahre 1914, und bei seiner Einweihung __1919__ war er das erste Gotteshaus dieser Kirche außerhalb des Bundesstaates Utah. Die Kirche selbst hat im Bundesstaat rund __30.000 Anhänger__, womit sie die __zweitgrößte christliche Glaubensgemeinschaft__ darstellt (nach den Katholiken).*

Auf der Weiterfahrt bringt einen der Highway hinter Laie zur weitgeschwungenen **Malaekahana Bay**, die für die letzte gute Bademöglichkeit vor der Nordküste sorgt. Von der Straße durch eine *State Recreational Area* zugänglich, findet man am Ufer einen langen Abschnitt mit weißem Sand. Das Wasser ist meist ruhig und ungefährlich, ideal also für Schwimmer und Schnorchler. Bei Ebbe zieht sich das Meer so weit zurück, daß man zum vorgelagerten Eiland **Mokuauia** *(Goat Island)* hinüberwaten kann.

• Kahuku

Die nächste Ortschaft auf dem Weg ist Kahuku, ein ehemaliges Plantagendorf aus jener Zeit, als der Zuckerrohranbau noch ein lohnendes Geschäft war. Es lohnt sich, hier von der Hauptstraße abzuweigen und eine kleine Rundfahrt (oder einen Rundgang) durch das verschlafene Dorf zu unternehmen, in dem man zwischen kleinen, pittoresken Häuschen und blühenden Vorgärten unvermittelt auf ein gutes Restaurant stößt.

Restaurant
Ahi's Kahuku Restaurant ($$), Tel.: 293-5650, geöffnet Mo-Sa 11.00-21.00 Uhr; historisches Restaurant von der Jahrhundertwende, Spezialität Shrimps.

Wenige hundert Meter weiter sieht man rechts vom Highway (an der Texaco-Tankstelle) die **alte Zuckermühle** *(Kahuku Sugar Mill)*, die bis 1971 in Betrieb war. In jüngster Zeit wurde das wellblechverkleidete und von einem hohen Schornstein überragte Gebäude restauriert und seine Dampfeisenbahn, seine Schwungräder und Zentrifugen mit frischer Farbe bedeckt.

Die Kahuku Sugar Mill

Heute warten in den alten Gemäuern ein kleines Einkaufszentrum *(The Mill Shopping Centre*) mit Läden und einer Bank sowie ein weiteres Restaurant auf Kundschaft.

Restaurant
Old Plantation Restaurant & Bar ($$$), Tel.: 293-7427, geöffnet tägl. 11.00-14.00 und Mi-Sa 18.00-22.00 Uhr; gute Gaststätte mit rustikalem Charme, Spezialität prime rib.

Hinter Kahuku nähert sich der Hwy. 83 mit der Nordostspitze dem Ende der Etappe, verläuft allerdings in gehörigem Abstand zum Meer. Vorbei an Zuckerrohrfeldern und einer Zuchtfarm für Garnelen und Shrimps (an einem Stand werden die Köstlichkeiten frisch angeboten), anschließend an ausgedehnten Golfplätzen zur Rechten, fährt man parallel zu einer Anhöhe, auf der moderne Windmühlen Strom erzeugen. Rechts geht eine breite, fast schon mondäne Zufahrtsstraße zum *Turtle Bay Hilton* ab, dem einzigen großen Hotelbau an dieser Küste. Davor dehnt sich in weitem Schwung ein herrlicher, von Kasuarinen gesäumter Sandstrand aus, der wegen der Klippen und Korallen im Wasser allerdings zum Baden kaum geeignet ist.

Strand an der Turtle Bay

Hotel
Turtle Bay Hilton Golf & Tennis Resort ($$$$), 57-091 Kamehameha Hwy., Kahuku, HI 96731, Tel.: 293-8811, Fax: 293-1286. Einsam gelegenes, modernes First-Class-Hotel mit 485 Zimmern im zentralen Hotelblock *('Towers')* oder in Bungalows am Strand *('Cabanas')*, 5 Restaurants, sonntags sehr guter Brunch, 2 Pools, Shops, umfangreiches Sportangebot (u.a. 10 Tennisplätze, zwei 18-Loch-Golfplätze, Reitställe).

9.5 FAHRT ENTLANG DER NORDKÜSTE

9.5.1 ÜBERBLICK UND REISEPRAKTISCHE HINWEISE

Die Etappe entlang der Nordküste bringt den Besucher auf dem **Hwy. 83** durch eine nur dünn besiedelte Gegend, in der die Koolau-Berge sich zurückgezogen und einer weiten, trockenen Landschaft Platz gemacht haben. **Höhepunkte** sind einmal die vielen Sandstrände, deren unglaublich hohe Brandung im Winter sie zur **Hochburg der Surfer** hat werden lassen. Zum andern reichen bisweilen enge, grüne Täler bis nahe an den Highway und werden insbesondere in Waimea zum Schauplatz vielfältiger Attraktionen.

Der erste Teilabschnitt bis **Haleiwa**, der größten Ortschaft an der Nordküste, kann vom Autofahrer in etwa **½ Stunde** zurückgelegt werden – Strandwanderungen, Badepausen und Besichtigungen natürlich nicht eingerechnet. Wer im engen Korsett einer eintägigen Inselumrundung steckt, wird hier auch die Küste verlassen und durch das Inselinnere wieder auf Honolulu zufahren. Wer etwas mehr Zeit mitbringt, kann auf dem **Hwy. 930** noch ein gutes Stück weiter in den Westen vordringen, dem landschaftlich eigentlich schönsten Teil des Nordens. Hinter dem *Dillingham Airfield* hört allerdings der asphaltierte Weg auf, und wer mit dem Geländewagen oder Mountainbike unterwegs ist, kann das Nordwestkap erreichen, den *Kaena Point* (oder auf einer einstündigen, strammen Wanderung). Eine Rundfahrt entlang der Küste ist für den normalen Mietwagen-Touristen also nicht möglich.

Während man hin und wieder auf Imbißbuden und in Haleiwa auch auf gute **Restaurants** stößt, sind **Unterkünfte** rar gesät. Die wenigen Pensionen und 'Beach Houses' finden ihre Kundschaft in den jüngeren Surfern mit kleinem Budget oder in Weltenbummlern mit niedrig angesetzten Komfort-Ansprüchen.

9.5.2 VON KAHUKU NACH HALEIWA

Hinter der Zufahrt zum *Turtle Bay Hilton* verläuft der Kamehameha Hwy. auf die **Kawela Bay**. Hier trifft man auf den ersten einer fast ununterbrochenen Reihe schöner und z.T. langgezogener Sandstrände, die allerdings aus genannten Gründen oft gefährlich und im Winter ohnehin den Surfern vorbehalten sind. Dies gilt auch für den folgenden **Waialee Beach Park**, der bei ruhigem Seegang jedoch zum Baden, Schnorcheln und Strandspaziergängen reizt. Sehr gut sind die Mini-Eilande *Papapamui* und *Kukaimanini Island* von hier aus zu sehen. An charakteristischen kleinen Holzhäuschen mit ihren Vorgärten vorbei bringt einen der Hwy. daraufhin zum **Sunset Beach Park**, dem vielleicht bekanntesten Surfer-Strand der Welt. Wo im Sommer Schwimmer und Surfer durchaus auf ihre Kosten kommen können, rollen im Winter bis zu 9 m hohe Brecher an den Strand. Das ist dann die Zeit, wenn sich die Surfboys aus Hawaii, Kalifornien und von anderswo auf den Weg machen, um bei den *Surfing Championships* gut abzuschneiden, stets beobachtet von einer großen Menge Touristen.

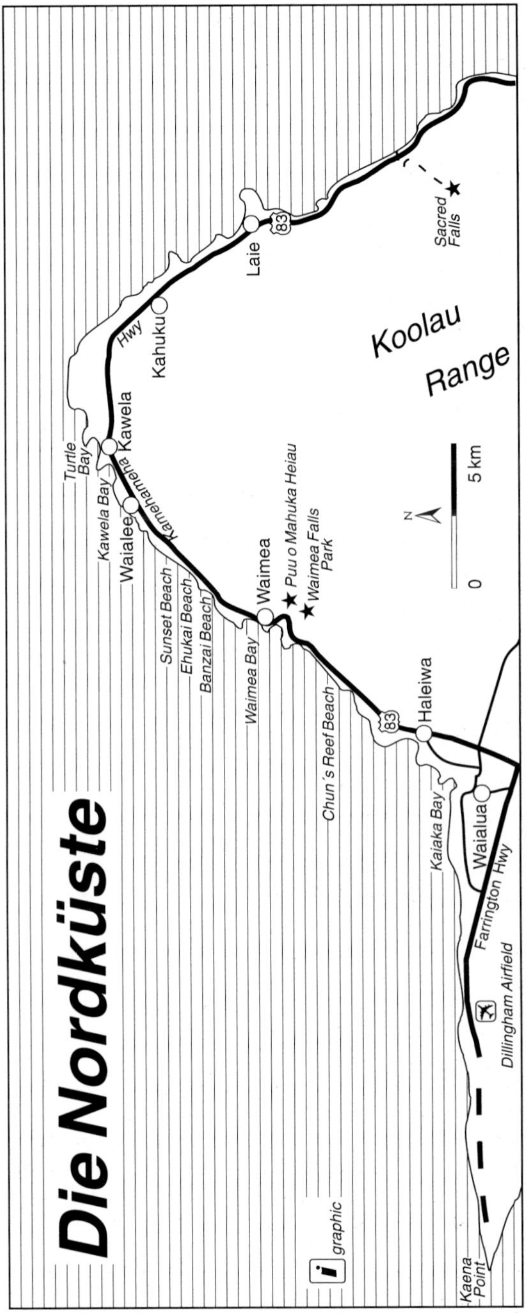

Vor diesen Naturgewalten des Meeres verblassen die wenigen Sehenswürdigkeiten auf der anderen Seite des Highways, z.B. *COMSAT,* eine der weltweit größten Stationen zur Satelliten-Kommunikation, und wenig später eine Felsformation, die aufgrund vager Ähnlichkeiten *Washington's Head* genannt wird.

Rechts dem Highway und von diesem kaum einsehbar, folgt unmittelbar danach der recht kleinen **Ehukai Beach Park**, von dem aus man die Surfer besonders gut bei ihren Kunststücken beobachten kann. Hier kommt es im Winter zu der berühmt-berüchtigten röhrenartigen Woge der *Banzai Pipeline*, die beim Überschlagen der Wellen über dem flachen Korallenuntergrund entsteht. Nur die absoluten Surfmeister dürfen sich in den fast ganz von Wasser umschlossenen Tunnel wagen, alle anderen laufen Gefahr, von den tonnenschweren Wellenmassen erschlagen zu werden! Auch der nächste Strandabschnitt des selbst im Sommer gefährlichen **Banzai Beach** ist solch ein Platz, der sogar den erfahrensten Surfern allen Mut und ihr ganzes Können abverlangt.

Abgelöst wird dieser Strand von einer größeren Bucht zur Rechten, an der der **Pupukea Beach Park** liegt. Durch Lavariffe vor der hohen Brandung geschützt, reizt sein Sandstrand sommers wie winters zum Baden, und die durch das Riff in verschiedene, an Lagunen erinnernde Becken abgetrennten Abschnitte sind ein Eldorado für Taucher und Schnorchler.

Bei der Weiterfahrt reizt links der Straße die alte katholische **Kirche** *St. Peter & Paul* zu einer Besichtigung, hinter der sich anschließend der wunderbare, weiße Sandstrand der Waimea Bay ausbreitet. Bevor Sie dorthin fahren, lohnt ein kurzer Abstecher nach links (über die *Pupukea Rd.* am Supermarkt *Foodland*) zu den Überresten eines erhöht gelegenen Tempels:

Puu O Mahuka Heiau

Nach gut 1 km auf der *Pupukea Rd.* und einem weiteren Kilometer auf einer ungepflasterten Straße (Hinweisschild) erreicht man die Grundmauern des größten erhaltenen Tempels von Oahu. Ein doppelter, enorm großer Steinwall rahmt eine rechteckige Fläche von 150 x 45 m ein, in der einstmals die Grastempel und Plattformen für kultische Handlungen gestanden haben. Dazu gehörten wohl auch die blutigen Menschenopfer, zu denen der Überlieferung nach 1794 auch drei Seeleute aus der Mannschaft des Kapitäns *Vancouver* gehörten. Der **Heiau** wurde mehrfach vergrößert, zuletzt 1819 durch König *Kamehameha II.* Doch auch nach Abschaffung der Menschenopfer und der Durchsetzung des Christentums scheint die Heiligkeit des Ortes bis in die heutige Zeit fortzudauern, denn immer noch sieht man Votivgaben (Obst, Blumen), die Hawaier auf dem Mauerring niederlegen. Der Besuch der Kultstätte ist jedoch nicht nur für historisch oder archäologisch Interessierte zu empfehlen, denn sie bietet jedermann einen wunderbaren Ausblick über die *Waimea Bay* und an der Küste entlang bis hin zum *Kaena Point.*

Wieder auf dem Highway, gelangt man in wenigen Minuten zum *Waimea River,* der hier in die **Waimea Bay** mündet. In dieser Bucht landeten 1779 die ersten Weißen auf Oahu, in einem Gebiet, das damals zu den dichtest besiedelten der Insel gehörte. Sofort vor der Brücke (mit eigener Fußgängerspur) über den Fluß lohnt sich der Abstecher in das grüne *Waimea Valley,* zu dem eine gut ausgeschilderte Straße nach links abzweigt. Nach einer kurzen Fahrt parallel zum mangrovenbestandenen Flußufer endet der Weg am *Waimea Falls Park*, der größten Touristenattraktion an der Nordküste.

Waimea Valley / Waimea Falls Park

Direkt am Parkplatz des Privatparks begrüßt einen der **Tempel** *Hale O Lono Heiau.* Er war früher dem Wetter- und Ackerbaugott *Lono* geweiht, wurde später von den Archäologen ausgegraben und komplett wiederhergestellt. Das Parkgelände betritt man durch das Besucherzentrum mit Souvenirläden und zwei Restaurants, danach ist das (hohe!) Eintrittsgeld zu bezahlen. Achten Sie beim Eingang darauf, daß Sie einen Lage- und Zeitplan aller Aktivitäten bekommen und bitten Sie um die instruktive Broschüre in deutscher Sprache.

Rekonstruiertes Grashaus

Der Park umfaßt 730 ha und ist von zahlreichen Wander- und asphaltierten Wegen durchzogen. Bis zum Talende an den *Waimea Falls* sind es 1½ km, die man auch mit einem offenen Tramwagen zurücklegen kann (Abfahrten alle 30 Minuten). Die **Attraktionen** des Geländes umfassen rekonstruierte althawaiische Gebäude, Tempel und Terrassen, ein tropisches Naturschutzgebiet, ein kleines Wildgehege, Volieren mit 30 Vogelarten, ein Arboretum mit über 2.000 Vertretern der Flora (Schwerpunkt: Vegetation des pazifischen Raumes) und etliche Vorstellungen (Hula-Tanz, althawaiische Gesänge, Spiele und andere Kulturtechniken). Die meisten Besucher streben zuerst der 15 m hohen Klippe am Talende zu, über die sich der *Kamananui Stream* nach unten ergießt. Diese Kaskade ist die Naturbühne für Klippenspringer, die sich halsbrecherisch den Wasserfall herunterstürzen – ursprünglich eine Mutprobe für die Adeligen des Tales.

Hinweis

Waimea Falls Park, 59-864 Kamehameha Hwy., Tel.: 638-8511, Eintritt US$ 19,90, tägl. 10.00-17.30 h geöffnet, das Abendessen wird im *Peacock*-Restaurant bis 21.00 Uhr serviert; kostenloser Bus-Service von/nach Waikiki unter Tel.: 955-7276.

Tänzer im Waimea Falls Park

Insgesamt ist das **Waimea Valley**, das natürlich nicht gänzlich vom *Waimea Falls Park* ausgefüllt wird, 7,3 km² groß. Gegen Ende des 11. Jhds wurde es als heiliges Tal *'Hewa Hewa'* unter die Schutzherrschaft von Priestern gestellt, später dem Hohepriester *(kahuna nui)* von *Kamehameha I.* übergeben. Heute sind bei genügend Zeit in dem grünen Tal eine ganze Reihe von Freizeitaktivitäten möglich. So bietet die Parkverwaltung **Jeeptouren** bis auf den Bergkamm an, von dem aus das gesamte Tal zu überblicken ist. Auch werden **Mountainbikes** verliehen und **Kajaks**, auf denen man den *Waimea Stream* bis hinab zum *Waimea Beach* paddeln kann. Nähere Auskünfte über diese Touren erhalten Sie im Besucherzentrum von Waikiki oder unter Tel.: 638-8511.

Zurück auf dem Highway, überquert man den Fluß auf einer Doppelbrücke und passiert sofort dahinter den **Waimea Bay Beach Park**. Der schöne Sandstrand lädt zum Sonnenbaden und zu Strandwanderungen ein, und oft ist das Wasser so spiegelglatt, daß man gefahrlos schwimmen, schnorcheln oder tauchen kann. Im Winter jedoch brausen hier die mächtigsten Wellenkämme an die Nordküste, Wassergebirge von der Höhe und Zerstörungskraft eines *Tsunamis.* 18 m hoch soll die Brandung gewesen sein, die 1969 mit unvorstellbarer Wucht über die *Waimea Bay* hereinbrach und mit einem Schlag 30 Wohnhäuser vernichtete ...

Einen guten Überblick über Bucht und Strand erhalten Sie von einem Hügel links des Highways, den man leicht mit dem Wagen erreicht. Nun sind es noch 7 km bis Haleiwa, eine kurze Strecke, die von den spärlichen Resten der althawaiischen Kultstätte *Kupupolo Heiau* zur Linken und dem **Kawailoa Beach** zur Rechten begleitet wird.

Haleiwa

Am Ortseingang, noch vor der ersten historischen Brücke (1921), passiert man den **Puaena Point**, an dem eine weiße kleine Säule an die ortsansässigen Gefallenen im Zweiten Weltkrieg erinnert. Dahinter kann man seinen Wagen auf dem großen Parkplatz abstellen und dem schönen Sandstrand des *Haleiwa Regional Park* einen Besuch abstatten sowie den Blick auf die gebirgige Küstenlinie bis zum *Kaena Point* genießen. Sofort an der rustikalen Brücke begrüßt einen der kleine Bootshafen, an den sich ein weiterer Strand *(Haleiwa Alii Beach Park)* anschließt.

Die Ortschaft selbst diente im 19. Jhd Königin *Liliuokalani* als Sommerfrische, hier hatte sie ihre Residenz und ließ Fischteiche bauen, die immer noch existieren (vor der Brücke). Ihr zu Ehren wurde die **Queen Liliuokalani Church** als erste Kirche an der Nordküste gebaut, die man nach ihrer Zerstörung wiedererrichtete und die heute das wichtigste Besichtigungsziel des Ortes darstellt. Später wurde Haleiwa (= 'Heimat des Fregattvogels') nicht nur als Mekka der Surfsportler, sondern auch als Heimat von Künstlern, Hippies und Alternativen bekannt, die hier einige Billigunterkünfte, Naturkostläden und Cafés betreiben. Nachdem viele der alten Holzhäuser mit ihren Veranden abgerissen worden sind, hat der Ort jedoch viel von seinem ursprünglichen Charme eingebüßt.

Ansonsten ist Haleiwa eine Kleinstadt wie viele andere. Bleibt man auf dem *Kamehameha Hwy.*, kann man im *Kua Aina* mit die besten Hamburger von Oahu bekommen. Einkaufsmöglichkeiten gibt es kurz davor im *Haleiwa Shopping Plaza* und, direkt vor der Doppelbrücke, auf dem *North Shore Marketplace.* Wer Lust zu einer kleinen Rundfahrt hat, sollte nach der Brücke am Bootshafen auf die *Haleiwa Rd.* abbiegen und später über die *Waialuia Beach Rd.* wieder zum Highway zurückkehren. Und noch ein Tip zum Essen: Das beste Frühstück und ein gutes Mittagessen gibt's im *Café Haleiwa*, während zum Abendessen *Jameson's by the Sea* die beste Adresse ist:

Restaurant

Jameson's by the Sea ($$), 62-540 Kamehameha Hwy. (vor der ersten Brücke), Haleiwa, Tel.: 637-4336, tägl. 11.00-22.00 Uhr geöffnet; sehr gutes Fisch- und Seafood-Restaurant, herrlicher Blick von der zweiten Etage auf Königin *Liliuokalanis* Fischteiche und den Sonnenuntergang.

9.5.3 VON HALEIWA ZUM KAENA POINT

Wer das Ortszentrum von Haleiwa verläßt, gelangt auf dem *Kamehameha Hwy.* über eine Doppelbrücke zum Kreisverkehr, auf den auch die *Waialuia Beach Rd.* stößt. Während vom Kreisel der *Kamehameha Hwy.* (Hwy. 99) durchs Inselinnere wieder in Richtung Honolulu führt (KAPITEL 9.6.2), kann man den Weg an der Nordküste über die *Waialuia Beach Rd.* fortsetzen, die nach einigen Meilen auf den **Hwy. 930** *(Farrington Hwy.)* stößt. Es ist auch möglich, am Kreisverkehr geradeaus zu fahren *(Kaukonahua Hwy.)*, um etwas später auf diese Hauptstraße rechts abzubiegen. Dabei würde man jedoch die schöne Szenerie der **Kaiaka Bay** mit dem gleichnamigen **Beach Park** verpassen. Vor dem Hintergrund des höchsten Berges der Insel, dem *Mount Kalaa* (1.227 m), breitet sich dort ein schöner Sandstrand aus, der im Winter die gewohnt hohe Brandung der Nordküste aufweist. Aber auch im Sommer kann die Dünung beträchtlich sein, und es ist ratsam, den Wellengang und andere Badegäste zu beobachten, bevor man sich selbst ins Wasser wagt.

Gleiches gilt auch für den 10 km langen **Mokuleia Beach**, dem nächsten Sandstrand an der *Kaiahulu Bay.* Am Ende der Bucht und nahe zum *Mokuleia Beach Park* erstrecken sich rechts des *Farrington Hwys* die **Mokuleia Polo Grounds**, die vielleicht exklusivste Sportstätte des Bundesstaates. Von März bis Juli kann man hier sonntags einige der weltbesten Polomannschaften der Welt spielen sehen und dabei – mit viel Glück – auch Prominenz, wie *Prinz Charles*. Sollten Sie in dieser Zeit an einem Sonntag hier unterwegs sein, machen Sie es wie die Einheimischen: Decken Sie sich mit Lebensmitteln ein und beobachten Sie das Spektakel in Verbindung mit einem Picknick.

Eine kurze Wegstrecke weiter erstreckt sich links der Straße das **Dillingham Airfield**, von dem vielfältige Freizeitaktivitäten ausgehen. Flugzeuge steigen auf, um Fallschirmspringer zu ihren Startpunkten zu bringen, Segelflugzeuge nutzen den warmen Aufwind an den 600 m hohen Flanken der *Waiane Mountains*, historische Doppeldecker beginnen am *Dillingham Airfield* ihre Tour in Richtung Pearl Harbor auf den Spuren des japanischen Angriffs.

Hinter dem Flughafen dauert es nicht lange, bis ein Stopp- und Warnschild das Ende der asphaltierten Straße ankündigt. Wer die nächsten 2 km bis zum Nordwestkap bezwingen möchte, ist auf einen Geländewagen, ein stabiles Mountainbike oder auf Kondition angewiesen. Wanderer können ein Stück des Weges anstelle auf der extrem holprigen Sandpiste auch am Strand des langgezogenen **Kaena Point State Park** zurücklegen. Das Ziel der wenigen Besucher ist dabei in jedem Fall die westlichste Spitze der Insel Oahu, der **Kaena Point**. Der Name *(kaena* = 'Hitze') wurde der spitz zulaufenden Landzunge aus gutem Grund gegeben: Die fast ständig scheinende Sonne sorgt für Höchsttemperaturen, und die ausgedörrte Natur trägt einen wüstenhaften Charakter. Von diesem Kap aus treten nach althawaiischem Glauben die Seelen der Verstorbenen ihre Reise zur Urheimat Hawaiki an. Auch ohne diesen spirituellen Hintergrund lohnt sich die Mühe der Anreise: vor sich der Blick auf zwei Küsten und den Dreiviertelkreis des Meeres, im Hintergrund die steil aufragenden Klippen der *Waiane Mountains* mit dem alles überragenden *Mount Kalaa*, dazu eine fast menschenleere Einsamkeit – wie weit entfernt scheint da die übrige Welt und die Hektik der Metropole Honolulu?!

9.6 FAHRT DURCH DAS INSELINNERE

9.6.1 ÜBERBLICK UND REISEPRAKTISCHE HINWEISE

Nach der beeindruckenden Szenerie der Ost- und Nordküste hält das Inselinnere keine landschaftlichen Sensationen mehr bereit, so daß die Rückfahrt nach Honolulu zügig vonstatten gehen kann. Ab Haleiwa benutzt man dazu den **Hwy. 99** *(Kamehameha Hwy.)*, wer weiter an der Nordküste vorgedrungen ist, kann auch über den parallelen **Hwy. 803** *(Kaukanahua Rd.)* fahren. Beide Routen führen auf die Hochebene, die sich zwischen den beiden vulkanischen Gebirgsstöcken der *Koolau Range* und *Waiane Mountains* ausbreitet und die fast ausschließlich landwirtschaftlich genutzt wird. Auffällig ist überall die rote Erde, deren Farbe durch vulkanische Asche mit oxidiertem Eisen zustande kommt – ein idealer Boden für den Anbau von Zuckerrohr und Ananas.

In Wahiawa, das von ausgedehnten Militäranlagen umgeben ist, kommen die Highways zusammen, und die Fahrt in den Süden kann man nun wahlweise auf dem **Hwy. 99** oder der Autobahn **H-2** fortsetzen. Eine landschaftlich reizvollere Alternative wäre der **Hwy. 750**, der nahe an der westlichen Bergkette entlang geht und im Süden hinter Waipahu auf den *Freeway* **H-1** stößt. Die Gesamtstrecke von der Nordküste nach Pearl Harbor, an der keine besonderen Unterkünfte oder Restaurants zu nennen sind, dauert maximal ½ Stunde.

9.6.2 VON DER NORDKÜSTE NACH PEARL HARBOR

Auf der bestausgebauten und am häufigsten benutzten Route verläßt man die Nordküste am Ortsausgang von **Haleiwa**, wo der *Kamehameha Hwy.* – ab jetzt der **Hwy. 99** – vom Hwy. 83 abzweigt. Die breite und gut ausgebaute Straße führt stetig, aber ohne große Steigungen, bergan, wobei zunächst Zuckerrohrfelder, dann Ananasplantagen den roten Untergrund bedecken. Ein beliebter Stopp auf dem Weg ist nach ca. 10 Minuten der von hohen Eukalyptusbäumen flankierte **Dole Pineapple Pavillon** auf der linken Seite (großer Parkplatz, Abfahrt am Schild *Helemano Plantation*).

- **Dole Pineapple Pavillon**

Der von Individualtouristen und Reisebusgästen stets gut gefüllte Bau ist nichts anderes als ein großer Souvenirshop, in dem alles, was man aus und mit Ananas herstellen kann, verkauft wird. Hier findet man neben viel Kitsch Ananaswein oder -likör, Ananasfrüchte im Korb, mit Schokolade überzogene Ananas, alte Dole-Reklameschilder, T-Shirts usw. Auch ohne Kaufabsicht sollte sich keiner die Gelegenheit entgehen lassen, sich kostenlos ein oder mehrere Gläser frischen Ananassaftes selbst zu zapfen. Sehr lehrreich ist der botanische Lehrpfad rechts des Pavillons, wo man viele unterschiedliche Ananaspflanzen aus nächster Nähe betrachten kann und wo man auf Tafeln über viele Aspekte ihres Anbaus informiert wird.

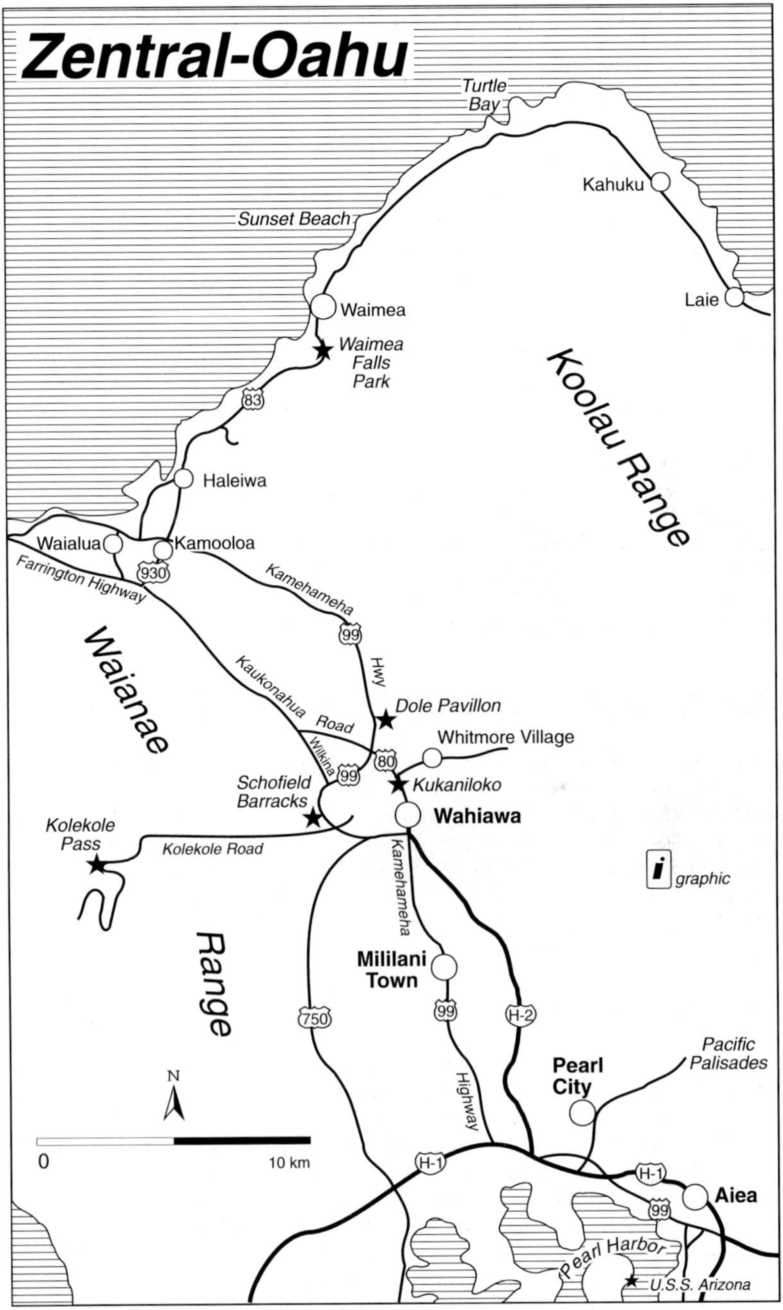
Zentral-Oahu
Turtle Bay
Kahuku
Sunset Beach
Laie
Waimea
Waimea Falls Park
Koolau Range
83
Haleiwa
Waialua
Kamooloa
930
Farrington Highway
Kamehameha
99
Hwy
Waianae
Kaukonahua Road
Dole Pavillon
Whitmore Village
Wilkina
80
99
Schofield Barracks
Kukaniloko
Wahiawa
Kolekole Pass
Kolekole Road
Kamehameha
graphic
Range
Mililani Town
99
H-2
750
Pacific Palisades
Pearl City
Highway
N
0
10 km
H-1
H-1
Aiea
99
Pearl Harbor
U.S.S. Arizona

Öffnungszeiten
Dole Plantation, 64-1550 Kamehameha Hwy., Wahiawa, Tel.: 621-8408; tägl. 9.00-17.30 h geöffnet.

Reiten
Rechts des Pavillons kann man für 10 US$ eine Runde auf dem Pferderücken durch das Gelände unternehmen. Ein einstündiger geführter Ausritt kostet US$ 25 und sollte bei der *Huku-Ranch* vorher telefonisch bestellt werden (Tel.: 622-2100).

INFO

Die Dole Company und der Ananasanbau auf Oahu

Die Ananas ist eine ***vitaminreiche*** *und für den menschlichen Stoffwechsel und Verdauungsapparat sehr* ***gesunde Frucht****. Außer ihrem Fruchtfleisch bzw. dem daraus gewonnenen Saft liefert sie den Grundstoff für alle möglichen alkoholischen* ***Getränke*** *sowie pharmazeutische Artikel. Daneben können auch die Schalen und Blätter der Pflanze als* ***Viehfutter*** *genutzt werden, weswegen man oft Rinderherden in der Nähe der Ananasplantagen sieht.*

James D. Dole

Ursprünglich stammt die Ananaspflanze aus Brasilien und wurde um 1820 in Hawaii eingeführt, allerdings in sehr geringen Mengen. Wegen der langen Transportwege und der schlechten Konservierungsmöglichkeit schien der Profit im Vergleich zum Zuckerrohr einfach zu gering. Es war dem Agronomen ***James Drummond Dole*** *aus Boston vorbehalten, als erster die mögliche Bedeutung dieses Wirtschaftszweiges für Hawaii zu sehen. 1899 nach Oahu gekommen, fand er in dem roten Boden der Insel ideale Wachstumsbedingungen vor und ließ bei Wahiawa auf einem 24 ha großen Gelände die erste Plantage anlegen. Dazu benutzte er nicht die brasilianische Ananas, sondern die aus Jamaica stammende* ***Cayenne-Frucht****, die 1886 in Hawaii eingeführt worden war. Diese, mit bis zu 3 kg besonders schwere und sehr süße Ananas wird auch heute noch bevorzugt angebaut. Die Früchte der von ihm gegründeten* ***'Hawaiian Pineapple Company' (1901)*** *wurden in Honolulu in der* ***1906*** *errichteten* ***Konservenfabrik****, damals die größte der Welt, zu Dosenananas verarbeitet und zu den Weltmärkten verschifft. Das später in* ***Dole Company*** *umbenannte Unternehmen wurde zum wichtigsten Exporteur von Ananas in die USA und in die gesamte Welt.* ***1922*** *konnte die Firma fast die* *gesamte Insel **Lanai** aufkaufen und dort die größte Ananasplantage der Welt errichten.*

*Bis nach dem Zweiten Weltkrieg dominierten die Dole Company und die Konkurrenzgesellschaft **'Del Monte'** von Hawaii aus den internationalen Ananasexport. Danach fiel dessen Bedeutung wegen der asiatischen und südamerikanischen Konkurrenz, die billiger produzieren konnte, zurück, und viele Felder mußten stillgelegt werden. Für den amerikanischen Markt, auf dem immer noch rund 90% der Früchte aus Hawaii stammen, bleibt dieser Wirtschaftszweig jedoch auch in absehbarer Zukunft enorm wichtig.*

*Beim **Ananasanbau** benutzt man hauptsächlich die Krone der Frucht als neues Pflanzmaterial. Daraus entsteht dann innerhalb von etwa 15 Monaten eine scharfblättrige, bis zu 1 m hohe Pflanze, deren Knospe in der Mitte die erste Frucht darstellt. Nach weiteren 13-14 Monaten wächst eine zweite Frucht heran. Um die ganzjährige Nachfrage nach Ananas zu befriedigen, wird auch das ganze Jahr über gepflanzt, und zwar ausschließlich in Handarbeit. Bei der Dole Plantation werden auf einem Acre (= 0,405 ha) durchschnittlich **27.000-33.000 Früchte** gepflanzt. Die Trockenheit der zentralen Ebene bringt es mit sich, daß die Felder **bewässert** werden müssen, wobei mit einer speziellen Methode die Leitungen innerhalb der Ananaslinien verlaufen. Außerdem werden die Ananas mit Nitrogen und Eisen, die in flüssiger Form auf den Boden gesprayt werden, **künstlich gedüngt**. 18-22 Monate nach dem Pflanzen kann **geerntet** werden, eine Arbeit, die ebenfalls **manuell** vor sich geht. Auf der Dole Plantation erntet man innerhalb von vier Jahren zwei Felder ab oder drei Felder in fünf Jahren. Nachdem das letzte Feld abgeerntet ist, wird es 'stillgelegt', und ein neuer Zyklus beginnt mit der Präparierung des Landes. Nach der Ernte werden die Früchte in speziellen Behältern zur Fabrik gebracht, wo man sie zu Ananassaft oder Dosenananas verarbeitet. Die Ananasfrüchte von Wahiawa werden zu 60-70% als frische Früchte vermarktet, der Rest wird weiterverarbeitet.*

Die Ananas

*Auffällig sind die **schwarzen Plastikstücke**, die man auf den Plantagen sieht und deren Fetzen wie Asche überall in der zentralen Ebene herumfliegen. Das Plastik hat mehrere Aufgaben: Erstens soll es Schädlinge und Unkraut von den Pflanzen abhalten, zweitens die Feuchtigkeit konservieren, drittens die Hitze in der Erde halten, um das Wachstum der Wurzeln anzuregen, viertens schließlich die Pflanzung markieren.*

Nach dem Besuch des *Dole Pineapple Pavillon* setzt man die Fahrt ein kurzes Stück auf dem **Hwy. 99** fort, bis man zur Kreuzung mit dem **Hwy. 80** kommt. Dort, wo sich die Straße gabelt, hat man Gelegenheit zum Besuch des **Pineapple Variety Garden**, einem weiteren Ananas-Lehrpfad. Er wurde von der Firma *Del Monte* angelegt, der zweitgrößten Gesellschaft und direkter Konkurrent der *Dole Company*. Auf dem kleinen Gelände (ausgeschildert) sind 24 verschiedene Ananas-Arten zu sehen.

Bleiben Sie nun auf dem **Hwy. 80**, kommen Sie bald zu einer Ampel, an der die *Whitmore Ave.* nach links zur Ortschaft **Whitmore Village** abgeht, während nach rechts ein unasphaltierter Feldweg zu einem von großen Steinen eingefaßten Parkplatz zuführt, hinter dem sich ein schon von weitem sichtbarer Hain mit hohen Bäumen befindet. Hierbei handelt es sich um das Areal der **Kukaniloko Birth Stones**, zu dem früher die Frauen der *Alii,* also der Häuptlinge und Adligen, zur Geburt ihrer Nachkommen pilgerten. Jedes Kind, das in dem etwa 800 Jahre alten heiligen Platz *Kukaniloko* auf die Welt kam, besaß von vorneherein einen hohen gesellschaftlichen Status. Man sieht deutlich, daß mehrere dieser 'Geburtssteine' bearbeitet worden sind, die oft abgebildeten Felszeichnungen aber sind nur schwer zu erkennen (werden jedoch in gewissen Abständen immer wieder nachgezeichnet).

An den Kukaniloko Birth Stones

● Wahiawa

Kurze Zeit später wird es auf dem **Hwy. 80** idyllisch, wenn man auf einer engen Stahlbrücke einen Seitenarm des *Wahiawa Reservoir* überquert. Das aufgestaute Gewässer markiert die nördliche Grenze von Wahiawa – Oahus einzige Binnenstadt – und zieht sich in weitem Bogen westlich und südlich des Ortes herum. Wahiawa ist gleichzeitig das landwirtschaftliche Zentrum der Insel und mit der *Wheeler Air Force Base* und den *Schofield*-Kasernen ein wichtiger Stützpunkt der Armee. Während der Ort an sich uninteressant ist, lohnen die **Wahiawa Botanic Gardens** an der *California Ave.*, die nach links vom Hwy. 80 abzweigt, einen Besuch. Hier wurden seit den 1950er Jahren Gewürzbäume, Orchideen und andere Pflanzen aus tropischen Gebirgsregionen angepflanzt.

Am südlichen Ortsausgang gelangt man hinter der zweiten Brücke *(Wilson Bridge)* erneut zu einer Kreuzung, an der die **Hwys 99** und **80** sowie der Freeway **H-2** zusammenkommen. Ab hier ergeben sich nun drei Möglichkeiten der Weiterfahrt:

① Bei wenig Zeit stellt die Autobahn **H-2** die beste Route dar, die einen zügig nach **Pearl City**, **Aiea** und **Pearl Harbor** bringt. Kurz vor der Bucht kreuzt sie den sechsspurigen Freeway **H-1**, auf dem man die Fahrt wahlweise nach Honolulu oder an die Westküste fortsetzt. Sollte auf Ihrem Programm noch ein Abstecher zum **Arizona Memorial** stehen, dann nehmen Sie auf Höhe des *Aloa Stadium* den *Exit 13 A*, auf dem Sie wieder den Hwy. 99 erreichen.

② Genausogut kann man in Wahiawa auf dem **Hwy. 99** bleiben, der vom Hwy. 80 den Namen *Kamehameha Hwy.* übernimmt. Er verläuft auf einer westlichen Route parallel zum Freeway und erfordert wegen vieler Ampeln einen größeren Zeitaufwand. Dafür wird man jedoch am Golfplatz und durch das Ortszentrum von **Mililani** geführt, anschließend geht es durch Ananasplantagen auf die Bucht von Pearl Harbor zu und unter den Freeways hindurch. Wer noch das **Arizona Memorial** besuchen möchte, ist auf dem Highway genau richtig. Sollten Sie vorher Lust auf einen ausgiebigen Einkaufsbummel haben, könnten Sie vom *Hwy. 99* nach links über die *Pali Momi St.* zum nahen "**Pearlridge Center**" abbiegen. Das Einkaufszentrum mit seinen drei Komplexen ist eins der modernsten und größten des Staates und besitzt nicht weniger als 170 Läden (Mode, Lebensmittel, Kaufhäuser, Spielzeug etc.), 16 Kinos, 45 Restaurants und mehrere Plätze mit regelmäßigem Entertainment. Als besondere Attraktion werden die Gebäude durch eine Monorail miteinander verbunden.

Öffnungszeiten

Pearlridge Center, 231 Pearlridge Center, Aiea, Tel.: 488-0981; geöffnet Mo-Sa 10.00-21.00 h, So 10.00-17.00 h

③ Bei dieser längeren Alternative fahren Sie hinter Wahiawa nach rechts auf den **Hwy. 99** *(Wilikina Dr.)* und kommen nach wenigen Minuten zum Militärgelände der **Schofield Barracks** und zur Kreuzung mit dem **Hwy. 750** *(Kunia Rd.)*. Auf diesen biegen Sie links ab und begeben sich nun auf eine landschaftlich sehr reizvolle Strecke am Fuß der Bergkette. Ein erster möglicher Abstecher ergibt sich nach wenigen hundert Metern an der *Foote Gate*, durch die Sie an Kasernen vorbei und über die *Lyman Rd.* und die *Kolekole Pass Rd.* auf den **Kolekole Pass** im Osten zufahren können. Dieser deutlich sichtbare Einschnitt in die *Waianae Mountains* war das natürliche Tor, durch das die japanischen Piloten im Dezember 1941 ihren Überraschungsangriff auf Pearl Harbor flogen. Gleichzeitig bestimmte ihn die Legende zur Heimat von *Kolekole*, der Schutzgöttin der Insel Oahu. Die asphaltierte Straße windet sich bis auf die Paßhöhe von 525 m nahe dem weißen Betonkreuz hinauf, von der aus man eine weite Aussicht auf beide Seiten der Insel hat. Unmittelbar am Parkplatz kann man auf Fußwegen zu weiteren Aussichtspunkten gelangen, u.a. zu einem heiligen Stein aus althawaiischer Zeit, der bei Kulthandlungen und Hinrichtungen eine Rolle spielte.

Die Straße hinunter zur Westküste ist dann allerdings dem Miltär vorbehalten, d.h. man muß wieder die gleiche Strecke bis zum *Hwy. 750*. Auf diesem geht es am Golfplatz des *Hawaii Country Club* und durch Ananas- und Zuckerrohrplantagen in den Süden, wo man vor der Ortschaft Waipahu auf die Autobahn **H-1** stößt. Auf dieser kommen Sie entweder zur Westküste oder über **Waipahu** und **Pearl City** zum *Pearl Harbor* bzw. weiter nach **Honolulu**.

9.7 FAHRT ENTLANG DER WESTKÜSTE

9.7.1 ÜBERBLICK UND REISEPRAKTISCHE HINWEISE

Die ca. 32 km lange Westküste *("Waianae Coast")* lag lange Zeit außerhalb des touristischen Horizontes, und obwohl sie viele gute Sandstrände, eine Schönwetter-Garantie und inzwischen auch einige Hotels und Golfplätze besitzt, wird sie

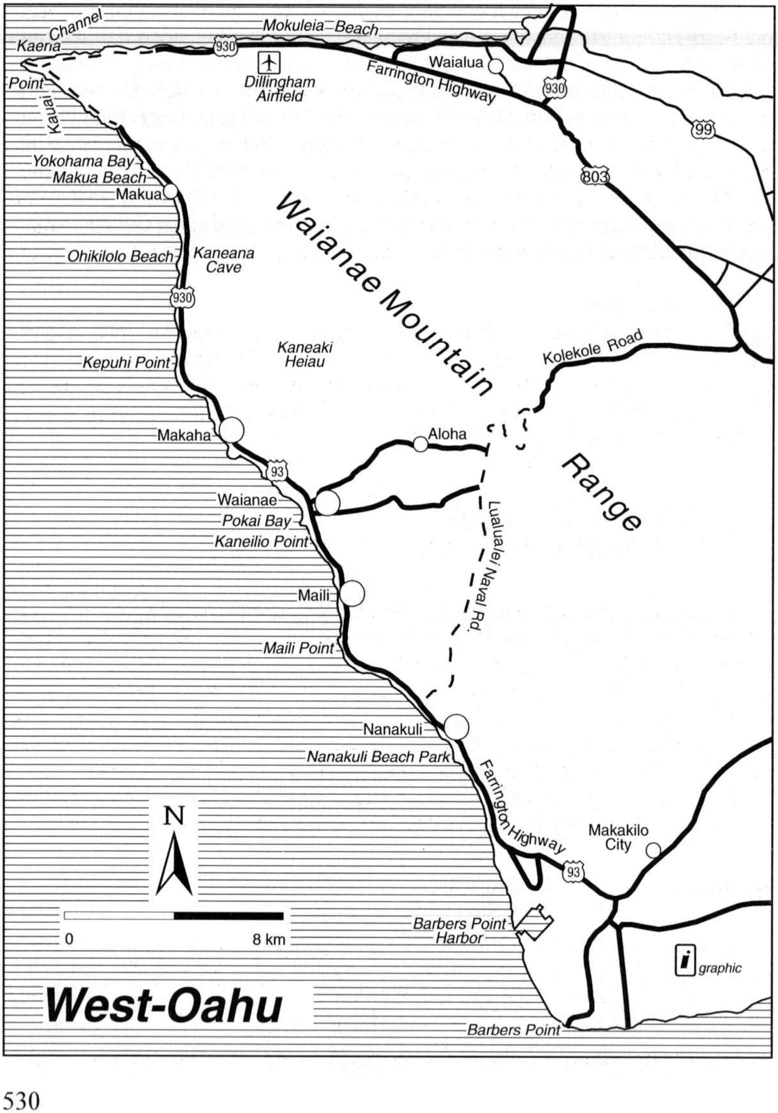

von Urlaubern immer noch wenig besucht und taucht nur selten im Sightseeing-Programm der Reiseveranstalter auf. Durch die *Waianae Mountains* vor den Passatwinden geschützt und damit vom Regen abgeschnitten, ist an den trockenen Berghängen Landwirtschaft kaum möglich, weshalb die zerklüftete Küste auch nur spärlich besiedelt ist: Weniger als 30.000 Menschen leben hier, die meisten davon sind hawaiischen Ursprungs und als Fischer tätig. Viele von ihnen sind dem Fremdenverkehr nicht unbedingt aufgeschlossen, und man hat manchmal den Eindruck, daß sie am liebsten unter sich bleiben möchten. Trotzdem lohnt sich der Abstecher zur Westküste auch wegen ihrer Bewohner, denn ursprüngliches polynesisches Leben, sofern es sich überhaupt auf Oahu erhalten konnte, ist hier noch am ehesten zu finden.

Hinsichtlich der **Unterkünfte** gibt es Pläne, im Südwesten zwischen *Ewa Beach* und *Barbers Point* – also noch im Großraum Honolulu – eine ganze Reihe neuer Hotelanlagen aus dem Boden zu stampfen. Bislang aber stehen nur in Waipahu einige Pensionen, vereinzelte Ferienhäuser sowie First-Class-Herbergen in Kapolei und Makaha zur Verfügung. **Restaurants** sind an der Westküste rar gesät. Wer nicht in den Hotels oder in einem der beiden McDonald's essen möchte, sollte sich in den rustikalen Siedlungen mit Lebensmitteln für ein zünftiges Strand-Picknick eindecken.

Die die gesamte Westküste erschließende Straße ist der **Hwy. 93** *(Farrington Hwy.)*, der in Pearl Harbor am Hwy. 99 bzw. am Autobahndreieck der H-1/H-2 seinen Ausgang nimmt. Alle Wege jedoch enden an der *Yokohama Bay,* danach geht es nur noch zu Fuß, mit dem Pferd oder auf einer Extremtour mit Jeep oder Mountainbike weiter.

9.7.2 VON PEARL HARBOR BIS ZUR YOKOHAMA BAY

Die Anreise zu dieser Etappe erfolgt von **Waikiki/Honolulu** am besten über den Freeway **H-1**, der einen weiten Bogen um die einzelnen Buchten von **Pearl Harbor** schlägt *(East Loch, Middle Loch* und *West Loch)*. Nördlich vom *Middle Loch* gabelt sich die Autobahn auf: Die H-2 geht durch's Inselinnere über Wahiawa nach Norden (KAPITEL 9.6.2), die H-1 verläuft weiter in westlicher Richtung. Wer zügig vorankommen möchte, sollte auf der H-1 bleiben, wer Lust auf eine kleine Rundfahrt in Waipahu und/oder einen ersten Abstecher zur Südküste verspürt, sollte am Autobahndreieck auf den **Hwy. 93** *(Farrington Hwy.)* abzweigen; beide Straßen verlaufen parallel und vereinen sich ca. 15 km weiter westlich.

Waipahu

In Waipahu (= 'stürzendes Wasser') kann man weder Reichtum noch architektonische Schönheiten entdecken: Immer noch bestimmen Zuckerrohranbau und -verarbeitung das Bild der letzten wirklichen Stadt vor der Westküste. Um die letzte Zuckermühle gruppieren sich einfache Arbeiterhäuser, einfallslose Shopping-Center und primitive Imbißbuden. Der langjährige Preisverfall für Rohrzukker hat den Ort schwer getroffen, und seine Einwohner – darunter auffällig viele Philippinos – können nicht gerade als wohlhabend bezeichnet werden. Trotzdem oder gerade deswegen sollte man sich Waipahu ruhig eimal ansehen, besonders jene Touristen, die nicht nur die Sonnenseite Hawaiis erleben möchten, sondern auch an der Alltagsrealität interessiert sind.

Während die H-1 die Stadt nördlich umgeht, fährt man auf dem Hwy. 93 geradewegs durch sie hindurch. An der Kreuzung mit der *Waipahu St.,* kurz vor der grünen Oase des *Waipahu Cultural Garden Park*, lohnt es sich, zum **Hawaii's Plantation Village** abzubiegen, in dem versucht wurde, die Kulisse einer alten Zuckerrohr-Siedlung nachzustellen. Bei der Besichtigung sieht man neben einer Zuckermühle auch die Quartiere der Arbeiter, einschließlich der harten Lebensumstände früherer Zeiten, die auch in Ausstellungen und Fotos dokumentiert sind. Geführte Touren finden jede volle Stunde zwischen 9.00-15.00 h statt.

Öffnungszeiten
Hawaii's Plantation Village, 94-695 Waipahu St., Waipahu, Tel.: 677-0110, Eintritt; Mo-Sa 8.00-16.00 h geöffnet.

Zurück auf dem *Farrington Hwy.*, passiert man am Ortsausgang das **kommerzielle Zentrum** Waipahus mit seiner *'Shopping Plaza'* und dem benachbarten *'Shopping Village',* danach kommt man zur Kreuzung mit dem **Hwy. 76** *(Fort Weaver Rd.)*.

Hier kann man den oben erwähnten Abstecher zur Südküste anschließen, indem man auf den Highway nach links abbiegt. Dabei bringt einen die *Fort Weaver Rd.* mitten durch das große Gelände des *West Loch Golf Course* und an Querstraßen vorbei, die zum hübschen *West Loch Shoreline Park* führen. Auf schnurgerader Strecke, auf der man linkerhand einen weiteren Golfplatz passiert, geht es anschließend auf **Ewa Beach** zu. Wo der Hwy. 76 kurz vor dem Ufer in einer Linkskurve endet, hat man die Wahl zwischen zwei gleichwertigen Stränden: folgt man der *Fort Weaver Rd.* nach links, gelangt man zum **Ewa Beach Park**, hinter dem sich der dritte große Golfplatz erstreckt, fährt man hingegen nach rechts, kommt man zum **Oneula Beach Park**. Beide sind ganzjährig sichere Badestrände, obwohl nicht so schön wie die an der Westküste. Ansonsten gibt es in Ewa Beach eine besondere Attraktion für Fans von historischen Eisenbahnen: das Depot der **Ha-**

Die Dampflok "Ewa I."

waiian Railway Society, in dem mehrere alte Lokomotiven und Zugwaggons ausgestellt sind, u.a. die Dampflok *"Ewa I."* aus den 1890ern. Jeden Sonntag startet sie um 13.00 und 15.00 Uhr auf einer historischen Strecke, die ehemals der *Oahu Railway & Land Company* gehörte, zu einer 90minütigen Rundfahrt durch Zuckerrohr- und Sisalplantagen zur *Paradise Cove* (s.u.). Damit ist dies die einzige verbliebene Eisenbahnstrecke in Funktion; früher verband die Zuglinie Ewa Beach mit Haleiwa im Norden.

Hinweis
The Hawaiian Railway Society, Ewa Beach, Tel.: 681-5461, Fahrpreis US$ 7. Am Depot befinden sich ein kleines Picknick-Gelände und ein Souvenirshop.

Da im Westen von Ewa Beach das Militärgelände der *Barbers Point Naval Air Station* bis ans Ufer reicht, muß man nach diesem Abstecher die gleiche Strecke bis zum *Farrington Hwy.* bzw. zur H-1 zurückfahren. Beide Routen bringen einen zur Siedlung **Kapolei**, die über ein großzügiges Shopping Center und seit 1994 auch über einen 18-Loch-Golfplatz nebst luxuriösem Sporthotel verfügt.

Hotel
Ihilani Resort & Spa ($$$$$), 92-1001 Olani St., Kapolei, Tel.: 679-0079, Fax: 679-0080. 1994 eröffnetes Luxus-Resort mit 387 Zimmern, Restaurants, Pools, Shops, sportliches Ambiente mit Fitness-Studio, 18-Loch-Golfplatz, Tennisplätzen.

Hinter Kapolei endet der Freeway H-1 und geht in den *Farrington Hwy.* über, dem man nun an der ganzen Westküste entlang folgt. An dieser Stelle könnte man über den **Hwy. 95** *(Kalaeloa Blvd.)* einen weiteren Abstecher in den Süden unternehmen, der einen zum Südwestkap der Insel, **Barbers Point**, bringt. Zwar gibt es auch dort einen Beach Park mit Sandstrand, dessen Umgebung jedoch nicht gerade idyllisch ist (*Campbell*-Industriepark) und den Zeitaufwand nicht lohnt.

Da ist gut 2 km weiter die Abfahrt nach **Ko Olina** schon interessanter. Erstens ist hier die Wegstrecke bis zum Meer kürzer, zweitens zählt der Golfplatz des *Ko Olina Resort* zu den schönsten Anlagen der Insel, drittens kann man an den Becken der *Ko Olina Marina* und des *Barbers Point Harbour* Hafenatmosphäre schnuppern und viertens schließlich haben die Tourismus-Manager dort das **Paradise Cove Luau** ins Leben gerufen. Auf einem 5-ha-Privatgelände mit Grotte und Sandstrand werden hier tägliche *imu*-Zeremonien abgehalten, *luaus* zubereitet sowie Spiele, Tänze und Gesänge aus Hawaii, Samoa, Tahiti und Neuseeland präsentiert: ein geschickter Versuch, den Erfolg des *Polynesian Cultural Center* in verkleinerter Form nachzuahmen. Besonderes Plus: die herrlichen Sonnenuntergänge!

Öffnungszeiten
Paradise Cove Luau, Paradise Beach Club, Ko Olina, tägl. 17.30-21.30 Uhr geöffnet, freier Transfer ab/bis Waikiki, Tel.: 973-5828.

Hinter Ko Olina erreicht der *Hwy. 93* zum erstenmal am **Kahe Point** die Küste und bietet sofort eine schöne Aussicht auf das Meer (da stört auch das nahe Kraftwerk nicht). Ab nun geht es stets direkt am Ufer oder in dessen nächster

Nähe weiter, und die schönen Westküsten-Strände lassen nicht lange auf sich warten. Den Anfang macht der *Kahe Point Beach Park*, gefolgt vom *Tracks Beach Park*, beide vor allem bei Surfern beliebt. Kurze Zeit später passiert man die Ortschaft **Nanakuli**, die vom *Nanakuli Beach Park* im Süden und dem *Ulehawa Beach Park* im Norden eingerahmt wird. Mit wenig Wellengang und ohne gefährliche Strömungen sind beide Strände zum Baden geeignet, und wie bei allen Beach Parks sind Parkplätze und sanitäre Einrichtungen vorhanden.

Sofort hinter dem letztgenannten Strand sollte man an dem Felsvorsprung des **Maili Point** erneut die schöne Aussicht genießen, bevor es durch das Dorf **Maili** und am gleichnamigen Beach Park vorbei geht. Vor einem liegt nun die schmale Landzunge **Kaneilo Point**, auf der noch die schwachen Überreste eines althawaiischen Tempels zu sehen sind und die die südliche Begrenzung der kurzen **Pokai Bay** darstellt. Hier bietet sich der *Pokai Bay Beach Park* für eine Badepause an, dessen Gewässer zum Schwimmen, Schnorcheln und Tauchen ganzjährig geeignet sind. Der Strand gehört schon zu **Waianae**, der nächsten Ortschaft, die am anderen Ende der Bucht einen Fischerboot- und Yachthafen unterhält.

Wenige Fahrminuten weiter ragt die kleine Halbinsel des **Lahilali Point** (Beach Park) in den Pazifik, anschließend findet man in Makaha wieder eine etwas breitere touristische Infrastruktur.

Makaha und Makaha Valley

Das Städtchen Makaha stellt die größte Ansiedlung an der Westküste dar und hat sich mit seinem herrlichen Golfplatz, einigen Condominium-Anlagen (*'Makaha Shores', 'Makaha Surfside', 'Makaha Valley Towers'*) und dem Sheraton-Hotel inzwischen zu einer festen Größe im Oahu-Tourismus entwickelt. Der schöne Sandstrand des *Makaha Beach* (am **Kepuhi Point** im Norden des Ortes) wurde lange Zeit als Geheimtip gehandelt, bis 1952 die Internationalen Surf-Meisterschaften das Augenmerk der Sportinteressierten hierhin richteten. Wie an der Nordküste (wo die Bedingungen allerdings spektakulärer sind) finden die Wettbewerbe im Winter statt, deren Teilnehmer noch überwiegend aus Hawaii kommen – im Gegensatz zum kalifornischen Übergewicht im Norden.

Ein landschaftliches Highlight ist neben der Küste das **Makaha Valley**, ein trichterförmiger Einschnitt in die *Waianae Mountains*. Mit dem Wagen kann man am Ortseingang vom Highway über die *Makaha Valley Rd.,* die parallel zum Flußlauf *Makaha Stream* verläuft, in das Tal hineinfahren. Die Straße endet kurz vor dem **Kaneaki Heiau**, einem der schönsten Tempelanlagen des 17. Jhds. Das *heiau* wurde unter Mithilfe des *Bishop Museum* originalgetreu restauriert, einschließlich der Grashäuser, Gebetstürme und eines Opferaltars. Leider ist das Gelände nur in der Mittagszeit zu besichtigen; Interessenten sollten sich vorher im Informationsstand des *Makaha Inn* anmelden.
Auf halbem Weg zum Heiau passiert man das Sheraton-Hotel, eine nicht nur luxuriöse, sondern auch gut in die Landschaft integrierte Herberge. Dies kann man von den Condos der *Makaha Valley Towers* (586 Zimmer), die eher nach Waikiki passen würden, leider nicht behaupten.

Hotel
Sheraton Makaha Resort & Country Club ($$$$$), 84-626 Makaha Valley Rd., Waianae, Tel.: 695-9511, Fax: 695-5806. First-Class-Hotel mit sportlicher Note, wenige Minuten vom Makaha Beach entfernt (kostenloser Shuttle), 185 Zimmer mit allen Annehmlichkeiten, 2 Restaurants, Pool, 18-Loch-Golfplatz, 4 Tennisplätze, Fitness- und Joggingpfade, Wanderwege, Reitmöglichkeit.

Golfplatz des 'Sheraton Makaha Resort'

Wer vorhat, die Fahrt von Makaha aus über den *Farrington Hwy.* fortzusetzen, sollte dies guten Gewissens tun, denn der schönste aller Strände kommt erst noch. Hinter dem **Kepuhi Point** geht es dabei zunächst am *Keaau Beach Park* vorbei und geradewegs nach Norden. Felszeichnungen und die Relikte eines *heiaus* legen Zeugnis von der polynesischen Kultur ab, ebenso wie die **Kaneana Cave**, die sich nach ca. 5 km rechts vom Highway befindet. Die Legende sieht in dieser gut 150 m tiefen und vor langer Zeit durch die Brandung ausgewaschenen Höhle das Heim des Gottes *kane* und der Seelen verstorbener Häuptlinge. Außerdem soll hier, so will es die Volkssage, ein Zwitterwesen aus Mensch und Haifisch gehaust haben, der die Bewohner der Küste verschleppte und auffraß.

Eine Meile hinter der Höhle erreicht man den **Makua Beach**, an dem 1965 Teile des Films *'Hawaii'* gedreht wurden. Da die Vorlage, der Roman von *James Mitchener,* auch Lahaina zum Schauplatz hat, baute man hier umfangreiche Kulissen der alten Hauptstadt und Walfängermetropole auf Maui auf, wie sie zu Beginn des 19. Jhds ausgesehen haben mag.

Yokohama Bay

Kurz darauf setzt am Ende der asphaltierten Straße, wo sich die Hänge der *Waianae Range* bis zum Pazifik hinabziehen, der Sandstrand der *Yokohama Bay* (bzw. des *Keawaula Beach*) den schönsten Schlußpunkt, den man sich denken kann. Obwohl das Wasser wegen des hohen Wellengangs und starker Strömungen oft zum Baden zu gefährlich ist, lohnt die paradiesische Einsamkeit an dieser langgezogenen Bucht die Anfahrt unbedingt. An der stets sonnenreichen Küste läßt sich gut und gerne ein Tag verbringen, und wem bloßes Sonnenbaden und Picknicken zu wenig erscheint, kann sich ja zu einer Wanderung bis zum ca. 4 km entfernten **Kaena Point** (vgl. KAPITEL 9.5.3) aufmachen. Der Weg über scharfe Lavasteine und durch Dornengestrüpp ist mühsam; festes Schuhwerk, Sonnenschutz und Trinkwasser sollte man unbedingt dabeihaben. Manche Touristen versuchen auch, die holprige Piste bis zum Kap mit dem Geländewagen oder dem Mountainbike zu bezwingen.

9.8 WANDERN AUF OAHU

Obwohl Oahu die am dichtesten besiedelte Insel des Archipels ist und immer mehr Natur neuen Wohnhäusern, Bürotürmen, Hotels und Highways zum Opfer fällt, gibt es hier doch die größte Anzahl an Wanderwegen (Trails) auf Hawaii. Die meisten davon sind von einfachem bis mittlerem Schwierigkeitsgrad, dauern selten länger als 2-4 Stunden und sind auch für Familien geeignet, die sich auf einem Inselausflug auch ein wenig sportlich betätigen möchten. Die Anfahrtswege zu den einzelnen Trails führen bisweilen durch Militärgelände; in einem solchen Fall ist ein **Permit** notwendig, das man bei einer der folgenden Stellen erhält:

- *Division of Forestry & Wildlife,* 1151 Punchbowl St., Honolulu, Tel.: 587-0166.
- *Division of State Parks,* P.O.Box 621, Honolulu, Tel.: 587-0300.
- *Department of Parks & Recreation,* 650 S. King St., Honolulu, Tel.: 523-4525 und 523-4527.

Dies sind auch die Adressen, an die man sich wegen einer evtl. Zelt- oder Hüttenübernachtung zu wenden hat. Außerdem ist man Ihnen dort mit Kartenmaterial und weiteren Auskünften zu Wanderungen auf der Insel behilflich.

Im folgenden werden einige der schönsten Wanderstrecken auf Oahu kurz vorgestellt, und zwar, dem Aufbau dieses Kapitels folgend, entgegen dem Uhrzeigersinn.

Wanderungen im Großraum Honolulu/Waikiki

Es ist erstaunlich, wie schnell man aus dem Großstadtgetümmel von Honolulu in tropische Bergregionen mit ausgezeichneten Wanderwegen kommt. Hierbei ist nicht der stark frequentierte, aber ebenfalls sehr lohnende Pfad auf den *Diamond Head* gemeint, sondern die grünen Täler im Norden und Nordwesten der Metropole. Oft kann man dort eine Wanderung an den Besuch von Sehenswürdigkeiten anschließen, die im KAPITEL 9.3.6 genannt sind.

- **Waahila Ridge State Park (St. Louis Heights)**

Der *Waahila Ridge Trail* erschließt die waldreichen Höhenzüge nordöstlich der Universität; er ist einer der am besten erreichbaren Wanderwege der Hauptstadt. Am Eingang des Parkgeländes (Picknickpavillons, Sanitäranlagen, Trinkwasser) beginnt er als sehr breiter Pfad, später verjüngt er sich und führt in der Mitte eines Bergkamms auf- und abwärts, aber immer höher. Vom Endpunkt, rund 520 m ü.d.M., hat man einen schönen Blick auf die Koolau Range. Über weite Strecken verläuft der Trail unter einem dichten Nadelhimmel der Norfolk-Kiefern und Ironwood-Bäume.

- **Anfahrt:** In Nordost-Waikiki vom *Kapiolani Blvd.* bzw. der *Waialae Ave.* auf den *St. Louis Dr.* abbiegen, der östlich der Universität später in die *Bertram St.* übergeht; dieser bis zum Ende *(Ruth Place)* folgen. Oder mit Buslinie 14 bis zur letzten Haltestelle *(St. Louis Heights),* dann zu Fuß zum *Ruth Place.*
  Länge: 6,4 km **Zeitaufwand:** ca. 3½ Stunden
  Höchster Punkt: 518 m **Niedrigster Punkt:** 311 m

● Mauumae Ridge

Der recht lange und insgesamt schwierige Trail folgt dem Bergkamm der *Mauumae Ridge* bis zu einer Bergspitze der *Koolau Range*. Da das Terrain relativ trocken ist, eignet sich die Wanderung besonders gut zu einem Abstecher ins gebirgige Hinterland der Hauptstadt. Im unteren Bereich geht es über grasige Pfade und vorbei an importierten Pflanzen wie Norfolk-Kiefern, Guaven und Ironwood-Bäumen. Auf diesem Abschnitt hat man auch die besten Blicke auf Honolulu und einige Seitentäler. Später wird die Strecke steiler und schwieriger, während die einheimische Flora stärker in den Vordergrund tritt (Farne, Koa und Ohia Lehua). Vom Aussichtspunkt am Ende des Pfades hat man auf dem Gipfel *Kainawaanui* in 760 m ü.d.M. einen phantastischen Blick auf die Windward-Küste der Insel mit Kaneohe, auf das *Maunawili*-Tal sowie auf die Klippen der *Koolau Range* mit dem *Olomana Peak*. Besonders interessant ist der Trail, weil er am *Kaau-Krater* vorbeiführt. Am Fuße dieses 150.000 Jahre alten Lava- und Asche-Kegel können bisweilen verwilderte Schweine gesichtet werden.

- **Anfahrt:** In Nordost-Waikiki von der *Waialae Ave.* auf den *Wilhelmina Rise* abbiegen, der in den *Sierra Dr.* übergeht; von diesem über den *Maunalani Circle* zum Startpunkt des Trails. Oder mit Buslinie 14 (Richtung *Maunalani Heights)* bis zum Haltepunkt *Lurline Dr.,* ab dort zu Fuß zum *Maunalani Circle*.
  Länge: 9,7 km **Zeitaufwand:** ca. 5 Stunden
  Höchster Punkt: 762 m **Niedrigster Punkt:** 255 m

● Tantalus Drive / Round Top Drive

Entlang dem 14 km langen *Tantalus* und *Round Top Drive* sind mehrere herrliche Wanderwege ausgeschildert. Zu den schönsten gehören folgende drei:

① Der 9,7 km lange Trail zu den **Manoa Cliffs**. Er beginnt nahe dem höchsten Punkt des *Tantalus Dr.,* dort, wo die Hauptstraße eine Rechtskurve macht und ein sehr steiler Betonweg geradeaus auf die Gebäude der *Hawaiian Telephone Company* zuführt. Der Weg beginnt auf einer Höhe von 427 m ü.d.M. und führt zunächst durch Plantagen mit Ingwer, Guaven und Bananen. Später geht es höher hinauf in die Regionen des ursprünglichen Regenwaldes, wo man weißen Hibiskus, Koa, Ohia Lehua, Bergäpfel und Baumfarne sieht. Der Pfad erreicht seinen höchsten Punkt bei 579 m ü.d.M. und gibt einen weiten Blick auf das gesamte *Manoa Valley* frei. Von dort aus kann man den Weg bergab bis zum *Round Top Drive* fortsetzen, wo man auf asphaltierter Straße wieder 2½ km zum Ausgangspunkt zurückgehen muß. Wer das nicht möchte, wandert vom Gipfel die gleiche Route zurück; in beiden Fällen benötigt man etwa 2 Stunden.

② Der 6,4 km lange, ebenfalls recht einfache **Puu Ohia Trail** ist dem zu den Manoa Cliffs unmittelbar benachbart. Sein Startpunkt ist nur unwesentlich weiter westlich, auf einer Höhe von 482 m. Nachdem man Wälder mit Bambus, Banyan, Norfolk-Kiefern und Eukalyptus-Bäumen durchwandert hat, kommt man nach ca. 800 m zu einer Kreuzung, wo man auf einem Seitenweg nach rechts zum kleinen Tantalus-Krater (Puu Ohia) hinabsteigen kann. Zurück auf dem Hauptweg, setzt man die Wanderung bis zur oben erwähnten Betonstraße fort, in die man rechts einbiegt. Hinter den Gebäuden der *Hawaiian Telephone Company* geht es durch einen dichten Bambuswald weiter bergauf bis zu den *Pauoa Flats*. Das Ziel ist der 610 m hohe Lookout, gut 1 km dahinter gelegen. Dort hat man einen schönen Blick in das Nuuanu Valley.

Zurück geht es auf gleicher Strecke, der Zeitaufwand beträgt insgesamt ca. 4 Stunden.

③ Sehr viel niedriger befindet sich der **Makiki Valley Loop**, der am nächsten zu Waikiki und Downtown Honolulu gelegene Rundweg durch tropisches naturbelassenes Gelände. Er beginnt auf 98 m Höhe am Ende des *Makiki Heights Dr.,* der am Fuß der Berghänge den *Tantalus Drive* mit dem *Round Top Drive* verbindet. Start- und Zielpunkt der beiden Pfade *(Kanealole Trail* und *Maunalaha Trail),* die insgesamt eine 3,2 km lange Runde beschreiben, ist das Basislager der *Division of Forestry & Wildlife*. Den natürlichen Rahmen stellt das tiefe Makiki Valley mit seinen Gebirgsbächen, Quellen, unzähligen Vögeln, vereinzelten Wildschweinen und seiner geradezu überquellenden Vegetation, in der man Früchte wie Guaven, Passionsfrüchte, Bergfäpfel, Taro, Ingwer und Bananen antrifft, daneben auch einheimische wie importierte Blumen, Sträucher und Bäume. Für den Rundweg, der bis auf eine Höhe von 305 m ü.d.M. führt, benötigt man ca. 2 Stunden.

- **Judd Memorial Trail**

Diese Wanderung kann gut im Zusammenhang mit einem Ausflug zum *Nuuanu Pali Dr.* und zum *Nuuanu Pali Lookout* unternommen werden. Der einfache, auch für Familien geeignete Trail bekam seinen Namen nach *Charles J. Judd*, einem Förster, der sich von 1914-39 als einer der ersten um die Wiederaufforstung bemühte. Deshalb begleitet, von einigen Hau-Bäumen abgesehen, ausschließlich importierte Flora den Weg, besonders Bambus, Norfolk-Kiefern und verschiedene Eukalyptusarten, die z.T. noch von *Judd* gepflanzt wurden.

Auf dem Rundweg geht es zunächst bergab, dann auf Steinen über den *Nuuanu Stream*, dann wieder aufwärts bis zu einem Wohngebiet. Anschließend folgt man dem Bach flußaufwärts, wobei der Pfad 23 m oberhalb des Ufers verläuft. Bei einer Weggabelung kann man zu diesem hinabklettern und im *Jackass Ginger Pool* ein erfrischendes Bad nehmen.

Verwirrend am *Judd Memorial Trail* sind die vielen Seitenwege, die den Hauptpfad kreuzen. Auf ihnen kann man die Wanderung erheblich ausdehnen, man braucht dazu aber viel Kondition und ein gutes Orientierungsvermögen. Wegen des Baches ist die Mitnahme eines Mückenschutzmittels ratsam.

- **Anfahrt:** Vom *Hwy. 61 (Pali Hwy.)* auf den *Nuuanu Pali Dr.* abbiegen; der Startpunkt liegt ca. 1 km hinter *Kimo Dr.* und sofort hinter *Poli Hiwa Place*. Oder mit Buslinie 4 bis zum *Kimo Dr.*, kurz vor der Endstation, ab dort ca. 1 km zu Fuß weiter den *Nuuanu Pali Dr.* bergan.
  Länge: 2,1 km — **Zeitaufwand:** ca. 1 Stunde
  Höchster Punkt: 213 m — **Niedrigster Punkt:** 207 m

● Manoa Valley / Manoa Falls

Dieser einfache Wanderweg ist von Waikiki aus sehr leicht zu erreichen, er bietet sich vor allem in Verbindung mit einem Besuch des *Paradise Park* und des *Lyon Arboretum* an. Der Pfad beginnt an der Barriere hinter dem Baumgarten und ist über weite Strecken mit Steinen ausgelegt (holprig). Auf einer schmalen Brücke wird zunächst ein Bach überquert, dann geht es durch einen Eukalyptus-Wald zum Ufer des *Waihi Stream,* dem man bis zu den Fällen folgt. Guaven, afrikanische Tulpen-, Hau-, Ti- und Bergäpfelbäume begleiten den Weg. Der Pool zu Füßen der *Manoa Falls* ist flach und nur nach Regenfällen zum Schwimmen geeignet. Wer noch Energie hat, kann sich an dem schwierigen Zick-Zack-Pfad des *Aihualama Trail* versuchen, der kurz vor dem Wasserfall nach links abgeht.

Die Wanderung kann durch die in dieser Region häufigen Regenfälle, nassen Untergrund und Mücken beeinträchtigt werden.

- **Anfahrt:** Von der H-1 auf die Manoa Rd. abzweigen und der Straße bis zum Paradise Park und Lyon Arboretum folgen. Oder mit Buslinie 5 ab Ala Moana Center bis zur Endstation, ab da zu Fuß dem Hinweisschild ‘Paradise Park’ folgen.
  Länge: 2,6 km — **Zeitaufwand:** ca. 2 Stunden
  Höchster Punkt: 366 m — **Niedrigster Punkt:** 119 m

Wanderungen in Ost-Oahu

● Hoomaluhia Botanical Garden

Der in den 1980er Jahren angelegte Park (Tel.: 235-6636) ist ein ideales Gelände für Wanderungen und Spaziergänge mit Kindern. In dem flachen Terrain findet man einen großen See, Teiche mit Enten und Fischen sowie eine eindrucksvolle Natur am Fuße steiler Klippen. Aus einheimischer Vegetation hat man in dem Park auch Blumen, Palmen und andere tropische Bäume aus Afrika, Indien, Malaysia, Melanesien und Polynesien angepflanzt. Im *Hoomaluhia Garden's Visitor Center* kann man sich botanische Ausstellungen anschauen und Wanderkarten, Broschüren etc. bekommen.

Unter den vielen Pfaden des Parks ist folgender Rundweg empfehlenswert, auf dem man zu allen Naturschönheiten gelangt: vom Visitor Center zum See, an dessen südöstlichem Ufer mit der Halbinsel entlang bis zum *Kamaooalii* Bach, dort flußaufwärts bis zum *Pond Trail*, dem man zurück zum See und zum Visitor Center folgt.

- **Lage:** im Südosten, westlich von Kaneohe.
- **Anfahrt:** Auf dem *Hwy. 83 (Kamehameha Hwy.)* bis kurz vor die Kreuzung mit dem *Hwy. 63 (Likelike Hwy.)*, dort nach links auf die *Luluku Rd.,* auf dieser ca. 1,6 km bis zum Visitor Center. Oder direkt über den *Hwy. 63* und an der Kreuzung auf dem *Hwy. 83* ca. 160 m nach Süden, dann wie oben.
  Länge: 3,2 km — **Zeitaufwand:** ca. 1 Stunde
  Höchster Punkt: 85 m — **Niedrigster Punkt:** 55 m

● Sacred Falls

Vom Parkplatz am *Sacred Falls Bazaar* (Wanderkarten) geht es zunächst über eine gerade, unasphaltierte Straße auf die Berge zu, bis man nach 2 km zu einer Rasenfläche kommt. Dahinter beginnt der eigentliche Pfad durch einen natürlichen Tunnel von Christmas-Berry-Bäumen in das enge, vom *Kaluanui Stream* ausgeschnittene *Kaliuwaa*-Tal. Der Legende nach war es die Heimat des Schweine-Halbgottes Kamapuaa. Über Stock und Stein und häufig durch aufgeweichtes Terrain folgt man dem Bach und überquert ihn zweimal (bei Hochwasser nicht möglich). Palmen, Baumfarne und exotische Pflanzen begleiten den Weg. Das Ziel ist der schmale, 30 m hohe Wasserfall, der sich in einen großen Pool mit kaltem Wasser ergießt. Hier kann man ein erfrischendes Bad nehmen, bevor man auf dem gleichen Weg zurückgeht.

Der besondere Reiz dieses stark frequentierten Trails ist das Spiel von Licht und Schatten innerhalb des engen Canyons. Die Wanderung ist von mittlerem Schwierigkeitsgrad; nach heftigen Regenfällen im Winter ist der Weg wegen Hochwassers, Steinschlags und Schlammlawinen gefährlich.

- **Lage:** an der Ostküste, 32 km nördlich von Kaneohe, hinter dem *Punaluu Beach Park.*
- **Anfahrt:** Über den Hwy. 83 *(Kamehameha Hwy.),* hinter der Brücke am Hinweisschild *'Sacred Falls State Park'* links abbiegen; großer Parkplatz. Oder mit Buslinie 55 ab *Ala Moana Center* bis zum Hinweisschild.

Länge: 7,1 km — **Zeitaufwand:** ca. 2½ Stunden
Höchster Punkt: 87 m — **Niedrigster Punkt:** 0 m

● Maakua Ridge und Hauula Loop

Auf zwei etwa gleich langen und gleich schwierigen Rundwegen kann man das gebirgige Hinterland der *Koolau Range* erkunden. Ca. 115 m nach dem Beginn des Pfades überquert man ein ausgetrocknetes Bachtal, kurz darauf gabelt sich der Weg auf: Folgt man dem Pfad zur Linken, hat man den **Maakua Gulch Trail** gewählt. Nach wenigen Metern gabelt sich dieser nochmals auf, wobei beide Pfade zum gleichen Wanderweg gehören, der eine große Runde auf den Bergkamm beschreibt. Der recht einfache Trail bringt einen auf einen ca. 200 m hohen Bergrücken, von dem aus man einen herrlichen Blick in zwei Täler hat.

Auf den **Hauula Loop Trail** kommt man, wenn man an der oben erwähnten Weggabelung nach rechts geht. Auch hier handelt es sich um eine große Runde, die auf einen Bergkamm mit schöner Aussicht führt. Beide Trails sind besonders für botanisch Interessierte lohnend. Sehr schön kann man auf ihnen den Kampf der eingeführten Pflanzen gegen die einheimische Vegetation beobachten. In den unteren Regionen stehen Norfolk-Kiefern und die Christmas-Berry-Sträucher so dicht, daß der Weg durch einen regelrechten Tunnel geschlagen werden mußte. In den Höhenlagen findet man Reste des ursprünglichen Regenwaldes, mit Wildblumen, Pilzen, Hala-Bäumen, Ti-Pflanzen und Farnen. In den Morgenstunden kann man auf den Trails unzählige tropische Spinnen (ungefährlich!) sehen, deren weitgesponnene Netze Tautropfen tragen.

- **Lage:** an der Ostküste, 35 km nördlich von Kaneohe, hinter dem *Hauula Beach Park.*
- **Anfahrt:** Über den Hwy. 83 (*Kamehameha Hwy.)* bis zum *Hauula Beach Park,* an der nächsten Straße nach links *(Hauula Homestead Rd.),* an der Kreuzung mit der *Maakua Rd.* parken. Gehen Sie die *Maakua Rd.* 180 m bergan bis zum Beginn des grasigen Pfades auf der linken Seite. Oder mit Buslinie 55 ab *Ala Moana Center* bis zum *Hauula Beach Park.*
  Länge: je 4 km **Zeitaufwand:** je 2-3 Stunden
  Höchster Punkt: 198 m **Niedrigster Punkt:** 12 m

Wanderungen im Inselinneren

● Poamoho Ridge

Die recht schwierige Wanderung auf dem *Poamoho Trail* führt auf eine der höchsten Höhen der *Koolau Range* in eine menschenleere, naturbelassene Gegend, dorthin, wo Oahu noch am wildesten ist. Der Pfad mündet auf dem Bergkamm in den *Koolau Summit Trail*, der den schönsten Blick auf die zentrale Ebene und die Windward-Küste der Insel bietet. Folgt man diesem eine halbe Stunde nach rechts, erreicht man zwei primitive Schutzhütten. Für eine Übernachtung (Schlafsack notwendig) braucht man ein **Permit** der *Division of Forestry & Wildlife*; bei gutem Wetter erlebt man am nächsten Tag einen wunderbaren Sonnenaufgang.

- **Lage:** nördlich von Wahiawa, östlich des Dole Pineapple Pavillon.
- **Anfahrt:** Über die *H-2* und *Hwy. 99 (Kamehameha Hwy.)* in den Norden, sofort hinter dem *Dole Pineapple Pavillon* nach rechts. Auf die Radiostation von *Helemano* zu, auf dem Rundweg an dieser rechts vorbei, danach ca. 4 km bis auf den Bergkamm. Die Piste ist sehr rauh; im Zweifelsfall den Wagen stehen lassen und zu Fuß weitergehen. Ein **Permit** der *Division of Forestry & Wildlife* ist nötig, sowohl für den Anfahrtsweg als auch für die Wanderung.
  Länge: 11 km **Zeitaufwand:** ca. 5 Stunden
  Höchster Punkt: 762 m **Niedrigster Punkt:** 579 m

● Waimano Trail

Der *Waimano Trail* ist einer der längsten und schwierigsten Wanderwege der Insel. Er beginnt am Zaun des *Waimano Home* und gabelt sich sofort in eine obere und (leichtere) untere Route auf, wobei sich der untere Weg für den Rückweg empfiehlt. Nach ca. 1,6 km kommen beide Pfade wieder zusammen und begleiten einen kleinen Bach sowie einen alten Bewässerungskanal. Später geht man auf den Klippen immer oberhalb des *Waimano Stream* entlang, überquert diesen schließlich und erreicht den Gebirgskamm der *Koolau Range*. Die allerletzte Etappe ist wegen steiler Abschnitte und dichtem Buschwerk die schwierigste; am Ende entschädigt aber ein weiter Panoramablick auf Windward Oahu für alle Mühen. Zurück nimmt man den gleichen Trail. Wegen der langen Wegstrecke sollte man diese Wanderung bei Sonnenaufgang beginnen, damit man später nicht von der Dunkelheit überrascht wird.

- **Lage:** Südliches Inselinnere, nördlich von Pearl City.
- **Anfahrt:** Auf der *H-1* oder *Hwy. 99* nach Pearl City, Abfahrt *Waimano Home Rd.* Auf dieser 3½ km bergan bis zum Zaun und Wachhaus von *Waimano Home.*
  Länge: 22,5 km **Zeitaufwand:** ca. 9-10 Stunden
  Höchster Punkt: 671 m **Niedrigster Punkt:** 110 m

- **Aiea Heights**

Der Rundweg des *Aiea Loop Trail* bietet eine einfache Wanderung durch ein bereits in den 1930ern aufgeforstetes Gebiet und verbindet ein schönes Naturerlebnis mit Überresten der polynesischen Kultur. Er beginnt in der ausgeschilderten *Keaiwa Heiau State Recreation Area*, einem Picknick- und Campinggelände, das seinen Namen von einem althawaiischen Tempel ableitet. Von diesem sind noch Grundmauern zu sehen sowie in unmittelbarer Nähe einige beschriftete Pflanzen, die die *kahunas* (= Priester) für rituelle und medizinische Handlungen benutzten. Der bequeme Trail führt vom Parkeingang in der Nähe des *Keaiwa Heiau* stets am Rand eines Höhenzuges entlang; zunächst bergan und in nordöstlicher Richtung. In den oberen Regionen weichen die importierten Pflanzen (Norfolk-Kiefern, Ironwood, Albizzia, Eukalyptus, Guaven) immer mehr den einheimischen Sträuchern und Bäumen (Koa, Hau, Sandelholz, Ohia Lehua). Vom höchsten Punkt und auf der Wanderung am östlichen Höhenrücken entlang ergeben sich immer schöne Blicke auf die bewaldete *Koolau Range.* Auf dem letzten Teilstück passiert man das Wrack eines 1943 abgestürzten Transportflugzeuges.

Wer auf dem Parkgelände campieren möchte, braucht die Erlaubnis der *Division of State Parks*.

- **Lage:** Nordwestliche Peripherie von Honolulu, nördlich von Aiea.
- **Anfahrt:** H-1, Hwy. 99 oder Hwy. 78 bis zum Aloha Stadium, nördlich davon dem *Aiea Hights Dr.* bis zu dessen Ende folgen. Oder mit Buslinie 11 nach Aiea Hights und 2 km zu Fuß bis zum Parkeingang.
  Länge: 7,7 km **Zeitaufwand:** ca. 3 Stunden
  Höchster Punkt: 488 m **Niedrigster Punkt:** 213 m

Wanderungen in West-Oahu

- **Kuaokala Forest Reserve**

Unter einer ganzen Reihe von Wanderwegen in den *Waianae Mountains* ist der *Kuaokala Trail* der am besten erreichbare und schönste. Er bringt einen auf teilweise schwieriger Strecke durch ein trockenes Gelände, das in letzter Zeit wiederaufgeforstet wird. Erodierte Täler, bizarre Felsformationen, ausgedörrte Grasflächen, kleine Wälder und eine weite Aussicht sind die Highlights der Wanderung. Die weniger interessante Hälfte des Rundweges besteht aus einer Piste für Geländewagen, wer dieser nicht folgen möchte, geht einfach auf dem gleichen Pfad zurück. Da der Anfahrtsweg durch Militärgelände führt, braucht man ein **Permit** der *Division of Forestry & Wildlife*. Dort sind auch Wanderkarten für den Trail zu bekommen. Da in den Bergen zeitweilig gejagt wird, ist eine auffällige, bunte Kleidung ratsam; außerdem sollte man Sonnenschutz und Trinkwasser mit sich führen.

- **Lage:** An der Westküste, nördlich der Kaneana Cave.
- **Anfahrt:** Auf dem *Hwy. 93 (Farrington Hwy.)* gen Norden bis kurz vor dem *Kaena Point State Park*; hier auf der Militärstraße nach rechts, an der Wache das Permit vorweisen, dann auf asphaltierter Straße in vielen Kehren bis zum Bergkamm. Oben nach rechts abbiegen und ca. 1 km weiter fahren, an Wassertanks vorbei bis zur zweiten Kreuzung, wo eine steile, asphaltierte Straße bergab nach rechts abzweigt. Auf dieser beginnt der Trail, kurz hinter der Kreuzung.

Länge: 8,1 km **Zeitaufwand:** ca. 4 Stunden
Höchster Punkt: 604 m **Niedrigster Punkt:** 390 m

Rote Blütenpracht der Ohia Lehua

10 KAUAI

10.1 ÜBERBLICK

Inseltelegramm: Kauai

Beiname: *"The Garden Isle"* (= 'Garteninsel')
Inselfläche: 1.431 km^2 (Länge: 34 km; Breite: 40 km)
Küstenlinie: 145 km
Einwohner: 53.000
Hauptstadt: Lihue (4.000 Ew)
Verwaltungseinheit: County Kauai
Höchste Erhebung: Mount Kawaikini, 1.598 m

Kauai liegt mit seinem Trabanten Niihau am nordwestlichen Ende der bewohnten Hawaii-Inseln und ist vom großen Nachbarn Oahu relativ weit entfernt: 115 km beträgt der Abstand an der engsten Stelle des *Kauai Channels.* **Geologisch** ist die kompakte und runde Insel, die mit 1.431 km^2 den vierten Rang innerhalb des Bundesstaates einnimmt, älter als alle anderen bewohnten Inseln, da sich ja die Drift der Inselkette von ihrem Entstehungsort, dem *'hot spot'*, in nordwestlicher Richtung fortbewegt. Der Schildvulkan, der sich vor rund 5 Millionen Jahren aufbaute, ist daher vom Zahn der Zeit bereits beträchtlich angenagt worden – mit anderen Worten: Kauai wird stetig kleiner. In der **Topographie** hat die verhältnismäßig lange geologische Geschichte natürlich ihre Spuren hinterlassen: Da hier die Erosionskräfte von Wind, Wetter, Flüssen und Meer am längsten walten konnten, ist keine andere Insel so zerklüftet, hat solche Canyons oder eine solch zersägte Steilküste wie Kauai. Das Resultat ist der wohl vielfältigste und beeindruckendste Naturraum Hawaiis, der aus diesem Grund zur bevorzugten Filmkulisse für Streifen wie *'South Pacific', 'Blue Hawaii', 'Reef', 'King Kong', 'Jurassic Park'* u.v.m. wurde. Und jedem Besucher wird es leichtfallen, angesichts dieser phantastischen Landschaft in die lokale Hymne einzustimmen, deren Anfangszeile lautet: *Maika'i Kauai hemolele i ka malie* – "Schön ist Kauai, über jeden Vergleich erhaben... ".

Klimatisch unterscheidet sich die Insel kaum von ihren Nachbarn, jedoch eindeutig hinsichtlich ihrer **Niederschläge**. Kauai ist als nordwestlicher Vorposten am stärksten den Passatwinden ausgesetzt, deren Wolken in der Gipfelregion des 1.569 m hohen *Mt. Waialeale* abregnen und die dortige meteorologische Station mit durchschnittlich etwa **12.000 mm** Regen im Jahr als **"feuchtesten Ort der Welt"** ausweisen. Diese riesigen Wassermassen fließen in etlichen Bächen und Flüssen ab, von denen der *Wailua River* der größte und außerdem auch der einzig schiffbare Fluß des Archipels ist. Ein anderes Auffanggebiet stellt das knapp 80 km^2 große Sumpfgebiet des *Alakai Swamp* das, das große Teile des Inselinneren unzugänglich macht. Die hohen Niederschläge sind auch verantwortlich für eine einzigartige **Vegetation** mit großen Beständen endemischer Pflanzen sowie guten landwirtschaftlichen Voraussetzungen, und die dem Beinamen *'Garden Isle'* zu seiner Berechtigung verhilft.

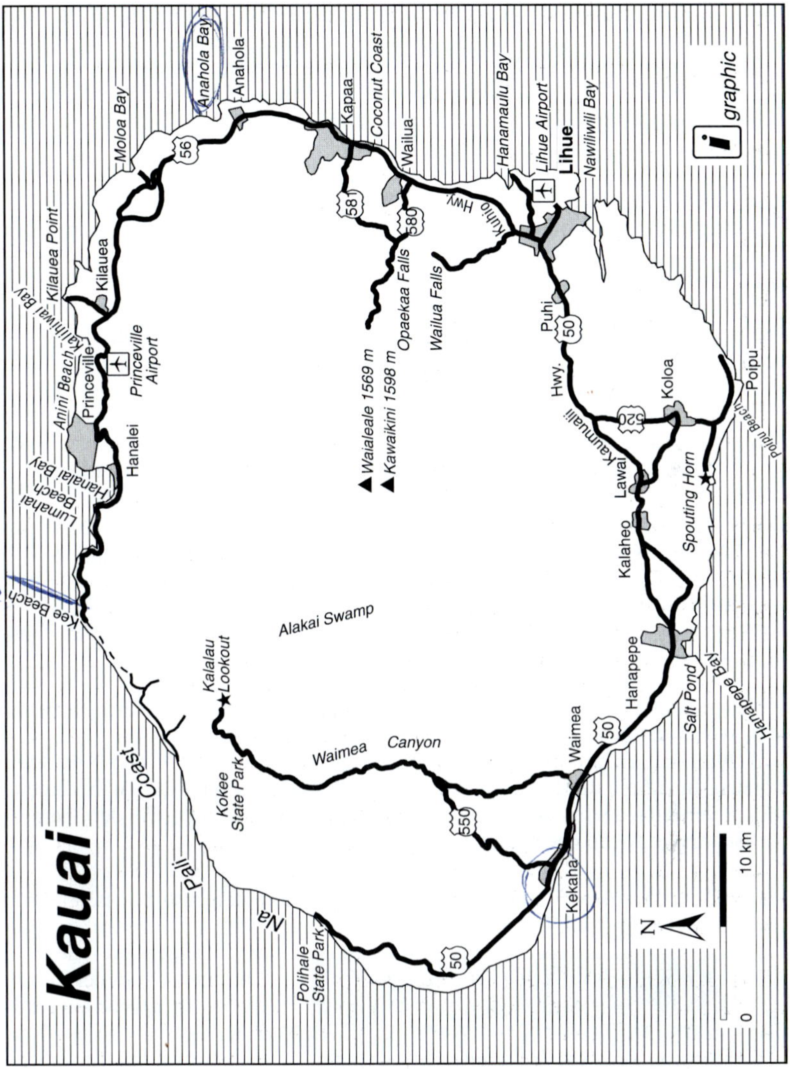

Die nordwestliche Randlage macht Kauai aber nicht nur zum 'Regenfänger' von Hawaii, sondern auch zum 'Windbrecher' oder anders ausgedrückt: Wenn **Wirbelstürme** den Archipel erreichen, treffen sie als erstes und mit voller Wucht auf Kauai. In jüngerer Vergangenheit war dies **1982** der Fall, als der Hurrican *'Iwa'* mit Rekord-Windgeschwindigkeiten von bis zu 275 km/h über die Insel hereinbrach und große Verwüsungen anrichtete. Und zuletzt wurde Kauai **1992** von *'Iniki'* heimgesucht, der rund 10.000 Wohnhäuser zerstörte und der aufstrebenden Tourismus-Industrie einen herben Rückschlag versetzte.

Dies sind freilich **Ausnahmeerscheinungen**, die keinen von einem Besuch der Insel abhalten sollten. Und auch die enormen Regenmengen betreffen den Reisegast kaum, da der südwestliche Teil, in dem sich die meisten Hotels und sonstigen Unterkünfte befinden, im Windschatten der beiden Gipfel liegt und ähnlich reich mit Sonnenschein gesegnet ist wie die touristisch erschlossenen Gebiete der anderen Inseln.

Im **historischen** Rückblick ist Kauai vor allem für das Ende des 18. und das beginnende 19. Jhd von Interesse. Am 21. Januar **1778** setzte Captain *James Cook* seinen Fuß auf den Boden der Insel und entdeckte damit Hawaii für die westliche Welt. Damals war Kauai ein eigenständiges Königreich, das auch in den folgenden Jahrzehnten nicht gewillt war, sich der Streitmacht *Kamehamehas I.* zu beugen und im gesamthawaiischen Reich aufzugehen. Als einzige Insel konnte sie von dem mächtigen Herrscher niemals erobert, sondern nur durch Diplomatie angeschlossen werden: Der Inselkönig *Kaumualii* behauptete unter *Kamehameha* seine Machtstellung als Gouverneur. Später heiratete ihn *Kamehamehas* Witwe *Kaahumanu* und verstärkte dadurch die Bande zwischen Kauai und den anderen Inseln. Aber noch in den Jahren **1816-17** versuchte er, über den deutschen Abenteurer *Georg Anton Scheffer* und das zaristische Rußland aus dem Inselverband auszuscheren und eine Sonderrolle im Pazifik zu spielen (vgl. KAPITEL 10.5.2). Nach *Kaumualiis* Tod im Jahre 1824 war dieses Intermezzo endgültig beendet, und Kauai ging den allgemein-hawaiischen Weg bis hin zur Errichtung des Bundesstaates. Interessant aber, daß unter den vielen Einwanderergruppen, die im 19. Jhd eine blühende Zuckerindustrie etablierten, die Deutschen eine wichtige Rolle spielen konnten.

Mit insgesamt 53.000 Einwohnern bzw. 37 Ew/km^2 ist Kauai nur schwach **besiedelt**, wobei die Menschen hier wegen des undurchdringlichen Inselinneren ausschließlich auf einem schmalen Küstenstreifen im Süden, Osten und Nordosten wohnen. Innerhalb der Bevölkerung sind die Weißen mit rund 28% unbedeutend stärker vertreten als im hawaiischen Durchschnitt, doch ist mit 26% der überproportional hohe Anteil der Philippinos deutlich.

Die insulare **Wirtschaft** wurde bis in die 1970er Jahre hinein fast ausschließlich vom **Zuckerrohr-** und **Taro**-Anbau bestimmt. Auch heute noch bedecken Zuckerrohrfelder, die alle zum Familienkonzern der *Robinsons* gehören, rund ein Fünftel der Inselfläche und sind die Schornsteine der großen Zuckermühlen (vor allem in Kekaha) deutliche Wahrzeichen dieses Wirtschaftszweiges. Immer mehr aber bestimmt der **Fremdenverkehr**, der jetzt schon ein Viertel aller Arbeitskräfte bindet, das ökonomische Leben auf Kauai. Dabei mei-

Hotelanlage an der Ostküste

sterte man bisher erfolgreich die schwierige Gratwanderung zwischen Naturschutz und Ausbau der Infrastruktur, u.a. ablesbar an der Bestimmung, daß kein Hotelneubau höher als die Krone der Kokospalmen sein darf. Zentren des touristischen Aufschwungs sind im Norden Princeville und Hanalei, im Osten Wailua, Waipuli und Kapaa, im Südosten die Hauptstadt Lihue und Puhi sowie im Süden Poipu. Ins Inselinnere und an die schöne Westküste ist der Fremdenverkehr bislang noch nicht vorgedrungen.

Da im Nordwesten die schroffe Na-Pali-Küste einen Straßenbau nicht zuläßt, kann es auf Kauai also keine **Inselrundfahrt** im eigentlichen Sinn geben. Möglich und empfehlenswert sind jedoch zwei Ausflugsfahrten entlang der Küste und ein Abstecher zum Waimea-Canyon, die in den folgenden Kapiteln vorgestellt werden.

Highlights

- Übernachten im *Hyatt Regency* oder *Princeville Resort* (Luxusklasse), im *Outrigger Kauai Beach* (First-Class) oder im *Hanalei Colony Resort* (Condominium).
- Essen in den *Plantation Gardens Kiahuna* (Poipu), im *Pacific Cafe* (Kapaa) oder bei *Gaylord's at Kilohana.*
- Teilnahme am Luau von *Tahiti Nui* in Kapaa.
- Ausgiebiger Besuch des *Waimea Canyon* mit Wanderungen.
- Helikopterflug entlang der Na Pali Coast und über den Waimea Canyon und/oder Bootsausflug zur Na Pali Coast, z.B. mit *Captain Zodiac.*
- Strandspaziergang und Erlebnis des Sonnenuntergangs an den *Barking Sands* im *Polihale State Park.*
- Landschaftsfahrt entlang dem Hwy. 56 bis zum *Kee Beach.*
- Mehrtageswanderung auf dem *Kalalau-Trail.*
- Golfen auf der phantastischen Anlage des Princeville-Hotels.

10.2 REISEPRAKTISCHE HINWEISE

Information

Das Hauptbüro des Fremdenverkehrsamtes hat folgende Adresse: *Hawaii Visitors Bureau*, Lihue Plaza Bldg., Lihue, HI 96766, Tel.: 245-3971, Fax: 245-9235. Eine zentrale Buchungsstelle für fast alle möglichen Aktivitäten und eine entsprechende Beratung findet man ebenfalls in der Hauptstadt: *Activity Information Center*, 4480 Ahukini Rd., Suite 20, Lihue, Tel.: 245-3300. Viele aktuelle Tips, Veranstaltungshinweise und Rabatt-Coupons sind in den kostenlosen Touristenmagazinen *(Kauai Beach Press, Kauai This Week* etc.) enthalten, die am Flughafen, in Shopping-Centers und in den Hotels ausliegen.

Unterkunft

● **Hotels und Condominiums**

Die – wie viele meinen – schönste aller hawaiischen Inseln ist erst verhältnismäßig spät für den Tourismus erschlossen worden und kann weder relativ noch gar absolut mit der Bettenanzahl von Oahu oder Maui konkurrieren. Nach zögerlichem Beginn in den 1960er Jahren (das erste große Projekt war das *Coco Palms Hotel* in Wailua) stehen inzwischen auch hier die Zeichen auf Ausbau der Kapazitäten, der jedoch in ökonomisch sinnvollen und ökologisch verträglichen Bahnen verlaufen soll. Die bevorzugten Standorte der Hotellerie sind die Coconut Coast, die Gegend um Hanalei/Princeville und der sonnige Süden um Poipu, auf den sich der Großteil der neueren Vorhaben konzentriert. Völlig unverbaut sind der Westen, Nordwesten und das Inselinnere.

Beim quantitativen Vergleich von Hotelbauten und Condominium-Anlagen sind letztere in der Überzahl, wobei bei beiden Unterkunftarten die Kategorie der mittleren bis gehobenen Mittelklasse überwiegt.

● **Bed & Breakfast**

Sowohl an der Küste als auch im höhergelegenen Inselinnern gibt es mehrere hübsche Ferienwohnungen oder Bed & Breakfast-Häuser, die i.d.R. die preisgünstigste Möglichkeit eines komfortablen Urlaubs bieten. Einige B&B-Unterkünfte sind im Reisekapitel genannt, ansonsten haben die Agenturen, die im KAPITEL 3.1 unter dem Stichwort "UNTERKUNFT" aufgeführt sind, ein reichhaltiges Angebot. Beispielhaft dafür sind folgende fünf Unterkünfte (alle sehr empfehlenswert) aus dem Programm von *Hawaiian Islands, Bed & Breakfast and Vacation Rentals* (Preise jeweils für 2 Personen):

- Hanalei: mehrere Studios und Suiten in einem dreistöckigen Haus, mit Frühstück ab US$ 60.
- Kilauea: *'Hale Hoo Maha'*, traditionelles B&B-Haus auf einer alten Plantage, schönes Mobiliar, mit Frühstück ab US$ 60.
- Kapaa: *'Rosewood'*, mehrere Zimmer im schönen Herrenhaus einer Macadamia-Nußplantage von 1900 oder auf dem Gelände eigene Hütte bzw. Ferienhaus, mit Frühstück ab US$ 60.
- Poipu: *'Victorian Garden Cottage'*, ab US$ 150 für bis zu 4 Personen.
- Lawai: *'Lawai Valley View'*, 2 moderne Suiten mit Jacuzzi, nahe den *Pacific Tropical Botanical Gardens*, herrliche Sicht, ab US$ 65.

Camping/Hütten

Während es bislang auf Kauai keine **Jugendherberge** gibt, stehen **Campingfreunden** einige Zeltgelände und vereinzelt auch Hütten zur Verfügung. Die meisten davon befinden sich in den Beach Parks der Nordküste oder an den Wanderrouten im Waimea Canyon-Gebiet bzw. des *Kalalau Trails* und stehen unter der Verwaltung der *Division of Forestry & Wildlife* oder der *Division of State Parks* (vgl. Adressen im KAPITEL 10.8), wo auch die erforderlichen Permits eingeholt werden müssen. Im Inselinneren bietet außerdem die *Kokee Lodge* einige rustikale Hütten an, die möglichst frühzeitig reserviert werden sollten (vgl. KAPITEL 10.6).

Flüge

Kaui besitzt drei Flughäfen, von denen der *Princeville-Hanalei Airport* im Norden und der *Port Allen Airport* im Süden nur für Kleinflugzeuge geeignet sind bzw. als Startpunkt für Helikopterrundflüge genutzt werden. Fast alle Touristen erreichen die Insel über den **Lihue Airport** (Tel.: 246-1440), einem überschaubaren und modernen Flughafen, der über alle üblichen Einrichtungen verfügt, einschließlich der Service-Schalter aller größeren Mietwagen-Anbieter. Touristen aus Übersee erreichen ihn i.d.R. via Honolulu, wenn auch verschiedentlich Direktflüge vom amerikanischen Festland hier landen (*United Airlines*). Daneben bestehen Flugverbindungen zwischen Lihue und Big Island (Kona und Hilo), Maui (Kahului) und Molokai.

Hier einige Rufnummern für Informationen oder die Flugrückbestätigung *(reconfirmation)*:

- *Aloha Airlines*: 245-3691
- *Hawaiian Airlines*: 245-1813
- *Aloha Island Air*: 800-652-6541
- *United Airlines*: 800-241-6522

Busse

Mit Ausnahme der Strecke zwischen Lihue und Kapaa besitzt Kauai **kein** öffentliches Busnetz, auch finden keine Shuttle-Fahrten zu den Hotels statt. Besucher, die die Insel kennenlernen möchten, sollten sich unbedingt einen Mietwagen nehmen.

Mietwagen

Am Flughafen von Lihue sind alle bekannten Mietwagenanbieter (geöffnet i.d.R. 6.00-21.00 Uhr) vertreten, einige Stationen gibt es daneben in den großen Hotels und am Princeville Airport. Die Straßen sind bis hinauf zu den Waimea Canyon Lookouts in gutem Zustand; ein Geländewagen ist daher nicht notwendig.

- *Alamo:* Lihue Airport, Tel.: 246-0645.
- *Avis:* Lihue Airport, Tel.: 245-3512.
- *Budget:* Lihue Airport, Tel.: 245-9031.
- *Dollar:* Lihue Airport, Tel.: 245-3651.
- *Hertz:* Lihue Airport, Tel.: 245-3356.

Taxen

Am Lihue Airport sowie im Zentrum von Lihue und in Kapaa stehen Taxis zur Verfügung oder können auf der Straße angehalten werden. Für eine Fahrt vom Flughafen nach Poipu muß man mit ca. US$ 28 rechnen. In Ihrem Hotel bestellt Ihnen die Rezeption oder der Bell Captain gern einen Wagen, ansonsten können Sie sich telefonisch an folgende Firmen wenden:

- *Akiko's* (Tel.: 822-3613)
- *Scotty's* (Tel.: 245-2271)
- *Wailua Taxi* (Tel.: 822-3671)

Einige Entfernungen (und ungefähre Fahrzeit-Angaben)

Lihue – Wailua	11 km	15 Minuten
Lihue – Kapaa	16 km	20 Minuten
Lihue – Koloa	18 km	25 Minuten
Lihue – Poipu	23 km	30 Minuten
Lihue – Spouting Horn	24 km	30 Minuten
Lihue – Hanapepe	29 km	35 Minuten
Lihue – Kilauea	42 km	45 Minuten
Lihue – Kekaha	45 km	1 Stunde
Lihue – Hanalei	56 km	1 Stunde, 5 Minuten

Lihue – Haena	65 km	1¼ Stunde
Lihue – Kalalau Valley Lookout	72 km	1 Stunde

Ärztliche Versorgung

Die Insel verfügt über mehrere **Apotheken** *(Drugstores)*. Das größte Angebot hat die Kette *Long's*, die auf Kauai u.a. im *Kukui Grove Shopping Center* vertreten ist (Tel.: 245-7771). Ein **Krankenhaus** befindet sich in der Hauptstadt: *Wilcox Memorial Hospital,* Lihue, Kuhio Hwy., Tel.: 245-1100.

Wichtige Telefonnummern

Polizei, Ambulanz, Feuerwehr: 911
Wetter-Vorhersage: 245-6001
See- und Schiffahrtsbedingungen: 245-3564
Coast Guard: 1-800-552-6458
Zeitansage: 245-0212

Einkaufen

Kauai hat weder riesige Shoppingzentren vorzuweisen, wie es sie in Honolulu gibt, noch ein gemütliches Einkaufsstädtchen wie Lahaina (Maui), doch bestehen auch hier genügend Möglichkeiten, sein Geld für Mode, Schmuck, Sportgeräte oder Dinge des alltäglichen Lebens auszugeben. Das größte Warenangebot besitzt Lihue mit einigen kleineren Geschäften und nicht weniger als sieben Shoppingzentren, unter denen das *Kukui Grove S.C.* das größte der Insel ist. Außerhalb der Hauptstadt hat nahezu jeder Ort seine eigene Einkaufszeile. Besondere Erwähnung verdienen dabei der *Coconut Marketplace* in Wailua mit seinen 70 Shops und Restaurants in lockerer Freiluft-Atmosphäre, das *Kauai Village* in Kapaa mit mehr als 40 Läden, einem künstlichen Wasserfall, einem Museum und einem sehr guten Restaurant, das edle *Princeville S.C.* in Princeville mit 33 Shops und Restaurants der gehobenen Preisklasse sowie das *Ching Young Village* in Hanalei mit mehr als 30 Shops, Restaurants und Dienstleistungsunternehmen.

Selbstverständlich besitzen auch die größeren Hotels jeweils ihre eigenen Shopping Malls, insbesondere das riesige *Marriott's* in Lihue. Daneben findet man in oder bei touristischen Attraktionen wie z.B. dem *Kilohana*-Plantagenhaus Läden, in denen vorzugsweise Mode, Schmuck, Kunsthandwerk und Kunst angeboten werden. Auf kleinere Boutiquen trifft man u.a. in Kapaa, Poipu, Kilauea und Hanapepe, während die beste Adresse für einheimische Mode die Filiale von *Hilo Hattie's* ist (Lihue, 3252 Kuhio Hwy., Tel.: 245-3404; tägl. 8.30-18.00 Uhr geöffnet).

Wer sich preisgünstig mit Lebensmitteln o.ä. versorgen will, sei an die vielen **Supermärkte** verwiesen, wie z.B. die *ABC-Stores*, die in Lihue, Waipouli und Kapaa vertreten sind.

Restaurants

Nach den ganz großen Adressen, die in den internationalen Gourmet-Führern an oberster Stelle stehen, sucht man auf Kauai vergeblich. Doch kann eine ganze Reihe von Restaurants durch ihre frischen Zutaten und eine innovative Küche überzeugen und läßt auch für den anspruchsvollen Gaumenfreund keinen Wunsch offen. Erfreulich ist auf der 'Garten-Insel' die breite Mischung empfehlenswerter Lokalitäten: Einserseits hat man in den Luxushotels (z.B. dem *Princeville Hotel*, dem *Marriott* und dem *Hyatt Regency*) eine Auswahl unter jeweils mehreren vorzüglichen Restaurants, andererseits findet man auch in alten Plantagenhäusern, in rustikalen Holzhäuschen oder innerhalb der Shoppingcenter immer wieder Gaststätten von beachtlicher Qualität. Ebenso erfreulich ist das recht große Angebot an Restaurants der mittleren Preisklasse, die trotz solider Küche die Reisekasse nicht allzu strapazieren. Eine Auswahl empfehlenswerter Lokale unterschiedlicher Kategorie finden Sie im Reisekapitel.

Luaus

Große Hotels wie das *Marriott* oder *Sheraton* bieten einmal wöchentlich ein Luau mit Hula-Show an, das oft besser ist als vergleichbare Veranstaltungen in Honolulu, sich gleichwohl aber am amerikanisch-touristischen Geschmack orientiert. Mit vielerlei neuzeitlichen Show-Elementen durchsetzt ist auch das Luau, das im *Smith's Tropical Paradise* bei Wailua Mo-Fr ab 17.00 Uhr stattfindet, doch entschädigt hier die zauberhafte Umgebung für die manchmal etwas kitschige Show *'Golden People of Kauai'*. Das beste Luau bietet zweifellos das kleine Restaurant *Tahiti Nui* in Hanalei (Mi und Fr ab 18.30 Uhr), dessen Speisen nicht nur von sehr guter Qualität sind, sondern dessen Beteiligte beweisen, daß sie noch Spaß an der Sache empfinden können.

Nachtleben

Ein nennenswertes Nachtleben außerhalb der Hotels findet praktisch nicht statt. Mehrere größere Strandresort bieten ihren Gästen abends ein Unterhaltungsprogramm mit Tanzmusik einheimischer Bands und hawaiischer Folklore (Hula-Shows). Die größeren Anlagen wie *Marriott, Hyatt Regency, Sheraton* und *Outrigger Kauai Beach* besitzen auch eine Diskothek, in der allerdings selten eine ausgelassene Stimmung herrscht. Abendliche Livemusik gibt es in einigen Lokalen in Hanalei und Kapaa, u.a. in der *Cove-Bar* im *Hanalei Gourmet* und im *Tahiti Nui*.

Wassersport

Für **Taucher** und **Schnorchler** ist Kauai keine schlechtere Destination als die anderen hawaiischen Inseln, nur ist hier das Angebot entsprechender Veranstalter oder Geräte-Verleiher nicht so breit gefächert wie z.B. auf Big Island, Maui oder Oahu. Die besten Schnorchelspots sind der *Mahaulepu* und *Poipu Beach* im Süden sowie der *Anini* und *Kee Beach* im Norden – alle mit Korallen und relativ flachem Wasser. Taucher sollten sich mit einem Boot zu den besten Plätzen bringen lassen, die der Küste vorgelagert bzw. mit dem Wagen nicht zu erreichen sind.

Weitere Auskünfte geben die *Activity Desks* der Hotels oder folgende Veranstalter, bei denen man sich auch Tauch- und Schnorchelgeräte ausleihen kann und die z.T. Tauchgänge und Einführungskurse anbieten (Auswahl):

- *Kauai Snorkel Rentals,* Coconut Marketplace, Wailua, Tel.: 823-8300
- *Ray's Rentals,* Kapaa, Tel.: 822-5700
- *Snorkel Bob's,* Kuhio Hwy./Ahukini St. Lihue, Tel.: 245-6804; Poipu Rd. (hinter dem Poipu Shopping Village), Tel.: 742-8322
- *Dive Kauai Scuba Center,* 976 Kuhio Hwy., Kapaa, Tel.: 822-0452
- *Fathom Five Divers,* 3450 Poipu Rd., Koloa, Tel.: 742-6991
- *Snuba Tours of Kauai,* Tel.: 823-8912.

Windsurfer finden ein gutes Revier im Osten am *Lydgate State Park* und in der *Nawiliwili Bay*, im Süden am *Salt Pond Beach* sowie besonders im Norden am *Anini Beach.* **Surfer** bekommen in den Shopping Center, vielen Hotels oder anderen Stellen Body Boards und andere Surfboards. Eine renommierte Surf-Schule betreibt die siebenmalige Weltmeisterin *Margo Oberg* am Poipu Beach und verleiht entsprechendes Sportgerät – Infos bei *Margo Oberg's Surfing School,* Kiahuna Plantation, Tel.: 742-1750. Wer die Wasserläufe des Inselinneren oder das offene Meer per **Kayak** oder **Motorboot** erkunden möchte, kann an einigen Stellen entsprechende Boote ausleihen, u.a. bei:

- *Outfitters Kauai,* 2827 A Poipu Rd., Poipu, Tel.: 742-9667
- *Paradise River Rentals,* Kilohana, Tel.: 245-9580
- *Pedal'n Paddle,* Ching Young Village, Hanalei, Tel.: 826-9069, und Kapaa, Tel.: 822-2005
- *Ray's Rentals,* Kapaa, Tel.: 822-5700.

Angeln

Mit seinen vielen Flüssen, Bächen und Seen, in die man u.a. Forellen ausgesetzt hat, bietet sich Kauai besser als jede andere Insel zum **Süßwasser-Angeln** an, für das man jedoch eine Lizenz oder die Erlaubnis des jeweiligen Grundstückeigners benötigt. In der Nähe der Kokee Lodge z.B. gibt es die öffentliche *Kokee Fishing Area*, in der man von August bis September Forellen aus dem Wasser zieht.

Weitere Auskünfte erteilt die Division of Aquatic Resources, Tel.: 241-3400 (Mo-Fr 8.00-16.30 Uhr).

Die Fischgründe im Ozean mit ihren großen Marlin- und Thunfisch-Beständen sind das Ziel für **Hochseeangel-Touren**, die von vielen privaten Skippern ab den Häfen *Port Allen, Nawiliwili, Kikiaoloa* und *Anini Beach* angeboten werden. Auch solche Touren können über die Hotelrezeption gebucht werden oder direkt u.a. bei:

- *Anini Fishing Charters* (Anini Beach, Tel.: 828-1285)
- *Gent-Lee Charters* (Tel.: 245-7504).

Fahrräder

Die herrliche Küstenstraße und viele verkehrsarme Seitenwege machen Kauai zu einer idealen Radfahrer-Destination. U.a. vermieten oder verkaufen folgende Unternehmen Tourenrädern und Mountain Bikes und organisieren z.T. auch Rundfahrten:

- *Pedal'n Paddle,* Ching Young Village (Hanalei), Tel.: 826-9069, und Kapaa, Tel.: 822-2005
- *Ray's Rentals,* Kapaa, Tel.: 822-5700
- *Outfitters Kauai,* 2827 A Poipu Rd., Poipu, Tel.: 742-9667.

Wandern

Die Na Pali Coast und der Waimea Canyon, der Alakai Swamp und der 'Sleeping Giant' – das sind einige der einzigartigen Naturlandschaften, die man am besten auf Wandertouren kennenlernen kann. Ein ausgezeichnetes System markierter Trails bietet dazu auf Kauai alle Möglichkeiten von erholsamen Spaziergängen bis hin zu Mehrtageswanderungen für Erfahrene. Eine Auswahl der schönsten *hiking*-Ziele finden Sie im KAPITEL 10.8.

Tennis

Fast jedes größere Hotel besitzt mehrere gepflegte Tennisplätze, die gegen Gebühr auch von externen Gästen benutzt werden können. Dazu stellen einige private Tennisclubs ebenfalls ihre Plätze zur Verfügung. Zu den besten Anlagen auf Kauai gehören die des *Kiahuna Tennis Club* in Poipu, des *Princeville Resort*, des *Marriott* und des *Hyatt Regency*.

Öffentliche Tennisplätze, deren Benutzung kostenlos ist, befinden sich u.a. in Hanapepe, Kalaheo, Kapaa, Koloa, Lihue und Waimea; verwaltet werden sie vom *Department of Parks & Recreation*, wo man auch Reservierungen vornehmen lassen kann (Tel.: 241-6660 und 245-1881).

Reiten

Reitausflüge werden von einigen Hotels oder Reiseagenturen vermittelt (z.B. von *South Sea Tours,* Tel.: 245-2222).

Bei zwei Reitställen kann man individuelle oder geführte Ausritte direkt buchen, wobei Erfahrungen meist nicht notwendig sind:

- *Pooku Stables*, Princeville, Tel.: 826-6777; mehrere Ausritte in kleinen Gruppen täglich, u.a. morgens und nachmittags ins Hanalei Valley oder der 'Waterfall Ride' ins Inselinnere mit Schwimmen und Picknick-Lunch (3 Stunden, ca. US$ 70).
- *CJM Country Stables*, Koloa, Tel.: 245-6666; Reittouren unterschiedlicher Länge im Süden der Insel, u.a. dreistündiger Morgenritt mit Frühstück am Mahaulepu Beach (ca. US$ 70).

Golf

Bereits 1928 wurde auf Kauai mit dem *Kukuiolono Golf Course* der erste öffentliche 9-Loch-Golfplatz eröffnet, um den Plantagenarbeitern ein Freizeitvergnügen zu verschaffen. Inzwischen kamen auf der Insel sieben weitere Plätze hinzu, unter denen die beiden spektakulären Anlagen von Princeville – die zweite wurde 1990 eröffnet – das Resort zu einem weltweit bekannten Mekka für Golffreunde machte. Noch jünger ist der gepflegte Platz des *Poipu Bay Resorts*, auf dem einige alt-hawaiische Kultstätten erhalten wurden und der sich wie alle Golfplätze der Insel direkt am Ufer erstreckt. Ebenfalls eine besondere Erwähnung wert ist der im Gemeindebesitz befindliche Platz des *Wailua Golf Course*, der zu einem der besten *municipal courses* in den USA zählt.

Hier die Adressen der Golfplätze von Kauai:

● **Im Süden**

- *Poipu Bay Resort Golf Course,* 2250 Ainako St., Koloa, Tel.: 742-9489; 18-Loch, Par 72.
- *Kiahuna Golf Club,* 2545 Kiahuna Plantation Dr., Koloa, Tel.: 742-9595; 18-Loch, Par 70.
- *Kukuiolono Golf Course,* P.O.Box 987, Koloa, Tel.: 332-9151; (öffentlich) 9-Loch, Par 36.

● **Im Osten**

- *Kauai Lagoons Resort,* Kalapaki Beach, Lihue, Tel.: 246-5061; zwei Anlagen (Kiele Course und Lagoons Course) mit jeweils 18-Loch, Par 72.
- *Wailua Golf Course,* P.O.Box 1017, Kapaa, Tel.: 245-8092; (öffentlich) 18-Loch, Par 72.

● **Im Norden**

- *The Makai Golf Course,* P.O.Box 3040, Princeville, Tel.: 826-3580; 27-Loch, Par 72.
- *The Prince Golf & Country Clu*b, P.O.Box 3040, Princeville, Tel.: 826-5000; 18-Loch, Par 72.

Ausflüge

● **Reiseagenturen**

Mehrere Reiseagenturen führen Inselrundfahrten durch, die man direkt oder an der Hotel-Rezeption buchen kann. Vor allem Tagesgäste, die von Oahu aus herübergeflogen sind, oder Kreuzfahrttouristen nutzen diese Art der Inselerkundung, wobei die Bootstour zur *Fern Grotto*, der Besuch des *Spouting Horn* und die Auffahrt zu den Lookouts auf den *Waimea Canyon* zum Standardprogramm gehören. Die bekanntesten Anbieter sind:

- *Chandler's Kauai Tours,* Tel.: 245-5675
- *Gray Line Kauai,* Tel.: 245-3344
- *Kauai Island Tours*, Tel.: 245-4777
- *South Sea Tours,* Tel.: 245-2222
- *Trans Hawaiian Kauai,* Tel.: 245-5108.

Tip:

Deutschsprachige Kauai-Touren in kleinen Gruppen kann man bei *Max Deyerl* (P.O.Box 3927, Lihue, Tel.: 246-3999) buchen. In einem komfortablen Minibus mit maximal 6 Reiseteilnehmern werden jeweils ein 6stündiger Ausflug in den Süden und Westen (mit Waimea Canyon) und in den Osten und Norden (mit Kilauea) durchgeführt – Preis ab/bis Hotel US$ 62. Beide Touren können durch eine Wailua-Bootsfahrt (insgesamt 8 Stunden, US$ 93) oder durch einen Helikopterrundflug (insgesamt 8 Stunden, US$ 172) ergänzt werden.

● **Bootstouren**

Mit Segelschiffen, Power-Motorbooten, Yachten und Schlauchbooten werden von Kauai aus vielfältige Minikreuzfahrten durchgeführt, bei denen zumeist die spektakuläre Na Pali Coast mit ihren Klippen, versteckten Sandstränden, Grotten und Naturbrücken das bevorzugte Ziel ist. Diese Touren finden vor allem im Sommer statt, wenn die Seeverhältnisse relativ ruhig sind. Im Winter machen die stürmischen Winde solche Bootsausflüge entweder unmöglich oder zu einer sehr rauhen Angelegenheit. In dieser Zeit stellen die Törns in die ruhigen Gewässer der Süd- und Westküste einen guten Ersatz dar, weil man auf ihnen das Spiel der Buckelwale beobachten kann.

Aus dem großen Angebot hier eine kleine Auswahl:

- *Whitey's Boat Cruises,* Hanalei Center, Hanalei, Tel.: 826-6853; tägliche Minikreuzfahrten mit einem Motor-Catamaran entlang der Nordküste, Schnorchelmöglichkeiten, 4 Stunden US$ 65.
- *Hanalei Sea Tours,* Hanalei, Tel.: 826-7254; tägliche 3-, 4- oder 5stündige Tour mit einem Motor-Catamaran oder in Schlauchbooten entlang der Nordküste, Schnorchelmöglichkeiten.
- *South Sea Tours,* Tel.: 245-2222; mit dem Jetboot *'SS Thunder'* geht es vom Nawiliwili Harbor in 1 Stunde zum Spouting Horn oder in 4 Stunden zur Na Pali Coast; Abfahrten auch von Port Allen.
- *Captain Zodiac,* Tel.: 826-9371, Auflugsfahrten mit dem Power-Schlauchboot, u.a. zur Na Pali Coast mit Wasserfällen, Grotten und Naturbrücken, Schnorchelausrüstung.
- *Capt. Andy's Sailings,* Tel.: 822-7833; mehrere tägl. Törns mit einem modernen Segelkatamaran, u.a. 6-Stunden Tour zur Na Pali Coast, 2-Stunden Sunset Sail, 4-Stunden Schnorchel-Ausflug.
- *Sundancer Cruises,* Eleele Shopping Center, Tel.: 335-0110; gemütliche Ausflüge für maximal 21 Passagiere auf einem Motor-Catamaran, 2 Touren tägl.: *'Na Pali Quest'* (4½ Stunden) zur Nordküste mit Schnorchelmöglichkeit und Lunch-Buffet; *'Wet & Wonderful'* (3 Stunden) zur Westküste mit Schnorchel- und Schwimmöglichkeit.
- *Liko Kauai Cruises,* Kikiaola Harbor, Kekaha, Tel.: 338-0333; informative Kreuzfahrten zur Na Pali Coast mit maximal 24 Passagieren, Gelegenheit zum Schnorcheln und Angeln, der einheimische Kapitän *Liko Hookano* erläutert Sehenswürdigkeiten und polynesische Mythen.

Im **Binnenland** bietet der *Wailua River* als einzig schiffbare Wasserstraße Hawaiis das Erlebnis einer beschaulichen, 5 km langen Flußkreuzfahrt ab der Wailua Marina (vgl. KAPITEL 10.4.2).

● Helikopterrundflüge

Von den Heliports an den Flughäfen *Lihue, Princeville* und *Port Allen* starten täglich die Hubschrauber mehrerer Firmen zu einem Flightseeing-Programm, das Rundflüge unterschiedlicher Länge umfaßt. Diese machen auf Kauai besonders viel Sinn, da weite Teile der Insel, wie z.B. die Na Pali-Küste, der Alakai-Sumpf und der Krater des Mt. Waialeale, entweder völlig unzugänglich oder nur auf längeren und schwierigen Wanderungen zu erreichen sind. Besonders empfehlenswert ist eine *"Circle Island"*-Tour, auf der man ganz Kauai, einschließlich der Na Pali Coast, des Mt. Waialeale, des Waimea Canyon und anderer Inseltäler, aus der Vogelperspektive erlebt (Preis ca. US$ 150 p.P.).

Hingewiesen sei auch auf die Firma *Niihau Helicopters*, die als einzige die 'verbotene Insel' Niihau anfliegt. Hier die Telefonnummern der wichtigsten Hubschrauber-Unternehmen; ein vorheriger Anruf lohnt sich, da die Konkurrenz groß ist und z.T. Preisnachlässe bei Direktbuchung gewährt werden:

- *Air Kauai Helicopters Tours*	Tel.: 246-4666
- *Bali Hai Helicopters Tours*	Tel.: 335-3166
- *Bruce Needham Helicopter*	Tel.: 335-3115
- *Island Helicopters*	Tel.: 245-8588
- *Niihau Helicopters*	Tel.: 335-3500
- *Ohana Helicopter Tours*	Tel.: 245-3996
- *Pacific Island Helicopters*	Tel.: 335-3115
- *Papillon Helicopters*	Tel.: 245-9644
- *Safari Helicopter Tours*	Tel.: 246-0136
- *South Sea Helicopters*	Tel.: 245-7781
- *Will Squyres Helicopter Tours*	Tel.: 245-8881

● Kleinflugzeuge

Kumulani Air (Tel.: 246-9123) bietet mehrmals täglich vom Flughafen Lihue aus Rundflüge mit einer Cessna 402 (maximal 9 Passagiere) sowie einer 5-Sitzplatz-Maschine an – ab US$ 49 für ½ Stunde. Besonders interessant ist die *'3-Island Air Tour',* bei der man außer Kauai auch Niihau und das vorgelagerte Inselchen Lehua sieht.

Strände

An der 145 km langen Küste liegen etwa 75 Strände wie Perlen an einer Kette aneinandergereiht, manche davon zählen zu den schönsten Hawaiis. Jedoch sind sie sehr unterschiedlich hinsichtlich ihrer Sicherheit, Qualität und Zugänglichkeit. Die Strände im **Osten**, vor allem die an der sog. *Coconut Coast,* sind zwar sehr populär (weil hier das Wetter meistens sonnig ist und sich viele Hotels oder andere Unterkünfte befinden), oft aber nicht ungefährlich und außerdem recht schmal. Zu den sichersten und besten gehören die Abschnitte am *Lydgate State Park* und *Anahola Beach Park*.

Die Strände an der **Südküste** sind i.d.R. langgezogen und ganzjährig zum Schwimmen und für alle Arten von Wassersport geeignet. Sehr beliebt, aber selten überfüllt ist der *Poipu Beach Park*, von ähnlicher guter Qualität sind daneben auch der *Salt Pond Beach,* der *Kukuiula Beach* und der *Mahaulepu Beach.*

Der **Westen** hat m.E. mit die besten Strände überhaupt, und zwar der 24 km lange (!) Abschnitt des *Polihale State Park* und der angrenzende *Kekaha Beach*. Der Nachteil ist, daß hier selbst im Sommer die enorme Brandung Schwimmen nicht ratsam erscheinen läßt und touristische Einrichtungen kaum vorhanden sind. Für einsame Strand- und Dünenwanderungen (phantastische Sonnenuntergänge) ist die Küste jedoch allemal geeignet.

Der **Norden** schließlich hat mit dem filmerprobten *Lumahai Beach* einen der besten spots des Archipels, dessen naturschöne Lage darüber hinwegtröstet, daß auch hier hohe Wellen und gefährliche Strömungen Schwimmen zu einem Risiko werden läßt. Wegen eines vorgelagerten Korallenriffs ist der *Anini Beach* sicherer, allerdings ist das Wasser ziemlich flach. Über schöne Badestrände verfügen der *Hanalei Beach Park* und der benachbarte *Waioli Beach Park*, und am Ende der Straße lockt der *Haena Beach Park* mit drei sehr guten Stränden, von denen der *Kee Beach* wegen seiner Ungefährlichkeit und der grandiosen Umgebung eine besondere Erwähnung verdient.

Pali – Küste und Sandstrände

10.3 LIHUE: DIE INSELHAUPTSTADT UND IHRE UMGEBUNG

10.3.1 ÜBERBLICK UND REISEPRAKTISCHE HINWEISE

Hotels

Für Übernachtungen gab es in der Hauptstadt bislang nur eine Adresse, und zwar eine sehr gute: das *Westin Kauai Hotel* ($$$$$) mit 840 Zimmern, 12 Restaurants, riesigem Pool, phantastischen Gärten, reichem Sportangebot (u.a. eigener Reitstall und 18-Loch-Golfplatz) und schloßartigem Innenhof mit Wasserspielen und Marmorskulpturen. Nach einer längeren Umbauphase soll das Mega-Resort 1995 unter der Flagge des *Marriott*-Konzerns wiedereröffnet werden, und zwar auf gleichbleibend luxuriösem Niveau.

Restaurants

Das *Westin-* bzw. *Marriott*-Hotel hat gleichzeitig auch das größte und teuerste kulinarische Angebot. Preisgünstiger und bodenständiger sind einige Lokale im Stadtzentrum oder im Vorort Hanamaulu, u.a.:

- *The Planter's Restaurant* ($$), Hwy. 65, Hanamaulu, Tel.: 245-1606; tägl. 17.00-21.30 Uhr geöffnet; rustikales Lokal im Saloon-Stil mit gutem, soliden Essen, Spezialität Prime Rib und Seafood, 2 km nördlich vom Airport gelegen.
- *JJ's Broiler* ($$), Anchor Cove S.C., Nawiliwili, Tel.: 246-4422; alteingesessenes Restaurant mit solidem Essen, Seafood- und Steakspezialiäten (besonders: *'slavonik steak'),* schöner Seeblick, tägl. 11.00-22.00 Uhr geöffnet, Bar tägl. bis 24.00 Uhr.
- *Cafe Portofino* ($$), Pacific Ocean Plaza, 3501 Rice St., Tel.: 245-2121; der wohl beste Italiener der Insel, schöner Blick auf auf Kalapaki Beach, täglich zum Lunch und Dinner geöffnet.
- *Dani's Restaurant* ($), 4201 Rice St., Tel.: 245-4991; einfaches, hauptsächlich von *locals* frequentiertes Restaurant im Stadtzentrum, hawaiische, mexikanische und amerikanische Küche (u.a. mit *imu*-Schweinefleisch), ideal für Frühaufsteher, nur Frühstück und Mittagessen, geöffnet Mo-Sa 5.00-13.30 Uhr,
- *Restaurant Kiibo* ($), 2991 Umi St., Tel.: 245-2650; einfaches japanisches Restaurant mit liebloser Einrichtung, aber preiswertem und gutem Essen, geöffnet Mo-Sa 11.00-13.30 und 17.30-21.00 Uhr.

Einkaufen

Kauais größtes Shopping Center überhaupt ist das *Kukui Grove Center* und liegt am südlichen Stadtausgang am *Hwy. 50.* Es bietet 54 Shops und Restaurants Platz, darunter Mode-, Sport- und Lebensmittelgeschäfte sowie Gaststätten mit mexikanischer oder hawaiischer Küche; außerdem gibt es einen schattigen Innenhof und Minigolf sowie im Sommer jeden Do um 18.30 Uhr eine kostenlose Hula-Show. Das Shopping Center ist Mo-Mi und Sa 9.30-17.30, Do-Fr 9.30-21.00 und So 10.00-16.00 Uhr geöffnet.

Überblick

Das mit rund 4.000 Einwohnern recht überschaubare Lihue gehört sicher nicht zu den großen Sehenswürdigkeiten der Insel, trotz einiger hübscher Einzelgebäude und Parkanlagen. Der Ort wirkt zersiedelt und ist hauptsächlich durch die drei großen Einkaufszentren *(Kukui Grove, Lihue* und *Rice Shopping Center*), die

Zuckermühle, flache Einfamilienhäuser und Verwaltungsgebäude des Countys geprägt. Trotzdem wird wohl jeder Tourist zumindest am Rande mit Lihue Bekanntschaft schließen, weil sich erstens der größte Flughafen sozusagen im Stadtzentrum befindet und hier zweitens die beiden Hauptverkehrsstraßen beginnen, an denen man bei einer Inselbesichtigung nicht vorbeikommt *(Hwys. 50* und *56)*. Und bei dieser Gelegenheit lohnt es sich durchaus, zumindest einen kurzen Abstecher in die Kapitale zu unternehmen, wobei sich Ihr Interesse auf folgende Bereiche konzentrieren sollte:

- Das innerstädtische Zentrum um den *Lihue Park* mit Museum, *County Bldg.* und *Courthouse*.
- Das Hafengebiet zwischen den *Kauai Lagoons* und dem *Menehune Fishpond.*
- Die östliche Peripherie mit der deutschen lutheranischen Kirche.

Da diese Punkte relativ weit auseinander liegen, sind sie am besten mit dem Mietwagen zu erreichen. Einen Mietwagen braucht man auch, um zu den sehenswerten *Wailua Falls* oder zur *Kilohana Plantation* zu gelangen, den interessantesten Sehenswürdigkeiten in der näheren Umgebung der Stadt.

10.3.2 LIHUE

In das **innerstädtische Zentrum** gelangt man vom Flughafen über den *Hwy. 51 (Kapule Hwy.),* vom südlichen Inselteil über den *Hwy. 50 (Kaumualii Hwy.)* und aus Richtung Hanamaulu bzw. den Wailua Falls über den *Hwy. 56 (Kuhio Hwy.).* Auf allen diesen Straßen gelangt man zur *Rice St.*, die als ca. 1½ km lange Achse den eigentlichen Ortskern von Nordwesten nach Südosten durchquert. Am oberen Ende der Straße befindet sich, eingerahmt von einem Einkaufszentrum, Banken und Tankstellen, das einzige sehenswerte Gebäudeensemble nahe dem hübschen **Lihue Park**:

- **Kauai-Museum (1)**

Das Kauai-Museum stellt auf zwei Etagen sehenswerte Exponate zur Geschichte der Insel, ihrer Geologie, Flora und Fauna sowie ihren ethnischen Gruppen aus. Die interessantesten Einblikke verschaffen Erinnerungsstücke der frühen Missionare, ein kurzer Film mit herrlichen Naturaufnahmen, eine umfangreiche Muschelsammlung sowie das Modell eines polynesischen Dorfes.

Das Kauai-Museum

Sehenswert ist jedoch nicht nur die Ausstellung, sondern auch das Gebäude als solches: im Jahre 1922 als *Albert Spencer Wilcox Memorial Building* gebaut, beher-

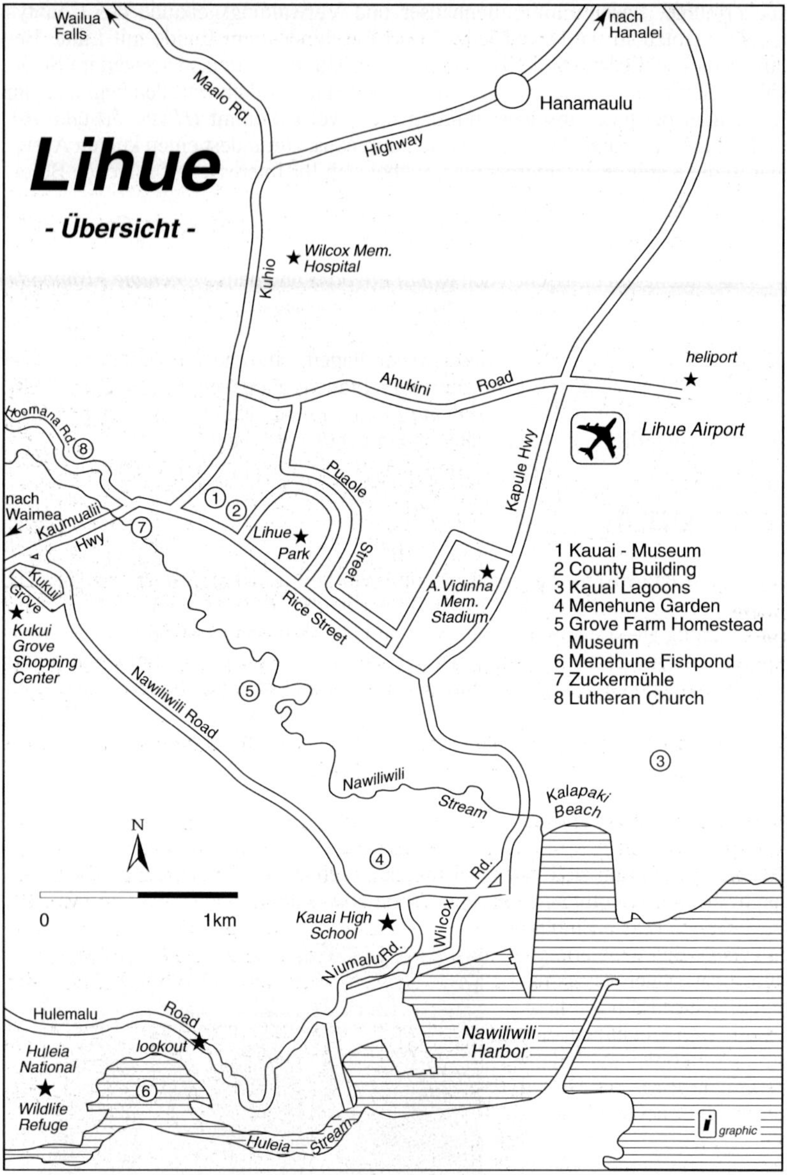

bergte es bis 1960 die öffentliche Bibliothek der Insel und überzeugt zur Straßenseite vor allem durch die drei hübschen Arkadenbögen.

Öffnungszeiten
Kauai Museum, 4428 Rice St., Tel.: 245-6931; geöffnet Mo-Fr 9.00-16.30, Sa 9.00-13.00 Uhr, Eintritt US$ 5.

• County Building (2)

Rechts vom Museum, jenseits der *Eiwa St.,* stellt das *County Building* die politische und administrative Zentrale des Verwaltungsbezirks dar, zu dem außer Kauai auch die Insel Niihau gehört. Das repräsentative, blendend weiße Gebäude wurde 1913 als erstes Regierungsgebäude innerhalb des Territoriums Hawaii errichtet und erinnert an den Architekturstil der amerikanischen Südstaaten. Zur Hauptstraße hin ist es durch zwei jonische Säulen mit Portikus und Uhr geschmückt.

Das County Building

Vor dem Bau befindet sich ein schöner, von hohen Palmen bestandener Platz mit einem Glockenturm, der 1968 anläßlich des hundertjährigen Jubiläums der japanischen Immigration errichtet wurde, einer fünfstöckigen, kleinen Pagode und einem Denkmal für einen Nationalheld der Philippinos.

Jenseits der nächsten Querstraße *Umi St.* erhebt sich das moderne *Lihue Plaza Bldg.,* das u.a. das **Fremdenverkehrsamt** beherbergt.

Folgt man der *Rice St.* zum unteren Ende, stößt man auf den *Hwy. 51*, der am **Stadion** vorbei nach links zum **Lihue Airport** führt und nach rechts als *Waapa Rd.* sich zum Hafen hinabwindet. Linkerhand dieser Straße erstreckt sich zu beiden Seiten der **Kauai Lagoons (3)** ein mondänes Resort-Gebiet, das von zwei 18-Loch-Golfplätzen und dem riesigen Komplex des ehemaligen *Westin Maui-Hotels* eingenommen wird. Der Architekt *Chris Hemmeter* hatte dieses 840-Zimmer-Resort in einem Stil gestaltet, der je nach Kritiker als 'pompöser Kitsch' oder 'spektakuläre Erlebniswelt' beurteilt wurde und seine Vorbilder in der Antike genauso wie in Disneyland suchte. 1994 war das Hotel geschlossen und wurde nach einer längeren Renovierungs- und Umbauphase Mitte 1995 unter der Flagge des *'Marriott'*-Konzerns wiedereröff-

Bootstour in den Kauai Lagoons

net. Außer dem Bau als solchem und dem angrenzenden **Kalapaki Beach** mit seinen Wassersportmöglichkeiten lohnt der Abstecher wegen der Lagunen, die über 1½ km ins Inselinnere hineinragen und eine wunderschöne Wasserlandschaft mit 7 Inselchen und reicher Vegetation gestaltet haben. Die Hotelverwaltung hat dieses Areal mit exotischen Tieren aus allen Kontinenten bevölkert (u.a. Känguruhs, Gazellen, Affen, Flamingos und Lamas), die man auf einer einstündigen Besichtigungstour erleben kann.

Vom Abzweig zu den Kauai Lagoons führt die *Waapa Rd.* am Anchor Cove Shopping Center und dem Nawiliwili Park parallel zum Hafen, der hauptsächlich von Frachtern und gelegentlich auch von Kreuzfahrtschiffen frequentiert wird. Nach wenigen hundert Metern zweigt hier die *Nawiliwili Rd. (Hwy. 58)* nach rechts ab und bringt Besucher an zwei schönen Gartenanlagen vorbei:

- **Menehune Garden (4)**

Vom Hafen her kommend, stößt man auf diesen Park zuerst, der nach den legendären *Menehune* (s.u.) benannt wurde. Auf dem idyllischen Gelände findet man eine Vielzahl tropischer Zierpflanzen und Heilkräuter sowie einen riesigen Banyan-Baum – ein schöner, ruhiger Platz, um eine Ruhepause einzulegen oder ein Picknick einzunehmen.

- **Grove Farm Homestead Museum (5)**

Etwas weiter erstreckt sich rechts der *Nawiliwili Rd.* das 32 ha große Gelände einer ehemaligen Zuckerplantage, die 1864 vom bekannten *George N. Wilcox* gegründet wurde. Das historische Herrenhaus, das noch 1980 von der Familie bewohnt wurde, hat einschließlich seiner Möblierung unverändert den Lauf der Zeit überdauert und kann viel von der typischen Plantagen-Atmosphäre des 19. Jhds vermitteln, in der die alteingessenen Familien wie Feudalherren über riesige Ländereien und billige importierte Arbeitskräfte verfügten. Zu bestimmten Terminen werden sehr instruktive, zweistündige Touren durch das Haupthaus, die Nebengebäude sowie einen Teil des Grundbesitzes angeboten. Da die Zahl der Besucher begrenzt ist, empfiehlt sich bei Interesse eine telefonische Reservierung.

Öffnungszeiten
Grove Farm Homestead Museum, P.O.Box 1631, Nawiliwili Rd., Tel.: 245-3202; geführte Besichtigungstouren Mo, Mi und Do 10.00 und 13.00 Uhr, Eintritt.

- **Menehune Fishpond** / Alekoko Fishpond **(6)**

Biegt man in Hafennähe von der *Nawiliwili Rd.* auf die *Niumalu Rd.* bzw. *Wilcox Rd.* in südliche Richtung ein, wird man am **Yachthafen** vorbei und dann über die *Hulemalu Rd.* zu einem Lookout geleitet, von dem aus man einen sehr guten Ausblick auf den alten Fischteich, die Biegung des Flusses *Huleia Stream* und das bergreiche Hinterland hat. Der Legende nach sind die *Menehune* gnomhafte Wesen, die bereits vor der Ankunft der Hawaiier in den Wäldern und Bergen hausten. Mit Zauberkräften ausgestattet, können sie die schwierigsten Aufgaben lösen, u.a. Steine zu mächtigen *Heiaus* aufschichten oder die Mauern für die Fischteiche ins

Wasser setzen – allerdings nur nachts und ohne von einer menschlichen Seele beobachtet zu werden. Völkerkundler halten diese Geschichten für eine Erinnerung der Polynesier, die Hawaii von Tahiti aus erreichten und hier auf die Nachfahren einer älteren Einwandererwelle stießen – nämlich die von den Marquesas-Inseln. Hier auf Kauai, wo der Glaube an die *Menehune* besonders ausgeprägt war (und z.T. immer noch besteht), schrieb man ihnen den Bau jener 270 m langen und bis zu 3 m hohen Mauer zu, die einen Fischteich von der Flußmündung abtrennte. Angeblich sollen zwei *Menehune*-Menschenketten die Steine aus 25 Meilen Entfernung aus dem Dschungel herangeholt und von Hand zu Hand weitergereicht haben. Als sie bei ihrer nächtlichen Arbeit vom Königspaar der Insel überrascht wurden, verwandelten sie dieses in zwei Steinsäulen, die oberhalb des Fischteichs zu sehen sind. Zwar ist die Mauer teilweise zerstört und von Gestrüpp überwachsen, der Teich als solcher aber deutlich zu erkennen (zu den hawaiischen Fischteichen vgl. KAPITEL 8.3.3).

In diesem Biotop haben zahlreiche einheimische Tiere überdauert, weshalb das Gelände als *Huleia National Wildlife Refuge* naturgeschützt ist. Der umgebende Regenwald diente übrigens einigen Hollywood-Streifen als exotische Kulisse.

Dort, wo die *Nawiliwili Rd.* auf den *Kaumalii Hwy.* stößt, erhebt sich der große Komplex der **Zuckermühle (7)** mit ihren Förderbändern und der Verladestation der Zuckertransporter. Sie ist eine der vier noch bestehenden Großbetriebe, die von dem guten Dutzend operierender Zuckermühlen in den 1930ern übrig geblieben sind. Sie befindet sich in einem Tal, das der *Nawiliwili Stream* gegraben hat und vom Highway überbrückt wird. Unmittelbar vor der Brücke zweigt nach rechts die *Hoomana Rd.* ab, an der das Hinweisschild *"Hawaii's oldest Lutheran Church"* das Ziel angibt.

- **Lutheran Church (8)**

Nach wenigen hundert Metern sieht man die Kirche samt angeschlossener Schule und Kindergarten rechts des Weges. Ihr Besuch ist insbesondere für deutsche Touristen interessant, stellt sie doch den Mittelpunkt jener deutschen Emigrantengemeinde dar, die sich 1849 etabliert hatte und eine der größten hawaiischen Zuckerplantagen aufbauen konnte. Ihr bedeutendstes Mitglied war der Pastorensohn und Agronom *Heinrich D. F. Isenberg* (1837-1903; vgl. KAPITEL 2.4.2)), der die Kirche am 11. November 1883 anläßlich des 400. Geburtstages von Martin Luther einweihen konnte. Als Nachfolger stand später sein jüngerer Bruder *Hans Isenberg* sowohl der Gemeinde als Pastor als auch der Plantagengesellschaft als Präsident vor.

Die Lutherische Kirche

Die Kirche selbst ist ein kleines, weißgestrichenes Gotteshaus, das in seiner Architektur vage an ein Schiff erinnert. Auf der Erklärung innerhalb der Kirche ist zu lesen, daß die Auswanderer damit bewußt an ihre entbehrungsreiche Reise nach Kauai erinnern wollten und z.B. die Empore wie eine Kapitänsbrücke oder die Lampen wie Schiffslampen gestalteten. Und das tonnengewölbte, weiß und hellblau gestrichene Holzdach, unter dem sich altmodische Ventilatoren drehen, ist einem Schiffsrumpf ähnlich. Durch den Hurrican *'Iwa'* wurde die Kirche 1982 zerstört, anschließend aber originalgetreu wiederaufgebaut. Gottesdienste finden jeden Sonntag um 8.00 und 10.30 Uhr statt.

Versäumen Sie außerdem nicht den Besuch des Friedhofs, auf dem Sie die Grabstätte von *Heinrich Isenberg* und vielen anderen deutschen Auswanderern finden.

10.3.3 DIE NÄHERE UMGEBUNG

Kilohana Plantation

Das Ziel dieses Ausfluges, für den auf dem Weg nach Waimea (vgl. KAPITEL 10.5.2) die Zeit fehlen dürfte, liegt 2½ km südlich vom Ortszentrum und ist über den *Hwy. 50 (Kaumualii Hwy.)* leicht zu erreichen. Nachdem man in Lihue die Zuckermühle und kurz darauf das große *Kukui Grove Shopping Center* passiert hat, sind es nur noch wenige Fahrminuten bis zum ausgeschilderten kurzen Abzweig zur Rechten.

Wie die *Grove Farm* (s.o.) gehörte auch diese 14 ha große Plantage der *Wilcox*-Familie und wurde 1935 von *Gaylord Parke Wilcox,* einem Neffen des berühmten *George Wilcox* gegründet. Das vom britischen Architekten *Mark Potter* gestaltete Anwesen zeigt die Formensprache eines englischen Landsitzes mit holzverkleidetem Obergeschoß und ausladendem Holzschindel-Dach, während das Innnere von edlen Möbeln aus San Francisco geprägt ist.

Die Kilohana Plantation

Bis zur Aufgabe der *Kilohana Plantation* im Jahre 1970 galt das elegante Haus als Treffpunkt der guten Gesellschaft, dann fanden mit dem Niedergang der Zuckerindustrie die gesellschaftlichen Empfänge, Konzerte und künstlerischen Treffen ein Ende. In den späten 1980er Jahren instandgesetzt, beherbergen das Herrenhaus und die Nebengebäude nunmehr ein renommiertes Restaurant, ein Plantagenmuseum und mehrere Kunstgalerien, Läden und Boutiquen.

Der alte Besitz kann zu bestimmten Zeiten auf einer einstündigen geführten Tour kennengelernt werden, ansonsten bietet die Plantage auch Kutschenfahrten an.

Öffnungszeiten
Kilohana Plantation, P.O.Box 3121, Hwy. 50, Tel.: 245-5608; Mo-Sa 9.30-21.30 Uhr, So nur bis 17.00 Uhr geöffnet, freier Eintritt, geführte Besichtigungstouren Mo, Mi, Do, Sa um 11.00 und 14.00 Uhr (Reservierungen unter Tel.: 246-9529).

Restaurant
Gaylord's at Kilohana ($$$), 3-2087 Kaumualii Hwy., Tel.: 245-9593; schön gelegenes Gartenrestaurant mit kontinentaler und amerikanischer Küche, sehr gute Steaks und Seafood, große Weinkarte; tägl. zum Abendessen ab 17.00, zum Mittagessen Mo-Fr 11.00-15.00 und zum Brunch Sa-So 9.30-15.00 Uhr geöffnet.

Wailua Falls

Dieser kurze Ausflug zum schönen Wasserfall des *Wailua River* geht nordwestlich der Stadt vom *Kuhio Hwy. (Hwy. 56)* ab, und zwar auf der durchgängig asphaltierten Straße *583 (Maalo Rd.)*. Auf dem 6,3 km langen Weg passiert man zunächst den alten 'Friedhof der unbefleckten Empfängnis' und dann die großzügige Friedhofsanlage der *Kauai Memorial Gardens*. Durch Zuckerrohrfelder fährt man nun immer geradeaus, d.h. man ignoriert alle Abzweige von unasphaltierten Straßen (die für die Zuckerrohrtransporter reserviert sind). Der Weg endet oberhalb der Wasserfälle an einem Parkplatz, auf dem bisweilen Imbißstände und Fotografen mit Papageien etc. auf Kundschaft warten – vor allem, wenn ein Kreuzfahrtschiff im Hafen liegt.

Die Wailua Falls

Der Blick auf die *Wailua Falls*, die sich aus gut 30 m in einen runden natürlichen Pool stürzen, lohnt die Anfahrt aber trotzdem; die beste Perspektive hat man, wenn man am Zaun entlang ein wenig auf der Straße zurückgeht. Nach Regenfällen führt der Fluß oft so viel Wasser, daß sich die beiden parallelen Wasserfälle zu einem einzigen, großen vereinen.

10.4 VON LIHUE ÜBER DIE OSTKÜSTE IN DEN NORDEN

10.4.1 ÜBERBLICK UND REISEPRAKTISCHE HINWEISE

Hotels

Die Ostküste stellt das touristische Zentrum der Insel dar und verfügt über dementsprechend viele Hotels, Condominiums und B-&-B-Häuser. Hier eine kleine Auswahl (von Süden nach Norden):

● *Aston Kauai Beach Villas* ($$$), 5920 Kuhio Hwy., Kapaa, Tel.: 245-7711, Fax: 922-8785; großzügige Condominium-Anlage nahe zu Hauptstadt und Flughafen, mehrere Häuser mit insgesamt 350 komfortablen Einheiten, alle mit Kitchenette und Balkon, um einen tropischen Garten gruppiert, 3 Pools, Grillplätze, Strandzugang, Tennisplatz, Fitness-Center, Waschraum, Golfplatz in der Nähe.

● *Outrigger Kauai Beach* ($$$$), 4331 Kauai Beach Dr., Kalapaki Beach, Tel.: 245-1955, Fax: 246-9085; gehobenes Mittelklasse-Hotel mit 346 geschmackvollen Zimmern, direkt am Strand, herrliche Gartenanlagen, Restaurant, Bar, Pools, ideal für Familien.

● *Kauai Resort Hotel* ($$$), 3-5920 Kuhio Hwy., Wailua, Tel.: 591-2235, Fax: 596-0158; kleineres Mittelklasse-Hotel mit 228 Zimmern, Restaurant, Snackbar, schöne Gartenanlage und direkter Strandzugang, Pool, Sonnenterrasse, Tennisplätze, Golf- und Volleyballplatz in der Nähe.

● *Aston Kauai Beachboy Hotel* ($$$), 4-484 Kuhio Hwy., Kapaa, Tel.: 822-3441, Fax: 822-0843; Mittelklasse-Hotel mit vier Gebäuden, insgesamt 243 Zimmer, Restaurant, Coffeeshop, Bar, Pool, Tennisplatz, direkt am Strand.

● *Coco Palms Resort* ($$$), 4-241 Kuhio Hwy., Kapaa, Tel.: 822-4921, Fax: 822-7189; älteres, aber 1994 restauriertes Mittelklasse-Hotel im polynesischen Stil, vom Strand durch den belebten Highway getrennt, 390 Zimmer, Restaurant, Bar, Tennisplätze; die Zimmer zur Straße sind laut.

● *Princeville Hotel* ($$$$$), 5520 Kahaku Rd., Princeville, Tel.: 826-9644, Fax: 826-1166; elegantes, 1993 restauriertes Luxushotel mit 252 Zimmern, herrliche Lage oberhalb der Hanalei Bay und inmitten ausgedehnter Golfplätze, 4 Restaurants, Pool, Fitness-Center, Tennisplätze, Kino, Shops, vorbildlicher Service.

● *Hanalei Bay Resort* ($$$$), 5380 Honoiki Rd., P.O.Box 220, Princeville, Tel.: 826-6522, Fax: 826-7444; großzügige und weitläufige Anlage mit 280 Hotelzimmern und 134 Condominium-Wohneinheiten, gehobene Mittelklasse, Tennis- und Golfplatz, Restaurant, schöner Pool, Shops.

● *Hanalei Colony Resort* ($$-$$$), P.O.Box 206, Hwy. 56, Hanalei, Tel.: 826-6235, Fax: 826-9893; einfachere Condominium-Anlage direkt am Strand, schöne Holzhausarchitektur in herrlicher Umgebung, Pool, besonders günstige Langzeit-Tarife.

Überblick

Insgesamt ist die Strecke von Lihue zum *Haena State Park* nur **65 km** lang und kann bei günstigen Verkehrsverhältnissen in 1¼ Stunde geschafft werden. Viele mögliche Abstecher – u.a. die Bootsfahrt auf dem *Wailua River* zur *Fern Grotto*, die Wanderung auf den *'Sleeping Giant'* oder die Fahrt zum *Kilauea Lighthouse* – machen aus der Route aber leicht einen ausgefüllten Tagesausflug. Nehmen Sie Schwimmsachen mit, da einige der schönsten Strände entlang der Strecke zu finden sind. Falls Sie den Touristenströmen aus dem Weg gehen möchten, legen Sie Ihr Tagesprogramm so, daß Sie alle Besichtigungen auf der Hinfahrt 'erledi-

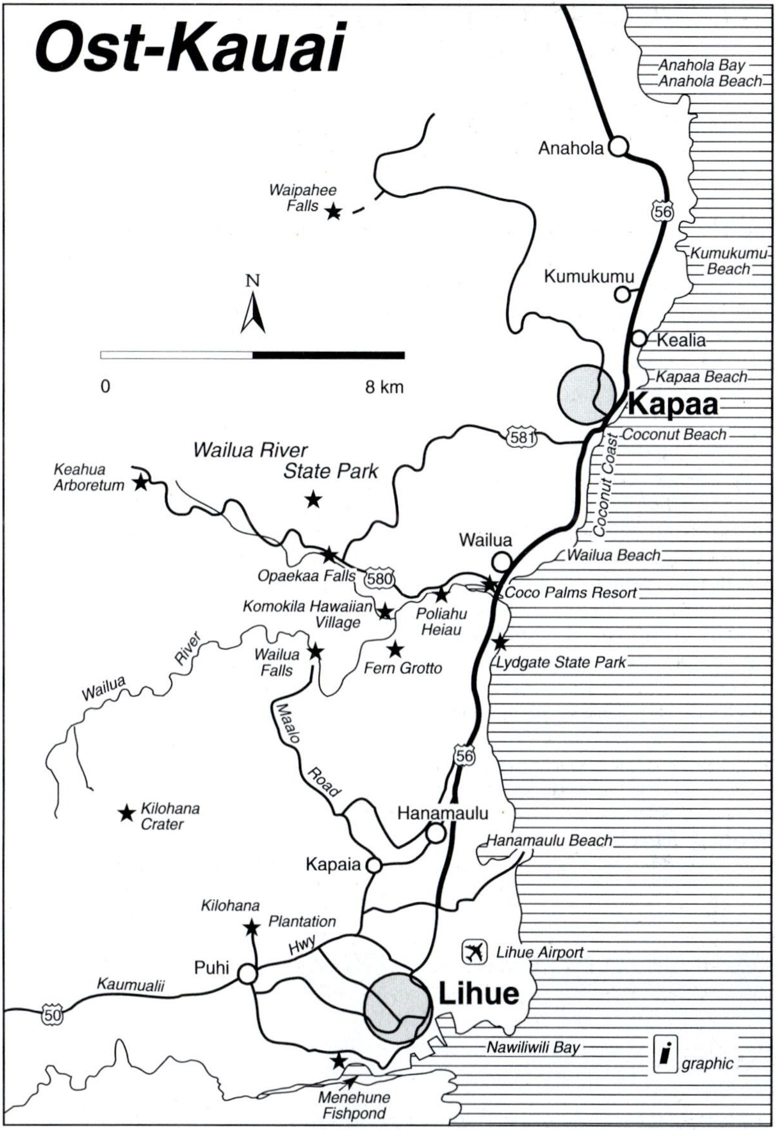

gen' und am späten Nachmittag am *Kee Beach* ankommen. Dann verlassen die meisten Gäste dort bereits den Strand, und mit etwas Glück haben Sie die phantastische Aussicht auf die Na Pali Coast und die untergehende Sonne ganz für sich allein. Ein Abendessen im *Tahiti Nui* oder *Pacific Café* wäre ein würdiger Tagesabschluß.

10.4.2 VON LIHUE NACH KAPAA

Die erste Etappe von Lihue nach Kapaa ist etwa 10 km lang und wird von Lihue bzw. dem Flughafen aus durch den *Hwy. 51* bzw. *Hwy. 56 (Kuhio Hwy.)* erschlossen. Entlang der Wegstrecke findet man vereinzelte Zuckerrohrfelder und Golfplätze, vor allem aber Hotels und Condominium-Anlagen sowie Einkaufszentren. Inzwischen sind die Orte nördlich von Lihue (Hanamaulu, Wailua, Waipouli und Kapaa) fast zusammengewachsen und bilden das größte Siedlungszentrum der Insel. Dementsprechend stark ist der Verkehr auf dem Highway, der bis Kapaa dreispurig geführt wird. Wer zu den Sandstränden der sog. **Coconut Coast** gelangen will, muß von der Hauptstraße auf schmalen Seitenwege abbiegen oder die Zufahrten zu den Hotels benutzen.

Vom Flughafen aus wird man über den *Hwy. 51* zum *Hwy. 56* gebracht, auf dem man die Fahrt in nördlicher Richtung fortsetzt. Nach wenigen Minuten passiert man rechterhand die Zufahrt zum *Kauai Beach Hotel*, das zusammen mit einer Condominium-Anlage am hübschen Sandstrand des *Nukolii Beach* liegt. Anschließend geht es am Wailua-Golfplatz vorbei, hinter dem man die Möglichkeit hat, auf der *Leho Rd.* einen Schlenker nach rechts zu unternehmen. Dabei kommt man zum *Lydgate State Park*, der sich für ein Picknick anbietet, und am *Kauai Resort Hotel* vorbei, auf dessen Gelände die Überreste des alt-hawaiischen **Hikini Okala Heiau** (= 'Tempel der aufgehenden Sonne') zu sehen sind. Das Steinfundament dieser ehemaligen Zufluchtsstätte, die sich bereits an der Mündung des *Wailua River* befindet, war ca. 3 m hoch und hatte die Außenmaße 100 x 25 m. Unweit des Tempels führt die *Leho Rd.* wieder auf den Highway zurück.

Noch **vor der Brücke** über den Fluß geht zur Linken eine kleine Asphaltstraße ab, die einen zum *Smith's Tropical Paradise Park* und von dort aus per Boot zur Touristenattraktion der Farngrotte bringt:

Wailua Marina

Der große Parkplatz ist schon ein Hinweis darauf, daß hier die Touren zur beliebtesten Touristenattraktion der Insel starten, der *'Fern Grotto'*. Der Anlegeplatz am Fluß, von dem sich ein schöner Blick auf die merkwürdige Felsformation des *'Sleeping Giant'* (*Nounou Mountain)* ergibt, wird von mehreren Firmen frequentiert, deren breite Flußboote mehrmals täglich zur berühmten Grotte abfahren. Während dabei Reiseleiter auf die Sehenswürdigkeiten der Umgebung per Megaphon aufmerksam machen, werden den Gästen zusätzlich ha-

Ausflugsboote auf dem Wailua River

waiische Tänze und Gesänge geboten, die jedoch ziemlich verkitscht daherkommen und mit authentischer polynesischer Kultur nichts gemeinsam haben. Immerhin: Die Fahrt als solche und das Ziel der Reise lohnen den Ausflug allemal. An der Marina und am gegenüberliegenden Flußufer (Straße 580) werden außerdem auch Kajaks vermietet und Wasserski auf dem Fluß angeboten.

Hinweis
Waialeale Boat Tours, Wailua Marina, Tel.: 822-4908, Abfahrten zur Fern Grotto jede halbe Stunde von 9.00-16.00 Uhr, Preis ca. 10 US$. * *Smith's Fern Grotto Cruise,* Wailua Marina, Tel.: 822-4111, Abfahrten tägl. 9.00, 10.30, 13.00, 14.00 und 14.30 Uhr, Preis ca. 10 US$.

Restaurant
Wailua Marina Restaurant ($$), Tel.: 822-4311; tägl. außer Mo 10.30-14.00 und 17.00-21.00 Uhr geöffnet; offenes Touristenrestaurant direkt am Flußufer, häufig von Busgruppen frequentiert, Steaks, Seefood, Fisch und Cocktails.

Fern Grotto

Nahe am Flußufer und nur per Boot zu erreichen, befindet sich diese Grotte, deren Wände und Decke über und über mit Farnkraut bewachsen sind und der Höhle zu ihrem Namen verhalfen. Sie entstand nicht durch Wassererosion, sondern in der vulkanisch aktiven Vergangenheit, als sich hier ein Lavastrom auf das Meer zubewegte und heißes Material abfloß, während die äußere Hülle schon erstarrt war.

Vom Bootssteg aus geht es über einen asphaltierten Pfad in wenigen Minuten zur Grotte, deren gute Akustik Anlaß ist, auch dort Gesangsvorstellungen zu geben; darüber hinaus ist sie sehr populär als Ort für Hochzeiten.

Smith's Tropical Paradise Park

Am Ende des Parkplatzes an der Marina, umgeben von einer schönen Grünanlage, die zu einem erholsamen Spaziergang am Flußufer entlang reizt, befindet sich das Eingangstor zum 12 ha großen Park.

Zu sehen sind dort eine Lagune und Seerosenteiche, eine Insel im japanischen Stil, einige 'Dörfer' *(filipino village, polynesian village)*, mehrere Blumengärten, ein Bambus- und Regenwald usw. Zu den einzelnen botanischen Abteilungen kommt man auf bequemen Pfaden oder per Tramtour. Abends bietet der Park einen exotischen Rahmen für Fackelzeremonien, Luaus und Hula-Vorführungen.

Öffnungszeiten
Smith's Tropical Paradise, 174 Wailua Rd., Tel.: 822-4654; tägl. 8.30-16.00 Uhr geöffnet; Luaus mit Show Mo, Mi und Fr ab 17.00 Uhr.

Abstecher zu den Opaekaa Falls

Sofort hinter der Brücke, am eigentlichen Ortsanfang von Wailua, zweigt nach links der *Hwy. 580 (Kuamoo Rd.)* ab, der einen in 3,2 km zu den *Opaekaa*-Wasserfälle bringt und schließlich am *Keahua Arboretum* endet. Dieser Weg lohnt sich auch deshalb, weil man auf ihm an einigen althawaiischen Kultstätten vorbeikommt und später einen schönen Panoramablick auf den Wailua River hat.

Japanischer Friedhof

Den ersten Stopp kann man gleich nach wenigen hundert Metern einlegen, wo linkerhand ein Parkplatz neben den Relikten des **Pohako Hoonawao Heiaus** angelegt wurde. Neben dem Tempel, an dem adelige Frauen ihre Kinder zur Welt brachten, befindet sich die heilige Felsspalte *Pohako Piku*, wo nach alter Sitte die Nabelschnüre der Neugeborenen versteckt wurden. Hinter dem Tempel führt ein plattierter Treppenweg zu einem sehr stimmungsvollen japanischen Friedhof hinauf.

Auf der Wegstrecke zum Aussichtspunkt liegt linkerhand ein weiterer Tempel, nämlich der **Poliahu Heiau**, dessen Steine von den Polynesiern mühsam vom Flußufer hinauftransportiert werden mußten. Die Umgrenzungsmauern der mehrfach veränderten und umgebauten Kultstätte sind größer und eindrucksvoller als die des *Pohako Hoonawao Heiaus*; Rekonstruktionszeichnungen informieren Besucher über das ursprüngliche Aussehen des Tempels.

Die Opaekaa Falls

Wenige hundert Meter dahinter sollte man an der Parkbucht auf der rechten Seite anhalten und den Blick aus der Distanz auf die **Opaekaa Falls** genießen. Mit einer Fallhöhe von rund 12 m sind sie nicht gerade sensationell, was durch die äußerst naturschöne Umgebung jedoch wettgemacht wird.

Versäumen Sie es anschließend nicht, auf die gegenüberliegende Straßenseite zu gehen, wo man die beste Aussicht auf den *Wailua River* hat.

Ein kleiner Pfad führt hier hinunter ins Tal und bringt einen zum **Komokila Hawaiian**

Village, die rekonstruierte Anlage eines hawaiischen Dorfes mit Grashütten. Eine Besichtigung ist tägl. außer So von 9.00-16.00 Uhr möglich, erfordert wegen des Ab- und Aufstieges aber mindestens 1 Stunde an Zeit.

Wenn Sie von der Parkbucht der Straße bis zu ihrem Ende folgen, passieren Sie zunächst die **Koholalele Falls** zur Linken und erreichen schließlich das **Keahua Arboretum**, wo man einen botanischen Lehrpfad mit einheimischen Bäumen (u.a. Sandelholz) begehen kann. Außerdem ist es möglich, über einen Abzweig nach rechts *(Kamalu Rd./Hwy. 581)* einen großen Bogen um den *Nounou*-Berg zu machen und später in Kapaa wieder auf die Küstenstraße zu gelangen.

Wailua

Restaurants
Im langgestreckten Ort gibt es außer in den Hotelanlagen mehrfach Gelegenheit, in recht preisgünstigen Restaurants einzukehren. So z.B. am Ortsanfang links des Hwys. gegenüber dem *Kinipopo Shopping Village* im

- *Sizzler Restaurant* ($), das Steaks, Seafood und Salate zu reellen Preisen anbietet. Rechts des Hwys. folgt später das
- *Jolly Roger Restaurant* ($$) und dann der *Coconut Marketplace*, unter dessen vielen Restaurants und Imbißständen besonders empfehlenswert sind: *Buzz's Steak & Lobster* ($$) für eine vollwertige Mahlzeit, *Café Espresso* ($) für einen Snack und *Lappert's* für eine sehr gute Eiscreme.

Der Ortsname *Wailua* (= 'zwei Wasser') bezieht sich vermutlich auf den großen Fluß, der auch in polynesischer Zeit mit Schiffen befahren wurde und das fruchtbare Hinterland mit dem Hafen verbindet. Daß den alten Hawaiiern diese Gegend als heilig galt, beweisen die Vielzahl von Heiaus, Zufluchtsstätten, Geburtssteinen und versteckt liegenden Höhlengräbern an den Hängen des Flusses. Trotz seiner langen Geschichte kann das 1.600-Einwohner-Städtchen außer den genannten Heiaus weder mit Kulturdenkmälern noch mit einem besonders schönen Ortsbild aufwarten, sondern ist im wesentlichen ein reines Dienstleistungszentrum mit mehreren Hotels. Das erste und eines der bekanntesten ist kurz hinter der Brücke das *Coco Palms Resort*, das durch seinen polynesischen Baustil auffällt; seine Kapelle wurde für Filmhochzeiten u.a. von *Rita Hayworth* und *Elvis Presley* benutzt und ist seitdem von vielen hundert Paaren zum gleichen Zweck aufgesucht worden.

Die **Kokosnußpalmen**, die dem Hotel, der Küste und dem später folgenden Einkaufszentrum ihren Namen gegeben haben, wurden übrigens im 19. Jhd, vom deutschen Einwanderer *Wilhelm Lindemann* angepflanzt, der das Kokosnußfleisch (= Kopra) für die Ölproduktion nutzen wollte. Wirtschaftlich war seine Plantage ein Mißerfolg, doch sind ihm dafür heute nicht nur Touristen dankbar, die in dieser Gegend den wichtigsten Teil des Südsee-Klischees erfüllt sehen, sondern auch die Hollywood-Filmemacher, die die Kulisse der schlanken Bäume gerne für Produktionen wie z.B. *'Blue Hawaii'* nutzten.

Zwischen Kokosnußpalmen breitet sich weiter nördlich und rechts der Hauptstraße auch der **Coconut Plantation Market Place** (Tel.: 822-3641) aus, ein Freiluft-gelände mit etwa 70 Shops und Restaurants. Hier gibt es u.a. zwei Kinos, ein Visitor Center, einen gut sortierten Buchladen, Anbieter von Ausflügen und Sportgerät sowie einen zentralen Platz, auf dem Mo, Mi, Fr und Sa um 16.30 Uhr kostenlose Hula-Shows dargeboten werden.

An verschiedenen Hotelanlagen *(Kauai Sands, Islander on the Beach, Kauai Beach Boy, Sheraton Coconut)* vorbei gelangt man dann in den sich unmittelbar anschließenden Ort **Waipouli**, dessen Stadtbild sich nur unwesentlich von Wailua unterscheidet. Auffällig ist hier das große **Kauai Village Shopping Center** links der Straße, das sich wie ein kleines Wild-West-Dorf um den Parkplatz gruppiert, viele Einkaufsmöglichkeiten bietet und u.a. das sehr gute Restaurant *Pacific Café* beherbergt. In dem Center befindet sich auch ein interessantes **Museum**, das in Schaukästen, Videofilmen und Modellen (u.a. ein rekonstruiertes Grashaus) die polynesische Vergangenheit der Insel, d.h. ihre Kunst, Flora und Fauna, Geologie und Mythologie, ausbreitet. Im angeschlossenen gutsortierten Souvenirshop findet man entsprechendes Kunsthandwerk und Literatur.

Öffnungszeiten
Kauai Village Museum of Hawaiian Culture, 4-831 Kuhio Hwy., Tel.: 822-4904; tägl. 9.00-17.00 Uhr geöffnet, Spenden werden erwartet.

Restaurant
A Pacific Café ($$$), Kauai Village, Tel.: 822-0013; eins der besten Restaurants der Insel mit *pacific-rim-cuisine*, Spezialitäten sind frischer Fisch, Lamm, Hühnchen oder *creme brulee*, tägl. 17.30-22.00 Uhr geöffnet, Reservierung ratsam.

Hinter dem Kauai Village passiert man zwei weitere Shopping Centers, nämlich die *Waipouli Plaza* und das *Waipouli Complex Shopping Center*, zwischen denen man nach links auf den Bergrücken schauen sollte, der die Küste überragt. Dabei handelt es sich um den 341 m hohen *Nounou Mountain*, besser bekannt unter seinem Namen **'Sleeping Giant'**. Von dieser (und nur von dieser!) Stelle aus sieht er mit etwas Phantasie wirklich wie ein Riese aus, der sich zum Schlafen hingelegt hat. Auf einem 5,6 km langen Wanderweg kann seine Spitze relativ leicht bestiegen werden (vgl. KAPITEL 10.8).

Kurz darauf überquert man die Mündung des *Waikea Canal* und fährt in den nächsten Ort ein: Kapaa.

Kapaa

Neben Lihue ist Kapaa die größte Ortschaft der Insel, versprüht aber mit seinen Holzhäuschen in Wild-West-Manier mehr Charme als die Hauptstadt oder das benachbarte Wailua. Viel zu sehen gibt es nicht, doch lohnt es sich, auszusteigen und ein wenig an den Geschäften und Cafés der Hauptstraße (= *Kuhio Hwy.)* entlangzuschlendern.

Am schönsten ist der Abschnitt kurz hinter der Einmündung des *Hwys. 581*, der eine große Runde um den Berg 'Sleeping Giant' beschreibt. Gästen bietet Kapaa, das ursprünglich eine Siedlung für Plantagenarbeiter war, eine beachtliche Infrastruktur; u.a. gibt es hier einen Fahrrad- und Kayakverleih, eine kleine Touristeninformation, das Einkaufszentrum *Hee Fat Market Place*, Tankstellen, Boutiquen und einige nette Cafés.

Straßenszene in Kapaa

Restaurants

- Wenn Sie ein gutes Frühstück mit europäischem Kaffee, Capuccino oder Croissants genießen oder ein Sandwich essen möchten, probieren Sie am Ortsanfang (kurz nach dem *ABC-Store*) auf der rechten Straßenseite das sympathische Café *Michelle's Café & Bakery* ($).
- Deftigere Mahlzeiten gibt's sofort daneben in der altmodischen Hamburger-Bude * *Bubba's* ($).
- Gegenüber bietet sich das * *Olympic Cafe* ($) mit amerikanischer und japanischer Küche für Frühstück, Lunch und Dinner an.
- Und am nördlichen Ortsausgang kann man im grün bepflanzten * *Kapaa Fish & Chowder House* ($$) tägl. ab 17.00 Uhr gute Fisch- und Seafoodgerichte bekommen.

10.4.3 VON KAPAA NACH HANALEI

Die nächste Etappe ist über den *Kuhio Hwy.* 33½ km lang und folgt der nordöstlichen Küstenlinie in gewissem Abstand. Auf dem Weg nach Kealia, dem nördlichen Nachbarort von Kapaa, hat man vom *Scenic Lookout* rechts der Straße einen guten Blick auf die Bucht und den schönen *Kealia Beach*; anschließend geht es an Feldern und einem Friedhof vorbei bis zur Brücke über den *Kapaa Stream*, hinter dem **Kealia** beginnt.

Zwei Abstecher landeinwärts sind hier vom Highway aus möglich: Wer vor der Brücke auf der *Mailihuna Rd.* links abbiegt, kommt nach gut 1 km zur katholischen **St. Catherine's Church**, die interessante Wandmalereien aufweist. Etwas weiter, rund 500 m hinter der Brücke, kann man bei ausreichender Zeit über die *Kealia Rd.* eine lohnende Rundfahrt durch das Hinterland unternehmen, wobei man nach 4 km am **Spalding Monument** zu einer Wegkreuzung gelangt. Wer dort weiter geradeaus fährt, hat nach weiteren 5 km das Ende der Straße erreicht, wo ein Pfad zu den **Waipahee-Falls** abzweigt. Auf die Hauptroute zurück gelangt man von der Kreuzung aus über die *Hauaala Rd.*, die nach 3,4 km in Anahola auf den *Hwy. 56* stößt.

Der Highway bringt einen von Kealia in knapp 5 km zum Nachbarort **Anahola**, wobei man die unmittelbare Küste verläßt und durch ausgedehnte Zuckerrohr-Felder fährt. Nahe dem Weiler **Kumukumu** können sich Strandenthusiasten zum *Kumukumu Beach* bzw. *Donkey Beach* durchschlagen, der nicht beschildert und etwas schwierig zu finden, aber einer der schönsten an dieser Küste ist (von der

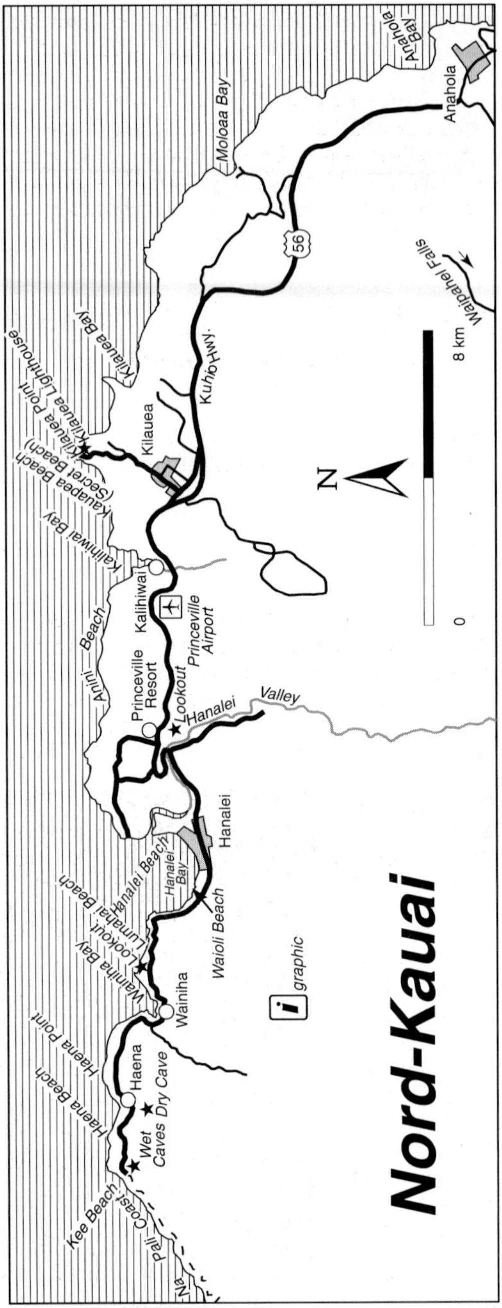

Hauptstraße aus muß man einige hundert Meter hinter dem Meilenmarker 11 auf einem kleinen Pfad in rund 10 Minuten dorthin wandern). Einen weiteren schönen Strand findet man später am **Anahola Beach Park**, zu dem man vor der Brücke über den *Kaalua Stream* rechts abbiegen kann, während man hinter der Brücke sehr gut die bizarren Bergformationen der *Anahola Mountains* sieht, die hier bis nahe an die *Anahola Bay* heranreichen. Nun folgt ein längeres Wegstück von 15 km bis Kilauea, auf dem man auf gut ausgebauter Strekke durch ein landwirtschaftlich stark genutztes Gebiet kommt: Der fruchtbare rote Boden wird für Papaya- und Guaven-Plantagen genutzt sowie für ausgedehnte Weiden, auf denen schwarz-weiße Kühe grasen.

Abstecher zum Kilauea Point

Vom Highway biegt am Ortsanfang von **Kilauea** auf Höhe des *Menehune Foodmarket* eine Stichstraße nach rechts ab, die durch das weiß-grüne Hinweisschild *'Kilauea Lighthouse'* markiert ist. Zunächst wird man dabei durch den wenig attraktiven Ort mit der bescheidenen katholischen Kirche *St. Sylvesters* und seinen flachen Einfamilienhäuschen geleitet, von denen einige noch deutlich die Spuren des Hurricans von 1992 tragen. Am nördlichen Ortsausgang passiert man einen kleinen, hübschen Platz zur Rechten, der sich mit einem italienischen Restaurant und dem *Farmer's Market* für eine Essenspause anbietet (evtl. auf der Rückfahrt vom Lighthouse, wenn Sie an gleicher Stelle erneut vorbeikommen). Hier befindet sich auch ein interessantes Feldsteinhaus mit drei vorgestellten Säulen. Dabei handelt es sich um den historischen, 1892 erbauten Kramladen des Chinesen **Kong Lung Koo**, der heutzutage exquisite Möbel, Schmuck und Souvenirs der gehobenen Preisklasse anbietet (Tel.: 828-1822).

Restaurants

- *The Farmer's Market* ($), kein Restaurant, sondern ein altmodischer, kleiner Supermarkt, in dem man Ihnen aber auch sehr gute Sandwiches, Suppen und Salate frisch zubereitet, die Sie draußen an den Picknicktischen verzehren können.
- *Casa di Amici* ($$), italienisches Restaurant.

Auf der schmalen, aber asphaltierten *Lighthouse Rd.* erreicht man von Kilauea aus nach rund 3 km ein Kap, dessen weißer Leuchtturm schon von weitem zu sehen ist.

Kilauea Lighthouse

Als der Leuchtturm im Jahre 1913 oberhalb der Steilküste gebaut wurde, erregte seine vom französischen Physiker *Augustin Fresne* installierte Technik mit einer der weltweit größten Spiegel-Linsen für Aufsehen. Sie sorgte dafür, daß der Lichtschein ihrer Öldampflampe bis über 100 km weit den Ozean abtastete. Heutzutage dient der Leuchtturm nicht mehr seiner ursprünglichen Funktion (die nebenan ein modernes Gerüst mit einem Scheinwerfer übernommen hat), sondern ist als Stützpunkt des *U.S. Fish & Wildlife Refuge* das weithin sichtbare Zentrum eines ausgedehnten Naturschutzgebietes. Nach schweren Schäden durch den Hurrican von 1992 konnte er erst im August 1994 wiedereröffnet werden.

Das Kilauea Lighthouse

Besucher gelangen zu ihm durch ein parkähnliches und von vereinzelten Palmen bestandenes Gelände, in dem ein kleines Museum *(Exibition Hall)* das außerordentlich reichhaltige Tierleben dieser Region dokumentiert. Vom Parkplatz (mit sanitären Einrichtungen) geht es zum Leuchtturm auf einem kurzen Pfad, von dem aus man bereits herrliche Ausblicke auf eine schwarze Lavaklippe mit Vogelkolonien hat. Auch vom Freigelände um den Turm kann man nicht nur an der Küste entlang und auf kleine, vorgelagerte Inselchen schauen, sondern vor allem eine Vielzahl von See- und Zugvögeln beobachten. Außer Seeschwalben und verschiedenen Möwenarten gibt es hier besonders große Bestände von Fregattvögeln und Albatrosse. Selbst einige *Nene*-Gänse kommen in dieser Region vor. Wenn Sie sich im Leuchtturm ein Fernglas ausleihen (gratis), gelingt es Ihnen vielleicht, im Meer auch eine der seltenen Mönchsrobben, Wale, Delphine oder Seeschildkröten zu sichten.

Öffnungszeiten
Kilauea Lighthouse, Tel.: 828-1413; tägl. geöffnet 10.00-16.00 Uhr.

Zurück auf dem Highway, geht es auf den nächsten 13 km bis Hanalei parallel zur Nordküste, wobei man nach wenigen Fahrminuten am *'Scenic Lookout'* vor der Brücke über *Kalihiwai River* auf der rechten Seite anhalten und den schönen Blick auf das grüne Tal, den Fluß und seinen kleinen Wasserfall genießen sollte. Kurz danach passiert man linkerhand den kleinen Flughafen von Princeville, von dem aus einige Helikopter-Firmen zu Rundflügen starten, und auf gleicher Höhe den Abzweig einer kleinen Straße, die nach rechts zur Küste führt. Dort bieten sich der **Kalihiwai Beach** und mehr noch der **Anini Beach State Park** für ein Bad im Ozean, Strandspaziergänge, Sonnenbaden oder ein Picknick vor zauberhafter Kulisse an.

Das Hanalei Valley

Nun sind es nur noch wenige Fahrminuten, bis man, am Gelände des Princeville Golfclub und den Pooku-Reitställen vorbei, den Eingangsbereich zur mondänen Freizeitanlage Princeville erreicht. Diese kündigt sich durch das **Princeville Shopping Center** auf der rechten Seite an, eine moderne Anlage mit Geschäften, Restaurants, Snack-Bars und Souvenirshops. Ihm gegenüber auf der linken Straßenseite befindet sich ein ausgeschilderter Aussichtspunkt auf das **Hanalei Valley**, den man nicht verpassen sollte. Das fruchtbare Tal, dessen Taro-Felder stets gut bewässert sind, ist schon in polynesischer Zeit ein wichtiges Siedlungsgebiet gewesen. Heute liefert es einen Großteil der Taro-Produktion der Insel, ist gleichzeitig aber auch ein Vogelschutzgebiet. Am Lookout wird man mit Schautafeln über die Tierwelt des Tales informiert. Wer dieses idyllische Tal näher kennenlernen möchte, kann später vom Highway links abbiegen und auf einem unasphaltierten Feldweg dem rechten Ufer des *Hanalei River* ein Stück weit flußaufwärts folgen.

Princeville

Zur Meerseite hin erschließt eine breite, von einem geradezu monumentalen Eingang *('Welcome to Princeville')* flankierte Zufahrtsstraße das größte Urlaubsgelände an der Nordküste, dessen Flaggschiff das luxuriöse *Princeville Hotel* ist.

Fahren Sie ruhig einmal durch den französischen Park und an den beiden 18-Loch-Golfplätzen (die zu den besten Hawaiis zählen) vorbei bis zum feudalen Hoteleingang mit seiner großen Brunnenfigur. Falls Ihnen der Sinn nach einem guten Essen steht, bieten im Hotel u.a. das *Café Hanalei* (6.30-21.00 Uhr) und das *La Cascata* (18.00-21.30 Uhr) nicht nur eine grandiose Aussicht auf die Bucht, sondern auch eine hervorragende Küche, die freilich ihren hohen Preis hat. Auf dem Weg zum Hotel passiert man gepflegte Apartmenthäuser und Condominium-Anlagen, Tennisplätze und den Abzweig zum *Princeville Golf & Country Club*, dessen Hauptgebäude ein renommiertes Restaurant mit Bankettsaal beherbergt (Tel.: 826-5000). Hier kann man zum Breakfast, Lunch oder Dinner einkehren oder auch nur eine Tasse Kaffee trinken. Selbst wenn Sie nichts von dem tun möchten, sollten Sie einmal in das Gebäude hineingehen, sich das kitschig-schöne Treppenhaus mit seinem Springbrunnen anschauen und den Blick durch die verglaste Hinterfront genießen.

Der Name *Princeville* stammt übrigens aus dem 19. Jhd., als hier der schottische Arzt *R.C. Wyllie* eine Kaffeeplantage betrieb, die von *Kamehameha IV.* und Königin *Emma* besucht wurde. Ihr damals zweijähriger Sohn, Prinz *Albert*, beeindruckte *Wyllie* so sehr, daß er ihm zu Ehren die gesamte Plantage umtaufte. Der Kaffeeanbau war jedoch auf lange Sicht wirtschaftlich ebenso unrentabel wie der Zuckerrohranbau, der von der Viehzucht abgelöst wurde. Erst ab 1969 begann man, das Gelände touristisch auszubauen.

Vom Abzweig zum Princeville Resort geht es auf dem Kuhio Hwy. mit einer Haarnadelkurve hinab zum *Hanalei River*, der auf einer kleinen Holzbrücke überquert wird. Bei Hochwasser ist diese Stelle manchmal überflutet und ein Weiterkommen dann nicht mehr möglich. Sofort hinter der Brücke zweigt der Feldweg ins *Hanalei Valley* ab (s.o.), dann fährt man am Fluß zur Rechten und an einer Weide zur Linken vorbei, auf der manchmal grasende Bisons zu sehen sind, und erreicht den Ortsanfang des hübschen Hanalei.

Hanalei

Restaurants

- *Bali Hai* ($$$$), Hanalei Bay Resort, Tel.: 826-6522; populäres, aber etwas überteuertes Restaurant mit Lamm-, Rind- und Fischgerichten der *pacific-rim-cuisine,* herrlicher Blick von der Terrasse über die Bucht, tägl. von morgens bis abends geöffnet, So Brunch.
- *Hanalei Dolphin* ($$), Hwy. 56, Tel.: 826-6113; gemütliches und beliebtes Restaurant in einem Holzhaus am Hanalei River, Spezialitäten Steaks und fangfrischer Fisch.
- *Tahiti Nui* ($$), Kuhio Hwy., Tel.: 826-6277; rustikales Lokal in einem kleinen Holzhäuschen, die aus Tahiti stammende Besitzerin *Auntie Louise Marston* bereitet hervorragende Fischgerichte zu, abends manchmal Livemusik. Zweimal wöchentlich Luaus.
- *The Hanalei Gourmet* ($), Hwy. 56 (Hanalei Center), Tel.: 826-2524; rustikales Restaurant mit Bäckerei, Snacks, Sandwiches und Salate (auch zum Mitnehmen), in der *Cove-Bar* Mo-Sa abends Livemusik, tägl. 8.00-22.30 Uhr geöffnet, Fr-Sa bis 24.00 Uhr.

Nach dem mondänen Princeville wirkt das 500-Seelen-Dorf Hanalei (= 'Sichelbucht') bodenständig und strahlt durch seine Holzhäuschen und eine bunte Mi-

Die Hanalei Bay

schung von Restaurants, alternativen Läden, Sport- und Ausflugsunternehmen, historischen Gebäuden und seinem Beach Park eine gleichermaßen gemütliche und interessante Atmosphäre aus. Direkt am Ortseingang kann man bei genügend Zeit das **Hanalei Museum** und schräg gegenüber das **Native Hawaiian Museum** besuchen, zwei Häuser mit einer kleinen Sammlung zur Lokalgeschichte. Wer vorhat, an einem der Strände der Umgebung ein Picknick abzuhalten, kann sich im *Ching Young Shopping Center* oder im *Hanalei Shopping Center* mit Lebensmitteln eindecken bzw. in einem der kleinen Restaurants ein Lunchpaket ordern.

Die größte Sehenswürdigkeit ist sicher das **Waioli Mission House Museum** am Ortsende, direkt am Highway gelegen und von Sportplätzen umgeben. Dieses 1837 im neuenglischen Stil errichtete Holzhaus war das Heim des Missionarspaares *Lucy* und *Abner Wilcox* und ist z.T. noch mit der originalen Möblierung bestückt. Durch das kleine Gebäude werden während der Öffnungszeiten ½stündige Führungen angeboten, auf denen man viel über die Zeit der ersten Missionare und jener Epoche erfährt, als Hanalei Kauais größter Stützpunkt der Walfänger war.

Öffnungszeiten
Waioli Mission House Museum, Hanalei, Tel.: 245-3202; geöffnet Di, Do und Sa 9.00-15.00 Uhr, eine Spende wird erwartet.

Sehenswert und oft fotografiert sind zwei weitere historische Gebäude auf den angrenzenden Grundstücken: einmal die 1841 errichtete alte Missionarskirche, die heute das Gemeindezentrum (*Waioli Social Hall*) darstellt, und zum andern das 1912 gebaute neue Holzkirchlein *Waioli Huiia Church,* das wegen seiner Farbe auch als *Green Church* bekannt ist.

Es wäre aber ein Fehler, den Ort nur auf dem *Kuhio Highway* kennenlernen zu wollen. Biegen Sie stattdessen am Ortsanfang über die *Aku Rd.* nach rechts ab und dann auf der *Weke Rd.* erneut nach rechts. Dort kommen Sie, vorbei am auffälligen *Hanalei Pavilion*, zum **Hanalei Beach Park**, der nach den Zerstörungen des Hurricans von 1992 im November 1994 wiedereröffnet werden konnte. Hier gibt es einen Parkplatz, Picknicktische auf einer Wiese unter Palmen, einen breiten Sandstrand und eine Betonmole, von der einige Wassersportaktivitäten ausgehen und die Besuchern einen phantastischen Blick über die Bucht und zu den hoch aufragenden Bergen des Hinterlandes bietet.

Bei der Weiterfahrt können Sie auf der *Weke Rd.* bleiben, die parallel zum weitgeschwungenen Ufer verläuft und einen zum **Waioli Beach Park** (schöner Sandstrand, herrlicher Blick auf Princeville) bringt. Hinter dem *'Hanalei Inn'* biegt man dann wieder auf den *Kuhio Hwy.* ein und kann dort den Weg zum *Haena State Park* fortsetzen.

10.4.4 VON HANALEI ZUM HAENA STATE PARK

Wenn man schon bis nach Hanalei gekommen ist, sollte man auch die letzten 11 km bis zum Ende des Highways zurücklegen. Denn diese schmale und gewundene Strecke, auf der es mehrfach über einspurige (Holz-)Brücken geht, bietet die schönsten Landschaftseindrücke des Nordens und bringt einen nahe an herrlichen Sandstränden vorbei.

Den ersten davon, den **Waipa Beach**, passiert man bereits nach etwa ½ km hinter Hanalei, kurz hinter der zweiten Brücke. Noch berühmter und aus vielen Szenen des Films *South Pacific* bekannt, ist der **Lumahai Beach**, der von der Straße nur selten eingesehen werden kann. Einen sehr schönen Blick auf den weißen, sichelförmigen Sandstreifen erhält man, wenn man kurz nach der ersten Linkskurve den kleinen Hügel zur Rechten hinaufsteigt. Später, auf Höhe des Meilenmarkers 33 und am Beginn der nächsten Linkskurve, ist nochmals ein Aussichtspunkt direkt an der Straße, dessen Parkbuchten allerdings oft besetzt sind. Dort geht auch ein steiler und nach Regenfällen sehr rutschiger Pfad hinab zum Strand. Bequemer ist der Zugang, wenn Sie etwas weiter bis zum Parkplatz auf der rechten Seite (vor der Lumahai-Brücke) fahren. So schön der *Lumahai Beach* ist, so gefährlich kann allerdings auch seine Brandung sein. Beobachten Sie also erst einmal den Wellengang und andere Badegäste, bevor Sie sich selbst in die Fluten stürzen. Die Popularität des Strandes bringt es mit sich, daß es hier tagsüber ziemlich voll sein kann; wer jedoch die Geduld mitbringt, bis zum Abend zu warten, kann den Sonnenuntergang oft völlig allein beobachten. Gleiches gilt auch für alle weiteren Strände, die entlang der Wegstrecke folgen.

Strand an der Nordküste

Auf dem Highway geht es nun weiter zur kleinen Siedlung **Wainiha** an der gleichnamigen Bucht, wobei man den Wainia Beach passiert und über mehrere einspurige Holzbrücken geleitet wird, am schönsten an der Doppelbrücke über den *Wainia River*. Inmitten einer paradiesischen Landschaft sieht man hier vereinzelte Wohn- und Ferienhäuser auf Stelzen (die unter dem Haus Stellflächen bzw. Garagen ermöglichen und bei Springfluten die Zimmer vor Überschwemmung schützen), Bed & Breakfast-Unterkünfte, ein YMCA-Camp, das idyllische *Hanalei Colony Resort* und wenige Restaurants.

Restaurant
Charo's Restaurant & Bar ($$), Hwy. 56, Tel.: 826-6422; Familienrestaurant mit mexikanischer Küche, tägl. von 12.00-20.00 Uhr geöffnet.

Bald darauf wird die palmengesäumte Straße noch enger, die steil aufragenden Klippen der Na Pali Coast schieben sich in den Vordergrund, und aus dem undurchdringlichen Bergland strömen etliche z.T. mit Mangroven bewachsene Flußläufe dem Meer entgegen – manchmal sogar über die Straße hinweg, wobei die Furten *(dips)* jedoch von jedem normalen Pkw gemeistert werden können.

Haena State Park

Einen Großteil dieser Wunderwelt von Bergen, Vegetation und Meer nimmt der langgestreckte *Haena State Park* ein, der zum Pazifik hin drei schöne Sandstrände aufweist (von Ost nach West): *Tunnel's Reef Beach, Haena Beach* und *Kee Beach*. Schwimmen ist hier im Sommer zumeist gut möglich, und die kleinen Dünen reizen zum Sonnenbaden. Ein Zeltplatz (Permit erforderlich) mit sanitären Anlagen ist ebenso vorhanden wie Duschen und Trinkwasser. Angesichts der atemberaubenden Natur kann man gut verstehen, daß Filmemacher auf der Suche nach der Südsee-Idylle an diesem Flecken Erde nicht vorbeikamen; u.a. war der *Haena State Park* Schauplatz des legendären *'Bali Hai'* im Hollywood-Klassiker *South Pacific*.

Auf der letzten Wegstrecke bis zum Parkplatz am *Kee Beach* fallen linkerhand einige Höhlen auf, die auf unterschiedliche Weise entstanden sind. Zuerst kommt man an der sog. *Dry Cave* (= 'trockene Höhle') oder **Maniniholo Cave** vorbei, die nur wenige Meter links der Straße liegt und oft von Souvenirständen angekündigt wird. Diese Höhle ist der Überrest eines alten Lavatunnels und wurde der Legende zufolge vom Menehune-Häuptling Maniniholo gegraben, der auf der Suche nach Fischen war, die ihm böse Geister gestohlen hatten. Auf der anderen Seite der Höhle befindet sich ein Zugang zum *Haena Beach*.

Wenige hundert Meter hinter der *Dry Cave* und kurz nach einer einspurigen Brücke stößt man auf zwei sog. *Wet Caves* (= 'nasse Höhlen'), von denen sich die **Waikanaloa Cave** ebenfalls direkt am Highway befindet. Der Mythologie nach wurde diese wunderschöne Doppelgrotte, deren Grund stets von Wasser bedeckt ist, ebenso von der Vulkangöttin *Pele* geschaffen wie die etwas oberhalb liegende **Waikapalae Cave.** Die Göttin suchte hier im Erdboden nach Feuer, fand aber nur Wasser und zog daraufhin fort. Geologen zufolge sind die beiden Grotten das Resultat von Wellenerosion und entstanden vor etwa 4.000 Jahren, als der Meeresspiegel bis hierhin reichte.

Etwa 300 m danach endet die Straße am wunderbaren, leider aber oft überfüllten **Kee Beach**. Von Korallenriffen geschützt, bietet er ganzjährig gute Bademöglichkeiten und ist außerdem ideal für Schnorchler. Das große Plus dieses kleinen und von schattigen Bäumen gesäumten Strandes ist jedoch die phantastische Aussicht auf die schroffe **Na Pali Coast**, bei deren Anblick man verstehen kann, wieso es keine Straße rund um die Insel gibt. Bis zu 1.200 m fallen die scherenschnittartig

Die Na Pali Coast aus der Vogelperspektive

verwitterten Klippen dort steil ins Meer ab, von Wildwassern in Dutzende enger Täler getrennt. Wer diese westlicheren Küstenabschnitte mit ihren pittoresken Sandbuchten kennenlernen möchte, muß also wandern und kann das auf einem der schönsten hawaiischen Trails – dem 17½ km langen **Kalalau Trail** – tun.

Wer vorhat, jenen berühmten Wanderweg zu nutzen, braucht ein Permit für alle Strecken, die über die ersten 2 Meilen hinausgehen (vgl. KAPITEL 10.8). Eine Informationstafel am Beginn des Pfades erläutert den Schwierigkeitsgrad und die einzelnen Etappen des Trails.

Es macht aber auch Spaß, nur ein wenig in den Lavaklippen am Strand herumzukraxeln oder in wenigen Minuten zu den Überresten zweier alt-hawaiischer Tempel *(Kaulu Paoa Heiau* und *Kaulu o Laka Heiau)* zu wandern, bevor man die Rückfahrt nach Lihue auf gleicher Strecke antritt. Wer sich damit noch etwas Zeit läßt, kann vom *Kee Beach* aus bei gutem Wetter einen wunderbaren Sonnenuntergang erleben.

10.5 VON LIHUE ZUR SÜDKÜSTE UND IN DEN WESTEN

10.5.1 ÜBERBLICK UND REISEPRAKTISCHE HINWEISE

Hotels

Neben der Region Wailua-Kapaa ist die Südwestküste bei Poipu das wichtigste touristisch erschlossene Gebiet. Dieser Ausbau zur Feriendestination fand verhältnismäßig spät statt, so daß zur Mitte der 1990er Jahre noch einige Bauprojekte nicht abgeschlossen waren. Auf der anderen Seite hatte der Hurrican von 1992 hier große Schäden verursacht, die ebenfalls 1995 noch nicht gänzlich behoben waren. Über die Qualität der Unkünfte ist nur Gutes zu berichten, gleiches gilt über die der Strände. Wer also in komfortabler Umgebung einen erholsamen Urlaub verbringen möchte, ist mit dem Standort Poipu sicherlich gut beraten. Hier eine kleine Auswahl (von Süden nach Norden):

- *Hyatt Regency Kauai Resort* ($$$$$), 1571 Poipu Rd., Koloa, Tel.: 742-1234, Fax: 742-1557; geschmackvolles Luxushotel am Poipu Beach, im Stil der Plantagenhäuser und mit grünem Ziegeldach errichtet, 600 Zimmer mit allen Annehmlichkeiten, spektakulärer Pool mit Wasserfällen und Brücken, 4 Restaurants, Poolbar, 4 Lounges, Diskothek, Golfplatz, 4 Tennisplätze, Fitness-Center, Shops.
- *Kiahuna Plantation* ($$$$), 2253 Poipu Rd., Koloa, Tel.: 742-6411, Fax: 510-939-6644; wunderschön gelegene Condominium-Anlage, 1994 wiedereröffnet, 333 Wohneinheiten mit allen Annehmlichkeiten, gutes Restaurant, Pool, Golf- und Tennisplatz.
- *Sheraton Kauai Garden Hotel* ($$$-$$$$), 2440 Hoonani Rd., Koloa, Tel.: 742-1661, Fax: 742-9777; First-Class-Hotel mit 230 Zimmern, gegenüber dem alten Sheraton gelegen, das nach dem Hurrican grundlegend restauriert wird, 4 Restaurants, Bar, 2 Pools, Shops, Tennis- und Golfplatz, herrlicher Strandabschnitt.
- *Prince Kuhio Resort* ($$$), 5160 Lawai Rd., Koloa, Tel.: 245-4711, Fax: 245-8115; Apartment-Anlage der Mittelklasse mit 65 Einheiten, vom Strand durch die Straße getrennt, Pool, Waschraum, Grillplätze; gleich nebenan die *Prince Kuhio Condominiums* ($$$).
- *Gloria's Spouting Horn Bed & Breakfast* ($$$), 4464 Lawai Beach Rd., Koloa, Tel./Fax: 742-6995; moderne und ansprechende Unterkunft in nächster Nähe zum Spouting Horn, 4 Zimmer, unmittelbar am Strand.

Überblick

Die Fahrt von Lihue in den Westen hat zwei unterschiedliche Ziele, nämlich einmal den riesigen Sandstrand des *Polihale State Park*, der vielleicht eindrucksvollste des Archipels, und zum anderen der Waimea Canyon, der sich schon durch seinen Beinamen 'Grand Canyon des Pazifik' als absolutes 'Muß' eines Besichtigungsprogrammes ausweist. Die Strecke von der Hauptstadt bis zum *Kalalau Valley Lookout* ist 72 km lang und kann in 1 Stunde zurückgelegt werden. Hier gilt im wesentlichen das gleiche wie beim Ausflug an die Nordküste: Die Zahl der Sehenswürdigkeiten und möglichen Abstecher ist so groß, daß die Tour trotz der relativ kurzen Strecke einen ausgefüllten Tag ausmacht. Reisegäste, die längere Zeit auf Kauai zur Verfügung haben, sollten sich ohnehin für den Waimea Canyon mehrere Tage vornehmen, um die vielfältigen Wandermöglichkeiten zu nutzen und die je nach Wetter und Tageszeit unterschiedlichen Stimmungen einzufangen.

Restaurants der gehobenen Qualität und Preisklasse bieten entlang der Strecke vor allem die Hotels in Poipu, während man in Koloa, Kalaheo, Hanapepe und Waimea eher auf kleinere und bodenständigere Lokale trifft, die man zu einem Imbiß nutzen kann. Selbst im *Kokee State Park* gibt es Einkehrmöglichkeiten, während man für die Strände der Westküste ein Lunchpaket braucht.

10.5.2 VON LIHUE NACH WAIMEA

Die wichtigste Straße für die erste Etappe bis Waimea ist der *Hwy. 50 (Kaumualii Hwy.)*, der in Lihue mit dem von Norden kommenden *Kuhio Hwy.* zusammenstößt oder vom Flughafen aus über die Straße *570 (Ahulini Rd.)* zu erreichen ist. An der Lihue-Zuckermühle und am Abzweig zur lutherischen Kirche vorbei geht es auf gut zu fahrender Strecke zum Nachbarort **Puhi**, einer alten Plantagensiedlung, in der der Legende zufolge der polynesische Haifischgott *Kaholiakane* in einer Höhle haust. Vor dem kleinen Ort passiert man die rechts abzweigende kurze Zufahrt zur sehenswerten *Kilohana Plantation* (vgl. KAPITEL 10.3.3) und die modernen Gebäude des *Kauai Community College*.

Achten Sie hinter dem Ort auf die Bergkette *Haupu Ridge* zur Linken, die an einer bestimmten Stelle dem Profil der Königin Victoria ähneln soll.

Durch eine Landschaft voller Wälder, Weiden und vereinzelter Seen kommt man 10 km hinter Lihue und kurz hinter der *Halfway Bridge* zu einer Weggabelung, wo es nach links zu den Stränden, Hotels und Sehenswürdigkeiten der Küste von Poipu abgeht.

Abstecher nach Koloa und Poipu

Vom *Hwy. 50* bringt einen die Straße *520 (Maluhia Rd.)* in Richtung Meer, wobei bereits die ersten hundert Meter sehr interessant sind. Flankiert wird hier die Straße von Sumpf-Mahagonibäumen, die zur Familie der Eukalyptusbäume gehören und durch ihre dichten Laubkronen einen regelrechten Tunnel bilden. Obwohl das 'Dach' dieses sog. **Tree Tunnel** durch den Wirbelsturm von 1992 arg gelitten hat, ist die Durchfahrt immer noch sehr eindrucksvoll. Hinter der Allee passiert man mehrere Zuckerrohrfelder und das weiter östlich gelegene **Waita-Reservoir**, das 1906 aufgestaut wurde und mit 1,8 km² den größten See Hawaiis darstellt. Rund 5 km hinter dem Abzweig erreicht man die Ortschaft Koloa.

- **Koloa**

Kaum jemand vermutet bei der Fahrt durch das verschlafene Dorf, daß es in der ersten Hälfte des 19. Jhds der wichtigste Ort der Insel war. Hier errichteten 1835 weiße Siedler aus Neu-England, denen König *Kamehameha III.* Ländereien zur Verfügung gestellt hatte, die erste Zuckerplantage von ganz Hawaii. Gleichzeitig blühte der Ort mit seinem Hafen *(Koala Landing)* auf und wurde zum Wirtschaftszentrum der Südküste. Fast alle Einwanderer erreichten hier ihre neue Heimat, hier gab es u.a. die erste öffentliche Schule und den ersten Arzt der Insel.

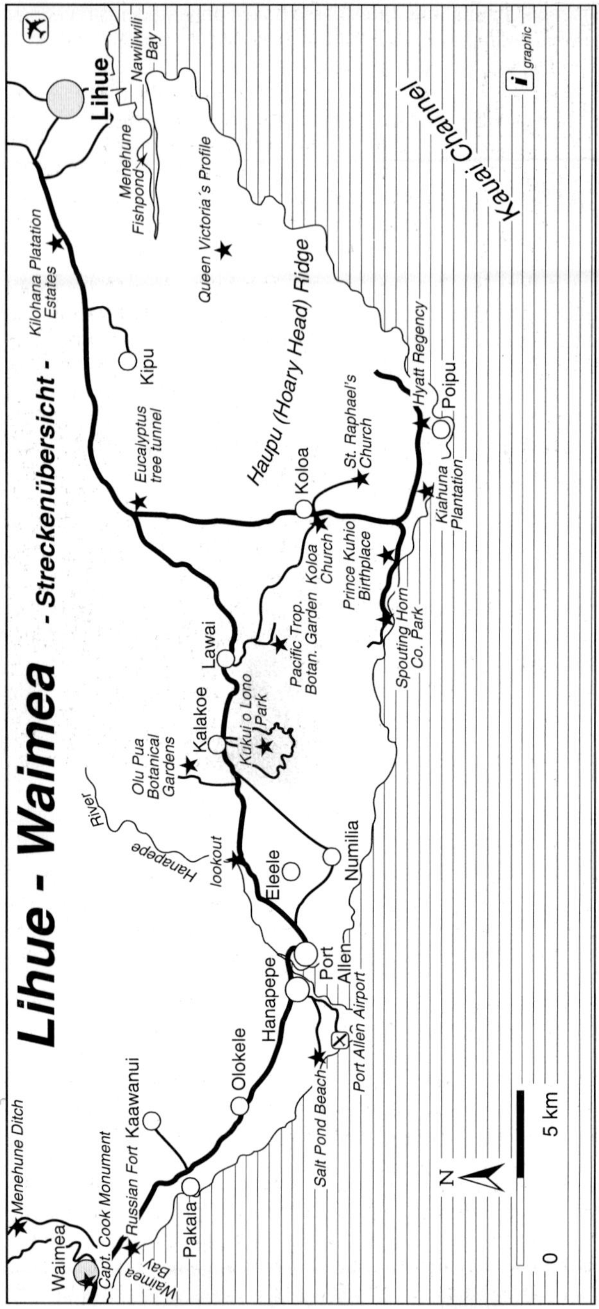

Ein Überbleibsel jener Zeit stellen die Ruinen der **Old Sugar Mill** von 1835, sofort neben der Straße und unmittelbar an der Gabelung der Straßen *520/530*, dar.

Setzt man hier die Fahrt in Richtung Poipu fort, passiert man kurze Zeit später die wunderschöne protestantische **Koloa Church** von 1835, die sich strahlend-weiß und mit hohem Holzturm rechts der Straße erhebt. Etwas weiter südlich und an einer Parallelstraße gelegen ist die **St. Raphael's Church** von 1856 nicht minder sehenswert – sie wurde von den ersten katholischen Missionaren errichtet, die 1841 auf Kauai angekommen waren.

Auch die ostasiatischen Einwanderer haben hier ihre Gotteshäuser hinterlassen, so z.B. der buddhistische

Hongwanji Tempel, der genau wie die japanische *Jodo Mission* im Jahre 1910 entstand.

Außer den historischen Bauten lohnt sich der Besuch des kleinen Koloa wegen der verträumten Wild-West-Atmosphäre (vor allem nahe der alten Zuckermühle), wobei die Holzhäuschen heute preiswerte Pensionen, einige wenige Souvenirshops, Boutiquen und das Restaurant *Koloa Broiler* beherbergen.

Die alte Koloa-Kirche

Auf der *Poipu Rd.* geht es von Koloa in Richtung Meer, wobei sich nach etwa 2½ km, am Ortsanfang von Poipu, die Straße gabelt: Nach Westen (rechts) bringt einen die *Lawai Rd.* u.a. zur Attraktion des *Spouting Horn*, nach Osten (links) die *Poipu Rd.* zu den besten Stränden und größten Hotels des Fremdenverkehrsortes.

Das 'Spouting Horn'

• Poipu

Restaurants

- *Brennecke's Beach Broiler* ($$$), 2100 Hoone Rd., Tel.: 742-7588; beliebtes Lokal mit eigenem Souvenir-Shop, amerikanische (Seafood, Steaks), italienische (Pasta) und japanische (Sashimi) Küche, direkt am Strand mit schönem Blick gelegen, tägl. zum Lunch und Dinner geöffnet, So Brunch, die gute Bar ist abends oft betriebsamer Cocktail-Treffpunkt.
- *Plantation Gardens* ($$$), Kiahuna Plantation, 2253 Poipu Rd., Tel.: 742-1695; vorzügliches Restaurant mit Fisch- und Seafood-Spezialitäten, schöne Gartenlage, tägl. zum Dinner geöffnet, Reservierung ratsam.
- *Keoki's Paradise* ($$$), Poipu Shopping Village, Tel.: 742-7534; modernes, aber gemütliches Restaurant mit amerikanischen Spezialitäten (Steaks, Prime Rib, Seafood), tägl. 17.30-22.00 geöffnet, in der Lounge ist an der Seafood- und Taco-Bar bis Mitternacht Betrieb.

Für Besucher, die nicht unbedingt die schönen Strände östlich des Waikomo-Flusses benutzen wollen, birgt die rechts abgehende *Lawai Rd.* sicher die interessantesten Eindrücke. Dabei passiert man zunächst rechterhand den Geburtsort des Prinzen Kuhio *(Prince Kuhios Birthplace)*, der durch eine kleine Parkanlage neben dem *Prince Kuhio Resort* markiert ist. An einigen Restaurants, Hotels und

Pensionen vorbei folgt die Straße dem Kieselstrand und endet am großen Parkplatz des **Spouting Horn Beach Park**, an dem mehrere Souvenirstände und Imbißbuden aufgereiht sind. Die eigentliche Attraktion ist die Lavaküste, wo es unmittelbar am Beach Park das Phänomen eines sog. Salzwasser-Geysires zu bewundern gibt: Hier preßt sich das Meer durch eine enge Lavaröhre und eruptiert im Minutenabstand mit einem fauchenden Geräusch.

Die in einigen Karten eingetragene Straßenverbindung entlang der Küste nach Westen ist ein Privatweg und darf nicht befahren werden; also geht es erst einmal nach Poipu zurück. Folgen Sie dort der *Poipu Rd.* nach Osten, gelangen Sie schnell in das am deutlichsten vom Touristen-Boom geprägte Gebiet, in dem sich eine Vielzahl von Condominium-Anlagen, Hotels, Restaurants und Golfplätze an den stets sonnigen Stränden *(Poipu Beach, Brennecke's Beach, Shipwreck Beach)* entlangzieht. Hier kann man die Wind- und Bodysurfer bei ihren Kunststücken beobachten oder selbst ein erfrischendes Bad nehmen.

Eine Sehenswürdigkeit für sich ist an der *Poipu Rd.* die **Kiahuna Plantation** (Tel.: 742-6411), das ehemalige Zentrum des örtlichen Zuckerrohranbaus. Rund um das schöne Herrenhaus des 'Zuckerbarons' und die Nebengebäude, in denen sich heute eine First-Class-Condominium-Anlage, ein Shopping Center und ein exquisites Restaurant befinden, wurden bereits in den 1930er Jahren die sog. *Moir Gardens* angelegt, eine tropische Wunderwelt von 14 ha mit Palmen, Seerosenteichen, Wasserläufen, Blumen und Obstbäumen. Unter den rund 4.000 hier versammelten Pflanzenarten verdienen die Kakteen besondere Aufmerksamkeit, die in einem eigenen Garten in einer einzigartigen Vielfalt zusammengestellt worden sind. Die Gärten können täglich rund um die Uhr besichtigt werden.

Nach dem Besuch von Poipu fährt man auf der *Poipu Rd.* wieder bis nach Koloa und biegt dort nach links auf die schmale *Koloa Rd. (Hwy. 530)* ab, die einen nach 5,6 km zur Ortschaft **Lawai** und auf die Hauptroute *(Hwy. 50)* zurückbringt. Kurz vor der Einmündung passiert man den Abzweig der *Halima Rd.*, auf der man zum Visitor Center der *Lawai Gardens* gelangt:

Lawai Gardens

Vor allem für botanisch Interessierte und Vorinformierte sind die tropischen Gärten von Lawai, die sich auf einem über 75 ha großen Gelände erstrecken, ein lohnendes Ziel. In einem engen und schattigen Tal, das vom *Lawai Stream* durchflossen wird und bis zum Ozean reicht, werden hier seltene tropische Pflanzen herangezüchtet und erforscht – mit weltweit anerkannten Ergebnissen. Einen Schwerpunkt der botanischen Forschung bilden verschiedene Früchte und Gewürze aus aller Welt, u.a. Vanille, Pfeffer, Zimt, Kardamom und Ingwer, aber auch einheimische und importierte Frucht-, Obst- und Gemüsesorten wie Taro, Brotfrucht, Jackfruit, Pflaumen und Bananen, von denen allein rund 60 verschiedene Arten vertreten sind. Beachtlich ist daneben die Sammlung an Palmenarten, die als die kompletteste der Welt gilt, sowie die herrlichen Gärten voller Zierblumen und die Teiche voller Seerosen, unter denen die wagenradgroße *victoria amazonica* die größte Aufmerksamkeit auf sich zieht.

Auf dem Gelände des Botanischen Gartens befinden sich auch die *Allerton Gardens*, die der Chicagoer Bankier *Robert Allerton* anlegen ließ, sowie das Hauptquartier der Forschungsstation. Da das Gelände keine Touristenattraktion sein will, sondern einer wissenschaftlich-ernsthaften Arbeit dient, kann man das Gelände nur innerhalb einer geführten Kleingruppe unter der Anleitung eines Botanikers kennenlernen, wobei einzelne Strecken mit einem Van zurückgelegt werden. Die (erforderliche) telefonische Anmeldung zu einer solchen Tour sollte rechtzeitig erfolgen – mindestens einen Tag im voraus!

Öffnungszeiten
National Tropical Botanical Garden, Halima Rd., Lawai, Tel.: 332-7361; tägl. 7.30-16.00 Uhr geöffnet, Eintritt US$ 15.

Kalaheo

Rund 3 km sind es von Lawai nach Kalaheo, einem weiteren kleinen Nest, das von Zuckerplantagen und grünen Gärten umgeben ist. Hier bieten sich bei ausreichender Zeit zwei Abstecher an: Nach links kann man auf der *Puu Rd.* die kurze Rundstrecke des **Puu Road Scenic Drive** befahren, auf der man auf schmaler und aussichtsreicher Strecke um einen Hügel geleitet wird. Auf diesem (Zufahrt) befindet sich ein Golfplatz und der japanisch gestaltete **Kukui o Lono Park** mit einigen alt-hawaiischen Steinsäulen.

Etwas weiter geht von der Hauptstraße nach rechts die *Mehana Rd.* ab, der einen nach wenigen hundert Metern zur **Olu Pua-Plantage** bringt. Auf dem 1931 erschlossenen Gelände ist ein weiterer botanischer Garten sehenswert, in dem auf 5 ha Tausende von tropischen Bäumen und Blumenarten (insbesondere seltene Orchideen und Heliconien) wachsen, die man auf einer einstündigen geführten Tour kennenlernt.

Öffnungszeiten
Olu Pua Botanical Gardens & Plantation, Hwy. 50, Kalaheo, Tel.: 332-8182; Touren starten tägl. im Stundenrhythmus von 9.30-13.30 Uhr.

Am Ortsausgang (auf Höhe des Abzweigs zum *Olu Pua Botanical Garden*) ist die links abgehende *Halewili Rd. (Hwy. 540)* als Alternativstrecke möglich, doch sollten Sie hier auf dem *Hwy. 50* bleiben, da man auf diesem nach wenigen Fahrminuten rechterhand einen herrlichen Ausblick auf das **Hanapepe Valley** genießen kann (Lookout am Meilenmarker 14), das von steilen Hängen eingezwängt ist und dessen Taro-Felder mehreren Bauernfamilien eine Lebensgrundlage geben. Dahinter neigt sich der breite Highway der *Hanapepe Bay* zu, einem vorzüglichen Naturhafen. Dort, am *Port Allen Small Boat Harbor*, liegen stets einige Yachten und Fischerboote, dort starten auch einige Ausflüge per Boot zum Whalewatching, Hochseeangeln oder sogar bis zur Na Pali Coast.

Wer die beschauliche Hafenatmosphäre erleben möchte, biegt in der Rechtskurve vor Hanapepe links ab. Dabei passiert man auch das **Eleele Shopping Center**, das u.a. mit zwei empfehlenswerten Gartenrestaurants aufwarten kann: dem *Port Al-*

len Bar & Grill ($$$) mit internationaler Küche (tägl. zum Mittagessen und für Cocktails geöffnet) und der *Toi's Thai Kitchen* ($$$) mit authentischem thailändischen Essen (tägl. zum Dinner geöffnet).

Hanapepe

Restaurants

- *Hanapepe Bookstore & Espresso Bar* ($), 3830 Hanapepe Rd., Tel.: 335-5011; sympathischer Laden mit Kunsthandwerk, Literatur; guter Kaffee, Cappuccino usw., Gesundheitskost, Mi-So 8.00-11.00 Uhr Frühstück, 11.30-14.00 Uhr Lunch, Do-Sa 18.00-21.30 Uhr vegetarisches Dinner mit Gitarrenmusik.
- *Monty's Place* ($), 3567 Hanapepe Rd., Tel.: 335-8598; Galerie mit Kunst(handwerk), Souvenirs und Möbeln, im angeschlossenen Café bekommt man guten Cappuccino und Snacks.
- *Sinaloa* ($), Kaumualii Hwy., Tel.: 335-0006; Restaurant einer mexikanischen Familie mit authentischer mittelamerikanischer Küche, probieren Sie die Tortillas und trinken Sie dazu einen Margarita; tägl. außer Mi 11.00-21.00 Uhr geöffnet.
- *Green Garden Restaurant* ($), 13749 Kaumualii Hwy., Tel.: 335-5422; schön gelegenes Lokal mit guter kontinentaler und chinesischer Küche, tägl. außer Di zum Frühstück und Mittagessen (7.30-14.00 Uhr) und zum Dinner (17.00-21.00 Uhr) geöffnet.

Hanapepe ist ein kleines Dorf am *Hanapepe River*, in dem der Hurrican von 1992 zwar beträchtliche Schäden anrichtete, das mit einigen hübschen Holzhäusern im Westernstil trotzdem aber den Abstecher lohnt. Dazu zweigt man vom Highway rechts auf die Dorfstraße *(Hanapepe Rd.)* ab, an der ein Schild mit der Aufschrift *'Welcome to Kauais biggest little town'* die Gäste begrüßt. Eine Handvoll Läden, Restaurants und Kunstgalerien, der *Kauai Soto Zen-Temple* am Highway sowie echtes Lokalkolorit – mehr gibt es nicht zu sehen.

Hinweis

In Hanapepe befindet sich auch die *Lappert's Ice Cream Factory* (Hwy. 50, Tel.: 335-6121), die *Walter Lappert* seit dem Jahre 1983 betreibt. Seit dieser Zeit ist sein wohlschmeckendes Speiseeis im ganzen Bundesstaat bekannt geworden, und *Mr. Lappert,* der häufig einfach nur *'The Hanapepe Ice Cream Man'* genannt wird, hat mehrere Filialen auf Big Island, Maui und Ohau eröffnet. Auf seiner Heimatinsel ist *Lappert's* außer in Hanapepe u.a. in Koloa, Puhi, dem *Coconut Plantation Market, Princeville Center* und der *Kilohana Plantation* vertreten.

Hinter der Brücke am Ortsausgang (Hinweis: *'Veterans Cemetery')* zweigt nach links die *Lele Rd.* bzw. *Lokokai Rd.* ab, die in südlicher Richtung zum kleinen Inselflughafen *Port Allen Airport* (Helikopter-Rundflüge) führt, aber auch zum **Salt Pond Beach Park**. In dem geschützten Gewässer ist fast immer Schwimmen möglich sowie alle Formen von Wassersport, der Beach Park verfügt außerdem über sanitäre Einrichtungen und ist bewacht. Der Name *'Salt Ponds'* rührt übrigens von den nahen Becken her, in denen bis heute auf traditionelle Weise Salz gewonnen wird, indem man das eingeleitete Meerwasser verdunsten läßt.

Auf den nächsten 10 km bis zur *Waimea Bay* durchquert man große Zuckerplantagen, deren Wirtschaftswege den Highway auf kleinen Brücken überqueren. Weit geht der Blick auf das Meer, wo man die Nachbarinsel Niihau erkennt, und an der

Küste entlang, an der in der Ferne der hohe Schornstein der Zuckerfabrik von Kekaha auszumachen ist. Kurz vor der Mündung des *Waimea River* sollte man dann nach links auf dem ausgeschilderten Weg zum *State Historical Park* abzweigen, in dem die Überreste des russischen *Fort Elizabeth* besichtigt werden können.

Russian Fort Elisabeth

Von der Festung, die von 1815-64 bestanden hatte, sind noch gut die sternförmigen Außenmauern zu sehen, die einmal 4 m hoch und mit 38 Kanonen bestückt waren. Im Innenbereich sind vage die Plätze zu erkennen, an denen sich einst die Kommandantur und die Mannschaftsräume befanden. Da das Fort ohne Mörtel erbaut und später geschleift wurde, sind die ursprünglich geraden Mauern zu einem Steinwall zusammengebrochen, der an einigen Stellen betreten werden kann und dort einen schönen Blick auf Waimea bietet. Zurück geht die Gesamtanlage auf den Deutschen *Georg Anton Scheffer*, eine der kuriosesten Gestalten des 19. Jhds. Das durch ihn initiierte Intermezzo hätte um ein Haar der hawaiischen Geschichte eine völlig neue Wendung gegeben.

Im Fort Elizabeth

INFO

Georg Anton Scheffer und das 'russische Hawaii'

*Scheffer wurde **1779** geboren und an der Universität Göttingen zum Arzt ausgebildet. Der abenteuerlich veranlagte Bayer entschied sich in den Napoleonischen Kriegen zunächst für den Beruf des **Feldarztes** in der russischen Armee, den er einem geruhsamen Leben bei weitem vorzog. Danach diente er als **Schiffsarzt der russisch-amerikanischen Kompanie**, die damals dabei war, im Zusammenhang mit der Erschließung Alaskas Stützpunkte an der amerikanischen Westküste anzulegen (Fort Ross in Kalifornien).*

*Scheffer hatte jedoch Visionen von einem weltumspannenden Zarenreich, die weiter reichten als die Ideen der St. Petersburger Außenpolitik. Ohne direkten Befehl des Zaren segelte er mit einer russischen Besatzung nach **Hawaii**, wo er **1815** eintraf. Der Zufall wollte es, daß dort Kamehameha I. soeben an einer Grippe erkrankt war, die der bayerische Arzt schnell heilen konnte. Als Dank schenkte Kamehameha Scheffer ein **Grundstück** in Honolulu, das dieser wiederum zur Operationsbasis aller russischen Aktivitäten ausbauen wollte.*

Die Errichtung eines Holzhauses scheiterte jedoch am Widerstand der Bevölkerung. Daraufhin segelte Scheffers Expedition, inzwischen durch drei weitere russische Schiffe zu einer kleinen Flotte verstärkt, nach ***Kauai****, dessen König* ***Kaumualii*** *zwar Kamehameha tributpflichtig war, aber Wert auf größere Selbständigkeit legte. Scheffer bestärkte ihn darin und überredete den König, seine Position durch die* ***Anerkennung der zaristischen Herrschaft*** *zu festigen. Ein entsprechender Vertrag wurde unterzeichnet, und von* ***1816-17*** *gehörte Kauai offiziell zum Riesenreich von Alexander I. In diesen Jahren wurde von Scheffer das Fort errichtet und mit Kanonen bestückt; er taufte es nach der Gattin des Zaren "Elisabeth".*

Sehr bald beunruhigte die Fahne der russischen Weltmacht mitten im Pazifik sowohl die Hawaiier als auch die seefahrenden Nationen. Kamehameha I. setzte seine gesamte Autorität ein, um König Kaumualii zum Widerruf des Vertrages zu zwingen. Zar Alexander I., von dem internationalen Wirbel über das russische Engagement aufgeschreckt, erklärte Scheffers Aktivität zum Alleingang und versicherte, ihm sei ausschließlich an normalen Beziehungen zum Königreich Hawaii gelegen.

Vor der großen Diplomatie mußte Scheffer kapitulieren und notgedrungen ***Hawaii verlassen****. Auf einem amerikanischen Schiff segelte er nach Macao, dann nach* ***Brasilien****, wo er von Kaiser Pedro I. in den Adelsstand erhoben und mit Latifundien bedacht wurde. Hier beendete Scheffer sein abenteuerliches Leben im Jahre* ***1836****.*

Waimea

Der Name *Waimea* bedeutet 'rötliches Wasser' und bezieht sich auf die Färbung der Bucht, die die im Fluß mittransportierte eisenhaltige Erde verursacht. Ähnlich wie in Koloa merkt man heute dem verschlafenen 1.600-Seelen-Ort seine historische Bedeutung nicht mehr an, die ihm als Königssitz, Missionarssiedlung und Walfangstation zukam. Das bedeutendste historische Datum war der 20. Januar 1778, als hier die Schiffe *'Resolution'* und *'Discovery'* vor Anker gingen und Kapitän *James Cook* als vermutlich erster Europäer seinen Fuß auf eine hawaiische Insel setzte. Auch *George Vancouver* wählte im Jahre 1793 Waimea als Ankerplatz, und 1820 trafen hier die ersten christlichen Missionare auf Kauai ein. An die große Vergangenheit erinnert nur noch wenig, und insgesamt zählt das Städtchen sicher nicht zu den schönsten der Insel. In seiner ganzen Länge wird es

Das Capt. Cook's Monument

durch den Hwy. 50 durchquert, der damit gleichzeitig als Hauptstraße fungiert. Kurz hinter der Brücke über den Waimea River befindet sich am Ortsanfang rechterhand ein kleiner Park mit dem **Captain Cook's Monument**, einer Bronzestatue des Entdeckers mit einigen historischen Szenen zu seinen Füßen. In unmittelbarer Nähe erhebt sich die *First Hawaiian Bank*, eins der wenigen hübschen Gebäude Waimeas.

Wenige hundert Meter weiter sieht man rechts der Straße die unauffällige **Hawaiian Church**, ein bescheidener Holzbau aus dem Jahre 1846 mit einem kleinen weißen Dachreiter. Das Holz des Gotteshauses, in dem man sonntags noch hawaiische Hymnen hören kann, soll aus 13 km Entfernung über den Fluß herantransportiert worden sein. Eine andere Sehenswürdigkeit befindet sich weiter landeinwärts und ist über die *Menehune Rd.* zu erreichen, die vor der *Hawaiian Church* abzweigt. Sie endet am **Menehune Ditch**, einem vorhistorischen Bauwerk der legendären *Menehune* (vgl. KAPITEL 10.3.2). Wie alt dieser Kanal, dessen Mauer von *George Vancouver* als 8 m hoch beschrieben wurde, tatsächlich ist, vermag keiner mehr zu sagen; ebensowenig, wie die Bauleute das Material ohne die Erfindung des Rades aus dem 12 km entfernten Steinbruch hierhin transportierten. Der *Menehune Ditch* ist auch insofern ein wichtiges Zeugnis der polynesischen Baukultur, als er – anders als die *Heiaus* und Fischteiche – aus sorgfältig behauenen Steinen bestand. Leider ist von dem Kanal außer spärlichen Überresten nichts mehr erhalten, dafür entschädigt jedoch die idyllische hölzerne Hängebrücke über den *Waimea River* für die Anfahrt.

Hinweis

Die meisten Touristen werden von Waimea aus **zum Waimea Canyon** weiterfahren. Der kürzeste (und nicht gut ausgeschilderte) Weg dorthin ist die *Waimea Canyon Rd. (Hwy. 530)*, die sofort hinter der Kirche rechts abzweigt. Es ist also nicht notwendig, auf dem *Hwy. 50* bis zum Nachbarort Kekaha zu fahren, wo die besser beschilderte *Kokee Rd.* zum Canyon führt.

10.5.3 VON WAIMEA ZUM POLIHALE STATE PARK

Wer sich von Waimea direkt auf den Weg zur Westküste machen möchte (z.B. weil er sich für den Waimea Canyon einen anderen Tag reserviert hat), bleibt auf dem *Kaumualii Hwy. (Hwy. 50)* und fährt zunächst in 5,6 km zum Nachbarort Kekaha. Entlang der Route hat man erneut einen schönen Blick auf die Insel Niihau und passiert kurz hinter Waimea einen eindrucksvollen Kokospalmenhain. **Kekaha** ist eine kleine Ortschaft, die vor allem wegen ihrer weithin sichtbaren Zuckerfabrik bekannt ist. Sie liegt direkt neben der Straße, einige Fahrminuten vom Abzweig des *Hwy. 550* entfernt, der zweiten möglichen Route zum *Waimea Canyon.* Aber auch die *St. Theresa's Church* in der Nähe der Industrieanlage verdient Aufmerksamkeit, ebenso wie der **Kekaha Beach Park** am nördlichen Ortsausgang. Mit sanitären Anlagen, einem Strandpavillon und Grillplätzen ausgestattet, ist er ein idealer Erholungsplatz am Beginn des breiten und kilometerlangen Sandstrandes. Bei ruhigem Wetter ist Schwimmen, Schnorcheln, Surfen und Windsurfen möglich, bei aufkommendem Wind oder hoher Brandung sollte man jedoch sehr vorsichtig sein.

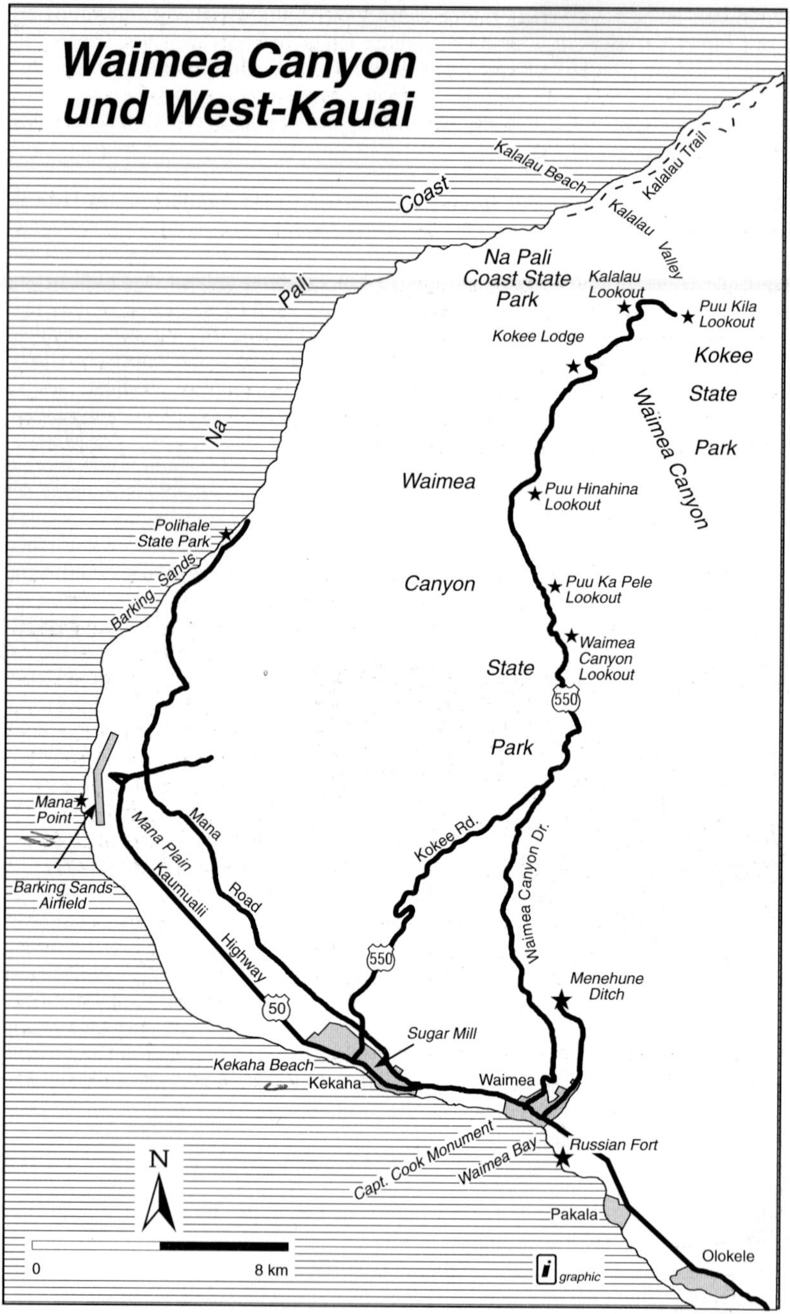
Waimea Canyon
und West-Kauai
Kalalau Beach
Kalalau Trail
Kalalau Valley
Coast
Na Pali
Na Pali
Coast State
Park
Kalalau
Lookout
Puu Kila
Lookout
Kokee Lodge
Kokee
State
Park
Waimea Canyon
Waimea
Canyon
State
Park
Puu Hinahina
Lookout
Puu Ka Pele
Lookout
Waimea
Canyon
Lookout
550
Polihale
State Park
Barking Sands
Mana
Point
Barking Sands
Airfield
Mana
Road
Mana Plain
Kaumualii
Highway
Kokee Rd.
Waimea Canyon Dr.
550
50
Menehune
Ditch
Sugar Mill
Kekaha Beach
Kekaha
Waimea
Capt. Cook Monument
Waimea Bay
Russian Fort
Pakala
Olokele
N
0
8 km
graphic

Die nächsten 11 km bis zum *Barking Sands Airfield* können zügig zurückgelegt werden, da der Highway schnurgerade und gut ausgebaut ist. Dabei durchquert man in nordwestlicher Richtung die flache, ausschließlich von Zuckerrohr bewachsene *Mana Plain*, hinter der im Osten die Berge unvermittelt aufsteigen. Abends, wenn die grünen Hänge von der Sonne beschienen werden, ergibt dies ein sehr reizvolles Bild.

Der Highway endet an einer Weggabelung, wo es nach links zum *Mana Point* abgeht, dem westlichsten Punkt der Insel. Dort befindet sich das öffentlich nicht zugängliche *Barking Sands Airfield*, ein Raketenstützpunkt mit Militärflugplatz. Man hält sich dort also rechts und muß jetzt ein wenig aufpassen, da der Abzweig (grünes Schild mit der Aufschrift *'Polihale State Park')* ziemlich unvermittelt von der Hauptstraße links abgeht; unversehens befindet man sich auf einem unasphaltierten Feldweg inmitten der Zuckerrohrfelder. Die nun folgende Strecke ist etwas rauh und geht über einige Schlaglöcher hinweg sowie über zwei kleine Holzbrükken; deswegen scheint sie länger zu sein, als sie tatsächlich ist (8 km); insgesamt kann man die Piste jedoch auch mit einem normalen Pkw problemlos befahren.

Polihale State Park

Das Ziel der Mühe ist der *Polihale State Park* mit seinem ca. 24 km langen und enorm breiten Sandstrand. Dieser wird auch *'Barking Sands'* genannt nach dem 'bellenden' Geräusch, das der mit kleinen Lava- und Korallenpartikeln durchsetzte Sand erzeugt, wenn man über ihn geht. Man kann dem Feldweg bis zu seinem Ende folgen und den Wagen am Beach Park (Zeltgelände, Duschen, Grillplatz) parken oder auch vorher die Dünen erklimmen und zum Wasser gehen. Oft ist die Brandung zu stark, um gefahrlos zu schwimmen, aber die endlose Weite des Strandes, der erst von den Bergen der Na Pali Coast begrenzt wird, die verschwiegenen Plätze in den Dünen, bei denen man die Hinweisschilder *'No Nudidity'* fast nicht beachten möchte, und die spektakulären Sonnenuntergänge entlohnen für die lange Anfahrt allemal.

Strand des Polihale State Park

10.6 ABSTECHER INS INSELINNERE: ZUM WAIMEA CANYON

Tip

Wenn Sie es sich zeitlich einrichten können, versuchen Sie, in den frühen Morgenstunden oder kurz vor dem Sonnenuntergang an einem der Waimea Canyon Lookouts zu sein: Das schräg einfallende Licht zaubert ein grandioses Farbenspiel auf die Felswände, das allein einen Hawaii-Urlaub unvergeßlich machen kann! Und noch ein Wort zum Wetter: Es regnet oft auf den Berghängen am Canyon-Rand, deswegen empfiehlt sich die Mitnahme von Regenkleidung. Lassen Sie sich aber nicht durch einen möglicherweise grauverhangenen Himmel vom Besuch des Naturwunders abhalten! Denn das Wetter wechselt ständig, und nach kurzen Regenschauern reißt die Wolkendecke i.d.R. schnell wieder auf. Die Szenerie mit ihrem dramatischen Spiel von Sonne und Bewölkung ist außerdem für die Farbspiele an den Canyonwänden verantwortlich, die eigentlich schöner sind als ein reiner blauer Himmel über dem Tal.

Am Waimea Canyon Lookout

Der Abstecher ins Inselinnere bringt einen zu einem der größten Naturwunder auf den hawaiischen Inseln. Tatsächlich ist der Waimea Canyon ein *'Grand Canyon',* der es aber hinsichtlich seiner Länge, Weite und Tiefe natürlich längst nicht mit dem berühmten Vorbild im Westen der USA aufnehmen kann.

Auch sonst gibt es viele Unterschiede: Der Waimea Canyon ist viel jünger, trägt einen viel grüneren Charakter und öffnet sich nicht innerhalb einer Wüstenlandschaft, sondern zum Meer hin. Auf rund **19 km Länge** hat der *Waimea River* ein bis zu **900 m tiefes** und enges Tal in das poröse Vulkangestein gegraben, wobei seine drei größeren Zuflüsse ähnlich aktiv waren und den *Waialae Canyon,* den *Koaie Canyon* und den *Poomau Canyon* schufen. Der größte Teil dieses Gebietes ist naturgeschützt, wobei alle Autotouristen zu den Lookouts im **Kokee State Park** gelangen. Weiter östlich und nur durch einige schwierige Trails erschlossen, befindet sich die **Alakai Wilderness Preserve**, ein riesiges Sumpfgebiet, das mit seiner feuchten Hochebene das wichtigste Rückzugsgebiet der ursprünglichen hawaiischen Flora unf Fauna darstellt und im starken Kontrast zum eigentlichen Canyon steht. Und zur Küste hin wird der *Kokee State Park* vom **Na Pali Coast State Park** begrenzt, auf dessen zerklüftete Berge und Täler man vom Westrand des Waimea Canyons ebenfalls blicken kann.

Bei wenig Zeit läßt sich der Besuch mit einer Rundfahrt durch den Süden und Westen der Insel verbinden. Sollten Sie jedoch länger auf Kauai verweilen, lohnt es sich durchaus, mehrfach hierhin zu fahren (und evtl. eine Nacht in den Hütten der Kokee Lodge zu verbringen), um das große Angebot an phantastischen Wanderwegen auszunutzen. Einige Vorschläge dazu finden Sie im KAPITEL 10.8, ansonsten ist man Ihnen u.a. in der *Kokee Lodge* mit Kartenmaterial und Wandertips behilflich.

Hütte der Kokee Lodge

Von der Küstenstraße (Hwy. 50) zweigt man in **Waimea**, sofort hinter der kleinen Kirche auf der rechten Seite und vor den ausgedehnten Sportplätzen, nach rechts auf den ***Waimea Canyon Dr.*** ab. Die Straße ist zwar sehr kurvig, aber asphaltiert, gut zu befahren und nicht übermäßig steil.

Der rund 10 km lange und landschaftlich sehr reizvolle *Waimea Canyon Dr.* macht das erste Drittel der Wegstrecke aus und folgt dem Westrand des Tales. Schließlich stößt man auf die *Kokee Rd. (Hwy. 550),* auf die man rechts einbiegt und kurz darauf an der *Hunting Station* vorbei zum **Waimea Canyon Lookout** abfahren kann. Er ist der erste einer Reihe von phantastischen Aussichtspunkten, die alle einen Halt lohnen und (da sie sich auf der rechten Straßenseite befinden) nacheinander auf der Hinfahrt angefahren werden sollten. Alle größeren Lookouts verfügen über einen Parkplatz, z.T. mit sanitären Einrichtungen, und eine Aussichtsterrasse, zu der man jeweils einige Schritte zu Fuß gehen muß. Es folgen der **Puu Ka Pele Lookout** und der **Puu Hinahina Viewpoint** in 1.070 m ü.d.M. Unmittelbar an diesem Punkt gelangt man auch in den **Kokee State Park**.

An den Masten des geophysischen Observatoriums der *NASA* vorbei, die von weitem zu sehen sind, geht es in 8,4 km weiter bergauf, bis man eine von hohen Bäumen umstandene Wiesenfläche erreicht, an der man nach links zu den *Park Headquarters* und der **Kokee Lodge** gelangt, die sich für eine Erholungspause anbietet.

Restaurant
Kokee Lodge ($), Tel.: 335-6061; gemütliches Restaurant mit Sandwiches sowie warmen Speisen zum Frühstück und Mittagessen, 9.00-16.00 Uhr geöffnet, Souvenirladen.

Unterkunft
Kokee Lodge ($), P.O. Box 819, Waimea, Kauai, HI 96796, Tel.: 335-6061; rustikale Unterkunft mit 12 Hütten unterschiedlicher Größe und Ausstattung, alle mit Dusche, Holzofen, Kühlschrank und Kochutensilien ausgestattet. Die Hütten werden bis maximal 5 Tage vermietet und sind für maximal 6 Personen geeignet, der Preis beträgt pro Hütte/Nacht US$ 35-50. Da diese Unterkünfte besonders im Sommer und an den Wochenenden sehr beliebt sind, ist eine Reservierung (möglichst schriftlich) ratsam.

Museum
In dem kleinen Holzbau unweit der Lodge sind informative naturhistorische Ausstellungen zu sehen, die sich hauptsächlich mit der Na-Pali-Küste und dem Waimea Canyon, aber auch mit dem pazifischen Wettersystem beschäftigen. Sehr gut ist die Auswahl an Literatur, Kartenmaterial, Postkarten und Kunsthandwerk, die der angrenzende Museumsshop bereithält. *Kokee Natural History Museum*, Kokee Lodge, Tel.: 335-9975; tägl. 10.00-16.00 Uhr geöffnet, von Juni bis August ab 9.00 Uhr; eine Spende wird erwartet.

Von hier aus setzt man die Fahrt auf kräftig ansteigender Straße in knapp 3 km zum 1.256 m hoch gelegenen **Kalalau Lookout** fort, wobei man die militärische Radarstation der *Kokee Headquarters Hawaii National Guard* passiert. Der Aussichtspunkt eröffnet einen weiten Blick in das spektakuläre *Kalalau Valley,* das sich mit zerklüfteten Klippen fächerförmig zum Meer hin öffnet. Die bizarren Bergzacken der Na Pali Coast, die grüne Vegetation und im Hintergrund der tiefblaue Ozean – allein wegen dieses Ausblicks hat sich die Reise nach Kauai gelohnt!

Kurz vor der Stichstraße zum Kalalau Lookout biegt rechts eine schmale, aber durchgängig asphaltierte Straße zum **Puu Kila Lookout** ab, der als Startpunkt des *Pihea Trail* (vgl. KAPITEL 10.8) bekannt ist, aber auch sonst nicht verpaßt werden sollte. Dort ist die Straße dann endgültig zu Ende.

Auf dem Rückweg fährt man bis zur Weggabelung des *Waimea Canyon Dr.* und der *Kokee Rd.* auf schon bekannter Strecke. Die Entscheidung, welche Straße man dann zum *Hwy. 50* nimmt, hängt davon ab, ob Sie anschließend noch einen Abstecher zu den Stränden der Westküste unternehmen möchten. In diesem Fall ist die *Kokee Rd.* eine Abkürzung, die im Zentrum von Kekaha auf die Küstenstraße stößt. Aber auch für diejenigen, die wieder zum Urlaubsquartier im Süden oder Osten zurückkehren wollen, mag es sinnvoll sein, auf der Straße *550* zu bleiben, um auf dem letzten Drittel der Abfahrt neue Eindrücke zu gewinnen. Dieser Abschnitt der *Kokee Rd.*, der sehr kurvenreich und mit 12½ km auch etwas länger als die Alternativstrecke ist, bringt einen von den bewaldeten Berghängen in die Ebene mit ihren Zuckerrohrfeldern zurück, immer den hohen Schornstein der *Kekaha Sugar Mill* als Wegweiser nutzend. Sobald man **Kekaha** erreicht hat, gibt es die Möglichkeit, sich im *Waimea Canyon Plaza* mit Souvenirs, Lebensmitteln oder Snacks einzudecken; um einen zusätzlichen Kaufanreiz zu bieten, vermeldet diese Handvoll kleiner Läden stolz, *"the westernmost shopping complex in the United States"* zu sein.

10.7 DIE INSEL NIIHAU

Inseltelegramm: Niihau

Beiname: *"Forbidden Island"* (= 'Verbotene Insel')
Inselfläche: 186 km² (Länge: 28 km; Breite: 10 km)
Einwohner: ca. 250
Hauptort: Puuwai
Verwaltungseinheit: County Kauai
Höchste Erhebung: Mt. Painau, 390 m

Mit **186 km²** Landfläche und etwa **250 Bewohnern** ist Niihau die kleinste der bewohnten Hawaii-Inseln. Außerdem ist sie für den Fremdenverkehr mehr oder weniger *'kapu'*, so daß dieses Kapitel nur der Vollständigkeit halber aufgeführt wird. Der Grund für die touristische Abstinenz liegt in einer **historischen Sonderrolle**, die auch dazu führte, daß die Insel bis heute die einzige ist, auf der fast ausschließlich Hawaiisch gesprochen wird.

Als *Captain Cook* 1778 vor Niihau vor Anker ging, wurde er von sehr gastfreundlichen Insulanern empfangen, deren Anzahl die heutige weit überschritten haben dürfte. Denn noch 1831, nachdem schon eingeschleppte Krankheiten gewütet hatten, wurden bei einer Volkszählung über 1.700 Einwohner auf Niihau festgestellt. Einen Hinweis auf die früher größere Bedeutung geben auch jene fünf *Heiaus*, die man zu Anfang des 20. Jhds ausgegraben hat.

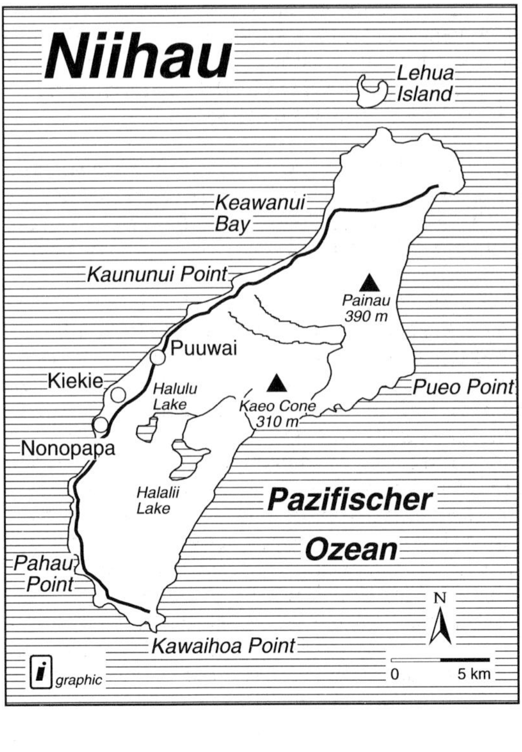

1864 hatte die *Sinclair*-Familie die Insel von König *Kamehameha V.* für 10.000 Dollar gekauft, und noch heute gehört deren Nachfahren, den *Robinsons*, das gesamte Land, auf dem Rinder- und Schafzucht betrieben wird.

Seit 1915 ist die Insel mehr oder weniger von der Außenwelt abgeschnitten, mit Einverständnis und auf Wunsch der Bevölkerung, die hier ihr traditionelles Leben ohne Telefon, Elektrizität, Gewehre, Schnaps, Gefängnis oder andere 'Segnungen' der Zivilisation verbringen. Es gibt kaum Straßen und deshalb auch so gut wie kein Auto auf der Insel, das übliche Transportmittel sind Pferde. Die Einwohner leben in einfachen Holzhäusern, arbeiten auf der Robinson-Ranch oder betätigen sich als Bienenzüchter, Fischer und Kunsthandwerker. Weithin berühmt sind ihre *Lei*-Ketten, die nur auf dieser Insel aus winzigen, unterschiedlich gefärbten Muscheln hergestellt und u.a. in den Juwelierläden von Honolulu verkauft werden – mehrere tausend Dollar kosten solche *Niihau Shell Leis,* deren Herstellung auch bis zu 200 Stunden dauern kann!

Unterrichtssprache der kleinen Volksschule im Hauptdorf Puuwai ist Hawaiisch und Englisch, weiterführende Schulen oder sonstige Ausbildungsmöglichkeiten gibt es nicht. Deswegen verlassen viele Jugendliche die Insel, kehren aber in den Ferien oder nach einem längeren Aufenthalt in 'Rest-Hawaii' in ihre Heimat zurück. Selbst für Hawaiier der anderen Inseln ist es verboten, sich auf Niihau niederzulassen, obwohl unter der Bevölkerung einige Japaner und sogar ein Deutscher leben sollen. Seit 1989 kann man zwar die Insel betreten, darf jedoch keinen Kontakt aufnehmen.

Lehua Island, im Hintergrund Niihau

Verschiedentlich werden Bootsausflüge angeboten, auf denen man Niihau recht nahe kommt. Den besten Blick auf dieses merkwürdige Gemeinwesen erhält man jedoch vom Kleinflugzeug oder den Hubschraubern der Firma *Niihau Helicopters* (P.O.Box 370, Makaweli, Kauai, Tel.: 335-3500), die regelmäßig Rundflüge über die Insel anbietet. Dabei sieht man, daß das flache und erodierte Eiland äußerst karg und trocken ist. Trotzdem gibt es zwei natürliche Süßwasserreservoire, den *Halalii Lake* und den *Halulu Lake*. Ersterer ist der größte See Hawaiis, trocknet allerdings im Sommer häufig aus.

Nördlich ist Niihau der Vulkankrater **Lehua Island** vorgelagert, der sich ähnlich wie das Inselchen Molokini bei Maui wie eine Sichel aus dem Meer erhebt. Benannt ist die Insel nach der *Lehua*-Pflanze, da der Legende nach *Hiiaka*, eine Schwester der Vulkangöttin *Pele*, hier eine Blumenkette *(lei)* aus *Lehua*-Blüten hinterlegt hatte.

10.8 WANDERN AUF KAUAI

Dem besonders prächtigen Naturraum von Kauai entsprechend, eignet sich die Insel bestens für Wanderungen, u.a. auch deswegen, weil mit die interessantesten Gebiete überhaupt nur zu Fuß erreicht werden können. Einmalige Landschaftserlebnisse, wie sie keine andere Insel bieten kann, versprechen vor allem die Wanderungen an der zerfurchten *Na-Pali*-Küste im Norden und im Bereich des *Waimea Canyon.* Aber auch der sog. *'Sleeping Giant'* und das abgelegene Sumpfgebiet des *Alakai Swamp* sind eine Erkundung wert, abgesehen von den unberührten Stränden der Westküste und den vielen botanischen Gärten, die auch ohne Beschreibung nach Gutdünken bewandert werden können.

Im folgenden werden einige der schönsten Wanderstrecken auf Kauai skizziert, wobei die Liste kürzere und einfache Wanderungen ebenso umfaßt wie den mehrtägigen und berühmten *Kalalau Trail.* Für letzteren ist mindestens eine Zwischenübernachtung zwingend notwendig, für die in Lihue ein kostenpflichtiges Permit besorgt werden muß. Aber auch, wer im Canyon-Gebiet wandern möchte, sollte wegen der längeren An- und Abfahrt evtl. eine Übernachtung im Zelt oder in den Hütten der *Kokee Lodge* ins Auge fassen.

Permits für mehrtägige Wanderungen und das Campieren in den State Parks oder Naturschutzgebieten bekommen Sie bei einer der folgenden Stellen, wo man Ihnen auch mit Kartenmaterial und weiteren Auskünften behilflich ist:

- *Division of Forestry & Wildlife,* P.O.Box 1671, 3060 Eiwa St., Zimmer 306, Lihue, Tel.: 241-3433.
- *Division of State Parks,* P.O.Box 1671, 3060 Aiwa St., Lihue, Tel.: 245-4444; geöffnet Mo-Fr 8.00-16.15 Uhr.
- *Department of Parks & Recreation,* County of Kauai, 4193 Hardy St., Lihue, Tel.: 241-6660 und 245-1881.
- *Kokee Lodge*, Manager, P.O.Box 819, Waimea, Kauai, Tel.: 335-6061

1. Wanderungen in Ost-Kauai

• Nounou Mountain (Sleeping Giant)

Der Gipfel des sog. 'schlafenden Riesen', einer weithin sichtbaren Landmarke am Ufer des *Wailua River*, ist das Ziel dieser Wanderung von mittlerem Schwierigkeitsgrad. Sie könnte beispielsweise nach oder vor dem Besuch der *Opaekaa Falls* oder der *Fern Grotto* unternommen werden. Der Legende nach ist der *Nounou Mountain,* wie sein offizieller Name lautet, der Körper eines versteinerten Riesen. Der Trail startet kurz vor der Pumpstation auf der linken Straßenseite und geht erst einmal rund 800 m über den grasigen Hügel auf die Flanke des *Nounou Mountain* zu.

Nehmen Sie nicht den zu gefährlichen Pfad über den Grat des Berges, sondern folgen Sie dem Trail nach rechts auf die nördliche Bergseite, wo es in einer Zick-Zack-Linie über erodiertes, rotes Gestein immer weiter aufwärts geht. Das Ende des Pfades ist in 341 m ü.d.M. an einem Unterstand erreicht, von wo Sie einen phantastischen Rundblick genießen. Besonders spektakulär sind hier oben die Sonnenuntergänge, wobei man allerdings an eine starke Taschenlampe für den Abstieg denken muß. Der Rückweg erfolgt am besten auf der gleichen Route wie beim Aufstieg.

Lage: bei Wailua, nahe der Mündung des Wailua River
Anfahrt: Von Lihue auf dem Hwy. 56 bis 600 m hinter der Wailua-Brücke, dort nach links auf die Haleilio Rd., nach gut 1½ km, am Telefonmast N° 38, rechts auf einen Seitenpfad abbiegen und kurz vor der Pumpstation auf dem Hügel anhalten.
Länge: 5,6 km **Zeitaufwand:** ca. 3-4 Stunden
Höchster Punkt: 341 m **Niedrigster Punkt:** 37 m

2. Wanderungen in Nord-Kauai

- **Kalalau Trail**

Der *Kalalau Trail*, der einem alt-hawaiischen Pfad folgt, ist der wohl bekannteste und spektakulärste aller hawaiischen Wanderwege und führt immer an der grandiosen Na-Pali-Küste entlang. Allerdings kann die Gesamtstrecke nur mit **gewissenhafter Vorbereitung** bewältigt werden: Erstens muß man sich bei der *Division of State Parks* in Lihue um ein **Day-Use-Permit** bemühen, zweitens sollte man eine gute, regensichere **Campingausrüstung** dabei haben, drittens sowohl **Sonnenschutz** als auch **Trinkwasser**. Zwar kommt man auf dem Weg an einigen Bächen vorbei, deren Wasser kann allerdings schädliche Bakterien enthalten (Alternative: vor Benutzung das Bachwasser kochen).

Ob man im Besitz eines Permits ist, wird übrigens durchaus kontrolliert: Regelmäßig schweben zu diesem Zweck Ranger mit Helikoptern zum Kalalau Beach hinab! Selbst gut trainierte Wanderer können die gesamte Etappe nicht an einem Tag zurücklegen; wer nicht nur wandern, sondern auch die Natur genießen möchte, sollte sich auf drei Tage einstellen. Zur Übernachtung stehen drei recht einfache **Zeltplätze** zur Verfügung: am *Hanakapiai Beach,* am *Hanakoa Shack* und am *Kalalau Beach.*

Für die **erste Teilstrecke** bis zum **Hanakapiai Beach** braucht man **kein Permit** (es sei denn, man möchte am Zielpunkt kampieren); sie ist gut 3 km lang und im Zusammenhang mit einem Tagesausflug zur Nordküste noch gut zu schaffen (Hin- und Rückweg ca. 2½ Stunden). Der Pfad geht dabei vom Informationsstand am **Kee Beach** (Parkplatz) zuerst steil hinauf, oberhalb des alten Tempels *Kaulu Paoa Heiau* an der Küste entlang und passiert einige Bäche und Quellen. Schließlich führt der Weg in die herrliche Natur des **Hanakapiai Valley** mit seinem feinen Sandstrand. Das Tal ist Startpunkt eines weiteren langen Trails zu den **Hanakapiai Falls** (s.u.).

Die **zweite**, ca. 6½ km lange **Etappe** ist relativ steil und schwierig, sie bringt einen durch zwei Täler und über den höchsten Punkt des Trails zur Terrasse von **Hanakoa**. Ein kleiner, 1 km langer Seitenpfad führt zu den *Hanakoa Falls*, ein anderer, kürzerer zum natürlichen Pool im *Hanakoa Stream* (Bademöglichkeit). In der Umgebung findet man Überreste alter Plantagen, u.a. Kaffee, Guaven und Bergäpfel.

Die **dritte Teilstrecke** ist gut 8 km lang und führt durch ein offeneres und trockeneres Terrain. Immer wieder hat man herrliche Ausblicke auf die zerklüftete Küstenlinie. Hinter dem *Kalalau Stream* endet der Pfad am **Kalalau Beach** mit einem ausgewiesenen Zeltplatz. Ein weiterer, leichter und gut 3 km langer Trail geht von hier aus in das **Kalalau Valley**, vorbei an alten Taro-Terrassen und Steinwällen zu einem Wasserfall, der sich in ein natürliches Becken ergießt. Den Rückweg tritt man auf gleicher Route an.

!!!

Achtung

Das Schwimmen, Surfen und Schnorcheln kann an allen Stränden der *Na Pali Coast* sehr gefährlich sein, zumal es weder Lifeguards noch Erste-Hilfe-Stationen gibt. Die Unterwasserströmungen sind z.T. enorm, im Winter kommt eine extrem hohe Brandung hinzu. Deswegen sollten alle, die mit den örtlichen Verhältnissen nicht vertraut sind, das Wasser meiden. Eine weitere, aber seltene Gefahr stellen die Tsunamis dar, die sich oft dadurch ankündigen, daß sich die See ungewöhnlich schnell und weit zurückzieht. Beim Beobachten eines solchen Phänomens sollte man unverzüglich höher gelegenes Gelände aufsuchen.

Flußdurchquerungen sind nur ratsam, wenn der Wasserstand nicht höher als zu den Knien reicht!

Lage: an der Na Pali Coast im Nordwesten der Insel, 61 km nördlich von Lihaue.
Anfahrt: Über den *Hwy. 56 (Kuhio Hwy.)* bis zu dessen Ende am Kee Beach (Parkplatz).
Länge: 35½ km **Zeitaufwand:** 18 Stunden (2-4 Tage)
Höchster Punkt: 244 m **Niedrigster Punkt:** 0 m

- **Abstecher zu den Hanakapiai Falls**

Wanderer auf dem *Kalalau Trail* (s.o.) haben im **Hanakapiai Valley** die Möglichkeit zu einem sehr lohnenden, insgesamt 6½ km langen Abstecher ins Hinterland. Dieser Wanderweg beginnt unmittelbar hinter dem *Hanakapiai Stream*. An dessen westlichem Ufer geht es zunächst noch recht einfach entlang; man passiert die Ruinen einer alten Kaffeemühle, Taro-Terrassen, große Mangobäume und Kaffeeplantagen – alles Hinweise darauf, daß das Tal bis in die 1920er Jahre besiedelt war. Nachdem man den Bach zur anderen Uferseite durchquert hat, wird es dann schwieriger. Talaufwärts und im Zick-Zack muß man Felsen und umgestürzten Bäumen ausweichen, vorbei an mehreren Kaskaden und Gebirgsbächen. Nach heftigen Regenfällen besteht hier Gefahr durch Schlammlawinen und Steinschlag. Das Ziel der Wanderung sind die eigentlichen **Hanakapiai Falls**, die in einen breiten, tiefen Pool mit Schwimmöglichkeit stürzen. Der Pool wird durch flache Steine eingefaßt, die sich herrlich zum Sonnenbaden eignen.

Lage und Anfahrt: wie oben; Beginn nach 2 km auf dem Kalalau Trail.
Länge: 6½ km **Zeitaufwand:** ca. 3½ Stunden
Höchster Punkt: 244 m **Niedrigster Punkt:** 12 m

3. Wanderungen im Inselinneren

● Kukui und Koaie Canyon Trail

Der Vorteil dieser Wanderung von mittlerem Schwierigkeitsgrad liegt darin, daß sie den einzigen Zugang zum Talboden des Canyons darstellt und somit ein unvergleichliches Landschaftserlebnis bietet. Aufgrund der Länge der Wegstrecke sollten Sie eine Übernachtung einplanen und dementsprechend mit Zelt, Schlafsack und Proviant ausgerüstet sein; das erforderliche Permit erteilt die *Division of Forestry & Wildlife*. Denken Sie auch an auffällige, helle Kleidung, da in dem Gebiet bisweilen gejagt wird.

Die erste Etappe wird auf dem *Kukui Trail* zurückgelegt, der rechts des Hwys. 550 beginnt (an einer hölzernen Box, wo man sich als Wanderer eintragen muß). Von dort geht es im Zick-Zack steil nach unten, bis man den Unterstand des *Wiliwili-Camp* erreicht. Ab hier folgt man dem *Waimea River* auf dem *Waimea Canyon Trail* flußaufwärts und kommt nach knapp 1 km unweit eines burgähnlichen vulkanischen Felsens zu einer Furt, wo man zum Ostufer hinüberwatet. Dort geht man weiterhin flußaufwärts und passiert eine Jagdhütte nahe dem *Kaluahaulu Camp*. Kurze Zeit später mündet in den *Waimea River* von rechts kommend der *Koaie Stream*, dem man nun auf dem *Koaie Canyon Trail* auf der rechten Uferseite in die enge Schlucht hinein folgt. Durch Agavendickicht und Kukui-Wälder wandert man weiter, am *Hipalau Camp* vorbei, bis zum Ende des Trails am Unterstand des *Lonomea Camp*, wo man sein Zelt aufschlagen kann. Für den Rückweg benutzt man am nächsten Tag die gleiche Route.

Lage: *Koaie Canyon* im *Waimea Canyon*-Gebiet
Anfahrt: über den *Hwy. 50* und den *Waimea Canyon Dr.* bis zum *Hwy. 550,* dort nach rechts ca. 3,3 km weiterfahren (11 km vor dem Kokee State Park).
Länge: 18 km — **Zeitaufwand:** ca. 9 Stunden (1-2 Tage)
Höchster Punkt: 892 m — **Niedrigster Punkt:** 198 m

● Waimea Canyon

Herrliche Ausblicke auf die volle Länge des Waimea Canyons sind die eigentliche Attraktion dieser Wanderung von mittlerem Schwierigkeitsgrad. Sie beginnt am Schild "Kokee State Park" zu Beginn des gleichnamigen Parks, wo nach links ein asphaltierter Weg zu einem NASA-Wirtschaftsgebäude und nach rechts eine unasphaltierte Jeep-Piste *(Halemanu Rd.)* hinabführt. Dieser folgen Sie knapp 1 km bis zu einem Abzweig zur Rechten, der Sie nach weiteren 300 m zum Parkplatz bringt, wo die eigentliche Wanderung beginnt. Die Strecke vom *Hwy. 550* bis hier ist mit dem Wagen nur bei trockenen Straßenverhältnissen zu schaffen, andernfalls müssen Sie das Stück laufen (also insgesamt 2,6 km zur Wanderung hinzurechnen).

Gut 50 m nach dem Parkplatz splittet sich der Pfad in den *Cliff Trail* zur Rechten und den *Canyon Trail* zur Linken auf. Folgen Sie letztgenanntem hinab zu den Resten eines Koa-Waldes, die 1982 der Hurrican Iwa übriggelassen hat, und bis zum Talboden, hinter dem es wieder auf einen grasigen Hügel hinaufgeht. Schließlich erreicht man einen breiten Grat mit phantastischem Ausblick auf die südlichen und westlichen Klippen des Canyons. Danach kommt man nahe an den Wasserfällen *Waipoo* vorbei, die in einen wunderschönen, von einheimischer Vegetation gesäumten Pool stürzen und die man auf einem kurzen Seitenweg erreichen kann. Der Hauptpfad überquert den Bach etwas weiter und verläuft dann oberhalb der Canyonwand, wobei man durch Koa- und Eukalyptus-Haine kommt. Nach 2½ km ergibt sich erneut eine wunderbare Aussicht, bei der der Waimea Canyon und die Poomau-Schlucht gleichermaßen ins Blickfeld geraten. Den Endpunkt des Trails hat man am Kumuwela Lookout nach insgesamt 3,9 km erreicht, von wo ab man auf gleicher Strecke zurückwandert.

Lage: Kokee State Park
Anfahrt: über den *Hwy. 550* bis 2 km vor den State Park Headquarters, sofort unterhalb des Schildes "Kokee State Park".
Länge: 7,7 km **Zeitaufwand:** ca. 4 Stunden
Höchster Punkt: 1.113 m **Niedrigster Punkt:** 924 m

- **Poomau Canyon Vista Trail**

Vom Startpunkt des *Poomau Canyon Vista Trails* kommt man unter hohen Norfolk-Kiefern und japanischen Sugi-Bäumen hindurch in kurzer Zeit zum Lookout, der einen der schönsten Panoramablicke auf Hawaii bereithält. Vor allem in den Morgen- oder Abendstunden ist die Aussicht auf den engen und zerklüfteten *Poomau Canyon* phantastisch.

Lage: Kokee State Park
Anfahrt: über den Hwy. 550 bis zu den Kokee State Park Headquarters und nach 150 m nach rechts auf die unasphaltierte *Kumuwela Rd.* Nach 2,1 km nach links auf die ebenfalls unasphaltierte *Mohihi Rd.,* auf der man nach einigen hundert Metern ein Schild *"4-wheel-drive only"* passiert. Hinter diesem Schild wird die Straße deutlich schlechter und kann für normale Pkw unpassierbar werden. In diesem Fall muß man zu Fuß weitergehen und insgesamt 6,7 km zur eigentlichen Wanderung hinzurechnen. Knapp 6 km hinter dem Highway erreicht man den Picknick-Platz des *Kawaikoi Camp*, wo der *Kawaikoi Stream* auf einer leichten Furt durchquert werden muß. An einem Zeltplatz vorbei kommt man nach weiteren 1,3 km zum markierten Beginn des leichten Wanderweges.
Länge: 1 km **Zeitaufwand:** ca. ½ Stunde
Höchster Punkt: 1.067 m **Niedrigster Punkt:** 1.036 m

- **Kawaikoi Stream Loop**

Als Alternative oder Ergänzung zum eben genannten *Poomau Canyon Vista Trail* bringt einem diese leichte Rundwanderung die idyllische Flußlandschaft des *Kawaikoi Stream* mit seiner Vielzahl an Wasservögeln und endemischer Pflanzenwelt näher. Der Trail beginnt kurz hinter der Furt des *Kawaikoi Camp* am linken Wegrand, wo man in den 1930er Jahren nahe dem *Sugi Grove Camp* japanische Sugi-Bäume (eine Zedernart) und kalifornische Redwoods angepflanzt hat. Der Pfad folgt dem rechten (südlichen) Flußufer und erreicht nach ca. 1,3 km einen

Felsvorsprung, den man im großen Bogen umwandert und wieder zum *Kawaikoi Stream* zurückkehrt. Bei niedrigem Wasserstand ist hier ein Überqueren leicht möglich, so daß man für den Rückweg das jenseitige Ufer wählen kann.

Lage und Anfahrt: wie oben
Länge: 4 km **Zeitaufwand:** ca. 1 Stunde
Höchster Punkt: 1.073 m **Niedrigster Punkt:** 1.049 m

- **Alakai Trail**

Das interessante, aber selten besuchte Gebiet des *Alakai*-Sumpfes und der *Kilohana Viewpoint* ist das Ziel dieser schwierigen Wanderung, bei der zwar keine großen Höhenunterschiede zu überwinden sind, jedoch auf morastigem Boden gewandert werden muß, bei dem man z.T. knietief einsinken kann. Außerdem erschweren Regen und Nebel häufig die Orientierung.

Wichtig ist, daß Sie immer auf dem Trail bleiben und alle Seitenpfade ignorieren, die von Wildschweinen oder Jägern herrühren. Falls Sie die Richtung verloren haben, kehren Sie bis zur letzten bekannten Stelle zurück; sinnvoll ist auch die Mitnahme eines Kompasses. Zukünftig soll der Trail von der *Division of Forestry & Wildlife* besser markiert und z.T. mit Holzbohlen versehen werden.

Zur Anfahrt bzw. ersten Wanderetappe gibt es drei Alternativen: Erstens erreicht man über die *Kumuwela* und *Mohihi Rd.*, etwa 5 km hinter dem Abzweig vom Hwy. 550, das Schild *'Forest Reserve',* an dem ein Seitenpfad nach links in 300 m zum Parkplatz abzweigt. Dort ist der offizielle Beginn des Trails. Zweitens kann man auf gleicher Strecke ein Stückchen weiter bis zum Endpunkt des *Pihea Trail* (s.u.) fahren und diesen Wanderweg bis zur Kreuzung mit dem *Alakai Trail* benutzen. Diese Variante ist ein wenig länger, i.d.R. aber trockener und besser begehbar. Drittens schließlich kann man mit dem Wagen problemlos bis zum *Puu O Kila Lookout* am Ende des *Hwy. 550* fahren und hier den *Pihea Trail* aus nördlicher Richtung ebenfalls bis zur Kreuzung mit dem *Alakai Trail* (s.u.) bewandern. Diese letzte Alternative ist m.E. die beste, da sie nicht nur die einfachste ist, sondern auch die vielseitigsten Landschaftseindrücke bietet.

Ab der Kreuzung der beiden Trails geht es in östliche Richtung, wo man nach 300 m einen recht steilen, etwa 60 m tiefen Abhang und anschließend eine flache Furt durch den *Kawaikoi Stream* bezwingen muß. Vom jenseitigen Flußufer steigt der Pfad wieder leicht an und bringt einen durch ein fast ebenes, dichtbewachsenes und stets feuchtes Gelände. Der Trail endet am *Kilohana Viewpoint*, von dem aus man bei klarem Wetter einen herrlichen Blick bis hin zu den Stränden von Hanalei und in das tiefe *Wainiha Valley* hat, das von seiner Größe durchaus mit dem *Waimea Canyon* mithalten kann. Anders als diesen bekommen allerdings die wenigsten Touristen das abgelegene und dichbewaldete Tal zu Gesicht.

Lage: Alakai Wilderness Preserve
Anfahrt: wie oben
Länge: 11 km **Zeitaufwand:** ca. 5 Stunden
Höchster Punkt: 1.231 m **Niedrigster Punkt:** 1.128 m

• Pihea Trail

Auch diese Wanderung von mittlerem Schwierigkeitsgrad führt zur *Mohihi Rd.* nahe dem *Kawaikoi Stream*, beginnt aber weiter oben, nämlich am Ende des *Waimea Canyon Dr.* am *Puu O Kila Lookout*. Falls Sie einen Fahrer haben, der Sie abholen könnte, wäre ein möglicher Treffpunkt das *Kawaikoi Camp* (s.o.), wodurch sich die Wanderstrecke halbieren würde. Eine Alternative ist die kurze Wegstrecke zum Pihea Lookout, den man vom Ausgangspunkt in ca. 1,7 km erreicht, worauf man auf gleicher Route wieder zurückgehen kann. Eine weitere und sehr interessante Wegvariante ist die Kombination mit dem *Alakai Trail* (s.o.).

Die erste, gut markierte Etappe führt durch ein erodiertes Gelände am Rande der Klippen vorbei, stets mit einer weiten Aussicht hinab aufs Meer. Den allerbesten Panoramablick erhält man vom *Pihea Lookout*, zu dem ein kurzer Stichweg links abzweigt.

Folgt man dem Trail ab der Abzweigung nach rechts (südlich), ändert sich sehr bald das Landschaftsbild. Es wird flacher, und der große Alakai-Sumpf kündigt sich durch morastiges Gelände und eine dichtere Vegetationsdecke an. Hier überquert man auch nach 2,7 km den Alakai Trail (s.u.). Nach einer Weile geht es in einigen Zick-Zack-Kehren hinab zum westlichen Ufer des *Kawaikoi Stream*, dem man bis zum *Kawaikoi Camp* an der *Mohihi Rd.* folgt. Für den Rückweg nimmt man die gleiche Route.

Lage: Kokee State Park
Anfahrt: auf dem Hwy. 550 bis zu dessen Ende am Puu O Kila Lookout.
Länge: 11 km **Zeitaufwand:** ca. 5-6 Stunden
Höchster Punkt: 1.306 m **Niedrigster Punkt:** 1.042 m

• Nualolo-Awaawapuhi Loop

Für diese Rundwanderung von mittlerem Schwierigkeitsgrad sollten Sie sich einen ganzen Tag vornehmen; dabei ist es ratsam, Trinkwasser mitzunehmen und eine starke Taschenlampe – für den Fall, daß Sie von der Dunkelheit überrascht werden sollten. Bei weniger Zeit können Sie auch nur den *Nualolo Trail* oder noch besser nur den *Awaawapuhi Trail* bewandern – letzterer ist hin und zurück knapp 10 km lang und gut in 5 Stunden zu schaffen. Entlang der letzten Etappe sind einige endemische Pflanzen markiert; wer sich für Botanik interessiert, sei an die Broschüre verwiesen, die diese Pflanzen erläutert und die man im Kokee-Museum erhält.

Der *Nualolo Trail* beginnt hinter den Kokee State Park Headquarters und führt schräg nach links (nordwestlich), und zwar immer bergab. Durch grasige Abschnitte und eine immer trockener werdende Landschaft bis zu einer Weggabelung nach knapp 5 km, wo man sich rechts hält. 300 m dahinter steigt der *Nualolo Cliff Trail* nach rechts steil an, wobei man an dieser Stelle jedoch die linke Abzweigung nehmen sollte, wo sich nach rund 800 m ein phantastischer Aussichtspunkt auf die zerklüftete Na Pali Coast ergibt. Wieder zurück an der Abzweigung steigen Sie nun den *Nualolo Cliff Trail* hinauf, eine etwa 3,2 km lange und mit einigen Kehren versehene Verbindungsstrecke zwischen den beiden Trails, die auf einem Grat hoch über den Klippen entlangführt. Sobald Sie den *Awaawapuhi Trail* erreicht haben, lohnt wieder ein 800 m Abstecher nach links bis zum spektakulären Aussichtspunkt am Ende der Wegstrecke. Auf dem Rückweg folgen Sie immer dem ansteigenden Pfad geradeaus, bis Sie nach 5,3 km den Hwy. 550 erreicht haben, etwa 2,7 km oberhalb des Ausgangspunktes und auf Höhe des Meilenmarkers 17. Die letzte Wegstrecke zurück zur Kokee Lodge muß man sich also leider mit den motorisierten Touristen teilen.

Lage: Kuia Natural Area Reserve, nordöstlich des Waimea Canyons
Anfahrt: Über den Hwy. 550 bis zu den Kokee State Park Headquarters; der Trail beginnt dort nach 400 m links der Kokee Lodge.
Länge: 15 km **Zeitaufwand:** ca. 7 Stunden
Höchster Punkt: 1.158 m **Niedrigster Punkt:** 681 m

Taro-Felder auf Kauai

11 DIE LEEWARD-INSELN (NORTHWESTERN HAWAIIAN ISLANDS)

Als 'nordwestliche' oder 'Leeward'-Inseln bezeichnet man jene Kette von über 130 Inseln, Atollen, Riffen und Sandbänken, die sich von Niihau aus über fast 2.000 km bis zur Datumsgrenze hinzieht. **Touristisch** sind diese Mini-Eilande **von keinerlei Bedeutung**, da ihre Landmasse zusammengenommen gerade mal 7 km^2 ausmacht und sie entweder **militärisch genutzt** werden oder unter strengem **Naturschutz** stehen. Da sie außerdem keine nennenswerten Höhenzüge aufweisen und sich jenseits des nördlichen Wendekreises (zwischen 160° und 178°75' westlicher Länge) befinden, bekommt man die *Leeward Islands* so gut wie nie zu Gesicht – von einigen japanischen Touristen einmal abgesehen, die auf der Route Tokio-Honolulu vom Flugzeug aus einige helle Flecken im Pazifischen Ozean ausmachen mögen.

In **geologischer** Hinsicht ist die Inselkette interessant, da ihre Struktur und ihr Landschaftsbild die *'hot spot'*-Theorie untermauern können (vgl. KAPITEL 2.2.1). Danach entstand der hawaiische Archipel innerhalb der letzten 70 Millionen Jahre über einer ortsfesten Magmakammer, die riesige Inselberge entstehen ließ. Durch die Drift der pazifischen Platte wanderten diese um jährlich mehr als 8 cm nach Nordwesten und waren nun Wind, Regen und Wellen ausgesetzt, die von der ursprünglichen Höhe immer mehr abtrugen, bis nur noch kleine Atolle Zeugnis der einstigen Existenz abgeben, bevor die Insel endgültig im Meer versinkt. Demnach müssen die nordwestlichsten Ausläufer der *Leeward Islands* die ältesten (ca. 25 Millionen Jahre) und die flachsten sein, während die Eilande jünger und größer werden, je mehr man sich dem *'hot spot'* südöstlich von Big Island nähert.

Tatsächlich erheben sich das **Kure Atoll** und die **Midway Islands** nur wenige Meter über die Meeresoberfläche und bestehen fast gänzlich aus Korallenkalk, der auf dem bereits untergegangenen vulkanischen Gebirgsstock aufliegt. Die genannten Inselgruppen gehören zwar geologisch, nicht aber administrativ zu Hawaii und unterstehen seit 1903 der US-Marine, die hier einen Luft- und Flottenstützpunkt sowie Navigations- und Radarstationen unterhält. Die rund 500 Armeeangehörigen sind die einzigen menschlichen Bewohner dieser Eilande, die sonst von unzähligen Seevögeln bevölkert sind.

Weiter südöstlich folgen das **Pearl and Hermes Atoll** mit mehreren Inselchen, die ebenfalls kaum über die Wasseroberfläche hinausragen. Bedeckt werden sie von einer z.T. knietiefen Guano-Schicht, gebildet aus den Exkrementen von Tölpeln, Seeschwalben, Albatrossen, Fregattvögeln, Wasserläufern, Sturmtauchern und vielen anderen See- und Zugvögeln. Sie stellen den nordwestlichen Anfang einer Vielzahl von Eilanden dar, die bereits zu Anfang des 20. Jhds von Präsident *Theodore Roosevelt* als *'Hawaiian Islands National Wildlife Refuge'* unter Naturschutz gestellt worden sind. Verwaltungsmäßig gehören sie zum County Oahu und damit dem Bürgermeister von Honolulu, der auf diese Weise, wenn man so will, dem ausgedehntesten Stadtgebiet der Welt vorsteht.

Die nächsten erwähnenswerten Inseln sind **Lisianski Island**, das sich an seiner höchsten Stelle bereits 6 m über den Meeresspiegel erhebt, das 11 m hohe **Laysan**

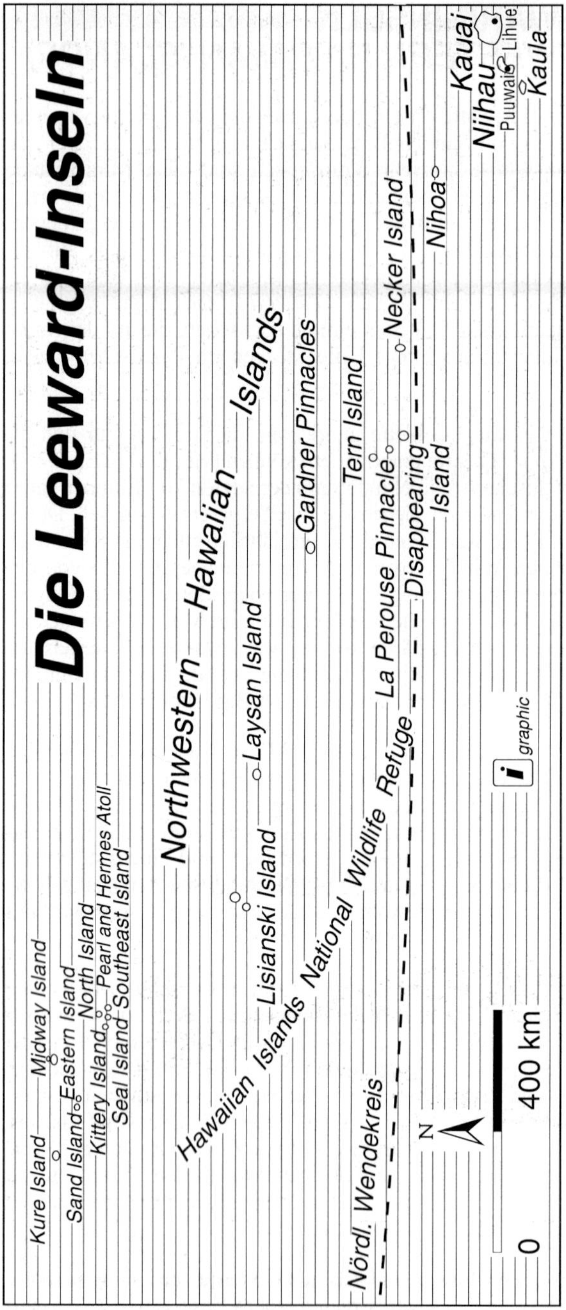

Island (Heimat der Laysan-Albatrosse), die 58 m hohen **Gardner Pinnacles** und schließlich die **French Frigate Shoals**. Letztere wurden, wie der Name bereits sagt, zuerst von französischen Seefahrern gesichtet, deren berühmtester dem Eiland **La Perouse Pinnacle** zu seinem Namen verhalf. Mit ihren blütenweißen Korallenkalk-Sandstränden beherbergt die 37 m hohe Inselgruppe nicht nur viele Vogelkolonien und Durchzügler, wie den pazifischen Goldenen Regenpfeifer, die Krickente oder den Honigsauger, sondern ist auch bevorzugtes Nistgebiet der seltenen grünen Meeresschildkröte.

Da auch die hawaiischen Mönchsrobben sowie mehrere Walarten diese Gewässer aufsuchen, könnte man meinen, sie seien ein interessantes Ziel für Yachtausflüge oder Kreuzfahrten, doch wird die Einhaltung des Naturschutzes streng überwacht und jeder Versuch bestraft, hier vor Anker oder an Land zu gehen.

Fast genau auf dem Nördlichen Wendekreis (= 'Wendekreis des Krebses') befindet sich **Necker Island**, das mit einer Länge von rund 1 km und einer Höhe von 84 m bereits deutlichere Konturen aufweist. Selbst den wagemutigen polynesischen Seefahrern ist das Inselchen aufgefallen, jedenfalls hat man auf ihm Petroglyphen, Überreste von *Heiaus* und andere Artefakte gefunden, die nun im *Bishop Museum* in Honolulu ausgestellt sind. Rätselhaft bleibt jedoch, wieso Menschen in prähistorischer Zeit die Mühe auf sich nahmen, hier eine Zivilisation errichten zu wollen, gibt es doch so gut wie kein Trinkwasser auf Necker Island.

Gleiches gilt für **Nihoa**, den letzten Vorposten vor dem 'eigentlichen Hawaii', der jedoch mit 1½ km Länge, 400 m Breite und 277 m Höhe eher der Vorstellung von einer richtigen Insel entspricht. Hier sind terrassierte Bodenformationen entdeckt worden, die beweisen, daß sich Polynesier über längere Zeit hinweg dort aufgehalten und zu einer geschickten Form der Bewässerung und Vorratswirtschaft gefunden haben müssen. Nihoa markiert gleichzeitig das Ende der Leeward Islands. Eine gut 150 km breite Meeresstraße trennt sie von den nächsten Nachbarn im Südosten, nämlich **Niihau**, dessen *Mt. Painau* sich 390 m ü.d.M. erhebt und **Kauai** mit dem 1.598 m hohen *Mt. Kawaikini*.

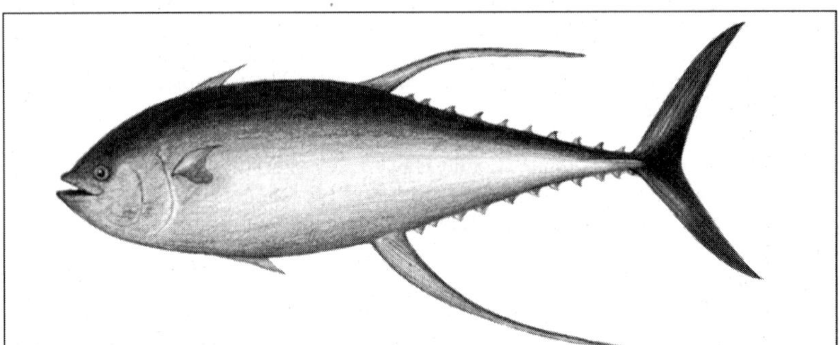

Ahi

LITERATURHINWEISE (AUSWAHL)

Reiseführer

APA-Guide Hawaii, hrsg. von Hans Höfer, Nelles Verlag, 1989. Aus dem Englischen übersetzter Reiseführer von 370 Seiten, mit vielen Buntbildern vorzüglich illustriert, gut geschriebener landeskundlicher Teil, die reisepraktischen Seiten sind relativ schwach.

Craig **Chrisholm,** Hawaiian Hiking Trails – The Guide for All of the Islands, 8. Aufl. Lake Oswego 1994. Detaillierte Beschreibung der 50 schönsten Wanderwege, Karten, Abbildungen, 151 Seiten, für Wanderfreunde ein unverzichtbarer Begleiter (ca. US$ 16).

Henry **Marx**/Claudia **Smettan**, Baedeker Reiseführer Hawaii, 2. Aufl. Stuttgart 1993. Übersichtliches Nachschlagewerk mit gutem landeskundlichen Teil, Routenvorschlägen, Sehenswürdigkeiten der einzelnen Inseln, anspruchsvolle Illustrierung und Kartographie, 288 Seiten.

Merian-Heft: Hawaii, Hamburg 1984; 'Merian-Heft' aus dem Hoffman & Campe-Verlag in der gewohnt sorgfältigen Aufmachung mit Essays aus verschiedenen Bereichen, inzwischen allerdings veraltet.

PGA (*Professional Golfer's Association of America;* Hrsg.), Hawaii Golf Guide, Honolulu 1994. Eine Übersicht aller privaten, öffentlichen und militärischen Golfplätze im Bundesstaat Hawaii mit vielen Abbildungen (80 Seiten).

Polyglott: Hawaii, München. Der 'kleine Polyglott' ist in der aktualisierten Auflage ein verläßlicher Begleiter, der auf wenigen Seiten eine Menge gut recherchierter Informationen zusammengetragen hat.

David J. **Russ**, The Complete Maui, Molokai and Lanai Guidebook, Tahoe City 1993. Gut recherchierter und verläßlicher Reiseführer (144 Seiten) aus dem *Indian Cief Publishing House,* weitere empfehlenswerte Bücher aus dem gleichen Verlag sind "The Complete Kauai Guidebook" und "The Complete Oahu Guidebook" (alle US$ 10,95).

Scott **Rutherford**, APA Pocket Guide Hawaii, RV-Verlag, München 1993. Aus dem Englischen übersetzter knapper Reiseführer (113 Seiten), in dem einige sehr gedrängte Tagesprogramme vorgestellt werden, viele Buntbilder, kleiner landeskundlicher Teil.

Eberhard **Stahn**, Hawaii – Reiseführer mit Landeskunde, Dreieich 1995; aufwendig gestalteter Reiseführer aus dem Mai-Verlag mit 348 Seiten, viele Abbildungen und ausgezeichnete Karten.

Karl **Teuschl**, Hawaii, Marco-Polo-Reiseführer, Ostfildern 1993. Knapper Band mit 95 Seiten, geeignet zur ersten Orientierung.

Alte Reiseberichte

Adalbert von **Chamisso**, Reise um die Welt mit der Romanzoffischen Entdekkungs-Expedition, in: Sämtliche Werke, München 1982 (Winkler Verlag). Reisebericht des deutschen Dichters, der sich wie kein anderer vor ihm mit der Sprache und Kultur der Hawaiier auseinandersetzte.

James **Cook,** Entdeckungsfahrten im Paradies – Die Logbücher der Reisen von 1768-1779, Stuttgart 1983. Von A.G. Price herausgegebenes Standardwerk des großen europäischen Entdeckers.

Otto von **Kotzebue**, Entdeckungsreise in die Südsee und nach der Beringstraße, in: Entdeckungsreise in die Südsee, 3 Bde, Weimar 1921. Berichte eines Zeitzeugen der Expedition des russischen Weltumseglers Krusenstern.

Heinrich **Zimmermann,** Die Reise um die Welt mit Kapitän Cook, reprint München 1966. Erster Bericht der Expedition James Cooks, aus der Feder seines deutschen Matrosen (zuerst 1781).

Hintergrundwissen

L.R. **McBride**, Petroglyphs of Hawaii, Hilo 13. Aufl. 1993. Kleines Büchlein (48 Seiten) mit den wichtigsten Anmerkungen zu Geschichte, Interpretation und Fundorten von Petroglyphen auf Hawaii.

Sir Peter **Buck**, Arts and Crafts of Hawaii, Bishop Museum, Honolulu 1957. Immer noch gültiges Werk über Voraussetzungen und Formen der hawaiischen Kultur.

Werner **Kreisel**, Die pazifische Inselwelt (wissenschaftliche Länderkunden Bd. 38), Darmstadt 1991. Umfangreiches Datenmaterial über den pazifischen Raum mit einem großen Beitrag über Hawaii.

Gordon A. **MacDonald,** Volcanoes in the Sea, University of Hawaii Press, Honolulu 1970. Wissenschaftliches Standardwerk über den hawaiischen Vulkanismus in Vergangenheit, Gegenwart und Zukunft.

James A. **Michener,** Hawaii, 5. Aufl. München 1983 (Heyne-Taschenbuch 5605). Das Epos der Hawaii-Inselgruppe, auf der Grundlage sorgfältiger Recherchen erstellt und auf 1067 Seiten ausgebreitet.

Niklaus R. **Schweizer,** Hawaii und die deutschsprachigen Völker, Bern/Frankfurt 1982. Abhandlung über die Wirksamkeit deutschsprachiger Emigranten in Hawaii mit vielen Beispielen aus Politik, Wirtschaft, Medizin und Kultur.

Jan **Tenbruggencate**, Wildlife of Hawaii, Honolulu 1986. Kleines Heft (51 Seiten) mit Hawaiis wichtigsten Pflanzen, Fischen, Vögeln und Reptilien, meisterhaft illustriert von Adam Nakamura (ca. US$ 4).

Richard A. **Wisniewski**, The Rise and Fall of the Hawaiian Kingdom, Hawaii 1979. Reich bebildertes und detailliert geschriebenes Buch (114 Seiten) über das Königreich Hawaii, auf den Inseln im Buchhandel und an Touristeninformationen zu bekommen (ca. US$ 10).

Richard A. **Wisniewski**, Hawaii: The Territorial Years 1900-1959, 2. Aufl. Hawaii 1989. Die 'Fortsetzung' des oben genannten Werkes (122 Seiten), genauso lesenswert, insbesondere die Kapitel über den Zweiten Weltkrieg.

STICHWORTVERZEICHNIS

L

M

N

Persönliche Notizen

Als Verfasser dieses Reise-Handbuches hoffe ich, daß es Ihnen bei der Reiseplanung und -durchführung gute Dienste tut. 1985 besuchte ich zum erstenmal Hawaii und bin seitdem immer wieder gerne zurückgekehrt. In dieser Zeit konnte ich aber auch erfahren, wie kurzlebig die Dinge auf dem touristischen Sektor sind. Deshalb weiß ich: Trotz aller Sorgfalt der Recherche kann kein Reise-Handbuch völlig fehlerfrei sein. Auch und gerade in Hawaii bleibt die Zeit nicht stehen; was gestern noch galt, ist morgen oft schon überholt.

Vielleicht stellen Sie fest, daß Hinweise und Angaben korrigiert oder ergänzt werden müssen, vielleicht entdecken Sie etwas besonders Sehens- und Erlebenswertes. Dann helfen Sie bitte in den weiteren Auflagen mit, zur Aktualität des Buches beizutragen, indem Sie uns Ihre persönlichen Erfahrungen mitteilen. Über jede Zuschrift werde ich mich sehr freuen.

Ich wünsche Ihnen viel Vorfreude und einen erholsamen, erlebnisreichen Aufenthalt auf der wunderschönen Inselgruppe im Pazifik.

Ulrich Quack

Ihr Schreiben richten Sie bitte an

Reisebuch-Verlag Iwanowski GmbH
Raiffeisenstraße 21 · 41540 Dormagen